U0882066

山东百脉泉酒业股份有限公司志

（1948—2018）

山东百脉泉酒业股份有限公司编委会 编

山东省地图出版社

图书在版编目（CIP）数据

山东百脉泉酒业股份有限公司／《山东百脉泉酒业股份有限公司志》编委会—济南：山东省地图出版社，2008.2

ISBN 978—7—80754—112—7

Ⅰ.山… Ⅱ.山…Ⅲ.酿酒工业—工业企业—概况—山东省 Ⅳ.F426.82

中国版本图书馆 CIP 数据核字（2008）第 015338 号

责任编辑：薛静

山东百脉泉酒业股份有限公司志

出版发行：山东省地图出版社

印刷厂：深圳美嘉美印刷有限公司

开本：787×1092 毫米 1/16 印张：68.5

字数：1050 千字 印数：2001—4000 册

2008 年 7 月第 1 次印刷 2018 年 7 月修订第 2 次印刷

定价：799 元

《山东百脉泉酒业股份有限公司志》编委会

主　任　李成新

副主任　王峻虎　张传海　马业准　张　刚
袁锡惠　牛余林　杜祥宝　王者厚

委　员　颜承亮　汪慧慧　康新春　高　海
宁　刚　孙立慧　李文新　赵庆海
毕思水　赵京彬　郑　雷　孟令革
李雷新　王乃宝　张宪伟　陈向峰
张经武　王国林　马玲业　崔士茂
刘继文　李林泉　袁乃凯　李俊青
耿念学　刘　娜　李庆腾　张　景
崔承湖　王和顺　崔殿春　刘永彬
赵东玲

编纂人员

主　编　高照华　李成新

编　审　谭玉德

编　辑　李家斌　赵复萍
　　　　李庆腾　张　景

编　务　赵东玲　董丽娜
　　　　侯凌云　马　伟

主要摄影　朱林朴　袁锡惠

版式制作　山东瀚林文化艺术有限公司

企业家代表团陪同国家副主席习近平访问瑞典，

了习近平副主席在论坛会上的主旨发言

2010年3月27——28日，公司董事长李成新随中国

一同参加了“中瑞企业合作与创新论坛”，并聆听

七十年贺

李成新

酒
醉了
鹤发叟
蓦然回首
真情心中留
创造美好生活
七十年一壶老酒
蒸锅蒸馏琼浆流
玉液一杯话春秋
而今当笑古人愁
匠心传承工艺优
赢得民众颔首
美酒延年寿
生态酿造
工业游
醉了
酒

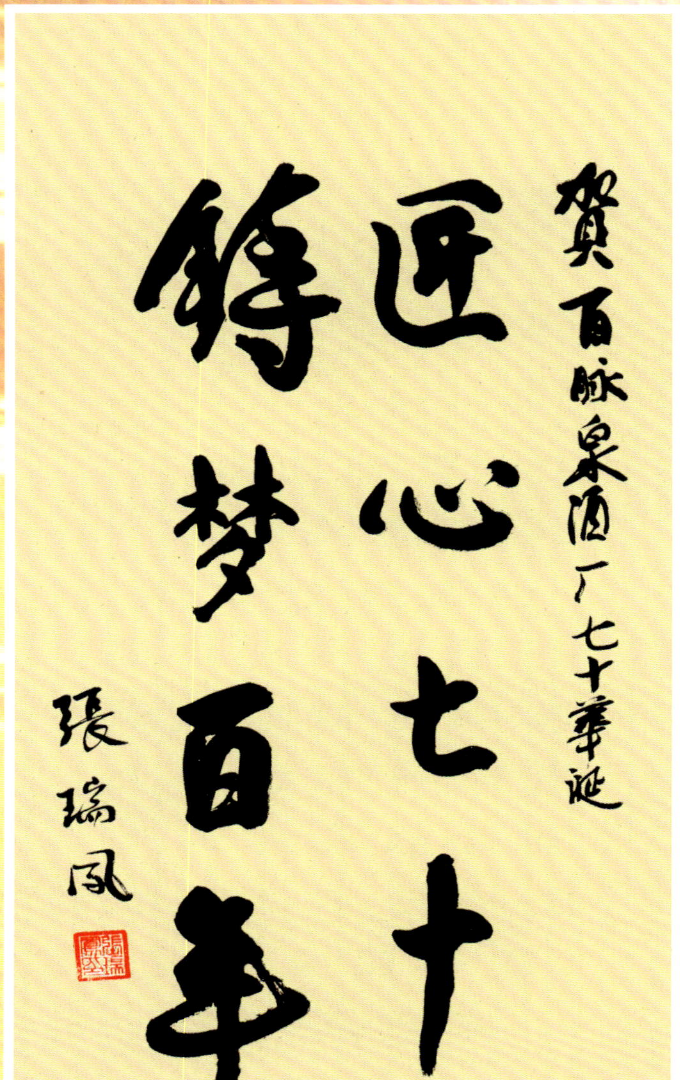

原山东省副省长、人大常委会副主任张瑞凤题词

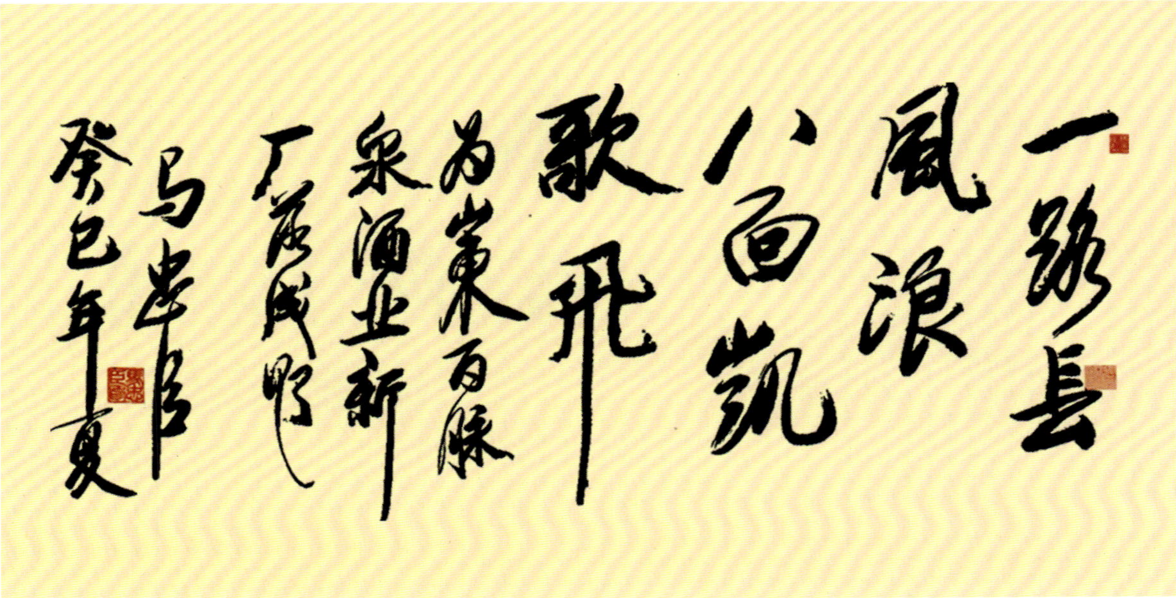

原山东省副省长、政协第十届全国委员会常务委员马忠臣题词

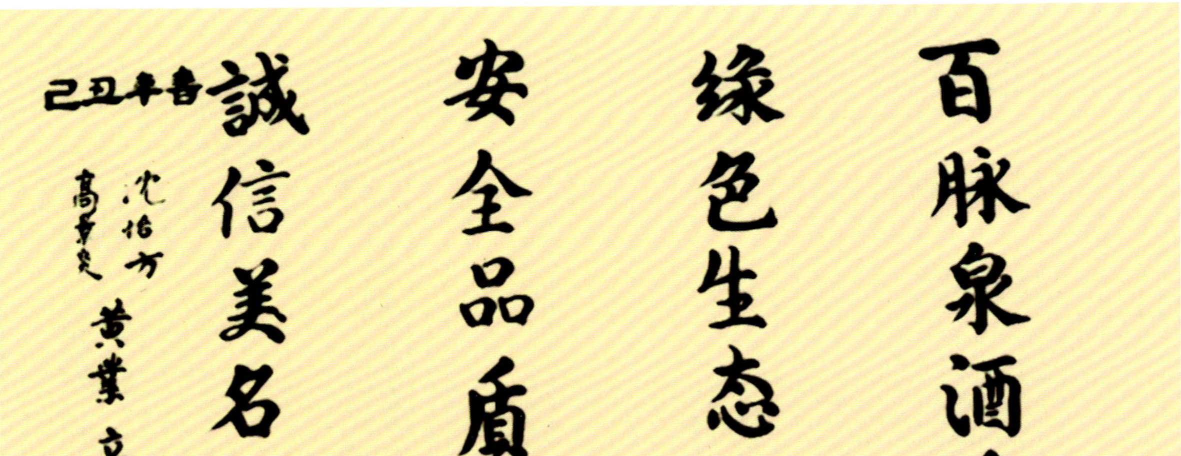

白酒专家高景炎、沈怡方，原山东省白酒协会会长黄业立题词

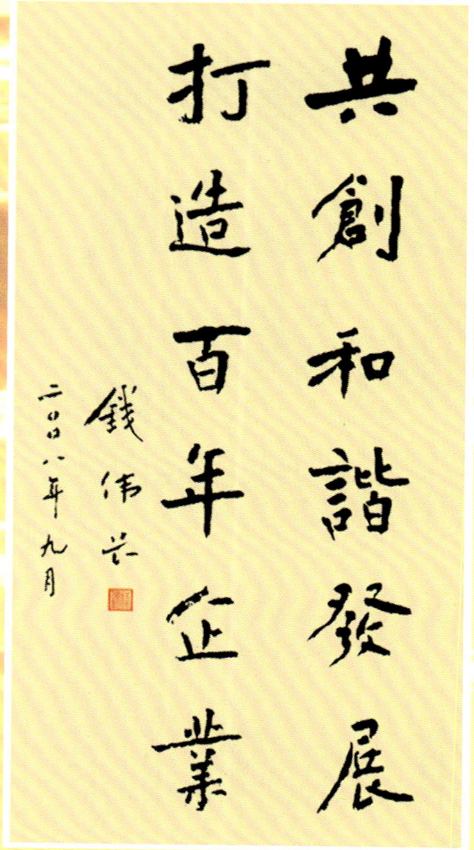

原全国政协副主席钱伟长题词

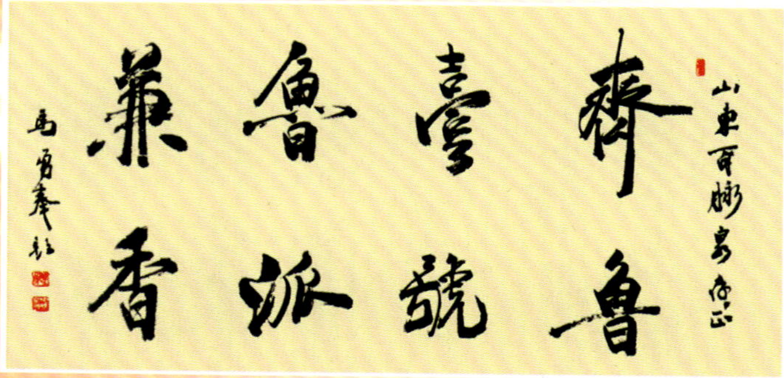

中国食品工业协会秘书长 白酒专业委员会会长马勇题词

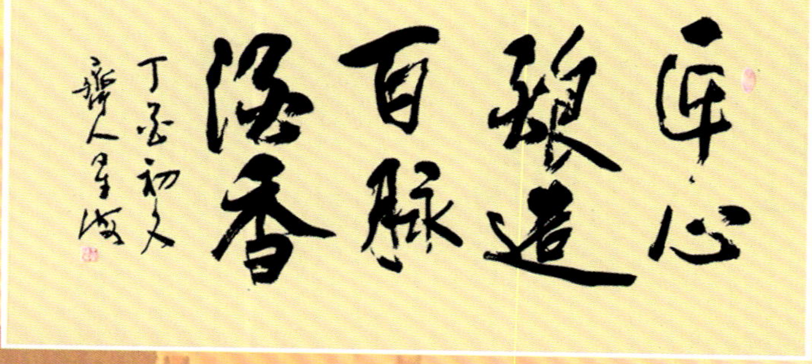

省总工会党组成员、副主席王星海题词

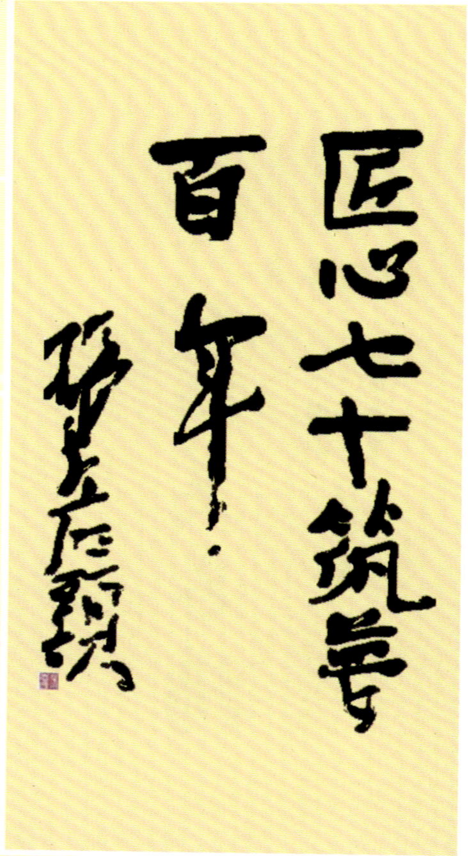

山东省文联副主席、山东省美术家协会原主席、山东艺术学院原院长张志民题词

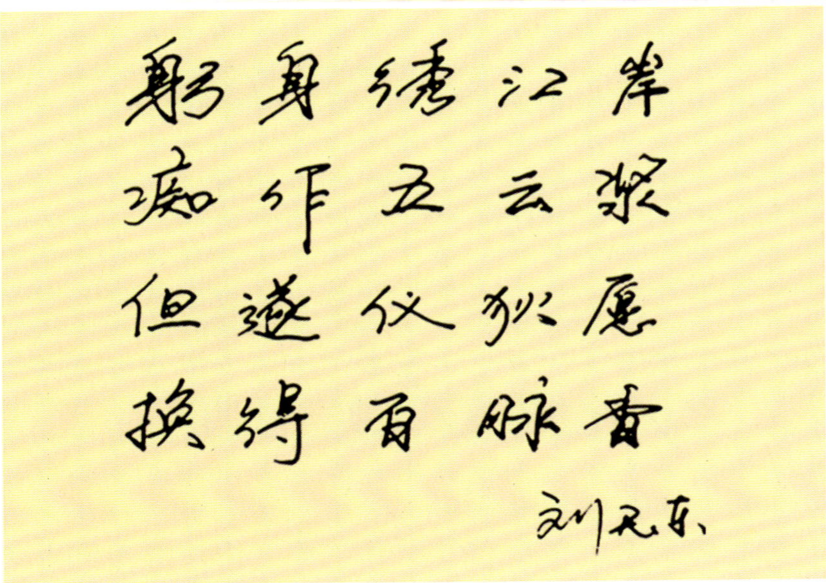

济南市章丘区委书记刘天东题词

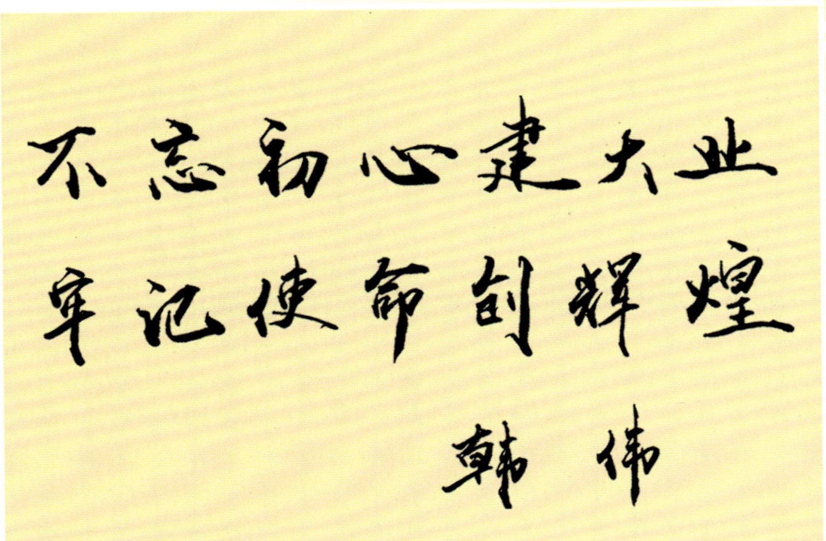

济南市章丘区委副书记、区长韩伟题词

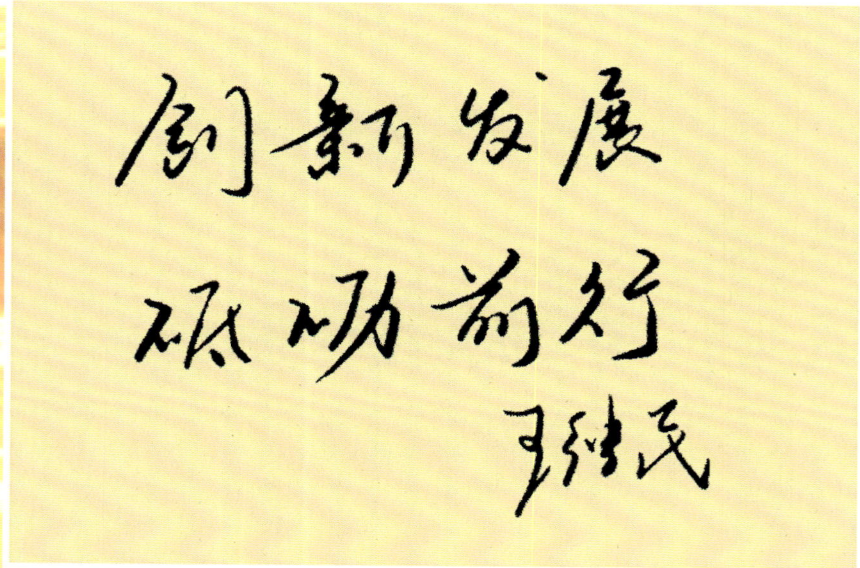

济南市章丘区人大常委会党组书记、主任王继民题词

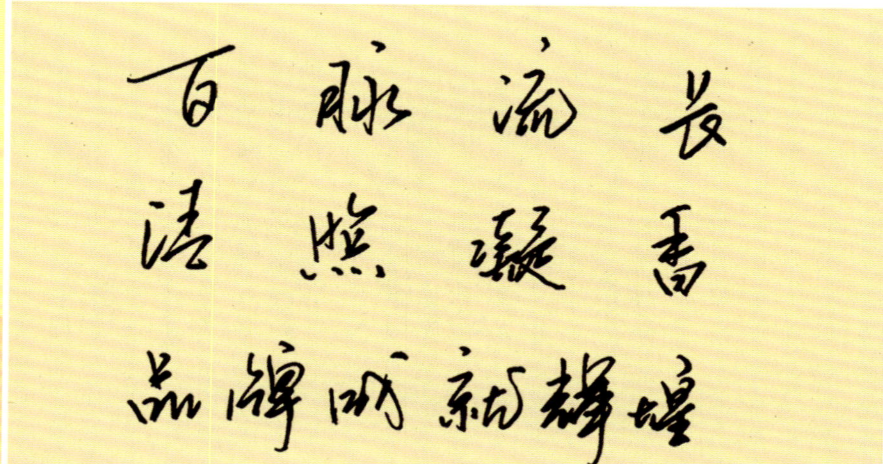

济南市章丘区政协党组书记、主席赵立元题词

山东百脉泉酒业股份有限公司党委书记、董事长李成新

南
北
山东百脉泉酒业
股份有限公司北厂区

公司领导班子成员

左起:汪慧慧、袁锡惠、杜祥宝、王峻虎、李成新、马业准、张传海、牛余林、张刚

2010年3月，李成新董事长随中国企业家代表团陪同习近平副主席访问瑞典期间，与中国国际促贸会会长万季飞亲切交谈

2008年9月4日，时任山东省白酒协会会长谢宁(右三)，时任山东省白酒工业协会副会长姜祖模(左一) 山东白酒协会秘书长 蒋彬彬(右二)陪同中国酿酒协会秘书长 赵建华(左三)来公司视察

2008年10月24日，中国食品工业协会秘书长、白酒专业委员会会长马勇来公司参观指导

中国食文化研究会会长杜子端到公司视察

中国企业思想家俱乐部于彦忠秘书长一行来公司考察

2015年6月9日，全国总工会领导来公司参观

时任山东省白酒协会会长谢宁(前排左二)到公司视察

2017年省糖酒副食品协会会长薛剑锐、省白酒协会会姜祖模、省食品协会会长郭友武来公司视察

2016年8月山东总工会来公司检查工作

2017年7月省委宣传部领导到公司调研企业文化建设

2017年7月18日,济南市人大代表来公司考察调研

2017年8月31日,济南市旅发委来公司指导工作

2006年9月11日,原山东省人大常委会副主任、省残疾人福利基金会理事长张瑞凤(左五)及章丘市领导张振彪(左三)、岳庆林(右四)、省残联理事长、省残疾人福利基金会常务副理事长陈希悦(左六)、省残疾人福利基金会副理事长周克明(左四)、章丘市政府副秘书长穆向阳(左二)出席公司与山东省残疾人福利基金会联合举办"滴水情百脉泉"助残活动启动仪式

2011年12月30日,市委副书记、市长刘天东一行来公司视察食品安全及安全生产工作

2017年2月15日,区委副书记、区长韩伟陪同济南市委组织部副部长、市人力资源和社会保障局局长、党委书记王拥华到公司视察

2014年4月3日,章丘政法委书记王继民来公司调研落实党的群众路线教育实践活动

章丘区政协党组书记、主席赵立元来公司视察工作

在第四届中国国际中小企业博览会暨中日中小企业博览会广州会展中心,济南市副市长张宗祥(右一)到公司产品展位视察

2008年，时任中共章丘市委书记毕筱奇到公司视察

2004年10月30日,时任章丘市副市长、现任济南市副市长巩宪群(中)到公司指导工作，章丘市经贸局副局长时延学(左一)陪同。图为公司董事长李成新介绍粮酒车间有关情况

中共章丘市委常委、纪委书记 窦虎(左三)、章丘市经贸局局长畤军(右一)等领导到公司督导廉政文化进企业工作

章丘区常委、宣传部长李宝燕来公司调研

2009年1月10日,中共章丘市委常委、宣传部部长亓峰带领相关领导来公司调研。

2013年7月31日，章丘市委副书记李文秀及市总工会、经信局等领导来公司开展夏季送清凉活动

2009年7月16日，市委常委、副书记孙君涛带领市委稳定工作会议全体全体人员一行来公司检查基层稳定工作。

2011年韩国河东郡政府代表团来公司参观

2009年4月29日，法国三大财团之一MAFF集团旗下的品醴汇有限公司执行总经理兼中国公司董事长皮尔一行来公司考察，章丘市副市长白秋生、公司董事长李成新、济南海润公司老总陈艳荣陪同进行了考察。

2018年4月20日公司党委书记、董事长李成新(一排右六)当选济南食协会长

1994年11月10日，召开济南百脉酿酒集团股份有限公司成立大会，时任中共章丘市委书记刘海亭等领导出席

2000年8月8日，召开济南百脉酿酒集团有限公司创立大会

2005年12月18日，山东百脉泉酒业有限公司举行更名庆典，主席台右起：韩军、孟庆珍、岳庆林、谢宁、李万百、曲兆瑞、穆向阳。图为公司董事长李成新致辞。

2018年6月5日，山东百脉泉酒业股份有限公司举行更名会议

2013年6月29日，山东百脉泉酒业有限公司新厂区启用仪式

2008年10月公司承办山东省人工窖泥生产技术论坛

2011年5月19日，章丘市庆祝首个“中国旅游日”暨山东百脉泉酒业有限公司酒文化馆开馆仪式，在百脉泉酒业工业游景区隆重举行

2009年2月，由山东省白酒工业协会主办、公司承办的“中国生态酿酒倡导者”新闻发布会在济南召开，沈怡芳发言

山东省食品工业协会会长王世敏同志和章丘市市委副书记、市长刘天东同志为章丘市食品饮料行业协会揭牌，公司董事长、总经理李成新当选协会首届会长

2014年全省酒类质量鉴评大会在我市胜利召开，山东省白酒协会和啤酒工业协会姜祖模会长、省轻工办张映和处长到会参加

2010年1月公司新品芝麻香上市发布会

2018年4月 中国白酒产业次高端发展高峰论坛暨齐鲁壹号上市
中食协副会长兼秘书长马勇为公司颁发“中国低度浓香典范”奖牌

2018年1月公司建厂70周年新闻发布会暨战略新品上市推介会

2010年9月9日董妹代言公司品牌发布会

2017年5月25日,公司与济南广播电视台品牌战略联盟启动仪式在公司隆重举行

公司产品参加全国糖酒会

2010年公司产品走进世界博览会

2018年1月公司董事长总经理李成新参加CCTV《对话中国品牌》栏目 树立品牌价值

2009年11月公司冠名山东男排

2009年6月公司冠名济南至日照“百脉泉酒业”专列

①公司董事长李成新与五粮液酿酒专家胡祖荣先生(右一)共同探讨五粮生产工艺

②白酒泰斗梁邦昌(右二)来公司指导生产

③2005年4月15日,原山东省白酒协会会长黄业立(右二)与公司领导及相关人员一起品酒

④2004年10月30日,公司酒糟饲料烘干设备开机仪式

天下第一窖

粮酒车间

技能比武——装甑

包装车间

技能比武——品评

技能比武——贴标

技能比武——焊接

盘点库存

公司董事长李成新参加济南市人民代表大会

公司技术副总工程师汪慧慧做为专业技术人员先模人物代表，参加中国共产党济南市第十一次代表大会。

2018年4月公司机电车间主任张宪伟被评为“山东省劳动模范

2011年公司荣获“山东省劳动关系和谐企业”

2013年12月11日济南市工会第十六次代表大会章丘代表团合影

李成新董事长参加2010“影响济南”年度经济人物颁奖典礼，与省政府党组成员张建国合影留念

2016年公司机电车间荣获全国工人先锋号称号

公司全体党员到延安进行红色教育

2005年5月29日,清华大学高级总裁—职业经理D31班学员来公司参观

总结表彰大会

2015年12月30日,五届十二次股东大会胜利召开

职工旅游

公司聘请专家对全体职工进行综合能力培训

百题知识竞赛

消防演练

公司组织员工进行拓展训练

运动会

①百脉情爱心基金

②李总捐助困难学生

③包装车间陈志红拾金不昧

④公司帮扶胡家村修建村路竣工仪式

百脉泉酒业杯首届全国作家诗人清照笔会

山东曲艺家协会艺术家即兴题词作画

公司副总经理牛余林作品入选"一带一路"中国文化全球推广工程—2018全球重点推广"中国艺术名家"计划并收入于《世界邮票上的中国文化艺术纪念珍藏册》

①2007年12月28日，章丘市副市长王继民（左五）、市经贸局局长韩军（左三）、市经贸局副书记师顺平（右二）、公司董事长李成新（右四）与山东鲁能泰山足球队队员合影

②2011年，著名相声表演艺术家李金斗来公司参观

③2005年10月20日，山东曲艺家生活创作基地落户公司，图为公司董事长李成新（左一）、章丘市副市长张书学（左二）、著名表演艺术家薛中锐（右二）、山东曲艺家协会主席孙立生（右一）揭牌

④2006百脉泉酒中国足协杯赛，图为7月8日山东鲁能泰山队同上海申花队比赛现场

中国酒业协会白酒分会秘书长赵建华、山东省白酒工业协会会长姜祖模、山东省轻工业协会会长李伟鸣、山东省食品工业协会会长王世敏参加公司百脉泉酒业生态原浆·盛世封藏活动

2008年9月公司举行成立60周年庆典

灯会、客户联谊会

公司员工表演群口快板《华彰铸辉煌 永远在路上》

公司参加央视激情广场演出

公司组织离退休员工春游

公司举办老酒鉴藏活动

百脉泉酒业董事长李成新为高考考生赠酒

济南市退休老干部来公司参观

60年厂志编纂启动仪式

《山东百脉泉酒业股份有限公司志》续编启动仪式

70年厂志编纂启动仪式

60年厂志编委会成员合影

70年厂志编委会成员合影

中国驰名商标
二〇〇八年六月七日
山东省著名商标
山东省工商行政管理局
山东名牌
省 级
守合同重信用企业
山东省工商行政管理局
山东省企业信用协会
2016-2017年度全国企业文化
优秀成果
二〇一七年七月
百脉泉·泉城壹号
中国酒业最佳大单品
工人先锋号
山东老字号
Shandong Time-Honored Brand
首届中国酒业公众大奖
山东地标酒
百脉泉酒
山东省
白酒行业十大品牌企业
山东省食品工业办公室
山东省食品工业协会
二〇一〇年十一月
奖
山东省企业技术中心
济南市人民政府
山东省
白酒行业十大品牌企业
山东省食品工业办公室
山东省食品工业协会
二〇一〇年十一月

科学发展先锋基层党组织
中共章丘市委
二〇一二年六月
山东百脉泉酒业有限公司
安全生产标准化
二级企业（轻工企业）
山东省安全生产监督管理局颁发
国家安全生产监督管理总局监制
二〇一五年二月
省级非物质文化遗产
百脉泉传统酿酒技艺
山东省人民政府公布
山东省文化厅颁发
2016年3月
山东百脉泉酒业有限公司
安全生产标准化
二级企业(轻工企业)
山东省安全生产监督局颁发
国家安全生产监督管理总局监制
二〇一五年二月
省级
文明单位
山东省精神文明建设委员会
荣誉证书
百脉泉酒业 在第94届全国糖酒商品交易会期间举办的“2016中国酒业公众大奖”评选中，荣获为“2016中国酒业金熊猫”奖。
特发此证，以资鼓励。
2014-2015年度
全国食品工业优秀龙头食品企业
Leading Enterprise Of National Food In China
中国食品工业协会
China National Food Industry Association
DECEMBER 2015
AAA
国家级旅游景区
NATIONAL TOURIST ATTRACTION
全国旅游景区质量等级评定委员会

46°鉴藏百脉泉芝麻香白酒

53°国藏百脉泉芝麻香白酒

54°齐鲁壹号1

46°齐鲁壹号1

34°芝麻香

34°泉城壹号

42°泉城壹号

52°泉城壹号

36°绵柔十年

清照王

序

闪耀着日月的荣光，承载着历史与文化的光焰，《山东百脉泉酒业股份有限公司志》在建厂 70 周年到来之际，顺利付梓。捧起卷帙百万字的公司酒志，回眸征程，70 年的创业艰辛，70 年的奋斗豪情，70 年的改革创新路越走越宽广。此举百脉泉酒业一统志成功编纂，修订再版不仅是公司文化建设的系统工程，同时也是中国酒史上的盛举，可喜可贺。

盛世修志，志载盛世。70 年风雨 70 年的奋斗历程，记载了章丘酒厂由一个酿酒小作坊发展成为集白酒科研、生产、销售、服务为一体的国家中型企业的神奇嬗变；追溯酒之源脉，向大家展示了一幅波澜壮阔的酒史演变的历史画卷，系统地介绍了“先做人、后做酒，做好人、做好酒”的真实愿景；段段记述，穿越时空岁月，幅幅留影，展现了章丘酒业人的别样情怀，更是再现了章丘酒业人不畏艰难，勇于创新，拼搏进取的时代风采，读来令人鼓舞。

章丘是华夏民族酒文化的发祥地之一，八千年的酿酒史从远古至今世代延绵，时光流转至 1948 年，新中国建立的前夜，章丘县酒厂沐浴着新时代黎明的曙光，章丘酒业人七十年风雨兼程，踏上了艰苦奋斗的创业路。在经历了战争时期腥风血雨的洗礼和建厂初期艰苦创业、卓励奋斗的社会主义建设时期，在产量、产值、效益等方面创造了奇迹，以及改革开放排难创新，开创了章丘酒业新纪元。

70 年间，在改革开放后，计划经济向市场经济转型期，勇立潮头，在全县国有企业中率先展开了企业管理机制与体制改革的探索，先后多层次实施了经济承包责任制和企业股份制改造、领导干部竞争上岗等多项改革，增加了企业的生机和活力，使企业面貌发生了根本性变化。

从“中国生态酿酒倡导者”到引领消费者健康饮酒；从陈旧落后的老厂区到横跨济青路的现代化综合厂区；从包装车间机械化生产到粮酒车间机械化改造；从章丘市市长质量奖到济南市市长质量奖；从区域性地方企业到山东省地标酒的全省一流品牌；工业游从无到有，从小到大。

过去的70年，百脉泉酒业始终以“国企风范，传承经典”为指导理念，用高新技术改造来提升传统酿酒产业,2016年,公司酿酒技艺被列入了“山东省非物质文化遗产”，同时注重对本区域酿酒文化的传承、保护与建设，像珍惜生命一样珍惜质量，像保护眼睛一样保护信誉，为广大消费者酿造了高品质的百脉泉酒。

过去的70年，是百脉泉酒业技术力量和科研水平日益壮大的70年，公司目前拥有白酒国家评委3名，山东省首席技师2名，省级白酒评委8名，国家注册品酒师6名，济南市工匠2名，公司技术中心被山东省经信委认定为省级企业技术中心。

过去的70年，是百脉泉酒文化不断丰富的70年，百脉泉酒文化长廊、历史文化馆、酒道馆等持续建设，已经成为山东省工业旅游示范点、国家AAA级旅游景区，为百脉泉酒文化和历史文化的传播起到了重要作用。

过去的70年，更是百脉泉品牌厚积薄发的70年。营销模式不断创新，百脉泉聚焦区域市场、和经销商建立双赢合作体系、贴近终端，始终坚持与消费者不断互动，推动了市场快速发展，百脉泉从章丘一县到大济南市场、到整个山东市场乃至全国，作为“山东老字号”品牌，已经成为鲁酒阵营中成长最快、发展后劲最足的企业之一。

我本人2004年来到百脉泉酒业后，首先提出了打基础、树形象、大发展的“三部曲发展战略”，以“先做人、后做酒，做好人、做好酒”的企业理念；以“共创和谐发展，打造百年企业”为愿景；以“三干”，“四性”为工作标准，即用心干、创新干、执着干，要求员工加强工作的自觉性、创新性，增进彼此间的明确性、配合性，这些理念与儒商文化一脉相承，贯穿于公司的生产、经营和服务，秉承“质量强企”不动摇，企业先后获得了“全国食品工业优秀龙头食品企业”、“全国工人先锋号”、“全国企业文化建设先进单位”、“山东省劳动关系和谐企业”、“山东省AAA级信誉企业”、“山东省消费者满意单位”、“山东省重合同守信用企业”等诸多荣誉，全国市场份额逐年攀升。儒商文化是百脉泉酒业实现健康持续发展的灵魂，是百脉泉酒业文化的重要依托。从2009年开始，公司精心打造工业游项目，现已形成以“酒文化长廊、历史文化馆等在内的馆、院、长廊、亭阁、池潭、广场、园区”相融合、酒文化特色突显的景区格局，其宗旨就是：弘扬章丘厚重的历史文化和悠久的酿酒及饮酒文化；宣传泉水文化和清照文化；倡导科学、文明、健康饮酒时尚；提升人们“喝酒喝文化”的消费观念；发挥“寓教于游”的功能，每年迎接近十万名各地游客，成为山东省工业旅游示范点、国家AAA级旅游景区。十几年来，把提升职工素质作为企业文化建设的重要组成部分，大力开展共读一本书、百题知识竞赛、技能比武、团队拓展训练等各种形式的职工文化活动，积极创造学习型企业，培养知识型职工。成立“百脉情”爱心基金会，全力开展帮扶救助工作，让职工时刻感受到公司的关爱，连续14年不间断组织离退休老同志春游和新春座谈会，让老同志们心存“家和根”的情怀，通过以文化为引领，增强了广大干部职工的凝聚力和向心力，助推了企业和谐稳定发展。

2018年是公司建厂70周年，《公司志》的统编修订再版是献给70周年庆典的最大贺礼，是对一个辉煌时期的回顾和总结；是经验的凝练，是继承和弘扬企业精神，是实施企业文化建设的一项重大工程。本着实事求是的原则，存真史、存信史，客观整理归纳七十年来的发展史实，让后人铭记这段历史，推陈出新，更好地开创新的辉煌。

《公司志》编纂工作从2017年8月开始启动，在时间紧、任务重的情况下，史志办的同志不畏艰难，采取前志后续一统志的编排方法，适当调整前志体例，重新设纲立目，续前增新。这种一统志编纂方式，虽增大编纂难度和工作量，但从全书的整体性、延续性、可读性都有质的提高，既丰富了历史文化底蕴，又较好地展现了公司发展史实和历史沿革全貌。

编纂人员辛勤耕耘，努力探索创新，浓墨重彩改革创新成果和百脉泉酒业创建的辉煌业绩。在一年的时间里以改革精神，科学安排，加压苦干，聚力突破；从资料考证、辨析、提炼，呕心沥血、精编细耕，三易其稿；时间紧张，加班加点，克服重重困难，有的带病坚持工作，坚持高质量精编稿件，圆满成稿付梓。以使其真正发挥“资治、教化、存史”的作用。服务当代、垂鉴后世。是为序。

2018 年 6 月

凡　例

一、本志以马克思列宁主义、毛泽东思想、邓小平理论、三个代表、科学发展观和习近平新时代中国特色社会主义思想为指导，运用辩证唯物主义和历史唯物主义的观点和方法，立足厂情，坚持实事求是的原则，力求做到思想性、科学性、资料性、实用性相统一。

二、时间断限，上起1948年8月，下止2018年5月，部分内容有所上溯下延。本志为贯通古今之通志，依国务院和《山东省地方史志工作条例》之相关规定组织编纂，记述内容突出特色，详近略远。详记中共十一届三中全会以来山东百脉泉酒业有限公司的史实和发展变化。

三、体裁用述、记、志、录、图、表等，以志为主。述以总摄全书，记以综记大事，志以记述各项事业，附录辑存文献，图表随文穿插，力求图文并茂。

四、结构采取横排纵写，纵横综合的原则，结合社会分工、体现特点等因素确定。并采取篇、章、节、目四个层次、个别层次服从内容的需要。

五、大事记采取编年体与记事本末体相结合的形式，选择历史上发生在本企业的大事、要事予以记述，以展示该公司历史发展的大致脉络。

六、本志中人物收录以任职、获得荣誉时间先后为序。在记述机构名称时，首次出现用全称，再次出现用简称。如：县委、县政府、市委、市政府、区委、区政府、酒厂、公司等。除第一次用全称外，其余一律用简称。

七、资料来源主要采用该公司的档案资料及2008年出版的《山东百脉泉酒业有限公司志》，个别用口碑资料，均真实有据，一般不注明出处。统计数字以历年统计年报为准。

八、叙事语言采用规范的语体文、记述体。数字用法按国家颁布的《关于出版物上数字用法的试行规定》，计量单位均按照《中华人民共和国计量单位名称与符号的规定》表述。

九、纪年均采用公元纪年。

十、本志中有关名称、组织机构、职衔均按当时称谓。

目 录

第五篇 新产品开发

第六篇 营 销

第七篇 技 改

第八篇 环 保

第九篇 企业文化

第十篇 改革创新

第十一篇 党群工作

第十二篇 基本建设

第十三篇 工业旅游

第十四篇 职工生活

第十五篇 人物、荣誉

一、重要文献辑存

关于省、市、县领导讲话

关于公司领导讲话

二、规章制度

三、报刊电视文摘选编

四、文化荟萃

概 述

一

历史悠久 文化璀璨　酒脉延绵 古韵飘香

山东百脉泉酒业有限公司坐落在济南东部新区——章丘区明水街道，百脉泉畔，这里与明水古城——即汉代土鼓县城比邻，与古代周道并行，古城、古道、古酒、古韵，折射出章丘历史文化的悠远与辉煌。章丘属于鲁北古济水流域，文化底蕴深厚，是龙山文化的发现地和命名地，是古代济南地区的中心地带。在距今5000—6000年间，伴随着龙山王国的诞生，古城、古国、古文化已形成独立体系。古章丘先民不仅在农业和手工业发展上走在了历史的前列，而且酿酒技术已日益成熟，酒业生产与饮酒文化相因发展呈现出繁荣兴旺景象。

章丘历史悠久，文化璀璨，是古代文化发源地之一，是古代济南地区的经济中心、政治中心、文化中心。魏晋以前，济南的首府就在章丘境内的东平陵城。章丘历史遗存和文化古迹众多，城子崖遗址、西河文化及小荆山遗址、洛庄汉墓、危山汉代彩绘兵马俑的考古发现均列入当年全国考古十大新发现。从西河文化、龙山文化到商、周、齐和汉文化、唐宋、明清文化，延绵不断，源远流长。特别是近几年龙山文化的发现地和命名地，焦家遗址考古发掘工作等众多的新发现表明，该区域在比龙山文化更早的大汶口文化时期，就是早期中华文明社会形成的重要发祥地。距今8000年前后的后李文化西河遗址，距今5000年前后的大汶口文化焦家遗址，到距今4000多年前的龙山文化城子崖遗址，再到始建于战国、繁荣于两汉的东平陵城，一直到西晋永嘉（公元307年到312年），该地一直是济南的文化中心、政治中心和经济中心。

延绵历史，血脉相连。从众多考古挖掘出土大量文物及陶器、玉器、石器、骨器，主要有史前时期龙山文化酒具杯、碗、豆、盘、盆、罐、瓮、鼎，其中以带柄杯、樽、单、盂、杯、罐、鬲、鬶等均为盛酒、酿酒、饮酒之器。鬶是山东龙山文化的典型器之一，起源于大汶口文化中期，盛行于大汶口文化晚期和龙山文化阶段。是一种造型精巧的器物，有实足和袋足之别，实足鬶一般由流、腹和三个圆锥状实足组成，袋足鬶则以三个大袋足为腹。出土时器底多有烟熏痕迹，有的器腹内还有灰黑色的残渣，当为残存酒渣。这类夹砂鬶是专门用来煮酒温酒的泥质陶鬶，质地细腻，制作也精致，是专作注酒用的。龙山文化晚期出现的平底鬶就是由泥质三足鬶发展而来，后世的酒注子、酒执壶等注酒器也溯源于此。特别是龙山文化时期的酒具黄陶鬶堪称精品，考古发现的意义不只存在字行的表面。挖掘文物承载的文明，还原历史，感知文物流淌的血脉和中华文化史酒史紧密相连。

章丘酒文化同古老的中华古文化相因而生，是深深植根于章丘历史文化的沃土之上，经历代衍袭而成长起来独立的酒文化。“相因而聚，聚而生分”。

酒作为社会意识形态的一种文化，是一定社会政治和经济的反映，而各门类文化给予一定社会政治和经济的影响最大的莫过于酒。酒是人类最伟大的发明，整个人生历程，万千世态，完全可以写在酒中，这就是它永恒的神气所在。酒文化作为一种特殊的文化形式，在传统的中国文化中有其独特的地位。在几千年文明史中，酒几乎渗透到社会生活的各个领域。早在五千多年前，章丘先民就将清泉的甘醇、丰收的喜悦、火热的激情，以及对上天的诚敬，柔和酿造在一起，捧出一种甘美的玉液，这就是酒。从酒问世的那一天起，它就摆脱了纯粹具体的“物”的状态，而与人类的政治、经济、军事、文化、艺术等紧密相连，逐渐沉淀升华成一种精神范畴的“文化”，成为中国传统文化宝库中一颗灿烂的明珠。一部中国酒的衍生史，可以成为中华民族五千年历史文化的缩影。

从前，人们从魏武帝乐府“何以解忧，惟有杜康”中推算出酒是杜康所创造的。但是，在此上古时期，就已经有“尧酒千种”之说了。如果说酒是杜康所创，那么尧喝的是什么人创造的酒呢？酒的根源究竟在哪里？素有“诗仙”之称的李白，在《月下独酌 其一》一诗中有“天若不爱酒，酒星不在天”的诗句；东汉末年以“座上客常满，樽中酒不空”自诩的孔融，在《与曹操论酒禁书》中有“天垂酒星之耀，地列酒泉之郡”之说；此外如“吾爱李太白，身是酒星魂”、“拟酒旗于元象”等等，都经常有“酒星”“酒旗”这样的词句。这些典故都表明自古以来，祖先们就有酒是天上“酒星”所造的说法。但实际上酒是劳动人民在长年累月的实践中，积累下来的造酒方法，经过有知识有远见的“智者”归纳总结，后代人按照先祖传下来的办法一代一代地相袭相循，流传至今。

坐落在王白庄的山东百脉泉酒业有限公司的前身是王白庄福祥和、恒祥义两家私人酒店，据说由本村高氏家族创立。据族谱记载，经几代人传承，清前为鼎盛时期。清末至民国，因战乱等诸多原因，逐步走向萧条。开始以原始的工艺配制，日渐发展。后来兄弟几个分家析业，“福祥和”是分出的一家小店，其寓意是“再度兴旺、吉祥、和气生财”。“福祥和”自创建始一百年来，几度兴衰，历经沧桑，到民国初期的时候，“福祥和”配制的高粱酒，味香酒醇，质地纯净，以独特的浓香味而远近驰名。俗有“开坛三里香”“饮时不知醉，出门迎风倒”等赞誉。凡是饮过此酒的人，总愿逢期再酌，以饱口福。

“福祥和”“增祥和”“恒祥义”都是承袭多年才发展起来的。由王白庄高氏家族创办，当时高家有一口古井，储水多而味甘。汲水烹茶，清冽甘爽；引流酿酒，则酒香浓郁。俗话说：“名酒产地，必有佳泉”，也许正是这特殊的风水地理条件，高家的“烧锅”一开，就香飘乡里，销路甚好。到了高泰然经营本店时，“福祥和”已经具备了一定的规模。高泰然除经营土地外，主要经营酒店，主要精力都致力于酿酒业的发展。经营方式都是传统的作坊式生产，前店后坊。当时，因为能独资独家经营，家中的一些农产品如小麦、高粱、玉米等粮食，也投入到经营中来，作为酿酒原料。其他原料都是从刁镇粮行和济南同信承粮行购进。当时“福祥和”的流动资金已经在3000元左右（以银元作为货币单位）。年产酒量60多吨。每年阴历年终拿来结账一次，经理、店员实行年薪制，利润在4000元到5000元之间。因生意做的红火，每年都有可观的收入。为了使店里的白酒扩大销路，上世纪30年代初，曾在明水大街、相公庄和济南西门，也就是现在的泉城路隆祥布店对过各设分号，各派三、四名店员主持营业，所经销的酒均由王白庄酒店运去。酒店一直坚持“货真价实”“童叟无欺”，由于几代人长期诚信经营这所老店，它的办店方针，已经远播千里，颇受远近乡亲的信赖，声誉极好。正是因为如此，王白庄以及明水周围在外打铁的，都是通过邮局和钱庄汇款到“福祥和”酒店代收代存，然后从店里支取现金。这样以来，即方便了一方群众，“福祥和”也可以利用这部分资金来周转经营，生意越办越红火。但章丘酒业历经几千年的延绵几度昌盛之后，到清末民国时期，仅剩古传统酿酒坊几十家，那种生意兴隆的繁荣景象日见衰落。

民国十六年，“福祥和”酒店也败落下来。30年代中期，酒业市场疲软，就连“福祥和”这个初具规模的酒店也年年亏损，在济南和明水的分号相继停业。“福祥和”酒店勉强维持，1937年“七七事变”后，日寇侵华，敌伪军经常来酒店骚扰，该地酒业难以为继，全部歇业。

时代变迁，日光流年。随着解放济南战役的一声炮响，彻底打碎了旧社会的藩篱，章丘人民翻身解放，这片古老悠厚的土地换了天日。伴随着时世更替和新中国的成立，开启了章丘古老酒业发展的新纪元。章丘酒业才真正归人民所有。1948 年 8 月，人民解放军取得济南战役胜利，在扫除外围时接管了“福祥和”“恒祥义”两家酒店，同年 10 月转交地方政府，建立了章丘第一家国有企业。刚刚获得新生的章丘酒业人满怀翻身的喜悦和当家做主的激情，踏上了创业发展新征程。

二

艰苦夯基立业克难 渡荒掀起建设新高潮

艰苦创业 十年间

建厂之初，时局动荡，由于帝国主义、封建主义、官僚资本主义的统治和长期的战争破坏，社会经济落后，人民生活困难，当地土匪盗贼猖虐。随着社会主义革命和社会主义建设高潮的到来，章丘酒厂的干部职工面对旧社会留下的乱摊子，克服生产条件不足和农业欠收的重重困难，边清理边建设，当年恢复生产。在土房土屋露天场地简陋院落条件下，1949 年全厂职工只靠两辆马车，小筒、小钫锅和几把木锨，轮流加班生产。当年生产白酒 395 吨，年末固定资产原值 209654 元。

面对生产条件的困难和战争的疮痍，如何加快生产，全厂 100 多名干部职工挑灯夜战，土法上马，采取多项措施加快生产进度。一是将原两个生产班增加至 10 个，二是修建 320 平方大曲房，建了第一座发酵池和厂房，淘汰了过去发酵小缸的旧设备，由 40 马力柴油机替代马拉石磨粉碎机，购进较先进的简易化验仪器，并进行技术培训，改变过去长期看天做活，掌握水份靠手攥的土办法。到 1958 年建厂 10 年间，产量增长一倍，利润由 1949 年的 23.76 元增加到 157200 元，成本由 603 元下降为 382 元。

渡过自然灾害的艰难岁月

1958 年，章丘和全国一样发生了严重的旱灾，企业处于停产状态，产量下降，成本成倍增加，酒厂首次亏损，遇到了前所未有的困难。从五八年开始生产原料不足，产量逐年减少，成本大幅度上升，生产量六年分别为 490 吨、130 吨、7 吨、66 吨、153 吨、375 吨。成本 1960 年每吨 1823 元，1961 年上升到 2414 元。

在困难面前，他们不畏缩，千方百计开展生产自救工作，收来茅草、甜秫秸、地瓜母为原料维持生产，后来又大搞多种经营，生产酱油、食醋、汽水、纸浆等等，扭转了停产局面。由于全厂干部职工的努力于 1962 年克服重重困难架设了高压电线，点油灯的时代一去不复返了，酒厂又进入了一个新的发展时期。

扩产能 掀起社会主义建设新高潮

1964 年，自然灾害年月刚过，在国家拨料暂时困难阶段，本着自力更生的原则兴起了以酒换料，同时期山东省“四厅一社”发出联合通知给换料工作打开了新局面。全县 16 个供销社开展了换料业务，该厂在龙山、埠村设立换料点。7 年生产用料 2417 万斤，在国家未拨粮的情况下维持了生产。为了提高生产能力，于 1964 年扩建了 635 平方的生产车间和发酵池。1965—1966 年安装了通风设备、打楂机、地下鼓风设备、液体蒸馏也投入生产。在上液体蒸馏时，利用旧厂房、旧门板、旧檩条打起简易二层楼，解决了蒸馏、糖化操作台。1970 年年产 1177 吨白酒，创历史新纪录。全年上交税利 795000 元。

1974—1977 年，艰苦努力完善液体蒸馏新工艺，年产 3 千吨机械化半自动化酒精设备正式投产。在技术和工艺创新道路上不怕难，敢为人先。1976 年购 4 吨锅炉一台，汽车一辆，车床（C20）钻床各一台，180 千瓦变压器一台，修建办公楼、大锅炉房共投资 133900 元。完善了液体蒸馏新工艺机械化改造、大型锅炉安装新工艺。知难而进，在一无技术人才，二无图纸，三无成套专用设备的情况下，厂领导和机修组的职工外出学习请教，自己动手，没有技术干中学，没有设备自己造，绘制设备草图上百张，测量、绘图、校正直到弄通弄懂为止。在几年建设中始终倾注着干部、职工的辛劳和汗水。

为适应新工艺和酒精生产的发展，从 1971 年到 1976 年的 6 年间共投资 744296 元，相当建厂 25 年固定资产总额的两倍。1978 年三中全会改革后，6 年生产白酒 15994 吨，相当建国后 25 年的总和，利税 10968674 元，相当 25 年上交总和。固定资产原值相当于 1949 年的 8 倍，为振兴中华和社会主义建设做出了突出贡献。

三

传史承心 生态领航 文化强企 扬帆铸辉煌

沐浴改革春风 立德为本 和谐换新颜

1978 年，改革的春风吹遍大江南北，章丘酒厂率先在全县国有企业中开始一系列改革探索。先是超产计奖（1978—1981 年）全面推进，（同县经委承包主要奖惩指标）（1982—1983 年），集体承包（1984—1987 年），并实施多层次经济承包责任制。1988—1994 年，又实行了三轮经济承包和股份制改造、公退民进改革。由于改革缺乏成熟经验，又加白酒市场竞争日趋激烈，企业出现连年亏损、负债累累、人心涣散、生产难以为继，再次跌入倒闭的边缘。

在这危难时刻，章丘政府相关部门找到时任中日合资章晃机械有限公司中方经理李成新谈话，问他能否去挑这个担子。自幼受家庭和鲁商文化熏陶，养成了不怕困难，勇于担当拼搏奉献秉性的李成新二话没说。上任伊始，他就来到职工群众当中，面对企业现状，刨根求源问诊。这位曾经关注于哲学、社会学和马克思主义经济理论的章丘学联副主席，很快弄清了该企业症结所在：一是在改革大潮中，企业在获得初次改革红利的情况下，社会再分配不够公平合理，职工的获得感失去平衡；二是企业产权不清晰，不赚钱还亏本，没奔头，心也散 ；三是民营企业管理用人随意化。各种矛盾叠加所造成。症结找到了，采取多管齐下措施解决。第一步是稳定人心，首先从难以解决和职工关注的问题入手，借钱给职工发工资。二是整顿队伍，岗位全部实行竞聘。竞聘后公示，由职工代表监督、经民主测评后上岗，打消职工顾虑。第三是树形象、大发展。党员干部以身作则，做表率。至此，企业以立德为本、强化管理、正面引导，以提升队伍综合素质为战略方向的治理路径和方略已经形成。

2004 年 7 月，公司召开新一届股东大会，李成新当选新一届董事长。上任第一件事就是主动降低领导层个人工资，李成新从自身做起，率先下调 80 元，其他领导干部也主动调低 50 元、30 元不等。并规定岗位补贴向脏、重、累一线职工倾斜。机关后勤人员也按规定参加义务劳动。

2004 年 8 月，李成新提出了“先做人、后做酒；做好人，做好酒”的企业理念。使企业思想道德建设同酒文化建设进一步融合，成为章丘酒业人的座右铭。他从入厂那天起就到生产一线，从投料到蒸酒、制曲，从刷瓶到包装、入库，每一道工序都仔细研究，认真操作，很快掌握了白酒生产工艺。

领导干部率先垂范。公司 86 名党员参与了“践行三个代表，争做时代先锋”活动，520 名员工参加了“全员齐努力，同心创辉煌”集体签名活动。

领导班子新作风，感染和带动着每一个职工。大家的心往一处想，劲往一处使，公司上下出现了和衷共济，共渡难关的新气象。粮酒车间出酒率提高 10 个百分点，主要质量指标达到全国同行业先进水平；包装车间连续产品质量抽查合格率达到 99%，创造历史最高水平。

2004 年，公司一举扭亏为盈，实现销售收入 6200 万元，完成利税 1100 万元，并创下仲秋节实现销售收入 1200 万元，春节期间销售收入 2000 万元的历史同期最好水平，偿还历年贷款 400 余万元，多储备原酒 500 余吨。公司当年被评为“章丘市最佳效益企业”和省白酒协会“振兴鲁酒先进企业”。

精工制作　国韵品质密码　生态酿琼浆

近些年，在食品加工的过程中，造成污染及过度添加剂而导致的食品安全事件时有发生，在社会上引起强烈反响。随着经济和社会的快速发展，生活观念的变化，人们对生活品质的要求也越来越高。“健康、环保、珍爱生命”成为人们生活新观念的同时，山东百脉泉酒业有限公司的决策者意识到资源的紧缺与不可再生，绿色、低碳、生态将是白酒企业发展方向，生态酿酒理念也悄然成型。这种理念的变化要求白酒不但要有独特的风味，更要求喝的健康，还能节约资源，保护环境，进而达到人与自然的高度和谐统一。该公司将生态酿酒调整为战略定位，并于2009年4月2日在济南舜耕山庄召开新闻发布会，在全国率先杠起倡导“中国生态酿酒”的旗帜，践行生态酿造，并开启引导广大消费者安全健康饮酒新时尚。

生态酿造必定是精制作品质密码由古而来。章丘境内先民早在8000多年前后李、西河时期就有了酿酒的习俗。其酿酒历史悠久，工艺独特，自成一格。百脉泉原生态酿酒技艺是由龙山先民发明创造，明清时期日渐成熟，其中明代散曲家冯惟敏的好友、章丘人谢少溪就是章丘酒的传人。二十世纪初期，高玉珍创建“福祥和”酒作坊，承接章丘古法酿酒技艺。章丘王白庄酒厂继续延续这项生态传统技艺，先后改建了发酵池，建成新曲房、实验室等。传承了古老的“低温发酵”“双轮底发酵”“滴窖减水”“加醅减糠”等酿酒工艺，保持了章丘酒独特的原生态口感。随着时间的推移，现代生物技术和现代科技，传统技艺与现代生物技术、新科技相融合，既保留着原始制作工艺的基础又积极创新，开发出了许多新的品种。根据北方的环境条件，将以纯种己酸菌为主的无机窖泥改为多菌系复合菌株为主的有机窖泥，实现了“人工老窖，新窖老熟”。公司率先在省内开展五粮浓香型白酒的技术研发，五粮酿造工艺成为中国北方地区的典范。研发芝麻香型白酒工艺，通过创新原料配比，生产出复粮芝麻香型白酒。

生态酿酒渐行渐至，在生产加工过程中，首先是原料问题，原粮、水，再是酿造工艺和环境。以上各项，都经过长期的研判和实验，制订了严格的工艺标准。

粮食原料 该公司与黑龙江签订了绿色高粮供应协议，章丘特产明水香稻、龙山小米、辅料稻壳都是原生态名优地方产品。粮食在加工过程中经过清蒸处理工艺，除原料以外还有稻壳，经过蒸汽排杂，使原料达到更高的安全性。

优质原料——生态酿酒之根。明水香米产于百脉泉水的泉头，经百脉泉水浇灌蕴育，精米白色微黄、食之可口、香气馥郁，具有香、优、鲜、爽、珍的特点。自古流传着“一株开花满坡香，一家煮饭四邻香”的美誉，历来被作为皇室御用贡品，至今已有二千多年的历史，被尊称为“世界香米之王”。明水香米在1954年印度国际香稻品种展中获得“世界之最”的美名，1993年泰国优质农产品及科技成果展览会上被评为金奖，2000年获得农业部绿色食品认证标志。

水原料 百脉泉水——生态酿酒之源。百脉泉久负盛名，水质极好，味美甘甜，且水温常年保持在18℃左右。泉水涌出地面前为地下水，经地层反复过滤，涌出地面时，其水质清澈透明，沿溪涧流淌时又吸收了空气，增加了溶氧量，并在二氧化碳的作用下，溶解岩石和土壤中的钙、镁、钠、钾等矿物元素，偏硅酸盐和锶的含量达到了矿泉水要求，符合国家生活饮用水标准，可直接饮用，是酿酒的极佳水源。

神秘窖泥——生态酿酒之本。“千年老窖万年糟”高度概括了窖泥在酿酒中的作用。窖泥中微生物的种类、数量对白酒中微量成分的产生及其量比关系的协调，起着重要作用。同时窖泥中各种有益微生物的种类数量是否协调、窖泥原料配比合理与否，直接决定着窖泥的质量与老化速度。山东百脉泉酒业有限公司从几十年的优质老窖池中分离出一株微生物菌株，采用原生质体融合技术，经生物固态有机培养，扩大、应用于生产，窖池产酯能力达到十年以上老窖的水平，优质酒率能提高40%—60%。

酿酒工艺——生态酿酒之魂。山东百脉泉酒业有限公司参照国内先进的生产工艺，充分发挥老窖的功能，按照国家名酒的技术标准，对工艺和设备进行了调整改造。在继承低温发酵、双轮底发酵、滴窖减水、加醅减糠等传统工艺的基础上，应用现代生物技术，革新工艺流程，制定了“中高温制曲、中低温发酵、熟糠拌料、分层蒸馏、量质摘酒、色谱分析、微机勾调”等一系列新工艺，工艺技术达到国内领先水平。浓香型酒厂主要涉及两种微生物，一种是发酵型微生物，即大曲，它主要来源于空气当中；还有一种微生物是土壤微生物，即窖泥里面的微生物。百脉泉酒厂在土壤微生物的选取上和扩大培养上做了比较切实的、科学的工作。在不断改进土壤微生物的培养过程中取得很好的成绩。在这样好的环境里面，选用好的土壤、科学的配方，使优良的菌种能够充分繁衍，为产生好酒创造了基础。

酿造环境 有了好的原料、微生物，在酿造过程中保证微生物能够得到充分繁衍，得到质量优良、安全的白酒。要抑制不需要的有害杂菌干扰，除了合理的生产工艺，还排除了环境发酵条件的影响，主要注意改进了卫生管理，公司将车间的水泥地改为大理石，以便于随时清理，内部园林化和周围环境绿化美化，具有生态园样的环境，使酒厂成为园林式的公司。二是继续优化，章丘气候温和湿润，土地肥沃丰厚，森林资源丰富，空气新鲜，独特的水、土、空气、气候、微生物、生物群落等形成互生共生的生态酿酒系统。现在章丘绿色环保，已成为园林化城市，生态酿造之路越走越宽广。

厚积重累 集优再塑 开启百脉泉酒业品牌新时代

贯彻国家品牌战略，推动供给侧结构性改革是品牌经济的必然趋势。品牌建设已上升为国家重大战略部署，并写入了《国民经济十三五规划纲要》。习近平总书记强调，要推动“中国制造向中国创造转变，中国速度向中国质量转变，中国产品向中国品牌转变”。

山东百脉泉酒业股份有限公司积极贯彻中央和习主席的战略部署，不断总结和严判品牌建设所走过70年的艰辛历程，并于70年建厂华诞到来之际，开启了重塑、集优、再造百脉泉酒业品牌化塑造时代。从2017年下半年开始，一系列的活动接踵而至，并针对不同时期采取不同方式展现百脉泉酒业历史和现今品牌建设的历程和风采。章丘是华夏文明的发祥地，也是中国酒文化的起源地之一。古今章丘酒业人传承植根章丘历史文化沃土的酒文化已有悠久的历史。从史上记载章丘县境内状况最早的文献，谭国大夫（佚名）以周道为题材的诗歌《大东》关于酒的借喻到小白龙与王白庄酒的传说，经历朝历代直至清末“福祥和”祥子号已有几千年的传承，底蕴厚重致远。到现代百脉泉酒业人带着历史的光辉将先人的精髓融入新时代鲁酒振兴的大潮中，他们积极参与新时代、新品牌的培育和塑造，其品牌的经营历经了摸索初始、遍地开花和集约经营，跨跃了70个春秋，取得了不俗的业绩。从最初的原始状态，产品多而繁杂，直到上世纪90年代注册了清照、百脉泉商标，使品牌建设步入健康轨道。70年以来，通过一系列改革，使全厂员工凝心聚力，不断开拓创新，提升品质，塑造品牌，企业的市场业绩获得了历史性突破。

在行业深度调整中，多数企业在营销理念和产品梳理上能顺时跟进，为新周期的增长奠定了坚实基础；而部分机会性品牌则在市场中被淘汰。在这大变革时期，百脉泉酒业不断深耕市场，聚焦品质升级和产品升级，持续开展工业旅游，增加与消费者互动，不仅使企业保持了年均两位数以上的增长，有效抵御了行业调整期对百脉泉酒业的影响，为新周期的崛起奠定了坚实的基础。百脉泉酒业已经从一个县域品牌，成长为以济南省会为中心的泛全省化鲁酒强势品牌，在山东白酒阵营中占据了重要位置。在品牌建设发展过程中，决策者们除了对酒业经济走势上的正确判断，主要还是得益于他们对酒业发展传统生态技艺和大健康理念的坚守，对大国工匠精神及精品理念的坚守，再是以消费者体验为先理念的坚守，并以此来统筹，产品梳理和运营策略调整，突出战略品牌的运营路径和树立品牌培育、管理创新的理念和目标。先是同有关媒体签署品牌建设战略协议，再是同央视品牌栏目展开对话，全面宣传品牌建设主张，宣传2018年品牌建设多项重大活动及坚持品质至上、以德治企、以德树人，使百脉泉酒的质量有大幅度提升。配合“在济南，喝泉城壹号”的品牌传播力，加大了酒品与文化的认同感和亲和力，达到了心智占位，形成了消费粘性，取得很好的销售业绩。被中国主流媒体酒业联盟、山东白酒协会等部门评为“中国酒业最佳大单品”荣誉称号。同时加大品牌宣传，植入品牌基因，确定品牌定位，完善品牌素质，利用企业建厂70年庆为契机，提升品牌张力，用品牌的力量统领企业发展。为此，百脉泉酒业推动百脉泉品牌的3.0战略。将过去十五年百脉泉品牌从创牌到推广的战略目标分步骤实现品牌提升、品牌驱动、品牌跨越，最终形成百脉泉的超级品牌。

坚持品牌扩张与核心样板重点打造“并举”策略，加快机会型市场扩充和销售，打造绝对样板，扩大区域深耕和新市场增量。以不同的方式来展现百脉泉70年的风采和历程，与大家共同分享喜悦和成果，助力百脉泉酒业品牌化塑造时代全面到来。

从2017年下半年，该公司就启动了70周年系列庆典活动的前期筹备工作，包括举办70周年山东大学生LOGO创意设计大赛、70年纪念酒和礼品酒的研发设计、媒体采风会等。2018年10月份正式庆典活动开始前，几乎每月推出围绕70年的系列活动。包括2018年1月份举办泉城壹号发布会暨70年庆启动仪式。之后的百脉泉酒业厂商联谊会暨70周年献礼版产品拍卖会，推出70周年献礼版纪念酒；在大济南区域举行消费者盲品会，从品质层面见证70年来百脉泉酒业生态酿酒技艺的传承和创新；举办酒文化笔会，邀请全国书画和书法名家为百脉泉酒业70年盛典留下珍贵墨宝，记录辉煌历史，畅想新时代的美好未来；邀请国家协会的领导及相关权威技术专家对齐鲁壹号进行品评指导；举办百脉泉酒业建厂70周年诗词朗诵会，开展每年一度高考赠酒活动；70周年厂庆有奖征文活动的榜单揭晓活动。

金秋十月，百脉泉酒业将迎来庆祝建厂70周年的活动高潮，期间有三场大型活动值得期待。

第一项活动是举办“匠心70·筑梦百年”为主题的百脉泉酒业建厂70周年大型庆典暨戊戌年封藏大典，届时将有来自国家级和省级的协会领导、政府领导、经销商与供应商代表、媒体代表等近两千人参与，共同见证70周年隆重纪念的盛大时刻。

第二项活动是举办中国生态酿酒高峰论坛，暨泉文化、酒文化和词文化研讨会，对生态酿酒工艺的传承与创新进行深度研讨，对百脉泉特有的文化资源进行提炼和挖掘。

第三项活动是举办"百脉欢歌 · 盛世华章"为主题的70周年公益晚会。目的是回馈百脉泉酒业建厂70年来，社会各界对百脉泉品牌的关心和厚爱。

以传播企业品牌文化和品牌主张的白酒行业进入崭新的发展时代，山东百脉泉酒业股份有限公司2018年品牌建设硕果累累。百脉泉、清照品牌先后被中国时代影响力活动组委会、中国酒类流通协会、山东省白酒协会、中国品牌战略研究所、国际糖酒会等单位评为"放心品质白酒品牌"、"历史文化名酒品牌""白酒品鉴金奖""2016中国酒业公众大奖""中国酒业金熊猫奖""2016中国酒业最受欢迎商务用酒""山东2017年全省白酒行业评委感官质量创新奖""金奖""2017最受消费者喜爱的品牌""中国骄傲·2017年度影响力品牌""华樽杯高端名酒品牌"三十多项品牌荣誉。同时，该公司党的建设、企业文化建设同时跨入全国先进行列。先后获得"山东省老字号企业""山东省非物质文化遗产""济南市市长质量奖""山东省工业旅游示范点"和"国家AAA级旅游景区"等殊荣。2017年，该公司被第九届中国酒类品牌价值评议组委会评测的"山东百脉泉酒业有限公司2017年度品牌价值为24.66亿元"荣誉证。

2018年，是山东百脉泉酒业股份有限公司建厂70周年，该公司用一年的时间为自己庆生；另一句话是"清零、担当、永远在路上"；这便是百脉泉酒业当家人党委书记、董事长——李成新的壮志与情怀，是全体百脉泉酒业人的共同心声；坚定信念，抓住机遇，不忘初心，打造百年企业，筑梦前行！

大 事 记

1948 年

8 月 中国人民解放军接管王白庄福祥和、恒祥义两家私人酒作坊。

10 月 章丘县人民政府组织投入生产，并与刁镇、埠村酒店合并建立胶济专区专酿专卖事业公司王白庄直属总厂，属全民所有制企业。刘汉民任总厂经理，穆明武任副经理，闫明武任监委。

1949 年

1 月 酒类实行专卖，淄博专卖事业处设立章丘分处，负责烟酒批发和专卖事业管理，酒厂产品由章丘分处专卖。

是年 生产白酒 395 吨，原料出酒率 39.51%，上交利税 14.6 万元。

1950 年

5 月 章丘由胶济专区划归淄博专区辖属，胶济专区专酿专卖事业公司王白庄直属总厂改称淄博专卖事业处王白庄酒厂。

12 月 刘汉民、穆明武、闫明武调离，姜耀庭任经理，张跃华、王和庭任副经理。

是年 生产白酒 387 吨，上交利税 15.69 万元。

1951 年

2 月 总厂生产班组由 2 个班增到 10 个班，修建了 320 平方米的大曲房。

11 月 厂区东门里新建 10 间办公室，总面积 170 平方米。

是年 工会、共青团组织相继建立。王跃庭任工会第一任主席，刘洪武任团支部书记。

是年 生产白酒 496 吨，上交利税 19.07 万元

1952 年

6 月 赵俊一任经理，王和庭、许凤桐、张立彬任副经理。厂内由 6 课改为 4 组，即财务组、营业组、酿造组、保管组。

1953 年

6 月 经理赵俊一、副经理王和庭调离，中共泰安专区委派吕隆增任酒厂新组建的党支部书记。张立彬任厂长，许凤桐任副厂长。

8 月 章丘县划归泰安专区，淄博专卖事业处王白庄酒厂改名为山东王白庄酒厂，隶属泰安专区专

酿专卖公司。

9 月 建立化验室，购置化验仪器，配 2 名化验员。

是年 精简机构、压缩人员，全厂 57 人。管理干部由 40 名精简为 11 名。厂内机构设置由财务组、营业组、酿造组、保管组改设为：财务股、总务股、供销股、生计股、白酒车间、制曲车间。

1954 年

7 月 化验室购置千分之一天平 1 台。

是年 修建了第一座发酵池和配套厂房，淘汰了过去的发酵小缸，同时购买了 40 马力的柴油机带动粉碎机，代替了马拉石磨粉碎原料。

是年 完成白酒产量 620 吨。

1955 年

1 月 酿酒原料由地瓜干代替了红粮、大麦和玉米。

6 月 王兆铭任酒厂副厂长。

10 月 投资 4800 元新上发电机组 1 套。淘汰了煤油灯，配套车间用上了电灯。

1956 年

3 月 建起 400 平方米果露酒生产车间和地下储酒仓库。

是月 将东南门一排旧平房改建成 200 平方米的白酒仓库。

9 月 化验室购置显微镜 1 台。

1957 年

8 月 许凤桐副厂长调走。

是年 利润由 1949 年的 2.38 万元增到 15.72 万元。

1958 年

8 月 章丘县由隶属泰安专区改为隶属济南市，章丘县治由绣惠旧章丘城迁至明水，山东王白庄酒厂遂改称为章丘县酒厂。

1959 年

12 月 由于原料不足，白酒年产量降到 130 吨。

1960 年

6 月 吕隆增书记因病离休，张立彬被任命为党支部书记兼厂长。

12 月 受三年自然灾害的影响，生产白酒主要以茅草根、甜秫秸、地瓜母为代用原料，白酒年产量由

1954年的620吨降到7吨。吨酒成本却由554元增长到1823元。

1961年

是年 白酒产量66吨，吨酒成本由1960年的1823元增加到2414元。出现亏损。

1962年

2月 汽车班长延春村出席泰安地区工业财贸先进生产工作者代表会议。

下半年 酒厂架设起了高压线，结束了照明和生产靠自己发电的年代。

1963年

是年 该厂生产形势开始好转。年底生产白酒375吨，上缴利税43.47万元，吨酒成本由1960年的1823元降到539元。

1964年

3月 建成2座420平方米砖木结构的标准化仓库。

6月 投资8700元，新建面积120平方米职工食堂1处。

10月 为解决原料不足的问题，酒厂根据上级通知精神，开始以酒换料。酒厂在龙山、埠村设立换料点，全县16个基层供销社也开展了换料业务。解决了原料紧张的问题。

是年 扩建了635平方米的酿酒生产车间，使酒厂的白酒生产有了规模化、综合性的生产基地。白酒产量达到600吨。

1965年

4月 制曲车间安装通风制曲设备，提高了曲子质量。原料出酒率达到54.17%。

1966年

3月 白酒车间安装打糙机和地下鼓风系统，代替了靠人工簸箕扬用脚踏的生产方式，以机械动力替代笨重的体力劳动。

12月 许凤桐任副厂长。

1967年

5月 成立章丘县酒厂革命委员会，张纪洪任革命委员会第一副主任，主持工作，王朝俊任副主任，史兴安任委员。

1968 年

8 月 党支部书记、厂长张立彬调离。王洪任革命委员会主任。

1969 年

2 月 该厂成立复制灯泡车间，至 1970 年 11 月共复制灯泡 58695 只。

12 月 新建 262 平方米砖混结构稻糠仓库 1 座，时为酒厂面积最大、结构最新、最高的建筑。建成厂区内第一条贯穿南北的土路。

1970 年

6 月 根据中共中央、省、地、县各级领导对编制“四五”规划的指示精神，编制了该厂第四个五年国民经济计划（草案），内容包括：现有基础和对形势的分析、“四五”规划的指导思想和奋斗目标、总体规划设计、生产建设指标及实现保障措施等。

7 月 建成面积 1000 平方米、年生产能力 1300 吨的液体蒸馏车间及整套设备投入使用，使白酒生产同时具备了固体生产工艺和液体生产工艺。这套自行制作安装的大型设备，投入使用后，酒厂的白酒生产由“土法”实现了机械化，摆脱了繁重的体力劳动，降低了生产成本，提高了生产效率；当年产量达到 1177 吨，上缴利税 79.5 万元。

9 月 该厂进行了整党建党补课工作。

12 月 根据山东省委革命委员会关于《整顿健全共青团和各革命群众组织的意见》，组建了新的团支部，李绍武任书记，张若凤、杨炳礼任委员。

1971 年

3 月 13 日 召开首届革命工人代表大会。

7 月 建立民兵连，章丘县人民武装部 [1971] 第 25 号文 任命李绍武为章丘县酒厂民兵连连长。

是年 建成砖混结构 500 平方米的粮食仓库 1 座。投资 10 万元，购置安装 2.5 吨锅炉 1 台，并建供水塔。投资 1.24 万元，在西南院建造面积 234 平方米单身职工宿舍 13 间。

1972 年

8 月 成立工代会，李绍武任工代会主席，刘克津任副主席，王玉忠、王成贤、刘秀俊任委员。

是年 投资 1 万元购置车床、

刨床各1台。

1973年

3月4日 许凤桐任厂革命委员会副主任。

5月 征用王中村土地3932.9平方米，厂区面积增加到18823.7平方米。同时将厂区大门改建在北面。

随着机械化程度的扩大，原料出酒率有了明显提高，1973年达到55.53%。生产白酒1195吨，上交利税92.76万元。

1974年

10月 建成1座地上、地下两层容储500吨原酒的混凝土浇灌酒库，结束了用大缸、酒篓零星存酒的历史。

12月14日 根据上级指示和白酒行业的发展方向，为进一步满足人民生活的需要，作出了新上年产3000吨酒精生产线，建设生产车间的计划。当年，投资4.73万元购置汽车1辆，C20车床、钻床各1台，打出了第一口600米深井。

1975年

4月 投资45万元，建成3000吨酒精车间，建车库1座。

1976年

上半年 购进并安装生产酒精用泡罩型铸铁蒸馏塔和2台蒸煮工序用ZDS—24/6—12型往复泵及1台45A型粉碎机。

4月 新购置4吨KZL4—13型卧式链条锅炉1台，汽车1辆，180千伏安变压器1台，40千瓦发电机组1套。

7月1日 酒精车间建成投产。

10月 投资6万元，新建644平方米二层办公楼1座。扩建1103平方米制曲车间1座，容量500吨、面积507平方米的散酒库1座。

1977年

1月7日 中共章丘县委组织部章组[1977]第4号文 任命高绍栋为章丘县酒厂党支部副书记。

3月13日 章丘县人民武装部[1977]第8号文 任命高绍栋章丘县酒厂民兵连连长。

12月 刘克津、巩玉华、郭全蔚、石广坤出席章丘县先进工作者代表大会。

是年 刘克津、郭全蔚当选为章丘县人大代表。

1978 年

是年 购置光电分光光度计 1 台。

1979 年

1 月 在有条件的车间试行定额奖励办法，实行多劳多得，打破了平均分配的单一模式，开始了劳动分配制度改革。

3 月 投资 7.12 万元，在厂区东北角新建三排平房、独院宿舍 30 间，总面积 672 平方米，入住职工 11 户。

5 月 2 日 中共章丘县委组织部章组 [1979] 第 18 号文 任命王洪为章丘县酒厂厂长，许凤桐、高绍栋任副厂长。

5 月 25 日 召开工会委员会恢复工会组织大会。

10 月 31 日 重新注册“百脉泉”商标。

是年 该厂产量突破 3000 吨，产值突破 500 万元，实现利税 197 万元。

是年 向北扩展征用王中村土地到济青公路路边，新增厂区面积 3106 平方米。

1980 年

4 月 3 日 酒精楼四楼的预热箱发生爆炸，全厂停产 24 小时。

12 月 投资 34 万元建成酒厂第一座集瓶酒库、灌装车间、地下酒库三者一体二层建筑，总面积为 1890 平方米。

1981 年

是年 投资 10 万元新建面积 1054 平方米、年生产能力 300 吨的粮酒车间 1 座。

1982 年

5 月 15 日 解家平任酒厂副书记。

7 月 为解决单身职工住房，在厂区西南院建单身职工宿舍 24 间。

1983 年

1 月 党支部书记、厂长王洪、副厂长许凤桐退居二线。中共章丘县委组织部章组 [1983] 第 9 号文任命韩其孝任酒厂党支部书记，杲程柱任副书记，高绍栋任厂长。

5 月 主要生产设备 4 吨锅炉发生严重缺水，停产 24 小时。

6 月 酒精车间全面改造，由年产 3000 吨扩大到 5000 吨，并且把笨重的生铁粗馏塔更换为SD型不锈钢粗馏塔。

是月 聘请原来在酒厂工作多年的刘锡仁编写了1948—1983年章丘酒厂简史。

8月 投资7.2万元，使用面积520平方米的二层营销营业楼开始建设。

10月 鉴于自然位置和现实状况，章丘县酒厂、绣江公社煤矿、明水铝土矿三家企业生产区域排出的废水都不同程度占用了王中大队部分土地，为保证企业的正常生产，三家企业与绣江公社王中大队协议每个单位出资9500元，共同出资2.85万元修砌由王中西水库为起点，至麻纺织厂南门口为终点的1条排水沟，1984年6月竣工。

1984年

由于全国性白酒行业产品积压滞销，酒厂相应采取赊销代销的办法，使赊销产品约240万元的货款难以收回。

4月 党支部书记韩其孝调离，杲程柱任党支部书记，田永祥、李继煜任副厂长，张继礼任工会主席。

7月 该厂由原隶属于章丘县轻纺化工公司改为章丘县食品工业产销公司领导。

9月 购进曲房麸曲用蒸球1台。

1985年

1月22日 成立货款回收小组，对赊销所欠240万元的货款进行回收。其中占用货款40万元的辽宁省丹东市前进贸易公司负责人被提起诉讼，经辽宁省丹东市人民法院判决，被告退货18.2万元，其余货款经调解3年还清。

8月 第二次扩展，又向西征用王中村土地28430平方米，两次扩展使厂区面积增加到50359.7平方米。

是月 新增制曲设备“FZ—3F”蒸热机。

12月 该厂荣获章丘县物价计量信得过单位。

是年 为提高产品的质量，投资16.5万元，从兰州国营四〇四厂购进JF−4201（钴60）酒品陈香装置。

1986年

1月 根据上级指示开始整党工作。成立整党领导小组，杲程柱任组长，解家平任副组长。

是月 由杨炳礼简续1984—1985年的厂史。

是月 张明启调入酒厂任厂长，高绍栋、李继煜、田永祥任副厂长。

4月1日 该厂驻济南第二经销部实行承包制，承包人高兆顺、张国林，承包时间自1986年4月1日—1987年4月1日，期限1年。

5月23日 中共章丘县经济委员会章经干字［1986］13号文任命韩宪安为章丘县酒厂党支部书记。

9月23日 调整部分科室：增设动力科，撤消企业管理科；基建科与行政科合并；安全科与保卫科合并为安保科。

是月 投资5万元安装的自冷式冷却塔闭路循环水设备投入使用，解决了生产用水紧张和排放污水量大的问题。

11月 根据“谁污染，谁治理”的原则，酒厂冷却塔闭路循环水工程，经章丘县环境保护办公室、县财政局、县建行审查，经济效益和环境效益都比较明显，拨给3万元的治理补助金。

12月2日 章丘县经委章经政干字[1986]1号文 任命韩宪安为章丘县酒厂厂长，张继礼、高绍栋、田永祥为副厂长。

12月2日 章丘县经委章经干字[1986]12号文 任命程恒耀为酒厂工会主席。

是月 中共章丘县酒厂支部委员会改建为中共章丘县酒厂总支委员会。韩宪安任党总支书记，王传本任副书记。

1987年

1月2日 章丘县县长办公会在酒厂召开。县委书记刘云武主持会议。参加人员有县长、副县长3人，县委副书记2人，以及各部委办局的主要负责人。会议解决酒厂的发展和遗留问题。

3月23日 工会主席程恒耀调离。

8月15日 安装淡酒精回收塔设备，年增利6万元。

是年 投资9万元新建职工食堂1处，总面积220平方米。投资8万元在新建职工食堂二层建单身职工宿舍12间，总面积220平方米。

1988年

1月27日 经县政府批准，酒厂在县经委四楼会议室举行面向社会招标承包答辩会，共有5名同志上台答辩。韩宪安中标。承包期限3年（1988年1月1日—1990年12月31日）承包指标1988年产值710万元，利润66万元；1989年产值770万元，利润72.6

万元；1990年产值840万元，利润80万元。

2月 根据韩宪安承包章丘县酒厂的申请书。承包人韩宪安提名聘任组成领导班子，金峰任生产副厂长，田永祥任技术副厂长。

6月20日 成立综合档案室。是年，被评为济南市“企业档案管理”先进单位。

是月 投资2.1万元，更新节能变压器1台，年节电4800度；锅炉由老式炉拱改为节能型炉拱，烟道由地下改为地上，年节煤250吨，节约开支2.5万元。

7月26日 该厂与济南制药厂达成合作生产无水酒精产品协议，当年投资11万元建起无水酒精生产线，设计能力为600吨。

是月 从北京现代应用技术研究所购置CSY型白酒陈熟器，每小时陈熟白酒100公斤。

10月 由济南市食品办、济南市一轻局等单位举行的济南市白酒评比会在章丘酒厂召开，参评产品共12个，该厂百脉泉特曲、清照特曲被评为济南市优质产品。

是月 酒精车间采用低温蒸煮新工艺，年节煤1000吨，增效10万多元。

12月28日 该厂推行全员风险抵押承包试行办法。

是月 54°百脉泉和百脉泉特曲被评为山东省一轻厅优良产品，填补了建厂40年名优产品的空白。

是月 该厂被中共章丘县委、县人民政府命名为章丘县级文明单位。

是年 实现产值808万元，利润102万元，各项经济指标均创历史最好水平。经济南市一轻局和市企业管理领导小组考评验收，晋升为济南市级先进企业。

是年 因节能工作成绩突出，被破格验收为省级节能企业，锅炉房被验收为2级锅炉房。

1989年

3月20日 该厂建立企业标准化领导小组。

4月 注册“清照”商标。

5月 粮酒车间副主任崔承湖参加山东省生物研究所学习窖泥技术，同年实施到生产中，成效显著。

10月 该厂发表的《量、本、利分析》QC成果荣获章丘县企协第一次成果发布二等奖，《价值工程》QC成果荣获三等奖。

12月 投资6万元新建61平方米的职工浴池1处。

是年 工会投资办实体，新上胶帽车间，由原用胶帽靠购进变自产，全年生产胶帽300万套，节约开支1万元。

是年 档案管理工作被评为省级“企业档案管理”先进单位。

1990年

1月8日 该厂产品商标上的企业名称由济南章丘酒厂改为国营章丘酒厂。

是月 产值突破1000万元。

3月 投资27万元酒精车间进行扩产改造。由年产5000吨扩为7000吨。

7月11日 10点零5分酒厂酒精楼被雷击起火，11点10分将大火扑灭。

12月10日 扩产酒精4000吨。

是年 JF—4201（钴60）酒品陈香装置停止使用。

是年 该厂被中共济南市委、市政府命名为济南市级文明单位。

1991年

1月 章丘县经济委员会与章丘县酒厂承包负责人韩宪安签订第二轮企业承包合同，承包期限2年（1991年1月1日—1992年12月31日）。

1月30日 该厂西院征用5500平方米土地，投资350万元盖厂房、办公楼。

3月 54°百脉泉特曲酒在第八届食品博览会上荣获金奖。54°清照特曲酒荣获银奖。

4月27日 章酒党字[1991]2号文 任命高蔚生（兼厂办主任）、巩玉华、王者厚为厂长助理（任职期间享受副厂级待遇）。

4月 成立章丘县酒厂托儿所。

6月 1520平方米的灌装车间建成。

11月 44°、54°百脉泉特曲荣获山东省优质产品称号。

是年 投资1万元新建40平方米业余党校，30平方米的青年职工活动室。

是年 新建2209.2平方米的粮酒车间、1000平方米的曲房车间、1087平方米的配套原料仓库和1320平方米的包装车间，面积550平方米的锅炉房，并安装1台SED10—13型锅炉。

是年 在厂区西南院投资15.5万元，总面积648平方米，每户36平方米18户独院家属宿舍投入使用。

1992年

1月 与王中村委会签订“酒糟管理，归属问题”协议，并进行了第一期污水处理。

2月 投资46万元，购置安装酒精发酵和10吨燃烧锅炉微机自控设备。

3月7日 中共章丘县委章发[1992]8号文 批准章丘县酒厂为正局级企业。

4月 投资27万元在厂内开机钻510米水井1眼。

是月 投资25万元，对10口发酵池、拌料罐、糖化罐、精馏塔，一、二级冷却器等主要设备进行了大修、大换，提前10天完成大修任务。

7月 投资11万元建成的新浴池投入使用。

是月 调整生产用水，增加冷却用水的重复利用，对除尘用水、锅炉喷淋用水、粮酒冷却用水、建筑用水改井水为二次、三次用水，每小时节水50立方米，年节水40万立方米，解决了供水不足影响生产的问题。

7月6日 中共章丘县酒厂总支改建党委，韩宪安任党委书记，王传本任党委副书记。

8月 投资140万元，在厂南面宿舍区开工建设第一幢32户宿舍楼，总面积2024平方米。

9月21日 该厂更名为章丘市酒厂。

11月 投资8万元对变压器进行增容，将315千伏安变压器扩为节能型500千伏安变压器。

是年 采用新技术培制已酸菌窖泥350立方米，新建窖池190口，更新老窖池60口；采用活性干酵母新工艺，提高出酒率4.84%，多产酒48吨。

1993年

1月 章丘市经济委员会与章丘市酒厂负责人韩宪安签订第三轮承包合同书，承包期限1年（1993年1月1日—1993年12月31日）。

7月5日 为加快新产品研制的步伐，推广应用新技术，提高优质酒率，成立了章丘市酒厂科研所。

是年 开始实行年功工资。

1994年

4月10日 成立老龄委员会，王传本任主任，高蔚生、杨炳礼任委员。

4月 投资189万元，建成面积为1900平方米的综合办公楼投入使用。

8月26日 由韩宪安提议，经党政联席会研究决定 赵炜任厂长助理。

11月8日 根据《章丘市1994年度企业改制工作实施方案》

和章丘市体改委《关于企业改制试点工作中有关问题的处理意见》的通知精神，该厂改制为三方持股的股份制企业，更名为济南百脉酿酒（集团）有限公司。成立了第一届董事会，由7人组成（本公司5人，国资局和投资公司各1人），韩宪安任董事长，监事会由3人组成（国资局1人），高蔚生任监事会主席。

11月12日 投资10万元，实现了"双回路"电源供电，保障了全厂正常供电。

11月底 投资35万元，对酒精设备进行1万吨扩产改造。

是年 投资65万元，对粮酒车间空间及闲置的制曲车间、晾曲房进行改造，增建发酵池115口，使粮酒年生产能力达到400吨。

1995年

7月8日 该公司机构调整，将原科室改为三部一室：经销部、技术部、生产部、总经理办公室。

10月18日 召开第二届党委换届选举会议，韩宪安当选党委书记，王传本、赵建平当选副书记。中共章丘市酒厂党委改为中共济南百脉酿酒（集团）有限公司党委。

是年 投资2万元，新建面积110平方米托儿所1处。

1996年

2月 由杨炳礼续编1986—1995年章丘市酒厂简史。

2月8日 召开第六届工会换届选举大会，选举新一届工会委员会成员，王者厚当选为工会主席。

3月 投资150万元，建成生产能力500吨、总面积1800平方米的粮酒车间投入使用。

4月 投资5万元购进分子筛白酒净化器1套，缩短了白酒的陈熟期，改善了口感，尤其解决了白酒加水混浊及一定程度的低温失光现象，稳定了产品质量。

5月1日 成立职工体育协会。

6月 为贯彻落实章丘市《住房公积金管理办法》《提高公有住房租金办法》《出售公有住房暂行办法》章政发[1996]23号文件精神，该公司南区32户和桃花山住宅小区31户，计63户参加了住房制度改革。10月，被章丘市城镇住房制度改革领导小组评为"标兵单位"。

7月 对企业医疗保险办法进行了改革。企业职工医疗保险实行社会统筹、职工个人账户与企业调剂金结合的办法，医疗费用由国家、企业和职工三方共同承担。

8月 在桃花山住宅小区投资

2184万元，建成总面积为3260平方米的职工宿舍楼投入使用。

是年 被评为“山东省重合同守信用单位”。

1997年

2月 投资15万元购置电渗析设备生产纯净水，用于成品酒的勾兑，大大降低了加浆水的硬度。

4月28日 投资300万元建成的1000吨粮酒车间投入使用，使公司粮食酒年生产能力达到了3000吨。

11月 该公司低度白酒生产项目通过验收。

12月 撤消原销售一、二公司，设立开发总部。总经理韩宪安兼任主任，副总经理王者厚任第一副主任，副总经理赵建平任副主任。设立销售公司，由副总经理赵炜任经理，潘正江任副经理。设立司法办公室，党委副书记王传本任主任，王和顺任副主任。负责处理经济纠纷，货款清欠工作。

1998年

8月 在山东大学刘复今教授的指导下对传统窖泥培养“北斗工艺”进行大胆改革，实现了己酸菌株的单一培养，己酸菌窖泥培养开始在粮酒生产中应用。

11月 投资150万元，对酒精生产污水进行第二次治理。

12月31日 经党委考察，董事会讨论决定聘任赵炜任济南百脉酿酒（集团）有限公司总经理。

是年 该公司荣获章丘市工会颁发的“先进职工之家”和“明星工会”称号。

是年 该公司荣获章丘市“最佳效益企业”和“模范纳税大户”称号。

1999年

2月 经党委考察，董事会研究决定聘任于承溪任公司副总经理，潘正江任总经理助理。

4月 采用窖泥培养中添加窖泥功能菌，使培养的窖泥香气纯正，具有一定的抗酸性，适应窖池的生长环境。

4月18日 章经干字[1999]2号文 任命赵炜任中共济南百脉酿酒（集团）有限公司委员会副书记。

6月20日 酒精生产污水排放实现了污水治理达标，并通过省级验收。

7月1日 经党委考察，董事会研究决定聘任王和顺为公司副总经理。

7月 在明水明珠小区出资

700万元为酒厂员工购总面积7360平方米宿舍楼2幢80户。

是年 投资10万元对食堂餐厅进行改造，投资18万元购置了大客车。

2000年

3月 该公司荣获山东省经委、山东省统计局颁发的“中型企业”证书。

4月 韩宪安被山东省总工会授予“山东省富民兴鲁劳动奖章”荣誉称号。

8月8日 根据第50次市长办公会议精神和章丘市国资委[2000]第2号《关于对公司实行公退民进报告的批复意见》，济南百脉酿酒（集团）有限公司进行第二次“公退民进”改革，更名为济南百脉酿酒有限公司。选举产生了新一届董事会、监事会，董事会由5人组成，韩宪安任董事长，监事会由3人组成，王传本任监事会主席；并对公司机构重新设置，简称“四部一室”，即：生产部、技术部、经销部、后勤部、办公室。

8月8日 新改制的济南百脉酿酒有限公司成立大会隆重召开，济南市委常委、政法委书记时任章丘市委书记李家政同志到会祝贺并发表重要讲话。体制改革的成功，为企业发展注入新的活力。至11月份，完成工业总产值2675.72万元，比上年同期提高16%；工业增加值2282.85万元，比上年同期提高20.5%；销售收入5529万元，创历史同期最好水平；完成税金1190万元，比上年增长9%；全员劳动生产率32238元，比上年同期增长13.15%；主要产品产量65°白酒完成7982吨，增长14.11%。粮酒吨酒成本降到5115.73元，较上年下降11.6%，地瓜干酒吨成本由上年的2294.62元降到1729.17元，下降33%。

8月10日 第三届二次董事会研究决定聘任赵炜任总经理，于承溪、巩玉华、潘正江任副总经理，王和顺任总会计师（副厂级），王者厚任后勤部负责人（副厂级）。

9月21日 章丘市经委党委任命 韩宪安任中共济南百脉酿酒（集团）有限公司委员会书记，赵建平任副书记，王传本任纪检书记。

11月 注册“清照园”商标。

2001年

12月6日 韩宪安辞去董事长、董事职务。

是日 副董事长赵炜任公司董事长。

12月17日 经中华人民共

和国国家质量监督检验检疫总局验收，该公司成为山东省首批获得全国工业产品生产许可证的白酒厂家之一。

2002 年

4 月 王者厚任工会主席，牛遂祺任副主席。

5 月 因产品结构调整，停止酒精生产。

8 月 “清照”商标被山东省工商行政管理局认定为“山东省著名商标”。

12 月 18 日 研究制定了企业管理层和后勤服务部门岗位技效工资实施方案。岗位、技效工资制是在原档案工资增加 10%的基础上，加上各种政策性补贴、再加上工龄工资构成。岗位、技效工资各占工资总额的 50%，工龄工资和岗位工资是固定部分，技效工资随着企业每月的主要经济指标完成情况和个人所负担的岗位任务完成情况经考核发放。此次岗位工资制共分 7 类 14 个档次。并从 2003 年 1 月起实行。

2003 年

9 月 17 日 章丘市委、市政府派由徐厥臻任组长的联合工作组进驻公司，同时免去赵炜济南百脉酿酒有限公司党委书记职务。

9 月 29 日 任命徐厥臻为济南百脉酿酒有限公司党委书记。

11 月 该公司参加了章丘市城镇职工医疗保险，废除原来执行的医疗保险制度。

12 月 31 日 举行“2004 庆元旦文艺联欢会”。

2004 年

1 月 9 日 该公司首次召开离退休老同志座谈会。

1 月 13 日 党委书记徐厥臻带领部分干部到南部山区垛庄慰问与公司团委结对子的两家特困生家庭，为每户家庭送去了生活用品及慰问金。

2 月 20 日 章丘市人民政府作出关于济南百脉酿酒有限公司国有土地折价入股的决定，使济南百脉酿酒有限公司由原来民营改为国有控股的股份制企业。

3 月 5 日 章丘市政府委派原山东省汇丰机械集团总公司副总经理、中日合资章晃机械工业有限公司中方代表副总经理李成新进入公司，主持行政工作。

3 月 12 日 徐厥臻、李成新带领班组长以上管理人员到中日合资章晃机械工业有限公司学习。

3 月 全体职工为身患骨癌的

职工郭飞捐款7000多元。

4月2—3日 为提高销售队伍的整体素质，公司聘请济南市委党校专职讲师对公司全体业务人员进行了专业培训。

4月4日 粮酒车间研制150天发酵期试验取得圆满成功，质量达到国内领先水平。

4月15日 投资10万元，粮酒制曲车间引进一整套机械化制曲设备投入使用，生产能力由原来的班产2.8吨提高到5.5吨，吨曲成本降低400元，全年节约资金11万元。

是月 投资1.6万元，从山东风光电子有限公司购进高压大功率变频器，电机频率由原来的50Hz减为42Hz，电流由原来的80.8A减为40A，节电40—50%，全年节约电费6万元。

是月 投资1万多元在厂南面宿舍区修建了1条宽6米、长160米的水泥路，解决了多年来职工行路难的问题。

5月1日 销售公司在百脉泉公园举行“清照、清照园、百脉泉”系列产品宣传促销活动。

5月30日 在2004年山东白酒鉴评会上“39° 八年陈酿”和“38° 金樽清照酒”被评为省级优级产品。

6月2日 为建立一支道德品质良好、素质高并具有战斗力和市场快速反应能力的干部队伍，该公司对中层副职以上干部进行了民主测评。

6月15—23日 **公司**在全厂范围征集《百脉酿酒之歌》歌词。

6月19日 与济南市文化局、济南市京剧院联合举办“百场清照文化演出”送社区活动。

6月26日 与山东轻工业学院合作成立科研基地。

6月30日 党委在办公大楼四楼会议室召开了《庆祝中国共产党诞辰83周年》党员大会。

7月1日 该公司与中共章丘市委宣传部、章丘市文体局、济南市京剧院、吕剧团、曲艺团在市文化中心联合举办“章丘市纪念建党83周年文艺晚会”。

7月5日 征集《百脉酿酒之歌》歌词评选结果揭晓，董事长、总经理李成新的作品获总分第一名，选为济南百脉酿酒有限公司之歌，即“厂歌”。

7月8日 济南百脉酿酒有限公司第三届一次股东大会在大化集团影剧院隆重召开。大会选举产生了新一届董事会成员，即：李成新、王者厚、张传海、潘正江、马业准。大会选出了本届监事会，成员：王梅香（女）（经贸局）、王和顺、赵东玲（女）。李成新当选为公司董事长。

7 月 27 日 该公司董事长、总经理李成新带领公司管理人员参观了汇丰集团。

8 月 12 日 为使干部、员工的收入分配趋向合理，提高一线干部、员工的生产积极性，作出了下调后勤管理干部职务工资的决定。

8 月 14 日 《关于提高技术人才待遇的决定》公布实行。

9 月 16 日 科研楼完成改造装修，投入使用。

9 月 21 日 该公司通过 ISO9001 国际质量和 ISO14001 国际环境双体系认证。

是月 52°“金清照”和 36°系列八年新产品研制成功。

是月 投资 30 万元新上酒糟深加工生产饲料设备。

10 月 21 日 获得百脉泉纯净水生产许可证。瓶装纯净水上市。

10 月 22 日 通过济南市企业技术开发中心认证，成为济南市第一家食品行业市级技术中心。

10 月 23—24 日 聘请上海麦纳哲企业管理咨询公司总经理翟新兵对公司全体业务人员及中层以上管理人员进行为期 2 天的业务培训。

10 月 30 日 举行“济南市企业技术开发中心”“山东轻工业学院科研基地”“章丘市食品发酵研究所”揭牌仪式。

11 月 1—3 日 该公司与济南市食品协会、章丘市劳动局在四楼业余党校联合举办《企业职工技能培训班》，45 名员工参加培训，其中 43 人获得相关专业证书。

11 月 16 日 召开中共济南百脉酿酒有限公司委员会第四届党委换届选举会议。选举产生了公司第四届党委会。四届一次党委会选举李成新为公司党委书记，王者厚为副书记。

11 月 28 日 召开第八届工会换届选举大会，选举王者厚为工会主席。

12 月 30 日 出台关于提高临时工待遇的规定。

2005 年

1 月 5 日 在千禧龙大酒店举行“济南百脉酿酒有限公司百脉泉酒新产品发布会”暨新春座谈会。会议由经贸局局长韩军主持，副市长岳庆林、山东省白酒协会会长黄业立及各部委办局、各大企业、集团、大型酒店、商店、齐鲁晚报等共计 80 多人参加了会议。

2 月 6 日 党委书记、董事长、总经理李成新带领公司有关领导走访南部山区 4 名特困生，为她们送去慰问品及现金。

2月25日 召开保持共产党员先进性教育动员大会。同时传达了《学习年、落实年活动实施意见》。

3月7日 调整上午上班时间，将原来7：30—11：30，改为早8：00—12：00，并在全市企业中第一家开设全体员工班前早操。

是月 投资20万元，总面积1836平方米的存瓶大棚仓库投入使用。

4月22日 组织42名离退休老同志游览了章丘的朱家峪风景区。

4月26日 成功举办“济南地区白酒行业协作发展研讨会”。

5月 投资100多万元对厂区道路、科研楼地面、车间房屋等基础设施进行改造。

5月14日 组织中层以上人员到长清青少年拓展训练中心开展活动。

5月29日 清华大学职业经理培训班学习的全国各地各行业企业家40多人来公司参观。

6月18日 成立“济南百脉酿酒有限公司科学技术协作委员会”。

6月25日 组织班组长以上骨干到青岛进行主题为“成就鹰一样的个人、雁一样的团队”的封闭式团队训练营活动。

6月28日 党委书记、董事长、总经理李成新致信全体员工，就拓展训练交流个人感想，并首次提出“先做人、后做酒，做好人、做好酒”的企业理念。

7月19日 召开九届二次职工代表大会、四届二次股东代表大会、八届二次工会会员代表大会。

9月8日 参加央视名牌栏目“激情广场大家唱”，组织200人的方队激情演唱《百脉酿酒之歌》，展示了当代百脉酿酒人的风采和良好的精神面貌。

10月1日 该公司与山东鲁能泰山足球队达成“指定用酒协议”。“百脉泉”“清照”产品被山东鲁能泰山足球队指定为“专用白酒”。

10月20日 该公司与山东曲艺家协会联合建立“山东曲艺家生活创作基地”，并举行了中国曲艺家协会山东分会生活基地揭牌仪式。

10月30日 研制成功国内第一台酒糟烘干饲料设备投入生产。

是月 聘请原五粮液高级工程师胡祖荣为技术顾问来公司指导五粮生产。

11月15日 “百脉泉”“清照”牌白酒被山东省名牌战略推进委员会、山东省质量技术监督局评为“山东名牌”产品。

12月18日 根据发展需要，

济南百脉酿酒有限公司更名为山东百脉泉酒业有限公司。

2006年

3月 该公司与安徽合肥远景策划公司达成营销合作协议。

3月22日 组织班组长以上人员到淄博的“人众人”训练基地进行了为期1天的拓展训练。

6月 该公司创建的“山东省职工代表大会规范化建设先进星单位”通过山东省总工会的验收。

6月24日 组织全体党员赴聊城参观孔繁森纪念馆。

7月8日 在二楼会议室举行《山东百脉泉酒业有限公司志》编纂启动仪式。

8月4—6日 组织销售公司50多名业务人员到龙口南山集团开展“销售团队训练营”活动。

8月8日 “百脉泉酒豪情”系列酒推介会在千禧龙大酒店举行。

8月20日 被济南市企业信誉评价工作委员会评为“济南市企业信誉一等AAA级企业”。

9月8日 参加《欢乐中国行·走进章丘》活动。

9月11日 该公司与山东省残疾人福利基金会共同举办的“滴水情·百脉泉”爱心助残签约仪式在公司办公楼前广场隆重举行。省残疾人福利基金会领导张瑞凤、陈希岳、周克明、李新兰及章丘市领导张振彪、岳庆林出席了签约仪式。

10月1日 在百脉泉广场举行首次大型宣传演出活动，本次活动以“家家团圆·百脉泉酒”为主题，活动方式有节目表演、观众互动、有奖竞猜、现场售卖，生动地宣传了公司产品和企业文化。

10月 先后投资15万元，对包装车间5台老式灌装机全部进行了更换。

是月 “百脉泉”商标被山东省工商行政管理局认定为山东省著名商标。

11月 山东鲁能足球俱乐部有限公司向山东百脉泉酒业有限公司发来感谢信，感谢该公司对荣膺“双冠王”的赞助和支持。

11月26日 清华大学职业经理培训中心山东总裁同学会筹备会在公司举行，参加会议的有党委书记、董事长、总经理李成新及来自全省的十几家企业的领导人。

12月22日 该公司举行离退休老同志座谈会，与会老同志参观了厂区及主要生产车间，听取了党委书记、董事长、总经理李成新同志的讲话，并就《公司志》编纂工作中的有关问题进行了讨论。

12月26日 自主设计制造的

BMQ大型酒糟烘干设备综合技术通过省级鉴定，填补了国内空白。

12月 董事长、总经理李成新当选为章丘市“十佳文明市民”。

是年 先后投资100多万元，购置10辆服务面包车，新建存酒大棚，改造原酒精楼、销售办公楼、公司大门、车间生产场地等基础设施。

2007年

1月 党委书记、董事长、总经理李成新荣获“山东酒行业十大风云人物”，“百脉泉”品牌荣获“山东酒行业最具竞争力品牌”称号。

1月26日 生产出第一批质量过硬、品质上乘的“百脉泉”米酒。

2月 《百脉泉酒业报》创刊。

是月 该公司荣获中贸联合企业管理中心颁发的“中国政府官员与企业家峰会暨新春联谊会人民大会堂纪念奖牌”。

是月 《研制酒糟烘干设备，增加企业经济效益》QC成果荣获2006年度章丘市优秀质量管理成果一等奖。同时被授予济南市2007年度质量管理二等奖。

5月 投资60多万元，对厂区近2000平方米的路面进行硬化，新建近600平方米的储酒大棚，对包装车间进行改造，对车间、科研楼、食堂等进行粉刷，改善了公司的外貌形象。

5月13日 以“齐鲁情·燕赵缘”为主题的百脉泉产品推介会在河北石家庄裕华大酒店隆重举行。本次推介会是该公司省外市场影响力和号召力最大的一次会议，开创了省外联谊会规模化的先河。

5月19日 组织2006年度先进、劳模、工会积极分子共40多名员工到“三王峪新概念拓展训练中心”参加为期一天的拓展训练培训。

5月25日 董事长、总经理李成新，工会主席王者厚等为官庄乡渔湾村青年徐宝天送去了电脑，为这位身残志坚的农民文学爱好者解决了文学创作中的一大难题。

5月25—26日 在四楼党校举办班组长以上干部培训班，由济南瀚文管理咨询公司总经理尹辉主讲了干部素质与团队执行力的有关知识。

5月27日 在济南市2007年“全国企业家活动日”庆祝年会暨济南市企业家自主创新论坛会议上，董事长、总经理李成新荣获“第九届济南市优秀企业家”荣誉称号。

6月5日 该公司荣获由济南市委、济南市政府颁发的“济南市文明单位”荣誉奖牌。

6月7—9日 济南瀚文管理

咨询公司专家组通过调查访谈和问卷调查，对公司进行了管理问题诊断。

6月9日 94名在职党员参加了庆祝中国共产党诞辰八十六周年大会。

6月25日 该公司与济南绿野商贸有限公司“携手清照，共赢泉城”为主题的“清照”新品系列产品启动大会在济南黄台大酒店召开。

是月 该公司荣获由中共济南市委组织部、济南市国资委党委颁发的济南市国有企业“四好领导班子先进集体”荣誉称号。

7月 按照中共章丘市纪委文件和全市开展“廉政文化建设示范点会议”精神，该公司作为全市“廉政文化进企业”示范单位，于7月2日出台中共山东百脉泉酒业有限公司委员会《加强廉政文化建设实施意见》，成立以党委书记李成新任组长，党委副书记王者厚任副组长，党委委员任成员的领导小组，“廉政文化建设”工作正式展开。

是月 为加大企业管理力度，结合公司人力资源培训计划的实施，在开展干部素质培训的同时，先后投资20多万元，为公司所有部门配备电脑39部，内部联网，实现了办公自动化。

是月 把原酒精楼改造成新的散酒库，散酒库进行了整体搬迁，增加了散酒库存容量。同时在搬迁过程中使用的输酒管道，公司大胆创新，采用台湾产较为先进的UPVC塑料材料进行替代，仅此一项，为公司节约资金47万元。

7月13日 在四楼党校召开第四届一次股东大会，选举产生了新一届董事会、监事会。董事会由7人组成，即：李成新、王者厚、张传海、潘正江、马业准、王峻虎、张刚。监事会由3人组成，即：王梅香（女）(经贸局）、王和顺、赵东玲（女）。李成新当选为公司董事长。

7月19日 为进一步完善规范化管理体系，建立科学、规范的工作流程，自2007年7月1日—2008年1月，与济南瀚文管理咨询有限公司协议合作，引入规范化管理模式，使公司内部管理水平上了一个大台阶。同时成立项目指导委员会，董事长兼总经理李成新任主任，王峻虎任副主任兼公司方项目组经理，张传海、马业准、刘永彬、赵京彬、孟令革、孙立慧（女）、马建新、张兵任成员。

7月21日 经科研人员的技术攻关，在39°基础上，改进推出了添加具有养肝护肝功能尖端生物产品的新产品“绵柔型八年清照特曲”。

7 月 24 日 在二楼会议室举行与济南瀚文管理咨询有限公司合作，进行企业规范化管理项目工作启动仪式。

8 月 17 日 中国食文化研究会会长，原中国轻工部副部长杜子端来公司参观指导。

8 月 29 日 对粮酒车间生产用水进行技术改造，对冷却水进行回收、集中、储存利用，用于包装车间刷瓶使用，替代了原蒸汽加热凉水的方法，取得了明显的经济效益，按照每天收集水 300 吨、节水 30%，每年生产 10 个月、每方立水 1.8 元计算，每年可节约开支 6 万元。节汽每天按照 3 吨、每吨 125 元计算，每年可节约 11 万元，水、汽两项共计节省开支 17 万元。在此基础上又利用南宿舍楼取暖排放的废水、废汽回收集中到储水池中供包装车间使用，实现了南宿舍楼取暖的综合利用，避免了浪费现象。

8 月 30 日 董事会聘任张传海、潘正江、马业准、王峻虎为副总经理。

是月 销售收入突破亿元大关，提前一年实现即定目标，创公司历史之最，促使公司走上了规模化发展的轨道，为建厂 60 周年献上一份厚礼。

12 月 21 日 党委书记、董事长、总经理李成新当选为济南市第十四届人民代表大会代表，成为公司建厂以来第一位济南市级人大代表。

12 月 28 日 山东鲁能泰山足球队竞训队经理张立弟带领队员舒畅、高尧、李雷雷、王超、矫喆、刘金东等来公司联谊，共度新春。章丘市副市长王继民参加，章丘电视台《今日章丘》报道。

12 月 芝麻香型白酒试验成功。

是月 经过 7 月底—12 月与济南瀚文管理咨询有限公司为期五个月的管理咨询工作。协助制定完成了公司战略规划、组织结构调整、业务流程优化、目标计划管理体系设计、以薪酬和考核为核心的人力资源管理体系建设、企业文化纲领建设等六部分项目内容。并取得了初步的效果。

是月 与《济南日报》开展的庆祝百脉泉酒业建厂 60 周年“百脉泉酒业”杯有奖征文活动正式启动。

是年 投资 30 多万元，先后新上包装生产线 1 条、大型冲瓶机 1 台、烘干箱 2 台、喷码机 4 台、封箱机 3 台，实现半自动化生产，提高劳动效率 20%。

2008 年

1月 出台百酒字［2008］1号文《关于开展“管理创新年”活动的通知》，开展以内抓节能降耗、外拓销售市场为重点的管理创新年活动。

1月29日 举办了“光辉六十年”2008迎新春联欢会，山东曲艺家协会、章丘市总工会、经贸局有关领导出席联欢会，公司员工参加演出，济南市曲艺团的演员表演了山东快书，五粮液集团高级工程师胡祖荣，公司党委书记、董事长、总经理李成新即兴演唱。联欢会以歌曲、舞蹈、戏曲为主，展示了广大员工的才艺，活跃了企业文化生活。

1月30日 垛庄镇副镇长郭荣岗、办事处书记部先波、上琴子村书记邢祖庆一行三人为公司送来“百脉送光明、清照进万家”锦旗，表达山区群众对公司给予无私援助的感激之情。

2月 公司参加第二十届百脉灯会，展出了主题为“为奥运干杯”的大型机械花灯，灯长18米，灯高6.2米，框架高8米。内容为九龙喷酒、五环标志、奥运福娃干杯、鼠年大吉、鞭炮迎春等，人物栩栩如生，寓意百脉泉酒业全体员工喜迎奥运、期盼奥运的心情，展示了企业风采及公司60年的辉煌。

2月18日 召开“山东百脉泉酒业有限公司招聘大学生新春座谈会”。

3月5日 在“雷锋纪念日”到来之际，公司团委组织“山东百脉泉酒业有限公司青年志愿者服务队”，参加了在百脉泉广场举行的启动仪式，开展了志愿服务活动。

3月6日 在市文化中心召开的全市工业经济工作会议上，董事长李成新荣获“发展工业经济优秀创业者”荣誉称号。

3月 根据2008年岗位绩效薪酬考核管理办法实施新的工资发放标准，自2008年1月开始实施。

3月24日 出台《关于成立厂庆活动筹备委员会通知》，要求着手庆祝建厂60周年活动筹备工作。

4月11—14日 召开2008年职工运动会和技能大比武。

4月22日 组织62名离退休人员到济南植物园开展春游活动。

4月 该公司荣获得劳动关系和谐企业荣誉称号。

党委书记李成新荣获劳动关系和谐企业“济南市五·一劳动奖章”荣誉称号。

工会主席王者厚荣获职工职业道德建设“济南市五·一劳动奖章”荣誉称号。

3—4月 对原酒仓库储存能力进行扩建，并对原储酒罐进行立体改造。在原酒储存能力2500吨的基础上，新增加5个100吨的钢制储酒罐，总设计500吨，并对原部分储酒容器进行了空间立体改造，新增加17吨储酒罐3个计51吨。本次扩建使公司的原酒储存能力由2500吨扩容达3051吨。

5月4日 技术副总经理马业准荣获共青团章丘市委“五四青年奖章”荣誉称号。

5月4日 组织64人合唱团在市文化中心参加由章丘市共青团举办的演出活动。

5月12日 14点28分，四川汶川县发生里氏8.0级大地震。16日公司结合开展“慈心一日捐”活动，募捐资金36000元，为灾区人民献出了爱心。23日，公司全体党员共上交“特殊党费”22770元。24日，董事长李成新在章丘市赈灾捐款活动中代表企业举牌捐款23.6万元。

5月19日 下午14点28分，公司全体员工在办公楼前集体默哀三分钟，沉重悼念四川大地震遇难的同胞。

5月23日 中共章丘市市委书记毕筱奇到公司调研，对公司发展取得的成绩给予充分肯定，对今后的管理和建设提出指导性意见。毕筱奇指出章丘酒厂经过几次改制和不断加强管理，企业走上良性发展道路，获得省名牌产品称号，一个品牌能经久不衰，要靠质量，要加强工艺研究，这样才能销售好，效益才能提高，使企业步入良性循环，越来越壮大。同时，他还对企业现代化管理、关心职工生活、企业文化建设、安全生产提出具体要求，对企业领导班子建设提出殷切希望。市委常委、秘书长孟学峰及经贸局局长李兴贵等领导陪同调研。26日，公司下发文件，对毕筱奇讲话及时传达学习，并认真组织落实。

5月26日 章丘市人大常委会主任李玉新来公司调研，听取了公司董事长李成新的汇报，认真询问了班子成员的构成情况，对公司近几年的发展给予了充分肯定。针对企业发展从管理的力度、品牌建设、职工生活、发挥党组织的先锋模范作用等方面提出了要求。

6月7日 “百脉泉商标”被认定为“中国驰名商标”。

6月13日 章丘市政府领导、到公司调研，政府秘书长赵立元、市经贸局局长李兴贵等领导陪同。先后参观了山东百脉泉酒业有限公司的包装车间、地下酒库、粮酒车间等。对公司生产和规范化管理及近几年的发展给予了充分肯定。领导指出：通过参观，看到公司整个生产既有积淀很深原酒储存，又有现代化的生产、包装、防伪设备，公司领导班子团结敬业，干部职工自强不息，产品品牌知名度高，企业发展很快，为章丘的经济发展做出了很大贡献。同时就开拓市场、科技研发、提升品牌力度及加强班子建设等方面提出了要求。

6月17日 公司通过国家AAA级标准化良好行为企业验收。

7月23日 祥云火炬在济南传递，公司组织50人在公司党委副书记王者厚的带领下到济南迎接奥运火炬，为奥运加油！

9月 公司组织机电车间制造班为3个职工宿舍区安装13套健身器材，为公司节约资金2万多元。

9月4日 中国酿酒协会秘书长赵建华、中国酿酒工业协会副会长、副主任委员李永青，在山东白酒协会会长谢宁、秘书长蒋彬的陪同下到公司指导工作。

9月26日 公司在章丘市文化中心隆重举行60年华诞庆典。国家、省、济南市相关领导及市领导毕筱奇、李玉新、王继民、郭现和出席庆典。

10月24日 中国工业协会秘书长、白酒专业委员会会长马勇到公司参观指导。

10月29日 由山东省白酒工业协会主办、山东百脉泉酒业有限公司承办的山东省人工窖泥生产技术论坛在章丘宾馆隆重召开。

11月 公司通过ISO9001国际质量、ISO14001国际环境双体系认证复审。

是月 公司投资20多万元新建600平方米钢结构储酒仓库。

12月 公司投资23万元购买高玉珍酿酒老宅四合院“福祥和”旧址1处，以备修建公司酒文化展馆。

2009年

1月10日 中共章丘市委常委、宣传部部长亓峰来公司调研企业宣传工作，市经贸局局长李兴贵、公司党委书记李成新及班子成员陪同进行调研工作。

1月17日 公司成功召开2008年度总结表彰大会。

1月19日 公司在二楼会议室召开迎新春大学生座谈会。

1月20日 公司党委书记、董事长、总经理李成新一行对南部山区垛庄镇3家特困户及4个贫困学生进行了走访慰问。

2月 章丘市总工会主席刘尊烈为公司《百脉泉酒业报》创刊两周年题词。

是月 第二十一届“百脉灯会”上，公司展出的“富裕、和谐、幸福大家园”机械花灯，以其新颖、活泼的造型，受到市民的一致好评。

3月3日 由公司冠名的“百脉泉酒业杯”中澳冠军足球对抗赛在省体育中心举行。

3月5日 由章丘市妇联、章丘市文体局主办、公司赞助的“迎全运山东百脉泉酒业杯”女子乒乓球比赛在市体育馆隆重开幕。

3月9日 公司召开深入学习实践科学发展观动员大会。市委指导检查十一组组长孟昭顺作重要讲话。

3月27日 公司举办深入学习实践科学发展观暨营销知识竞赛。

3月31日 济南市统计局领导到公司调研一季度经济运行情况。

4月2日 由山东白酒协会主办，公司协办的“中国生态酿酒倡导者”新闻发布会在济南隆重召开。中国白酒泰斗沈怡方、高景炎及山东白酒行业李伟鸣、谢宁、姜祖模、黄业立等专家领导齐聚一堂，共同论证了生态酿酒工艺对白酒行业的重要作用。

4月13—15日 公司举办了2009年春季运动会和各岗位技能大比武。

4月21日 公司党委班子成员及全体销售业务人员在七里河度假村举办了2009年第一季度销售工作总结表彰大会暨营销培训。

4月23日 公司工会组织离退休老同志到济南野生动物园进行了一年一度的春游活动。

4月29日 法国三大财团之一MAFF集团旗下的品酒汇有限公司执行总经理兼中国公司董事长皮尔一行到公司考察。山东省法制办主任高存山、秘书处副秘书长黄庆、副市长白秋生、公司党委书记李成新陪同进行了考察。

5月5日 市委学习实践科学发展观扎实推进“两年”活动现场办公会在公司召开。市委常委、常务副市长王道忠、市政府副秘书长赵太行及相关单位负责人参加。

5月16日 公司组织员工骨干到垛庄七星台风景区拓展训练基地进行了为期1天的拓展训练。

5月19日 公司积极组织员工开展“慈心一日捐”活动，公司及员工470多人共计捐款28000元。

5月21日 公司清照生态原浆新品上市推介会在济南天禧顺和商务酒店隆重举行。

6月26日 公司召开济南至日照《百脉泉酒业号品牌铁路专列首发仪式新闻发布会》。

6月27日 为庆祝中国共产党建党88周年。公司组织在职党员90多人到“山东蒙阴孟良崮遗址区”开展了为期1天的红色教育活动。

6月30日 公司召开全体党员大会，热烈庆祝建党88周年。

7月16日 市委常委、副书记孙君涛带领市委稳定工作会议全体人员一行到公司检查调研基层稳定工作。

7月21日 公司召开第九届九次职工、四届六次股东、八届九次工会会员代表大会。

7月23日 山东省企业家协会副秘书长程琳率省企业家协会考察团部分成员到公司进行现场调研。

7月27日 公司蒸汽管道改造全部完成，一次性试气成功。

8月13—15日 公司组织首批幸运消费者到河南云台山开展“百脉泉酒—生态之旅”活动。

9月30日 副市长王继民带领安监、地矿、经贸、公安等部门负责人，就全市节日安全生产工作到公司进行了视察。

是日 由章丘市委、市政府主办、公司独家承办的“百脉泉之夜 庆祝中华人民共和国建国六十周年大型焰火晚会”在桃花山公园拉开帷幕。

10月25日 中国企业家管理思想国际俱乐部专家组一行在于彦忠秘书长带领下到公司考察调研。

10月28日 济南市总工会副主席董福茂来公司对工会“加强职代会规范化建设”进行了指导检查。

11月7—9日 公司党委书记、董事长、总经理李成新随企业家代表陪同国家总理温家宝访问埃及，参加第三届中非合作论坛。

12月18日 “山东百脉泉酒业男子排球队”冠名仪式新闻发布会在山东省体育局隆重举行。

12月25日 公司党委、工会组织80多名离退休老同志在公司餐厅举行了座谈会。

2010年

1月6日 公司“百脉泉生态芝麻香”新产品上市新闻发布会在章丘宾馆隆重举行。山东省轻工办李伟鸣主任、山东省白酒工业协会副会长姜祖模、章丘市人大副主任李万百、章丘市政协副主席孟庆珍等市领导参加。

1月9日 公司济南分公司正式挂牌成立。

2月4日 公司党委书记、董事长、总经理李成新一行对辛寨镇胡家村4个特困户及贫困学生进行了走访，为他们送去了慰问金、慰问品及学习用品。

2月5日 公司隆重召开2009年度总结表彰大会。

3月5日 公司与远景营销

管理咨询公司连续五年签订合作协议。

3月27—28日 公司董事长李成新随中国企业家代表团陪同国家副主席习近平访问瑞典，期间参加了“中瑞企业合作与创新论坛”。

3月 公司实施新的选人用人机制，公司所有中层干部全部下岗，重新参加岗位竞聘。

4月9日 公司党委书记、董事长、总经理李成新参加由章丘市委、市政府举办的“章丘四宝进世博”新闻发布会，公司产品成为世博会鲁菜馆指定用酒。

4月14—16日 公司成功举办了2010年职工春季运动会暨技能大比武。

4月15日 济南市食品工业发展（章丘）座谈会在公司隆重召开。

4月21日 公司顺利通过济南市企业联合会组织的企业管理状态评审。

4月23日 公司工会组织离退休老同志到淄川蒲松龄故居开展了为期1天的春游活动。

5月28日 由公司赞助并协助拍摄的情感商战电视连续剧《有爱就有家》开机仪式在锦屏山影视文化产业基地隆重召开。

6月1日 公司党委副书记、工会主席王者厚等一行3人前往辛寨镇胡家村小学进行了慰问，为孩子们送去了慰问金。

6月21—28日 公司董事长李成新随中国企业家代表团陪同国家主席胡锦涛访问加拿大，于当地时间6月23日下午13点参加了“第四届中加经贸合作论坛”。

6月30日 公司党委组织全体党员到西柏坡进行了为期1天的红色教育。

7月28日 公司在四楼会议室隆重举行第五次股东、十次职工、九次工会会员代表大会。

8月3日 公司党委组织召开第五次党员代表大会。

9月9日 公司在章丘宾馆隆重举行“清照品牌代言人董姝签约仪式暨新闻发布会”。

9月11日 章丘市人大常委会主任李玉新、副主任李万百、董宝峰、孟庆杰一行到公司调研。

9月16日 山东省政协经科委主任孙立新、济南市政协副主席刘少玲、章丘市政协主席岳庆林、副主席牛余和、孟庆珍、秘书长王永年一行到公司调研。

9月27—30日 公司产品在山东省第三届文化产业博览交易会章丘馆成功展出。

10月15日 公司成功参加了济南市人民政府与山东省文化厅共同承办的首届中国非物质文化遗

产博览会。百脉泉传统酿酒技艺被认定为济南市级非物质文化遗产项目。

11 月 12 日 公司工业游项目顺利通过省旅游局检查验收，成为“山东省工业旅游示范点”。

11 月 22 日 济南市 2010 年度基层党建检查组到公司检查基层党建工作，中共章丘市委副书记王道忠陪同检查。

11 月 25 日 济南市政协副主席王可敏、张印峰一行到公司视察。

12 月 3 日 济南市人民政府经信委节能办及清洁生产专家组一行在章丘市经信局、环保局领导的陪同下，对公司清洁生产审核工作进行了检查验收。

12 月 9 日 公司党委书记、董事长、总经理李成新，公司党委副书记王峻虎参加对所包村辛寨胡家村修建的路面硬化工程竣工庆典。

12 月 16 日 公司顺利通过首批章丘市信息化示范企业验收。

12 月 27 日 章丘市经信局党委副书记师顺平等对公司党委领导班子成员 2010 年工作情况进行考察。

12 月 28 日 公司举行 2011 年离退休老同志新年座谈会。公司党委书记、董事长、总经理李成新携班子成员参加座谈会。

2011 年

1 月 22 日 “钱兔无量 宏图大展——2011 年新春百脉泉酒业经销商答谢会”在章丘宾馆举行。

1 月 25 日 公司隆重召开 2010 年度总结表彰大会。

2 月 26 日—3 月 1 日 北京埃尔维质量认证中心对公司质量环境管理体系进行了再认证审核。公司顺利通过审核验收。

3 月 25 日 山东省总工会主席齐太生、民管部副部长谭博、主任科员杨宝光、民管部长韩跃等到公司调研。

4 月 21 日 公司组织离退休老同志到济南九顶塔民俗欢乐园进行春游活动。

5 月 19 日 公司携首个“中国旅游日”举行酒文化馆开馆仪式。

6 月 3 日 公司顺利通过 ISO22000 食品安全体系认证。

6 月 10 日 山东省内审协会会长张兆喜到公司视察工作。

6 月 11 日 为迎接党的 90 周年华诞，公司组织百余名党员到北京天安门、毛主席纪念堂、军事博物馆、长城等地进行参观，加强党员红色教育。

是月 公司举办首届员工书法、摄影、绘画才艺展，丰富员工文化生活。

7月5日 山东省总工会法律部李新建部长和赵玉玲部长到公司审查验收“创建山东省劳动关系和谐企业”工作。

7月7日 公司召开全体党员大会，热烈庆祝建党九十周年。

7月29日 公司申报的科技型中小企业创新项目“酒糟一次性烘干设备”验收会成功举行。

是月 公司举办“金榜题名·涌泉相报”大型高考公益赠酒活动。

8月23日 济南市食品协会会长阎世春与济南市经信委、史志办等领导到公司调研。

9月7日 公司与济南市社会福利院签订“每销售一箱清照园品牌1999系列酒为福利院孤寡老人捐赠一元钱”的协议。

9月17—18日 公司工会组织全体职工分两批开展了“日照一日游”活动。

9月19日 “中国女士白酒创新委员会”、“女士白酒创新课题组”成立大会在公司举行。

9月30日 共青团山东百脉泉酒业有限公司委员会换届工作会在酒道馆举行。共青团章丘市委副书记孟亮、经信局党委副书记师顺平、经信局团工委书记高筱惠、公司党委书记李成新、党委副书记王峻虎等参加，王国林当选新一届团委书记。

11月 公司顺利通过“山东省级技术中心认定”。

是月 公司技术总工程师杜祥宝同志荣获第八届全国白酒国家评委称号。

11月18日 韩国河东郡政府代表团到公司参观访问，公司党委书记、董事长、总经理李成新及班子成员陪同。

是日 济南市食品协会会长阎世春带领全国各县、市食品协会会长一行20多人到公司参观访问，公司领导李成新、张传海、马业准陪同参观。

11月11日 公司顺利通过国家AAA级标准化良好行为企业复审。

11月18—20日 “百脉泉酒业杯”2011第五届中国（山东）国际糖酒食品交易会在济南国际会展中心隆重召开。

12月 公司质量、环境、食品安全三体系顺利通过审核验收。

12月10日 山东百脉泉酒业有限公司莱芜办事处隆重开业。

12月27日 公司举行2012年离退休老同志新年座谈会。

12月30日下午 市领导刘天东、王继民、白秋生带领有关部门负责人到公司视察节日期间食品安全及安全生产工作。

2012 年

1 月 9 日 “真情相伴 · 携手共赢—2012 年春节百脉泉酒业经销商答谢会”在章丘宾馆三楼会议厅举行。

1 月 14 日 百脉泉酒业白酒品鉴委员会成立大会在公司隆重召开。

1 月 15 日 公司隆重召开 2011 年度总结表彰大会暨春节联欢会。

1 月 17 日 公司销售总经理马业准在莱芜市高庄街道办事处领导的陪同下，慰问了高庄街道敬老院的老人们。

2 月 8 日 公司按照市委、市政府要求，开展“新征程 新气象 新作为”大讨论活动。

2 月 26 日—3 月 1 日 公司董事长李成新作为济南市第十五届人大代表在济南参会。

4 月 12—14 日 公司举办了职工春季运动会暨技能比武大活动。

4 月 公司组织销售公司全体业务人员在潍坊国防培训基地召开为期一周的军事训练，期间举行了销售公司一季度总结表彰大会。

4 月 15—17 日 公司参加了在滨州国际会展中心举办的 2012 年山东省糖酒商品交易会春季会。

4 月 19 日 山东百脉泉酒业有限公司与章丘一职专企校合作，成立“百脉泉酒业班”签约仪式在章丘一职专隆重举行。

4 月 25 日 公司组织离退休老同志 100 多人前往红叶谷参观游览。

5 月 4 日 公司组织 50 多名团员青年参加章丘市纪念“五四”运动 93 周年暨庆祝建团 90 周年活动。

5 月 18 日 在“第二个中国旅游日”来临之际，山东百脉泉酒业有限公司邀请市级以上离退休（离岗）老领导来企业指导发展、品评百脉美酒。

6 月 公司以“走出企业看差距”为学习内容，展开新一轮“新征程 新气象 新作为”大讨论活动。

6 月 6 日 山东百脉泉酒业有限公司与济钢集团耐火材料责任有限公司租赁土地签约仪式在百脉泉酒业有限公司隆重举行。双方单位领导班子成员参加，李成新董事长与张吉江董事长代表双方进行签约。

6 月 8—10 日 为庆祝中国共产党建党 91 周年，公司组织全体党员、干部、劳模、能手、十佳赴潍坊国防综合训练基地进行了为期 3 天的军事训练。

6 月 10 日 公司食堂二楼改建成销售部门办公室的工程竣工，市场部、直销部、大客户部、结算中心等部门迁入，为厂区进一步合理规划布局奠定良好基础。

6 月 16 日 山东百脉泉酒业有限公司新厂区建设项目开工奠基仪式隆重举行。

6 月 18 日 山东省总工会副主席齐太生一行 5 人慰问公司困难职工，为公司困难职工王静送来慰问金，把“面对面、心贴心、实打实服务职工在基层”活动真正落到了实处。

7 月 6 日 《齐鲁晚报》伦敦奥运报道团启程授旗仪式在公司隆重举行。公司董事长李成新为奥运报道团授旗。

7 月 25—27 日 公司组织全体销售人员在大乳山展开拓展训练，期间举行销售公司上半年工作总结会议。

7 月 31 日 公司举办“喜迎十八大百题知识竞赛”活动，上级领导王福光、韩军、孟昭贤、陈伟、高进、胡学双、公司领导班子及全体干部员工参加活动。

8 月 1—3 日 公司主办的《金榜题名 · 涌泉相报》，为考入一本的大学生免费赠酒公益活动在历城、章丘、济南市区 3 处赠酒点分别进行。

8 月 14 日 章丘市食品饮料行业协会选举大会在龙泉大厦隆重召开。公司党委书记、董事长、总经理李成新当选为首届章丘市食品饮料行业协会会长。29 日，章丘市食品饮料行业协会成立大会暨揭牌仪式在交通技校举行。

8 月 15 日 公司在轻工设计院等部门的参与监督下，公司公开公正的举行了新厂区建设项目招标，最终确定山东聚鑫集团钢结构有限公司和济南建工总承包集团有限公司两家施工单位。9 月 3 日，公司与两家承包单位签订了《新厂区建设项目建设合同》，并于 9 月 8 日隆重举行开工典礼。

9 月 6—10 日 第二届中国非物质文化遗产博览会在古城台儿庄举办。公司百脉泉传统酿酒技艺作为非物质文化遗产传承项目，参加了此次盛会。

9 月 19 日 山东省内审协会、济南市内审协会相关领导一行莅临公司进行审计工作调研。

9 月 29 日 公司过街天桥开工仪式隆重举行。

11 月 8 日 举世瞩目的中国共产党第十八次全国代表大会隆重开幕，公司组织全体党员、中层以上干部及各岗位骨干聚集在会议室共同收看十八大开幕盛况，学习聆听胡锦涛主席重要讲话。

11月13日 章丘市厂务公开民主管理检察领导小组对公司厂务公开民主管理工作进行检查，对公司厂务公开工作给予高度评价。

11月13日、15日 章丘市食品饮料协会会长李成新同志携同几位副会长以及民营办主任钟贵亭同志等一同走访了汇友金核桃乳业、清照包装厂、万森印务和居易酿造公司四家会员单位企业。

11月18日凌晨12点58分 山东百脉泉酒业有限公司过街天桥桥梁主体吊装工程圆满完成。

12月20日 公司邀请济南市检察院职务犯罪预防处副处长毕朝暾进行了题为《反腐倡廉 预防职务犯罪》的专题廉政讲座。

12月27日 经贸局领导班子考察组一行3人莅临公司，对公司领导班子成员2012年工作情况进行考察，公司党委书记、董事长、总经理李成新、公司领导班子成员及员工代表参加会议。

2013年

1月6日 山东省总工会副主席齐太生一行到公司困难职工家中慰问，并带去了慰问金和慰问品。

1月7—12日 公司党委书记、董事长、总经理李成新作为济南市人大代表参加了济南市第十五届人代会二次会议。

1月12日 由山东省白酒协会、山东省糖酒副食品商业协会、齐鲁晚报主办的“鲁酒有约，走进鲁酒，2013年山东消费者体验鲁酒振兴之旅”首站体验活动在山东百脉泉酒业有限公司拉开序幕。

1月13日 公司召开离退休老同志新春座谈会。

1月20日 章丘市食品饮料行业协会迎新春座谈会在公司举行。

1月25日 公司党委书记、董事长、总经理李成新一行对辛寨仪张村的特困户及困难党员进行了走访慰问。

1月30日 “真情相伴 携手共赢——百脉泉酒业2013年迎新春客户答谢会”在章丘宾馆三楼会议厅举行。

2月2日 山东百脉泉酒业有限公司2012年度总结表彰大会暨2013年新春联欢会隆重召开。

2月21日 中国轻工业管理协会李娟会长一行莅临公司检查指导企业管理创新成果建设情况。

2月 公司设计制作的以“用心酿造美好生活”为主题的彩灯参展第二十五届章丘市百脉灯会，观展受到百姓欢迎。

3月2日 公司参加由团市委、市文明办组织开展的“弘扬雷锋精神·建设美好家园”主题实践活动暨青年志愿者“深化创卫成果·争当青年先锋”行动。

3月13日 山东四君子集团董事长李新民一行20多名管理人员到公司参观交流。

4月11—13日 公司举办职工春季运动会暨技能大比武活动。

4月16—20日 由共青团章丘市委、市总工会、市教育体育局主办，由百脉泉酒业公司冠名的章丘市《百脉泉酒业杯》五一职工篮球赛暨全民健身月启动仪式在市体育馆举行。

4月18日 中国企业家思想俱乐部于彦忠秘书长一行到公司参观考察。

4月19—21日 公司参加了由山东省糖酒副食品商业协会和淄博市人民政府共同主办的山东省春季糖酒会。

4月26日 章丘市人大主任李玉新率领市人大代表一行到公司检查安全生产工作。

4月28日 公司在酒道馆举办了“2013年百脉泉酒业首届寻找民间老酒鉴评”活动。

5月15日 公司组织中层副职以上管理干部及重要岗位人员60多人到山东省监狱接受廉政建设警示教育。

5月16日 山东鲁能花式足球表演队来公司进行巡演交流。

5月 经山东省质量技术监督局批准，公司正式取得“配制酒”生产许可证。

6月6日 在公司党委的安排部署及各部门的通力协作下，新厂区搬迁工作顺利完成。

6月9日 章丘市政法委书记王继民率安监局、经信局等相关部门到公司检查安全生产工作。

6月29日 山东百脉泉酒业有限公司新厂区启用仪式隆重举行。

是月 公司在老厂区改建了现代化的职工餐厅、职工活动中心、篮球场等场所，改善了员工的就餐、活动环境。

是月 公司按照章丘市慈善总会的安排，组织开展了以“携手共善、共建和谐”为主题的“慈心一日捐”活动。

7月14日 公司销售工作上半年总结大会暨拓展培训在蓬莱隆重召开，120多名销售业务人员及中层干部参加。

7月20日、23日 公司主办的“金榜题名·涌泉相报”为优秀高考生赠送百脉泉生态原浆酒公益活动，分别在济南泉城广场和百脉泉酒业公司举行。

7月31日 章丘市委副书记李文秀及市总工会主席刘维圣等到

公司开展夏季送清凉活动。

8月6日 济南市总工会常务副主席朱守华一行到公司开展党的群众路线教育实践调研活动。

8月15日 公司参加了由章丘总工会举办的章丘市“安康杯”职工安全卫生知识竞赛，并在决赛中荣获三等奖。

9月5日 章丘市副市级以上的退休老同志莅临公司视察指导工作。

9月10日 章丘市十余名书画家走进百脉泉酒业参加迎中秋联谊活动。

是月 公司推出的“清照特曲三代”新品正式上市，同时开展了回馈消费者大型促销活动。

9月14日 山东省质监局对公司在白酒生产许可证中新增清香型白酒生产项目进行了现场审查，并顺利通过。

9月14—15日 公司生产的百脉泉酒参展了由章丘市委宣传部、市团委、市妇联、市民政局、市文广新局主办，章丘市新闻中心承办的“2013章丘首届婚博会”。

9月15—22日 公司生产的多款产品参展绣源河景区“章丘之眼”广场举办的台湾美食节活动受到广大消费者青睐。

11月16日 章丘市组织科学发展观现场观摩会，刘天东、李玉新、岳庆林等市级领导一行观摩了公司新厂区建设项目及投产情况。

11月22日 公司参展了由济南市人民政府、山东省经济和信息化委员会主办，济南市经济和信息化委员会、济南市商务局承办，山东百脉泉酒业全程冠名的“百脉泉酒业杯”2013第七届中国（山东）国际糖酒食品交易会。

11月28日 公司“学习宣传贯彻党的十八届三中全会精神党员干部大会”在公司酒道馆隆重召开，并开展了“统一思想、凝聚共识、推动公司又好又快发展”的全员大讨论活动。

12月17日 中华全国总工会孙文彬副部长等一行6人到公司调研和谐劳动关系创建工作，山东省、济南市和章丘市总工会相关领导陪同。

12月20日 公司召开建厂65周年离退休老同志迎新春座谈会。

2014年

1月10—13日 公司党委书记、董事长、总经理李成新参加了在山东会堂召开的济南市第十五届三次人大代表会。

1月18日 “共赢2014—百脉泉酒业新春客户答谢会”在公司

餐厅举行。

1月20日 公司党委书记、董事长、总经理李成新一行对辛寨仪张村特困户及困难党员进行了走访慰问。

1月21日 公司党委书记、董事长、总经理李成新一行走访慰问了垛庄镇4名贫困学生。

1月22日 公司积极响应市委市政府号召，组织全体干部员工举行了“帮扶解困·奉献爱心”捐赠仪式。

2月21日 公司2013年度工作总结表彰大会暨“唱响百脉情·同圆中国梦”2014年新春联欢会隆重召开。

2月22—26日 北京埃尔维质量认证中心专家对公司质量、环境、食品安全管理三体系进行了严格审核，公司顺利通过复审。

3月16日 百脉泉酒业济南分公司由原山大南路西延长线292号乔迁到新址明湖东路787—39号，并举行隆重庆典。

3月18日 旨在帮扶救助重大疾病、天灾人祸等致困者。“百脉情”爱心帮扶基金会正式成立。

3月20日 公司开展党的群众路线教育实践活动动员大会，公司党委书记李成新及党委班子成员、经信局督导组成员郭书鹏参加会议。

4月2日 章丘市委副书记、市长刘天东到公司对企业生产经营、蒸汽使用等情况进行调研。

4月3日 章丘政法委书记王继民到公司调研落实党的群众路线教育实践活动。

4月10—12日 销售公司“2014年第一季度销售工作总结表彰大会暨营销培训大会”在泰安顺利召开。

4月18—20日 公司参展了由山东省糖酒副食品商业协会和淄博市人民政府共同主办的山东省春季糖酒会。

4月21—23日 公司工会委员会组织的职工春季运动会暨技能比武大赛如期举行。

4月22日 章丘市食品饮料行业协会在李成新会长的带领下，一行16人赴济阳参观交流学习。

5月7日 由公司承办的全省酒类质量鉴评大会在银座佳悦酒店隆重召开。

5月17日 以“生态原浆·盛世封藏”为主题的公司2014封藏大典暨百脉泉水源保护公益项目启动仪式在公司隆重举行。

5月21日 山东省、济南市联合督导组来公司调研党的群众路线教育实践活动，章丘市经信局王其坤局长及公司董事长李成新同志陪同调研。

5月23日 清华大学卓越总裁班的全国各地企业家到公司参观考察。

5月28日 公司聘请济南消防科技中心主任讲师为全体职工开展了消防安全知识培训。

5月30日 山东省、济南市书法家协会领导一行20多人到公司参观指导及文化交流。

是日 章丘市市长质量奖（个人奖）现场评审会在公司召开。

6月3日 公司组织全体销售业务人员、中层以上管理人员及管钱、管物等重要岗位工作人员在酒道馆开展了“提高防范意识 预防职务犯罪”为主题的廉政建设教育培训。

6月17日 公司顺利通过了由省食品药品监督管理局、聊城市食药监局相关人员对白酒质量安全的专项检查。

6月26日 百脉泉酒业《慈心一日捐》捐助仪式如期举行。

6月28日 公司党委组织全体党员一行到山东省政府和八路军115师司令部旧址、红嫂教育基地进行了红色教育培训。

8月1—3日 第二届章丘婚博会在百脉泉广场举行。公司生产的两款婚庆主打产品—清照绵柔十年和百脉泉喜酒参加了此次婚博会。

8月7日 章丘市创业促进会李万百会长等一行20多人到公司参观交流。

8月28—31日 公司生产的产品作为济南市非物质文化遗产实物参展第五届省文博会。

9月22日 公司组织人员参加“安全发展·科学发展—章丘市安全生产电视知识竞赛”，取得第二名的优异成绩。

9月26日 章丘市政协组织部分委员来公司调研企业生产经营情况。

10月10日 聚成股份馨正院长来公司就企业管理技能进行培训，公司班组长以上的相关管理人员参加了培训。

10月14日 章丘市总工会刘维圣主席来公司为机电车间制造班组荣获的《全国安康杯竞赛优胜班组》授牌。

10月17日 济南市关工委徐华东、杨佩钦、赵文朝、王忠林、李图滨等领导莅临公司调研指导工作。

11月11日 济南市经信委领导及清洁生产专家组在章丘市经信局领导的陪同下，到公司进行清洁生产审核验收，并以综合评定为优秀的成绩成功通过验收。

11月21日 “百脉泉酒业杯”2014第八届中国国际糖酒食品

交易会在济南国际会展中心举行，公司作为主赞助商参展。

12 月 9 日 济南市档案局常旭红处长、高燕副处长在章丘市档案局谢圣国副局长的陪同下莅临企业，检查指导公司档案工作。

12 月 16 日 驻章丘济南政协委员座谈会在公司会议室召开。济南市政协委员、章丘市政协主席岳庆林等参加会议。

12 月 18 日 公司与济南军区空军 94402 部队“军民共建”签约仪式在公司会议室召开。

12 月 19 日 召开离退休老同志座谈会，企业各级领导与 120 多名老同志欢聚一堂，共享企业成果，共谋发展大计。

12 月 23 日 章丘市食品饮料行业协会 2014 总结大会在公司召开。市民营办主要领导及 20 多家理事以上单位负责人参加。

12 月 31 日 章丘市副市长李宝燕莅临企业检查指导工业旅游工作，章丘市旅游局局长宋亦舟陪同检查。

2015 年

1 月 7 日 济南市食品工业协会会长会议在公司召开。

1 月 20 日 济南市食品工业协会 2014 年度总结表彰大会暨九届二次理事会在章丘市召开，由公司协办。

1 月 31 日、2 月 1 日、2 月 3 日 公司党委书记、董事长、总经理李成新一行对垛庄镇贫困生、公司困难职工及新寨仪张村的困难群众、老党员进行了走访慰问。

2 月 10 日 公司“扬帆起航·携手共迎”新春客户联谊会在公司召开。

3 月 13 日 山东百脉泉酒业有限公司十届十次职工、五届十次股东、九届十次工会暨 2014 年度工作总结表彰大会、春节联欢会隆重召开。

3—5 月 公司对酒文化建设硬件设施继续进行改造完善，重新铺设了路面、更换了古灯，改造了九龙潭和华鲟池，新改建了古酒坊、问鼎阁、翰风堂三个馆，使工业旅游景区项目形成了“一步一景点”、“五馆一院一长廊”的格局。

4 月 7—9 日 公司进行中层干部公开竞聘答辩上岗。

4 月 9—14 日 公司党委书记、董事长、总经理李成新同志参加济南市第十五届四次人大代表会议。

4 月 13—18 日 公司组织全体销售人员到潍坊军分区国防教育基地进行了为期 6 天的封闭式军事训练。

4 月 24—26 日 公司参加由山东省糖酒副食品商业协会和淄博市人民政府主办的山东省春季糖酒会。

4 月 26 日 2014《影响济南》年度经济人物评选揭晓，公司党委书记、董事长、总经理李成新再次荣膺《影响济南》年度创新人物。

4 月 28 日 山东百脉泉酒业有限公司职工春季运动会暨技能比武大赛拉开序幕。

5 月 4 日 为庆祝“五·四”青年节公司工会、团委联合举办“展我风采传递青春正能量”演讲比赛。

5 月 11 日 公司组织近百名离退休老同志来到《齐鲁第一古村，江北聚落标本》朱家峪景区进行春游活动。

5 月 13 日 在章丘市总工会组织下，章丘市老干部书画协会 10 多位书画艺术家来到公司，为企业职工送上了一份艺术大餐。

5 月 14 日 参加山东省白酒质量鉴评大会的 20 多名国家级白酒评委到公司参观指导。

是月 公司最新研发成果—全麦原浆鲜啤酒成功上市，分为黄啤酒和黑啤酒两种，得到了消费者的高度评价，填补了公司夏季市场空白，丰富了公司产品种类。

5 月 30 日 山东省糖酒协会、山东省食品协会、山东省白酒协会会长莅临企业考察交流。

6 月 2—5 日 在公司党委书记、董事长、总经理李成新同志的带领下，公司各级管理人员一行 17 人前往鲁西南同行企业进行了考察学习。

6 月 6 日 公司济阳展销厅开业典礼隆重召开。公司党委书记、董事长、总经理李成新，销售总经理马业准等为典礼剪彩。

6 月 9 日 中华总工会寇微莉部长一行 3 人到章丘调研工会“十三五”劳动竞赛规划起草工作，并莅临公司参观指导。

6 月 28 日—8 月 28 日 公司投资近 200 万元对粮酒二车间进行了机械化改造，大大降低了员工的劳动强度，提高了生产率，完全实现了酿酒生产机械化。

7 月 1 日 为庆祝中国共产党成立 94 周年，公司党委组织全体党员举行了建厂以来首次隆重的升旗仪式，并在党旗前进行了庄严的宣誓。

8 月 7 日 公司冠名的《百脉泉酒业杯》首届全国作家诗人清照笔会在百脉泉酒业拉开序幕。

8 月 17 日 山东省安全异地检查组到公司检查安全生产工作，验收合格。

8 月 21 日 公司高官寨展销厅举行了盛大开业典礼。

8 月 30 日 第三届济南泉水节之际，30 多名书画名家齐聚百脉泉酒业，开展《墨香酒韵书画名家百脉行》活动。

9 月 公司参加在山东泰山举行的第 74 届山东省糖酒商品交易会。

9 月 3 日 公司党委组织党员干部共同观看了纪念抗战胜利 70 周年阅兵盛况，铭记历史、缅怀先烈、珍爱和平、开创未来。

9 月 10—11 日 中国企业家思想俱乐部秘书长于彦忠率团莅临公司进行调研，并与公司签署战略合作协议。

9 月 10—12 日 北京埃尔维质量认证中心专家对公司进行了为期 3 天严格审核，最终公司顺利通过“三体系”认证复审。

9 月 12 日 公司举行“寻宝进馆”—百脉泉、清照系列产品老酒鉴定收藏活动。

9 月 26 日 国家安监总局省际组对安全生产工作进行检查。贵州省安监局互查组对公司各项工作进行检查，顺利通过安全验收。

是月 公司企业文化再添新篇，公司创新发展长篇纪实文学《鲁酒典范》一书，由作家王德清先生创作完成。由线装书局出版，并在全国范围内公开发行。

10 月 18 日 公司组织开展了首届社会品酒师鉴评会。

10 月 30 日 公司“百题知识竞赛”在酒道馆举行，班子成员及中层副职以上干部全部参加。

10 月 山东省总工会民管部负责人来到公司调研指导“推行协商民主，强化社会责任”工作品牌创建工作。

11 月 17 日 召开山东百脉泉酒业有限公司离退休老同志新春座谈会。180 多名离退休老同志参加。

11 月 19 日 山东省总工会副主席王星海来公司调研指导工作。

11 月 20 日 “山东百脉泉酒业战略新产品上市发布会”在济南国际会展中心召开，百脉泉酒业新产品—泉城壹号问世。

是月 公司“百脉泉传统酿酒技艺”被山东省文化厅评定为“山东省非物质文化遗产”。

12 月 7—9 日 第三届全国白酒品酒职业技能竞赛决赛在广东省佛山市举行，公司副总经理马业准再次考取了国家白酒评委，成为连任两届的国家级白酒评委。

12 月 山东百脉泉酒业有限公司工业旅游景区通过济南市旅游局审验，被评定为国家 AA 级旅游景区。

是月 公司省级企业技术中心研发的百脉泉米酒正式上市。

12 月 16 日 济南食品企业食

品安全责任保险集体签约仪式在龙奥大厦举行。技术中心主任毕思水代表公司与泰安保险公司签约。

12 月 19 日 山东省白酒首届酿酒职业技能大赛圆满结束。公司粮酒车间周强取得第 3 名的优异成绩。

12 月 22 日 由济南市总工会等 3 家单位发起的“企业牵手 · 班组共建”活动启动仪式在章丘市供电公司举行，公司与供电公司签署共建协议。

12 月 30 日 公司在酒道馆召开第五届十二次股东代表大会。会上，全体股东代表全票表决通过《公司股本理顺方案》。

2016 年

1 月 17 日 山东百脉泉酒业参加了由中国企业家思想俱乐部在北京钓鱼台国宾馆举行的第七届中国企业家智库峰会，34° 百脉泉泉城壹号酒成为峰会指定用酒。

2 月 百脉泉酒业花灯走进趵突泉灯会。

是月 《千年古县 · 魅力章丘》百脉泉酒业杯 2016 年章丘市书画精品展在章丘市文博中心群艺馆拉开序幕。

2 月 26 日 百脉泉酒业 2015 年度工作总结表彰大会隆重召开。会后，公司举办了 2016 年春节联欢会。

2 月 27 日 公司“感谢有你、一路同行”2016 新春客户联谊会在公司隆重举行。

3 月 2 日 济南市企业家协会会长办公会在百脉泉酒业召开，济南市经信委领导和各会长单位参加。

是日 山东省轻工业协会、山东省食品工业协会、山东省白酒协会、山东省糖酒协会及山东省白酒品牌推进委员会等五大协会会长一行 7 人到百脉泉酒业参观指导。

3—4 月 公司针对中层干部不能最大化的适应企业发展需求这一实际状况，对销售及后勤管理中层干部进行了大幅度调整，走出了 2016 年“调整建设年”的重要一步。

4 月 9 日 公司中层以上管理人员及销售公司全体业务人员到莱芜水帘峡培训拓展基地，开展了紧张有序的户外拓展训练活动，同时对公司一季度销售工作进行总结。

4 月 24 日 公司为更好地培养员工的团队精神，组织近 150 名员工骨干前往三王峪拓展培训基地进行户外拓展训练。

4 月 26 日 公司为丰富离退休老同志的晚年生活，连续第 12 年组织离退休老同志来到“济南国际鲜花港”及“绣源河旅游风景区”

进行春游。

4月21—22日 公司召开了职工春季运动会暨技能大比武。

5月 公司“第一届‘百脉泉酒业杯’全国作家诗人清照笔会”文集《雅韵醇香》正式出版。

5月18日 公司投资170多万元、历时两个月改造的办公楼以及南厂区停车场和部分已损坏的路面的修缮工程完成，各办公部门整体回迁。

5月30日 公司在酒道馆召开“2015年度消防安全总结表彰大会”，对一年来为公司消防安全生产做出突出贡献的部门进行表彰。

6月5日 公司在章丘市委党校举办了为期1天的“全员职业素养教育培训”，邀请中国人民大学总裁班传统文化与企业管理主讲导师、中国企业家联盟首席讲师郑奕教授进行授课，公司干部员工全员参加。

6月7日 中国轻工业企业管理协会四届二次理事会在百脉泉酒业顺利召开，中国轻工业联合会副会长、中国轻工业企业管理协会理事长王世成及80多家协会会长和大型企业负责人出席会议。

6月26日 公司组织全体党员干部来到革命圣地台儿庄，开展红色教育。

6月 经济南市食药局审核通过，公司顺利取得“配制酒”生产许可证。公司已成功研发出以浓香型发酵酒为酒基，配以人参、枸杞浸提液调配而成的露酒，增加了公司在市场的产品竞争力。

7月1日 在中国共产党成立95周年的伟大时刻，公司党委组织全体党员干部共同收看“庆祝中国共产党成立95周年大会”直播，坚定政治信念、提高党性修养。

7月8日 第二届《百脉泉酒业杯》全国作家诗人清照笔会在公司召开，来自全国各地的100多名作家、诗人参加了笔会。

7月21日 公司冠名《百脉泉酒业杯》第四届职工乒乓球赛暨山东省第八届千乡乒乓球赛章丘区选拔赛。

7月22日 为深入贯彻习近平总书记提出的在全党范围内开展“两学一做”的号召，公司党委组织公司全体党员在酒道馆进行党课学习。

7月29日 在“八一”建军节到来之际，公司党委副书记王峻虎同志带部分员工前往驻章丘部队慰问部队官兵，并举办了一场庆“八一”军地篮球友谊赛。

8月2日 2016鲁酒峰会暨山东省白酒协会第七届会员代表大会在山东潍坊召开。山东百脉泉酒业有限公司当选山东省白酒协会第七届理事单位，董事长、总经理李成新同志当选为副会长，并作为鲁酒优秀企业家做了典型发言。技术总工程师杜祥宝同志代表全体与会人员做了《鲁酒品牌发展宣言》。

8月4日 山东省总工会工作组到公司调研督查上半年重点工作，主要检查了工会组织建设、职工技术创新及“查保促”活动开展情况。

8月12日 山东百脉泉酒业有限公司第二届“百题知识竞赛总决赛”在酒道馆举行，公司全体干部员工参加。

8月29—31日 公司技术总工程师杜祥宝同志再次考取白酒国家评委。成为连任两届的白酒国家评委。

9月2日 第四届济南泉水节启幕，公司制作了泉韵浓郁的巡游花车，并成为展会鲜酿啤酒的赞助商。

9月6日 粮酒一车间机械化改造完成并顺利投产。

9月19日 山东省总工会异地互查小组日照市总工会领导一行莅临公司检查厂务公开、民主管理等相关工作。

9月21日 济南市健康促进企业的相关领导莅临公司进行健康促进企业工作的检查与督导，章丘市经信局相关领导陪同参加会议。

9月21—25日 公司作为山东省非物质文化遗产代表企业受邀参展第四届中国非物质文化遗产博览会。

9月26日 贵州省安监局副局长叶文邦带领互查组一行6人到公司进行异地安全检查，山东省、市安监部门领导林东、张磊、魏强等陪同检查。

10月1日 首届《山东百脉泉酒业杯》大型广场书画展在百脉泉公园隆重开幕。

10月13—15日 公司技术中心副主任汪慧慧同志考取白酒国家评委。

10月19日 秦池集团董事长胡福东带领秦池酒业管理高层莅临公司参观交流，公司副总经理马业准、杜祥宝陪同参观交流。

10月27日 市经信局相关领导和八家健康创建企业在百脉泉酒业召开了“健康促进示范单位督导评估暨现场观摩会”。

11月2日 山东省总工会《职工天地》辛主编等一行3人来公司座谈职工文化活动工作并征求对《职工天地》办刊的建议，章丘市总工会副主席孟凡利、袁杰部长陪同，章丘市部分乡镇、街道、委局、企业工会主席参加。

11月18—19日 公司董事长李成新同志随企业家代表团赴

秘鲁参加了2016年亚太经合组织（APEC）峰会，聆听了习近平主席《面向未来开拓进取，促进亚太发展繁荣》的主旨演讲。

11月19日 山东百脉泉酒业有限公司明水展销厅乔迁新址开业庆典顺利召开，公司党委副书记王峻虎代表公司致辞，公司部分干部员工及客户代表参加了庆典。

11月24日 “2016年山东省企业家年会”在济南召开。会上，公司党委书记、董事长、总经理李成新荣获“山东省第二十三届优秀企业家”、“山东省关爱职工优秀企业经营者”两项殊荣。

11月30日 济南市政协副主席王可敏一行10人莅临公司考察指导工作，董事长李成新陪同座谈。

12月 经济南市食药局审核，公司顺利取得啤酒生产许可证。

12月6日 山东百脉泉酒业有限公司召开2017年春节销售誓师大会。会上，各区域经理与销售公司总经理马业准签订了“军令状”，并做出保证完成任务的庄严承诺。

12月10日 公司与济南电视台联合举办的第三届“百脉泉酒业杯我是头科够级线下精英大赛”在公司举行。

12月19日 公司董事长李成新参加第八届《今日经济》杭州大会暨钱塘江时代发展新战略论坛。

12月22日 在章丘市第十七届人民代表大会代表市直第三选区百脉泉酒业投票站，公司全体干部员工行使了各自选举与被选举的权利。

12月28日 公司举办了2017年离退休老同志新春座谈会，公司党委书记、董事长、总经理李成新携班子成员参加。

2017年

1月18日 公司党委书记、董事长、总经理李成新走访困难职工和龙山东石村贫困党员、群众。为他们送去了慰问金、面粉、花生油等慰问品。

1月21—24日 全区瞩目的中国共产党济南市章丘区第一次代表大会在文化中心召开。公司党委书记、董事长、总经理李成新和技术副总工程师汪慧慧当选党代表，并出席大会。

2月4日 济南市章丘区第十七届人民代表大会第一次会议隆重召开，公司党委书记、董事长、总经理李成新当选章丘区第十七届人大常务委员会委员、财政经济委员会委员。

2月15日 山东省食品工业协会、山东省白酒协会、山东省糖酒协会三大协会会长一行领导莅临公司参观指导。并对在新形势下如何在确保白酒行业稳定发展的同时加快转型升级进行座谈。

2月15日 国家人社部副部长张义珍来公司调研军人安置情况，省人社厅、济南市人社局等相关领导、章丘区委副书记、区长韩伟、区委副书记孟学峰及公司党委书记、董事长、总经理李成新等领导陪同。

2月17日 百脉泉酒业2016年度工作总结表彰大会隆重召开。会后，全体干部员工共同观看了“逐梦路上·一七前行”春节联欢会的文艺演出。

2月22日 百脉泉酒业“你我同行·携手创未来”2017新春厂商联谊会在公司隆重举行。

3月8日 公司举办了以“企业大发展·女性有态度”为主题的座谈会并于31日组织广大女职工到簧塘岭万亩梨花园、济南国际鲜花港、绣江河公园进行了赏花一日游活动。

3月28日 中国共产党济南市第十一次代表大会在山东会堂隆重开幕。公司技术副总工程师汪慧慧做为专业技术先模人物当选党代表并参加会议，成为百脉泉酒业历史上第一位济南市级党代表。

4月2日 首届簧塘岭“梨花又开放”文化旅游节在章丘区相公庄街道昊霖生态园启动，公司应邀参加，并与昊霖生态园签订了旅游合作协议。

4月5日 百脉泉酒业销售公司全体人员来到潍坊国防训练基地进行了为期5天的封闭式军事训练和营销业务培训。

4月8日 公司党委书记、董事长、总经理李成新再次当选济南市第十六届人大代表。成为连任三届的济南市人大代表。

4月15日 在官庄街道赵八洞风景区启动了《香约赵八洞·情牵连翘谷》文化旅游节，启动仪式上公司与赵八洞风景区进行了旅游合作签约。

4月21日 2017年济南市食品工业协会专家委员会会议在山东百脉泉酒业有限公司成功召开，济南市食品协会会长阎世春、市经信委张奇良处长、市食药监局武磊处长以及各大专院校教授、科研院所研究员等20多人出席了会议。

4月22日 公司顺利通过济南市食药局现场审核验收，取得白酒生产许可证SC新证，实现了“一企一证”，包含3个食品类别，分别是白酒、啤酒和配制酒。

4月26日 百脉泉酒业2017年职工春季运动会暨技能大比武拉开序幕。章丘区总工会王成民副主席、袁杰部长、章丘区经信局工会张军主席，公司党委书记、董事长、总经理李成新携班子成员及全体干部员工参加了开幕式。

5月4日 公司工会与团委联合举办了庆“五四”诗歌散文朗诵会。

5月10日 公司组织100多名离退休老同志赴危山风景区、绣江河公园春游。

5月13日 山东百脉泉酒业有限公司莱芜办事处盛大开业，新的办事处迁至莱芜市中心莱城鹏泉西大街新东方华庭南门。

5月25日 百脉泉酒业与济南广播电视台品牌战略联盟启动仪式在公司隆重举行。销售公司总经理马业准与济南广播电视台广告中心主任胡晓军签署品牌战略协议。区委宣传部副部长王登峰、公司党委书记、董事长、总经理李成新及班子成员参加启动仪式。

6月4日 “全国著名作家写章丘”读者见面会在百脉泉酒业召开。

6月16日 山东白酒工业协会会长姜祖模与全国各省级轻工业协会会长、秘书长一行28人到公司参观企业文化建设，公司党委书记、董事长、总经理李成新，副总经理马业准陪同参观。

6月30日、8月14日 济南市总工会和济阳县总工会分别在章丘区举办全市推进企业工会与行政沟通协商机制建设观摩培训班。期间，培训班学员公司现场观摩。工会主席袁锡惠对公司开展的工会与行政沟通协商机制建设工作情况在培训班上作了经验介绍。

6月23日、30日 公司举行了党的知识百题竞赛及“庆七一”演讲比赛。

7月10日 济南市章丘区推进“两学一做”学习教育常态化、制度化工作座谈会在龙泉大厦举行。公司党委书记李成新作为章丘区“两学一做”工作先进单位代表参加会议，并上台发言。

7月11日 济南市新旧动能转换产业发展大会召开，公司党委书记、董事长、总经理李成新荣获“济南市市长质量奖”殊荣。

7月14日 山东百脉泉酒业有限公司2017年度《金榜题名·泉城贺礼》高考赠酒活动的首站—章丘站热烈开场。之后又于7月20日在济阳、7月21日在商河、7月22日在济南举办3场。

7月15日 中国企业家思想俱乐部于彦忠秘书长率《远征的将军》宣传摄制组走进山东百脉泉酒业有限公司，对李成新董事长及公司管理团队进行了专访。中国企业家思想俱乐部主席团主席邢介平、王世宾、刘圣航、田清海等应邀出席，共同祝贺李成新董事长荣获“济南市市长质量奖”殊荣。

7月18日 章丘区委副书记孟学峰率济南市人大代表第二十二小组一行20多人到公司，就新旧动能转换进行实地考察并召开座谈会。

是日 山东省委宣传部企宣处处长李庆义、山东文化传媒公司执行董事、山东演艺集团办公室主任林凡军等一行到公司调研企业文化建设章丘区委常委、宣传部部长李宝燕、副部长王登峰、公司党委书记董事长李成新、工会主席袁锡惠等陪同调研。

7月31日 在中国人民解放军“八一”建军节到来之际，山东百脉泉酒业有限公司党委副书记王峻虎一行前往驻章丘部队（公司军民共建部队）慰问部队官兵座谈交流， 对部队官兵们表达了节日慰问。

8月7日 《山东百脉泉酒业有限公司志》续编工作启动仪式在公司二楼会议室举行。

8月8日 山东百脉泉酒业有限公司2017年度中秋促销动员大会在公司酒道馆隆重召开。

8月9日 山东百脉泉酒业有限公司济阳办事处盛大开业，新办事处迁至济阳县城纬三路济阳银座购物中心东临。

8月10日 山东百脉泉酒业有限公司与济南绿野酒水合作十周年庆典在济南泉盈大酒店隆重举行。

8月13—21日 受台湾孔孟学会的邀请，公司党委书记、董事长、总经理李成新随同济南市台办、济南市儒商文化交流会一行12人赴台湾进行两岸文化交流。期间，李成新董事长作为儒商文化传承人进行了主旨演讲。

8月20日 百脉泉酒业副总经理马业准为济南第五届泉水节暨全国书画名家邀请展致辞，公司副总经理牛余林接受中央电视台记者采访，21日，以《百脉泉酒业号》为首的花车队伍亮相济南第五届泉水节。

8月21日 公司按照市委市政府环保要求，投资400多万元新上天然气蒸汽发生器6台，解决自用蒸汽问题，并安装完成一次试车成功。

8月31日 济南市旅发委在山东力诺科技园召开全市工业旅游工作会议。会议期间，济南市旅发委郅良主任率参会代表参观了百脉泉酒业省级工业旅游示范点，对公司工业旅游开展情况给予高度评价。

9月1—3日 公司参加首届

“中华老字号（山东）博览会”，百脉泉泉城壹号参展。

9月6日 山东百脉泉酒业日照旗舰店隆重开业，百脉泉酒业财务总会计师张刚、销售公司常务副总经理兼技术总工杜祥宝、销售公司副总经理宁刚出席开业庆典。

9月7–8日 山东省食协换届大会暨产学研推动食品工业转型升级高峰论坛在济南举行。大会上山东百脉泉酒业有限公司被授予“山东省食品行业优秀龙头企业”，董事长总经理李成新被授予“山东省食品行业优秀企业家”，技术总工程师杜祥宝被授予“山东省食品行业首席技师”。

9月7日 山东百脉泉酒业有限公司（注册商标：百脉泉）被认定为“山东老字号”。

9月10日 青岛琅琊台集团董事长李悦明带领班子成员及其驻地领导一行7人到公司参观交流。

9月11日 “泉城济南”品牌主流媒体旅游宣传营销活动走进章丘、走进百脉泉酒业，近30家来自全国的主流新闻媒体记者参观公司后，积极推介公司工业旅游项目。

9月22日 百脉泉酒业销售公司常务副总经理兼技术总工程师杜祥宝荣获由济南市政府颁发的“泉城首席技师”荣誉称号。

9月29日 山东百脉泉酒业70周年创意设计大赛启动仪式在山东建筑大学隆重举行。

10月14日 公司冠名的2017年“百脉泉酒业杯”全国城市网球邀请赛在章丘双语国际学校隆重开幕。章丘区政协副主席韩军为本届网球邀请赛致开幕词。

是日 由山东百脉泉酒业有限公司冠名承办的“2017全国大学生品酒大赛（山东赛区）初赛”在滨州学院隆重举行。

10月18日上午9时 中国共产党第十九次全国代表大会在北京召开。公司党委组织中层以上干部及各支部党员在会议室观看大会直播，认真聆听习近平总书记的讲话。

10月24日 章丘区关工委领导李玉新、岳庆林等一行10多人来公司指导关心下一代工作，公司党委书记李成新、党委副书记王峻虎、工会主席袁锡惠陪同。

10月25日 章丘区人大副主任李兴贵等一行莅临百脉泉酒业检查指导工作，公司党委书记李成新陪同。

10月26日 章丘区委书记刘天东、副区长滕永军等一行来公司检查指导党建工作。章丘区经信局局长张乃成、公司党委书记李成新、党委副书记王峻虎等陪同。

10 月 27—29 日 公司在章丘区总工会的协调下，组织生产一线班组长及生产（工作）骨干到泰山疗养院进行为期 3 天的疗休养活动。

是月 公司荣获“山东省级科普教育基地”。

11 月 1 日 山东百脉泉酒业有限公司食品安全管理工作经济南市食药局及第三方专家审核，被评为 A 级标准。

11 月 2 日 章丘区副区长徐曙光等领导一行莅临公司现场调研股改工作，公司党委书记李成新、总会计师张刚等陪同。

11 月 3 日 济南市科协副主席韩平、科普部高华部长等带领近 50 名科普大学老师到公司参观酒文化科普基地，交流科普工作，章丘区科协主席负责人及公司工会主席袁锡惠陪同参观交流。

11 月 10 日、14 日 公司党委在酒道馆开展了深入学习贯彻落实中共十九大精神党课，分别邀请了公司党委书记李成新及章丘区委党校高级讲师、教研室主任、区十九大精神宣讲团团长董传祥为全体党员干部进一步解读十九大报告。党委副书记王峻虎主持会议，公司全体党员及中层干部参加会议。

11 月 13 日 山东省总工会副主席王星海、宣教部部长刁维强等一行在章丘区总工会主席刘维圣、副主席孟凡利陪同下莅临公司指导民主管理沟通协商工作，公司工会主席袁锡惠、副总经理牛余林陪同。

11 月 14—17 日 山东省第三届“技能兴鲁”职业技能大赛暨山东省第二届酿酒职业技能竞赛中，高德宁获得“山东省酿酒行业技术能手”荣誉称号，粮酒车间一班获得“山东省金牌手工酿造班”荣誉称号。

11 月 23 日 公司在二楼西会议室召开“喜迎十九大安全生产综合治理总结表彰会议”。会议由党委副书记王峻虎主持，公司常务副总张传海、工会主席袁锡惠及各部门负责人参加。

11 月 24 日 由山东省糖酒副食品商业协会和山东白酒协会联合主办的“新时代鲁酒品牌传播论坛”在山东百脉泉酒业有限公司隆重召开。销售公司总经理马业准参加论坛。

是月 山东省白酒感官质量品评大会上，公司生产的 34° 百脉泉泉城壹号荣获浓香型白酒感官质量金奖、53° 百脉泉国藏酒荣获芝麻香型白酒感官质量金奖、52° 百脉泉泉城壹号荣获全省白酒行业感官质量创新奖、48° 百脉泉杞参露酒荣获 2017 年山东省露酒感官质量创新奖。

11 月 29 日 山东省糖酒副食品商业协会五届五次理事会议在青州青都国际大酒店隆重举行，山东百脉泉酒业有限公司再次荣膺“2017 年秋季（第 78 届）山东省糖酒会最佳展位奖”。

12 月 3 日 亚洲财富论坛走进山东暨山东运营中心启动仪式在济南喜来登酒店隆重举行，销售公司常务副总杜祥宝在启动仪式上发表了演讲。

12 月 6 日 公司 2018 年销售誓师大会暨春节促销动员会在公司隆重召开。各区域经理与销售总经理马业准现场签订军令状。

12 月 7 日 济南市总工会常务副主席傅金峰、秘书长鲁风波、保障工作部部长周延等在章丘区委、区总工会、区经信局及公司领导陪同下莅临公司检查指导工作。

12 月 8 日 公司顺利通过济南市高技能人才培训基地和特色首席技师工作站的验收。

12 月 17 日 在北京中康国际大酒店召开的“中国骄傲—2017 年度影响力人物大会”上，公司荣获“中国骄傲—2017 年度影响力品牌”荣誉，公司党委书记、董事长李成新荣获“中国骄傲—2017 年度影响力人物”荣誉。

12 月 18 日 公司走进央视《发现之旅—对话中国品牌》栏目，公司党委书记、董事长、总经理李成新与央视著名主持人董倩进行了品牌建设的对话访谈。

12 月 27 日 公司召开 2018 年新春离退休老同志座谈会。

是日 山东百脉泉酒业有限公司景区被认定为国家 AAA 级旅游景区。

12 月 28 日 “2017 年全国企业家活动日年会暨第十九届济南优秀企业家表彰大会”胜利召开。公司党委书记、董事长、总经理李成新再次荣获“第十九届济南市突出贡献优秀企业家”荣誉。

12 月 29 日 工信部工业品牌培育专家组孟鹏主任一行走进山东百脉泉酒业进行质量品牌的培育诊断。

12 月 31 日 百脉泉酒业临清旗舰店隆重开业。

2018 年

1 月 董事长、总经理李成新在中层副职以上例会提出公司发展的“六化”目标，即发展多元化、管理智能化、生产机械化、成本精细化、人才多优化、工厂园林化。

1 月 8 日 济南市第十六届人民代表大会第二次会议在山东会堂隆重开幕。公司党委书记、董事长、总经理李成新作为市人大代表出席。

1月15日 中轻企协第四届四次理事（扩大）会议暨2018年轻工行业企业文化建设研讨会在珠海凯迪克酒店举行。公司作为理事单位受邀参加，公司副总经理牛余林代公司党委书记、董事长、总经理李成新参加会议。

1月22日 在济南喜来登大酒店，召开百脉泉酒业建厂70周建新闻发布会暨战略新品上市推介会，引发行业瞩目。

1月26日 山东百脉泉酒业70周年创意设计大赛专家评选在公司会议室举行，销售公司总经理马业准参加。

1月31日 CCTV发现之旅《对话中国品牌》栏目播出了央视著名主持人董倩与公司党委书记、董事长、总经理李成新的访谈。对百脉泉酒业近十几年的精彩蜕变做了解读，也展示了公司在品牌塑造过程中经历的迂回曲折和艰难历程，同时掀开了公司筑梦百年的宏伟篇章，为百脉泉酒业70华诞献上了一份厚礼，为山东白酒行业赢得了2018年的头彩。

2月6日 百脉泉酒业党委书记、董事长李成新来到济南电视台新闻频道演播室，作为《今晚不关机》栏目特邀嘉宾与主持人海沫进行现场交流。

2月9日 公司携手团区委来到高官寨街道办事处开展“青春扶贫、益暖章丘”活动，公司党委书记、董事长、总经理李成新与团区委书记李敬一行到达现场，为贫困家庭及贫困学生送去了慰问金、油、面等生活必需品，并致以节日的问候。

2月27日 农历正月十二至十五晚，山东百脉泉酒业有限公司举办了《匠心七十·2018新春灯谜晚会》，公司厂区内彩灯高挂、锣鼓喧天，热闹非凡，无数花灯将百脉泉酒业装点成欢乐的海洋，吸引了2万多人来公司参观。

3月7日 百脉泉酒业“匠心七十·筑梦百年”2018年新春客户联谊会隆重举行，来自全国的供应商代表、经销商代表欢聚一堂，共谋新合作，共话新发展。

3月9日 百脉泉酒业2017年度工作总结表彰大会隆重召开，领导班子成员及全体干部员工参加了大会。

3月10日 章丘区产业提升暨加快实体经济发展动员大会上，公司党委书记、董事长、总经理李成新被中共济南市章丘区委、济南市章丘区人民政府授予“2017年度优秀企业家”荣誉。

3月20日 山东省白酒品牌培育发展联盟成立大会在四川成都

市举行。山东百脉泉酒业有限公司党委书记、董事长李成新及山东白酒品牌联盟发起单位代表，山东白酒企业、经销商代表等近300人参加了成立大会。当天上午，山东百脉泉酒业有限公司总经理马业准参加了“2018春糖区域酒企发展专题论坛”，并作为山东地域性白酒企业代表首次在全国糖酒商品交易会上发言。

3月26日 经董事长提名，六届四次董事会研究，聘任马业准同志为公司总经理，负责公司日常全面工作。

4月8—10日 “匠心七十·筑梦百年”—百脉泉酒业销售公司2018年一季度总结大会在素有“齐鲁敦煌”之美誉的沂南成功举办。

4月16日 公司在酒道馆隆重召开“2017年度消防安全总结表彰会议”。会议由常务副总经理张传海主持，党委副书记王峻虎、总经理马业准，财务总会计师张刚、工会主席袁锡惠、企管副总牛余林，车间班组长以上、后勤管理人员、各部门消防骨干共计100多人参加会议。

4月17日 章丘区政协弘扬传承工匠精神调研座谈会在百脉泉酒业二楼会议室隆重举行，区政协主席赵立元，副主席韩军、林虎，区政协秘书长李传绪，副秘书长、办公室主任丁宗涛等领导莅临现场，区总工会主席刘维圣，区政协委员、经信局副局长高进，区人社局副局长张君仁等领导出席会议，百脉泉酒业党委书记、董事长李成新，技术总工程师汪慧慧及章丘区各企业代表参加了此次座谈会。

4月20日 济南市食品工业协会第十届会员代表大会在长清区隆重召开，公司党委书记、董事长李成新当选为新一届协会会长。

是日 济南市人大系统业务骨干培训班60多名学员来到百脉泉酒业参观，公司工会主席袁锡惠陪同。

是日 第五期百题知识竞赛、读书活动启动仪式在酒道馆举行，公司党委副书记王峻虎、工会主席袁锡惠及班组长以上人员参加了会议。

4月21日 由山东省糖酒副食品商业协会、山东省食品工业协会、山东省白酒协会主办，山东百脉泉酒业有限公司、《华夏酒报》、“中国酒业新闻网”承办的“匠心传承、齐鲁典范 —中国白酒产业次高端发展高峰论坛”在山东淄博银座华美达大酒店举行。同时，定位于商务高端用酒的战略新品“百脉泉齐鲁壹号”在论坛期间举行了盛大的新品首发仪式。中国食品工业协会白酒专业委员会常务副会长兼秘书长马勇参加了此次活动。

4月24日 百脉泉酒业举办职工春季运动会暨技能大比武。章丘区总工会副主席王成民、经信局工会主席陈新贤、百脉泉酒业党委书记、董事长李成新、总经理马业准、班子成员及全体干部员工参加了开幕式。

4月25日 百脉泉酒业十届十七次职工代表大会、九届十七次工会会员代表大会在酒道馆举行，领导班子成员及职工代表、工会会员代表参加了会议。

4月26日 章丘区经信系统“大学习、大调研、大改进”党建工作务虚会议在百脉泉酒业办公楼二楼会议室举行，章丘区经信局党委副书记郭伟宏、政工科科长高筱惠、政工科副科长王先煦等领导以及华明水泥、鼓风机厂、东风集团等十多家企业代表参加了会议，公司党委副书记王峻虎同志参加了会议。

5月3日 济南市委老同志一行60多人在济南市委办公厅和章丘区委相关领导的陪同下，莅临百脉泉酒业参观指导，公司党委书记、董事长李成新，总经理马业准等领导陪同参观。

5月8日 山东百脉泉酒业有限公司组织退休老同志前往济南园博园踏青春游。

5月9日 济南市企业信誉评价工作委员会董广利主任、高级咨询顾问李福东组长、高级咨询顾问戴华庆组长、高级会计师邱丽等相关专家一行对百脉泉酒业AAA级信用企业的信用等级进行复审。百脉泉酒业顺利通过复审，连续获得“企业信用AAA级信用企业”称号。

5月18日 百脉泉酒业与齐鲁工业大学、山东工艺美术学院、齐鲁师范学院、齐鲁理工学院4所院校校企合作签约暨大学生创意大赛颁奖仪式在公司举行。

5月28日 百脉泉酒业与金蝶国际软件集团有限公司达成战略合作，云之家工程技术人员在公司酒道馆就金蝶云之家OA协同办公系统进行了推行、安装、调试及培训。

5月29日 山东省食品工业协会会长郭友武等领导一行莅临公司考察调研。济南市食品工业协会会长，百脉泉酒业党委书记、董事长李成新，总经理马业准参加了此次活动。此次活动是“大学习、大讨论、大提高”专项活动开展的第一站。

5月25—27日、6月1—3日 为感谢广大干部员工为公司发展所付出的辛勤努力，丰富员工的精神文化生活，值此建厂70周年之际，公司组织全体员工分两批次赴云台山开展3日游活动。

6月5日 山东百脉泉酒业有限公司召开2018年第一次股东大会，公司更名为山东百脉泉酒业股份有限公司。

6月14—17日 为庆祝公司建厂70周年，加强党员干部思想教育，继承发扬革命传统，践行习近平总书记新时代中国特色社会主义思想，公司党委组织全体党员赴延安和梁家河开展为期4天的红色教育活动。

（审稿人员：张景 侯凌云 王菲）

第一篇

百脉溯源

百脉溯源

亘古以来，大自然不仅赐予章丘美丽的山川，更有独特的地质地貌，使其在各时代岩层构造形式及雨水的作用下，形成诸多天然断层，水遇阻，泉出，竞相喷涌；世世代代，上下五千年，泉水不仅哺育了境内先民，还孕育了辉煌灿烂的华夏文明和悠远酒文化衍生史；历经岁月积淀，百脉精神创立新境，承前启后，谱写了崭新的华章。

第一章　百脉泉水概况

第一节　泉域 泉脉

根据史料和历年地质勘察研究，百脉泉水来源于章丘市东南和淄博市西南石灰岩山区的大气降水入渗补给，属奥陶系石灰岩岩溶地下水类型。受地质构造、地质条件影响，该区域成为众多泉水分布的地区，有泉点130多处，分布在明水及南部山区，泉域面积480.7平方公里。区域内分布着如此多的泉水点，形成了章丘独特的地质景观。明水百脉泉泉群，百脉俱出，喷珠漱玉，为诸泉之冠，与趵突泉泉群并处于鲁中北部石灰岩山区的前沿地带。泉水清澈甘洌、竞相喷涌。

泉域地处泰沂山脉北麓，泰山断块凸起的北缘，南界为长城岭、九顶山、天苍岭、四鸡山等地表分水岭，即小清河流域与大汶河流域的分水岭。北界为磁村（淄博）、王官庄、明水一线，即奥陶系石灰岩顶板深埋500米线。东、西边界分别为禹王山断层（博山西至磁村一线）和文祖断层（南大寨—文祖—枣园一线）。泉域为一相对独立的水文地质单元，总面积480.7平方公里，其中补给区面积355平方公里（章丘250平方公里，淄博105平方公里），边缘煤田区面积125.7平方公里（章丘89.1平方公里，淄博36.6平方公里）。

泉域内地形南高北低，东高西

低，由南向北依次为山区、丘陵和山前平原；南部山区山峦起伏，川谷纵横，岩石裸露，裂隙发育，地表水渗漏严重。奥灰岩溶水接受大气降水入渗补给后，向市区明水一带汇集形成百脉泉脉，西受文祖断层阻挡，北受煤田不透水层阻隔，在市区明水沿断层破碎带裂隙涌出地表，形成百脉泉泉群。

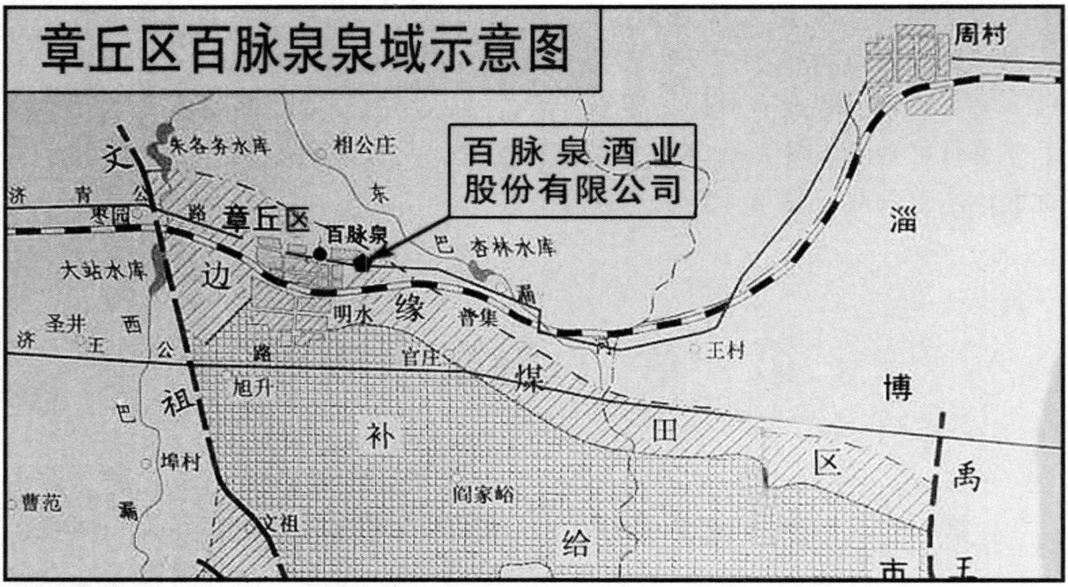

山东百脉泉酒业有限公司就坐落于泉域中心位置

第二节　地理地质地貌

山东百脉泉酒业有限公司，坐落在济南章丘区城东（北纬36.707°）（东经117.658°），驻章丘区明水街道王白庄村，省道济青公路以南，比邻济青高速公路和高铁，离济南机场35.3公里。处于泰沂山脉北麓与黄河之间。

区域地质构造

各地质时代的地层发育齐全，中生代地壳运动及岩浆活动频繁。该市境南部属鲁西隆起区，北部为济阳凹陷区，地质构造形成普遍为单斜岩层，以块断为主，褶皱少见。岩层走向北西60°，倾向北东30°，倾角7°—13°。境内地层齐全，所有地层当地多有出露，各地质时代形成的岩层由老到新依次为：太古代变质岩系，古生代沉积岩系，中生代沉积岩系（侏罗系），新生代沉积岩系。

地貌类型

自南而北为山地、丘陵、平原，分别占全市总面积的30.8%、

25.9%、43.3%。地貌景观山清水秀。属暖温带季风区中的大陆性气候，四季分明，雨热同季。年平均日照2355.5小时、气温13.8℃、降水量642.7毫米、无霜期207天。大部地区属小清河水系，东南部少数山区属大汶河水系。主要河流有黄河、小清河、绣江河、东西巴漏河、巨野河等。土壤共分5个土类、11个亚类、20个土属、87个土种，其中褐土占可利用面积的70.2%。植被属暖温带落叶阔叶林区。土地可利用面积为17.21万公顷。年均水资源总量为4.68亿立方米，可利用量为4.2亿立方米。因中生代地壳活动（燕山运动）使古生代和中生代沉积的水平岩层倾斜和断裂，境内形成了文祖、白泉、贺套、东麻湾等诸多断层。其中百脉泉公司驻地处在白泉、河套断层流经中心地带。该区地理状况和特殊的地质构造，给予百脉泉水无尽的源泉。

第三节　百脉泉史话

土鼓城怀古

百脉泉的发迹由来久远。明水汉代曾设土鼓县。（西汉景帝四年，即公元前153年）

北魏地理学家郦道元《水经注·卷八》曰："济水东经县故城南。右纳百脉水，水出土鼓故城西。水源方百步，百脉俱出，故谓之百脉水。"

元代地理学家于钦在《齐乘·卷二·水》中写道："盖历下众泉，皆岱阴伏流所发，西则趵突为魁，东则百脉为冠"。该史料说明百脉泉为济南七十二名泉之冠，与趵突泉并列齐名。因"百泉俱出"故名百脉泉，是明水诸泉之首，绣江河之源头。确定了百脉泉在七十二泉中的地位。但与百脉相关联的土鼓的具体位置却因年代湮久难以确定，成为考古及史学界关注的一大难题。历经考古专家和史志精英不懈努力，终于在清代被考古学家康腾蛟所考证框定。其诗言为证。土鼓城怀古诗云："土鼓城西百脉泉，安澜入海几千年。水经曾载郦生注，县志何尝古迹传。东北白峰千里横，西南脉水一川明。至今未绝乡人口，犹指桥东号瓮城"。他明确指出了百脉泉在土鼓城的西面，而经近年来章丘考古工作者的努力也证实了康腾蛟的说法是完全正确的，土鼓县就在百脉泉东的秀水村。几千年的历史沧桑，如今章丘古城更加妖娆富美。

神泉（百脉泉）与美酒

神泉是人们对百脉泉的赞叹。一说是来自曹操《却东西门行》中"神龙藏深泉"，古代龙的图腾就是神的化身，它如同日月星辰一样，是大自然的造化，因历史悠远，年代事湮，百脉泉的开端无从考证。但纵观泉史，他却往往同美酒连在一起，又如同孪生姐妹。它的神功，年年岁岁奔流不息，日出与日落，亘古久远，有着无限的生机和活力，是人力与其无法比拟。

泉乃为酒之魂，有泉必有佳酿。素有“泉城之乡”著称的章丘大地清冽甘美的泉水从众多泉群涌出，汇为湖泊、河流，为酿酒业提供了丰富的优质水资源。百脉泉白酒采用百脉泉源之水，水质绝佳，水中富含锶、偏硅酸、锌、铜、铁、锰、碘、钙、镁、钠等多种有益人体健康的矿物质及微量元素，泉水贯穿酿造的全过程，加之生态原粮独特工艺酿造，滴滴泉水，杯杯酒香，使百脉泉优雅醇厚特点更加突出，风味独特。

百脉泉是大自然给予章丘人民的馈赠。泉池北壁上的“百脉泉”三个大字是民国期间北平（今北京）著名书法家迟海鸣题写，苍劲有力，给百脉泉带来了宏大的气势。两边的对联“空明通地脉，活泼见天机”是时任县长冯云和于重修百脉泉所题。除大字对联外，还镶嵌有浮雕石刻，或兰草、菊花、杨柳、或仙鹤牡丹、荷花鸳鸯、松柏翠鸟，给百脉泉增添了浩然生机，是清新自然，集建筑、雕刻、书法、绘画艺术为一体的典型建筑。

君邀百脉泉，把酒问青天。历朝历代，人类社会进化以来，上至帝王将相，下至百姓黎民，“对影成三人”“三人必有酒”；说它神，是因为它具灵气，观泉理绪，静思清景，“杯小乾坤广，清泉日月长”；泉水灵动映苍天。

靓丽的百脉泉水，巧夺天工的泉池建筑，吸引了大批古今文人墨客，自北魏至今，郦道元、曹操、于钦、元好问、李开先、蒲松龄、徐北文等皆有赞美泉水诗文存世。

“对酒当歌，人生几何！”（曹操《短歌行》）泉涌映日月，观泉净思远。“乐共饮食到黄昏”(曹操《气出唱》)，神龙藏深泉（曹操《却东西门行》）。

汉新朝王莽、曹操在济南郡历职，都曾回故乡观泉饮酒，或吟诗作赋，留于青史。他们感怀世事，赋诗文怀志感怀大千世界，铭刻千古真情，道来历史渊源。

清代李慎修是曾侍奉过康熙、雍正、乾隆三位皇帝的三朝元老，（李慎修字思永，号雪山，章丘普集镇西埠村人）因其为官清正，素有“白面包公”之称。其诗“方塘一鉴水源源，万颗珍珠碎复圆。眼底有无休著相，世间生灭总无端。携来薄酒拼成醉，招得佳朋许尽欢。此会乾坤非易得，何妨竟日此凭栏”。该诗不仅景写得好，将人生的哲理赋注了诗中。从万颗珍珠的碎而复圆，想到了人世间无端的生生灭灭，在泉边领会乾坤、竞日凭栏、尽欢成醉，都是对人生的品味与思考，诗中有章丘人的豪放，待客的赤诚。

明代章丘李开先57岁那年携妻妾畅游百脉泉，竟一韵写了五首颂扬百脉泉的诗。（辑其二首）游百脉泉（明·李开先）。“水劲无过济，斯泉更著名。不霜清见底，漱时寂无声。颗颗如珠翠，沄沄比镜平。不能容小艇，但可濯长缨。”“一丘新隐性，百脉旧嘉名。时有山彰下，长闻水鸟声。林居有足乐，世事不能平。北虏南倭寇，何人为请缨”。

清康熙二十五年（公元1686年），《聊斋》的作者蒲松龄陪同淄川知县张嵋来拜访章丘知县钟运泰。钟、张二县令和蒲松龄一起游览百脉泉，蒲松龄一气呵成了七律八首（辑其二首）可见其文采诗韵：“楼台近接绣江阳，菱荷风来水气香。黄鸟时鸣杨柳院，清流常绕稻荷香。僧房窜鼠松云冷，苔径无人路迹荒。乍有高轩来系马，惊鸥飞去不成行”“百脉泉生白山阳，野田早发青莲香。长杨浮动龙蛇影，从苇横遮雁鹜乡。马迹渡桥惊鸟梦，人家流水作花荒，使君更有濠梁思，挥断烟云墨几行”。诗将明水当时荷香绣水杨柳风光展现如画。

在秀水村，还有一位叫韩尚夏的人。他曾在乾隆年间任过河南省汝州同知，主编过《章丘县志》，他和李慎修是知己的文友，和宰相刘罗锅的父亲是挚交。他对百脉泉不但情有独钟，且感情深厚，他写的咏百脉泉诗别有洞天。“层层烟柳护名泉，绕砌莓台浸碧天。海底鱼龙通气息，空中云鸟看回旋。一泓清沁尘无染，万颗珠玑影自圆。更喜儿童能戏水，争从渊底摸金钱。谁从海底透鸿蒙，迸出蛟珠万窍通。圆转浮来非是幻，玲珑看去总成空。印心净彻涛翻绿，照面光寒日映红。林鸟飞还人迹静，水云深锁梵王宫”。将百脉泉写的尽善尽美，李慎修称他为“百脉诗翁”。

明代文坛领袖王世贞嘉靖三十七年（公元1561年）来明水赏泉，在历经数十年坎坷仕途路，被百脉泉神奇所感，写下了“嘉泉灵沼向齐称，百道清淙地底腾。炯炯骊珠过夜色，盈盈蛟泪夺秋澄。初疑碧汉翻金粟，忽忆明河锁玉绳。最是沾恩感湛露，赐来尊酒义如渑”。他观泉饮酒由感而发，鞭挞当朝权相等党羽构陷之情。

墨客会聚之地 词宗故里之乡

百脉泉优越的地理位置和景观，独特的历史与文化，吸引了社会各时期各个阶层的显贵达人和各时代诗词爱好者。如各时代的诗友会、诗社、诗词笔会、诗抄集成等等，生长在11世纪末12世纪初南北宋之交的李清照就是这一时期的杰出代表。李清照生于宋神宗元丰七年（公元1084年），父亲李格非，北宋文章名流。母亲王氏亦颇有文才。李清照家的故居就在百脉泉西南不远的义仓一带。其父李格非字文叔，神宗熙宁间进士，历官郓州教授。太学录、太学博士、校书郎等，并以文章受知于苏轼，为苏门"后四学士"之一。李清照受其父和家庭影响，摒弃了"三从四德"伦理规范禁锢，表现出不同流俗的文化性格。她有卓荦的识见，胸怀强烈的参与意识。她学养深厚，淹博多能，有非凡的文学才华，诗、文、词、赋均有较强的功力。她有执着的追求，对生活、对爱情、学术，都有自己的理解，和执久不渝的求学精神，她是古代罕见的一位学术型、开拓型、进取型的出色女性。她是中国杰出的女作家。她以出色的词作成就和非凡的文化业绩，蜚声词苑。

她生长在明水百脉泉畔，自幼喝着百脉泉水长大。家乡的泉水哺育了她并赋予了她清泉般灵动不竭的才思，并与百脉泉酒结下了不解之缘。她诗词作品中，有一大部分写到酒，气度非凡。她于诗、词、文、赋无所不工。她的《漱玉集》宋代起至今广为流传。李清照词作成就最高，其闺情、恋情、伤乱、咏物之作，或从女性本位，吟咏少女生活，抒写纯真恋情，或由切身经历，空发时代之愁，倾泻国家之恨。其艺术成就卓有独诣。她制造"易安体"屹然成为一代婉约之宗。

在李清照遗存的诗词里，俨然还有酒香的飘溢和清泉淙淙流淌；她的词作至今还是灵气犹存。

《渔家傲》雪里已知春信至，寒梅点缀琼枝腻。香脸半开娇旖旎，当庭际，玉人浴出新妆洗。造化可能偏有意，故教明月玲珑地。共赏金尊沈绿蚁，莫辞醉，此花不与群花比。

《醉花阴》薄雾浓云愁永昼，瑞脑消金兽。佳节又重阳，玉枕纱橱，半夜凉初透。东篱把酒黄昏后，有暗香盈袖。莫道不销魂，帘卷西风，人比黄花瘦。

《如梦令》常记溪亭日暮，沉醉不知归路，兴尽晚回舟，误入藕花深处。争渡，争渡，惊起一滩鸥鹭。

《乌江》生当作人杰，死亦为鬼雄。至今思项羽，不肯过江东。

《咏史》两汉本继绍，新室如赘疣。所以嵇中散，至死薄殷周。

第二章 百脉文化传承

第一节 开创独特酒文化先河

章丘历史悠久，文化灿烂。章丘酒文化，是深深植根于章丘历史文化的沃土之上，与古老的中华文明同根同龄。她位于全国最早的古陆区内，大约四亿年前这里便形成了陆地。约一万年前（新石器早期），开始有了人类的活动和繁衍生息。最早在章丘定居的是西河人及小荆山人，并逐渐形成了古文化小区—西河文化区。该区是目前发现中华始祖最早的新石器时代早期文化。古朴的手制陶器、精美的磨光石器、高超的陶塑艺术、宽阔的住房面积，是西河文化的明显特征。到了距今七千年左右，章丘境内人口增多，这里良好的自然环境、丰富的物质资源、水资源（泉、河、湖），人们通过劳动解决衣、食、住的问题，谷物丰腴成为人们食物主要来源。百余处原始部落居住在巨野河、西巴漏河、漯河三条古河流两岸。在距今5000—6000年间，伴随着龙山王国的诞生，古国、古城、古文化的发展也形成了独立体系。勤劳的古章丘先民，不仅在农业、手工业的发展上走在了历史的前列，而且酿酒技术亦被掌握，并开创了独特酒文化先河。

人类摆脱原始生活后，除了维持基本生活的食物还能为生存和繁衍而储存，并自觉生产大量谷物。相对定居和能制造一定量的器皿生产和盛酒。这就为酿酒业发展提供了基础条件。据有关酒史研究文献载文，已将中华悠久酒文化起源追溯到龙山文化至西河文化时期。根据1930年冬和1931年秋及1989—1993年间，对章丘城子崖遗址进行的多次发掘研究表明，不仅彻底打破了当时盛行的所谓“中国文化西来说”的神话，还在1991年6月发掘中首次发现西河遗址。继而又发现了小荆山遗址、后李遗址等5处遗址。将章丘历史上溯万年之久。在西河遗址、城子崖龙山文化遗址发掘中，出土了大量文物，其中陶器的演变与遥遥酒史最为密切。西河文化陶器以夹沙红褐陶为主，早期多沙泥质红陶，中期多灰褐陶与青灰陶，晚期有少量陶土经淘洗的细泥陶。陶器造型古朴、盛行圆底器，流行矮足圈足，器形以釜数量最多，罐、缸、盆、碗、碟、匜形器也较为丰富。距今 8400—7500 年龙山文化陶器以黑色占优势，首先是制陶技术上的根本变革，西河时期沙质不匀，陶质较松软，而到龙山时代，先民熟练掌握了快轮上拉坯成形技术，能对陶泥进行慎细的淘择，制作数量多，胎壁均匀，体态别致。这时的陶器上器盖、把手、耳、鼻、嘴、流、三足、圈足等较为普遍，造型生动富有灵气。形制主要有碗、盂、筒、杯、盆、罐、鬲、鬶等。特别是烧制技术的进步，创造了薄如壳、黑如漆、声如磬，光滑细腻，被考古界誉为“地球文明最精致之制作”。这些大量精致制作，经考证尊、单、盂、杯、罐等均为盛酒、酿酒、饮酒之器。这一事实又把杜康、仪狄酿酒起源之说上溯几千年。

第二节 华夏文明的发祥地

章丘是华夏酒文化的起源地之一，历史文化厚重悠远。但中华文明是怎么来的，是一直围绕中国考古和史学界 80 多年的中心问题。这一难题在济南章丘焦家遗址发掘中得到了证明。（该遗址自 2016—2017 年春夏，山东大学考古与文博学系和龙山文化博物馆两次发掘）

该遗址考古发掘中证明，在五千年前位于黄河下游这一地区已出现阶层分化，进入古国阶段。该次出土的玉器、陶器更是精美绝伦，玉斧、玉环、玉饰；陶壶、陶鼎、高脚杯等酒具上千件。

在发掘区南部位置还发现了城墙和壕沟的线索，证明了焦家遗址是距今 5000 年前后鲁北地区的政治、经济和文化中心。说明部落等级较高，出现了阶层分化，是早期国家的雏形。北京大学考古文博学院教授，夏商周断代工程首席专家李伯谦说，前中国考古学会理事长苏秉琦曾提出中国国家起源的三个发展阶段为“古国—方国—帝国”。其中，古国阶段是从基本平等社会向阶级社会过渡的阶段。大汶口文化的章丘焦家遗址，正是处于这样一个社会重大转型的过渡阶段。章丘焦家遗址的发掘恰恰填补了黄河下游距今 4500 到 5000 年时段的空白，规模超大（100 万平方米），是鲁西北迄今所发现的面积最大的大汶口文化聚落，它奠定了此后龙山时代的物质文化基础。它既是华夏文明的发祥地之一，也是中华酒文化的彪炳之地。

明山秀水，滋养着灿烂的历史文化，孕育了英贤辈出：战国著名哲学思想家邹衍，一代皇帝王莽，唐代开国名相房玄龄，宋代女词人李清照，元代“七聘堂主”张养浩，明代“嘉靖八才子”李开先，清代辑佚大家马国翰，在几千年文明史上尽领风骚。近代著名商人孟洛川、周恩来总理启蒙老师高亦吾、山东工运创始人郭恒祥、革命英雄辛锐、李曼村等。“煮酒论英雄”英雄与酒历来相姻相联，以“酒”引发的故事，上至帝王下到平民百姓，以至于中国文学蕴含攸关酒的诗词，诸如西施捧月、宋太祖杯酒释兵权、陶渊明重阳醉酒、李白酒后作诗赠贵妃、杜甫《饮中八仙歌》、李清照之酒意诗情，酒延伸至诗词中，之各种滋味，蕴含之精深尽在其中。

第三节　历久弥新　筑梦前行

悠悠数千年龙山文化承载着中华文明的古老酒文化这个民族传统文化瑰宝，也荡漾着国家的兴衰与时代的嬗变。国兴则酒产畅茂，国衰则酒业凋敝。章丘酒产业经几千年的延绵至清末民国时期，仅剩古传统酿酒作坊几十家。1949 年中华人民共和国的建立，这个章丘第一家国有企业真正步入发展的快车道，章丘酒业人传承着古老的章丘酒文化，龙的神韵，伴随着翻身解放的喜悦和建设社会主义的激情，开启了章丘酒业人拼搏奋进的创业史。

1948 年 10 月，胶济专区专酿专卖事业公司王白庄直属总厂成立，面对战争的疮痍和极为困难的生产条件，全厂干部职工自立更生不等不靠，展开了大规模建设热潮。首先由 40 马力柴油动力粉碎机替代了马拉石磨。1951—1954 年建设新曲房，改建发酵池和场房，将传统的旧式小锡锅改造成多管式冷却器。购置化验仪器，建立了化验室，代替了长期工人在生产中看天做活，掌握水分靠眼看手攥的土办法，效率提高，成本从 603 元降为 382 元，下降 35.65%。自 1955 年开始，地瓜干代替了红粮、玉米，成为生产主原料。年上交税利增长一倍半。1959—1961 年，由于自然灾害影响，生产原料不足，产量逐年减少，而成本却由 1960 年 1823 元上升至 2414 元。出现了建厂以来首次亏损。

他们在困难面前不低头。原料不足，找米下锅收茅草、甜秫秸、地瓜母为替代原料维持生产。大搞多种经营，生产酱油、食醋、汽水、纸浆等等，扭转了面临停产的局面。

之后，该厂开展了一系列扩产、扩建和多次大的技术设备更新改造。7年增加固定资产169000元，1964年扩建了635平方米的生产车间和发酵池。1965—1966年安装了通风制曲机、打糙机、地下鼓风机等，机械化的发展使工人摆脱了繁重的体力劳动。1970年生产白酒1177吨，上交税利79.5万元，创历史新纪录。在上液体蒸馏新工艺时，资金不足，缺少厂房设备，干部职工坚持自己动手修旧利废，利用旧场棚、旧门板、旧檀条搭起简易二层楼，解决了无蒸馏、糖化操作台的难题。

1971—1976年，为扩展企业发展，共投资74.4万元，新上酒精生产线，相当建厂25年固定资产总额的2倍。先后购置了2.5吨锅炉，新建锅炉房35米的烟筒和供水塔1座，购车床、刨床各1台，新打600米机井1眼，购汽车1辆。酒精车间土建及设备总投资45.4万元。4吨锅炉、汽车、车床、钻床、180千伏安变压器的购置、办公楼、锅炉房的修建共投资13.39万元。在安装过程中，克服了无图纸，无成套专用设备的重重困难，缺少技术在干中学，没有设备自己造，绘制了上百张的设备草图，选择最佳安装方案，终于安装成功，保证了正常开工投产。

1978年以后，先后实行了经济承包，转换经营体制及分配制度改革，干部、职工精神振奋，激发了工作积极性，生产日新月异，期间基本建设投资总额91.1万元。建成改造了制曲车间、500吨西酒库、发酵池、地瓜干库、酒糟池、灌瓶车间和固体车间。打500米深井1眼，购置了分光光度计、2辆汽车和成套发电机组。输水管道、水泥路面、职工宿舍等项目相继竣工。刚解放时期的草房土屋、泥路不见了，因电停产的问题解决了。职工宿舍、劳动保护、职工生活福利都不同程度的得到了改善和提高。产品产量大增。1977—1982年，共生产白酒15994吨，相当于建国后25年生产的总和。利税两项6年共上交1096.86万元，相当于25年的上交总和。固定资产1982年末的原值相当于1949年的8倍。

1995年投资30万元对原酒精生产设备进行改造，由年产6000吨扩产到9000吨生产能力。投资40万元对闲置的旧凉曲房进行了改造、调整，增建发酵池110个。使粮酒年产量由年产600吨增至900吨。1996年固定资产原值达到2158万元，固定资产净值达到1733万元。

任何事物的发展都不是一帆风顺的。该厂经几度辉煌后，因种种原因，在市场日趋激烈的竞争中，于2002年之后出现连年亏损，负债累累，举步维艰，再次处在倒闭边缘，企业面临生死攸关的抉择。在这危难时刻，公司新任党委书记、董事长李成新不负使命，带领一班人开始了企业重塑、大胆改革的历程。2004年，他上任伊始，首先大刀阔斧进行第三次改制，恢复了公有制经济体制，消除了不安定因素，稳定了职工情绪。并于7月8日成立了第三届董事会，新一届领导班子始终把发展经济作为工作重心，把谋发展、抓发展、促发展作为第一要务。确定“三步曲”战略，即：2004年树形象，2005年打基础，2006年大发展；实施“三个一”工程，即：2007年实现销售收入过亿元、人均收入过万元和实施企业文化建设大计，出一本《山东百脉泉酒业有限公司志》，深入落实“十一·五”规划，企业进入健康快速发展期。

2004年当年完成销售收入5320万元，实现利税1111万元，完成工业增加值2028万元。2006年完成销售收入6620万元，实现利税1530万元，完成工业增加值2857万元，分别增长24.4%、37%、40%。2007年，体制和机制改革成绩卓著，企业经济建设、精神文明建设、和谐建设硕果累累。

基础建设步子加快。先后投资300多万元对包括存瓶、存酒仓库建设、道路硬化、酒精楼改造、车间生产场地、设备改造、更新、大门更新、营业楼、办公室、销售楼粉刷、开展了厂区绿化等工作，提升了企业形象。自2004年9月全面通过ISO9001质量管理和ISO14001环境管理双体系认证以来，严格运行程序，引入先进管理理念，企业管理日臻完善。先后同有关公司合作，完善了内部管理机制和激励机制，全面提升管理能力和管理水平。开展了“学习年、落实年”“效益年”活动及践行社会主义荣辱观教育。干部培训和全员素质提升培训同专业教育相结合，先后投资20多万元，对公司所有部门配备电脑，内部联网，实现办公自动化。在企业内部实施人性化管理。

科技带动战略取得成效。2004年该公司开始与山东省轻工业学院合作建立“科研基地”，成为济南市企业技术开发中心，章丘市食品发酵研究所在该公司挂牌成立。

生产形势突飞猛进。粮食酒生产由过去单粮改为多粮、五粮，既保留了传统工艺的精华，又充分运用了现代高科技酿酒精髓，2006年粮食酒完成892吨，2007年完成923吨，较2006年同期增长3.5%。通过对包装车间生产设备、流水线进行改造，产量连年提高。

2007年—2017年10年间，是该公司各项工作全面升级大发展时期。

2007年销售收入从2004年4800万一举突破亿元大关，一跃跨入山东白酒品牌企业行列。

2008年2月顺利完成了《山东百脉泉酒业有限公司志》编纂并正式出版发行。

2009年，公司以“生态酿酒倡导者、践行者”为根基，深化了“先做人、后做酒，做好人、做好酒”为核心，“以人为本”企业文化理念贯穿到管理与生产的各个环节，以“打造百年企业”为目标，结合团队训练锻炼提升干部职工的协调能力和凝聚力；与山东鲁能泰山足球队、山东曲艺家协会实现“体企联姻”与“文企联姻”，为企业文化建设注入活水。以建设学习型企业为动力，开设图书馆，丰富职工精神生活，提高了员工素质。在总结公司《简讯》出刊500多期经验的基础上，对公司《百脉泉酒业报》进行改版，举办各种丰富多彩的文艺活动和一年一度的大型春季体育运动会暨技术比武大会。

2013年6月29日，北新厂区一期工程50亩，2.2万平方米，新上6条生产灌装自动化流水线，投资5000万元自筹3600万元。生产能力3.5万吨。

2015年，酒文化长廊、历史文化馆、酒道馆、藏酒馆、翰风堂、问鼎阁、古酒坊，“五馆一院一长廊”景区，全年接待2.5万人，年销售收入300万元。

2016年，工业旅游推出四条“章丘一日游”精品路线。机电车间荣获全国总工会颁发的“工人先锋号”奖牌，中国酒业2016最高奖项“金熊猫奖”。公司酿酒技艺被列入山东非物质文化遗产。先后建成山东省企业技术开发中心、高技能人才工作站、首席技师工作站、特色技师工作站，并与山东省食品发酵工业研究设计院联合共建实验室，聘请五粮液集团高级工程师胡祖荣、原山东白酒协会会长黄立业、山东省轻工业学院李敬龙等专家教授为公司技术顾问，引进招聘市场营销、微生物发酵、会计、文秘专业人才充实到有关岗位。加大科技投入和职工技能培训力度，有7名技术人员被评为品酒师，其中6人荣获高级品酒师，3人成为国家级品酒师。公司现有高级技师12人，技师24人，高级工30人。充足的人才储备使该公司科研力量位列省内同行业前列，为大力实施技术辐射和科技带动战略奠定了坚实基础。机械化制曲设备的投产，全国第一台酒糟烘干设备的研发成功，解放了生产力，提高了生产效率。

2017年公司拥有白酒国家评委3名，山东首席技师2名，省白酒评委8名，国家注册品酒师6名。

品牌声誉蒸蒸日上。该公司更名为山东百脉泉酒业有限公司以来，短短不到两年时间，“百脉泉”品牌成为山东省内强势品牌，与清照商标一同被评为“山东名牌”“山东省著名商标”称号，“百脉泉”“清照”产品被山东省鲁能泰山足球队指定为“专用白酒”，被“清华大学卓越领导高峰论坛”“指定用酒”。荣获“山东酒业最具竞争力品牌”，公司连续被评为山东省消费者满意单位、全国酒行业优秀企业、山东省白酒行业50强企业、振兴鲁酒先进企业。

建立实行了市场经济运行模式和营销体制及奖励政策和销售渠道，现产品销售已形成以章丘当地为主，以济南、莱芜两大市场为突破口（现已取得阶段性成果），辐射周边，集中优势攻坚省外市场的布局。产品远销北京、河北石家庄等地。

至2018年先后荣获济南市企业文化先进示范单位，被评为济南市信誉一等AAA级企业，连续被评为山东省消费者满意单位、重合同守信用企业、山东职工代表大会“优秀星”单位、山东省轻工系统思想政治工作先进单位，被评为济南市国有企业“四好领导班子”先进集体、济南市思想政治工作先进单位、济南市职工职业道德建设先进单位、济南市文明单位、章丘市发展品牌经济先进单位、济南市“市长质量奖”、山东省非物质文化遗产、山东省老字号、国家AAA级旅游景区、诚信中国消费者最喜爱的品牌、全国优秀龙头食品企业等诸多荣誉；公司党委书记、董事长、总经理李成新荣获2017年度章丘市“市长质量奖”、济南市突出贡献优秀企业家、济南市五一劳动奖章、济南市劳动模范、济南市市长质量奖个人奖、振兴鲁酒先进个人、山东白酒行业十大风云人物、山东省轻工系统优秀党委书记、山东工匠·鲁酒大师、山东省优秀企业家、山东省富民兴鲁劳动奖章、中国和谐社会杰出企业家、中国骄傲·2017影响力人物、诚信中国优秀企业家等诸多荣誉称号。

“凝心聚力，清零、担当、永远在路上”，在新时代的征程上山东百脉泉酒业有限公司秉承“先做人、后做酒，做好人、做好酒”的企业理念，以“团结、务实、开拓、创新”为企业精神，以“共创和谐发展，打造百年企业”为共同使命，以科技为先导，以“六化”为目标，以质量求生存，以品牌拓市场，以诚信树形象，历久弥坚，风雨兼程，披肝沥胆，沿着目标拼搏奋进。

（审稿人员：张景 侯凌云 王菲）

第二篇

机　构

第一章 沿 革

1948年10月，章丘县政府实业科接管由军管会转交的王白庄福祥和、恒祥义两家酿酒作坊，建立胶济专区专酿专卖事业公司王白庄直属总厂。县政府派遣闫明武任监委，刘汉民任经理，穆明武任副经理。酿酒总厂下设刁镇、埠村两个分厂。总厂设一室六课，即经理室、财务课、人事课、总务课、保管课、营业课（主管供应、销售）、酿造课（主管生产技术），全厂干部、职工108人。

1950年5月，章丘由胶济专区划归淄博专区辖属，该厂改称淄博专卖事业处王白庄酒厂，刘汉民调离。姜耀庭任经理，穆明武调离，张跃华、王和庭任副经理。全厂干部、职工98人。

1952年，姜耀庭调离，赵俊一任经理。张跃华、王和庭调离，张立彬、许凤桐任副经理。厂内由六课改为四组，即财务组、营业组、酿造组、保管组。全厂干部、职工87人。

1953年8月，章丘由淄博专区划归泰安专区管辖，该厂改称山东王白庄酒厂，同时，刁镇、埠村分厂撤销。赵俊一调离，张立彬任厂长，许凤桐任副厂长。厂内设机构由组改为股，即财务股、总务股、供销股、生计股、白酒车间、制曲车间，全厂干部、职工57人。

1958年9月，章丘由泰安专区划归济南，山东王白庄酒厂改称章丘县酒厂。张立彬任厂长，王兆铭任副厂长，全厂干部、职工58人。

1961年5月，章丘由济南划归泰安专区。1966年12月，李瑞琴任副厂长。是年5月，该厂成立革命委员会，张纪洪任第一副主任（主持工作），王朝俊任副主任，史兴安任委员。全厂干部、职工82人。

1968年8月，王洪任革委会主任。1973年3月许凤桐任副主任。全厂干部、职工102人。

1976年10月，新增3个酒精生产班、1个灌装班。全厂干部、职工154人。

1978年11月，章丘由泰安专区划归济南市，王洪任革委会主任，许凤桐任副主任。全厂干部、职工163人。

1979年5月，王洪任厂长，许凤桐、高绍栋任副厂长。全厂干部、职工155人。

1983年，王洪改任党支部副书记，韩其孝任党支部书记，高绍栋任厂长。许凤桐、张继礼、解家平任副厂长。厂内设机构由股改组，即政工组、行政组、生产组、供销组、保卫组、财务组，白酒车间、酒精车间、灌装车间、曲房班、钳工班、维修班、电工班，全厂干部、职工230人。

1984年，该厂由轻化公司转归食品工业产销公司管理。4月，高绍栋任厂长，田永祥、李继煜任副厂长。厂内设机构由组改为科，即政工科、保卫科、生计科、质管科、供应科、销售信息科、财务科、行政科、白酒车间、机电车间、包装车间，全厂干部、职工224人。

1985年，设厂部办公室、劳资科，其它科室不变。

1986年，实行厂长负责制。张明启任厂长，李继煜、田永祥、高绍栋任副厂长。6月，张明启调离，韩宪安任党委书记兼厂长。9月，设动力科，基建科与行政科合并为行政科，安全科与保卫科合并为安保科，其它科室不变。12月，全厂干部、职工239人。

1987年，设新产品开发办公室。

1988年，实行承包经营责任制。韩宪安任厂长，聘田永祥、金峰、张继礼任副厂长。成立综合档案室。原科室由11个减为9个，即办公室、行政科、财务科、生产科、供应科、销售科、质检科、设备科、安全科。全厂干部、职工281人。

1990年，厂内机构设置厂部办公室、政工科、企管科、劳资科、财务科、供应科、销售科、生计科、设备科、技术科、质管科、行政科、保卫科、安全科、酒精车间、粮酒车间、包装车间、机电车间。全厂干部、职工318人。

1991年，该厂晋升为局级企业。全厂干部、职工340人。

1992年9月，章丘撤县设市，章丘县酒厂更名为章丘市酒厂。韩宪安任厂长，聘巩玉华、王立华、田永祥、王者厚任副厂长。厂内所设机构，劳资与企管合为劳企科，安全、保卫合并为安保科，其它科室不变。全厂干部、职工370人。

1993年4月，该厂成立科研所。

1994年11月，进行产权制度改革，即实行股份制。为促进企业经营机制转换，使企业真正成为自主经营、自负盈亏、独立的商品生产者和经营者。章丘市酒厂改为济南百脉酿酒（集团）有限公司。股东代表大会选举产生了董事会，董事会由韩宪安、赵炜、赵建平、巩玉华、王传本等7人组成，其中，选举韩宪安为董事长，国有资产经营公司、市投资公司委派董事各1人；选举高蔚生、王和顺等3人组成的监事会，其中，高蔚生任监事会主席，国资局委派监事1人。董事长兼总经理韩宪安聘赵炜、巩玉华、王者厚、赵建平任副总经理。集团股份有限公司下设章丘市酒厂、章丘市酒厂粮酒分厂、章丘市酒厂白酒分厂、章丘市酒厂销售公司、章丘市酒厂机电服务公司、章丘市酒厂包装公司、查旧纸箱厂、王西塑料胶帽厂、淄博陶瓷厂、章丘市印刷一厂、章丘市东风印刷厂。其中，章丘市酒厂为核心层；章丘市酒厂粮酒分厂、白酒分厂、销售公司、机电服务公司、包装公司为紧密层；查旧纸箱厂、王西塑料胶帽厂、淄博陶瓷厂、章丘市印刷一厂、章丘市东风印刷厂为松散层。公司机构设置：办公室、科研所、生计科、供应科、劳资科、财务科、质检科、安保科、行政科、销售一科、销售二科、明水展销厅、刁镇展销厅、普集展销厅、酒精车间、粮酒车间、包装车间、机电车间。全厂干部、职工495人。

1995年7月，该公司成立“三部一室”，即经销部、技术部、生产部、总经理办公室。该公司内设机构由科改处，经销部辖销售公司、财务处、销售处、各展厅、成品和半成品仓库，负责产品宣传、销售、财务收支、信息、售后服务。技术部辖质管处、科研所、计量、环保，负责产品质量管理、进货验收、新产品开发、科研、新技术和先进工艺的应用、计量、环保。生产部辖生产处、供应处、生产车间，负责产品生产组织、调度、指挥、原辅材料供应、设备维修保养、安全文明生产。总经理办公室辖行政科、劳资科、保卫科、医务室， 负责办公室日常工作、劳动工资、职工生活、厂内治安、打击假冒商品、信息、卫生、医务报销。公司下设办公室、财务处、生产处、质管处、劳资处、供应处、销售一处、销售二处、行政处、保卫处、粮酒车间、酒精车间、包装车间、机电车间、锅炉车间、明水展厅、刁镇展厅。全厂干部、职工521人。

1997年，进行机构改革：撤销原销售一、二公司，设立开发总部，负责埠外市场开发，总经理兼任主任，2名副总经理兼任副主任。设立销售公司，负责市内市场，1名副总经理兼任经理。设立司法办公室，负责处理经济纠纷、货款清欠工作，设主任1人，副主任1人。12月，总经理办公室、党委办公室合属办公，设主任1人，副主任2人。全厂干部、职工768人。

2000年8月，进行第二次改革，

即“公退民进”。该公司更名为济南百脉酿酒有限公司。股东代表大会选举产生新一届董事会，董事会由韩宪安、赵炜、巩玉华、于承溪、潘正江5人组成。经董事会选举，韩宪安任董事长，赵炜任副董事长。监事会由王传本、赵建平、张传海组成，经监事会选举王传本任监事会主席。董事会聘任赵炜任公司总经理，巩玉华、于承溪、潘正江任副总经理，王峻虎、张传海任总经理助理。公司机构设置为“四部一室”：即生产部、技术部、经销部、后勤部、办公室。生产部负责生产、供应、设备管理、安全、节能、水资源工作。技术部负责产品质量、产品开发、科研、计量、环保、打假工作。经销部负责产品销售、市场开发、信息反馈、展销厅组织领导、成品、半成品酒库的管理工作。后勤部负责行政、车队、治安、保卫、食堂、卫生工作。办公室负责检查各部门贯彻执行公司决议的执行情况，督促各部门完成公司部署的工作任务，围绕各时期的中心工作，草拟厂部工作计划，并做好调查研究，向领导提供信息和工作建议等。全厂干部、职工698人。

2001年12月，韩宪安退休，董事会推荐原副董事长赵炜任董事长，主持全面工作。全厂干部、职工754人。

2003年9月，赵炜离职。由章丘市委、市政府派工作组进驻公司，委派徐厥臻任组长，主持全面工作。

2004年3月，李成新由原中日合资章晃机械有限公司中方代表副总经理调入济南百脉酿酒有限公司主持行政工作。7月，再次进行改制，由民营企业改为国有控股的股份制企业。董事会进行第三届换届选举，产生了新一届董事会和监事会，董事会由李成新、王者厚、张传海、潘正江、马业准5人组成。经董事会选举，由李成新任董事长兼总经理；监事会由王梅香（女）、王和顺、赵东玲（女）3人组成，经监事会选举，由王梅香（女）任监事会主席。同时，工作组退出该公司。董事会聘张传海、潘正江为副总经理，马业准、王峻虎为总经理助理。厂内设机构，公司办公室、财务处、审计处、生产处、质管处、销售公司、供应处、技术中心、安保处、清欠办、打假办、粮酒车间、包装车间、机电车间，全厂干部、职工618人。

2005年12月18日，济南百脉酿酒有限公司更名为山东百脉泉酒业有限公司，全厂干部、职工630人。

2006年3月，公司对销售公司组织机构进行整合，合并了各乡镇展销厅，设置了市场部、品牌部、结算中心、物流中心、商务大厅。6月，济南百脉酒业销售有限公司更名为山东百脉泉商贸有限公司。

8月，将清欠办、打假办合并为打假、清欠办公室，由5人组成，其中主任1人。全厂有干部、职工614人。

2007年7月，进行换届选举，产生了第四届董事会和监事会，董事会由李成新、王者厚、张传海、潘正江、马业准、王峻虎、张刚7人组成；经董事会选举，由李成新任董事长兼总经理；监事会由王梅香（女）、王和顺、赵东玲（女）3人组成，经监事会选举，由王梅香（女）任监事会主席。

8月30日，董事会聘任张传海、潘正江、马业准、王峻虎为副总经理；张传海任常务副总经理，主要抓生产、供应、安全等工作，同时协助总经理负责全面日常工作；潘正江任销售副总经理，主要负责产品销售工作；马业准任技术副总经理，主要负责产品技术、质量、品牌建设等工作；王峻虎任企管副总经理，主要负责企业管理、人力资源、打假、清欠、基建等方面的工作。

10月，调整中层机构，在管理人员没有增加的情况下，为加强内部管理增设企业管理部。为加强责任制的执行和考核，增设人力资源部。公司办公室改为总经理办公室，内设机构由处改为部，即财务部、审计监察部、供应部、质检部、综合服务部、保卫部、生产安全调度室、技术开发中心、企管标准化室、结算中心、粮酒车间、包装车间、机电车间。全厂干部、职工 715人。

2009年12月，为提高公司产品的市场推广力度，更好完成2010年两亿元的销售目标，重点对销售公司进行了调整，分设了大客户部、人事部、督查部、章丘市中区、市南区、市北区、直销部、历城区域、济南区域、济南区域百脉泉品牌部、济南区域清照品牌部、济阳区域、鲁东南区域、鲁西南区域、鲁北区域、聊城区域、滨州区域、泰安区域、莱芜区域、沂水区域、日照区域、临沂区域、各区域促销员主管，同时任命牛余林为总经理助理，负责大客户部工作。

2010年8月，进行换届选举。产生了第五届董事会和监事会，董事会由李成新、张传海、潘正江、马业准、王峻虎、张刚、牛余林7名同志组成；监事会由王梅香（女）、赵东玲（女）、刘永彬3名同志组成。选举产生的新一届董事会、监事会分别召开五届一次会议，选举李成新同志为董事长，王梅香（女）同志为监事会主席。

同月，该公司调整领导成员分工。党委书记、董事长、总经理李成新，主持公司全面工作；党委副书记王峻虎，主要负责党务工作及后勤管理、保卫工作；常务副总经理张传海，协助总经理抓好公司全面日常工作，主要负责生产、供应、安全等方面的工作；副总经理潘正江，主要负责产品销售、新产品开发、打假等方面的工作；副总经理马业准，主要负责技术、质量、品牌建设等方面的工作；总会计师张刚，主要负责财务工作；工会主席兼总经理办公室主任袁锡惠（女），主要负责工会工作即总经理办公室的日常工作；副总经理牛余林，主要负责企业管理、人力资源、审计、清欠、基建等方面的工作。

12 月，因公司内部调整，对部分领导干部的任免及工作分工进行调整。马业准免去技术副总经理职务，任销售公司总经理，负责销售公司全面工作；打假办、酒文化展馆工作剥离销售公司隶属企业管理部，由牛余林负责。杜祥宝同志被聘为总工程师，负责技术中心、质检部工作。潘正江因个人问题，不再担任销售公司总经理职务。

2012 年 3—4 月，公司以“调整建设年”为契机，精兵简政，部门重组。人力资源部与企管部合并成立企管人事部。打假办与清欠办合并为打假清欠办。

2013 年 6 月，设立信息化中心。职能是负责公司信息化网络建设、应用及管理。归企业管理部管辖。

2014 年 4 月，将综合服务部归入总经理办公室管理。

2015 年，公司聘请易风管理咨询公司对公司进行管理咨询，部门重新进行设置，将企管人事部划为管理督查部和人力资源部。公司设机构：总经理办公室、安保部、人力资源部、财务部、仓储中心、审计监察部、信息中心、管理督查部、打假办、技术中心、质检部、供应部、生产调度室、设备安全办公室、粮酒车间、包装车间、机电车间。同年 6 月，召开公司五届三次董事会扩大会议，进一步明确干部分工。党委副书记王峻虎，主要负责党务工作及人力资源、薪酬管理、保卫工作；常务副总经理张传海，负责协助总经理抓好公司全面日常工作，同时主要负责生产、供应、安全方面的工作；副总经理马业准，主要负责营销、新产品开发、品牌建设方面的工作；总会计师张刚，主要负责财务、仓储管理工作；工会主席袁锡惠，主要负责工会工作及工业旅游、办公室等工作；副总经理牛余林，负责企业管理、基建、审计、信息化、打假清欠等方面的工作；总工程师杜祥宝，主要负责技术、质量等方面的工作。

2016 年 3 月，销售公司督察部并入公司打假办。

2016 年 4 月，安保部分离，改为保卫部、安全科。保卫部主要负责全厂区、宿舍区的治安保卫和公司的户籍管理工作。安全科负责公司安全生产、消防工作。

2016年1月，公司召开第六届一次股东代表大会，主要内容为：审议董事会、监事会工作报告，选举新一届董事会、监事会。董事会、监事会人员调整方案：公司董事会7人组成，分别是李成新、张传海、马业准、牛余林、杜祥宝、张刚、袁锡惠（女），董事长建议人选为李成新。公司监事会由3 人组成，分别是徐进、王峻虎、颜承亮，监事会主席为国有股代表徐进。

2017年3月，因公司发展需要，进一步调整领导干部分工，杜祥宝任销售公司常务副总经理，协助马业准抓全面工作，主抓市外销售市场，兼任技术总工程师；汪慧慧聘任为技术副总工程师，主持技术部全面工作。

2018年3月，鉴于公司发展需要，经董事长提名，六届四次董事会研究，聘任马业准为公司总经理，负责公司日常全面工作。杜祥宝任销售公司总经理，主要负责销售公司全面工作。汪慧慧（女）聘为总工程师，主要负责技术中心、质检部工作。同时调整公司领导成员分工；董事长李成新主持公司全面工作；董事、总经理马业准，协助李成新同时抓好日常全面工作。监事王峻虎同志主要负责党务工作、人力资源、保卫工作。董事、常务副总经理张传海负责生产、供应、安全等方面的工作。董事、副总经理杜祥宝负责产品销售、新产品开发、品牌建设等方面的工作。董事、总会计师张刚负责财务、仓储中心工作。董事、工会主席袁锡惠主要负责工会工作及总经理办公室、工业旅游等方面的工作；董事、副总经理牛余林负责企业管理、审计、打假清欠、基建等方面的工作；技术总工程师汪慧慧（女）负责技术、质量等方面的工作。

2018年6月5日，山东百脉泉酒业有限公司更名为山东百脉泉酒业股份有限公司。

山东百脉泉酒业有限公司名称变更一览表

名　称	时　间
胶济专区专酿专卖事业公司王白庄直属总厂	1948年10月—1950年4月
淄博专卖事业处王白庄酒厂	1950年5月—1953年7月
山东王白庄酒厂	1953年8月—1958年8月

续表

名 称	时 间
章丘县酒厂	1958 年 9 月—1992 年 8 月
章丘市酒厂	1992 年 9 月—1994 年 10 月
济南百脉酿酒（集团）有限公司	1992 年 11 月—2000 年 8 月
济南百脉酿酒有限公司	2000 年 9 月—2005 年 11 月
山东百脉泉酒业有限公司	2005 年 12 月—2018 年 5 月
山东百脉泉酒业股份有限公司	2018 年 6 月—

行政领导历次变动一览表

单位名称	职 务	姓 名	任职期限
王白庄酒厂	经 理（厂 长）	刘汉民	1948 年 10 月—1950 年 12 月
		姜耀庭	1951 年 1 月—1952 年 6 月
		赵俊一	1952 年 6 月—1953 年 5 月
		张立斌	1953 年 5 月—1967 年 5 月
	副经理（副厂长）	穆明武	1948 年 10 月—1950 年 12 月
		张跃华	1950 年 12 月—1952 年 7 月
		王和庭	1950 年—1953 年 5 月
		张立斌	1952 年 5 月—1967 年 5 月
		许凤桐	1952 年 7 月—1957 年 7 月
		王兆铭	1958 年—1966 年

续表

单位名称	职　务	姓　名	任职期限
章丘县酒厂	革命委员会主　任（厂　长）	张继洪	1967 年 5 月—1968 年 8 月（第一副主任主持工作）
		王　洪	1968 年 8 月—1983 年 1 月
		韩其孝	1983 年 1 月—1984 年 4 月
		高绍栋	1984 年 4 月—1986 年 1 月
		张明启	1986 年 1 月—1986 年 12 月
		韩宪安	1986 年 12 月—1992 年 9 月
	副主　任（副厂长）	许凤桐	1966 年 12 月—1984 年 8 月
		李瑞琴	1967 年 2 月—1968 年
		王朝俊	1967 年 5 月—1968 年 8 月
		高绍栋	1979 年 5 月—1984 年 4 月
		张继礼	1980 年—1984 年 8 月
			1987 年 1 月—1992 年 3 月
		解家平	1982 年 5 月—1984 年 8 月
		李继煜	1984 年 8 月—1986 年 12 月
		田永祥	1984 年 8 月—1992 年 8 月
		高绍栋	1986 年 1 月—1988 年 2 月
		金　峰	1988 年—1991 年
	厂长助理	高蔚生	1991 年 4 月—1991 年 8 月
		巩玉华	1991 年 4 月—1991 年 10 月
		王者厚	1991 年 4 月—1992 年 9 月

续表

单位名称	职 务	姓 名	任职期限
章丘市酒厂	厂 长	韩宪安	1992年9月—1994年11月
	副厂长	巩玉华	1991年10月—1994年11月
		王立华	1991年10月—1994年5月
		田永祥	1992年9月—1994年7月
		王者厚	1992年9月—1994年11月
		赵建平	1992年12月—1994年11月
	厂长助理	赵 炜	1994年8月—1994年11月
济南百脉酿酒（集团）有限公司	董事长	韩宪安	1994年11月—2000年8月
	副董事长	曹广刚	1997年7月—1998年12月
	董 事	赵 炜	1994年11月—1998年12月
		赵建平	1994年11月—2000年3月
		巩玉华	1994年11月—2000年8月
		王传本	1994年11月—2000年8月
		王和顺	1996年1月—2000年8月
		张建军（章丘市投资公司）	1994年11月—2000年8月
		王立民（章丘市国有资产经营公司）	1994年11月—2000年8月
	总经理	韩宪安	1994年12月—1999年1月
		赵 炜	1999年1月—2000年8月

续表

单位名称	职 务	姓 名	任职期限
济南百脉酿酒（集团）有限公司	副总经理	巩玉华	1994 年 11 月—2000 年 8 月
		王者厚	1994 年 11 月—2000 年 8 月
		赵建平	1994 年 11 月—2000 年 8 月
		赵 炜	1995 年 7 月—1999 年 1 月
		于承溪	1999 年 2 月—2000 年 8 月
		王和顺	1999 年 7 月—2000 年 8 月
	总经理助理	赵 炜	1994 年 11 月—1995 年 7 月
		潘正江	1999 年 2 月—2000 年 8 月
	监事会主席	高蔚生	1994 年 11 月—2000 年 8 月
	监 事	王和顺	1994 年 11 月—1995 年 12 月
		任传悦（国资局）	1994 年 11 月—2000 年 8 月
济南百脉酿酒有限公司	董事长	韩宪安	2000 年 8 月—2001 年 12 月
		赵 炜	2001 年 12 月—2003 年 9 月
		李成新	2004 年 7 月—2005 年 12 月
	副董事长	赵 炜	2000 年 8 月—2001 年 12 月
	董 事	于承溪	2000 年 8 月—2004 年 7 月
		巩玉华	2000 年 8 月—2004 年 7 月
		潘正江	2000 年 8 月—2005 年 12 月
		张传海	2004 年 7 月—2005 年 12 月
		王者厚	2004 年 7 月—2005 年 12 月
		马业准	2004 年 7 月—2005 年 12 月
	总经理	赵 炜	2000 年 8 月—2003 年 9 月
		李成新	2004 年 7 月—2005 年 12 月

续表

<table>
<tr><th>单位名称</th><th>职 务</th><th>姓 名</th><th>任职期限</th></tr>
<tr><td rowspan="14">济南百脉酿酒有限公司</td><td rowspan="4">副总经理</td><td>于承溪</td><td>2000 年 8 月—2004 年 7 月</td></tr>
<tr><td>巩玉华</td><td>2000 年 8 月—2004 年 7 月</td></tr>
<tr><td>潘正江</td><td>2000 年 8 月—2005 年 12 月</td></tr>
<tr><td>张传海</td><td>2004 年 7 月—2005 年 12 月</td></tr>
<tr><td rowspan="3">总经理助理</td><td>张传海</td><td>2002 年 1 月—2004 年 7 月</td></tr>
<tr><td>王峻虎</td><td>2002 年 1 月—2005 年 12 月</td></tr>
<tr><td>马业准</td><td>2004 年 7 月—2005 年 12 月</td></tr>
<tr><td rowspan="2">监事会主席</td><td>王传本</td><td>2000 年 8 月—2003 年 9 月</td></tr>
<tr><td>王梅香（女 章丘经贸局）</td><td>2004 年 7 月—2005 年 12 月</td></tr>
<tr><td rowspan="4">监 事</td><td>张传海</td><td>2000 年 8 月—2004 年 7 月</td></tr>
<tr><td>赵建平</td><td>2000 年 8 月—2003 年 9 月</td></tr>
<tr><td>王和顺</td><td>2004 年 7 月—2005 年 12 月</td></tr>
<tr><td>赵东玲（女）</td><td>2004 年 7 月—2005 年 12 月</td></tr>
<tr><td rowspan="13">山东百脉泉酒业有限公司</td><td>董事长</td><td>李成新</td><td>2005 年 12 月—</td></tr>
<tr><td rowspan="10">董 事</td><td>王者厚</td><td>2005 年 12 月—2010 年 8 月</td></tr>
<tr><td>张传海</td><td>2005 年 12 月—</td></tr>
<tr><td>潘正江</td><td>2005 年 12 月—2010 年 12 月</td></tr>
<tr><td>马业准</td><td>2005 年 12 月—</td></tr>
<tr><td>王峻虎</td><td>2007 年 7 月—2016 年 1 月</td></tr>
<tr><td>张 刚</td><td>2005 年 12 月—</td></tr>
<tr><td>牛余林</td><td>2010 年 8 月—</td></tr>
<tr><td>杜祥宝</td><td>2016 年 1 月—</td></tr>
<tr><td>袁锡惠（女）</td><td>2016 年 1 月—</td></tr>
<tr><td rowspan="2">总经理</td><td>李成新</td><td>2005 年 12 月—2018 年 3 月</td></tr>
<tr><td>马业准</td><td>2018 年 3 月—</td></tr>
</table>

续表

<table>
<tr><th>单位名称</th><th>职 务</th><th>姓 名</th><th>任职期限</th></tr>
<tr><td rowspan="18">山东百脉泉酒业有限公司</td><td rowspan="5">副总经理</td><td>张传海</td><td>2005 年 12 月—2007 年 8 月
2007 年 8 月（常务副总）—</td></tr>
<tr><td>潘正江</td><td>2005 年 12 月—2010 年 12 月</td></tr>
<tr><td>马业准</td><td>2007 年 8 月—2018 年 3 月</td></tr>
<tr><td>王峻虎</td><td>2007 年 8 月—2010 年 7 月</td></tr>
<tr><td>牛余林</td><td>2010 年 8 月—</td></tr>
<tr><td>总会计师</td><td>张刚</td><td>2007 年 7 月—</td></tr>
<tr><td>技术总工程师</td><td>杜祥宝</td><td>2010 年 12 月—2017 年 3 月</td></tr>
<tr><td>商贸公司常务副总经理</td><td>杜祥宝</td><td>2017 年 3 月—2018 年 3 月</td></tr>
<tr><td>销售公司总经理</td><td>杜祥宝</td><td>2018 年 3 月—</td></tr>
<tr><td rowspan="2">总经理助理</td><td>马业准</td><td>2005 年 12 月—2007 年 7 月</td></tr>
<tr><td>王峻虎</td><td>2005 年 12 月—2007 年 7 月</td></tr>
<tr><td rowspan="2">监事会主席</td><td>王梅香（女）（章丘经贸局）</td><td>2005 年 12 月—2016 年 1 月</td></tr>
<tr><td>徐进</td><td>2016 年 1 月—</td></tr>
<tr><td rowspan="5">监　事</td><td>王和顺</td><td>2005 年 12 月—2010 年 8 月</td></tr>
<tr><td>赵东玲（女）</td><td>2005 年 12 月—2016 年 1 月</td></tr>
<tr><td>刘永彬</td><td>2010 年 8 月—2016 年 1 月</td></tr>
<tr><td>王峻虎</td><td>2016 年 1 月—</td></tr>
<tr><td>颜承亮</td><td>2016 年 1 月—</td></tr>
</table>

第二章 机构设置

第一节 处 室

办公室

建厂初期至20世纪70年代，办公室的工作职能由总务课、总务股、政工组、政工科行使。分别由张若凤、解家平、于仁祥任组长、科长。1985年5月，厂内设厂部办公室，张兆国任办公室主任。1994年，实行股份制，董事长兼总经理负责制，该公司由厂部办公室改为总经理办公室，王者厚兼办公室主任，主要负责办公室日常工作、劳动工资、职工生活、治安、卫生、打击假冒商品、信息、医务报销等工作。1997年12月，该公司内机构改革，总经理办公室、党委办公室合为一个办公室，由杨炳礼任主任。

2000年8月1日，设四部一室，总经理办公室改为公司办公室，赵东玲（女）任办公室主任，姜红（女）任副主任，其职责是检查各部门贯彻执行公司决议的执行情况，督促各部门完成公司部署的工作任务，围绕各时期的中心工作，草拟厂部工作计划，并做好调查研究，向领导提供信息和工作建议等。2002年7月，陈向峰任办公室副主任，主持工作。2004年2月17日，袁锡惠（女）任办公室主任。办公室主要职责：负责办公室日常工作、文件起草、收发、上传下达、各部门之间的协调、规章制度的制订落实、小车班车辆调配、打字、文印、档案管理、宣传、外联等。

2007年10月，办公室改为总经理办公室，袁锡惠（女）任主任。其职责重新进行调整：协助总经理日常工作的开展，参与公司行政管理工作；负责总经理办公室的日常事务；负责公司对外的形象宣传工作负责部门内部人员的组织管理工作；负责会议记录归口管理工作、各种资质证书年检工作、小车班管理、办公资源的管理和调配。

2010年8月，由袁锡惠同志任工会主席兼总经理办公室主任，主要负责工会及总经理办公室的日常工作。

2012年4月，将综合服务部并

入总经理办公室统一管理。赵东玲、颜承亮任副主任。赵东玲分管后勤服务管理工作；颜承亮协助总经理办公室主任开展工作，全面负责小车班、部门日常管理、工业游工作。

2013 年 7 月，由颜承亮任总经理办公室主任。赵东玲任副主任，协助办公室主任工作。

2015 年 4 月，耿念学任总经理办公室副主任，负责工业旅游各项工作。

2015 年 6 月，赵东玲同志内退，由刘娜任总经理办公室副主任。分管后勤管理工作。同年，公司进行管理咨询，对部门及其职能进行重新调整。办公室负责行政管理、总经理秘书事务、后勤管理、企业文化建设与宣传、工业旅游工作及文化馆的管理、本部门人事管理工作。

办公室负责人任职情况一览表

<table>
<tr><th>单位名称</th><th>职 务</th><th>姓 名</th><th>任职期限</th></tr>
<tr><td rowspan="3">政工科（组）</td><td>组 长</td><td>张若凤</td><td>1968 年 10 月—1976 年</td></tr>
<tr><td rowspan="2">科 长</td><td>解家平</td><td>1976 年—1982 年 8 月</td></tr>
<tr><td>于仁祥</td><td>1982 年 8 月—1985 年 1 月</td></tr>
<tr><td rowspan="3">厂部办公室</td><td rowspan="3">主 任</td><td rowspan="2">张兆国</td><td>1985 年 1 月—1985 年 7 月</td></tr>
<tr><td>1968 年 3 月—1991 年 3 月</td></tr>
<tr><td>高蔚生</td><td>1991 年 4 月—1992 年 2 月</td></tr>
<tr><td rowspan="2">总经理办公室</td><td rowspan="2">主 任</td><td>王者厚</td><td>1992 年 3 月—1997 年 11 月</td></tr>
<tr><td>杨丙礼</td><td>1997 年 12 月—1999 年 4 月</td></tr>
<tr><td rowspan="6">公司办公室</td><td rowspan="2">主 任</td><td>赵东玲（女）</td><td>1999 年 7 月—2002 年 7 月</td></tr>
<tr><td>袁锡惠（女）</td><td>2004 年 2 月—2007 年 10 月</td></tr>
<tr><td rowspan="4">副主任</td><td>张兆国</td><td>1985 年 7 月—1986 年 3 月</td></tr>
<tr><td>赵东玲（女）</td><td>1994 年 1 月—1999 年 5 月</td></tr>
<tr><td>姜 红（女）</td><td>1996 年 12 月—2002 年 7 月</td></tr>
<tr><td>陈向峰</td><td>2002 年 7 月—2004 年 2 月（主持工作）</td></tr>
</table>

续表

单位名称	职 务	姓 名	任职期限
总经理办公室	主 任	袁锡惠（女）	2007 年 10 月—2013 年 7 月
		颜承亮	2013 年 7 月—
	副主任	颜承亮	2007 年 10 月—2013 年 7 月
		赵东玲（女）	2012 年 4 月—2015 年 6 月
		刘 娜（女））	2015 年 6 月—
		耿念学	2015 年 4 月—2016 年 4 月

生产处

1948—1951 年，由酿造课负责生产工作。1952 年，厂内由 6 课改为 4 个组，生产工作由酿造组负责，王跃庭兼组长。1953 年，职能课室由组改股，生计股负责生产，先后由吴宝英、王兆铭、刘玉庆任股长。1968 年，刘克津任股长。1983 年，由股改组，李继煜任生产组组长。1984 年，生产组改为生产技术科，尹念钦任科长。1986 年 9 月 26 日，对各科室的职能进行调整，生产技术科在厂部领导下，负责全厂的计划统计、节能计量及酒精、白酒、包装、制曲车间的生产调度工作。1995 年，成立三部一室，生产处归生产部领导。于承溪任生产处处长。巩玉华负责生产部，职责是产品生产的组织、调度、指挥、原辅材料供应、设备维修保养、安全工作。

2000 年 8 月 1 日，经三届二次董事会研究决定，机构设置为四部一室，生产处归生产部管理，生产部由 1 名副总经理分管。2003 年 10 月，张传海负责生产部，管理公司车间生产及协调相关部门工作。崔承湖任生产处处长，负责公司 180 天发酵期窖池的养护和管理。2006 年，生产处负责汇总、分析、编制各种生产计划，审核、检查落实车间各项经济承包责任制。开展节能降耗，累计节约各种财物价值 160 多万元。生产处研制开发了百脉泉米酒系列酒，丰富了产品结构，为节日市场增添了新品种，填补了公司一项空白。2007 年，生产处围绕“三个一”工程，精心组织、合理安排生产，及时协调包装、机电、粮酒各车间的工作，严格审批各车间奖金、工资及材料领用手续，杜绝了不合理支出，为该公司节约材料支出上百万元。

2007 年 10 月，生产处更名为生产安全调度室，刘永彬任主任。

主要协助生产副总全面组织生产工作，组织生产计划的制订和分解、生产协调调度、保障安全生产等工作。同时，2008年起，由生产安全调度室担任设备科的一切职能，负责设备的考察、论证、购置、安装调试以及使用过程中的维护保养。

2010年3月，由高绍军接任主任，主持生产调度室工作。

2012年4月，高绍军因工作需要调离生产调度室，由赵庆海负责生产调度室工作至今。生产安全调度室负责供、产、销各部门的沟通、协调；定期组织召开生产协调会，协调组织生产，平衡供、产、销关系，做好生产过程监督工作及对内外的统计工作，组织做好安全生产和设备管理工作，对各车间奖金、考勤、技能完成情况进行考核，协同能源管理部门做好水、电、汽、油的供应。

2015年4月—2016年5月，成立单独的设备安全科，由王书江担任科长。2016年5月，生产设备科一切职能划归生产调度室负责。

生产处负责人任职情况一览表

单位名称	职 务	姓 名	任职期限
生计股	股 长	吴宝英	1953年—1954年
		王兆铭	1955年—1963年
		刘玉庆	1964年—1968年
生产股	股 长	刘克津	1968年—1980年5月
	副股长	李继煜	1973年7月—1980年4月
生产组	组 长	李继煜	1980年5月—1984年5月
生技科	科 长	尹念钦	1984年5月—1987年1月
		金 峰	1987年1月—1987年10月
	副科长	李发成	1984年5月—1986年9月
		巩玉华	1985年1月—1986年
		金 峰	1986年9月—1987年1月
生产科	科 长	巩玉华	1987年10月—1988年
生计科	科 长	巩玉华	1988年—1992年

续表

单位名称	职 务	姓 名	任职期限
生产科	科 长	于成溪	1992 年—1994 年 1 月
生计科	科 长	于成溪	1994 年 1 月—1995 年 5 月
	副科长	张传海	1994 年 1 月—1998 年 11 月
生产处	处 长	于成溪	1995 年 5 月—1998 年 11 月
		张传海	1998 年 11 月—2002 年 5 月
		马建新	2002 年 5 月—2002 年 11 月
		崔承湖	2003 年 10 月—2007 年 10 月
生产安全调度室	主任	刘永彬	2007 年 10 月—2010 年 3 月
		高绍军	2010 年 3 月—2012 年 4 月
		赵庆海	2012 年 4 月—
设备安全科	科长	王书江	2015 年 4 月—2016 年 5 月

供应处

1948 年—1954 年，设营业课、营业组、供销股，由张希厚任课长、组长、股长。1954 年，王成贤任供销股股长。负责原材料供应与采购业务。1970 年，设财供组，刘锡仁任组长，负责财务工作，刘玉庆担任副组长，主要负责原材料的采购和产品销售工作。1980 年，设供销组，胡延禄代组长负责全面工作。1983 年，胡延禄、郭全蔚任副组长。

1984 年 5 月，供销组改为供应科和销售信息科，李广栋任供应科科长、郭全蔚任副科长，负责原料物资的供应工作。1987 年 8 月，胡延禄任科长，牛遂祺任副科长。1987 年 10 月，胡延禄任供应科副科长，主持工作，张洪云任副科长。1988 年，胡延禄任供应科科长，牛遂祺任副科长。1989 年，李广栋任副科长，主持工作。1990 年，李广栋任科长，彭绵君任副科长。1992 年，王兴武任科长。1995 年 7 月，供应科改为供应处，王兴武任处长，负责物资、原料的供应工作。1996 年 3 月，彭绵君任供应处处长。1996 年 10 月，高绍军任供应处处长。1998 年 11 月，王兴武任供应处处长。2001 年 12 月，高传耀任供应处处长。2003 年 10 月，孟令革任供应处处长，负责包装物、瓶子、原材料的供应、促销品和各种物品的供应工作。

2007 年 10 月，供应处改为供

应部，孟令革任供应部部长。供应部根据公司经营发展规划，组织对供应商的甄选开发，积极实施采购、仓储管理工作，确保公司物资防护的安全性、收发的准确性、贮存的完整性、账务处理的及时性，实现实物管理与价值管理相符。2013年7月，刘永彬任供应部部长，马玲业任副部长。

2016年4月，孟令革任供应部部长。供应部主要负责供应商的甄选及开发，原材料、包装物、酒瓶、促销品和各类物品的供应和采购工作。

2017年10月，高绍军调入供应部，协助供应部长开展工作。

供应处负责人任职情况一览表

单位名称	职　务	姓　名	任职期限
营业课	课　长	张希厚	1948年—1952年
营业组	组　长	张希厚	1952年—1953年
供销股	股　长	张希厚	1953年—1954年
		王成贤	1954年—1970年
	副股长	刘玉庆	1968年—1970年
财供组	组　长	刘锡仁	1970年—1980年
	副组长	刘玉庆	1970年—1980年
供销组	代理组长	胡延禄	1980年—1983年8月
	副组长	胡延禄	1983年8月—1984年5月
		郭全蔚	1983年8月—1984年5月
供应科	科　长	李广栋	1984年5月—1987年8月
		郭全蔚	1987年8月—1987年10月
	副科长 科　长	胡延禄	1987年10月—1988年5月（主持工作） 1988年5月—1989年5月
	副科长 科　长	李广栋	1989年5月—1990年6月（主持工作） 1990年6月—1992年6月
	科　长	王兴武	1992年6月—1996年3月
	副科长	郭全蔚	1984年5月—1987年8月
		牛遂祺	1987年8月—1990年5月
		张洪云	1987年10月—1988年
		彭绵君	1990年6月—1996年3月
供应处	处　长	彭绵君	1996年3月—1996年10月
		高绍军	1996年10月—1998年11月
		王兴武	1998年11月—2001年12月
		高传耀	2001年12月—2003年10月
		孟令革	2003年10月—2007年10月

续表

单位名称	职 务	姓 名	任职期限
供应部	部 长	孟令革	2007 年 10 月—2013 年 7 月
		刘永彬	2013 年 7 月 –2016 年 4 月
		孟令革	2016 年 4 月 –
	副部长	马玲业	2013 年 7 月 –2015 年 6 月
		高绍军	2017 年 10 月—

企管部

1986 年初，设立企管科，金峰任副科长，主持工作。其职能是负责企业管理、验收和达标工作。是年 9 月，企管科撤销。1990 年 5 月，复设企管科，由厂部办公室主任张兆国兼任科长，张传海任副科长，科员 3 人。主要职能是全面制订各部门、各岗位标准化管理制度，推行机床二厂标准化管理经验。1991 年 10 月，王怡任科长。1992 年 5 月，企管科并入劳资科，企业管理仍由王怡具体负责。2002 年 11 月，设企管处，马建新任处长，其职责一是建立健全企业管理制度和有关规定；二是与有关部门修订生产管理工艺和技术标准；三是制订、修订完善各部门经济目标管理责任制和岗位职责；四是负责在岗或下岗员工培训；五是制度的核查落实。2004 年 7 月，企管处撤销。其工作由总经理助理王峻虎分管，主要负责企业管理、劳动人事、管理体系运行、司法及打假、清欠、基建等工作。

2007 年 7 月，该公司与济南瀚文管理咨询有限公司合作，实施规范化管理咨询项目。为加强企业管理，是年 10 月，重新设立企业管理部，赵东玲（女）任企业管理部部长。企业管理部下设企管标准化办公室，赵庆海任主任。企管部在与相关部门的协作配合下，围绕战略管理、组织管理、企业文化管理等方面开展了系列工作，取得了初步成效。其主要职能是参与组织制订该公司中长期发展战略规划，对战略规划的执行情况进行监督和反馈。负责建立并完善标准化管理体系，组织起草、补充、修订、颁布管理标准、工作标准。督促、协助各部门制订与该公司相应的管理制度和工作流程，使管理工作步入规范化、标准化。组织制订该公司年度经营目标计划，将年度经营目标分解并监督落实。负责企业文化建设、法律事务等工作。

2008 年 12 月，牛余林任企管部部长。2010 年 3 月，赵庆海（副职）

任企管部部长，负责企管部工作。

2012 年 4 月，公司以“调整建设年”为契机，精兵简政，部门重组。人力资源部与企管部合并成立企管人事部。陈向峰任企管人事部部长。

2013 年 7 月，陈向峰因工作需要调离，袭普义任企管人事部部长。

2015 年 2 月，公司对中层干部进行调整，对部门设置进行重新规划，将企管人事部划为管理督查部和人力资源部。袭普义任管理督查部副主任，主持工作。其职能是负责公司的制度和流程建设、制度和流程实施监督、三体系管理、法律事务管理、公司日常劳动纪律和现场管理的监督检查工作。

2016 年 4 月，袭普义内退，由赵京彬接任管理督查部主任，主持工作至今。

企管部负责人任职情况一览表

单位名称	职 务	姓 名	任职期限
企管科	副科长（主持工作）	金 峰	1986 年 1 月—1986 年 9 月
	科 长	王兆国	1990 年 5 月—1991 年 10 月
		王 怡	1991 年 10 月—1993 年 12 月
	副科长	张传海	1990 年 9 月—1995 年 5 月
企管处	处 长	马建新	2002 年 11 月—2004 年 7 月
企业管理部	部 长	赵东玲（女）	2007 年 10 月—2008 年 12 月
		赵庆海	2007 年 10 月—2010 年 3 月
		牛余林	2008 年 12 月—2009 年 12 月
		赵庆海	2010 年 3 月—2012 年 4 月
企管人事部	部 长	陈向峰	2012 年 5 月—2013 年 7 月
		袭普义	2013 年 8 月—2015 年 4 月
管理督查部	主任	袭普义	2015 年 4 月—2016 年 4 月
		赵京彬	2016 年 4 月—

劳资处

1982 年，在政工科内部设立劳资岗位，由赵向东负责，职能是负责人员调配、工资计划的制订等。1984 年 7 月，赵向东调走，王峻虎接任。1985 年 5 月，劳资与政工分离，成立劳资科。1995 年 7 月，劳资科改为劳资处，王峻虎任处长。职能增加了医疗、保险，工资制度改革和承包责任制的制订、考核。

1998年10月，劳资处由1人增至2人。2002年11月，劳资处撤销，劳资业务并入企管处，工作任务由劳资员负责。2005年6月，劳资业务并入财务处。由劳资员负责其业务。2007年10月，劳资业务归属人力资源部。

劳资处负责人任职情况一览表

单位名称	职 务	姓 名	任职期限
劳资科	享受副科级	赵向东	1982年—1984年7月
	科 长	王峻虎	1984年7月—1995年7月
劳资处	处 长	王峻虎	1995年7月—2002年11月

人力资源部

2007年10月，成立人力资源部，陈向峰任部长。其工作职能负责该公司人员招聘、培训管理，人事调动、岗位配置管理，薪酬福利、绩效考核管理。是月，经济南瀚文管理咨询有限公司培训，对该公司15个部门107个岗位进行培训、考核、岗位价值评估，制订人力资源规划、战略目标和管理流程，对薪酬方案进行设计及推行，建立科学规范的、以岗位责任为基础的岗位工资体系。2012年4月16日，公司人力资源部与企管部合并成立企管人事部。陈向峰任企管人事部部长。负责公司原人力资源部的工作及企业管理工作。

2013年7月5日，陈向峰调至包装车间任包装车间主任，袭普义任企管人事部部长。

2015年4月20日，根据公司“关于对中层干部岗位调整的通知”的文件精神。企管人事部分为人力资源部和管理督查部。袭普义任管理督查部部长，郑雷任人力资源部副部长。人力资源部负责公司的计划管理、招聘与培训、绩效与薪酬、员工关系管理。

人力资源部负责人任职情况一览表

单位名称	职务	姓名	任职期限
人力资源部	部长	陈向峰	2007年10月—2012年4月
企管人事部	部长	陈向峰	2012年5月—2013年7月
		袭普义	2013年8月—2015年4月
人力资源部	副部长	郑 雷	2015年4月—

销售公司

1948年10月，胶济专区专酿专卖事业公司设营业课，负责该厂销售工作。1952年精简机构，改6课室为4个组，营业课改为营业组。1953年，营业组改为供销股，分别由刘玉庆、王成贤负责该厂的供应与销售工作。1983年8月，胡延禄、郭全蔚任供销组副组长。为适应市场的变革，1984年5月，设立“销售信息科”，王宪珠任科长，王和顺、田士明任副科长。1985年1月，设立销售科，刘锡仁任销售科科长，王和顺、田士明任副科长。1986年9月，王者厚任科长，巩传兴、牛遂祺任副科长。1990年5月，王者厚任销售科科长，高兆顺、潘正江任副科长。1992年，王立华负责销售工作。销售科分为销售一、二科，李广栋任销售一科科长，负责本市销售业务，彭绵君任销售二科科长，石凤新任副科长，负责市外销售开发业务。1994年，市场经济体制建立，强化市内市场的管理，销售科下设明水展销厅、刁镇展销厅，胡延禄任明水展厅经理，杨荣吉任刁镇展厅经理。是年11月，企业转换经营机制，由国有企业改制为国有控股股份制企业。为扩大销售渠道，增加销售收入，成立销售公司，赵建平任销售公司经理，潘正江任副经理。销售公司下设销售一科、销售二科，李广栋任销售一科科长，负责市内销售业务，彭绵君任销售二科科长，负责市外销售业务。1995年5月，聘任黄庆杰、潘正江任销售公司副经理，销售科改为销售处，李广栋任销售一处处长，彭绵君任销售二处处长，韩万香任明水展厅经理，杨荣吉任刁镇展厅经理，石凤新任销售一处副处长。该公司成立经销部，由副总经理赵建平负责，下设销售公司、销售处、展销厅。1996年12月，成立销售一公司、二公司。王者厚兼任销售一公司经理，潘正江、杨荣吉任副经理，负责市内市场。赵建平兼任销售二公司经理，彭绵君任副经理，负责市外市场。

1997年12月，机构改革，撤销原销售一、二公司，设立开发总部和销售公司。开发总部负责市外市场的开发，由韩宪安兼任主任，王者厚、赵建平任副主任。销售公司负责市内市场，赵炜任经理，潘正江任副经理。1998年11月，彭绵君任开发部处长。1999年2月，潘正江任总经理助理，负责市内销售工作。是年6月，全面负责市内、外销售工作。康新春任销售公司副经理。杨荣吉、韩万香任明水展销厅经理，李广栋任刁镇展销厅经理，彭绵君任市外销售公司副经理。2000年8月，杨荣吉任销售公司副经理。2001年12月，孙启仁任销售公司副经理，宋广水任明水展销厅经理。段金城任打假办主任。2002年4月，成立济南办事处，黄志良任主任。是年1月，潘正江负责市外市场销售工作，张传海负责市内市场销售及展销厅、散酒库、瓶酒库工作。5月，高海任销售公司副经理。2004年，进行第三次改革，设立销售公司。潘正江全面负责销售、清欠、打假工作。康新春任副经理，下设7个展销厅，外设3个市场区域，销售网点达519个。7月，高海任济南办事处经理，黄志良任淄博办事处经理，袭普义任历城区域经理，宁刚任明水展销厅经理，康京波任埠村展销厅经理，蘧太家任宁家埠展销厅经理，高文胜任刁镇展销厅经理，刘传水任普集展销厅经理，张广利任枣园展销厅经理，刘方明任黄河区域负责人。2004年2月，打假、清欠划归销售公司管理，陈向峰任清欠办主任，赵庆海任打假办主任。2006年8月，牛余林任打假、清欠办主任。2007年10月，打假、清欠办撤销，清欠归属企管部，打假归属审计监察部。

2006年5月，康新春任销售部经理。5月，成立市场部，高海兼任市场部经理。主要工作是在销售公司总经理的领导下，主持销售公司市场部的工作。负责信息收集、营销规划、营销政策、市场推广、促销管理、费用控制等各项管理工作。（以上机构变更参考表一）

2006年6月，济南百脉酒业销售有限公司更名为山东百脉泉商贸有限公司，主要职责是产品的销售，品牌建设、品牌开发，物资计划的制订，销售方案的制订、实施，产品的流通等。下设市场部、品牌部、商务大厅、物流中心、结算中心、瓶酒库，另设15个市场区，其中市内7个，市外8个。由公司副总经理潘正江全面负责销售工作，同时抓新品牌的研发和新体制的运作。康新春任副经理兼明水展销厅经理，主管老市场的运作。高海任市场部部长，王广铸任百脉泉品牌部经理。刘方明、高文胜先后任莱芜市场区域经理，刘孔波任副经理，尹才任济阳市场区域经理，王令宝任副经理。宁刚任济南市场区域经理，黄志良任淄博市场区域经理，袭普义任历城区域经理，康京波任沂水市场区域经理。王波任刁镇展销厅经理，蘧太家任宁家埠展销厅经理，张广利任副经理，刘传水任普集展销厅经理，王永良任埠村展销厅经理。孙玉良任物流中心主任，张莉任结算中心主任。

2007年2月，销售公司加大市场开发力度，对销售市场进行了整合，提高产品销量，将原有的销售市场进行合并，在省内形成10大销售市场，聘任10大区域市场经理，分管各个区域的销售工作，签订责任书，确保各项任务的完成。康新春任莱芜区域经理，高海任市场部经理，黄志良任鲁北区域经理，康京波任鲁南区域经理（含沂水市场），宁刚任济南区域经理，王广铸任明水区域经理，王波任章丘市北区域经理，王永良任章丘市南区域经理，袭普义任历城区域经理，马克涛任济阳区域经理。3月，设置了销售公司办公室和市场督查办公室。

2008年12月，康新春任销售公司副经理，孙立慧任销售公司人事部主任，刘方明任聊城区域经理，蘧太家接任莱芜区域经理，高文胜任泰安区域经理。

2009年12月，为更好的完成销售目标，提高市场推广力度，公司办公会决定对销售公司人员职务进行变动。潘正江任销售公司总经理，康新春任销售公司副总经理，高海任市场部经理。毕伟任市场部企划主管，负责公司市场信息的收集与分析、市场推广方案的拟定、事件营销与公关活动的策划等方面的工作。成立大客户部，负责各乡镇政府、团体的采购用酒，牛余林任大客户部经理。孙玉良任物流中心主任，负责选择、评价、协调物流公司，组织做好货物配送，跟踪配送过程，确保货物安全及时准确的配送到位。孙启仁任督察部经理，负责组织对销售公司各部门、区域人员工作行为、计划、政策、费用、制度和流程等执行情况进行监督、检查。王永良任济南区域清照品牌部经理，万向文任济南区域清照品牌主管。王勇任济南区域百脉泉品牌经理，分别负责济南市场两个品牌的宣传与产品推广。宁刚任历城区域经理，李树熙任莱芜区域经理，韩军任滨州区域经理，王广铸接任章丘市南区域经理，王波任章丘市中区域经理，王学任章丘市北区域经理，巩永健接任泰安区域经理，袭普义任鲁西南区域经理，黄志良任鲁北区域经理，刘方明任聊城区域经理。赵双玲任直销部主管，张俊庆任鲁东南区域企划主管，蘧太家任临沂区域主管，房运将任沂水区域主管，张明任日照区域主管。肖萍任销售公司促销主管。

2010年1月，崔士茂接任督察部经理，郭勇任物流中心主任。8月，高海任销售公司副总经理。公司成立济南分公司，高海兼任济南分公司经理。宁刚任大客户部经理，王波接任市场部经理。王强任章丘市中区域经理（主管级试用）。12月，潘正江由于个人原因免职，马业准接任商贸公司总经理。

2011年3月，宁刚任商贸有限公司副总经理，兼任鲁东南区域经理。康新春兼任销售部经理，康京波接任市场部经理，孙立慧任销售公司办公室主任，负责销售公司行政事务管理、人事管理、物流管理等各项管理工作。同月，成立新产品开发办公室，孙立慧兼任部门主任，部门负责制订新产品开发计划、开发工作；负责瓶、盒、箱、盖等设计应用；负责新产品的物料设计及应用执行、打样；参与新产品价格核定等工作。是月，成立章丘分公司，王波任章丘分公司经理，章丘分公司划为市中、市南、市北3个区域，直销业务由直销部负责。王广铸任鲁北区域经理，袭普义任鲁西南区域经理，李树熙任莱芜区域经理，王永良任滨州区域经理。6月，销售公司再次进行调整，任命各区域主管（中层副职）。毕伟任市场部主管。张明任鲁东南区域主管、王鹏任鲁东南区域沂水地区主管。韩军任章丘分公司直销部主管，王强正式任命为章丘分公司市中区主管，李文新任济南分公司历城区域主管，康文亮任莱芜区域促销主管，蘧太家任鲁东南直销部主管，焦玉柱任济南分公司百脉泉品牌东城区主管，韩凯任济南分公司百脉泉品牌西城区主管，谢鲁平任济南分公司促销主管。各区域促销主管主要负责公司促销活动的组织与监督、促销人员的业务指导、协助市场部经理制订各项促销方案等方面的工作。9月，成立广告公司筹备委员会，孙立慧任主任。同时，崔士茂接任销售办公室主任。

2012年4月，高绍军任沂水分公司经理。是年4月，孙立慧接任市场部经理。2012年4月—2014年3月，康京波任大客户部经理。2012年11月，根据各区域销售工作需要，对部分区域经理进行调动。原章区分公司市北区域经理王学调章丘市中区任主管，原市中区区域主管王强调市南区域任主管。郭恒新任章丘分公司市北区域主管，张明任潍坊区域主管（属鲁东南区域）。

2013年7月，刘方明任鲁西南区域经理。

2014年3月，康新春兼任市场部经理，宁刚兼任章丘分公司经理，王波任销售部经理。马建新任销售办公室主任，郭勇任销售办公室副主任。马克涛任鲁东南区域经理，康京波接任济阳区域经理。是月，商贸公司成立品牌部，该部门负责新产品开发计划，组织完成新产品开发工作，并组织产品评审会；负责制订百脉泉、清照等品牌传播策略及计划，包括提出并实施品牌传播年度预算；拟定公司广告宣传费用计划及区域市场分解计划，对运作费用进行监督；负责广告宣传媒体的选择、组合运用；负责组织广告宣传资料的创意、设计与制作；负责组织促销活动和公关活动的宣传品、促销品等具体设计；负责微信、网络、电视、平面媒体等广告的监播；负责组织企业宣传报道（市场层面）和产品软文的编写与投放等工作。孙立慧任品牌部经理。

2015 年 4 月，王永良接任商超部主管。4 月，滨州区域和淄博区域整合成为滨博区域，张明任区域经理。成立简装酒事业部，负责团购业务；建立直销业务部门，加强与客户关系的建立与维护；对电商平台进行开发利用、数据维护，毕伟任部门经理。巩永健任鲁西南区域经理，王广铸任鲁北区域经理。5 月，章丘分公司重新进行内部区域调整，将明水市内、普集、官庄区域划为流通一部，章丘其他区域整合为流通二部。王永良任章丘分公司流通一部经理。韩军任济南分公司百脉泉品牌部经理兼百脉泉专品主管。原历城区域主管李文新任历城区域经理。

2016 年 3 月，高海兼任销售部经理，免去济南分公司经理职务。成立招商部，宁刚不再兼任章丘分公司经理职务，兼任招商部经理。王波任章丘分公司经理，李树熙接任济南分公司经理，李文新调任办公室主任。成立电商事业部，负责定制酒产品的推广及运营；制订电商平台及定制酒产品的发展计划；制订电商网络推广计划并带领团队对推广计划进行落地，为电商平台访问量提供保障；对电商平台关键数据进行分析，并制订优化电商方案，持续改善运营质量。毕伟任电商事业部经理。韩军任莱芜区域经理，张明任鲁西南区域经理，巩永健任济南历城区域经理。

2017 年 3 月，杜祥宝被任命为销售公司常务副总经理，主要负责市外市场的开发及管理。宁刚任销售公司副总经理，协助常务副总开展工作。王广铸任市场部企划主管，负责收集行业白酒市场信息；协助市场部经理工作；负责拟订产品组合策略及产品定价策略；负责策划制订区域市场上产品投放方案；负责拟订公司各阶段的市场推广方案。成立销售公司团购事业部，毕伟任经理，做好团购工作。公司将泰安、滨博、聊城、鲁东南片区整合成为外围事业部，朱亚强任经理，外围事业部各片区设主管，孟德震任泰安片区主管、焦玉柱任滨博片区主管、王鹏任鲁东南片区主管。同月，章丘分公司流通部重新整合划分为五大片区，酒店部撤销，将酒店业务并入流通部。王学任明水片区主管，刘方明任刁镇片区主管，马克涛任高官寨片区主管，王强任埠村片区主管，王红光任普集片区主管。王崇松任百脉泉直销部主管，董运鑫任百脉泉专品部主管。谢永刚任齐河区域主管，张亮任邹平区域主管，赵应心任禹城区域主管，刘泉风任临邑区域主管，宁达任莱芜区域主管，万向文任济南分公司清照部主管。

2018 年 3 月，公司对领导层重新分工，马业准任公司总经理，杜祥宝任商贸公司总经理，负责商贸公司运营工作。

销售公司负责人任职情况一览表

表一

单位名称	职 务	姓 名	任职期限
供销组	组 长	王成贤	1968 年—1970 年
		刘玉庆	1970 年—1983 年
	副组长	胡延禄	1983 年 8 月—1984 年 5 月
		郭全蔚	1983 年 8 月—1984 年 5 月
销售信息科	科 长	王宪珠	1984 年 5 月—1985 年 1 月
	副科长	王和顺	1984 年 5 月—1985 年 7 月
		田士明	1984 年 5 月—1987 年
销售科	科 长	刘锡仁	1985 年 1 月—1986 年 9 月
		王者厚	1986 年 9 月—1992 年 9 月
	副科长	牛遂祺	1985 年 1 月—1987 年 8 月
		巩传兴	1986 年 3 月—1987 年 8 月
		张洪云	1987 年 8 月—1987 年 10 月
		高兆顺	1987 年 8 月—1992 年 5 月
		潘正江	1990 年 5 月—1994 年 1 月
销售一科	科 长	李广栋	1992 年—1995 年 6 月
	副科长	潘正江	1994 年 1 月—1995 年 5 月
销售二科	科 长	彭绵君	1992 年 1 月—1995 年 6 月
	副科长	石凤新	1992 年—1995 年 7 月
销售一处	处 长	李广栋	1995 年 5 月—1997 年 12 月
	副处长	石凤新	1995 年 7 月—1997 年 12 月
销售二处	处 长	彭绵君	1995 年 5 月—1996 年 3 月
销售公司	经 理	王立华	1991 年 5 月—1993 年 11 月
		赵建平	1993 年 12 月—1997 年 7 月
		赵 炜	1997 年 12 月—1999 年 2 月
		赵建平	1998 年 2 月—1999 年 7 月
		潘正江	1999 年 6 月—2006 年 5 月
		张传海	2002 年 1 月—2003 年 10 月

续表

单位名称	职 务	姓 名	任职期限
销售公司	副经理	潘正江	1994 年 10 月—1999 年 6 月
		黄庆杰	1994 年 10 月—1996 年 3 月
		彭绵君	1999 年 6 月—2002 年 7 月
		康新春	1999 年 6 月—2001 年 11 月
		杨荣吉	2000 年 8 月—2001 年 12 月
		孙启仁	2001 年 12 月—2003 年 10 月
		高 海	2002 年 5 月—2004 年 2 月
		康新春	2003 年 10 月—2006 年 5 月
	明水展销厅经理	胡延禄	1994 年 1 月—1995 年 5 月
		韩万香	1995 年 5 月—2003 年 5 月
		杨荣吉	1999 年 6 月—2000 年 8 月
		宋广水	2001 年 12 月—2003 年 10 月
		康新春	2003 年 10 月—2004 年 2 月
		宁 刚	2004 年 2 月—2006 年 5 月
	刁镇展销厅经理	杨荣吉	1995 年 5 月—1996 年 12 月
		李广栋	1996 年 12 月—2002 年 7 月
		于广财	2002 年 7 月—2003 年 9 月
		高文胜	2003 年 9 月—2005 年 6 月
		王 波	2005 年 6 月—2007 年 3 月
	普集展销厅经理	刘木顺	1994 年 12 月—1999 年 7 月
		高文胜	1999 年 7 月—2002 年 1 月
		刘传水	2002 年 1 月—2007 年 3 月
	枣园展销厅经理	孟庆国	1994 年 4 月—1999 年 2 月
		巩永健	1999 年 2 月—2002 年 4 月
		付聿源	2002 年 4 月—2004 年 7 月
		张广利	2004 年 7 月—2006 年 5 月
	绣惠展销厅经理	胡延禄	1995 年 9 月—1997 年 4 月
		崔士金	1997 年 4 月—2004 年 4 月
	埠村展销厅经理	杨志禄	1996 年 12 月—2002 年 5 月
		宁 刚	2002 年 5 月—2004 年 2 月
		康京波	2004 年 2 月—2006 年 5 月
		王永良	2006 年 5 月—2007 年 3 月
	宁家埠展销厅经理	姜志学	1997 年 7 月—2003 年 2 月

续表

单位名称	职 务	姓 名	任职期限
销售公司	宁家埠展销厅经理	吉锡庆	2003 年 2 月—2004 年 2 月
		蓬太家	2004 年 2 月—2007 年 3 月
	历城片区经理	袭普义	1999 年—2013 年 8 月
	王村展销厅经理	孙启仁	1999 年 8 月—2001 年 11 月
		田德成	2001 年 11 月—2003 年 10 月
	普集厅代管	刘传水	2003 年 10 月—2004 年 6 月
	淄博办事处经理	黄志良	2004 年 6 月—2007 年 3 月
	黄河区域负责人	孟庆国	2002 年 4 月—2004 年 7 月
		刘方明	2004 年 7 月—2006 年 9 月
	济南办事处经理	黄志良	2002 年 4 月—2004 年 7 月
		高 海	2004 年 2 月—2006 年 5 月

商贸有限公司历届人员任职表

表二

单位名称	职 务	姓 名	任职期限
销售公司	总经理	潘正江	2006 年 5 月 −2010 年 10 月
		马业准	2010 年 12 月 −2018 年 3 月
		杜祥宝	2018 年 3 月—
	常务副总经理	杜祥宝	2017 年 3 月 −2018 年 3 月
	副总经理	康新春	2006 年 5 月—
		宁 刚	2011 年 3 月 −
		高 海	2010 年 8 月 −
销售部	经 理	康新春	2006 年 5 月—2014 年 3 月
		王 波	2014 年 3 月 −2016 年 3 月
		高 海	2016 年 3 月—
市场部	经 理	高 海	2006 年 5 月 −2010 年 8 月
		王 波	2010 年 8 月 −2011 年 3 月
		康京波	2011 年 3 月 −2012 年 4 月
		孙立慧	2012 年 4 月 −2014 年 3 月
		康新春	2014 年 3 月 −
	主 管	毕 伟	2009 年 6 月 −2014 年 10 月
		王广铸	2017 年 3 月 −
品牌部	经 理	孙立慧（女）	2014 年 3 月 −
	主 管	王鑫鑫（女）	2015 年 5 月 −

续表

单位名称	职 务	姓 名	任职期限
人事部	主 任	孙立慧（女）	2008 年 12 月 –2011 年 3 月
广告公司筹备委员会	主 任	孙立慧（兼）	2011 年 9 月 –2012 年 4 月
销售公司	主 任	孙立慧	2011 年 3 月 –2011 年 9 月
		崔士茂	2011 年 9 月 –2014 年 3 月
		马建新	2014 年 3 月 –2016 年 3 月
		李文新	2016 年 3 月 –
	副主任	郭 勇	2014 年 3 月 –2017 年 3 月
新产品开发办公室	主 任	孙立慧	2011 年 3 月 –2011 年 9 月
大客户部	经 理	牛余林（兼）	2009 年 12 月—2010 年 8 月
		宁 刚	2010 年 8 月 –2011 年 3 月
		康京波	2012 年 4 月 –2014 年 3 月
招商部	经 理	宁 刚	2016 年 3 月 –2017 年 3 月
直销部	主 管	赵双玲	2009 年 –2011 年 6 月
简装事业部	经 理	毕 伟	2014 年 10 月 –2016 年 3 月
打假督查部	经 理	孙启仁	2008 年 12 月 –2010 年 3 月
		崔士茂	2010 年 3 月 –2011 年 9 月
		马建新	2014 年 3 月 –2016 年 3 月
物流中心	主 任	孙玉良	2009 年 12 月 –2010 年 3 月
		郭 勇	2010 年 3 月 –2014 年 3 月
		郭 勇	2017 年 3 月 –
济南办事处	经 理	宁 刚	2006 年 5 月—2009 年 12 月
	百脉泉品牌部经理	王广铸	2006 年 5 月—2007 年 3 月
	百脉泉品牌经理	王 勇	2009 年 12 月 –2011 年 9 月
	清照品牌经理	王永良	2009 年 12 月 –2010 年 8 月
济南分公司	经 理	高 海	2010 年 8 月 –2016 年 3 月
		李树熙	2016 年 3 月 –
	清照品牌主管	万向文	2009 年 12 月 –
	百脉泉品牌主管（东城）	焦玉柱	2011 年 6 月 –2015 年 5 月
	百脉泉品牌主管（西城）	韩 凯	2011 年 6 月 –2014 年 3 月
	百脉泉品牌部经理	韩 军	2015 年 5 月 –2016 年 3 月
	百脉泉直销部主管	王崇松	2017 年 3 月 –
	百脉泉专品部主管	董运鑫	2017 年 3 月 –
	促销主管	谢鲁平	2011 年 6 月 –
章丘市中区、市北区、市南区	市中区经理	王广铸	2007 年 3 月 –2009 年 12 月
		王 波	2009 年 12 月 –2010 年 8 月
		王 强	2010 年 8 月 –2011 年 6 月
		王永良	2007 年 3 月 –2009 年 12 月
		王广铸	2009 年 12 月 –2011 年 3 月

续表

单位名称	职 务	姓 名	任职期限
章丘市中区、市北区、市南区	市北区经理	王 波	2007 年 3 月 –2009 年 12 月
		王学（女）	2009 年 12 月 –2012 年 11 月
	市中区主管	王学（女）	2012 年 11 月 –2014 年 11 月
章丘分公司	经 理	王 波	2011 年 3 月 –2014 年 3 月
		宁 刚	2014 年 3 月 –2016 年 3 月
		王 波	2016 年 3 月 –
	直销部主管	韩 军	2011 年 6 月 –2012 年 8 月
		王崇松	2012 年 8 月 –2014 年 11 月
	酒店部	王学（女）	2014 年 11 月 –2017 年 4 月
	流通一部经理	王永良	2014 年 11 月 –2015 年 4 月
	流通一部主管	王广铸	2016 年 3 月 –2017 年 3 月
	流通二部主管	刘方明	2014 年 3 月 –2017 年 3 月
	商超部主管	王崇松	2014 年 11 月 –2015 年 4 月
		王永良	2015 年 4 月 –
	高官寨片区主管	马克涛	2017 年 3 月 –
	刁镇片区主管	刘方明	2017 年 3 月 –
	埠村片区主管	王 强	2017 年 3 月 –
	普集片区主管	王红光	2017 年 3 月 –
	明水片区主管	王学（女）	2017 年 3 月 –
普集展销厅	经 理	刘传水	2006 年 5 月—2007 年 3 月
历 城	经 理	袭普义	2007 年 3 月 –2009 年 12 月
		宁 刚	2009 年 12 月 –2010 年 8 月
	主 管	李文新	2011 年 6 月 –2015 年 5 月
	经 理	李文新	2015 年 5 月 –2016 年 3 月
		巩永健	2016 年 3 月 –2017 年 3 月
鲁东南	经 理	康京波	2007 年 3 月 –2011 年 3 月
		宁 刚	2011 年 3 月 –2014 年 3 月
		马克涛	2014 年 3 月—2017 年 3 月
	主 管	张 明	2011 年 6 月 –2014 年 3 月
		王 鹏	2011 年 6 月 –2017 年 3 月
泰 安	经 理	高文胜	2008 年 11 月 –2009 年 12 月
		巩永健	2009 年 12 月 –2011 年 3 月
鲁西南	经 理	袭普义	2009 年 12 月 –2011 年 3 月
		刘方明	2013 年 7 月 –2014 年 3 月
		巩永健	2014 年 3 月 –2016 年 3 月
莱芜鲁西南（含泰安区域）	经理	张 明	2016 年 4 月 –2016 年 9 月
莱 芜	经理	高文胜	2006 年 5 月—2007 年 3 月
		康新春（兼）	2007 年 3 月 –2008 年 12 月
		蘧太家	2008 年 12 月 –2009 年 12 月
		李树熙	2009 年 12 月 –2016 年 3 月
		韩 军	2016 年 3 月 –

续表

单位名称	职 务	姓 名	任职期限
莱 芜	副经理	刘孔波	2006 年 5 月—2006 年 8 月
	促销主管	康文亮	2011 年 6 月—2013 年
	主 管	宁 达	2014 年 6 月—
临 沂	主 管	蘧太家	2009 年 12 月—2011 年 6 月
	直销主管	蘧太家	2011 年 6 月—2014 年 2 月
鲁 北	经 理	黄志良	2007 年 3 月—2011 年 3 月
		王广铸	2011 年 3 月—2016 年 3 月
聊 城	经 理	刘方明	2008 年 12 月—2013 年 7 月
沂 水	经 理	康京波	2006 年 5 月—2007 年 3 月
	沂水主管	房运将	2009 年 12 月—2011 年 6 月
滨 州	经 理	韩 军	2009 年 12 月—2011 年 6 月
		王永良	2010 年 6 月—2015 年 4 月
日 照	主 管	张 明	2009 年 12 月—2011 年 6 月
济 阳	经 理	尹 才	2006 年 5 月—2007 年 3 月
		马克涛	2007 年 3 月—2014 年 3 月
		康京波	2014 年 3 月—
	副经理	王令宝	2006 年 5 月—2010 年 3 月
滨 博	经理	张 明	2014 年 3 月—2016 年 4 月
	主管	焦玉柱	2015 年 5 月—2017 年 3 月
团购事业部	经理	毕 伟	2017 年 4 月—
外围事业部	经 理	朱亚强	2017 年 3 月—
	泰安片区主管	孟德震	2017 年 3 月—
	滨博片区	焦玉柱	2017 年 3 月—
	鲁东南片区	王 鹏	2017 年 3 月—
禹城区域	主 管	赵应心	2017 年 3 月—
齐河区域	主 管	谢永刚	2017 年 3 月—
邹平区域	主 管	张 亮	2014 年 6 月—
临邑区域	主 管	刘泉风	2017 年—
促销区域	主 管	肖萍（女）	2009 年 12 月—2016 年 5 月
沂水分公司	经 理	高绍军	2012 年 4 月—2017 年 10 月

行政处

1968 年，该厂设立行政组，由彭卫玉、李广栋任组长。1984 年，行政组改为行政科，张传杰任科长。1985 年，由杲元春任科长。1986 年 9 月，为解决机构重叠，工作扯皮，人浮于事，对部分科室进行了调整，行政科与基建科合并为行政科，张传杰任科长，杲元春任副科长。行政科在厂部领导下负责食堂、医药、托儿所、办公用品、职工宿舍、基建项目等工作。1988 年，实行承包经营责任制，张传杰任行政科科长。1995 年 5 月，行政科改为行政处，牛遂祺任处长。2000 年 8 月 1 日，机构设置改为四部一室：行政处隶属后勤部。2004年机构改革，行政处撤销，其工作职能由1名工作人员负责，隶属于后勤部。

2007年10月，设立综合服务部，王和顺任部长。2008年12月22日，王和顺退休，由赵东玲任综合服务部部长。2014年4月，将综合服务部归入总经理办公室管理。

行政处负责人任职情况一览表

单位名称	职 务	姓 名	任职期限
行政组	组 长	彭卫玉	1968年10月—1978年8月
		李广栋	1978年8月—1984年5月
行政科	科 长	张传杰	1984年5月—1985年1月
		杲元春	1985年1月—1986年9月
		张传杰	1986年9月—1989年3月
		李 涛	1989年3月—1990年5月
		张传杰	1990年5月—1994年1月
		牛遂祺	1994年1月—1995年5月
	副科长	杲元春	1986年9月—1988年
行政处	处 长	牛遂祺	1995年5月—2001年2月
	副处长	李霞（女）	1999年6月—2000年8月
综合服务部	部 长	王和顺	2007年10月—2008年12月
		赵东玲（女）	2008年12月—2012年4月

审计处

审计处未建前，其业务由财务科、劳资科、厂部办公室组成工作组负责审计工作。为加强公司内部管理，保障各岗位制度化管理，特别是对财、产、物、账等进行有效审计和监督。2003年10月，该公司成立审计处，由3人组成，王和顺任处长，在董事长的直接领导下开展工作，对各项审计结果以书面形式上报董事长，对存在的问题查找原因，并提出改进措施。

2007年10月，审计处改为审计监察部，牛余林任审计监察部部长。

2010年，打假办从审计监察部分离，王廷树调出，审计员马玲业、董丽娜。

2013年3月，任命马玲业为审计监察部副部长。同年7月，马玲业调离，任命孟令革为审计监察部部长，审计员张莉。

2015 年 6 月孟令革调离，任命马玲业为审计监察部副部长，审计员张莉。

审计处负责人任职情况一览表

单位名称	职 务	姓 名	任职期限
审计处	处 长	王和顺	2003 年 10 月—2007 年 7 月
审计监察部	部 长	牛余林	2007 年 10 月—2013 年 7 月
		孟令革	2013 年 7 月—2015 年 6 月
	副部长	马玲业（女）	2013 年 3 月—2013 年 7 月
		马玲业（女）	2015 年 6 月—

安保处

1983 年，成立保卫组，韩延淮任组长。9 月，成立安全委员会，解家平任主任。1985 年，厂内安全组改为安全科，保卫组改为保卫科。解俊杰任安全科科长，韩延淮任保卫科科长，于仁祥任保卫科副科长。1986 年 9 月 23 日，下发《章丘县酒厂关于调整部分科室的通知》，决定安全科与保卫科合并为安保科，解俊杰任安保科科长，韩延淮任副科长。其职责是在厂部领导下，负责全厂的安全、保卫、消防工作。1995 年 5 月，安保科改为保卫处，韩延淮任处长。2000 年 8 月 1 日，下发《关于公司机构设置的决定》，机构设置为四部一室，安全生产由生产部领导，保卫工作由后勤部领导。安保处主要负责公司的安全保卫、治安管理、劳动纪律检查、员工法制教育、消防安全岗位责任制的落实工作以及配合司法机关严厉打击一切刑事犯罪等活动。

2007 年 10 月，安保处改为保卫部，崔殿春任保卫部部长。

2011 年 9 月，马建新任保卫部部长。2013 年 7 月—2016 年 4 月，崔士茂任保卫部部长。

2016 年 4 月，安保部分离，改为保卫部、安全科。刘继文任保卫部部长。保卫部主要负责全厂区、宿舍区的治安保卫和公司的户籍管理工作。随着公司工业游项目的开展，来公司参观旅游的客户、旅行社团逐步增多。对于车辆调度、检查以及游客的疏导工作增加了难度。与安保公司合作招聘保安人员 4 名。

安保处负责人任职情况一览表

单位名称	职 务	姓 名	任职期限
保卫组	组 长	韩延淮	1983 年 8 月—1985 年 1 月
保卫科	科 长	韩延淮	1985 年 1 月—1986 年 9 月
	副科长	王 洪	1984 年 8 月—1985 年 12 月
		于仁祥	1985 年 1 月—1986 年 9 月
安全科	科 长	解俊杰	1985 年 1 月—1986 年 9 月
	副科长	韩延淮	1985 年 1 月—1986 年 9 月
安保科	科 长	解俊杰	1986 年 9 月—1988 年
	副科长	韩延淮	1986 年 9 月—1988 年 3 月
安全科	科 长	解俊杰	1988 年—1994 年 1 月
保卫科	科 长	韩延淮	1988 年 3 月—1990 年
	副科长	于仁祥	1990 年 9 月—1994 年 1 月
		韩延淮	1990 年—1994 年 1 月
安保科	科 长	解俊杰	1994 年 1 月—1995 年 5 月
保卫处	处 长	韩延淮	1995 年 5 月—1997 年 8 月
		牛遂祺	1997 年 8 月—1998 年 11 月
安保处	处 长	刘德平	1998 年 11 月—2004 年 2 月
		崔殿春	2004 年 2 月—2007 年 10 月
	副处长	高绍文	1999 年 6 月—2008 年 8 月
		崔殿春	2003 年 11 月—2004 年 2 月
保卫部	部 长	崔殿春	2007 年 10 月—2011 年 9 月
		马建新	2011 年 9 月—2013 年 7 月
		崔士茂	2013 年 7 月—2016 年 4 月
		刘继文	2016 年 4 月—

安全科

2016 年 4 月，成立安全科，安全工作与保卫工作分离，由崔士茂任安全科副科长，安全科负责公司安全生产、消防工作。

安全科负责人任职一览表

单位名称	职 务	姓 名	任职期限
安全科	副科长	崔士茂	2016 年 4 月－

技术部

1990年，设立技术科，赵炜任副科长。1993年4月，成立科研所，田永祥兼任所长，赵炜任副所长。科研所设办公室，毕思水任主任。科研所主要职责是1.根据市场需求研制开发新产品，并负责产品的质量、价格、先进技术的信息反馈工作；2.推广应用新技术、新工艺、新材料；3.负责调整产品结构、对项目的考察论证、立项等工作。1995年成立技术部，由厂长助理赵炜分管。负责产品质量管理、进货验收、新产品开发、科研和先进工艺应用、计量、环保。2000年8月，巩玉华分管技术部的工作。主要负责产品质量、产品开发、科研、计量、环保、打假工作。9月，成立技术开发中心，毕思水任主任。主要职责是市场调研、新产品开发、生产工艺、生产技术、勾调、品评、计量、标准化、环保、三新技术应用、新上项目的考察论证。是年，科研所撤销。2004年6月，该公司与山东轻工业学院建立科研基地。7月，由马业准主持技术部的工作，技术部下设质管处、技术中心，全面负责产品包装物、质量、市场调研、新产品开发、生产工艺、生产技术应用、新上项目的考察论证及技术开发等工作。10月，成立济南市企业技术开发中心和章丘市食品发酵研究所。2006年，该公司开展管理效益年活动，推广压池串蒸工艺，创造经济效益60万元。全年配制成品酒7000多吨，合格率达100%。自主研制四种调味酒。

2007年，技术部围绕“三个一”工程，加强对粮酒车间、包装车间分批进行品评、质量管理培训，增强员工的质量意识，提高了产品质量。10月，设立技术开发中心，毕思水任技术开发中心主任。

2008年，根据公司战略发展要求，技术部积极组织开展产品研发、工艺管理、技术创新、勾调品评、计量、环保、项目申报等工作，保证公司技术创新能力、核心竞争力不断增强。

2013年7月，李庆腾同志任技术开发中心副主任。

2015年4月，汪慧慧同志兼任技术开发中心副主任。2015年技术研发中心开发了3款多粮型不同风格的新产品作为储备酒基，其中34°和42°泉城1号成功上市。新上鲜啤酒项目，生产的原浆鲜啤酒深受广大消费者喜爱。

2016年4月，李庆腾同志根据公司要求调离。

2017年3月，副总工程师汪慧慧在总工程师杜祥宝的领导下全面主持技术部的工作。毕思水一直任技术开发中心主任。

2018年3月，汪慧慧任公司总工程师，全面负责公司技术工作。

技术部负责人任职情况一览表

单位名称	职 务	姓 名	任职期限
技 术	副厂长（分管）	田永详	1984年—1995年7月
技术科	副科长	赵 炜	1990年9月—1993年4月
技术部	厂长助理（负责）	赵 炜	1995年7月—1999年6月
	副总经理（负责）	巩玉华	1999年6月—2004年7月
	技术厂长助理（负责）	毕思水	1999年6月—2000年8月
	副总经理（负责）	马业准	2004年7月—
	总工程师	杜祥宝	2010年12月—2018年3月
	副总工程师	汪慧慧（女）	2017年3月—2018年3月
	总工程师	汪慧慧（女）	2018年3月—
科研所	所 长	田永详	1993年4月—1994年1月
		赵 炜	1994年1月—1995年7月
		邢念河	2000年8月—2000年9月
	副所长	赵 炜	1993年4月—1994年1月
		毕思水	1994年1月—1995年5月
		邢念河	1999年6月—2000年7月
技术中心	主 任	毕思水	2000年9月—2001年12月
		邢念河	2001年12月—2003年11月
		李卫星	2003年11月—2005年10月
		毕思水	2006年2月—
	副主任	李庆腾	2013年7月—2016年4月
		汪慧慧（女）	2015年4月—2017年3月

质管处

1978年，成立质量管理机构，专门从事厂内成品、半成品的质量检查、监督。同时购买配备了精密化验器材。1984年，设质量检查科，段金城任科长，负责产品质量管理和原材料的质量检验。1986年9月，调整科室职责范围，质检科主要负责产品、半成品检查、检验、物价、化验工作。1995年，质检科改为质检处，质检处划归技术部管理，职能是产品质量管理、进货验收。

2000年8月1日，质检处改为质管处， 质管处主要负责厂内成品、半成品的质量检查、监督工作，包装物、瓶子的质量检查、原料的质量检查、检验工作。

2007年10月，质管处改为质检部，崔承湖任质检部部长。

2008年12月，杜祥宝任质检部副部长，主持工作。2010年3月，杜祥宝任质检部部长。2010年12月，李雷新任质检部部长，主持质检部工作，组织开展原辅料、半成品、成品各20项目的检验工作，确保产品质量和食品安全。2011年取消原材料收购质检员。2012年包装质检员进行人员精简由以前的5人精简为3人。

质管处负责人任职情况一览表

单位名称	职　务	姓　名	任职期限
质检科	科　长	段金城	1984年5月—1990年5月
质管科	科　长	段金城	1990年5月—1993年12月
质检科	科　长	段金城	1993年12月—1995年6月
质检处	处　长	段金城	1995年6月—1999年10月
质管处	处　长	毕思水	1999年10月—2000年10月
		段金城	2000年10月—2001年12月
		毕思水	2001年12日—2006年2月
	副处长	崔承湖	1996年3月—1997年4月
		毕思水	1997年4月—1999年9月
	副处长（主持工作）	赵庆海	2006年2月—2007年10月
质检部	部　长	崔承湖	2007年10月—2010年3月
		杜祥宝	2010年3月—2010年12月
		李雷新	2010年12月—
	副部长	杜祥宝	2008年12月—2010年3月

财务处

1948年10月，设立财务课，由陈登科任课长。1952年，财务课改为财务组。1953年8月，财务组改为财务股，由郭洪盛、牛宪钧、黄梅勋(女)先后担任股长。1974年，财务股改为财务组，刘锡仁任组长。1980年，安敬水任组长。1984年，财务组改为财务科，张静宸任科长，王和顺任副科长。1985年，王和顺任科长。1986年7月，张兴业任科长，王和顺任副科长。1988年，王和顺任科长。

1995年5月，设三部一室，财务科改为财务处，王和顺任处长，孟令革任副处长。2000年财务处7人，其中，总会计师1人兼任处长，副处长1人，科员5人。2001年，王和顺任总会计师，孟令革任财务处处长。2003年6月，张刚任处长。其职责是负责公司的出纳、财务往来、费用支出及预算工作。

2007年10月，财务处改为财务部，张刚兼任财务部部长，负责公司财务发展规划、起草编制年度财务预算、公司财务统计与分析、组织各项成本核算工作、监督各项财务工作等。刘志学任财务部副部长，负责协助财务部长各项财务管理工作、负责账务处理、参与财务结算、编制会计报表等。同月，成立结算中心，结算中心负责商贸公司的各项结算业务及应收账款、应收票据、存货、呆坏账管理、各项报表的制订使用。张莉（副职）任结算中心主任。

2013年3月，张莉调离，李俊青任结算中心主任。其职责为协助财务部部长监督相关财务预算的执行情况，协调销售部门执行公司有关的销售政策，审核销售额等。

2015年6月，原瓶酒库、包装材料库及原辅材料库、五金库合并成立仓储中心，由总会计师张刚分管其部门工作。

财务处负责人任职情况一览表

单位名称	职 务	姓 名	任职期限
财务课	课 长	陈登科	1948—1950年
		许同敬	1950—1951年
财务组	组 长	袁恩基	1951—1954年
财供股	股 长	郭洪盛	1954—1965年5月
		牛宪钧	1965年5月—1970年
		黄梅勋（女）	1970—1971年

续表

单位名称	职 务	姓 名	任职期限
财供组	组 长	刘锡仁	1971—1980 年
		安敬水	1980—1982 年
		张静宸	1982 年 8 月—1984 年 5 月
财务科	科 长	张静宸	1984 年 5 月—1986 年 1 月
		王和顺	1986 年 1 月—1986 年 7 月
		张兴业	1986 年 7 月—1990 年 5 月
		王和顺	1990 年 5 月—1995 年 5 月
	副科长	王和顺	1985 年 7 月—1986 年 1 月
		张静宸	1986 年—1986 年 9 月
		左良龙	1990 年 9 月—1995 年 5 月
财务处	处 长	王和顺	1995 年 5 月—2001 年 12 月
		孟令革	2001 年 12 月—2003 年 6 月
		张 刚	2003 年 6 月—2007 年 10 月
	副处长	孟令革	1996 年 12 月—2001 年 12 月
		张 刚	2001 年 12 月—2003 年 6 月
		刘志学	2004 年 6 月—2007 年 10 月
财务部	部 长	张 刚	2007 年 10 月—
	副部长	刘志学	2007 年 10 月—
结算中心	主 任	张莉（女）	2007 年 10 月—2013 年 3 月
		李俊青	2013 年 3 月—

仓储中心

2015 年 6 月 24 日，原隶属于供应部管理的原料库（含五金库）、包装材料库（不含酒瓶库）和销售公司管理的成品库整合为一个部门管理，成立仓储中心。孟令革任仓储中心第一任主任，总会计师张刚负责管理其工作。该部门组织做好仓库物资的分类、分区、定位存放、合理库存等工作。

2016 年 4 月，李林泉任主任。

2017 年 6 月，仓储班组长进行调整，为便于管理酒瓶库从包装材料库分离出来，单独成立班组。由原来 3 个班组增为 4 个班组，成品库、包装材料库、酒瓶库、原料库（原料库监管五金库）。

仓储中心负责人任职情况一览表

单位名称	职 务	姓 名	任职期限
仓储中心	主 任	孟令革	2015 年 6 月—2016 年 4 月
		李林泉	2016 年 4 月—

工业旅游

2009 年，建设工业旅游项目后，此项工作归属于销售公司管理，由孙立慧负责，先后设兼职讲解员 5 人。

2013 年 2 月，工业旅游管理工作转归总经理办公室管理，由袁锡惠负责，兼职讲解员 1 人。

2014 年 5 月 17 日，藏酒馆开馆，归属销售公司管理，由孙立慧负责。5 月底，藏酒馆转归总经办管理，由办公室副主任耿念学兼管封藏酒工作。

2014 年 11 月 27 日，工业旅游工作由工会主席袁锡惠分管，同时组建工业旅游团队。12 月，成立了工业旅游办公室，肖萍调入工业旅游办公室任主管。

2015 年 5 月，肖萍调出工业旅游办公室，董丽娜调入工业旅游办公室任主管。

2016 年 4 月，工业旅游办公室与总经理办公室分离，成为独立部门，由工会主席袁锡惠分管，耿念学任主任，抓全面管理工作。董丽娜任副主任，协助主任抓内部管理工作，并负责景区级别的提升及协调有关旅游部门的工作。2016 年 8 月，肖萍调入工业旅游办公室任副主任，主要负责宣传工作及讲解员的教育培训。

2016 年 8 月，公司在朱家峪景区设立展馆，隶属工业旅游办，由卢庆芳、徐卫东、赵东玲（返聘）3 人管理。同年 10 月，因冬天游客很少而闭馆，2017 年 2 月 26 日开始改为周六、周日开馆，同年 3 月 29 日恢复正常开馆，由卢庆芳负责管理。

2017 年 10 月，工业旅游办公室共有人员 14 人，由管理人员 3 人、讲解员 8 人、场馆清洁维护人员 2 人、朱家峪景区公司展馆 1 人组成。

工业旅游办公室负责人任职工情况一览表

单位名称	职 务	姓 名	任职期限
工业旅游办公室	主 任	耿念学	2016 年 4 月—
	副主任	董丽娜（女）	2016 年 4 月—
		肖 萍（女）	2016 年 8 月—
	主管（办公室）	肖 萍（女）	2014 年 12 月—2015 年 5 月
		董丽娜（女）	2015 年 5 月—2016 年 4 月

清欠、打假办公室

20 世纪 80 年代，针对外欠款回收困难和假货干扰，为促进产品销售，遏制产品赊销，货款赊欠，该厂 1985 年成立货款回收小组。为加大清欠力度，1995 年成立清欠办公室，黄庆杰任主任。1996 年 12 月 30 日，清欠办公室改为司法办公室，负责货款清欠及处理因清欠而引发的经济纠纷。王传本任主任，王和顺任副主任。1998 年，王峻虎任清欠办公室主任，刘永彬任副主任。2002 年 2 月， 康京波任清欠办主任。2004 年 2 月，陈向峰任清欠办主任。清欠办公室主要职能是货款清欠工作和相关的法律事务，隶属销售公司。2007 年 10 月，清欠划归企管部。

1997 年 1 月 20 日，成立由 5 人组成的打假办公室，赵炜任主任。2000 年 8 月，段金城任打假办主任。2004 年 2 月，赵庆海任打假办主任。打假办公室主要负责伪劣产品的打假、市场检查、监督，以防假冒伪劣产品危害该公司经济利益和社会形象，隶属销售公司领导。2006 年 8 月，清欠办公室和打假办公室合并为清欠、打假办公室，牛余林任主任，归属商贸有限公司。2007 年 10 月，清欠、打假办公室撤销，打假归属审计监察部。

2008 年 1 月，牛余林任审计监察部部长兼打假、清欠办主任。由孙启仁担任督察部部长，由销售公司统管。

2008 年 12 月—2012 年 2 月，马建新任打假、清欠办主任。2009 年 12 年—2010 年 2 月，张经武任打假、清欠办副主任。

2010 年 3 月—2012 年 2 月，打假办分为市内、市外区域，马建新任市内区域主任（中层副职），张经武任市外区域主任兼清欠办主任（中层副职），由销售公司分管。

2010 年 6 月—2011 年 5 月，崔士茂担任督察部部长。

2012 年 3 月，打假办与清欠办合并为打假清欠办。崔殿春任打假清欠办主任、张经武任打假清欠办副主任，由企业管理部分管。

2013 年 8 月—2016 年 3 月，由马建新任督察部部长。由销售公司统一管理。

2015 年 4 月—2016 年 3 月，张经武任打假清欠办主任主持工作。

2016 年 4 月至今，督察部由销售公司划入企管部负责，与打假清欠办公室合并为市场打假督察部。由张经武任市场打假督察部主任，打假成员 4 人，督察成员 3 人。

清欠、打假办负责人任职情况一览表

单位名称	职 务	姓 名	任职期限
清欠办	副主任（主持工作）	黄庆杰	1995 年 7 月 — 1998 年 11 月
	主 任	王峻虎	1998 年 10 月 — 2002 年 1 月
		康京波	2002 年 2 月 — 2004 年 2 月
		陈向峰	2004 年 2 月 — 2006 年 8 月
	副主任	刘永彬	1998 年 11 月 — 2000 年 8 月
打假办	主 任	赵 炜	1997 年 1 月 — 2000 年 8 月
		段金城	2000 年 8 月 — 2004 年 2 月
		赵庆海	2004 年 2 月 — 2006 年 2 月
		牛余林	2006 年 2 月 — 2006 年 8 月
清欠、打假办	主 任	牛余林	2006 年 8 月—2007 年 10 月
打假办	主 任	牛余林	2008 年 1 月—2008 年 11 月
		马建新	2008 年 12 月—2012 年 2 月
	主任副	张经武	2009 年 12 月—2010 年 2 月
	主 任	张经武	2010 年 3 月—2012 年 2 月
清欠办	主 任	牛余林	2008 年 1 月—2008 年 11 月
		马建新	2008 年 12 月—2009 年 11 月
	主任副	张经武	2009 年 12 月—2010 年 2 月
	主 任	张经武	2010 年 3 月—2012 年 2 月

续表

单位名称	职 务	姓 名	任职期限
打假清欠办	主任	崔殿春	2012 年 3 月—2015 年 3 月
		张经武	2012 年 3 月—2016 年 3 月
督察部	主任	孙启仁	2008 年 1 月—2010 年 5 月
		崔士茂	2009 年 6 月—2011 年 5 月 2011 年 9 月—2013 年 7 月
		马建新	2013 年 8 月—2016 年 3 月
市场打假督察部	主任	张经武	2016 年 4 月—

信息化中心

2013 年 6 月，设立信息化中心。袁乃凯任副主任，主持工作。其职能是负责公司信息化网络平台建设、应用及管理，监控设备的建立及维护工作，公司计算机的采购、更换、管理工作。归企业管理部管辖。

信息化中心负责人任职情况一览表

单位名称	职 务	姓 名	任职期限
信息化中心	副主任	袁乃凯	2013 年 6 月—

第二节 车 间

1948 年 10 月，王白庄总厂有生产班 2 个，埠村、刁镇分厂各有生产班 1 个，每个班有 7 人。1953 年，埠村、刁镇分厂撤销。是年，成立白酒车间、制曲车间。1976 年，撤销制曲车间，成立制曲班。白酒车间为固体酿造车间，新增酒精车间。

1985 年 1 月，高肇树、高绍团任酒精车间副主任。1986 年 3 月，巩玉华任酒精车间主任，高肇树任副主任。1988 年，尹念钦任酒精车间主任，刘德平、高肇树、王怡任副主任。1989 年 3 月，刘德平任酒精车间主任，孟庆文任副主任。1990 年 5 月，高肇树任酒精车间主任，王怡、于广财、孟庆文任副主任。1994 年 1 月，刘德平任酒精车间主任，王沛国、孟庆文、于广财任副主任。1995 年 5 月，刘德平任酒精车间主任，孟庆文任副主任。1998年11月，于广财任酒精车间主任，孟庆文任副主任。到2002年5月，酒精生产停止，酒精车间撤销。期间，粮酒车间、包装车间、机电车间为该公司的三大车间。

包装车间

1976年，设立灌装班，1980年，成立灌装车间，牛素贞（女）任车间主任。1983年改为包装车间，其中设主任1人。其车间夏季设1个班组，30多人；冬季4个班组，130多人，其中大班3个，每班40人，小班10多人（主要灌装粮食酒）。包装车间主要负责产品的灌装、包装工作。1990年，王宪珠任车间主任，孟庆国任副主任，新增西包装车间，包装各类瓶酒4096.88吨。1991年，新建1520平方米的西包装车间和新上2条灌装流水线，使灌装流水线达到4条，扩大了生产规模。包装车间有2个大车间，5个班组，150人。在备货紧张时期，招收部分临时工，以补充包装车间人员的不足。2002年，刘永彬任车间主任，孟庆文、康新春任副主任，完成瓶装酒4942吨。

2005年，赵东玲、王书江任副主任，9月，东包装车间小班新上1条灌装流水线，使灌装流水线达到5条。对老式灌装机进行更新，新上误差仅为1.5毫升精密灌装设备，比原设备误差减少10毫升。备货期间每天灌装38吨，6万多瓶。2006年，对东包装车间进行了粉刷、装修。设6个班组，其中生产班组5个，维修班1个。在2005年指标定额的基础上，每人每天提高定额5%，产品合格率提高到99%，入库率达100%。2007年，为实现“三个一”工程的宏伟目标，对包装车间进行了改造、扩建、装修，把原西包装车间一墙之隔的瓶酒库扩入包装车间，将西包装车间原有2条包装生产线合并加长，加长后的包装生产线比原生产能力提高1.5倍，提高生产效率20%。又新上一条包装生产线，配套新上大型冲瓶机1台、干燥机1台、打码机4台（每条线上打盒箱2台）、封箱机2台。同时，为提高管理水平，选派10多名车间负责人到全国各地生产企业进行考察学习。2007年10月，刘永彬任车间主任，王书江任第一副主任，孟庆文、王沛国任副主任。

2008年12月，王书江任包装车间主任，孟庆文、王沛国任副主任。车间设5个生产班组，另加维修班，共197人（5月份人数，以下均为当年同期人数）。

2010年4月，经过公司竞聘调整，刘永彬任包装车间主任，刘娜、邱国强任副主任。车间有5个生产班组，另加维修班，共217人。

2013 年 6 月 29 日，北厂新厂区包装车间建成投产，六条全新的自动化生产线正式投入使用。车间设 5 个生产班组，主要负责产品的灌装、包装工作，另加维修班和叉车班，车间共 214 人。7 月，陈向峰任包装车间主任。负责组织新厂区包装车间的包装生产、协调各部门资源、不断改进包装工艺、提高产品包装质量。刘娜、邱国强任包装车间副主任，协助包装车间主任，执行生产计划，进行生产车间管理工作和产品质量控制工作。

2015 年 2 月，包装车间第七条生产线—万瓶自动化生产线正式投入使用。车间设有 5 个生产班组，另加维修班、叉车班和机动班，车间共有 198 人。

2015 年 4 月—2016 年 4 月，李林泉任车间副主任。

2016 年 8 月—2017 年 4 月，王建喜任包装车间副主任。

2017 年，车间设 5 个生产班组，另加维修班 3 人、叉车班 4 人和机动班，共有 187 人。6 月，胡安艳任包装车间副主任。

包装车间负责人任职情况一览表

单位名称	职 务	姓 名	任职期限
灌装车间	主 任	牛素贞（女）	1980 年—1983 年 8 月
包装车间	主 任	牛素贞（女）	1983 年 8 月—1987 年 1 月
		李继煜	1987 年 1 月—1987 年 8 月
		李广栋	1987 年 8 月—1990 年 5 月
		王宪珠	1990 年 5 月—1994 年 1 月
		高肇树	1994 年 1 月—2001 年 12 月
		刘永彬	2001 年 12 月—2008 年 12 月
		王书江	2008 年 12 月—2010 年 4 月
		刘永彬	2010 年 4 月—2013 年 7 月
		陈向峰	2013 年 7 月—
	副主任	王宪珠	1985 年 1 月—1990 年 5 月
		孟庆国	1990 年 5 月—1994 年 1 月
		杲元春	1992 年 6 月—1995 年 5 月
		王成家	1992 年 6 月—2001 年 12 月
		于广财	1996 年 12 月—1998 年 11 月
		高绍文	1996 年 3 月—1999 年 6 月
		王令宝	1998 年 11 月—1999 年 6 月
		刘永彬	2000 年 8 月—2001 年 12 月

续表

单位名称	职 务	姓 名	任职期限
包装车间	副主任	康京波	2000 年 8 月—2004 年 2 月
		孟庆文	2000 年 8 月—2010 年 4 月
		康新春	2002 年 5 月—2003 年 10 月
		王沛国	2003 年 11 月—2004 年 7 月
		赵东玲（女）	2004 年 7 月—2007 年 10 月
		王书江	2006 年 8 月—2007 年 10 月
		王沛国	2006 年 11 月—2010 年 4 月
		王树江	2007 年 10 月（第一副主任）—2008 年 12 月
		邱国强	2010 年 4 月—
		刘娜（女）	2010 年 4 月—2015 年 4 月
		李林泉	2015 年 4 月—2016 年 4 月
		王建喜（女）	2016 年 8 月—2017 年 4 月
		胡安艳（女）	2017 年 6 月—

粮酒车间

1953 年，设白酒车间，王兆铭任车间主任。1964 年，扩建生产车间、发酵池，增设鼓风机、打糖机、地下通风、通风制曲等设备分期投入生产。1971—1982 年，创新生产工艺，新上液体蒸馏。生产车间达 635 平方米，年产 600 吨原酒。1974 年，白酒生产有 2 个车间，5 个班组，其中 3 个液体班，2 个固体班。1988 年，白酒车间更名为粮酒车间，承担该公司白酒生产、技术推广及应用、技术人员的培训、大曲生产、储备等工作。1986—1994 年，期间投资兴建了 2209 平方米的粮酒生产车间。1995 年，改造闲置车间，增建 100 口发酵池。1996 年 10 月，投资 150 万元，新建 1000 平方米粮酒车间，年增粮酒 500 吨的生产能力，粮酒生产共达 900 多吨。1998 年，己酸菌培养窖泥新工艺在生产中投入使用，白酒净化设备投入使用。

2004 年 4 月，购进机械制曲设备，6 月，购进磨曲机 1 台。7 月，赵京彬任车间主任，王沛国任副主任。2005 年，为增强企业产品在市场上的竞争力和产品质量，聘请五粮液酿酒专家来指导生产，仅几个月的时间使窖泥生产上了一个新的台阶，五粮浓香型白酒质量提高。2006年11月，孟祥源任粮酒车间副主任。2007年粮酒有三大车间，13个班组，其中，粮酒班11个，制曲班1个，维修班1个，有酿酒工134人。粮食酒达3000吨生产能力。

2007年5月，新设立六班为芝麻香班组，另外有三粮班组9个，五粮班组2个，制曲班1个，维修班1个。

2010年3月，公司中层竞聘调整。王乃宝接替彭民玉任车间副主任。2014年9月，大曲房停产。

2015年7—8月，压池期间对粮二车间实施机械化改造，配备了自动凉糟机2台、活动蒸酒锅甑4台，双梁起重设备2台。粮二车间由4个班组改为2个大班组，由原有的24人调整为18人。

2016年4月，王乃宝任车间主任，李庆腾任车间副主任。是年，压池期间对粮一车间实施机械化改造，配备了自动凉糟机1台、活动蒸酒锅甑2台，单梁起重设备2台，9月份投产。粮一车间将原有2个班组调整为1个班组，节约人工3人。9月，粮酒车间自制酒尾回蒸器一台，每年节约5千余元加班工资。安装天然气蒸汽发生器5台，设立班组一个。

粮酒车间负责人任职情况一览表

单位名称	职 务	姓 名	任职期限
白酒车间	主 任	王兆铭	1953—1964年
		王朝俊	1964—1974年
		刘克津	1974—1983年8月
		尹念钦	1983年8月—1984年5月
		金 峰	1984年5月—1985年1月
		崔承湖	1985年1月—1986年2月
		巩玉华	1986年2月—1987年8月
		尹念钦	1987年8月—1988年
	副主任	王宪珠	1983年8月—1984年5月
		鲁守奎	1983年8月—1984年5月

续表

单位名称	职 务	姓 名	任职期限
白酒车间	副主任	尹念钦	1984 年 5 月—1985 年 1 月
		高绍团	1984 年 5 月—1988 年
		高绍文	1987 年 8 月—1988 年
粮酒车间	主 任	高绍团	1988—1990 年 5 月
		崔承湖	1990 年 5 月—1995 年 5 月
		解俊杰	1995 年 5 月—1997 年 12 月
		马建新	1997 年 12 月—2002 年 5 月
		崔承湖	2002 年 5 月—2003 年 10 月
		马业准	2003 年 10 月—2004 年 7 月
		赵京彬	2004 年 7 月—2016 年 4 月
		王乃宝	2016 年 4 月—
	副主任	高绍文	1988—1995 年 5 月
		崔承湖	1989 年 3 月—1990 年 5 月
		侯祖强	1989 年 3 月—1990 年 5 月
		孟庆国	1990 年 5 月—1994 年 1 月
		毕思水	1995 年 5 月—1997 年 4 月
		崔承湖	1995 年 5 月—1996 年 3 月
		马建新	1995 年 5 月—1997 年 12 月
		于广财	1995 年 5 月—2003 年 11 月
		王令宝	1996 年 12 月—1997 年 4 月
		崔承湖	1997 年 4 月—2002 年 5 月
		马业准	2002 年 5 月—2003 年 10 月
		彭民玉	2003 年 8 月—2010 年 3 月
		邢念河	2004 年 2 月—2004 年 9 月
		王沛国	2004 年 7 月—2006 年 11 月
		王乃宝	2010 年 3 月—2016 年 4 月
		孟祥源	2006 年 11 月—
		李庆腾	2016 年 4 月—

机电车间

20世纪70年代，该厂设电工班、维修班和钳工班，行使机电车间的职能。1985年1月，设立机电车间，巩玉华兼任车间主任。机电车间辖3个班组，即维修班、制造班和电工班。维修班8人，负责全厂的设备维修及零星配件的制造。电工班8人，负责全厂电器设备的安装、保养维修。制造班实行大活计件，小活计日，灵活工作制。1986年3月，成立设备动力科，李法成任科长兼机电车间主任。是年11月，于承溪任主任。1994年1月，万东任主任。

1995年5月，张传海任车间主任，万东任车间副主任。

2000年8月，万东任车间主任，机电车间职工15人，分两个班组，其中，制造班负责机械的制造，电工班负责设备维修、保养、电力设备的架设、线路的铺设、改造等工作。2005年，自行研制酒糟烘干设备，填补了省内技术空白。2006年，自己绘图、设计样板、制造过滤机。设计制造的过滤机比原设备功能扩大了5倍，既提高了生产效率，又节约了电耗，节约资金1万多元，年增经济效益5000多元。2007年3月，完成主汽管道高精度蒸汽流量表的安装。5月，完成西包装车间两条灌装流水线改造。修旧利废，节能降耗，节约经费20多万元。

2008年—2010年，机电车间设有制造班、电工班两个班组，行使机电车间职能。万东担任机电车间主任。电工班负责全厂电器设备的安装、保养及维修工作。制造班负责全厂水、蒸汽、管道及设备的维修、安装及保养工作。

2010年4月—2015年4月，王书江担任机电车间主任。分两个班组，制造班负责机械的制造及维修工作，电工班负责全厂电力设备的安装及维修工作。

2015年4月，张宪伟担任机电车间主任。机电车间职工14人，分两个班组。其中，制造班负责机械的制造，电工班负责设备维修、保养、电力设备的架设、线路的铺设、改造等工作。

机电车间负责人任职情况一览表

单位名称	职 务	姓 名	任职期限
维修班	班 长	王玉忠	1972年—1983年
		高玉茂	1983年—1985年1月

续表

单位名称	职 务	姓 名	任职期限
电工班	班 长	高兆顺	1976 年—1983 年 8 月
		袁锡斌	1983 年 8 月—1985 年 1 月
钳工班	班 长	巩玉华	1983 年—1985 年 1 月
机电车间	主 任	巩玉华	1985 年 1 月—1986 年 3 月
		李发成	1986 年 3 月—1986 年 11 月
		于承溪	1986 年 11 月—1992 年 6 月
		万 东	1994 年 1 月—1995 年 5 月
		张传海	1995 年 5 月—2000 年 8 月
		万 东	2000 年 8 月—2010 年 4 月
		王书江	2010 年 4 月—2015 年 4 月
		张宪伟	2015 年 4 月—
	副主任	万 东	1990 年 9 月—1994 年 1 月
		万 东	1995 年 5 月—2000 年 8 月
	电工班班长	李士森	2008 年 1 月—2015 年 7 月
		张 进	2015 年 7 月—
	制造班班长	孙鸿福	2008 年 1 月—2012 年 12 月
		张宪伟	2012 年 12 月—2015 年 4 月
		姜 乐	2015 年 9 月—

（审稿人员：李庆腾　丁晓娟）

第三篇

生　产

第一章 生产规模

第一节 建国前生产规模

胶济专区专酿专卖事业公司王白庄直属总厂的前身是王白庄福祥和、恒祥义两家私人酒作坊。1948年，两家酒店(前店后厂) 各有甑筒、锡锅1套，发酵缸80多个，每家雇用7名工人,1个班生产。发酵期10天，投料600公斤左右。因两家资本不足，生产周期不等，产量各异，福祥和年产量60多吨，恒祥义年产量30多吨。原料以高粮为主，及小麦、大曲。一部分当地收购，一部分从外地购进。

1948年10月，王白庄直属总厂建立后，将两家酒作坊的旧家产合并总厂组成两个生产班，刁镇、埠村分厂各1个生产班。总厂购置两部马车为运输工具。原料多时，高粱、玉米、大麦从周边地区购进。生产条件极为困难，草房土屋，露天作业场地、设备简陋，主要设备4台。生产仍采用传统工艺，温度、湿度靠手攥眼看，凭经验看天干活。干部职工边生产边整理厂区，有时加班加点，生产发展较快。

1949年，全厂干部职工108人，年产白酒395吨，工业总产值67.15万元，上缴利税总额14.6万元，全员劳动生产率6128元，固定资产20.9万元。

第二节 建国后生产规模

1949年，章丘县酒厂边生产边治理，企业生产稳定发展。1953年8月，刁镇、埠村分厂撤销，合并到总厂。同时，精简机构，压缩非生产人员，全厂职工由1949年的108人减为57人，管理人员由40名减为11名，被减人员充实生产一线。是年，生产设备改传统小锡锅为两套大甑锅，新增多管式冷却器，新建28口发酵池。产量由1949年395吨提高到513吨。1953年购置了简易化验仪器，建立化验室。化验设备包括碱性滴定管、酸性滴定管、烧杯、试管、酒精灯等。产品经过化验，初步分析出产品中酒精度、酸、碱、淀粉类含量所占比例。采用常规分析对酒醅发酵过程进行中间控制分析，结束了长期以来凭经验手摸、脚踩、鼻子闻的传统操作方式，产品质量有了保证。是年11月，中共章丘县委、县人民政府召开县、区、乡三级干部大会。贯彻社会主义过渡时期总路线，开展互助合作，实行粮食统购统销，酿酒原料由国家统一调拨。所产白酒由章丘县烟酒专卖处负责统一销售。是年产白酒513吨。

1954年，生产任务增加，陈旧设备已不适应生产发展需要，开始了大规模设备的产能改造。首先改造了粉碎工序，淘汰了石磨，改为柴油机带动粉碎机，由完全笨重的体力劳动实现了半机械化。扩建新发酵池和厂房，完成产量620吨。

1955年，所用原料高粱、玉米国家调拨数量减少，价格高，出酒率低，成本增高。改用地瓜干代替高粱、玉米，提高出酒率，由1952年的38%提高到1955年的47.77%。总产量562吨。1956年，完成产量419吨。1957年，完成产量488吨。

1960年，由于自然灾害影响，遇到了建厂以来最困难的时期，原料不足无法保证生产。1960—1961年，为维持生产，试用以茅草根、甜秫秸、地瓜母为代用原料进行生产。1958—1963年，6年分别完成产量490吨、130吨、7吨、66吨、153吨、375吨，产量不稳定，成本则大幅度上升。1960年仅产白酒7吨。吨酒成本也由1957年的382元上升到1961年的2414元，使该厂濒临破产。为渡过难关，转产多种经营，生产酱油、食醋、汽水、纸浆等，扭转了困难局面。

1962年，机械动力不能满足生产需要，多方筹集资金，克服困难，架设了高压电线，全厂用上了电，结束了生产靠柴油发电，煤油点灯时代。

1964年，国家调拨的原材料不足，开展了以酒换料业务。全县16处供销社开始以酒换料，在龙山、埠村设立换料点，生产有了新的起色。随着生产的发展和需要，扩建了635平方米的生产车间和发酵池，年产白酒600吨。

1965—1966年，制曲车间安装了通风制曲设备，提高了曲子质量。同时白酒车间安装打糁机和地下鼓风系统，代替了簸箕扬、用脚踏的生产方式，机械动力替代了部分体力劳动。

1969年，酿酒原料严重短缺，粮食供应紧张。该厂积极响应党中央“备战备荒为人民”的号召，建成灯泡生产车间，坚持生产。年末生产灯泡40787只，稳定了生产秩序。1966—1969 年，分别完成白酒产量949吨、767吨、932吨、

1017吨。

1970年，酿酒生产工艺成功变革，固体蒸馏部分改为液体蒸馏。建成1000平方米的液体蒸馏车间，购进年产1300吨的液体蒸馏机械化设备。从降温发酵、冷凝等工序实现了机械化。白酒生产具备了固体蒸馏和液体蒸馏两套生产工艺。液体蒸馏工艺在增加产量、提高出酒率方面发挥了作用，出酒率由50%上升到57%。是年10月，开展全县水利、农机大会战。该厂增加灯泡生产，支援会战。全厂职工加班加点，生产灯泡17908只，超产会战灯泡1000只，有力的支援了水利、农机大会战。

1971年，购置2.5吨锅炉和新建35米烟囱及锅炉房建成投入使用，完成了地下通风设备的改造。职工107人，年产白酒1255吨，工业总产值完成213.45万元。

1974年，该厂决定在现有白酒生产基础上，扩大生产项目，派员外出学习考察。选拔由厂领导、技术员、老工人组成6人考察小组到烟台、威海等8家企业参观学习。通过考察，新上年产3000吨食用酒精生产项目。1975年立项，制订项目计划。包括建酒精车间1座，100立方米酒精塔1座，酒精生产设备1套。建设总投资34.2万元，其中土建工程16.6万元。

1976年7月，年生产能力3000吨酒精车间建成投产。酒精车间投产后，配套容量500吨、面积507平方米的西酒库，并新建644平方米两层办公楼，分别扩建1103平方米制曲车间，447平方米发酵池，改造原料仓库1座等项工程相继竣工。打500米深水井1眼，购四吨锅炉1台，汽车1辆，更换180千伏安变压器1台及40千瓦发电机组1台。对酒糟池、灌装车间、固体酿造车间、输水管道、水泥路面等进行更新改造。年末完成白酒产量1453吨，工业总产值完成247万元，上缴利税64万元。1971—1976年，该厂加大基建投资步伐，企业进入稳定发展期，6年投资74万多元用于扩大生产，相当于建厂25年固定资产的2倍。

1978年12月，实行改革开放政策后，章丘县酒厂抓住机遇，开始大规模扩建改造。1979年，从王中村征地3106平方米，1980年投资34万元，建成集瓶酒库、灌装车间、地下酒库为一体的两层厂房，总面积1890平方米。年末固定资产原值达到107.8万元。

1981年，投资10万元新建粮酒车间，面积1054平方米，扩大粮酒生产能力300吨。1978—1982年，扩建改造共投资91.1万元，固定资产原值达到193.9万元，是

1948年建厂初期的8倍。扩建改造后，矗立起整齐的新型厂房，厂容厂貌焕然一新。

1983—1986年，章丘县酒厂先后进行了产能扩建、设备更新和一系列技术改造。1983年6月，由过去生产酒精用铸铁粗馏塔更新为"SD"型不锈钢粗馏塔，增加投料量和蒸馏量，由原来酒精日产9吨提高到日产16吨。酒精生产能力由1976年的年产3000吨扩建到5000吨。1985年8月，购进"FZ—3F"旋转式蒸料罐（7.5立方米）用于制曲，代替了原始的手工制曲，减轻了劳动强度。购两台"K4"型锅炉，保证车间用汽供应。1986年，建成年产200吨高档葡萄酒生产车间。9月，为解决生产冷却用水为"常流水"的浪费问题，投资5万元安装自冷式冷却塔，闭路循环水设备投入使用。解决了生产用水一次性排放污水量大、浪费严重的问题。生产车间有酒精车间、白酒车间、包装车间。固体蒸馏3个班，2个班以薯类酒为主。1个班生产粮食酒，年产粮酒5吨左右。年末完成白酒产量3422吨。工业总产值522.5万元，固定资产原值达到266.2万元。

1988年7月，该厂与济南制药厂达成年产600吨无水酒精合作生产协议，投资11万元建成无水酒精生产线，当年建成投产。

1991年，投资500万元，新建了2209平方米粮酒生产车间和1087平方米配套原料仓库及1000平方米大曲车间，新建550平方米的锅炉房和1520平方米的灌装车间。新装微机调控10吨锅炉1台，新增两条灌装流水线。投资27万元，进行了酒精车间扩产改造。由1983年年产5000吨扩为7000吨生产能力。使粮酒生产能力由年产400吨扩大到年产600吨。

1992年，采用新技术培养己酸菌窖泥350立方米。新立窖池190多口，更新老窖池60口，上半年增产粮酒60吨，增产值40万元。原有315千伏安变压器增大到500千伏安。为解决用水不足，投资27万元，钻510米深井1眼。投资25万元，对10口发酵池、拌料罐、糖化罐、精馏塔、一、二级冷却器等主要设备进行更新或大修。调整生产用水，对除尘用水、锅炉用水、粮酒冷却用水等为重复利用，每小时节水50立方米，年节水40万立方米。解决了供水不足的问题。1992年生产白酒6412吨，工业总产值2005万元，固定资产原值达到833.2万元。

第三节 公司体制的生产规模

1994年11月，章丘市酒厂实行了产权制度改革。成立济南百脉酿酒（集团）有限公司。改制后，出现了强劲的发展势头，激发了广大职工干事创业、赶超一流的工作热情。当年，投资11万元，对主要设备进行技术改造，锅炉、精馏塔、糖化罐、冷却器等进行大修。安装、接通了双回路电源，解决了因停电造成停水、限产、停产的问题。对酒精生产进行扩产改造。由原年生产能力7000吨扩产到8500吨。投资50万元，新增容量100立方米发酵罐5个，容量20立方米糖化罐4个，容量12立方米大酒母罐3个。扩建改造中，在不停产的情况下，职工加班加点连轴转。在发酵罐、糖化罐吊装时克服雨雪造成的困难，冒雨工作到深夜。仅28天全部完成扩建改造任务。改造后，年增产值600万元，创利税250万元。是年完成产值2300万元，利税1008万元。

1995年，白酒市场走势已由低档趋向中、高档。该公司采取多种措施，提高产品质量。投资65万元对闲置凉曲房进行改造，增建发酵池110口，培养窖泥140立方米，增2.65立方米储罐30个，使粮酒年产量由1991年的600吨增至900吨。购进3辆容量1.5立方米的酒罐车、运料车6辆。为提高优质酒率，投资10万元购进检测项目全、精密度高的1102气象色谱仪，使气象色谱检测与微机勾调联网。增加100个容量1吨的瓷储酒缸，用于扩大粮酒分档储存能力，陈熟增香。

1996年，北方地区白酒的生产、消费旺盛，该公司再次扩大粮食酒生产。投资245万元新建3600平方米粮酒车间，使粮酒年生产能力达到2500吨。

1997—2003年，调整产品结构。1997年酒精销售市场下滑，价格下跌。生产1吨酒精亏损1031元，因此，果断停止生产，加大粮酒生产。投资300万元建成年产1000吨粮酒车间投入使用，粮酒年生产能力达3000吨。1998年，高、中档粮酒销量下降，低档酒旺销。及时压缩粮酒生产，确保低档酒市场供应。投资16万元自制3个容量100吨储酒罐，缓解产销矛盾。投资10万元对车间进行改造，达到了食品卫生生产条件。2003年有车间5个，即粮酒车间、包装车间、机电车间、无水酒精车间、锅炉车间。产品有酒精、地瓜干白酒、粮食酒、无水酒精、果露酒五大类。

年末生产白酒4988吨，完成工业总产值4386万元，固定资产原值达到2161万元。

2004—2007年，投资200万元购进制曲机1台，制曲生产由班产2.8吨提高到班产5.5吨，吨曲降低成本400元。新建1836平方米的存瓶大棚。2006年10月，研制开发出国内技术一流的酒糟烘干饲料设备。2007年末，产品品种有“百脉泉”“清照”“清照园”三大系列上百个品种，拥有800多口陈年老窖池。生产规模达到年产粮酒3000吨、酒精10000吨的生产能力。

2008年，调整产品结构。对粮酒车间363个窖池进行了更换有机窖泥和加瓷缸抽取黄水的改造。对粮（二）、粮（三）车间的通道进行夯实，避免了地下水浸入窖池，确保酒醅质量。为提高包装车间生产效率，对刷瓶机性能进行了改进。公司自行研制生产，由两头刷瓶机改为六头刷瓶机，加快了刷瓶速度，被称为“第二代”刷瓶机，1月份一次试车成功投入使用，为公司增效5000余元。5月，投资30万元，新建500立方钢制储酒罐。9月，热电厂通往公司的蒸汽管道（济钢总厂浅井矿东采区至该公司）归该公司管理。由于管道90%在地下沟内，下雨经常被雨水浸泡。一旦漏气，不仅维修难度大，还可能造成生产不能正常运行。由于公司用汽量不大，而原蒸汽管道直径过大，每天蒸汽消耗费用高达2000多元。公司为此对蒸汽管道进行改造。施工中，安装、焊接管道420多米，弯头40多个，支架50多个，焊缝110多道，一次试汽成功，无一渗漏。10月，由山东白酒协会主办，山东百脉泉酒业有限公司承办的“山东省人工窖泥生产技术论坛”在章丘宾馆召开。公司所做的“浓香型有机窖泥的培养和养护”报告，特别是功能菌强化有机窖泥的做法得到了与会专家和同行的首肯。技术论坛的成功召开，总结交流了山东白酒企业窖泥生产技术方面的经验和做法，进一步规范提高了人工窖泥的生产技术。12月，公司提出“全力打造中国生态酿酒倡导者”全新营销理念。是年，拥有固定资产7000万元，实现生产总值7300万元，完成销售收入1.35亿元，上交利税2750万元，拥有产品品种291个。

2009年，由山东白酒工业协会主办，山东百脉泉酒业有限公司协办的“中国生态酿酒倡导者”新闻发布会在济南召开。公司投资2.9万元，包装车间九班新上1台大型烘干机。投资0.34万元，将刷瓶池改为不锈钢池。新增加1条生产大桶酒专用灌装线，满足了大桶酒的生产灌装需求。东车间新上1台压盖机，西车间南线新上1台大型冲瓶机，传送带加长了4米。包装车间购进2台内燃平衡叉车，用于原材料周转。10月，百脉泉芝麻香型白酒配制完成。11月，36° 百脉泉典藏芝麻香型白酒批量灌装。粮酒生产工艺不断改进，多粮完成出酒率37.38%，五粮完成出酒率34.72%。是年完成销售收入1.64亿元，工业总产值8319万元。

2010—2011年，购进1台加高叉车、周转架。使叉车达到5台。包装物和成品酒运输实现了机械化。在包装生产线安装了4台喷码机和封箱机。结束了人工打码和封箱的时代，减少8个人工，提高了工作效率。公司投资对包装车间九班旧式冲瓶机进行更新，提高了冲瓶效果。粮酒车间投资制作大曲延时输送设备。为提升公司物资和原酒的储存能力，新建占地2000平米的大型综合仓库和储量近2000吨的不锈钢立体储酒罐。公司注重在设备改造中注入新技术，在散酒库安装了成品酒净化设备、酒精处理机、白酒冷冻机及反渗透原水过滤机。改善成品酒处理方式，提高了处理效果和感官品质。为缓解粮食、包装物持续涨价的压力，公司实施“优化产品结构、创新生产工艺、严抓节能降耗”等多项有效措施，消化增长成本，确保经济效益提升。公司不断创新生产技术工艺，在原有酒基基础上开展优化、升级、换代和开展新产品酒基的研发工作。根据勾调需要，制作了十几种调味酒。粮酒“包包曲”和“平板曲”的成功培育，结束了公司长期依靠外购酒曲的历史。是年，工业总产值9841万元。

2012—2013年，投资1.5亿元，规划新厂区建设项目。一期工程竣工投产。工程占地50亩，建有2.2万平方米的高标准厂房，下设包装、仓储、调配、物流等四大现代化车间。新上6条灌装自动化流水线，生产速度由每小时1800瓶提高到每小时3000瓶。防伪采用法国进口的“依玛士”高科技防伪喷码设备。引进的智能阀电子定量灌装机，具有灌装速度更快，容量稳定、调整方便，灌装精度高等特点。新型冲瓶机能更好地提高冲瓶质量，提高水的利用率，节约水资源。购置塑防盖压盖机、风刀式烘干机、胶带封箱机、喷码机等现代化设备，进一步提高了产品质量和生产效率。8月，对新厂区退废酒管路进行改造。将废酒泵转移到灌装间通道下，每两条生产线灌装机中间安装1台废酒泵。灌装机放出的废酒，可以就地随时打入废酒罐，加强了对废酒的管理。建成储存50万箱成品酒的综合仓库，储量达3300吨不锈钢周转罐区。新厂区的投入使用，使公司生产现代化水平达到前所未有的高度。本着谋划长远、降低成本的原则，配合机电车间对冷热水交换系统进行改造。将车间较干净的冲瓶水打到厂区东面铝土矿冷却炉中加热，再流回车间刷瓶池，实现循环利用。改造后经过调试，水温达到35℃左右，直接刷瓶。11月，车间加热系统的蒸汽冷凝水，每天可达4—6吨，且水温高。按照设计只能排掉，造成浪费。在生产副总张传海的建议下，车间通过反复测算，在刷瓶车间改建水池，把冷凝热水收集起来。用水泵打到洗盖水罐，用于提高洗盖水温。实现了水热资源重复利用，避免了浪费。同时，因车间1、2、3号线冲瓶机水量难以控制，造成水源浪费的问题，对其冲瓶设备进行了改造。将冲瓶机进口阀门上安装控制流量阀。节水效果明显。是年公司加快了产品结构调整，相继开发政务招待用酒、18°中华女士白酒、“三代”、米酒、清香型白酒成功上市。对粮酒车间窖池进行改造，按计划抽调班组人员加班和制有机窖泥 320立方米。2013年，工业总产值达1.05亿元。

2014年，投资60万元，为包装车间安装中央空调。给职工提供了舒适的工作环境。投资8万元，购进1.5吨电动叉车1台，使包装和粮酒的电动叉车和燃油叉车达到7台。针对流水线压盖机使用分线开关，经常造成酒瓶歪倒，对部分异型瓶不能使用拨轮的问题则采用各种拨轮与挡轨相互调换组合的办法，使问题得到了解决，既节省人力，又提高了效率。12月，投资126万元，包装车间安装了1万瓶／小时全自动灌装流水线，配有32头全自动智能阀电子定量灌装机、灯检机及自动贴标机。减少劳动力，降低劳动强度，提高了生产效率。是年，工业总产值达到3.03亿元，资产总计1.05亿元。

2015年5月，粮酒粉碎车间从原锅炉房迁至粮（二）车间北墙外。5月，组织粮酒车间职工对粮酒（二）车间窖池进行改造，总计改造17立方大池77个、小池3个，共有窖池382个。为实施机械化生产做好准备。7月份粮酒压池期间，投资120万元，对粮（二）车间进行机械化改造。配备自动凉糟机2台套、活动蒸酒甑锅4台套，双梁起重设备2台套。通过酿酒机械化设备的改造，降低了工人劳动强度，改善了工作环境，提高了劳动效率，降低了企业酿酒生产成本。

2016年3月，投资2.27万元对办公楼水、暖气管路进行改造。

5月，投资2.02万元将包装车间7条生产线的节能灯更换成LED灯，每年可节约用电约2万度。6月，为解决粮酒酒尾提取器产能不足问题，机电车间利用北厂区建设时的下角料，粮酒（一）车间更换下来的冷却器，制作组装酒尾提取器1台。为公司节约费用1.4万元。压池期间，投资55万元，对粮（一）车间进行了机械化改造。配备自动凉糟机1台套、活动蒸酒甑锅2台套，单梁起重设备2台套。5月，组织粮酒车间职工对粮酒（一）车间窖池进行改造，总计改造大池36个、小池4个。是年，对粮（三）车间窖池窖泥进行全部更换。培养新窖泥350立方，复壮老窖泥175立方，粮（三）车间共更换窖池窖泥262个，提高窖泥养护水平。投资27万元，在北厂散酒库增加了大、小19个、储量达2000吨的不锈钢罐。2016年，工业总产值达3.41亿元，资产总计1.20亿元。

2017年，包装车间为纯净水罐安装加热器。加热纯净水，解决了凉水洗盖的问题。5月，车间对7条生产线的刷瓶间安装了8台电风扇，改善了职工的工作环境。对粮酒车间382个窖池设立夹层泥工艺，在酒糟中间加入一层窖泥，增大酒糟与窖泥的接触面积，提高原酒质量。培养新窖泥80立方米。治理环境污染，关闭燃煤锅炉。公司投资400万元，购买安装6台蒸汽发生器，解决了公司的用汽问题。是年，销售收入3.02亿元，工业总产值3.4亿元，资产总值 1.13亿元。

2018年，该公司生产规模：厂区占地面积8.67万平方米，主要设备287台套，包装车间灌装能力3.5万吨，粮酒酿造能力3500吨。

第二章 生产组织

1948年10月建厂时，设一室六课，即经理室、酿造课、营业课、财务课、人事课、保管课、总务课。其中，酿造课负责组织生产。有两个生产班组轮班生产，每班有7名工人，正式参加生产6人，1人轮休。每个班有发酵缸105个，每个工作日操作7个发酵缸，投料500公斤，发酵时间为15天。利用小甑锅蒸馏的传统工艺倒班生产，大缸埋于地下，露天晾糁，产品主要是散装粮食酒。

1949年，该厂认真贯彻国家“积极领导，稳步前进，因地制宜，建立地方工业”的方针。立足当地资源，积极组织酿酒生产，在原有土设备的情况下，边生产，边建设。

20世纪50—60年代，生产规模小，人员不足百人。1名副厂长负责组织生产。按上级下达的生产任务由生产组（科）研究制订生产计划，车间接计划后，由车间主任组织生产。生产组织形式单一，发展缓慢。1951年，修建320平方米大曲房。生产班组由2个增加到10个。全厂职工98名。1952年，响应国家号召精简机构。原有6个课改为4个组，其中酿造课改为酿造组，组织全厂生产。

1953年，酿造组改为生计股，建立了白酒车间、制曲车间。王兆铭任白酒车间主任。有4个生产班组，增建28口发酵池，共有两套大甑锅。工作时间为白天、夜间两班倒。主要生产粮食酒，包括原料粉碎、配料入池发酵、出池蒸馏摘酒、经化验成品入库。张承启任制曲车间主任，分管培养曲种和酵母菌，共两个班，1个班为酵母菌接种培养扩大，1个班为麸曲培养。生产工艺为手工操作、体力劳动，人工踩曲，铁锨装池，木锨凉糁。所产曲供粮酒车间酿酒用。

1954年，设立了维修班，负责全厂设备维修和保养。

1955年，生产原料由高粱、小麦、玉米改为地瓜干酿造，提高了出酒率。出酒率由1954年的37.42%提高到47.77%。

1956—1958年，国家制订了以“农业为基础、工业为主导”的方针，原料较充足，生产发展稳定。

1959—1961年，受三年自然灾害影响，原料短缺，开工不足。1963年，原料仍不能满足生产需要，勉强维持生产。全厂有职工59人，两个车间。1964—1969年，生产进入稳定发展时期。1970年，生产发展速度加快。对部分工艺进行改进，白酒车间分固体酿造和液体酿造，4个固体酿造班、3个液体酿造班。

1971年，购进第一台锅炉，成立了锅炉班，为白酒车间供汽。

1974年，生产组设立了专职生产统计员，全厂组成两个车间，5个生产班组。

1976年，生产规模扩大，生产组织进行调整。生计股负责全厂生产，车间调整为白酒车间、灌装班，撤掉制曲车间，改为制曲班。白酒车间为固体酿造车间。新增了酒精生产流水线，3个生产班组，由生产部门直接管理。白酒成品酒由散装改为部分瓶装。由灌装班负责灌瓶、贴商标、捆扎、成品入库。

1979年，设备增加，两个班组负责设备制造和维修，由设备技术员李发成管理。制造班，负责辅助设备的制造和革新改造；维修班，负责全厂设备、管道等维修工作。

1980年，建成1890平方米灌瓶厂房，成立灌瓶车间，由牛素贞任车间主任。

1983年，生计股改为生产组，李继煜任生产组长。负责全厂生产计划执行和生产调度。生产组织有白酒车间、灌瓶车间、曲房班、钳工班、维修班、电工班。共有干部职工230人。

1984年，生产组改为生产技术科，尹念钦任科长。负责组织生产。原灌瓶车间改为包装车间。成品酒有捆扎、盒装、箱装、提包装等多类品种。钳工班、维修班、电工班合并建成机电车间，负责全厂电器、设备购进安装、制造、维修和保养。

1985年，全厂由原来3个车间调整为6个车间。分别是机电车间、白酒车间、制曲车间、酒精车间、包装车间、锅炉车间。分别由巩玉华、崔承湖、祁浩、金峰、牛素贞、高绍文任车间主任。其中锅炉车间成立后不久并入酒精车间。

1986年9月，调整科室职责范围。要求生产技术科负责全厂生产计划的编制与实施、生产调度与协调、生产统计与节能计量工作。以及对各个车间、班组按产品销售淡季、旺季的不同需求调度生产。每月由生产统计员根据计划实施情况、执行计划中存在的问题、调整措施及时上报各类报表。

1988年，全厂实行承包经营责任制。金峰被聘任为生产副厂长，负责全厂的生产工作。尹念钦任生计科科长，具体负责生产的指挥调度。9月，新上无水酒精项目，随即成立无水酒精班，由生计科管理。

1990年，调整车间编制，由原来6个调整为4个。白酒车间改为粮酒车间、机电车间、酒精车间、包装车间。制曲车间改为制曲班，由酒精车间管理。

1992年，安装SED10—13型10吨燃烧锅炉1台。淘汰了原2台4吨，1台2吨锅炉，重新成立锅炉车间。并对其实施经济承包。是年，开始用枣庄酶制剂厂液体糖化酶，由此麸曲停止生产，制曲班撤销。

1994年，无水酒精停产，无水酒精班撤消。是年，该厂实行股份制，由董事长聘任1名副总经理分管生产。

1995年，成立三部一室，其中生产部由巩玉华任部长，负责全厂生产的组织、调度、指挥、原辅材料供应、设备维修保养、安全文明生产工作。领导生产处、供应处、各生产车间。2 月，锅炉车间撤消，归属机电车间管理。锅炉分设 4 个班，由 4 个班长各负其责。机电车间 1 名副主任兼管锅炉的生产调度工作。

1998 年，改用明水热电厂供汽，锅炉停止运行。2000 年，机构设置为四部一室，其中生产部由 1 名副总经理兼任部长，主管生产处。

2002 年 3 月，酒精市场产大于求，企业亏损严重，酒精停止生产。改用外购酒精，酒精车间撤消。

2003 年，该厂实施各副总经理负责制，副总经理于承溪管理生产处。

2005—2007 年，生产处负责全公司生产计划落实、生产调度、组织生产等。下设 3 个车间，分别是：粮酒车间、包装车间、机电车间。粮酒车间下设 13 个班，其中粮酒生产班组 11 个（包括 2 个双轮底班、2 个五粮班、7 个普通粮酒班、1 个制曲班、1 个维修班）；包装车间下设 6 个班，其中生产班组 5 个，1 个维修班；机电车间下设 2 个班，1 个制造维修班，1 个电工班。通过各项管理制度的不断完善，生产组织形成了层次分明、责任明确、垂直领导、统一指挥的标准化生产管理体系。

2007 年 10 月，生产处更名为生产安全调度室。下设 3 个车间：粮酒车间、包装车间、机电车间。粮酒车间下设三粮班组 9 个，五粮班组 2 个，芝麻香班组、制曲班、维修班各 1 个。包装车间下设 6 个班，生产班组 5 个，维修班 1 个。

2010 年，包装车间增加 1 个叉车班。机电车间下设 2 个班组，制造维修班、电工班。生产安全调度室负责供、产、销各部门的沟通、协调；定期组织召开生产协调会，协调组织生产，平衡供、产、销关系；做好生产过程监督工作及对内、对外的统计工作；组织做好安全生产和设备管理工作；对各车间奖金、考勤、技能完成情况进行考核；协同能源管理部门做好水、电、汽、油的供应。2008 年—2015 年，由生产安全调度室担任设备科的一切职能。

2015 年 4 月，科室调整，成立单独的设备安全科，王书江任科长。负责设备的考察、论证、购置、安装调试以及使用过程中的维护保养。粮酒车间班组由 9 个精减至 7 个。加大了投料量，提高了出酒率。包装车间增加 1 个机动班。

2017 年，三粮班组缩减至 5 个。公司安装了蒸汽发生器，在粮酒车间成立了 1 个锅炉班组。包装车间锅炉由维修班兼管。经过一系列改进，公司生产组织形成：生产调度室协助常务副总全面组织生产工作，组织生产计划的制订和分解、生产协调调度等。下设3个车间：粮酒车间、包装车间、机电车间。粮酒车间下设12个班：三粮班5个、五粮班2个、芝麻香班1个、双轮底班2个，维修班、锅炉班各1个。包装车间下设8个班：生产班组5个、维修班、叉车班、机动班各1个。机电车间下设2个班：制造维修班、电工班各1个。

第三章 酿造工艺

第一节 生产工艺

建厂初期，生产工艺沿用传统工艺，即固态酒醅发酵和固态蒸馏。生产过程是小手工作坊式。工艺操作全凭工人的实践经验。制曲靠人工脚踩，酒醅入池发酵、水分含量靠手攥眼看测试。装甑、蒸馏摘酒靠师傅经验。没有严格的工艺规程控制。产量忽高忽低，质量得不到保证。

20世纪50—70年代，生产工艺由生产科组织制订和实施。

20世纪80年代后，生产工艺由技术科制订。该厂主要产品工艺有制曲工艺、窖泥培养工艺、酒精生产工艺、粮酒生产工艺、露酒生产工艺、无水酒精生产工艺等。

制曲工艺

该厂主要产品是浓香型高粱大曲酒。曲子是不可缺少的糖化发酵剂。制曲原料为小麦。在选料中以当地优质小麦为主，质量要求粒大饱满无杂质，水分14%以内，外观质量均匀。水分测定靠采购员手工监测。1953年粉碎原料用石磨，1954年改用粉碎机。其粉碎标准是烂心不烂皮、梅花瓣状。拌料：包括配料和拌料。曲坯成型：由职工轮翻踩踏，成型后放入曲房培养管理。全部过程均为人工操作，管理不当，则出现坏曲现象。

1965年，安装通风制曲设备。此设备能更好地控制曲房的温度和湿度，与传统的开窗通风比较，提高了控制能力。

2004年，引进了制曲机，由过去人工踩曲到机械制曲坯成型，减轻了劳动强度。克服了脚踩曲，曲砖硬度低、升温快、质量不稳的难题。并改造了曲房，由过去卧式摆放改为架式安放，改善了大曲培养的条件，大曲培养更趋合理。提高了劳动生产率。立体制曲，节约了曲房面积，降低生产成本，提高产量。生产能力由过去班产 2.8 吨提高到班产 5.5 吨。

窖泥培养工艺

窖泥培养是保证出酒率和提高产品质量的关键工艺。粮酒生产用窖泥培养经历了四次革新。

1954—1988 年，采用传统窖泥培养法，以河底泥为主要原料，产菌少，出酒率低，产品质量低。

1989 年，派员参加山东省第一轻工业厅举办的窖泥培训班，学习"北斗"工艺。提高粮酒中己酸乙酯含量，产品质量提高。但工艺复杂，操作难度大。

1998 年 8 月，聘请山东大学教授指导窖泥培养。对"北斗"工艺进行大胆改革。实现了己酸菌单一培养，解决了"北斗"工艺中己酸菌必须和生香酵母一起混合培养、工艺复杂、己酸菌数量少并带有臭味浓的缺点。窖泥培养成熟后，香味浓、菌体多、生酸高，粮酒质量大幅度提高。

1999 年，通过外出学习，进一步改进窖泥培养工艺。采用在窖泥中添加窖泥功能菌工艺。使窖泥中含有多种功能菌，并含有强转化己酸乙酯的酵母菌、霉菌等，适应窖池的生长环境，具有窖泥脱臭作用，使培养的窖泥香气纯正，为生产优质高档产品发挥了重要作用。

2005 年，试验成功"有机窖泥培养"工艺。在窖泥培养中增加有机物质成份，使己酸乙酯营养充足，生长快，大幅度提高窖泥中己酸乙酯含量，香味更浓，出酒率高，提高了产品质量。

有机窖泥生产工艺

2008 年，有机窖泥工艺日趋完善。10 月，山东省"白酒人工窖泥生产技术论坛会"在章丘宾馆召开。公司采用有机窖泥强化功能菌的方法，在有机窖泥的基础上，配加己酸菌培养液和窖泥功能菌，克服了己酸乙酯提升慢的缺点。和泥时间：压池前一轮开始泥池，此时气温有利于窖泥的培养，同时新泥在夏季压池的情况下，能够进一步熟化，起到一定的养护作用。新窖泥发酵：润料：将处理好的新黄土堆成梯形，将大缸母液、己酸菌液打到黄土表面，堆积一定时间，以黄土完全湿透为度。接种发酵：将粉碎好的黄豆、芝麻、苹果、梨以及大曲粉、二级酒、菌曲、酯化泥、菌丛泥、母糟按配方量加入到润好的新泥中，用和泥机搅匀，堆成梯形用塑料布盖严，发酵一定天数。老窖泥复壮：选择窖池表面性状好，结晶老化程度少的老窖泥用于复壮。将材料按配方加入，用和泥机搅匀，堆积发酵一定天数。窖泥和制：将发酵好的新、老窖泥按比例用和泥机搅匀，根据窖泥含水量情况酌情添加黄水及已酸菌液。要求和制好的窖泥粘度高，挂手，成型好，颜色呈灰黑色，有特殊香气（略有酯香和臭味）。泥池：窖池清理及布置：将窖池内的窖泥完全清理干净，露出砖面，将窖池四壁用扫帚清理干净，不得挂有老窖泥。将竹钉均匀钉在窖池壁上，将湿润好的麻缠在钉好的竹钉上，不得有缺失和松散的地方。将和好的窖泥均匀的泥在布置好的窖池壁上，池壁底部窖泥厚程斜面往上泥，一直泥到池口，窖底铺一定厚度和好的窖泥。要求窖泥要光滑不得漏竹钉，强度要高不能有塌陷现象。是年，对粮酒（一）、（二）车间239个窖池进行了更换有机窖泥的改造，11月6日，3个车间9个班组363个窖池全部改造完毕。全年和制有机窖泥200立方米，达到工艺要求，为窖池改造全年任务的完成和产品质量的提高提供了保障。

2011年，为提高原酒已酸乙酯含量，和制有机窖泥70立方米，12月开始进行大面积修补，2012年1月完成。

2012年，在保证产品质量的情况下，在五粮班组实行1:1:8工艺，减少价格高的大米和糯米的用量，按当时的价格计算，月节约资金5万元。

2013年，窖池改造作为工作重点。2月，车间、技术部、生产部研究制订窖池改造方案，展开有机窖泥和制的相关准备工作，抽调班组人员加班和制有机窖泥320立方米。5月完成任务。建筑施工人员改造76池撤离后，组织车间11个班组全体人员加班改造窖池，克服工作时间长、劳动强度大等困难，保证窖池改造质量。6月28日，全车间窖池改造工作全部完成。

2016年，对粮（三）车间窖泥进行全部更换，培养新窖泥350立方米，复壮老窖泥175立方米，粮（三）车间共更换窖池窖泥262个，提高窖泥养护水平。

2017年，对全车间窖池设立夹层泥工艺，5月培养新窖泥80立方米，同时提高窖泥养护水平。

粮食酒生产工艺

建厂初期，酿酒原料以高粱为主，酿造工具用小缸发酵。1954年，建发酵池。小甑锅蒸馏摘酒，包装使用条编小篓。生产工艺采用原窖法酿制。即每窖的酒醅经过配料、蒸馏取酒后，仍返回到本窖池。红糟、母糟统一入窖，同期发酵出窖。酒醅发酵出窖配料，蒸馏后全部返回原窖池。红糟单独堆放，蒸馏摘酒后丢糟。母糟按由上而下的次序出窖，出窖后一层层堆铺在堆糟坝上，蒸馏时一方一方挖母糟，拌料后蒸酒。摘酒工艺采取断花摘酒法。摘酒凭经验看酒花。

1987 年，制订老窖（特曲）酒生产工艺。该工艺复杂，要求严格。1. 原料：为高粱、玉米、小麦、豌豆、稻糠。各种原料质量优良。稻糠新鲜干燥无霉变。2. 粉碎：高粱成 4—5 瓣，玉米用锤式粉碎机及筛板粉碎。3. 原辅料润料清蒸：稻糠清蒸排杂，出甑晾晒。4. 配料：每个大糙配高粱粉 280 公斤，玉米粉 70 公斤，稻糠 60—75 公斤，大曲 85 公斤，香醅 350 公斤，加水量根据气候适量增减。5. 发酵出池：大糙、二糙、双轮底料分清，出池双轮底料加 5 公斤大曲粉掺拌回池。6. 装甑蒸馏：配入原辅材料，拌匀、拌松、拌碎疙瘩，装甑时见汽就撇，撇汽应稳、松、匀。不跑汽、不压汽、上汽齐、装甑平，缓汽蒸酒，大汽追尾。7. 摘酒：馏酒先放掉遗留汽水，见酒掐酒头，断酒尾，凭工人生产经验掌握。8. 措施：坚持开好“甑边”会议，即每班生产完成后，立即召集全体人员结合生产全过程及化验结果进行开会分析，找出当班产品生产的经验与不足，做好记录指导今后生产。

五粮酒生产工艺

2005 年，开始研制五粮酒，聘请五粮酒酿造高级工程师现场指导并制订工艺。粮酒生产由过去单粮、三粮发展成五粮酿制。原料为高粱、小麦、大米、玉米、糯米。配料用大曲与其他粮酒相比，工艺上做了重大改进，由过去用平板曲改用包包曲。1. 五粮配料：按比例准确计量，粉碎拌料均匀，润料中根据母糟、黄水鉴定情况，上甑前 1 小时将粮粉倒入母糟进行拌和润料。做到三准确、两均匀，即：配粮准确，根据气候季节确定投粮和母糟含残淀粉量配粮；配糟准确，根据甑锅容量准确配糟；配糠准确，按工艺标准准确控制粮、糠比例。拌粮均匀，达到粮粉无灰包、疙瘩、白杆；拌糠均匀，熟冷糠与粮粉拌和均匀。2. 装甑：严格按照松、轻、准、薄、匀、平的原则。即：物料要疏松，装甑动作轻巧，盖料准确，厚薄一致，撒料及上汽均匀，物料自下而上平整。3. 蒸馏摘酒：摘酒头单独存放，经过长期贮存，香味大增，用于勾酒。去酒尾，馏酒摘完一、二级酒后，酒度降低至 45℃以下，时称酒尾，应单馏单存，用于配料及二次发酵用。五粮酒工艺的实施，粮酒质量明显提高。

2006 年，五粮酒理化指标己酸乙酯每 100 毫升达到 152 毫克，高出计划指标 4.3 个单位，乳酸乙酯降低18个单位，创优率达21%，年平均出酒率36.16%，高出计划2.4%，增产原酒48.4吨，增效67.7万元。

芝麻香型白酒生产工艺

芝麻香型白酒是近几十年来才发展起来的新香型。是清、浓、酱三种香型工艺恰到好处的结合。芝麻香酒技术含量高，风格独特，已成为鲁酒中的高档白酒代表。2007年5月，改造窖池试验生产芝麻香白酒。通过各种渠道搜集关于芝麻香型白酒生产工艺，查找芝麻香型白酒国家标准和检验方法；并从解决浓、清、酱在生产工艺中的结合问题出发，对窖池结构、用曲情况、操作工艺等作了深入的分析研究，形成更加科学合理的芝麻香型白酒生产工艺。

2008年9月，正式试验生产芝麻香型白酒。传统的芝麻香型白酒以高粱为主，配以适量小麦、麸皮。该公司芝麻香型白酒以高粱、玉米、小麦、大米、糯米、小米、麸皮等七种粮食为原料，再配以适量麸皮。该公司在芝麻香白酒酿制过程中，将七种粮食按一定比例搭配在一起，使原料中的氮碳比达到合适比例，增加美拉德反应的一系列产物，不同的原料由不同的分子构成，决定了其代谢产物的不同，这种原料的复合性形成了微量成分的多样性，增加了芝麻香白酒的复合香气。芝麻香型白酒兼具浓、清、酱三大香型白酒特点，结合现代分子生物学、生物工程技术，在传统芝麻香白酒基础上进行科技创新，形成独具风格、自成一体的创新香型白酒，具有突出的焦香、轻微的酱香，有近似焙炒芝麻的香气。芝麻香工艺特点：采用高温堆积、高温制曲、多菌种高温发酵。高温堆积：高温堆积过程是富集空气中酵母大量增殖的过程，进而增加了单细胞蛋白，使糟醅中的蛋白质含量大幅度提高，同时也是嗜热芽孢杆菌的增殖过程。堆积过程中，淀粉、蛋白质分解，糖分、总酯上升，温度升高，糟醅发出悦人的复合香，高级醇、乙缩醛、双乙酰、2.3—丁二醇、酯类化合物及杂环类化合物均明显升高。粮酒车间芝麻香白酒生产过程中，堆积糟醅中分离出意大利酵母、地衣酵母、间生酵母、酿酒酵母等菌株，经试验，意大利酵母和地衣酵母可将蛋氨酸转化为3—甲硫基丙醇及丙醛等芝麻香味物质，堆积时间长，酱香突出。芝麻香型白酒堆积糟表面层生出大量的白色斑点，用手插入糟内感到热手，取出糟会闻到浓郁的果香，酒体幽雅细腻绵柔丰满，芝麻香风味典型。高温制曲：大曲不仅是糖化发酵剂，还是生物酶产生与储存的载体，也是原料中基本与非基本组分降解和非酶促化学反应的过程。高温制曲有利于高温嗜热芽孢杆菌的生长繁殖，并占绝对优势。粮酒车间在制曲时，严格掌握水分大小，微氧（踩曲提浆要好）。温度升至一定温度，保持时间要长，使大曲产生一定量的葡萄糖、氨基酸、高级脂肪酸。这些物质在热的作用下，促使产生多种香味成分，如吡嗪类、吡啶类、吡咯类、呋喃类、吡喃类、噻唑类高级脂肪酸类。此种工艺高温曲酱香好，略带炒芝麻焦香味。多菌种发酵：芝麻香型白酒的发酵工艺是集大曲、麸曲、生香酵母、细菌于一体的多菌种发酵。芝麻香型白酒加曲量比酱香型白酒低，但远高于浓香型白酒和清香型白酒。为提高蛋白水解酶的活力，在制麸曲时加入了河内白曲、红曲霉、根霉、生香酵母等菌群，与大曲混合使用，使糟醅中的蛋白质酶分解成各类氨基酸，为微生物生成，热降解，非酶化学反应提供足量的前提物质，从而使芝麻香味更加典型。通过长期实验，该公司生产的芝麻香白酒，出窖蒸馏的酒香味成熟，醇厚丰满，能较好地解决口感上的不足。

公司芝麻香型白酒生产工艺流程：

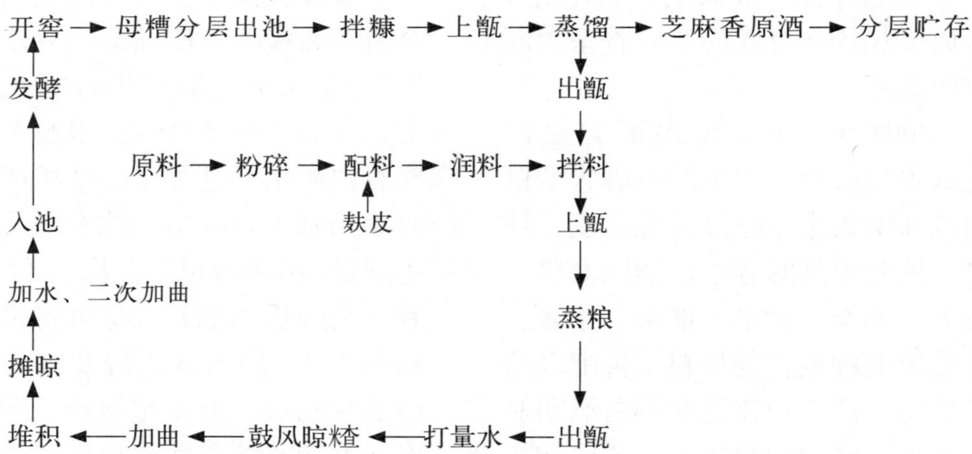

酒精生产工艺

1976年，开发生产酒精，制订酒精生产工艺。酒精生产以地瓜干为主要原料。原料粉碎：原料通过喂料口、震动筛和升料管进行一级粉碎和二级粉碎后，经过旋风分离器后进入拌料罐。蒸煮糊化：由拌料罐将原料拌匀通过原料泵加热器进入后熟器。糖化：原料后熟运至糖化罐，糖化罐内醪液温度60℃时加入糖化酶进行糖化，开启压料泵进行二级喷淋冷却，冷却后转入发酵罐。发酵：发酵醪冷却到入池温度，泵入发酵池，加入酵母，封池发酵。蒸馏：成熟发酵醪用压料泵压入预热箱，预热后输入粗馏塔和精馏塔蒸馏摘酒精。按流程进料控制温度和湿度。2002年产品结构调整，酒精停止生产。

果露酒生产工艺

1985年，研制开发果露酒。制订果露酒生产工艺。果露酒原料以当地葡萄、山楂为主。购进原料后进行分选，然后榨汁，在发酵中分为前发酵和后发酵。发酵后做陈酿处理，用白糖及乙醇等进行配料，装瓶包装入库。由于当地原料不充足及市场销售因素，随即停产。

无水酒精生产工艺

1989年，开发无水酒精项目，制订无水酒精生产工艺。一是脱水，由于原料乙醇达不到纯度，需脱水处理，工艺为脱水柱降温，开酒精料阀，将原料注入脱水柱中脱水，检查乙醇含量，达到99%以上。当乙醇降至99%以下停止供料。脱水柱液及时关闭进出料阀门，开柱底水阀烘柱升温，使柱内蒸汽压力符合标准，调配送料脱水，收集的脱水酒精应搅匀测量酒精含量后贮存。

机械化酿酒生产工艺

2015年7—8月份，对粮酒（二）车间进行机械化改造，2016年7—8月，对粮酒（一）车间进行机械化改造，其生产工艺也做了相应改进。规定机械化班组三粮酒发酵期40天的工艺指标、操作规程以及窖池管理。投料量及原料要求：原料要求成熟饱满、无霉变、无杂质。配醅比严格按照工艺操作。用糠量及质量要求：转排时用糠量稍多，其他时为略减。稻壳应新鲜、干燥、无霉变、无杂质、呈金黄色，清蒸一定时间去除糠味。用曲量及质量要求，感观：穿衣均匀，无杂菌斑，菌丝生长丰满、健壮、泡气，无生心、窝水现象，皮张≤1.5mm。曲香浓郁、纯正、无异味。水分：≤13%，糖化力：500—600mg葡萄糖/g.h。用纯净水润粮：润粮用水量为原料的配比按照工艺严格执行。润粮冬季水温略高，夏季自然温度凉水。蒸馏、糊化：装甑时间要严格掌握，装甑气压、流酒气压、流酒速度要严格控制，流酒温度除夏天外控制在适当温度。蒸煮、糊化时间严格遵照工艺执行。打量水：用纯净水，水温不低于一定温度，用量根据糟醅情况而定。润粮：用机械抓斗将粮粉翻拌均匀，润粮彻底，无面团、疙瘩和干面现象。入池条件：根据季节的不同严格掌握入池温度、入池酸度、入池水分、入池淀粉等数据。出池：出池时如需踩压四周窖池时，铺上地板。把塑料布揭开，揭去池泥，将附在泥上的糙子弄干净，封池泥推到和泥处由专人负责和泥。出池时由专人负责，机械抓斗操作，分层出窖，谨慎操作，切勿损伤池壁。出完池后池壁清理干净，用大缸母液或己酸菌液喷淋池壁护池。配料：抓斗操作，边出池边配料，配料时母糟与粮粉拌匀，配料时不准配糠。配料完成后打成圆堆并及时撒一层稻壳。上甑前再拌入稻壳。机械化班组分为六个大糙三个扔糟，每甑配两抓斗香醅，配料量严格计量。装甑：装甑前把蒸馏设备清理干净，锅底放适量水防止干锅，篦子上先撒一层稻壳。打开蒸汽阀，等将穿气时再陆续装入，装甑要平，不准跑汽，轻撒匀铺，切记重倒，甑内穿气一致，严禁偏甑，装到平锅时围边，盖好云盘，安好过汽管，用水封好甑边和云盘口。蒸馏、蒸粮：蒸馏时要掌握好缓气流酒，大汽蒸粮的原则。摘酒时先摘一定数量的酒头，然后量质摘酒分级储存，断花应摘取酒尾适量，送至酒尾回蒸处。断尾后大汽蒸粮以促进淀粉糊化并冲酸，蒸粮时间严格掌握，要达到熟而不腻内无生心。出甑摊晾：粮醅出甑由机械挂钩把甑锅吊入自动摊晾机，启动自动摊晾机打量水，温度降至入池温度时撒曲拌匀。入池发酵：粮醅入池由机械操作入窖，每池入完后扒平踩池，夏季踩严，冬季轻踩。封池：糙子入完后，用封池泥封好刮平磨光然后盖好塑料布，把窖池四周和工作场地清理干净。窖池管理：封池后注意观察窖池，不定时用铲子掩边。

清香型白酒生产工艺

2013年，该公司新开发清香型白酒，随即投产。2016年，因市场销售因素停产。清香型白酒以高粱为原料，将粉碎好的高粱堆成凹形，用热水润粮。翻拌均匀，堆成堆，盖上麻袋，堆积18—20小时，以用手指能搓开成粉无硬心为准，否则还要适当延长堆积时间，直至润透。润好的高粱分二甑蒸煮，使高粱的淀粉颗粒进一步吸水膨胀糊化。装甑要求撒的薄，装的匀，冒汽均匀。装甑完毕上齐汽后，将水泼在料层表面，再在上面覆盖谷糠辅料一起清蒸，蒸料60分钟，达到熟而不粘，内无生心的要求。蒸料结束后，由甑内转移到晾台上，立即加热水，边加水边搅拌，捣碎疙瘩，然后开鼓风机，速翻扬冷。降温至加曲温度，停止鼓风，按比例加曲，加曲后用扒糟机搅拌均匀。在入池前窖池应彻底打扫干净。用清水仔细冲洗池壁、池底后，将水全部舀出。快速入池，待大糙和盖糟全部入池后，整平踩实。封池时先在盖糟上面盖一层塑料薄膜，接着在薄膜上面用黄泥封严、抹平，最后黄泥外面再封上一层塑料薄膜。出池前先将窖池及四周卫生打扫干净，依次揭除两层塑料薄膜和封窖泥，塑料薄膜要用热水刷净、晾干备用。窖口四周附着的黄泥要清理干净，并用抹布先后蘸清水和75°酒精彻底擦净。将大糙酒醅从池中挖出，加清蒸好的辅料翻拌均匀。要低翻快拌，酒醅要拌的松、匀、无糟团。拌好后堆成方正的台型，上盖少许稻壳，以减少酒份挥发。流酒时，应先摘掉酒头，流酒过程中要边尝边接酒。流酒期间不能随意开关进汽阀门。摘酒完毕，缓缓开大进汽阀门，大汽追尾。

米酒生产工艺

2007年，该公司试生产米酒，每年10月开始生产，春节停产。2015年，该公司米酒以“露酒”上市销售。该米酒以大米、小米、枣为原料。将大米、小米按比例进行蒸粮，到蒸熟发黏为最好。将蒸熟的大米、小米倒入发酵缸中混匀。大枣按1%添加。一半蒸透后人工攥烂，一半烘干粉碎。在规定温度下按比例添加酵母、陈曲、糖化酶。添加完成后，混匀，进入发酵期。控制好环境温度。发酵期间要经常打耙，使发酵均匀。当发酵缸内出现酒体分层时即发酵已完成。若发酵后期还是没有出现酒体分层，则可适量添加酵母，适度提高环境温度，以促进发酵。将酒糟用过滤机过滤，打入蒸煮锅，加热灭菌。米酒在经过品评合格后，进行灌装。

啤酒生产工艺

为丰富该公司产品类别，填补夏季市场空白，2015年，该公司新上啤酒项目。该啤酒是以大麦芽为原料，配以啤酒花及进口啤酒酵母精酿而成。大麦芽润水粉碎前，加适量水湿润大麦芽表面，达到粉碎麦皮“破而不碎”的要求。投料时先开搅拌机再投料，缓慢投料，避免物料堆积在罐底，导致搅拌升温时下层物料旋转不起来。用升温法进行糖化，升温时先开搅拌机后加热，升温结束，先加热等温度稳定后关搅拌机。将糖化醪泵入过滤槽，麦汁泵先慢等醪在筛板上达到一定厚度后加快泵速，糖化锅中剩余麦糟加水混合后一起打入过滤槽。过滤时根据麦汁清澈度调节泵速，抽滤过程中随时观察过滤槽麦汁多少，酒糟高于麦汁液面时停止抽滤加洗糟水，根据煮沸锅已收集麦汁量决定洗糟水用量，过滤完洗糟水放掉。多余麦汁也放掉。抽滤过程中煮沸锅中麦汁超过加热层时开启加热，开始煮沸。煮沸结束后，煮沸锅孔不可随意打开，以防空气中的杂菌落入。麦汁温度达到100℃时开搅拌机或打循环温度稳定后，用笊篱除去麦汁表面泡沫，然后取麦汁测糖，糖度达到后，加一半苦花，半小时后加剩余一半苦花，20min后加全部香花，停止沸腾5–10min后打入回旋沉淀槽。准备好干净的不锈钢锅，用开水浸泡并用酒精消毒，把麦汁与酵母混合，用消毒的舀子搅拌至均匀无结块，酵母菌泡沫丰富说明起发效果好，然后倒入消过毒的酵母接种罐中。开启回旋沉淀槽底阀，间歇性的开启和关闭排污阀，把中间阀门周围的酒花沉淀和浑浊麦汁放出，开启自来水，打开蒸煮锅底阀，打开换热器前阀门，先用麦汁将管道中水顶出，然后消好毒连接到发酵罐底阀上，打开发酵罐顶阀，打开冰水阀，开启冰水循环，入罐温度尽量保持稳定。氧气连接管及接口与麦汁管接口消毒后连接好，进行充氧。充氧完成即进入发酵期。待发酵完成后即可出罐饮用。

“女士酒”生产工艺

2011年，该公司研发生产“女士酒”。该酒选用明水香稻、龙山小米、和田大枣、桂圆、枸杞、玫瑰花为原料。将大米、小米按比例进行蒸粮。将蒸熟的大米、小米倒入发酵缸中混匀、进行糖化。加入桂圆、枸杞、大枣、玫瑰花以及对人体肠道有益的双歧杆菌等，与大米、小米一起发酵。控制好环境温度，当发酵缸内出现酒体分层时即发酵已完成。将酒糟进行过滤，将得到的酒收入缸中备用。将缸中米酒打入煮沸锅，加热灭菌。选取优质浓香型基酒与上述发酵的过滤酒，按要求调配灌装。本产品具有入口绵柔幽雅，醇和爽净，谐调自然，清新舒适之特点。

杞参露酒生产工艺

2016年，该公司试生产杞参露酒。百脉泉杞参露酒选用宁夏枸杞、人工种植5年以内人参及优质原浆酒为原料，采用超微细胞破壁技术将原料粉碎，经优质原浆酒浸提萃取，精心调制，有大补元气的功效，该酒微黄透明、药香舒适、香味协调、尾净味长。

第二节 工艺标准

1989年，企业在升级达标工作中，对原有工艺标准进行整理、补充、修订。

酒精生产工艺标准

每锅原料粉碎重量按定额计量，不准出现混锅现象。粉碎时间以不影响下道工序生产，确保粉碎质量。除尘器每周清理1次，不准排白烟。蒸煮工艺技术标准：日投料8锅，控制蒸煮时间和温度，蒸煮时做到四稳：即料水比稳、上料稳、用汽稳、蒸煮温度稳。糖化工艺标准：糖化罐进满料，控制分段时间和温度及糖化后入池、封池温度。糖化罐每周杀菌1次，二级冷却每日蒸汽杀菌1次。酒母工序工艺标准：一代三角瓶糖液，杀菌后妥善保管，接种时应在无菌箱中按工艺操作。严格杀菌。发酵工序工艺标准：控制发酵池前、中、后期温度，严格杀菌。蒸馏工序工艺标准：做到六定、三稳、一勤、一透。各种仪表正常后上料，废水放入料池，经化验无酒再排放。菌种培养工艺标准：曲霉菌：控制糖度、酸度、培养温度和时间，达到镜检形态整齐。母菌：掌握培养基糖度、酸度，培养温度和时间，达到外观形态菌落表面光滑，细胞乳白色，镜检正常整齐。曲种工艺标准：麸皮无霉烂变质。控制拌料水份、蒸煮温度及时间、培养温度及时间，接种和上帘温度，达到孢子健壮无杂菌。

大曲工艺标准

大曲感官鉴定：香味：曲块折断后用鼻嗅之，应有纯正固有的曲香，无酸臭味和其他异味。外表颜色：曲的外表应由灰白色斑点或菌丝均匀分布，不应光滑无衣或有成絮状灰黑色菌丝。曲皮厚度：曲皮越薄越好。断面颜色：曲的断面要有较密集的菌丝生长。断面结构均匀，颜色基本一致（似猪油白）。

窖泥工艺标准

鉴定判断人工老窖泥质量是窖泥生产的一个重要环节。影响窖泥质量的几大要素有PH值、腐殖质、氨态氮、水分、有效磷及微生物群体（主要为梭状芽孢杆菌）。窖泥质量等级判定标准由两部分组成，感官鉴定和理化微生物检测。以感官鉴定为主，理化数据为基本要求，同时应用标准对全厂窖池进行普查，结合产质产量，对窖池优劣进行评定。窖泥感官质量评定分三个级别：灰褐色或黑褐色，无泥土味，香味纯正，有浓郁的老窖泥气味，略有酯香酒香，香味持久，无其它异味。柔熟细腻略有刺手感，断面泡气，质地均匀无杂质，明显有粘稠感为一级；黄褐色，无泥土味，香气正，有老窖泥气味和酯香酒香，无其它异杂味，香气较持久，柔熟感一般，刺手感明显，断面泡气，均匀无杂质，有一定的粘稠感为二级；黄色或主体泥色，香气较正，无其它异杂味，柔熟感一般，刺手感明显，断面较死板，较均匀，有少许杂质，微带粘稠感为三级。

芝麻香白酒工艺标准

芝麻香白酒工艺标准：清蒸续糙，泥底砖窖，大麸结合，多微共酵，精心勾调。要点是三高一长，即高氮配料，高温堆积，高温发酵，长期储存。芝麻香的酒体风味集合浓、清、酱香的特点，又独树一帜，形成自己的风格。其中“泥底砖窖”，是指其发酵容器。“清蒸续粒”，清香型清蒸清烧，浓香型混蒸续粒。浓香型素有“千年老窖万年糟”之说，发酵之后的酒糟可以反复延续使用。芝麻香的续粒工艺与浓香相似。芝麻香蒸馏、配料方式兼具清香、浓香，发酵剂以大曲和麸曲结合。“高氮配料、高温堆积、高温发酵”这三高特点，与酱香工艺相似。

正是因为芝麻香型兼具了浓、清、酱香的工艺特点，又经该公司技术部门与生产车间不断创新，才造就了其“一品三味”的风味特点。芝麻香汲取众酒之长，口味中庸，恰好处在三个香型的中心点上，呈现出包容和谐的独特气质。

第三节 工艺管理

建厂初期，酿造课负责全厂生产、技术和工艺管理。工艺操作由老工人凭经验控制，采取以师带徒的办法。在酿酒生产中，配料靠眼看估堆确定重量，水分用桶量、手攥确定，测试温度凭感觉。发酵根据气候、天气变化情况掌握时间。蒸馏酒靠看、闻、尝评价产品质量。工艺管理没有相关文字记载。

1970年，技术科通过外出学习，结合本厂老工人操作经验，根据本厂产品特点，制订了《固体发酵和蒸馏生产工艺》。随着机械化程度的提高，化验设备的购进，对拌料、发酵、蒸馏、化验等各生产工序都明确了技术标准。技术科按生产工艺进车间指导生产，根据每班产品经化验综合分析，找出工艺操作中的特点及时修订工艺，每生产班组配备1名兼职技术员，负责检查工艺操作规程的执行。是年，对制曲、液体发酵制订工艺操作规程。

1976年，年产3000吨酒精生产线投产，制订酒精生产工艺，在保证工艺技术指标达到工艺技术要求的前提下，调整了液态发酵温度、湿度，使蒸馏出酒率达到最大值，并把工艺管理纳入生产责任制进行考核。

1984年，1名副厂长主管生产技术，在新产品开发过程中，督导技术部门编制技术文件，制订生产工艺。

1986年，制订《技术基础工作管理制度》。对生产工艺进行梳理，系统编制《工艺管理制度》规定：工艺管理由技术部门具体负责。对产品设计进行工艺审查，负责产品工艺分析、工艺文件编制、制订工艺操作规程和材料工艺定额。负责工艺装备设计确保技术先进，结构可靠。在生产过程中进行技术改造和攻关，不断修订改进生产工艺。

1989年，按照企业标准化管理要求，制订《工艺管理办法》和《工艺技术资料管理规定》。

工艺管理办法

一、编制工艺文件的依据：依据有关产品技术标准、文件和生产大纲。产品生产过程和生产类型。本企业设备能力、工人级别和技术水平，技术科和车间技术员应及时提出编制工艺的意见和建议。

二、工艺工作范围：工艺性调研和工艺性审查。工艺管理人员参加新产品设计调研和老产品用户访问。了解同行业同类产品的制造技术及用户对该产品的意见和要求。参加新产品工艺方案设计及老产品改进方案的讨论。针对产品结构和质量要求及本企业技术水平进行工艺分析，提出工艺改进措施。

三、编制工艺方案和规程：规定工艺文件种类，专用设备及关键设备的购置。新工艺、新材料在本产品上的实施意见，确保产品质量的特殊工艺要求，编制工艺规程。做好工艺技术研究和开发，掌握国内外工艺技术动态，加强工艺标准和工艺情报信息的收集、整理、分析和管理。开发、研究本企业各种产品的工艺技术，移植消化国内外新工艺及新技术成果，提高工艺质量。

四、制订和修订工艺管理标准：按本企业产品结构，新产品开发及时制订和修订工艺规程。

五、工艺纪律的检查和考核：技术科工艺管理人员负责检查全厂各工艺执行情况。深入车间指导工人严格工艺操作，发现问题会同车间工艺管理员分析研究，制订改进措施。对执行工艺纪律好的班组和个人，形成事迹材料报厂部建议表彰和奖励。

工艺技术资料管理规定

一、本厂工艺技术资料：包括一切工艺规程、检验规程、工艺守则、材料定额、工艺性指导资料及工艺文件、技术书籍等。

二、工艺技术资料的晒印：技术科会同生产科制订或修订工艺，确定后，由晒图员负责晒图或打字员打印工艺文件，装订成册，由技术科按规定发放、存档。

三、工艺技术资料的管理：各类工艺技术资料应办理交接手续。报废资料由技术科批准。不得随意销毁和带出。借阅资料应登记文件名称、编号、数量及签名，不得涂改和毁坏。工艺资料的保管达到完整成套，摆放整齐，借阅查找方便。做好保密、防潮、防蚀、防火、防盗工作。

2003年，制订《工艺管理制度》，规定了生产工艺的制订与修订。

一、工艺订定和修订由技术部在生产部、企管部和车间的配合下完成。

1. 技术部在日常工作中加强工艺信息收集，掌握同行业科技发展动向，对新工艺、新技术进行考察论证，开展引进工作。认真分析生产车间、生产部上报转交的对工艺的意见和建议，拟定《生产工艺可行性报告》报公司批准。所拟工艺不符合技术要求，造成损失，罚工艺拟定责任者20元，直接领导扣除职务补贴的50%。

2. 生产部及时将车间反映的工艺问题全面转交技术部，根据各车间实际情况为工艺制订和修订提供所需设备、人员、材料等。

3. 各车间对日常工艺执行情况做好记录，及时分析问题所在，提出解决问题的意见和建议，书面汇报生产部。应记录完备、汇报及时、材料真实，为修订工艺提供可靠依据。

4. 企管处做好工艺制订、修订过程中的检查、监督工作。

二、生产工艺的验证，《生产工艺可行性报告》经公司批准采用后，进行小批量试验，验证可操作性。

1. 技术部接到批复后，及时通知生产部，将工艺规程、操作规程交生产部，详细讲解生产工艺执行中的注意事项。

2. 生产部按照公司要求，将生产工艺下发车间向车间讲解工艺，组织产前准备。

3. 生产车间由车间领导、技术人员将工艺规程、操作规程传达至每位操作工，有专人负责工艺落实和执行，做好各项指标、投入、产出情况记录，及时报生产部。

4. 生产部根据生产工艺在应用中的实际效果，拟定《可操作性报告》及整改意见报公司、技术部及时修订。

三、生产工艺投入生产后，各车间、岗位严格按工艺操作，不经公司批准，不得擅自改动。

1. 车间、部门无权私自改动工艺，并严格检查、监督工艺的落实和执行。增强各班组产出结果对考察工艺的有效性和可比性，发现问题及时上报生产部。出现私改工艺或检查、监督失职，对车间领导进行处罚并扣除奖金，造成损失由责任人赔偿。

2. 班组长、车间技术员和操作工严格按照工艺组织生产，技术员跟班督查工艺执行情况。出现不按工艺操作或执行工艺不严，玩忽职守，扣除当月奖金，造成损失按《职工守则》有关规定处理。

3．技术部每季组织生产部、企管部和生产车间召开技术工作会议，对现行工艺根据执行效果做出客观评价，对于存在问题，分析研究、制订整顿措施。

4．车间每月召开1次技术会议，请技术部、生产部、企管部有关人员参加。研究工艺的实用性，找出问题、制订整改措施上报公司。

5．企管部负责生产工艺制订、修订、执行、奖惩等工作，每月进行1次检查。发现问题及时通报有关部门和上报公司。

粮酒车间根据公司技术部的相关工艺要求，严格遵照执行各项工艺参数，严格执行作业指导书的相关规定：严格按照生产计划安排生产，根据车间设备状况和人员，精心组织生产。生产流程经确认后，任何人均不可随意更改，如在作业过程中发现错误，应立即停止并通知有关部门负责人共同研讨，经同意并签字后更改。在工作前仔细阅读作业指导书。员工如违反作业规定，不论是故意或失职使生产受损失，应由当事人如数赔偿（管理人员因管理责任同样受连带处罚）。员工在生产过程中应严格按照设备操作规程、质量标准、工艺规程进行操作，不得擅自更改产品生产工艺或装配方法。否则，造成工伤事故或产品质量问题，由操作人员自行承担。在工作时间内，员工必须服从管理人员的工作安排，正确使用公司发放的仪器、设备。不得擅用非自己岗位的机械设备、检测等工具。对闲置生产用具，应送到指定的区域或交回仓库保管员放置，否则以违规论处。员工领取物料须通过车间主任开具领物单到仓库处开具出库单。生产时如果遇到原辅材料不符合规定，有权报告上级处理。如继续生产造成损失，后果将由车间各级负责人负责。在生产过程中要注意节约用料，不得随意乱扔物料。车间主任、检验员、设备维修人员必须跟班作业，保证设备正常运行和产品质量。车间员工必须做到文明生产，积极完成上级交办的生产任务。

2016年11月，粮酒车间出台工艺管理自查规定：严格工艺操作，拌料必须均匀。粮（一）、粮（二）、粮（三）车间每甑装甑时间严格遵照工艺执行，冷却水温度不得低于规定。装甑人员必须保持两人，看酒员应严格把握时间，控制装甑压力，流酒速度。不准擅自回蒸酒尾，班长随时对本班工艺执行情况进行监督检查。值班主任和轮岗班长每天不定期至少巡查1次。维修人员必须每天对车间各班组设备巡查1遍。车间值班主任及轮岗班长发现巡查不到位，出现安全隐患及跑、冒、滴、漏等现象，每次对维修班长罚款 100 元。严格现场管理，保持操作间、窖池、道路、休息室整洁卫生。

2017 年 4 月，粮酒车间为了提高车间的现场管理，促进生产工艺的严格执行，做出如下规定：每班次经值班主任现场验收合格后，方可下班。若验收不合格需对不合格事项进行现场整改，直至合格方可下班。

（审稿人员：李庆腾　丁晓娟）

第四篇

管　理

第一章 生产计划管理

第一节 生产计划

1949 年，生产计划由胶济专区专酿专卖事业公司按年、季、月直接下达，所有产品也由上级主管部门调拨专销。

1953 年，生产扩大到 10 个班作业。人员增加，产量提高。生产计划仍由上级下达总计划，由该厂生产经理按总计划编制年度生产计划和月度实施计划。主要经济技术指标报厂部和上级主管部门批准后贯彻执行，并提出完成计划的措施。厂内月度计划有产品产量和品种分类等项目。

1962 年，贯彻国家“调整、巩固、充实、提高”八字方针和执行《国营工业企业工作条例》(即：工业 70 条)，生产计划得到加强。

1967 年，成立生产科，开始制订综合计划。设专职综合计划员，综合计划员根据章丘县工办计划委员会下达年度产量计划，按照品种分类、库存情况，制订年度综合计划大纲及月度生产作业计划，包括工业总产值、产量、产品品种、主要设备的生产能力、原材料购进、消耗、能源报批及各车间生产作业计划。每月生产作业计划的编制程序是：各部门编制计划（草案），供应部门将原料种类、数量、辅助材料编制计划。半成品库将库存总数及各品种分类数量编制计划。成品库将各种酒类库存量、各车间在制品的数量编制计划。各科室报送综合计划员后编制全厂生产计划，调度会讨论研究，厂长批准，下发各车间、各部门。车间、部门根据厂生产计划修订本单位作业计划和物资储备计划并组织实施。

1978—1985 年，该厂计划编制实行以计划为主、市场调节为辅。即按上级下达的计划编制生产和销售计划，剩余生产能力和产品按市场销售情况编制。在生产规模不断扩大、上级调拨计划越来越少的情况下，测重市场调研，按市场需求编制生产计划。做到计划合理，减少库存，降低成本，加速资金周转。

1986 年，企业经营完全市场化。生产计划的编制必须以市场为导向，按市场需求、各个品种的销售情况及市场销售预测编制年度计划。月生产计划的编制是结合全年计划大纲，根据生产统计报表和销售公司月销售情况报表，编制和调整计划。由生产科具体负责组织有关部门本着指标归口、分工负责、综合平衡、汇总下达的原则，按时将经济责任制和经济技术指标下达到各车间、科室，并进行检查考核。计划下达后，各车间、科室将有关指标分解到班组、岗位，指标的编制确保厂年度计划目标的完成，并与执行单位做到初步落实。各车间、科室接到计划草案后，立即组织人员讨论提出修改意见，并做好分解准备，报厂长批准后下达。包装车间按销售公司提报、按市场需求及瓶酒库存情况拟定每周生产作业计划，并及时进行调整，保证市场供需。生产科在节假日供货高峰段及时调整生产计划，以保证市场需求。

1989 年，重新修订了生产计划员的业务工作标准：根据厂部审核下达的年度生产计划，制订生产技术标准，生产进度计划，配合生产调度，及时解决生产中出现的问题。逐步推广实现企业生产的现代化管理方法。全面完成产品产量、质量、品种及年度计划。同时对因生产的组织、管理失误而造成的重大损失负责。主要工作内容是：主要产品、品种、产量、质量指标对照计划按月考核。对出酒率、原辅材料消耗、能源消耗按月考核。编制、实施、检查各项生产计划执行情况，结合销售情况及时调整生产计划。对车间加强计划性实施的服务和指导，保证厂计划与车间计划的衔接，加强计划执行的日常督促检查。每月及时考核各项计划完成情况，向领导如实反映。

1994 年，实行了股份制改革。各项管理制度均按公司法和股份制公司章程进行规范。企业生产计划的制订和下达，按公司制程序执行。长远规划的编制根据企业经营战略目标，由公司组织有关科室共同完成。长远规划的具体内容与编制分工是：生产发展规划：根据社会需要、公司的经营方向和生产技术条件，对产品品种的发展、产量与产值的增长速度，广开经营门路、以及计划结构的变化所进行的全面规划，由经营部门负责编制。新产品开发规划：包括新产品的试制、老产品的更新换代，经营部门、技术部门组织有关科室共同编制。产品质量升级、创优规划：以主导产品质量升级、创名牌产品的目标为主，对提高产品质量、解决生产中质量问题进行规划，由质量检验科编制。技术改造规划：把科学技术成果应用于各个生产环节，实现以内涵为主的扩大再生产。达到增加新品种、提高质量、节约能源、降低消耗，全面提高综合效益。包括工艺、技术装备、生产设备更新改造项目、基建投资项目，由技术科负责编制。经济指标规划：推算全员劳动生产率、万元产值耗能、资金占用和实现利润等，由人事科、财务科、动力科编制。以上各项规划编制规定在结合实际调查研究后，提出必要的论据与可行性分析报告，进入审定程序。按照长远规划目标，一经确定再由销售、生产、财务三方面平衡后制订中期计划，即五年计划。由五年计划分解到短期计划即年度计划。年度计划分为半年计划和季度计划，季度计划分解为月计划。月计划是对年计划的分解，也是具体的生产考核目标。本着“急市场所急、干市场所需”的原则，生产处、销售部门根据生产大纲对上月销售情况和下月销售预测的分析编制计划。下发各部门，有关部门以此为依据制订财务预算计划、原材料采购计划、设备修理计划、能源供应计划等。生产车间根据计划安排好设备、人员和班次等。生产处负责协调、平衡实施中出现的问题，制订周计划。

周计划是根据每周五的生产协调会及时调整本月生产计划，安排下周的作业生产。做到企业的经营、生产活动有计划、有布置、有实施、有检查，做到均衡生产，保证生产过程的正常运行。

2008 年，该公司调整生产计划编制流程，由销售公司市场部拟定公司未来三年营销目标，进行环境分析、市场预测，制订年度营销计划。年度计划分解为半年计划、季度计划和月度计划。月计划确定后，下发各部门。有关部门以此为依据制订生产计划、财务预算计划、原材料采购计划、设备修理计划、能源供应计划等。生产调度室按月度销售计划召开产、供、销专题会议。会议由生产调度室主任组织和主持，常务副总经理、销售副总经理、销售公司市场部、供应部、生产车间参加会议。会议形成会议纪要并报送总经理。产、供、销会议评审的信息应充分体现时限性，反映出公司客户实际月度销售量，实现公司“一次订货，多批次出货、生产”的措施。生产调度室按会议决定形成月度生产计划并报常务副总审批；生产调度室将审批的月度生产计划下达生产车间，生产车间接收计划后组织安排生产。生产调度室每周 2 次组织召开产、供、销协调会，销售公司市场部、供应部、生产车间参加会议。必要时常务副总经理和销售副总经理参加会议。根据销售实际情况及生产变动情况，可以对周计划进行变更，如果涉及到临时计划、追加计划等达不成一致意见时，可报请常务副总、销售副总协商解决。两者达不成一致的，需报请总经理。对于总经理批准的临时计划，生产、供应部门应无条件接受并执行。计划调整后，由生产调度室将调整后的计划下达至生产车间，生产车间合理安排生产。生产调度室将生产计划相关资料进行存档保管。

第二节 生产调度

生产调度工作的中心任务是在日常生产活动中，按照生产作业计划的要求，对企业生产系统进行全面控制，加强进度管理，同时积极预防生产过程中可能发生的一切脱节现象，使生产过程的各个环节、各个方面能够相互协调地工作，从而保证计划均衡的全面完成。

建厂初期，生产工人少、产量低、产品单一。设酿造课，酿造课长主管生产调度工作。调度工作方法是现场调度。

1967 年，成立生产科，设 1 名厂级调度员，负责全厂生产调度。

1968—1980 年，生产调度主要是根据上级下达的生产计划，调度各部门工作。

1986 年，实行经济承包责任制。日常生产调度由厂级调度员负责。紧急情况下，调度员可代表生产副厂长和生产科长采取应急措施，直接下达调度指令。生产车间对调度人员指挥必须无条件服从。因调度失误造成损失，追究调度人员责任。

1988 年，成立了生产调度室，设立生产计划员、生产调度员、生产统计员。对全厂各个生产经营环节进行控制、调度。

1989 年，制订生产调度工作管理标准，规定了机构设置及其权限：生产调度工作实行集中领导、分级管理的原则。根据酒厂生产组织形式，调度工作分为厂级、车间二级调度管理。厂级调度由生产科负责，在生产副厂长领导下行使职权。车间级调度由车间计划组负责，在车间副主任领导下行使职权。生产调度必须由厂生产计划科统一指挥，下级服从上级，下级单位必须坚决执行上级调度命令和决议。如有不同意见，在未做调整之前，必须按原调度命令和决议执行。各车间、部门之间的相互联系均由同级调度协调解决。在严格执行厂级统一调度的前提下，各级调度可根据具体情况进行内部及兄弟单位的协调衔接工作，保证生产计划完成。各级调度人员根据计划和临时任务的需要，有权发布调度命令，在职权范围内对生产人员、设备、原材料、燃料、动力等方面进行合理调度。必要时可组织召开有关部门人员参加的专题会议，研究并限期解决生产中存在的问题。

调度工作的主要任务：生产调度工作根据生产作业计划所规定的品种、数量和期限组织日常生产活动，确保产品均衡的按期出产。经常检查计划的执行情况，对关键产品、急需产品予以密切关注，控制技术准备和生产计划的衔接，满足生产需要。控制商品出产与销售计划的协调，做到产、供、销一起抓。协调供应部门和仓库将原材料、辅助材料、半成品等物资按生产计划要求及时发送到车间、班组和工作地。配合设备、动力部门监督检查生产单位合理使用、维护、保养生产设备，按期执行设备修理计划。协同技术部门服务到车间，及时处理生产过程中的技术问题。协同能源管理部门做好水、电、汽、油的供应，特殊情况下，对能源、动力调剂使用，确保重点，照顾一般。

调度工作制度：厂级、车间建立调度值班制度。做到生产不间断、调度不间断。检查各部门、车间、班组、岗位计划执行情况，及时处理对完成计划不利因素，建立调度日记和报告制度。生产班组、车间、科室逐级将作业计划执行情况上报。生产调度会每周召开1次，由生产副厂长主持，总调度员报告一周作业计划执行情况，提出问题共同研究制订解决措施。生产中出现急需解决的问题，由生产副厂长、生产科长及调度员召集有关人员召开现场调度会，及时研究、及时解决。

生产调度员职责：按下达的生产计划，统一调度、统一指挥，按产品品种、数量及在制品、半成品、成品库库存量等决定车间、班组作业计划。包装车间要根据销售部门提供的市场需求品种计划及时调整产品包装种类。对不遵守工艺规程和违犯劳动纪律人员有权制止并提出批评。设备出现不安全隐患有权制止或停车。对原材料准备、在制品流转情况及时掌握。对设备启动，水、电、油、汽的供应情况及时了解、协调，发现质量无保证、生产不安全等因素及时提出改进意见和建议，保证生产计划顺利完成。

2008年，生产调度工作由生产调度室主任集中管理，组织实施公司决议和常务副总安排的工作。调度工作分为厂级、车间二级调度管理，厂级调度由生产调度室负责，在常务副总领导下行使职权。车间级调度由车间副主任在车间主任的领导下行使职权。

生产安全调度坚决贯彻执行“安全第一，预防为主”的方针，提高职工的安全感、责任感，坚持“一岗双责”原则，谁主管谁负责。

其主要职责包括：生产调度按下达的生产计划，统一调度、指挥，按产品品种、数量及在制品、半成品、成品库库存量等决定车间、班组作业计划。生产调度室根据生产进程或者销售变更情况对计划进行调整，下达包装车间。包装车间要根据销售部门提供的市场需求品种计划及时调整产品包装种类。

生产过程监督进度控制：根据生产计划对各车间生产完成情况进行监督检查。质量控制：监督各车间产品质量完成情况。成本控制：监督检查各车间成本控制计划执行情况，按规定实现成本控制目标的执行情况提出奖惩措施。现场管理：定期组织对各车间生产现场进行监督检查，对不符合规定的情况提出整改要求，并监督整改完成情况。安全管理：对各车间生产安全规定执行情况进行监督检查。工艺管理：对各车间工艺文件执行情况进行监督检查。设备管理：监督检查各车间操作人员设备点检及日常维护保养情况。劳动纪律：监督检查各车间劳动纪律执行情况，对违反劳动纪律的情况提出处罚意见。生产协调：负责供、产、销各部门的沟通、协调。定期组织召开生产协调会，协调组织生产，平衡供、产、销关系。协助常务副总对各车间、部门的工作协调。协调能源部门做好水、电、汽、油的供应，特殊情况下，对能源动力调剂使用。

第三节 生产统计

工业统计的基本任务是对工业经济活动情况进行统计调查、统计分析、提供工业统计资料和工业经济信息。为编制计划、制订政策提供依据，为对企业实行科学管理提供依据，并对工业经济活动实行统计监督。

1949 年，产品单一，统计工作由酿造课兼管，负责产量计算、消耗定额统计、成本核算、出酒率的计算等，各项指标的考核和各类报表填报工作。

1953—1954 年，吴宝英任酿造组组长兼统计工作。1955—1963 年，王兆铭任酿造组组长兼统计工作。

1964—1973 年，成立生计股，刘玉庆兼统计工作。

1974—1981 年，生产进入新的发展时期。年产量在 3314 吨左右。统计工作逐步规范。1974 年设立专职统计员，由李继煜任生产组统计员。

1982 年，由张兆国担任生产科统计员，黄庆杰任酒精车间统计员兼粮酒车间统计员，高向新任包装车间统计员。每天各车间统计员对本车间的产量、出酒率、材料消耗等进行统计搜集、整理、编制日报表等上报生产科。生产科对所报的数字质量进行监督、检查，核实无误后一并汇总报厂长及分管厂长。为领导实行科学管理提供可靠依据。生产科统计员工作标准：认真执行国家和上级统计部门有关制度和统计法令。严格遵守统计纪律，坚持实事求是的原则。准确、及时、全面的编报统计报表。定期检查各车间、班组生产计划及经济技术指标完成情况。通过统计分析，揭示生产中的薄弱环节和存在问题，及时提供可靠的统计分析报告。搜集、整理、提供、积累各种生产数据、资料，建立健全综合性统计台账。掌握车间、班组生产能力状况，为统计分析、编制计划提供原始资料。原始资料分门别类妥善保管。组织学习和总结交流、推广统计工作先进经验和管理方法。负责对下级统计人员进行业务指导。

1983 年，《中华人民共和国统计法》颁布。明确规定统计工作在了解国情、国力、指导国民经济和社会发展中的重要作用。统计人员必须依法统计。

1985 年，该厂参加全国第二次工业普查工作。普查内容：人员结构、资金占用、固定资产、原材料消耗、设备状况、生产经营情况等。成立以生产厂长为组长的领导小组，组员有生产科统计员、财务科长、材料管理员。领导小组经过一周时间对全厂的原材料、设备、固定资产、人员结构、生产经营、资金占用等进行认真的清查核实，及时给统计部门呈送报表，按时完成普查任务。

1986 年，由李文化担任生产科统计员，赵东玲担任酒精车间统计员兼粮酒车间统计员，高向新担任包装车间统计员。

1988 年，统计人员先后通过济南市统计局的职称评定，分别有 2 人取得统计员职称，2 人取得助理统计师职称资格证书。

1995 年，参加每 10 年 1 次的全国工业普查。成立以生产厂长为组长的领导小组，成员有生产科长、财务科长、生产统计员、材料管理员。领导小组对全厂的产品产量、原材料消耗、固定资产、设备状况等内容进行了认真清查，按时填报报表，保证了数字的真实性，顺利完成普查任务。

2004 年，全国进行第一次经济普查。目的是为了全面掌握全国第二产业、第三产业的发展规模、结构和效益等情况。建立健全基本单位名录库及其数据库系统，为研究制订国民经济和社会发展规划提高决策和管理水平奠定基础。经济普查主要内容：单位基本属性、从业人员、财务状况、生产经营状况、生产能力、原材料和能源消耗、科技活动情况等。公司成立经济普查领导小组，组长：财务处处长张刚。成员：财务处副处长刘志学、会计李俊清、生产处统计员李文化。对普查的内容，实事求是的进行核实清查，按时填报经济普查资料，未出现错报、漏报。经济普查数据准确和及时上报。

2005 年 10 月，根据国家统计局的通知，为适应统计现代化发展趋势，提高政府部门科学决策和经济运行调节工作水平，建立政府与企业之间的快速反应平台及信息互动渠道。大中型以上工业企业必须实行联网直报。当月公司购买电脑等设备，实现了国家统计局、济南市统计局、章丘市统计局、章丘市经贸局联网。

2008 年，生产调度室设 1 名统计员，统计员职责：在生产调度室主任的领导下，负责对各车间生产完成情况进行及时汇总、分析，对政府相关职能部门的统计报表工作。监督落实各项经济责任制，对各车间奖金、考勤、技能完成情况进行考核。负责各车间经济责任制以外机物料单据开具工作。负责本部门人力资源管理工作。完成领导交办的临时任务。负责生产环节物耗、能耗、产量、成本及工作定额的统计工作，为相关部门提供信息。工作包括内部统计和对上级单位报送统计。

对内统计：车间统计员汇总各班组日生产记录，填写车间生产日报表，每日上午报送生产调度室统计员。生产调度室统计员汇总生产车间日报表。车间统计员于每月 30 日前将车间生产月报表报送生产调度室统计员。生产调度室统计员每月编写生产统计月度分析报告，并于 30 日前报送常务副总经理进行审核。生产调度室统计员将常务副总经理审核后的生产统计月度分析报告报总经理审阅。生产调度室统计将生产报表进行存档保管。

对外统计：2008 年，根据国家统计局要求，为适应统计现代化发展趋势，提高政府部门科学决策和经济运行调解工作水平，建立政府与企业之间的快速反应平台及信息互动渠道，使用联网直报系统。生产调度室统计员根据国家有关部门规定时间内填写完成对相关政府部门的统计报表。经常务副总经理审核后，生产调度室统计员将统计报表报送相关政府部门。生产调度室统计员将对外统计报表进行存档保管。对外统计主要给市统计局、经信局报送产量产值、财务状况、产品库存销售情况、工业生产者的出厂、购进价格，从业人员工资、能源的购进使用情况及景气状况调查等，经市统计局审核后再报送国家统计局。给济南节水办报送季度、年度用水情况。给国家轻工业信息中心报送重点企业主要经济指标情况表，及其他一些半年报表、年报表等。

是年，全国进行第二次经济普查，目的是全面调查了解全国第二产业和第三产业的发展规模及布局，摸清各类企业和单位能源消耗的基本情况。建立健全覆盖国民经济各行业的基本单位名录库、基础信息数据库和统计电子地理信息系统，进一步夯实统计基础。完善国民经济核算制度，为加强和改善宏观调控，科学制订中长期发展规划，提供科学准确的统计信息支持。普查的主要内容包括单位基本属性、从业人员、财务状况、生产经营情况、生产能力、能源消耗、科技活动情况等。

2014 年，全国进行第三次经济普查，单位基本属性、组织结构情况、从业人员及工资总额、财务状况、生产经营情况、能源和水消费情况、科技情况和信息化情况等。分设 7 种普查表。在两次经济普查中，公司成立经济普查领导小组，组长：财务处处长张刚。成员：财务处副处长刘志学、结算中心主任李俊清、生产调度室统计员李文华。对普查内容实事求是的进行核实清查，按时填报经济普查资料，经济普查数据准确及时上报。

第四节 生产信息

建厂初期，生产信息主要来源于上级指令性生产计划。主管部门按商业需求按季下达调拨计划，包括产量、品种等，生产部门按指令分解到车间、班组组织生产。

1980—1984 年，生产信息来源于两方面，一是行业主管部门，二是市场反馈。随着市场逐步开放，调拨计划逐渐减少，不能满足生产。剩余产品自行推向市场。信息来源，市场信息通过销售人员搜集，派出专门人员进行市场调研来提供。包括参观其他厂家，了解生产、品种、价格、竞争力等信息，及时调整产品结构，提高产品竞争力。走访客户，反馈产品质量信息等。

1985 年始，经营完全市场化。市场竞争日趋激烈，需搜集各方面信息来确定生产种类、品种、产量、质量，获取生产信息越显重要。采取由市场信息与质量信息相结合来确定生产信息的策略。重点抓好市场信息。市场信息的搜集主要是利用国家、省、市及同行业各种展销会、订货会、交易会等了解信息。掌握同类产品市场占有率及价格行情、本厂产品在市场上的地位。利用产品推介会、客户座谈会形式，搜集客户对产品的评价及改进意见，掌握新产品开发信息。搞好信访调查，拟好调查提纲，采取问卷及座谈方式，每年开展 1 ～ 2 次信访调查，写出调查报告。具体做法：以销售人员为主，采取请进来、走出去的方法，与重点经商户面对面座谈。主要内容：国家经济情况调查，包括政府经济政策的调整、产业政策变化、每个地区经销商的产品销售变化趋势、同行业的经营和发展状况。

1986 年，由于市场制约，产品过剩，采取了赊销、代销的销售措施。但由于市场信息不确切，对经销商调查不彻底，被个别“皮包”公司经销商钻了空子，造成外欠款收不上来，资金周转困难，影响了企业的生产发展，引起了对信息管理的重视。

1989 年，制订《质量信息管理标准》。内部质量信息中心是厂全面质量管理小组。负责全厂质量信息管理工作。质检科负责厂内质量信息的收集、分析、储存、反馈和处理工作。各科室负责人、车间主任、车间质检员为质量信息员。工作标准是：及时收集整理生产过程中及原、辅材料购进中的质量信息。质量信息管理分为日常质量信息管理和异常质量信息管理。质量信息反馈：定期按月反馈的信息于每月 10 日前反馈；按季反馈的信息在季后 15 日前反馈；按年反馈的质量信息在年后 20 日前反馈。厂内异常质量信息在问题发生后及时填写质量信息反馈单，反馈质检部门和信息发出单位。

是年，制订《市场信息管理规定》：市场活动中各种情报、消息等，包括：市场需求、市场供应、产品销售、原材料供应、市场物价、市场竞争、技术发展和金融等方面的信息，及企业内部与市场有关的信息。销售公司、市场部、供应处、各展销厅、推销点为市场信息点。工作标准：负责市场信息的收集，对各类信息进行整理分类及时处理归档。与有关刊物建立通讯联系，及时报导本厂产品信息。调查市场对本厂产品的需求量。调查同行业产品的质量、销售及价格情况。调查本厂产品在市场上的信誉、位置及占有率、覆盖率。调查用户对本厂产品的评价、意见和要求。调查同行业同类产品的水平、发展趋势及新产品开发情况。调查竞争企业的数量、规模及产品开发情况。及时写出调查报告。根据市场调查情况，编写市场预测报告，包括新产品开发预测、老产品诊断和销售量预测，本企业近期销售情况预测、消费者对本厂产品的潜在需求及变化情况预测。生产信息在获取市场信息和质量信息后，经分析处理，按产品系列、品种、质量要求分解、制订生产计划。生产信息来源于技术部门的技术创新、工艺改造、新产品开发等信息资源。技术部门根据国家技术进步的要求，派出人员学习同行业的先进技术、收集技术信息。

2005年，根据市场信息反馈，加大新产品开发力度，研发出具有"五粮工艺"的高档产品。使产品不断进行更新换代，做到生产一代、研制一代、开发一代、储备一代。确保产品的延续性，产品不断上档升级，最大限度满足市场需求。生产部门获取技术部门产品开发信息后，做好产前准备、产中调度、产后产品检验。将生产信息及时反馈给技术部门和质检部门。使信息工作形成生产信息、技术信息、质量信息、市场信息一个完整的信息网。

2008年，完全市场经济后，生产信息主要来源于市场销售信息，通过市场信息与质量信息相结合来确定生产信息。市场信息的搜集主要利用国家、省、市及同行业各种展销会、订货会、交易会等了解信息。掌握同类产品市场占有率及价格行情、该厂产品在市场上的地位。利用产品推介会、客户座谈会形势，搜集客户对产品的评价及改进意见。掌握新产品开发信息。为满足市场需求，不断开发新产品，已拥有产品品种291个。不断创新营销，开展营销改革，注重了品牌核心价值的提升。百脉泉高、中端产品的销售结构发生了明显改变，中端产品较去年同期增长49%，高端产品较去年同期增长80%。

随着原材物料的不断涨价，白酒行业竞争日趋激烈。市场部及时收集、分析国家产业政策、经济环境、白酒行业动态等信息。了解白酒市场竞争对手的各类动态信息。定期进行市场走访，获取最新市场信息，并寻求各种新产品开发的思路。通过收集的信息制订年度／季度／月度营销计划。每月18日前，公司各区域业务人员通过座谈会、走访等形式与客户进行沟通，了解客户库存与进度需求，区域经理进行汇总。区域经理了解当地市场宏观情况并对历史销售情况进行分析，制订本区域下月销售计划，每月20日前上报销售部销售内勤。销售内勤对各区域上报的下月销售计划进行审核，编制公司下月销售计划，经销售部经理审核后，报销售公司总经理审批。销售内勤将审批后的月度销售计划传递至品牌部。品牌部将公司销售计划及时传递给公司生产部门。跟进产品生产进度，做好同技术、质量、生产、仓储等部门的协调。

2010年，根据市场信息源，优化市场产品结构，增强产品竞争力，转变经营模式，着力开发新产品，成功上市了生态芝麻香高端产品、34度百脉泉生态原浆（6年、9年、12年）、清照绵柔10年等，提升了产品的盈利水平。

2011年，不断提速营销模式改革、延伸产品结构链条、拓宽市场销售渠道，开发新产品13个，换代产品8个。

2012年，积极应对市场动荡，进一步梳理产品和价格，对包装、价格与市场脱节的产品进行了淘汰。

2015年，白板酒、定制酒、鲜扎啤、泉城一号等根据市场需求成功上市。

为确保产品的延续性，最大限度的满足市场需求，经过近十年来产品结构不断调整，年终完成销售收入3亿元。

第五节 成品管理

1949—1979年，成品以散酒为主，瓶装酒数量少。建有散酒库，酒库管理由尹念钦、韩延淮负责。

1980年，散酒库改建成品仓库。由赵向东负责，保管员3人。

1994年，仓库负责人张波，保管员3人。

1996年，库存成品瓶酒类增多，保管员增至5人。

2002年，保管员进行调整，负责人祝明文，保管员4人。

2006年，成品库保管员5人。

库容 所有成品包括本厂产品、外购酒精、香料等成品辅料均由散酒库管理。1980年成品产量、品种增加，库存量加大。建成1890平方米集瓶酒库、包装车间、地下散酒库为一体的两层楼房。瓶酒库与散酒库分离。

1994年，新建成品库1处，主要存放大曲酒、白酒等低档成品酒。1996年，市场需求量加大，备货要求充足，原有成品库容量不能满足需要。改建1809平方米成品库1处，增存箱装酒12万瓶。总库容量达到80万瓶。

2000年，市场销售情况发生变化，产品划分为普通产品和区域专销产品，需分类存放保管。将原地瓜干仓库改建成市外专销产品成品库。面积1124平方米，容量60万瓶箱装酒。

2005年，为缓解仲秋、春节销售旺季的市场需求，保证供应，在粮酒车间一、二车间储备箱装酒12万瓶。是年建成1006平方米简易大棚成品库，可存箱装酒60万瓶。

2006年，共有成品仓库7处，可存放200多个品种、240万瓶的各种包装酒。

成品管理　建厂初期，各车间所产原酒，经质检科理化检验，按质量分为一、二级成品入库分存。外购酒精、香料等勾调酒用成品料也由酒库保管，存酒容器以大缸为主。保管员按酒质级别分区域管存。保管员按上级调拨计划及时勾调不同级别的散酒，经质检部门检验合格方可成品包装出库。产品销售由章丘县食品工业公司负责调拨专销。生产按计划，销售靠调拨，库存量不大，库存时间不长，成品管理单一。

1980年，产品品种增加，主要产品转为以瓶装酒为主。产品销售形成两种渠道，一部分调拨，一部分自销，库存量加大。成品管理分为散酒库和瓶酒库。按种类、品种分库分区域管理。制订《仓库保管制度》规定：保管员负责成品入库、保管和出库工作。做好各种报表，随时提供各类成品的库存数据，为生产和销售服务。仓库内保持清洁卫生，物品摆放整齐、合理。库房内保持通风，及时检查消防器材，做好四防工作。成品入出库、退库管理：成品入库符合质量要求，凭质检部门出具的质量检验合格证计量入库，填写入库单。成品出库凭出库单，严格掌握品种、数量，当面与提货人验收交接。出库成品原则上不能退库，遇特殊情况，由领导签字办理退库手续，仓库管理做到账账相符、账物相符。

1989年，生产规模扩大，产品种类达到17个品种。按照全国工业企业开展升级、达标活动的要求，健全了各项管理制度。成品管理制订《成品检验标准》，按GB11859.1—89、GB10781.1—89制订质量标准，并制订高于国家标准的企业内控质量标准。成品检验包括：酒库配制的各类白酒、粮酒、各班生产的原酒、外购酒精、香料以及包装物的检验。散酒库配制的成品酒，每配制1批，由化验室按理化指标检验1批，全部理化项目达标，发给质量合格证，出库转入包装。不合格品禁止出库，重新勾调，重新化验，并及时向有关部门报送当批产品的分析结果。粮酒车间生产的原酒进行理化、卫生指标检测，化验员每天对包装车间生产的产品进行理化指标抽检、化验。外购酒精、香料按国家标准及公司内控标准进行检验，验收合格后填好原材料入库合格证（酒精由化验室出具化验报告单）后方可入库，不合格品一律拒收。工作场地道路畅通，贮酒罐、兑酒设备摆放整齐，安全可靠，瓶酒、箱装酒堆码存放符合安全规定标准。维护保养库内使用的各种动力机械设备、阀门、管道。保管员严格执行交接班制度，做到有事故隐患处理不完不交接，灭火器材不点清不交接，各种成品酒出、入库数据报表不清不交接。

1993年9月，《中华人民共和国产品质量法》颁布实施。根据酒厂行业特点，各车间生产原酒经验收合格入散酒库。由技术部门根据产品种类、品种标准配制成品酒。散装酒出库直接投入市场销售。瓶装成品酒投入包装车间装瓶装箱后入成品库。对包装车间各道工序进行质量控制。包括刷瓶、冲瓶、控水、灌装、压盖、灯检倒立、贴标、胶帽、批号、装盒、防伪标、打捆、装箱等严格执行质量标准。各工序自检考核，下道工序检查上道工序是否合格，不合格不下转。灌装前由班长及专职质检员进行检验，每班设两名质检员负责灯检倒立检验，对每瓶酒内外质量严格把关。质检员发现在线产品有质量问题，应立即停止生产。公司质管处与车间主任不定批次进行抽检。质量控制形成自检、互检、专检的管理网络。保证产成品合格入库。

1994年，《山东省实施〈中华人民共和国产品质量法〉办法》颁布实施。该公司对各项规章制度进行修订。按企业标准化管理，修订《成品库管理标准》，库存产品分品种码垛摆放整齐，挂置标牌，写明规格、数量及品种。特殊成品需特殊管理。库存成品坚持日清月结，每月28号报入库、出库、库存和破损耗报表，达到及时准确。

2003年，成品库存量加大。为加强成品库管理，重新修订《成品库保管员业务工作标准》：产品入库，认真核实产品名称、件数、规格型号、合格证，做到手续齐全，准确无误，交接清楚。入库产品建立收、拨、存台账，日清月结，账物相符。产品保管存放合理，库容整洁。做到“三防”、“四无”、“五查”，三防即防水、防火、防盗；四无即无盈亏、无损坏、无霉烂、无跑、冒、滴、漏；五查是收款前查、发货后查，忙时坚持查、月底全面查、半年彻底查。随时提供各品种库存量，为营销提供好服务。

2007年11月，为加强成品库存管理，公司对《成品仓库保管制度》进行修订：仓库管理是负责产品的入库、保管和出库工作，做好各种报表，随时提供库存数据，为生产和销售服务。产品入库、出库、退库管理制度：产品入库要符合质量标准，否则不予办理入库手续。入库单必须按要求填写全面，字迹清楚，亲笔签名。特殊情况下，特殊产品经分管领导同意特别存放，特别标识。产品出库要凭出库单，严格掌握品种、数量，应当面与顾主验收。如有特殊情况，需经主管领导批准方可予以调换和补发。出厂产品原则上不允许退库，特殊情况需退库要经主管领导同意、分管副总批准，认真填写退库申请单，经质检处化验合格后方可办理退库手续。报表、记账和结账制度：严格按上级要求做好产品的入库、出库日报表、月报表，要及时准确。随时提供库存数据。建立健全收、拨、存台帐，严格执行记账规定，字迹清楚。坚持日清月结，月底根据公司要求报入、出库报表和破损报表，及时准确。现场管理制度：仓库必须保持清洁卫生，物品摆放合理、整齐。库房环境必须通风、防雨、防蛀、防霉、防火、防盗，必须备有消防器具。仓库人员必须经常检查设备、设施完好情况，负责对设备的日常保养。设备完好率不低于98%。杜绝跑、冒、滴、漏。对各种原因造成的渗漏现象及时处理，避免造成大的损失。破损报耗，严格执行标准，列出明细表，报主管领导批准，财务处审核。

2008年9月，公司进一步完善产品的出、入库手续，规范管理，特制订《产品出、入库管理规定》：仓库要保持清洁卫生，货品摆放规范，做到保质保量。产品经质检部抽检合格后方可办理入库手续，入库单要有质检部门质检员、包装车间包装班长确认签字。仓库保管员对产品入库装卸质量负责监督，保证轻拿轻放，防止破碎事故发生。产品出库原则上按入库时间先进先出，防止产品库存时间过长。对超过半年的库存产品在上报的报表中必须注明具体入库时间。白条出库要有总经理签字（特殊授权除外）。销售公司领用样品酒、招待酒由销售副总批准，预算内的由财务审核，超预算的由总经理批准。单瓶价值超过50元以上的产品由总经理批准。店庆、走访用酒需总经理批准。兑现公司批准的各种返利、促销用酒，金额超过2万元的由审计审核，财务备案后领用。金额2万元以下的由财务审核备案后领用。审计、督察部门要对各种活动及时进行事中、事后监督。出厂的产品除正常的产品破碎补偿外，无质检部门确认的手续一律不准退、换。产品出现破碎、质量问题要及时通知质检部确认责任，并通知相关部门，月底由审计、财务核销。做到日清月结，账实相符，及时与相关部门核对产品出、入库品种、数量。

2009年2月，保管员进行调整，原成品库班长祝明文调整到五金库任班长，原五金库班长王爱民任成品库班长，保管员5人。

是年10月，为合理控制库存，减少库存占压，提高产品的运作效率，制订了《产品库存管理规定》。常规产品库存管理规定：瓶酒库应在产品入库45日占压期最后期限前2周向销售公司报送出库催促单。对超过库存占压期限的产品，瓶酒库须以书面形式提报生产安全调度室以便责任追究。专销产品库存管理规定：瓶酒库应在产品入库45日占压期内最后期限前2周向销售公司报送出库催促单。对超过库存占压期限的产品，瓶酒库须以书面形式提报生产安全调度室以便责任追究。

2010年8月，为提高成品出库效率、减少成品破碎率，减轻劳动强度。借鉴托盘酒瓶经验，首次购进1.5吨蓄电池平衡叉车2台，塑料托盘1000个，单托码垛7层，承装100—140箱成品酒，提高整体库存存储量1.2倍。

12月，为加强对塑料托盘的管理，提高托盘使用率，延长托盘的使用寿命，结合公司仓储及装运情况，制订了《塑料托盘使用管理规定》：严禁在阳光下长时间暴晒和露天雨淋，避免托盘加快老化而缩短使用寿命。托盘就置于平正地面且摆放整齐，以免变形影响使用。禁止有摔、掀、磕、碰等有损托盘完整的行为。成品入库时根据仓库的情况，合理调配，码放整齐。对入库托盘及时检查，发现问题及时核对，查找原因追究责任。出库后空托盘应码放在指定位置，以便于及时收回，严禁随处乱扔乱放。

是年，在原职工宿舍位置，建成综合大棚主要存储原料。备货期间部分空间存储成品箱酒，成品仓库增加至9处，可存放300多个品种、280万瓶的各种包装酒。

2012年1月，修订《产品库存管理规定》，取消了《常规产品库存管理规定》库存占压期限及处罚的相关规定。

2013年6月，公司北厂区建成投入使用。成品库分东、西两仓，总建筑面积5505.66平方米。东仓库主要存储常规产品及高端产品。西仓库主要存储专销产品及商超、酒店、划分区域的产品。最大库容180万瓶箱装酒。为缓解仲秋、春节销售旺季的市场需求，保证产品供应，在安全通道、自行车棚及占用部分西瓶库储备箱装酒120万瓶。

是月，成品库保管员进行调整，负责人王爱民兼统计员，保管员5人（其中东仓保管1人，西仓保管2人，南厂区原成品库留1人值班，发货未搬到新厂区部分产品）。11月底南厂区全部产品处置完毕。

2015年6月，成立仓储中心，

瓶酒库与销售公司分离，归属财务部仓储中心。

8月，为保证瓶酒库各种货物完整、财产安全，做好公司产品的入库、保管和出库工作，为生产和销售做好服务，制订《瓶酒库管理规定》并编入公司《制度流程汇编》仓储管理制度部分。

新修规定：做好每天各种产品的出、入库记录、统计、明细来源去处。签收各种票据及数据资料保存，以便核对。特殊产品经分管领导同意，特别存放、特别标识。产品出库要凭出库单，严格按照开票数量、品种发放，当面与业务员验收，并在发货单上签字或盖章。出、入库及库存数据的核对。仓管人员应每天注意仔细核对出、入库的货物类型与数量，每周一小计，每月一统计。明细各种类型货物各种数据资料，以便公司核实对账。报表、台账管理：每日下午2点前，将前日《成品库存日报表》从内网办公协同平台发至销售总经理、销售副经理、销售公司市场部经理、销售公司产品设计部、销售公司办公室、生产协调室主任等部门。及时反馈库存数量，合理统筹产、供、销计划。每月5日前，将上月《成品库存月报表》及时反馈到营销公司及供应部门，以便公司安排销售及采购。建立押金收、发、存台账，严格执行记账规定，字迹清楚，账物相符，坚持日清日结。根据公司要求报出入、出库报表和破损报表，及时准确。渗漏酒管理：对各种原因造成的渗漏酒现象，做到及时发现及时处理，避免造成大的损失。正常库存产品渗漏酒处理，严格按渗漏酒有关制度执行。列出明细表，由质检部负责各种产品说明渗漏、破碎原因，报直管部领导批准，经财务部、审计部审核，最后经总经理批准。带有奖项或奖品的渗漏产品应按正常库存产品渗漏酒进行处理，凭撕下完整有奖盒盖及主管部门负责人签批有奖盒盖领料单进行领取奖卡，盒盖交由市场部按流程统一销毁。盒中奖品与产品一并上报审核，盒中奖品暂存于瓶酒库班长处。

2015年9月，5年间共购进燃油叉车3台，蓄电池平衡叉车4台，塑料托盘3450个。提高了成品出、入库效率和存储能力。

2016年5月，成品库进行季度库存盘点工作，同时规定产品库区分管保管员责任轮岗制由半年改为季度轮换。

6月，公司办公楼装修完工，各部门陆续回迁。仓储中心大部分仓库及人员都在北厂区，为便于部门管理，办公室应设在北厂区，经综合考查，办公室选址建在西瓶酒库值班室向北扩建板房1间。经公司领导批复。7 月 19 日，仓储办公室正式搬入。

7 月，制订《仓储内部人员分流管理办法》：在仲秋、春节备货期间成品箱酒产量提高，库存量增大。部分箱酒暂存在安全通道两侧及西酒瓶仓内。保管人员少，成品酒存点多，不便于管理。为改进这种状况，在粮酒车间停产，后勤人员停止双休班期间，原料库人员留正常值班人员外，分流到成品库担任保管员。逐年形成惯例，粮酒车间开产或节后恢复正常工作。

8 月，保管员进行调整，负责人王爱民不再兼职统计职工作，燕燕负责成品统计职工作，保管员 3 人。

9 月，规范仓储管理流程，控制白条、借条出库风险。实现仓储物资管理有序化、透明化、规范化，不断提高仓管人员服务水平。印制成品酒白条出门证明两联单，配合托盘检查卡使用，规范了成品白条出库流程。

11 月，制订《成品仓库物资、物品摆放标准》：成品酒入库时，需按不同产品区域、名称进行分类分区码放，各类物资、物品不能占用安全、消防通道，必须保持安全、消防通道畅通无阻。摆放整齐、库容干净整洁。物资、物品摆放必须符合仓库“五距”要求。顶距：指堆货的顶面与仓库屋顶面之间的距离。一般的平顶楼房，顶距为 50 厘米以上；人字形屋顶，堆货顶面以不超过横梁为准。灯距：指仓库内固定的照明灯与商品之间的距离。灯距不应小于 50 厘米，以防止照明灯过于接近商品，灯光产生热量导致火灾。墙距：指墙壁与堆货之间的距离。墙距又分外墙距与内墙距。一般外墙距在 50 厘米以上，内墙距在 30 厘米以上。以便通风散潮和防火，一旦发生火灾，可供消防人员出入。柱距：指货堆与屋柱的距离一般为 10—20 厘米。柱距的作用是防止柱散发的潮气使商品受潮，并保护柱脚，以免损坏建筑物。垛距：指货堆与货堆之间的距离，通常为 50 厘米，垛距的作用是使货堆与货堆之间，间隔清楚，防止混淆，也便于通风检查，一旦发生火灾，便于抢救，疏散物资。

2017 年 6 月，保管员进行内部调整，由原包装材料库班长张叶负责瓶酒库管理工作，统计员 1 人，保管员 3 人。

是月，制订《渗漏酒、阴箱酒翻箱处理说明》：保管员对分管箱酒在存储、装车、业务退库环节中造成的破损、阴箱、渗漏的时间、名称、数量、原因填写好记录，在日清资结束后报班长做好汇总记录。班长根据破损、阴箱、渗漏的原因协调质检部进行分析，确定责任部门处理。属仓库翻箱处理范围的，瓶酒库班长根据生产计划提前通知仓储主任，在主任监督下由瓶酒库班长、分管保管员共同清点翻箱数量，确认破碎数量。填写翻箱申请单，经仓储主任签字后与车间值班主任协商做好翻箱处理。翻箱申请单一式2份，仓库、车间各1份。凭确认签字的翻箱申请单，对正常续产的产品翻箱处理时，由瓶酒库班长、分管保管员共同移交生产班组。提供包装物以实际所需包装材料（箱、盒、标等）单独开据领料单。对淘汰产品、换代产品的同等酒基倒酒产品翻箱处理时，由瓶酒库班长、分管保管员共同移交生产班组。提供包装物以实际所需包装材料（箱、盒、标、盖、瓶等）单独开据领料单。酒瓶可二次利用的退酒瓶库，不可二次利用的直接销毁，做好记录。生产班组清点好数量，按照正常生产工艺，进行重新包装、喷码处理，交瓶酒库接收。特殊情况下的产品需要补齐1箱为单位时，瓶酒库需给车间另开具补充单瓶数量的入库单（补充单瓶包装材料由车间开据领料单领取）。翻箱所需包装物由瓶酒库班长填写领料单，经仓储主任签字后转包装材料库领用。

7月，东瓶酒库值班室面积不足9平方米，仓管人员平时办公、资料存储空间过于狭小。经报公司领导批准，值班室与小库房隔段墙开门连通，增加办公、资料存储空间。

8月，为确保公司成品出、入库、半成品及原料采购、接收、库存管理，生产领用与发放，账物盘点、记录等一切物料活动均有物料编号。避免一物多名，一名多物或物名错乱的现象。提高了公司对成品、半成品物料的有效控制和管理。加速公司K3数据，物流管理数据科学化、标准化和信息化。制订《物料编码管理流程》，用于公司内部所有的采购、存储、生产、销售、消耗用物料。

9月，修订《成品出库离厂手续》：在原瓶酒库出库离厂手续基础上，增加《瓶酒出厂清欠手续》：瓶酒库保管员要求业务员下单开票1车1单。下单后车辆预装与实装数量不符，未能一次性装完的，在当天内可以全部拉走的（在出门联填写未拉走数量，如：欠200箱），清账出厂时保管员附开通行卡1张，在备注栏中填写原单据号（清欠200箱）。如当天不能全部拉走的直接要求换单。走（借酒）手续的，保管员填写（白条出门证、通行卡）各1张，注明数量。

第二章 质量管理

第一节 质量标准

1948 年建厂初期，质量标准依据传统管理经验，从原料、加工工序、成品酒包装入库、等级划分，主要依据看酒花和分段摘酒及评酒员的品评感观为质量控制手段。

1954 年，购置 1 套简易化验设备，主要化验酒精度及总酸、总酯等几项理化指标，再根据感观品评确定产品质量标准。

1972 年，在原有化验基础上，制订了《白酒质量标准》，包括感观标准、理化指标和卫生标准。

1983 年，根据山东省政府[1981] 164 号文件，颁发《山东省产品质量监督检验暂行办法》，该厂制订了《质量管理标准》，标准包括《原材料质量管理标准》、《半成品质量管理标准》、《产品质量管理标准》、《成品包装质量管理标准》。

2011 年，该公司在原有《质量管理标准》的基础上，修订为《质量管理制度》，3 月 11 日发布实施。制度包括《原材料检验制度》《过程产品检验制度》《包装质量检验制度》。结合《食品安全法》和该公司生产经营管理的实际情况编制成为《质量安全管理手册》。包括：《质量安全方针、目标及考核办法》《食品安全自查管理制度》《不合格控制程序》《纠正措施和预防措施管理程序》《不安全食品召回管理制度》《消费者投诉受理制度》《食品安全风险监测信息收集和评估制度》《食品安全事故处置管理制度》《进货查验记录管理制度》《生产过程控制管理制度》《产品标识和可追溯性控制制度》《原辅材料质量检验制度》《过程产品检验制度》《包装质量检验制度》《出厂检验记录管理制度》《产品比对验证制度》《委托检验制度》《检验设备管理制度》《食品添加剂（加工助剂）管理制度》等。

原材料质量管理标准 高粱标准：粒大饱满、无碎粒、不带高粱皮、不霉不烂、无杂草碎石，含水分 10% 左右，白色高粱最好。麸皮标准：片大不霉、不烂，含水分 15% 以下，含淀粉 20—22% 左右。糠标准：新鲜，色泽金黄，不霉、不烂、无杂草，使用前须经蒸汽杀菌去杂味。

2011年对质量标准做适当调整。高粱标准：容重≥690g/l，水分≤14%，杂质≤1%，无霉烂变质现象。小麦标准：容重≥740g/l，水分≤12.5%，杂质≤1%，无霉烂变质现象；生产大曲用软质麦，要求容重≥740g/l、粉质率≥70%（或硬度HI≤45）。稻壳标准：水分≤10%，杂质≤1%。玉米标准：容重≥685g/l，水分≤14%，杂质≤1%，无霉烂变质现象。大米、糯米、碎米标准：水分≤15.5%，杂质≤1%，无霉烂变质现象。糯米要求呈长椭圆形或椭圆形，乳白色不透明，其中混有透明或半透明的大米比例应≤5%；按预先提供的样品验收。凡购进的粮食必须经质检部粮食质检员检验合格后方可入库。

半成品质量标准 种曲标准：颜色正常，无杂菌感染，无酸臭味，孢子健壮，整齐均匀，干燥，在大曲生长中繁殖快、酶活力高，孢子数量在25亿以上。麸曲标准：菌丝多，无杂菌感染，结实具有弹性，有曲香味，上、中、下层质量均匀，曲子糖化力在6000单位以上。大曲标准：制曲原料用小麦，要求颗粒饱满，不虫蛀，不霉烂，粉碎粒度20孔筛细粉23%，粗粉麦皮77%，手摸不感糙手。感观质量标准，具有特殊的曲香味。不带霉味、酸味，外表有颜色一致的白色斑点或菌丝。酒母标准：小酒母培养品温20—30℃，出芽率20—30%，扩大培养倍数为10倍，细胞个数12亿个以上，酸度不超过原接种酸度的0.05，耗糖率40—45%，死亡率1%以下，无杂菌感染。大酒母培养温度20—33.5℃，出芽率18—25%，酸度不超过原接种酸度的0.05，耗糖率40—50%，死亡率1%以下，孢子健壮，无杂菌感染，扩大培养倍数为10倍。酒精标准：瓜干粉碎粒度1.5—2毫米，及时除杂，加水比1：5，糊化时间60分钟，糊化醪颜色呈黄褐色。糖化醪标准：加曲温度60℃，糖化时间30分钟，还原糖5以上。发酵醪标准：发酵池严格杀菌手续，入池温度控制在25℃以下，发酵醪最高温度34℃。中高温大曲标准：糖化力≥500单位，水分≤15%；芝麻香大曲，糖化力≥400单位，水分≤14%。粮酒发酵中间品检验：半成品化验员对粮酒车间各班次糟醅，按时取样进行各项目的检验。所取样品应具有代表性，用专门的器械取样，能够反映物件的真实情况。按发酵中间品分析方法进行检验，数据计算准确，按时报送检验结果。出现较多的超出标准范围的情况，应分析原因，采取修改作业指导书等方式进行调整。

成品包装质量管理标准 除异型瓶外通用酒瓶按照轻工业部玻璃瓶基础标准（QB52—658—75）及山东省统一包装标准规定要求。酒瓶必须清洁干净，封口严密，商标整洁，在商标的适当位置注明生产日期、酒度。瓶装酒外包装采用纸箱或经产销双方协商的其他包装，均要符合统一标准。包装箱上应标明产品名称、生产厂名、数量、批号、生产日期、毛重净重、包装箱的尺寸及小心轻放、防潮、请勿倒置等运输标志。散装酒采用酒篓、酒桶或其他容器，必须干净、无毒、无害、无异味，符合国家卫生标准并加盖封闭。

1994 年 6 月，液态法白酒《中华人民共和国行业标准》颁布。该公司规定了液态法白酒的技术要求、试验方法、检验规则和标志、包装、运输、贮存等要求。是年成立质量攻关小组，确定了“增己降乳”目标，严格工艺，提高窖泥质量，为己酸菌繁殖、生长创造条件，改传统三甑馏为四甑馏，使粮酒质量有了较大的提升。

2001 年，修订后的《中华人民共和国产品质量法》和《山东省实施〈中华人民共和国产品质量法〉办法》颁布实施。《实施办法》第 19 条规定：生产、销售产品的质量、标识及包装，应当符合《中华人民共和国产品质量法》的有关规定。该公司修订了质量管理制度。包括《产品包装质量及质管员工作质量考核细则》《产品更替灌装的有关规定》《退库酒处理的有关规定》等。

2002 年，产品品种增加。重新修订《包装材料标准》和《成品检验标准》。《包装材料标准》包括：酒箱、酒盒、商标参考 GB7705—87、GB6543—86 标准执行。要求规格尺寸达到设计标准，箱、盒规格匹配，商标符合瓶型要求。外观：产品整洁、无明显脏污、残缺、印刷清晰，不存在明显条杠，网纹清晰，无明显变形和残缺。套印：不得存在明显的套印重叠。色差：同批次产品不应出现明显色差，不同批次产品色差应小于 GB7705—87 标准要求。机械性能要求：箱、盒不开胶、分层、断裂，抗压强度、耐冲击强度、抗转载强度符合设计要求。酒瓶参考标准 ZBY22007—87，外观透明、光洁、颜色一致，商标各棱角、花纹、图案凹凸清晰，充模完整，防盗耳完好、规范。规格尺寸、瓶型、瓶口、净含量符合设计要求。瓶盖参考标准 GB14944—94，外观：字迹、图案清晰、完整、颜色均匀一致，干净卫生。规格尺寸符合设计要求，封盖严密、不漏酒、防盗好。《成品检验标准》：瓶净、内无异物、无水垢，外无残标。计量准确。盖规范、不松动、不渗酒；酒体清澈透明、无沉淀物、无悬浮物；贴标整齐、牢靠、胶帽规范；生产日期、批号准确、装盒规范、胶带齐整。

2011年对原包装材料检验标准进行修订，包装材料：纸箱、纸盒、商标标准：产品外观整洁，无明显脏污、残缺，文字印刷清晰完整，不存在明显的条杠，网纹清晰均匀，无明显变形和残缺，符合设计要求，模切误差≤ ±1.0mm。箱盒规格匹配，商标符合瓶型要求。产品主要部分套印误差≤ ±0.3mm，次要部分≤ ±0.5mm。产品色泽饱满，均匀一致。复膜光洁、牢固、不起膜，不存在明显的气泡。按设计要求用材，纸张克重达到要求。箱盒不开胶、分层、断裂，抗压强度、耐冲击强度、抗转载强度符合要求。商标涂胶均匀、粘度强、模切规范、粘贴牢固不起标。按设计要求布置图案，布局合理，美观大方。酒箱、酒盒、商标所标注的国家强制标示内容，应符合GB7718预包装食品标签通则和GB10344预包装饮料酒标签通则要求。

酒瓶：瓶高、瓶身外径误差≤ ±2mm；瓶口外径、内径、有效高度误差≤ ±0.2mm，确保封盖后不松动、不漏酒、不能直接拔出；灌装490ml的产品，满口容量525±10ml（瓷瓶≥ 530ml）。耐热急变急冷温差不小于35℃不破裂，耐内压力≥ 0.49MPa。厚度均匀一致，瓶壁最薄处不小于2mm，瓶底厚度不小于3mm。高白料瓶无色清亮透明，普白料瓶允许稍带绿色（符合打样认可或原正常使用的料色），乳白瓶、瓷瓶符合设计要求，均匀一致。烤花瓶内容符合设计要求，规范一致。符合QB/T3562—1999中华人民共和国轻工行业标准冠形瓶口白酒瓶标准。

瓶盖标准：瓶盖要选用无毒无害的材料制成。内塞采用高压聚乙烯，其它部件采用低压聚乙烯、ABS等材料。符合设计要求，各部件充模完整、组装到位，封盖严密、不松动、不渗酒，按开启说明确保能正常开启。料色、喷涂色、镀膜颜色均匀一致，无明显磨损。字迹清晰、图案内容完整，符合设计要求。瓶盖应清洁卫生，无塑料片、纸屑、毛发等异杂物。

2011年，成品检验标准重新修订。刷瓶：质量标准：酒瓶清洗干净，内无异物、水垢，外无残标，商标胶、铁锈、油污，内外冲洗干净、无异物，置于转盘或车中备用。选瓶：从存瓶仓库开包逐个挑选，将破碎、脏污的酒瓶检出，完好的放入周转箱内，按时运送到刷瓶间。浸泡：将瓶子放入刷瓶池中浸泡 5—30min，然后用棉纱、清洁球等清洗酒瓶外表，将外表的尘土、油污、商标胶等清理干净。空瓶灯检：瓶外无残标、商标胶、铁锈等。灌装：计量准确、与包装物标注相一致。压盖：规范、不松动、不渗酒、不破坏瓶口，确保防伪效果。灯检：酒体清澈透明、无沉淀物、悬浮物及其他异物。贴标：整齐、规范、贴于规定位置、牢固、不起标。胶帽：规范、缩紧、不焦裂。生产日期、批号：准确、规范、无遗漏。盒、标与合格证所标注相一致。装盒：规范、不挤标。防伪标、铆钉：整齐、规范、统一、不破损、确保防伪效果。打捆：商标向里、打捆结实、不松动、不挤标。装箱：整齐、规范、数量准确。正确贴上合格证及其它说明。胶带平整、长度适中。放奖：按设奖规定放置，保证奖项准确、足额。

第二节 质量检验

1949 年，产品质量检验由酿造课兼管。每班生产的酒，由酿造课长组织经验丰富的老工人进行评品，确定酒的质量。

1954 年，购进化验设备后除感观品评外，同时化验每批酒的酒度及酒中总酸、总酯等成份。

20 世纪 60 年代，生产原料（高粱）短缺，采用替代原料维持生产。质量检验以生产工人自检为主，半成品由化验员检验，成品检验由酒库收酒人员兼任。

1981 年，成立质量管理小组，组长高绍栋。在质量管理小组领导下，由 10 人组成产品质量品评小组。重点对产品质量进行感观评定。

1983 年，成立质量检验组，设立厂专职质检员，由段金城担任。在质检小组领导下，负责原料、半成品、成品的质量检验及全厂质量监督检查。各车间、班组设兼职质检员，各班长为兼职质检员。调整充实评酒小组，由过去 10 人增加到 13 人。酒库设立专门勾兑人员，控制产品质量。

1984 年，质量检验组改为质量检验管理科，段金城任科长。负责原材辅料、半成品的质检及全厂质量监督检查工作。成品检验设专职质检员，由陆秀明担任。

1986 年，质量检验工作由 1 名副厂长主管。质量管理科负责全厂质量管理，检验部门设立化验室。

2002 年，产品品种增多，质量检验岗位调整，全厂质量检验形成网络系统。质量检验由技术部统管，设质量总监，质检处具体负责质量检验工作，质检处长毕思水全面负责。设立原材辅料质检员、化验室半成品检验员、成品检验员、微机化验员，产品包装检验设专职检验员6人。做到原材物料不经检验不入厂，产品不合格不出厂的规范化管理标准。

2006年，企业再次进行改制，质量检验岗位作了调整。

2008年12月，杜祥宝任质检部副部长，主持工作。2010年3月，杜祥宝任质检部部长。12月，杜祥宝任技术总工程师，全面负责技术部工作。2010年12月，李雷新任质检部部长，主持质检部工作，组织开展原辅料、半成品、成品各项目的检验工作，确保产品质量和食品安全。2011年，取消原材料收购质检员。2012年，包装质检员进行人员精简由以前的5人精简为3人。2016年，汪慧慧任技术副总工。2018年4月，汪慧慧被公司聘为技术总工，全面负责技术、质检工作。

（附：质量检验网络图）

2006年质量检验网络图

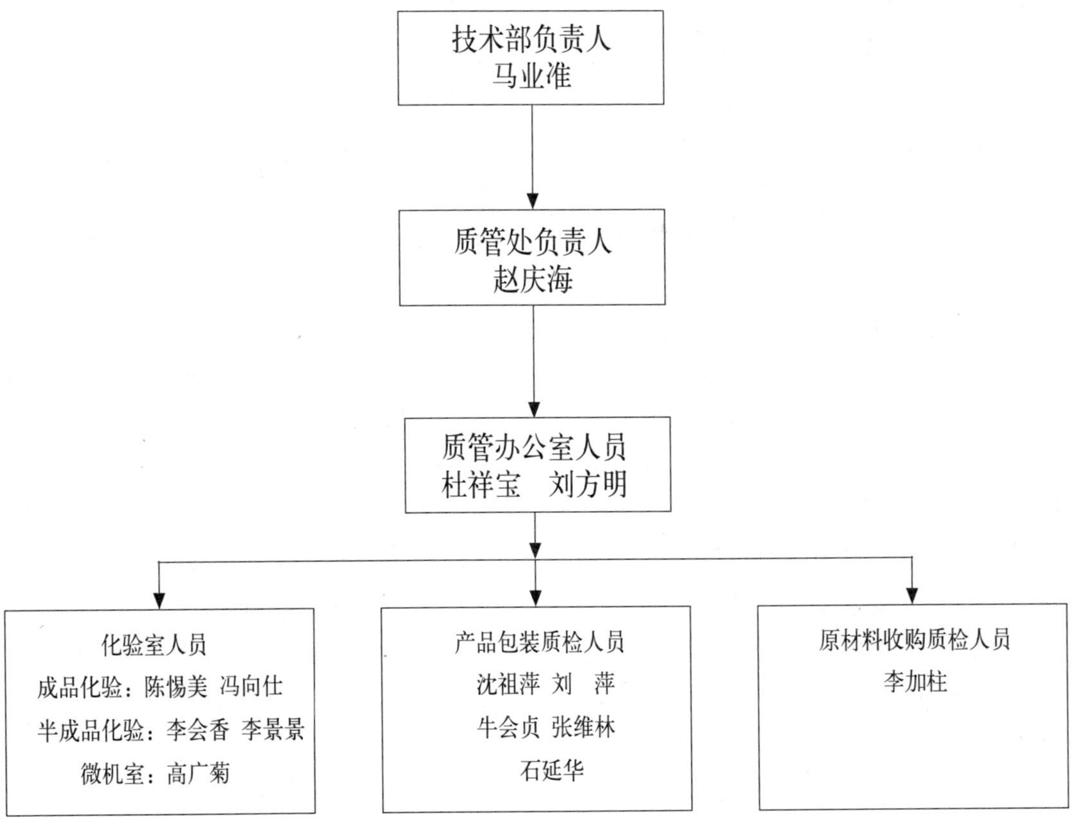

质量检验管理工作

1972 年，质量检验管理由生产组兼管。采取专人检验和群众检验以自检为主的方法。厂级产品由酒库收酒员负责。半成品由化验员负责。每周向生产组作 1 次质量综合报告，各生产班组有 1 名职工负责质量检验。人人把关，层层把关，在自检的基础上提倡上下工序互检和专业检查相结合的管理办法。

1981 年，山东省政府［1981］164 号文 发布了《山东省产品质量监督检验暂行办法》。为了更好地贯彻这一法规，加强对产品质量实行监督和检验，成立了由 5 人组成的质量管理小组。质量管理小组职责：认真学习、贯彻执行党和国家关于产品质量的方针、政策和指示，贯彻执行国家标准和企业有关规定。加强质量分析，定期组织检查，及时向厂长汇报各个方面、时期、产品质量状况和质量管理方面存在的问题。组织有关部门（如工艺、设备、计量、理化检验等）提出提高产品质量的建议和质量升级规划。负责全厂职工质量教育工作，对全厂产品质量和质量管理工作负责。同时以质量管理小组人员为基础，组成了 10 人的产品质量品评小组，每月 1 次品尝。对各类产品感观进行品评。实行民主划分、评认，做出准确的评语和选优，作为提高产品质量的依据。3 月，质量检验与生产分离，成立质量检验组（科室级）。在厂部领导下，负责全厂质量管理、质量检验日常工作。主要任务是领导全厂的专职和兼职质检员，对有关的原材料、辅助材料、生产工艺、半成品、成品出入库的检验等，作全面具体的检查和监督。对成绩显著的质检员或集体上报厂部，建议奖励。对造成重大质量事故者可根据情节追究责任，严肃处理。充分发挥专检和群检的作用，确保产品总目标的实现。专职质量检验员对检验范围内的项目要进行全检或抽检，搞好各项原始记录凭证，对错检、漏检和检查不及时而造成的废次品负责。

1983 年，质量管理组设立厂级专职质量检验员。主要任务是主持全厂质量管理工作，对相关原料、半成品、生产工艺、成品出入库的质量监督，坚持原则、实事求是、不弄虚作假。对出厂产品由质管组先进行小样品勾调、品尝、鉴定，化验合格后再通知有关部门进行批量生产。对班组生产的半成品酒，10 天理化抽检 1 次，待出厂产品每 10 天分批分期抽样检验 1 次。主要指标合格后，发给产品合格证通知入库或出厂。对检验不合格的产品采取措施进行处理，决不允许不合格产品出厂。感观品评每月进行 1 次，搞好质量鉴定，做好各次检验的原始记录和产品质量档案。质管人员经常深入车间、班组搞好产品质量调查，发现问题及时解决，做好技术指导。各车间、班组设1名兼职质检员，在工作中当好三员（质量检查员、技术辅导员、质量宣传员）。控制好本车间、班组生产过程中的产品质量，经常与质管组传递质量信息，防止质量事故发生。加大感观品评力度，调整、充实质量品评小组力量。对各类产品进行感观品评，结果存档。酒库设立专职勾调人员，按标准进行勾调。发现质量问题，修改配方，由质检组与品评小组研究决定，经批准后，执行新配方。决不允许私自改变勾调配方标准。

1991年，在不断加强产品内在质量检验基础上，对外观包装质量检验有了明确要求。制订了《对产品包装质量及质检人员工作质量的考核与奖惩细则》。

产品包装质量考核标准：酒度允许偏差正、负0.5度，空酒瓶内外洗刷干净，不准带有残旧商标、胶帽及其它脏物。灌装酒色要清澈透明，无沉淀物、悬浮物和其它异物。封口严密，商标正当，捆扎牢固，装箱整齐、规范，商标注有出厂日期批号。

质检人员工作质量考核标准：质量检验员对质检工作认真负责，敢抓敢管，发现问题及时处理。班前做好酒度的检测工作，发现酒度与产品名称不符应立即通知车间停止使用。做好当班检验记录。质检人员对每班生产的产品，按包装质量标准逐批逐瓶进行检验，不符合质量标准产品，禁止包装入库。对质检人员的奖惩：质检班长完成任务，发一线职工的平均奖，出现1次质量事故，扣当月奖金50%。无奖金来源者，扣当月工资50%，出现重大质量事故，报厂部处理。质检员：完成工作任务，按低于生产职工平均奖20%发放奖金，出现1次质量事故，扣当月奖金50%，无奖金来源者扣当月工资50%。包装车间考核：当班产品包装合格率99.5%，享受厂部规定奖金。不合格率超过0.5%，进行返工处理，费用车间自负。不合格品每瓶罚款1元，从车间当月奖金中扣出。

2008年，包装质检员负责班组生产产品灌装标准的核对、班组灌装酒酒精度检验及留样、班组所用包装物标示的酒精度、净含量等内容与产品一致性、班组所用包装物箱盒标瓶瓶盖所有内容一致性的复核、生产过程中巡回检查工作，每班组不少于9次、产品的抽检工作，抽查开箱检查不少于9次（不透明瓶、铆钉产品不少于5次）、生产过程中巡回检查发现问题，及时解决或向上级汇报、各类质量记录及时、真实、有效、监督不合格品的处置情况、监督包装流水线各设备的运行情况、负责入库产品签字、确保灌装产品质量符合公司质量管理制度质量要求、负责班组质量信息的反馈。

化验员负责对勾储班配制的各类酒取样进行各项理化卫生项目的检验、粮酒各班组生产的原酒卫生指标检验、粮酒各班组出池、入池各项指标的检查、灌装酒的各项指标的检验工作、外购原辅料的检验工作、负责露酒各项指标的检验、粮酒车间大曲的检测、检验原始记录的保管、化学药品的配制、标定与日常管理、检验数据的内部报送、协助化验班长完成质量认证、食品安全、生产许可等方面工作、检验设备的维护和日常保养工作。

2011 年，修订《对产品包装质量及质检人职工作质量的考核与奖惩细则》。产品包装质量标准：酒精度允许偏差正负 0.3°。粮食酒己酸乙酯符合公司内控标准。酒体清澈透明，无沉淀物、悬浮物和其他异物。计量准确，灌装量与产品包装物所标注的净含量相一致。包装物颜色一致，箱、盒、标内容一致。合格证生产日期批号准确一致、清晰、无遗漏。装盒规范不挤标，不错装。封箱胶带平直规范，无翘边。正确放入有关奖项及说明。质检部和包装车间值班主任每日组织至少 1 次巡回检查。每班生产结束前，质检部和包装车间值班主任对待入库产品进行抽检至少 2 箱。每月由质检部对各班组及全车间质量进行汇总分析，提出改进意见，报包装车间实施。

包装考核标准：值班主任与质检部人员生产过程中将组织不定期的巡回检查。班组各工序依据质量标准进行生产，对本工序的质量负责。各工序相互自检，将上道工序出现的不合格品及时检出，不准流入下道工序。每班灌装生产前，必须先由班长协同质检员对刷好的酒瓶进行抽检，达不到标准，一律不得灌装。质检员因在线产品存在质量问题，有权停止生产。问题未解决而擅自生产，该班次产品质量视为不合格。生产班长、质检员负责生产过程中的巡回检查，每生产 100 箱（捆），抽检一次，发现问题及时做返工处理。返工超出 200 箱，视为整班返工。每班生产结束后，质检部会同车间主任对待入库产品进行抽检，各生产班长及质检员同时参加。入库产品抽检不合格，需进行返工处理，费用由班组自理。各班每月合格率的统计，将以质检员的巡查、抽查记录结合质检部的抽查情况进行考核，每月平均98分，享受奖金。低于98分不享受。每月5日召开质量专题会议，总结上月产品质量情况。并对质检员及生产人员进行质量教育，提高质量意识。

制订制度　严格考核

20世纪50—60年代，制度简约。 1972—1976年，制订产品质量检验制度，采用专职检验与兼职检验相结合的方式，每道工序由兼职检验员把关，按工艺操作规程控制本工序质量。专职检验员随时抽检，现场督导，负责生产全过程产品质量。在班组实行下道工序检验上道工序，质量不合格不流转、下道工序不接收的办法。1977～1982年，先后3次修订质量检验标准，专职质检员、兼职质检员责任落实到岗位，建立质检处巡检制度。

1984年，产品质量检验与生产部门分离。成立质量检验管理科。质量检验工作形成厂级质量管理领导小组，质量检验管理科、车间专职质量检验员、班组兼职质量检验员的网络化质量检验工作。

1989年，章丘县酒厂下发《关于实行“质量否决权”的决议》（章酒字［1989］10号），制订了具体“质量否决”实施方案：产品质量考核内容为理化检验考核白酒中甲醇、高级醇、酒度、容量、感观考核，包装合格率等采用百分考核记分法。地瓜干酒考核标准5项：满分100分，每项20分。其中：甲醇小于或等于0.10，不达标不得分；高级醇小于或等于0.12，不达标不得分；酒度误差正负10°，不达标不得分；容量500毫升，误差15毫升，不达标不得分；包装合格率百分之百，不达标不得分。粮食酒考核标准为5项：甲醇小于或等于0.035，不达标不得分，其他4项与地瓜干酒标准相同。每月出现1次全项目不合格不计奖。每月出现1次项目不合格扣奖金20%，依次类推。年内出现1次全项目不合格，取消车间、班组、当事人的年终评先资格。产品出厂，经上级有关部门抽检，个别项目不合格，扣分管厂长、质检科长、质检员当月奖金。出现2次不合格，除扣发奖金外，撤销分管厂长及质检科长一切职务。出现3次不合格，厂长自动辞职。

2002年，中、高档产品相继问世，原有包装质量检验标准有的已不再适用。为此，重新修订了《产品包装质量管理考核细则》。外包装原材料质量检验：检验员根据技术标准，对原辅材料进行抽样检验，合格后由质管处填写原材料包装物入库合格证，一式3份，仓库、财务处各1份，用于办理入库手续和入账，质管处存档1份。检验不合格，由质管处填写“包装物品检验通知回执联”，通知供应处按《不合格品控制程序》执行。过程产品检验：粮酒车间生产的一级原酒入库前按照《一级酒入库的有关规定》置于待检区，由质管处、化验室对原酒取样，进行理化分析，依据一级酒入库标准，确定原酒级别，将分析结果填写气相色谱分析报告单，一式3份，散酒库、粮酒车间、质管处各1份，由保管员按入库标准入库。勾调完毕的成品酒检验，由质管处化验员取样，依据《白酒试验方法总则》、《酒精通用试验方法》、《白酒检验规则》、《浓香型白酒标准》、《液态法白酒标准》进行理化、卫生指标分析，填写《白酒分析记录表》。由评酒员进行感官品评，填写《评酒记录表》，符合标准即可灌装。包装车间在包装过程中严格自检，达到包装质量规定要求，检验合格，填写《包装质量检验记录》，入成品库。质管处对成品库贮存1年以上的成品酒每两个月进行1次复检，填写《质管处定期检验分析表》。检验不合格按《不合格品控制程序》执行。不合格产品的分析处理：对甲醇、高级醇超标的不合格酒精严禁入库，由车间单独存放，复蒸后，检验合格入库。粮食酒达不到理化、卫生、感观质量标准的，酒库拒收，由车间自存，进行单独复蒸处理，复蒸后经检验合格方可入库。配制好的白酒，理化、卫生指标、感观品评达不到内控标准的，重新进行调配，检验合格发放产品质量合格证，进入包装车间生产。包装质量不合格产品：属内在质量的应立即倒掉，重新过滤，重新调兑，重新化验。外观不达标的重新包装，否则质管员不予办理入库手续，不计产量。质量检验人员应将发现不合格产品进行记录、统计，并对其处置方式进行严格监督、检验，使产品质量不断提高。2001年，该公司通过山东省技术监督局严格验收达到优良标准，成为山东省首批获得生产许可证的白酒厂家之一。

2004年，该公司通过ISO9001:2000质量管理体系认证。

2008年，针对原材物料检验入库以及半成品酒的检验，制订检验规程。

原材物料检验规程：原材料进厂后，由供应部填写物资供货计划通知单，质检部进行检验。检验采取随机抽样检验方式，抽样量一般不少于批量的1–3%，抽检合格后按抽检情况，在物资供货计划通知单中注明扣除比例，仓库进行卸货。月底根据抽检情况结合生产车间使用情况，将存在问题的产品扣除（或补齐）后开具合格证，办理入库和结算（具体检验入库结算方式按《包装材料验收入库结算规定》执行）。检验的原始记录由质检部负责保存。存在重大质量问题，抽检结论为不合格的产品，或生产过程中出现的不合格产品，一律不予使用，在公司相关部门监督下销毁。检验人员按质量标准和检验规程对进厂辅料进行检查验证。

半成品白酒检验规程：酒库配制的各类成品酒必须在当天上午取样分析，必要时两人同时操作。依据相应的标准，严格按各仪器设备的操作规程对所取酒样进行酒精度、总酸、总酯、己酸乙酯、甲醇、高级醇、固形物等指标的检验（铅、锰等项目委托省产品质量监督检验站检测，每年不少于2次）。各项检验数据符合公司内控标准，经感官品评合格后方可签发合格证。检验、或感官品评不合格的产品，立即通知散酒库进行重新勾调，重新检验合格后方可。入库散酒库凭化验室出具的产品合格证，方可向包装车间打酒，进行灌装生产。未经检验或检验不合格的产品，不得灌装生产。包装生产前应对所灌装的产品进行取样检验合格后方可灌装生产。各项分析数据计算准确、汇报清楚，严禁弄虚作假。检验合格的成品酒（散酒库取样），技术中心应按规定保存样品，保存期不少于2年。按时填写设备使用记录，定期对所用仪器设备进行维护保养并做好记录。

第三节　计量管理

1984年，《中华人民共和国计量法》颁布实施。该厂计量管理工作转入正规化管理，对计量器具的要求更加严格。一些不适合计量法规定的陈旧计量器具逐渐被淘汰，随之先进的计量器具投入使用。

1986年，该厂设置专职计量员。负责全厂原材物料的计量工作。10月，成立厂计量领导小组，由5人组成，李继煜任组长。王书江担任专职计量器具管理员。负责全厂计量器具的管理工作。制订《计量领导小组管理职责》规定：贯彻实施国家计量法令、法规和各项计量规章制度。对企业内部进行计量执法监督管理，处理计量纠纷。监督、管理企业生产活动中的各项计量检测数据。制订企业计量管理规章制度，制订企业计量发展规划和计量工作计划，并负责组织实施。组织企业内部计量培训考核工作。对重大计量工作问题做出决策，如计量器具配备、计量人员配备等。统一管理计量器具，保证量值传递准确、可靠。专职计量员工作内容：在分管厂长领导下，统一搞好全厂计量工作。制订计量器具周期检定、抽检计划，及时送上级计量单位检定。协助厂长制订计量器具购置配备计划。全厂计量器具建立台账，分类登记建卡，负责全厂计量器具的校对。保证计量器具统一准确。

是年，该厂制订《使用计量器具管理规定》：凡使用计量器具（台称、仪表、温度计、天平流量计、卡尺等）的车间或个人，必须保持量具的清洁、干净、稳定。计量器具严禁与腐蚀物接触，以免损坏。发现有损坏的仪表、量具必须停止使用，报告计量员送计量所校对，检定合格后方可使用。更换仪表量具须报告计量员登记批准后使用。计量器具要认真保养，如有损坏者查明原因，赔偿经济损失。

1988 年，该厂经济南市标准计量局检查验收，通过了三级计量审核，取得了合格证书。

1989 年，制订《计量管理员业务工作标准》：结合本企业计量器具分布，编排所有在用计量器具的周期检定日程表，年底编制第二年检定周期日程表。定期向领导反映计量管理制度的贯彻与量具、仪器、仪表使用及保养情况。对保养、保管较突出的个人给予表扬或建议奖励。掌握在用计量器具、仪器、仪表的质量现状，发现质量问题及时解决。对新购进的各种计量器具、仪器、仪表均应开箱检定，不合格不准入库。对使用中的计量器具做好周期鉴定，按检定周期表时间送上级有关部门鉴定。工地鉴定，每天至少 1 次现场外观检查。计量管理员不断引进新技术改造老设备，以提高测试水平。建立健全计量、仪器、仪表使用及维护保养制度，资料管理制度。建立健全各类台账及历史记录卡，包括总台账、分台账、合格证、计量器具、仪器、仪表使用期限记录卡、测试结果报告单、各种通知单、工作报表等。

1991 年，计量管理分为计量管理人员岗位和计量员岗位，制订岗位责任制。计量管理岗位职责，除原有工作标准外，增加计量管理员负责编制全厂量值传递系统和计量网络图，严格执行周期定检或不定期抽检。计量员岗位责任制：各检测点计量人员要对工作认真负责，做到凭手续、凭发票按规定计量，准确计量。上班后对计量器具进行检查校对，发现问题及时解决。贯彻执行计量器具使用、维护、保养和其它制度。爱护公物，管好所使用的计量器具，确保计量数据准确。坚守岗位，严格交接班制度。是年，成立从厂级到班组的计量管理机构。由技术副厂长兼任计量管理小组组长。各车间、班组、部门设计量员。

是年，修订了系统的《计量管理制度》。包括《计量器具采购入库制度》、《计量器具流转制度》、《计量器具使用维护保养制度》、《计量器具周期定检和抽检制度》、《计量器具安装更换管理制度》、《计量监督制度》等。《计量器具采购入库制度》规定：凡购买的计量器具必须是省、市或国家定点厂家生产，必须带有产品合格证，量具具有国家标准标志。购进的计量器具应先通知计量员，对计划购置的计量仪器的型号、规格、技术性能和精度等进行审核。审核后送计量所进行检定，检定合格办理入库手续。检定不合格或未检定仓库拒收。各单位领用计量器具时，应办理领用手续申请单，计量管理员在领用单上签字后方可出库。领出后计量管理员上账入卡并保管好量具出厂合格证及说明书。领用计量器具超周期的先送计量所检定后方可使用。《计量器具使用维护保养制度》规定：计量器具在使用过程中出现数量、精度与生产需要不相符时，计量管理员有权进行调剂。发现已无法保证原来的准确度或无修理价值时，由使用单位或个人提出报告，经计量管理人员报请厂长批准，可降级使用或作单项使用直至报废处理。报废的计量器具应立即抽卡销号。凡使用和保管计量器具的房间要清洁干燥，严禁与具有腐蚀性物质混放。计量器具要专人使用、专人保管、保养、维护。严格使用规程，使用计量器具时要轻拿轻放，严禁碰、摔、砸，不得损坏丢失。露天使用的磅秤应设置防雨棚，以免损坏。在生产中发现计量器具失准应立即检定，检定合格后再使用。更换计量器具必须和计量管理员联系，以便记账建卡安排周期检定。《计量器具周期检定与抽检制度》规定：对厂内所用计量器具必须周期规定时间送计量所检定。周期检定日程表由计量器具管理员制订，分管计量厂长批准执行。计量管理员对在使用的计量器具进行不定期抽检。对各种计量器具在周期内抽总数10%送计量所检定。对能源（煤、水、电、油）的计量器具每月检查1次。《计量监督制度》：计量人员对全厂使用、保管计量器具部门进行定期或不定期检查，包括执行计量法和管理制度的情况，计量器具的使用、维护、保养情况。发现违犯规定使用计量器具，造成计量器具损坏者，按计量奖惩规定执行。装有计量器具的安全、环保、节能项目，计量管理人员参加审查，保证量值的准确传递。《计量器具资料管理制度》规定：原始数据管理：计量器具、仪器设备本身精度检定数据，产品质量自制量具的测试数据，计量器具定期周检的原始记录等。计量数据按上级有关规定填写。一般数据保存1—2年，需备查数据保存3—5年。计量统计报表管理：数据实事求是，力求准确，按时上报。计量器具技术资料的保管：所有计量器具都应建立技术档案袋。技术资料有计量器具总账、分账、计量网络图、量具历史记录卡片、原始记录及计量书籍报刊、文献等。技术档案由计量管理员收集整理管存。

是年，对计量管理员、计量员实行培训上岗制度。年内举办两期计量管理员、计量员培训班，聘请专职教师授课。根据本厂计量器具的种类、使用的实际情况编印统一的教材和复习提纲。培训结业后经考试合格者发给结业证书。计量员持证上岗。两期培训班共培训52人次，全部合格。是年，顺利通过济南市标准计量局三级计量复审工作。

1994年，生产机构调整，销售科改为销售公司，并建立展销厅。计量管理工作随之调整。除原有厂、车间、科室、班组计量管理网络外，增加各展销厅计量员。

是年，计量管理员、计量员进行2次培训，培训人数74人次，全部颁发结业证书，达到持证上岗。

1996年，根据《中华人民共和国计量法》及《定量包装商品计量监督规定》：净含量标注方式采用体积L（l）（升）、mL(ml)（毫升）标注。全厂所有标注进行更换。

2001年，瓶装酒标准由500毫升瓶改为490毫升瓶，以适应市场变化需求。

为适应生产需要，公司计量器具不断更新换代，在一些重要岗位配备先进的仪器仪表。如蒸煮、蒸馏岗位配备电子数显仪表装置，代替老式动圈仪表，提高了计量控制精密度。1991年购置气相色谱仪用于成品检验，使成品检验精密度、准确度明显提高。1994年引进102型气相色谱仪1台，用于成品酒检测。2003年购60吨位电子衡1台。2004年购先进的Agilent6820色谱仪用于化验室，提高物质检测的准确性。

2006年，各类计量器具420件。设专、兼职计量员20多人，形成公司、车间、班组三级计量管理网络。健全了各项管理制度，能源计量器具配备率达97%，工艺质量管理计量器具配备率达98%，经营管理计量器具配备率达100%，计量器具实行ABC三级管理。

2007年，根据国家质检总局新修订的《计量基准管理办法》，该公司修订《技术中心计量职工作标准》，标准编号为Q/BMQ305003-

2007。按照该标准规定：公司每年1次对计量管理员进行公司管理制度、成品白酒定量灌装计量、磅砰检查方面的培训。使计量员熟练掌握计量标准和计量工作。根据实际情况，对计量器具、配备保养、质量状况，计量范围进行监督检查，对于不合格的计量器具一律不予使用。要求各部门建立健全计量器具的各种台帐及历史记录卡，包括总台帐、分台帐、检定合格证、工作报表等相关的计量记录。计量人员根据该公司制订的内控标准，对成品白酒的计量、定量灌装做到保证准确。每周两次向领导反映检测结果及计量器具的使用情况，要求写出检测报表和工作建议。磅砰要进行经常性的准确度检验及保养，对使用的计量器具要进行周期检定工作，按照周期表时间到相关部门进行检定。计量员不定期对公司内部使用的计量器具进行抽检。

3月，该公司为了监督电厂蒸汽流量表不正常现象，新安装了1套蒸汽流量表，蒸汽使用量由原来每月2600吨下降至1000吨左右，避免了公司利益受损。公司要求各部门由专人每天检查各计量器具和所有的管道、阀门、开关、酒罐、酒缸等，要求做好记录，杜绝跑冒滴漏现象，最大限度节约每一度电，每一滴水，每一滴酒，每一张纸。技术部对出、入库计量严格把关，计量员每天对每条生产线进行灌装计量跟踪检查，对于计量有误差的及时调整，保证灌装机计量准确。质检部对库存产品每月抽检1次，发现问题及时处理，保证计量工作的精细化要求。

2010年，该公司技术中心制订了《计量器具检定计划》，所有计量器具必须按时到有资质的鉴定部门进行鉴定，必须出具鉴定合格报告。根据该检定计划，是年，在济南市质量技术监督局协同下对灌装机、色谱等计量、检测设备进行年检，在章丘市质量技术监督局的协同下对磅秤、压力表、天平等计量器具进行年检。保证了各计量器具计量准确。

2011年3月，发布实施新《计量管理标准》，文件编号为Q/BMQ209009−2011；该标准对计量工作做了新的要求：公司计量工作由分管副总直接领导，配备专职计量管理人员，实行计量统一管理。计量管理员认真学习岗位责任制，努力学习计量法和技术业务知识，不断提高管理、检定、测试技术水平。计量管理人员要根据生产和产品测试的需要，设置计量检测点，负责绘制各类计量网络图，合理配备各种计量器具，开展周期检定和计量器具抽检制度。在检定期内对使用中的计量器具送入有鉴定资质的部门进行抽检。在每个周期内抽检数量不得低于10%。抽查情况及时填写入档以便查阅。对能源计量器具每月进行1次检查，对计量器具要配齐、用好、管好，认真填写保管好计量器具明细帐、计量器具的技术说明书、合格证、及计量器具的检定合格证书。填写并保管好历史卡片，做到帐、卡、物相符。

计量器具检定入库要求：凡新购置的仪器、计量器具，必须有说明书，出厂合格证，一般器具计量管理，管理人员作必要的外部检查，精、大、稀，计量器具经有资质的计量部门检定后，方可办理入库手续；经检定不合格的一率退货。各车间、科室不得任意购置器具，否则，计量管理人员有权不予检定，仓库不予办理入库手续。确实需要增添计量器具时，由所需车间写出书面报告，报计量管理员，由计量管理人员书面购置计划报分管副总批准后交供应科安排购置。

计量器具维修保养规定：凡存放计量器具的房间应保持清洁干燥，温度相对稳定，不准和其它工具混放。凡属含酸、碱、水有易挥发、腐蚀的物质，严禁与量具仪器、仪表混放。使用量具时，注意校对零位，严禁碰、摔、砸等，不得损坏丢失。用完后擦拭干净，存放量具盒内，并保存合格证、说明书。在生产中使用的关键仪器有专人操作，其他人不得私自使用。在生产中若发现计量器具失准，立即告知计量管理员查明原因，送检定修理部门检定后方可使用。露天使用的台称等器具要做好防雨设施，要做好保养措施，以免受损。

2012年，该公司实现白酒灌装线自动化作业，新上七条现代化的包装生产线，替代原有老式手工生产线，灌装计量准确度较以前老式灌装机有了明显提高，罐装技术达到国内先进水平。

2014年，《中华人民共和国计量法》修订颁布实施，加强了计量监督管理。对罐装计量进行了季节性调整，夏季及时提高计量标准，将罐装标准由490毫升调整为495毫升，确保了计量的准确性。2016年，委托济南市计量检定测试院对公司计量器具、色谱分析仪、灌装机进行了检定。委托章丘市计量检定管理所对分光光度计、酸式滴定管、碱式滴定管、电子天平、砝码、架盘天平、PH计、电热鼓风干燥箱、恒温水浴锅、量筒、电子汽车衡、大肚吸管进行了检定；委托山东省计量科学研究院对公司酒精计进行了检定，并出具鉴定合格报告。所有的计量器具鉴定合格率为100%，符合国家计量标准的要求。

2017年，该公司实行车间计量自查制度，车间由各个生产线专管负责人定时对每个罐装头进行计量自查并记录，随时跟踪，并将其纳入绩效考核当中，计量员进行随时检查调整，确保了计量工作的有序进行。

第四节　理化分析

1953年，建立化验室，购进简易化验设备。对产品、半成品进行测试，测试内容包括酸度、酒度、碱度、淀粉等。当时设备简陋，只在主要项目上测试，用来指导生产。

1977年，成立成品化验室，购置了光电分光光度计。检测手段得到提高，白酒质量化验有了保证。

1983年，该厂制订《产品理化标准》规定：酒精理化标准：无色透明；无异味，无怪味；酒精度不少于95°；醛、糠醛、酯、杂醇油、甲醇、酸度均达到控制标准。大曲酒理化标准：酒度65度左右；总酸、总醛、甲醇、总酯、杂醇油、铝等符合理化要求。佳酿酒：总酸、总醛、甲醇、总酯、杂醇油、铝严格执行内控标准。高粱串香酒理化标准：理化指标总酸、总醛、甲醇、总酯、杂醇油、铅达标。是年制订了高于省颁标准的厂内控理化指标。

1994年，粮酒理化指标稳定提高。粮酒中己酸乙酯成分平均达到每100毫升酒含133毫克，双轮底粮酒中己酸乙酯成分达到每100毫升酒含366毫克。为粮酒档次提高、品位升级奠定了基础。在全省粮食酒、白酒感观质量鉴评会上，44°百脉泉特曲获山东省优级产品称号。省市有关质量、计量、卫生部门抽检20个品次，合格率达100%，厂内自检1117个班次，合格率为100%。

1995年，济南市和章丘市卫生质检部门10次抽检27个样品，理化指标合格率达100%，清照特曲、百脉泉特曲被评为最佳产品质量奖。

是年，化验室购置了1102气相色谱仪，实现了气相色谱监测质量与微机勾调联网新技术。保证了产品内在质量长期稳定。

1999年，省、市质检所、卫生防疫部门从市场上抽查该公司9个批次25个品种，优质品率100%。同时对酒精蒸馏生产设备进行了改造，保证了酒精达到国家优质食用标准。粮酒生产使用纯种培养，采用了活性功能菌强化窖泥培养技术，使原酒内在质量大幅度提高，己酸乙酯含量一级酒达每100毫升酒含259毫克，二级酒达100毫升酒含117毫克。

2004年，先进的Agilent6820

色谱仪在质量检测中的应用，提高了检测物质的多样性和准确性，为产品质量提高和稳定性打下了坚实的基础。

2005年，公司制订粮食原酒的理化分析、卫生指标、分析制度。理化指标：粮酒车间生产的原酒依据发酵时间分为双轮底酒、特曲酒；特曲酒按比例提取一级酒，每100毫升酒含己酸乙酯不低于210毫克，乳酸乙酯全年100毫升酒不高于180毫克，达不到标准视为不合格，降为二级酒入库；双轮底酒100毫升酒含己酸乙酯全年不低于260毫克，达不到标准视为不合格，降级入库。卫生指标：100毫升酒甲醇含量小于或等于0.04克，高级醇含量小于或等于0.2克。检验流程：粮酒车间各班每日生产的原酒分别置于指定地点。色谱化验室按时取样进行己酸乙酯、乳酸乙酯的检测，依据质量标准确定质量等级，出具气相色谱分析报告单。散酒库依据化验报告分级进行贮存。卫生指标采取抽样检验方式，每日不少于2个样品，每10天报送化验结果。成品酒检验规程：酒库配制的各类成品酒必须在当天上午取样分析，取样全面。依据相应的国家标准，对所取酒样进行酒精度、总酸、总酯、己酸乙酯、甲醇、高级醇等各项指标进行检验。各项检验数据符合公司内控标准后，经品评小组品评签字后方可签发合格证。散酒库凭化验室出具的产品合格证向包装车间输酒进行灌装生产。未经检验或检验不合格的产品不得生产。各项分析数据计算准确，汇报清楚。检验记录及检验报告按规定期限保存。检验合格的成品酒应按规定保存样品，保存期至少3个月。

是年，实行产品对比验证制度：对比验证项目：酒精度、总酸、总酯、甲醇、高级醇、己酸乙酯、固型物等。对比验证产品：浓香型白酒、低度浓香型白酒、超低度浓香型白酒、液态法白酒4个类别，每次至少1个产品。验证地点：山东省产品质量监督检验所。对比验证时间：正常情况每年不低于2次，如遇设备维修等特殊情况，应及时进行检测结果的验证，合格后方可使用。结果判定：检验结果允许误差范围：酒精度、总酸、固型物、己酸乙酯、甲醇、高级醇、总酯超出误差范围视为不合格，应分析原因制订整改措施，加以解决，再次验证合格后方可。定期组织化验人员进行业务学习，每年组织1次内部对比验证技术比武活动，不断提高检验人员的专业技能。积极参加上级部门组织的对比验证工作。

2007年9月，化验室对芝麻香

白酒进行采样，对其理化（酒精度、总酸、总酯、己酸乙酯、3-甲硫基丙醇）和卫生（甲醇、氰化物）指标进行化验检测。经检测，芝麻香产品所有理化、卫生指标均符合国家标准。

2008年，化验室为保证监测数据准确性，每年进行两次比对实验，即同1个样品1人检测另1人校准。化验室每位成员都需对所有化验指标进行化验，若比对数据误差较大，查找原因，再重做比对，直至误差最小。保证检测数据的准确性，用以指导生产，保证了产品质量稳定。

2012年，因原紫外分光光度计老化，成品化验室购置了检测精度更高的紫外可见分光光度计，使得化验数据更加准确，检测误差更小，保证白酒质量稳定。

是年，食品安全国家标准《蒸馏酒及配制酒》的卫生要求，由GB2757-2012代替原GB2757-1981《蒸馏酒及其配制酒标准》。本标准修改了标准名称，改为食品安全国家标准《蒸馏酒及其配制酒》。相关指标做出部分修改，甲醇修改为≤0.6(g/L)，修改了氰化物的限量指标，氰化物≤8.0(mg/L)取消了锰的限量指标；增加了标签标识需求。化验室紧跟国家标准的变化，对相关指标做出修改，保证了该公司产品符合国家标准要求。

2013年9月，该公司新上清香型白酒生产项目，化验室全体化验员学习了清香型白酒的检验方法以及相应国家标准。通过学习能够熟练操作，检验准确。完善了各项化验记录，使得清香型白酒生产许可证现场审查顺利通过。

2015年，勾储班每季度最后1个月向化验室提报储存3个月以上酒的信息。化验室取样检测，并将检测结果报技术中心。经检测达不到该公司内控标准的产品，技术中心通知发酒员停止发放。化验室每周两次对包装车间灌装降度酒进行抽检，如检测指标不符合内控，须立即报技术中心。

2016年9月，该公司派出两名化验员去山东省质量监督检测站进行为期2天的啤酒指标检测学习，通过学习实现了啤酒理化卫生指标的自检。是年，化验室先后购进低温恒温槽、自动电位滴定仪、二氧化碳收集测定仪、双乙酰蒸馏器等仪器，及必备药品，用于啤酒自检。经反复试验校准，最终得出符合啤酒国家标准的可靠数据。11月，啤酒项目通过现场审查取得了生产许可证。

2017年4月，化验室进行装修改造，粉刷墙面，购进新操作台，原成品化验室与原色谱室办公地点进行对调，使得布局更加合理、美观。

1983 年产品理化指标

百脉泉白酒	省颁标准	本厂内控标准
酒 度	60 + 0.5 62− 0.5	0.3
总酸	> 0.05(g/100ml)	0.05
总酯	> 0.015	0.010
总醛	< 0.05	0.05
杂醇油	< 0.15	0.10
甲醇	< 0.20	0.10
铅	1.0ppm	0.6ppm

大曲酒	省颁标准	本厂内控标准
酒度	60±0.5 62±0.5	0.5
总酸	> 0.05(g/100ml)	0.05
酯	> 0.10	0.15
醛	< 0.025	0.02
杂醇油	< 0.15	0.10
甲醇	< 0.04	0.035
铅	1ppm	0.6ppm

第五节 全面质量管理(TQC)

20 世纪 80 年代，章丘酒厂开始实施全面质量管理，包括生产、技术、经营及相关科研服务等。建立全过程的质量保证体系。1981 年，成立全面质量管理小组，制订管理小组职责：认真贯彻执行国家和企业内定的质量标准。加强质量分析，定期组织检查各个时期产品质量状况和质量方面存在的问题。组织有关部门提出提高产品质量的建议和质量升级规划，并督促检查整改措施的落实。指导协助车间不断改进产品质量，负责全厂职工的全面质量管理教育。对全厂产品质量和质量管理工作负责。

1983年，调整全面质量管理领导小组，厂级领导小组由5人增加到7人。领导小组坚持质量第一的方针，定期对原材辅料及成品、半成品进行质量检查，定期向有关部门通报产品质量及管理状况。传达贯彻对提高产品质量的建议和质量升级规划。指导车间、班组质检员搞好本部门的产品质量管理。提高职工对实行全面质量管理工作的认识。成立厂QC小组领导机构，成员由9人组成。制订QC小组工作标准，组建车间、科室QC小组。围绕工厂方针目标或本单位存在的质量问题、管理问题，选择课题，开展活动。负责全厂QC小组活动的检查。活动有选题、有计划、有实施、有结果。记录齐全、清晰、准确、全面。对QC成果进行初评，初评内容包括课题选择、质量管理方法、工艺技术标准及经济效益。负责对成果验证并纳入有关标准工艺、技术、文件等统计工作。组织成果发表会，确定成果等级，上报成果申请奖励事项。选出优秀成果推荐参加上级QC活动。将所有资料整理存档。

1986年，重新修订《质量管理制度》：1. 加强领导，建全组织。专设1名分管厂长抓质量管理工作。2. 按全厂人员的4%—6%配置了专、兼职17人的质量管理队伍。3. 严格按国家质量标准进行检验。有质管科统一签发产品质量合格证。4. 各类成品酒包装严格执行操作规程，包装材料不合格，一律不上包装线投入生产。5. 按国家标准、技术要求，对研制的新产品进行技术鉴定及理化、感观检验。并对新产品能否投产提出意见。召开QC成果发表会。6. 认真处理用户来信、来函、信访产品质量的文件，搞好用户服务工作。7. 全面系统的整理和积累统计资料，达到系统、完整、准确、统一。

1988—1990年，根据TQC三年规划，对全员实行全面质量管理教育。厂级、中层干部全部参加了TQC学习并已取证。累计共举办学习班5期，培训176人次，全部取得合格证书。1991年，该厂获得“全面质量合格”证书。

1992年，针对人才缺乏的现状，办专业技术培训班。对刚入厂的新工人进行专业技能教育，组织外出培训。通过系统的质量管理教育，培养了一支TQC骨干队伍。结合实际，将质量管理目标层层分解，落实到各科室、部门、车间、班组及每个职工，使人人有指标。加强职工的自我约束、自我激励，严把质量关的自觉性，使得各项指标顺利完成。

1994年，在不断强化员工质量第一群体意识的同时，完善了质量保证体系和三级质量管理网络。严格把好原辅材料进厂关、半成品入库关、成品出厂关。并把产品质量指标完成与职工的经济利益挂钩，保证了产品内在质量、外观质量优级水平。经过山东省、济南市有关质量、计量、卫生部门抽检20个品次，合格率达到100%。厂内自检成品518班次，合格率均达到100%。

2001年，各部门、车间按照质量管理小组的部署，组织职工学习《质量法》，进一步提高职工的质量意识。管理小组针对公司生产过程中质量薄弱环节，具体抓了“五查一访”：一查质量意识，二查质量水平，三查质量体系，四查现场管理，五查售后服务，走访客户。在查找问题的基础上，管理小组将整改措施落实作为重点。突出抓了粮食酒、酒精的优质高产和包装质量的提高。具体整改措施，由技术部门、生产部门的领导深入生产岗位，帮助车间查找原因，解决粮酒生产班组产量、质量不平衡的问题。由于地瓜干质量差出酒率低，决定采用木薯作为原料。为了解决木薯生产酒精的技术问题，技术部、生产部三次派员走访学习其他厂家，掌握生产技术，在其他厂家老技术的基础上，进行技术革新和工艺改进，经反复试验，制订了一套新的工艺操作方案。

2003年，公司QC小组针对提高粮食酒基酒质量，自选课题，坚持攻关活动。在技术部门、生产部门指导下，挖掘白酒传统生产工艺，结合现代科学技术，大胆创新，制订出一套符合生产的新工艺。原有窖池建池时，为节约资金，是直上直下方形池，窖泥易脱落且老化快。2002年，一是对800多口窖池进行改造，使窖池成梯形斜度，增加了粮醅与窖泥的接触面积，易挂窖泥利于养窖。二是高粱、稻壳清蒸，减少各种杂味与杂质。三是加浆由冷水改为热水，去除酒质暴辣，增加酒质柔和性，使淀粉颗粒迅速膨胀，为糖化发酵创造条件。四是加立回糟。五是缓慢蒸酒。经过五项攻关，全年己酸乙酯投入量减少，仅一项可节约资金19.98万元。基础酒口感质量明显提高。优级酒提优率提高了12%，年增效益

40万元。此项成果获章丘市经济贸易局质量管理优秀成果三等奖。

2007年5月，公司QC小组发表的《研制酒糟烘干设备，增加企业经济效益》成果，在章丘市经济贸易局组织的“全面质理管理成果发布”会上，荣获章丘市2006年度优秀质量管理成果一等奖。同时参加济南市2007年度群众性质量管理经验交流会，被授予济南市2007年度质量管理二等奖，是年该公司QC小组荣获“山东省优秀质量管理小组”称号。2009年，《浓香型有机窖泥的培养与养护》获济南市群众性质量管理活动QC成果一等奖，章丘市群众性质量管理活动QC成果一等奖。《改进制曲工艺提高经济效益》获章丘市二等奖。《加大技术革新节约能源提高工作效率》获章丘市三等奖。2015年7月14日，公司化验室QC小组荣获“2015年全国轻工业优秀质量管理小组”称号。QC小组活动的开展，极大的提高了职工参与质量管理和质量改进的积极性，取得了良好成效。

2008年，调整全面质量管理管控体系，总经理兼职质量总监，亲自抓质量，技术副总、质检部负责质量的总控制，相关各部门对本部门的质量负责，形成了有效的质量管理网络体系。专职质检部对产品质量具有否决权，任何部门或人员不得干扰和影响质检部门履行职责。全体职工牢固树立质量第一的思想，各部门及人员有明确的质量职责，做到各司其职，各负其责，积极参加质量管理活动。采用轮岗、案例分析等形式，每年组织职工进行质量培训，牢固树立内部顾客理念，每名职工是操作者同时也是检验者，下道工序是上道工序的检验员，除对本工序质量负责外，同时对上道工序的质量负担20%的责任。形成人人讲质量、人人落实质量的有效机制，确保产品质量。2008年在山东省质量管理协会、山东省企业联合会、山东省企业家协会、山东省工业经济联合会开展的省质量奖评审中，该公司荣获“2008年山东省质量奖”称号。荣获“济南市2010年度质量管理成果二等奖”。2013年，该公司荣获首届“章丘市市长质量奖”。2015年，该公司获得“食安山东”食品生产加工示范企业。公司党委书记、董事长、总经理李成新荣获“2014年度济南市市长质量奖提名奖”及第五届“济南市市长质量奖”。

2007年质量管理机构网络图

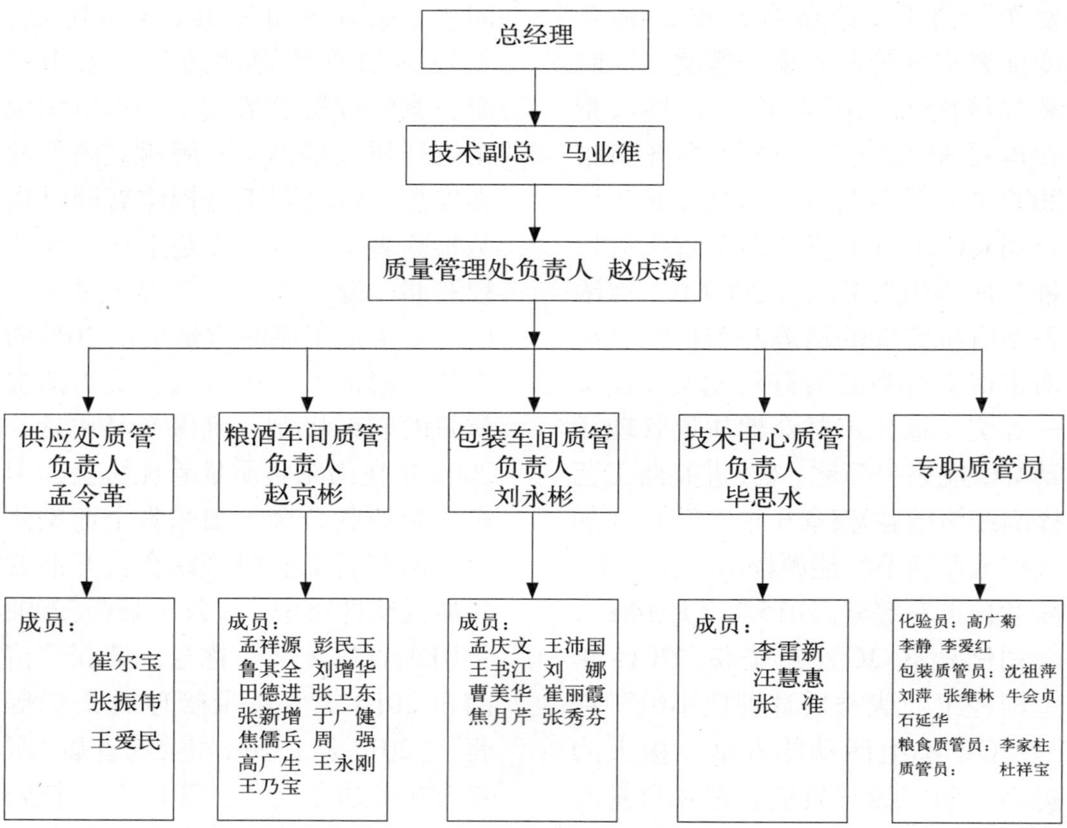

第三章 设备管理

第一节 主要设备

1948年，章丘县酒厂建立，酿酒设备沿用原酒店作坊的小甑筒、小锡锅、木锨、水缸、扫帚等简单工具，无机械设备。

1954年，购置1台柴油动力粉碎机粉磨原料，成为建厂以来第一台动力机械。修建第一座发酵池，淘汰了水缸发酵的原始方法。其他仍沿用手工作坊的设备。临时短缺的工具则因陋就简，改造利用，生产环境艰苦，生产受到制约。1955年，投资4800元新上发电机1组，车间用上了自发电。

1962年，克服了三年自然灾害的困难，生产有了起色，规模逐年扩大，设备随之增加。投资架设了高压线，结束了靠自发电照明的时代。通电后，安装制曲通风设备，提高了麸曲的质量，原料出酒率提高到54.17%，是1948年建厂以来最好水平。

1966年，自制2台打糠机和地下鼓风冷却系统，结束了用簸箕扬、用脚踏的原始生产方式。工人开始从简单、笨重的体力劳动中解脱出来。

1970年，投资安装年产1300吨的液体发酵蒸馏设备，使生产能力、产量大幅度提高。1971年，投资10万元，购2吨锅炉1台，用于酿酒蒸馏用汽。建起供水塔，保证了全厂生产、生活用水。

1972—1974年，购置车床、刨床、电焊机等设备，用于酿酒设备的维修及管道维修和零配件加工。动力机械的增加，提高了生产效率。

1976年，从新泰酿酒机械厂购进泡罩型铸铁蒸馏塔。从即墨县购进45A型粉碎机，自制了4台糖化蒸馏用立式双缸泵，2个容积6立方米的拌料罐，1套皮带运输提升机和地瓜干干面的搅龙式输送机，3个糖化罐，3个大酒母罐和3个小酒母罐，蒸馏冷却酒用铁管冷却器4个，提高了酿酒工序的机械化程度。设备增加，用电量增大，电力供应不足，经常停电，严重影响了生产和出酒率。4月，投资购置180千伏安变压器1台。12月，购40千瓦发电机组1套，保证了生产的正常运转。是年，年产酒精3000

吨的车间建成，购置酒精生产成套设备。设备进厂后，干部职工经半年奋战，安装、调试、试车一次成功。投产后，酒精生产用气量加大，为满足生产用气，购进 KZL4—13 型卧式链条锅炉 1 台。同时，购置 C620 型车床、交流孤焊机、小麦磨粉机、平面刨床等配套设备也相继到厂投入使用，为设备的维修和运行质量提供了保障。自制了打糙机、预热箱，在院内打深水井 1 眼，供全厂生产、生活用水。10 年间设备投资达近百万元。

1980 年购进 2 台酒精蒸煮工序用 ZDS−24/6—12 型往复泵。

1983 年，粮酒车间更换 2 个不锈钢甑锅和过气筒，酒精车间更换 3 个糖化罐、2 个拌料罐，自制安装 3 组二级冷却管和发酵冷却管道。购买肥城轻工机械厂生产的“SD”型不锈钢蒸馏塔，替换原来的铸铁蒸馏塔。新购 KZL4 − 13 型卧式链条锅炉 1 台。使酒精生产能力由年产 3000 吨扩大到年产 5000 吨。同时购买 120 千瓦柴油发电机组 1 台套。

1984 年，自行设计制造了甲醇提取塔。投入使用后，使甲醇含量大幅度下降，并获得了章丘县 1984 年度科技成果推广奖。是年购进第一个蒸球，结束了水泥甑锅蒸麸曲的历史，减轻了劳动强度，麸曲的质量得到提高。11 月，从甘肃兰州购置“钴 60”陈熟设备 1 套。1985 年投入使用，运行半年后，陈熟效果不理想，停止使用。

1986 年，从安丘购进 SP—12 型直线运输机，从青州购进 LP—12 型灌装机，提高包装车间机械化作业和灌装水平。购进并安装 ZDS−24/6—12 型往复泵 2 台用于酒精糖化工序处。酒厂是用水大户，过去水用过就排掉，浪费严重。为节约用水，投资 5 万元安装了闭路循环水设备 1 套，使水通过处理循环使用，节约了资金，减少了浪费。

1987 年，安装淡酒精回收塔，设备投产后，年增利润 5 万元。

1988 年，从济南制药厂购买无水酒精生产设备 1 套搬迁来厂，投入生产后，酒精纯度达到 99.5% 以上。是年，购买了 1121 型气象色谱仪，加强了产品检测手段，使理化检验工作更精确，数据更可靠。同时，从北京现代技术研究所购买了技术先进的白酒陈熟设备，使白酒口感和质量提高了档次，质量得到保证。

1990 年，先后投资 47 万元购置风吸风送设备。450 型闭风器、圆柱型蒸煮锅、排杂塔、耐腐蚀强制回流泵、不锈钢冷却器、S 型蒸馏粗塔等设备相继进厂投入使用。购进往复泵 2 台，采用励磁调整电机，这是该厂当时采用的较先进的技术。酒精生产能力由年产5000吨扩大到年产7000吨。

1991年，购全自动10吨锅炉1台。是年购电渗析设备1套，投产生产纯净水。

1994年，电力供应紧张，经常出现压负荷、停电现象。因本厂酿造蒸馏用设备比较先进，工艺要求严格，灵敏度高。一遇停电导致产品杂质超标，出酒率下降。曾引起爆燃、爆炸事故，造成设备损坏。11月，将315千伏安变压器增扩为节能型500千伏安变压器，实现了“双回路”电源供电，保证了正常生产。同年，酒精糖化工序将卧式往复泵改为立式往复泵。

1995年，自制钢制100立方米酒精生产发酵罐5个，钢制17立方米糖化罐2个，使酒精年产能力达到8500吨（折65°白酒）。2002年停止使用报废。

1999年，投资80万元建成污水处理厂。从章丘市章晃机械有限公司购置SSR—125型罗茨鼓风机1台。从博山杂污泵厂购进65EX—200型自吸泵3台。同时购进V—02/8型空压机1台、液下泵2台。

2001年，新增先进的RO反渗透水处理设备1套，全自动纯净水灌装生产线1套，高精度灌装机5台。

2005年，从江苏购进网带式酒糟烘干设备。因设备存在设计缺陷，达不到预期目的。酒糟烘干经论证是一项节能增效项目，烘干酒糟势在必行。由生产副总张传海带领机电车间人员到邹平、济南、景芝等地调研、学习，决定自己设计制造。2006年10月，自行研制的设备试车成功。一次性烘干含水分70%以上的酒糟，烘干后含水分10%以下。经省级专家鉴定，该设备设计合理，技术先进，填补了省内空白，达到国内领先水平，已申请国家专利。

2007年5月，投资对包装车间进行基础设施改造，新上1条高科技自动化灌装流水线，并对原两条旧流水线进行改造。新购法国产高科技喷码机4台，包装车间生产能力提高了1.5倍。该公司主要专业生产设备达到17台套，分布在酿酒、灌装等重要生产部位，为企业发展发挥了重要作用。

2008年，该公司投资30万元，新建500立方钢制储酒罐。自行研制生产的第二代刷瓶机，一次性试车成功投入使用。为公司节约开支5000余元。投资16万元，购进冷却器4台，由粮酒车间使用。

2009年，投资12.5万元，购进2台内燃平衡叉车，由包装车间使用。投资8万元，对包装车间1

条旧生产线进行改造。

2010年，投资22万元，购进1.5吨蓄电池平衡叉车2台，燃油叉车1台，手动1吨叉车3台。逐步实现机械化货物周转。散酒库安装耐腐蚀泵、净化器。投资13万元，加工制作容量近2000吨的不锈钢储酒罐。投资2万元，购进蓄热开水锅炉，代替燃煤烧水锅炉。

2011年，投资9.6万元，购进马肯依玛士9020喷码机2台。代替手动打码。散酒库购进成品酒净化设备、空气压缩机、冷冻机组、酒精处理机、反渗透原水过滤机。改进成品酒处理方式，提高处理效果和感官。机电车间购进1台逆变空气等离子切割机，改进切割速度，提高效率。

2012年，投资7.8万元，购进1.5吨电动叉车1台，逐步实现机械化交货。

2013年，投资8.6万元，购进简易刷瓶机6台，压盖机1台，无动力输箱机,1米动力输箱机6台。包装车间生产线进行改进。投资13.5万元，购进马肯依玛士9020喷码机3台。投资52万元，加工制作大、小51个不锈钢储酒罐，容量3300吨。投资147万元，在新厂区包装车间安装4条自动化灌装流水线。对2条旧灌装线进行改造。灌装技术工艺达到国内同行业先进水平。"五金库院"内安装了1台交流潜水泵。

2014年，投资7.8万元，购进1.5吨电动叉车1部。投资60万元，为包装车间安装中央水空调，改善了工作环境。是年，投资126万元，在包装车间安装1万瓶/小时全自动灌装流水线，为第7条生产线。配有32头全自动智能阀电子定量灌装机，自动灯检机及自动贴标机。提高了生产效率。

2015年，投资13.5万元，购进马肯依玛士9020喷码机3台，改进了喷码效果。投资120万元，对粮（二）车间进行机械化改造。配备自动凉糟机2台套，活动蒸酒甑锅4台套，双梁起重设备2台套。实现了机械化酿酒，提高了出酒率。投资1.7万元，购进时风三轮车1辆，用于粮酒车间原料运输。

2016年，投资55万元，对粮（一）车间进行机械化改造。配备自动凉糟机1台套，活动蒸酒甑锅2台套，单梁起重设备2台套。经过对粮（一）、粮（二）车间的机械化改造，酿酒水平达到了国内领先水平。投资27万元，在北厂散酒库增加大、小19个不锈钢储酒罐，储量达2000吨。

2017年，投资400万元，安装6台蒸汽发生器。解决公司用汽问题，实现了公司节能增效的目的。

投资 1.9 万元，由机电车间承包，安装蒸汽发生器主管汽路、水路。南厂外主电源架线安装，蒸汽流量计 6 套。

是年，包装车间主要设备：7 条自动化灌装生产线，17 立方米储酒罐 16 个，内燃平衡叉车 2 台，蓄电池平衡重式叉车 4 台，手动叉车 2 台，潜水泵 1 台，18.5KW 变频三项电动机 2 台，22KW 变频三项电动机 2 台，制冷机 1 组。粮酒车间主要设备：行车 4 台，自动摊晾机 3 台，冷却器 6 台，甑锅 12 个，料斗 8 个，摊晾床 3 台，搅拌机 3 台，液下泵 3 台，气压粉碎机 1 台，酒尾回蒸汽 2 台。散酒库主要设备：大、小储酒罐 113 个，耐腐蚀泵 3 台，空气压缩机 2 台，净化器 3 台，冷冻机组 1 台，反渗透纯水机 1 台，管道清水泵 1 台，自吸式饮料泵 2 台。机电车间主要设备：逆变空气等离子切割机 1 台，摇臂钻床 1 台，牛头刨床 1 台，卷板机 1 台，台式钻床 1 台，剪板机 1 台，低压开关柜 5 个，高压开关柜 4 个，电力变压器 1 台，逆变直流手工电焊机 1 台，交流潜水泵 1 台。

第二节　管理制度

1948 年，建厂时设备缺乏，生产工具简单。沿用传统管理办法即谁使用谁管理、谁维修、谁保管。1954 年，购置了柴油机，设备逐步增加，管理办法和管理制度开始建立。

1962 年，架高压线通电后，成立电工班，培训了电工，制订用电管理制度。

1972 年，设备管理工作纳入企业管理议程。1 月，制订《主要设备操作规程》和《维修制度》。全厂主要设备如：锅炉、鼓风机、水塔泵、变压器、车床、刨床等均建立档案卡片，并对主要设备制订了《使用操作规程》：严格执行岗位责任制，建立设备维修保养制度。实行计划检修，检修后达到原有效能。加强日常保养工作，做到水泵不漏水、风机不漏风、蒸汽管道不漏汽、电器设备不漏电的“四不漏”标准。保持设备的正常运转和使用。同时制订了《维修耗材指标》等规定，做好维修材料和配件的供应工作，维修部门按月上报维修计划，物资后勤部门提前组织好配件及维修材料供应。

1975 年，章丘县酒厂下发《关于加强企业管理的意见》（草案）。其中补充了对设备管理的条款：一、设备管理人员增强主人翁责任感，自觉对设备进行维护保养，爱护设备。二、电工应加强用电管理，对电器设备的线路安装按标准执行，确保安全。三、严禁干私活。

1977年，设备增加，设备管理制度进行补充修订。相继制订了《交接班制度》：当班工人要填写交接班记录，并将设备运转、使用情况当面交清，发生设备事故按交接班记录进行处理。是年，进一步规范《设备的维修保养制度》，规定设备大修后，以质量管理科和设备动力科为主，组织设备使用车间和大修人员进行验收，包括设备外部检查和空转，主修人员与操作人员填写“验收交接单”后，方可投入使用。

1987年，酒厂试行经济承包经营责任制后，重新修订了设备管理制度。为把好设备投资关，制订了《设备的选型购置制度》，明确规定：设备购置由使用部门提出申请，由设备科论证同意报分管厂长审查，转厂长批准后由设备科购置。设备购置由专人负责，按照“货比三家、质优价廉”的原则，对设备生产厂家进行考察。对设备的精密度及技术性能、生产效率要详细调查。设备结构要合理，零部件通用化、标准化、互换性强，便于检查维修，达到环保、节能型标准。是年，制订了《设备安装验收与移交制度》，包括检查设备各部位在运输过程中有无缺损，随机附件、备件、技术文件是否齐全。设备进厂安装时，首先做出施工计划组织安装，安装完毕先由安装人员自检，自检合格后，申请组织有关人员验收。验收合格填写验收记录，并将有关资料整理建档、编号、挂卡。同时制订《设备使用制度》、《设备更新改造制度》，规定：设备的更新改造是设备管理的基本原则之一。改造是提高设备技术性能和生产效率、降低能源消耗的必要措施。大力提倡采用新技术、新材料、新工艺，有计划的进行设备改造。

1989年，制订《设备管理规定》：管好、用好、修好和改造好设备是企业经济管理的重要任务之一。实行“以预防为主，维护与计划检修并重”的方针，坚持“设计制造与实用相结合、维护与计划检修相结合、修理改造与更新相结合、技术管理与经济管理相结合”。其基本任务是：对企业主要生产设备进行综合管理。做好综合规划，合理选购，及时安装，正确使用，精心维护，科学维修，适时改造和更新。不断改善和提高企业的技术装备素质，促进设备管理现代化。搞好主要生产设备两期管理。前期管理：设备转入固定资产前的规划、设计、制造、购置、安装、调试过程。后期管理：设备投入生产后的使用和维修、技术改造、直至更新、报废的管理。动力科专职人员会同机电车间负责全厂机电、维修、润滑、配件、维修用技术资料及动力供给。车间设一名专职或兼职设备管理员，班组设不脱产设备管理员。全厂形成专、群结合的设备管理网络。

厂级设备管理责任制：厂长对全厂设备管理和维修人员负全面领导责任。有关重大问题，主要制度的审批、大修、更新、改造计划的核定，由厂长组织召开厂务会议讨论决定。动力科设备管理责任制：拟定各项管理制度，组织编制修理计划，保证正常备品配件的储备和供应。检查监督各类设备的正确使用。车间主任设备管理责任：对本车间设备的合理使用，保养维护，安全运转负全责。教育职工贯彻设备管理制度，自觉爱护设备，遵守操作规程。班组长对车间交付使用的设备，执行定人定机和交接班制度。设备建立的档案，由档案室保存。其内容包括：设备卡片、随机说明书、装箱单、合格证、移交生产验收单、设备普查记录、检修记录及设备改装记录。设备调拨时，资料随机一并调拨。由动力科开据《设备调拨单》，经厂长批准后执行。

1992 年，10 吨自动化锅炉投入运行。同时制订《锅炉班岗位责任制》《锅炉工、水处理工、热工仪表工培训考核制度》。所有操作工都经过培训合格，持证上岗。酒厂是重点消防单位，同时出台了《电焊、气割安全操作规程》《明火作业申请审批制度》。

1994 年，实行“双回路”电源供电，主要电源为明杲线，备用电源为明矿二线。制订双电源倒闸操作制度：配电室值班员的倒闸操作，按照供电局调度室调度员命令进行，操作前填好操作票，按规程操作，做好值班记录。同时制订配电室、电工值班纪律：值班人员熟悉电器设备，具备实际工作经验。不论高压设备是否带电，值班人员不准单独移动护栏。巡视设备随手锁门，倒闸操作前核对设备名称、编号和位置。操作中执行监护复诵制，操作电工按顺序操作。操作完毕进行复查。

2003 年，通过多年设备管理的经验教训，逐步对管理制度、操作规程制订、修订、补充、完善。主要设备从购置到安装使用做到有章可循，奖惩分明。编制了《安全管理制度汇编》，从车间、班组到设备操作工职责明确，从设备管理、使用到维护保养，都实现了规范化、制度化管理。

2011 年，设备不断更新换代。设备新种类、类型、型号不断增加。原设备管理制度已不能适应新设备管理要求。该公司对原有生产设备管理制度进行汇总整理，重新修订《生产设备维修规定》《生产设备管理规定》。

《生产设备维修规定》：机电车间是公司生产设备维修管理的主管单位。负责公司生产设备故障外协维修。协助、指导各设备使用单位进行设备维修保养。对公司的设备维修质量负责。各设备使用单位负责本单位设备的维护维修。供应处负责新购置设备的外协维修联系工作。该规定内容包括：生产设备、电机维修管理。保修期内的设备（电机）故障维修。设备、电机外协维修程序。机电车间外协维修的质量控制及维修费结算程序。

《生产设备管理规定》：生产部门负责生产设备、设施的管理工作。各车间负责本车间设备、设施的使用、日常维护保养和卫生清理。检修人员负责设备的维修。该规定对设备的维护保养、使用、交接班、操作、更新改造、润滑管理、封存报废、检查监测，大修质量检查验收、归档管理及事故报告做了明确规定。主要包括：车间设备指定专人管理，严格执行《设施及环境控制程序》。认真执行设备保养计划，严格遵守操作规程。做到设备管理“三步法”，坚持日清扫、周维护、月保养。每天上班后检查设备的操纵控制系统、安全装置、润滑油路油线畅通、油毡清洁、油压油位标准、按润滑图表注油。油质合格，检查无问题方可正式工作。设备卡片、点检记录、运转记录齐全、完整。记录填写及时、准确、整洁。实行重点设备凭证上岗操作，做到证机相符。严格设备事故报告制度。一般事故24 小时内，重大事故30分钟内报生产副总经理或公司领导。坚持八字要求，即：整齐、清洁、安全、润滑。做到“三好”“四会”“五项纪律”。三好即管好、用好、保养好。四会：即会使用、会保养、会检查、会排除一般故障。五项纪律：遵守安全操作规程、经常保持设备整洁，按规定加油，遵守交接班制度。管好工具、附件、不得丢失。发现故障立即停机、通知维修人员检查、处理。设备运行中，要做到勤检查、勤调整、勤维修，不离岗（设备运行过程中）。设备响声、温度、压力有异常时，应及时处理并报告。操作人员离岗位要停机，严禁设备空车运转。保持设备清洁，严禁跑、冒、滴、漏。现场严禁踩、踏、敲、打机器设备。设备应保持操作控制系统，安全装置齐全可靠。

2014年，先后购进6台叉车，实现机械化货物周转。制订《叉车安全操作规程》、《叉车充电安全管理规定》。主要内容有：叉车司机必须经过相关部门考试合格，取得政府机构颁发的特殊工种操作证，方可驾驶叉车。掌握叉车维护保养基本知识和技能。认真按规定做好车辆维护保养工作。严禁带人行驶，严禁酒后驾驶。电动叉车运行前，检查刹车系统有效性和电池电量是不是充足。定期检查电解液，禁止明火照明检查电池电解液。停车或不用时，将货叉下降着地并将叉车摆放整齐，断开电源。叉车作业前、停车后，应检查外观，加注燃料、润滑油和冷却水。禁止超载，禁止用货叉举升人员从事高空作业。将叉车冲洗擦拭干净，进行日常例行保养后，停放车库或指定地点。

2015 年，设备管理流程中，对设备管理做详细规定。设备购置：生产调度室根据各车间实际生产情况，提出购置设备建议。公司常务副总经理对生产调度室提出的设备购置建议进行分析，判定是否需要购置新的设备。对需要购置的设备由生产调度室编制设备购置计划。设备购置计划经常务副总经理审核后，报总经理审批。审批通过后，生产调度室组织购置设备。设备的安装调试：生产调度室设备管理员，组织设备厂家对购置的设备进行安装。安装后，设备管理员组织设备调试，车间分管设备人员参与。调试结束后生产调度室主任、相关车间主任对安装调试后的设备进行验收。

2016 年，为了保证公司各类电机稳定运行。避免因检查维修工作不到位导致电机损坏，造成生产维修成本增加及影响正常生产。制订《电机管理规定》《电机烧坏管理规定》。

是年，粮酒车间机械化改造后，购进了行车。为了操作人员熟悉并执行起重机械有关的国家政策、法规，结合本单位的实际情况，不断完善起重机械的管理工作。检查和纠正起重机械使用中的违章行为。熟悉起重机的基本原理、性能、使用方法。制订《起重机械安全管理制度》。包括：起重机械安全管理人员岗位职责。起重机械作业人员岗位职责。意外事件和事故的紧急救援措施及紧急救援演习制度。起重机械技术档案管理制度。定期报检制度。起重机械作业人员培训制度。起重机械交接班制度。起重机械安全技术管理规程。起重机械安全操作规程。行车工操作要点。挂钩工安全操作规程。

是年，加强托盘管理，避免丢失、损坏。经过几次修改，制订完善《托盘管理规定》：生产调度室负责对托盘的统一调度、管理。每季度末与审计监察部、财务部共同核查托盘数量。公司所有托盘仅限在北厂区内流通存放使用。特殊情况需使用托盘，由主办部门填写托盘借用申请单，经生产调度室统一调度方可使用。包装车间、供应部、销售公司瓶酒库为托盘的主要使用部门。三部门互相流动使用托盘，对托盘在本部门使用期间要严格妥善保管。销售公司瓶酒库管理人员在成品酒运输车辆装车过程中，供应部送货车及运输废旧物资等车辆装卸过程中，要认真查看运输车辆是否混装有托盘。出厂前，上述部门管理人员对车辆进行全面检查。确认无公司托盘及其他公司物资后填写“托盘检查通行卡”。生产调度室负责本规定执行情况的监管。不定期进行抽查核实（每月至少1—2次），如发现问题及时处理。财务部每年对托盘进行2次盘点清资，同时，审计监察部、生产调度室协助督查。

第三节　设备维护与保养

20世纪50—60年代，购进1台设备配备1名操作工，规定谁使用谁负责维护保养。1972年，厂部下发关于《加强和整顿企业管理》的初步意见，将设备维修纳入制度化，加强设备维护保养。主要设备建立档案卡片，制订设备操作规程，严格岗位责任制，开展了用好、管好、修好设备，做到操作人员会使用、会保养、会检查、会排除故障的“三好”“四会”活动。

1976年，酒精车间建成投产，设备大量增加。因设备是流水作业生产线，一个环节出故障，全线停产。加大了对酒精生产设备的维护保养力度。1977年，开始制订设备大修计划，每年夏季停产压池期间进行大修。大修前，由设备管理员对整套设备进行检查，包括管道、糖化缸、搅拌缸、往复泵、锅炉、输送系统等。根据设备状况逐项列出大修计划。报批后制订大修实施方案，做好备件、配件、辅助材料的准备工作。坚持每年大修1次，使设备处于完好状态。

1986年，动力科下发《设备维护保养制度》《设备润滑制度》。加强设备的日常维护保养工作，保证生产正常运行。使用设备实行定人定机制度，凭操作证工作。因工作需要操作其他设备时，需车间主任批准。维护保养实行专责制，对单人操作，一班作业的设备实行专人负责制。二班、三班作业或几人共同操作的设备，建立机长负责制，并实行设备交接班制度。操作工人必须遵守设备安全技术操作规程，合理润滑、合理使用设备，落实《三级保养制度》。1.例行保养：班前班后由操作工人认真检查，擦试设备各部位和注油润滑，使设备经常保持整齐、清洁、安全、润滑。班中发生故障，及时排除。无力排除及时上报，做好交接记录。2．一级保养：以操作工人为主，维修工人辅导，对设备进行小部解体和检查、清洗，疏通油路，调整设备各部位间隙，紧固设备各部位，设备累计运转500小时，进行1次一级保养。3．二级保养：以维修工人为主，操作工人参加，对设备进行部分解体和修理。更换或修复磨损件，局部恢复精度，润滑系统清洗、换油、电器系统检查修理。设备累计运转2500小时进行1次二级保养。设备一、二级保养计划的编制由使用部门根据运行台时记录和维修记录及生产任务情况拟定草案报动力科审核后，报生产科统一平衡下达设备保养计划。设备的检修计划列入厂内考核指标，做到三同时（在布置、检查、总结生产任务时同时布置、检查、总结设备检修任务）。当生产与维修发生矛盾时，按照先维修后生产的原则，合理安排。设备大修理计划由动力科组织车间按照周期检修表，参照技术状态鉴定记录拟定计划报分管厂长批准决定。为缩短停机修理时间，必须搞好设备预测，记录在档，根据预测情况做好备品配件及各种修理材料的准备。设备大修完毕，由动力科组织使用部门共同验收、交接，达到设备负荷及运转能力。全厂每月进行1次设备安全检查。

各项制度的建立和完善，全厂主要设备完好率达到了90%以上，设备利用率达到了90%以上。

2008年，公司新增大量设备，配备多名操作工。设备维护管理工作有组织、有计划、有原则、有标准、有规程的进行。

2009年10月，公司下发《设备维护管理制度》。要求：必须熟悉掌握设备的操作规程，保证设备正常运转。做好设备运转时的日常检查工作，发现问题及时处理。严禁设备超负荷运转。严格按照各设备技术要求进行操作。加强设备的日常维护和保养制度。设备调试运转，确认正常以后，方能投入使用。建立健全各种设备台账，设备卡片，将设备的维护保养落实到个人，保持设备的清洁卫生。对易产生热量和安装在潮湿处的设备，运转时要及时检查，发现异常情况必须立即停止使用。停用设备及闲置设备要做到归库管理。对特殊设备，操作人员必须持证上岗。做好设备维护保养检修记录，责任落实到个人。

是月，公司修订《设备维护保养清洗制度》《设备润滑制度》。设备维护保养以操作人员为主，维护人员配合。要遵照说明书的规定，维护保养不得随意拆卸部件。以免影响设备的精度和性能。设备润滑必须严格实行五定（定人、定点、定时、定质、定量）。如果采用代用油和新产品油润滑时，必须经设备科同意批准使用。设备附件和专用工具夹应有专用工具箱保存。保持整洁，防止碰伤。不得外借或作其他之用。设备停用时，必须将设备保养好。润滑面应涂油保护，将电、汽、水切断。严格执行“三级保养制度”。设备科不定期组织有关人员对设备进行“三级保养”后的验收。发现未达到要求者，有权责成其停机返工，并可根据情节处罚。设备管理人员应适时了解设备状况，并建立检查表。设备科每周对关键设备的检查不得低于2次，并做好检查记录。不符合现状和不满足设备保养要求，视情节轻重实施处罚。对于全月能够如实、全数填写检查表的部门，给予100元／次的奖励。所填写的检查表，使用部门每月实行新旧更换。将旧的表格认真保管，作为设备二保、大修的重要依据。

生产设备的润滑是设备维护的一个重要组成部分。搞好润滑工作能够保证设备正常运转，减少机器磨损，延长使用寿命，降低动能消耗。对设备润滑制订制度，做到四定。定点：按照每台设备的润滑部位加油。定量：在保证良好润滑的基础上，实行定量消耗和废油回收退库，防止浪费。定期：按照规定时间加油、换油，保证及时润滑。定人：按照规定每台设备凡是带有油杯、油盒、加油孔的部位，由操作人员加油。凡是需要拆卸零部件的，由维修工配合操作人员加油。

2013—2015年，粮酒车间机械化生产与北厂区包装车间流水线生产建成使用。全部为机械化作业。为避免设备出现故障，公司加大对设备维修和保养力度。设备管理员每天对设备进行检查，做好设备配件及准备工作，保证设备正常运转。

2016年，设备科修订《设备检修保养计划》。落实《三级保养制度》：是专业管理维修与群管群修相结合的一种设备维修制度。基本内容：日常维护保养，班前班后由操作工人认真进行擦拭，检查各部位加注润滑油。使设备经常保持整洁、清洁、润滑、安全。班中设备发生故障及时排除并认真做好交接班记录。一级保养周期按设备运行500小时进行1次。以操作工人为主，维修工人配合。按保养细则要求对设备进行局部拆卸和检查。清洗各部位赃物，调整各部位配合间隙，紧固设备各部位。二级保养周期，按设备运行2500小时进行1次。以维修工人为主，操作工人配合。按保养细则要求，对设备进行部分解体检查和修理。并要求各车间每台设备保养责任落实到人，分工负责。制造班的车床、刨床等，工作前床面导轨要加润滑油。每日工作完毕要擦拭1遍，保持设备的清洁。每月要认真检查保养1次。所有焊机工作前要认真检查，确定有无漏电、螺丝松动等现象，发现问题立即处理。电工班每天检查所有配电盘的运行情况。对全厂电机及电气设备，电工班每天巡回检查1次。电动机每半年注油保养1次。粮酒车间维护工对所属设备每天检查1次。大、小磨每2个月注油保养1次。减速机3个月检查1次。制曲机滑动部分每天工作前注油1次。其他部位每3个月保养1次。包装车间维修工对所属设备每天检查1遍。灌装机齿轮每周加油保养1次。散酒库酒泵每3个月检查保养1次。空气压缩机每天检查1次。设备的检修和保养计划列入公司考核指标。设备大修计划由设备科组织车间按照维修计划报生产副总批准，并将设备维修记录在档。设备维修完毕，由设备科组织维修和使用部门进行设备检查验收。保证设备正常运转，并定期进行检查。各项设备维修和保养制度的完善，使该公司设备利用率达到95%以上，保证了公司正常生产。

第四章 物资材料管理

第一节 物资供应

1948—1954年，生产用原料以高粱、小麦、谷糠为主，生产原料自行采购。由营业课派员从当地及刁镇、绣惠购进，所有原料随行就市，价格不稳定。

1955年，按照生产需要，当地高粱货源不足，改用以地瓜干为主要原料。国家第一个五年计划期间，对粮棉实行统购统销政策。原材料按生产计划由章丘县粮食部门直接调拨，厂供销股制订材料供应计划，报上级批准定期调拨。

1960年，粮食供应紧张，原料调拨计划极少，酿酒原料严重不足，生产处于无米下锅状态。由供销股自行采购茅草根和地瓜母作为原料替代品来维持生产。

1964年，国家在粮食统购统销基础上，允许议购议销。该厂利用全县16处供销社开展以酒换料业务，并在龙山、埠村设立2个换料点。

至1970年，以酒换料兑换地瓜干1235万公斤。

1983年，政府粮食供应调拨计划放宽，转入以市场调节为主。所有原辅材料按生产任务自行采购。

一、主要原料采购

高粱 高粱是酿造粮食白酒的主要原料。1991年，粮食酒产量少，以酒换料满足生产需要。

1992年，生产规模扩大，原料不足。供应科采取内、外地采购相结合。派员从章丘县粮食局开具粮食调拨证明，赴辽宁省锦州县粮食局调拨高粱。利用铁路运输至明水火车站，汽车运输至酒厂仓库。

1993年，河北省黄骅县道安村形成了高粱集散地。供应科赴道安村组织货源。后由单独采购转为送货上门，货到付款。1998年，由黄骅县道安村2家客户供货。1999年，济阳县一客户介入供货。

2001年，供应科采取“货比三家”“质优价廉”的采购措施，使高粱供货商增至5家。其中河北省2家、济阳县2家、辽宁省1家。

2003年，产品销售市场疲软，产量减少，原料用量下降，供货商保留了济阳2家。2004年6月，高粱价格涨幅达40%。供应处及时赴东北三省及河北省考察高粱市场及货源。高粱涨价原因是农户转产所至，高粱价格仍处于上涨趋势。该公司及时筹集资金，抓住时机，贮备一批高粱，保证了生产的正常运转。

2006年，开展“管理效益年”活动。供应处实行公开招标采购措施。由审计处、质管处、财务处、供应处招集具备供货资格并有意参与投标的供应商进行公开招标采购。确定了“同等产品比质量，同等质量比价格，同等价格比信誉”的采购措施。通过竞标，确定2家合格供应商。

2008年，在公开、公正、公平、比质比价的原则基础上，供应部会同审计部、质检部、财务部召集5家具备供货资格、并有意参与投标的供应商进行公开招标采购。最终确定4家合格供应商。其中河北1家，济阳2家，淄博1家。

是年9月，高粱价格居高不下。供应部在审计监察部的配合下，去河北考察高粱行情，根据考察情况，建议公司适时适量采购。利用存瓶大棚最大限度的采购储备高粱400多吨。

2010年，抓住新粮上市价格比较低的机会，储备高粱300多吨。

2013年，高粱种植面积减少，致使价格上涨。供应部及时考察高粱市场及货源，增加了内蒙古供货商1家。7月，公司在济南市检验检疫局办理了进口高粱商检证。9

月，开始采购进口高粱，分2次共购进约845吨。与国内市场比价，节约资金40多万元。开创了公司加工使用进口农作物的先河。保证了生产正常运转。

2014年，受进口高粱的冲击，以及东三省、河北农户高粱种植面积增加，高粱价格回落。停止采购进口高粱，同时终止与内蒙古供货商的合作，继续保持与原供货商的合作。

小麦 20世纪50年代，小麦由章丘县粮食局直接调拨。1960—1970年，粮酒产量少，所用麦曲直接从梁山县徐坊大曲厂采购。

1982年，开始自己生产麦曲。所用小麦是从省一轻厅申请开具调拨单，转至章丘县粮食局购销股，分别从刁镇粮所、绣惠粮所购进。

1992年，取消粮食调拨，改为市场采购。供应科直接面向农民采购。由于自产麦曲产量有限，不能满足生产需要，仍从梁山县徐坊大曲厂采购部分麦曲补充。

2008年，小麦为市场采购。每次采购采用公开招标，确定3家以上有资质的供货商。其中济阳1家，高青1家，宁家埠1家中标。

2011年，供应部在审计监察部的配合下，针对生产优质大曲需使用软质麦的要求，在梁山徐坊大曲厂的协助下，避开中间商，直接从郓城国家储备库购进软质麦900多吨。采购价格低于市场价格，降低采购成本约8万元。

2016年，公司自己生产大部分麦曲。少部分外购。因生产成本高、环境污染严重、以及大曲粉碎时易产生粉尘，存在粉尘爆炸等问题，公司不再粉碎大曲，所用麦曲直接从梁山徐坊大曲厂粉碎后购进。用小麦量减少。

地瓜干 1983年，地瓜干是酒精生产的主要原料。当地瓜干产量减少，由供应科派员从章丘南部山区及泰安、新泰等地采购。

1998年，地瓜干货源不足，随用木薯干替代部分地瓜干。木薯干的采购，联系得知山东省日照市凯源国际贸易有限公司有木薯干进口业务。供应科派人前往采购，运输由对方负责运至酒厂仓库。

2000年，木薯干价格上涨，地瓜干货源充足，逐渐停止木薯干的搭配使用，全部以地瓜干为主要原料生产酒精。

2002年，酒精市场供大于求，效益低，停止生产。酒精停产后，所用酒精分别从王村酿造厂、济南酒精总厂及新泰采购。地瓜干用量减少。

稻壳 1955—1963年，用谷糠代替。由供应科按章丘县粮食局调拨单，从本县各粮库购进。

1964—1992 年，改用稻壳，从南京市下关区粮库采购。酒厂派专人常驻南京负责稻壳的采购及运输业务。

1993 年，鱼台县一王姓客户送货上门，先后由 2 家客户供应稻壳。

2008 年，仍然由鱼台县客户供应，送货上门。

麸皮 1984 年，为计划内供应。由供销科根据章丘县粮油供应站购销股的粮油调拨单，到指定面粉厂采购。

1985 年，麸皮实行自行采购。供应科先后到桑园面粉厂、池子头面粉厂、普集三赵面粉厂、枣园面粉厂等周边面粉厂采购。至 1992 年麸曲停产。

碎米 2008 年 6 月，供应部在审计监察部的协助下，采购一批顶账碎米，比市场价格低，节省支出 0.7 万元。

糯米 一般规律，糯米价格会在端午节期间出现大幅上涨，自 2008 年起，供应部每年都在端午节前采购糯米，年节省支出 2.6 万元。

玉米 2008 年 4 月，公司为了提高原酒的质量以及降低生产成本，开始使用玉米替代部分高粱，直接面向当地农民收购。

二、辅助材料采购

香料 1970 年，各种香料由上海香料厂购进。1983 年，改由济南香料厂购进。

1991 年，由广东省电白县香料厂购进。1996 年，由吴江慈云香料厂供货。1998 年，由吴江慈云香料厂与河南省尉氏县香料厂供货。2003 年，经质量、价格、服务对比，技术部指定吴江慈云香料厂供货。2004 年，改由河南尉氏县香料厂供货。

2006 年，酒厂制订《辅助材料招标采购办法（试行）》，召集吴江慈云香料厂、尉氏县香料厂、菊城香料厂 3 家实行竞标。具体做法是：由审计处、供应处不记名编号交质管处检验理化指标。由技术中心负责配制、勾调、品酒等工作，对各种香料做出评价、评分，书面转供应处，经综合评定确定中标单位。由尉氏县香料厂、菊城香料厂中标为合格供应商，通过招标采购，节约支出 13 万元。

2008 年，技术部新产品小样较多，所用香料品种多数量小，供货商邮寄困难。协调河南尉氏香料厂和河南康佳香料厂采取多种方式送达。是年，开始使用糖蜜酒精。2009 年，积极与糖蜜酒精厂家取得联系，避开了中间商，降低了采购成本。

2011 年，增加了由技术中心指定的济南食品工业协会供货，供货商达 3 家。

煤炭 1955—1982年，按照生产计划，供应科每月编制煤炭用量计划，报上级主管部门审批，分别从枣园燃料公司、埠村煤矿、东风煤矿采购。

1983年，由企业自主采购，货比三家，为降低成本，减少运输费用，选择距离较近的章丘县明水镇一号煤井供货。

1998年11月，章丘市政府关闭公司自备锅炉。停止煤炭采购，生产改用明水热电厂蒸汽。

包装材料 1970—1982年，产品品种单一，都是普通瓶捆扎包装。纸包装材料仅限于几种商标，由埠村镇埠西印刷厂和相公庄镇东风印刷厂承印。

1985年，设计生产纸箱、纸盒包装产品。包装物由查旧纸箱厂（后更名为章丘市包装厂）承印。由于产品品种增加，包装材料多样化，供应处分别从烟台证照厂、江苏江阴北澜彩印厂、江苏红卫大队印刷厂采购定做。1992年，境内包装印刷业兴起。为降低成本，中、低档包装物由本市定做。

1996年，通过质量、价格对比，确定由无锡市新世纪彩印厂承做高档产品包装物。

2001年，按包装物分类，有章丘市清照包装厂等5家供货。

2005年，增加无锡市新霞印务有限公司承印包装物。2006年，共有包装材料供货商8家。

2008年，产品品种增加，包装材料多样化，供应部分别从无锡3家印刷厂、章丘境内3家印刷厂采购定做。通过比质比价，高档包装物确定由深圳柏兴龙印刷厂承做。

2009年，由于纸张价格下调，各类包装物价格随之下调。因质量问题，终止与无锡市新霞印务有限公司合作。

2010年，物料价格上涨。在不影响效果的前提下，对部门用量较大的金卡纸包装物改为塑印工艺，降低采购成本。

2013年8月，通过货比三家、阳光采购，连续2次对包装物价格下调，累计节约资金约7万多元。

2014年，在保证质量的前提下，逐步将外地的包装物采购转入当地采购，通过降低运费等措施实现降价。

酒瓶 1982年，酒厂只用1种普通瓶灌装成品。酒瓶以回收旧瓶为主，由淄川1家玻璃厂采购部分补充。1983年，增加瓷瓶灌装新品种。分别从陵县陶瓷厂和博山陶瓷厂采购。

1985年，先后由青岛工农兵玻璃厂、潍坊市玻璃厂等6家供8种型号玻璃瓶。

1986年，通过质量对比，选

定博山河南东陶瓷厂作为瓷瓶供应商。

2002年，改由新泰玻璃厂等5家供货商供货。

2004年，博山河南东陶瓷厂供的瓷瓶要求提价，随中断业务。改为曲阜圣人家美术陶瓷厂作为瓷瓶供应商。

2006年，玻璃瓶供应商达7家。

2008年，酒瓶分回收瓶和新瓶两大类。回收瓶主要以二代瓶为主，由章丘境内客户供货。新瓶由郓城正华、高密长盛泰、曲阜圣人家等8家供应商供应各种玻璃瓶、乳白瓶、瓷瓶。6月，新开发兖州1家玻璃厂。价格低于原供应厂家价格，保质保量的完成了中秋备货。中秋节前夕，泰山生力源集团玻璃有限公司开始供应二代新瓶。由纸箱包装改为托盘包装，减少了与玻璃厂之间因破碎问题引起的纠纷。同时减轻了存瓶大棚脏、乱、差的现象，减少了破碎率和车间工人的劳动强度。

2009年，由于新瓷瓶采购价格与渗漏率的矛盾难以解决，且生产效率低。35°清照特曲由新瓷瓶改为棕色蒙砂瓶。价格明显降低，减少了渗漏造成的损失，提高了灌装效率。由泰安金圆玻璃工艺加工品有限公司供货。

2011年3月，利用玻璃瓶销售淡季，对酒瓶重新招标。15种瓶型价格下降，降低采购成本。

2013年，开始使用回收银剑南瓶。为降低采购成本，寻找小规模厂家制作样品，开发一批新客户。既分担了资金支付压力，也促使原供应商降价，降低了采购成本。

2014年9月，为降低成本，棕蒙砂瓶改为棕色光瓶。通过比质比价，确定由宁阳县强宁玻璃制品有限公司供货。

2016年4月，由于银剑南瓶回收量小，供货不及时，不再使用。是年，由于瓶型复杂、单品订购量小。酒瓶供货商达16家。

三、其他辅助材料

瓶盖、毛刷、彩绸、彩带、胶带、塑料绳等，供应处根据生产需要，按照货比三家、质优价廉、减少成本的原则随时采购，保证生产所需。

为降低成本，减少运输费用，瓶盖主要由距离较近的济南清照包装厂供货，少量瓶盖由会仙包装有限公司供货。

2012年5月，对公司所用的瓶盖进行重新询价比价，瓶盖价格下调，为公司节约资金2万多元。

2013年8月，通过与供货商比价商谈，对部分瓶盖价格下调0.01—0.02元/个，节约资金近21万元。

泡沫 2008年，泡沫用量较少，

由普集昌荣包装制品厂供货。2009年，泡沫用量逐渐增大，增加了刁镇阜诚塑胶有限公司和官庄吉晟包装厂2家供货商。

第二节 管理制度

1948—1955年，物资管理主要依靠行政手段。全厂原材物料按生产计划提出《原材物料使用计划》申请报告，报上级主管部门批准，定点采购。该厂材料领取、采购申批和领用等均由各级分管领导签批。

1972年，企业管理纳入发展规划。重新完善修订了各项物资管理制度。7月，制订《关于整顿和加强企业管理的初步意见》。提出加强经济核算、降低原材料消耗的目标任务。加强原材物料管理，切实做到供好、管好、用好原材物料。建立物资收发、管理和领退料制度及仓库定期盘点制度。对班组实行计划发料制度。各班组根据月提报用料计划经生产组批准，由供应科按计划发料。

1982年，采购原料高粱、地瓜干等用的麻袋量大易损。制订《章丘县酒厂麻袋管理制度》：为提高麻袋的利用率、减少和杜绝浪费，实行建账立卡，属外运备用的麻袋要建立分户账，对各班组使用的麻袋使用期满后交旧换新，每条麻袋每延长或缩短1个月的使用期分别奖罚0.10元，无故丢失或损坏无法使用的，由责任人每条赔偿3元，尚能修补的交修补费0.50元。外借麻袋经批准交3元押金，每日交租金0.03元，满1个月不交回者没收押金，按销售处理。凡带有“中粮”“章酒”及其他兄弟酒厂印字的麻袋无出门证禁止出厂，否则除扣留麻袋外每条罚款1元，并奖给查获人0.50元。原包领料的经清点代数后按期交回。露天封存的地瓜干、糠垛禁止用麻袋坐垫，违者每条罚款1元。采购使用麻袋可由采购员借用，注明使用时间，过期按私人借用处理。每月进行盘点清查，对应报废的麻袋及时报耗出账。

8月，制订《章丘县酒厂煤炭管理制度》。配备专人负责煤场管理。购入的煤炭必须有煤井签发的付煤卡片，凭过磅单交煤入库，未经管理员登记的无效。生产生活用煤要经过磅计量，职工取暖用煤要凭取暖证白天计量提货。为保持工作制度上的正常化和连续性，建立了煤炭日报制度。是年，制订《汽车队油料管理制度》，对购入的各种油料质量经验收合格，数量与发票相符或损耗合理方可入库。无领料人的签字管理员拒绝发货。要求管理员做到账物相符、账账相符。严禁跑、冒、滴、漏现象发生，确保油料安全，并对不同的车辆制订定额。

1985年，制订《供应科科长岗位责任制》：根据生产需要搞好备品配件和常备材料的储备定额，做到不缺货、不积压。做好成套设备的订货、采购和管理。调动外勤人员的积极性。加强对汽车队的领导，提高运输效率，完成领导交办的临时任务。定期向厂长及分管厂长汇报工作。制订《供应科副科长岗位责任制》：在厂长和分管厂长的领导下，协助科长做好本科范围内的工作。做好原材料、燃料的采购工作，按时清资对账达到账实相符，做好糟糠的销售处理、管理工作。是年，制订《关于原材料、燃料、动力收、拨、存的管理制度》，专人采购、保管、发放。对各种原材料入库前严格计量和检验，煤炭有专职计量、专职验收发放人员，建立进货记录，每月盘点1次。对各种物资建账、建卡，专人保管，不丢失、不损坏。

1986年，随着经济承包责任制的落实，对物资管理、降低消耗、增加效益提出新的要求。重新修订《物资管理制度》和《物资供应工作管理制度》。《物资管理制度》：严格掌握材料消耗定额，控制订额发料，尽力做到合理储备，对各种材料按类别、性能分类管理。易燃、易霉、易潮物资做到分库管理。严格执行半年和年终全面盘点制度。严格执行物资出入库手续，达到账物相符。《物资供应工作管理制度》：根据月份生产计划，制订原材料、燃料及主要辅助材料的采购计划。要求按管理制度、财务制度办事。做到无计划不采购，质量规格不符不采购，价格不合理不采购。对购进的物资要进行计量，质量规格等全面检验后方可入库。入库后要分类存放，保持库容整洁，达到账卡物相符。做到“四防”“十不”，即：防火、防盗、防水、防事故；不锈、不腐、不霉、不乱、不变、不曝、不冻、不混、不潮、不漏。规定每月28日对原材料、燃料进行盘点，分析盘亏的原因。

1989年，企业推行标准化管理。制订了《章丘县酒厂物资管理标准》《物资供应计划的编制》《物资订货与采购》等规章制度。《章丘县酒厂物资管理标准》中提出了逐步实现物资管理的科学化、现代化。明确了物资管理基本任务：按时、按质、经济合理的供应物资。对物资管理提出基本要求，归口管理、分工合作、统筹兼顾、确保需要、节约资金、符合手续、提高管理水平。明确了生产经营、维修、基建所需的原材料、金属材料、燃料、石油化工、辅助材料及轴承、电器、汽车配件由供应科归口管理。

《物资供应计划的编制》规定：根据物资类别划分为四类：原材料供应计划、燃料供应计划、金属材料供应计划、辅助材料与包装物供应计划。根据物资使用方向和用途区分，划分为三种：直接生产消耗、间接生产消耗、其它消耗。对物资供应计划的编制提出质量要求：品种质量、规格数量符合技术要求，满足生产需要。开源节流、积极利用原有的资源压缩储备，加速资金周转。精打细算、厉行节约、合理储备。《物资供应计划的编制》由供应科负责，年度计划提前60天完成，季度计划提前30天完成，月度计划提前10天编制。各部门及时提供资料：销售科提供产品销售所用的各种材料计划；生产科提供生产所用的各种原料、燃料、辅助材料的用量计划；动力科提供各种设备的大、中修材料计划；各科室、车间用料计划或临时安排的计划要提前15天报供应科。对无计划用料影响使用的由拖报、漏报单位负责。《物资供应计划的编制》提出：物资供应计划的执行按照采购计划及时平衡检查、积极处理积压物资、加速资金周转。加强合同管理，对外运物资的包装逐项落实、查点清楚，做好明显标志，保证运输无误。购进物资经检验不合格，由采购员和保管员办理退货手续。运输途中损坏的物资，分清情况由承运单位及交货人承担损失。未经汇报审批，擅自收货造成的损失由仓库保管员负责。

《物资的订货与采购》规定了定点采购的基本原则：从经济性质要求，交货时间以及供货单位保证质量能力等方面进行考察，择优选点，稳定供货关系。实行定点、适时、适质、适量、适价选优订购。采购的渠道应先国营后集体、先批发后零售，先近后远、合理安排供货点，节约采购费用，提高经济效益。按照比价选优的要求进行订货采购。做到无计划不采购，质量不合格不采购，材质规格不清不采购，价格不合理不采购。

8月，制订《关于汽车修理、使用管理规定》，由供应科根据产销运输业务负责调度安排货车。对货车的使用维修做出规定：外单位和私人用车一律按吨公里收缴运费，未经批准为他人捎运货物按私自用车处理。汽车修理由供应科提出申请报厂长批准，更换价值超过200元的配件应经过分管厂长批准。是年推行企业标准化管理，对原料库房环境制订标准，原料库房应保持卫生清洁，散装储存的应堆放整齐，麻包储存的必须垛放标准。库房门外及四周每天保持清洁，达到无垃圾、无杂草、无污水、无污物。原料库房必须达到四防标准。做到门窗完好、牢固，能防盗，有防火及严禁的标志，便于消防工作。

2002 年 7 月，修订《五金仓库工作制度》：严格执行财务制度，对所有物品必须做到日清月结，达到账账相符、账物相符。各项物资要做到库、架、层、号四定位，标记明显，存放合理，整齐稳固，对易燃、易爆、易腐物品定期检查。对各种辅助材料及包装物加强防潮、防霉措施，物资发放坚持先入先出排陈出新的原则。对领料单填写不完整及使用单位不符者拒绝发放，杜绝一切金属电器、小五金包装物的外流。

2004 年 10 月，制订《关于兑奖回收酒瓶的有关规定》，规定每周二、五两天为回收时间，提出了质量要求：瓶身清洁卫生、瓶内无异物、瓶口完好，对检验不合格的当场销毁，使用回收瓶时，出现不合格瓶应如数返回，不得随意堆放。是年，制订《工具管理使用规定》，由五金材料库统一管理公用工具，严禁工具外借，规定按工具使用范围及性能正确使用。借用工具按期归还，对个人日常使用的工具规定必须用在其工作上，不得弄虚作假。对正常磨损、损坏的工具交旧领新。工具室工具摆放整齐，分类正确，做到账、卡、物相符。

2005 年 5 月，存瓶大棚建成投入使用。6 月，制订《酒瓶管理暂行规定》，从收发管理到现场管理做出详细规定：要求新瓶出现破碎率较大时，由酒瓶管理员书面汇报供应处与供货厂家协商。酒瓶出库后，出现色差、渗漏、裂纹等非人为损坏的，可以等量调换，要求酒瓶管理达到日清月结，账卡物相符，报表数字准确无误。存瓶大棚内保持卫生清洁，瓶垛保持整齐，棚内不得有散落酒瓶，各种瓶型名称、数量、标准清楚准确无误。

2006 年 4 月，制订《原材料（高粱）招标办法》规定了招标形式，参与投标者的资格及条件，中标者的待遇以及公司内部参与部门等内容。为防止垄断，公司按一定数量依中标价分配给未中标者。是年 5 月，制订《辅助材料招标办法》，由技术中心出具质量标准，供应处招集 2—3 家具备供货资格的供货商先送交样品，由审计处编号转质检处，技术中心做出质量评分后书面转供应处，由供应处通知投标人在规定时间携带相关资质证明及投标押金来公司投标，公司视情况不同，采取不同投标方式，经内部综合评定报请总经理批准后，通知中标者供货时间及供货数量，退还未中标者押金。中标者货物送达验收合格入库后，留足 5 万元质保金的前提下，分期分批支付货款。

2007年11月，该公司汇编《关键业务流程》。其中，制订《物资采购招标流程》：招标委员会一般由5人（最多9人）以上的单数组成。招标委员会由总经理担任主任，生产副总、财务部部长担任副主任，委员由供应部部长、技术、质检以及使用方人员组成。审计监察部全过程监督。确保过程中的公平、公正。并接受供应商的申诉以及有关事项的调查。招标项目由公司确定的合格供应商以及1至2家新供应商组成。招标细则以及招标评分细则由供应部牵头组织制订。

2008年11月，为加强物资采购价格管理和控制，规范物资采购行为，做到合理采购，努力降低采购成本，提高经济效益。制订《公司物资采购价格管理办法》：公司各类主要原辅材料和大宗物资，在同等质量前提下询价、比价、定价。供应部必须要求物资采购人员在日常工作中及时搞好市场调研，广泛收集常用物资价格市场信息。原则考察3家以上（应有议价新供货商）供货商比质比价。物资采购人员要及时填写《物资采购信息反馈意见表》和《物资采购价格变更通知单》。由供应部长、生产副总、审计监察部长逐级签署意见后报请总经理批准执行。供应部根据公司批准的《物资采购价格变更通知单》，一式4份，分别送达财务部、审计监察部、收货仓库各1份，供应部1份存档。同时要求收货仓库严格执行新确定的物资采购价格，办理规范的入库手续。

是年12月，结合销售公司回收旧瓶兑付现金的促销政策，制订《旧瓶回收管理办法》。办法分两类：第一类，以重复使用为目的的回收酒瓶（包括大曲用普白瓶、老二代撬耳回收瓶、1046＃瓶、使用爆炸圈瓶盖的绵柔八年瓶、二代无撬耳瓶）。供应部根据销售计划和包装生产需求，合理进行旧瓶回收，避免过度积压。回收瓶由供应部存瓶保管员负责进行检验。大曲用普白瓶、老二代撬耳回收瓶、1046＃瓶要求内外较清洁卫生，无破损、缺口、裂纹、油污、水垢，确保能够使用。回收的酒瓶，保管员应妥善进行保管和发放。车间使用过程中检出的不标准酒瓶，由供应部负责协调供应商进行退货处理。第二类，作为销售促销政策回收的酒瓶（包括46°和48°百脉泉两款产品所有酒瓶）。供应部在规定收瓶日，按临时用工的相关规定，从包装车间用工，负责进行酒瓶回收检验工作。分类处置：酒瓶完好无裂纹、沙眼、缺口等，能重复利用的，由存瓶保管员出具相关证明后给予兑付，并妥善进行保管。外观存在细小的裂纹、沙眼、缺口或脏污等无法再次使用，仍可给予回收兑付（需要注明无法使用字样）。保管员单独进行存放。每月由财务、审计等部门核实后销毁。外观存在非常明显的裂纹或由碰撞等原因直接造成损坏的，不予回收。

2009 年 6 月，加强食品安全管理，杜绝食品安全事故发生。制订《食品安全管理制度》。制度规定：采购的原料符合国家有关食品卫生标准或有关规定。采购的原料新鲜、干燥、洁净。对夹杂物较多和水分超标的原材料，经过筛选或分级干燥处理后达不到验收标准的，公司应拒收。食品添加剂采用国家允许使用、定点厂生产的食品添加剂。

2011 年，公司制订内部控制评审。评审内容：该公司内部物资采购控制系统的适当性。对所涉及到物资采购各环节，内部控制系统的设计能够防止、发现、纠正重要的错误和违规行为。采购业务相关岗位及人员设置合理，不相容职务按规定分离。有关请购、审批、购入、验收、入库、发出等环节的控制程序完善，手续完备。采购计划、合同、入库单、发货票、领用单和账薄记录规范。重要采购业务采取公开招标投标方式，做到比质比价采购，采购决策透明。磅房计量时有司磅员以外的其他人员进行现场监督，记录供应商负债、核准付款、执行与记录，现金付款等符合相关程序。

是年 3 月，制订《物资采购、供应管理制度》：在正常生产经营情况下。供应部应根据公司年初制订的各项经济指标，做好主要原材辅料、包装物的年度供应计划。供应部根据公司月度产、供、销专题会议决定，结合生产计划以及原材料库存情况，制订月供应计划。报主管领导批准。计划中的采购项目应考虑临时突发因素，具备一定弹性。供应部根据计划，与财务部进行充分沟通，形成付款计划并报总经理审批。供应部将供应计划、付款计划（审批后）送报财务部。以备财务部制订资金运用计划。物资供应遵循比价采购的原则。主要原辅材料、包装物的采购，主导产品确定两个以上供应商名单。并了解供应商的资质、供货、生产能力、产品质量、信誉等情况。分析反馈供应商各方面的信息。利用实地调查的方式到供方所在地进行市场调查。供应部每年年初准确及时的对市场信息、采购动态、比价情况做出市场预测。形成报告报供应商管理评审委员会，由主管副总召集有关部门人员进行比质比价等方面的评定。最后确定合格的供应商，报总经理批准，做好评定记录。低值易耗品的采购，同样要遵循比价采购的原则，做好比价采购记录。供应部根据仓库管理部门提供的采购计划进行采购，做到合理库存，防止占压资金、库容。小型机电产品应做到定点采购。保证产品质量的稳定性，并做好记录。大型设备的供应和采购，使用部门做出书面申请，写明设备型号、性能、标准等相关材料。报主管领导同意，审计监察部审查后报总经理签字后方可生效。购买时应遵循主要原辅材料比价采购招标的原则。购买时有使用单位人员参与，确保型号、性能满足要求。

2015 年 6 月，仓储中心成立。根据该公司物资管理制度，制订《物资仓储管理办法》（试行）：仓储中心配合供应部做好主要原辅材料、包装材料及五金材料的年度供应计划。仓储中心包装材料仓库和原料仓库应向供应部、生产调度室、销售公司提报各类包装材料、原料库存情况，物资库存名称、数字提报不准确的，对相关责任人承担相应责任。

供应部应向仓储中心及包装材料仓库和原料仓库提报采购计划以及物资到达时间，以便安排卸货入库。仓储中心对经检验合格的物资入库时，应采取全检或抽检方式，确认各类物资的数量。如有不符，应立即通知供应部及相关部门重新核实送交货物的数量，以仓库清点确认的数字作为入库依据。

8 月，制订《仓库库存管理流程》：财务部牵头组织有关公司各原材物料、产成品的安全库存管理。以确定库存基准以及仓库管理制度。库存盘点目的：一是控制存货，以指导日常经营业务。二是掌握损益，以便真实地把握经营绩效，尽早采取防漏措施。财务部根据盘点结果，及时组织分析，以指导经营业务。财务部根据实收、实支以及实现确定的损耗标准进行精确盘点。对于盘点过程中出现的差异，财务部进行差异分析，判断差异发生原因。对于差异的分析，用于有关库存基准的调整以及责任的落实。

2016 年 5 月，制订《酒瓶出库办法》（试用）：包装材料仓库酒瓶保管员凭车间预估的使用数量发货时，与车间领料人初步确认酒瓶的完好状况后发货。车间对酒瓶的完好状况有疑问的，采取抽检或全检方式确认。清点好数量的同时，领料人填写借据并注明抽检情况。叉车司机按保管员指定的货位领货。无借据不发货。如遇车间领料后未使用前，发现酒瓶包装箱内、袋内、托盘数量不足时，保管员通知供应部。现场确认属实后，三方共同确认不足数并由酒瓶保管员给予补偿。开具入库单时，扣除不足数。使用过程中发现破碎，属质量问题的，由质检部确认后，酒瓶保管员通知供应部处理解决。车间班组本批次或当日产品生产结束后，剩余酒瓶退回仓库时，与酒瓶保管员共同清点确认退回。实际发货数量，当日或次日开具领料单，保管员退还领料人的借据。不得出现实发数量与领料单不符的情况。属车间调整、调剂破碎率而调整领料单的，酒瓶保管员可单独记账。

7月，规范装卸队雇佣管理制度。仓储部门自行制订《装卸工服务管理制度》：必须服从公司及仓储部门的日常管理。严格遵守国家法律、法规和公司的各项规章制度及相关规定。违反上述条款按公司处罚条例给予处罚。在日常工作中做到随叫随到，按时保质、保量完成装卸任务。根据销售出货情况，及时安排人员装车不得延误出货。对包装材料、酒瓶、成品退货，外来物流车辆入厂后4小时内卸车完毕。每延误1小时扣除20%装卸费用。装卸队人员不准对外来物流车辆司机故意刁难，不准以任何理由向车主索、诈收费。如有举报，按索要金额加倍罚款。装卸车时要服从各仓库保管员安排。按照指定的数量、高度进行码垛或码盘。造成货物倒塌、无法清点数量、产品混装分类不清等情况，每批次扣除10%装卸费用。易碎品装卸时，人为造成的货物破碎，由装卸队购买并处1倍罚款。装卸车结束后，装卸车周围产生的垃圾、杂物要进行清理。

半成品物资管理流程

半成品物资采购：供应部门要与设计部门相互协调，设计部门按时提供与设计内容相关的材料报供应部。供应部按照设计要求及时通知相关供应商生产。供应部要充分了解供货商各方面的信息（设备能力、供方信誉、经济实力等）。主要原辅材料遵循比价采购的原则，确定合格供货方。对各种包装材料早计划、早与供方联系。供应部根据计划及时对各种包装材料进行安排部署。

半成品物资供应：供应部依据销售公司“专销产品进货通知单”，安排包装材料的进货。交货时间确定后，供应部提前通知仓储中心及包装材料仓库。销售公司提报产品计划时需满足包装车间基本灌装任务。生产调度室在制订月度生产计划的同时，安排出预计的周生产计划，以书面形式提报供应部、仓储中心及包装材料仓库。供应部根据产、供、销协调会确定的生产计划，制订包装材料及促销品的配套采购计划及交货期限，及时通知仓储中心。

半成品物资检验：质检部如发现有质量问题的包装物，在一个工作日内，做出处理决定。将处理决定以书面形式提报供应部等相关部门。质检部检验确认不合格的包装物，由供应部负责组织对其进行销毁，质检部、供应商负责监督。确保不合格品不流入市场。销毁数量及理由供应部要及时通知财务部，财务部需在货款支付计划中相应扣除。在检验中，质检部对于包装物能让步接收的，充分考虑销售公司的意见。在处理方案里注明该批次包装物的保存、使用方法、时间，以及包装车间应提比例。准确体现各部门的工作绩效。对于形成的处理方案，质检部负责将其报送财务部，用于对仓库管理工作的准确考核。

半成品物资入库：货物到达前，供应部以短信形式，通知仓储中心、包装材料仓库和装卸队。接到“物资供货计划通知单”后，核对“通知单”所列物资是否有生产计划。属计划内的，核对“通知单”所列物资数量是否与计划相符。与计划相符的，通知质检部验货。货物合格，进行卸货、堆码，清点数量并与“通知单”核对。凭质检部的质检单，开具入库单或暂收单。不合格、但能让步接收的，由供应部、质检部等部门提出解决方案。由分管供应部、质检部、仓储中心的副总签字同意后，方可卸货、开具暂收单。使用完毕后，凭质检单开具入库单。属计划内、但进货数量超过计划20%及以上的，由分管供应部、仓储中心的副总签字同意后，方可卸货、堆码，开具暂收单。使用完毕后，凭质检单开具入库单。如所到货物出现倾斜、坍塌，无法卸货时，包装材料仓库应通知供应部，由供应部协调卸货。填写物资卡、记账薄。记录物资配送厂家、名称、数量、质量等相关信息数据。

半成品物资出库：接到“领料单”。核对“领料单”所列物资品名、编号、数量等内容。发现有误时，要求领料人更换“领料单”。领料单不许出现涂改。与领料人当面核对物资、清点数量。领料人在“领料单”上签署“品种、数量清点无误”予以确认。同类、不同批次的货物，出库时，按照“先入先出”的原则发放物资。发货、填写物资卡、记账。包装材料使用过程中，超出合理损耗的，属质量问题的，通知质检部、供应部，现场核实。属使用不当的，由使用部门自行承担。使用过程中包装材料出现开胶，可以等量更换。包装材料仓库单独存放，做好记录，定期通知供应部组织相关部门做报废处理。

半成品库管理：包装材料物资要分品种存放。同类、不同批次的要分开存放。保持垛位整齐，不歪斜、材料不混杂、不散乱。物资卡登记数量准确，标识清楚。物资入库时，选择合适的位置进行码放，不得将原先的物资挡在里面，必要时腾出。发货当日，必须及时登记帐、卡，达到帐、卡、物三相符。确保数据连贯，每月与财务部对账，确保账账相符。各类包装材料的库存报表，品种、编号、数量要准确。每日按时，报送生产调度室、供应部、销售公司、包装车间、仓储中心等部门。随时了解仓库储备情况，储备不足或超储、呆滞物资，即时通知相关部门。防止因沟通不畅导致物品短缺。工作期间严禁串岗闲聊。安全卫生，每日至少1次全面检查。做好防火、防盗、防爆、防霉变等工作。保持室内清洁、整齐、空气流通。

原辅材料管理流程

原辅材料验收：为提高各类粮食入库标准，制订《粮食检验入库管理流程》：检验中，质检部对能让步收购的物资，形成处理方案，质检部负责报送财务部及生产安全调度室，用于对生产车间的成本计量和考核，以及对于仓库管理工作的评点。对于生产车间认可的处理方案，生产车间要严格按照处理方案进行使用，否则，承担相应责任。酿酒用主要原材料，质管部质检员按照国家标准、企业内部标准进行验收并出具证明。包装车间使用的包装材料经质管员验收，出具验收合格手续。糖化酶、干酵母、外购大曲等经质检部出具验收合格手续。劳保用品需人力资源部验收并出具验收合格手续。劳保用品需要补充库存的，由仓储中心提报供应部。

原辅材料入库：酿酒用原材料、辅料由原料仓库根据质检部出据的合格证明，与供应部共同查实数量后，办理入库手续。外购大曲由粮酒车间根据质检部出据的合格证明，与原料仓库一起核对数量后，办理入库手续。糖化酶、干酵母的采购，须化验室出据合格证明，办理入库手续。没有指明验收单位的各种物资，经仓储班长验收合格，办理入库手续。所采购的物资存在重大质量问题拒收。不合格产品，在公司相关部门监督下销毁。质检部负责监督，以确保不合格品不流入市场。对于确定可以让步接收的包装物，仓库依据让步接收方案办理入库手续。

原辅材料出库：发货要及时、准确，合理调整发货时间，确保正常的生产经营。领料单必须由公司规定的部门开具。填写清楚日期、名称、物资编号、规格、数量、领料人姓名、批准人姓名或盖章、批准单位盖章，保管员方可发货。领料单上所有字迹端正、清晰。不准出现涂改现象，否则保管员拒绝发货。收、付料工作人员要加强责任心，做到公正、公平、精确，做好原始记录。仓储工作人员要加强管理，认真执行各项制度，堵塞漏洞，做到帐物相符。夜间值班保管员要及时发货，确保正常生产。发出的物品双方要当面点清，立即记帐，不得拖延。仓库会计要遵照会计制度进行记帐，字迹整洁、清晰。对单据帐目要妥善保管，不得丢失、毁坏，以便查询。

原辅材料仓库管理：保管员对已办理完正式入库手续的物资，按类型、架号、规格的顺序，分仓、分档存放，登记入帐保管。代管物资，单独建帐、单独保管。对有特殊要求的物品（如易燃易爆品等）单独存放，定期检查，采取安全措施，确保存放安全。金属电器，根据性能，注意防腐、防锈、防潮工作。各种辅料及包装物要加强防潮、防霉措施，以免造成浪费。橡胶、塑料等易老化和有保质期的物品，要定期检查，及时发现问题。粮食仓库、包装物仓库要加强防潮、防漏措施，积极做好防盗工作。露天存放的各种物资要摆放整齐，保持周围整洁，归口管理。仓库工作人员要严格执行财务制度，认真填写各类物资的名称、规格、型号、数量。加强安全意识，防火、防盗。仓库工作人员要业务熟练、勤俭节约、工作精益求精。

第三节　仓　储

1948—1955 年，原料物资全部计划调拨，库存量小，所用原料地瓜干、高粱等均露天储存。

地瓜干贮存

1964 年，开始以酒换料业务，建成现 8 号、10 号仓库存放地瓜干。建筑面积共计 428 平方米，可储备地瓜干 300 多吨。

1970 年，建成 9 号仓库和“双脊屋”仓库，其中 9 号仓库建筑面积 243 平方米，“双脊屋”仓库建筑面积 478.5 平方米。共建成 4 座地瓜干仓库，总建筑面积共计 1149.5 平方米，可储备地瓜干 950 多吨。

1976 年，3000 吨酒精设备上马，是年建成建筑面积 490 平方米的地瓜干仓库 1 座，增加地瓜干储备量 400 多吨。将“双脊屋”库房隔开 168 平方米用于储备高粱。地瓜干仓库总储备容量达 1250 吨。高粱储备容量达 110 吨。

1990 年，建成现存瓶大棚南部的水泥平台，露天存放地瓜干，储备量达 350 吨。1991 年，在现操场位置用帆布铺地后露天存放地瓜干，存量为200吨。是年10月，在现办公楼南侧用帆布铺地存放地瓜干，存量为400吨。

1992年，厂区西部扩建后，利用现专销品仓库一部分（东部）存高粱，西部存地瓜干。1993年，“双脊屋”地瓜干库不再存地瓜干改存包装物。

1998年，10号仓转存各种香料。1999年，8号仓不再储备地瓜干，处理地面后改存包装物。2000年，9号仓改存包装物。

1998—1999年，专销品仓库全部作为木薯干的存放地点。2000年后改为高粱仓库。2001年改为专销产品仓库。

稻壳贮存

作为原料之一的稻壳，前期全部露天存放。1969年，建成稻壳仓库，建筑面积261平方米。位于现厂区南部，经检斤计量后入库。

2010年10月，综合大棚建成投入使用。建筑总面积2000多平方米。稻壳陆续入库于综合大棚西北角位置，约占用300平方米，存储量200吨，卸车入库也相继快捷方便。

2014年11月，稻壳陆续搬迁至大曲房北侧存曲仓库。入库使用前对仓库内部采取了防潮措施，提升了存储条件，确保了存储质量。每年3—4月进行1次彻底清仓处理。库容最大存储量150多吨。

小麦贮存

1964年，建成一排东库房，存放生产大曲用小麦。建筑面积320平方米，其中小麦仓面积约30平方米。

1992年，小麦库房拆除，后存放于现“双脊屋”对面仓库。

1994年，转入现在“双脊屋”东半部，建筑面积168平方米，最大库存可容小麦200吨。

2004年12月，开发“五粮”新产品，增加原料品种：大米、糯米、玉米。因库容有限分别存放在小麦仓、高粱仓，不利于管理。

2005年3月，将现高粱仓东部的隔离墙部分拆除，利用53.28平方米专门存放大米、糯米、玉米，杜绝了大米和糯米的盘亏现象。

2010年10月，高粱、小麦、玉米、大米相继转入综合大棚。糯米留存原仓库存储。

2013年6月，北厂区建成投入使用。成品箱酒大部分转入北厂。瓜干仓及北侧1号、2号、3号钢棚相继腾出。高粱陆续转入原瓜干仓，建筑面积1015.2平方米，更名为高粱仓。入库按照先南侧后北侧的顺序入库。出库按照先入先出、后入后出的原则。单次采购入库500吨左右，循环使用周期40天以内。最大存储量达1000多吨。大米、糯米转入1号钢棚，建筑面积200平方米，木质托盘打底，码垛高度一般10层，垛距50公分，便于检查和通风。最大库容存储100多吨。玉米转入2号钢棚，建筑面积200平方米。最大库容存储80多吨。是年6月，小麦转入3号钢棚，建筑面积300平方米。最大库容存储100多吨。高粱、玉米和小麦用木质托盘铺底加1层苫布，离墙、离地散堆积存储。达到原料分仓存储。

2017年5月，供热公司停止给公司供汽。粮酒车间提前1个月停产。各类原辅料剩余库存328吨。因各仓库不是为贮存粮食专门设计，不符合低温、通风长期存储的条件。仓储部门面对前所未有的停产库存量，未知的开产时间，如何渡过雨季等问题进行分析，确保粮食的安全存储。各副总及相关部门利用个人资源请教粮食专家，积极探讨有效存储方法。一是降低散装粮食堆积厚度30—40厘米。袋装粮食降低到4层码盘高度，单盘间距50厘米。二是制订严格的自然通风、引风机通风。三是利用生石灰多点放置进行吸潮。四是加强粮食管控，定点检测仓内温度、湿度，粮食堆积温度，温差发生变化较大时及时进行翻仓处理。五是每周至少2次请质检部人员进行水分检测。六是依据食品安全管理制度采取有效防虫措施。停产期105天，9月13日粮酒车间开工，各类粮食存储良好。

酒瓶贮存

1995年，普通酒瓶露天存放，异型瓶存放于现电工门前的小广场上。

1996年以后，异型瓶品种数量猛增，大部分露天存放，管理不规范。新瓶内水渍严重，产品质量受到影响。

2005年4月，注重产品质量和效益管理。建成面积为1836平方米的存瓶大棚，彻底改变了混乱无序、资产不清的局面。同时责成供应处制订相应的管理制度，使酒瓶管理纳入正规化。

2005年4月，带托盘的酒瓶依旧露天存放，存于路边以及老酒库前边（现在的篮球场）。一些价值高的酒瓶存放于粮（三）车间对面的东屋内（现在技术中心放黄水的仓库）。

是年，酒瓶种类逐步增加，带托盘的酒瓶使用量加大，增加存储量。相继出现了回收托盘存储难的问题。因没有回收托盘的经验，只能杂乱无章存放于瓶场西护栏外面。

2009年，仓库管理员随包装车间、粮酒车间去山东扳倒井考察。

参观了扳倒井的酒瓶仓库，学习到了托盘回收存放的经验。分盘座、隔板、顶盖有规则的分别码垛于瓶场西护栏外面，当时受露天存储条件的影响，确保安全码垛限高 2 米以内。

2010 年 10 月，在综合大棚，专门划出存放托盘的区域。不受风刮雨淋影响，码垛高度增加 1 倍，使现场回收托盘管理得到了强化。

2013 年 6 月，北厂区建成投入使用。酒瓶存储迁至北厂，分东、西两个酒瓶仓，东瓶仓建筑面积 2037.28 平方米，主要存储托盘酒瓶及回收托盘。西瓶仓建筑面积 2115 平方米，主要存储高档酒瓶及普通箱装酒瓶。两仓最大库容存储 400 多个瓶型，180 万只酒瓶。

中秋节、春节备货期间成品库存紧张，根据生产需求，西酒瓶仓大部分酒瓶转移到室外。对箱装酒瓶或外包装不太好的托盘酒瓶使用苫布遮蔽风雨。外包装较好的托盘酒瓶进行露天存放。

2016 年 4—9 月，分两次在北厂区北道扩建钢棚 1000 平方米。主要用于雨雪天气的成品及半成品物资的装卸，解决备货期间纸箱酒瓶的存储问题。实现酒瓶最大存储量 260 万只。

2017 年 8 月，进入中秋备货紧张期，成品箱出货缓慢，库存量不断增大。整个西酒瓶仓全部腾出存储箱酒。140 多万酒瓶露天存放。受长时间风吹、雨淋、暴晒等因素，近 40 万酒瓶出现生水锈情况。给车间生产增加一道加洗工序，即费时、费工又费力。为此，向公司工会提案将钢棚再次向西侧散酒库扩建。增加物资存储量，提高存储条件。

包装物贮存

1991 年，产品包装物无库存，各包装厂在规定时间送货到厂，经检查验收直接转入包装车间生产。

1992 年，建成包装物仓库，存放部分纸箱、纸盒包装物，建筑面积 72 平方米。后利用西包装二楼和“双脊屋”作包装物仓库。

1996 年，随着产品品种的增加，利用新食堂二楼原单身宿舍作包装物仓库。

1999 年，8 号仓处理地面后存放包装物。

2000 年，9 号仓改存包装物。包装物分门别类，有序存放。

2007 年，仓库分类：1 号仓为五金仓库，2、3 号仓为瓶盖仓库，4 号仓为化学药品仓库，5 号仓为综合仓库，6、7 号仓为工具仓库，8、9 号仓为包装物仓库，10 号仓为香精仓库及高粱仓库、小麦仓库、稻壳仓库。

2010 年 8 月，包装物存储量增

多。2、3号仓存储常规瓶盖。6、7号仓存储奖品、促销品等。8、9号和“双脊屋”为包装物仓库。10号仓存部分包装物及大灯笼、抽纸、专销盖等。香精从10仓库搬到老机修屋存放。

2013年6月，北厂区建成投入使用。包装材料库建筑面积2115平方米。存储普通包装物、成型盒包装物、常规及专销瓶盖、泡沫、大灯笼、促销品等生产所需配套物资。各类包装材料最大存储量18万套。在仓库南、北两侧各建距地面高4.7米钢结构二层平台，二层平台总面积约370平方米。南二层平台主要存储常规泡沫。北二层平台主要存储专销泡沫及部分大灯笼。南侧二层平台隔建60平方米封闭式小仓库，主要存储常规盖、商标、奖品、促销品等。劳保及洗化用品最初设计在值班室北侧小房间内，但由于房间太小只能存放部分工装。其它劳保和洗化用品都在仓库一角堆放。10月，食品安全检查时，上级部门指出洗化用品不能与半成品包装材料混放需整改。当月底在北侧二层平台隔建40平方米封闭式小仓库，将所有劳保、洗化用品全部分类、分架转入。

其它物资贮存

2013年6月，包装物全部转移至北厂区，五金仓库独立。1号仓为五金仓库，2号仓为保洁工具仓库，3号仓为五金工具仓库，4号仓为化学药品仓库。

2015年6月，对部分已经淘汰五金物资进行报废处理。所有五金库物资进行重新分类、上架、标识。

2016年7月，化学药品仓库内的化学药品基本上已是淘汰产品，多年不用均已过期。经请示公司领导走正常手续全部报废处理。此后，化学药品按需提报购买计划，只办理入库出账手续，实物有提报单位自行存储。

8月，五金库劳保用品配齐（防毒面具、水鞋、防尘口罩、雨衣、防护眼镜、胶皮手套）。

9月，五金库减员取消夜间值班。将闲置化学药品仓库货架重新利用，把部分管件、阀门、螺母、螺杆等常用物资上架。仓库备用钥匙留夜间干部值班室内，遇有夜间急需抢修，由当班值班干部开门领取。经生产副总对部分已经淘汰五金物资进行认定，做报废处理。

2017年4—6月，对五金仓库物资进行全面梳理、分类、分架，重新建立台账，物资管理卡全部更换。

第五章 能源管理

第一节 管理措施

建厂初期，能源主要是煤炭、木柴等。能源供应全部上级调拨。根据生产计划按月供应，主要能源煤是从埠村煤矿、石岭子井购进。能源管理粗放。

20世纪60年代初期，原料奇缺，生产难以为继。处于半停产状态。后生产实行计划调拨和以酒换料办法，生产形势好转，能源供应增加。

1962年，架设高压线用上电后，机械设备不断增加，耗电、耗煤量越来越大，节能降耗和能源管理提上议事日程。

1977年，章丘县酒厂试行了班组经济核算制度，把能源消耗列入核算指标。各个班组实行干啥、管啥、核算啥的办法。锅炉班主要核算指标是煤和盐；汽车班主要核算运费、油耗；每台机械考核用电量。该办法的实行，使能源消耗大幅度降低。1979年，吨酒耗煤756公斤，比1970年吨酒耗煤1455公斤降低699公斤。

1982年，中共中央、国务院下发《用两三年的时间有计划、有步骤地、点面结合地、分期分批地对国营工业企业进行全面整顿》的决定，该厂结合企业实际，研究制订了《企业整顿工作的规划意见》。找出了企业在管理中存在的“两高一低”的问题，即能源消耗高、成本高、管理水平低。针对“家大业大，浪费点没啥”的不良倾向。将能源消耗同整顿和完善经济责任制捆绑。开展全面经济核算，对能源包括煤、电、水等实行定额管理。指标分解到车间、班组、个人。与个人收入挂钩，取消了过去的综合奖，全部实行超定额计奖、节约奖和质量奖。结合实际，规定能源管理工作的执行准则：一是加强领导，提高节约能源的自觉性。二是指标分解，落实到岗位。三是加强计量工作。四是关于计量仪器、仪表管理。强化领导机制，成立6人组成的厂级能源管理小组，4个车间、科室节能小组。

是年，制订专职能源管理员业务工作标准：负责能源管理基础工作。根据有关节能标准、规定及厂能源管理方针、目标的要求，提出实施计划和方案。制订责任制考核制度。对能源计量器具配备规划提出指导意见。对能源的监控、计量水平、计量范围进行监督检查。组织有关人员编制耗能设备或工序的能耗操作规程。制订能源普查、设备热平衡、能量平衡计划和测试计算方案，做到合理用能。负责能源管理和控制，定期分析、检查节能降耗方针、目标执行情况，写出报告和建议。加强重点耗能部位的控制。推广和应用节能新技术、新工艺、新材料，总结和推广行之有效的节能经验。车间节能小组职责：一是贯彻执行工厂能源管理方针目标，完成厂下达的节能工作任务。结合本单位具体情况，把节能指标分解落实到班组、工段和重点耗能设备。做到日日记录、班班分析、处处计量，定额发放，超额处罚。二是加强设备维护，减少线路、电器损耗，控制物耗、煤耗，及时处理浪费能源的现象。搞好本单位的节能技术改造。逐步分批淘汰高能耗、低效率的设备。推广高效节能设备，搞好节能培训。生产用电装表到班组，装表率90%以上，并按天抄表，车间按旬分析，厂按月汇总。是年，制订锅炉供汽管理规定：提高热效率、搞好保温。加强煤场管理，出入库有计量，分品种堆放，定期盘点，降低煤渣含炭量。2吨锅炉煤渣含碳量不大于15%，4吨锅炉不大于10%，禁止锅炉超压运行。小锅炉在负荷较轻时要利用自然通风，不开引风机。及时处理堵塞和锅炉漏风及附件漏气现象，保持良好密封性。严格执行烘、停炉制度：从烘炉到供汽时间不少于48小时，应缓慢逐渐升温。逐渐升至正常工作压力。停炉时降温，先密封降温，再自然通风冷却，严禁向炉体喷水。司炉工要严格执行岗位责任制，严禁超压、超水位运行和离岗进水现象，定期清理烟道、烟管积压灰。大锅炉每月两次清理，小锅炉每周清理1次。安全阀每月两次在厂安全员监督下由司炉工开启校对，将校对结果记录在案，并报厂管理小组。酒厂是用水大户，用水量的管理直接影响到经济效益。同时严格执行用水制度，包括不得乱接水管随意增加用水设施，各班组及主要机台装表单独计量考核。实行一水多用。浴池利用废热水，不得使用冷水和蒸汽。车间内不得设小浴池。使用暖气，室内不能高于16℃。对有关能源管理测试计量仪器，由专人管理，建卡立账，维修人员定期检查维修。按计量管理规定定期校验，保持其准确性。通过制订能源管理制度，认真执行奖罚措施，采取纵向到底、横向到边的管理方式，产品成本大幅度下降。

1985年，企业经营自主，对降低成本、节能降耗提出新的目标。重新细化了能源定额管理制度。《煤炭管理标准》规定：采购标准：选煤质发热值高，矸石含量少、供货稳定的煤井供货。验收标准：所采购货物矸石含量、水分、重量是否达标，达标则接收入库，否则拒收。煤场管理标准：煤进场后分品种压堆或分层压堆，搭配发货，稳定质量，防止风吹雨冲，防偷盗，循环发放，码堆整齐。计量标准：计量员上班后首先检查计量器具，校验无误后方能使用。按出入库发票认真核对，公平计量，严禁无正式手续乱发货。记账标准：煤场管理人员要设立煤炭台账，按进货煤井设立分账，各种原始记录单据填写清楚，按单据搞好日清月结，账账相符，账实相符，盈亏清楚。耗煤标准：锅炉用煤按定额搭配品种、过磅计量，填写领料单，煤炭入炉要配给标准水分。入炉后勤看、勤勾配给合理风量，炉床要平，上风要匀，燃烧要透。根据用汽量随时调剂进煤、进水、进风，搞好水质处理。减少锅炉结垢，提高锅炉热效率。各用煤单位严格定额考核，实行节奖超罚。《用电管理标准》：用电动力设备的安装要合理配用动力，杜绝大马拉小车。能使用调速电机的机械配用调速电机。安装按标准化保证达到能力标准，操作工要开经济车，杜绝开空车，如风机、搅拌机等，设备开启后操作工坚守岗位，有活即开无活即停。安装电表计量考核，制订用电定额，实行节奖超罚。调节用电时间，避峰填谷，按定额用电。加强用电设备的维护保养。加强生产用电和生活用电管理，做到工完机停，人走灯灭。杜绝私自安装用电电器，转供电源严格按供电部门规章办理，不得违章乱转乱供。《用汽管理标准》：锅炉供汽气压稳定，杜绝气压超高后炉底排汽的浪费现象。生产用汽按生产定额、均衡用汽，杜绝忽开忽关，造成锅炉压力不稳。按标准控制料水比，达到经济用汽。《水的管理标准》：杜绝大手大脚用水习惯，安装水表计量，制订用水定额，严格考核。推行废水再用，达到一水多用。《燃料油的管理标准》：油料管理实行五定，即：定人，指定专人管理油库油品；定时，按时发放；定量，按每台车的消耗定额发放；定质，按油品质量核算额量；定点，定车台，机台设分户账考核。奖罚均按节超油价的50%办理。搞好废油回收，汽车、卧式双缸泵、减速机等用润滑油，每年1次更换、清洗。

回收废油可作为一般机器的润滑，节约新油。采取相应措施节能，采取浓醪发酵能节水、省电、省设备是1项大的节能措施，采用低温蒸煮工艺，吨酒可节煤100公斤。《能源技术档案管理制度》：建立能源技术档案专用橱，能源报表由各车间节能统计员每日1统计，每旬向厂节能办汇报，每月由节能办专人汇总上报及存档。管理上级有关节能文件、书籍、外地节能先进经验、先进工艺技术设备资料。节能办管理本厂节能机构及人员名单，搜集能源管理信息，提出节能建议和措施。

是年，在节能降耗管理中，将能源用量大户—锅炉车间作为重点。制订锅炉定额，逐项落实管理措施。《锅炉定额》：4吨快装锅炉（东炉），气压6公斤供酒精车间用气。每班司炉工2人，运煤工1人，耗煤定额按酒精车间投料计算，酒精车间投入1吨地瓜干，冬季4个月为吨料耗煤630公斤，其他8个月为吨料耗煤590公斤。4吨块装锅炉（西炉），气压5公斤，供白酒车间、制曲车间和全厂冬季取暖用汽。耗煤定额按天计算，冬季4个月耗煤5吨，夏季8个月耗煤4吨。锅炉用煤由供应科过磅，填写领料单，月终结算。节约提奖：节约1吨煤奖3.2元，超用1吨煤罚3.2元，同奖同罚。如供汽不足，使生产投料不足，每少投1锅料罚款6元。

1995年，成立汽车队，汽车耗油成了能耗大户。制订《汽车队油料管理制度》：油料管理员在油料管理中要加强责任心，对购入的各种油料质量经验收合格，数量与发票相符方可入库。油料发放凭领料单，领料单位或个人必须在领料单上签字，否则无效，管理员拒绝发料。油料管理员在账务处理中做到手续全、账目清楚，凭购油发票和入库单入账，凭领料单或合理损耗单出账，做到账账相符。驾驶员在行驶中要按节油经验行驶，车百公里耗油控制在:“解放牌”车28公升，“130”车16公升。油料运输中严防渗漏，路耗在3%以下，库耗在2%以内，油料管理工作做到有章可循。

1998年，企业长远规划、年度计划都将能源管理放在突出位置。通过管理措施的实施，生产成本有了大幅度下降。吨酒耗煤下降了100公斤。

1999年，由耗煤转为耗汽。由热电厂直接供汽。供汽后，对用汽管理制订规章制度，采取各种节能措施用汽。

2005年，吨酒耗汽8.03吨，产品成本降低。2005年完成工业总产值4239.8万元，利税完成

1211.9 万元。

2008 年，该公司生产、供暖用汽量大。为节约蒸汽，制订《关于生产及冬季供暖用汽管理规定》。生产用汽：粮酒车间蒸辅料用汽汽阀压力控制在 1.5 公斤，时间控制在 45 分钟。包装车间用汽加热刷瓶池水温度，新瓶控制在30度以下，旧瓶控制在 50 度以下。生产车间、休息室，上班提前半小时供汽，下班提前 1 小时关汽，室内温度控制在 18 度以下。维修人员加强巡回检查，避免跑、冒、滴、漏现象。生活用汽：公司办公楼、商贸楼，实行统一管理，由机电车间按供、停气时间、室内温度要求进行管控。厂区南宿舍楼总汽阀压力不得超过 0.2 公斤。室内温度控制在 18 度以下。厂区南宿舍楼、科研楼总汽阀由机电车间调试。用汽设施出现故障，及时通知生产调度室安排修理，保证正常安全供汽。严禁各部门擅自改造、安装用汽设施。如需安装改造，须经生产调度室批准。生产及冬季供暖用汽的日常安全检查，由机电车间或包装车间、粮酒车间维修班负责。企管部、保卫部负责不定期对各部门用汽监督检查。

2010 年，为保证公司日常用电需要，节约用电成本。减少电能的直接和间接损耗，实现合理利用和发挥用电效率。该公司对用电制度进行完善，修订《用电管理规定》：用电设备由生产调度室负责监管。各部门制订节约用电规章制度，发布节约用电信息。监督、指导公司各部门的节约用电工作及负责每个月的用电统计、成本核算与控制工作。工作、生活期间必须履行节约用电义务。加强节约用电宣传和教育。普及节约用电科学知识，提高全员节约用电意识。各车间的生产设备、办公用照明、空调、电脑及其他动力设施等，均列为日常用电管理对象。生产调度室每月指派电工对办公、生活用电以外的其他用电管理对象进行检查，每季度形成工作小结。办公、生产、生活用电由各部门专人负责，各部门负责本区域内的用电工作。

2011 年，结合公司安全检查情况，不定时、不定期对各区域用电情况进行督查。注意节约用电。不准在办公室内使用任何个人用大电量电器，不准有明火。公司所有生产场所和办公场所根据需要，开关照明灯。白天一般不准开灯办公，杜绝“长明灯”现象。不需要使用电灯或电风扇时，立即关掉开关。不得擅自改装、加装、拆卸供电设施。禁止私拉、乱接电源和宽带网线。办公室严禁乱拉、乱接照明灯具。严禁在办公场所使用电暖气、电热器、电饭煲、电磁炉等大功率耗电设备。车间电源：上班前后，由当班班长控制用电。杜绝电焊机、电动机等用电设备的长期空载运行。禁止动用和损坏公共场所配电箱、开关或灯具等用电设施。工作人员对上述行为发现不予以制止而造成的后果同样负重要责任。用电部门发生故障时，要立即通知生产调度室，生产调度室安排电工进行解决，不得私自处理。下班后，自觉关闭空调、电脑、照明灯等所有用电设备，杜绝浪费。

2008—2012 年，公司每年用水量为 9 万立方米左右，为节约用水，加强循环水的利用，制订《用水管理规定》：进行节约用水教育，增强全体职工的节约用水意识。各级领导以身作则，教育和带领职工自觉爱护用水设施和设备，提高水资源的循环利用率。养成节约用水的良好习惯。做到人走阀关，防止常流水现象，禁止浪费水资源。发现漏水及时报修，杜绝安全隐患。车间纯净水只可用于润料、加浆，不得用作它用。摊晾机下不锈钢滤网，不得随意开启，以免造成管路堵塞。车间冷却水，能用循环水时不得使用自来水。包装车间刷瓶使用循环水，不得使用自来水。瓶盖、高档瓶需要纯净水清洗时，节约纯净水的使用。打扫卫生用水使用地下水池冷却水，不得使用自来水。杜绝跑、冒、滴、漏现象。加强节约用水检查工作，发现问题及时整改，节约用水工作列入交接班记录。

第二节　节能降耗

1971 年 4 月，开展“降低原材料消耗、提高产品质量”活动。“活动”中制订岗位责任和定额管理、经济核算制度。原材物料领用执行按生产任务定额发放。工作中提倡“增加生产，厉行节约”和“浪费可耻，节约光荣”的作风。第一季度生产白酒 304 吨，吨酒耗地瓜干 1904 公斤，比上年同期降低 1.5%，吨酒耗麸皮 213 公斤，比去年同期降低 21.1%，吨酒耗糠 533 公斤，同比降低 65.1%。

1973 年，该厂加强成本核算工作，开展“修旧利废，节约开支”活动。活动中，返修气阀门 114 个，排污阀 2 个，气水分离器 6 个，各种螺丝 400 多公斤，电器开关、插座等 5 套，节约开支 3300 多元。

1974—1978 年，坚持每年搞 1 次“增产节约”运动。1978 年在酒精车间、锅炉车间、串香班、汽车班等单位实行经济核算制度。酒精车间从节约原料入手，开展原料不足不减产，向出酒率要效益活动，出酒率达到 60%，同比增长 3%。锅炉班开展“苦干巧干，节约煤炭”

活动。耗煤同比降低35%。修旧利废节约资金3403元。

1983年，该厂推行设备挖潜改造、节能工作。设备更新改造：投资32万元，将酒精车间主要设备糖化罐、拌料罐、甑锅等进行改造更新，锅炉更换为节能型卧式锅炉。节能方面，发酵池安装冷却管，酒精楼冷却器由原用井水改为软水，延长了冷却器使用寿命。锅炉车间实行经济承包与职工切身利益挂钩，节能成为重点。1983年吨酒耗煤580公斤，比1982年的676公斤下降14.2%，年节煤433吨，价值近3万元。

1985年，酒厂成立厂、车间、班组节能小组。设立厂级节能员岗位。落实节能降耗三级管理网连结：厂级节能小组，由6人组成，副厂长任组长。并成立6个车间、科室级节能小组，13个班组级节能小组。6个车间、科室级节能小组分别是：供应科节能小组，酒精车间节能小组，白酒车间节能小组，制曲车间节能小组，机电车间节能小组，行政科节能小组。

厂级节能小组职责：贯彻执行国家的能源政策、法令，管理和监督企业各部门合理使用能源，不断提高能源利用率。制订并组织实施企业节能长远规划和年度计划，建立健全企业能源管理标准。经常开展节能教育和技术培训工作，制订企业节能降耗奖惩制度，审定重大奖惩事项。

厂级节能员职责：具体贯彻节能领导小组的决定，组织能源利用普查、能量平衡测试工作，对新增设备或改建扩建的生产装置及辅助设施进行能源审计。组织编制节能规划、计划，协助管理部门抓好节能工程的前期准备、施工投产衔接和竣工验收、效果鉴定工作。贯彻国家能源标准和组织制订企业能源管理工作标准和技术标准。对全厂用能进行计量监督、统计监督、标准监督和监控。编制企业耗能定额计划指标，按月统计分析定额指标完成情况。编制节能简报、节能工作总结和各种节能报表。建立节能新技术档案，积累能源统计资料，推广节能新技术、新工艺、新设备、新材料，总结交流节能先进经验。联系企业节能网全体成员，在广大职工中广泛收集能源科学管理、改进能源利用技术的合理化建议。及时向节能领导小组、各有关单位和有关人员通报上级文件及节能会议精神。协助企业宣教部门安排组织节能教育和技术培训。每月由厂级专职节能员组织1次各科室、车间节能组长会议，总结当月节能情况。研究布置新的节能措施，上报有关当月节能情况。

是年，各车间部门制订节能降耗有关制度、职责。在原材料、燃料动力方面制订了《原材料、燃料、动力收、拨、存管理制度》：各种原材料、燃料动力由专人采购、专人保管和发放。采购人员对各种材料不符合本厂标准不采购，保管员不验收入库。保管员对各种材料进行计量检验，保证质量和数量日清月结。煤炭设专职验收发放人员，购进煤炭必须是煤井原煤，发热量在6000大卡以上的优质煤，无煤矸石。凭入库单结算，建立进货台账，每月盘点1次。新购置设备有合格证、说明书，验证设备功能、节能效率，发现技术陈旧、无节能效果设备购入，财务拒付款，仓库拒入库，生产拒使用，追究购置设备人员责任。

是年，制订《增加用电审批制度》：为严格控制能源浪费和合理用电，节约用电，在增加用电设施时必须履行审批手续。本厂能源范围内增加用能措施的审批手续是：由车间提出申请报有关科室，有关科室会同厂节能办根据本厂变压器容量、锅炉蒸发量及其他能源资源情况，核准能否增加用能设备，根据设备技术性能说明其增设备节能降耗、技术指标，核准后报厂部批准。增加大型耗能设备，需经厂节能领导小组审核后提请上级部门批准。

1987年，“双增双节”活动中，加强了设备大修管理，往年大修时漏水、漏油、漏汽的旧阀门、旧配件一扔了之。活动中，只要经修理能继续使用的一律返修再用。7月，停产大修期间，短短的几十天维修班修复各种型号的阀门52个，价值3183元，回收整理旧螺丝1410套计446元，两项增收3629元。

1988年，继续开展“增产节约、增收节支”活动。此次活动着重抓产品质量和原材料消耗。1. 提高出酒率，降低生产成本，少投入多产出。采取了修订生产工艺、严格操作规程的措施。全年出酒率达61.64%，比年计划提高2.7%，多产酒130.5吨。节约原材料217.5吨，增收17.6万元。2. 降低燃料动力消耗，根据原煤价格大幅度上升、电力供应紧张的现状，采取对锅炉进行全面检修。合理调整风量和燃烧煤层，用汽设备进行配套改造。年节煤400多吨，节支2.5万元。调整用电指标，改变不合理设备运转。年累计吨酒用电平均由127度下降为68度，节支1.3万元。3、压缩管理费、车间经费节支13.8万元。

1990年，“双增双节”目标纳入管理体制，作为一项硬性指标进行考核，改局部优化管理转向整体优化管理。搞好两个利用：废旧利用、修旧利废，排糟导热回收。3个压缩：压缩工艺流程，压缩材料消耗，压缩车间经费、企业管理费。狠抓四个节约：节煤、节电、节水、节油。年节约原材料货款12万元，辅料货款7.5万元。

1991年，酒厂提出节能工作方针目标。运用经济合同的方式把各自节能目标、责任、奖惩予以确定。当年计划目标是：搞好节能降耗和综合利用，万元产值综合能耗比上年同期下降5%，主要原材料消耗降低1.5%，出酒率提高1%。压缩企业管理费和车间经费，比上年同期下降5—10%，减少非生产性开支，降低生产成本10%。堵塞跑、冒、滴、漏，向节约要效益，实现节约增收20万元。措施是：厂领导靠上抓，车间科室主要负责人具体抓，岗位工人一起抓的三级节能网。对全厂设备进行逐台诊断，找出浪费的根源。更换315千伏安节能变压器1台，更新4台节能型水泵和2台55型锤式粉碎机。完成了“闭路循环冷却水”的改造配套，改造更换节能型锅炉后，使正平衡热效率达到72.9%，反平衡热效率达到72.14%，炉渣含炭量8%以下。改变过去单级软水处理为双级软水处理。提高入锅软水的质量，达到节盐、节煤目的。蒸馏工段余热回收工程，增添罗旋板式换热器用于糖化冷却。年节能降耗达到17万元，经济效益全年增收12万元。是年，被晋升为“省级节能企业”。

1992年，酒厂抓了综合利用、降低成本，推进技术进步，应用新工艺等。6月，采用传统生产工艺与科学技术相结合，试验干酵母在粮酒生产中的应用新工艺。使出酒率提高6.43个百分点，当年多产酒97.22吨，增收106.94万元。1993年，多产酒107.2吨，增收117.92万元。此工艺在1994年济南市企业管理现代化优秀成果发表会上被评为优秀成果二等奖。利用废酒糟渣发酵回蒸新技术，废物利用，年增效益7.5万元。吨酒耗煤、耗电分别比省级标准降低了5.85%和4.34%，实现增收节支5万元。压缩企业管理费用、车间经费，修旧利废、堵塞跑、冒、滴、漏等增收近10万元。

1995—1997年，推行成本控制工程。完善部门、车间的现场管理，调整增收节支定额和目标。1995年粮酒出酒率提高2个百分点，年平均达到38%，可增产优质酒26吨，价值52万元。锅炉车间司炉工严格执行操作规程，挖掘设备潜力，全年节煤150吨，节支2万元。1997年，开展了以降低“管理、财务、销售”三项费用为中心的增收节支活动。三项费用开支分解到部门，月初有指标、月底有考核，提高了员工的节约意识。如：5月份考核三项费用指标支出比4月份下降29%，节约支出22万元，仅电话费少支出2491元。

1999年，年初计划中重新修订节能增效的措施。从减少管理费用入手，调整科室，减少管理人员，抽出43人充实生产一线，直接减少管理费用26万元。采取废物利用、回收旧酒瓶降低成本，降低包装物支出38万元。试验改进新工艺，通过对包装物覆膜工艺改为塑印工艺，使酒盒包装物费用节支12万元。择优选用糖化酶供货厂家，节约原材料购置费24万元。当年降低生产成本达150多万元。

2001年，对物资供应部门进行调整，堵塞漏洞。对原材辅料的购进严格按“货比三家”比价比质采购，实行公开招标，择优采购，包装物价格普遍调低3%，1年减少支出100万元。

2006年，开展“管理效益年”活动。粮酒车间狠抓出酒率，年平均出酒率36.16%，高出年计划2.37%，增产60°原酒48.41吨，增加效益67.74万元。机电车间坚持修旧利废，利用旧材料制作旋梯、栏杆、设备等，节约开支10万元。在设备大修中，严格控制修理费支出，节能增效11万元。包装车间在提高定额基础上，各种酒瓶、包装物节约开支6.49万元。供应处坚持采购指标制度，增收节支45万元，全年公司在“管理效益年”活动中累计增收节支160万元。

2007年，在基础设施改造中，采用新技术节约资金，散酒库搬迁中，按常规管道需不锈钢材料，公司大胆创新，采用台湾先进的UPVC塑料材料代替，节约资金47万元。对粮酒车间生产用水进行技改，对冷却水回收、再用于包装车间刷瓶，节水、节汽。年节约资金17万元。

2008年，公司开展“管理创新年”活动。通过内抓节能降耗、外拓市场营销，激发全员的创新意识，最大限度的实现开源节流、增收节支。在原、材、物、料不断涨价，工人工资不断上调，白酒市场竞争日趋严峻，成本不断上升的情况下，公司制订三大主要增效措施：合理降低采购成本，合理调整产品结构，生产工艺改进。供应部、财务部通过货比三家、统一招标，降低仓库损耗的措施，全年增效420万元。销售公司通过市场调研，开发新产品，增强产品竞争力措施，全年增效310万元。粮酒车间对363个窖池进行更换有机窖泥和加瓷缸抽取黄水的改造，对粮（二）、粮（三）

车间的通道进行了夯实，避免地下水浸入窖池，确保了酒醅质量，全年增效 221 万元。

2009 年，节能挖潜，降低生产成本。公司自主设计、制造、安装蒸汽管道改造工程。将直径 330mm 管道改换成直径 180mm 管道，将之前的地下蒸汽管道改成地上管道，减轻了对管道的腐蚀。降低蒸汽损耗，节约生产成本。本次改造每年可为公司节约蒸汽 1000 方左右，折合资金 20 多万元。

2010 年，该公司为缓解成本压力，实施“优化产品结构、创新生产工艺、严抓节能降耗”等多项有效措施。消化增长成本，确保经济效益的提升。着力开发新产品，百脉泉生态芝麻香高端产品成功上市。34° 百脉泉生态原浆 6 年、9 年、12 年相继成功上市。粮酒车间全年投料小麦 710.04 吨，产曲 568.32 吨，完成计划指标。结束了公司外购“包包曲”、“平板曲”的历史。是年，压池恢复生产，利用底糟香味成分丰富的特点进行酒精串香，在不增加人工费用的情况下，为公司增加 65° 原酒储备 98.8 吨。

2013 年，包装车间通过严格管理、规范操作，控制包装物原材料的消耗。从“节约一个商标，不浪费一个回收瓶”做起，全年共计实现降低成本近 16 万元。粮酒车间对机物料消耗和维修费用实行单班考核。注重维修人员的节约意识，修旧利废，降低生产成本。累计节约成本费用 34.3 万元。三粮出酒率达到 38.55%，五粮出酒率达到 35.86%，累计超产原酒 85 吨。

是年，压池恢复生产，进行工艺改进，利用底糟香味成分丰富的特点进行酒精串香。为公司增加 65° 串香酒储备 50.405 吨。物资采购方面，大宗物资采购继续采取货比三家、阳光采购的原则，通过各种形式的招标，降低采购成本。

2015 年，包装车间，严格控制包装物原材料的消耗。以及 9 年瓶、盒回收等措施，挑选 9 年回收瓶 18.7 万个，9 年泡沫 20.5 万块，极大地降低了生产成本。粮酒车间进一步加强车间的内部管理，注重产量、质量兼顾，超额完成产量指标 66 吨，出酒率完成 37.18%，三粮吨酒成本降低 195 元，五粮吨酒成本降低 390 元，累计节约成本费用 35 万元。维修人员修旧利废，计划吨酒机物料消耗定额 47 元，实际消耗 30 元，年节约资金 1.47 万元左右。公司打造工业游项目，在南厂东路修建“五馆一院一长廊”。机电车间克服人员少等诸多不利因素，对东路电线及跨路蒸汽管道进行迁移改造，与外招施工队相比，节约资金 11 万元。

2016年，加强内部管理，开展“创收节支”活动。包装车间共使用回收9年瓶12.8万只，回收泡沫21.5万块，制做工作服408件，降低了生产成本。粮食酒全年计划产量900吨，完成1022.109吨，累计超额完成产量指标122.109吨，创历史新高。三粮吨酒成本降低397元，五粮吨酒成本降低662元，累计节约成本费用64万元。办公楼改造过程中机电车间承担水、暖气管路的改造工程，为公司节约费用1.2万元。机电车间以1.4万元承担酒精浓度探测仪的安装任务，同比外包厂家安装节约安装费用5000元以上。对包装车间的节能灯更换为LED灯，一年内收回采购成本，三年内可为公司节约电费约计4万元。

第六章 财务管理

第一节 财务计划

1960—1979年，根据上级主管部门下达的年度生产计划编制财务计划。随着上级生产计划的变更，财务计划增加或减少。按年度财务计划，将生产成本、专项工程、科技、费用开支等项目，由分管各部门按季编制计划报财务科审核后交各部门执行。财务科按月编制财务收支计划。

1980年，厂财务计划编制，根据主管部门下达的年度计划，兼顾本企业的生产经营情况，编制年、季、月财务收支计划。

1987年，国家财政部印发了《关于国营大中型企业推行承包经营责任制有关财务问题的暂行规定》的通知。根据通知精神，酒厂制订《月度财务计划管理制度》：掌握财务收支动态，加速资金周转，有计划地进行经营，将月度财务计划分解到主要科室如销售科、行政科、机电设备科、基建科、劳资科等。包括编制收支计划，销售收入、房租收入、存款利息收入等；支出计划包恬基本建设、设备购进及维修、职工工资奖金、医药费报销、上缴利税等。计划编制的具体规定：根据收入打足、支出打紧的原则编制月度财务收支计划，体现量收为支、留有余地。各科室月计划的编制：供应科负责编制生产用原材料、辅助材料的采购计划。基建科编制基建设施用料采购计划，作为专项工程支出。属于社会集团购买控制商品购置，先有计划指标方可编制计划。下达部门计划用款指标。严格执行用款指标，数量和金额均不得超支。遇特殊情况须先申请追加计划，批准后执行。财务计划在实施过程中按计划管理制度检查计划执行情况。发现有与计划出入较大的项目，认真分析原因，通知有关部门采取措施及时解决。发现因市场变化、产品结构变化而造成与计划差别较大时，及时调整财务计划。

1997年，公司与财务处长签订目标责任书，按公司财务计划的各项具体指标确定目标责任：各项经济指标基数：全年完成利润计划200万元，利税1700万元，资金利税率比上年提高5%以上。货款回收率达到98%以上，全年回收陈欠款不低于100万元（含以货顶款部分）。全年计划65°地瓜干酒和65°粮食白酒吨酒成本比上年各降低10%；三项费用（销售费用、管理费用、财务费用）比上年降低10%。医药费不准突破上年标准。财务处长职责范围：负责公司财务会计工作，全面经济核算。准确、及时地反映经济活动中出现的问题，加强资金、资产、工资、奖金管理，提高资金营运效率。负责监督产成品、原材料、物资的管理，使其达到账物相符、账账相符。加强成本管理，降低三项费用和各种费用，确保年计划的顺利完成。严格执行各项财务制度，具体负责财务（资金、资产）管理、医药费报销、厂外就诊签批工作。搞好司法办公室（负责清欠）工作。领导财务处工作。奖惩办法：完成上述目标任务，享受工资、奖金、效益工资和职务津贴，并按全年实现利税的1‰奖励，超额部分按1.5‰奖励。当年利润未完成，按减少值的0.4%从工资总额中扣除。以上指标每1项完不成，视情节扣除职务工资及奖金的20%。实现利税的奖励同样按上述比例奖罚。主要指标完不成，低于计划10%扣职务工资的10%，以此类推，超额部分按上述比例增发工资。

2002年起，在做好公司整体财务计划的同时，财务计划的制订和管理下沉到公司各部门，将部门各项工作的指标列入财务计划范畴。先后针对散酒库、粮食仓库亏损现象，重新规划物资出入库流程，增加散酒出库二次过磅复核流程、进货双人检磅流程，保障公司物资安全。

2004年，针对公司大量库存酒瓶、包装物、配件长期积压，无法使用的问题。财务部提出对其进行全面消化清理，并要求物资采购应与生产计划、销售计划相协调。经过三年的库存清理与计划采购，使库存物资达到账实相符、质量合规的要求，减少了资金占用，建立采购的标准流程化管理。

2007年—2008年，市场经济体制程度加深。自2007年底起，原、材、物、料及公司销售、管理等相关费用成本不断上涨，公司积极开展“管理创新年”活动。财务部贯彻公司精神，严格执行《报销管理规定》《货款支付管理规定》，复核发票或报销单签字审批手续齐全性、票据合规性、报销金额准确性等，最大限度实现开源节流，增收节支。

2009年，公司推行预算管理制度。公司利用预算对各部门的各种财务及非财务资源进行配置、考核、控制，以便有效的组织和协调公司的经营管理活动，完成既定经营目标的一种管理方法。财务部确定为公司预算管理部门，负责拟定财务预算的目标、政策，公司预算管理体系的建立和完善；制订财务预算管理的具体目标和实施方法；审议、平衡财务预算方案经公司办公会批准后组织下达；协调解决财务预算编制和执行的问题；分析、考核财务预算的执行情况，督促各部门各单位完成预算。财务部每月将各部门提交上的预算进行审查、汇总，提出综合平衡的建议。在审查、平衡过程中，与各部门进行充分协调，对发现的问题提出初步调整意见，并反馈给有关预算执行部门予以修正。财务部在有关预算执行单位修正调整的基础上，编制出企业财务预算方案，报公司办公会讨论。对于不符合公司发展战略或财务预算目标的事项，公司财务部责成有关预算执行单位进一步修订、调整。在讨论、调整的基础上，财务部正式编制公司年度财务预算草案，提交公司经济分析会审议，报总经理批准。对公司经济分析会审议批准的年度总预算，一般在次年1月初，分解成一系列的指标体系，由财务预算部逐步下达各预算的执行单执行。财务部负责对资金合理利用支出，对紧急事项优先支出，未经批准的计划、预算、或超计划预算不支出，不符合审批手续的不支出，较好的维护和发挥财务预算管理的实效。

2010年，为了防控账务风险，将每年的汇算清缴工作列入公司年度规划。根据税法规定，同税务部门配合、商讨，对业务进行核对及梳理，把账目中存在的潜在风险调整到位，减低公司税务风险。按时办理纳税申报，及时足额缴纳各项税款。建立良好的税企关系，定期对国税、地税进行业务沟通，听取对方的意见和建议，在保证公司利益的前提条件下，促进工作更快速、更有效的完成。同时严肃对待各级主管部门的检查，每年及时高质量完成地税汇算清缴、国税税收月检查，配合市审计局、财政局对公司资产状况的调研等工作。并针对一些突发事件，根据公司的要求，及时传达会议精神，贯彻到位，制订财务处应急预案管理办法。

2011 年，财务部为加强各项管理，加强职能监管，将各科室、仓库各项财务活动管理制度列入监督管理范围。仓存管理：对所有发生的业务监督执行出入库管理制度，严格执行产品的出入库手续，对每一张单据严格审核发现问题及时纠正，对仓库数据随时监控。对仓库提出卡片式管理，对在库物资登记卡片，每月及时对账，做到账卡相符，账物相符。进行清资盘点时，直接从财务系统中提取数据对所有在库产品进行实物清资盘点，及时出具盘盈盘亏表，对相关责任人进行责任界定及处罚建议等，实现企业各项业务的精细化管理与核算。应收账款：定期核对应收账款等往来款项进行账龄分析、平均收账期分析、坏账分析，向上级递交分析报告，提出呆坏账的清收办法；协调销售部门执行公司有关的销售政策，并对执行情况进行监督检查；监督检查应收账款、应收票据管理工作。对长期不清的往来款项，查明其原因，提出处理意见。针对检查中暴露出来的问题，及时制订了应收账款管理规定、包装物溢价、差价管理规定，减少账目潜在风险，提高业务人员的职业素质。清资：每年度，在生产淡季进行清产核资工作，对公司货币资金、存货、原材料、包装物、固定资产等进行全面清查盘点。发现问题及时上报，对盘盈盘亏进行账务处理。更加真实、完整的反映公司的资产状况、财务状况、经营成果，提高公司会计信息质量

2012 年，财政部、国家税务总局发出了《关于在部分行业试行农产品增值税进项税额核定扣除办法的通知》，7 月 1 日起，液体乳及乳制品、酒及酒精、植物油企业 3 个农产品增值税进项抵扣将发生改变。该新规被称为增值税抵扣政策的“破冰之作”，财务部积极配合税务部门完成了参与农产品的核定工作。

2015 年，国务院印发《关于加快推进“三证合一”登记制度改革

的意见》（以下简称《意见》），即将原有营业执照、组织机构代码证、税务登记证变更为“统一社会信用代码”。2016年3月份，财务部根据国家规定及“三证合一”所需相关资料依次对酒业公司、商贸公司及下属的公司展销厅、明水展销厅、埠村展销厅、刁镇展销厅及普集展销厅、百脉泉广告公司都进行了“三证合一”的变更工作。同年，根据市财政局、经信委下发的《关于印发济南市中小企业发展专项资金使用管理暂行办法的通知》，财务部认真贯彻执行，对所需的财政补贴申请报告、企业融资费用财政补贴申报表、企业法人营业执照、年度财务审计报告、银行贷款合同及支付利息和担保费用的单据搜集、复印、装订，报财政局审批，审批通过后为公司争取融资费用财政补贴54.1万元。2016年继续为公司争取融资费用财政补贴56.04万元，2017年争取贷款费用补贴42万元。

2016年，各供应商开具的发票及销售公司的各类广告费用等转入财务进行审核，对入库与发票不符、数量及金额不符广告费用与合同不符等问题及时退回，则其改正。同年，随着国家税务总局对金税三期全面推开，发票开具全部联网。对账务处理提出了新要求，账务处理、税务风险明显增加。财务部按照公司要求，建立健全工作目标及考核办法，对会计核算。会计监督、现金收付、银行结算、资金管理、成本费用审核、会计报表及财务分析、纳税申报等提出了明确的目标和要求，夯实了企业会计核算基础工作。

财务部加强资金运筹管理作为财务计划的重点实施、监控对象，保证生产经营资金的正常运行。随着公司销售收入的持续增加和固定资产的大幅增加，资金周转额度不断增加。财务部与多家金融机构保持良好沟通渠道，银行贷款由2007年的930万元增加到2017年的5970万元。其中符合银行资产抵押条件的贷款1500万元，通过贷款担保中心贷款800万元，通过酒业公司和商贸公司相互担保贷款3670万元，每年节约担保费用70多万元，同时争取到比同类企业低10%的贷款利率。同时按年度、月度计划分配使用资金，把有限的资金合理分配，最大限度的提高资金的整体效益，实现资源优化整合。

财务办公信息化

财务信息化是提高财务管理效率的必然手段，也是随着市场经济发展的必要手段。该财务部结合自身需求，自2006年起将财务信息化办公列入年度工作计划。

2006年7月，财务部与用友、

金蝶等六家财务软件公司接洽，结合公司实际，经比价采购，最终确定购入金蝶 K3 财务管理系统。2007 年开始正式使用。该财务软件包括总账管理系统、固定资产管理系统、采购管理系统、仓存管理系统、客户及应收应付管理系统、报表管理系统。结束了公司手工记账的历史，使财务核算更加准确、详细、及时，工作效率大幅提高。实现了资源数据共享，同时实现物流系统与财务管理系统的统一。改变了以前仓库负责保管账，财务负责明细分类账，由于品种众多，出现保管账与明细分类账无法一致的情况。在仓存管理系统使用后，系统所有在库物资均编有代码，在仓库收货和发货后，由电脑开具出入库单据，财务部根据客户开具发票及出入库单据进行账务处理，系统随即自动计入总账、明细账。实现了物流系统与财务管理系统同一套账。

2014 年，为加强对产品发出和货款回收过程的风险控制，并提升对业务人员的考核精度。由财务部主导，销售公司和企管部协同，在结算中心安装了“外勤管家”营销平台。该平台实现了注入资金与订单管理一体化，客户与公司点对点对接，客户拥有个人手机订货平台，通过手机自主下单所需商品，公司平台收到申请后由业务人员开具销货单提取商品。实现了客户所定产品与发出商品一致，改变了以往所有环节只有业务人员操作的模式。通过营销平台的使用，公司能够及时、准确掌握发出产品流向和货款回收状况，及时规避风险。客户及时了解所订产品流向及公司结算状况。业务人员能够及时掌握客户合同执行进度和货款结算余额。账款清晰明了。公司、客户、业务人员相互监督，对应收账款的风险管控起到了重要作用。

年末，财务部对原有财务制度重新梳理，重新制订《财务核算管理标准》和《财务部人员岗位职责》《会计档案管理标准》。规范内部工作流程、相应人员的职责和分工，会计核算工作更加规范化。

2017 年，由于公司产品种类繁多，各个部门对产品、物料名称多样，无法统一。给相关部门的工作带来难度。为改变这一现状，提高公司对物料、成品的有效控制和管理，加速公司 K3 数据、物流管理数据科学化、标准化和信息化。由财务部牵头，联合品牌部、仓储中心、包装车间及供应部出台了《物料编码管理流程及实施细则》。该细则规定：公司生产产品，由品牌部下发新产品计划的名称，并提供正确完整的物料名称及配套物资的物料清单，由财务部提供新物料编码，负责物料编码的制订、审核、录入、修改、删除物料编码规则及物料编码；并负责按照物料编码进行财务管理将新产品、配套物料编码反馈品牌部下发使用。有关部门依据下发的产品标准正确使用代码。细则实施后，确保了公司物料采购、入库出库、产成品入库出库、库存管理、盘点等活动之规范、有序，避免一物多名，一名多物等物名不符的现象。

第二节　固定资产管理

1948—1954 年，设备简陋、草房土屋，全厂只有两部马车及小锡锅、大缸、木锨等简易生产工具。1949 年固定资产 20 万元。旧设备一直延续到 1954 年，是年，修建了发酵池和厂房。固定资产 20.77 万元。

1959—1962 年，经济困难时期，原料奇缺，处于半停产状态。设备、厂房等无大变化。1963 年末，固定资产 22.58 万元。

1964 年，酒厂实行以酒换料业务，促进了生产发展，生产设备增加。固定资产达 22.65 万元。

1970 年，建酒精发酵车间、鼓风机房、大曲房等，购进部分设备。固定资产达到了 39 万元。

1971—1982 年，生产基础设施、现有设备已不能满足生产发展需要，生产规模不断扩大。包括新建酒精车间、职工宿舍、建成酒精生产线、购进大型锅炉、建仓库等共投资近 160 万元。至 1982 年末，固定资产总值达到 193.9 万元。

1985 年始，以税前还贷的方式进行技术改造，扩大再生产。随着效益的不断增长，国家政策的优惠，抓住机遇进行了大规模的技术改造、基本建设。固定资产总值达到 246.2 万元。

1989 年，制订《固定资产核算员业务工作标准》规定：负责固定资产核算工作。建立健全固定资产明细账，按规定对固定资产的增减转移、报废等变动情况及时进行账务处理。做到手续完备，交接清楚，责任明确，每月定时对账。每月编制记账凭单，填报资金平衡表中固定资产折旧和固定基金。定期检查会计科、固定资产主管部门及使用部门的账、卡、物，保持账、卡、物一致。年终进行全面清查、对账，对需报废的固定资产认真审核，报批后进行账物处理。每季对固定资产使用情况、固定资金的占用和运用效果进行分析，提出分析报告。督促固定资产主管部门及时处理闲置设备，提高固定资金利用率。是年，利用企业升级和会计工作达标的契机，加强了固定资产的管理。财务科与设备科、基建科对固定资产进行了全面清理，健全了固定资产明细账、卡片，制订了管理制度，明确了经济责任制。使固定资产管理进一步完善。按固定资产分类标准，将该厂固定资产进行归类。生产用房屋、建筑物、动力设备、生产设备、仪器仪表设备、运输设备等，划归生产用固定资产。职工福利和公用事业的国家资产，包括职工宿舍、托儿所、食堂、浴池、医务室等用于生活和福利的房屋、设备等，划归非生产用固定资产。未开始使用的新增固定资产和停止使用的固定资产，包括建设单位拨入、尚未投产、拨入尚未安装、生产任务变更停止使用、交给建设单位进行改建、扩建的固定资产，划归未使用固定资产；已报请上级主管部门调配处理的固定资产，划归不使用固定资产范围。

是年，该厂对固定资产实行分级归口管理制。即厂级、车间两级管理。财务科、基建科、设备科为厂级管理职能部门。车间由1名副主任分管本车间固定资产的调出、调入、使用、保养和维修工作。其他固定资产使用部门同时也是固定资产管理职能部门。厂级各部门固定资产管理责任。财务科：管理全厂固定资产、建立总分类账和明细分类账，准确核算固定资产的增减变化，掌握固定资产动态。固定资产每年必须进行一次全面清查盘点，对清查中发现的盘盈、盘亏进行调账，达到账账、账实相符。合理使用固定资产大修理资金和基本折旧资金。严格划分大修费与一般费用的开支。监督固定资产的使用效率，正确提计固定资产折旧，做好固定资产核算工作。达到与各分口管理部门账、物相符。基建科：负责全厂建筑物的管理。根据企业发展规划，负责基建项目的报批、施工及验收，负责房屋和建筑物的维修保养。健全明细账与台账（卡），确保生产经营正常运行。设备科：负责各类生产设备的编号、建卡、建立统一的设备台账。负责设备的各种技术资料、事故报告、验收记录、使用管理、维修保养、调拨处理、清查盘点工作。

1990—1992年，在设备大修期间，投资25万元，对10口发酵池、拌料罐、精馏塔和一、二级冷却器等主要设备进行更换、改造。投资27万元打深水井1眼，投资8万元将变压器增容。固定资产原值达到833.3万元。

1993—1995年，在白酒行业生产经营不景气的情况下，该厂果断决定酒精生产扩产改造。1994年，投资35万元扩建酒精车间，酒精生产能力由3000吨扩为5000吨。边生产，边建设，28天完成扩建改造，年增产值600万元。投资40万元改造晾曲房，粮酒生产能力由600吨增至900吨。先后修建瓶酒仓库和地下酒池、2209平方米的粮酒车间和1087平方米的原料仓库。投资90万元建成灌装车间，购置全自动控制10吨锅炉。投资168万元建成科研办公大楼。购置汽车等运输工具9辆。6年间共投资1400多万元，1995年末，酒厂固定资产原值达到1655万元。

1999年，章丘市环境保护局对环境保护提出严格要求。为了酒精车间的正常运转，投资120万元新上污水处理项目，建成污水处理厂。投入使用后，污水处理完全达标。

2000—2005年，新增微机28台，空调器10台，提高了生产科技含量，改善了办公条件。硬件设施不断完善，固定资产不断增加。2005年末，固定资产原值达到了2195万元。

2006—2007年，购置各类运输车辆17辆，摩托车、电动车等18辆，包装车间新增灌装线、喷码机、封底机，新增不锈钢贮酒罐、贮酒池、电脑等资产。2007年末，固定资产原值达到2432万元。

2007年1月，公司购入财务软件K3系统，系统设置配套的固定资产管理软件，对公司所有固定资产进行财务管控。系统中固定资产按类别进行编号：房屋及建筑物代码为01；生产设备代码为02；非生产设备代码为03；运输工具代码为04；与经营活动有关的器具、工具、家具代码为05；电子设备 代码为06。

2008年，公司投资44万元对散酒库扩容改造、修建钢结构大棚、购入原酒储酒罐5个，增加储存能力500吨，自建散酒库管道。同年，固定资产原值达到2540万元。 是年，由于企业资产规模迅速扩张，其管理成为企业管理的重要内容。公司对固定资产管理的内部控制制度进一步修订：使用部门即为管理部门，各部门需购置、修建固定资产时，需填写《固定资产采购申请表》报经部门负责人、分管副总、总经理批准；在该表中应详细填写固定资产名称、规格、型号、数量以备合理采购。所需固定资产到位后，由其使用部门负责验收，并对固定资产的使用落实到使用人。具体管理部门设置固定资产实物台帐，建立固定资产卡片。采购人及时将发票及领导签批的报销单、明细表交由财务，明细表中详细填写固定资产名称、规格型号、金额、数量，财务部根据发票建立固定资产明细账及总账，系统自动对固定资产进行资产编号。

2009年，公司购入面包车、厢式货车等运输工具30多辆用于销售公司市场建设；对设备继续更新和改造，新购入不锈钢存酒罐3个，投资60万元建设酒文化展馆，用于建立工业游。2009年公司的固定资产达到2770万元。

2010年，公司为包装车间购入电动叉车2台，托盘2000个。由原来的人工搬运改为机器运输，提高了效率，降低工人的劳动强度。增加瓶酒库储存容积，由原来的人工码层7层增加到14层。为销售公司各办事处购置各类运输车辆13辆，电动车10辆，空调4台。对文化长廊墙面装修。2010年末，固定资产原值达到3100万元。

2011年，为销售公司购置面包车、 货车等运输工具16辆；安装价值4万多元的网络监控设备；为包装车间购入价值192000元的喷码机4台，由原来的人工打码生产日期改为机器喷码，设备精密度非常高，不宜仿造，从源头上杜绝了假酒的产生。购入新式冲瓶机1台，价值4万元；为保证酒的质量为技术中心购入冷冻机组1套，价值32万多元。年末，固定资产价值达到3240万元。

2012年，公司为增加品牌影响力，投资76万多元修建了酒文化博物馆，相继购入旅游车、面包车等运输工具11辆。年末的固定资产增加到了3420万元。下半年，公司扩大生产规模，在公司对面租赁黏土矿土地47亩，投资建设北厂区。是年，对在建工程的管理和计价方法进一步规范完善。购入的：按照买价加上支付的运输费、保险费、包装费、安装成本和缴纳的税金等计价；自行建造的，按照建造过程中实际发生的全部支出计价；在建工程，包括施工前期准备，正在施工中和虽已完工但尚未交付使用的建筑工程和安装工程，按照下列方法计价：自营工程，按照直接材料、直接工资直接机械施工费以及所分摊的工程管理费等计价。出包工程，按照应当支付的工程价款以及所分摊的工程管理费等计价。安装工程，按照所安装设备的原价、工程安装费用、工程试运转支出以及所分摊的工程管理费等计价。在建工程发生报废或者毁损，按照扣除残料价值的过失人或者保险公司等赔款后的净损失，计入施工的工程成本。单项工程报废以及由于非常原因造成的报废或者毁损，其净损失，计入营业外支出。工程交付使用前因进行试运转发生的支出，计入工程成本。在试运转中形成产品且可以对外销售的，以实际销售收入或者预计售价扣除税金后，冲减在建工程成本。

2013年6月，北厂区建成，投资2500万元。公司又相继安装人行天桥实现新老厂区的对接、为新车间修建暖气管道、购入生产线、电子计量灌装机、冲控机、灯检机、输送机带、工作平台、胶带封箱机、微孔过滤机、酒罐等。固定资产大幅增长，达到了6990万元。是年，公司实现厂级、车间、班组三级管理，责任落实到位。当固定资产严重损坏，没有维修价值时，由固定资产使用部门提出申请，填写《固定资产报废申请表》，并报分管副总和总经理审批。经批准后，将实物进行处理。处理后对台账及固定资产卡片进行更新，并将处理结果书面通知财务部。财务部依据总经理批准的固定资产报废申请和实物处理结果，进行账务处理。如需出售的固定资产，需由固定资产管理部门提出申请，填写《固定资产出售申请表》，列出准备出售的固定资产明细，注明出售处理原因、出售金额，报部门负责人、分管副总、总经理审批。固定资产出售申请经批准后，固定资产使用部门对该固定资产进行处置，台账及账务做固定资产减少，加强固定资产使用过程的监控。并协同使用部门对固定资产每年进行一至二次清资、盘点工作，做到帐物相符，保持帐、物、卡一致。对盘亏、报废及固定资产计价，执行审查制度，按规定程序批准后，于年底财务决算时处理完毕。盘亏的固定资产冲减原价和累计折旧，原价减累计折旧后的差额作营业外支出。报废的固定资产经清理后的净收益入营业外收入，净损失作营业外支出处理。

2014年，公司为增加知名度，扩大影响力，投资330万元建设了藏酒馆，并对原有古井进行了改造，购入不锈钢自吸泵、管道泵、潜水泵等非生产用设备。年末固定资产比2013年增加了470万元，达到了7461万元。

2015年，公司推出工业旅游项目。投资235万元用于瀚风堂、问鼎阁、古井坊的三馆建设。投资26.3万元对粮酒车间进行地面改造。购入双梁桥式起重机2台，甑锅吊甑、电动吊架、五粮自动晾茬机等设备，总价值121万元，用于粮酒二车间的机械化改造项目。为北厂区购入价值60.08万空调机组等，年末的固定资产总值为8070万元。

2016年，公司投资200万多元购买了唐人中心的门头房作为明水展销厅的新址。为北厂区散酒库购入不锈钢酒罐19个，投入80多万元，同年的固定资产增加了900万元，固定资产总值达到了8990万元。

2017年，由于市热源厂停止生

产，不再供给蒸汽，公司投入67万元购入天然气管道，投资292.9万元购入天然气锅炉6台用于生产。至2017年8月底，固定资产总值达到9136万元。

第三节 成本管理

1948年，成本管理由财务课负责。成本核算主要是原材料、燃料、生产费用及工资的核算。原料高粱、小麦，随市场价格波动，燃料价格及工资平稳。1949年吨酒成本603元。

1955年，该厂对原料价格进行调查对比，高粱价格高于地瓜干价格，且出酒率低。出酒率1954年是37.42%。为降低成本，改变生产工艺，以地瓜干为主要原料生产。地瓜干价格低，出酒率高，地瓜干出酒率达47.44%，吨酒成本下降54元，吨酒耗煤下降0.17吨。

1956年，修建增加发酵池，淘汰了过去发酵小缸的旧设备，吨酒成本下降68元。

1957年，产量由1949年的395吨提高到620吨，利润由1949年的2.4万元提高到15.7万元，增长6.5倍。成本由1949年的603元降为382元，下降27.2%。

1959—1962年，受自然灾害影响，生产原料短缺。该厂用茅草根、甜秫秸、地瓜母等做原料坚持生产。产量大幅下降，由1958年的490吨下降到1961年的66吨，吨酒成本由1959年的553元增加到1961年的2414元，比1958年增加了6.1倍，首次亏损。

1964年，原料供应单靠国家调拨不能满足生产需要。采取以酒换料，解决了原料供应不足的问题。产量由上年375吨增加到600吨，吨酒成本由1963年的539元降至493元，降低 9%。

1970年，液体蒸馏工艺代替部分固体蒸馏。产量比1968年增加26.3%，成本下降5.5%，当年吨酒耗地瓜干为1.932吨，耗煤1.455吨，实现销售白酒1307吨，用102吨酒换回28万公斤原料，保证了正常生产。

1974年，原材料价格上涨，制订《关于加强企业管理的意见》。其中规定对地瓜干、麸曲、煤、糠、工具等物料的消耗定额，不得乱拉乱用，超出定额要找出原因，制订措施，有效缓解了成本的增加。

1975年，制订成本控制计划。由厂级领导、财务人员、工人组成三结合领导小组，对9项经济指标完成情况进行分析，找出了成本上升原因：一是原材料涨价，运输费用过高；二是内部管理漏洞大，制度不落实。采取措施，将各项任务落实到班组，材料消耗定额发放，收发过磅计量。大力开展增产节约、修旧利废等活动。1976年下半年，该厂扩大生产规模，大搞基本建设，资金紧张，遂开展高粱换酒业务，减少资金占用，缓解现金支付压力。

1978年，制订《关于班组经济指标核算工作的意见》。9月1日，在串香班、酒精班、制曲班、汽车班4个班试行。各班组长亲自抓核算，推选1名有核算能力的职工担任兼职核算员和材料员，具体负责本班组核算工作。11月份在酒精班实行超产节约奖，规定地瓜干出酒率30公斤，质量95.5°，每百斤原料多产或少风耗500克酒精奖0.06元。奖励条件是完成年计划指标，达到质量指标，完成劳动工时和消耗定额，每日一核算，每月一计奖。其他班组明确核算指标，本着干什么、管什么、算什么的精神，确定核算内容。内容包括产品产量、质量、工资、原材料、燃料、电力等。建立健全核算记录，设立领料卡，达到领料有记录，消耗有定额。此办法加强了成本控制，连续3年吨酒成本稳定在553—574元之间，吨酒降耗在22%左右。

1979年，根据财政部《国营企业会计制度》的规定，设置总分类账、明细账、银行存款日记账、固定资产分类卡片。

1982年，修订《成本管理、成本核算》制度，成本管理实行经济责任制，进行全员定额管理。从厂到车间、科室、班组下达需完成的各项经济定额指标，各项指标再分解到岗位和个人，明确责、权、利。成本核算采取二级核算办法。财务科对全厂进行全面核算，车间设专职核算员，班组设兼职核算员，实行按计划进行核算。职能科室按经济责任制经济指标考核完成情况。厂财务科的核算内容包括：原材料成本，汽车运输的总成本和吨公里成本，供电总成本和单位成本，装瓶成本和单瓶成本，曲房总成本及每斤麸曲成本，木工、机修总费用和设备维修或制造的单位成本，锅炉总成本和耗煤成本，企业管理费用和吨酒成本，车间管理费用和吨酒费用，各车间各种酒的总成本与单位成本。车间核算的内容包括：白酒按生产规程的质量要求核算产量，出酒率按吨酒耗麸曲、耗煤、耗电、耗水及维修费用和工资成本。曲房按产量进行核算，麦曲、麸曲产量、质量、糖化力，单位麦曲耗小麦、单位麸曲耗麸皮、耗电、维修费用、材料费用成本及工资成本。机修、木工实行工时包干制。属设备制造用材料消耗，完工后由兼职核算员核算出单台设备材料消耗决算表报财务科进行内部结算。装瓶车间按计件工资加节约奖励规定执行。汽车运输、供电、科室按经济责任指标制订核算指标，报厂部批准后进行考核。实行二级核算必须对所有原、辅材料、维修工时进行统一价格，由财务科与生产科制订厂内部材料价格。

1983年，根据国务院75号文件批转财政部《关于国营企业利改税试行办法》的规定，按照财政部利改税企业会计处理办法的要求，对部分科目、账项核算进行调整，开始交纳所得税，并且按“借贷”、“增减”两种记账方法调整，为以后实行“借贷”记账法打下基础。

1984年，对全厂19个班组中的13个班组进行了承包，把降低成本纳入主要考核指标，使吨酒成本降低6%。

1987年，开展“双增双节”活动。一是节能降耗，抓综合利用、降低成本，降低万元产值综合能耗；二是推进技术进步，提高出酒率，出酒率由1986年的59.14%提高到59.36%，年增效益15万元。利用废酒糟渣发酵回蒸技术，废物利用，年增效益7.5万元。吨酒耗煤、耗电分别比省级标准降低3.85%和4.34%，废水回收“闭路循环水”工程节支8万元。

1989年，修订《成本管理制度》，实施目标成本管理法。目标成本管理：将指标分解到车间、科室、班组。成本计划内容包括：全部产品总成本，可比产品总成本，不可比产品总成本，单位产品成本和成本降低率。财务科按期组织编制年、季、月成本计划、成本管理指标。由厂部批准后下达到科室、车间。生产科、劳资科、供应科等业务科室根据各自职能，分别下达生产计划、劳动定额计划、原材料供应计划。各车间提供车间经费开支计划。财务科审查汇总，编制工厂成本计划。根据各部门成本计划执行情况，定期召开经济活动分析会。检查分析全厂成本计划及各项指标完成情况。

1993年7月1日，按照财政部[1992]财会字第67号文《关于印发工业企业会计制度的通知》的规定，执行新的《工业企业会计制度》。按照国家对财务、会计制度的《修改方案》及制订的《财务通则》和《会计准则》，取消“专用基金科目”,将“更新改造基金”转作“国家资本”“大修理基金”在“管理费用—修理费”中摊销。“生产发展基金”“更新改造基金”和“后备基金”取消，“职工福利基金”改为“流动负债”，增设“应付福利费”科目，“职工奖励基金”并入“应付工资”科目进行核算。

1994年1月1日，企业执行新

的税收政策，取消产品税，开征增值税和消费税。消费税从价计征，薯类白酒税率为15%，粮食白酒税率25%，当年税金同比增加20%，成本同比增加2.6%。因加强了目标成本管理，实施横向到边，纵向到底，层层保证，互相制约的措施，有效地完善了生产、经营全过程的成本核算，抵减了因税收调整造成的成本上升压力。

1995年，实行成本管理倒算法，由过去按产品产量计算成本改为以销售收入计算成本。按照新会计制度规定，企业生产经营过程中发生的管理费用、财务费用和销售费用作为期间费用，不计入产品生产成本，直接体现为当期损益。此办法以当期计划销售额为基础，计算出三项费用比例。销售收入增加，三项费用比例相对降低，利税增加。

1996—1999年，由1名副总经理协调资金管理。重点控制压缩非生产性开支以降低成本。1996年，酒精生产供大于求，库存加大，占压资金多。果断采取措施停产90天，保证产销平衡，加速资金周转。是年回收旧酒瓶230万个，使吨酒成本降低160元。1997年，针对管理费用、财务费用和销售费用制订定额，将定额费用分解到有关部门，月初有指标，月底有考核。在保证原材物料供应情况下，压缩管理费用。1998年11月，因环保政策原因，章丘市环保局关闭企业自备锅炉，改用明水热电厂供汽生产。每吨蒸汽价格65元，产品成本由1997年的2492元上升到2596元。为消化这一成本上升因素，1999年，压缩管理人员，降低管理费用，调整科室，精简管理人员，全年节约管理费用26万元。

2001年，开展针对高粱酒、薯类酒优质高产达标活动为重点的技术攻关。使地瓜干酒出酒率平均提高5%，达到55.33%。粮食白酒出酒率达到36%，质量稳步提高。适时调整了包装物结构，将每瓶价格13元以上产品的包装由金卡纸改为塑印，每瓶酒包装成本降低0.07元。2月1日，用木薯代替地瓜干为原料，生产最高比例达到70%，因木薯出酒率高，同时抵扣17%增值税，有效的扼制了制造成本的增长。自5月1日起，消费税政策调整，实行从价和从量复合征税。即增加从量征税，每销售500克白酒增加0.5元税金，同时取消外购酒抵扣税的规定，当年多交消费税260万元，薯类酒成本增加26%，粮酒成本增加8%。

2003年，粮食白酒吨酒成本增加2.7%。其中原料高粱价格上升，蒸汽每吨由1998年65元增至75元。

2004年，开始对39°八年陈酿

酒瓶回收，降低包装成本。同时对厂展销厅进行承包，节约人工费5.6万元。10月份，原料高粱价格上升，试用小麦、玉米、大米代替高粱，控制成本。年吨酒成本7057元。

2005年，原材物料价格大幅上升，流动资金不足的矛盾突出。仅高粱一项就增加成本66万元。为消化所增成本，采取多种措施：1.开展“学习年、落实年”活动。重点抓销售成本、产品质量、节约开支、开发新产品等工作。2.把原材料涨价所增成本分解到各个岗位消化，严格落实。加强资金管理，重新核定储备定额，减少资金占用。3.采取各项物资的采购、工程建设实行公开招标，对各项物资采购，按质优价廉、货比三家标准购货。4.落实生产承包责任制，粮酒车间对出酒率、产品成本、质量、产量四项指标进行全面控制，1项不达标扣25%效益工资。5.优化产品结构精简大曲班2个，特曲班实行压池工艺，提高产品质量，降低产品成本。包装车间承包责任制重新核定各种材料消耗定额，节约有奖，超额计罚，节约奖励价值的50%，全年节约6万多元。6.鼓励技术创新，成功开发出三粮工艺，用其他价格低、货源充足的原料替代部分高粱，解决了高粱涨价、货源紧张的问题，提高了产品的质量和口感。原料替换节约成本16万元。同时对运输车辆实行承包，降低费用，提高了运输能力。加强物资管理对库存包装物和备件进行清理，减少积压，盘活资金。再次精简后勤人员充实一线，减员增效。节约措施细化，仅蒸汽1项同比节约4.6万元，控制了成本增高的势头，吨酒成本控制在8177元左右。全年实现销售收入6003万元，利润42万元，利税1212万元。

2007年末，实现销售收入1.07亿元，上缴利税2309万元，吨酒成本7820.7元。

2008年，各种材料物资价格上涨，特别是主要原料的价格持续上升，造成公司成本压力大，流动资金紧张。为消化所增成本，采取以下措施：对常规主导产品和专销产品进行了提价，按2007年的销量计算年增利润300万多元；针对管理费用、财务费用和销售费用制订定额，经定额费用分解到有关部门，每月考核。加强物资管理对包装物、修理用备件进行清理，减少积压，盘活资金。及时了解、分析市场行情，对高粱、糯米等反复比价、招标采购；对包装物等进行公开招标，选取质优价廉者。是年，节省各类采购成本27万元。公司开展“管理创新年”，加强管理，抓综合利用降低成本。严格生产工艺，精心操作，注重新工艺、新技术的实施、总结和完善，用大米、小麦代替高粱节约成本85万元，年末吨酒成本下降800元。

加强基础设施建设，全面提高劳动生产率，公司投资30万元对老灌装生产实施了改造，改造后的灌装流水线由原来的12米长增加到了32米长，采用当今国际先进水平的进口法国依玛仕喷码机，整体技术装备水平达到国内同行业先进水平，基本实现全自动灌装生产，有力的促进了产品包装质量，生产能力增加50%，劳动生产率人均提升20%以上。同时，公司大力实施节能降耗工程，循环用水项目节约用水3万立方米，节约蒸汽1000吨，两项共计节省开支24万元。

2009年，管理费用及经营费用上涨明显，为消化这一因素，公司确定“增收节支”目标，物资采购实行多级审核，有效降低成本。公司所需各种物资，由使用部门提报使用计划，采购部门严格按照“比价招标采购管理办法”公开招标或比价，报分管领导批准后，由审计、财务监督执行。各类包装物价格普遍下调7%，酒瓶价格每只降价0.02—0.1元，畅销的35度清照特曲用酒瓶成功实现蒙砂瓶替代大陶瓷瓶，每只酒瓶成本下降0.3元，年末各项采购成本降低275万元。公司首次生产“包包曲”，糖化力全年平均541mg/g.h，质量达到技术部要求，结束该公司外购“包包曲”的历史，总结出了适合于公司设备、厂房的“包包曲”培养、管理办法。大曲减量2%，节约成本10万元，年吨酒成本9688元。加强成本费用控制，提高经济效益。由财务部、人力资源及审计部成立小组，对包装车间、粮酒车间推行“单元成本核算”，在公司内部实行内部货币结算，消除生产经营中各个环节的损失、浪费，锻炼培养部门负责人的经营能力，核算结果作为年终各车间业绩的考核依据。财务按照产品成本计算对象，全面计算产品成本，并协同审计等部门对利润、产值进行最终考核

2010年—2011年，蒸汽价格与工业用电价格比较稳定，分别为190元／吨，0.7元／度。但包装物及酒瓶价格大幅上涨，致使包装成本较以前上涨300万元。高粱等原材料也不断上涨，使吨酒成本上升350元。为改善成本上升因素，公司制订了提高生产车间劳动生产效率的几项新措施。粮酒车间从四个方面进行改进：一是各班组在夏季压池和9月份转排期间不再减料，每年可多投料86.4吨，每年可多产酒28吨。二是设立打料班变两班次为一班次，实现8小时工作制。

三是科学调配人员，大曲房在销售淡季从事制曲工作，到旺季全部调包装车间参加备货。四是两名专职卫生清洁工转岗，车间卫生由各班组轮流清扫，可节约资金3万元，在定额提高3%的基础上，各种产品再平均上调2%，可为公司增效7万元。

2012年，开展“调整建设年”活动，合力破解包装成本及各项费用增加的诸多问题，主要措施是：后勤管理做调整，减员挖潜增效益。一是后勤管理岗位并岗减员。对后勤管理部门进行并岗，精减人员，从一人一岗向一人多岗转变，引导广大干部员工主动把工作动力调足、节奏调快、效率调高，满负荷工作，降低人工成本。二是严格控制各项费用支出，全公司严格控制加班，严格控制招待费用，严格控制非生产物资和办公用品的领用。三是车间生产定额达到合理，对车间目前的生产定额重新进行审核，达到合理、提效。粮酒车间以2009年机制运行改革为基础，减员增效部门公司和车间按照2:8比例分别提取，公司每月提取部分从粮酒车间每月生产费中扣除。粮酒车间大曲房针对自身特点，结合上年粮酒车间生产辅助工进一步优化提高工作效率方案的执行情况，制订了大曲房提高劳动生产率的方案：一是减掉翻曲人员4人，其工作有制曲工、出曲工共同完成，劳动时间延长至8小时左右，二是实行叉车装运粮食，增加一名叉车工同时减掉两名运料工，三是由原来19人减为14人，提高劳动效率26.3%，四是叉车替代运料工后，提高了工作效率，对减掉的4名翻曲工收入进行优化，应得工资额的40%归公司，60%由车间针对承担翻曲工作的人员进行分配。包装车间在执行运行机制改革责任制基础上，四类包装产品单瓶包装费用各下调0.01元，全年包装费用下降23万元。

2013年1月，蒸汽价格由原来的190元／吨增至200元／吨。以2012年耗气8100吨为例，费用同比增加81000元。三项费用涨幅明显，流动资金不足的矛盾突出。为解决问题，降低成本，公司采取多种措施：及时申请了进口商品检验检疫证，购进质优价廉的澳大利亚高粱，首次以3.46元／千克的价格采购200多吨，比国内价格每吨降低640元／吨，下降0.64元／千克，为公司成本降低15万元，因进口高粱质优价廉，后陆续购进替代国产高粱，仅此一项，降低成本10万元。自8月1日起对部分包装物、酒瓶、瓶盖、泡沫等包装材料实行了价格下调0.05—0.1元。

对使用量较大的银剑南瓶和九年瓶回收使用，银剑南与新瓶相比，每只降低 0.5 元，降低采购成本 6 万元。

2014 年 6 月，由于明水热电厂搬迁，公司所用蒸汽改由济南钢铁集团耐火材料有限公司供给，每吨蒸汽较以前上涨 47.25 元。自上年度各种包装物价格下调以后，采购成本下降明显。2014 年度购进酒瓶 847 万多只，瓶盖 998 万多个，包装物 96 万多套，购进泡沫 220 万块，九年瓶回收 29 万个，共降低采购成本 100 万元。针对公司应收账款中出现呆坏账的问题，新上营销平台，使公司与经销商点对点对接，让钱、货分离，由原来的赊欠模式改为预收款模式，每年多收回呆坏账 100 万多元。包装车间按照公司关于调整简化部分产品包装的要求，借鉴经验，适当调整产品定额，对所有产品生产效率按照 2% 共同提高，单瓶生产费用降低 5 厘，为公司每年节约包装费 10 万元。加上每箱产品简化包装，实现成本降低，合计为公司每年节省开支 40 万元。

2015 年，为加强目标成本管理，控制吨酒成本，公司对粮酒车间实施机械化改造。调整后可实现增效 4%，增加产值 336.6 万元。对机器物料消耗和维修费用实行单班考核，修旧利废，现节省资金 1.4 万元。财务部以银行贷款利率市场化为契机，对各大银行的贷款利率进行比对，节约融资成本 15 万元，在税法范围内，积极与税务部门协商，把公司消费税计税基础降低了 5 个百分点，为公司节约税金 200 万元。对成本费用采取一些新的管控措施，在日常结账核算过程中对成本变动较大的产品进行分析，对包材的数量、价格严格审核，降低产品核算成本，减少资金流失，及时编制各种成本报表，搞好成本分析。对销售费用也执行预算管理标准，将发生的费用归集后和预算比较分析，超预算的费用要详细说明原因。

2016 下半年，受环保方面的影响，纸张价格大幅上涨，致使公司购入的包装物箱盒价格上涨 10%，酒瓶价格也不同幅度的上涨。仅此一项，包装成本就增加 300 万元。为保证公司利润，公司加大成本管理。寻找降低成本的各种途径，重点对车间的用料、产量、工资、人员等项目进行比对分析、重点监控，同时提高劳动生产率。

2017 年公司对生产车间劳动生产效率进行了调研，围绕提高生产效率、经济效益和工作效果的目的，决定对粮酒车间和包装车间实行独立核算。包装车间重点考核利润与产值，利润的考核依据为：单瓶利润空间为0.04元（不含电和蒸汽），产量考核为1700万元，利润为68万元，扣除综合年耗电、蒸汽费用37.5万元，考核利润30.5万元，实际利润完成情况则根据包装车间实际情况进行计算。粮酒车间独立核算后重点考核利润与产值，依据为：根据粮酒车间前期的生产情况按原料不变价格，计算出粮酒车间的吨酒生产成本，根据吨酒生产成本确定合理的原酒回收价格，计算出利润完成情况。根据前期粮酒车间的实际生产情况计算每类酒的生产成本及回收价格，各级酒的分级依据年度生产计划中的质量指标进行等级划分，扣除打料工工资和质量奖，实际考核利润30.44万元。

第四节 审 计

1948—1952年，财务课每年按生产任务编制财务预决算，报上级财务部门审批，经营方式为现金结算，收入部分全部上交。支出部分经上级财务部门审批，开支控制严格。

1953—1956年，章丘县财政部门设立财政监察干部，每年组织力量对企业财务进行检查，对企业财务预决算进行审计监督。1957年后，上级审计监督几度中断。企业财务自行控制稽核。

1980年，日常财务监督由主管会计对财务收支进行监督稽核。章丘县财政部门重新设立财政监督机构，每年对企业进行1次财务税收大检查。监督形式为审批企业年度收支计划。通过审核收支报告直接监督。

1982年12月，章丘县审计局成立。财务科每年进行1次内部财务审计，积极配合审计部门组织的每年1次财务、税收审计工作。

1989年，根据《会计法》《会计人员工作规则》等有关法规，酒厂建立《财务稽核制度》，成为财务管理的一项重要工作。稽核范围包括凭证稽核、账簿稽核、报表稽核、材料核算稽核、成本核算稽核、专项基金稽核、工资基金稽核和福利部门的财务稽核等。是年，中华人民共和国国务院令（第21号）颁布《中华人民共和国审计条例》。该厂审计工作由1名副厂长分管，财务科具体实施对各项工作的审计。

1998年，由财务科、劳资科、办公室组成内部审计工作组，年终对企业活动的各个项目进行审计。

2003年，成立审计处，审计工作从财务处剥离，在董事长直接领导下开展工作。审计工作作为企业内部管理工作的一项重要内容，围绕企业各类重要活动开展工作。

特别对财、产、物、账进行审计、监督。按规定的审计单位、内容和时间及董事长临时工作安排认真审计，将审计结果实事求是的向董事长报告。

2007 年 10 月，清欠、打假办撤销。公司管理体制进行改革，重新组建审计监察部，打假办归属审计监察部。牛余林任审计监察部部长，审计员王廷树。

2010 年打假办从审计监察部分离，王廷树调出。审计员马玲业、董丽娜。

2013 年 3 月任命马玲业为审计监察部副部长，同年 7 月马玲业调离，任命孟令革为审计监察部部长，审计员张莉。

2015 年 6 月孟令革调离，任命马玲业为审计监察部副部长，审计员张莉。

审计工作内容

1989 年，在财务科主持下开展稽核工作，内容包括凭证稽核：所有原始凭证符合规定，原始凭证内容具备凭证名称、填制凭证日期、单位和填制人；接受单位的名称、经济业务内容、数量、计量单位、单价和总金额，经办人盖章、注明用途经主管人审核签章。账簿稽核：总账、明细账、日记账符合规定，记账员按记账规则记账。报表稽核：各种会计报表按全国统一的会计制度和上级补充规定编报。材料核算稽核：材料核算按实际购进价格计价，按购进材料的用途分为原材料、燃料、包装物、辅助材料四大类分别稽核。成本核算稽核：严格执行《成本管理制度》《国营企业固定资产折旧试行条例》《国营工业企业成本核算办法》进行成本核算稽核。专项基金稽核：专项基金与生产经营业务款项严格划清，进行全面稽核。工资基金稽核：工资基金涉及职工的切身利益，必须严格审查，加强稽核。对福利部门的财务稽核：福利部门包括食堂、幼托、卫生室及凡有经济收入的福利单位，必须接受财务稽核。成立审计处后，对审计内容进行了调整、完善、补充。审计内容包括对财务处的货款、差旅费、医药费、工资、奖金、业务提成、业务招待费、办公行政用品、汽车维修配件等支出性费用的支出手续、财务入账规定进行定期审计。对该公司的固定资产、流动资产及资金收入、转入手续存储等，每半年进行盘点审计。对出现的盘亏或问题找出原因，提出改进措施。对销售公司下属的各展销厅、办事处每季进行 1 次全面审计。包括账物相符、日清月结、坏账损失、公司价格政策的落实、实际完成任务及分配公开等。销售公司会计的开票、入账、业务结算、是否符合财务制度进行审计。对公司基建工作每年进行审计，主要审计工程预算、基建工程审批手续、基建工程交付日期和验收是否符合手续。对劳动人事制度的管理情况坚持半年审计1次，包括工资奖金的审核发放、个人保障金的提取、劳保用品发放、记账是否准确等。对各服务行业如原料库、散酒库、瓶酒库、后勤仓库、食堂、医务室等定期进行审计，包括购进入库物资是否账物相符、入库手续是否齐全、发放是否合理等。对打假办公室、清欠办公室及时审计，包括打假的品种、数量、入库手续、出差费、业务招待费、清欠所收物资、现金是否及时上交公司，支付法官费用是否建账，提成分配是否合理等。对车辆运输情况每年审计或进行抽查，抽查内容为车辆维修费用、耗油情况、行程数、出差、过路过桥费报销、节约提成手续是否完备。对粮酒车间、包装车间的成本核算，机物料消耗、工资奖金的发放是否公开每半年进行1次审计。

审计工作职能

紧紧围绕公司生产经营中心开展工作。坚持“全面审计、突出重点”的方针。以监督、审计为基础，经济效益审计为中心，管理审计为方向，以服务于管理为目的，实行全面审计和监督。保障企业内部各重要岗位，按制度化管理开展工作。审计工作职责：制订公司内部审计制度并组织实施。编制年度审计计划，确定审计重点。监督公司财务预算的执行和决算、资金、财务收支等各项经济活动。组织各部门任期经济责任制审计工作。负责公司经济合同、工程造价、物资采购等审计工作。负责审计资料的归档工作。

审计工作主要活动

2004年2月，对绣惠展销厅、宁埠展销厅、埠村展销厅进行审计。4月，参与存瓶大棚工程的考察竞标、合同签订，最后采取大包干的办法节约了费用。6月，对各展销厅1—6月份经营情况进行全面审计，审计结果49°粮酒出现盘盈7781公斤，价值4356.80元。8月，对原材料仓库负责人离任进行审计。10月，对五金库会计离任进行审计。12月，与清欠办一同对各展销厅、办事处多年造成的呆账进一步调查落实，确定后报请公司总经理批准后转清欠办催收。必要时直接采取法律手段。

2005年1月，对内部维修工程进行审计，申报工程额23906.23元，核定19810.76元，审减4095.47元，对家属宿舍路面工程审计，申报工程额152594.47元，核定150001.31元，审减2593.16元。2

月，对散酒库、瓶酒库、原料库及财务收支进行审计。6月，对明水展销厅经理离任进行审计。7月，对纯净水车间承包经营进行审计。12月，对粮酒车间、包装车间年度生产经营目标责任制进行审计。对销售副总年度目标责任制进行审计。

2006年4月，参与新散酒库防腐工程考察竞价。7月，参与粮酒车间房顶防雨工程的竞价、合同签订。8月，参与粮酒车间一、二车间地面铺设大理石工程的竞价、合同签订。

2008年，审计监察部针对销售公司成品酒出厂补偿2‰破碎条款，进行专项审计分析。在质量分析会和经济分析会提出建议，对成品酒的破碎补偿进行修改。建议采纳后，制订新的成品酒破碎管理办法。将原来随货补偿的“霸王条款”修改为限额实际补偿。执行6个月后，破碎比例由原来2‰降为0.24‰。大幅度降低了费用支出。6月，督导企管部完善包装车间与五金库之间退换破碎包装物管理销毁流程，加强包装物的退换管理。转变内部审计方法，完善审计流程。在审计方法上，将事后审计为事前、事中、事后审计。

2009年12月15—25日按照该公司工作安排，审计监察部组成2人审计小组，对供应部2009年度大宗物资竞质竞价采购进行专项审计。坚持求实创新的工作原则，与相关部门一同去章丘乡镇粮食市场进行比质比价及了解掌握粮价动态信息。在粮食招标中与供应、财务、质检部合作，携手完成招标工作。

2010年3月，受成本影响，包装物供货商将包装物价格上调8%—21%。该公司审计部与供应部多方市场调查，掌握相关价格信息。最终通过与客户协商及竞价招标，确定包装物价格自5月1日起上调8%。避免包装物价格大幅上涨，造成成本上升过快、过高的问题。

是年，针对该公司生产用粮食采购费用占据资金使用量大的问题，审计监察部督导供应部制订《粮食价格信息日常反馈单》。此单由供应部填写当前市场粮食价格，并抄送到审计监察部，对粮食采购环节形成制约。根据市场粮食价波动情况，不定期指派审计专员到市场进行比价、询价。将调查的价格与供应部提供的粮价进行比对，然后共同确定价格。9—10月，该部门与供应部、质检部到河北、鱼台等地，对包装物原材料及粮食价格进行了调研。对价格上涨情况，掌握第一手资料，共提出审计建议10多条。通过采取新举措，2010年，企业粮食采购费用节约资金80多万元。

2011 年 7—8 月，走访了沂水区域及济南分公司，这两个区域是该公司对外独立开展经营业务的重点区域。由于制度不完善，分公司的内部核算管理制度不够严密。根据该公司领导的要求，在对其会计核算进行检查审核的同时，先后分两个阶段对该公司的财务管理进行规范、核查。

2013 年，对销售公司物流车辆进行第一季度专项审计。年初共有车辆 56 部，4 月份处理 19 部，物流中心剩余车辆 37 部。第一季度，共支出车辆维修费 85 万元。对同期各区域车辆里程油耗进行分析，对超过定额油耗的车辆，建议销售公司按相关政策进行处理。

2014 年，对纯净水灌装处进行检查，提出回收废弃纯净水盖的建议。要求供应部定期或定量做好水盖的招标处理。对食堂进行专项审计。对于不规范的部分，如凭证的装订顺序颠倒、账薄登记不及时等问题，提出整改建议，逐步规范。对其他车间或部室的审计，也分别提出了建设性的意见或建议。

2016 年，根据年度工作计划，审计监察部分别对包装车间、技术中心、散酒库、后勤部食堂等进行专项审计。旅游中心作为新成立部门，审计部对其业务进行监督梳理。针对其成立以来散酒领用均为白条出库的问题，提出及时更换领料单，完善各项流程。对旅游中心奖金发放计算方式自 9 月份做调整。在对办公用品审计时，对不能按时盘点、账薄登记不及时等问题，提出整改建议，要求及时入账。

2017 年 3—6 月，参与供应部物资采购，先后到德州、郓城、泰安等区域进行市场调研。充分了解各项包装物的市场行情，及时调整采购价格，共降低采购成本 15 多万元。

7—9 月，对技术中心下属的啤酒车间进行两次专项审计。建议啤酒车间按照公司日清月结制度，定期与有关部门对账，建立健全账目，不得出现白条现象，确保账实相符。对技术中心分管的产品奖卡管理进行审计，建议及时销毁废旧奖卡，并协助建立台账。

日常审计

2003—2007 年，审计监察部主要工作重点是参与供应部原材料物料的考察、招标、采购；工程完工验收方决算；监督公司废旧物资处理等。

2008 年，随着企业规模扩大，公司开展“管理创新年”活动。为保护企业财产完整，及时发现和纠正各项管理中的漏洞和违法违规行为，审计部对生产销售关键环节、供应部采购重点资金进行审计监督。对供应、销售及有关经济往来部门的单据实施签字审核，审核内容包含：费用的真实性、审核签批流程的完整性、金额的正确性。确保堵塞漏洞、消除隐患。12月底，审计各类购销合同、协议180多份，审计供应、销售支出凭证 5000多份，提供审计建议5条，累计审计金额6500多万元。通过运用价格质疑、追踪效益审计和督导比价招标，累计实现增收节支50多万元。会同财务部查处呆坏账30多万元。

2009年，在包装物招标的效益审计中，审计监察部提前掌握包装物原材价格有下浮趋势的信息。在招标中，利用掌握的价格信息资源与其他部室一起与生产厂家进行竞价议价降价工作。最终使中标厂家降价6%—8%。根据销售部门提供的物品采购清单，和供应人员一起去各大商场40多次，进行比价砍价。同财务部、督察部合作对济南、莱芜、济阳、明水、埠村办事处及展厅进行了清资。针对济南办事处个别酒品种库存量大、周转时间过长这一遗留问题，及时和相关部室进行了沟通。同财务部、市场督察部联手去莱芜，市南、鲁北、鲁南等区域监督办理销售业务交接手续15次。针对存在的问题，审计部提出意见，细化业务员交接制度。和市场督察人员一起，去聊城、济阳、莱芜、临沂、明水，审计督察市场开发，广告宣传，产品陈列、促销等情况。将发现的问题和督察人员沟通后及时反馈给业务员，提出了审计建议。

认真贯彻落实内审工作年度计划。对财务制度管理、车辆燃油管理、瓶酒库、五金库、酒瓶库、食堂、粮酒车间、包装车间、医务室、质检部、人力资源部等进行了专项审计，对车辆燃油管理、食堂采购签字制度管理等提出了审计建议。

2010年，公司在沂水建分公司，审计监察部联合有关部门进行大量实地考察和调研工作，最后提出“受国际金融危机的影响产品销路不畅，经多方了解该地区下一年度对超商引资项目的政策可能有所放宽，可推迟一年实施”的建议。公司采纳后减少60多万元的建厂资金。

2月，将销售公司和供应部作为审计重点部门，通过调查“两节”优惠渠道活动中客户提货的产品结构时发现，低档产品占有很大比例。导致“两节”活动的利润含金量低，对此审计部整改意见，要求产品优惠分产品价格区间进行优惠。通过市场调查和清资等工作，发现个别客户合作质量不高，市场运作能力不佳。针对这种情况向有关部门提出严格招商规定，完善解决跑户、串货、欠资等相关措施。

3月，审计监察部和企管部联合，对促销品库存占用资金进行风险审计。针对个别促销品积压现象严重，客户满意度较低的现状与企管部共同提出了“解决问题，改进不足，注重效果”的建议。

2011年，审计部的审核内容从单纯的业务费用审核，逐步扩大到公司各项经济活动。包括后勤部门的费用审核、生产车间工资的审核、装卸费的审核、车间修理费的审核等。针对审计形式的变化和复杂性，审计部门提出：“找好切入点，坚持原则，不手软”的工作理念。更不能因为费用控制严格而影响各部门的正常活动。并针对发现的问题提出合理化建议40多条，均被采纳并及时整改。

随着公司经济业务的不断扩大，大宗物资采购成公司经济活动的常态。审计监察部先后到省内的多个市场，针对采购需求及市场反映出的问题，进行核查。并结合核查情况进行市场调研，多方收集市场信息资料。与供应部、市场部等部门通过进行比价、竞价、招标等形式为公司节约了资金270多万元。

2011年，公司建设项目多，且跨度长、投资大、施工单位多、资料零散的问题。审计部全程参与各项工程的招标、采购、用工、资金使用等工作。11月底工程收方结束，为公司节约了资金40多万元。

是年，审计部针对销售公司全部应收账款进行全面审计。并根据内部的资金落实情况，编制了账龄分析表，组织实施了清查、清收工作。

2012年6月，百脉泉酒业公司为适应市场和企业发展的需要，在原厂区对面建设占地50亩新生产厂区，并在两厂区之间架设一座横跨省道的过街天桥。这两项工程投资2500万元。公司要求在职员工不得参与工程投标，投标单位不少于5家，中标单位出具相关资质证明，聘请专业监理驻地监督，审计监察部全程参与工程的设计、招标、测量、监理、施工等各个环节。做好工程用料的市场询价。在询价过程中只防火棉一项就为公司节约资金11万元，施工单位报价39元／平方米，实际询价28元／平方米，总使用面积达1万平方米。

是年，审计监察部对公司销售合同进行了全面审核。共审核审签合同59份。全年审计部门12个，审计面达98%以上。其中经济效益审计15个，企业财务收支审计5个，审计调查23个。审计总金额12356万元，增收节支215万元。

2013年，积极配合协助供应部

对公司生产经营所需各类材料的招标采购工作，配合销售公司市场部对各类广告的招标。3—6月份，参与财务、销售的客户对账工作。走访市内外客户130多家，对货款回收等风险较大的条款，提出合理建议并督促整改。至12月，撰写审计报告及建议10份。其中对包装车间经济指标执行、人员工资核算、奖金发放、奖罚制度等情况进行了为期半年的审计。期间提出的建议公司予以采纳，并出台了“废旧物资处理”的相关规定。审计各类购销合同、协议150多份。审计供应、销售支出凭证 6000多份。

2013年是新厂区工作收尾的关键时期。审计工作贯穿于施工前、施工中、施工后的全过程。从注重施工前的招标、对重大施工项目的变更、签证等项目进行跟踪，以及是否按合同结算方式进行结算等。保障工程造价在可控范围之内。配合恒信监理对北厂区进行竣工审计。其中包括北厂区综合车间钢结构、车间室内排水、通风、避雷、消防等、院墙粉刷、室外通道、车间吊顶、玻璃幕墙及参观走廊、空调、绿化等各项。多次与公司基建部、施工方去恒信监理处对收方数据确认，最终顺利对新厂区的工程审减251万多元。

2014年，审计监察部按照年度计划对内部进行专项审计。基建方面：参与藏酒馆装修工程、藏酒馆钢架大棚改造、藏酒馆对面墙体改造、酒精楼改造、锅炉房美化工程、粮酒车间防护网工程以及酒精楼LED灯的验收审减。协助供应部物资采购，规避旺季采购；配合销售公司完成各类费用的报销及各类购销合同、协议的审查；各类广告费用的支出控制；会同财务部对客户账目进行核对。

2015年3月，审计监察部根据《山东百脉泉酒业有限公司制度流程汇编》对各部门有关经济往来单据的签字审核，将事后审计为事前审计监控。

是年，该部对销售公司合同及各区域应收账款情况进行全面审计。严格按销售合同进行了认真审核，共审核审签合同147份。配合销售公司对办事处装修招标、对各类广告考察、洽谈，共节省广告支出等费用137万元。对销售公司2015年仲秋节期间收款及节后应收账款情况进行了全面审计。对逾期不能及时回款的客户，通知财务部门及销售公司及时做好客户的跟踪收款。

审计部严把审计质量关，对具备条件的工程项目做到100%审计。协助供应部对公司生产经营所需各类材料的招标采购工作；该部通过走访市场，参与工程招标，到施工现场实地测量工程量。至12月底，公司工程项目40多项。其中包括三大仓库改造、三大仓库装修、仿古灯、粮酒二路改造以及百脉泉文化长廊改造，共计减低采购成本101多万元，审减工程款62.3万元。

2016年3—10月，审计监察部对公司其他部门的各项支出情况，包括职工工资、绩效工资、各类补贴、伙食费等支出情况进行审核。重点审计了质检部、旅游中心、办公室后勤、包装车间、粮酒车间及仓储中心支出的真实性和合法性。编辑审计报告6份。建议质检部采用拒检、罚单等必要措施，监督销售公司品牌部及时提供样品及产品标准。建议旅游中心设立专职记账人员并建立台账，日清月结不得有白条现象，定期核算利润，及时调整方案，争取利润最大化。同时提出办公室后勤办公用品进行比价采购；对《食堂经济责任制》的考核指标重新落实调整；重新调整粮酒车间奖金分配比例；协助仓储中心进行库容调整等多项建议。

是年，审计销售合同106份；参与大宗及零星项目采购40多项；参与各类生产经营材料采购，降低采购成本85万元。

2017年4月，会同财务部对销售公司市内外所有客户账务情况进行逐户走访核对，一一落实。现场听取客户意见及反馈信息。5月，参与人员工作调动交接业务，参与仓储中心成品库和材料库交接，共计20多次，清点库存、查对白条、核实账面数据。6月，配合销售公司对办事处装修招标，以及其他各类广告、宣传的考察、洽谈，节省广告支出等费用10多万元。

是年，公司对办公楼楼前路面、九龙壁等项目进行改造维修。该部实施事前项目审查、事中监督管理和事后造价控制的系统化工程审计模式。通过前期招标，市场询价，与基建部共同确定工程项目事项。全程参与了事前、事中、事后的审计监督。至6月底，公司工程项目10多项，工程完工收方全部收方完毕。保证了工程项目质量，审减建设资金6万多元。

（附历年主要经济指标统计表）

历年主要经济指标统计表

年份	产品产量（吨）	工业总产值（万元）	产品成本（元）	上交利税总额（万元）	全员劳动生产率（元／人）	吨酒耗煤（公斤）	吨酒耗粮（公斤）	百斤原料出酒率（斤）	生产能力（吨）	专业生产设备（台）	固定资产原值（万元）	职工人数
1949	395	67.15	603	14.6	6218	1820	2531	39.51	400	4	20.97	108
1950	387	65.79	582	15.69	6713	1790	2511	39.83	400	4	20.38	98
1951	496	84.32	571	19.07	8604	1800	2478	40.35	400	5	20.14	98
1952	558	94.09	617	19.90	10903	1710	2631	38	400	5	18.83	87
1953	513	87.21	622	32.33	10140	1730	2564	39	400	5	18.99	57
1954	620	105.4	554	43.40	11779	1160	2672	37.42	400	4	20.78	77
1955	562	95.54	401	42.82	14637	990	2093	47.77	400	4	18.43	65
1956	419	71.23	374	34.84	14840	960	1997	50.0	500	4	19.61	48
1957	488	82.96	382	47.82	14554	950	1986	50.3	500	4	20.00	57
1958	490	83.3	395	50.00	14362	1030	1925	51.84	500	4	19.62	58
1959	130	22.1	553	21.20	2946	1860	2131	46.85	500	4	22.29	75
1960	7	1.18	1823	30.10	149	5270	代用品	—	500	4	20.85	80
1961	66	11.22	2414	5.20	2040	5820	代用品	—	500	4	22.02	55
1962	153	26.01	959	24.41	4817	2950	2824	29.84	500	4	21.16	54
1963	375	63.86	539	43.47	10823	1279	2399	28.58	500	4	22.58	59
1964	600	101.93	493	53.49	16180	1142	1907	52.45	500	4	22.65	63
1965	913	155.2	449.8	67.07	18446	888	1846	54.17	800	4	28.30	81
1966	949	161.4	469	78.53	19204	1171	1815	55.1	800	4	27.98	82

历年主要经济指标统计表

续表

年份	产品产量（吨）	工业总产值（万元）	产品成本（元）	上交利税总额（万元）	全员劳动生产率（元／人）	吨酒耗煤（公斤）	吨酒耗粮（公斤）	百斤原料出酒率（斤）	生产能力（吨）	专业生产设备（台）	固定资产原值（万元）	职工人数
1967	767	130.44	565	61.97	15908	1322	1835	54.47	800	4	28.77	82
1968	932	158.4	573	58.62	15529	1407	1895	52.74	800	4	30.39	102
1969	1017	173	603	67.31	13827	1434	1916	51.04	800	4	30.59	125
1970	1177	200.1	605	79.50	18530	1455	1932	51.76	1200	3	39.59	108
1971	1255	213.45	573	83.33	19949	1397	1877	53.92	1200	3	40.59	107
1972	1157	196.73	580	72.78	18915	1180	1910	53.41	1200	3	41.26	104
1973	1195	203.42	561	92.76	25726	1190	1862	55.53	1200	3	35.94	77
1974	1341	227.94	594	98.64	27135	1260	1809	55.94	1200	3	40.24	84
1975	1371	233.07	616	88.26	23307	1150	1879	54.14	1200	3	41.43	100
1976	1453	247.01	675.3	64.06	19297	2229	1942	50.92	3000	3	98.20	154
1977	1345	228.6	713	65.39	14377	1894	2026	51.04	3000	3	107.87	159
1978	1676	284.92	553.24	100.70	17979	1456	1732	57.72	3000	3	107.87	163
1979	2996	509.32	546.08	197.38	32441	756	1721	60.11	3000	3	121.70	155
1980	3169	556.86	539.51	238.11	32358	677	1658	60.31	3000	3	155.94	168
1981	3314	563.38	574.45	267.22	25893	638	1675	59.75	3000	3	179.89	185
1982	3494	594.06	746.87	228.06	26267	676	1683	59.93	3000	3	193.88	206
1983	4542	657.2	842.80	222.9	28822	599	1768	58.51	5000	4	229.20	228
1984	4800.8	694	792.03	241.43	30982	713	1759	58.77	5000	4	242.32	224

历年主要经济指标统计表

续表

年份	产品产量（吨）	工业总产值（万元）	产品成本（元）	上交利税总额（万元）	全员劳动生产率（元／人）	吨酒耗煤（公斤）	吨酒耗粮（公斤）	百斤原料出酒率（斤）	生产能力（吨）	专业生产设备（台）	固定资产原值（万元）	职工人数
1985	4533.5	669	729.26	173.3	28468	711	1770	58.15	5000	4	246.20	235
1986	3422.2	522.5	1202.81	134.4	21860	655	1723	59.14	5000	4	266.20	239
1987	4453.75	672.4	1188.19	186	27901	530	1710	59.36	5000	4	275.20	241
1988	5388.15	808.5	1011.17	277	31218	517	1670	61.64	7000	4	284.90	259
1989	5358.72	904.2	1615.67	347.8	27821	551	1696	60.63	7000	4	315	325
1990	5805.3	1000.8	1749.01	359	31472	518	1685	60.01	8000	4	335.3	318
1991	6010.15	1776.29	1386.84	416.7	52091	473	1680	60.55	8000	6	645.7	340
1992	6412.6	2005.39	1517.02	476	54200	489	1610	60.36	8000	6	833.3	370
1993	6419.37	2205	1703.13	667	58799	489	1811	56.9	8000	6	1052	375
1994	6214.2	2300.73	1747.74	1008	46479	495	1775	58.45	8000	6	1560	495
1995	8608.34	2580.48	3181.92	1422.6	49529	495	1799	57.24	10000	6	1655	521
1996	6174.02	2346.52	2891.05	1426.5	36100	460	1777	57.71	10000	8	1941.3	535
1997	5228.2	2311.93	2492.25	1436.06	28543	498	2732	58.13	10000	11	2067.86	768
1998	5821.77	2371.61	2596.39	1214.2	29799	540	2812	55.83	10000	10	2128.3	642
1999	7643.31	2541.5	5708.64	1427.03	30620	9.5	2887	37.26	10000	11	2168.2	687
2000	8825.71	2971.59	5105.23	1402.78	36686	9.4	2992	36.02	10000	11	2332.82	698
2001	8541.34	2741.4	5508.76	1526.78	31610	8.7	2904	36.12	10000	13	2289	754
2002	5576.67	3698.2	6375.29	1514.1	38389	9.7	3021	35.11	10000	14	2175	580

历年主要经济指标统计表

续表

年份	产品产量（吨）	工业总产值（万元）	产品成本（元）	上交利税总额（万元）	全员劳动生产率（元／人）	吨酒耗煤（公斤）	吨酒耗粮（公斤）	百斤原料出酒率（斤）	生产能力（吨）	专业生产设备（台）	固定资产原值（万元）	职工人数
2003	4988.62	4386	6549.45	1061.00	33776	9.6	3107	33.45	10000	15	2161	601
2004	4857.13	4401.44	7057.62	1111.45	32817	9.13	3058	35.91	10000	16	2190	618
2005	3722.41	4239.82	8177.08	1211.9	36649	8.03	3107	35.88	10000	16	2195	630
2006	3849.57	4693.35	7199.19	1531.5	46529	7.91	2615	37.91	10000	17	2272	614
2007	3698.26	6078.34	7820.71	2309	53633	7.28	2599	39.55	10000	17	2432	715
2008	3825.31	8246.46	9361	2718	59672	7.2	2803	39.56	10000	17	2548	705
2009	3195.14	8318.63	9688	4049	80077	7.57	2837	39.3	10000	18	2776	693
2010	4616.32	8936.65	11206	4197	81171	7.48	2800	39.23	10000	18	3118	680
2011	4707.08	9841.27	12235	4307	92911	7.23	2897	38.34	10000	18	3240	683
2012	4767.26	10374.62	12529	4526.6	104700	6.91	2864	39.62	10000	18	3410	694
2013	4912.83	10459.21	14433	4705	105613	6.86	2907	38.55	15000	19	6964	712
2014	5078.85	30308.36	14550	4739	112930	6.29	2839	38.6	15000	19	7434	724
2015	5819.49	33173.64	13898	4782	121148	6.02	2867	37.14	15000	23	8042	715
2016	6249.02	34118.34	13205	4671	123918	6.55	2749	38.23	15000	26	8960	701
2017	5696.78	32209.1	13866	4680	127045	6.72	2792	38.17	15000	32	9592	689

（注：所附历年主要指标：生产成本一项93年以前是工厂成本，以后是制造成本，96年以前是白酒成本，以后为粮酒成本，工业总产值2003年以前为按不变价计算，以后按现价计算。）

第七章 劳动人事管理

1948年，该厂管理机构设置六课。劳动工资和人事工作分别由财务课和人事课管理。人事课由陈月伦负责，财务课由陈登科负责。

1954—1968年，由刘洪武负责人事工作。

1968—1979年，张若凤负责人事工作。

1980—1981年，解家平负责人事工作，劳动工资由财务组管理。

1982年，设立专职劳动人事岗位，隶属政工组，由赵向东专职负责。

1985年5月，成立劳资科，王峻虎任劳资科长，负责具体工作。

1994年，该公司改为股份制后，行政机构设三部一室，即：经销部、技术部、生产部、总经理办公室。劳动人事科隶属总经理办公室，由王峻虎具体负责。

1998年10月，王波负责劳动人事工作。

2002年，劳资科并入企管处，具体工作由王峻虎分管。

2005年6月，企管处撤消，劳动工资由财务处负责。11月，设立专职劳资员岗位，公开竞聘选拔劳资员，李延珍应聘上岗，具体负责劳动人事管理工作。隶属于分管企业管理的副总经理领导。

2007年10月，成立人力资源部，劳动人事管理隶属于人力资源部。陈向峰担任第一任人力资源部部长，劳动人事管理具体由李延珍负责。2012年4月16日，公司人力资源部与企管部合并成立企管人事部，陈向峰任企管人事部部长，负责公司原人力资源部的工作及企业管理工作。2013年7月5日，陈向峰调至包装车间任包装车间主任，袭普义任企管人事部部长。

2015年4月20日，根据公司“关于对中层干部岗位调整的通知”的文件精神，企管人事部分为人力资源部和管理督查部。袭普义任管理督查部部长，郑雷任人力资源部副部长。2016年5月，劳动人事管理由赵立志负责。2017年5月，劳动人事管理由张景负责，同年8月，劳动人事管理由刘萍负责。

第一节 劳动配置

1949年，全厂有108名职工，

设总厂及2个分厂。生产一线工人有56人，后勤管理人员52人。总厂设生产班组2个，各分厂轮班生产。

1954年，精简人员，全厂职工57人，生产一线职工46人，管理服务人员11人。3个生产场地合并后，组建车间2个，分别是白酒车间和制曲车间。有4个生产班组轮班生产。

1955—1963年，受社会各种因素影响，原料不足，生产班次时开时停，职工队伍不稳定。

1963年末，全厂职工59人。劳动配置因需而定，按生产计划随时调拨人员。

1964—1969年，生产发展缓慢，劳动配置无大变化。

1970年，生产组织进行调整，液体酿造代替部分固体酿造。白酒车间：生产工人按3个固体酿造班、3个液体酿造班进行配置。1971年，成立锅炉班。

1976年，新上酒精生产项目，成立酒精车间及灌装班。劳动力按各车间生产任务进行配置。

1982年，国务院发出“全国国营企业进行全面整顿”的号召。提出对国营工业企业进行全面整顿。包括整顿领导班子、职工队伍、管理制度、劳动纪律、财经纪律等。酒厂根据企业整顿的五项要求，对全厂工作进行梳理，在生产组织形式、经济核算、人员配置等工作中做了重大调整。厂级领导班子由4人调为5人，增加1名副厂长。白酒车间充实班长（重点岗位）3人，车间副主任1人，经济核算员2人。生产车间实行经济核算。取消了前期执行的综合奖，实行定额计件、节约奖和质量奖等。建立厂、车间、班组三级核算体系。车间配置专职核算员，班组设兼职核算员，实行全面经济核算。建立经济活动分析制度，厂级每月召开1次经济活动分析会，车间、班组每10天召开1次。1982年全厂职工206人，其中一线职工141人（包括学徒工20人），后勤管理人员65人。一线工人占职工总数的67%。全厂共设4个生产车间，15个班组；管理部门设5个组室。企业内部试行岗位责任制。各项工作设立64个岗位，实行四定，即定岗、定员、定责、定工资。从厂长到每个职工共制订4部分、34项、248条岗位工作标准。有效控制了劳动配置。

1985年，厂部制订《关于岗位调动、录用人员的规定》。规定各职能科室、车间，因工作需要招收录用临时工，由招收部门写出申请，报厂部批准后，由劳资部门按规定办理一切录用手续。未经批准不予发放工资。劳资部门严格掌握录用人员的使用动态，负责组织有关部门及时了解情况，做好登记。控制录用人员未经批准不得随便调动岗位。确需调换工种或岗位，经厂部研究后，凭劳资部门的“调配通知单”安排工作。任何单位和个人无权随意调配岗位人员。

1987年，调整机构设置，全厂设12个科室、4个车间。全厂职工250人，其中固定职工170人，城镇合同制工14人，计划内临时工64人，混岗2人。生产一线工人179人（包括11名学徒工）、工程技术人员7人，后勤管理人员64人。

1988年，企业内部改革继续深入。与上级机关实行集体承包经营责任制。厂级领导班子对中层以下领导干部重新聘任组合，合理配置，精简管理服务人员13人，充实生产一线。

1990年，开展“管理效益年”活动。中心内容是“双增双节”，节能降耗，减员增效，压缩管理费开支。尤其对部分科室存在岗位重叠，人浮于事的状况进行整顿、压缩。年末全厂职工319人，女职工99人，其中固定职工166人，城镇合同制工109人，其他职工44人。生产一线工人246人（学徒工19人），工程技术人员11人，后勤管理人员53人，其他9人。劳动配置：生产一线工人占职工总数77%，管理服务人员占职工总数20%，组织结构日趋合理。

1993年，原有人员配置形式已不适应企业发展，开始重新进行劳动组合，实行全员合同制。从厂长到班组长，层层竞争上岗，实行聘任制，做到“庸者下、能者上”，打破原来的用工制度。精简机构，科室由原来15个减至9个，后勤管理人员由69人减至39人，清退计划外临时工85人。

1994年，对生产机构、人员配置做了重大调整，由原来4个车间调整为5个车间和3个独立班。分别是粮酒车间、酒精车间、包装车间、机电车间、锅炉车间及电工班、维修班、制造班。按工种、岗位进行人员配置：粮酒车间75人，酒精车间52人，包装车间240人，机电车间33人，锅炉车间25人。加大营销力度，充实营销队伍，销售人员达到44人。

2000年，管理工作纳入了正规化、规范化。由于产品结构调整，生产设备的更新改造、技术进步及市场需求变化，部分岗位出现人浮于事、劳动配置不合理现象。厂部采取精兵简政，职工队伍分流。实行内部退休、停薪留职等政策，对职工队伍进行重新组合定岗。全厂在册职工515人，其中在岗职工490人，分流、停薪留职3人，内部退休22人。设置岗位：生产一线工人290人，生产辅助人员86人，营销人员52人，其他13人。管理层设董事长、党委书记1人，总经理1人，副总经理3人，高层管理人员2人（总会计师、后勤部长）；中层管理人员设正处级15人，副处级10人，管理人员17人。

2004年，公司领导班子调整，董事会由董事长提名聘任1名总经理、2名副总经理和2名总经理助理。对生产组织、人员配置重新整合。任命18名车间、处室领导干部，生产车间调整为粮酒车间、包装车间和机电车间。2005年，经过整顿，改组调整，重新设立岗位，做到定岗、定员。劳动配置具体是：全厂职工536人。其中生产一线工人348人，分布在粮酒车间113人，包装车间220人，机电车间15人，营销人员94人；后勤管理人员69人，工程技术人员25人。

2007年末，职工715人，其中一线职工363人，分布在粮酒车间123人，包装车间222人，机电车间18人，营销人员188人，后勤管理人员164人。

2008年，公司领导班子共8人，其中党委书记、董事长、总经理1人，党委副书记1人，常务副总经理1人，企管副总经理1人，销售公司经理1人，财务总会计师1人，技术总工程师1人，工会主席1人，公司有正式员工562人，其中一线员工共计334人，分布在包装车间215人，包装车间办公室4人，负责包装车间的日常管理工作。粮酒车间一线员工94人，其中大曲房23人，车间办公室4人，负责粮酒车间的生产及日常管理工作。卫生工2人。后勤及销售人员228人。

2009年，济南市思想政治工作人员专业职务评定工作办公室下发文件[2009年]号文，确认公司王者厚、李成新两名同志具备高级政工师资格，袁锡惠具备政工师任职资格。

2010年，公司有正式职工605人。其中，一线员工308人，分布在包装车间188人，维修人员3人，车间管理人员4人。粮酒车间94人，大曲房18人，维修人员3人，卫生工2人。车间管理人员4人。

2011年，公司正式员工634人。其中一线员工319人，分布在包装车间203人，维修人员2人，车间管理人员4人，粮酒车间91人，大曲房18人，维修工3人，卫生工2人，车间管理人员4人。

2015年，公司在岗人数437人（不包括销售人员），其中高级管理人员8人；中层管理人员29人；车间人员275人（粮酒车间82人；包装车间191人）。专业技术人员

36 人；后勤人员 89 人。

2016 年—2017 年，公司对粮酒一、二车间进行了机械化改造，减员 3 人，粮酒车间、包装车间一线员工共计 298 人。

第二节 职工队伍

1948 年 10 月至 1949 年，胶济专区专酿专卖事业公司王白庄直属总厂时期，全厂职工 108 人，其中管理人员 40 人。职工按天计算工钱，职工流动频繁，人员变化不定。

1951—1955 年，社会主义改造时期，职工人数不稳定。1955 年，全厂职工 65 人。

1956—1965 年，企业经历了“大跃进”和三年经济困难时期，生产处于半停产状态。1965 年末，职工 81 人。

1969—1971 年，液体酿造车间投产，经章丘县劳动局批准，从农村分批招收 25 名长期临时工后，职工队伍逐步稳定下来。

1974—1977 年，酒精车间建成投产，经章丘县劳动局批准，从农村招收 60 名“亦工亦农”合同工。

1978 年后，部分老工人办理退休，子女顶替上班增多。职工人数达到 154 人。

1979 年，第一次接收上级分配的城镇待业青年 10 名，至 1983 年，每年有 5 到 10 名不等城镇青年分配进厂，年末职工人数 226 人。

1984 年，全厂职工 230 人，其中固定工 165 人，合同工 65 人，一线工人 165 人，后勤管理人员 65 人。

1985 年，结合行业特点和用人制度改革，职工队伍成份形成固定工、城镇合同制工、“亦工亦农”合同工、临时工、计划外用工的组织结构。其中固定工、城镇合同制工、亦工亦农合同工人员比较稳定，临时工、计划外用工人员流动性较大。企业根据生产的淡、旺季计划安排，随时招用或辞退临时用工。是年，章丘县酒厂制订《合同工、临时工、计划外用工管理制度》，该制度规定：凡招收合同工，按照上级文件规定，写出申请由上级劳动部门批准分配人员后，正式录用。录用后双方签订劳动合同，在合同规定期限内，合同工享受文件规定的一切福利待遇。合同工在职期间，如违犯厂规厂纪，厂方有权视情节轻重给予不同程度的处分。合同期满后，厂方需继续留用人员，双方协商续签合同。厂方录用临时工，双方签订劳动协议书，规定双方的权力和义务。双方签字后生效。生产部门招用计划外临时用工，报厂长批准同意后方可录用。未经批准录用者，一律不发工资。

1987年，全厂职工250人。从年龄结构分：50岁以上15人；35—50岁110人；35岁以下125人。

1988年，生产规模扩大，人员增加。主要增员渠道有社会招工，离退休职工子女顶替，接收国家分配的大、中专毕业生，外地外单位调入，接收转业军人、退伍军人及军人家属。减员渠道主要是：离休、退休、退职、调出、自然减员、青年入伍、个别职工辞职或被辞退。全厂职工369人，其中固定工195人，城镇合同制工51人，计划内临时工123人。是年，共增职工23人，其中城镇合同制工招收16人，安置复转军人1人，分配中专生2人，外单位调入4人。减员：退休职工12人。

1994年，根据生产发展需要，招转城镇合同制工人40人、农民合同制工人转为城镇合同制工人56人。该公司改制后，按1989年制订的"劳动力管理标准"，对各科室、车间、生产岗位进行梳理，人员重新核编定岗，职工队伍采取优化组合、竞争上岗的措施。1994年，该公司制订《富余职工安置暂行规定》，临时被优化下岗职工，对年富力强的职工采取培训、竞争、再上岗的方法，对体弱、病残不能胜任岗位工作人员由本人申请，经公司领导批准可以办理内部退休，并根据工龄、年龄等情况确定退休期间的待遇。合理调整职工队伍结构，稳定了职工队伍。

1996年，新招大、中专毕业生16人，安置退伍军人9人，年末职工总数535人。

1997年，不断调整职工队伍结构，使职工队伍的技术素质、文化水平得到不断提升。出台了《关于对富余职工安置的规定》。规定富余职工范围主要是指病、伤、残、体能、家庭或其他原因使本人不能继续从事正常工作的人员。为了更好的照顾安置富余职工，确定了六类情况解决职工实际困难。一是内部退休；二是达不到内部退休年龄，由本人申请，经该公司劳动鉴定委员会同意，可办理停薪留职；三是因家庭原因，经该公司批准可休长期事假；四是孕期或哺乳期的女职工可经批准延长假期；五是经该公司优化待岗或下岗培训，经培训仍无接收单位的解除劳动合同；六是提出辞职或调动工作的按规定执行。各类人员都明确福利待遇和权力义务。通过对职工队伍调整，共办理了内部退休18人，休长假2人，调动1人，经过整合，提高了职工素质，增强了整体合力。

1998—2003年，用人制度形成新的机制，专业技术人才的招聘：一是与大专院校联姻，定向培养。

二是通过人才市场等渠道招聘，三是选拔优秀青工到大专院校在职培训。2003年专业技术人员达到130人。

2004—2006年，加强职工队伍建设，结合市场营销、技术开发，招聘营销人员12人，工程技术人员10人，财会人员2人，其他管理人员多名，使职工队伍专业素质得到提高。2006年末，有职工721人，其中正式职工514人，临时工207人，大、中专毕业生127人，占正式职工的24.7%，工程技术人员140人，占全体职工的27.2%，形成一支具有较强战斗力的职工队伍。

2007年末，有职工715人，其中正式工525人，临时工190人。

2008年以来，公司人员结构较稳定。人员流出主要以退休为主。人员流入主要有社会招聘、校园招聘、网络招聘及退役士兵安置。

2014年底，公司在岗后勤职工：工龄在5年以内的有16人，工龄在6—10年的有16人；工龄在11—20年的有37人，工龄在21年以上的有92人。销售团队中：五年以内的有44人，工龄在6—10年的有21人，工龄在11—20年的有37人，工龄在21年以上的23人。包装车间：工龄在5年以内的有27人，工龄在6—10年的有24人，工龄在11—20年的有53人，工龄在21年以上的有44人。

2015年底，对公司人员状况进行分析：公司高层管理人员8人，其中，男性7人，女性1人，占员工总人数的2%。中层管理人员29人，其中男性25人，女性4人，占员工总人数的7%。包装车间占44%，平均年龄35.4岁；粮酒车间占19%，平均年龄42岁；后勤人员占20%，平均年龄39岁；专业技术人员占8%。

2017年，公司人数615人，较2009年人数增加62人。人员年龄分析：男性人员中30岁以下73人；31至40岁89人；41岁至50岁95人；50岁以上70人。女性员工中30岁以下61人，31至40岁95人，40岁以上132人。员工学历构成分析：大专以上人员151人，高中人员68人。具有高级技师职称人员10人；技师人员21人；具有职业技能资格证书人员62人。

第三节　劳动定额

劳动定额管理

制订劳动定额是企业按劳分配的依据，衡量劳动成果的尺度，是提高经济效益的重要措施。不断完善、修订人员定额、岗位定额、原材料消耗定额、储备定额、资金费用定额、设备定额等各项定额标准。按定额考核奖惩兑现。保持定额的先进性和适用性。

1948—1952年，劳动定额管理由1名副经理负责。生产每班定员7人，循环操作105个发酵缸，定额为每个工作日操作7个发酵缸，投料500公斤，发酵时间15天，完成任务发基本工资。20世纪50—60年代，定额考核有每班原料投料数、出酒率和辅助材料消耗。完成计划指标发基本工资，超额完成任务以口头表扬和荣誉表彰为主。

20世纪70年代，学习《鞍钢宪法》管理经验。劳动定额的制订，按上级业务部门下达的年生产计划分解，车间将当月生产任务分配到各班组，制订每班生产定额。完成定额指标发基本工资加综合奖。完不成定额发基本工资，基本是“大锅饭”的管理方式。1978年12月，制订《关于实行超产节约奖励试行办法》。先在酒精车间、串香班、包装车间试行后，推广到全厂。主要做法：按上一年度投料、产量、质量、原辅材料、能源消耗作为定额基数，平衡后制订定额。将当年生产计划、质量要求、能源消耗、原材料消耗、辅助材料消耗等分解到各工段、岗位为定额考核依据。重点考核各种消耗。少消耗多产出，作为计奖依据。以精神鼓励为主，奖金数量很少。

1983年，对各种定额分别进行调整。

包装车间试行定额计件，按生产计划、生产成本制订单位成本，计算出单件工资，实行日定额，超定额加价。在统一定额基础上，按岗位、技能、工龄等给予适当补贴，月末考核发放工资。

酒精车间生产定额：车间定员57人，每少用1人，每工日奖车间1元。定额：全车间日产65°白酒10.3吨乘以生产天数为月定额。淀粉出酒率定额：一、四季度86.5%，二、三季度85.5%。消耗定额：吨酒耗水50立方米；吨酒耗电65度；吨酒耗标准煤冬季700公斤，其它季节670公斤。维修费用每月655元。

白酒车间固体酿造班生产定额：每班定员8人。固体地瓜干酒生产定额：每班投料1000公斤，一、四季度发酵期5天，二、三季度发酵期4天。出酒率一、四季度52%。二、三季度50%。糠耗每班按投料定额30%。酒度达67°以上，理化指标达省内标准，卡酒头每甑5公斤，卡酒尾至60°止。

粮酒班生产定额：高粱酒发酵期12天，一、四季度原料出酒率48%，二、三季度43%。酒度67°

以上，卡酒头每甑5公斤，酒尾60°止。大曲酒发酵期15天，原料出酒率一、四季度45%，二、三季度40%。酒度66°卡酒头每甑5公斤，酒尾60°止。佳酿酒发酵期60天，原料出酒率一、四季度32%，二、三季度30%。酒度66°以上，卡酒头每甑5公斤，酒尾55°止。以上3种酒耗糠定额是原料投料量的30%，理化指标达省内标准。

串香班生产定额：全年串香风耗2%，一、四季度出酒率45%，二、三季度出酒率43%，完成投料定额及发酵时间和质量要求。

制曲班实行超定额计奖：每池投料550公斤，曲糖化酵素月平均达到8500单位以上，增月奖金10%。曲糖化酵素8000单位以上，每房提奖4元。糖化酵素6500单位以上，每房提奖3.5元。糖化酵素不低于6500—5000单位。

锅炉车间定额：大锅炉供酒精车间生产。11月份至下年3月份，吨酒耗标准煤700公斤。其他月份耗煤670公斤。小锅炉供串香、粮酒、曲房用气。双班生产日耗煤2600公斤，单班生产日耗煤1800公斤。

1985年，生产规模扩大，机械化程度提高，产品结构调整，人员增加。原有劳动定额已不适应企业发展。经全厂重新设岗定位，制订了新的《劳动定额及定额管理制度》。

制曲车间定额及定额管理制度

定额：培菌定额：培菌工1人，负责培养酒母试管和曲种试管三角瓶，质量要求：菌种纯壮、无杂菌感染。曲种定额：曲种工每班1人，每5天培养1房曲种。投粮45公斤，质量要求：胞子纯壮，无杂菌感染，糖化力6000单位以上。大曲定额：曲房每班3人，投麸皮1300公斤，分两池培养。质量要求：糖化力6000单位以上，原料出酒率85%。定额管理制度：所用原料由供应科过磅计量，填写领料单。用曲单位凭领料单领曲。糖化力由质检科化验记录，月终结算。成品曲达不到4500单位罚成品曲成本的10%。达不到5500单位每池罚款4元，5500—6000单位，不奖不罚。6000—7000单位每斤成品曲提奖金0.004元，7000—8000单位每斤成品曲提奖金0.005元。8000单位以上每斤成品曲提奖金0.007元。出曲率每超产1斤提奖金0.03元，减产1斤罚0.015元。月终由生计科通过化验室、酒精车间、白酒车间、供应科统计数据进行考核，由厂部审核进行奖罚。

白酒车间定额及定额管理制度

定额：高粱酒班定员每班7人，投高粱900公斤，地瓜干100公斤，大曲80公斤，稻壳250公斤。发酵期3天，冬季出酒率45%，夏季出酒率42%，入库酒度66° 。串香酒班：定员每班7人，投高粱950公斤，地瓜干50公斤，麸曲44公斤，稻壳400公斤。发酵期8天，冬季出酒率45%，夏季出酒率42%，酒精1700公斤，酒精内耗2%，入库酒度72° 。佳酿酒班：定员每班7人，投高粱700公斤，大曲175公斤，稻壳140公斤。用老窖池发酵50天，冬季出酒率30%，夏季出酒率28%，入库酒度65°。辅助材料定额：全车间月支出270元。定额管理制度：使用原材料由供应科发放，月终结算。出酒率定额每超1斤酒奖0.10元，减产1斤酒罚0.05元，节约1斤高粱，奖励0.02元，超用1斤高粱罚0.01元，辅助材料消耗定额节约或浪费分别奖罚材料价格的30%。入库酒验收合格凭入库单结算。质量不合格，酒库拒收。

锅炉车间定额及定额管理制度

定额：东4吨快装锅炉汽压6公斤，供酒精车间用汽。每班定员司炉工2人，运煤工1人。耗煤定额按酒精车间投料计算，酒精车间投料1吨，冬季4个月为吨料耗原煤630公斤，夏季8个月为吨料耗煤590公斤。西4吨快装锅炉汽压5公斤，供白酒车间、制曲车间和全厂冬季取暖用汽。耗煤定额按天计算，冬季4个月耗原煤6吨，夏季8个月耗原煤4吨。定额管理制度：锅炉用煤由供应处计量填写领料单，月终结算。节约或浪费1吨煤奖罚3.2元。如供汽不足，使生产投料不足，每少投1锅料罚款6元。

机电车间定额及定额管理制度

维修班定员8人，负责全厂设备维修及零星备件的制造。分3班跟班维修。承包设备运转天数，大月承包30天，小月承包29天，每月停产维修定额1天，设备维修定额费用每月330元。电工班定员8人，负责全厂电器设备的安装、维修保养、发电机的开动与维修。制造班实行大活计件，零活日工，承包制造质量。定额管理制度：机电车间奖金与生产车间挂钩。保证全厂正常生产，生产每超减1吨酒，机电车间分别奖罚5元。维修费用节约或超用奖罚节超费用的30%。

酒精车间定额及定额管理制度

定额：运料工每班定员2人，人力车自装、自运、自卸。按锅计算，每锅投地瓜干1050公斤，每班投9锅，计9450公斤。粉碎工定员每班1人，每班粉碎地瓜干9450公斤。蒸煮工每班定员1人，每班蒸煮9锅，每锅15分钟，温度120℃。糖化工每班定员1人，将每锅料分别冷却到 27℃，打入窖池。酒母工每班定员 1 人，每班接种 1 个一代瓶、1 个二代瓶、3 个卡瓦罐、1 个小酒母、1 个大酒母，28° 接种，32° 培养，出罐酒母细胞 1 亿以上，芽生率 20% 以上。发酵工每班定员 1 人，负责刷地、杀菌、管理发酵温度。蒸馏工每班定员 1 人，每班蒸完 1 个发酵池，蒸馏率 98%，入库酒度 94° 以上，理化指标合格。全车间统一承包原料出酒率 58.5%，日产量 14.6 吨，辅助材料消耗 1100 元。定额管理制度：出酒率超产 0.5 公斤奖励 0.04 元，减产 0.5 公罚款 0.02 元，产量增减 0.5 公分别奖罚 10 元，消耗材料的节约和超用分别奖罚原价的 30%，因责任完不成定额，每少投 1 锅料罚款 6 元，月终结算，如质量不合格，酒库拒收。

包装车间定额及定额管理制度

包装车间仍实行计件工资制，每班定员 30 人，每人日定额 250 瓶，每瓶包装工资 0.006 元。质量要求：酒质清、商标正、斤两足、捆扎紧、码垛入库整齐。各种消耗材料：酒瓶消耗定额 4%，商标消耗定额 1%，塑料盖消耗定额 2%，胶帽消耗定额 3%，塑料绳消耗定额每盘捆 1500 瓶，纤维素消耗定额每桶帖 10000 瓶，毛刷消耗定额每支刷 1000 瓶，油瓶消耗定额 2%。定额管理制度：产品包装整个过程由质检科质检员检查质量，不合格产品返工处理。产品入库由仓库保管员验收入库，月终结算。消耗材料定额管理：节约 1 个酒瓶提奖酒瓶原价的 50%，节约 1 张商标奖 0.007 元，节约 1 个塑料盖提奖 0.0045 元，节约 1 个胶帽提奖 0.005 元，节约 1 公斤塑料绳提奖 2.20 元，节约 1 公斤纤维素提奖 2.65 元，节约 1 支毛刷提奖 0.70 元，以上各项全奖全罚，由生计科月终审核结算。

1985 年制订的劳动定额及定额管理办法，内容详实，定额合理，至 1988 年，全厂除对个别岗位定额进行调整，继续延用。

1989 年，加强了对劳动定额管理，根据企业标准化管理要求，修订劳动定额管理标准。确定劳动定额范围是：凡本厂生产的产品、工具、装备、备品配件、大、中修理、技术改造、零活（包括外加工）等均制订定额，做到劳动定额资料齐全、完整。定额形式分为工时定额和产量定额 2 种，定额先进合理，定额完成率控制在 90—120% 之内。在劳动定额的贯彻执行中，定额员深入车间，帮助工人提高操作技能，改进加工方法，提高工作效率，使工人突破或超额完成定额。工人如对定额提出意见，定额员经过科学分析，在坚持原则的基础上，酌情给予适当调整。定额管理方面，定额员应掌握和平衡本厂的定额水平，并提出修改定额的调整系数。经常深入车间进行工作日写时、测时、工作抽样、检查工票等工作，同时验证定额的先进性、合理性，取得第一手资料，准确把握定额水平，为今后修订定额作参考依据。

1994年，经营承包经济责任制改为股份公司制企业。该公司对各车间实行经济承包责任制，将全年生产计划、质量标准、技术要求、经济责任分解到车间，实行工、效挂钩。车间根据本单位生产状况再将指标分解到工段、班组及岗位。实行计件工资和岗位承包。在原定额指标基础上，对各项定额指标进行上调。包装车间捆装酒类由每人每日250瓶，调为每人每日300瓶等。

2000年，修订各车间经济指标责任制：酒精车间各项指标基数：出酒率全年平均56.5%，产量全年完成65°地瓜干白酒6550吨；质量：产品合格率100%，理化、感观卫生指标按规定考核、测评。定额及奖罚：车间定员48人，完成各项指标，支付月人均基础奖40元。全年出酒率56.5%，产量每超、减一吨，奖罚400元。每月考核产品质量合格，每吨酒奖励0.5元。消耗按定额考核。粮酒车间各项指标基数：出酒率全年平均36%，产量计划完成65°粮酒1500吨。质量要求，40天发酵期。己酸乙酯每班月平均每100毫升白酒中达到120毫克以上。提高部分，分别按每吨酒奖励500—900元不等。降低部分每吨酒罚款300—500元。各项指标完成，支付月人均基础奖40元。包装车间各项指标基数：灌装合格率98%，产品入库合格率100%，全年包装产量6000吨。计件定额分别是：捆装酒每人每日280瓶，箱装普通酒每人每日240瓶，箱装瓷瓶酒新瓶每人每日170瓶，旧瓶每人每日150瓶；螺旋盖箱装酒，新瓶每人每日210瓶，旧瓶每人每日160瓶；箱装螺旋盖每人每日160瓶，塑盖瓶每人每日160瓶；大视镜盖高档产品类每人每日110瓶。材料消耗定额：塑料绳1公斤捆1000瓶，胶带每盘封45箱，其他材料按原定额。节、超按价值的20%奖罚。

2004年，调整包装车间劳动定额。车间定额：全年完成包装产量5500吨，酒损1.5%以内。普通瓶破碎率3%以内，新异型瓶破碎率5%以内，螺丝口瓶破碎率4%以内。百瓶成本核算：核算实际成本以财务现行价格计算。当日实际每百瓶成本减少或增加1%，按奖金总额的20%奖罚。员工定额：车间生产人员一律实行计件工资制，日工资定额10元，固定工档案工资每日高于10元部分，按工作日补贴。计件定额标准：1. 捆装普通瓶酒每人每日240瓶。2. 箱装普通瓶酒每人每日230瓶。3. 百特瓷瓶酒装盒每人每日120瓶（新瓶）。4. 异型瓶酒装盒每人每日140瓶（旧瓶）、160瓶（新瓶）。小班手工灌装：1. 异型瓶酒装盒每人每日110瓶。2. 八年陈酿瓷瓶酒装盒每人每日80瓶。3. 原装酒瓷瓶按日工。4. 桶装酒每人每日110桶。

2005年，低档产品减少，开发的中、高档产品种类增加，包装装潢越来越精美，工序更加复杂。对包装车间计件定额调整为捆装普通酒每人每日240瓶，箱装普通酒每人每日230瓶，百特瓷瓶装盒每人每日120瓶，异型瓶装盒每人每日160瓶（新瓶），异型瓶装盒每人每日140瓶（旧瓶），小班异型瓶装盒（高档产品）每人每日120瓶，八年陈酿瓷瓶装盒每人每日100瓶（新瓶）、90瓶（旧瓶），原装酒瓷瓶每人每日70瓶，桶装酒每人每日110桶。每个班组维修费用节约或超出按价值20%奖罚，班组月累计未出现质量罚款，嘉奖本班组200元。

粮酒车间：

2012年，粮酒车间根据不同的生产班组制订不同的定额：三粮班：40天发酵期特曲出酒率指标全年平均36%，其中1月份38%；2月份40.5%；3、4、5月份39%，6月份37%,9月份27.5%，10月份31%，11月份33%,12月份36%,双轮底1、2、3、4、5、6、11、12月份出酒率22%，9月份18%，10月份16%。成本：按不变价格计算，吨酒成本1月份7558.67元，2月份7153.73元、3、4、5月份7390.49元，6月份7735.58元，9月份10111.27元，10月份9083.06元，11月份8551.63元，12月份7922.56元（不含工资、福利费）。粮一、粮三车间三粮班组吨酒（65°）工资按1945元提取，粮二车间吨酒（65°）工资按1640元提取，双轮底吨酒（65°）工资按2620元提取。在机物料质量稳定的情况下，按不变价格，吨酒按47元考核，机物料增加或降低按价值的25%奖罚，更换设备单件价值超过300元，按300元计算。质量：己酸乙酯含量全年平均不低于125mg/100ml（粮二车间己酸乙酯指标均按80%考核），乳酸乙酯全年不高于300mg/100ml。其中己酸乙酯1月份不低于100mg/100ml，2、3、4、5、6月份不低于120mg/100ml，9月份不低于180mg/100ml，10月份不低于140mg/100ml，11、12月份不低于115mg/100ml。乳酸乙酯

1—12 月份不高于 300mg/100ml，双轮底全年己酸乙酯不低于 235mg/100ml，乳酸乙酯不高于 300mg/100ml。以上指标，己酸乙酯每增加或减少 5mg/100ml，按工资总额的 0.3% 奖罚，乳酸乙酯月平均每增加或减少 5mg/100ml，按工资总额的 0.1% 奖罚。提优率：车间全年提取优质酒量全年不低于产量的 22%，全年己酸乙酯不得低于 195mg/100ml，其中 1 月份己酯乙酯不低于 180mg/100ml，2、3、4、5、6、10 月份己酯乙酯不低于 190mg/100ml，9 月份不低于 240mg/100ml，11、12 月份己酸乙酯不低于 195mg/100ml 乳酸乙酯指标按后附表执行。提优率 1、2、3、4、5、6 月份不低于 19%，9 月份不低于 34%。10 月份不低于 31%，11 月份不低于 21%，12 月份不低于 20%。优质酒产量高于或低于月份分解指标部分，按每增加或减少 1kg 奖罚 2 元。双轮底出酒率按当月指标考核，达到指标，每增减 1kg 奖罚 2 元，质量一项达不到规定要求视为不合格，若符合一级酒标准按一级酒处理，否则视为二级酒。

一级酒的己酸乙酯和乳酸乙酯的范围

己酸乙酯（mg/100ml）	乳酸乙酯（mg/100ml）
180—300（含 300）	≤ 200
300—400（含 400）	≤ 240
400—500（含 500）	≤ 280
500 以上	≤ 320

五粮班：60 天发酵期五粮酒出酒率指标全年平均 33.5%，其中 1 月份 32%；2、6 月份 37.5%，3、4、5 月份 38%，9 月份 27%，10 月份 23.5%，11 月份 31%、12 月份 32.5%。成本：按不变价格计算，吨酒成本 1 月份 9563.49 元，2、6 月份 8308.18 元，3、4、5 月份 8212.19 元 9 月份 11199.35 元，10 月份 12717.83 元，11 月份 9839.56 元、12 月份 9431.75 元（不含工资、福利费）。五粮班组吨酒（65°）工资按 2130 元提取。在机物料质量稳定的情况下，按吨酒 48 元考核，机物料增加或降低按价值的 25% 奖罚，更换设备单件价值超过 300 元，按 300 元计算。质量：己酸乙酯含量全年平均不低于 170mg/100ml，乳酸乙酯全年不高于 300mg/100ml，其中己酸乙酯 1、

2月份不低于130mg/100ml，3、4、5、6不低于140mg/100ml，9、10月份不低于245mg/100ml，11、12不低于195mg/100ml；乳酸乙酯1−12月份不高于300 mg/100ml。以上指标，己酸乙酯每增加或减少3mg/100ml，按工资总额的0.3%奖罚，乳酸乙酯月平均每增加或减少3mg/100ml，按工资总额的0.1%奖罚。提优率：五粮班提取优质酒量全年不低于产量的35%，其中优级酒16%、一级酒19%。优级酒全年己酸乙酯不得低于220mg/100ml，其中1、2、3、4、月份己酸乙酯不低于185mg/100ml，5、6月份己酯乙酯不低于225mg/100ml，9、10月份不低于305mg/100ml,11、12月份己酸乙酯不低于200mg/100ml．提优率1、2、3、4、11、12月份不低于13%，5、6月份不低于16%，9、10月份不低于25%。全年优级酒产量每增加或减少1kg奖罚3元，质量一项达不到规定要求视为不合格，若符合一级酒标准按一级酒处理。一级酒全年己酸乙酯不得低于170mg/100ml，其中1、2、3、4、5、6、11、12月份己酸乙酯不低于150mg/100ml，9、10月份不低于250mg/100ml。提优率1、2、3、4、11、12月份不低于17%，5、6月份不低于19%，9、10月份不低于25%。全年一级酒产量每增加或减少1kg奖罚2元。优级酒、一级酒的乳酸乙酯考核指标参照三粮班“一级酒的己酸乙酯和乳酸乙酯的范围”，按下表执行：

己酸乙酯（mg/100ml）	乳酸乙酯（mg/100ml）
150−300（含300）	≤200
300−400（含400）	≤240
400−500（含500）	≤280
500以上	≤320

大曲班：大曲出酒率全年38%，其中1、2、12月份39%，3、4、5月份40%，6、11月份38%，8、9月份31%，10月份37%，大曲酒按月计划出酒率每增减1kg奖罚1元。

芝麻香：出酒率全年21%，吨酒（65°）工资5280元。每增加1kg奖励8元，每减少1kg罚4元，按出酒率指标考核奖金。酯化液串香蒸馏效率90%，吨酒（65°）工资45元，每增减1kg奖罚1元。150天试验池，己酸乙酯各级酒全年平均不低于400mg/100ml，出酒率22%，吨酒（65°）工资3000元，每增减1kg奖罚2元。三粮班、五粮班、芝麻香班组质量奖经考核，单独发放。

粮酒其他定额考核内容：1. 入库酒度：二级酒三粮班组冬季（12月—4月）为63°以上，夏季（5月—11月）为61°以上，五粮班组冬季（1—4月）为63°以上，夏季（5月—12月）为61°以上。优级酒的入库酒度70°以上，一级酒入库酒度68°以上，双轮底酒65°以上。串香酒55°以上。150天试验池一级酒70°以上、二级酒60°以上。2. 除公司夏季计划停产外，每压池1天，出酒率指标相应下调0.1%，除计划停产外，压池时间超过15天出酒率另行考核。如因不可抗拒的原因对当班生产或窖池造成影响，或公司安排实验影响生产，另行考核。3. 高粱质量标准水份月平均不高于14%，高粱容重大于690g/l，低于部分经公司折算后，每月由质检部出据验收过程中所扣超出标准的杂质、水份总数，报供应部和粮酒车间，供应部按所扣数额75%补给粮酒车间。大曲、糖化酶、干酵母等辅助原料由质检部门每周化验一次，确保其质量符合要求，检验部门要按规定和要求及时通报有关单位。4. 优级酒、一级酒、双轮底、芝麻香每周（芝麻香每月）收一次酒，定于周四检验理化指标并取样进行感官品评。期间于周一质检部为粮酒车间化验一次理化指标。己酸乙酯指标低于控制指标15%可以参加感官品评，口感符合标准视为合格。理化指标符合控制指标，但口感不符合标准视为不合格。车间使用各种粮食风耗均按3%执行。5. 严格执行工艺，不得擅自改变工艺流程、工艺指标及技术参数。如果生产工艺需要修改，必须经公司研究、论证同意，否则罚款100元，不执行工艺者罚款100元，由技术部通知人力资源部扣除。6. 设备管理：设备完好率90%以上，运转率95%以上，达不到标准每次扣罚50元。文明卫生：一次不合格罚款50元。安全生产：年内重大事故、重伤事故为零。杜绝跑冒滴漏，发现一次扣罚50元。车间权利和义务：在不违反公司有关规定和制度的前提下，车间有权决定本车间内部人员的工作安排并负责员工的业绩考核，对业绩优秀的员工进行奖励，按照多劳多得的分配原则自主分配奖金，但分配要公开、公正、公平。对违纪职工的处罚要符合公司的“奖惩条例”，行为严重的要报请公司处理。车间必须认真严肃的执行公司和党委的一切决议和规定，带领车间全体员工积极参加公司组织的各项活动和业务学习。车间所属管理人员列入各项指标奖惩范围内考核。车间主任长期完不成工作任务或出现重大工作失误，公司可另行安排工作。

包装车间

包装车间根据包装形式确定单瓶包装价格，再根据灌装量确定包装车间人员工资。每年末根据公司实际及增资情况对单瓶包装价格进行微调。机制运作方式：公司按照包装车间当月所完成灌装产量，根据不同产品单瓶核算价格支付生产费。除公司规定车间管理人员外，其他人员全部有生产费支付工资。

2016年产品分类单瓶价格明细表

类别	类别名称	单瓶价格（元／瓶）	类别产品名称
一	直接包装产品	0.188	36度清照特曲、35度清照特曲、42度大曲、42度高粱酒、曹启34度特酿、吕军36度、34度、39度、38度清照园等产品
二	光瓶酒	0.239	
三	新瓶放置泡沫或铆钉封口等复杂包装产品	0.248	39度八年陈酿、36度豪情百脉泉、39度满庭芳、34度九年十二年百脉泉、36度永遇乐、36度清照乡音、36度柔和百脉泉等产品
四	旧瓶或异形包装盒等产品	0.318	39度特酿、42度特酿、45度招商、39度绿野清特、曹启42度、39度特酿、吕军46度清照园、刘英38度、39度、46度特酿等回收产品、吕军36度三星（八棱盒）
五	旧瓶放置泡沫或铆钉封口等复杂包装产品	0.378	王春宝38度福旺、朱宝水39度人之德、郑元亮43度透瓶香、郑元亮44度清照酒等产品
六	高档产品	0.398	各种芝麻香、46度百脉泉、52度、38度特供酒、各种坛子酒、各种旅游纪念酒等

备注：包装部分产品需新增加盒、箱角标等产品区分标识的，根据类别在原单瓶价格基础上每瓶增加0.01元包装费。

各种材料消耗定额及指标考核：酒损：0.45%。超过指标，召开专题会分析原因，找出问题，做出改正意见（在不具备专用计量器具的前提下暂不做奖惩考核）。

包装瓶破碎考核定额：

瓶型	定额%
新瓶（含八年瓶）	2
撬耳异型瓶	2.7
回收撬耳瓶	4.5

包装材料定额：

毛刷	0.15%
商标	0.7%
盒子	0.15%
箱子	0.15%
塑料盖	1.5%
顶出盖	1.4%

维修费用6.0元／吨酒（更换单件500元以上或整体更新按500元计算）。包装产品灌装合格率98.5%以上，产品入库合格率100%。包装产量按销售计划以销定产。

第四节 劳动工资

劳动工资管理关系到职工的切身利益和劳动积极性。20世纪50—60年代，职工实行等级工资制。管理形式是财务科按工业总产值编制年、季、月工资计划，劳资部门以财务科工资计划为依据，每月按生产任务完成情况编制工资表。考核办法以劳动出勤、完成基本任务、遵守劳动纪律为考核内容，每月按档案工资计发。

20世纪70年代，厂内实行基本工资加奖金，主要是精神鼓励，奖金额度很小。

一、工资调整

1980年，根据章丘县革命委员会章革字〔1980〕27号文件进行工资调整。全厂职工168人，固定职工93人，属这次调资范围的71人（职工61人，干部10人）。其中二级工5人，三级工11人，四级工30人，五级工9人，六级工5人，七级工1人；干部十八级2人，二十一级2人，二十二级4人，二十五级2人。

1982年，工资分配形式改变。

试行计件工资制及其他定额承包形式，灌装车间执行定额工资＋超定额计奖。即把当月生产任务、质量指标按工序、操作规程分解到各个岗位，制订定额，各岗位按定额分解工资指标，完成定额发岗位定额工资，超产加发超定额奖金。粮酒车间分工段分项计奖，各工段按任务完成情况，按定额工资加综合奖。综合奖根据劳动态度、劳动强度、劳动纪律、文明生产等适当拉开档次。机修班、木工班、零活班采取集体承包计奖法。

1985 年，根据山东省政府鲁政发［1985］97 号文件规定，厂长有权对 1984 年度在职职工 3% 的人员实行晋级奖励。对当年在职的 170 名职工按 1983 年 1% 和 1984 年 3% 比例一次性合并使用，有 8 名职工各晋升 1 级工资。是年 11 月，根据国务院国发［1985］2 号文《关于国营企业工资改革问题的通知》和劳动人事部等五部门联合下发的劳人字［1985］29 号文《国营企业工资改革试行办法》的精神，制订《章丘县酒厂 1985 年职工升级实施方案》。全厂在职职工 171 人中，升级人员 110 人，其中升 1.5 级及以上人员 8 人，升 1 级 82 人，升 0.5 级 20 人。

1988 年，章丘县劳动局、章丘县税务局联合下发［1988］章劳字第 46 号文《关于转发济南市劳动局、税务局〈关于企业试行浮动工资标准的通知〉的通知》指出：效益好的企业，可以向上浮动工资标准，浮动比例为 5%，浮动的工资标准只在本企业内有效。11 月，该厂制订《5%〈半级〉浮动工资标准意见》，全厂干部 35 人，职工 129 人，亦工亦农人员 60 人。上浮标准工资人数 154 人。

1989 年，该厂《关于 1988 年 3% 晋级奖励的安排意见》中，对全厂固定工、合同制工人、亦工亦农合同工进行评选晋级，全厂 193 人，晋级 6 人，占职工总数的 3.1%。

1989—1992 年，按厂长有权对 3% 职工奖励晋级的文件精神，分别给予奖励晋级。1989 年全部职工 201 人，晋级 6 人；1990 年全部职工 217 人，晋级 6 人；1991 年全部职工 244 人，晋级 8 人；1992 年全部职工 278 人，晋级 9 人。

1994 年 6 月，该厂下发章酒字［1994］第 2 号文《关于调整部分临时工岗位工资的决定》。对岗位脏、乱、苦、险等重体力劳动及有一定专业技术工种的临时工进行工资调整。调整标准：粮酒车间临时工月标准工资由 140 元调为 180 元；酒精车间运料工由月工资 140 元调为 180 元；锅炉车间运煤工由月工资 165 元调为 180 元，汽车驾驶员由月工资115元调为180元。

1997年，下发济酒字[1997]3号文《关于对职工晋级奖励的实施规定》。规定奖励晋级的范围和标准，范围是1995年底在册的已转正定级的固定职工、合同制职工及1996年确有突出贡献的新增职工。不突破全体职工的80%，标准是奖励晋升1级工资。年末在册人员395人，有330人晋升1级工资。1998年，继续执行奖励晋级决定，有344人晋升1级工资。1999年，386人奖励晋升1级工资。

2000年，该公司下发《职工晋级方案》，该方案对1999至2000年度做出突出贡献的干部职工每人晋升2级工资。职工总数502人，其中符合晋升2级的职工482人，晋升1级工资14人，不符合晋级条件6人。

2001年，为473人晋升2级工资，11人晋升1级工资，未晋级31人。

2005年，根据公司经济效益情况，决定为全厂职工晋升1级工资，增资额人均40元。全厂522人中，413人晋升1级工资，未升级109人。管理、服务、后勤人员在岗位技效工资的基础上增加工资，做到职工收入与经济效益同步增长。

二、奖金与补贴

1986年，为加强企业管理，提高班组长工作责任心。该厂制订《实行职务津贴的有关规定》。自4月份，对在职班组长实行职务补贴（每个工作日1元）。规定：全面完成各项任务，完不成任务不执行；违犯劳动纪律取消当月补贴；遵守各种会议制度，维护全厂统一指挥加强责任心，本部门无违纪职工。9月，章丘县酒厂下发《关于后勤管理人员奖金发放标准》。执行三类发放标准：一类人员包括正副书记、正副厂长、厂部主任、工会正副主席、正科级、车间正主任、维修班、制造班、电工班、木工班全体，执行全厂承包单位人均奖的100%。二类人员包括副科级、车间副主任及销售科、财务科、生计科、供应科科员，执行全厂承包单位人均奖的90%；三类人员包括其他科室工作人员、卫生员、保育员、警卫员、营业员、保管员、计量员、节能员、化验员、勾兑员、看泵班等，执行全厂承包单位人均奖的80%。停产大修期间的综合奖发放标准：一类人员8元，二类人员7元，三类人员6元。

1993年，根据山东省劳动局鲁劳发[1993]83号文《关于实行年功工资的实施意见》，该厂在固定工、合同制工及1993年1月1日以后离退休人员中执行，按月发放。11月，制订《关于对干部岗位补贴工资的决定》。厂长月补津贴188元，副厂长月补津贴118元，正科级、车间主任月补津贴78元，副科级、车间副主任月补津贴48元，班长月补津贴18元。

1994年8月，该厂下发《关于执行新职务补助的通知》。职务补助重新规定正厂级月补助288元，副厂级月补助188元，正科级月补助118元，副科级月补助75元，班组长月补助20元。

1995年，该公司《后勤、服务人员奖金发放规定和标准》出台。自1月份执行新的奖金发放标准。奖金来源：后勤、服务人员的奖金与企业生产、经营、效益挂钩。体现“分工不同、目标一致，风险共担、奖罚分明”的原则。按企业效益增长幅度，根据工作性质和贡献大小享受生产、效益奖金平均基数的300%至50%。二部分组成：生产车间每月人均奖金的50%为第一基数，按当年生产任务、利税完成情况提取的奖金为第二基数。两项合一为后勤、服务人员计算奖金的基数。根据工作考核百分计奖法计算个人奖金。计算方法是：第一基数提取金额+第二基数金额×工作考核分数×岗位发放比例=当月奖金。5月，下发《关于调整干部、职称工资的决定》，调整后月职务工资标准：总经理588元，副总经理级388元，正处级188元，副处级108元，班长每工作日补贴1元；月职称工资标准：高级职称100元，中级职称50元。

1996年，该公司下发《关于发放效益工资的决定》，发放范围，入股职工，发放标准，入股3000元，月发50元，入股6000元，月发100元，入股9000元，月发150元，入股10000元，月发166元。

1999年7月，加发上半年奖金，加发对象是1998年底在册的已入股的正式工，有377人发1000元奖金，39人发500元，不享受奖励职工53人。

2002年，为体现效益与收入挂钩、技能与收入挂钩，该公司下发济酒字［2002］36号文《关于后勤、服务部门实行岗位技效工资的决定》。实行岗位技效工资范围主要是管理、服务、后勤及辅助人员。岗位技效工资的构成：在原档案工资的基础上增加10%，加各种政策性补贴及年功工资（按每年6元计算）。岗位工资、技效工资各占工资总额的50%。岗位技效工资按岗位、责任、效益、贡献等共分为7类14档。技效工资的发放，按该公司的主要经济指标考核效益工资，确定效益工资的发放比例。

2004年8月，该公司制订下发了《关于提高技术人才待遇的决定》，对第一学及具备相应学历在岗人员实行学历、技术职称津贴。学历不同，在岗职称不同，则补助标准不同。全厂共76名工程技术人员享受学历、技术职称津贴。

三、学徒工生活津贴

1979年10月，根据济南市劳动局济劳字[1978]328号文件精神，制订《章丘县酒厂关于对新招用固定职工实行学徒工制的通知》，规定机修工、电工、汽车驾驶员、化验员等工种实行三年学徒工制。其待遇是：学徒期间第一年执行每月21元，第二年执行每月23元，第三年执行每月25元。满3年转正定级。除以上工种外其他工种暂实行熟练工制，熟练期为1年，熟练工期间按学徒工第三年津贴执行每月25元。满1年后转正定级。当年有3名学徒工、3名熟练工。

1982年，学徒工不断增加，人员调动频繁。为控制学徒工生活待遇，根据山东省劳动局鲁劳薪字[1980]72号文件精神，学徒工生活津贴标准不分地区全省统一规定为：执行三年学徒期的第一年执行月工资24元，第二年执行月工资26元，第三年执行月工资28元。学徒期限二年制的按上述第一、二年的学徒生活津贴标准执行。实行熟练期制的工种（一年）月工资28元。11月，该厂下发《关于学徒工生活待遇问题的意见》。对全厂各工种中确定了学徒期限。执行三年学徒期限的有：蒸煮工、糖化工、酒母工、发酵工、锡焊工、曲种工、制曲工、木工、汽车驾驶员；执行一年期限的有机关办事员、保管员、司磅员、零活工、锅炉工、包装工、粉碎工、其他普通工；执行半年期限的有固体工、搬运工。

公司根据岗位性质不同，工资发放形式分四种：一种是后勤、服务岗位的技效工资；二是粮酒、包装车间的档案工资加补贴工资；三是销售部门的销售提成包干工资；四是个别岗位的档案计时工资。

2006年，公司工资调整依据向一线岗位倾斜的原则。每人增资2级工资，放在档案中备案。其中，在岗人员按45元或55元发放；长期离岗人员按档案标准发放。后勤等执行技效工资的增资放在技能和效益工资中考核发放，车间人员增加的日平均均工资放在岗位补贴中发放。

2008年，该公司聘请瀚文管理咨询公司对公司进行管理调整，出台公司薪酬管理办法。本办法遵循按劳分配、效率优先的原则。以岗位责任、素质要求、劳动强度、实际贡献、工作效率为分配的主要依据。遵照岗位差异化激励的原则，进行差异化调整，在一定形式上打破平均主义，动态管理。调动员工工作的积极性和工作热情。不再实行按级增资的分配方式。实行基于能力的岗位工资制，员工的薪酬分岗位工资、各种补贴、奖金、福利四部分。岗位工资又分岗位基本工资和岗位绩效工资，按比例分配。岗位基本工资根据岗位价值确定，岗位绩效工资依据绩效进行动态考察。

是年，按照向生产一线倾斜的原则增资：生产职系人均增资90元；管理职系和专业职系人均增资75元。不符合公司增资条件的员工不予增资或少增资。增资办法分为生产职系人员和管理职系和专业职系人员

生产职系人员：生产职系各岗位人员按照本次增资方案：增幅高于150元的员工，按150元进行增资；增幅在90元—149元的员工按实际增长额度进行增资；增幅在1元—89元的员工，补齐90元；原工资总额高于新的薪酬标准的按50元增资；经过以上工资的调整，对仍未达到生产职系最低岗位工资标准（825元）的员工补齐至825元，即生产职系岗位最低工资保障线为825元。管理职系和专业职系人员按照本次增资方案：增幅高于140元的员工，按140元进行增资；增幅在70元—140元的员工，按实际增长额度进行在增资；增幅在1元—69元的员工，补齐至70元；原工资总额高于新的薪酬标准的按40元增资。对仍未达到管理职系和专业职系最低岗位工资标准（780元）的员工补齐至780元，即管理职系和专业职系最低工资保障线为780元。

2010年3月5日，公司出台2010年度薪酬调整办法。在本次薪酬调整中：中层副职岗位上调150元／月，其他后勤岗位上调90元／月。生产岗位上调100元／月。原有待调工资人员本次冲减待调工资20元／月。

2012年1月，公司出台《关于2012年度提高薪酬办法的决定》。管理后勤岗位提高薪酬90元／月；生产岗位提高薪酬100元／月。待调工资人员提高薪酬本次调整后，急需冲减20元／月。在薪酬调整中，提高薪酬部分实行每月单独考核发放。管理后勤人员考核公司每月完成的销售收入水平、利润指标完成情况两项指标。销售收入水平和利润指标完成情况由人力资源部和财务部共同考核；管理后勤人员岗位量化的月度分解指标仍由原岗位直接上级考核，按照2011年原绩效考核标准继续执行；月度效益指标不再考核。在所有中层管理人员原绩效考核中加入管理状态考核，列

第一项，所辖部门内部人员出现违规违纪现象的，每人次扣罚部门主要负责人绩效得分1分，该项目每月必考。生产人员考核以生产车间责任制中本月度分解目标为考核内容，由生产车间考核，生产调度室负责审核，企管部复核。个人考核部分由直接上级考核态度绩效指标。在本次的所有考核中，均以完成目标为考核基础，不出现百分比，即完成和未完成两种考核结果。后勤管理人员考核项目标中一项未完成，提高薪酬部分按50%计发，两项都未完成的全部扣发。粮酒生产人员所有考核按照月度生产任务完成情况（40%），质量完成情况（包括出酒率、已酸乙酯、乳酸乙酯、提优）（40%），机物料消耗定额完成情况（20%）。包装车间按照月度生产任务完成情况（40%），产品灌装质量（40%），包装材料及破碎消耗定额完成情况（20%）分别考核，各分项中有多项指标的，其中一项指标未完成即本分项计0分。管理后勤岗位、生产岗位个人出现包括违章罚款、通报批评等处分的，当月提高薪酬部分全部扣发；部室、车间受到公司通报批评一次的，扣发相应负责人当月50%的提高薪酬部分，受到通报批评两次以上的全部扣发；所有岗位员工考核月内，病事假超过5天或其他各种假期超过10天的，当月提高薪酬部分全部扣发。

2015年，为了贯彻落实公司的价值分配原则，合理分配员工、企业与股东的利益，激励先进、稳定队伍、吸引人才，确保企业、员工核心能力的不断提升和企业长远目标的实现。本着按劳分配、效率优先的原则；激励性原则；公开、公平、公正的原则；内部分配上，以承担的责任和做出的贡献为调节杠杆。公司与易风企业管理咨询公司合作，对公司的薪酬管理制度进行了梳理。根据公司状况，公司的薪酬体系分为年薪制、岗位薪资制、业务薪资制、计件薪资制。员工的薪酬总额＝工资＋奖金＋补贴＋福利。新进人员工资按岗位工资的80%执行。公司内部转岗人员，未从事该工作的，按岗位工资的90%执行，2个月后能够胜任工作后按岗位的标准工资执行。

2016年3月，为了更好的发挥薪酬激励作用，使广大员工在新的一年里为公司作出更多的努力和贡献。公司研究决定在2016年度，提高员工薪酬，按照生产、后勤岗位不同的考核内容和发放办法执行。后勤管理岗位月度提高的110元，融入进全部薪酬后，按岗位工资占70%，绩效考核工资占30%考核发放。岗位工资部分（70%）按原规定发放，效益考核工资部分（30%）原则上按照两个挂钩进行考核发放。一是适当与包装车间和粮酒车间月度员工平均工资挂钩，体现后勤服务人员管理与服务质量对生产效率的价值；二是与本人月度工作考核挂钩，体现本人工作价值。

档案工资

在计划经济时期，工资级别是国家统一规定的，这部分按国家规定的工资是经劳动部门审批的，会记入个人的劳动档案，即档案工资。国家除规定最低工资标准外，不在规定统一的工资标准。2008 年，工资薪酬改革，档案工资已不再作为薪酬发放的标准。公司在执行员工病假、内退等还是参照档案工资执行待遇。

奖金与补贴

2008 年 5 月，该公司为配合薪酬方案的实施，下发了《工龄工资执行规定》。自 2008 年 4 月 1 日起，除销售公司以外的其他部门执行新的工龄工资标准。工龄在 5 年以内的，工龄补贴执行 2 元／年；工龄在6－10年，工龄补贴执行4元／年；工龄在 11－20 年，工龄补贴执行 5 元／年；工龄在 21 年以上，工龄补贴执行 5.5 元／年。工龄工资执行方案一直执行至今。

第五节　劳动纪律

1948 年建厂初期，除原厂解放前留转部分职工外，大部分为当地农民招募来厂。劳动纪律以班组管理为主。班长有权招工，报厂酿造课备案发放工资，管理形式粗放。

1952—1957 年，劳动纪律有生产部门管理，职工进厂由厂部招工，报上级劳动部门备案。职工辞职需本人写出申请，报厂部批准。制订《职工劳动考勤制度》，考勤办法是班前班后点名，由生产部门管理和实施，按出勤发放工资。1958—1967 年，劳动考勤增加请、销假制度，迟到早退纳入劳动纪律管理，病假、事假写请假条，均须经批准后方可离岗。

1972 年，在全国学习《鞍钢宪法》办好社会主义企业和“工业学大庆”运动中，企业内部劳动纪律管理，把学习大庆人“三老”“四严”“四个一样”的工作精神和劳动态度，作为职工劳动纪律。提倡全心全意为人民服务，不计个人报酬，多做贡献。

1978 年，生产规模扩大，职工人员增加。加强劳动纪律管理已成为企业管理的重要组成部分。该厂修订了《考勤制度》，规定：各班组班前半小时点名初考，下班后报生产部门复审方有效。全厂职工执行 8 小时工作制，点名后 5 分钟未到者视为迟到。下班点名未到，又无证明和正当理由视为早退。迟到或早退半小时以上者按旷工处理。有关责任人加强对考勤的审查。生产部门负责日考勤、月统计、年终汇总，上报全厂职工全年劳动出勤率。每月发放工资以生产部门经过复审的考勤表为准，同时对加班、补休、病假、事假也作了相应规定。

1982年，国务院国发［1982］59号文 发布实施《企业职工奖惩条例》。为企业加强劳动纪律管理、保障企业正常生产秩序、提高职工队伍素质、增强企业活力制订了法律依据。企业内部实行了强化管理，并制订《关于加强组织纪律的规定》。由厂部、政工、安全等部门组成纪律检查小组，负责全厂组织纪律检查工作。每月检查不低于5次。检查主要内容为：维护厂的统一领导，努力做好本职工作。反对无组织、无纪律、各行其是、组织观念淡薄的不良倾向。检查各项规章制度执行情况，如岗位责任制，生产管理制度，经营管理制度，生活、卫生、医疗、安全保卫制度，考勤管理制度，检查上班着装、坚守岗位、工作秩序、生产隐患等管理工作。做到有制度、有落实、有检查，发现问题有处理结果。在检查过程中，有5名职工不同程度违犯《企业职工奖惩条例》规定，分别受到扣发奖金、停发工资、记大过、留厂察看、开除厂籍等处分。

1988年，制订了《职工劳动纪律管理条例》，《条例》规定了职工基本职责，包括执行政府的法令、努力完成生产、工作或其他各项任务。严格遵守企业一切规章制度和标准及作业时间。服从分配、听从指挥，按规定职责努力做好本职工作。增强主人翁责任感，提高工作质量和工作效率，安全文明生产等。劳动纪律包括劳动纪律管理由生产副厂长分管，日常劳动纪律管理由办公室和保卫科负责，办公室及时制订或修订全厂性的《劳动纪律管理规定》，经厂部审议通过后贯彻执行。对违犯劳动纪律的职工进行处分时，部门和车间提供综合材料并提出处理意见，报主管厂长审批或向厂呈报。处分等级和权限：根据惩前毖后、治病救人的原则，对初次轻度违纪职工进行批评教育。对多次违纪或违纪造成损失的职工根据管理规定给予罚款、扣发工资、停职检查处分。对严重违犯劳动纪律又屡教不改者视情节给予行政处分。行政处分包括警告、记过、记大过、留厂察看、开除厂籍等。对违纪职工给予开除厂籍或除名、辞退时，应征求工会意见，由党、政、工联席会议研究决定。

1991年，成立厂规厂纪监督仲裁委员会。职责是负责日常工作中对执行纪律的监督、检查；负责对违纪职工的处理及教育引导工作；负责对受表彰职工的评定；对全厂执行纪律的情况定期召开会议，进行总结；及时向厂长汇报全厂执行纪律的情况。

1992 年，制订《关于整顿劳动纪律的补充规定》。细化了加强劳动纪律管理内容，包括坚守岗位、做好本职工作，坚持按时上下班制度。严格执行安全操作规程。上班时间必须着装整齐。严格执行请、销假制度，听从指挥和工作安排，服从调动，坚持文明生产等。每项劳动纪律都明确了详细的奖罚标准。根据企业特点，生产季节性强，及时增减临时工，劳动纪律增加临时工管理。

1998 年，该公司下发关于《加强对临时工、计划外用工的录用、管理的通知》，要求按规定录用的临时工、计划外用工必须严格遵守厂方所有规章制度、劳动纪律。如有违犯，视情节厂方有权及时辞退。造成经济损失的要加倍赔偿，并进行处罚，触犯刑律者交司法机关处理。

2002 年，该公司下发济酒字 [2002] 第 31 号文《关于劳动纪律整顿的有关规定》。企管处、安保处、办公室是该公司劳动纪律检查机构。负责劳动纪律的检查、监督工作。警卫人员必须按照《职工守则》中职工奖惩条例恪尽职守，对迟到、早退、外出人员、外来人员、外来车辆进行严格登记管理。员工因公外出需按规定在安保处办理登记手续。劳动纪律检查机构对安全保卫进行日常监督、检查。该公司领导在日常活动中发现劳动纪律履行不严，除对门警处罚外，对劳动纪律检查机构同时处罚。

2003 年 10 月，进一步规范各部门、岗位工作人员工作程序和标准。重新修订、完善了“八大管理制度”。即：《员工守则》《员工奖惩条例》《财务管理制度》《物资采购、仓储管理制度》《劳动人事管理制度》《生产工艺管理制度》《市场营销管理制度》《质量管理制度》《安全保卫管理制度》。结合《全国职工守则》和《企业职工奖惩条例》，重新修订该公司《职工守则》和《员工奖惩条例》，对违纪员工处罚规定：因违犯劳动纪律，停职检查期间，取消当月奖金，停发工资改发生活费。无正当理由，不服从工作调动者，经教育无效，予以解除劳动合同。连续旷工 15 天，或年内旷工 30 天，予以除名。工作玩忽职守，出现失误或失职罚款 50 元，造成损失 500 元以下，按价赔偿。损失价值 500 元以上，按损失价值 50% 赔偿。取消年终各种综合奖。

上班着装整齐，配带上岗证。对做出突出贡献的员工奖励也做出明确规定。围绕提高产品质量、提高经济效益进行技术革新、技术改造成绩显著，年增利润10万元以上者晋升1级工资，一次性奖励5000元。积极提合理化建议，一年能新增利润6万元，一次性奖励3000元。发现案情及时报告，并协助破案有功者给予大会表彰、记功等荣誉称号，并给予一次性奖励。为保护公共财产安全，采取果断措施，避免了事故的发生或在挽救事故中有功，使财产免受重大损失的给予记功、通令嘉奖、荣誉称号，并给予重奖。年终被评为厂级以上劳动模范，给予晋升1级工资的奖励。

2008年，山东百脉泉酒业有限公司对《山东百脉泉酒业有限公司员工手册》进行了修订。规定了工作时间：1.百脉泉酒业行政管理人员工作时间为：夏令时：上午8：00—12：00，下午14：00—18：00；春秋时：上午8：00—12：00，下午13：30—17：30；冬令时：上午8：00—12：00，下午13：00—17：00。2.生产及其他相关部门员工实行倒班制。严控管理，规范岗位工作人员程序和标准。

2011年，下发《山东百脉泉酒业有限公司员工考勤管理办法》。要求该公司员工上下班一律刷卡考勤。考勤时必须遵守以下规定：工作时间八小时工作制，严禁迟到早退。严禁代人刷卡，如代人刷卡，一经发现，由各部门对代刷卡者罚款50元。考勤卡本人按照旷工处理。考勤管理以车间部室考勤记录为准，各部门要严格按照考勤表所设符号真实表达员工出勤记录。禁止空报、隐瞒不报。考勤机考勤作为重要辅助手段提供参考。如空报、隐瞒不报，各级审核部门不予签报，并追究考勤部门责任。视情节每次罚款50—200元。若考勤卡损坏无法刷卡者应及时上报部门负责人，由部门负责人与人力资源部联系重换新卡或者重新记录。记清考勤准确时间，以便管理部门监控录像核实。公司考勤机一旦出现故障，人力资源部负责通知员工，期间，以各部门考勤记录为准。人力资源部每月对考勤机记录与各部室车间考勤表进行核对。各部门员工考勤表与考勤机刷卡记录不符，以考勤机刷卡记录为准。员工每天的考勤刷卡记录，不定期公示。如果出现审核错误，则当事人罚款20元。如果请假，则需要将请假条一并交到人力资源部。所有员工按照规定享受公司相应假期待遇。在批准的假期和路程假内，公司按其正常情况下的员工档案工资进行支付。工伤假：职工因公负伤后休假的，由所在部门开具证明，分管副总签字后到人力资源部办理工伤假。所在部门应在工伤发生当日内报人力资源部。人力资源部应在一个工作日内报劳动局工伤科备案。如发生因迟报工伤而无法报销医药费的员工，由责任部门直接领导承担药费并罚款200元。经确认工伤的员工，疗养期间按本人档案工资执行，疗养期按照国家规定执行。劳动部门不能确认工伤的，疗养期按照病假待遇执行。工伤疗养期到期不能上班的，按病假执行。事假：员工请事假前填写事假单。月度内5天以内由部室、车间批准，5天以上由分管副总批准。30天以上由总经理批准。如不按规定办理请假手续或审核不严等问题，每人次扣罚当事人50元。

2015年，下发《早操管理规定》。为不断提升公司整体形象，更好的提高公司员工身体素质和工作积极性，维持良好的早操秩序，培养员工良好的行为习惯，展现出百脉泉人良好的精神面貌，进一步推动公司的企业文化建设，特制订早操管理办法：每天7:45开始响起音乐，各部门人员应提前5分钟在固定位置列队做操。动作要快、静、齐。前后左右间隔要均匀，队列要整齐。预备姿势：必须成立正姿势站好。两手不准插入口袋中，不准交头接耳。音乐响起后，必须精神饱满，神情愉悦，合着音乐的节奏，把每节、拍动作做到位，不能抢拍、拖拍。全体员工做操要认真、整齐、规范，充分达到锻炼身体的效果。每位员工应身穿工作服，保证着装的统一性。对不穿工装配戴胸牌者，一次扣绩效2分，依次类推。部门主管及主管以上级别员工应以双倍处罚。如果出现雨雪、大风、雾霾、沙尘、雪后道路结冰等恶劣天气，公司另行通知。由各部门负责人进行监督，企管人事部进行巡查。针对个别人员早操不规范的现象，公司专门组织安排，进行视频教学，改掉不规范动作。同时，公司在每个队伍安排做早操规范的员工颜文、张景、王伟伟进行领操。

5月，该公司重新对《山东百脉泉酒业有限公司员工手册》进行了进一步的补充完善。完善内容：公司为加强和规范管理制度，保持良好的工作环境，同时发挥员工的积极性，有效制止不利于公司发展的行为，公司对全体员工进行奖惩管理。奖惩原则：奖励和惩罚适度的原则，公开、公平、公正的原则，按程序办事的原则。奖励：奖励分嘉奖、小功、大功和年终评奖。员工有下列情形之一者，予以嘉奖（每次奖励50—200元）。积极维护公司荣誉，在客户中树立良好的公司形象和口碑。认真勤奋、承办、执行、或督导，恪尽职守成为公司楷模。工作勤奋，超额完成工作任务者。领导有方、业务推展有相当成效者。参与、协助事故、事件救援工作者。主动积极为公司工作，提出合理化建议，减少成本开支，节约资源、能源者。员工有下列情形之一者，予以记小功（每次奖励100−400元）。对工作流程或管理制度积极提出合理化建议，被采纳者。积极研究改善工作方法提高工作效率或降低成本确有成效者。检举揭发违反规定或损害公司利益事件者。对可能发生的意外事故能防患于未然，确保公司及财务安全者。策划、承办、执行重要事务成绩显著者。员工有下列情形之一者，予以记大功(每次奖励400−5000元)。在工作或技术上大胆创新，并取得显著经济效益者。对天灾、人祸、犯罪等现象，不顾安危，见义勇为，对维护正常的工作秩序有显著功绩者。对公司发展有重大贡献，应记大功事迹者。开拓公司业务，经营业绩骄人者。对危害公司事件事先举报或阻止，避免重大损失者。团体奖项(3000−10000元)。公司设有优秀班组奖、优秀团队奖。奖项每年评选一次，班组内所有成员当年的出勤率均为95%以上；且所有成员均未出现重大过失的班组均可参加评选。员工有下列情形者，可参加总经理奖（奖金1500元）的评选。开拓公司业务，经营业绩骄人者。对公司有重大贡献者。对危害公司利益事先举报或阻止，避免重大损失者。处罚：对违反公司管理制度的员工，视其情节轻重给予处罚。处罚分为：警告、通报批评、记过和解除劳动合同。员工有下列情形之一者，予以警告：上班时间脱岗、串岗、睡岗或做与工作无关事务者。在工作场地喧哗吵闹或嬉戏，长时间的接听私人电话闲聊者。迟到、不按时到岗、早退，每次罚款30元。超出30分钟做旷工半天处理。一个月内累计迟到或早退五次者，按旷工一天处理。工作期间中途无手续出厂办私事，按旷工半天处理。妨碍工作秩序或违反安全生产、环境卫生相关制度，破坏公司美化、绿化及卫生者。私自在公司公共场所乱写乱画者。违反禁烟规定，一次罚款100元，第二次罚款200元，第三次罚款300元。利用公司设备如电话、计算机、互联网等做与工作无关事者。任由外单位人员在厂区内不经陪同自由走动，一次罚接待部门负责人或责任人50元。未经允许私自带外来人员进公司，以及发现外来人员未及时制止者。不执行生产调度指令或违反操作工艺和纪律，不接受工艺质量检查人员的监督，当事人按规定罚款相应数额。由此造成的经济损失全额赔偿。在运输、加工过程中，丢失产品、材料或工装夹具、一次罚款30元，并按价赔偿。对公司财产漠不关心，发现失落的产品、材料或工装夹具，不予妥善处理者。检查或监督人员未认真履行职务，对违规行为姑息不加制止者。工作责任性不强，无正当理由，未在规定期限内完成生产工作任务者。初次违反设备维护规定者。违反质检制度，情节较轻者。初次不听主管合理指挥者。同仁之间互相谩骂吵架情节尚轻者。一个月内两次未完成工作任务，但未造成重大影响者。对各级主管的批示或有限期的命令，无正当理由而未如期完成处理不当者。工作时间，非招待客户或业务关系饮酒者。对公司资源使用不加节约，浪费资源者。凡有下列情形之一者，予以公司内部通报批评(每次罚款50—100元)：一个人过失导致工作差错，情节较重者。工作时间工作场所制造私人物品者；妨碍生产、工作秩序，造成后果严重者。不服从领导，无理取闹、聚众闹事，造成不良影响者。不按规定要求穿着工作服且不听劝阻者。不能适时完成重大或特殊交办的任务而影响公司利益者。工作时间干私活，除罚款外，还需支付所有材料费用。旷工2个工作日者；过去12个月中曾被三次口头警告而再犯者。其他违反劳动纪律、管理制度规定，情节较重者。职工有下列情形之一者，予以记过（每次罚款100—500元）：因玩忽职守、违反操作技术规程、安全规程或违章指挥，造成公司损失但不大者（低于一万）除罚款外，需赔偿经济损失的30%。非因不可抗拒原因，造成质量事故、工伤事故、设备损坏、停工停产、退货或索赔等损失在10000元以下，主要责任人赔偿不低于30%，相关责任人赔偿不低于10%。对上级批示或布置的任务，无故未按期完成，影响公司利益者。因工作疏忽擅自变更工作秩序及方法，不负责任，导致机器、设备、材料、物品遭受损失或伤及他人者，赔偿损失的30%。季度内累计三次未完成工作任务，但未造成重大影响者。在工作时间睡觉或擅离职守，导致公司蒙受损失者。在工作场所酗酒闹事，影响正常工作或生产秩序，情节严重且劝阻无效者。无故损坏公物以及保管不善导致公司财物短少、损坏，造成损失较小者。对连续性工作不等接替先行下班，工作需要加班而不接受任务，检查值班人员未按规定执行勤务者。未经允许损毁、涂改重要文件、档案或公物以及遗失重要公文者。违反安全规定，携带危险或违禁物品进入工作场所者。职工有下列情形之一者，予以解除劳动合同：利用职务之便，收受贿赂或回扣，情节严重、损害公司利益者。已经查实如数收回其非法所得，并处以5倍罚款。私自变卖企业物资、设备、工装、原辅物料、产品者以及盗窃同仁或公司财物者，予以开除并要求全额赔偿。因本人责任造成较大设备、安全、产品质量事故，致使公司蒙受经济损失在10000元以上者。主要责任人赔偿不低于30%，并解除劳动合同。相关责任人赔偿不低于10%。对报销凭证弄虚作假或涂改，虚开代开各类发票，涂改、销毁账册和挪用盗用公款等违法行为，除追回损失外，罚款1000元。情节严重的，解除劳动合同。诬陷、暴力胁迫上级或同事，影响恶劣者，以及在公司内殴打他人或互相殴打，情节严重者。对同事实施暴行或有重大侮辱行为者。两次无故拒绝工作，拒不听从主管指挥监督，与主管发生冲突者，经教育无效且情节严重者。泄漏企业工艺技术，商业情报，盗卖技术资料、图纸和销售渠道者。擅用公司名义、公司印信或仿效主管笔迹，给公司造成较大损失者以及利用公司名义招摇撞骗，使公司蒙受损失者。在公司内聚众赌博，酗酒滋事造成恶劣影响者。在公司内聚众要挟及在工作中寻衅滋事，煽动罢工、怠工、无理取闹、参与非法组织，妨碍生产秩序，经教育无效者。连续旷工超过五个工作日或全年旷工达七个工作日者。参与“黄、赌、毒”及在公司内部有伤风败俗之行为者。故意损坏产品质量、公司财物，且后果严重者。因玩忽职守或不负责任，致使公司蒙受巨大损失者，赔偿公司损失，并解除劳动合同。严重违反各种安全制度，导致重大人身事故或设备事故者。年度内累计计三次大过行为者。被依法追究刑事责任的。其他：员工依据奖励规定应受奖励，或违反惩罚规定应受处分时，有所在部门负责人或管理督查部填写《奖惩申请单》，经总经理审核批准后，由管理督查部公告执行。员工被解除劳动合同者一律不得再行录用。该项规定的执行，强化了该公司管理，对公司发展起到了举足轻重的作用。

2016年10月，公司管理督查部组织生产调度室、安全科、保卫科、总经办于每周的星期五对全公司的劳动纪律、现场管理、安全生产、卫生进行周期性检查，并且以后每周例行。在检查中发现问题的，对发现的问题，随时用手机拍摄照片的形式进行影像记录和文字记录相结合，检查组以隐患整改通知单和检查处罚单的形式，对责任部门以及责任人现场进行处罚。并限期整改完成。管理督查部联合生产调度室、安全科、保卫科、总经办对全公司内部，员工迟到早退、厂区内吸烟、工作期间饮酒、不佩戴工牌、职工在岗情况等现象进行抽查。发现问题的，检查组根据《山东百脉泉酒业有限公司员工守则》的有关处罚规定，对相关部门及相关责任人进行现场处罚，并作文字记录。按规定时间根据罚款单金额向财务部门缴纳罚款。罚款缴纳后，罚款缴纳回执交给管理督查部存档备案。在检查中，对于工作积极向上的部门及个人，在企管月会上进行表扬通报。对于工作中发现问题的部门及个人，在企管月会上进行批评通报。通过督查部组织的检查与不定期抽查，使公司劳动纪律得到进一步完善和加强。对公司安全生产、现场管理起到了推动作用。

11 月，管理督察部组织生产调度室、安全科、保卫科、总经办于每周五对全公司的劳动纪律、现场管理、安全生产、卫生进行检查，共查处整改项 3 处。通报表扬技术中心啤酒车间卫生情况 1 处。整改项均按照公司规定 7 日内整改完成，并把交罚款回执报管理督察部备案。

2017 年，公司下发了关于《严禁吸烟的管理规定》。公司是生产、经营、存储酒类产品的企业。产品和原材料多为易燃易爆物品。是章丘区一级重点防火单位。为加强公司的防火安全，提高公司员工防火安全意识，确保公司财产和员工人身安全，创建企业文明生产经营环境，经公司研究决定，要求全员认真执行。禁烟范围：公司内公共场所，道路、天桥、广场禁止吸烟。各生产车间、仓储中心、技术中心、旅游中心、销售公司所属区域禁止吸烟。办公楼所有办公室、会议室、厕所、楼梯、过道严禁吸烟。有重要客人时，会议室经总经办批准方可吸烟。食堂除接待室外，所属区域严禁吸烟。禁烟对象：公司所有员工。进入公司的外来人员。管理职责：管理督查部负责文件的制订和监督实施并随时对文件执行情况进行抽查。对违规行为进行处罚。对安全科的巡检力度进行考核。安全科负责全公司范围内的禁烟管理，是禁烟管理第一责任单位。安全员为禁烟管理第一责任人。有权依照本规定相关条款对违规行为进行制止和处理。若管理不到位，扣罚安全科和部门责任人相应绩效工资。在公司范围内除公司批准外发现一个烟头扣除安全员和该区域负责人绩效考核分 1 分。各部门主管领导为本部门禁烟管理第一责任人。负责本单位的禁烟管理。发现违规行为，有权依照本规定进行制止和处罚，并对本部门员工违反规定负连带责任。外来人员的禁烟管理由对口接待单位或个人负责，对外来人员的违规行为负全责。处罚条例：凡发现在禁烟场所、区域内吸烟者罚款100元，月度内重复违反者加倍处罚。对于违规吸烟不服从管理，态度恶劣者，除罚款外视情节轻重给予全公司通报批评、停职检查、留厂查看、解除劳动合同等处罚。停职检查期间由安全科负责管理，每日发放20元生活费。凡在各部门所辖区域（含卫生区）发现烟头、烟盒，对责任部门负责人罚款50元。月度内累计发现3次，另外对该单位责任人罚款100元，全公司通报批评。对违规吸烟者及责任单位的处罚，由管理督察部统一开具罚款单。违规当事人和单位负责人于三日内将罚款交财务部（遇双休日、节假日顺延）。收据交管理督查部备案。逾期不交由人力资源部从工资中双倍扣除。管理督察部每月对公司进行不定期检查三次。

7月20日，山东百脉泉酒业有限公司管理督查部《企业管理简报》创刊，并刊印了第一期报纸，企业管理简报以看板管理、精细化管理的形式，以山东百脉泉酒业有限公司党委书记、董事长、总经理李成新同志提出的“先做人，后做酒，做好人，做好酒”的文化理念。共创和谐发展，打造百年企业。《企业管理简报》下设三个板块，第一板块为：“企业管理进行时”，图文并茂的反映公司日常检查与抽查中出现的问题，并对问题整改前与整改后进行图文对比；第二板块为：“企业管理新动态”通过企业管理日常中不断发现的问题摸索改进，反映企业管理日常情况；第三板块：“企业管理奖惩榜”对公司日常检查中出现的问题与好的积极向上工作部门及职工进行批评表扬；以一种新颖的管理方式诠释企业管理新模式，进一步加强公司企业管理，使企业劳动纪律日益完善。

第六节 专业技术人员

1948—1953年，主要是组织恢复生产，没有设专门技术部门。1954年至20世纪60年代，注重了专业技术队伍的建设和培养。厂领导经常下乡走访调查，上门招用有技术的酿酒工。生产采用以师带徒的方式传授技术。

1976年，选派1名青工到山东大学微生物系发酵（酿造、微生物）专业培训。1978年毕业回厂，成为该厂自己培养的第一名专业技术人员。利用所学专业技术，在生产中进行技术改进，修订生产工艺，提高了产量，百斤原料出酒率由1976年的50.92%提高到1978年的57.72%

1980年始，每年向劳动部门提出申请，分配专业对口的大、中专毕业生。1983～1991年，录用8名酿造、发酵等技术专业对口的大、中专毕业生。同时，该厂出资培训专业技术人才，先后分四批20多人参加了培训。为提高产品质量和开发新产品起到了关键作用。

1991年，全厂共有职工340人。在职称评定中，专业技术人员达到43人。其中：工程技术专业10人（工程师1人、助理工程师5人、技术员4人）；经济专业18人（经济师1人、助理经济师13人、经济员4人）；会计专业10人（会计师4人、助理会计师1人、会计员5人）；统计专业2人（助理统计师2人）；卫生专业3人（助级2人、员级1人）。

1992—1997年，注重了录用、招聘、培养专业技术人才。共招收大、中专毕业生46名。使职工队伍技术结构发生了根本变化。

1997年，该公司员工480人，其中具备中专以上正规院校毕业生82人。其中：中专毕业生59人，大专毕业生22人，大学毕业生1人。占职工总数的17.1%。具有专业技术职称的47人。其中：具有高级职称的1人，中级职称8人，初级职称38人。

2007年末，该公司员工715人，其中大、中专毕业生203人，大学本科生10人，专科生76人，中专生117人。在职工程技术人员46人，具有专业职称的40人。

该公司整体技术水平有了显著提高。新产品开发、新技术的应用都走在全省同行业前列。多项新技术应用获得省、市级荣誉称号。其中：窖泥（己酸菌）扩大培养技术在全省名列前茅。1993年，韩宪安发表的“活性干酵母在粮食酒生产中的应用”成果获济南市科技进步二等奖。1998年，赵炜、马业准发表的“加强质量管理、提高产品质量”的成果，获章丘市“全面质量管理进步成果”三等奖。2003年，毕思水被山东省轻工业厅办公室、质量管理协会、白酒工业协会三单位录用为第五届山东省白酒质量鉴评委员会委员，马业准为资格评委。2006年，马业准被聘任为中国食品工业协会第七届国家白酒评委。

2006年，有国家级白酒评委1名，省级白酒评委2名，高级品酒师1名，品酒师4名，化验技师1名，酿酒技师2名，高级酿酒工30名，中级酿酒工40名，初级酿酒工15名。

2009年，公司正式员工553人，大专以上学历人员208人，其中本科以上人员13人，当年新增酿酒高级技工3人。

2011年，杜祥宝以全国第三、山东省第一名的成绩考取中国白酒协会国家评委资格，公司拥有国家白酒评委2人。

2012年，有3人晋升酿酒技师，2人晋升高级技师。同年，在山东省白酒评委考试中，新增省级白酒评委5人。

2013年，马业准被山东省人民政府认定为山东省首席技师，成为公司第一位获此殊荣的员工。袁锡惠获高级政工师，公司至此有4人获得此职称。

2014年，毕思水被山东省人民政府认定为山东省首席技师。

2014年底，公司共有高级技师10人，技师21人，高级技能21人，中级技能18人。

2015年，工程类专业技术人员：助理工程师4人；经济专业5人(经济师1人、助理经济师4人)；会计专业17人(会计师2人、助理会计师4人、会计员11人)；助理统计师2人）；卫生专业含助级1人。专业职称评聘中：政工师类9人（副高级5人，助理政工师4人）；白酒评委6人(国家级评委2人、省级评委4人)；中国酒业营销师18人（高级营销师2人、中级营销师16人）；白酒酿造工31人(一级4人、二级16人、三级11人）；酿酒工6人；食品检验工5人（一级1人、三级2人、四级2人)；高级勾兑工2人。

2016年，汪慧慧以全国第四名的成绩考取国家评委。公司有专科以上学历 90余人。为加强技术队伍，与高校开展合作，每年输送相关专业人员。

2017年，公司拥有国家白酒评委3人，省首席技师2人，济南市首席技师2人，济南市突出贡献技术2人，高级技师12名，技师24名，高级工30余人。

第七节　离退休职工

1975年，有3名职工达到退休年龄，根据国务院1958年公布实行的《国务院关于工人、职员退休处理的暂行规定》办理了退休。均为男性。

1978年后，离、退休人员均按国务院国发[1978]104号文件《国务院关于安置老弱病残干部的暂行办法》和《国务院关于工人退休、退职的暂行办法》办理。1978—1982年，共办理退休人员19名。其中：男性18名，女性1名。

1983—1990年，20名干部、职

工办理了离休、退休。其中：离休6人，退休14人（男性12人，女性2人）。

1991—1999年，23名干部、职工办理了离休、退休。男性16人，女性7人。其中：离休11人。

2000—2006年，55名干部、职工办理了离、退休。男性39人，女性16人。其中：离休8人。自建厂至2006年共办理离、退休干部、职工120人，其中男94人，女26人。2006年底离、退休后死亡的有19人。

职工办理离休、退休，由本人写出书面申请，经单位劳动鉴定委员会审查，填写离、退休审批表，报上级主管部门批准后执行。

1988年8月始，实行退休金社会统筹制度，由上级主管部门统一发放。

根据国家退休政策，2008年共有9名干部、员工办理了退休手续，其中男性5人，女性4人。

2009—2016年，共有76名干部、员工办理了退休手续。其中男性37人，女性39人。

2014年，公司出台了《山东百脉泉酒业有限公司关于内退、长期病假等有关政策和待遇》的文件。文件对内退做了明确规定：男满五十六周岁，办理内退。生产岗位女职工，内退前连续从事生产岗位二年以上的，年龄满四十七周岁，办理内退。如本人条件允许并提出申请，可继续工作一至二年。内退前连续从事生产岗位不满二年的，年龄满四十八周岁，办理内退。如本人条件允许并提出申请，可以继续工作一年；除生产岗位外的其他岗位女员工，内退前连续从事非生产岗位三年以上的，满四十九周岁，办理内退。内退前连续从事非生产岗位不满三年的，满四十八周岁，办理内退；对正式参加工作连续工龄女满30年以上、男满40年以上可办理内退。内退待遇按本人档案工资的85%发放。达到国家规定退休年龄，由劳动部门办理正式退休。

随着社会经济的发展，人民生活水平的提高，人们的寿命在延长。公司于2017年初对内退管理规定进行了修订：2017年3月1日之后的内退人员，内退待遇按本人档案工资的60%发放；2018年1月1日起，包装车间、粮酒车间生产岗位内退年龄改为女49周岁，男58周岁。公司后勤、服务、管理岗位2018年1月1日起取消内退规定。2019年1月1日起，包装车间、粮酒车间生产岗位取消内退规定。

第八章 安全保卫

建厂初期，安全保卫工作由生产部门兼管，只设门卫人员，负责物资出入和夜间警卫工作。1971年，生产规模逐步扩大，设备、人员增加。生产部门对安全工作加强了管理。不定时间对安全生产进行检查，安全生产先后由生产组长刘克津、李继煜具体负责。

1978年，各项规章制度逐步健全，安全生产纳入正规管理。制订安全生产岗位责任制，生产厂长对安全生产负全责，车间主任是本单位安全生产主要责任人，班组长兼安全员。

1983年9月，成立安全委员会。由7人组成，解家平任安全委员会主任。组建保卫组，韩延淮任组长，负责全厂的安全保卫工作。

1984年5月，成立治保委员会，由5人组成，主任解俊杰，副主任高绍团。同时，原保卫组重组，设安全科和保卫科。1986年1月，成立安全领导小组，由5人组成。9月，安全、保卫两科合并成立安保科。1988年，安保科分为安全科、保卫科。

1989年2月，根据上级关于安全生产的指示精神，按照“生产必须安全、安全促进生产”的原则。酒厂建立厂级、车间、班组三级安全管理网络。厂成立9人安全管理领导小组，厂长任组长，由各车间、科室主要负责人组成。车间设专职安全员。班组设1名兼职安全员，层层管安全，层层负责安全。

1991年7月，酒厂调整安全委员会。主任韩宪安，副主任王传本、巩玉华、解俊杰，委员3人。

1993年1月，调整安全防火委员会。韩宪安任主任，巩玉华、王传本任副主任，委员5人。

1995年，成立综合治理领导小组。组长韩宪安，副组长王传本，成员5人。同年调整治保委员会，主任杨丙礼，副主任解俊杰，委员7人。

1996年，调整治保调解委员会，主任杨丙礼，副主任袭普义。安全防火委员会委员增至7人。

1998年成立安保处，刘德平、崔殿春任处长，负责全厂安保工作。1999年，调整安全委员会，主任赵炜，副主任巩玉华、于承溪，委员6人。

2002年，调整安全委员会，成员增至10人。

2003年，增加王者厚为安委会副主任，是年11月，崔殿春任安保处副处长。

2004年2月，崔殿春任安保处处长。9月，调整安委会，主任李成新，副主任张传海，委员10人。调整防火委员会，由12人组成，李成新任主任，张传海任副主任。成立由107人的义务消防大队，由李成新任义务消防大队长，张传海、崔殿春任副大队长，下设四个消防分队。第一分队由41人组成，赵京彬任队长。第二分队由31人组成，刘永彬任队长。第三分队由11人组成，万东任队长。第四分队由21人组成，康新春任队长。确定重点防火部位，共分七大区域：一是科研楼，二是散酒库、瓶酒库、地下酒库，三是包装车间，四是粮酒车间、蒸馏部位、粉碎间，五是粮食仓库，六是材料库、包装物部位、气瓶存放点，七是电工班配电室。

2006年，建立人民调解委员会，主任：王者厚，副主任：崔殿春，委员9人。

2007年，李成新、张传海、崔殿春参加山东省安全生产监督管理局举办的培训班，获得安全资格证书。

2007年10月，安全生产工作由生产安全调度室负责，刘永彬任主任。消防、保卫工作由保卫部负责。是年，设置安全员岗位，先后由贾培星、王沛国任安全员。

2010年3月，高绍军任生产安全调度室主任。崔殿春任保卫部部长，负责消防、安全工作。

2011年9月，安全、消防、保卫工作由保卫部负责。马建新任保卫部部长。

2013年7月，崔士茂任保卫部部长。

2015年4月，王书江任安全员。

2016年4月，安全生产、消防与保卫分离，成立安全科、保卫部，崔士茂任安全科副科长，刘继文任保卫部部长。

11月，李永猛任安全员。

2017年9月，该公司持有安全生产资格证人员7人，分别是李成新、张传海、崔士茂、李林泉、邱国强、李庆腾、张淮。特种作业持证人员13人。叉车作业5人，电工作业2人，电焊作业3人，行车作业3人。

第一节　安全生产

1948—1971年，购置锅炉、车床、汽车等机械设备。建立安全管理制度。1971年8月，该厂革委会下发《关于加强安全生产的意见》

中提出：认真学习《中共中央关于加强安全生产的通知》，杜绝人身设备事故的再次发生，实行自检、互检、定期检的群众性安全生产大检查。做到六查：查思想、查制度、查纪律、查险情、查措施、查领导。对发生的事故查出原因，制订措施，健全安全生产责任制。实行班前班后安全检查。检查设备运行情况、开关、闸门、工具使用情况等。严格设备操作规程，不得带电移动设备。锅炉运行水硬度处理达标，控制超压现象。机修人员对车间实行设备月检查制度，发现事故及时排除；对一般事故除及时排除、班后汇报外，出现事故均要分析原因，报告处理结果。

1972 年，该厂革委会出台关于《整顿和加强企业管理》的初步意见。规定加强安全检查制度，1. 加强领导，层层抓安全。2. 厂革委会主要负责人定期研究部署、检查、总结安全工作，每季度组织 1 次安全大检查。3. 各班组制订安全生产操作规程。4. 新工人进厂首先进行安全生产培训。

1986 年 1 月，该厂制订《安全生产保卫工作的决定》。库房安全要求散酒库、瓶酒库所存放的胶帽、瓶盖、纸箱采取专门仓库存放，做到专物专库、专物专放。重点检查易燃、易爆物品的混存问题。安全保卫部门职责进行细化，将全厂灭火器进行检查、调整，安装到位。每季度对职工进行 1 次安全教育，每周进行 1 次安全检查，找出问题，做好记录，制订措施，实施整改。是年，制订《安全生产管理制度》，要求全厂干部职工必须认真贯彻执行上级有关安全生产的方针政策，在制订计划、布置生产的同时，把安全放在重要位置。在检查、总结、评比工作时，安全工作放在主要条款中。对新进厂职工、代培工、临时工及工人变换工种、干部参加劳动等，进行安全教育。执行操作规程和正确使用劳动防护用品。对特殊工种，如易燃、易爆、高空作业、电气焊、汽车司机、剧毒操作等经过严格技术培训，经考试合格持证上岗。安全科每月进行 1 次安全检查，查制度落实，查隐患，查措施。对事故调查做到“三不”放过，找不出事故原因不放过；事故责任人和广大职工受不到教育不放过；没有制订防范措施不放过。厂安委会协助生产部门每年组织编制安全生产计划，包括防毒、防尘、防火、防污染及防职业病等安全技术措施。是年，制订《易燃、易爆物品管理制度》，对全厂易燃易爆物品做了安全管理规定，油漆、电石、酒精、汽油等化学物品规定专人负责，分仓库保管，严格发放手续。车间用乙炔发生器保险装置是否安全可靠，严格执行国家对气瓶的管理规定，定期试压，不符合要求的作报废处理。严格维修制度，易燃、易爆品的容器定期检修。是年5月，该厂下发章酒字［1986］第24号文 规定：自5月1日起，走“鞍钢”安全生产的路子，实行以厂长全面负责，厂长、书记、工会主席三结合的领导负责制。成立厂安全领导小组，安委会在小组领导下进行工作。各车间、班组设兼职安全员，全厂共19人。每月坚持召开1次安全法制会，每季1小结，半年初评，年终总结。开展党、团员身边无事故活动，党、团组织做到三带头：即带头宣讲安全文明生产；带头按操作规程工作；带头监督安全生产。

1988年4月13日，《中华人民共和国全民所有制工业企业法》《全民所有制工业企业承包经营责任制暂行条例》颁布实施。根据《企业法》和《条例》，实行厂长经营承包责任制，对各项规章制度进行修改、充实、完善。各级领导安全生产责任制也进行了补充修改，明确各层次安全责任。《厂长安全生产责任制》规定：厂长是企业安全生产的第一责任者，对本厂安全生产负总责。认真贯彻执行党和国家的劳动保护、安全生产的方针、政策、法规。不断改善企业的劳动条件，高度重视安全生产，保护职工的安全与健康。《生产副厂长安全生产责任制》规定：生产副厂长对安全生产负具体领导责任。组织各部门、车间制订全厂及本单位安全生产规章制度，按时召开安全生产会议，分析安全生产，找出问题、制订措施。对职工进行经常性安全生产教育。

各科室安全生产责任制：安保科是企业安全生产的具体执行者，负责全厂的安全生产、保卫工作。深入车间监督安全生产，发现不安全因素，制订措施，督促生产部门实施。遇紧急情况有权停止生产，及时汇报处理。劳资科在办理新工人入厂及职工调换工种时，与安保科共同进行三级安全教育及调换工种教育。企业招用的临时工、合同工先进行安全教育后上岗。生产科把安全生产列入调度会的重要议程，安排生产要把安全放在第一位。编制生产计划的同时，把安全生产的目标一并编入。列入调度、考核范围。技术科在产品设计、工艺技术中采用的新工艺、新材料，必须符合国家有关劳动法律法规，执行有关安全标准。重大工艺技术项目的研制和试验必须经安全部门审查后方可实施。基建科在设计改建、扩建、新建项目中要将安全设施同时设计。设备科一切机械动力设备上的安全保护装置和专用设备要建立档案。对新上设备的安装、大修改造后的设备试车和验收，都必须有安全部门参加审查，签字后方可投入运行。对压力容器、锅炉、起重机械、车辆、电器等特殊设备要定期检查，做好记录，建立隐患整改档案。财务科严格掌握按国家规定从企业年度更新改造资金中提取10～20%用于安全技术设施。按规定发放劳保用品。

1991年，该厂对安全生产加强管理。职工安全意识增强。6月4日晚上，职工臧霞下班回家，发现有人盗窃本厂钢材（30公斤），便及时报告保卫科，人赃俱获，为集体挽回了损失。为表彰臧霞敢于同坏人坏事做斗争、维护集体利益的主人翁精神，厂里给予臧霞200元奖励，并号召全厂学习这种精神。

1997年，公司组织开展了“百日安全无事故”活动。对活动进行了宣传发动，组织安全大检查和知识竞赛。共发答卷300多份，交卷率达98%。通过竞赛，提高了职工的安全意识，明确了安全责任。

2001年始，每年开展1次“安全生产月”活动，成立领导机构，广泛进行宣传发动，利用黑板报、宣传栏、标语、知识竞赛等多种形式开展活动。内容丰富，营造了人人注意安全、人人讲安全的氛围。

2003年，贯彻落实《安全生产法》《消防法》。为应对特殊条件下发生事故的应急救援，制订了《事故应急救援预案》《酒精泄漏应急救援预案》。发生紧急情况如何实施救援作了系统安排。明确救援组织机构、应急救援预案启动条件和范围及救援措施。内容包括成立事故应急救援指挥部，设立办公室和各种救援指挥小组。规定“预案”启动条件和范围。条件：重大安全事故及其造成的后果有可能继续扩大。虽不属于重大安全事故，但事故发生过程中，情况发生突然变化，有可能造成严重后果的。发生自然灾害，后果特别严重的。范围：爆炸事故，火灾事故，发生重大人身伤亡、设备伤害事故，发生不可抗拒的重大自然灾害，周边发生事故央及企业重大安全的，重大环境污染事故。符合上述条件和范围的重大事故，指挥部发布启动应急救援预案的命令。

事故应急救援指挥部设办公室和治安保卫、医疗救护、物资供应、抢险救灾四个救援小组。主要职责：1. 治安保卫组负责事故现场安全保卫、治安管理和交通疏导工作。2. 医疗救护组负责急救中心救护人员未到之前受伤人员的抢救工作和配合急救中心到来后的抢救工作。3. 物资供应组负责提供各类应急装备器材和救援物资。4. 抢险救灾组由总指挥指定现场指挥负责人，其职责权限是执行总指挥的命令，组织救援及时向总指挥反馈现场信息。办公室：按照预案程序组织协调实施，随时掌握预案实施情况，紧急调用各种物资、设备、人员车辆和可用场地。配合上级部门进行事故调查处理。事故发生后报告应急内容：1. 立即向指挥部、上级主管部门、消防、急救中心报告事故发生单位、时间、地点、联系电话及报告人。2. 事故的简要经过，伤亡人数，财产损失初步估计及事态发展情况。3. 事故原因、性质的初步判断。4. 事故抢救处理和采取的救援措施。5月，全国发生“非典型性肺炎”役情。安保处为确保安全生产，对外来人员、车辆进行严格控制，采取测体温、喷药、消毒等方法控制役情传播。对外来400多人进行测体温。150多辆车喷药消毒，保证了全厂安全生产。

2005年，对《预案》进行重新修订，8月在包装车间进行了一次救援疏散演练，参加人员达90多人，使职工了解救援的方法和技巧。

2006年5月，根据章丘市经贸局章经字［2006］20号文《关于认真做好安全防汛工作的通知》精神，按照“安全第一，常备不懈，以防为主，全力抢险”的防汛指导方针，制订防汛工作实施方案。成立由10人组成防汛领导小组。李成新任组长，张传海任副组长。实施方案规定了防汛、抢险人员组织及物资准备，按照“宁可备而不用，不可用而不备”的要求，做到有备无患，防患于未然。

2007年3月，重新修订、完善《安全生产、消防安全奖惩考核细则》规定：为激励全体员工贯彻落实“安全第一、预防为主”的方针，每年按上级主管部门关于保障安全生产费用的投入，划拨一定资金对安全生产管理进行奖励。并按三级管理网络，层层签订安全目标责任书。在落实中，各级安全员履行其安全岗位职责并督查所辖部门、岗位的目标责任执行情况。形成安全例会制度，每月20日，由安委会召集例会，听取上月安全生产情况，找出生产中不安全因素，提出问题，制订措施，会后督查。安保处负责召集有关人员不定期进行安全检查。主要检查设备运行、安全用电、操作规程、劳动防护、重要消防区域等。在注重安全检查的同时，加强对全体员工的安全教育培训。每年制订培训计划，分期、分批进行教育。4月，在开展技能比武活动中，进行消防演练，内容包括对接消防栓、水龙带，进行灭火表演。对行动迅速、对接准确的优胜者进行奖励。提高了员工的消防意识和消防技术。细则规定：安保处每月对各部门安全生产进行考评，考评结果与责任人奖金直接挂钩。年内出现重大责任事故者，一票否决。使全厂每项工作都有安全防范措施。多次被评为省、济南市、章丘市安全生产先进单位。

2008 年 10 月，施行《厂、车间、班组安全教育卡》，对职工进行三级安全教育。

2009 年 3 月，下发《山东百脉泉酒业有限公司“安全生产责任落实年”春季战役实施方案》。成立以李成新为组长，张传海、王者厚为副组长，安委会成员为组员的领导小组。针对春季安全生产特点，重点针对消防设施维护、线路检查、外来施工、防火管理进行检查和整治。期间，检查出粮酒车间搅拌机线路老化、外来施工私拉乱接电线等各类隐患 6 条。对事故隐患下达整改通知，对涉及线路进行更换或拆除。实现了春季安全生产目标。6 月，开展“关爱生命、安全发展”教育活动。6 月 9 日，组织包装车间、食堂、化验室等 142 人参加在章丘市疾控中心组织的警示教育培训班。

2011 年 6 月，“安全月”活动期间，组织开展《驾驶员交通知识答卷》，公司职工 70 人参与答题，得分均 90 以上。组织职工开展安全知识竞赛活动，496 人参与答题。得分全部 90 分以上。竞赛试题为北京国音安全信息网络有限公司《2011 年班组职工安全知识竞赛专用试卷》。

2013 年 7 月，修订《山东百脉泉酒业有限公司防洪、防雪应急实施方案》。成立指挥部，总指挥：李成新；副总指挥：张传海；成员由 10 人组成。在安保部设办公室，崔士茂兼任办公室主任。抢险应急小分队负责人王书江。指挥部主要职责：根据天气情况，及时决定不同级别的实施方案。部署协调灾害应急工作。负责组织各部门实施抢险全面工作。防洪分两个方案，一级方案指中到大雨；二级方案指大到暴雨。防雪分两个方案，一级方案指小到大雪；二级方案指大到暴雪，厚度 20CM 以上。对在防洪、防雪抢险工作中做出突出贡献的先进集体和个人给予表彰、奖励。对在防洪、防雪抢险工作中违反规定，玩忽职守、临阵脱逃、拒不执行抢险救灾命令，按照公司《职工守则》相关规定进行处罚。

11 月 26 日，保卫部对技术部下发《关于加强处理水车间湿度控制的通知》，在处理水车间安装湿度计，由值班人员做好控制。湿度控制要求：平均气温 25℃，湿度不大于 90%。29 日，公司安委会对全厂进行 1 次安全大检查。共计检查出 34 个问题，其中技术部 4 个，机电车间 15 个，总经办 3 个，粮酒车间 2 个，基建 8 个，销售公司 2 个。各部门就查出问题制订整改措施进行整改，12 月 5 日验收合格。

2014 年 12 月，由山东大学安全技术培训中心组织安全标准化评审专家，对该公司安全生产标准化工作进行验收考评。实得分 78.3 分，达到安全生产标准化二级企业标准，顺利通过验收。

2015 年 6 月，“安全月”期间，包装车间、粮酒车间、机电车间、仓储中心、技术中心散酒库等部门结合实际，组织开展应急预案演练，共计 326 人次参加。

12 月，该公司开展安全生产隐患大排查、快整治、严执法集中行动。下发《山东百脉泉酒业有限公司开展安全生产隐患大排查、快整治、严执法集中行动实施方案》。并开展自查自纠，对公司安全生产关键部位环节全面排查。2016 年 1 月 1 日—3 月 31 日开始集中整治后由公司安全委员会组织检查。查出包括水、电、酒、汽管路标识不全、有限空间警示标志不全、安全用电等方面共计 54 条安全生产隐患。安全委员会实行督办整改，落实整改资金 6000 元。并于 2016 年 4 月 30 日整改到位。并建立了安全生产长效机制。

2016 年 1 月，出台《百脉泉酒业领导带班制度》。制度规定：坚持管生产必须管安全的原则，各级领导坚持下车间、班组带班作业。了解掌握生产一线安全生产情况。现场解决生产中的安全问题。公司法定代表人每年参加不少于 2 次现场带班作业。党委书记、工会主席每年参加不少于 3 次现场带班作业。公司副总经理每季度参加 1 次现场带班作业。负责安全责任人每月参加 1 次现场带班作业。参加带班作业的各级领导，认真履行职责。听取工人意见，对安全生产中存在的安全隐患现场协助排除。确保职工安全工作环境。

4 月，山东大学安全技术培训中心专家组张岩、韦鸿斌、吴保卫对《山东百脉泉酒业有限公司应急预案汇编》提出评审意见，准予报章丘市安监局备案。该预案汇编涉及《灭火和应急疏散预案》《火灾事故应急处置方案》《易燃易爆物品泄漏应急预案》《触电事故应急救护预案》《触电事故应急处置方案》《机械设备、特种车辆伤害应急预案》《交通事故处理应急预案》《烧伤、烫伤应急预案》《洗瓶伤害应急预案》《有限空间作业空发性事件应急救援预案》。成立20人应急救援领导小组，应急救援队员57人，涵盖各个部门。

5月，保卫部设4个班，负责南、北厂治安保卫工作。北厂白班配有4人，兼管消防控制室。南厂白班负责日常工作及收发报纸、信件和来客登记。南厂车棚3人值班，后宿舍1人值班，桃花山小区2人值班，明珠小区宿舍1人值班，租用铝土矿停车场2人值班。是月，公司工业旅游项目规模扩大。进、出厂区人员增加，保卫工作力量需加强，该公司决定从保安公司招聘保安人员。经对几家保安公司考察，确定从山东首保物业管理有限公司招聘4名保安人员，充实到南厂警卫室。

6月，出台《山东百脉泉酒业有限公司有限空间作业安全操作规程》，进入有限空间作业必须提前办理《有限空间作业审批表》，制订相应隔绝、作业安全措施。指定专人对监护人和作业人员进行安全教育，作业中可能遇到的意外和处理、救护方法等。是月，安保部组织全体职工开展学习巩固安全操作规程活动，月末组织全员安全操作规程考试，合格率100%。

8月，组织开展《工贸企业有限空间安全知识》培训。各部门主要负责人、粮酒车间、技术中心散酒库、机电车间机修班人员共计92人参加培训。培训内容涉及有限空间的定义，有限空间的危害因素及危险性，有限空间安全管理制度和安全操作规程，有限空间排查辨识，有限空间事故应急救援。通过培训，使职工提高管控风险能力、隐患排查技能。

是月，保卫部修订有关车辆、人员、物资出、入厂规定。

外来业务车辆出、入厂规定：正常上班时间以外，外来业务车辆不得出、入厂区。包括拉酒、酒糟、窖皮泥、运送货物、垃圾、施工等业务车辆（环卫车辆除外）。需要出、入厂区的由值班领导书面通知门卫处理。门卫保存好相应批示备查。

外来业务人员出、入厂规定：外来施工队等业务人员在厂内工作3日以上，到人力资源部办理临时通行证。如因早晚加班，人员及车辆出、入，由负责管理部门出具证明。无证人员不得出、入厂。其它业务来访人员需在门卫处做好登记，经联系来访部门人员同意后方可入厂。无公司陪同人员不得在厂区内乱走动。私人业务门卫一律不予联系，人、车均不准入厂。

物资出、入厂规定：南厂区拉窖皮泥、酒糟、废箱及其它物资车辆，门卫检查相应出门证、单据，核对无误方可出厂。北厂区拉酒车辆出示发酒票据和托盘检查通行卡。废旧物资等有管理人员押车凭供应部盖章出门证出厂，门卫人员签字存档。拉窖皮泥拖拉机出门证改为两联，门卫、司机各执1份。出门证管理，门卫需对所收取单据签字确认，每周收集齐备报保卫部存档。

修订《保卫部巡夜工作制度》：遵守公司的各种规章制度。着装整齐，严守工作岗位，坚持八小时工作制。工作期间不干与工作无关的事。做好防火、防盗、防破坏、防治安案件“四防”工作。对本责任区域内的重点防火、重点保卫部位加强巡逻检查。加强责任心，敢于同坏人坏事作斗争。巡夜人员须于整点时间（北厂区双数，南厂区单数），到相应重点保卫部位监控处考勤。严格执行交接班制度。对当班的情况交接清楚，接班明白，记录完整。完成公司领导交办的临时性工作。宿舍门卫、车棚门卫管理适用本规定。

12月，出台《山东百脉泉酒业有限公司安全网格化管理工作制度》：确保所辖区域安全工作正常运行。各部门明确所属安全职责，层层分解，落实到人。做好现场管理、隐患自查和整改工作。严格执行干部带班、跟班制度。对发现的隐患及时下达隐患整改通知，督导落实。加大对“三违”追查力度，根治“三违”行为。强化安全培训、教育。包括新职工三级安全教育，转岗教育、四新教育等。完善记录，做好检查和考核，确保实效。不断完善修订各项安全规章制度和设备安全操作规程，确保齐全有效。

2017年，加强公司综合安全管理。1月，修订公司各部门负责人安全责任制。分别签订责任书，包括常务副总经理、党委副书记、等28个部门负责人，计28份。安全生产职责进行细化。安全培训率达到100%。是月，安全生产委员会组织机构进行调整，新增4名安全管理持证人员，分别是仓储中心李林泉、粮酒车间李庆腾、包装车间邱国强、技术中心张准。

2月，开展安全生产大检查活动。下发《山东百脉泉酒业有限公司关于加强安全生产工作的通知》。重点针对各部门执行安全生产规章制度，加强现场安全管理和重大危险源监控，强化关键设施装置安全运行维护，落实冬季安全防范措施情况进行检查。技术部门重点检查酒类产品储存、使用等各个环节安全措施，管理措施落实情况。生产部门重点检查落实安全操作规程、生产设备安全运行情况。仓储部门重点检查落实防火措施、维护保养消防设施情况。检查中发现轻微隐患19项，均立即整改到位。

4月，与济南中燃城市天然气发展公司签订，天然气管道进公司改造协议。制订天然气蒸汽发生器场所安全管理制度汇编。包括：《蒸汽发生器安全操作规程》《操作工安全岗位职责》《安全巡回检查制度》《设备维修保养制度》《交接班制度》《水处理设备安全操作规程》《蒸汽发生器场所安全保卫制度》《蒸汽发生器场所清洁卫生制度》《蒸汽发生器场所安全生产事故应急处置》《蒸汽发生器场所职业危害告知》共10项。

5月18日，山东中实能源安全评价有限公司为公司蒸汽发生器项目出具《安全生产条件及设施论证分析报告》。通过分析，该蒸汽发生器项目，周边安全防护距离满足《建筑设计防火规范》（GB50016－2014）要求。采用的蒸汽生产工艺技术成熟、可靠。设备选型满足工艺条件的需要。风险可以接受。安全条件能够满足安全生产要求。

9月，开展"喜迎十九大安全生产、综合治理"活动。国庆、仲秋、中国共产党第十九次全国代表大会召开期间，组织学习《山东百脉泉酒业有限公司各部门安全生产互查标准》《2017领导干部及全员消防安全目标责任书》《2017年平安建设责任书》《山东百脉泉酒业职工手册》，安全、消防、综合应急预案等文件和制度。开展自查自纠活动3次，领导小组检查6次。对仓库物品存放下达隐患整改1次。11月23日，召开"喜迎十九大安全生产、综合治理总结表彰会议"，技术中心散酒库、仓储中心、包装车间、粮酒车间、保卫部获得"2016年度消防安全先进单位"荣誉称号。

11月14日，山东大学安全培训中心专家6人，来公司开展安全标准化换证咨询，共计提出整改建议119项。公司安委会召开专题会议部署整改。12月28日，经专家评审，公司安全标准化得分82.1分，为章丘延期复评企业第一名。

第二节 劳动保护

建厂初期，酒厂根据相关政策发放一些必需的工作服、手套之类用品。

1964年，山东省公布试行了《国营企业职工个人防护用品发放标准》和《国营企业防护用品发放、使用管理办法》，劳资部门按标准定期发放劳保用品。1964—1982年，均按《标准》和《办法》定期发放劳动保护用品。

1983年7月，山东省劳动局、商业厅印发《山东省职工个人劳动防护用品发放、使用、管理办法》

和《山东省不同行业同类工种劳动防护用品发放标准》（试行）的通知，规定：企事业单位防护用品的采购、保管和领发、回收等业务工作由后勤供应部门负责。防护用品发放标准的管理和监督检查由安全技术（劳动保护和劳动工资）部门负责。工会组织要配合行政领导做好防护用品发放管理及教育职工合理使用防护用品工作。该厂由劳资部门按劳动力配置，编制劳保用品配置计划，包括种类、品种、数量及发放日期。经批准后交供应部门按物资采购标准及时购进。安全部门对劳保用品使用情况每月进行1次大检查。各单位购进的劳动防护用品须专物专用，妥善保管，并建立实物发放账册。领取使用前严格检查，发现失去防护效能的立即报废、停止使用。对调离本单位的职工应收回防护用品。内部调动工作，按新岗位的发放标准办理交还、转档等手续。

1985年10月，购置1套酒用陈熟设备，此设备为放射性危险源“钴60”，因其对人体有害，具有一定危险等级。从对员工的劳动保护、人身安全考虑，对危险源的慎重使用，采取隔离保护措施，操作者着防辐射工作服，建立完善的管理制度和操作规程，使用交接班制度，直到1990年拆除废弃，最后深埋处理。

1990年，制订《劳动防护用品管理制度》。财务科按规定筹集劳动防护用品资金，保障供给。供应科及时购进并保证产品质量。劳资科按规定发放并建账。安全检查时，把劳动防护用品的使用情况作为检查的重点。根据该厂女职工多的特点，是年，制订《女职工劳动保护管理制度》提出：厂设女职工委员会，车间设女工委员，对全厂女职工建立花名册。对女职工的姓名、出生年月、文化程度、政治面貌、家庭住址、婚育情况进行详细登记。全厂女职工每年进行1次查体，对查出有妇科病的职工及时治疗并做好记录登记，坚持女职工五期保护检查制度。

是年，建立《职业病及职业中毒管理制度》规定：劳动场所合理布局，符合安全卫生要求，有可靠的防护措施。职工在生产中正确使用劳动防护用品。粮酒车间职工上班时必须穿布鞋或胶鞋，决不能穿拖鞋上班，冰冻或雨天要穿具有防滑能力的鞋。包装车间在岗人员必须穿工作服、戴工作帽，长发者将头发拢于帽中。打酒员进入车间要工装整齐，严禁穿高跟鞋上班。电渗析工作人员进入工作岗位着装整齐，闲杂人员拒绝进入工作区。进行设备酸洗时，注意盐酸的使用，带乳胶手套等相应防护用品，转移盐酸及倾倒时轻拿轻放，避免酸液溅出伤人。

2000 年，重新修订了《劳动防护用品管理标准》。重申劳动防护用品采购，应选择安监部门批准的具有经营条件资格证的厂家采购。凡未经技术鉴定、无检验部门颁发的“产品合格证”和“产品检验证”的一律不得采购。特殊工种劳动防护用品使用前必须严格检查后方可使用。该公司属饮食行业，每年坚持对有关人员进行健康查体。

2006 年，从事包装车间灌装作业人员及食堂从业人员查体 130 人次，女工查体 140 人次，特殊工种作业人员 6 人查体。

2007 年，从业人员查体 167 人次，女工查体 152 人次。

2008 年，修订《劳动保护用品管理标准》，每季度为职工发放洗衣粉、餐洗净、毛巾、手套等劳动保护用品。为机电车间特种作业人员发放劳动保护手套、鞋、眼镜等。为粮酒车间粉碎岗位工人发放防尘口罩。

2010 年，健康查体人数 113 人。

2011 年，健康查体人数 117 人。

2012 年，健康查体人数 118 人。

2013 年，健康查体人数 84 人。

2014 年，加强工作场所职业卫生检测。11 月，由章丘市疾控中心对公司粮酒车间、包装车间、质检化验等岗位进行职业危害检测，该公司涉及职业危害项目谷物粉尘、硫酸、氢氧化钠、噪声均符合国家标准。是年，健康查体人数 84 人。

2015 年 6 月，强化职工个体防护。为技术中心散酒库工作人员 9 人、包装车间打酒员 4 人配备防静电服装及防静电鞋。从源头上安全控制。是年，职工健康查体人数 82 人。

2016 年，加强职工职业卫生管理。8 月，对特殊岗位工作的 8 人做在岗期间职业健康查体，均符合要求。是月 9 日，公司在国家职业危害申报网站进行变更申报。涉及职业危害因素种类有粉尘类、化学物质类、物理因素类。接触人数 13 人。职业病危害因素分布情况：化验室主要存在硫酸、氢氧化钠。接触人数共计 16 人。接触职业病危害总人数 8 人。22 日，章丘市安全生产监督管理局出具《作业场所职业病危害申报回执》，备案合格。是年，职工健康查体人数 149 人。

2017 年 3 月，由章丘市疾病预防控制中心对 3 名职工进行离岗职业健康查体，均符合健康要求。是年，国家执行健康查体免费，职工健康查体人数达到 278 人。

第三节 消 防

建厂初期，由生产组兼管消防工作，消防器具只有沙池子、大水缸等简易设施，在生产过程中，工人违章操作造成火灾、险情、事故时有发生。20世纪70年代，购置几部小型灭火器，无专人管理和维修，有时遇到事故无法使用。

1983年4月，成立义务消防队，有30名队员组成。成立消防设备责任小组，有15人负责全厂灭火器具的管理和维护。包括40公斤和8公斤干粉灭火器和泡沫灭火器的维护保养。义务消防队的主要任务是学习消防常识，开展消防宣传，做好防火工作，进行灭火训练，熟悉灭火器材的性能和使用，学会灭火方法，有火灾能扑救，坚持执勤备防。义务消防队员边值勤边生产，负责本部门的消防器材的维护保养，做好自防自救。同时，制订岗位安全防火责任制，严格遵守安全操作规程，加强治安保卫和各项防火制度。加强对危险物品的储存和保管，对火源、电源和易燃易爆物品严加管理。发现故障和火险等不安全因素，积极处理，保证正常生产。发生重大事故要保护好现场，及时报告领导及保卫部门，待查清处理后方能投入生产。

1989年，章丘县人民政府办公室签发了各单位防火责任人通知书，章防通字［1989］第112号文确定该厂防火责任人为韩宪安。

1990年，酒厂开展安全防火“百日竞赛”活动。成立竞赛小组，按照“安全第一、预防为主”“预防为主、防消结合”的方针和“谁主管、谁负责”的原则，杜绝特大火灾、消除各种不安全的火情隐患。各车间、科室制订防火“百日竞赛”实施方案。活动后期进行评比总结。是年，重新修订《安全防火制度》。重点部位设立防火责任人，重点区域设置醒目的防火标志，配足灭火器。根据区域特点做好“四防”防止火种、防止热变、防止性能相抵触的物品混放、防止雷击。加强值班巡逻，一旦发生火情立即扑救、报告。扑救中正确使用灭火器材，防止火情漫延。正确安装和使用电器设备、液化气炉和易燃易爆物品。加强用火、动火管理，实行动火申批制度。

1993年，成立安全防火委员会，由34人组成。1994年，义务消防队增至40人。1997年，制订安全、消防、治安保卫工作措施。为落实各项规章制度，加强全体员工的安全防范思想教育，各部门保证年内无重大伤亡事故，轻伤率控制在每年3.5人次以下。各部门无重大爆炸事故。无重大电器、设备事故，设备运行率为95%，设备防患整改率100%。重大火灾事故为零，防火责任落实率达到100%。采取有利措施保证目标的实现，每月厂安全、消防、治安、保卫检查不得少于1—2次。做到“五抓”：主要领导亲自抓，分管领导靠上抓，职能部门坚决抓，车间处室经常抓，岗位个人自觉抓。形成自上而下层层展开，上下左右齐动员，齐抓共管抓安全的新体系。工作前讲安全，工作中落实安全，工作后检查安全、总结安全。

2002年6月，在“安全生产月”活动中，为强化消防意识，对消防灭火的直感接触，组织了消防实战演习。在办公楼西侧的小院内，将杂草和可燃物点燃，用5根消防水龙带对接灭火，利用灭火器现场演练，使员工受到了消防教育。

2004年，调整防火委员会，主任李成新，副主任张传海，委员10人。五年间按国家消防总局要求，更换了50具贮压瓶式灭火器为压把式灭火器，充压换药30台次，自修消防栓2台，新购35公斤干粉灭火器2台，制作消防警示牌50多块，办理动火证300多份，使消防工作做到人人有责任，人人能管理，杜绝了重大事故的发生。

2009年5月1日，新《消防法》实施。该公司组织全体职工458人，分4期开展专场教育培训，对新法规进行了学习。组织答题458份，均考核合格。6月9日，在包装车间组织开展人员密集场所逃生演练。包装车间、保卫部、安全生产调度室共127人参加演练。演练以包装车间因电线短路发生火灾为假设。听到报警电话后，保卫部启动疏散预案。车间人员迅速关闭设备电源，按预案程序有序沿逃生通道撤离现场，全体职工切实体会到消防工作重要性。

2012年2月，济南消防总队来公司开展消防安全知识培训。该公司296人参加培训活动，并参与试卷答题，及格率100%。

2013年8月9日，分南、北两个厂区进行消防大演练。北厂区从险情发生开始，至扑灭初起火灾，全体人员安全疏散，共计用时1分钟。南厂区动用灭火器8台，消防栓两个，灭火用时10秒。演练围绕“四个能力”建设根本要求，熟练掌握北厂区的消防控制室、烟感控制器、消防泵等自动消防设施。增强职工消防安全意识和实际操作本领。是北厂区新消防器材投入使用以来第1次大规模演练，对新上消防安全设施性能进行了检测。

9月，确定公司消防骨干人员名单。各车间、部室共计42人。选拔条件是：责任心强，身体健康，年富力强，遇到紧急情况能及时处置。

10月18日，举办了百脉泉酒业消防安全设施使用培训，消防骨干42人参加。围绕应知应会主题，消防员掌握消防安全理论知识、实操本领。学习结束后，对参加培训人员进行理论和现场实操考核。强化消防人员心理素质和业务能力。

11月5日“11.9全国消防宣传日”期间，该公司开展消防“三个一”活动：即开展一次消防安全培训，一次消防演练，一次消防安全大检查活动。邀请济南市消防服务中心培训处主任刘序东为全体职工讲授消防安全知识。公司生产、销售、后勤共计470人参加培训。经过现场提问、抽查方式对培训进行考核，均合格，提升了全体职工的消防意识。

2014年5月，聘请济南消防科技中心史杏忠主任讲师，为全体职工开展消防安全知识培训。围绕消防四个能力、应急事件处置、重大消防安全事故防范、火场自救逃生知识、车辆自燃预防及扑救方法、消防器材的使用及保养等进行了详细讲解。对于深入落实《全民消防培训纲要》起到了积极的促进作用。

10月，进一步规范消防安全管理。根据《中华人民共和国消防法》规定，修订《山东百脉泉酒业有限公司消防安全管理制度》，规定：制订消防安全制度，消防安全操作规程。实行防火安全责任制，确定本单位和所属各部门、岗位的消防安全责任人。对职工进行消防宣传教育。组织防火检查，及时消除火灾隐患。按照国家有关规定配置消防设施和器材，定期组织检验、维修。确保消防设施和器材完好、有效。设置符合国家规定的消防安全疏散标志。各单位的消防器材应有专人负责管理和保养。消防器材使用后，立即保养、补充。根据生产规模、火灾危险性等因素，配置合适型号的消防器材。

2015年4月30日，章丘市经信系统安全现场例会在该公司召开。经信局系统20多家单位安全负责人参加。与会人员观看重大事故警示片。现场观摩了包装车间应急预案的演练活动。得到与会人员一致认可。是月，在散酒库、包装车间、藏酒馆、地下酒库等部位安装5个控制器，26个可燃气体深度测试设备，加强火灾监控技防。

2016年3月30日，召开2015年度消防安全总结表彰大会。按照《关于开展11.9全国消防日主题活动实施方案》，及安全标准化要求，对在开展活动中达到考核目标的部门进行500—2000元奖励。授奖单位：技术中心散酒库、仓储中心、包装车间、粮酒车间、安保部。

2017年3月，规范灭火器材管

理。修订《灭火器管理规定》。内容：安全科负责灭火器使用保养和灭火器的维修更换工作。灭火器由专人管理，日常保持清洁，每周检查一次，每月进行点检，做好检查记录。保证人员安全，减少财物损失。

5月11日，在粮酒车间粉碎部位开展粉尘火灾应急预案演练。演练以粉碎车间职工操作期间，由于粉碎机械发热导致电机打火，火情初起。演练中，粮酒粉碎车间职工第一时间发现火情报警。1分钟内形成第一灭火力量，花洒式喷头投入使用。粮酒车间周边散酒库，机电车间人员迅速集结于事发地，3分钟形成第二灭火救援力量，就近集结灭火器材备用。公司救援指挥部赶到现场，实施综合救援。5分钟形成第三灭火力量。空气呼吸器、担架等医疗物资投入使用。演练活动提升了职工的反应能力，把险情消灭在萌芽状态，确保安全生产。

7月4日，在南厂区篮球场开展消防演练竞赛活动。公司党委副书记王峻虎、工会主席袁锡惠参加活动。公司各部门17支代表队参加比赛。竞赛内容是对接水龙带灭火实战演练。每组4人，1人控制消防栓阀门，1人对接水龙带，2人控制枪头。各组就近取用、铺设、对接水龙带，打开阀门射水3秒，关闭阀门，将水龙带规范卷起放回原处，用时最少者获胜。经过角逐，17支代表队枪头出水用时均控制在45秒以内，总平均用时2分钟左右，粮酒车间维修班用时1分35秒荣获一等奖。包装车间、仓储中心获得二等奖。技术中心散酒库等3部门获得三等奖。此次竞赛，参与人数之多，比赛的激烈程度，都是公司有史以来消防安全竞赛活动之最。

第九章 档案管理

建厂初期，档案管理制度不健全。1955年，企业管理工作开始步入正规。设立兼职档案管理机构。从生产调度到人事变动、上级来文等开始注意收存，形成的各种文件材料都分散在科室、车间及有关部门自行保存。20世纪60年代，档案资料管理仍由各部门归口管存。资料丢缺现象时有发生。

1978年，企业管理制度逐步建

全，档案管理工作纳入制度化。酒厂档案管理形式是：生产计划、生产组织部分由生产科负责整理、存档。干部、职工人事工作、上级来文、政策、法规、内部文件由办公室收集、整理。劳动工资由财务科分管。原材辅料、生产产品等资料由供销部门整理管存。技术部门负责产品开发资料、产品质量资料、技术资料的管理。

1987 年，山东省档案局、山东省企业管理领导小组办公室下发鲁档发 [1987] 30 号文《关于在工业企业升级中进一步加强企业档案工作的通知》提出：企业档案工作是企业基础工作的组成部分，是企业生产管理、技术管理、科研管理、信息管理的一项重要内容。企业在开展“抓管理、上等级，全面提高素质”工作中，把加强档案管理工作作为提高企业素质的重要内容来抓。使其在提高产品质量、降低物资消耗、增加经济效益中发挥应有的作用。档案管理工作纳入企业全面管理重要内容。档案工作在企业管理中开始发挥自身作用。是年，利用信息管理工作，市场信息反馈，企业调整产品结构，新上酒精生产深加工项目。建成无水酒精生产线，使企业生产结构发生了新变化。

1988 年 1 月，《中华人民共和国档案法》颁布实施。通过学习《档案法》，增强了领导档案管理工作意识，注重了档案管理工作。是年，酒厂档案管理工作进行全面整顿。将各科室、车间、部门自身保管的各种资料进行收集，组织专门班子，对所收集资料进行分门别类整理。按照《档案法》的要求，分别按文书、技术、基建、会计、人事、劳动工资等类别进行归档。对一些丢失、散落的历史资料，通过开会研究、走访老领导、老工人、查阅上级档案馆等形式进行补充、完善。共整理组卷 500 多卷，形成建厂 40 年较完整的历史资料。经过有关部门的指导帮助，改变过去“单纯存、忽略管、轻视用”的思想观念。克服“底子薄、基础差、起步晚”的困难，全面展开了企业档案管理工作。

1988 年 6 月，经厂长办公会议研究决定，下发章酒字 [1988] 20 号文 建立综合档案室。由党总支分管，技术副厂长田永祥负责，高维生任档案室主任，由专门学习档案管理的张若书任专职档案管理员，各车间、部门设置 13 名兼职档案员。

1989 年 10 月，该厂下发章酒字 [1989] 3 号文《各单位档案管理人员名单》。档案管理人员重新分工，综合档案室由党总支副书记王传本分管，抽调各部门 14 人任兼职档案员，建立起一支文化水平高、专业能力强的档案管理队伍。设置档案室主任、副主任和专职档案管理员岗位。在档案管理队伍中，大专学历占 29%，中专学历占 14%，高中学历占 57%，有技术职称的占 50%。各科室兼职档案员分工：厂部办公室由袁锡惠负责，生产科由赵东玲负责，设备科由赵炜负责，供应科由高寿水负责，财务科由孟令革负责，销售科由潘正江负责，工会由黄庆杰负责，安保科由韩延淮负责，质检科由陈惕美负责，基建科由张传杰负责，劳资科由王峻虎负责。。

1991 年 3 月，张莉调入档案室工作，专职档案管理员增至 2 名，是年 6 月档案管理员张若书调出。是年 9 月，张莉调出档案室，袁锡惠调入任综合档案室专职档案管理员，由副书记王传本分管。

1997 年 3 月，成立档案管理领导小组。由 5 人组成，组长赵炜，副组长王传本。重新调整档案管理网络。由党委副书记王传本分管，专职档案员袁锡惠，设兼职档案员 12 名。

2002 年 7 月，董丽娜任专职档案管理员，由党委副书记赵建平分管。

2003 年 10 月，党委副书记王者厚分管档案工作，董丽娜任专职档案管理员。

2010 年 8 月，党委副书记王峻虎分管档案工作，董丽娜继任专职档案管理员。

2011 年，档案管理员董丽娜调出，张杰任档案室专职档案管理员。

2012 年 10 月，张杰休产假，期间巩艳辉临时代理档案管理。

2014 年 12 月，张杰回到档案室，任专职档案管理员，巩艳辉调出。党委副书记王峻虎分管档案工作。

2017 年 7 月底，张杰辞职，8 月 7 日张景调入档案室，任专职档案管理员。

第一节 档案建设

1988 年，为全面贯彻《国营企业档案管理暂行规定》，加强企业档案管理。该厂制订《档案管理升级规划》，成立档案升级领导小组，党总支书记任组长，副书记、技术副厂长任副组长。成立专门工作小组，由 7 人组成。在原档案形成的基础上，通过整理，全厂档案拟为 6 大类、37 个小类。6 大类是：党群工作类、生产计划类、营销供应类、技术类、财务会计类、行政管理类。管理方式是：集中整理，归口管存，专门工作小组整理 1 个门类，验收 1 个门类。6 大门类全部验收合格后，共组卷500多卷，其中设备档案76盒，文书档案160卷，基建档案13卷，归档率达到100%，完整率达98%。6月，在档案管理统一整理、统一验收的基础上，决定建立综合档案室。档案室面积55平方米，投资3000元购置档案橱柜。设专职档案员和兼职档案员，各车间、科室有兼职档案员13人。建立各项管理制度。下发关于《各类文件材料的形成、积累、整理和归档制度》规定：按照文件材料立卷归档范围，包括公文、电报簿册、各类图表、报表、会议记录等保存齐全。形成文件档案的科室，建立文件登记册，对收进和发出文件进行登记。科技档案中的各个产品品种、设备利用材料进行积累。化验室对产品化验原始记录、报告单等整理归档。归档材料当年整理完，于次年第一季度全部送交综合档案室管存。档案管理员应参加新产品试制和科技成果鉴定会议。参加设备进厂开箱验收工作，参加工程竣工验收，积极收集各类资料便于归档。在归档中建立移交目录，填写归档材料说明书，双方交接清楚，签字入柜。

档案管理制度

1989年，制订《文件材料归档制度》，明确了材料的形成与归档。提出了文件材料归档的具体要求，主要有文件材料的形成应遵循计划、生产、技术、经营等各项工作的活动规律，生产活动中形成的声像档案材料（含缩微胶片、录像和计算机软盘等），由产品试制科研课题和工程项目负责人指定有关人员负责收集、整理后归档；归档的文件材料必须完整、齐全、准确的反映企业生产、科研、基建和经营管理等各项活动的真实内容和历史过程。符合形成规律，文件材料分类归档。产品生产方面：有产品设计、工艺、工装的图样和技术文件、原材料检验、产品生产过程、调度工作形成的原始记录、凭证、台账、报表等文件材料。经营管理方面：有各种计划、统计报表和计划管理、统计分析活动中形成的各种文件材料、企业物资、原材料采购、库存保管、供应、物资消耗、定额考核和工具图纸制订、各部门管理中形成的文件材料。财务管理方面：形成的各种账册、报表、凭证和经济效益核算等文件材料。设备仪器方面：有设备仪器的图样和技术文件、设备仪器安装、调试和验收过程中的技术性、凭证性文件材料、设备仪器的运行维修记录、设备改进、改装和报废的文件材料等。生产技术管理方面：有质量管理、科技管理和标准化、计量、能源、环保、安全生产、基建和设备等管理中形成的各种文件材料。党、政、工、团、妇方面：有党务工作、组织宣传、纪检和工会、协会、共青团、女工等工作中形成的各种文件材料。行政、保卫、审计、教育、医疗、后勤及外事工作中形成的各种文件材料。科学技术研究方面：有课题项目书、方案论证及专题调研、试验研究记录、计算数据、研究总结报告、课题成果鉴定书及论文、著作等科技文件材料。基本建设方面：有可行性研究资料、项目建议书、建设批准文件、征地文件、设计基础资料、环境影响报告书、计划任务书、预算书、初步设计、施工图设计、施工记录、竣工图验收文件、改建、扩建、维修等有关技术文件。

1997年，规范材料的收集、整理、归档，发挥档案管理在生产经营中的作用。根据山东省技术监督局发布的《工业企业档案分类规则》，下发济酒字 [1997] 第12号文 关于贯彻执行《档案分类编号细则及归档范围、保管期限》的通知。规定该公司档案的分类、整理、类目标识、案卷排架、档号编制检索工具的方法、要求及保管期限。引用标准为GB3792.5、《档案著录规则》DB37/T180—93。档案分类根据档案的共同点和差异点，将档案区分为不同类别的逻辑方法。分类原则以企业全部档案为对象，依据企业管理职能结合档案内容及其形成特点，保持档案间的有机联系。档号编制是企业档案的档号由分类号和案卷号组成，可分别按党群工作类、行政管理类、经营管理类、生产技术管理类、会计类档案按年度编写案卷顺序号，每年度1个案卷流水号来整理。其他几类档案分别以最低分类类目编写案卷顺序号，以便补充案卷。特殊载体档案的设置：照片档案按大类分，在其对应的大类中直接以每1项活动中具有代表意义的某1张或1组为单位编写顺序号并注明时间、地点、照片内容。录音、录像带的分类编号分别在所对应的大类代号后，分项目、分专题活动编号。在专题号后再以盒为单位编写顺序号，实物档案可参照照片档案的分类编号方法。

6月，制订《档案借阅制度》规定：档案借阅原则不出档案室。因工作需要借出时，需经档案室主任同意，重要档案借出需报主管领导批准，严格办理借阅手续。按档案借阅制度，先办理登记，查阅完毕经检查无误方可注销。定型产品、设备图纸归档后，一律不得外借。同时修订了《综合档案室管理制度》：依据《档案法》行使职权，全体工作人员认真负责的管理档案、图书资料，积极提供服务。不准以单位或个人名义向外单位提供资料，任何人不得损坏、遗失和无故扣压档案材料，严格执行档案借阅制度。档案库房是保存档案的重要基地，不经允许外来人员一律不得入内。全体人员要爱护公共设施，如有损坏照价赔偿。同时出台《档案资料验收管理规定》：专职档案员将各部门送交的档案资料进行验收，检查其资料是否完整、系统，立档是否正确，验收合格后办理移交手续，不合格退回重新整理。

岗位责任制

1989 年，在档案管理升级活动中，制订了《档案库房管理制度》，规定：档案库房实行统一管理，专人负责。所保管档案分类存放，排列整齐，机密档案按密级分别保管。库房内达到“八防”标准，即：防火、防盗、防光、防潮、防尘、防虫、防有害物质和微生物。经常通风，档案橱柜等设备注意保护和维修，对年久受损和模糊不清的案卷材料及时修复和复制。定期清查及时处理。是年，制订专、兼职档案员管理职责。《专职档案员岗位责任制》：认真学习上级有关档案工作的方针政策，不断提高管理和业务水平，坚持依法管档。忠于职守，遵守纪律，树立良好的职业道德，尽职尽责做好本职工作。负责全厂文件、材料的形成、收集、整理、归档工作的指导与检查工作。负责指导档案分管员的工作，按归档要求及时做好复印、复制、装订归档的文件、材料工作。严格执行有关档案的各项规章制度，切实做好内外信息资料的归档与利用工作。接收的档案符合要求，内容齐全完整、系统准确、案卷质量优良、项目介绍清楚、移交清楚。对机要档案单独保险存放。严禁无关人员进入库房，注意档案防火、防潮、防虫、防鼠，加强库房管理，搞好库房卫生。主动提供档案利用，切实做到为发展生产服务。完善借阅手续，严防丢失。制订《兼职档案人员岗位责任制》：兼职档案管理人员认真学习贯彻《档案法》《国营企业档案管理暂行规定》。刻苦钻研档案业务，不断提高档案管理水平。树立良好的职业道德，为企业服务，做好本职工作。对文件材料进行登记，填写单位形成文件登记卡，进行整理、组卷、归档。严格执行《企业档案保密制度》，确保档案文件的安全，不得丢失。严格执行图纸补充管理规定，做到底图与蓝图一致，档案与实物相符。加强同档案室经常联系，负责向本科室有关人员宣传上级有关档案工作的指示，并监督企业档案管理制度的贯彻执行。

1997 年，公司制订《综合档案室职责》：在分管书记领导下，负责全厂资料、档案管理工作。负责本企业档案的收集、整理、鉴定、保管、统计、利用及归档前文件材料的形成、积累、归档的监督、检查和指导工作。达到企业档案完整、准确、系统、安全和有效利用的要求。负责对兼职档案员的培训和业务指导工作。收集来的档案及时加工整理，根据分类要求进行编目、排架、编制查找工具。承办和组织企业档案价值鉴定和销毁已过保管期限档案的具体工作。按照保密和借阅制度开展档案利用工作。

是年，制订《档案管理经济责任制考核办法》：加强企业档案管理，确保收集文件材料的齐全，对专、兼职档案管理员进行月度经济考核：应归档的材料由各部门兼职档案员负责收集装订成册，按规定的时间、手续移交综合档案室。不按时归档缺1份扣1分。归档不全扣5分，限1周内补齐。永久和长期保存的归档材料整洁清楚，符合规定，否则扣5分。专职档案员对收集来的档案分类不清不能及时提供利用，一次扣档案员当月奖金5%—10%。新购设备开箱时，由档案员、设备管理员清点随机文件，填写移交清单，移交不清造成损失，视情节扣责任者奖金5%—20%。限期追回材料归档。按照岗位责任制制订《奖罚制度》，企业外出人员参观学习、开会等必须将会议文件、学习内容收集齐全，做好整理、立卷、归档。兼职档案员按照档案管理规定做好资料收集、整理、分类，归档率达到100%，否则，扣除当月奖金50%。外出人员回厂后资料不齐全，不能归档者，不报销差旅费等费用。档案管理人员因管理不善，给企业造成损失，除按厂规厂纪处理外，扣除当月奖金50%。

2015年—2016年，市委办公室章办下发《关于加强新形势下全市企业档案工作的意见》。要求各单位充分认识做好企业档案工作的重要意义，全面推进企业档案规范化管理。落实企业档案工作责任，推进档案规范化管理。公司组织专、兼职档案管理人员，认真学习文件精神，明确档案分管领导，档案管理第一责任人为公司党委副书记，列入其岗位责任制，负责整体档案管理工作。档案工作列入公司发展规划和年度计划中，每年下达项目计划，要求归档文件必须与之相同步。公司每年对档案管理进行抽查，检查结果列入年终考评。各部门档案管理员作为档案管理的直接责任人，对文件资料做好整理及收集工作，及时交接。各部门将档案工作纳入日常工作考核中。

档案建设

1989年，新增档案132卷盒，

其中党、政、工、团23卷，生产计划统计6卷，产品工艺2卷，质检4卷，计量、节能、环保9卷，科技管理2卷，基建1卷，会计54卷盒，经营32卷盒，照片31张。经山东省、济南市档案管理部门验收，被评为省级档案管理先进单位。

1991年，强化档案管理工作，重新归集整理，编制了完整的卷内目录，全引目录、文书档案目录、分类目录等检索工具。所有档案按《档案法》规定收集、整理、严格程序，无零散、无积压。共整理文书档案430卷、财务档案28卷、设备档案76卷盒、基建档案13卷、人事档案200卷。荣获章丘县城乡建设委员会、章丘县档案局“城建档案工作先进单位”称号。

1993年，扩建档案室使用面积100平方米，其中库房面积80平方米。实现库房、办公室分开，安装了防火防盗设施，档案橱柜增至17个。

1997年3月，为适应企业现代化管理要求，把企业档案管理工作纳入制度化、规范化、法制化的轨道。推动企业技术进步及企业目标管理工作上台阶，完善企业档案一系列的管理制度。经领导研究，下发济酒字［1997］4号文 关于《公布实施档案管理制度》的通知，全面、细致的制订了《济南百脉酿酒集团有限公司档案管理制度》。明确了文件材料的形成与归档，调整了档案管理领导小组，重新调整了档案管理网络。

1998年，综合档案室晋升为企业档案工作目标管理省（部）级先进单位。

2002年，企业规模扩大，档案资料增加。在资金紧张的情况下，为档案室购买了档案橱两个，配备了复印机、灭火器、温、湿度计等办公用品及防护设施，为档案工作创造了良好的办公条件和现代化的硬件设施。为了使不同类别、不同载体的企业档案材料能及时、完整、准确的立卷归档，重新修订《档案分类编号标准》。当年企业档案归档率达到100%，完整率达到98%。按立卷原则、质量标准精心分类、立卷、保管，使档案全部符合四条标准：纸张质量符合要求，无铅笔、圆珠笔字迹；卷内文件整齐有序，无金属装订物；案卷封面各类目录、标题、备考等填写规范，字迹清晰，简明精确；全部案卷没有出现霉变、污损、虫蛀及失落、泄密、侵权等现象。

2005年末，综合档案室建立档案：党群工作类档案297卷，行政管理类档案322卷，经营管理类档案318卷，生产技术类档案399卷，设备仪器类档案160盒，基本建设类档案47卷，会计类档案480卷，人事档案632卷，另有照片档案1123张，声像档案5盘。

2008年，章丘市档案局下发章档字［2008］1号《关于做好无酸档案卷皮卷盒推广工作的通知》，为延长档案使用寿命，档案卷皮、卷盒实行统一定点采购。公司档案管理员认真学习理解使用无酸档案卷皮卷盒的意义。是年，档案室资料的装订，全部更换无酸卷皮卷盒，共计324盒。档案管理达到规范化，安全化。

是年，围绕市委、市政府精神文明建设工作，市妇联开展文明家庭创建活动。章丘市档案局与章丘市妇女联合会下发章档字［2008］2号文 《关于在文明家庭创建活动中抓好家庭建档工作的通知》。为确保家庭建档工作健康发展，公司对员工家庭档案工作进行梳理，落实两户家庭建立家庭档案。

2009年，加强档案管理与档案资源开发。结合电子档案管理材料数量增多，对重大活动材料全面收集。公司要求做好声像档案的立卷归档工作。档案分类新增电子档案：分光盘、磁盘、移动硬盘三部分。其中光盘172盘、磁盘15盘。根据章丘市档案局章档字［2009］1号文 该公司将政府公开信息资料进行整理，作为档案整理的一部分。将政府公开文件统一收集、分类。每年单独立卷。是年，章丘市委、市政府对全市档案管理工作进行考核。该公司档案管理工作得到上级主管部门充分肯定。专职档案管理员董丽娜获全市档案先进个人荣誉称号。

2011年，该公司完善了档案管理制度。明确提出公司档案实行二级管理，一级管理是指公司总经办对档案工作的统筹管理。二级管理是指各部门的档案资料管理工作。

专职档案管理员负责公司所有档案资料的收集管理，各部门兼职档案管理员负责本部门档案资料的使用管理。专职档案管理员每年对二级档案管理工作进行检查验收。明确归档范围，凡是反映公司战略发展、生产经营、企业管理及工程建设等活动，具有查考利用价值的文件资料均属归档范围。凡属归档范围的文件均有公司统一管理，个人不得留存。凡公司收到的文件、函件承办后及时归档；以公司名义发出的文件必须留底稿及正文备查。

是年，为保证档案材料齐全完整，坚持主审后立卷。档案形成有机联系，便于查找和利用。卷内材料要准确一致，禁止用铅笔、圆珠笔书写内容。用铅笔在每卷页的右下角填写顺序页号，不能有遗漏及错误。卷内文件去掉金属物，对破损材料进行修补。案卷装订整齐美观，不掉张页，采用三孔一线的装订方法。案卷索引简明扼要，能够正确反映案卷内容和成份。归档文件目录和卷盒封面内容要填写清除完整，不得漏项。财务档案整理时应由财务部门按照会计档案的归档范围和归档要求，负责装订成册，整理立卷。

档案管理必须严格遵守党和国家有关保密制度，加强管理，防止丢失、泄密。查阅档案，一般应在档案室查阅，需要摘抄或复印的文件，必须经领导批准，否则不得摘抄、复印。需要借阅带出的档案，需经领导批准，做好记录，不准外传、私自外借。外单位查阅档案，出示证明材料及领导审查签字，注明查阅内容，查阅人信息。查阅档案者需爱护案卷，不得拆毁、拆页、勾抹、圈点。查阅抄录的材料经专职档案管理员审核无误，签字确认，否则无效。

2012 年，该公司根据档案工作资料征集、保管和利用的实际需要，设立 3 个档案室。其中会计档案单独设立档案室，由财务部门单独管理。根据《会计档案管理制度》要求，会计档案管理在符合国家档案规定的同时，更加适应公司的发展需要。随着档案资料增加，公司综合档案室购进 20 组档案柜，将不符合档案存放的橱柜淘汰。使档案管理工作标准化、规范化、实用化。档案室管理按照管理标准，购买干燥剂、防虫剂、灭火器。加强防虫、防潮、防盗、防尘、防光措施。照明全部采用防爆灯，安全性得到保障。

2013 年，会计档案增多，原有档案室条件落后且空间小。该公司根据会计档案管理要求，不再使用原有档案室，新设 2 个档案室，新购 2 组文件柜。用以满足会计档案的保管。是年，公司共有 4 个档案管理室。其中财务会计档案室 2 个，占地 30 平方米。综合档案室 2 个，占地 35 平方米。

2014 年 2 月，章丘市档案局下发文件，指出全市档案工作要点，将食品安全作为档案建设的重点。推进食品安全信用档案体系建设。根据食品安全监管体制改革情况，将食品安全作为建档的重要内容。2013 年，食品安全材料立卷 6 册。

6 月，山东省档案局为加强和改进机关、团体、企事业单位档案工作，下发《山东省档案工作科学化管理规范》。2014 年 8 月 1 日起施行，有效期至 2019 年 7 月 31 日。该公司根据档案管理规定，向章丘市档案局提交山东百脉泉酒业有限公司《档案分类、归档范围和保管期限表》。11 月 12 日，档案局下发对该文件的批复，同意公司按照文件内容开展档案整理、管理及保管的各项工作。文件内容自2015年1月1日起执行。是月，对各部门兼职档案管理人员进行认真选拔，聘请上级档案管理专业人员对该公司档案管理员进行业务培训，14人参加培训。是年，公司设置专职档案管理员1人，兼职档案管理员13人。大专以上学历档案管理人员占95%以上。

11月，章丘市委、市政府组织档案管理考核评估小组，对全市市直部门及企事业单位共163个单位进行全面考核评估。时间1个月（2014年11月上旬至12月上旬）。

12月9日，济南市档案局常旭红处长、高燕副处长在章丘市档案局谢圣国副局长陪同下，莅临公司指导档案工作。检查档案归档情况，档案卷宗的规范性，食品安全档案归档情况等一系列工作。对公司档案工作给予充分肯定。并为下一步企业档案工作提出建设性意见。

2015年1月，章丘市档案局下发《关于2014年度全市档案管理考核评估情况的通报》。该公司获得2014年度全市档案工作先进单位，专职档案管理员张杰获全市档案工作先进个人。根据考核评估所提出的问题，该公司进一步增强档案管理意识，增加档案管理的收集途径。各部门档案管理员每年1月份汇总整理本部门去年全年各种文件资料及电子影像，于每年2月份填写档案移交清单（一式2份，归档人和档案管理员各1份），交专职档案管理员。专职档案管理员将所有资料按照档案编制规定进行分类、编码、打印目录、装订、存档。

是年，该公司《制度流程汇编》正式实施。对档案管理流程工作进行修订完善。专职档案管理员负责建立档案分类标准及各类档案归档时间要求。各部门兼职档案管理员按照要求，将部门有保存价值的资料按照：文书档案、人事档案、财务档案、基建档案、影像档案、实物档案、设备档案、技术档案分类整理立卷。一周内交档案管理员，并填写档案移交清单（一式2份，归档人和档案管理员各1份）。对于某些专门文件，为方便日常工作，可根据具体情况适当延长立卷归档时间。文件资料必须齐全、完整，凡有原件的，不得以复印件归档。

3月，档案管理员对档案资料进行分类、排列、装订、编号、编目、装盒（袋）。文件要使用A4标准纸型，统一使用不褪色的碳素墨水或蓝黑墨水书写，字迹清晰。各类实物档案必须要有原件，并保证完好无损。对于基建类档案要求必须图样清晰，图标整洁，签字盖章手续完备。图纸采用国家标准图幅，所有竣工图加盖竣工图章。影像档案摄录时必须详细记录事由、时间、地点、主要人物、背景、摄录者。归档声像必须是原版原件。

7月，该公司每年组织专人按照档案管理流程，对档案室进行重点清查。发现问题及时整改。对库存档案进行清点核对，做好账物相符的统计工作。对于破损或载体变质的档案，及时进行修补和复制。档案的查阅和借出必须严格执行审批和登记工作，归还档案后及时整理入库。

2017年8月30日—31日，为提高章丘区全区档案管理的水平，区档案局举办档案管理人员培训班。对档案保密、档案整理、档案行政执法进行培训。并编纂发放档案业务工作手册。对档案工作进行系统指导。

2008年—2017年9月，对档案进行整理。档案室共计新增会计凭证650卷，会计账簿590多册。会计档案管理完整、规范。2008年—2016年，综合档案室新增档案：党群类56卷、经营类72卷、行政类77卷、荣誉120本、生产技术49卷、基建类24卷、产品类12卷，共计410卷，另有照片、光盘、硬盘等资料。

（附：档案管理流程图）

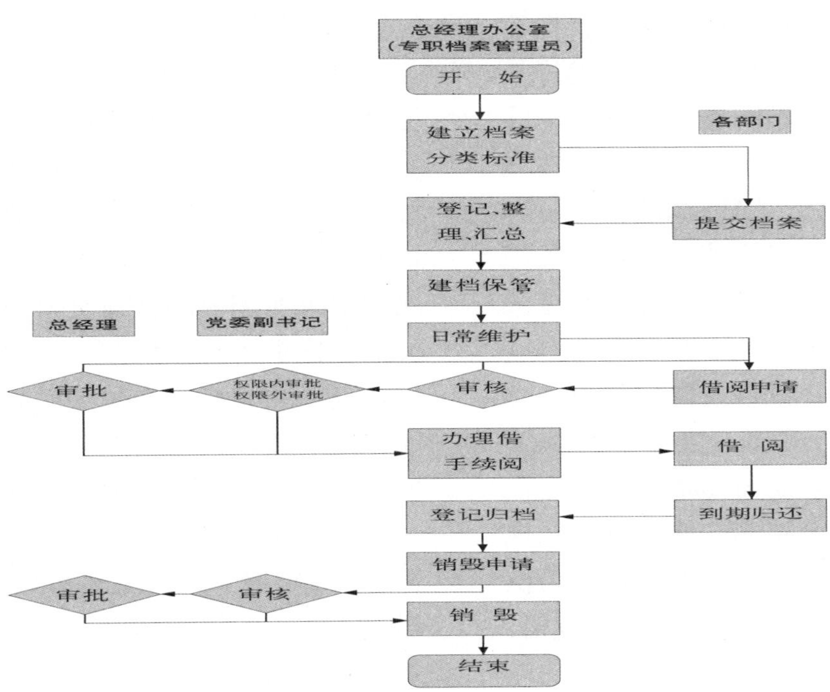

第二节 档案开发利用

1986年，综合档案室的建立，为该厂档案积累和开发利用奠定了基础。档案管理工作得到提升。档案的开发利用，成为由单纯管存转变为为生产经营服务的主要标志。档案信息在生产经营中发挥作用明显。开发利用工作主要是对生产、技术和经营管理方面的档案信息开发。重点服务于加强企业管理，提高产品质量，降低物质消耗和增加经济效益。档案信息的开发利用，该厂采用了内部电话调档查阅和编制目录送至各部门的方式。各部门所用资料可用电话查阅，由档案管理员及时准确提供所需资料。档案员对档案整理归档后，将档案目录编制成册，按不同类型分发到车间科室。同时汇编专题资料，科技成果、生产工艺、管理标准、工厂方针及生产计划完成情况、基建工程简介、市场销售信息、客户反馈意见等，服务于生产经营。

1988年，设备大修理前夕，档案室通过对大修计划的分析研究，有针对性的主动为设备动力科提供了设备的技术档案、使用年限、规格型号、易损件等档案资料。为供应科提供了所需备件的名称、规格、型号等资料，起到了有的放矢的作用，使大修进度大大加快。原计划大修1个月，结果只用了20天时间就全部完成了大修任务并投入生产，比计划缩短了10天。节约了资金，节约了时间，取得了明显的效益。是年12月，随着营销市场变化，在销售信息的反馈中得知济南制药厂扩大VC生产线，放弃无水酒精生产的信息。经对市场进行分析，认为无水酒精仍有一定市场，对本厂产品结构调整大有益处。决定快速出击，引进了该项目，走上了酒精生产深加工的路子，加快了该厂产品结构调整步伐。

1989年，成立厂史编写领导小组，利用所存档案资料对建厂40年的发展变化编制成册。打印了《酒厂史略》《酒厂大事记》等资料。

20世纪90年代，在职工住房房改工作中，档案室管理人员结合房改计划，及时提供本企业所有住房原始档案资料。共查阅企业档案100多卷，包括人事档案、住房情况和房改所需要的其他资料，给房改工作提供了有力依据，使房改工作得以顺利完成。清欠部门利用会计档案清理了大量的陈账，收回外单位欠款98万元，挽回了损失。

2002年，紧紧围绕该公司的中心工作，档案管理员深入车间科室、部门及时了解档案利用者的需求。采取向业务部门发目录、复制、咨询、代查、代办等多种服务形式，为企业的生产、管理、科技、基建等项工作及时提供了所用档案资料。做到了服务热情、查找迅速、数据准确。全年利用档案300多人次，利用案卷365卷次，查全率、查准率达到99%。

2006—2007年，在《山东百脉泉酒业有限公司志》编纂过程中，查阅文书、生产、技术、劳动人事、工资、基建、销售、设备、照片等档案资料2358卷次，查准率、查全率均达到99%。

2008年6月，该公司“百脉泉”商标被认定为中国驰名商标。技术中心根据报送材料的需要，于档案室借阅或查阅档案10多次。内容主要涉及公司百脉泉产品前期获奖情况、公司执照和许可证、商标注册及续展情况。档案管理人员积极做好服务工作，促进工作顺利完成。

2009年，该公司1985年购置的JF—42型白酒陈熟装置，含有钴60放射源。于1990年拆除埋入地下。该公司委托山东省辐射管理站对其进行处理。由于埋藏时间长，对设备厂家、放射源型号，内部放射柱种类及数量，放射源排列方式不明确。造成设备回收难度大。档案室管理员通过对设备档案的查阅，主动为省辐射管理站提供设备的安装使用说明书，厂家资料，设备的放射性元素检测报告等资料。使钴60放射源于2010年10月顺利拆除并回收至中核四零四有限公司。杜绝了放射源污染泄露。

2010年6月，公司接受ISO14001环境管理体系的二轮二次监督审核，档案室提供相关环境监测的资料及资质证明资料。使检查审核工作进度加快，顺利通过审核。

2012年，中共十八大报告提出要以科学发展观为指导，进行全面经济建设。大力开发利用档案，为各方面工作提供信息、资料。公司档案管理员积极开展档案的收集、整理、存档，广大员工重视档案在实际工作的作用。要求各部门自存、个人自存有关企业发展、活动的档案全部归并、汇总，上交综合档案室。归档立卷125卷。是年，档案查阅次数180多次。自档案室建立初始，员工个人档案是重要的组成部分。11月，人力资源部针对部分员工身份证年龄与档案年龄不符的情况，将所有员工档案信息重新审查登记，共计590多份。将原有职工档案记载的档案年龄逐个登记，核实身份证号码信息与其是否相统一，解决了员工内退、退休时，时间不确定的问题。

2015年，公司积极开展档案利用工作。制订详尽的档案借阅程序，各部门人员办理业务需要借阅档案时，填写借阅申请，由部门负责人审批签字向档案室借阅，在借阅登记表上签字。重要档案要经过党委副书记或总经理批准。档案员收到借阅申请，核查取出该档案，并在借阅登记表上注明借出日期和归还日期，以备及时归还。借阅期间不得擅自拆散、调换、抽取、突兀、加注标识。不得转借、涂改和私自复印。档案归还时，档案员要核查无异后归入档夹，填写归还日期。

2016 年，该公司办公楼进行整修装饰。由于该楼建筑年限长，中间维修过程中对水、电、暖、消防设施路线进行多次改造。这次整修造成各线路查找困难，影响了工期。在基建部们无所适从的情况下，综合档案室管理人员主动提供该建筑的施工图纸，以及后期多次维修修改的线路图纸。施工单位按照最后一次维修图纸，快速找到各线路位置，顺利进行施工。档案原始资料的利用，使工程顺利完成。减少了误工、浪费。节约资金 5000 多元，缩短了工期。档案管理员将本次维修、改造图纸及时收集、整理、存档。以备后用。

2017 年，山东省出台《关于做好军队退役士兵安置和权益保障工作的意见》。为配合公司退役士兵做好退伍安置信息的登记工作，档案管理人员累计查阅、借阅退伍士兵档案 90 多人次，顺利完成公司全部退役士兵的信息核定工作。

随着公司生产规模不断扩大，生产经营工作需要，档案建设和利用率提升。2008 年—2017 年 12 月，档案室共借阅档案 740 多人次。其中，人力资源部借阅 150 多次，主要集中在员工个人档案和公司部分执照方面、员工工资表及考核表。查阅员工调配情况、办理员工退休，办理政府人事部门相关业务等。技术中心借阅 100 多次。涉及公司各类营业执照、生产许可证、技术文件、荣誉。用于技术中心专利评审、商标注册、人员技术职称评审、政府相关部门申报材料等。销售公司共计借阅 100 多次，主要用于酒水销售文件的需要以及政府相关部门文件的报送。财务处共计查阅 90 多次。内容含：报表、凭证、账簿、公司执照、许可证。日常财务运作、财务相关部门材料报送、银行各类活动。公司员工个人借阅 200 多次。查阅个人档案，用于员工自身户籍、调动等需要。基建、供应等部门，借阅档案 100 多次。为本部门工作有序进行提供了保障。

2017 年 8 月 7 日，公司启动《山东百脉泉酒业有限公司志 2008—2018》的编纂。查阅党群、经营管理、行政管理等档案共 470 多卷，准确率、完整率均达 99%。内容涉及大事记、机构与机制、生产与组织、管理、党群工作、技术与科研、环保、企业文化、改革创新、精神文明建设、基本建设、产品开发、营销、工业旅游、职工生活等。

第三节 档案分类

1988年，该公司档案按政务类、党工团类、生产技术管理类分类。

1997年，根据国家档案局和山东省《工业企业档案分类编号》文件要求，下发济酒字［1997］第12号文 关于贯彻执行《档案分类编号细则及归档范围、保管期限》的通知，采用年度、问题分类法。共分为八大类：党群工作类（党务工作、组织工作、宣传工作、统战工作、纪检工作、工会工作、共青团、女工、协会工作）；行政管理类（行政事务、治安保卫、审计工作、人事管理、教育工作、医疗卫生、后勤福利、外事工作）；经营管理类（经营决策、计划管理、统计工作、财务管理、物资管理、产品销售、企业管理）；生产技术管理类（生产调度、质量管理、劳动管理、能源管理、安全生产、设备管理、基建管理、科技管理、环境保护、计量工作、标准化工作、档案信息）；基本建设类（基建图表）；设备仪器类（设备、仪器仪表型号、性能、生产厂家等以及相关资料）；会计类（会计凭证、会计账簿、会计报表）；干部职工类（干部档案、职工档案、离退休人员档案、死亡人员档案）。

2012年，章丘市档案局组织各机关企事业单位进行档案管理培训。根据培训内容，结合公司档案资料的实际。12月，公司下发《山东百脉泉酒业档案编制规定》。根据文件规定档案设置十三个一级类目。一级类目下设二级类目。一级分类号统一采用A—M大写字母标识，即A党群工作、B行政管理、C经营管理、D生产技术、E产品类、F科研、G基本建设、H设备仪器、I会计、J职工档案、K音像档案、L电子光盘、M实物档案。二级类目用阿拉伯数字标识，用以区分具体的工作内容。

2013年2月，档案管理人员重新对档案进行编制。专职档案管理员以新的编制规定为依据，整理成册。档案盒的档案号按照标准反映立卷类目、内容类型、年份、卷号。其中员工个人档案的整理成为此次档案整理的重要部分。以人立卷、一人一卷，内含资料要求全面完整，档案排列有序。在职员工、离退休员工、死亡员工分类分柜存档。

（审稿人员：赵庆海 李奥文）

第五篇

新产品开发

第一章 品牌战略

第一节 战略目标

1948—1960年，该厂生产的产品是散装酒，酒名为王白庄高粱酒。1964年，注册了百脉泉牌白酒商标。是年，根据上级调拨计划开始灌装瓶装酒，1980年瓶装酒产量占全厂产量的10%。后逐步增加瓶装酒生产，品种有百脉泉佳酿、大曲、高粱酒、百脉泉玉液、明绣春、绣江春白酒、明绣春八景美酒、百脉泉老窖、百脉泉白酒、明水白酒、明泉白酒、低度泉酒、百脉泉牌参茸健身酒、葡萄酒、山楂酒等。1985年，注册明绣春白酒商标。因技术条件等原因，个别产品质量有的指标未能达到国家及企业内控标准。一度造成销往外省的部分产品出现质量问题，企业生存遭遇危机。1987年，以质量为前提的品牌建设被提到议事日程，开发一代、试制一代、储备一代、构思一代争创名优产品的战略，采取提质创优、提档升级、产品创新等多种措施，加快品牌建设，实施争创市优、省优、国优三步走的战略目标。

提质创优

战略目标确定以后，针对产品质量不稳定、理化指标不达标，制订以老窖酒、特曲酒为攻关项目，创市级名优品牌目标。为提高老窖酒、特曲酒产品质量，成立了以厂长挂帅、质量科牵头的创优领导小组，对生产技术加以指导。组织专门力量组成攻关小组，重点提高老窖酒、特曲酒的质量，先后多次派出人员到各同行厂家参观学习，重新制订老窖、特曲酒生产工艺，严把原料关，严格工艺操作，延长发酵期，老窖酒由原来的十几天发酵期延长为60天，特曲酒发酵期由原来的十几天延长为90天。改造、新增窖池63口，加强窖池的管理和养护，根据季节的不同采取不同的管理和养护方法，提高了窖池的发酵质量。指标不达标和质量不稳定问题得到解决，生产的百脉泉老窖和百脉泉特曲酒的质量得到提升。在长清县召开的济南市评酒会上，百脉泉老窖酒得分88.25，特曲酒得91.04分，受到有关专家和领导的好评，被誉为时间短、上得快的产品之一。

为确保酒精各项理化指标达到国家标准，1988年，该厂制订了“提高酒精生产质量，加强酒精收发质量标准”。并特派专人前往山东酒精总厂检验厅进行理化指标鉴定，各项指标全部合格，达到三级酒精标准，1989年达到国家二级酒精水平。

1989年，54° 清照特曲、54° 百脉泉特曲，获济南市优质产品称号。

提档升级

1994年，新产品开发由中低档转向中高档。确定百脉泉、清照特曲为提档产品，调整技术标准，制订企业内控技术标准，围绕提档升级产品开展技术攻关。

1. 用北斗工艺对原窖池进行改造和养护。首先建窖泥培制班，负责窖泥的活制、培养、泥池。其次是把发酵池重新泥一遍，增加泥层厚度3公分以上。酒醅出池后，用大曲粉、酒稍子、磷酸氢二钾按比例搅拌均匀，泼洒池壁和池底，糙子入池后，每天踏池头一遍，防止裂缝透气，冬季加被保温，夏季喷水保潮，经常检查、测量发酵温度，做好记录备查，及时掌握发酵情况。对窖泥进行长期不断的养护。在酿酒生产中，实行细化管理，3月，由原三甑蒸馏改四甑蒸馏。5月，由四甑蒸馏改五甑蒸馏，并增加双轮底发酵新工艺。采取“稳、准、细、净”操作工艺。稳细装甑，缓慢蒸馏。坚持低温入窖，回酒发酵。严格工艺和现场管理，出酒率稳步上升，从根本上扭转了粮食酒质量低水平徘徊的被动局面。1995年，39°、44° 百脉泉特曲创省优级产品。

2.1998年，己酸菌纯种单株培养技术简化，产品的产量和质量都有了提高。是年，38° 精品清照特曲、44° 百脉泉特曲获省优级产品称号。2002年8月，“清照”商标被认定为山东省著名商标。

3.2004年，“双轮底发酵”新工艺，提高了酒中酯类的含量和香糟的质量，浓香型白酒的主体香己酸乙酯平均提升230毫克每百毫升以上。

4.2004年，在原有化验仪器（分光机、微机）基础上，又购置国内先进的气相色谱仪3台。其中：1102型2台、惠谱6820型1台，用以全面分析白酒中60多种微量成分。实现了气相色谱监测质量与微机勾调联网新技术，保证了产品质量的提升。36° 百脉泉、36° 清照特曲分别获山东省白酒行业创新品牌。

5.1995年，增容量1吨的陶酒缸100个，1998年增百吨储酒罐3个，2002—2006年，增10个50吨、

13个100吨储酒罐。扩大了粮酒分档储存、陈熟增香的能力。

产品创新

2005年，企业加大科研投入，更换了检测仪器，化验室检测水平通过了省检测站鉴定。为产品创新，采取走出去，请进来，学习其他酒厂的成功经验。实行“五粮工艺”，聘请专家对五粮型白酒生产进行具体指导，生产骨干进行“五粮工艺”专题培训。制作取样器，改变取样化验程序。尝试由无机窖泥向有机窖泥的转换，窖泥以有机物为原料进行窖泥培养，有效解决了窖泥老化问题。10月，百脉泉、清照牌白酒获“山东省名牌产品”，企业获“山东白酒行业综合实力五十强企业”。

2006年，粮酒车间学习掌握五粮工艺，和制有机窖泥320立方米，培养有机窖泥11批。改造窖池100口。踩制包包曲120吨。新上五粮浓香班组2个，全年完成已酸乙酯155毫克每百毫升，高于计划5个单位，提优率完成23%，比计划提高8个百分点。粮酒口感绵甜、爽净，邪杂味少，具备了典型的五粮复合香气。百脉泉商标被评为“山东省著名商标”，百脉泉酒荣获“山东酒行业最具竞争力品牌”。

2007年，为改进、优化产品配方，研制了脂香调味酒、果香调味酒、酒头调味酒、酒尾调味酒、酸味调味酒。不同风格的调味酒，提高了产品风味特点。

实现新产品开发战略目标，制订保障措施。1988—1990年，3年间各项规章制度不断改进和完善。1988年，修改补充各项工作标准47项，454条。产品质量是考核一个企业的三大指标之一，经济南市一轻局和章丘市企业管理领导小组对该厂的产品质量、物资消耗、经济效益及九项基础管理考评验收，晋升为市级先进企业。1989年，在原有制度标准的基础上，制订质检员业务工作标准管理，做好“三检”，把好“三关”，当好“三员”，坚持“四不”。即：“三检”首件检查，中间检查，完工检查；“三关”关键件、关键工序、关键设备；“三员”质量检验员、宣传员、技术辅导员；“四不”不合格的原料不投料、不合格半成品不转下道工序、不合格的不包装、包装不合格的不出厂。监管到位，责任到人，层层把关，改变了“皇帝女儿不愁嫁”“萝卜快了不洗泥”，片面追求产值、产量，忽视质量的做法。全年共检验各类白酒242批，按国家及厂内控标准全部合格。1990年，在原有制度、标准的基础上，修改、补充制度20多项150多条，建立、修改、补充各项标准323项，3000多条，其中技术标准87项，950多条；其他标准236项，2060多条。在全厂范围内全面实行了质量目标管理，层层分解质量指标，落实到各科室、车间及个人；建立了管理制度并严格质量责任制，定期对执行情况进行检查、诊断、考核，确保质量目标的实现。建立了完善的质量保证体系，充实扩大质量职能机构，从质量计划管理、现场管理、质量信息管理等方面具有明确任务职责。初步形成了班组、车间、有关科室的（产品内在质量、理化指标微机联网）质量监控网，促进了全厂质量管理的稳步提高。2006年，重新制订检验制度，明确了新的质量标准和检验规程。对粮酒各班糟醅、原酒理化、卫生指标进行跟班检验，对勾调的成品酒、灌装酒按规程进行检验。检验粮酒卫生指标684个班次，其中合格681次，抽检合格率99.6%。全年检验成品酒468个批次，全部合格。2007年，粮酒车间修订了《车间管理制度》《现场管理制度》《班组考核细则》《车间操作规范》等4项制度。从劳动纪律、工艺执行、人员安排、奖金分配等都作为基础和依据，进行百分制考核。

实现产品开发战略目标，质量保障措施。1992年，该厂对职工进行《食品卫生法》《产品质量法》等专业知识教育，提高全体职工“以质量求生存”的认识，形成了厂、车间、班组专职、兼职，自查、互查相配套的三级质量管理网络，严把原料收购关、窖泥关、工艺流程关、半成品入库关、产品出厂关、售后服务关等6个关口，不但把质量指标纳入各级承包合同，而且严格实行质量否决权，使职工利益同质量指标紧密挂钩，并随着产品质量的升降而升降。由于实施了严格的质量管理，执行严于国家标准的内控指标，全年共检查各类白酒168吨，按国家级、厂内控标准要求合格率100%。对生产过程中半成品检验336批班次，合格333班次，不合格3个班次，按指标要求合格率99.1%，省、市、县抽检合格率100%。1994年，在强化员工“质量第一”群体意识的同时，把产品质量指标的完成与职工的经济利益挂钩，保证产品内在质量、外观形象优级水平。厂内自检半成品1117个班次，成品518个班次，合格率达到100%。省、市有关质量、计量、卫生、防疫等部门多次抽查，合格率均达到100%。1997年，品牌产品系列化、优质化战略的实施，加快了产品开发和换代速度。充实加强了科研技术力量，调整、增加了质检人员，新产品开发一新、二快、三效益高。1997—1998年，清照、百脉泉两大系列，开发高、中、低不同档次新产品达50多个，提高了产品市场的竞争力。

2004年，强化管理措施。质检处每月进行一次技能培训，使质检员熟练掌握质检操作规程，提高质检业务技能，为严把质量关提供技术支持。一月一次质量技术会，对产品质量进行总结。根据市场反馈的质量信息，及时改进工作。技术副总坚持召开质量分析会，针对生产中存在的质量问题，及时分析解决。对不按要求、执行不到位的责任人，进行严肃认真处理，提高了质量管理队伍建设及质量管理的执行力度，保证了产品质量的提升。2006年，荣获“章丘市优秀质量管理成果一等奖”“济南市优秀质量管理成果二等奖”，被章丘市经贸局评为“全面质量管理先进单位”。

2007年，为保证产品质量，依据生产工艺、工艺参数、产品配方等制订了一系列作业指导书：《五粮酿酒作业指导书》《单粮酿酒作业指导书》《平板大曲生产作业指导书》《包包曲生产作业指导书》《纯种己酸菌培养作业指导书》《包装作业指导书》《勾调作业指导书》。对包装车间5个周转罐进行防腐处理，新增配酒容积500立方米，保证了成品酒的稳定期。为全面提升原酒入库质量，自4月始，每周四、五粮酒车间班长进行原酒品评培训，经过培训，粮酒班长的品酒技能提高。

生态酿造，促品牌成长

2008年，公司为提升粮酒质量，做强产品品牌，注重“浓香型有机窖泥的培养和养护”，特别是功能菌强化有机窖泥，在粮酒生产过程中提升窖泥质量，进而提高原酒质量的做法，得到专家认可，并在同行业推广。在开发百脉泉“豪情、浓情、激情”产品的基础上，又开发了百脉泉“齐鲁情”、“天地情”新产品，百脉泉品牌发展进入到一个新阶段。百脉泉酒荣膺山东十大名酒，成为鲁酒崛起的新代表。

2009年，公司到有关单位曲房参观学习，结合公司实际情况，对曲房制曲设备进行延时改造，实现物料延时输送，增加小麦粉吸收水量，达到大曲最佳培养温度，提高菌丝繁殖能力，全面提高大曲质量。5月，公司推出的清照生态原浆新产品具备以下四大要素：百脉泉水—生态酿酒之源；优质原料（百脉香米）—生态酿酒之根；神秘窖泥—生态酿酒之本；酿酒工艺—生态酿酒之魂。生态酿酒从酿酒工艺、配方、现代科技做起，由固态纯粮发酵而成，在酿造的过程中采取了一套严格的工艺控制体系，先对辅料预先进行清蒸处理，去掉有害物质，装甑按“松、轻、准、薄、匀、平”六字方针操作，蒸酒严格控制蒸汽压力、流酒速度和温度。最后掐头去尾、量质摘酒，分级贮存，从根本上保证了酒的优质和纯正。生态酿酒从环境、原料、生产过程及最终的产品，每个环节都注重“生态”因素对产品的影响，保证到消费者手中的产品是安全、优质、绿色、健康的标志性产品。

2010年开发的36°、46°百脉泉芝麻香两款产品隆重上市。《芝麻香型白酒的生产》获章丘市群众性质量管理QC成果一等奖。4月，百脉泉酒以高品质的地方特色产品作为“章丘四宝”之一，成功参展上海世博会，成为山东鲁菜馆特邀指定用酒。

2011年，为提高粮酒质量，技术部会同粮酒等部门进行研讨，对粮酒车间三粮班（不含双轮底）相关指标进行调整。进行己酸菌种的培养并扩大生产，用于和制窖泥、补池、养护窖泥，提高窖泥活力，保证产品质量。

2012年，公司粮酒车间对11班、12班两个班大池进行改进，实行双轮底工艺，新增一个双轮底班，满足了生产需求。完成米酒、女士酒、政务用酒开发。开发52°高档酒基为储备酒。对39°、46°、53°芝麻香配方优化调整。完成大曲、百特、至樽、二代等主要酒基升级，完成酒尾利用试验。在全省白酒质量鉴评会上，34°百脉泉政务用酒获感官质量奖金奖；34°九年百脉泉、53°百脉泉芝麻香获省优产品称号；在济南市白酒质量鉴评会上，女士酒、34°九年、39°清照满庭芳、36°芝麻香获“济南市精品白酒”。

2013年4月，技术中心完成窖泥培养更换，共培养窖泥320方，提高了窖泥活力。改造窖池503口，提升了产品质量。7月，公司获山东省第七届白酒行业十大品牌企业。2014年，公司围绕提升品牌影响力，完善工艺质量管理制度，对粮酒、包装、勾调等生产过程实施有效控制，确保产品质量安全。其中特曲酒己酸乙酯151.4mg/100ml，乳酸乙酯283.6mg/100ml。对2012年封池的芝麻香酒醅进行串蒸，保证芝麻香酒醅的活性。进一步研究实验了清香型白酒的生产工艺。在省白酒行业鉴评会上，公司34°九年百脉泉，52°生态原浆，53°芝麻香继续获省优产品称号。在山东省食品工业协会组织的行业品评会上，公司34°九年百脉泉继续获“全省白酒行业评委感官质量金质奖”。在济南食品协会组织的行业品评会上，公司34°九年百脉泉、39°满庭芳、52°生态原浆百脉泉、53°芝麻香被评为年度“精品白酒”，45°清香型白酒获济南市创新产品称号。

年内，有机窖泥工艺成功申报山东省第二批技术创新项目，百脉泉商标成功申报“济南老字号”。被济南市食品工业协会授予“济南市地标酒”，“最佳消费者满意品牌”荣誉称号。

树立高端产品品牌战略

随着人们“少饮酒、饮好酒”消费观念的改变、健康意识的增强，2015年，公司开发战略产品泉城壹号。11月，泉城壹号，在济南国际会展中心召开上市发布会。山东白酒工业协会、山东省糖烟酒副食品协会，济南食品工业协会等领导、专家及各界新闻媒体、酒类营销精英、经销商代表200余人共聚一堂，共同见证了泉城壹号的尊贵问世。

2016年，加大新产品开发力度，公司领导成员直接参与新产品开发。公司制订粮酒提优标准，每周两次粮酒工艺检查，对各项数据进行汇总分析。根据窖池改造方案，完成粮酒车间窖池改造任务。粮酒一车间改造后有大池36个，小池4个。粮酒三车间，改造小池262个。完成露酒调味酒的制作和露酒的配制，实现了产品多元化。

2017年，为公司“调整建设年”，围绕百脉泉品牌，提升品牌产品认知程度。提升“泉城壹号”为公司战略超级大单品，形成“在济南，喝泉城壹号”的品牌诉求体系。

2018年为公司“品牌建设年”。1月22日，承载了百脉泉酒业战略升级的核心单品52度泉城壹号上市。4月21日，在山东春季糖酒会上，公司首款兼香型白酒“齐鲁壹号”成功上市。

品牌的管理维护与提升

品牌管理。1997年，清照品牌品种有26个，百脉泉品牌有59个。1998年，强化职工的质量意识、品牌意识，研发的新产品投放市场后，保持良好的品牌形象和品牌优势。2000年10月，注册清照园牌白酒商标。2003年清照、清照园品牌产品215个，百脉泉品牌产品67个。2004年，结合稳定促发展，逐步恢复信誉和市场的发展定位，精简了20多个品种，使品牌更易于管理和运作。

为维护品牌长远建设，1. 设置防伪措施。2. 成立打假机构，设立举报电话，制订举假奖励有关规定。维护产品品牌信誉。

1999年，开发36°清照王。2003年，开发36°二代清照特曲。2004年开发39°八年清照特曲等中高档产品。清照品牌在本地市场运作，尤其是二代、八年清照特曲，完成销售收入5200万元。

1999年，实行买断产品，尤其是2003—2005年，买断产品众多。

通过合同约束，加大对经销商的管理力度，杜绝跨区域窜货现象，主推企业常规产品，提高客户销售常规产品的积极性。

2006年，把清照品牌定位在中低档，百脉泉品牌定位在中高档，并做大做强百脉泉品牌。7月，开发了百脉泉“情”系列中高档产品，38°豪情百脉泉、46°豪情百脉泉。9月，设计开发百脉泉“情”系列第二个产品，“浓情”百脉泉，36°、42°浓情百脉泉。对原有相同档次和度数的产品进行了淘汰。48°高档百脉泉，代表百脉泉形象产品和高端消费。2007年1月，针对济阳和莱芜外围市场设计开发了35°和42°“激情”百脉泉产品。4月，针对底端消费市场，设计开发了清照系列中低档42°吉星照产品。针对济南市场开发了清照永遇乐、清照满庭芳产品，投放市场，受到消费者的欢迎。8月，按新配方研制了39°八年清照特曲，调整后的39°新八年更绵柔、顺口。

1996—2007年，百脉泉酒7次被评为省优产品，清照酒连续10年被评为山东省优质产品。1997年5月，百脉泉系列白酒获1996年山东市场畅销产品。2004年，36°清照、36°百脉泉被山东省食品工业协会、山东省消费者协会、山东省质量评价协会评为山东白酒行业创新品牌。2005年10月，百脉泉系列白酒被山东省名牌战略推进委员会、山东省技术监督委员会评为山东省名牌产品。2006年，百脉泉商标被山东省工商行政管理局、山东省商标协会认定为山东省著名商标。2007年，百脉泉酒被评为山东省白酒行业最具竞争力品牌。2008年后，防伪设置使用电子监管码，电话防伪标，安全线防伪标，使用二维码扫描查询代替电话查询等防伪措施，有效地保护了公司产品品牌。6月“百脉泉”商标被认定为“中国驰名商标”。公司研发36°豪情百脉泉、36°浓情百脉泉、34°百脉泉齐鲁情、45°天地情、36°清照精品二代、海润52°普通百脉泉，在全省白酒质量鉴评会上，继续保持省优产品称号。2010年研发了以百脉泉六年、九年、十二年为代表的年份系列酒。2013年开发39°、42°清香型白酒。百脉泉成功申报“济南老字号”，被济南市食品工业协会授予“最佳消费者满意品牌”。2015—2016年，公司开始对百脉泉、清照产品进行梳理，开发上市百脉泉印象、情怀产品（清照老字号、清照老酒坛）。

第二节　新产品开发

1948—1985年，章丘酒厂产品

主要以中、低档为主，产品销售一度不畅，外地酒大量涌入本埠市场，本地区传统市场受到冲击，造成产品积压，效益下降。为了扭转这种局面，自1985年开始，将新产品开发纳入企业发展战略，开发的品种主要有泉酒、八景美酒、葡萄酒、山楂酒等。1986年，成立新产品开发办公室，重新制订了新产品开发研制计划、新产品开发设计程序。对本厂产品的生产工艺、勾调调配工艺改革和探索，开发了新的产品包装和装潢。其中，新研制的百脉泉窖酒、玉液佳酿、百脉泉大曲、明水老窖、百脉泉特曲等5个新品种白酒，质量逐步提升，保证其在消费者心目中的地位。针对新产品山楂酒的典型性不够突出，樱桃酒的色泽欠协调的问题，于3月10日，再次派出人员学习和考察，使这一技术难题得以解决。1988年，生产露酒200多吨。

2009年，加强新产品酒基的研发，完成了对原有酒基的优化、升级、换代。完成32°珍情百脉泉，34°珍情百脉泉，34°清照原浆，53°清照生态原浆等十几个新产品的开发。

2010年，研发了高端产品“百脉泉生态芝麻香”，年销售348万元。36°豪情升级为世博版新豪情。开发34°百脉泉生态原浆6年、9年、12年三款产品。开发清照绵柔十年和39°芝麻香。在保证产品质量的同时，继续对酒基进行优化升级换代。进行科学合理勾调，提升了口感质量。11月25日，公司被评为浓香型白酒标准化生产示范基地，芝麻香型白酒标准化生产示范基地。2011年10月9日，公司技术中心被山东省经济和信息化委员会认定为山东省级企业技术中心。是年，开发了百脉泉十年、十五年坛装原酒，34°、52°政务用酒，蓝、金、红钻系列产品以及玉泉、静泉、雅泉泉系列产品。2012—2018年，分别开发了8°中华女士酒、米酒、39°、45°清香型白酒、泉城壹号系列酒及百脉泉老字号、老酒坛、清照“红如意”、原浆啤酒、齐鲁壹号等产品。2017年12月，34°百脉泉泉城壹号获山东省浓香型白酒感官质量金奖，48°百脉泉杞参露酒获2017年山东省露酒感官质量创新奖。

新产品开发程序

1986年，该厂设计新产品开发程序1.调查决策程序：根据市场调查和用户意见编制新产品开发计划，写出新产品开发的建议书、生产研制任务。搞好市场预测，根据本厂类似产品的历年销售情况、质量状况、产品成本、销售价格、配料供给、采用的技术标准、用户意见、生产工艺等实际情况，搞好预测工作。新产品开发建议书内容为开发新产品的依据、目的、市场分析、预计产品产量、成本控制目标及所采用的先进标准。2. 技术准备程序：首先编制新产品技术任务书及审批程序，搞好技术设计、设计评审、先行试验、编制验收大纲、工艺技术文件和工时定额。新产品技术任务书包括设计依据、产品用途、主要技术性能、产品主要工作原理、同国内先进水平分析比较对标准化的综合要求、新产品设计试验、试制周期等。技术设计包括产品技术规格、试验报告、产品技术经济分析、制造工艺分析、产品检验方法及原材配料的供应。3. 试制阶段程序：编制新产品试制计划、各种添加剂的数量、配制后的感观评尝及理化检验标准、厂内外鉴定及试制技术整顿等。新产品试验由质管科负责、车间配合，新产品调试后由质检科写出检验报告。在检验合格的情况下进行新产品厂内鉴定。在厂长、工程师的领导下，由质管科负责组织厂级评委会按鉴定大纲进行鉴定，做出鉴定结论，由质检科负责上报。厂外鉴定按上级主管部门的要求，在工程师的指导下，由质管科负责对外联系和组织接待，鉴定资料由技术科负责整理，质管科负责上报。上报批准后，分发各有关单位。新产品鉴定后，技术科根据试制中反映出来的问题，用户意见进行整理分析，及时提出新产品整改方案，经有关领导审批后进行设计整顿，进行相应的工艺整顿。技术整顿后，将全套的技术资料按“技术档案管理制度”规定校订收档。4. 试销与服务程序：编制发运计划、装箱验收、装车发运、产品生产资料的准备，下达小批生产计划，售后服务。技术科配合销售科做好新产品交付后的技术服务和生产考验调查服务。根据生产考验出的问题进行第二次设计整顿，其他有关单位将相应的工艺整顿、质量分析、产品定价、供应运输、生产周期、工时定额等提供给生计科。销售服务包括收集产品暴露的缺点、估计潜在的缺点，收集用户对质量、价格的意见、市场竞争对象的发展动态、对产品更新和开发其他产品的建议等，根据用户信息的收集、分析，属于常规的按为用户服务的有关规定处理，属于产品更新的按转入调整决策程序进行。

1997 年 5 月，制订了新产品开发的有关规定　1. 以市场为导向，开发适销对路的产品，每种产品的销售额不低于全年销售收入 5%。2. 中档以上新产品开发设计。设计方案未经总经理批准，不与配套厂家签订包装物合同（中档产品指 5 元以上的产品）。3. 关于中档以上产品包装物的价格，由供应处与配套厂商定价，经总经理批准，签订合同。4. 经批准的新产品生产，第一次签订包装物品的数量不超过 5000—10000 件，根据产品的试销情况再决定下次的订货。

2004 年 9 月，重新制订关于新产品开发工作的有关规定 1. 该公司所有新产品由销售公司根据市场动态和消费者需求，向技术部提出新产品开发意向书。2. 技术部根据意向书的要求由技术中心进行市场调研和可行性分析，出具书面报告。3. 在充分调研的基础上，销售、技术对新产品的酒基、酒瓶、酒盖、外包装、产品价位进行构思，以书面形式报技术副总审批。4. 技术副总审批同意后，由技术中心协调召开新产品评审会，评审的设计、开发的合理性和修改意见以书面形式报董事长审批。5. 董事长批准后，技术、审计、财务、供应评审相关原材物料的价格并予以确定，由财务处根据定价予以核价。6. 技术部根据核价情况协调组织相关配套厂家生产，协调销售公司，确定销售价和奖项设置。7. 各种材物料到齐后，由技术中心提供全部开发资料，组织新产品评审。8. 技术中心把样品核价、定价、评审情况以书面形式转到董事长办公室，报董事长批准。9. 董事长批准后，办公室下发新产品定价通知单，技术中心向生产部门提供生产样品，下发灌装标准，由生产部门组织灌装。

2005 年 12 月，再次制订关于新产品开发程序的规定：由销售公司根据市场动态，以满足消费者需求为宗旨，在广泛考察论证，征求各方面的意见基础上，通过市场调研提出新产品开发意向书（包括产品技术要求、酒度、价位、装潢、营销策略等）会同技术、财务、供应进行可行性评审后，报公司领导批准。在新产品开发的实施过程中，技术部、供应处对供应商的经济实力、技术装备水平、服务信誉等方面进行综合评定，确定其可靠的供应商，报总经理批准后，技术部实施设计。技术部根据开发意向书的内容，做出新产品开发的可行性方案（包括包装设计、初步图样）由新产品开发评审委员会对技术部新产品开发实施方案进行可行性评审。新产品开发所用材料成本，或类似原供产品的价格由财务处核算后，报技术部并纳入实施方案中。评审后的实施方案经签字后报公司领导批准，由技术部组织实施，供应处负责召集财务审计，技术定价后，报总经理批准。供应处根据销售公司的需求量向供货商下达供货通知单，仓库凭此单入库报财务处作为原始凭证，否则相关部门拒收货物，拒付货款，后果由责任人全部承担。新产品超过两万箱后市场前景好，需求量大的，公开招标。对于公司的主导产品，更新换代必须经过审计、财务、技术、供应等部门公开招标。

2007年，制订新产品开发作业流程　1. 市场调研：目标市场及消费者调研、竞争者调研、销售渠道调研、找出新产品开发的机会点（需求）。2. 产品命名及定位：品牌名称确定、目标消费者定位、产品属性定位、传播诉求及传播语确定、品牌个性、竞争类型定位。3. 包装设计：包装设计开展（瓶型、度数、瓶标、包装箱）及相关便携包装。4. 价格定位：主要为新产品的各场所终端价格和渠道层级利润分配。5. 测试：口味测试、包装测试、名称测试、传播语测试。6. 推广策略制订：根据对竞争对手的了解和企业具备的优势制订针对渠道、消费者的推广策略。

战略性、长线产品开发　1. 战略性、长线产品开发年度营销规划，根据营销规划确定开发战略性长线产品并形成规划。2. 规划形成后上报营销副总审批，审批通过由市场部制订详细的新产品推广方案并报总经理审批。3. 新产品执行阶段由市场部形成执行计划，各部门紧密配合（供应部、生产部、销售部、财务部）实施。4. 长线新产品上市。5. 业绩评估阶段，在长线新产品上市的1～3个月内，由市场部对产品上市业绩评估，根据评估结果对推广策略进行调整。

战术性、机会性产品开发　1. 战术性、机会性产品开发由办事处、各片区经理提议开始，办事处、各片区经理根据市场竞争情况而定，形成新产品开发报告（表格形式）上报市场部，市场部根据新产品开发报告开始对区域进行市场调研、论证，形成书面报告上报营销副总审批，从报告审批通过开始撰写新产品上市方案和相关工作，如未被通过则进行修改或停止此项工作。2. 战术性产品，指针对竞争者的强势产品进行干扰而开发的产品（也叫干扰性产品），机会性产品指针对市场出现的短期市场显性机会而开发的产品。

2008年，该公司根据市场需求重新制订新产品开发程序。1. 市场部通过市场调查、信息分析，在广泛考察论证的基础上，提出《新产品开发申请表》。内容包括市场调研（开发此产品原因、目标、消费客户群等），产品定位、包装设计、价格定位、推广策略、年度预计销量及利润等。《新产品开发申请表》由销售副总审批签字。2. 新产品评审委员会对《新产品开发申请表》进行可行性评审。市场部根据评委会通过的《新产品开发申请表》制订新产品开发方案，报公司总经理批准。3．市场部根据“新产品开发方案”规定的时间内完成样品的设计，新产品推广宣传方案。4．供应部根据“新产品开发方案”确定的包装物、采购数量及供货时间，按时完成采购。5．技术中心根据“新产品开发方案”确定的酒基要求及规定时间，按时完成品评、勾调任务。6．财务部根据供应部、技术中心、市场部等提报的包装材料、酒基、促销等相关费用，依据《公司产品价格管理流程》负责在5日内核定新产品价格。7．市场部在新产品计划灌装日期前5日，将新产品灌装标准及样品下发各相关部门。8．生产安全调度室根据“新产品开发方案”确定的灌装时间，按时完成新产品灌装工作。9．市场部在“新产品开发方案”规定的时间内，对新产品的上市业绩、效果进行分析，评估报分管副总审批。报告审批后，报新产品评审委员会。对开发的新产品是否存在缺陷，是否符合市场需求，是否与公司现有产品冲突进行评审，以决定是否正式大面积推广上市。

2012年，公司对新产品开发程序和管理做了调整。新的规定如下：1．销售部根据市场需求，在广泛考察论证的基础上，提出《新产品开发申请表》，内容包括市场调研（开发此产品原因、目标、消费客户群、产品定位、包装设计、价格定位、推广意见、年度预计销量）。经市场部审议及利润评价等，由营销副总审核汇报总经理批准正式研发。2．市场部7日内完成新产品样稿（包括瓶盖、瓶型等相关用品），新产品推广宣传方案、酒质品评、产品价格、计划灌装数量、上市业绩、效果评估完成时间、年度预计销量及利润可行性报告后，组织营销副总、销售部经理、财务部长、生产调度室、供应部、技术中心主任进行评审。3．评审通过，市场部根据各项内容要求在15日内，做好产品灌装的准备工作，提前3日将《新产品标准一览表》报生产调度室、质检部、技术中心、财务部、包装车间、供应部、企管部等相关部门；企管部收到《新产品标准一览表》当日内组织财务部、审计监察部、生产调度室、人力资源部、包装车间对新产品单瓶灌装价格予以确认；确认后生产调度室可安排产品灌装，灌装完毕销售公司按时组织产品的市场投放。4．新品上市，达到上市评估效果，经总经理批准，转入正式产品程序运行。5．新产品研发过程由营销副总监督落实，转入正常产品运行程序后，由生产安全调度室及企管部落实与监督。

2016年，销售公司依据市场变化，制订了新产品开发标准：一、常规产品开发：1. 销售公司各区域结合本区域市场情况提出新产品开发申请，(申请内容：市场调研报告、开发产品名称、度数、要求、第一批数量及年度销量、效果评估等）。2. 市场部进行审核，结合公司产品组合策略，进行审核，审核通过提出新产品开发立项申请。3. 新产品开发立项申请报销售公司总经理进行审批，如审批通过则正式立项。4. 新产品评审立项后，品牌部需要在计划内完成新产品样稿（包括瓶盖瓶型等相关用品），设计完成后，由品牌部组织评审会。5. 评审会评审主要内容是新产品开发的意向评审，也就是对新产品开发的必要性、可行性、主要技术指标、价格定位等事项的评审。评审会参加人员：总经理担任评审会主任，销售副总担任副主任，评委包括销售公司相关人员、财务部长、生产调度室、供应部、技术中心主任、包装车间。6. 评审通过后，进入新产品定价流程和新产品上市流程。二、专销产品开发：1. 销售公司各区域结合本区域市场情况及客户需要提出新产品开发申请，(申请内容：市场调研报告、开发产品名称、度数、要求、第一批数量及年度销量、效果评估等）。2. 市场部进行审核，结合公司产品组合策略，进行审核，审核通过提出新产品开发立项申请。3. 新产品开发立项申请报销售公司总经理进行审批，如审批通过则正式立项。4. 新产品评估立项后，品牌部需要在计划内完成新产品样稿（包括瓶盖瓶型等相关用品）。5. 设计完成后，进入新产品定价流程和新产品上市流程。

新产品开发管理标准

根据国家技术进步要求和市场需要，积极发展新品种，不断向用户提供满意的产品，为加强新品种开发过程的管理，特制订本标准。1. 本厂没有生产过的，属于首次研制的产品。2. 对引进技术进行消化吸收，首次组织试制或改进创新的产品。3. 新产品开发是指从市场研究开始，直到产品批量稳定生产并提供用户使用为止。4. 新产品开发要贯彻满足用户需要，技术进步，提高经济效益的前提下，发挥本厂优势，积极采用国内外先进的技术。5. 新产品开发要认真贯彻国家标准，专业标准，地方标准和企业标准，努力提高标准化、系列化水平。6. 新产品开发必须加强管理，精心设计，精心试制，集思广义，博采众长。7. 试制过程的技术问题，配方更改情况、质量状况，由品评小组品评以后提出，并认真做好记录，作为修改工艺、配方的第一手资料。

新产品技术鉴定管理标准

新产品技术鉴定是新产品试制勾调过程中的一项重要程序，是验证、评议、设计水平、工艺质量的重要步骤。1. 该厂试制新产品必须进行厂级技术鉴定，或委托上一级有关职能部门进行技术鉴定。2. 新产品提交上级鉴定前，做好一切准备工作，首先通过厂质管部门鉴定。3. 鉴定的组织及程序。资料准备，在新产品交质检科检验之前，新产品开发部门要准备好产品简介书、试制总结、技术条件等有关技术文件。技术科同时准备标准化审查报告。为保证新产品鉴定成功，在新产品正式送交厂级鉴定前，生产车间必须按工艺标准，有关生产指导性技术文件完成全部工作。按有关产品标准、技术文件的要求进行自查，自检合格后向质检科送检。质检科对车间送检的新产品按技术文件的要求进行验收，合格后写出验收报告，以便进行厂级鉴定。厂级鉴定由厂长、技术副厂长、质检科长组织厂鉴定委员会，由厂长或技术副厂长任主任、委员。4. 厂级鉴定后，由鉴定委员会提出修改意见，由新产品开发部门通知各有关单位执行。新产品的鉴定结论、鉴定证书等有关资料，由新产品开发部门负责整理。整理鉴定过程的有关文件资料，新产品开发部门、技术科、质检科存档。

新产品开发的工作重点

1986 年 4 月，新产品开发目标为 54° 百脉泉特曲，确定研发百脉泉特曲酒的生产工艺及所执行的技术标准。百脉泉特曲酒的生产工艺是选用优质高粱为主要原料，以高粱大曲为糖化发酵剂，人工老窖培养发酵，发酵期为 90 天，采用传统的老五甑蒸馏工艺，分段摘酒，分段贮存，精心勾调而成，酒度为 54° ，贮存期不低于 1 年。

百脉泉特曲执行标准（QB850—83），酒度的执行标准是 54° ±1，每升酒中的总酸大于或等于 0.600 克；每升酒中总酯的含量大于或等于 3.00 克；每升酒中己酸乙酯含量在 1.500—2.500 克；每升酒中的固形物小于或等于 0.400 克；不能加入非发酵物质添加剂；百毫升酒中甲醇小于或等于 0.04 克；百毫升酒中杂醇油不大于 0.15 克；每升酒中的铅含量不大于 1 毫克。

根据新产品开发计划和实施方案，样品试制用两个试验发酵池，发酵池窖泥按新配方制作，原料选用优质高粱和大曲原料粉碎颗粒均匀，碎度适中，采用新工艺。第一轮试验经过 90 天，出酒用优质酒做酒基，经过配酒员精心勾调，反复试验，配制出了百脉泉特曲酒，通过感官品尝和理化检验，各项指标均符合浓香型白酒的现行标准，初步通过了厂级技术鉴定。根据样品试制阶段所使用的工艺，经过进一步的调整，编制了生产工艺、优化粮酒操作规程。经过厂质量管理小组批准，通过了百脉泉特曲酒的质量鉴定书，感官质量鉴定：产品无色透明，窖香浓郁，绵软纯正，余味悠长，符合（QB850—83）感官质量标准。理化质量鉴定：符合（QB850—83）理化指标，进入正式生产和销售。

低度酒的研究与开发 1991年，新产品开发研制39°清照特曲、39°百脉泉特曲。研制初期，对低度新产品做了小试，结果不理想。主要是低度酒的混浊问题没有得到很好的解决。原设计靠自然冷冻，效果不佳，通过反复研究试验，最后采用硅藻土过滤技术，解决了低度酒混浊的技术难题，成功研发了39°百脉泉特曲、44°百脉泉特曲，产品再次销售到东北市场。

1993年，该厂科研所承担新产品的研制开发工作，根据市场的需要，掌握产品质量、价格、先进技术的信息反馈，推广应用新技术、新工艺、新材料，负责调整产品结构、项目考察论证、立项等工作。根据市场的变化，分析、总结消费者的购买欲望和消费特点，开发了高、中、低档相结合，新、优、特、奇、畅并举的清照系列46°清照贡酒、46°清照大曲、44°清照窖酒、49°清照白干、54°优质清照白干等50多个新产品，提高了名酒的档次，优化了产品结构。1999年，研制开发出20多个新产品，有高档的每瓶160元珍品清照特曲，也有每瓶1.80元的清照白酒。新产品的研发收到较好的经济效益，如海泰特曲全年销售165万元；34°精制清照特曲全年销售72万元；换代清照王全年销售48.3万元，全年新产品销售额超过了2400万元，占销售总额的40.93%。在新产品开发的同时，注重在原产品的基础上，研制开发系列换代产品，丰富产品种类，提高产品竞争力。

2000年9月，成立技术开发中心，建立健全高效科学的开发创新运行新机制，加快新产品研制步伐。以高粱酒、薯干酒的优质高产作为新产品开发的重点。上半年，研制防伪性能好的46°清照原浆酒、54°桶装清照高粱酒、39°特制清照特曲、换代36°清照王。全年研制开发了38°清照大曲、42°清照特酿等52个品种，通过省、市质检部门对产品进行抽检，优质品率达到100%。2002年上半年，技术部、生产部、销售公司紧密配合，深入市场调研，开发适销对路优质新产品 18 个，其中 12 个是专销产品，2 个普通品种，受到市场的欢迎，得到良好的回报。

五粮白酒的开发 2005 年 11 月，确定开发五粮型白酒。公司所产单粮、三粮白酒虽具有窖香淡雅、醇和绵甜、柔顺爽净的特点，但消费群体生活水平的提高，消费观念的变化，对白酒消费的追求更注重营养型、个性化、多样化。单一品牌、单一风格的白酒不能最大限度的满足不同消费群体的需求。五粮白酒有广阔的发展前景。

开发过程 1. 外出参观学习，借鉴名优酒厂先进经验。公司确定了高起点、高标准开发五粮型浓香型白酒以后，组织技术骨干赴川学习考察。先后驻足五粮液集团、川雄酒业、红楼梦酒厂等多家知名企业，现场勘察、跟班操作，并理解、掌握五粮酒生产的工艺真谛。2. 自然老窖的建造。浓香型酒生产的特点之一是泥窖发酵，好的窖池是产好酒的前提，在工程师的技术指导下，结合外地经验，采用老窖泥衔中，全部采用有机物为原料，进行有机窖泥的培养。比"北斗"工艺制作的窖泥营养更丰富，功能菌多，有效地解决窖泥老化问题，达到微生物的自然培养纯化，从而真正实现"千年老窖万年糟"。3. 原材料的选购，优质原料，合理配比。稻壳新鲜、干燥、无霉变和其他杂质、骨力强，糟醅整体疏松不粘，有弹性；高粱、小麦、大米、玉米、糯米籽粒饱满、新鲜、无虫蛀、无霉变，符合规定的理化指标；水无色透明，无异味，具备爽口的感觉，系百脉泉系水，适应各种微生物的生长和繁殖。人工踩制"包包曲"有良好的糖化力和液化力，质量明显提高。生产工艺要求：①稻壳清蒸，排除邪杂味后投入使用。②粮食粉碎按要求"四六瓣"（玉米除外），细粉不超过 20%，过碎不易于蒸煮、糖化和发酵。③起窖"清洁开窖"，掀起塑料布，把窖皮泥剥开，抹掉所带糟糠，运和泥处备用。④拌料均匀，润料透，无干粉、无疙瘩，按入池甑数准确分堆使用。⑤粮粉与酒醅拌均匀后，稻壳撒料盖好，第一个粮醅拌匀后上甑蒸馏。⑥装甑认真操作，探汽上甑，严禁偏甑。⑦蒸粮做到"熟而不粘、内无生心"。

经试验五粮 60 天发酵期的酒与单粮型酒相比较，出酒率下降了 0.5%。

表一

班次	1	2	3	4	5	6	7	8	9	10	得分
单粮	36	36.8	36.3	36.2	36.4	36.2	35.8	35.6	35.8	36.2	36.13
五粮	35.8	35.4	35.4	35.8	35.6	35.6	35.4	35.8	35.8	36	35.6

理化分析：五粮型比单粮己酸乙酯含量提高 74mg/100ml，乳酸乙酯含量下降 53.6mg/100ml。

感官品评：

表二

样品	品 评 结 果	得分
单粮	无色透明、窖香浓郁、糠味重、尾杂、余味较长	90.5
五粮	无色透明、粮香突出、香味丰满、尾较净、余味长	91.5

酒质鉴定：经过 60 天发酵，所蒸得的原酒，经公司品酒委员会有关专家尝评，认为该酒五粮香气纯正、酒体醇厚、协调、净爽，具备了五粮酒的典型风格。五粮浓香型白酒开发成功，特别是百脉泉系列酒与堪称“天下奇观”的百脉泉水的靓丽相映成辉，使公司产品质量上档次，上水平，增强了市场竞争力。

2006 年 1 月，为提高低档酒市场占有率，开发了 38° 百脉泉、41° 清照纯粮酒。为加大济南市场的销售，开发研制了金红 34° 百脉泉特曲、金喜 36° 百脉泉特曲、金樽 36° 百脉泉特曲、金褐 38° 百脉泉特曲、50° 百脉泉特曲、至尊 52° 百脉泉特曲系列酒投入市场，提高了济南市场的占有率。7 月，与合肥远景公司合作，倾力打造出百脉泉“情”系列的第一个产品即“豪情”百脉泉，豪情百脉泉产品主要针对章丘、济阳、莱芜三大市场，该公司开发出不同规格的中高档百脉泉酒情系列 38°、46°“豪情”百脉泉产品，面对超市和零售商店及周边县市市场。是年 9 月，又设计开发了百脉泉“情”系列第二个产品“浓情”百脉泉，针对章丘、莱芜、济阳市场开发设计了36°、42° 1×6和1×2两种规格的产品。清照系列开发了40°清照特酿、39°清照特酿、38°清照特曲。9月，推出一款百脉泉高档产品48°百脉泉，作为百脉泉形象产品和高端消费。2007年1月，又设计开发了35°和42°“激情”百脉泉产品。是年4月，针对底端消费市场，开发设计了清照系列中低档光瓶酒42°吉星照。7月，科研人员经过对原有39°八年陈酿清照特曲的生产原料、生产过程、生产工艺进行研究和创新，经过技术攻关，研制出具有绿色、健康、安全、时尚的新一代绵柔型39°八年陈酿清照特曲。

芝麻香白酒的研发 芝麻香型白酒是浓、清、酱三种生产工艺相结合生产出的一种新型白酒。自2006年始，技术部根据生产工艺条件改造芝麻香实验窖泥，从解决酒品浓、清、酱在生产工艺中的结合问题，对窖泥、用曲、操作工艺等进行深入分析研究，形成芝麻香型白酒生产工艺。又经8个月，7轮反复实验生产，所产芝麻香白酒风格突出、典型性强。技术人员在此基础上不断进行技术创新，使芝麻香生产工艺日趋成熟。2007年10月，该公司芝麻香实验池由5个扩大到40个。2008年10月，公司芝麻香原酒对贮存2年以上的进行了勾调试验。技术部依据色谱理化分析和感官品评的结果，不同贮存期的原酒重新定级。2009年10月“香味馥郁、芝麻香幽雅、风格典型”的百脉泉芝麻香白酒得到业内专家的认可及省级鉴定。2010年1月份，百脉泉芝麻香白酒隆重上市。2012年，53°芝麻香白酒获省优产品称号，36°芝麻香白酒获济南市精品白酒称号。

泉城壹号系列 2015年，为适应消费者消费习惯的变化，公司开发战略产品34°、42°泉城壹号，并于11月在济南国际会展中心召开上市发布会。2018年，公司开发高端鲁酒典型代表52°百脉泉泉城壹号，其核心工艺有四点：1. 低温入窖，缓慢发酵。2. 高温流酒，精细摘酒，(有利于发酵过程中产生的甲醛等低沸点有害物质的挥发)。3. 超长发酵、超长储存。52°泉城壹号，全部采用150天双轮发酵工艺和地下酒窖恒温储存十年以上的优质原酒。4. 陶坛陈酿、大师勾调。

新产品开发奖励政策

1993年，该厂新产品开发奖励规定：1. 开发的新产品销售后年利润实现10—20万元，奖励开发人0.25—0.5万元。2. 年实现利润20—30万元，奖励开发人0.8—1.2万元。3. 年利润实现30—50万元，奖励开发人 1.5—2.5 万元，并晋升 1 级工资。奖励比例均按百分比依次类推。从产品销售之日起，累计 12 个月提奖。

2003 年，制订新产品开发奖惩实施办法：为加快公司新产品开发，及时适应市场需求，逐步完善研制、销售、效益相统一的管理机制，特制订新产品开发奖惩实施办法：1. 奖惩实施办法适用于两个年度内研制开发的新产品。2. 一个年度内技术中心新产品研制开发率必须达到全部销售收入的 25% 以上，高于 25% 部分按其销售额的 0.5% 奖励；全年达不到 25%，每月扣岗效工资考核分，年底统算。3. 研制开发（不包括客户自己设计、印刷包装材料的产品）6—15 元价格的一个产品，一个年度销售额达到 150 万元的，一次性奖励 1000 元；15 元以上产品一个年度内达到 100 万元，一次性奖励 1000 元。4. 以上奖励考核均为年底统算，一次性奖罚。5. 本奖惩办法暂为试行，需按实际情况不断修改完善。6. 本奖惩办法自 2003 年 1 月 1 日起执行。

2012 年，公司新产品开发奖罚规定：1. 年度内新产品超过预计销量及预计利润 20% 以上，奖励酒基研发产品推广方案，包装材料，样品设计等关键人员 2000 元；100% 完成预计销量及利润，奖励酒基研发、产品推广方案、包装材料样品设计等关键人员 1500 元，低于新产品年度内预计销量及利润，对新产品评审委员会相关人员罚款 1000–5000 元。

新产品目录

1986—1990 年开发的新产品：54° 百脉泉特曲、52° 双喜白酒、60° 明水白酒、50° 曲香白酒、55° 明泉白酒、59° 玉液佳酿、45° 窖酒、59° 特制百脉礼品盒、39° 明水老窖、桔子酒、樱桃白兰地、山楂酒、55° 百脉泉特制大曲、59° 百脉泉高粱窖酒、49° 清照特曲、49° 清照大曲、49° 清照二曲、54° 清照特曲、49° 清照白酒、44° 清照特曲、54° 精制百脉泉特曲、54° 高粱白干、49° 百脉泉白酒等 26 个新产品。

1991—2000 年研制的新产品：39° 清照特曲、39° 百脉泉特曲、46° 清照贡酒、54° 清照优级白干、46° 清照大曲、44° 清照窖酒、50° 清照喜酒、49° 清照白干、44° 清照特曲、44° 百脉泉特窖、44° 百脉泉特液、39° 百脉醇、55° 百脉泉老白干、38° 百脉泉特曲、34° 清照特曲、39° 百脉泉特曲。48° 百脉泉大曲、39° 百脉泉大曲、42° 百脉泉特曲、44° 百脉泉特酿、礼盒 39° 清照特曲、38° 清照特曲、44° 清照大曲。38° 清照醇、38° 豪华清照特曲、42° 百脉泉老窖、50° 百脉泉大曲、36° 清照特曲、38° 精品清照特曲、49° 百脉泉大曲、34° 精制清照特曲、2＃36° 清照王、39° 清照园酒、48° 珍品清照酒、46° 清照粮液、38° 喜寿酒等54个新产品。

2001—2007年开发新产品：46° 清照原浆酒、折光44° 清照特曲、五星46° 珍品清照酒、折皱34° 清照特曲、39° 八年陈酿清照特曲、36° 清照王子酒、46° 鹏程万里清照酒、38° 十年清照特曲、36° 八楞清照特曲、38° 五年清照特曲、38° 金樽清照酒、36° 清照乡音酒、34° 清照词人酒、38° 清照人杰酒、52° 金清照、38° 手提百脉泉酒、34° 金红、36° 金喜、38° 金褐百脉泉特曲、38°、46° 豪情百脉泉、36°、42° 浓情百脉泉、35°、42° 激情百脉泉、48° 百脉泉等192种新产品。

2008年开发的新产品：34° 齐鲁情、36° 精品二代、45° 天地情、52° 普通百脉泉。2009年，公司开发了30°、32° 百脉泉，32°、34° 珍情百脉泉，36° 百脉泉豪情、激情、天地情、浓情等百脉泉系列产品，补充了公司前期销售市场中高档产品的空缺。开发了34°、53° 清照生态原浆，清照绵柔十年、八年的升级换代。2010年，公司打造生态酿酒的理念，创新研发了生态原浆百脉泉系列6年、9年、12年三款产品，清照36° 二代，39° 绵柔八年，44° 百脉泉特曲，36°、46° 芝麻香。36° 豪情升级为世博版新豪情。2011年，开发了百脉泉十年、十五年坛装原酒，34°、52° 政务用酒，蓝、金、红钻系列产品以及玉泉、静泉、雅泉泉系列产品。2012年，开发了8° 中华女士酒。34° 百脉泉九年。对39°、46°、53° 芝麻香配方进行了优化调整。2013年，清照二代改版升级三代。开发39°、45° 清香型白酒。2014年，开发34° 百脉泉市外九年、34° 百脉泉白板、42° 百脉泉白板、39° 清照特酿（新版）。2015年，开发多粮型新产品34° 泉城壹号，研发了米酒，实施自酿鲜啤酒项目。获“食安山东”食品生产加工示范企业，济南市食品行业产学研基地先进单位，劳模（高技能人才）创新工作室。2016年，开发48° 百脉泉杞参露酒，新版34° 百脉泉泉城壹号、42° 百脉泉泉城壹号、36° 清照老酒坛、34° 清照老字号、34° 清照印象、36° 清照情怀、34° 清照红如意。2017年，创新研发52° 泉城壹号、70年厂庆酒。2018年兼香型白酒“齐鲁壹号”成功上市。

获奖情况

1987年，百脉泉牌白酒在济南市首届食品工业新产品展览会被评为“受群众欢迎的食品”。1988年，百脉泉特曲、百脉泉白酒获省一轻厅优良产品称号，自此，掀开创优的新篇章。1989年，54°清照特曲、54°百脉泉特曲获济南市优质产品称号。1990年，百脉泉特曲包装在济南市“首届食品包装展评会”上获三等奖。1991年3月，54°百脉泉特曲、54°清照特曲获世界蓝天杯国际风筝会食品博览会金、银奖。11月，44°、54°百脉泉特曲双双荣获省优质产品称号。12月，44°、54°清照特曲获济南市优质产品称号。1994年9月，39°清照特曲、44°百脉泉特曲获济南市第一届食品精品称号。1995年6月，39°百脉泉特曲、44°百脉泉特曲获省优级产品称号。9月，清照特曲系列产品获中国保护消费者基金会“消费者信得过产品”，39°清照特曲、44°百脉泉特曲双双荣获“山东省食品行业最佳产品质量”奖。1996年2月，清照特曲获“济南市市酒评选特别奖”。8月，39°清照特曲获省优级产品称号。11月，清照牌白酒、百脉泉牌白酒获1996全国名优食品博览会金奖。1997年5月，百脉泉系列白酒获1996山东市场畅销名牌产品；1997山东市场消费者喜爱的优质信誉产品；39°清照特曲、36°清照王、44°百脉泉特曲分获省优级产品。1998年，38°精品清照特曲、44°百脉泉特曲获省优级产品称号。1999年9月，36°清照王获济南市白酒感观质量36°第一名；34°精制清照特曲获济南市白酒感观质量34°第一名；36°清照特曲获省优级产品称号。

2000年6月，该公司白酒系列产品获“产品质量信得过”称号。7月，36°、39°清照园特曲获省优级产品称号。2001年6月，百脉泉白酒获省优级产品。8月，36°、38°清照特曲分获首届中国（上海）食品博览会金、银奖。9月，44°清照特曲获济南市食品行业优质酒奖，39°清照特曲获济南市食品行业优良酒奖。11月，36°、38°清照特曲获2001年中国国际农业博览会名牌产品。2002年6月，清照牌荣获中国知名品牌称号，36°清照特曲获省优级产品称号。7月，清照商标获山东省著名商标。2003年，38°金樽清照酒获省优级产品称号。2004年，39°清照特曲获省优级产品称号。12月，36°百脉泉酒、36°清照特曲分别获山东省白酒行业创新品牌。2005年2月，36°、38°清照特曲获中国白酒质量优秀产品称号；5月，清照牌白酒获济南市名牌产品称号；6月，39°清照特曲、36°百脉泉酒获省优级产品称号；10月，清照、百脉泉牌白酒获山东省名牌产品称号。2006年，百脉泉牌白酒、清照牌白酒获济南市食品安全放心品牌称号；36°百脉泉酒、39°清照特曲获省优级产品称号；12 月，百脉泉酒被评为山东省白酒行业最具竞争力品牌称号。2007 年，36° 浓情百脉泉、46° 豪情百脉泉双获省优称号。

2008 年 6 月，“百脉泉”商标被认定为中国驰名商标。2009 年，46° 百脉泉、36° 豪情百脉泉在全省白酒质量鉴评会上继续保持省优产品称号。2010 年 8 月，34° 九年、十二年百脉泉，36°、46° 百脉泉芝麻香白酒被济南市食品协会、济南市消费者协会联合评为“2010 年度精品白酒”。10 月，大众日报，大众网授予公司产品为“山东市场最受公众喜爱白酒品牌”2011 年，45° 天地情、46°、53° 芝麻香在全省白酒质量鉴评会上获省优产品称号。2012 年，在全省白酒质量鉴评会上，34° 百脉泉、政务用酒获感官质量金奖；34° 九年、53° 芝麻香获省优产品称号，在济南市白酒质量鉴评会上，女士酒、34° 百脉泉、39° 清照满庭芳、36° 芝麻香获济南市“精品白酒”。2013 年，在全省白酒质量鉴评会上，34° 九年百脉泉、53° 芝麻香获省优产品称号；在省食协组织的全省白酒质量鉴评会上，34° 九年百脉泉继续获得“山东省白酒感官质量金奖”称号。在济南市白酒质量感官鉴评会上，34° 九年、52° 生态原浆、46°、53° 百脉泉芝麻香四款产品荣获“精品白酒”称号。2014 年，34° 九年百脉泉、52° 生态原浆、53° 芝麻香继续获省优产品称号；34° 九年百脉泉继续获“省白酒行业评委感官质量金质奖”金牌。在济南食品协会组织的行业品评会上，34° 九年百脉泉、39° 清照满庭芳、52° 百脉泉、53° 芝麻香被评为年度“精品白酒”，45° 清香型白酒获得济南市创新产品称号。会后，协会领导、行业专家、国家评委、省评委来公司参观，对公司企业文化、现场管理给予高度评价。2015 年 7 月，34° 九年百脉泉获“山东省白酒感官质量金奖”；8 月 28 日，34° 九年百脉泉、39° 清照满庭芳获“济南市精品白酒”称号。2016 年 1 月 17 日，山东百脉泉酒业参加了由中国企业家思想俱乐部，在北京钓鱼台国宾馆举行的，第七届中国企业家智库峰会，34° 百脉泉泉城壹号酒成为峰会指定用酒。4 月 23 日，公司参加春季山东省糖酒商品交易会在淄博国际会展中心召开。会上，在第 94 届全国糖酒商品交易会期间举办的“2016 中国酒业公众大奖”评选中，公司 34° 百脉泉九年荣获“2016 中国酒业最受欢迎商务用酒”；2017 年 3 月，成都春季全国糖酒会上，公司产品泉城壹号荣获“中国酒业最佳大单品”荣誉称号。4 月 16 日，在第 77 届山东省春季糖酒商品交易会上百脉泉获得“华樽杯”山东五大高端名酒品牌奖，清照获得“华樽杯”山东十大历史文化名酒品牌奖，百脉泉获得“华樽杯”放心品质白酒品牌奖。

第三节 白酒品评

品评，即利用人的感觉器官（视觉、嗅觉和味觉）按照各类白酒质量标准鉴别白酒质量的优劣，是确定产品质量等级、产品评优的重要手段和依据，是指导生产和产品定型的先决条件。

白酒品评

1948—1985 年，该厂白酒品评主要是沿用几千年形成的传统技术，以感官品评为主要手段，白酒质量优劣主要通过品尝来确定。厂部经常组织分管技术、生产、质检、酒库、粮酒车间、酒精车间等有一定评酒能力的相关人员，对本厂产品进行品评及本厂产品和外部产品进行对比品评。通过对本产品的色、香、味、格，评出优质、一类、二类、三类产品。根据品评结果，找出本厂生产的产品在色、香、味、格方面的优势和不足，有针对性地改进生产工艺、操作技术、勾调技术，提高产品的内在质量。对每批新生产或新配制的成品酒，由相关人员通过与对照样进行对照品尝，确保每批成品酒口感上一致。对原酒的分级也是通过品评，凭经验分级入库。1986 年，新产品开发办公室成立，建立每月一次品评制度。品评首先看色，然后闻香，再品尝，把每位品评的感官结果记录下来。由于没有专业的品酒师作指导，品酒相关人员的品评专业技能不高，有的酒度的高低准确性把握差、重复性掌握差、优劣品评不准。1988 年，段金城、田永祥、崔承湖参加济南市食品协会白酒品评培训，提高了品评技能，其他的品酒员通过常年不断的品评训练，在品评实践中，不断提高品评能力。1991 年，田永祥、段金城被评为济南白酒类感官质量评审员。2000 年，技术开发中心成立，品评制度进一步完善，建立了品评组织。2001 年，马业准、毕思水参加济南市食品工业协会组织的培训考试，取得了“济南市白酒行业感官质量评价员”资格。2003 年，毕思水通过考评成为山东省白酒评委。2004 年 8 月，该公司成立评酒委员会。李成新任主任，马业准任副主任，毕思水、张传海、潘正江、李卫星、孟祥源、杜祥宝、崔承湖、赵京彬、张准、孙立慧（女）任委员。评酒委员会办公室设在技术中心，并组织日常的评酒活动。12 月，杜祥宝、孟祥源参加山东省白酒食品协会组织的白酒感官品评培训。2005年10月，杜祥宝、孟祥源、李卫星、毕思水参加山东省白酒食品协会组织的白酒品评培训考试，相继成为酿酒品酒师。2006年，技术副总马业准成为高级酿酒品酒师和第七届白酒国家评委。品酒专业技术指导制度形成。技术部成立了8人的品评小组。自2007年1月开始，每周四组织人员有计划、有目的的进行品评训练。是年4月，由马业准、毕思水牵头，五粮液高级工程师任技术指导，对粮酒车间班长每周进行一次品评培训。通过对原酒进行品评，确保班组生产的原酒量质摘酒，同质并坛，分级入库贮存，确保产品质量的稳定和不断提高。经过原酒品评训练，粮酒车间酿酒班长的品评技能提高，使其品评技能与实际经验相结合，使原酒正确分级得以改善，从而提高了原酒的提优率。同时，成品酒品评、新酒品评除每周四的正式品评外，平时每种新配制的成品酒与其对照样进行品评，确保在化验结果符合标准的情况下，每批成品酒口感上一致。品评是生产的眼睛，通过品评，掌握酒在贮存过程中的物理和化学变化规律，为提高产品质量提供科学的依据，发现生产中的问题，从而指导生产和新技术的开发、推广和应用。该公司不但组织内部专业人员进行品评，同时组织社会有关成员进行品评。2006年5月，确定了义务品酒员16名。6月17日，召开“社会人员产品鉴评会”，对新产品48°百脉泉、45°内招酒进行了鉴评。是年9月，技术部组织了“社会义务品酒员品评”活动，组织外部部分义务品酒员对部分成品酒进行品评。通过品评活动，将公司产品与社会需求进一步融合，加深了消费者与企业的沟通，消费者了解品酒的方法和技能，掌握了酒质量高低的内因，也使企业了解了消费者的口味，使该公司生产的白酒更加满足消费者的需要，得到消费者的认可，收到了良好的宣传成效，提高了产品的信誉度。

品评队伍建设

公司注重白酒品评人员专业技能培养，至2018年公司共选拔推荐三人参加白酒国家评委考试，并全部考取国家评委资格。马业准在2006年考取白酒国家评委后，又分别于2007年、2010年、2015年多次考取中国酒业协会及中国食品工业协会白酒国家评委资格，成为全国为数不多的双料白酒国家评委，其并于2011年成为中国食品工业协会白酒特邀国家评委；杜祥宝于2011年以全国第三的成绩考取中国食品工业协会白酒国家评委资格，2016年再次考取中国食品工业协会白酒国家评委；汪慧慧于2016年以全国第四的成绩考取中国食品工业协会白酒国家评委。

2008—2018年，公司员工李雷新、李庆腾、郑雷、张准、宁春迎、翟庆超等多人考取山东省白酒省级评委，2017年7月，该公司质检员翟庆超获得2017国家级白酒品酒师执业资格(山东区)“十佳品酒师”荣誉称号。至2018年4月公司共有省级白酒评委10名。

品评技能的高低是评价一家酒企技术水平的重要依据。公司在注重品评专业人才培养的同时，也通过内部培训、召开品鉴会、加强内部管理等多种方式来提高生产人员的白酒品评及生产管理技能。2007年4月份始，该公司技术部在做好日常品评工作的同时，为全面提升原酒入库质量，由技术副总马业准，技术中心主任毕思水牵头，五粮液集团高级工程师胡祖荣任技术指导，每周四、周五对粮酒车间班长进行原酒品评培训。经过培训，粮酒班长的品评技能大幅度提高，为以后原酒入库实行“三级质量管理”打下良好基础。2008年元月开始，为全面提升原酒入库质量，原酒入库实行“三级质量管理”，公司技术中心定于每周三取各班组的优级、一级酒样并组织评委会进行品评打分，结合理化指标分质入库。评委会成员由马业准、毕思水、杜祥宝、孟祥源及粮酒车间班组长等人员组成，保证了优级、一级原酒的质量。2009年5月，技术中心组织技术部相关人员及本部门实习的大学生进行了为期两周的培训。培训内容主要从单体香、酒度差、香型、质量差、重复、再现、不同馏分、新酒、陈酒、水等方面入手，内容系统而全面。这次内训的目的是为了提高公司人员的尝评能力，保证公司产品内在质量的稳步提升。通过为期两周的培训和考试，参训人员品酒技能得到了提升，收到了良好效果。2011年3月，组织相关人员进行品评勾调方面的培训、考试，进一步提高公司品评勾调、调味技术水平；建立了一支公司品评队伍，主要人员有中层以上干部、销售公司区域经理等，每月至少一次品评；组织社会品酒员品评公司产品、探寻储酒、封酒等形式的活动。2015年5月22日，公司成立品评委员会。为进一步加强公司品评队伍建设，提高整体品评能力，保证产品感官质量，更好地与市场接轨，公司党委书记、董事长、总经理李成新任品评委员会主任，总工程师、国家级白酒评委杜祥宝任副主任，委员由公司领导成员、国家级和省级白酒评委、品酒师及各部门主要负责人组成，同时组织了首次品评活动，全体委员对公司原有产品及新开发的产品进行了感官品评，对酒体质量提出合理的建议。规定品评委员会每季度组织一场品酒活动，充分倾听来自销售、粮酒、包装、后勤等不同部门对酒体、质量的评价及建议。品评委员会的成立是公司内部技术质量交流的重要方式，有助于技术中心指导酿酒工艺、贮存、勾调，进行酒体设计和新产品开发，满足市场需求。10 月，公司精心组织开展了首届由 30 余名社会品酒师参加的鉴评会。2017 年 6 月 17 日，百脉泉酒业第二届社会品酒师鉴评活动在科研楼品鉴中心顺利召开，公司聘请了 20 多名社会品酒师，通过品酒理论与实践方面的集体学习与交流，为公司产品提出了很多宝贵的意见，帮助公司技术部随时掌控最新消费动向，使酒体设计和新产品研发更加亲民。

举办首届“百脉泉酒业杯”大学生品酒大赛

2017 年 10 月 14 日，由山东百脉泉酒业有限公司冠名承办的“2017 全国大学生品酒大赛”（山东赛区）初赛，在滨州学院隆重举行。国家白酒评委、销售公司总经理马业准担任滨州赛区总评委；白酒国家评委、公司技术副总工程师汪慧慧担任评委。滨州学院生命科学院党委书记高贵军以及部分生物工程专业的老师出席开幕式。该次大赛采用先学后赛的方式，上午进行理论知识讲解和品评实践培训，下午正式比赛。经过四轮激烈角逐，最终评选出一等奖 1 名，二等奖 2 名，三等奖 6 名。

由山东百脉泉酒业有限公司冠名承办的“2017 全国大学生品酒大赛”（山东赛区）初赛另一场比赛在齐鲁师范学院举行。大赛总评委由白酒国家评委、公司技术副总工程师汪慧慧担任，评委由公司人力资源部副部长郑雷担任。比赛依然采用先学后赛的方式进行。上午由汪慧慧对参赛者进行理论知识和品评技能培训，下午正式比赛，最后评出九名优胜者。

从两所大学参赛选手中选出的三名成绩优异者，与其他赛区选拔出的选手一起参加品评集训，代表山东大学生参加全国的复赛和决赛。

第二章 品牌系列

该公司的品牌主要有两大系列，百脉泉系列和清照系列。

第一节 百脉泉系列

百脉泉牌白酒是该公司的主导产品，从建厂到20世纪80年代初，主要经销百脉泉牌散装白酒，瓶装酒有62°百脉泉白酒、62°百脉佳酿、62°百脉泉大曲、62°百脉泉高粱酒。1964年，注册了百脉泉牌白酒商标，进入了百脉泉系列白酒时代。

1964—1985年，开发的百脉泉新产品种类有20多个，但产品档次较低。随着人民生活水平的不断提高，低档次的产品已不能满足人们消费的需要，1986年，研制了54°百脉泉特曲，该酒无色透明，窖香浓郁，绵软纯正，余味悠长，俗称“章丘小茅台”。百脉泉牌白酒在1987年济南市首届食品工业新产品展览会被评为“受群众欢迎的食品”。1988年，百脉泉白酒、百脉泉特曲首获山东省轻工业厅优良产品。自1987年百脉泉牌系列白酒随着产品种类的增多，产品的更新换代，连续多年被评为市优、省优、部优、国际金奖等荣誉称号。

1990年以来，百脉泉系列白酒一直是受大众欢迎的消费产品，产品的档次为中低档，直到2004年规划品牌建设，将泉水文化和酒文化相结合，共同提升百脉泉酒业文化。产品由单粮型改三粮、五粮型，生产了高质量的产品。46°百脉泉酒、48°百脉泉酒、36°百脉泉酒等一系列高档次的产品，共同特点是无色透明、窖香浓郁、醇厚协调爽净、回味悠长。

2005—2007年，产品创新发展突出百脉泉文化特色，开发了金红、金喜、金福、金樽百脉泉特曲，在此基础上又开发了豪情、浓情、激情等系列百脉泉酒。2005-2006年间，百脉泉系列白酒被认定为山东省名牌产品、山东省著名商标。百脉泉酒被评为山东省白酒行业最具竞争力品牌。

2008年6月，百脉泉商标被认定为中国驰名商标。2010年，公司研发了百脉泉年份系列白酒，2015年，在继续以生态原浆为基础，在年份白酒基础上研发了两款泉城壹号，实现了百脉泉系列年份产品的再次升级。对百脉泉产品进行梳理、精减，以便于百脉泉品牌传播和资源聚焦。2016年，开发上市百脉泉印象、情怀两款产品，补充中、高端价位。通过两年来对市外市场产品的整合，减少了产品种类、数量，提升了产品结构，达到了公司梳理的目的。至2017年保留百脉泉系列产品种类65个。

（附：百脉泉系列产品一览表）

百脉泉系列产品一览表

项目	产品名称	类型	开发时间（年／月／日）
1	62° 百脉泉佳酿	捆装	1981.08.12
2	62° 百脉泉高粱酒	捆装	1982.08.04
3	53° 百脉泉玉液	捆装	1983.10.22
4	53° 百脉泉白酒	捆装	1983.10.22
5	55° 百脉泉白酒	散装	1984.12.28
6	50° 绣江春白酒	捆装	1984.09.25
7	50° 绣江春白酒	捆装	1984.09.25
8	52° 百脉泉玉液	捆装	1984.05.10
9	百脉泉牌葡萄酒	捆装	1985.07.27
10	百脉泉牌山楂酒	捆装	1985.07.27
11	45° 百脉泉泉酒	捆装	1985.07.27
12	45° 百脉泉泉酒	捆装	1985.07.27
13	58° 百脉泉特曲	纸箱包装	1986.03.26
14	54° 百脉泉特曲	纸箱包装	1986.03.26
15	40° 百脉泉参茸健身酒	纸箱包装	1986.03.26
16	52° 双喜白酒	捆装	1986.03.26
17	60° 明水白酒	捆装	1986.03.29
18	58° 明水散装白酒	散装	1986.03.29
19	50° 曲香白酒	捆装	1986.03.29
20	55° 明泉白酒	捆装	1986.08.27
21	59° 玉液佳酿酒	捆装	1987.10.08

续表

项目	产 品 名 称	类 型	开发时间（年／月／日）
22	45° 窖酒	捆装	1987.10.08
23	59° 特制百脉泉带礼品盒	纸箱包装	1987.10.08
24	59° 特制百脉泉带礼品盒	纸箱包装	1987.10.08
25	59° 特制百脉泉不带礼品盒	纸箱包装	1987.10.08
26	39° 百脉泉牌明水老窖酒	纸箱包装	1987.09.25
27	55° 百脉泉牌特制大曲酒	纸箱包装	1987.09.25
28	百脉泉牌桔子酒	捆装	1987.03.06
29	百脉泉牌樱桃白兰地	捆装	1987.09.15
30	百脉泉牌山楂酒	捆装	1987.09.15
31	59° 百脉泉牌高粱窖酒	捆装	1988.07.09
32	54° 精制百脉泉特曲	纸箱包装	1989.07.03
33	54° 高粱白干	捆装	1989.06.01
34	49° 百脉泉白酒	捆装	1990.08.28
35	44° 百脉泉特曲	纸箱包装	1991.02.11
36	54° 百脉泉特曲（换代）	纸箱包装	1991.04.11
37	44° 简装百脉泉特曲	纸箱包装	1992.04.08
38	44° 精装百脉泉特曲	纸箱包装	1992.04.08
39	44° 百脉泉白酒	捆装	1993.03.20
40	44° 百脉泉特窖	纸箱包装	1993.03.20
41	44° 百脉泉特窖	纸箱包装	1993.03.20
42	44° 百脉泉特液	纸箱包装	1993.03.20
43	55° 百脉泉老白干	纸箱包装	1993.04.13
44	50° 百脉泉老白干	纸箱包装	1993.04.22
45	38° 百脉泉特曲	纸箱包装	1993.07.14
46	54° 百脉泉老白干	纸箱包装	1993.11.05
47	39° 百脉泉特曲	纸箱包装	1994.11.17

续表

项目	产 品 名 称	类 型	开发时间（年／月／日）
48	48° 百脉泉大曲	纸箱包装	1995.05.02
49	39° 百脉泉特曲	纸箱包装	1995.07.05
50	44° 百脉泉特曲	纸箱包装	1996.05.14
51	42° 百脉泉特曲	纸箱包装	1996.07.25
52	44° 百脉泉特酿	纸箱包装	1996.07.25
53	44° 盒装百脉泉特酿	纸箱包装	1996.11.21
54	39° 百脉醇	纸箱包装	1996.11.29
55	50° 百脉泉大曲	捆装	1997.04.12
56	49° 百脉泉大曲	桶装	1997.04.23
57	44° 百脉泉特曲（换代）	纸箱包装	1997.07.03
58	42° 百脉泉老窖	纸箱包装	1997.11.03
59	44° 百脉泉特曲（换代）	纸箱包装	1997.11.20
60	44° 百脉泉特酿	纸箱包装	1998.05.15
61	42° 手提包百脉泉特曲	手提包	1998.11.30
62	44° 手提盒百脉泉特酿	纸箱包装	1999.01.19
63	50° 百脉泉大曲	捆装	2000.03.14
64	44° 百脉泉特曲	纸箱包装	2000.11.25
65	44° 百脉泉白酒	捆装	2001.02.24
66	49° 百脉泉白酒	捆装	2001.05.11
67	44° 百脉泉特曲	纸箱包装	2001.09.03
68	39° 百脉泉酒	纸箱包装	2004.04.02
69	38° 手提百脉泉酒	纸箱包装	2004.12.29
70	36° 百脉泉酒	纸箱包装	2004.12.29
71	46° 百脉泉酒	纸箱包装	2005.01.03
72	38° 百脉泉特酿（济阳）	纸箱包装	2005.09.12
73	38° 百脉泉特酿	纸箱包装	2005.09.12

续表

项目	产 品 名 称	类 型	开发时间（年／月／日）
74	39° 百脉泉特曲（莱芜）	纸箱包装	2006.01.14
75	34° 金红百脉泉特曲	纸箱包装	2006.01.14
76	36° 金喜百脉泉特曲	纸箱包装	2006.01.14
77	38° 金福百脉泉特曲	纸箱包装	2006.01.14
78	38° 金禚百脉泉特曲	纸箱包装	2006.01.14
79	38° 金喜百脉泉特曲	纸箱包装	2006.01.14
80	36° 金樽百脉泉特曲	纸箱包装	2006.01.14
81	36° 2# 金樽百脉泉特曲	纸箱包装	2006.04.19
82	52° 至樽百脉泉特曲	纸箱包装	2006.04.19
83	34° 2# 金红百脉泉特曲	纸箱包装	2006.04.20
84	38° 2# 金禚百脉泉特曲	纸箱包装	2006.04.20
85	38° 2# 金喜百脉泉特曲	纸箱包装	2006.05.08
86	38° 百脉泉酒 250ml	纸箱包装	2006.05.23
87	50° 百脉泉特曲	纸箱包装	2006.05.23
88	52° 百脉泉特曲 250ml	纸箱包装	2006.05.08
89	52° 2# 百脉泉特曲 250ml	纸箱包装	2006.05.23
90	38° 2# 百脉泉特曲 250ml	纸箱包装	2006.05.23
91	38° 豪情百脉泉特曲	纸箱包装	2006.07.01
92	46° 豪情百脉泉特曲	纸箱包装	2006.07.01
93	65° 百脉泉原酒	瓷瓶装筐	2006.07.28
94	48° 百脉泉酒	纸箱包装	2006.08.02
95	45° 百脉泉内招酒	纸箱包装	2006.08.19
96	38° 豪情百脉泉（手提）	纸箱包装	2006.09.23
97	36° 浓情百脉泉酒	纸箱包装	2006.09.25
98	42° 浓情百脉泉酒	纸箱包装	2006.09.
99	36° 浓情百脉泉酒	纸箱包装	2006.09.

续表

项目	产品名称	类型	开发时间（年／月／日）
100	35°激情百脉泉酒	纸箱包装	2007.01
101	42°激情百脉泉酒	纸箱包装	2007.01
102	42°激情百脉泉酒（换代）	纸箱包装	2007.01
103	39°百脉泉（天地盖）	纸箱包装	2007.07.25
104	42°百脉泉特曲	纸箱包装	2007.10.15
105	百脉泉天地情	纸箱包装	2008.07
106	52°厂庆酒	纸箱包装	2008.08
107	十五年陈酿坛原酒	纸箱包装	2008.08
108	46°百脉泉	纸箱包装	2008.01
109	莱芜专销 42°礼盒百脉泉	手提	2008.12
110	莱芜专销 42°五年陈酿百脉泉	纸箱包装	2008.12
111	鲁南区域专销 38°百脉泉	纸箱包装	2009.04
112	鲁北区域平度专销 30°百脉泉	纸箱包装	2009.05
113	济南海润专销 36°百脉泉，	纸箱包装	2009.06
114	济南海润专销 39°百脉泉	纸箱包装	2009.06
115	济南海润专销 45°百脉泉	纸箱包装	2009.06
116	滨州专销 32°百脉泉	纸箱包装	2009.07
117	鲁南区域 38°百脉泉	纸箱包装	2009.08
118	鲁南区域 39°百脉泉	纸箱包装	2009.09
119	聊城专销 38°百脉泉	纸箱包装	2009.11
120	莱芜区域 38°百脉泉	纸箱包装	2009.11
121	鲁南区域专销 35°铁盒百脉泉	纸箱包装	2009.12
122	36°芝麻香	纸箱包装	2010.01
123	46°芝麻香	纸箱包装	2010.02
124	53°芝麻香	纸箱包装	2010.03
125	39°芝麻香	纸箱包装	2010.11

续表

项目	产 品 名 称	类 型	开发时间（年／月／日）
126	34° 百脉泉九年	纸箱包装	2010.12
127	34° 百脉泉十二年	纸箱包装	2010.12
128	百脉泉十年坛原酒	纸箱包装	2011.03
129	百脉泉十五年坛原酒	纸箱包装	2011.03
130	济南百脉泉蓝钻钻系列产品	纸箱包装	2011.05
131	济南百脉泉金钻钻系列产品	纸箱包装	2011.05
132	济南百脉泉红钻钻系列产品	纸箱包装	2011.05
133	济南百脉泉玉泉泉系列产品	纸箱包装	2011.07
134	济南百脉泉静泉泉系列产品	纸箱包装	2011.07
135	济南百脉泉雅泉泉系列产品	纸箱包装	2011.07
136	34° 政务用酒	纸箱包装	2011.11
137	52° 政务用酒	纸箱包装	2011.11
138	36° 百脉泉六年	纸箱包装	2012.04
139	34° 九年（1*8）	纸箱包装	2012.07
140	34° 十二年（1*8）	纸箱包装	2012.07
141	38° 百脉泉市外招商（新版）	纸箱包装	2014.05
142	45° 百脉泉市外招商（新版）	纸箱包装	2014.05
143	34° 百脉泉市外九年	纸箱包装	2014.06
144	34° 百脉泉白板	纸箱包装	2014.07
145	42° 百脉泉白板	纸箱包装	2014.07
146	38° 市外老招商百脉泉	纸箱包装	2015.03
147	36° 市外老招商百脉泉	纸箱包装	2015.03
148	34° 市外老招商百脉泉	纸箱包装	2015.03
149	34° 百脉泉泉城一号	纸箱包装	2015.05
150	42° 百脉泉泉城一号	纸箱包装	2015.05

续表

项目	产 品 名 称	类 型	开发时间（年／月／日）
151	45° 百脉泉内招	纸箱包装	2015.05
152	新版 34° 百脉泉泉城一号	纸箱包装	2016.03
153	新版 42° 百脉泉泉城一号	纸箱包装	2016.03
154	38° 市外招商百脉泉山水版	纸箱包装	2016.05
155	36° 市外招商百脉泉山水版	纸箱包装	2016.05
156	34° 市外招商百脉泉山水版	纸箱包装	2016.05
157	38° 市外招商百脉泉扇叶版	纸箱包装	2016.05
158	36° 市外招商百脉泉扇叶版	纸箱包装	2016.05
159	34° 市外招商百脉泉扇叶版	纸箱包装	2016.05
160	38° 市外招商百脉泉 1 号版	纸箱包装	2016.05
161	36° 市外招商百脉泉 1 号版	纸箱包装	2016.05
162	34° 市外招商百脉泉 1 号版	纸箱包装	2016.05
163	38° 市外招商百脉泉传奇版	纸箱包装	2016.05
164	36° 市外招商百脉泉传奇版	纸箱包装	2016.05
165	34° 市外招商百脉泉传奇版	纸箱包装	2016.05
166	杞参露酒	纸箱包装	2017.07
167	四世同堂海狗鞭酒	纸箱包装	2017.07
168	70 年厂庆酒	纸箱包装	2017.08
169	52° 百脉泉泉城壹号	纸箱包装	2017.08
170	54° 齐鲁壹号	纸箱包装	2018.04
171	46° 齐鲁壹号	纸箱包装	2018.04

第二节 清照系列

1989 年，挖掘开发章丘深厚的历史文化资源，以一代词宗名人李清照冠名研制开发一系列新产品，成功注册了清照牌白酒商标，并推出了最高档的产品 54° 清照特曲，特点无色透明，窖香浓郁，绵软协调，醇厚爽净，回味悠长。这一产品的推出，受到各界人士的喜爱，至此，拉开了开发清照牌系列白酒的序幕。

清照牌白酒是该公司高档酒的象征。1990 年，产品的开发开始向低度高档转化，要求低而不淡，先是开发 44° 清照特曲。1991 年，开发了 39° 清照特曲，清照牌白酒开始系列化生产。产品生产以中、低、高档清照牌白酒为主，以满足不同消费群体需要。是年，44°、54° 清照特曲双双荣获济南市优质产品称号。

1995 年，清照牌白酒荣获全国消费者信得过产品和山东食品行业最佳产品质量称号。

1996 年，清照牌白酒荣获全国名优食品博览会金奖称号；39° 清照特曲荣获山东省优级产品称号。

1997 年，开发 36° 清照特曲、36° 清照王酒，进一步优化了清照系列的产品结构，该酒窖香浓郁，绵软顺口，醇厚协调，回味悠长，低而不淡，产品畅销不衰。是年，36° 清照王酒荣获省优级产品称号。

2000 年 10 月，注册清照园商标。从此清照系列白酒销售领域逐步扩大，清照牌白酒销量不断提高，销售收入占总收入的 80% 以上，尤其章丘市外办事处，专销业户的设立，每年有 30—40 种新产品上市，清照牌白酒四面开花，适应了不同消费者需求。2002 年，清照产品有 50 个新品种上市。8 月，清照商标被认定为山东省著名商标。2003—2004 年，清照王、清照宴、清照家、清照情、一代词人等 89 个新产品相继上市。2005 年 10 月，清照牌白酒被认定为山东名牌产品。2007 年，绵柔型 39° 八年陈酿清照特曲新品上市。2008 年，公司将原浆系列产品作为主导产品运作，不断推出清照系列并升级换代。2013 年，公司研发了清照 39° 绵柔八年、36° 绵柔十年进行升级换代，酒质醇厚和谐、余味悠长。2014 年，开发设计 3 款清照系列招商产品，填充了市外市场低价位产品空白。2015 年，公司在清雅系列产品基础上，研发升级版产品清照清雅原浆，实现了新老产品同时布局，增加了产品种类，产品结构得到有力提升。2016 年，公司对清照满庭芳进行改造升级，推出精装版满庭芳，开发 34° 清照老字号，36° 清照老酒坛产品，新品上市，很快得到广大消费者认可。不断创新的同时，注重梳理、剔除、淘汰落后产品，避免市场产品多、杂、乱。至 2017 年，保留清照系列产品 55 个。

（附：清照系列产品一览表）

清照系列产品一览表

项目	产 品 名 称	类 型	开发时间（年／月／日）
1	54° 清照特曲	纸箱包装	1988.08.31
2	49° 清照白酒	捆装	1989.07.15
3	49° 清照二曲	捆装	1990.08.11
4	49° 清照特曲	纸箱包装	1990.08.18
5	49° 清照大曲	纸箱包装	1990.08.18
6	39° 清照特曲	纸箱包装	1991.10.15
7	46° 清照贡酒	纸箱包装	1993.03.07
8	46° 清照大曲	纸箱包装	1993.03.07
9	44° 清照宴酒	纸箱包装	1993.03.07
10	50° 清照喜酒	纸箱包装	1993.04.13
11	39° 清照喜酒	纸箱包装	1993.04.22
12	49° 清照白干	纸箱包装	1993.04.22
13	54° 清照优级白干	纸箱包装	1993.04.24
14	44° 清照特曲	纸箱包装	1993.05.14
15	44° 清照窖酒	纸箱包装	1993.11.05
16	34° 清照特曲	纸箱包装	1994.5.18
17	39° 清照特曲	纸箱包装	1995.07.05
18	39° 礼盒清照特曲	纸箱包装	1996.01.02
19	44° 清照大曲	纸箱包装	1996.04.04
20	38° 清照特曲	纸箱包装	1996.07.25
21	38° 清照醇	纸箱包装	1997.07.03
22	38° 豪华清照特曲	纸箱包装	1997.10.20
23	42° 清照老窖	纸箱包装	1997.11.03
24	38° 精品清照特曲	纸箱包装	1997.12.10
25	36° 清照特曲	纸箱包装	1997.12
26	36° 清照王	纸箱包装	1997.12
27	38° 清照特曲 250ml	纸箱包装	1998.03.02

续表

项目	产 品 名 称	类 型	开发时间（年／月／日）
28	34° 清照特曲 250ml	纸箱包装	1998.03.12
29	44° 清照特曲	纸箱包装	1998.03.21
30	44° 手提包清照特曲	手提包	1998.10.20
31	38° 有奖清照特曲	纸箱包装	1998.12.24
32	34° 精制清照特曲	纸箱包装	1999.01.23
33	2# 清照王	纸箱包装	1999.01.29
34	44° 清照陈酿	手提包	1999.03.29
35	52° 清照特曲 100ml	纸箱包装	1999.04.13
36	44° 清照白酒	捆装	1999.04.25
37	48° 珍品清照酒	纸箱包装	1999.04.30
38	58° 纯粮原酒	桶装	1999.05.14
39	39° 清照园酒	纸箱包装	1999.08.19
40	42° 清照特曲	纸箱包装	1999.08.24
41	42° 新清照老窖	纸箱包装	1999.09.03
42	46° 清照粮液	纸箱包装	1999.09.05
43	39° 特味清照酒	纸箱包装	1999.09.07
44	38° 4# 清照特曲	纸箱包装	1999.09.11
45	44° 清照大曲	纸箱包装	1999.09.15
46	36° 新清照园特曲	纸箱包装	1999.11.30
47	44° 清照特酿	纸箱包装	1999.12.17
48	38° 世纪喜寿酒	纸箱包装	1999.12.18
49	36° 新世纪清照特酿	纸箱包装	2000.01.05
50	42° 清照特曲	纸箱包装	2000.01.05
51	36° 世纪精品清照特酿	纸箱包装	2000.01.08
52	44° 清照园大曲	纸箱包装	2000.03.26
53	44° 清照宴酒	纸箱包装	2000.03.26

续表

项目	产 品 名 称	类 型	开发时间（年／月／日）
54	44° 清照白酒	捆装	2000.03.29
55	44° 清照特曲	纸箱包装	2000.03.30
56	44° 清照二锅头	桶装	2000.04.09
57	38° 纯净清照酒	纸箱包装	2000.04.23
58	38° 5# 清照特曲	纸箱包装	2000.08.01
59	34° 2# 清照特曲	纸箱包装	2000.08.17
60	34° 清照特酿	纸箱包装	2000.11.10
61	36° 清照情酒	纸箱包装	2000.08.30
62	39° 清照特曲	纸箱包装	2000.11.18
63	38° 清照特曲	纸箱包装	2000.11.19
64	39° 清照特曲	纸箱包装	2000.11.19
65	38° 清照特酿	纸箱包装	2000.11.19
66	42° 清照特曲	纸箱包装	2000.12.06
67	31° 清照家酒	纸箱包装	2000.12.10
68	36° 清照园特曲	纸箱包装	2000.12.12
69	44° 2# 清照特曲	纸箱包装	2000.12.12
70	44° 清照园陈香	纸箱包装	2000.12.25
71	36° 清照特曲	纸箱包装	2000.12.25
72	36° 清照特曲	纸箱包装	2001.01.05
73	44° 清照宴酒	纸箱包装	2001.01.05
74	46° 清照原浆酒	纸箱包装	2001.01.13
75	44° 清照特曲	纸箱包装	2001.02.05
76	44° 清照特酿	纸箱包装	2001.03.24
77	54° 清照高粱酒	桶装	2001.04.05
78	44° 清照白酒	捆装	2001.04.12
79	39° 特制清照特曲	纸箱包装	2001.04.20

续表

项目	产 品 名 称	类 型	开发时间（年／月／日）
80	36° 2# 清照特曲	纸箱包装	2001.04.24
81	44° 折光清照特曲	纸箱包装	2001.05.30
82	3# 清照王酒	纸箱包装	2001.06.09
83	44° 2# 清照特酿	纸箱包装	2001.06.11
84	36° 清照王酒	纸箱包装	2001.07.04
85	44° 清照特酿	纸箱包装	2001.08.21
86	44° 清照特酿	纸箱包装	2001.08.21
87	44° 清照玉液	纸箱包装	2001.08.21
88	44° 清照特酿	纸箱包装	2001.08.21
89	36° 1# 清照特曲（换代）	纸箱包装	2001.08.29
90	39° 金钟花王酒	纸箱包装	2001.09.03
91	36° 金钟花特曲	纸箱包装	2001.09.04
92	38° 金钟花特曲	纸箱包装	2001.09.04
93	44° 金钟花特酿	纸箱包装	2001.09.04
94	44° 金钟花二锅头	纸箱包装	2001.09.08
95	39° 手提清照特酿	纸箱包装	2001.09.07
96	44° 1# 清照特曲（换代）	纸箱包装	2001.09.08
97	36° 十年清照特酿	纸箱包装	2001.09.10
98	36° 清照特酿	纸箱包装	2001.09.12
99	39° 手提清照特曲	纸箱包装	2001.09.13
100	36° 金清照	纸箱包装	2001.09.15
101	44° 手提清照特曲	纸箱包装	2001.09.14
102	36° 珍品清照酒	纸箱包装	2001.09.14
103	46° 五星珍品清照	纸箱包装	2001.09.27
104	36° 手提清照特曲	纸箱包装	2001.09.27
105	36° 无盒清照特曲	纸箱包装	2001.11.14

续表

项目	产 品 名 称	类 型	开发时间（年／月／日）
106	38° 清照大曲	纸箱包装	2001.12.13
107	44° 桶装清照酒	桶装	2001.12.17
108	36° 金世纪清照特酿	纸箱包装	2001.12.26
109	42° 清照特酿	纸箱包装	2001.12.31
110	42° 清照特酿．	纸箱包装	2002.01.02
111	44° 清照特曲	纸箱包装	2002.01.07
112	38° 清照特酿（郭店）	纸箱包装	2002.01.10
113	38° 清照特酿（历城）	纸箱包装	2002.01.10
114	38° 清照特曲	纸箱包装	2002.01.12
115	52° 珍品清照特酿	纸箱包装	2002.01.15
116	34° 折皱清照特曲	纸箱包装	2002.01.18
117	46° 清照大曲	纸箱包装	2002.01.22
118	39° 清照特酿	纸箱包装	2002.01.22
119	38° 清照特酿	纸箱包装	2002.01.27
120	39° 清照特酿	纸箱包装	2002.01.29
121	44° 散大曲	散装	2002.02.27
122	46° 清照醇香	纸箱包装	2002.04.02
123	39° 清照特曲	纸箱包装	2002.04.24
124	44° 清照陈酿	纸箱包装	2002.04.23
125	36° 精制清照特酿	纸箱包装	2002.04.26
126	36° 清照特曲（济南）	纸箱包装	2002.04.27
127	39° 清照特曲（济南）	纸箱包装	2002.04.27
128	39° 清照陈酿	纸箱包装	2002.06.09
129	36° 百脉王	纸箱包装	2002.07.18
130	44° 新清照宴酒	纸箱包装	2002.08.07
131	44° 新清照特曲	纸箱包装	2002.08.07

续表

项目	产品名称	类型	开发时间（年／月／日）
132	38° 清照园特酿	纸箱包装	2002.08.23
133	42° 清照园特酿	纸箱包装	2002.08.23
134	32° 银清照	纸箱包装	2002.08.27
135	39° 八年陈酿清照特曲	纸箱包装	2002.08.30
136	39° 清照玉液	纸箱包装	2002.08.30
137	36° 清照情酒	纸箱包装	2002.09.04
138	36° 清照王子酒	纸箱包装	2002.09.04
139	36° 清照王酒（青州）	纸箱包装	2002.09.10
140	38° 清照特曲（青州）	纸箱包装	2002.09.09
141	44° 手提清照特酿（历城）	纸箱包装	2002.09.09
142	44° 清照情酒（历城）	纸箱包装	2002.09.11
143	39° 手提清照特曲	纸箱包装	2002.09.13
144	36° 木盒清照园	纸箱包装	2002.09.13
145	42° 清照福酒	纸箱包装	2002.09.15
146	36° 4# 清照王酒	纸箱包装	2002.09.15
147	39° 清照家酒	纸箱包装	2002.09.16
148	44° 清照特酿	纸箱包装	2002.09.16
149	44° 手提清照特曲	纸箱包装	2002.11.30
150	38° 清照园特酿	纸箱包装	2002.11.30
151	39° 清照特酿（济阳）	纸箱包装	2002.12.18
152	40° 清照特曲	纸箱包装	2002.12.18
153	46° 鹏程万里酒	纸箱包装	2002.12.17
154	38° 十年清照特曲	纸箱包装	2002.12.17
155	38° 清照特曲（济南）	纸箱包装	2002.12.23
156	38° 清照特酿（历城）	纸箱包装	2002.12.23
157	39° 清照特曲（刁镇）	纸箱包装	2002.12.25

续表

项目	产 品 名 称	类 型	开发时间（年／月／日）
158	34° 金元帅酒（历城）	纸箱包装	2002.12.30
159	36° 金将军酒（历城）	纸箱包装	2002.12.30
160	36° 清照园特酿（历城）	纸箱包装	2003.01.03
161	36° 珍品清照酒（历城）	纸箱包装	2003.01.06
162	36° 清照特酿（历城）	纸箱包装	2003.01.07
163	39° 清照特酿（历城）	纸箱包装	2003.01.07
164	36° 金清照（淄川）	纸箱包装	2003.01.07
165	36° 八楞清照园特曲	纸箱包装	2003.01.07
166	45° 清照特曲	纸箱包装	2003.01.07
167	38° 清照特曲 250ml	纸箱包装	2003.01.11
168	39° 清照家酒（历城）	纸箱包装	2003.01.19
169	36° 清照家酒（历城）	纸箱包装	2003.01.19
170	42° 清照园陈酿（历城）	纸箱包装	2003.02.22
171	36° 口杯清照特曲	纸箱包装	2003.04.10
172	44° 清照酒	纸箱包装	2003.04.19
173	44° 清照大曲（莱芜）	纸箱包装	2003.04.18
174	38° 清照园特酿 150ml(历城)	纸箱包装	2003.07.04
175	36° 二代清照特曲	纸箱包装	2003.07.16
176	39° 清照特酿（夏津）	纸箱包装	2003.07.19
177	39° 清照家酒（济阳）	纸箱包装	2003.07.20
178	39° 清照特酿（济阳）	纸箱包装	2003.07.19
179	38° 清照特酿（夏津）	纸箱包装	2003.07.19
180	36° 精品清照园特酿（历城）	纸箱包装	2003.07.24
181	39° 五年清照园特酿（历城）	纸箱包装	2003.07.25
182	38° 一星清照园特酿（历城）	纸箱包装	2003.07.24
183	44° 清照喜酒（夏津）	纸箱包装	2003.07.24

续表

项目	产 品 名 称	类 型	开发时间（年／月／日）
184	42° 二星清照园特酿（历城）	纸箱包装	2003.07.29
185	42° 三年清照园特酿（历城）	纸箱包装	2003.07.29
186	36° 清照星酒（夏津）	纸箱包装	2003.08.01
187	35° 清照特曲（枣园）	纸箱包装	2003.08.06
188	38° 清照喜酒（换代）	纸箱包装	2003.08.10
189	39° 清照特酿（济阳）	纸箱包装	2003.08.11
190	52° 五星清照园特酿（历城）	纸箱包装	2003.08.19
191	44° 清照园特曲	纸箱包装	2003.08.19
192	44° 清照特酿（历城）	纸箱包装	2003.08.20
193	38° 清照特曲（历城）	纸箱包装	2003.08.20
194	52° 清照特曲（历城）	纸箱包装	2003.08.20
195	38° 手提清照特酿（历城）	纸箱包装	2003.08.21
196	36° 三星清照园（历城）	纸箱包装	2003.08.21
197	36° 清照特曲（历城）	纸箱包装	2003.08.23
198	36° 清照特酿（历城）	纸箱包装	2003.08.23
199	39° 手提清照特酿（历城）	纸箱包装	2003.08.23
200	38° 清照特酿（历城）	纸箱包装	2003.08.23
201	38° 四星清照酒（历城）	纸箱包装	2003.08.26
202	39° 礼盒清照特酿（历城）	纸箱包装	2003.08.28
203	44° 清照家（换代　历城）	纸箱包装	2003.09.02
204	42° 精品清照特酿（历城）	纸箱包装	2003.09.04
205	38° 金樽清照酒	纸箱包装	2003.09.05
206	38° 清照特酿（历城）	纸箱包装	2003.09.09
207	34° 八楞清照园酒	纸箱包装	2003.09.26
208	38° 五年清照酒	纸箱包装	2003.12.04
209	37° 清照喜酒（换代）	纸箱包装	2003.12.05

续表

项目	产 品 名 称	类 型	开发时间（年／月／日）
210	44° 清照今生缘酒（莱芜）	纸箱包装	2003.12.13
211	38° 清照酒（明水）	纸箱包装	2003.12.19
212	42° 清照特酿	纸箱包装	2003.12.22
213	46° 清照家酒	纸箱包装	2003.12.22
214	38° 手提清照园特酿（历城）	纸箱包装	2003.12.22
215	46° 清照园特酿（历城）	纸箱包装	2003.12.22
216	45° 清照情酒（历城）	纸箱包装	2003.12.24
217	36° 清照特曲（济南）	纸箱包装	2004.01.03
218	38° 清照特曲（济南）	纸箱包装	2004.01.02
219	40° 清照特曲（济南）	纸箱包装	2004.01.05
220	46° 清照原浆酒（历城）	纸箱包装	2004.01.13
221	38° 清照酒（换代）	纸箱包装	2004.01.13
222	42° 大桶装	桶装	2004.02.07
223	5# 清照王	纸箱包装	2004.04.02
224	39° 清照特曲	纸箱包装	2004.04.12
225	36° 清照乡音酒	纸箱包装	2004.04.12
226	38° 清照人杰酒	纸箱包装	2004.04.12
227	34° 清照词人酒	纸箱包装	2004.04.12
228	35° 清照特曲	纸箱包装	2004.04.21
229	42° 清照酒	纸箱包装	2004.04.29
230	46° 清照二锅头	纸箱包装	2004.05.25
231	40° 清照酒	纸箱包装	2004.06.23
232	36° 清照特酿 250ml(历城）	纸箱包装	2004.06.29
233	36° 三星清照特酿（历城）	纸箱包装	2004.07.01
234	36° 金清照（换代）	纸箱包装	2004.08.01
235	32° 金清照（换代）	纸箱包装	2004.08.01

续表

项目	产品名称	类型	开发时间（年／月／日）
236	39° 清照迎宾酒（换代）	纸箱包装	2004.08.01
237	38° 清照特曲（换代）	纸箱包装	2004.08.31
238	39° 清照酒	纸箱包装	2004.08.31
239	39° 清照特酿（历城）	纸箱包装	2004.09.04
240	38° 清照特曲（济南）	纸箱包装	2004.09.12
241	46° 清照特曲	纸箱包装	2004.09.12
242	52° 金清照	纸箱包装	2004.09.12
243	36° 八年清照特曲	纸箱包装	2004.09.12
244	45° 清照特酿（历城）	纸箱包装	2004.09.15
245	46° 清照园特酿（历城）	纸箱包装	2004.09.25
246	38° 金牌清照（换代）	纸箱包装	2004.12.21
247	38° 清照特酿（济阳）	纸箱包装	2004.12.29
248	42° 清照酒	纸箱包装	2004.12.29
249	36° 清照特酿（历城）	纸箱包装	2005.01.04
250	42° 清照园陈酿（历城）	纸箱包装	2005.01.09
251	38° 五年清照特曲	纸箱包装	2005.01.09
252	45° 清照特酿（历城）	纸箱包装	2005.01.17
253	34° 顺嘴酒	纸箱包装	2005.01.08
254	52° 顺嘴酒	纸箱包装	2005.01.08
255	40° 顺嘴酒	纸箱包装	2005.01.26
256	42° 清照特酿（历城）	纸箱包装	2005.01.25
257	38° 清照特酿（历城）	纸箱包装	2005.08.22
258	32° 高老庄酒（淄博）	纸箱包装	2005.08.22
259	39° 清照特曲	纸箱包装	2005.08.22
260	42° 清照特酿	纸箱包装	2005.09.12
261	34° 清照特酿（历城）	纸箱包装	2005.09.12

续表

项目	产 品 名 称	类 型	开发时间（年／月／日）
262	38° 清照特曲（济南）	纸箱包装	2005.12.27
263	41° 清照特酿	纸箱包装	2005.12.27
264	42° 清照园特曲	纸箱包装	2005.12.27
265	38° 清照特曲（换代）	纸箱包装	2006.01.03
266	39° 清照特酿（换代）	纸箱包装	2006.01.05
267	36° 精品清照特曲	纸箱包装	2006.03.03
268	38° 精品清照特曲	纸箱包装	2006.03.03
269	36° 2# 清照特酿（历城）	纸箱包装	2006.04.05
270	36° 三星清照酒（历城）	纸箱包装	2006.04.05
271	36° 清照特酿（历城）	纸箱包装	2006.06.19
272	34° 清照特曲	纸箱包装	2006.06.30
273	36° 清照特曲	纸箱包装	2006.06.30
274	38° 三星清照特酿（历城）	纸箱包装	2006.07.02
275	44° 清照二曲	纸箱包装	2006.07.12
276	34° 2# 清照特曲（济南）	纸箱包装	2006.07.21
277	36° 2# 清照特曲（济南）	纸箱包装	2006.07.21
278	39° 清照家特酿（历城）	纸箱包装	2006.07.29
279	45° 清照家特酿（历城）	纸箱包装	2006.07.29
280	42° 一星清照特酿（历城）	纸箱包装	2006.08.09
281	36° 清照家特酿（换代 历城）	纸箱包装	2006.08.11
282	39° 清照家特酿（换代 历城）	纸箱包装	2006.08.11
283	45° 清照家特酿（换代）	纸箱包装	2006.08.11
284	39° 2# 清照特曲（济南）	纸箱包装	2006.08.19
285	39° 二星清照特酿（历城）	纸箱包装	2006.08.19
286	34° 清照特酿（历城）	纸箱包装	2006.09.03
287	45° 清照特酿（历城）	纸箱包装	2006.09.17

续表

项目	产品名称	类型	开发时间（年／月／日）
288	38°清照特酿（历城）	纸箱包装	2006.09.17
289	34°清照园特曲	纸箱包装	2007.03.19
290	42°手提清照纯粮	纸箱包装	2007.05.28
291	36°永遇乐清照特酿	纸箱包装	2007.06.21
292	39°满庭芳清照特酿	纸箱包装	2007.06.21
293	46°清照园原浆酒	纸箱包装	2007.07.08
294	42°清照特酿	纸箱包装	2007.08.18
295	248ml52°清照特酿	纸箱包装	2007.12.07
296	38°银三星清照特酿	纸箱包装	2007.12.07
297	36°金三星清照特酿	纸箱包装	2007.12.07
298	38°清照特酿	纸箱包装	2007.12.07
299	38°清照特酿银家	纸箱包装	2007.12.15
300	2#36°清照特酿	纸箱包装	2007.12.17
301	36°清照特酿金家	纸箱包装	2007.12.18
302	精品38°清照特酿	纸箱包装	2007.12.18
303	39°清照特酿	纸箱包装	2007.12.30
304	38°清照特酿	纸箱包装	2007.12.30
305	36°清照吉传天下	纸箱包装	2007.12.30
306	3#38°三星清照特酿	纸箱包装	2007.12.30
307	济南绿野专销39°清照特曲	纸箱包装	2008.08
308	38°手提清照（济南郑元亮专销）	手提	2008.11
309	52°手提清照（济南郑元亮专销）	手提	2008.11
310	39°清照四星（历城曹起专销）	纸箱包装	2008.11
311	38°手提盒清照（历城曹起专销）	手提	2008.11
312	250ml38°清照（历城刘英专销）	纸箱包装	2008.11
313	39°清照园老窖价格（历城专销）	纸箱包装	2008.12

续表

项目	产 品 名 称	类 型	开发时间（年／月／日）
314	38° 金居易清照特酿	纸箱包装	2008.12
315	36° 居易坊清照特酿	纸箱包装	2008.12
316	东方冷库专销 38° 清照	纸箱包装	2009.01
317	吕军专销 38° 福满园酒	纸箱包装	2009.01
318	39° 清照（历城仲宫专销低档）	纸箱包装	2009.07
319	普通 39° 清照特酿	纸箱包装	2009.07
320	36° 清照特酿	纸箱包装	2009.07
321	新 36° 乡音清照	纸箱包装	2009.08
322	38° 乡音清照	纸箱包装	2009.08
323	36 清照园（历城吕军专销低档）	纸箱包装	2009.09
324	39° 清照园手提（历城吕军专销低档）	手提	2009.11
325	曹起专销 52° 清照	纸箱包装	2009.12
326	高明士专销 38° 清照	纸箱包装	2009.12
327	鲁南区域专销 250ml 52° 清照	纸箱包装	2009.11
328	250ml 36° 百脉泉旅游纪念酒	纸箱包装	2009.11
329	王宝春专销 36° 清照	纸箱包装	2009.11
330	吕军专销 53° 清照园	纸箱包装	2009.11
331	李文军专销 36° 珍品清照特酿	纸箱包装	2009.12
332	日照专销 34° 清照	纸箱包装	2009.12
333	济阳黄河酒水专销 38° 清照	纸箱包装	2010.02
334	海润专销 34° 金红清照	纸箱包装	2010.03
335	女士酒的开发	纸箱包装	2012.03
336	36° 清照绵柔十年	纸箱包装	2013.02
337	39° 清照绵柔八年	纸箱包装	2013.06
338	39° 清照特酿（新版）	纸箱包装	2014.03
339	38° 清照特酿（老版）	纸箱包装	2015.02
340	39° 清照特酿（老版）	纸箱包装	2015.02

续表

项目	产品名称	类型	开发时间（年／月／日）
341	36° 清照特酿（老版）	纸箱包装	2015.02
342	36° 清照和雅	纸箱包装	2015.06
343	34° 清照和雅	纸箱包装	2015.06
344	38° 清照特酿（清照联销人物版）	纸箱包装	2016.05
345	39° 清照特酿（清照联销人物版）	纸箱包装	2016.05
346	36° 清照特酿（清照联销人物版）	纸箱包装	2016.05
347	38° 清照特酿（清照联销兰花版）	纸箱包装	2016.05
348	39° 清照特酿（清照联销兰花版）	纸箱包装	2016.05
349	36° 清照特酿（清照联销兰花版）	纸箱包装	2016.05
350	38° 清照特酿（清照联销孔雀版）	纸箱包装	2016.05
351	39° 清照特酿（清照联销孔雀版）	纸箱包装	2016.05
352	36° 清照特酿（清照联销孔雀版）	纸箱包装	2016.05
353	38° 清照特酿（清照联销方框版）	纸箱包装	2016.05
354	39° 清照特酿（清照联销方框版）	纸箱包装	2016.05
355	36° 清照特酿（清照联销方框版）	纸箱包装	2016.05
356	36° 清照老酒坛	纸箱包装	2017.03
357	34° 清照老字号	纸箱包装	2017.03
358	34° 清照红如意	纸箱包装	2017.05
359	34° 清照印象	纸箱包装	2017.03
360	36° 清照情怀	纸箱包装	2017.03
361	35° 清照特曲（小葫芦新版）	纸箱包装	2017.05

第三节　商标、包装装潢

商标

1964 年，注册百脉泉牌白酒商标。文化大革命期间，商标注册机构撤销，工作无人管理。1978 年 11 月，国家恢复商标注册工作。1979 年 10 月，该厂百脉泉牌大曲酒、高粱酒、佳酿酒商标又报经济南市主管部门进行商标注册。1985 年，注册明绣春牌白酒商标。1989

年 4 月，注册清照牌白酒商标。1998 年，注册海泰牌白酒商标。2000 年 10 月，注册清照园牌白酒商标。2002 年 7 月，清照商标获山东省著名商标。2004 年 3 月，注册清照王、清照宴、清照家、清照情、一代词人 5 个白酒商标。2009 年 6 月完成第 35 类“”商标注册工作；2010 年 2 月完成第 35 类“真情涌动百脉泉”商标注册工作；2011 年—2017 年完成第 33 类“李清照”“清照满庭芳”“百脉泉 9 年”“清照园福满园”“百脉泉福祥和”“浓芝坊”“百脉泉齐鲁壹号”“百脉泉泉城壹号”商标注册工作。通过法律途径撤销他人恶意注册的“泉人李清照”“清照福满园”“百脉风光”“百脉龙泉家园”四宗侵权商标，维护了公司的合法权益。该公司百脉泉商标于 2014 年 11 月 25 日被济南市商务局认定为济南老字号，2017 年 9 月 11 日，被山东省商务厅认定为山东省老字号。截止 2018 年 4 月，公司拥有有效注册商标 16 个，其中第 33 类（白酒商标）有效注册商标 14 个，第 35 类（广告商标）有效注册商标 2 个。

包装、装潢

建厂初期，散装包装采用酒篓和桶。1980 年，开发了两款捆装瓶装酒，分别为 62° 百脉泉酒和 62° 百脉泉大曲，瓶型采用普通白瓶，商标材质采用普通白板纸，彩色印刷工艺，百脉泉大曲商标盒体采用烫金边工艺。用浆糊粘贴的方式，此种包装方式一直延续到 1985 年。随着新产品的不断开发、品牌的更新换代，其商标包装装潢也随着科技的进步不断的更新变化。1986 年，开发了一款 54° 百脉泉特曲，其外包装形式由原来捆装式改为牛皮纸外箱包装，瓶装酒严格按照山东省 [1972] 普通酒箱统一包装方案执行。瓶型由原来的普白瓶改为瓷异型瓶，产品包装开发样式和材料走上了多样化的道路。1987 年，产品增加了内盒包装，其材质采用单层白板纸并采用彩色印刷工艺，包装装潢改陈旧的问题，商标仍沿用白板纸的形式。

1990 年，54° 百脉泉特曲商标印刷工艺由彩色印刷改为大面积烫金。百脉泉特曲包装在济南市“首届食品包装展评会”上获三等奖。1992 年，44° 百脉泉特曲包装分为精装和简装两种形式，精装为带内盒，内盒包装在白板纸的基础上增加了瓦楞和覆膜工艺，增加了内盒的强度。1996 年，设计开发的新产品 38°、39° 清照特曲、44° 清照大曲、42°、44° 百脉泉特曲等，其中 38° 清照特曲商标材质为白板纸覆膜，盒体采用烫金形式，44° 清照大曲商标采用涤纶不干胶。包装外箱由普通牛皮纸换成白板纸采用彩印工艺增加覆膜。1997年，将原有部分产品的包装内盒的单层白板纸加瓦楞，更换为双层白板纸加瓦楞，且明确要求内盒材质需达到550克。是年年底，开发的中、高档产品44°百脉泉特曲（换代产品）、38°豪华清照特曲、36°清照王、38°精品清照特曲等，内盒逐步使用金卡纸，外箱改为白板纸彩印并覆膜的工艺。普通瓶装酒商标也由白板纸改为铝箔纸或涤纶不干胶。1999年，相继开发了39°清照园特曲、珍品清照酒、52°清照特曲、34°精制清照特曲等，从商标到内盒，全部采用蒙砂工艺。材质为金卡纸，外箱首次采用了金卡纸包装。是年底，开发了换代38°清照特曲，从商标、内盒到外箱，所用的金卡纸，采用压光膜工艺。2001年，开发了44°清照特曲、36°金清照、39°特制清照特曲等，商标、内盒、外箱全部使用金卡纸，采用折光工艺。2002年，开发了一款高档产品38°十年清照特曲，商标采用240克白板纸彩色印刷工艺且覆压光膜，高档水晶玻璃瓶，内盒采用成型盒的形式，由深圳柏星龙承印。2006年4月，该公司设计开发了36°浓情百脉泉、42°激情百脉泉、36°豪情百脉泉三款产品。瓶型均采用玻璃透明高白料的瓶子，在瓶身和外包装盒、箱上设计形式统一，重点突出情与酒水相结合的元素，实现品牌识别统一，颜色鲜明。采用透明瓶型，立体化展现产品晶莹剔透的产品品质，上市后，得到消费者的认可，成为百脉泉系列产品的主导。

新的包装和装潢还采用高新技术，研制先进的防伪措施。如：放大镜一次性全防伪，电话、电码防伪，激光全息防伪、防伪瓶盖、一次性防伪瓶、防伪胶带、防伪标签等，为保护品牌发挥了作用。2009年，公司在“情”系列产品之后迅速开发了以百脉泉年份系列为主导的产品：6年红色装，9年蓝色装，12年褐色装三款不同包装颜色系列化产品。

2008年6月，包装盒防伪标使用电子监管码。11月改为电话防伪标，电话查询防伪。2009年1月，用带安全线防伪标，延续电话查询防伪。2013年8月，使用二维码扫描查询代替电话查询等防伪措施，有效地保护了公司产品品牌。

2015年，公司开发34°、42°百脉泉泉城壹号。34°泉城壹号采用绿色生态的色调进行设计，42°泉城壹号采用金色色调进行设计，瓶型采用玻璃透明的高白料手工瓶型，并在瓶底以全面展示了泉城特有的元素，让消费者感受到喝的不仅是酒，而是品的一种文化。

2016年6月，公司开发上市了清照老字号和老酒坛两款产品。瓶型分别采用褐色瓷坛形式，色彩古朴典雅，坛型简单大方，符合产品自身特点，盒子和外箱采用牛皮纸的包装材料，配合瓶型颜色特点，突出产品独有的文化气息，使品牌形象更清晰、更明确。

2017年，公司研发了52°泉城壹号，无论在包装还是瓶型上都提升了一个档次，瓶型均采用玻璃透明高白料手工瓶，瓶型料重达680克，造型以方形为主体，体现了为人正直，品行端正，与公司企业理念相吻合。包装采用成型盒以金色为主，体现了高端富贵，在瓶身和外包装盒子、箱子上设计形式统一，重点突出泉水与酒水元素的结合，将产品包装较好的实现品牌识别统一，颜色鲜明。并且采用透明瓶型，立体化展现产品晶莹剔透的产品品质，成为百脉泉系列高端产品的代表。

2018年4月，在山东春季糖酒会上，公司推出的战略新品54°、46°兼香型“齐鲁壹号”，通过艺术化的包装、独具匠心的瓶型、优雅高端的酒质，定位于商务高端用酒。

（审稿人员：李庆腾　丁晓娟）

第六篇

营　销

第一章 销 售

第一节 沿 革

建厂初期，酒类实行专卖。1949年，产品由淄博专酿专卖事业处设立章丘分处，负责烟酒批发和专卖事业管理。1951年7月，章丘设立烟酒专卖事业公司。1953年8月，章丘由淄博划归泰安，设章丘县烟酒批发部。1958年9月，章丘由泰安专区划归济南，生产经营由济南调度，产品销售由章丘烟酒经理部调拨。1961年4月，章丘由济南划归泰安专区。9月，章丘烟酒经理部改称章丘糖业烟酒公司。1966年10月，章丘糖业烟酒公司改称章丘副食品商店。1972年2月，章丘副食品商店改为章丘县副食品公司。酒厂生产的产品，由副食品公司负责调拨销售。1978年11月，章丘由泰安地区划归济南市，期间是计划经济时期，产销合一，产品由章丘县食品工业公司实行统销。

1978—1982年，销售政策实行双轨制，销售调拨计划减少，销售收入大幅下降，产品积压，为加大销售力度，产品实行代销、赊销，但货款难以收回，资金周转困难。1985年，加强销售工作领导，增加销售业务人员，成立销售科，特聘在厂工作多年，有销售工作经验的刘锡仁担任销售科长。为激励销售人员的工作积极性，与销售科签订销售承包合同。合同规定自1985年3月1日至1986年2月28日，承包白酒销售任务4700吨（65°），计划超额销售500吨，每完成1吨付销售费10元，把任务分解到每年的每个季度每个月。该厂按不同地区付承包费。外省销405吨，每吨13.97元、计5657.85元。外县1145吨，每吨16.74元、计19167.30元。本县3150吨，每吨2.67元、计8816元，总计销售费33641.15元，平均每吨7.16元。销售科如完不成承包任务的80%不发承包费，完成80%以上按比例发放。货款回收双方议定原则货到付款，最长不超2个月，2个月以上不付承包费。任务分季度考核，不论什么渠道、什么形式，销售的数量都视同销售科完成的任务，支付承包费。途中瓶酒破碎率损耗，100公里以内1‰，200公里以内是

1.5‰，200公里以外2‰，实行全奖全罚。火车押运人员工资由厂支付，汽车押运在旺季由该厂酌情处理。配备运输车归销售科使用。火车车皮计划由雇用人员负责提报计划。露酒销售不承包，销售费仿照白酒销售支付。1984年销售欠款回收，在职销售人员负责催款，调出业务人员的欠款，回收时由该厂支付工资及费用。

1992年，市场竞争日趋激烈，经营销售出现多元化，销售科分为销售一科和销售二科。销售一科负责本县销售业务，销售二科负责县外销售业务。1994年11月，成立销售公司，销售公司下设销售一处、销售二处。销售一处负责市内销售，销售二处负责市外销售。销售公司加强了本市市场的销售力度，分别在明水、刁镇、普集设立产品展销厅。1995年，实行经销承包责任制，改变了原来的定额承包超销奖励办法。按销售额比例提取报酬，多销多得，不销不得。一、承包形式：由总公司对各销售部门实行承包，再由各销售部门对业务人员承包。以销售收入计奖，分层兑现，上不封顶、下不保底。二、销售任务：年销售收入不低于4000万元，其中粮食酒（65°）700吨，65°白酒4050吨，酒精2500吨（按全年8100吨白酒折算）。三、实施办法：销售收入与工资、奖金、出差补助费、业务费用包干。提成依据按总公司财务处结算的营业收入为提奖基数，一月一结算预支，半年一清，全年统算兑现。具体标准如下：一、销售一处 全年完成销售额1500万元，其中白酒（65°）不低于2500吨，每吨按4000元，粮酒不低于230吨，每吨按2.2万元计算。白酒完成1000万元以上按0.6%提成，完成任务的80%以上按0.55%提成，完成任务的80%以下按0.5%提奖。粮酒完成500万元按1.5%提成，完成任务的80%以上按1.3%提成，低于80%按1.2%提成。销售一处的业务人员每人每月销售总额不得低于8万元，低于8万元不提成。二、销售二处 负责市外白酒、粮酒业务，全年完成任务65° 白酒不低于1600吨，粮酒不低于90吨，销售额800万元。白酒完成640万元按3.5%提成，完成任务的80%以上，按3.3%提成，低于80%按3%提成。粮酒完成160万元按4.5%提成，完成任务80%以上按4.3%提成，低于80%按4%提成。销售二处的业务人员每人每月销售总额不得低于5万元。明水展销厅全年完成650万元营业额，其中65° 白酒不低于1100吨，粮酒不低于130吨。粮酒完成286万元，按1.5%提成，完成80%以上按1.4%提成，低于

80%按1.3%提成。白酒完成264万元，按0.6%提成，完成80%以上按0.55%提成，低于80%按0.5%提成，完成65%以上按0.3%提成，低于65%不提成。刁镇展销厅　全年完成营业额350万元，其中65°白酒不低于500吨，粮酒不低于70吨。粮酒完成154万元，按1.5%提成，完成80%以上按1.4%提成，低于80%按1.3%提成。白酒完成200万元，按0.6%提成，完成任务的80%以上，按0.55%提成，低于80%按0.5%提成，完成65%以上按0.3%提成，低于65%不提成。普集展销厅　全年完成营业额200万元，其中65°白酒不低于225吨，粮酒不低于50吨。粮酒完成110万元，按1.5%提成，完成80%以上按1.4%提成，低于80%按1.3%提成。白酒完成90万元，按0.6%提成，完成任务的80%以上，按0.55%提成，低于80%按0.5%提成。厂直散酒展销厅　全年完成300万元营业额，计发定员4人的工资和享受副处级的奖金。超额完成任务的1%或少完成1%，按其工资奖金的1%进行奖、罚，以此类推。厂直瓶酒展销厅　全年完成200万元营业额，计发定员的工资和享受副处级的奖金，每超额完成任务的1%或少完成1%，按其工资奖金的1%进行奖、罚，以此类推。明水、刁镇、普集展销厅的提成均含工资、奖金、出差补助费，不含各种政策性补贴。酒精的销售，由销售公司具体负责，按章丘市外3.3%和市内0.5%的标准进行提成，作为支付业务人员的差旅费用和公司开展业务的费用。

对于业务人员不能按期收回货款，从超过之日起按工商银行贷款利率从经办人中扣罚利息。造成呆账、坏账损失的由经办人负责赔偿，并追究该部门的领导责任，情节严重的追究其当事人的刑事责任。规定章丘市内的运输破碎率在1‰以内，市外按1.5‰，超出部分由押运员和司机负责。是年，实现销售收入4200万元，比上年增长67%，列入山东省白酒行业综合实力百强企业。

1998年，总公司赋予销售公司及承包人经营管理及行政管理权、奖金分配权。

1998年产品营销承包合同　销售公司对下属的各展销厅、销售小组本着目标明确、奖惩分明的原则进行承包。一、承包任务：制定各区域、展销厅全年实现销售粮食酒、白酒数量，销售额。二、奖惩办法：1.对市内展销厅实行按销售额提成大包干的办法，上不封顶、下不保底（含工资、奖金、差旅费、出差补助费）。粮食酒按2%提成，白酒按0.7%提成，完成全年销售粮食酒任务加发0.7%，超额完成部分按粮食酒3.5%提成，白酒按1.5%提成，酒精按0.7%提成。2.对市外实行完成销售额提成大包干的办法，上不封顶、下不保底（含工资、奖金、差旅费、出差补助费）。销售粮食酒按5%提成，完成全年销售粮食酒任务加发1%，超额完成粮食酒部分按7%提成，白酒2.70元／瓶以上的按3%提成，2.70元／瓶以下的按2%提成。酒精按1%提成。三、结算办法：货款原则不拖欠，对信誉好，有担保能力的客户月内结清。对不按期收回货款的不提销售奖，并按银行利率支付利息，对造成经济损失的，由责任人负责赔偿。四、权利和职责：1.承包人对本展销厅、小组强化管理，做到日清月结、账物相符，账账相符，有权决定提成的分配，但分配要公开，本着多销多得的分配原则。2.承包人有权组建展销厅业务人员，对不服从管理和素质差的业务人员要求公司及时调换。3.各展销厅必须认真执行总公司和党委的一切决议及规章制度，服从总公司领导，带领业务员完成和超额完成任务。4.展销厅承包人要坚决执行和完成总公司下达的任务，如长期完不成任务或造成严重经济损失的，总公司有权撤换承包人，令其承担一切经济损失，严重者移交司法部门处理。5.严禁借工作之便搞与公司业务无关的不正当交易，一经发现，严肃处理。是年，实现销售收入5257万元，列入全国酒行业明星企业，章丘最佳效益企业。

2005年，实行销售收入与分管销售经理工资挂钩的办法，该公司与销售公司经理签订目标责任书。销售公司经理实行年薪制，年销售收入达5200万元，年薪2.8万元。年销售收入达到5600万元，年薪3.6万元。年销售收入达到6000万元，年薪5万元。年销售收入达到6500万元，年薪8万元。年销售收入达不到4900万元，每下降100万元，扣除正常发放工资的10%，并赋予销售公司政策支持，用于产品广告支出，业务招待及走访客户一定数额的资金支持。销售经理与各展销厅层层签订责任书，变部门单独管理为公司垂直和部门直接管理相结合，彻底解决营销策略理解不到位，执行力不够的问题，实现销售收入7000万元。

2006年3月，公司与合肥远景营销咨询有限公司合作，经过充分地调查研究，对产品结构作了调整。打破了旧的营销体制，实行新的营销模式。4月，在全公司范围内进行营销岗位竞聘，坚持公平、公正、公开的原则，经过笔试、面试、综合评估，选拔优秀人才进入各区域市场任经理，负责销售工作。是年5月，组建了以市场为导向的营销组织，成立了市场部，及时收集、整理、反馈市场信息，与市场一线人员充分交流，进行科学决策。在市场人员的管理上，与专业培训机构进行合作，对市场销售、管理人员进行专业培训，促使市场人员改变思维方式，用更加科学的方法来进行市场建设与管理。在营销组织的调整上，重新建立了一套具有竞争力的薪酬指导体系，按照“能者上，庸者下”的原则，针对不同产品、不同市场制定有针对性的薪酬标准及考核体系，销售人员增加到118人，新增10多辆面包车服务营销工作。极大地激发了销售人员的工作积极性，使销售市场呈现稳定上升的趋势。是年6月，该公司由“济南百脉酒业销售有限公司”更名为“山东百脉泉商贸有限公司”。总公司赋予商贸公司管理、宣传、新产品开发等更多的权力和职责。充分发挥商贸公司的主观能动性，对营销管理实行预算制，商贸公司实行年薪制，销售收入与月度奖金挂钩的办法。改变公司销售人员上不封顶、下不保底、取消基本工资，完全按销售完成情况提取奖励的分配机制。2007年，销售系统的薪资考核保留了基本工资。薪资考核方案针对百脉泉酒业各区域销售人员。薪资考核是基本工资（按月发放）、月度奖金（考核发放）为销售人员薪资总额。基本工资按销售人员职位高低、市场运作难度有所不同，为固定值。月度奖金根据市场难度、产品结构、考核完成率的不同，奖金比例不同。销售公司对各销售区域经理和销售业务人员实行严格的细化考核，制定奖励与惩罚制度。是年，销售收入实现过亿元。

2008年，销售人员增至169人。其中专科学历以上人员135人，高级白酒营销师5人，中级白酒营销师18人。销售公司结合60周年厂庆，传播“光辉六十年”“感恩千万家”。分别在章丘、济南、历城、莱芜等地召开经销商订货会，招商洽谈会，开展各种促销活动。除销售豪情、浓情、激情产品外，又开发了“36°百脉泉新豪情”“齐鲁情”“天地情”。开发了42°光瓶高粱酒取代清照大曲，全年实现销售收入1.35亿元。

2010年，将济南、历城区域合并，成立济南分公司。8月，济南分公司内部机构进行重新整合，设立济南清照团队，负责市内清照大客户的供货；历城清照团队，负责历城区域的清照大客户；百脉泉专品部，负责百脉泉流通大客户；酒店直销部，负责市内200家酒店的供货；百脉泉团购部，负责搞好有关单位的团购工作。经过市场开发，清照产品在济南市区的年销量达8000多万元。鲁南区域设立分公司。章丘市场进行整合，成立章丘分公司。将章丘本土市场渠道扁平化、精细化运作，进一步明细各区域部门的职责范围。在重点市场成立直销部，强化直销人员管理，提高工作效率，完善酒店直销的终端精细化管理。

2012年，销售公司结合“调整建设年”活动的开展，本着“合适的人做合适的事”的原则，对销售公司部分主管、业务人员及后勤管理人员进行了微调，调动了业务人员的工作积极性，提高了工作效率。2014年，在春节、中秋节促销方案制定中，对章丘市场促销政策进行了调整，客户打款100万元以上，予以奖励一款节日专销产品，节日专销产品的投放，抵御了竞品和部分返销产品，提高了经销商积极性和渠道利润。中秋节首次突破1亿元大关。2014年5月17日，山东百脉泉酒业生态原浆酒封藏大典，在公司举行。封藏大典是品牌规划中提出的一项大事营销活动。活动的成功举办，提升了公司形象，拉近了与消费者的距离，实现了销售额，增加了公司利润。2015年，销售公司对所有中层管理干部和业务人员实行竞争上岗，对区域人员进行了优化，增强了业务人员的危机感。

2016年，章丘分为明水、刁镇、高官寨、埠村、普集5大片区。实行人员轮调，各区域人员的工作积极性得到显著提高。济南分公司组织架构调整为清照部和百脉泉专销部、百脉泉直销部、团购部。年内重新设计开发清照老字号、清照老酒坛，调整泉城壹号系列产品，提升了章丘、济南清照、百脉泉产品结构，树立了公司形象产品。开发厂控招商产品—百脉泉情怀、印象以及清照、百脉泉联销产品，降低市外产品开发数量，调整市外市场产品结构，提高区域之间的氛围互补和公司对市场的掌握控制。

2017年，销售公司以发展为主题目标，继续深入调整经营战略，加强市场管理和市场基础建设，稳定提升大本营市场（章丘、济南、历城），发展核心市场济阳、莱芜，发展潜力市场邹平、齐河。注重开发新市场临朐、禹城、沂源。调整产品结构，做好产品更新、换代开发工作。强化消费互联沟通体验的营销时代，体验酿酒过程，感受企业文化。继续深入人员调整，严格执行公司薪资政策，奖罚并举，全力打造一支能打胜仗、作风优良、召之即来、来之能战、战之必胜的营销团队。

奖励与惩罚制度

奖励制度　由总公司出资建立“百脉泉销售精英奖励基金”，作为对公司发展做出贡献的销售人员的奖励，奖励年底发放，奖金不低于当年实际平均月薪，上不封顶，具体由营销副总及公司总经理视具体情况自行考核而定。具备1.连续3个月销量均超标完成的区域。2.完成全年销售考核目标的区域。3.有特殊贡献的销售人员。实现其中任何一条的都可作为百脉泉销售精英评比的依据。

另设置新市场开发奖励，外围新市场（不含章丘、历城区域）开发成功给予开发人员一定比例的奖励，合同签订量不同，奖励不同。合同签订量在30—50万元，给予2000—3000元奖励。合同签订量在50—100万元，给予3000—5000元奖励。奖金在签约并首批打款后发放30%，年底经销商完成合同目标发放剩余奖金，完不成合同签订量的则不核发剩余奖金。

2009年5月，公司制订了《业务代表正负激励方案》，用来考核业务代表之间的“互评”、客情维护、目标任务完成情况、区域经理“综合考评”、销售公司“领导综合考评”等。方案要求各区域每月在本区域内，各评选出第一名和最后一名业务员，将各区域评出的末位业务员得到负激励100元的惩戒，排名第一者将获得50元的奖励，年内6次或连续3次被评为最后一名者，将从业务岗位上淘汰，年内6次或连续3次被评为第一名者，将作为销售公司储备人才享受优先提升及获得培训奖励。每月剩余资金则由销售公司人事部成立“基金蓄水池”，作为销售人员“活动基金”，以进一步凝聚大家的力量，让每位成员都感到团队的关怀和温暖，增强团队意识，争取销售任务完成的最好。该方案的实施，促使各业务代表将有可能被淘汰出局的压力变为努力工作、争取业绩的强大动力，提高了各业务人员的积极性。2012年，公司针对部分销售人员对基本的营销知识较欠缺，公司印发业务员渠道手册、促销手册，组织系统学习并形成定期考评制度。

2015年，销售公司从长远布局，打破原有陈旧的用人制度，为全体业务人员提供一个能者上，平者让，庸者下的竞争平台，对所有区域经理实行竞聘上岗。销售公司成立以销售总经理任组长，各副总任小组成员，职工代表监督，瀚文咨询公司参与的竞聘领导小组。以公开、公平，采用笔试、面试、答辩的方式，应聘人员根据岗位条件，结合自身情况，自愿报名，参加统一笔试。笔试后，进行面试和答辩，竞聘小组成员对每位参加竞聘成员的语言、竞聘岗位、职责、工作思想、如何开展工作等进行提问并打分。竞聘共计17个岗位，报名者51人，根据考核成绩，共有17人竞聘成功。

2017年11月，根据销售公司要求和市场实际情况，销售公司再次通过竞聘选岗进行优秀人员选拔。竞聘6个岗位，报名人员10人，按照分数高低及岗位要求，有7人竞岗成功，1人保持原岗，4人由普通业务员竞争到主管岗位，2人进行岗位调整。

团队激励政策 销售公司针对各区域任务目标量，不同时间段，制定相应的团队激励政策。在中秋、春节期间各区域团队根据超额完成目标任务的不同比例，享受不同比例的奖励。完成低于考核目标受到一定的处罚。

惩罚制度 连续3个月销量未达标的区域，其区域经理或销售人员降职、降级或调离。

有串货严重，造成市场混乱、挪用公款，其他违反公司相关规定者，其区域经理或销售人员作降职、降级或调离处理。情节严重者，立即开除，或按照公司相关规定处理。

第二节 策 略

该厂根据市场的变化和国家各时期白酒政策，适时调整产品销售策略。公司开启了管理创新年、调整建设年、品牌建设年等活动，有针对性地进行产品结构调整，制定了相应的营销策略和目标。

开发、巩固本地

1983年，开始转变经营方式，在本地区千方百计组织外出推销，由坐门等客改送货上门，寻找扩大销售门路，疏通老渠道，开辟新渠道，发挥代销员的网点作用，及时掌握行情与市场动态。设立专门销售机构，组建专业销售队伍，提高市场竞争能力。1985年，开展以酒换料业务，凡用地瓜干、高粱来换酒者，以值论价，用料款换取各种白酒。凡用料款换取白酒1年在10吨以上者，每吨酒优惠20元，年终兑现。群众用自产的原料来换取白酒者，一律享受批发价。1987年，厂长两上济南，三去淄博，利用时间差、季节差抢先一步打进了酒精市场，沟通了化工、制药行业的酒精销售渠道。副厂长与销售科长深入到30个乡镇供销社、粮所推销产品，调集原料，密切老关系，开辟新用户。销售业务人员跑市场找业务，进行市场调查预测，掌握市场信息。1990年，召开大、小型产品定货会、展销会4次，以此宣传本企业产品，宣传企业，提高和扩大该企业和产品知名度。共签订销售款110万元。

1992年，企业面临着适应、生存、发展的严峻考验，加大销售力度，实行党、政、工、团一齐上、全员销售占市场打局面，在全厂开展全员销售月及销售竞赛活动。全员销售按厂级、中层以上干部及职工分别落实任务，任务完成情况与奖金挂钩。销售网点增多，产品覆盖章丘区域市场70%，销售收入大幅增长。销售竞赛活动根据销售的不同产品、不同数量，按各自比例提取不同的奖励提成，完不成任务的，扣发奖金和福利。以此调动全体人员的销售积极性。为巩固本地销售市场，1993年始分别在明水、刁镇、枣园、埠村、普集、宁埠、黄河、相公等地设置产品展销厅。展销厅的设立，不仅扩大了产品市场覆盖面，提高了社会知名度，减少了营销环节，增加了销售额，加快了资金回收速度，而且有效的抵制了伪劣产品的冲击，维护了企业信誉，达到了直销的目的。明水展销厅月销售达140万元。刁镇展销厅年完成销售收入1160万元，每个展销厅辐射周围乡镇，培植市场不断延伸。以展销厅为中心的分销商150多家，销售网点519个，网点遍布章丘各地，产品销售占有率达70%，全市销售额5200万元。1995年，结合品质、质量、价格、服务和形象五大要素，实施“五同五不同”的营销战略。即：1. 同样的产品，花色多，根据地域之别和消费者习惯生产不同品位的产品投放市场，以满足不同消费者的需要。2. 同等质量，价格低。企业提高管理水平，降低生产成本，以价格上的优势取胜于市场。3. 同等价格，质量优。开发利用新技术、新工艺，提高产品的技术含量和附加值。4. 同样的产品，饮用价值高，努力提高包装技术含量，使其具有储存价值和艺术品位。如公司推出的“豪华型清照”，不仅酒好喝，而且酒瓶自身就是一个很好的摆放艺术品。5. 同样客户，服务好。公司讲信誉，重职业道德，视客户为上帝，使上门的客户、大型代理商、中间商愿意与该公司做买卖，达到别人卖不多、卖不出价，而公司卖得多，卖得出价。全年实现销售收入6010万元。进一步完善营销激励政策，完善调整市内客户的奖励政策，原来对经销商采取的年终一次性奖励，经销商竞相压价，致使销售企业产品利小或无利，影响了积极性。改为季度模糊奖方式，提高了广大客户的销售积极性。

2002年，对销售业务人员进行思想和组织整顿，通过竞聘将工作责任心强，有创造精神，有工作能力的充实到销售队伍中来，担当展销厅和办事处负责人。将不负责任，无所作为，不适应人员调离销售岗位。同时，加强对销售队伍的思想培训，请法律顾问对销售人员进行法制教育，利用电教片和营销刊物进行专业培训，使销售人员吸取了先进的营销理念和促销方法，提高了销售队伍的政治素质和业务素质。公开招聘选拔一批政治素质高、业务能力强的人员充实到销售一线，提高了销售工作的整体能力。

2004年，强化人本管理，明确各展销厅或片区的负责人，就是市场销售的第一责任人，担负着巩固和开发市场的重任。外地酒在谁的片上畅销，导致销售额下降，要承担相应的责任，并把任务分解到每一个业务员，用相应的奖惩政策激励和约束，进一步调动了广大销售业务人员的积极性。

2005年，加强客户关系处理，完善客户档案管理，对重点客户引入亲情化管理，按照“互惠互利”原则，倡导“厂商一家，利益共享”。对销售商设置了季度奖、年终奖、回款奖、新产品推广四大奖励。季度奖：根据季度内的销售量、销售的品种、价位的不同，给予一定比例的奖励，第二季度的首月以现金形式兑现。年终奖：以全年销售的总量、品种、价位的不同，分别给予一定比例的奖励，第二年度首月以现金形式兑现。回款奖：现款购货达到规定数额以上者，给予一定的奖励。新产品推广奖：规定单瓶某元以上新产品上市，除享受常规奖励外，另外享受1.5%的奖励，第二年度首月以现金形式兑现。

2006年，举办百脉泉豪情上市推介会，金秋厂商联谊会，广场路演。广泛宣传该公司产品，实现销售收入7000万元。2007年巩固本地市场，引导中、高端消费。经销政策进一步调整。1. 季度返利：实际销售额1%+1%。为便于加强对市场管控，经销商的季度返利将拆解为两部分，销售额的1%用于考核经销商是否违规跨区销售（即串货），另外1%考核经销商是否存在违规降价销售情况（即砸价），经销商如有以上违规销售行为，将有权扣除相应的季度奖励。2. 年度奖励：实际销售额的0.5%—1.5%。年度奖励发放要求，必须完成合同所签订完成的目标销量且无拖欠货款的合同经销商，否则不予发放年度奖励，奖励发放的幅度根据产品结构来定制。3. 签订合同最低限额为30万元。

战略转移主打外埠

1992年，销售科分为销售一科、二科，销售二科负责市外市场的开发。在开发巩固章丘本地市场的同时，开发周边市场。1997年，合理设置销售网点，扩大市场销售覆盖面，形成合理布局，联营、联销网络，发展市外代理商40多家。1998年，在巩固本地市场的基础上，转向主攻外埠市场。提高外埠人员的生活补贴、出差补助费标准，济南市（包括淄博市）由原标准每日6元，增至每日15元，济南市外由原标准每日8元增至每日20元。

1999年，经多次与客户沟通，首先在历城共同开发了客户买断产品。买断产品：1. 由客户根据所在市场的特点、竞争对手的产品表现、消费者的偏好，提出产品的开发意向，双方共同研制。2. 产品的包装盒、箱、商标的费用由客户承担，在公司指定的彩印厂制作。3. 产品推广由客户负责，公司只提供服务不承担推广费用。实施买断产品客户责任心强，承担较大的风险。客户自主性强，保证自己的利益最大化。该公司费用可控性强，操作方法简单。客户透支品牌现象严重，不利于品牌成长。市场管理难度大，串货严重。买断产品的规模，由1999年末的4个产品上升到2006年的50多个产品，涉及到的市场由1999年末的历城到2006年的济南、济阳、淄博、诸城、莱芜等地。买断产品的发展方向，在山东省各企业较为盛行，对市场起到了很大的推动作用，弊端越来越明显，自2005年开始控制，2007年采取措施压缩。

2000年，市外市场的开发运用了低档酒、低价位建立市场网络，让消费者首先认识品牌，然后带动中、高档酒的销售，先后开发了青州、青岛、莱芜等新市场。2002年，市外市场经企业与经销商在协商一致、互惠互利前提下，有计划、有目的的开发专销新产品，围绕历城、淄博市场的特点，逐步开发清照园、清照情、清照家、清照特酿、清照金将军、金元帅、银清照等专销系列。客户踊跃参加，市场需求增长，收到良好的销售成果。同时提出巩固历城市场，开发济南市场，辐射周边市场的营销策略。是年，进入济南市场，成立驻济南办事处，以历城东部市场为依托，以稳固渐进的终端销售为主要手段，主攻酒店和商超高端市场，共铺设销售网点400多家。在淄博、莱芜、夏津、惠民、邹平、青州、滨州等地开发新的网点30多处，实现销售收入574万元。

2005年8月，公司与济南海润营销策划有限公司签订百脉泉系列酒济南市场代理合同，从11月开始陆续推出4款新产品投放市场。提出“西有趵突为魁，东则百脉为冠”的传播策略，树立百脉泉高端形象，打入济南高端酒店，利用仲秋、春节进行优惠促销活动，销售收入132万元。2007年，加大市外市场的开发力度，形成2个主销市场，多个重点市场。莱芜、济南是重点开发市场，在策略上、资源上重点倾斜。莱芜市场重新组建销售队伍，成立新的办事处，招聘促销人员，进行有效招商，把莱城、莱钢作为重点开发市场，至5月，已铺设网点500多家。

2007年，济南市场调整了营销思路，加大销售队伍，增加了广告投入，与济南白酒实力经销商绿野商贸公司签订合同。6月25日，在黄台大酒店成功召开产品上市启动仪式。同时制定市外招商政策：1. 有良好的商业信誉和必备的经营条件，厂商共同发展的强烈愿望。2. 认同公司企业文化及营销理念和方法。3. 有完善的营销网络，敏锐的经营意识，先进的经营理念，灵活的操作方法。4. 县级经销商第一年50万元合同，合同保证金5万元。5. 地级经销商第一年200万元合同，合同保证金15万元。6. 现款提货。公司支持：1. 山东卫视强势广告宣传和地方媒体适当广告投放。2. 营销人员的支持，县级2人、地级5人，帮助完善网络，推广产品。3. 配微型服务车辆，县级1部、地级2部。4. 合理的调换、退货制度，避免投入风险。奖励规定：1. 县级经销商，年内累计销量达到30万元，奖励所配微型车1部。2. 地级经销商，年内累计销量达到50万元，奖励所配微型车2部。3. 完成全年合同，视销售产品档次给予2%—6%的奖励。其它合作方式：1. 产品买断，客户可根据自己的市场情况，出资定制独家经营的产品，每产品年内销量不少于6万瓶，一次不少于2万瓶。2. 贴牌生产，客户把自己的品牌拿到该公司生产，所有包装由客户出资购买，每年不少于9万瓶，一次不少于1万瓶。

针对历城经销商经销产品多为买断产品，2007年，特规定历城经销商政策：1. 年销售额在50—100万元的客户，奖励销售额的1%。2. 年销售额在100—200万元的客户，奖励销售额的1.5%。3. 年销售额在200万元以上的客户，奖励销售额的2.5%。原政策中对买断产品的其他要求及跨区销售惩罚等与2006年政策一致。

调整产品销售结构

1987年，粮酒销售一度下降，出现产品积压。原因是粮食酒度数高，质量偏低，外地酒大量涌入，造成本地产品市场不稳。将粮酒生产的4个档次压缩为2个档次，压缩高粱酒、大曲酒，增加特曲酒生产，扩大老窖酒、百脉泉特曲。通过研制开发百脉泉特曲（俗称小茅台），以质量优打开销售市场，提高了市场占有率。1990年，围绕扩大营销市场，重点进行产品结构调整。1.以市场为导向进行了适应性调整，及时压缩滞销产品，扩大专销产品生产能力。2.以效益为中心，进行对比性调整，运用量、本、利分析法，投入产出法，对粮酒生产做了结构上的调整。3.以扩大市场占有率为目标进行开发性调整，面对激烈市场，形成了百脉泉、清照两大系列。4.以名优产品为依据，进行结构性调整，积极开展产品创优。

1994年，继续进行产品结构的调整，其策略是：低档酒开路占市场，中档酒为主攻方向保效益，高档酒树立企业形象创利润。由于买方市场的形成，企业生产围着市场转。依据市场的变化不断调整产品结构，调整产销计划，根据掌握的市场信息，实施了生产市场畅销、优质高利润产品，压缩微利产品，停产亏损产品。到年底，白酒产量比1986年增长88.1%，粮酒产量增长512.48%，销售收入增长45%，利税增长72%，利润提高11倍。1996年，酒精市场疲软，价格下降，酒精逐步缩减产量，至2002年停止生产。市场需要什么产品，就生产什么产品，什么产品赚钱就销售什么，39°清照特曲销售量大，利润高，就强化清照特曲的产销力度，全年完成销售收入3318万元，比计划指标提高56%。

1997年，研制开发了36°清照王、豪华型清照特曲高档产品，新产品销售收入1300万元。以扩大市场占有率为目标，进行开发性调整，形成百脉泉、清照两大品牌产品系列化。1998年，根据市场销售需求，中高档产品销量下降，低档产品销量上升。公司为保住市场占有份额，压缩了粮食酒生产，千方百计保证低档酒满负荷生产，研制开发了44°清照特曲、44°散装二锅头，36°清照特曲，在原产品的基础上，研制开发系列换代产品。按照薄利多销，新产品收入2104.81万元，占销售总额的33.42%。全年实现销售收入6200万元。2000年开发产品21个，其中专销产品9个，换代产品4个。2002年，开发清照园、清照家、清照特酿、清照金将军、清照金元帅、银清照等专销系列。

2006年，因生产成本持续上升，为降低成本，提高经济效益，公司减少低档酒品种，压缩低档酒销量，加大中高档酒促销力度，提高产品盈利水平，实现销售额7800多万元，完成计划任务的97.9%，比去年同期增长1700多万元，增长率

28.2%，产品结构进一步优化，中高档产品增长幅度是前两年的2倍。2007年，为扩大、提升百脉泉品牌，确定百脉泉产品为中、高端产品，积极研发了豪情、浓情、激情百脉泉等系列产品，增加了产品的附加值。

营销市场的品牌共享，政策的调整，营销与产品开发、质量提升相结合，经销商更丰厚的利润回报，成熟市场的维护提升，机会市场的稳步开发等这些策略的实施，提升了市场销售的竞争力，保证了市场营销的良性发展。

加强对市场窜货的有效管控。销售公司调整窜货管理规定，从单一的罚款转变为多重处罚。不光对窜货产品进行相应罚款，还要扣转该产品销售额及相关客户的市场支持费用、业务人员提成，加大了处罚的力度。

调整优化组织结构，提升销售执行力

2008年，公司提出"管理创新年"，销售公司坚持市场导向，按照"调整、创新"方针，实施优化销售组织结构。增设促销主任，统一管理所有区域促销人员及促销主管；增设企划专员，负责市场促销方案的策划、监督实施；将营销办公室调整为销售人事部，增设人力专员岗位，负责营销人员的招聘、培训、档案管理、薪资发放监督。开展新销售模式，进行终端精细化管理。章丘市场率先成立直销部，进行A类酒店的直销，制定直销部管理手册，强化销售人员的管理，提高工作效率。督查部调整，直接对营销副总负责，发挥督察部职能，提高督察的权威。重新理顺各区域业务人员编制，市内区域缩减人员，将骨干力量充实到市外，使人力资源配置更趋向科学合理，对各区域薪资进行了微调。在众多白酒消费群体中，主抓白酒消费意见领袖。莱芜实行"直分销"销售模式，与莱芜绿兴商贸合作，明确厂商责任，提高资源利用率，保持豪情、浓情、激情三款产品，并开发流通装产品。聊城市场成立聊城直销部，进行阶段性免费品尝活动、铺货运作，铺货70余家；鲁南市场加强对现有客户的管理，进一步帮助客户健全销售网络，提升销量，成功开发了日照、蒙阴、临朐等地客户。2009年，聊城、泰安、滨州、鲁西南成立销售部，同时增设直销部，完善了营销公司内部组织，明晰了各部门工作职责，便于销售部直接管理，使该区域的聊城、鲁北、鲁南地区超额完成了全年招商任务，12月底，共新签订招商合同26份，合同额签订1100万元。

2010年，调整区域经理管理职

能，赋予其管理、考核权限，销售公司中高层管理人员协助区域经理加强对团队的管理；销售公司协助区域经理实施具有实效性的奖惩制度；提高区域经理与业务人员沟通能力；缩短考核薪资的发放周期，提高考核的有效性，按月考核，次月发放。同年，将济南、历城区域合并，成立济南分公司，由销售公司副总经理高海兼任济南分公司经理，组建公关部，设公关部经理一名，（下辖章丘客户代表2名，济南客户代表3名）。公关部直接隶属于销售部经理，负责章丘及济南公关客户开发及维护；济南区域公关人员归属公关部及区域经理双重管辖，其余区域公关工作由区域经理直接负责；公关部考核以结果管理为主，过程管理为辅。成立酒店直销部，归属销售部经理直接管辖，负责市内核心酒店的开发及维护；人员日常考核，由结果管理向过程管理转变。鲁南区域设立分公司，销售公司副总经理宁刚驻鲁南区域负责，下辖销售、生产两个部门。

2011年3月，成立章丘分公司，由王波负责。针对章丘市场竞品较多加大了酒店和流通渠道的促销力度，对市场竞品进行遏制。开发百脉泉九年生态原浆系列新产品及豪情现有体系，抢占酒店主流市场；同时持续推动清照二代，39°清照，共同成为企业最大的份额和销量来源产品。全年实现销售额2.3亿元。2012年，对销售公司业务人员推行更具激励性的考核政策，本着“合适的人做合适的事”原则，通过竞争，能者上，庸者下，对销售公司部分主管、业务人员及后勤管理人员进行了调整。充分调动了员工的工作积极性。强化市场招商，市场招商重点发展潜力客户，优质客户，逐步淘汰低质量经销商，对区域市场销量50万以下客户进行梳理，原则上不再签订50万以下的合同户，以便集中资源开发优质客户，到11月底共签订招商合同额1740万元。加大产品研发与市场公关，在推进百脉泉34°生态原浆九年、十二年的基础上，又相继设计开发了34°、52°政务招待用酒、18°中华女士白酒等新产品，进行公关运作。济南分公司坚持“区域精耕”策略，创新营销模式，将百脉泉品牌部调整为酒店组及流通组，加强了业务配合，有利于济南百脉泉生态原浆系列产品的推动。加大对济南市场的支持，推进百脉泉品牌提升，通过选取优质经销商、百脉泉生态原浆系列二批商，进行销售渠道划分，加快百脉泉产品在济南市场的启动，拓宽济南市场。通过各种活动进行大力宣传，提升了品牌的知名度。在餐饮、商超、流通已建立了较为完善的销售网络，力争在每一个目标市场上都做透做强。在渠道建设上更加完善，让品牌产品更深入地走进泉城消费者的心中，着力铸造一支能逢山开路、遇水搭桥，能打仗、善打仗的优秀营销团队。

2013年，销售公司收回各区域原有车辆，定期定量发放油补，杜绝了公车私用，加大了公司对区域支出的掌控力度；为提高对业务流程的监管，投入使用更为专业合理的销售信息化，市场精细化管理；对各区域费用审批权适当下放，提高了工作效率。在营销策略上千方百计加大市场招商力度，扩大市场份额，提高品牌知名度、优化产品结构调整，设计开发清照“三代”、米酒、39°、45°清香型白酒，丰富了产品类型，提高了产品档次。34°酒店装生态原浆9年兑奖形式调整；制订产品推广方案，以终端生动化陈列为主，增加产品曝光率，加强消费者认知度。通过产品梳理由213支产品，保留169支。通过产品结构调整，增大了企业产品利润，使产品结构更合理、优化。对区域营销组织结构进行优化，济南分公司同远景共同成立百脉泉事业部，实现百脉泉济南市场管理托管。成立潍坊区域、莱芜酒店直销。强化区域招商，至6月底，共签订200万元新商合同户3份，100万元合同2份，50万元合同3份，合同额签订950万元。在公司树立全员销售意识，向市场要规模，向规模要质量。

深化营销改革，实行信息化手段（营销移动平台）管理

2014年，销售公司调整了与远景公司的合作模式，采取固定费用加提成的方式，加快实现百脉泉项目的拓展。远景增加一名策略支持人员与公司市场部进行对接，以便对公司下一步发展提供策略支持。销售公司通过竞聘上岗，使执行力弱的业务员被自行淘汰；逐步实行人货分离制度，成立外围市场服务队伍，使业务员全部精力放到市场，解决串片问题。使业务员对市场感知度和执行力有所提升。公司本着“大公司、小市场”的原则，对销售公司内部各部门进行调整，以利于发挥部门的积极性，提高市场反应速度。市场部增加市场专员，进行市场贴身服务，负责重点市场方案的制订和监督，有利于外围重点市场的进一步拓展。市场部成立费用控制部：负责登记、管理、核销销售公司所有市场费用，根据每月的费用情况计算费效比，使销售公司对各区域市场费用及时掌控和调整。增设品牌部：专职负责公司品牌宣传、广告及媒体投放。成立商超部：实行商超直销，掌控商超终端。已与东方冷库、章丘华联、大润发合作，至5月，完成销售额近200万元。到2015年，完成销售额近900万元，有效阻击了竞品，拓展了销售渠道。年内，根据公司新的营销战略规划，将章丘原有的市南区、市中区、市北区整合，设立流通一部、流通二部、酒店直销部、商超团购四个部门，将年度目标层层分解到个人，落实到户，做到目标清晰；实施新的内部运营机制，坚持市场调研及巡视制度，不定期抽查市场运营情况，坚决查处返销、窜货、造假现象。使公司产品在本土一直占60%至70%的市场份额。2013年完成销售收入1.39亿元。超额完成了1.3亿元的年度目标。

前期由于部门管理存有漏洞与不足，导致少数业务人员在办理业务期间，未按公司业务流程办理，存有业务人员在产品促销时期挪用公司货款、客户货款、同客户之间账目混乱情况发生。根据这一情况，销售公司实行信息化手段（营销移动平台）管理。销售公司、财务部等管理部门将不定期登录移动管理平台，及时了解业务人员在岗情况，客户与公司之间账目结算情况，杜绝类似不良情况再次发生。导入信息化手段（营销移动平台）管理实现：1. 对货物、车辆、人员实行定位管理。上班时间内，对人员去向、车辆安排、货物流通严格管理，及时了解客户回款情况、区域经理每天的工作情况；2. 将业务人员有效地解脱出来，有更多的时间跑市场。客户下订单，财务开票，由专门的服务人员上门送货。客户接到货物后，第一时间发短信给公司，提高了效率，克服了弊端；3. 该平台可以及时反馈公司内部资金走向，所有账目一目了然，实现了有效管控。

调整产品销售结构

2014年11月，公司对在册所有产品进行梳理，淘汰章丘分公司春节促销方案开发的节日机会性产品，淘汰个别区域利润点低而且出现窜货、砸货的产品；公司两款低价位产品（39°、42°清照特酿）进行换代，2015年春节前投放市场，提升销量。这次共淘汰产品72款，保留产品304款。销售公司根据消费者对产品的包装、瓶型要求，对公司部门瓶型使用时间较长，而年度用量又较少的瓶型进行汇总梳理，通过梳理目前在册瓶型104种，淘汰27种，公司直接负责采购41种，客户自行采购36种。

2015年，为增强市场竞争意识，在济阳、邹平、普集、高官寨设立展销厅。展销厅起到了产品展示、价格标杆的作用。使区域服务功能得到提升，增强了区域客户和消费者的信心，密切了与消费者的联系，提升了市场营销氛围，有利于营销市场长期良性发展。在莱芜、邹平、齐河、济阳启动直销项目。通过酒店直销运作，强化终端市场渠道，提升品牌影响力，引导和带动其他产品销售，有利于扎根市场，长远发展。

两节促销　销售公司利用春节、中秋节进行促销活动。促销活动期间，各区域业务人员开完晨会，到市场与客户进行沟通。晚上回来开会交流，大家一起出主意、想办法。期间，销售公司领导对区域内重点客户进行走访，调研，帮助客户坚定信心。济南、历城、莱芜、济阳等区域，根据市场实际情况与客户开展形式多样的促销活动，最大限度的签订订货合同。经过全体营销人员的努力，区域经销商积极配合，50万元以下订单很少。在章丘市场促销活动中，客户打款100万以上者，予以奖励一款节日专销产品。节日专销产品的投放，抵御了竞品和部分返销产品，提高了经销商的积极性和渠道利润。2014年，中秋促销首破1亿元大关，节前回款一次突破8000万元。春节促销完成销售1.47亿元。

去掉包装喝好酒　根据市场的变化和消费理念的转变，进行光瓶酒运作，成立光瓶酒事业部，专门负责光瓶酒推广，重点抓好章丘、济南市场的推广。通过光瓶酒市场招商功能，扩大销售区域，完善销售渠道。公司推出两款小白板光瓶酒进行销售。

强化营销管理　提升市场占有率

2015年，公司与济南易风管理咨询公司合作，对销售公司的制度和管理进行了完善和修订。根据管理规程，成立仓储中心，对库存进行专项管控；新设商超团购部，有效阻击竞品，拓展销售渠道。

2016年，销售公司对各区域管理放权，并实行分片管理，章丘分为明水、普集、刁镇、高官寨、埠村五个片区，提升了各区域对市场情况的反应能力，促使区域工作更细化。济南分公司调整为清照部、百脉泉专销部、百脉泉直销部、团购部。整合管理督察部、打假部。创新销售模式，拓展销售渠道。成立电商事业部，加强定制酒运作及网络营销。建立“移动网络营销管理综合信息平台”，以适合不同群体的消费需求。成立招商部，加大招商的力度。5月，对章丘厂商一体化模式及组织进行调整，重新调整了目标、任务和薪酬架构，加强了过程考核，使市场建设质量得到提高。各区域人员轮调，提高了营销人员的工作积极性。

公司对百脉泉酒业销售经销合同、厂商一体化、联营体合同文本进行重新编制修订。对信息化手段（移动平台使用）管理、督查岗位职能、督查标准、市场窜货管理、公司月会制度等进行了完善。6月初，运作章丘第一期联营体合同签订228家，合同标的额925万元。调整市场产品销售结构，对市场产品梳理标准进行重新规范，并协助各区域与客户对接沟通，将原有的460多款产品通过梳理、剔除、淘汰落后（专销）产品，剩余230支。有效缓解了市场产品多、杂、乱的现象，使产品更聚焦；重新设计开发清照老字号，清照老酒坛，调整泉城壹号系列产品，优化产品结构，有效树立了公司形象产品；开发公司控制招商产品——百脉泉情怀、印象以及清照、百脉泉联销产品，调整市外市场产品结构，降低市外产品开发数量，提高区域之间的氛围互补和公司对市场的掌握控制能力。

济南、历城、济阳渠道运作模式：以陈列建设绑定销售存量（核心店模式）。济南建设目标1800家，历城建设目标600家，济阳建设目标100家；章丘、莱芜渠道运作模式：以联营体为主，章丘建设目标500家，莱芜建设目标300家。

定制酒的推广是一种新兴营销手段，有销售卖点。在一定时期内是行业发展的一种新趋势。公司设立定制中心，主做企事业单位内部招待、走访、婚宴、生日宴等聚会、宴请市场。

泉城壹号：2016年10月—2017年6月，济南章丘实现销售10598件，回款561万元。新品“老字号”“老酒坛”“红如意”，2017年1—6月，实现销售14500件。

第三节 渠 道

产品销售经历了3个时期，1948—1980年是计划经济时期；进入20世纪90年代，是计划与市场并存的“双轨制”时期；1994年后是市场经济时期，产品销售全部进入市场。不同的时期有不同的销售渠道。

计划经济时期的产品销售渠道：由县副食品公司调拨给各基层供销社，供销社再将产品批发给各村供销合作社、商店、代销店、零售门市部等。每级批发价和零售价都有明确规定的价差。1980年，全县销售白酒2678吨。

“双轨制”时期的产品销售是以计划为主，市场调节为辅。产品大部份仍由县食品工业公司、县基层供销社、各村代购代销店、零售门市部等销售；剩余部分自行销售。

市场经济时期。国营商业、供销系统实行经济体制改革，进行经营承包，流通体制走向市场化。同时，在国家的扶持和引导下，个体经济、私营经济迅猛兴起，1995年，个体工商户4.98万户，从业人员9.33万人。个体批发商、个体销售经营户替代了原供销、商业销售的主渠道地位。根据市场和销售渠道的变化，企业加大了销售力量，人员由最初的14人增至60多人。充分利用三条渠道进行产品销售。1.利用原有部分商业、供销社、批发商场等网络渠道进行销售。2.改革开放后兴起的个体批发商、区域经销商、个体经营户等现代销售网络渠道进行销售。3.终端渠道。利用大型超市、酒店进行直接销售。2008—2018年，营销渠道主要有传统渠道、现代渠道、私人订制、公关团购、线上渠道。结合市场实际情况，充分利用渠道网络优势进行产品分销。传统渠道：各区域签约经销商、各区域乡镇二批商、各区域终端零售店、各区域A、B类酒店。现代渠道：各区域大型卖场、各区域中小型超市、各区域名烟名酒专卖店。私人订制：个性化私人订制、婚庆、各类宴席、各区域单位的私人订制。公关团购：各区域单位商务接待、各区域单位节日福利、各区域品鉴会。线上渠道：微信（公司微信公众账号、泉城壹号公众账号），通过微信平台进行产品宣传和直接销售；网络商城（1919酒类网上商城、淘宝网、9158网、9188网、好酒招商网等）。

第四节 价 格

解放前，物价处无控管状态，完全由市场自发调节，酒类价格由各生产单位自定。新中国成立后，计划经济时期，酒类产品价格由国家物价管理部门制定。价格种类分为出厂价、调拨价、批发价、零售价。由国营合作商业控制市场。文化大革命时期，市场商品短缺，物价基本冻结。1978—1984年，为价格改革的初始阶段，出现计划统一价、浮动价、保护价、调价和集市自由价格等多种形式。国家采取“调放结合，以调为主”的方针，重点解决农产品和基础工业品价格偏低的问题。1981年10月，国家调整酒类价格。全国名牌白酒每斤提价2元以上，散装粮食白酒每斤提价1角到2角。酒类零售价格，特曲酒每瓶提价0.69元；大曲酒每瓶提价16%；白葡萄酒每瓶提价95%；普通葡萄酒每瓶提价0.25元；散装白酒每公斤提价0.2元。批零差价，散装白酒12%，进销差价率大部定为9%。1981年11月16日，章丘县物价管理局在全县范围内取消各种瓶装酒的城乡差价，均按统一零售价格执行。1984年5月31日，经济南市物价局批准，生产的52°瓶装百脉泉玉液酒批发价格为每吨1780元，每瓶（1斤）0.89元，零售价格每瓶1.00元。9月26日，经济南市物价局批准，该厂生产的绣江春白酒价格：普通瓶1斤装每瓶出厂价格0.88元，批发价0.97元，零售价1.10元；异型瓶1斤装每瓶出厂价格1.20元，批发价1.32元，零售价1.50元。以上述价格为基础，可在10%的幅度内上下浮动。12月10日，章丘县物价局调整县酒厂百脉泉白酒出厂、批发、零售价格：62°百脉泉白酒（瓶装）每斤出厂价格为0.80元，批发价格为0.84元，零售价格为1.00元；60°散装白酒，每斤出厂价格为0.56元，批发价格为0.60元，零售价格为0.70元。12月31日，经济南市物价局批准，散装55°百脉泉白酒出厂价每吨1040元，批发价每吨1100元，零售价每斤0.65元。

1985—1988年，价格改革进入展开阶段，国家采取“调放结合，以放为主”的方针。1986年7月，山东省政府批转省物价局《关于改革物价管理办法几项暂行规定》，提出了本省放宽物价政策和加强物价管理的9项规定。凡属于省管价的属于指导性生产计划的工业消费品，原则上实行国家指导价格，具体品种为粮食酒等32个品类，以中准价为基准，浮动幅度上下10%。1986年10月4日，章丘县物价局根据济南市文件精神，对百脉泉老窖、百脉泉大曲、高粱酒三种粮食白酒在国家定价的基础上上浮10%。1988年7月27日，章丘县物价局、商业局转发《关于放开名酒价格和适当提高其他粮食酒价格方案的通知》。

20世纪80年代至90年代，是国家进行价格改革时期，批零差价上下浮动在10%左右，1992年后，国家价格放开，进入市场价格机制。

（附：白酒销售价格表）

白酒销售价格表

时间	产品名称	规格	出厂价	批发价	零售价	调整价
1982年	62°百脉泉佳酿	瓶装		2.23	2.70	2.50
	62°百脉泉大曲	瓶装		1.56	1.90	

续表

时间	产品名称	规格	出厂价	批发价	零售价	调整价
1982 年	62° 高粱酒	散装		1.23	1.40	
	百脉泉白酒	瓶装 1 市斤	0.73	0.80	0.90	
1983 年	明泉白酒	瓶装 1 市斤	0.90	0.99	1.10	
1986 年	55° 散装白酒	瓶装 1 市斤	0.59	0.61	0.72	0.80
	59° 玉液佳酿	瓶装 1 市斤	1.25	1.37	1.53	
1987 年	窖酒	瓶装 1 市斤	1.40	1.54	1.73	
	特制百脉泉	瓶装 1 市斤		2.13	2.39	
	55° 百脉泉大曲	异型瓶装 1 市斤		2.53	2.83	
	59° 高粱窖酒	550ml／瓶	0.95	1.05	1.18	
1988 年	44° 清照特曲	瓶装 1 市斤		11.11	12.44	
1989 年	49° 清照大曲	瓶装 1 市斤	2.35	3.17	3.55	
1990 年	44° 百脉泉特曲	瓶装 0.8 市斤	4.70	5.22	5.85	
1991 年	54° 百脉泉特曲	瓷瓶装 1 市斤	5.50	6.11	6.84	

第五节 打假清欠

打假

20 世纪 90 年代，市场经济体制形成，白酒流通领域活跃，有少数不法分子制造、销售假冒该公司的主导产品，给该公司发展带来了一定的负面影响。1995 年，开始打击制售假冒工作，由质量检查科负责，副厂长巩玉华主管。1997 年 3 月，成立打假办公室。

打假办公室的全体人员，按照制定的岗位目标责任及基本任务，遵照奖励、处罚规定，开展各项工作。1996 年 10 月，在工商、公安、司法部门的配合下，对全市 22 个乡镇进行查、打伪冒活动。12 月，共查处假冒产品 20 多批次，2400

瓶，价值27000多元。1997年，制定举假奖励的有关规定：查处货值500元以下，按实物价值的5%奖励；查处货值500—5000元，按实物价值的6%奖励；查处货值5000元以上，按实物价值的8%奖励。是年，在工商部门的大力配合下，对20多家小酒厂进行了清理，捣毁3个制假窝点，查获各种假冒该公司畅销产品9000多瓶，散白酒38桶（每桶150市斤），价值7万元。1998年，主动协调工商、公安、技术监督等执法部门，深入到各乡镇、集市打击不法商贩制假、售假，共查获假冒产品6302瓶，捣毁制假窝点5处及制假工具，价值4.2万元。1999年，配合工商局经检科查获各类假酒4731瓶，价值4.1万元。2000年，查获假酒3060瓶，价值31470元。2001年，查获各类假酒价值33600元。2002年，查获各类假酒2640瓶，价值34915元。2003年，查获各类假酒5037瓶，计价37711元。另外，在黄河北房查获造假窝点1处，查出假44°清照大曲14箱，大曲酒标130套，40°清照大桶商标150套，桶64个，压盖机1台，胶带30盘，盒用防伪标30张。2004年，在工商局消保科的配合下，查获各类假酒3096瓶，42°清照大桶178桶，计价34538.3元。2005年1月，制定打假岗位目标值年计划10万元，实际查获各类假酒货款8.9万元，完成年计划的89%。2006年，打假岗位目标货值14万元，查获各类假酒完成货值18万元。打假工作人员1年中对19个乡镇、办事处市场进行了4次全面清理，查获3000元以上售假窝点18个，造假窝点1个（包括查封各种假冒该公司的产品包装物1宗，专用净化设备等），截获各种送假酒车9辆。2007年，查获各类假酒61069瓶，货值24.22万元。查获制售假案件125件，制假窝点7个，截获扣留送假酒车辆13部，对净化白酒市场，保护消费者利益，保护该公司产品的畅销起到了良好的作用。是年10月，打假归属审计监察部。

随着章丘及周边市场的日趋成熟，有少数不法分子制造、销售假冒该公司的主导产品，给该公司发展带来了一定的负面影响。为了打击、扼制制售假冒不法行为，公司成立打假办公室。2010年3月—2012年2月，打假办分为市内、市外区域。2012年4月—2015年3月，打假清欠办由企管副总分管。2016年4月—2017年11月，督察部由销售公司划入总公司企管部门，与打假清欠办公室合并为市场打假督察部，由企管副总分管。

打假督察部全体成员，按照公

司制定的岗位目标责任及基本任务，开展各项工作。根据公司制定的打假奖励的有关规定：一次性查获假酒货值1万元以下，按照实物价值的40%奖励；一次性查获窝点、仓库假酒货值1万以上的按照实物价值的48%奖励，货值1万元以上2万以下大案奖励500元，2万以上大案奖励800元。2008年，在莱芜上游市场查获一假酒仓库，假冒产品2760多瓶，货值2万多元。同年8月份，在工商、公安部门的大力配合下，打假人员对所有的城区商店及乡镇市场进行了5次全面摸排，并根据市外重点市场客户的举报对市外重点市场进行了排查，共查获售假窝点12处，捣毁制假窝点5处，截获扣留送假车辆5辆，查获假冒产品3100多瓶，货值3万元。2009年，在工商、公安部门配合下，对黄河镇卢家村一造假窝点进行清除，查获百脉泉、清照假冒产品5500多瓶，货值9万多元，并查封大批假冒包装物。同年在济南段店市场截获售假车辆一部，假冒产品1560多瓶，货值1万多元。2010年，查获各类假酒13200多瓶，货值8万多元。另外，在济南柳埠镇，捣毁一造假窝点，查获假酒1200多瓶，货值1.8万元。2011年，查获各类假酒18900瓶，货值10万余元。另外，在刁镇捣毁造假窝点一处，查获假酒2980瓶，货值6万多元；在济南历城区姚家，捣毁造假窝点一处，查获假酒1416瓶，货值2万多元。2012年，查获各类假酒15200瓶，货值9万多元。除此之外，在济南、明水市场捣毁造假窝点二处，截获运输车辆一部，查获假酒3186瓶，货值5.3万元。2013年，查获各类假酒20150瓶，货值10万多元。另外，在明水查获仓库一处，假酒1188瓶，货值2.3万；在济南泺口查获仓库一处，假酒1800多瓶，货值3万多元。2014年，利用淡季，对打假人员进行假酒知识培训，打假专员利用两个多月的时间，对章丘范围内各办事处辖区内村庄、街道的商店调研，走访80%以上，并对所有城区、乡镇商店进行了记录。查获各类假酒16200瓶，货值8.5万元。另外，在章丘市场查获仓库二处，截获运输车辆四部，假酒3200瓶，货值5万元。2015年，查获各类假酒24600瓶，货值12万元。另外，在章丘市场查获假酒仓库四处，假酒6360瓶，货值8万多元。共计完成打假任务21600元。2016年，查获各类假酒32650瓶，货值20万元。另外，在章丘市刁镇、柳沟捣毁造假窝点二处，滨州邹平捣毁造假窝点一处，截获运输车辆三部，假酒5400瓶，货值9.7万，并查封假冒包装物3000多套。打假任务共计完成326046元。2017年处理各类造假案件66起，其中查获车辆6部，造假点2个，仓库13个，打假任务共计完成372194元。

清欠

1984年，本厂外欠货款260万元，1999年达800多万元。1985年，成立货款回收小组，许凤桐负责。1986年6月，该厂颁发了《关于回收货款超额奖励的暂行规定》。1987年3月26日，对销售科及全体销售业务人员的货款回收工作做了具体规定。1995年，成立清欠办公室，由黄庆杰、王爱民、王怡组成，黄庆杰任主任。1996年6月，由王传本、王和顺、黄庆杰、刘训武组成，王传本兼任主任，王和顺兼任副主任。1998年10月，由王峻虎、刘永彬、刘训武组成，王峻虎任主任，刘永彬任副主任。2002年2月，由康京波、岳宝涛、王和顺、赵京彬组成，康京波任主任。2004年2月，陈向峰任主任。2006年8月28日，成立打假清欠办公室，牛余林任主任。

1985年，请求法院、检察院协助，回收货款80万元。1994年，通过司法部门依法清欠20多万元。1995年，收回货款70多万元。1996年，收回清欠陈旧货款120万元。1997年，成立了司法办公室，由党委副书记王传本负责，抽调人员充实清欠队伍，用法律手段起诉62户，清理追回货款62万元，累计收回货款80万元。1998年，起诉欠款户56户，结清欠账52户，回收欠款64万元，累计收回货款150万元。1999年，收回货款70万元。2000年，收回货款60万元。2001—2003年，收回货款85万元。2004—2005年，收回货款28.8万元。2006年，全年计划清欠货款12万元，实际收回欠款15万元，完成计划的125%，还清理一起超过时效的案件货款4万元。2007年，完成清欠货款16万元。是年10月，清欠划归企管部。2008年，千禧龙酒店欠公司货款共计10万元，在检察院、法院的协助下对其所欠款10万元全部回收。2009年，收回东海龙饭店欠款20多万元。2010年，收回汽车配件厂欠款10万元。

督察

2007年3月成立督察部，隶属销售公司，孙启仁担任部长，成员有刘传水、王鹏、韩春雷；2008年1月—2010年5月，孙启仁担任督察部部长，隶属销售公司。督察部成员有：孙启仁、刘传水、牛海琪、刘传龙、邢涛、靳松。2010年6月—2013年7月，崔士茂担任督察部部长，成员有：崔士茂、靳松、郑健，隶属销售公司。2013年8月—2016

年3月，马建新任督察部部长，成员：马建新、郑健。隶属销售公司。2016年4月，督察部由销售公司划入总公司企管部门，与打假清欠办公室合并为市场打假督察部，由企管副总分管。张经武任市场打假督察部主任。

2008年，督察人员分区域进行严格检查，在市场发现窜货产品5款，窜货数量100多箱，涉及外围区域3个，处罚金额7000元。2009年，督察人员对外区域市场严格把控，在章丘市场发现窜货产品12款，窜货数量1400多箱，涉及7个外围区域，处罚金额2万多元。2010年，在市场发现窜货产品10款，窜货数量1000多箱，涉及6个区域，处罚金额3万多元。2011年，在市场发现窜货产品7款，窜货数量1500多箱，涉及5个区域，处罚金额5万多元。2012年，在市场发现窜货产品9款，窜货数量3300多箱，涉及个6区域，处罚金额17.7万多元。2013年，在市场发现窜货产品8款，窜货数量2200多箱，涉及6个区域，处罚金额16.6万多元。2014年，随着专销产品的不断增多，给督察人员带来了一定的难度，为了更好的完成督查任务，督察人员改变策略措施，缩小督查范围，开始对市内的客户进行监督、排查，最终在市场发现窜货产品6款，窜货数量2300多箱，涉及6个区域，处罚金额5.1万多元。2015年，在市场发现窜货产品11款，窜货数量2100多箱，涉及6个区域，处罚金额14.2万多元。2016年4月，督察人员对所有的公司产品进行了梳理，精确到每一个区域业务员及客户，对冲击公司主导产品的窜货产品进行严格审查，对陈列，广告进行严格把控，最终通过检查发现陈列、广告不合格数量5家，发现窜货产品12款，窜货数量3500多箱，共涉及7个区域，处罚金额21.1万多元。2017年，在市场发现窜货产品12款，窜货数量2000多箱，涉及6个区域，处罚金额18.4万元。

第二章 市场开拓

第一节 媒体宣传

进入20世纪90年代，为提高该公司产品的知名度，更广泛的占领市场，越来越重视媒体宣传，宣传的形式多样化，宣传的力度、宣传的费用逐年加大。

通过电视、报纸、车体进行广告宣传

1991年，通过山东电视台播放百脉泉产品广告，黄金时段播放时间1个月。

1993年，在章丘市电视台进行常年广告宣传的同时，参加全国订货会、省级订货会3次，举办宾馆、饭店经理大型座谈会2次，散发了1万多张企业、产品简介。

2000年，成立宣传部，注重了各展销厅门头的装饰宣传，内部简讯的撰写、印刷和出版工作（自1994年至2007年2月，共500多期）。2007年2月改为《百脉泉酒业报》。2002年，在济南电视台、章丘电视台发布清照特曲白酒广告、户外各种广告共计费用21万元。2002年10月，发布车体广告，济南106路、12路各2辆，4部车体广告，时间1年。2003—2004年，发布24部公交车整体广告和100部公交车后体广告。在章丘电视台发布企业形象广告，发布期为1年。章丘电视台天气预报板栏目播出气象画面标板广告1幅，每晚10秒。为开发济南、邹平、淄博、济阳等，在以上各地电视台及山东电视台《榜上有名》栏目、山东卫视频道等播放广告，费用支出79万元。2005年，在山东电视台综艺频道、体育频道、齐鲁电视台等发布广告。济南7辆车体广告，时间1年。制作村村通广告，规格2米×0.5米，分布100个村，费用支出145万元。在《今日章丘》报纸设立了百脉泉杯新闻大赛和有奖征文专栏，并举办百脉泉杯广告语征集活动。2006年，为推动章丘、莱芜、济阳三个重点市场百脉泉品牌的销售工作，在章丘报举办了“百脉泉酒业杯”有奖征文活动。加大了在莱芜、济阳的宣传力度，分别在济阳、莱芜电视台、莱芜日报、齐鲁晚报、济南电视台新闻综艺、山东影视频道等发布百脉泉酒5秒广告，费用支出140多万元。莱芜车体广告，31路2辆、41路1辆、6路1辆、8路2辆，共6部车，发布广告时间1年。该公司与章丘公交公司签订合同，发布7辆车体广告，发布期为1年。

2009至2017年，在《山东电视台》影视频道、公共频道、齐鲁频道、新闻频道等不同时段播放百脉泉、清照产品广告。聚焦《齐鲁晚报》做广告投放。树立品牌形象，在《济南电视台》《滨州电视台》《莱芜电视台》进行阶段性广告宣传，《章丘电视台》《济阳电视台》在新闻频道，标版投放节目广告。《济南广播》交通广播88.7频道进行清照产品宣传。《济南时报》《济南日报》《莱芜日报》进行软广告宣传，《今日章丘》报眼进行广告宣传。通过平面和立体广告宣传，扩大品牌影响力。

2010年，在德州、淄博、泰安、聊城方向进入济南高速路，制作高炮4块。济南经二路、泉城路、解放路一线投放灯箱50块。济泺路、天成路、纬二路一线投放灯箱50块。章丘高速出入口，经十东路（章历）1块；章丘体育场、章丘联通楼顶、章丘鲁宏铁路桥等设置广告牌；在章丘市各主干道口（世纪大道、东、西外环、明刁路）安装路灯道旗250块。章丘市体育馆场馆内安装道旗20块。在经十东路章丘段，铁道北路制作安装路灯道旗105块，有效提升、宣传了公司品牌。

2011年，在莱芜市政府广场前、莱钢银座超市前、口镇三岔路口设立高抛广告牌。

2016年12月10日，公司与济南电视台娱乐频道联合举办第三届“百脉泉杯”《我是头科》够级线下精英大赛。经过近5个小时的激烈角逐，有九名参赛者获得最后胜利。

2017年1月，济南电视台新闻综合频道今晚20分，5秒企业标板；15秒赞助企业广告；口播2次；敲门送礼。5月25日，百脉泉酒业与《济南广播电视台》实行品牌战略联盟。开启了实体企业、传媒领域携手开拓企业媒体创新发展新模式。此次合作是在新形势下，立足长远，共谋发展的双赢选择。促进双方品牌影响力和核心竞争力的进一步提升，继续开辟媒体与企业合作的新领域、新空间、新模式。在《糖酒商情》《糖烟酒周刊》《中国食品报》等刊物刊登500—800字软广告进行广告宣传。7月15日，由济南电视台主办，山东百脉泉酒业承办的第一届百脉泉酒业“一斗到底”线下精英比赛在该公司成功举行。活动趣味无穷，体现了智慧与牌技的较量，是对团队协作与默契的考验，更是顽强拼搏精神的体现。经过近 5 个小时的比赛，最终有 6 名参赛选手获奖。市级媒体宣传结合市场推进，达到精度传播，促使品牌形象与市场有机结合。

2018 年 1 月 31 日公司党委书记、董事长、总经理李成新做客央视发现之旅频道《对话中国品牌》栏目。2 月 6 日李成新接受济南电视台《今晚不关机》栏目专访。

公司建立百脉泉章丘俱乐部，开展车贴赠酒。活动期间，车主到活动地点填写自己的姓名、手机号信息。车牌号由工作人员填写；扫描微信二维码加“百脉泉酒业车友俱乐微信群”，微信群由专属人员组建；由工作人员在车后挡风玻璃上贴上产品宣传画面，贴好后，工作人员为车主发放车贴活动领酒卡 3 张；只要保证画面的完整性，每月 30 日，车主凭 1 张酒卡到指定地点领取酒水，每次仅限 1 张；车友会定期举办互相交流活动（周年聚餐），既宣传了公司产品，又培养了持久性、永久性百脉泉忠实的消费者。

体企、文企联姻宣传

2005 年 10 月 1 日，该公司与山东鲁能泰山足球队签订“山东鲁能泰山足球队指定用酒协议”，并对 10 月 5 日中国足协杯半决赛冠名清照特曲杯。2006 年 4 月 26 日，再次与鲁能泰山足球队达成意向，在本年度 7 月 8 日中国足协杯四分之一决赛济南赛区（山东鲁能与上海申花）比赛冠名为百脉泉特曲杯，赛前《济南时报》体育版四分之一通栏宣传冠名三次，现场树立广告牌 8 块，进行宣传。

2005 年，该公司与山东曲艺家协会联姻，成为山东艺术家生活创作基地。为纪念李清照诞辰 920 周年，与济南市文化局、济南京剧院联合举办百场清照文化演出送社区活动。在济南举办清照杯少儿节目，以提高公司产品的知名度，得到消费者的认可。

2009 年 12 月 18 日，山东百脉泉酒业有限公司与山东男子排球运动管理中心，在山东省体育局签订赞助协议，冠名“山东百脉泉酒业男子排球队”。冠名仪式的成功举行，是百脉泉酒业有限公司实现体企合作，促使体育文化与企业品牌文化融合，实现企业宣传多元化的又一项举措。

2013 年 5 月 16 日，山东鲁能花式足球表演队来公司进行巡演交流。自 2006 年 4 月，鲁能泰山足球俱乐部与山东百脉泉酒业实现战略合作以来，走过了 7 年风雨历程。山东百脉泉酒业与山东鲁能泰山足球队的合作是产品品牌和体育文化的完美结合。百脉泉酒业所倡导的

"生态酿酒""健康饮酒"新理念；鲁能泰山以实现"足球梦"为目标，秉承"公益鲁能"，履行社会责任，积极倡导和推广快乐足球、健康生活理念。双方履行社会责任，传递正能量。

2015年3月13日，与公司联姻十年的山东曲艺家协会主席孙立生带着一批省城的曲艺、戏曲、歌舞艺术家，参加公司举办的新春联欢会。

8月7日，公司举办首届《百脉泉酒业杯》全国作家诗人清照笔会。80多名来自全国各地的文学界嘉宾参加。文学界各领域专家蒋大海、王兆华、王展、王怡、逄金一等与大家一起就文学创作进行切磋交流。2016年7月8日，公司召开《百脉泉酒业杯》第二届全国作家、诗人清照笔会。清照笔会100多名作家、诗人参加，笔会继续延续"清照文化和酒文化"的主题，与广大文学爱好者交流切磋文学写作技巧。交流会邀请耿建华、常芳等专家为大家做专题讲座。第一届、第二届笔会结束后，将来自全国各地的优秀作品，集结出版了《雅韵醇香》《对酒当歌》两本书。2017年6月4日，全国著名作家诗人，鲁迅文学院常务副院长邱华栋，著名诗人《诗刊》副主编李少君，著名作家《人民文学》编辑部主任徐则臣；著名作家、重庆作协副主席张者；著名作家《当代》杂志社社长助理石一枫；著名作家、宁阳县文广新局局长石玉奎一行莅临百脉泉酒业参观指导，章丘区委常委、宣传部长李宝燕，济南市作协副主席、原章丘区政协副主席牛余和，文广新局局长宫鹏飞，在公司董事长李成新等领导陪同下，就清泉、古韵、名仕，再加上百脉泉酒业浓郁的酒香，著名作家们在古色古香的酒道馆，就文化与酒展开了深入探讨与座谈，这次文学盛宴给大家带来独特的创作灵感。

2017年10月14日，由公司主办和冠名的2017年《百脉泉酒业杯》全国城市网球邀请赛在章丘双语国际学校隆重举行。公司党委副书记王峻虎、品牌部经理孙立慧参加了开幕式。本届网球赛，吸引了全国各地的网球运动爱好者，该公司为他们搭建了"同场竞技，平等参与，自我展示"的平台，得到参赛选手的一致好评。15日下午，百脉泉酒业销售公司常务副总经理兼技术总工杜祥宝为获奖选手颁奖。

校企联姻：2012年4月19日，公司与章丘一职专实行校企合作，举行校企合作签约仪式，成立了"百脉泉酒业班"，使企校双方相互支持，互相渗透，优势互补，资源互用，利益共享，帮助学生获得更多地工作体验，较早的接受企业文化熏陶，企校联合是学校、企业发展的共同需求。

2015年1月8日，山东电子职业技术学院市场营销专业师生来公司参观学习。2017年5月19日，山东青年政治学院组织学院百余名攻读市场营销专业的学生来公司实地参观学习，成为他们激发学习热情，提高实践能力的学习基地。

2017年9月29日，百脉泉酒业70周年创意大赛启动仪式在山东建筑大学举行。大赛由公司主办，山东建筑大学、山东工艺美术学院、山东艺术学院、山东超越文化传播有限公司联合承办，同时也得到了山东师范大学、齐鲁工业大学、济南大学、山东女子学院等多所学校的支持。本次活动吸引了众多设计相关专业老师和同学们的参与，也得到新浪、搜狐、网易、一点资讯、齐鲁晚报、济南时报等多家媒体的关注。

10月，公司与滨州学院、齐鲁师范学院举行“2017全国大学生品酒大赛（山东赛区）”初赛，比赛前进行理论知识讲解和品评实践培训，然后进行正式比赛。选出优胜者代表山东参加全国大学生品酒的复赛和决赛。

10月17日，在山东艺术学院举行百脉泉酒业70周年创意设计比赛宣讲活动（第二站）。山东艺术学院、山东女子学院、山东超越文化传播有限公司、齐鲁工业大学、济南大学部分师生，以及新浪、搜狐、网易、今日头条、红高粱名酒论坛、齐鲁晚报等媒体记者近300名参加了本次活动。

10月25日，在山东工艺美术学院举行百脉泉酒业70周年创意设计大赛宣讲活动。设计大赛在11月1日进入征集期。

学院师生为了解公司的发展历程、企业文化，了解白酒生产酿造工艺，以更好地完成“百脉泉酒业70周年创意设计大赛”。于11月3日—15日先后由山东艺术学院，山东工艺美术学院、山东女子学院，齐鲁工业大学共计200多名师生来公司参观交流。

2014年12月18日，公司与济南军区空军94402部队，举行“军民共建”签约仪式。公司一直自觉肩负退伍军人安置之责，平均每年有五名退伍军人充实到公司各个工作岗位。他们凭借军队中练就的严明纪律，果断作风，不屈斗志，一批批子弟兵为企业发展做出了不可磨灭的贡献。公司实践着军民融合发展战略。

公司多年来相继建立齐鲁工业大学科研基地，成立章丘一职专“百脉泉酒业班”，实现校企联姻；创建山东曲艺家协会创作基地，实现文企联姻；打造山东鲁能泰山足球队指定用酒，为山东男排、章丘男子篮球赛冠名，全国冠名网球赛实现“体企联姻”；牵手济南铁路局冠名“百脉泉酒业号”专列，投身“包村”“冬季送温暖”“高考赠酒”等一系列民生活动，实现民企联姻；“军民共建”为企业“军企联姻”搭建更为广阔、便利的平台，实现“军企共赢”。

召开各种会议进行媒体宣传

为开拓市场，利用不同时节，在各地区召开多种形式的会议，如订货会、洽谈会、新产品推介会、厂商联谊会等，通过当地的电视台、报纸等媒体进行广泛地宣传报导，以树立企业形象，提高产品的知名度，促进产品的销售。2005年，成功举办了济南地区白酒协作发展研讨会，综合提升了该公司在济南乃至山东白酒行业的地位。

2008年12月17-19日，销售公司对章丘市内三区域合同客户分期分批召开客户座谈会，让客户及时了解2009年公司的促销方案、品牌规划，使客户对促销方案感到满意，把握促销时机，做长久的合作客户。

2009年5月21日，公司清照生态原浆新品上市推介会在济南天禧顺和商务酒店隆重举行，各界领导、专家、经销商共80多人参加了会议。6月26日，济南至日照K8285/8286次“百脉泉酒业”号品牌专列首发式暨新闻发布会在济南铁道大酒店举行。《齐鲁晚报》《山东商报》等近十家媒体现场报道。

公司首次参加省文博会

2010年9月27—30日，山东省第三届文化产业博览会在济南国际会展中心隆重开幕，百脉泉酒在章丘展馆成功展出。文博会上，百脉泉飘香，公司组织的现场品尝百脉泉精品芝麻香酒，得到社会人员的积极参与和好评。这是公司产品首次亮相文博会，进一步提升了公司产品品牌的知名度。

再度亮相文博会

2014年8月28日至31日，山东省第五届文博会在济南国际会展中心举办。百脉泉酒业作为济南非物质文化遗产实物展示，为章丘展厅带去了更为丰富的“文化元素”。章丘展厅设有互动区、非遗实物展示区、生态文化成果展示区、旅游文化产品推介四大区域，以实物、图片、多媒体、现场互动等多种形式，展示百脉泉酒业文化产业发展的整体状况，此次参展，使公司品牌形象得到进一步提升。

山东省糖酒会

2013年1月12日，由山东白酒协会、山东省糖酒副食品商业协会、齐鲁晚报主办，山东省白酒品牌推进委员会承办的“鲁酒有约，走进鲁酒”体验活动在山东百脉泉酒业举行。春、秋两届山东糖酒会，公司都充分准备，积极参加。“鲁酒有约”直通车除邀请行业专家之外，还搭载着上千名来自全省各地的消费者代表，一起走进百脉泉酒业，让消费者亲眼见证了百脉泉酒从原料粉碎、制曲发酵到装甑蒸酒都坚持传统工艺，真正做到了纯粮固态，把生态酿酒落到了实处。此活动，成为消费者体验鲁酒振兴之旅。

2015 年 4 月 24—26 日，山东省春季糖酒会在淄博会展中心举行，参展中型以上企业达 2400 多家，小型企业及个体商户 2500 多家，客商及经销商超过 9 万人。百脉泉酒业设置了 100 平方米的特装展区，展区装潢古朴典雅，体现了公司实力，展示了公司品牌形象，为市外区域招商奠定了基础。公司荣获“优秀展位”“最佳户外广告”两项大奖。

2017 年 4 月，公司参加第七届山东省春季糖酒商品交易会（在淄博国际会展中心），将此会作为信息发布，营销策略共商、品牌推广三大平台精心布展，以“中国生态酿酒”作为会展宣传主题，展示了百脉泉生态原浆系列，泉城壹号系列，清照老字号、清照老酒坛系列。此次会展是以华樽杯组委会、山东省糖酒副食品商业协会及山东省白酒协会共同主办。山东百脉泉酒业荣获华樽杯三大奖项：百脉泉获“华樽杯山东五大高端名酒品牌”；清照获“华樽杯山东十大历史文化名酒品牌”；百脉泉获“华樽杯放心品质白酒品牌”。

2001 年第五届至 2014 年 11 月第八届，中国国际糖酒食品交易会，公司连续四年冠名“百脉泉酒业杯”。在第八届中国国际糖酒食品交易会上，百脉泉酒荣获“济南市地标酒”“最佳展位”等荣誉称号。

2016 年 2 月，百脉泉酒业隆重举办“感谢有你，一路同行”2016 新春客户联谊会，同来自省内外 200 多名供应商、客户代表欢聚一室，品尝原浆白酒，共谋发展良策。

2016 年 8 月，鲁酒峰会《山东省白酒协会第七届会员代表大会》在山东潍坊召开。峰会主题：品牌、创新、转型、发展。山东百脉泉酒业有限公司当选省白酒协会第七届理事单位，董事长、总经理李成新当选为副会长，并作为鲁酒优秀企业家做了典型发言。

2018 年 4 月由公司承办的“匠心传承　齐鲁典范”——中国白酒产业次高端发展高峰论坛在淄博银座华美达大酒店举行。定位于高端文化用酒的公司战略新品“百脉泉齐鲁壹号”在论坛期间举行了新品首发仪式。

2018年3月7日，百脉泉酒业“匠心七十·筑梦百年”2018年新春客户联谊会隆重举行，来自全国的供应商代表、经销商代表欢聚一堂，共谋新合作，共话新发展。

新媒体平台

微博、微信的使用，公众号的建立，新媒体平台的发展推动了分享经济的出现与发展，为个人实现自我价值搭建了舞台，为企业营销提供了更广阔的空间。

帮扶助残，社会公益活动的宣传

2004—2006年，对章丘南部山区垛庄北石屋、北垛庄的困难户、贫困学生送去了面粉、食油、慰问金及生活必需品。

2006年9月11日，该公司与山东省残疾人协会签订助残协议，每销售1瓶百脉泉酒，即向省残联捐赠1元钱。在全省17地市残联综合服务中心建立百脉泉酒水助残销售服务站，为17地市140个县提供167个残疾人就业岗位，开创了就业助残活动的先河。

2007年5月18日，章丘市召开以“携手慈善，共建和谐”为主题的“慈心一日捐”大会，董事长李成新举牌公司捐赠10万元。同时，在内部以“奉献爱心，携手慈善，共创和谐”为主题的“慈心一日捐”活动，在党员及工会会员的带动下，参加捐款的人员共计581人，捐款总额达20331元，该公司也捐赠了1天的利润。25日，董事长李成新、工会主席王者厚等一行为官庄乡渔湾村重症患者徐宝天送去电脑1台，徐宝天自幼患病，多年卧床，但身残志坚，酷爱文学创作，电脑为其文学创作提供了极大的帮助。该公司以真诚关注社会、回报社会，自2005年以来，对其生活及各方面多次进行救助。

至2017年，公司已连续13年对垛庄多名贫困生、贫困户进行帮扶，送去慰问品、慰问金。其中1名在2014年考入山东医科高等专科学院。2015年7月8日，公司收到曾得到帮助十年的部景雪（2013年考取山东师范大学）寄来的感谢信。公司自2012年又对辛寨乡的胡家村、仪张村、龙山街道办事处的东石村的十几名贫困户、贫困学生进行资助。

2008年春，公司与林管、规划部门进行沟通，捐赠1万棵树苗进行公益植树活动，立碑取名“百脉泉感恩林”。

2009年5月，公司积极响应上级号召，组织全体员工开展“慈心一日捐”活动，员工470多人捐款28000元，为发展慈善事业做出了积极贡献。

2009年9月25日，袁锡惠获《章丘市第二届道德模范“孝老爱亲”》荣誉称号。

2011年10月，李成新获由章丘市妇女联合会，市老龄委等联合颁发的“孝道德人家”荣誉称号。

2011年6月，公司成立慈善工作站，李成新任站长，王峻虎任副站长，办公室设在公司工会。

2012年1月，公司包装车间员工高桂莲确诊为白血病，公司短短几天收到干部职工爱心捐款27595元。在捐款的同时，领导、同事多次探望，鼓励其战胜病魔，早日康复。公司荣获“2011年度济南市爱心捐赠企业”“2011年度章丘市最具爱心捐赠企业”。董事长李成新被任命为“章丘市慈善总会”名誉副会长。6月，济南生活报与济南市慈善总会联合启动了“2012寒门学子行动”，得知官庄乡郭家楼村高考学生郭浩是章丘七中应届毕业生，在高考中取得584分的好成绩，但因家庭困难而面临辍学，公司领导送去5000元慰问金，助其渡过难关，鼓励他安心学习。2006年—2017年共出资600多万元，举办“金榜题名，涌泉相报”公益活动。2013年，公司与山东省残联举办“滴水情．百脉泉”助残活动，承诺每卖出1瓶百脉泉酒拿出1元钱帮助残疾人就业，坚决不让一个员工下岗失业，不把一个员工推向社会，有效履行了公司的社会责任。年内，公司为残疾人奥运会山东代表团捐款10万元。

2014年3月，公司成立“百脉泉爱心基金会”。公司连续多年评为“最具爱心捐赠企业”。董事长李成新连续多年被评为“优秀慈善工作者”荣誉称号。公司慈善理念日益深入人心。

2015年，公司开展尊老、敬老、爱老、助老系列活动。10月17日，公司包装车间支部25人到双山敬老院，在九九重阳节到来之际，展示了公司的浓浓百脉情。为老人打扫室内、室外卫生，营造干净、舒适的居住生活环境，陪老人聊天娱乐，送去牛奶、苹果、香蕉等礼物，此活动弘扬了尊老、敬老、爱老、助老的优良传统。18日，近150名老人在子女的陪同下，组团而来，欢聚在该公司共同庆祝即将到来的“九九重阳节”。

2016年5月6—7日，在第102个“母亲节”到来之际，百脉泉酒业工业旅游办公室人员以“母亲节感恩敬老在行动”为主题，在济南野生动物园开展了两天的义卖活动。5月8日，母亲节当天，将义卖所得赠予章丘市日月潭敬老院的孤寡老人，为他们送去油、面粉等慰问品、慰问金，为老人送去亲人般的温暖。

2017年6月，举行“泉城壹号，为父爱献礼”赠酒活动。在明水城区选取10家酒店开展了为父爱献礼赠酒活动，活动时间2天，大力宣传泉城壹号，赠酒100瓶。晚间进店前十桌消费者，消费菜金满388元，并扫码加入泉城壹号公众号，即赠送34°泉城壹号一瓶。

自2013年泉水节开办以来，百脉泉酒业已连续五年冠名花车并参加花车巡游，利用泉水节展示百脉泉酒与泉水文化的融合点，宣传传承悠久的泉水文化。2017年8月20日，由济南市政府、山东省旅游局主办百脉泉酒业协办—“百脉泉酒业号”花车亮相济南泉水节。百脉泉酒业号花车将泉水、荷花、绿柳等泉城元素与百脉泉泉城壹号的文化密切结合，以独特的设计形式，新颖的设计理念，展现在济南市民面前。百脉泉泉城壹号的推出，以圆润适口、甜洌醇厚的特点，赢得了广大消费者的热烈追捧，在济南喝泉城壹号已经成为广大泉城市民心照不宣的默契。

第二节 地区促销

章丘市内的促销

1985—1991年，随着经济体制的改革，原有的计划经济销售网络不畅，企业的产品销售进入市场销售。1985年，开展以酒换料销售活动，酒料数量大者（100吨以上）可享受优惠政策。20世纪90年代，开展全员销售，分片经营承包销售，利用各种形式开展促销活动。自1991年召开国营、集体、个体、宾馆、饭店用户经理座谈会5次，展销、订货会3次，个别产品的让利幅度大，极大调动了用户推销企业产品的积极性。销售政策的改革，调动了营销业务人员的工作积极性，任务完成率达90%以上。销售员月薪最高的305.54元，最低的月均108.78元。促销措施的制定，有效保证销售市场的扩大和销售利润率的稳定提高。是年，按照让利不让市场的原则，举办了多种形式的洽谈会、订货会、座谈会、联谊会、新产品推介会等进行促销，开展了有奖销售、让利销售、优惠销售、买赠促销活动。

1993年，以管理为基础，以销售为龙头，为迎接市场经济的挑战，党、政、工、团一齐上，全员销售打局面，多人员、多层次开拓市场深度和广度，延伸经营触角，向大市场、大流通跨越。打破了“大兵团生产”“小分队”销售的经营模式，启动社会关系和内部积极因素开发市场，技术部门按需开发，质量部门以质保销，后勤服务经销，在市场营销竞争中提高了质量意识、服务意识，增强了市场观念，销售网点由1992年的183家增扩到280多家，遍布章丘各个角落，实现销售收入2612万元。

1994年，企业领导把销售工作作为重中之重，在各乡镇设置产品展销厅，以利于促销工作的开展，在不同时节对不同产品实行不同的促销优惠政策，本年度39°清照特曲千箱优惠，百箱优惠，仅此一项实现销售额1200万元。对白酒消费市场进行深入细致、全面的调查研究、预测，及时调整生产结构，制定以产促销、以销定产的方针，提高了市场应变能力，灵活了营销策略，提高了驾驭市场的主动权。增加销售网点，培植市场，不断延伸。在销售网点280多家的基础上，经过销售业务人员1年的努力，年末增加到519个。设立产品展销厅，在明水、刁镇取得成功的基础上，及时总结经验，在普集、埠村、绣惠开设展销厅，不仅扩大了产品市场覆盖面，提高产品社会知名度，减少了营销环节，还增加了销售额，加快了资金的回收速度，有效的抵制了伪劣商品的冲击，维护了企业的信誉。明水展销厅最高月销售额达140万元。刁镇展销厅所处地理位置可辐射5个乡镇，群众消费水平虽然较低，但由于销售人员的努力开拓，一年来平均月销售额30万元，该地区销售量比建展销厅前翻了两番。

1996年末，设立展销厅11处，展销厅年销售收入最高的达1111万元，占公司总销售收入的21%。1997年8月，按照粮酒100箱，白酒100捆，清照王20箱为基点，现款现货给予7%的奖励政策进行促销。1998年，为活跃市场，让利广大消费者，举办34°清照特曲有奖销售活动，时间为8月25日至11月1日，奖项设置一、二、三等，中奖率为58.4%，实际让利8.33%。全年市内实现销售收入6085万元。刁镇厅完成1160万元，货款回收率达100%。是年，市内市场除设立8处产品展销厅外，发展代理商（店）230多家，市内代理商最高销售额达120万元。

2000年1月18—23日，举办迎新春促销活动，活动的对象是已与该公司签订2000年销售合同的集团和单位。根据客户一次性现款购买不同价格的产品，不同数量的货值，实行不等的奖励。2002年8月，在仲秋佳节来临之际举办迎仲秋产品优惠大酬宾活动，时间为8月30日—9月3日。根据购货交款的多少，奖励不同的比例，凡在9月21日前提完货的，在享受上述奖励的基础上再增加0.2%。

2004年，举办迎“七一”、冬季送温暖优惠大酬宾等活动。规定购买不等的产品享受不等的优惠政策。利用“五一、国庆”黄金周期间在章丘各大风景旅游区和大型超市、商场搞宣传和优惠销售活动。8月，开展的仲秋节优惠活动，其产品分为三个档次，根据不同的档次给予不同的优惠比例，这次活动收入销售额744万元。2005年，仲秋节优惠促销收入970万元。12月，与各展销厅组织实施春节优惠促销，送货上门，在出厂价的基础上再给予适当优惠。根据购买数量、预交款情况给予不同幅度的优惠。购买新开发百脉泉高档产品5000元，赠送1000元优惠卡，这次活动实现销售收入1039万元。

2006年百脉泉豪情上市，在千禧龙大酒店举办新产品推介会，这次活动历时14天，销售产品700箱。9月，在章丘宾馆举办凝心聚力共同双赢为主题的金秋厂商联谊会优惠活动，活动拉近了客户与厂家的距离，增强了品牌宣传力度，改善了对客户的奖励政策。时间自8月28日至9月10日，共收销售款2600万元。其中，新产品销售额突破1200万元。另促销工作重点是酒店、商超，选择B类以上酒店为形象样板店，达到要求的每月奖励百脉泉酒1箱，并举办豪饮百脉泉，赠送招牌菜活动，凡在酒店和商超购买产品的客户，均可以得到不同价值的赠品。10月1日，在百脉泉广场举办家家团圆百脉泉酒为主题的大型广场路演活动，活动现场有节目表演、观众的问答互动及买赠活动相结合，约有观众3万人次观看并参与活动，宣传提升百脉泉情系列产品在章丘的知名度，加强消费者对品牌及产品的认识，刺激现场购买，促进节日消费。

市外促销

20世纪80年代，开发东北三省，但由于酒的质量不耐低温，市场占领的时间不长。1995年，先后开发了湖南、湖北、河南、河北、江苏、山西等地，但经验都不成熟。1998年，开发了历城、淄博、济南、莱芜、济阳、五莲、诸城、沂水、青岛、青州、商河、平阴、长清、齐河、平原、石家庄、滨州、邹平、乐陵、宁津等地。促销活动搞的较好的有历城、济南、莱芜、淄博、济阳等地。

历城区促销 自1998年始，销售公司开发历城市场，先后在郭店镇、董家镇、唐王镇、遥墙镇、孙村镇、王舍人镇等靠近章丘市的地区发展，产品销售以该公司的常规产品、低档产品为主。自1999年起，开发专销产品，郭店镇的宏源酒水和王舍人镇的永峰酒水，专销

34°、36°、38°清照特酿。2000年，有4户经销商陆续增加买断产品的销售方式，每户买断产品3—4个。销售公司利用每年的仲秋、春节召开产品订货会进行产品促销。1999年，实现销售收入40万元。2000年，销售收入287万元。2001年，销售收入561万元。2002年，销售收入912万元。2003年，产品销售以清照特酿、清照园、清照家、清照情为主，并开发西营及南部山区市场，完成销售993万元。2004年，与5家大客户联合举办一次优惠促销活动，活动时间7月21—28日，产品为4元以上的买断产品，按交款额的3%赠送常规产品40°清照酒，数量限额每户不超过15万元，8月10日前需提完产品。2005年12月，以产品优惠的方式，召开订货会，不同的产品享受不同的价格优惠，以交款先后及订货多少获取不等的奖励。订货会收款504万元。2006年，与5大客户在9月13日至20日，举行迎中秋优惠促销活动，购常规产品优惠2%；每瓶3.5元以上优惠3%；每瓶4.5元以上优惠6%；每瓶10元以上优惠8%；每瓶20元以上优惠10%。这次优惠活动共收款428万元。全年完成销售额1067万元。

淄博市场促销 1999年8月，公司在王村区域设立了第一个市外展销厅，产品销售以散装白酒为主，酒精、低档产品为辅。2000年8月，在淄川和博山召开订货会，采取优惠政策，不同价格的产品享受的优惠比值不同，订货会收款21.6万元。9月，在磁村、岭子，在原产品优惠政策不变的基础上，召开订货会，是年完成销售额100万元。2001年，完成销售额117万元。2004年，完成销售额120万元。2005年5月，在淄川设立办事处，开发了32°百脉泉特曲、三星38°清照特曲，结合两大客户的销售网络，在淄川和王村的终端酒店进行促销活动，取得较好的效果。并先后开发了齐河、平原两市场。是年11月，淄川办事处撤并入王村展销厅，业务人员及时调整营销思路，确定了“主攻王村，开发淄川、博山”的工作思路，实现销售额103万元。2006年，办事处销售人员在积极发展客户的同时，及时发现并果断采取措施，清理不良客户，避免造成损失和不必要的麻烦。及时清理欠账，努力做好客户销售服务工作，更换客户买断产品的陈旧包装，增强客户销售公司产品的信心和决心，使他们在销售活动中得到更大的利润，全年实现销售收入180多万元，超额完成30万元。

济阳市场促销 济阳县与章丘相邻，20世纪90年代，在济阳设

立几个经销网点，主要销售散白酒及低档产品。2002年，开发了两大客户经销商，针对济阳市场开发适销产品。2004年12月，成立驻济阳办事处，以招标的形式在销售公司范围内公开竞聘，确定办事处负责人，业务销售员2名，司机1名，签订了承包合同。销售以常规产品为主，开发专销产品三星38°清照特曲。2005年，在全县范围内铺货，每个乡镇设立代理商1名，当年完成销售额67万元。2006年，主打百脉泉品牌，确定济阳为重点开发市场，调换了区域经理，进行了成功招商，开发了商河两大客户，根据招商合同规定，同客户签订了50万元的营销合同。直销网络从原来的26家酒店发展到40多家，完成销售额104万元。

济南市区促销　2002年3月，成立驻济南办事处，开发济南市场。济南市场的开发，采取以历城东部市场为依托，稳固渐进的终端销售为主要手段，开发专销产品34°、36°、39°清照特曲，选择产品经销商万利酒水、济南东方红经贸有限公司、济南旺福鑫商贸有限公司。终端市场的开发原则是办事处、代理商共同开发，分区域铺货，以点带面集中开发，市场资源信息共享。办事处开发的终端市场成熟后，转移至代理商。2002年，共铺设销售网点400多家，完成销售额56万元。2003年，在不同区域开发代理商，重点开发天桥区终端业务，完成销售额140万元。2004年，销售人员由6人增至12人，开发产品36°清照乡音、34°清照词人、39°清照特曲、38°清照人杰4个新产品，全面铺货300多家酒店，完成销售额141万元。2005年，利用春节、仲秋节在各大超市、商店开展买赠促销活动，专供产品7元以上，实行买五赠一，38°清照人杰、38°金樽清照买一赠一，全年实现销售额300万元。2006年，于春节前在超市、酒店、商店开展优惠促销活动，促销产品为38°金樽、34°清照词人、38°清照人杰、34°清照特曲、36°清照乡音、52°清照特曲买一赠一，换代产品39°清照特曲买三赠一，此次优惠促销完成销售收入210万元。8月，开展迎仲秋优惠促销活动，在原有产品升级换代的基础上，公司取消了买赠活动。实行专供产品均优惠10%的比例销售，优惠活动时限8月28日至10月6日。这次活动共计销售收入156万元，全年实现销售收入500多万元。

莱芜地区促销　2002年，市外销售公司开发莱芜市场，先后开发了上游镇两大客户，产品销售以低档产品为主。2004年12月，成立莱芜办事处，营销人员3名，确定为重点开发市场。办事处借助上游镇两大客户的流通网络，在莱城区终端酒店铺货，以常规产品为主，开发专销产品45°清照特曲。2005年12月，新发展莱城区客户并签订营销合同，开发了专销产品39°清照特曲，在莱芜电视台投放广告2个月，6辆公交车车体广告，经1年的广告宣传支持，完成销售额95万元。2006年5月，确定莱芜市场为百脉泉品牌重点开发市场，增加销售业务员4名，招聘促销人员10名，开展酒店产品促销。在现有5家经销商的基础上，铺店200多家，提高了产品占有率，46°豪情百脉泉、42°激情百脉泉适合莱芜人口味和饮酒习惯，全年完成销售收入96万元。2007年，自春节开始，采用商超促销的方式，在贵都购物中心，福来得超市，莱钢百货商店，金星商厦等商超开展活动。这次促销活动共销售豪情百脉泉150箱，激情百脉泉（1×6）230箱，激情百脉泉礼盒装500箱，加上清照系列白酒的促销，这次促销活动共完成销售额97.6万元，超出计划任务34.91%。

沂水市场促销 2006年沂水市场刚起步，办事处着重抓了市场网络建设，业务总代理、销售人员利用当地的资源优势，先后开发了沙沟镇、马站镇、官庄乡、高桥乡、文庄镇、姚店子镇、崔家峪乡、四十里镇、泉庄乡9个乡镇总经销，下设直销处400家，每个总经销都有自己的片区，二级批发商所经销的产品全部明码标价，统一价格，严防市场价格混乱，在一个村庄只设一家客户，有利于保护市场。加大终端销售的力度。对酒店实施优惠销售，对十几家生意好的酒店增加促销员，对部分现款结算及预交款的酒店增加优惠政策。这些措施的实施，提高了清照酒在消费者心中的知名度，有十几家酒店成为清照酒的专营店。召开订货会促销售，举办仲秋、春节两次订货会，既宣传了企业，宣传了企业产品，又达到了交款定货的目的。两次订货会收预订款100多万元。

积极参与社会公益活动，提高企业知名度。2006年9月6日，该公司与沂水三中结成对子，出资8000元设立了清照助学金，奖励那些品学兼优的寒门学子。企业的这种关注社会、回报社会的高度责任意识，拉近了与消费者的距离，增加品牌亲和力和美誉度，获得广大消费者的忠诚消费。暑期，办事处参与赞助沂水县青少年书画展，得到社会各界的好评。12月，办事处和总代理参加了沂水书协和美协的年底笔会，清照酒作为会上的指定用酒，得到沂水书画界人士的一致好评。

河北市场促销 2006年，开发了河北市场，与华仁贸易公司合作，9—11月，完成销售额13.2万元。2007年5月，在河北石家庄裕华大酒店举行以齐鲁情、燕赵缘为主题的百脉泉产品推介会，推介会以启动乡情团购、构建团购网络为目标，推介会的召开，使人们认识和熟悉了百脉泉酒，感受了百脉泉品牌的深厚文化底蕴。

常规促销 自2008年以来，公司在不同的地区牢牢抓住每年春节前销售旺季，为实现最大化销售收入和取得每年的首季开门红，针对全区域、全渠道进行大力度的优惠促销活动。由销售公司市场部制定春节促销方案，经总公司批准执行。优惠幅度根据各渠道、各市场的不同情况，总体优惠幅度掌控在6%—10%之间。

一季度过后，白酒消费逐步进入淡季，公司根据市场和客户库存情况，针对部分产品和不同区域适时进行淡季压货促销。市场部在制定淡季促销方案的时候，主要是以赠送实物和旅游名额为主。以达到压货促销目的。总体优惠幅度掌控在5%—8%之间。

进入8月份，随着白酒销售旺季的到来，公司适时开展中秋节促销活动。针对全区域、全渠道进行大力度的优惠促销活动。由销售公司市场部制定提报中秋促销方案，经总公司批准后执行。优惠幅度根据各渠道、各市场的不同情况，总体优惠幅度掌控在6%—10%之间。

消费者促销

2008年5月，借奥运会热潮，公司举办“品清照、百脉泉酒赢奥运金币”活动。消费者通过饮用公司百脉泉豪情、清照二代产品，就有机会赢得奥运金币。活动总计兑现奥运金币560块。6月，在章丘百脉泉广场举办“百脉泉酒，非常运动会”促销活动。同时设立免费品尝处，提供天地情、豪情、浓情、八年产品的免费品尝。9月20日—10月20日利用1个月时间，在莱城、钢城举办“百脉泉酒·我是投篮王”大型户外互动促销活动。在市区大型商超门口或者中心广场设置活动场地，设置简易篮架，任意人员可参与投篮，投中规定数目后即可获得精美礼品。本次活动共有5621人次参加，共兑现发放奖品3000份。通过活动提升了公司的品牌影响力，加深了产品在消费者心目中的印象，对更好的开拓莱芜市场起到了促进作用。10月，开展百脉泉酒欢唱金秋活动，活动期间在规定酒店消费饮用公司百脉泉豪情产品者均可获赠KTV欢唱卡1张。

凭卡可以免费在相应KTV进行欢快唱歌1小时。活动共计发出欢唱卡385张。活动宣传了品牌、引起消费者对产品的关注。2009年4月27日，“百脉泉酒业·中国生态酿酒倡导者”新闻发布会在济南舜耕山庄召开。该会议是由山东省白酒工业协会主办，山东百脉泉酒业承办。公司倡导白酒行业以消费者食品安全为已任，通过工艺优化及创新，推行生态酿酒工艺的发展。公司的生态酿酒技术工艺，从环境、原料、生产过程及产品出厂每个环节都注重“生态”因素对产品的影响，全线保证产品的安全。9月30日，公司在章丘百脉泉公园举办“焰火映辉煌、礼花庆华诞·百脉泉之夜”大型焰火晚会。

2010年1月，该公司“百脉泉生态芝麻香”新产品上市新闻发布会在章丘宾馆隆重举行。活动推出的36°典藏芝麻香、46°鉴藏芝麻香两款高档形象产品，严格按照“生态酿酒工艺”融入特殊的芝麻香型白酒生产工艺，精心酿造而成。具有醇厚丰满、余香悠长、风格典型、品质高雅、个性鲜明等特点。它的成功上市，会不断提升品牌的影响力和知名度。增强“鲁酒”品牌的整体竞争优势。对山东白酒跨越式发展起到积极的促进作用。9月，开展“众里寻她 清照有约大型清照寻代言人”主题活动。经过六轮的评选，最终确定由山东公共频道新闻类节目主持人董姝为清照代言人。12月23日——2011年1月3日，在济南核心终端酒店静雅、舜耕、喜来登等酒店举办消费者砸金蛋促销活动。消费者消费百脉泉豪情一瓶可以参加免费砸金蛋，奖品为腰带、打火机、旅游水壶、手表。活动共兑现奖品腰带68条、打火机600个、旅游水壶52个、手表21块。12月，公司举办清照美酒 欢乐千万家消费者促销活动。在章丘市内、乡镇A、B类各酒店，商超及其他流通渠道，针对清照二代、清照八年、清照十年、清照王产品开展促销活动。分别投设品牌轿车科鲁兹、电动车、250毫升清照二代奖品。通过春节旺季有奖促销，拉动消费，同时运用清照品牌代言的宣传，提升了品牌的知名度和美誉度。

2011年8月开始，每年持续开展“金榜题名、涌泉相报”高考学生免费赠酒大型活动，对济南地区参加当年高考并取得大学本科一批的所有考生，免费赠送价值千元的百脉泉生态原浆酒，至2017年共举办了六届，在社会上引起了强烈反响。

2012年4月，在济南10个重点小区（匡山、恒大帝景、名士豪庭、高速花园、仁和盛庭等）开展“欢乐社区行”免费品鉴活动。活动进行有奖问答赠送100毫升品鉴酒，共送出100毫升品鉴酒156瓶。10月20日，销售公司对龙年婚庆市场举行了婚庆赠酒活动，共为130对新人送去新婚祝福（绵柔10年260箱）。活动提升了公司品牌认知度，开启了公司“婚庆用酒”新方向。2013年3月，开展有70多人参加的首届“家有老酒”百脉泉酒业寻老酒活动。学习、交流、弘扬藏酒文化，普及了科学藏酒知识。公司寻到了很多具有特殊历史意义的老产品，宣传提升了百脉泉酒业的社会形象。十一黄金周临近，百脉泉公园将迎来旅游旺季，利用公园优势资源，进行产品促销。12月，公司与齐鲁电视台联合进行主持人签名送挂历活动。活动共送出挂历685本。提升了公司及产品在消费者心中的形象和知名度。

2014年5月，公司运作百脉泉特色文化藏酒大典，以藏酒认购的方式与核心客户进行沟通；开展独具百脉泉特色的藏酒仪式，并现场认购，实现原酒储存800多万元。2015年春节期间，济阳办事处为提升清照清雅产品推广力度，针对流通渠道，采取买酒赠金佛活动，单节单品突破30000箱销量，增强了济阳市场清照品牌销售氛围。3月，在章丘选取20家酒店，开展第一季度赠送金龙鱼食用油、新郎名牌服装促销活动，活动期间共送金龙鱼食用油210桶，新郎服装95套，实现销售收入150万元。5月，在济南举办真情涌动——百脉泉酒里有金条促销活动，按照每50箱投入1块千足金条，共投放100块金条。4月，百脉泉酒缤纷好礼真心相送促销活动，共计赠送100毫升品鉴小酒500瓶，打火机1000个、多功能刀具500把、运动水壶200个。9月，再次举办“寻宝进馆”—百脉泉、清照系列产品老酒鉴定、收藏活动。整个活动受到社会各界人士的关注和积极参与，来自四面八方50多名收藏者、120多件产品参与到活动中来。其中最久远的一款产品可追溯到60年代，有款69年的手雷产品被公司以高于当时近200倍的价格回收成交。实现了收藏者和企业的双赢。12月，在济南市场针对满庭芳、永遇乐产品投放消费者旅游卡奖励活动。本次投放奖卡3600张，持有奖卡者可以免费参加公司统一组织的河南云台山三日游活动。

2016年8月，开展京东众筹—“泉城印象产品”促销活动。经过各方的共同努力，众筹完成率达到210%，产品销售涵盖全国绝大部分城市，新疆、海南、黑龙江等偏远省份也有部分销售。9月，电商事业部开展了“我有一壶酒，足以慰风尘”诗词接龙比赛活动。2017年，招募会员1万人建立“百脉泉生态之家”微商城，建立粉丝会员机制，享受节日购酒福利，积分换礼、购酒优惠券等网络活动。年内，开展车贴活动（车友俱乐部）。只要车主在自己车辆后挡风玻璃贴上泉城壹号单透画面，即可获得34°泉城壹号品鉴酒1瓶（光瓶酒），连续领酒3个月。车友俱乐部不仅开展车贴活动，还开展钓鱼、登山比赛、车友会周年庆聚餐等活动。章丘新品清照红如意，继续执行“畅饮红如意 万瓶半斤小酒送不停”消费者促销活动；老酒坛、老字号在代理商“新品特惠，再来一瓶 ”基础上，开展全新的消费者拉动活动，活动主题为畅饮清照—万台多功能按摩器送不停。

第三节 产品覆盖

建厂初期，生产原料以红高粮、小麦为主生产粮酒。以后增加了薯类白酒的生产。20世纪80年代以前，人民的生活水平较低，该厂生产以散装白酒为主，产品大都销售在当地，产品畅销，供不应求。1983年后，为适应新的消费需求，生产工艺有了较大的创新，产品的品种有所增加，百脉泉白酒处在普通酒水平，销量下滑，产品除在章丘销售外，在吉林、黑龙江、辽宁东北三省及河北省销售的比较好。进入20世纪90年代，产品的质量不断提高，百脉泉特曲、清照特曲获省优产品，产品品类高、中、低档并存，优势互补。产品的销售除全面覆盖章丘市场外，已向章丘周边地区进行扩张，历城区的孙村镇、王舍人镇、郭店镇、唐王镇、董家镇、遥墙镇。青岛、青州、滨州、张店、淄博、淄川、王村、邹平、莱芜、济阳、平阴、长清、商河、济南、新泰、肥城、德州、临沂、日照、诸城、临朐、莒县、沂水、菏泽、泗水、泰安、宁津、乐陵、陵县、五莲、济宁、平原、齐河、潍坊、烟台、威海、枣庄等地。省外区域，产品覆盖到江苏、湖南、安徽、山西、湖北、河南、北京、天津、河北的石家庄等地。

2008年，受国家宏观政策以及对三公消费政策调整的影响，公司为了在逆境中求发展，集中优势力量开发省内市场。市场下沉，开拓到乡镇、村级，针对市场精耕细作。加大对市场招商奖励力度，新招50万元客户，奖励3000元。新招100万元客户，奖励5000元。2009年制定了新的市外招商政策，调整优惠力度从前期的15%提高到20%，充分调动了市外业务人员的工作积极性。2016 年 3 月，对招商政策进行进一步优化调整，对市外产品进行了整合梳理。明确主导产品、树立产品标杆进行重点运作。以便更好的做好市场、增强对产品的监管力度。

2008 年 7 月，在历城市场重点拓展了南部山区市场，产品由最初 3 个，扩展到 9 个。形成了对南部山区的全方位产品覆盖，签约额由最初 100 万元，逐步增长到 480 多万元。

2009 年 4 月，在济南市场重点拓展了长清市场，导入百脉泉系列产品，成功签约两家客户，签约额 180 万元。

2010 年 4 月，在莱芜市场重点拓展了钢城市场，成功招商万家嘉商贸，签约额 100 万元。

2010 年 7 月，在外围区域以全省布局，针对空白县市枣庄、济宁兖州、汶上、滨州、邹平、泰安、沂水、临朐、高密、淄博、齐河等地进行大力招商，利用每年春、秋两届糖酒交易会进行招商，共新招商 120 多家。通过星盘布局、客户对市场的逐步渗透、影响，成功拓展了泰安、沂水、临朐、高密、淄博、齐河等市场，并成功招商，后期与客户一起对市场进行精耕细作。

2011 年 3 月开始，在鲁北区域齐河市场对乡镇进行大量招商铺货工作，重点对表白寺镇、安头乡、宣章屯镇、大黄乡进行招商铺货，并成功招商四个乡镇大客户。签约额 80 万元。

2012 年，重点运作邹平市场，在邹平县城成功开发骏琳商行客户，并以该客户为主进行重点帮扶，当年实现销售额 120 万元。

2013 年，调整市场布局。重点开发济宁、嘉祥、泗水、曲阜区域，分别成功招商四家大客户，签约额 200 万元。

2014 年，调整滨州和潍坊淄博市场，成立滨博区域，重点运作淄博、潍坊市场客户，形成对市场的集中运作，聚焦客户发力。

2015 年年初，济阳市场重点拓展了商河县城市场，成功招商四家客户。签约额突破 300 多万元。

2015 年，根据市场实际情况，对原鲁北区域进行分市场运作，将齐河、禹城、临邑三个县域市场分离单独运作。同时，提高对市场的要求和加大对市场的投入，通过直销团队的建立、运作提升产品影响力和知名度。

2016 年，重点对大本营章丘市场进行终端联营体建设布局，在章丘区域形成有十大客户牵头，下辖服务众多联营体的服务模式。当年共计签订联营体客户 215 家。提升了直营、服务意识和掌控流通终端的能力。

2017年，加大对外围区域市场的拓展，年内，整个外围区域市场实现3000万元销售额。形成以章丘、济南、历城为大本营市场，拓展济阳、莱芜等环济南周边的重点主力市场，遍布全省各区、县域市场为格局的销售网络和产品覆盖。

第四节 物流中心

该厂自1974年开始陆续购入汽车。1977年有汽车4辆、三轮车1辆，成立了汽车班，延春村任班长。汽车班隶属供应科。汽车班的主要任务是运输原料、辅助材料等。1983年后，汽车班开始承担运送货物的任务，车辆由4部增至15部。1986年，销售科有3辆汽车，1辆解放、1辆130和1辆跃进。遇繁忙季节，需招收运输个体户加以补充。2002年5月，汽车增至27辆，车队归属后勤部。2004年4月至2005年7月，汽车增至29辆，运输车及车辆的费用承包到各产品展销厅使用。2006年6月，成立物流中心，孙玉良任主任，隶属销售公司，车辆达到33辆。

为加强车辆的统一调度和管理，以更好的适应市场营销的变化，协调、服务于营销工作，充分发挥车辆的最大效率。2006年7月，运输车辆改由物流中心管理。物流中心由10人组成，7辆运输车，9名司机。车辆凭运行单，按运行要求将产品准时、安全地运送到目的地，司机实行工资加出差补助的办法，省内1次补助10元，济南市6元，出省15元，本地区根据距离远近执行2—4元不等的补助标准。仲秋、春节销售旺季，每辆车每天可运输3—4次，多时每天可运送7000多箱产品，保证营销工作的正常运行。

2007年6月，对物流中心进行改革，推进物流市场化、社会化。商贸公司根据物流中心市场化改革的方案，将现有车辆估价处理，多余人员重新安排工作岗位。7月1日，物流正式进入市场，运费标准按照市场运价结合销售网点的具体情况合理确定。改原来的按车、天计运费为按箱、路途计运费；将自备车为完全社会化。改革提升了车辆使用率，提高了服务质量，降低了管理费用，从根本上解决了有史以来人员管理与运输费用居高不下的状况。为满足2008年物流需求，物流中心设置物流中心负责人（物流调度）来负责销售公司所有运营车辆的管理（维修、保险、油料等），协调所有车辆运输、装卸，以初步调整物流配送流程，强化物流中心职能。2010年3月，郭勇担任物流中心主任，销售公司有公车及服务车辆95部，外租物流公司送货车辆30余部，日最高出货量4万多箱。

2011年，针对销售公司未配备公务用车的区域经理，鼓励私车公用，公司每月给予一定额度的燃油津贴；对于使用公司配置车辆的区域（含公务车及面包车），采取费用包干制，规定相应额度的燃油费用标准，包干到各自区域，核销费用。

2015年，销售公司进一步明确物流中心职能。物流中心在做好销售公司车辆的保养、维护、调度及外部货车协调的同时，负责待发货物的验收与装载，保证货物装车前无明显质量问题。负责货物能及时到指定地点并协调货物因在运输途中出现的破损及其他运输风险问题。2017年为规范用车，物流中心制定区域车辆管理规定。对车辆保险、年审、维修以及使用情况作出明确规定，对违反规定者作出相应处罚，杜绝公车乱用及报销混乱现象。

车辆更新

2010年，根据市场需要，经公司批准购置3部办公车辆。2011年，济南客户绿野增加了10部配送车辆，同时淘汰了5部旧配送车辆。2012年，市外市场增加了6部配送车辆。2013年，济南百脉泉招商购置28部配送车辆，清照客户绿野购置4部配送车辆。2014年，济南客户绿野购置4部配送车辆，同时淘汰了4部旧配送车辆。济南百脉泉新签客户购置配送车辆4部。章丘分公司购置厢式车辆1部。淘汰1部厢式货车。2015年，济南客户绿野购置9部配送车辆，淘汰9部旧配送车辆。济南百脉泉增加1部配送车辆。鲁东南市场淘汰1部柴油厢式货车。莱芜，济阳，邹平增加3部配送车辆。2016年，沂源，临邑，禹城增加3部配送车辆。泰安区域增加2部配送车辆。2017年，淘汰2部配送车辆。

（审稿人员：李庆腾　丁晓娟）

第七篇

技　改

第一章 技术进步

第一节 沿 革

该厂白酒酿造技术经过了由传统酿造工艺向传统与现代科技相结合，手工劳作向机械化、半机械化转变；白酒勾调技术的进步与提高，单粮酒向多粮酒，高度酒向低度酒，普通酒向优级酒转变。

传统手工酿造技术向传统工艺与机械化酿造技术相结合阶段。建厂初期的白酒酿造技术落后，设备简陋，依靠工人们传统的手工技术和工艺进行生产，如通过看酒花确定酒质量的高低，露天作业等等。20 世纪 50 年代，购置简易化验仪器，建立化验室，以科学准确的数据取代了过去酒质量凭感观和手工测试方法。用机械代替马拉石磨。发酵池代替发酵缸。1962 年实现了电气化。1965 年，安装了通风制曲设备，通风制曲新技术的应用，提高了曲子的质量，使地瓜干出酒率达 54.17%。1966 年，安装了打糣机和地下鼓风机，白酒酿造实现了由传统手工技术向传统技术与机械化技术相结合的转变。

酒精生产技术的进步与提高。1970 年，该厂安装了年产 1300 吨的液体发酵蒸馏塔。1976 年，增设酒精生产线，扩大酒精生产。1978 年，运用分光光度计，用以测量甲醇及高级醇的含量。1984 年，使用甲醇提取技术，使白酒甲醇含量优于国家规定标准（百毫升不大于 0.12 克），一般控制在百毫升含 0.08 克。为了严格控制铅的含量，自 1980 年起淘汰了锡制作的冷却器，改用铝制冷却器，自此白酒铅的含量达到内控标准要求，提高了白酒的质量标准。1979 年，引进新菌种，使用先进的 uv—11 号曲霉菌技术，提高了糖化酶活力。后增加制曲设备“FZ —3F”（7.5 立方）蒸热机，代替传统手工操作，提高了工作效率和麸曲质量。20 世纪 80 年代实施浓醪发酵技术、低温蒸煮浓醪技术、纤维素酶应用技术、气相色谱检测技术、酒精蒸馏微机自控等先进技术。

自 1983 年起，确立开发以高粱为原料的浓香型白酒。首先从窖泥抓起，选用污泥自行培养窖泥，调整生产工艺，但效果不理想。1989

年，崔承湖参加山东省一轻厅窖泥己酸菌扩大培养技术（即北斗工艺）培训，学习掌握了窖泥脱臭，放线菌高氏 5#、己酸菌 1 #、 2 #、酵母菌、生香酵母、球拟、汉逊 1274。使己酸乙酯每 100 毫升酒中含 100 毫克。1990 年、1991 年，把这一技术外援张店、莱芜酒厂，提高了这两个酒厂己酸乙酯含量。1994 年，把增己降乳作为技术攻关，使粮酒理化指标保持了稳定提高，己酸乙酯平均达到 100 毫升酒含 133 毫克以上，乳酸乙酯下降，粮酒质量得到提升。1998 年，改北斗工艺为纯种己酸菌培养技术，该技术经 40 天发酵，己酸乙酯由 133 毫克提升到 155 毫克。同时为加大泥窖接触面，采用增加夹层泥的办法，有效提高粮酒己酸乙酯含量。2002 年，派 4 名技术骨干到江苏省的洋河、安徽省古井贡、山东兰陵、菏泽酒厂学习生产工艺。在窖池中加立回糟，提高原料淀粉利用率，防冬季粮醅被冻。缓慢蒸酒，使酒在甑中最大限度的浓缩，蒸出的酒己酸乙酯含量高，缓慢蒸馏是丰产丰收、提取各种香味物质的最佳工艺。高粱清蒸去除高粱杂味。加热浆。窖池四周用细黄土封窖，防止漏气染菌。2004 年，实行五粮新工艺后，对粮酒 120 多口窖池用有机窖泥进行了改造。2006 年，浓香型五粮酒酿造技术及生产工艺，实现泥窖发酵微生物的自然富集培养，酒质五粮香气丰满，酒体醇厚、协调、净爽。该公司自主研发了十余种调味酒，添加到产品中后，口感明显提高，逐步实现了单粮向多粮、高度酒向低度酒、普通酒向优质酒的转变。

2008 年有机窖泥改进技术研制成功，摆脱了“北斗”窖泥的各种弊端，真正实现了“千年老窖万年糟”。2009 年，芝麻香型白酒研制成功，并于 2010 年 1 月成功上市。2011 年冷冻技术的应用彻底解决了低度酒失光问题，2013 年清香型白酒研制成功。至此，该公司具备了浓香、清香、芝麻香三种香型的生产能力。2014 年至 2018 年，该公司完成机械化车间窖池夹层泥应用以及灌装设备升级等项目。

第二节 新技术

新技术有 20 世纪 70 年代酒精生产中的“液体蒸馏”、菌种引进。80 年代的己酸菌培养、大曲生产工艺、白酒净化技术。90 年代的酒糟利用、分析技术等。1985 年起运用陈熟技术，使白酒原有的糟味减少，香味增加，酒味醇和。1996 年采用白酒净化新技术，去掉白酒中的高级醇、酯类，防止低温条件下浑浊、沉淀，提升了白酒质量档次。2007年该公司购进新型白酒净化器，提高了白酒处理水平，增强了产品质量稳定性。2011年该公司总结出一套冷冻处理白酒和芝麻香的方法，既可有效解决低度酒失光问题，又能保持产品原有的风味及质量。白酒净化技术不断改进，由使用粉末活性炭改为净化柱处理。2013年10月该公司膜技术在酒类生产中的应用研究，被授予山东省企业技术创新优秀成果二等奖。

液体蒸馏

1970年，液体蒸馏是白酒生产工艺的初步变革，年产1300吨的液体蒸馏新设备从原料蒸煮、糖化、发酵、蒸馏等四道工序，机械化生产，降低了成本，出酒率由50%上升到57%。经过三年的实践，完善的液体蒸馏新工艺技术代替了旧的笨重的固体蒸馏法。1976年，新建年产3000吨酒精生产线，机械化、半机械化的酒精车间建成，从粉碎、蒸煮、糖化、发酵、蒸馏道道工序都培养了一批熟练的技术人才。改革开放后，生产规模逐步扩大，新技术运用更深入。1983年6月，酒精生产更新改造，由3000吨扩建为5000吨的生产能力，更换SD型不锈钢粗馏塔，加大投料量和蒸馏量，推广液体蒸馏新技术，出酒率达到58.51%。1990年3月，投资27万元，对酒精车间实行扩大改造。酒精蒸馏为人工控制，凭经验操作，工序要求控制参数多，操作频繁，各项技术指标难以达到国家规定的有关标准，影响了出酒率。1991年采用微机控制新技术，微机自控对蒸馏的底温、中温、顶温、压力以及各冷凝系统所有参量进行显示、报警、储存，使重要运行参数进行最佳自动控制，达到较理想工艺状态，出酒率达到60.55%。是年，液体蒸馏扩产到7000吨的生产能力，及时改造了粉碎、蒸馏两道工序，自行设计安装了余热回收装置，利用废糟余热加热自来水，使水温达到60℃以上，改变了粉碎工序使用冷水的历史，年节煤211吨，节省资金3.1万元。同时，改造了钢筋混凝土结构的发酵罐，采用了密封发酵、杀菌彻底的铁制发酵罐盖，抑制了杂菌的生长，提高出酒率1%，年增产酒精100多吨，价值20多万元。1994年，又在原来7000吨的基础上扩产1500吨，增加到8500吨的生产能力，其中，新吊装5个100立方米的发酵罐，加大了投料量，提高了液体蒸馏技术。推广使用HF—1号酵母菌，采用干酵母替代酒母，降低制造成本，提高了生产率，形成了8500吨酒精生产规模，液体蒸馏技术得到充分的发挥和应用。液体蒸馏技术随着企业产品结构调整，2002年酒精生产停止而结束。

菌种引进

酿酒微生物是酒类生产过程中糖化与发酵的动力，菌种生物活性的强弱直接影响到酒的产量与质量。引进和选育优良菌种应用于白酒酿造一直是本企业技术工作的重点。20世纪70年代初，使用白曲酶B1，其糖化力低，耐酸性差。1979年，推广引进使用uv-11号曲霉菌菌种，该菌种为国内优良糖化菌。1980年12月，济南市一轻局在章丘酒厂召开济南地区酿酒生产技术交流会，该厂对新曲种uv—11的生产使用情况做了详细介绍，主要经验是如何搞好环境卫生，严格杀菌和工艺操作，该菌种自1979年5月使用，其糖化力一般维持在7000单位左右。后又选用uv11—48、uv11—ju5新菌种，其糖化力提高10倍，出酒率提高20%以上，是接近国际水平的优良糖化菌。因改变了生产菌种，糖化酶活力提高60—100%，用曲量减少50%，全年节约麸皮230吨，价值3.2万元。

窖泥（己酸菌培养）

1983年，该厂领导根据市场调研确立了粮食酒香型为浓香型，派技术人员到几家名酒厂学习粮酒生产工艺，从窖泥做起。最初只是运用河底泥进行配制，效果不明显。1989年，山东省一轻厅举办了窖泥即北斗工艺培训，己酸菌扩大培养法开始实行，提高了粮酒中的己酸乙酯含量。1998年，推广纯种己酸菌技术，取代了北斗窖泥工艺，粮酒中的己酸乙酯含量40天发酵期由百毫升酒不足百毫克提高到155毫克。1999年，采用窖泥培养中添加窖泥功能菌工艺，窖泥功能菌有多种窖泥功能菌株，有较强的产酸、产酯能力，并具有脱臭作用，使培养的窖泥香味纯正，提高了酒质。2005年11月，聘请五粮液酒厂高级工程师对粮酒生产工艺进行指导，采用有机窖泥工艺，用有机物原料进行有机窖泥的培养，较原窖泥功能菌增多，营养丰富，有效的解决窖泥老化，真正实现千年老窖万年糟。

大曲生产工艺

大曲的质量和风格在一定程度上决定酒的质量和风味。曲是酒骨，形象地说明了大曲在酿酒过程中的重要作用。建厂初期，没有化验检测仪器，大曲生产靠传统手工操作，技术相对落后。根据多年冷出酒热出油生产经验，天气凉爽的季节酿酒，炎热季节人工踩曲。20世纪60年代3年自然灾害期间，大曲生产一度中断。因麸曲糖化力较高，改用麸曲，适用于液态制酒、酒精生产。随着液态糖化酶、固态糖化酶的相继诞生，取代了麸曲。20世纪80年代，市场粮食酒优质化，大曲生产逐步恢复。采用传统人工制曲（卧式培养）工艺。2004年，制曲实现机械化，由卧式培养工艺改为架子曲工艺。2005年，针对大曲培养过程中，房顶滴水而导致曲霉烂变质问题，大曲培养采用无滴膜新技术，从根本上扭转了曲块发黑霉烂现象。使成品曲优质品率提高100%，确保了粮酒产品质量的提升。是年，该公司派技术人员分别到四川文君酒厂、山东武城酒厂、梁山徐坊大曲有限公司参观学习先进经验技术，实现了机械制曲和架式培养方法，曲坯密度均匀、表面光滑平整，挂衣均匀。架式大曲培养通风和排风效果良好，提高了单位面积产量，避免了季节和人工踩曲的影响，符合优质、高产、安全、低耗的目标。30天糖化力由原来的500个单位提高到700个单位，发酵力由原来的4.25%提高到4.7%，该项新技术为公司年增效益41.21万元。2007年，人工踩制包包曲120吨，包包曲曲块菌丝密集，曲香大，挂衣好，有良好的糖化力、液化力。

五粮型白酒工艺

该公司白酒生产沿袭了传统"老五甑"工艺，固态发酵、单粮酿造。随消费者消费观念向营养和追求个性化的方向转变，对白酒的质量、风味更趋于多样化，单一品牌、单一风格的白酒不能最大限度的满足不同消费群体的需求。2005年，组织技术人员开发具有自己独特风格的五粮浓香型白酒。2006年4月，派多名技术骨干赴四川学习考察，在五粮液集团现场跟班操作，真正掌握、理解五粮酒生产工艺，为新工艺规程的制订打下了基础。回公司后，在技术专家、顾问指导下，对部分旧工艺进行改革，根据当地环境、气候制订新的工艺规程、窖泥配方，从原材料的选购开始，严格要求，细致操作，经过60天的发酵，原酒经过品评，五粮香气丰满、酒体醇厚、协调、净爽，具备五粮酒的典型风格，更具备独特的百脉泉五粮浓香型白酒风格。自投放市场后受到消费者好评。五粮浓香型白酒的成功开发，提高了该公司产品质量档次，提高了产品附加值，增加了市场竞争力，为企业发展注入了新的动力。百脉泉纯净水用于粮酒生产，明显改善产品口感，减缓窖泥衰老。

白酒勾调的净化技术

1985年以前白酒勾调，都是按指定的配方进行勾调，酒中的燥辣味直接影响了质量。1985年，购进H—4201白酒陈熟装置，瞬间对白酒进行照射，促进了酒精分子和水分子缔合，减少自由基、增加酸度，使白酒的燥辣味减少，刺激性小、酒味醇和、香味增加、口味协调，达到白酒增香陈熟的目的。该技术1990年停止使用。1994年，应用JH—1型低度白酒快速除浊剂，白酒质量提高。1996年，引进分子筛白酒净化器，经过该设备处理的白酒从根本上解决了白酒在低度、低温下出现失光、浑浊和沉淀的技术难题，使酒质清澈透明、度低而味不淡，在零下20度不失光、不浑浊。净化技术的运用消除了酒的邪杂、异味，降低白酒的暴辣、刺激，净化一次相当于自然存放6个月的老熟效果。1997年，采用电渗析水处理设备，解决了多年的勾调用水质量问题，降低了勾调用水的硬度，使成品酒固形物明显降低，保证了酒质的清澈透明。是年，又采用了活性碳新技术，解决了成品酒货架期出现沉淀的问题，同时成品酒的感官也有了很大的提高，保证了产品质量。2006年5月，电渗析设备淘汰，新上10吨反渗透水处理设备1套，水的电导率由125个单位降到20个单位左右，水质明显改善。净化技术的运用，使勾调技术得到提升。2007年公司对散酒库进行改造，新购进成品酒白酒净化柱等设备，对处理效果及能力进行了试验，经常温、冷冻储存后达到要求并正式投入使用。同年该公司制订了《白酒净化人员工作标准》，标准编号为Q/BMQ3050062007，规定了酒库白酒净化人员对各种成品酒及原酒净化的工作细则，并对公司净化人员进行公司管理制度、生产工艺培训、白酒净化的相关培训；净化人员按照操作规程对所使用的设备（净化器）进行操作，保证了净化酒的质量。2011年3月1日该公司发布并实施了《山东百脉泉酒业有限公司技术标准》，规范了白酒的净化操作，对白酒净化器的物理特性、性能参数、安装动力条件、使用环境、易损附件、保养计划、操作规程等内容作了详细规定，对白酒的净化技术起到了指导作用，改善了成品酒处理方式，提高了处理效果。一直以来该公司成品酒的过滤采用硅藻土过滤机，为提高过滤效率及过滤效果，2013年该公司根据生产需要购进两台20t/h粗精一体机、10t/h的白酒净化柱一套替代原来的硅藻土过滤机，操作使用更加方便，过滤效果更加显著，产品更加清澈透明。该设备购进安装使用后，二代、八年、百特、大曲等主要酒基均不再直接添加粉末活性炭，在提高成品酒感官质量的同时也提高了配酒效率。

分析技术

1988—1993年，应用1121、

1102白酒气相色谱仪，尤其是自2004年，应用国内最先进的6820毛细管柱气相色谱技术，在色谱分析的基础上，运用微机参与及时提供准确数据。分析技术的应用稳定了酒的质量和风格。

酒糟利用

1991年，将废酒糟加入酵母发酵进行蒸馏，一个班可蒸酒60公斤，一年可产酒18吨，价值15万元。1992年，利用丢糟二次发酵，串蒸酒精。

酒头、酒尾、黄水

酒头酒尾用来做调味酒，而且是生产低度白酒，新工艺白酒不可缺少的基础物质。酒尾稀释加上适量的大曲粉，泼洒池壁，起着养护窖池的作用。酒尾，用酒尾回蒸器回蒸提高酒度（65°以上），作为普通原酒使用。酒头，回酒发酵实现增香作用。黄水，用来降低粮糟酸度，也可用来生产调味酒。

节能冷冻处理技术

公司于2009年开始致力于芝麻香型白酒冷冻除浊技术研究，根据对冷冻过滤设备技术要求和性能参数经分析论证，选择购买北京世纪华德科技开发有限公司的DBLJ型冷冻过滤机组。其工作原理是将待处理的低度白酒经过膜过滤后，进入冷媒机进行热交换，在－10℃左右的低温条件下，高级脂肪酸及其乙酯溶解度降低而使部分析出并悬浮于酒中，形成絮状沉淀，后经过滤除去。白酒在冷冻处理后，酒中的香味成分含量均有不同程度降低，尤其是己酸乙酯及总酯的损失率比较大，各香味成分间比例的变化，破坏了业已形成的典型风格，从而出现水味，味短、淡，欠爽等香味成分失衡现象。为解决这些问题，冷冻处理后对大样半成品进行调味，包括理化和口感指标，适当选用各种风味调味酒，重新进行微调，平衡各香味成分的含量及比例，使酒体趋于完美，以保持典型风格的稳定。通过反复的实验与摸索，公司技术人员对冷冻过滤机组内的机理以及使用参数进行了不断完善与修正，制订工艺操作手册，并培训专业技术人员进行操作。通过标准化、程序化的操作与控制，公司产品不仅理化卫生指标完全符合内控要求，口感质量更加绵、甜、净、爽。产品投放市场，再不会出现浑浊、失光等现象。

第二章 技术改造

第一节 重点技术工程

自20世纪70年代始，先后对锅炉、液体蒸馏、酒精生产、废水回收闭路循环、粮酒生产、酒糟烘干、污水治理、灌装设备等重点进行技术改造。为适应企业发展，自2007年开始，分别对窖泥、白酒自动化灌装项目、粮酒生产、散酒库等方面进行了升级改造。

锅炉更新改造

1971年，购置安装2.5吨锅炉1台。1976年，淘汰2.5吨锅炉，安装4吨锅炉。1983年，安装KZ24—13卧式链条锅炉1台。1985年，安装K4型锅炉2台，平均气压6kg，满足酒精车间、固体车间和部分辅助车间的需要。1988年，通过技术改造，强化管理手段，合理调整风量和燃烧煤层，对用气设备进行配套改造，由老式炉拱改为节能型炉拱，烟道由地下改为地上，提高了热效率，降低燃料动力消耗，年节煤250吨。1990年，建立了700平方米的锅炉房，安装10吨工业燃烧锅炉1台，配置安装微机自控设备1套。用以控制温度和进料量，从而提高质量和效益，年节煤4000吨。1998年，根据国家环保政策改由明水热电厂供汽，锅炉停止使用。2014年3月供气单位由明水热电厂转为明水公共事业局，2017年5月31日国家环保局取缔燃煤锅炉，公共事业局停止供汽。该公司利用粮酒压池时间，投资400万新上天燃气蒸汽发生器6台，并对该项目进行了环评，年产蒸汽1.3万吨，该项目于2017年9月13日开始试运行，满足了生产和供暖需求。

液体蒸馏工程

该厂酒精生产长期以来设备原始落后，劳动强度大，生产效率低，实现液体发酵蒸馏工艺，成为白酒行业方向性的一项技术革新。1970年5月，安装年产1300吨的机械化液体蒸馏设备。企业没有安装所需要的车床、钻床、锩扳机等大型机械设备，发扬蚂蚁啃骨头精神，因陋就简，土法上马，自己边设计、边试验，反复改进。突击奋战60天，完成安装，实现了从原料蒸煮、糖化、发酵到蒸馏等四道工序机械化生产，降低了劳动强度，降低了劳动成本，由原用工60人降至20人，原料每年节约5万元。科学掌握加酸技术及蒸煮和糖化时间等技术难点，使出酒率由原来的50%上升到了57%。

酒精生产线建设工程

该厂20世纪70年代中期，用成本、价格较低的地瓜干为生产白酒的原料，因药品工业的发展，对食用酒精的用量上升。1974年，开始年产3000吨酒精生产线建设。1975年，建成年产3000吨95°酒精生产线，折算为65°白酒4860吨，使该厂的白酒生产能力扩大了4.5倍。1983年6月，将年产3000吨的酒精车间扩建为5000吨，把过去笨重的铸铁粗馏塔更换为不锈钢SD型粗馏塔，更新改建了3个糖化罐，2个拌料罐，3组二级冷却管，发酵冷却管道，脱酯塔等，更换了2个不锈钢甑锅，产品质量提高，使酒精产量由原来的日产9吨提高到日产16吨。1984年8月，安装甲醇提取塔，重新整理、调整了操作规程，使酒精中甲醇的含量大幅降低，最低降到百毫升含0.06克，一般控制在百毫升0.08克，优于国家百毫升酒不超0.12克的标准，有效地控制了酒精中的甲醇含量，提高了白酒质量。1988年9月，与济南制药厂合作生产无水酒精，年产99%无水酒精400吨。1994年6月合同终止，无水酒精停产。1990年3月，酒精车间由5000吨扩产为7000吨，自行设计安装了余热回收装置，利用废糟余热加热自来水，使水温达到60度以上，粉碎料不再用冷水，年节煤211吨，节省资金3.1万元。1994年11月底，对酒精设备进行8500吨扩产改造。12月，根据计划酒精车间安装粉碎、蒸煮、糖化、发酵冷却设备，恰巧遇上雨、雪天气，为了不影响工程进度，施工人员从早上7点半进入工地，冒雨雪干到深夜，连续奋战19个小时，有的感冒发烧仍坚持在第一线，雨雪浸透了衣服，但没有一个叫苦叫累退缩的。按常规需停产3个月才能完成这一扩产技术工程，结果仅用28天就完成了任务。1500吨工程项目的扩建完成，年增产值579万元，年增销售收入750万元，利税250万元，利润30万元。是年，改造酒精发酵罐，原酒精发酵罐采用钢筋混凝土结构，发酵液酸性大，对罐体腐蚀严重，造成罐体裂缝，醪液渗漏，杂菌繁殖罐内杀菌不利，酸性升高，出酒率下降。改用铁制发酵罐后，密封发酵，杀菌彻底，抑制杂菌生长繁殖，降低发酵醪的酸度，提高1%的出酒率。

1995年，酒精生产能力达9000吨。2002年3月，酒精生产停止。

纯净水工程

投资20多万元，购置、安装纯净水设备，全自动桶装生产线，生产量每小时2吨，产品有330毫升、550毫升瓶装纯净水及18.5升桶装纯净水。2004年10月21日，获得了纯净水生产许可证。百脉泉纯净水2005年获得山东省饮料行业十佳品牌称号。2006年，百脉泉纯净水整套设备及商标转让给山东百脉泉矿泉水有限公司。

粮酒生产技术

1981年，新建1054平方米粮酒车间，设计年产300吨。1983年，围绕提高粮酒的生产质量，确立浓香型为粮食酒香型，自选河泥、自制配方进行窖泥配制，效果不佳。后采用北斗窖泥培养技术，提高己酸乙酯的含量。1991年，投资600万元新建2209平方米的粮食车间，以及相配套的原料库、大曲车间、灌装车间和锅炉房。1995年投资245万元，建3600平方米，年产1000吨的粮酒生产车间。1996年5月，投资150万元，新建1800平方米发酵生产车间基地，年增500吨粮酒生产能力，年增产值340万元。1997年，采用己酸菌纯种培养技术，进行窖泥人工培养，使己酸乙酯含量提高，酒的风味更趋完善。1998年，投资40万元对闲置晾曲房进行改造，新建发酵池110口。1999年，采用窖泥培养中添加活性窖泥功能菌工艺，功能菌具有较强的产酸能力及脱臭作用，使窖泥香味纯正。同时，加强窖池的养护，强化了车间的现场管理，装甑时篦子干净无杂物，车间内外班班清扫，班班净，不留死角，设备、工器具卫生洁净，摆放整齐。车间在夏季高温时节生产不掉排，达到了优质、稳产、高产。

2000年11月，由生产部、技术部与粮酒车间解决班组的粮酒产量、质量不均衡、不稳定问题。根据化验数据及高产优质班组的先进经验，对现行生产工艺进行修改优化，对3个低产、低质班组长进行了调换，技术人员跟班挂靠、指导，建立班前会议制度，对生产过程中出现的问题及时调度，及时研究解决。经过40天的努力，全车间14个班，平均提高出酒率2.51%。百毫升酒己酸乙酯提高30毫克，百毫升乳酸乙酯降低46毫克。全年新增效益30多万元。2001年，对高粱酒优质高产进行了技术攻关，生产技术部门组成了粮酒优质高产攻关指导组，从理论上、技术上、管理上、操作上找依据、找差距、找薄弱环节。组织生产技术骨干到兄弟单位学习先进经验和操作技术，在三车间延长了润料时间，使粮醅达到糊化彻底，提高了低产班组的出酒率。解决了因润料时间不足影响蒸煮、糊化问题。提高入池淀粉浓度，更有利于积集酒糟中的残淀粉，降低0.2%的糖化酶用量。对窖池发酵进行全过程跟踪测温、建档，掌握修改工艺后池内的发酵规律。增配化验人员，加强化验技术的应用，及时准确地为车间提供发酵过程中各项数据。为防止夏季掉排，减少5%的大曲用量，粮醅中增加3‰的红曲酯化酶，促使酸醇酯化，有效的提高了产品质量。更换新的己酸菌菌种，制订新的窖泥培养工艺，改造后的窖池第一轮发酵出池蒸馏，己酸乙酯提高了12毫克，一级酒百毫升己酸乙酯达244.2毫克，双轮底平均百毫升己酸乙酯达到311.8毫克，出酒率和产品质量都有不同程度的提高。2003年11月，150天发酵试验一级百毫升酒己酸乙酯含量达1068.28毫克。

2004年，确定开发五粮型白酒，学习兄弟单位的成功经验，应用于粮酒生产工艺，完成了两轮“150天发酵试验”，优级酒己酸乙酯含量达到了百毫升2036毫克。2005年，继续采取走出去、请进来的策略，学习扳倒井、景芝等酒厂成功经验，加大科技研发的力度。2006年，聘请五粮液高级工程师指导五粮浓香型白酒生产，掌握五粮酒生产工艺，五粮酒工艺规程，对浓香型酒生产的泥窖发酵，进行了原生态有机窖泥的培养，改变了窖泥易老化、板结，寿命短，所产粮酒香气单一，生产成本高的现状。使该酒五粮香气浓郁，酒体醇厚、协调、净爽，具备了五粮酒的典型风格。同时，进行了酒库改造，将10个50吨的发酵池改造为储酒池，使酒库库容增加500吨，增加了原酒成品酒储备能力，为保证产品质量提供了有利条件。2007年，进一步完善五粮工艺和窖泥的从无机到有机的转化，结合山东实际，对五粮液窖泥配方改进，以提高五粮浓香型酒在北方的生产。

废水回收闭路循环

1983年始，企业用水由外单位的3眼深井供给，经常因与农业争水尤其是农播季节，用水极为紧张，有时3台泵同时停止供水，严重影响了企业的生产，更影响了企业产品的质量和产量。为此，该厂进行技术创新，让废水循环重新利用。1986年8月，在县环保办公室和县经委的大力支持下，废水回收工程项目被批准。企业领导带着如何解决废水循环利用问题，派技术人员到青岛、烟台等地进行学习和考察。利用1个月的大修时间，新建170

立方米水泥贮水池1座，改造旧水池140立方米，购置、设计、安装GBNL3—$D_2$50玻璃钢冷却塔1套，水泵3台，电机、管道等辅助设备设计安装，其中：管道安装200多米。在整修建设过程中，条件差，时间紧，任务重，但干部职工积极主动，日夜奋战，工程进度保质保量，按时峻工投产。投产后进水温度40℃，出水温度22℃，每小时冷却50立方米，既解决了用水紧张，又减少了环境污染，实现了废水充分再利用，提高了经济及环保效益。2007年6月，为发展循环经济，保持企业可持续发展，投资1.7万元，建容量40立方米储水池1处，对粮酒车间生产冷却水进行回收、储存，应用于包装车间刷瓶工序二次利用。每天节气4吨，节水80立方米，年增效益15万元。

酒糟烘干技术

在生产粮食酒时，产生大量的鲜酒糟，酒糟中富含粗蛋白、粗纤维等营养成分，是喂养家畜的优质饲料。由于其数量大、易腐败、变质，不利于保存和运输，极易污染环境，如何变废为宝，将鲜酒糟烘干深加工为优质饲料，成为该公司及全国白酒行业期待解决的难题。2005年，原设备3次烘干受热不均匀，烘干效果差。该厂技术人员反复实验攻关，找出设备内受热路径短，受热过程中蒸发的水汽不易挥发问题。对烘干机进行改造。在原有设备上加装翻料机，使用改造后的烘干机将鲜酒糟进行一次性烘干，烘干后酒糟水分小于10%，远超过改前3次烘干才7%，提高了烘干效率，填补了国内空白，并通过省级鉴定。2006年，该设备的研制成功解决了白酒行业多年的酒糟废物处理难题，也为环保事业做出了贡献。

污水治理技术工程

1992年投资160多万元，实施了污水治理技术工程，采用厌氧技术制取沼气，因其负荷较低，化学需氧量（CODcr）去除率相应偏低，工艺流程不完整，故没有实现污水排放达标。1998年，进行第二次污水治理工程，投资130万元，经过好氧技术处理，污水排放达到国家要求排放标准。（详见污水处理）

灌装设备技术改造

该厂20世纪80年代，灌装车间有灌装流水线2条。1990年，新建1520平方米的灌装车间，新上2条灌装流水线。1998年，购置更换高精确度灌装机。2005年，又新上1条灌装流水线，全厂灌装流水线达5条。2005—2006年，先后更换5台灌装机，新上高精确度全自动灌装机。是年3月，自行绘图设计制造的过滤面积比原设备扩大5倍的微孔过滤机投入使用，年增效益5000多元。2007年4月，将西包装车间使用13年的两条生产线改造为1条灌装生产线，新上1条高科技半自动化灌装生产线。改造刷瓶机，加大刷瓶池，对接平台及运输链条，制作、更新大部分托辊等。新上2台法国进口的高科技喷码机，填补了自动喷码的空白，提高了产品的档次，增强了防伪技术。在两条灌装线重新安装过程中难度大，机电车间的技术骨干个个争先，每天工作达14个小时，4天圆满完成。改装后的生产能力比原来提高1.5倍，生产效率提高20%，年增效益20万元。2013年该公司在原厂址对面建新厂区，为配合新厂区建设，减少劳动强度，提高生产效率，改善生产环境，该公司于2012年8月确立“白酒灌装线自动化升级技术改造”项目，并进行立项备案。该项目是在不增加产能的基础上实现白酒自动化灌装，共购置全自动灌装、贴标、压盖、过滤、净化、检验、烘干、贮存、封箱、喷码、清洗消毒、传输等设备287台（套），建成七条现代化灌装线，替代原有老式手工生产线，降低了劳动强度，提升了灌装效率，达到国内先进水平。成为布局合理、流程规范，现代化程度高、生产效率高的综合车间。

该公司新厂区自2013年6月试生产运行，通过环评验收后正式生产。2014年“白酒灌装线自动化升级技术改造”项目顺利通过济南市经信局、财政局审查，获30万元奖励资金。

窖池改造

2015年，对粮酒（二）车间进行了机械化改造。为配合机械化生产，窖池合二为一，由原来每个容积10立方米合并成每个20立方米，因施工造成部分窖泥损伤及脱落，是年对粮酒（二）车间窖池进行了修补及复壮。

2016年公司对粮酒（一）车间进行了机械化改造，为配合机械化生产，窖池也进行了相应改造，改造方式方法同粮酒（二）车间，并对窖泥进行修补复壮。是年，粮酒（三）车间窖池窖泥脱落严重，该公司重新和制新窖泥360立方米对粮酒三车间所有窖池进行窖泥修补复壮。

散酒库改造

随着该公司生产规模的扩大，销售市场及产品类目的不断增加，对各种酒的需求量越来越大，这对散酒库库容造成非常大的压力。为解决这一问题，公司散酒库在加强库存管理提高库存利用率的同时，也在不断进行扩容改造。2010年散酒库在原高粱仓库的基础上进行改造，增加不锈钢罐14个，扩容

2000立方米，同时购进原酒净化柱设备一套。2011年该公司与华德合作，散酒库安装了成品酒净化设备一套、酒精处理机、白酒冷冻机一套及反渗透原水过滤机，成品酒粗虑机2台。2013年随着北厂灌装线自动化升级技术改造项目的实施，散酒库新增不锈钢罐35个，扩容3000立方米，新上两套净化柱，两台20T/H粗精滤一体机，一台10吨电子秤，两台20吨电子秤。2014年5月于藏酒馆设置陶缸200个，用于储存优质原酒。2016年北厂散酒库再次增加19个不锈钢罐，扩容2000立方米。

大曲生产设备改造

2010年，该公司自产大曲出现质量下滑现象。经多方面排查，最终确定为原料吸水不足，导致菌群不能很好生长所致。为解决这一问题，经技术部指导，对制曲设备的送料部分进行适当改造，延长原料的输送时间，以此来增加原料的吸水量。经多次试验使曲块达到了菌群生长的最佳湿度，保证了大曲质量。

第二节 技术创新

该公司在长期的生产过程中，在各个不同的时期进行技术创新，通过技术创新，实现了节能降耗，提高了酒的出酒率，提升并优化了酒的内在质量。

活性干酵母在粮酒生产中的首次应用

该厂生产的百脉泉特曲、清照特曲属浓香型特曲酒，是山东省优质产品。传统的生产工艺制约着生产的发展，出酒率低，产品成本高，该厂为提高特曲酒的产量和质量，1992年6月，在浓香型特曲生产中，进行添加活性干酵母，取代部分大曲的技术改革。干酵母发酵力强，而且有很强的耐酸性和抗杂菌能力。通过3个月试验，添加1‰的糖化酶、0.7‰的活性干酵母；减少大曲量50%，添加1.5‰的糖化酶、1‰的活性干酵母的两组试验，提高了出酒率6.43个百分点，提升了优级品率，该项技术创新每年为企业增收100多万元的经济效益。

粮酒生产中水质的处理

该厂酿酒生产用水一直引用地下井水（百脉泉系），井水含有丰富的钙、镁离子，容易造成成品酒出现浑浊、沉淀问题。20世纪80年代，通过添加氯化钠进行离子交换，达到水质软化。1997年，使用电渗析技术，降低了水的硬度，酒质问题得到了部分解决，但每年都会出现成批酒有质量问题，给该公司造成不良的经济效益和社会影响。2006年5月，新上反渗透水设备，水质基本达到纯净水质量要求。

150天发酵工艺

2003年11月，在粮酒车间进行150天发酵试验，改原来的40天、60天发酵，延长为150天发酵。采用纯净水润料，纯种己酸菌液泼酒池壁等方法，严格操作工艺。2004年4月4日，150天发酵试验池出池蒸酒，百毫升一级酒己酸乙酯含量平均达到1068.28毫克，百毫升乳酸乙酯含量178.4毫克；百毫升二级酒己酸乙酯达到281.9毫克，百毫升乳酸乙酯160.3毫克。百毫升优级酒己酸乙酯含量达到2036.9毫克。

刷瓶机技术创新

2004年，围绕提高产品包装质量和工作效率，对包装车间新购进的冲瓶机进行技术创新。自行设计、制作了与其相配套的刷瓶机4台，将原来1台电机带动2支瓶刷改为带动6支瓶刷，一年创造经济效益8万多元。

串香工艺

粮醅长期发酵，形成了大量酸、酯类化合物，而香醅串蒸，粮醅中发酵的酸、酯类受到抑制，使其含量大幅降低，香醅蒸酒同时串蒸酒精，串香一个轮次40天，增加效益17万元。2006年9月，粮酒车间压池后，施行酒精串蒸压池香醅工艺，经串香后的产品做原酒使用，一轮次多产原酒54吨，净增效益30万元。

人工窖泥技术创新

随着酿酒技术研究的不断深入，白酒企业越来越认识到，窖泥对于浓香型大曲酒生产的重要性。该公司重视窖泥的生产及养护，自1948年建厂以来，对窖泥生产技术进行了数次改进，由最初的土法窖泥到后来的北斗窖泥，再到现在的有机窖泥，在提高白酒质量的同时也使产品更加生态健康。

2004年以前该公司酿酒用窖泥均采用“北斗”技术生产的无机窖泥，其中人为添加的各种无机盐类对酒质有很大影响，同时此种窖泥易老化板结，需每年进行更换一次，给生产造成了很大的不便。2004年开始部分使用有机窖泥。2008年，经长期跟踪对比试验，根据当地的生态气候条件及自然环境，以水果、豆类、芝麻、酯化泥、窖泥母液等有机物为原料，配加窖泥功能菌曲，创立“有机窖泥强化功能菌的制作法”，该方法对原来的有机窖泥的培养技术进行了升级，各种微生物菌群丰富，有利于多种香味成分的生成，在使用过程中，如果保养得当，一般不退化或退化非常缓慢，企业不用每年都培养新窖泥，在保证原酒质量稳定的同时节省了成本。

是年，因粮酒车间所用北斗窖泥出现大面积老化，使产品质量出现大幅度下滑，6月用新研制的有机窖泥，对粮酒车间所有窖池的窖泥进行更换。用新更换的有机窖泥酿造的白酒，感官及理化指标较以前有很大提升。

2013年，针对部分窖池出现的窖泥脱落现象，该公司新和制了一批有机窖泥对窖池进行窖泥修补复壮，6月底完成，保证了生产正常进行及原酒质量。

2017年，为增加粮醅与窖泥接触面积，保证原酒质量。该公司新和制窖泥80立方米用于窖池夹层泥发酵。夹层泥发酵法的应用，解决了机械化改造后，酒醅和窖泥接触面积小的问题，保证了原酒质量稳定。

芝麻香型白酒生产研发

该公司产品一直以浓香型白酒为主，随着消费环境的变化，要求企业培育高新产品，生产多品种、多档次的产品来满足不同消费群体的需求。为适应市场需求，改变公司产品单一性的现状，公司技术部加快新产品的研制、开发步伐，试验生产芝麻香型白酒。

2006年8月9日，公司技术副总马业准召开芝麻香型白酒生产专题会，决定先尝试搞五个实验池生产芝麻香型白酒。专题会后，公司技术人员搜集、整理、完善了芝麻香型白酒生产工艺，根据工艺条件改造了5个芝麻香实验池。2006年9月11日，芝麻香型白酒正式开产试验。经8个月，7轮芝麻香生产，生产的芝麻香原酒风格突出、典型性强，芝麻香原酒试验成功。随着芝麻香生产工艺日趋成熟，该公司决定扩大芝麻香生产，2007年5月由5个试验池扩大到20个池。2007年10月，又进一步扩大到40个芝麻香窖池。2009年9月底具有百脉泉特色的芝麻香型白酒定型。2009年10月21日，原山东省白酒协会会长黄业立来公司品评芝麻香白酒，给予了高度评价："香味馥郁，芝麻香幽雅，风格典型"。此后，具有百脉泉特色的芝麻香型白酒得到了众多业内专家的认可。2009年12月1日，百脉泉芝麻香型白酒通过省级鉴定。2010年1月份百脉泉生态芝麻香上市。

女士酒的研发

2011年9月，中国女士白酒创新委员会和创新课题组成立大会在该公司举行。该公司以"百脉泉水为源、明水香米为本、有机窖泥为根"实现了李清照词文化与酒文化的完美结合，研发出中国第一女士白酒，开创了独具特色的新白酒品牌，对山东白酒行业的发展具有创新意义。

清香型白酒的研发

为适应市场发展需求，2013年3月，该公司研发出了适应公司实际情况的清香型白酒生产工艺。在原有设备的基础上，将部分传统浓香型大窖池，进行分隔，改造成为适合清香型白酒生产的专用小窖池。为适应冬季低温生产，在采取覆盖保温的基础上，创造性的开发出了分时补浆保温法，通过分时段补充热浆的方法保证了正常的堆积温度，保证了酒质稳定。同年9月该公司顺利通过山东省质监局的现场验收，获得清香型白酒生产许可证。2014年成功上市39°、45°两款清香型白酒，同年8月45°清香白酒获得济南市创新产品称号。

配制酒的研发

公司早在多年前就开始进行配制酒的研究开发工作。2013年成功研发出以浓香型发酵酒为酒基，配以金银花浸提液，调配而成的金银花酒。是年经山东省质量技术监督局批准，该公司首次正式取得“配制酒”生产许可证。2017年7月，成功研制出以浓香型白酒为酒基，配以人参（人工种植5年生）、枸杞浸提液，调配而成的48°百脉泉杞参露酒。

配制酒研发成功，增加了公司产品的花色品种，为拓展销售市场，寻找新的利润增长点，保证企业健康和可持续发展奠定坚实基础。

米酒的研发

公司生产米酒已有多年历史，生产工艺也在不断摸索试验，近年来技术部加强了米酒生产技术的研发力度，根据多年的生产经验，制订出了规范的米酒生产工艺。2014年该公司的米酒标注为“露酒”开始对外销售，2015年该公司米酒正式上市。2015−2016年度生产米酒2.5L2000坛，1.5L500坛，为公司增收15.8万元。2016−2017年度生产米酒2.5L2300坛，散米酒1100L，为公司增收16.8万元。

鲜啤酒的研发

2015年该公司实施自酿鲜啤酒项目，是年购进相关设备，开始试生产。该公司技术人员根据实际生产情况，在原齐鲁工业大学啤酒生产技术的基础上，对部分操作进行了反复调试与验证，最终确定了适合于该公司的酿造技术，使该酿造技术更适用于大批量工业生产。该公司生产出的鲜啤酒与齐鲁工业大学实验室生产的产品口感、质量、理化指标等无明显差别。黄啤试生产成功后，是年，经反复试验，小麦啤、黑啤生产技术也确定下来。该公司生产的鲜啤酒有黄啤、小麦啤、黑啤三种原浆啤酒，于2016年该公司成功取得了啤酒生产许可证。2017 年 4 月啤酒车间扩产新增 6 个 1000L 发酵罐，百脉泉精酿鲜啤成功上市。

大曲工艺改进

大曲在白酒酿造过程中起糖化、发酵、生香的作用。制曲是白酒生产工艺的关键，决定着白酒发酵的最终成败。

2002 年，该公司技术人员经过不断的学习、创新、实践，总结出用高温曲酿造的白酒香气较好，并逐步将生产的大曲由原浓香中温曲改进为中高温曲。酒曲上生长的高温菌与低温菌的菌种比例随培养温度而变，高温菌代谢产物对酒的香气成分具有一定的作用，使酒体更丰富、陈味更好。这一工艺的调整提高了公司浓香型白酒质量。

2007 年，根据制曲工序对小麦原料的要求，使用软质麦生产中高温大曲能更好地为微生物的生长提供营养物质和生长条件，使酿酒有益微生物得到旺盛生长，该公司筛选了淀粉含量较高的软质麦，应用于大曲生产中，同时对曲房制曲设备进行改造，实现物料延时输送，增加小麦粉吸水量，达到大曲最佳培养湿度，提高菌丝繁殖能力，保证了传统制曲工艺前缓、中挺、后缓落的正常工艺升温过程。生产出来的中高温成品大曲的感官和理化指标有明显改善，从而为提高浓香型白酒的质量、产量提供了有力保障。

2006 年，该公司开始生产五粮浓香型白酒，一直采用外购“包包曲”“包包曲”独特的造型使它接触空气的面积比平板曲大，便于更广泛的富集环境中的微生物。体表面积的增大使发酵更充分，可提高酯含量，使香气更丰满、酒体更醇厚，适合多粮型白酒生产。为实现酿酒用曲自给自足，该公司技术中心组织人员到生产包包曲的厂家进行考察学习，通过工艺制订、设备改造等一系列准备工作后，于 2009 年 7 月 19 日开始生产“包包曲”，来满足生产需求，实现自给自足。

2013 年 9 月，因环保等多方面原因，该公司停止生产大曲，是年与梁山大曲责任有限公司签署协议购买大曲。

其他

2008 年 12 月 2 日，在济南市科学技术活动中心召开的 2007—2008 年度“讲理想、比贡献”活动表彰会，该公司酒糟一次性烘干技术被评为济南市优秀科技项目二等奖。该公司的“酒糟一次性烘干设备”，为全国首创，对原来废弃的酒糟进行烘干后，用于养殖饲料，减少了向环境中固体废物的排放，对环保事业做出了积极的贡献。

2016 年，为配合工业旅游，丰

富旅游产品类目，该公司研制了“补肾强身”“舒筋活血”两款药酒。

第三节 技术管理

技术管理，首先是根据国家和各级政府关于酒行业的法律、法规对生产销售全过程实施的技术管理。这方面的规定主要有：中华人民共和国国家标准规定的《白酒厂卫生规范》《蒸馏酒及配制酒卫生标准》《浓香型白酒标准》《低度浓香型白酒标准》《液态法白酒标准》《食用酒精标准》。其次，是该公司制订的企业标准：《超低度浓香型白酒质量卫生标准》《酒精技术标准》《地瓜干白酒技术标准》《粮香白酒技术标准》《浓香型白酒技术标准》《低度浓香型白酒技术标准》《配制果露技术标准》《原汁果露酒技术标准》。第三，是为达到质量技术标准的要求而制订的工艺操作规程，如：《粮酒生产工艺操作规程》《大曲生产工艺操作规程》《酒精生产工艺操作规程》《纯净水生产操作规程》《包装车间操作规程》等。

技术管理的主要内容：1. 国家标准、行业标准的贯彻执行情况，企业标准的制订和执行情况。2. 各种工艺的制订和执行情况。3. 调整产品结构、技术创新和应用情况。4. 研制开发新产品。5. 推广应用新技术、新工艺、新材料。6. 对项目的考察、论证、立项等工作。

2006 年白酒系列国家标准颁布，该公司依据企业标准体系系列国家标准要求，建立以技术标准为主体，包括管理标准和工作标准在内的企业标准体系，使该公司工作管理及产品生产加工步入标准化管理轨道。2008 年 6 月 6 日，该公司被评为“国家 AAA 级标准化良好行为企业”。

质量技术标准管理

依据 1977 年和 1981 年《国家蒸馏酒及配制酒卫生标准》《食品添加剂使用卫生标准》。1985 年《国家生活饮用水卫生标准》。1988 年《国家白酒卫生规范》。1989 年《国家食用酒精标准》《饮料酒标准》《浓香型白酒技术标准》《低度浓香白酒标准》。1992 年《国家液态法白酒标准》。该厂分别于 1972 年、1989 年、1992 年、2006 年先后制订优于国家标准的企业产品内控技术标准。

1972 年，将内控技术标准分解到岗位，规定了质量标准和检验制度，白酒达到色清、味正、气味醇和，车间入散酒库的酒不低于 65°，固体酒及串香酒达到 68°，出厂酒不低于 66°，凡是不合格的半成品不准流入下道工序。1977 年，通过不断改进和提高酒精生产操作技术，出酒率由原来的49%提高到54%，产品质量达到色清、味正、气味醇和。摘取杂醇油5%，提高了白酒的内在质量。在国家没有统一制订各类白酒产品标准前，该厂的产品主要以感官鉴评为主，并附以简单的理化检验。1989年，实行标准化管理，对生产过程中的各生产环节和生产工序进行质量检验，尤其把好关键件、关键工序、关键设备的检查，不合格产品不包装、包装不合格的不出厂。使粮食白酒的技术感官指标达到无色透明、无沉淀、无悬浮物，具有粮食酒香、无异臭、醇和有余香、无异味。理化指标达到总酸每100毫升不大于0.4毫克，总酯不大于0.65毫克，杂醇油不大于0.15毫克，甲醇含量不大于0.10毫克，铅的含量不大于1.00毫克，保证了产品质量。

产品内控技术标准：1992年3月，根据上级主管部门有关技术标准，结合该厂产品的实际情况，制订产品内控实施技术标准。

酒精技术标准：酒精度必须大于或等于95°，外观呈透明液体，无异臭。色度要小于或等于10，硫酸试验要等于或小于100，氧化试验要大于或等于15，百毫升酒含酸必须小于或等于0.002克，百毫升酒醛的含量不大于0.03克，百毫升酒中甲醇含量不大于0.06克，每升酒铅含量必须小于0.5毫克，百毫升酒杂醇油含量必须小于或等于0.01克。

地瓜干白酒技术标准：酒精度数允许误差±1度。外观无色透明、无沉淀、无悬浮物。香气具有白酒的醇香，无异臭。口味醇和有余香、无异味。每升酒中总酸含量必须大于或等于0.45克，每升酒总酯含量必须大于或等于0.65克，百毫升酒杂醇油含量必须小于或等于0.13克，百毫升酒甲醇含量不大于0.10克，每升酒铅含量必须小于0.5毫克。

粮香白酒技术标准：酒精度数允许误差±1度。外观无色透明、无沉淀、无悬浮物。香气具有粮食酒香味，无异臭。口味醇和有余香、无异味。总酸含量每升酒大于或等于0.45克。总酯含量每升酒大于或等于0.70克。杂醇油含量百毫升酒不大于0.13克。甲醇含量百毫升酒不大于0.08克。铅含量每升酒小于0.5毫克。

低度浓香型白酒技术标准：酒精度允许误差±1度。色泽要求无色、清亮透明、无沉淀、无悬浮物。香气具有浓郁的己酸乙酯为主体的复合香气。口味绵甜爽净，香味协调，余味悠长。具有本品突出的风格。要求总酸含量每升酒在0.4—

1.45克，总酯的含量每升不小于2.1克；己酸乙酯含量每升1.25～1.95克。固形物每升小于或等于0.65克。甲醇含量每升不大于0.35克。杂醇油含量每升不大于1.95克。铅含量每升小于0.5毫克。不得加入任何非发酵性添加剂。2009年对该标准进行修订，酒精度允许误差±1度。色泽要求无色透明、无沉淀、无悬浮物。香气具有浓郁的己酸乙酯为主体的复合香气，酒体醇和绵甜，香味协调，余味悠长，具有本品典型的风格。要求总酸含量每升酒不低于0.3克，总酯含量每升酒不低于1.5克，己酸乙酯含量每升酒在0.70—2.20克，固形物每升酒小于等于0.7克，甲醇含量每升酒不大于0.6克，氰化物每升酒不高于8毫克。

高浓度浓香型白酒技术标准：酒精度允许误差±1°。色泽要求无色，清亮透明，无悬浮物，无沉淀。香气具有浓郁的己酸乙酯为主体的复合香气。口味绵甜爽净，香味协调，余味悠长。具有本品突出的风格。总酸含量每升酒在0.55—1.65克，总酯含量每升酒不小于2.60克。己酸乙酯含量每升酒1.55—2.45克，固形物每升酒不大于0.35克，甲醇含量百毫升酒不大于0.035克，杂醇油含量百毫升酒不大于0.13克，重金属每升酒不大于0.5毫克。不得加入任何非发酵性添加剂。2009年对该标准进行修订，酒精度允许误差±1度。色泽要求无色透明、无沉淀、无悬浮物。香气具有浓郁的己酸乙酯为主体的复合香气，酒体醇和绵甜，香味协调，余味悠长，具有本品典型的风格。要求总酸含量每升酒不低于0.4克，总酯含量每升酒不低于2.0克，己酸乙酯含量每升酒在0.60—2.50克，固形物每升酒小于等于0.5克，甲醇含量每升酒不大于0.6克，氰化物每升酒不高于8毫克。

配制果露技术标准：酒精度在8°，允许误差±0.5°。色泽清亮透明、无沉淀、无悬浮物。具有与酒名相符合的芳香与酒香，味具有香甜适口、酒质协调、无杂味。糖度百毫升含2.5±0.5克。酸含量每升不大于0.6克。贮存期限不低于6个月。配酒用水必须符合GB5749—85《生活饮用水卫生标准》。

原汁果露酒技术标准：百毫升果露酒含酒精16°，允许误差±0.5°。色泽清亮透明、无沉淀、无悬浮物。具有与酒名相符合的芳香与酒香。香甜适口、酒质协调，无杂味。糖度百毫升含15克（允许误差±0.5克），酸含量每升不大于0.6克，贮存期限不低于6个月。配酒用水必须符合GB5749—

85《生活饮用水卫生标准》。

2005年，纯净水包装质量标准：纯净水桶，一次成型PC桶，规格尺寸符合要求，颜色均匀一致，外观整洁，无污渍、油渍，无破损渗漏。桶盖，使用无毒、无味、无害的塑料材料，颜色均匀一致，规格尺寸符合设计要求，密封严密不漏水。商标，规格尺寸符合要求，产品整洁，无明显脏污、残缺，印刷清晰、准确，颜色均匀一致，内容完整。胶帽，颜色均匀一致，规格尺寸符合设计，有良好的热缩性。

国家标准的贯彻实施

白酒国家标准2006版于2007年5月1日实施，新标准《浓香型白酒》GB/T10781.1—2006替代了原来的《浓香型白酒》GB/T10781.1—89及《低度浓香型白酒》GB/T11859.1—89两个标准。为便于区别液态法白酒和固液法白酒，新标准中增加了浓香型白酒的定义，进一步强调浓香型白酒是以粮谷为原料，经传统固态法发酵蒸馏、陈酿、勾调而成的，未添加食用酒精及非白酒发酵产生的呈香呈味物质，是具有以己酸乙酯为主体复合香的白酒。白酒新标准把新认定香型的行业标准纳入国标，对各香型的白酒进行了规范化的定义，体现了白酒国家标准的广泛性和规范化。

新标准规定，按产品的酒精度分为，高度酒跟低度酒。高度酒，酒精度41%vol—68%vol；低度酒，酒精度25%vol—40%vol。高度酒的上限由原标准的59%vol调至68%vol；低度酒的下限由原标准的35%vol调至25%vol，而上限由原标准的39%vol调至40%vol，从而扩大了标准的范围，适用性更强。新标准分为优级和一级，去掉了原标准GB/T10781.1－89和GB/T11859.1—89中的二级，使分类更便于操作，去除了品质和口感较差的二级酒，更符合各生产厂家的实际情况。

新标准在高低度酒的感官要求中加了一条注解，当温度低于10℃以下时，允许出现白色絮状沉淀物或失光，10℃以上应恢复正常。因为构成酒体风味特征的众多香味物质，在温度较低时会出现失光浑浊现象；当酒温上升至10℃以上时又呈现透明。这一特殊可逆现象是中国传统固态发酵白酒的特色，也是高级酯类物质的物理状态变化。作为长期困扰白酒厂家的一个问题，通过新标准的标注，企业有了国家行业层面上的理论阐释，给客观存在的现象一个合理恰当的说明，同时让广大消费者对白酒产品的这一特殊现象有了全面深入的了解。

酒精度的标示由原来的％（v/

v）改为 %vol，与国际标准接轨；总酸、总酯、己酸乙酯各项指标也进行了相应的调整。由于白酒中的醇类、酸类、酯类含量变化是一个漫长的平衡过程，即使装瓶后，由于醇、酸、酯的水解过程是可逆的，酯类会分解成酸和醇，因而在一定时间内会发现总酸含量升高、总酯下降的现象。本次新标准总酸、总酯的含量只规定了下限，并比原标准有所降低。己酸乙酯的上限增大，而下限降低，从而使上下限的范围扩大了，便于白酒厂家更好地控制各项指标，使生产指标符合新标准。新标准规定了高低度浓香型白酒的卫生指标，统一规定为 GB2757，从而代替了原低度浓香型白酒的卫生指标单列的标准，使浓香型白酒的标准更规范统一。浓香型白酒中总酯的测定方法有变动，增加了用 40%vol 无酯酒精做空白试验，试验过程、条件和原标准相同。新标准中规定了净含量按照国家质量监督检验检疫总局（2005）第 75 号令执行，明确了净含量的要求，避免了消费争议。检验方法的修订体现了白酒行业技术的进步。

该公司根据新版国家白酒标准并结合本公司的实际，先后在 2006 年、2015 年制订了产品标准内控指标并且严格执行。2015 年 2 月 8 日，该公司发布实施的浓香型白酒内控标准要求：酒精度允许公差 ±0.5%vol，规定感官要求、理化要求的检验按 GB/T10345 执行。每批次产品理化、卫生指标、感官品评合格后，方可签发化验单。其它未标明的内容，均按 GB/T 10781.1 执行。勾储班北厂酒库（扩建酒库）勾调好的成品酒，需要加浆降度灌装的，高度酒降度不超过 4°，低度酒降度不超过 2°，酒库可按正常程序向包装车间发酒。若降度超过以上规定度数，酒库人员应通知技术中心。经技术中心研判，签字确认后方可发酒。勾储班每季度最后 1 个月上旬向化验室提报储存 3 个月以上酒的信息，由化验室取样检测，并将检测结果报技术中心，达不到内控标准的产品，技术中心通知发酒员停止发放。化验室对包装车间灌装酒的抽检，每周应至少抽取 2 个降度产品，进行理化指标复检，如指标不符合内控，须立即报技术中心。理化指标低于内控标准 0.2 个单位以内，技术中心有权批准灌装。超出权限或其他特殊情况，须经技术总工批准方可。该公司固液法白酒内控标准要求：酒精度允许公差 ±0.5%vol；感官要求、理化要求的检验按 GB/T10345 执行；卫生要求的检验按 GB/T5009.48 执行；其他指标均按 GB/T20822—2007 执行。

啤酒技术标准：2015年制订该标准。浓色啤酒外观要求色泽呈红棕色或红褐色，色度在14-40EBC之间。浓色啤酒麦芽香味突出、口味醇厚、酒花苦味较清。黑色啤酒外观要求色泽呈深红褐色乃至黑褐色，色度大于等于40EBC单位，黑色啤酒麦芽香味突出、口味浓醇、泡沫细腻，苦味根据产品类型而有较大差异。酒精度在4.1%vol以上，原麦汁浓度在11.10P以上，总酸含量每百毫升不低于4.0毫升，二氧化碳含量在0.3-0.65%（质量分数）。

1992年发布实施产品内控技术标准：

酒精技术标准

项　目	指　标
酒精度（体积）%	≥95.0
外观	透明液体
气味	无异臭
色度	≤10
硫酸试验，号	≤100
氧化试验，号	≥15
酸（以乙酸计）g/100ml	≤0.002
醛（以乙醛计）g/100ml	≤0.03
不挥发物 g/100ml	≤0.0025
甲醛 g/100ml	≤0.06
杂醇油（以异丁醇，异戊醇计）g/100ml	≤0.01
重金属（以铅计）mg/l	＜0.5

说明：A.实验方法按GD394—31执行。

B.考核办法按车间经济责任制指标考核。

地瓜干白酒技术标准

项 目	指 标
酒精度（体积）%	39、44、49、54、59
外观	无色透明、无沉淀、无悬浮物
香气	具有白酒的醇香，无异臭
口味	醇和有余香，无异味
总酸（以乙酸计）g/l	≥ 0.45
总酯（以乙酸乙酯计）g/l	≥ 0.65
杂醇油（以异丁醇，异戊醇计）g/100ml	≤ 0.13
甲醇 g/100ml	≤ 0.10
重金属（以铅计）mg/l	<0.5

说明：1．以上各项指标均系 60° 白酒标准，检测时按 60° 白酒折算。
2．本标准参照鲁 Q77—86 制订。
3．酒精度允许误差 ±1° 。

粮香白酒技术标准

项 目	指 标
酒精度（体积）%	39、44、49、54、59
外观	无色透明、无沉淀、无悬浮物
香气	具有粮食酒香味，无异臭
口味	醇和有余香，无异味
总酸（以乙酸计）g/l	≥ 0.45
总酯（以乙酸乙酯计）g/l	≥ 0.70
杂醇油（以异丁醇，异戊醇计）g/100ml	≤ 0.13
甲醇 g/100ml	≤ 0.08
重金属（以铅计）mg/l	<0.5

说明：1．以上各项指标均系 60° 白酒标准，检测时按 60° 白酒折算。
2．本标准参照鲁 Q78—86 制订。
3．酒精度允许误差 ±1° 。

高度浓香型白酒技术标准

项 目	指 标
酒精度（体积）%	41.0—59.0
色泽	无色，清凉透明，无悬浮物，无沉淀
香气	具有浓郁的已酸乙酯为主的复合香气
口味	绵甜爽净，香味协调，余味悠长
风格	具有本品突出的风格
总酸（以乙酸计）g/1	0.55—1.65
总酯（以乙酸乙酯计）g/1	≥ 2.60
己酸乙酯 g/1	1.55—2.45
固形物 g/1	≤ 0.35
甲醇 g/100ml	≤ 0.035
杂醇油 g/100ml	≤ 0.13
重金属（以铅计）mg/1	≤ 0.5

说明：A. 酒精度允许误差 ±1°。B. 不得加入任何非发酵性添加剂。C. 各项卫生指标均按 60° 折算。

低度浓香型白酒技术标准

项 目	指 标
酒精度（体积）%	35.0—39.0
色泽	无色，清凉透明，无悬浮物，无沉淀
香气	具有浓郁的已酸乙酯为主的复合香气
口味	绵甜爽净，香味协调，余味悠长
风格	具有本品突出的风格
总酸（以乙酸计）g/1	0.4—1.45
总酯（以乙酸乙酯计）g/1	≥ 2.1
乙酸乙酯 g/1	1.25—1.95
固形物 g/1	≤ 0.65
甲醇 g/100ml	≤ 0.35
杂醇油 g/100ml	≤ 1.95
重金属（以铅计）mg/1	< 0.5

说明：A. 酒精度允许误差 ±1°。B. 不得加入任何非发酵性添加剂。C. 各项卫生指标均按 60° 折算。

配制果露技术标准

项　目	指　标
酒精度（体积）%	8±0.5
色	清凉透明，无悬浮物，无沉淀
香	具有与酒名相符合的芳香与酒香
味	香甜适口，酒质协调，无杂味
糖度（g/100ml）	2.5±0.5
酸（g/1）	≤0.6
贮存期限	不低于六个月

说明：A. 配酒用水必须符合 GB5749—85《生活饮用水卫生标准》。
B. 实验方法按鲁 Q204—80 规定方法进行。

原汁果露酒技术标准

项　目	指　标
酒精度（体积）%	16±0.5
色	清凉透明，无悬浮物，无沉淀
香	具有与酒名相符合的芳香与酒香
味	香甜适口，酒质协调，无杂味
糖度（g/100ml）	15±0.5
酸（g/1）	≤0.6
贮存期限	不低于六个月

制度管理

通过制度规范管理，管理保障产品品质。企业不断发展，各项规章制度不断健全和完善。1972年，管理制度有6项，即：产品、质量检验制度，劳动考勤制度，安全生产管理制度，设备使用维修制度，工作岗位责任制，定额考核经济责任制。1983年，企业管理严格各项审批及严格劳动力管理、使用。1984年，实行承包责任制，制订制度205条，10天一检查，一月一考核。1988年，以产品质量、物资消耗、经济效益三大企业指标、九项基础管理进行了自检试套，修改、补充各项工作标准47项454条。是年，该厂晋升为市级先进企业。

1989年，企业进行标准化管理，建立、修改、补充各项标准236项、2060多条。其中，技术标准87项950多条。使每个科室、车间、班组、岗位、每道工序人人有标准，处处有标准，达到了规范化、制度化，并严格按照标准执行，通过了标准化和全面质量达标验收。是年，在全市开展的全面质量管理统考中，该厂参加考试的达100多人，全部合格，颁发了结业证书。对干部职工进行质量技术标准教育，形成了厂、科室、车间、班组专职兼职进行自查、互查、专查相配套的质量技术管理网络。严格把好原料收购关、窨泥老熟关、工艺流程关、半成品入库关、成品出厂关、售后服务关等。1991年，全年检查各类白酒168吨，按国家级厂内控标准要求合格率100%。对生产过程中半成品检验336批班次，合格333班次，不合格3个班次，按指标要求合格率99.1%。省、市、县抽检合格率100%。1993年，厂内自检成品1710批次，半成品检验1031个班次，省市防疫计量部门抽查6次，共16个品种，合格率100%。外包装合格率98%以上。1994年，省、市等有关质量、计量、卫生部门抽检20个品次，合格率达100%。厂内自检半成品1117个班次，成品518班次，合格率均达100%。

1998年，产品质量管理建立了完善的三级质量管理体系，制订严于国家标准的内控技术标准，产品的内在质量、理化指标实现了微机联网监测。是年，省、济南市、章丘市三级四部门9次抽查31个品种，规定技术指标合格率达到100%。2002年，重新修订包装技术质量考核细则，使检验更加制度化，项目更加合理，处罚更加规范化，上半年共检验处罚11次，罚款600元，使包装检验合格率达98.6%，比上年提高0.5%。

2003年，制订实施八大管理制度，166条。《劳动人事管理制度》《财务管理制度》《物资采购、供应管理制度》《生产工艺管理制度》《市场营销管理制度》《质量管理制度》《安全保卫管理制度》《审计管理制度》，并制订了《关于加强规章管理制度执行和检查、监督工作的决定》。2004年，狠抓各项制度建设，提高执行力度，对违反厂规厂纪人员进行严肃处理，先后开除8人。技术副总坚持每周五早8点质量分析例会制度，对生产中存在的质量问题及时进行分析和解决。是年，完成ISO9001质量、ISO14001环境双体系认证。2006年，进一步完善各项制度，做到管理有制度，层层有落实，检查有结果，每周最少一次综合检查和随时检查。对滞后于企业发展的如人力资源等有关规章制度进行了修订和完善。按照ISO9001质量、ISO14001环境双体系认证标准进行严格管理，加强企业的管理力度，分别于2005—2006年12月顺利通过第二次和第三次复审，并保持双体系管理有效运行。

2005年6月，制订散酒抽检管理制度。质量技术标准：散酒库散酒出库标准，按内控标准执行，酒精度允许误差0.3度。散大曲、高粱酒己酸乙酯每升含0.8—1.9克。各展厅散酒标准、酒精度允许误差1°。散大曲、高粱酒己酸乙酯每升在0.6至2.0克。散酒库勾调、发货人员严格按标准执行，以确保出库散酒质量。各展厅采取措施做好产品的保管工作，避免产品的挥发，杜绝不同类产品的相互混合。质管处不定期对出库散酒及各展厅库存散酒进行抽检，不符合标准的产品一律不得出库、销售。对散酒库出库散酒抽检出现不合格，技术部按有关规定进行处罚。对各展厅库存散酒抽检出现的不合格，销售公司按有关规定对该展厅及相关责任人进行处罚。2006年，抽检散酒库及各展厅散酒119次，218个产品，其中215个产品合格，抽查合格率98.6%，对不合格产品及时进行处理，保证了散酒的质量。

2006年，制订粮酒车间管理制度。粮酒车间以经济责任制的各项指标和每月下发的生产任务为主要依据，对各班组实行百分制考核。其中，产量占40分，质量占40分，工艺纪律10分，现场管理5分，劳动纪律5分，以百分为基础，按当月的实际情况增减，作为班长考核和班组长当月奖金发放的有效分值。班组长实行聘任制，由车间按照德、才兼备的原则确定人选。班长负责本班组的生产、安全、人员等各方面的工作管理，对无正当理由不服从工作安排、违反公司各项规章制度的班组成员有教育、批评的权利和义务，对于屡教不改的有权上交车间处理，经车间教育、协调仍不能在车间上岗的，交公司按有关规定处理。机物料消耗实行单班考核，多班共用工具的消耗，由各班平均分担，月底汇总，列入当月综合考核。工艺规程以技术部下达的生产工艺为标准，根据变化随时更正。现场管理标准，力求清洁、整齐、无死角，卫生区域划分到各班组按月考核，与奖金分配挂钩。奖金分配按多劳多得的原则，分配依据以各班组每月的综合得分为主要依据，如有特殊情况，作适当调整。车间的管理，根据公司的各项规章制度及车间实际情况，对各班组坚持公正、公平的原则进行考核，奖优罚劣，增强各班组间的竞争意识，促进各项工作的共同提高。以《制度》为前提，制订《班组考核细则》，明确奖罚力度和具体分值，制订《现场管理制度》，对各项任务进行明确分工，做到奖罚有据。制订《粮酒车间操作规范》，具体要求覆盖班组生产的全过程，互相监督、相互促进。2007 年，修订 2006 年度《粮酒车间管理制度》等四项制度的部分条款，增加《两长六员制》，两长即正、副班长，六员即技术监督员、生产记录员、生产卫生员、生产安全员、窖池督查员、工具管理员。让每一个人都行使监督和被监督的权力，承担相应的责任，提高各项工作的监督力度和执行力度。粮酒车间需对生产工艺严格执行，如工艺要求在实际生产中存在问题，需及时向技术中心进行反馈，经技术中心确定批准后方可实施。粮酒车间实行独立核算责任制度，各班组实行百分制考核，以产量、质量、纪律、现场管理、出酒率、提优率等作为考核标准。按照季节性制订可靠的粮酒车间管理制度，班长实行能者上的考核原则，每年举行技能比武大赛选出技能优胜者并给予现金奖励和培训提升的机会。2014 年对粮酒新工艺、新技术进行考察、论证，制订和修订了工艺管理制度，制订修订出切实可行的生产工艺。技术中心对工艺制订、修订过程进行了监督、检查，对各部门的工作进行审查，按照制度规定实行奖罚，做到公正、公平。生产调度室按照技术副总要求，在规定时间内把生产工艺下发至车间并向生产车间讲解工艺，组织生产前的准备工作。粮酒车间严格按照生产调度室要求，由车间负责人、技术人员把工艺规程、操作规程传达至每位操作工，并安排专人负责工艺落实和执行，做好各项指标、投入、产出情况记录，及时报生产调度室。对新工人和工种变动人员进行岗位技能培训，经考试合格并有师傅指导方可上岗操作 ，技术中心不定期进行工艺巡查，对不按工艺操作者现场纠正，根据情节严重程度对当事人处以50、100元罚款。按照管理制度规定，车间、部门不经技术副总批准，无权私自改动生产工艺，严格执行标准、工艺配方，并且要严格检查、监督工艺的落实和执行，对各班组的要求做到一致，增强各班组产出结果对考察工艺的有效性和可比性，发现问题及时上报生产调度室。车间如需修改或变更工艺，应提出申请，并经试验鉴定，技术中心审批后方可用于生产。

纯净水生产管理 生产前对车间及设备进行全面消毒，用百分之二或百分之五的二氧化氯液或双氧水进行彻底清洗，达到对地面和墙壁的消毒。用过氧乙酸，也可用醛或高锰酸钾混合产生蒸汽分点放置，熏蒸对空间消毒。灌装间内空气净化器及紫外线灯要在工作前1小时打开，灌装线空气达到局部千级，其他千级至万级以上净化。对桶及桶盖消毒，达到无污渍，无油腻，无异物，在桶内放入2%的二氧化氯消毒液浸泡半小时。桶盖清洗后，放到1%的二氧化氯内浸泡半小时，纯净水清洗干净，再放入消毒柜内消毒。生产时工作人员要戴消毒帽、消毒手套、口罩、穿隔离衣、长筒靴经消毒池浸泡后，进入工作间。出水取样之前，用3%至5%的双氧水对设备进行全程无菌消毒处理。取样时，取样瓶用无菌瓶。生产结束停机后，用2%至5%的双氧水对设备、墙壁、地面和空气进行彻底消毒。设备停用超过24小时，每天定时清洗，隔日消毒。停用48小时，滤膜灌注1%至2%的亚硫酸氢钠溶液，进行保鲜处理。灌装机定期清理、保养。定时在链条、输送杆上涂抹黄油，保证正常运转。车间工作人员经当地防疫部门体检后，进入车间操作，未经体检人员，不得擅自进入无菌车间。

奖卡管理 奖卡须经质管处检验合格，核对奖项，数量无误后入库。奖卡由专人保管，将奖卡按产品种类、奖项设置单独摆放整齐。奖卡领出时由奖卡保管员严格按照奖项设置发放，数目清点后，由领奖卡人和奖卡保管员共同签字确认，建立完整的奖卡出入台账。每月对奖卡进行核查，以保证公司正常生产。包装车间加班，需要奖卡时，经包装值班主任借奖卡并保管。第二天，剩余奖卡返还。奖卡报废、销毁时，须有两人以上在场，确保所有奖卡销毁完毕。2012年公司颁布并实施新的奖卡管理制度。奖卡经质检部负责检验，由技术中心奖卡管理员按品种、奖项分类建档保存，避免错、混现象。包装车间按

产品灌装标准开具领料单，注明材料名称、规格、数量等信息，值班主任签字确认。技术中心奖卡发放人员凭包装车间领料单发放，严禁无单发放。发放完成后，发放人员、领用人员共同对上述信息进行确认后，在技术中心奖卡发放记录中签字。发放人员并做好奖卡使用台账，包括入库、出库、更换、退库、剩余库存等情况，并将报废奖卡分类存放、做好标识。车间使用奖卡前，班长、操作人员进一步确认后按奖项投放要求使用，在车间奖卡投放原始记录中详细记录签字保存。质检部检验人员以产品灌装标准为依据，按工作流程，在巡回检查、抽查时逐轮次监督检查，发现问题及时处置，确保不发生错误。奖卡审计半年一次，由公司审计、财务人员按照奖卡存放情况和使用台账严格审计，奖卡报废、销毁时有奖卡管理员、审计员、财务人员同时在场，并确保所有报废奖卡销毁彻底。

食品安全管理　2010 年该公司为确保食品质量安全，加强对产品质量的全面把控，为消费者提供满意产品，建立并实施《风险监测信息收集和评估制度》《不安全食品召回管理制度》及《食品安全事故处置管理制度》。通过一系列制度的建立与实施，最大限度的避免了食品安全事故的发生。

2011 年，修订并实施了新的管理制度，即《生产管理制度》《工艺管理制度》《月度产、供、销例会制度》《车间管理制度》《生产及冬季供暖用汽管理制度》等，对生产计划的制订与组织、生产协调、生产工艺的制订与修订、生产工艺的验证、员工管理、生产管理、质量管理、设备管理、工具管理、计量管理和能源管理等做了新的规范和要求：车间严格贯彻执行标准、按工艺文件规定的工艺参数、技术要求应严格遵守、认真执行，按规定进行检查并做好记录。严格执行各项安全操作规程，员工必须时刻谨记“安全第一”观念，时刻注意人身安全，设备安全，对于安全规定必须无条件服从。包装车间严格按照生产计划安排生产，根据车间设备状况和人员，精心组织生产。生产工作分工不分家，各生产车间须完成车间日常生产任务，并保证质量。设备管理做到“三步法”，坚持日清扫、周维护、月保养，坚持八字要求，即整齐、清洁、安全、润滑，做到“三好”“四会”“五项纪律”，三好即管好、用好、保养好；四会即会使用、会保养、会检查、会排除一般故障。公司对员工的职业道德、工作能力、工作态度和业绩作出适当的评价，作为合理使用、奖惩及培训的依据，促使员工增加工作责任心，各司其职，各负其责，促进奖优罚劣，激发上进心，调动工作积极性和创造性，提高公司的整体效益。

为了提高产品质量和改进质量管理工作最大限度的满足用户的需要，对产品质量进行抽查和对工作的全过程进行评价等，统称为产品质量考核。2009 年，该公司开始推行产品质量考核，该工作在技术副总的领导下由质检部进行。各种产品的质量考核工作，每半年最少进行一次，也可以根据具体情况随时进行。产品质量考核，必须从经过检验合格尚未出厂的产品中进行，取样工作由质检部负责，包装车间予以协助，理化指标的检测工作，由化验室负责，感官品评由品评委员会负责。各种产品取样方法均按产品标准中检验规则的规定执行。评价产品质量按国家标准考核。考核工作结束后，由质检部总结经验教训，提出改进意见。对在质量考核中发现的问题，各有关部门应采取有效措施。整改并按相关制度的规定进行处理。该公司在全国性食品安全事件及历次抽检中均达标。针对 2012 年网上爆出酒鬼酒塑化剂超标事件。该公司在第一时间做出反应，对相关环节逐一排查并实施整改。联系国家、省、市各级质检机构进行委托检验，经权威检验机构检验，该公司各类产品中均未检出塑化剂成分。2014 年该公司再次对多款产品委托检测塑化剂，全部合格。委托省监测站对公司不能自检项目（铅）实行批批检测，共检测成品酒 200 个批次，全部合格，并出具报告。国家、省、市各级食药局共抽检 4 次 9 个产品，各项指标均符合要求，产品合格率 100%。2016 年以创建食品安全城市为契机，该公司全面完善了公司质量安全方面的制度和记录；及时获取风险信息，对监管部门抽检新增加的甜味剂，从源头逐一排查，寻找权威检验机构进行检测，确保公司产品质量安全。是年，各级食药部门抽检 5 次 30 个产品，各项指标均符合要求，产品合格率 100%，未出现任何食品质量安全事故。

第四节　技术队伍建设

自 20 世纪 70 年代开始，着手技术人员的培养和引进。通过多种形式的学习、培训，企业注重自身选拔培养，加强了技术队伍建设。

厂内培训

1970 年，该厂酿酒由固体蒸馏转变为液体蒸馏。面对新的生产工艺、新的生产设备，该厂对酿酒工人进行技术培训，针对粉碎、糖化、发酵、蒸馏等不同的工序、岗位进行了系统的学习，使他们掌握各操作规程，成为熟练的技术人才。

1976年，该厂新建年产3000吨酒精生产线，为使酿酒工尽快掌握酒精生产技术、操作规程、设备使用技术，对30多名技术工人进行为期7天的技术培训，使其熟练掌握酒精生产技术。

1985年，举办各类学习班7期，组织工人学文化、学技术，参加人数586人次。

1987年，开展提高产品质量，创优质产品活动。为保证提质创优活动的开展，自1月开始对技术工人进行为期半年的技术培训。对酒精生产、白酒微生物、曲种、酵母菌种的培养，粉碎、糖化生产工艺，麸曲、液体曲、酒母生产工艺，发酵、酒精蒸馏、白酒发酵制酒工艺，白酒质量生产计算方法、减少酒精杂质、提高白酒质量等方面的内容设计22课，进行了系统的学习培训。

1993年，对100多名青年工人、班组长进行技术培训，提高了生产技能和产品质量，吨酒成本下降754元。

1995年4—5月，对中层以上干部、班组长、车间酿酒工等60多人分两期进行学习培训，提高了管理、生产技能。

1998年，举办两期由300多名青年工人参加的培训班，对白酒生产技术、生产工艺、发酵理论等进行了系统学习。

2001年4月25—28日，32名技术工人在本公司参加济南市食品工业协会、济南市劳动局举办的白酒生产工艺、白酒生产操作流程、白酒品评培训，12人获得高级酿酒工资格证书，20人分获中、初级酿酒工资格证书。

2003年，为提高粮酒产品质量，创名牌产品。组织粮酒车间40人进行为期6天的粮酒生产技术培训，从原料的配比、粉碎、蒸糠到开窖、装甑、蒸馏；从出甑到入窖、封窖、窖池的管理等进行了培训。

2004年11月，济南市食品工业协会、章丘市劳动局在该公司业余党校联合举办企业职工技能培训班。培训班为学员配发专业教材，由山东轻工业学院教授担任主讲，45名员工参加培训，经考试，2人获技师资格证书，11人获高级工资格证书，15人获中级工资格证书，15人获初级工资格证书。

2005年11月，举办一期五粮工艺专题培训，由技术、生产骨干100多人参加了培训。酿酒技术工程师从五粮配方到生产工艺，从传统工艺与现代技术的结合到现实生产中的疑难问题，深入浅出的进行了讲解。使参加培训人员深受启发，对五粮工艺有了更深的认知。

2006年12月，对技术人员就有机窖泥、窖泥原生态微生物菌曲培养和窖池的养护进行了培训。通过培训，技术人员掌握了有机窖泥培养和窖池养护的操作规程，经过试验，每口窖出酒百毫升己酸乙酯平均达到180毫克以上，使所产的浓香型白酒酒体丰满，提高了浓香型白酒的复合口感。

2007年2月，对59名销售人员进行《专业销售实战技巧》销售技能培训。4月，为全面提升原酒入库质量，由技术副总、技术处每周四、五组织粮酒车间班长进行原酒品评培训。经过培训，粮酒班长的品评技能提高。5月，技术部组织配酒理论和品评培训。邀请济南瀚文管理咨询有限公司对65名班组长以上管理人员进行管理技能培训。6月，对销售区域经理、销售业务人员进行《各级主管岗位在企业中所处位置的重要性》《成功经理人赢在执行力》的培训。通过培训，销售人员提高了市场分析、竞争及产品销售技能。

2009年5月，该公司组织技术部相关人员及实习的大学生进行了白酒尝评方面系统而全面的培训，包括白酒香型、酒度差、质量差等方面的内容。通过为期两周的培训和考试，参训人员品酒技能得到了提升，为保证该公司产品内在质量的稳步提升起到了积极作用。

2010年5月，该公司技术部对粮酒车间一线生产、管理等相关人员，进行了酿酒生产工艺培训。培训内容包括白酒的历史、中国白酒的分类、浓香型白酒生产工艺及白酒酿造过程中相应的微生物代谢等相关知识。通过培训提高了一线生产工人的理论知识水平，使工人知道了酿酒的基本原理及生化反应，加深了对酿酒工艺的理解，对提高该公司原酒质量起到了重要作用。

2013年2—6月，根据该公司培训计划，技术总工、技术中心主任、粮酒车间主任分别给技术部、粮酒车间技术骨干，实施培训共5场，200余人参加。主要从白酒品评、白酒勾调、粮酒生产工艺、微生物知识及食品安全等方面进行系统培训，对今后更好的提升粮酒生产质量起到很好的指导作用。

2014年，该公司人才培养方面实行内部实施轮岗制，技术部将其下辖的技术中心、质检部部门人员，实行内部调岗，并做周期性轮换，让相关人员熟悉不同岗位的工作，培养全面复合型专业技术人才。

2014年6月，齐鲁工业大学生物工程和酿酒专业200余名学生来公司参观学习，该公司技术人员与来厂师生进行了座谈，互相学习交流白酒酿造知识。通过座谈，该公司技术人员对白酒酿造过程中的生化反应理解的更加深入，高校师生对白酒工业化生产的实际操作也有了一定的了解。

2015年，该公司人才培养方面积极推进管理咨询项目的开展，实施岗位竞聘和人才招聘，优化岗位设置、提高人员积极性，留住人才、培养人才。

2017年5月，公司技术部对销售公司业务人员进行白酒生产工艺及食品安全知识培训。系统讲解了白酒基础知识、酒的酿造原理、酒的质量与安全、以及酒的贮存与勾调等方面内容。

外出学习培训

1983年，派出4名技术骨干到上海、江苏、安徽等地酒厂学习粮酒生产工艺，指导本厂粮酒生产。1989年，为提高窖泥质量，先后派出多名技术骨干分别参加山东省生物研究所学习窖泥培养技术、省一轻厅举办的北斗窖泥培训。

1996年9月—1997年1月，2名同志参加山东工业大学举办的优秀青年干部培训班，取得工商行政管理证书。

1999年，为提高质量管理，派技术人员到景芝等酒厂学习取经，加强了产品质量管理。

2001年，2名技术人员参加济南市食品工业协会组织的白酒感观质量品评培训，并取得《济南市感观质量评价员》资格。7月，有1名技术人员参加省技术监督局举办的白酒生产许可证培训，取得了《白酒生产许可证审查员证书》。

2002年3月，于成溪、崔承湖等到安徽、江苏等地酒厂参观学习，提高了粮酒生产技术。

2003年3月，2名技术人员参加了山东省食品工业协会举办的白酒勾调人员培训班，获得《白酒勾调员资格证书》。

2004年5月，1名技术人员参加章丘市技术监督局举办的计量技术培训。9月，2名技术人员参加济南市食品工业协会举办的白酒行业感观质量培训。

2005年，5名技术人员参加山东省白酒工业协会组织的培训，获得《品酒师资格证书》。其中1名获得中国酿酒工业协会颁发的《高级品酒师资格证书》，2名获得《国家职业技能鉴定高级考评员》资格。之后派多名技术人员去四川五粮液集团学习参观五粮工艺及窖泥培养技术。

2006年5月，2名技术人员参加山东省白酒工业协会举办的白酒感观品评培训。7月，1名技术人员参加山东省技术监督局举办的标准化内审员培训。

2006年，该公司技术副总马业准成为高级品酒师和第七届白酒国家评委。

2007年11月6日，在公司副总经理潘正江，商贸公司副经理康新春的带领下，组织销售区域经理及销售明星共14人，到安徽合肥远景营销咨询有限公司进行以解放思想，提高技能，追求卓越为主题的营销知识培训，时间4天，提高了管理技能和营销水平，为公司销售收入过亿元做出贡献。

2007年11月，该公司两名同志参加了山东省白酒工业协会的培训，经白酒品评培训及考试，技术部1名同志考取第六届山东省白酒工业协会白酒评酒委员，1名同志获得山东省第六届省白酒资格评委，增强了该公司品评队伍的整体实力。

2008年12月，该公司化验室1名化验员参加济南市技术监督局组织的化验员培训班。系统的学习了白酒生产中各种原料、半成品、成品的理化检验技术，通过考试获得食品检验工二级技师。

2010年8月，该公司两名化验员参加国家人力资源保障厅和技术监督局组织的白酒知识培训，获得白酒检测高级技工和中级技工。

2011年12月，该公司两名同志通过参加公司内部培训及到兄弟厂家学习取经，以其扎实的白酒酿造技能被山东省轻工业办公室认定为白酒酿造高级技师。

2012年6月，该公司1名化验员参加山东省技术监督局组织的白酒食品检验工培训班，系统的学习了白酒检验理论及操作技能，经考评取得技师资格证书。

2012年9月，该公司两名化验人员于济南趵突泉酒厂学习交流，掌握了白酒氰化物指标的检测方法和相关知识，提高了检验水平。

2014年8月，该公司两名化验人员于山东省食品发酵研究所培训并学习露酒的检验与相关知识，提高了专业水平，熟练掌握了露酒的检验技术。

2015年7月，该公司两名技术员参加由济南市人社局举办、济南市食品工业协会协承办的白酒知识培训，获得白酒酿造工三级证书。

2015年12月19日，该公司粮酒车间1名职工，参加由山东省白酒协会主办，景芝酒业承办的酿酒职业技能培训，并在山东省白酒首届酿酒职业技能大赛中取得第三名的优异成绩。

2016年7月，该公司参加了由山东省科学院生物研究所、济南市食品工业协会和济南科技创新促进中心联合主办的第八届济南市食品行业产学研合作暨创新发展经验交流会。技术部两名同志被授予2015年度“济南食品行业产学研合作创新发展先进个人”。

2016年10月，为配合鲜啤酒的生产，该公司两名检验人员于山东省食品发酵研究所培训学习啤酒的相关知识与检验方法，为啤酒生产提供了理论依据，为啤酒生产许可证的顺利通过提供了有力的保障。

2016年11月，该公司质检部1名同志参加了由山东省轻工业联合会、轻工纺织工会、山东省白酒协会和齐鲁工业大学联合组织并承办的白酒检测技能培训，以色谱操作第一、综合排名第五名的优异成绩获得“山东省轻工行业和白酒行业技术能手”荣誉。展示了该公司白酒检测的综合实力。

2017年6月，该公司聘请了20多名社会品酒师，通过品酒理论与实践方面的集体学习与交流，为公司产品提出了很多宝贵的意见，帮助该公司技术部掌控最新消费动向，使酒体设计和新产品研发更加亲民。

第三章 科 研

第一节 沿 革

20世纪80年代的科研工作由分管领导负责。科研工作先后开展甲醇的提取、百脉泉特曲酒的研制及产品提质创优。1990年成立技术科，赵炜任副科长。技术副厂长田永祥分管。1993年4月，成立科研所，主要任务是研制开发新产品，推广应用新技术、新工艺、新材料，调整产品结构，项目的考察、论证、立项等工作。1995年，成立技术部，负责产品质量管理、新产品开发、科研、先进工艺应用。2000年9月，成立技术开发中心。2005年6月，成立科学技术协会。2010年12月杜祥宝被聘为总工程师，负责技术中心、质检部工作。2011年，该公司技术中心被认定为省级技术中心。2017年3月副总工程师汪慧慧在总工程师杜祥宝的领导下全面主持技术部工作。毕思水任技术开发中心主任。2018年3月杜祥宝任销售公司总经理，汪慧慧被聘为技术总工程师负责技术中心、质检部工作。

第二节　技术中心

2000年9月26日，成立技术开发中心，主要职责是市场调研、新产品开发，生产工艺、生产技术、勾调、品评、计量、标准化、环保、新技术、新工艺、新材料的应用，新上项目的考察论证。2004年6月26日，该公司与山东轻工业学院联合建立科研基地，该公司为其提供实践教育基地和科研中试基地，轻工业学院对该公司进行职业培训，并解决该公司的技术难题，就相关信息互通有无。10月，该公司成立了章丘市食品发酵研究所，其主要任务是酿造新技术、新工艺食品发酵的研究与开发。该研究所成为济南市食品行业第二家市级企业技术开发中心。是月，以研究所、质管处为主体，成立集白酒科研、化验、检查、管理于一体的新一届企业技术开发中心，明确为专门从事技术开发研究的独立工作机构，由董事长李成新任主任，技术副总经理马业准任副主任，并兼办公室主任。技术开发中心聘请大专院校科研单位的行业专家为企业技术顾问，成立以董事长李成新为主任的专家委员会。同时，成立各专业技术工作部门负责人参加的技术委员会。技术中心下设产品小试验室、中试车间、品酒室、成品化验室、色谱分析室、电渗析、半成品化验室、原酒库等具体工作部门。是年11月，经济南市经济委员会和济南市科学技术局公布原济南百脉酿酒有限公司技术开发中心为济南市第六批市级企业技术开发中心。

专家委员会主任：李成新（济南百脉酿酒有限公司董事长工商硕士）；副主任：黄业立（山东省白酒协会会长）；委员：马业准（山东省白酒评委）、毕思水（山东省白酒评委）、李敬龙（山东省轻工业学院教授）、杨新力（山东省食品检测站站长）、于慧均（山东省食品监测站高级工程师）。

技术委员会主任：李成新（公司董事长兼技术开发中心专家委员会主任）；常务副主任：马业准（公司技术部经理）；副主任：张传海、潘正江；委员：王者厚、王峻虎、毕思水、崔承湖、赵京彬、李卫星、孟祥源、孙立慧（女）、陈惕美（女）、杜祥宝、宋居美（女）、高广菊（女）。

技术委员会章程：一、热爱本职工作，为工作贡献自己的毕生力量。二、遵守公司的各项规章制度。三、严守公司技术秘密，不与非相关人员谈论技术问题。四、技术委员会人员不向同行业外泄公司技术核心。五、技术委员会人员刻苦钻研业务，随时准备为公司的技术进步做出应有的贡献。六、技术委员会人员每年按规定的计划对公司科研、技术做出创新。

该公司课题实施细则：一、总则：济南百脉酿酒有限公司是一家集白酒科研、生产、销售、服务于一体的国家中型企业，致力于白酒行业的发展，并不断引进新工艺、新技术，以提高产品质量，注重新项目的引进、开发，力求做到科技兴企、科技求新。公司成立科研所，其下设专家委员会、技术委员会、技术开发中心和质管处等部门，负责技术及新课题的研讨与开发，课题新颖、独创性好、并在短期内获得经济效益、有重大应用前景的课题。为保证课题的顺利实施，公司特制订课题实施细则。二、课题立项：新课题需经技术开发中心根据社会需求，并结合实际情况，提出课题意向，由技术委员会在不同地区做市场调查，确保其切实可行性与良好的发展空间。最后，向专家委员会提出立项申请，立项采用科学基金制。三、课题申报：填写《课题申报书》报送专家委员会办公室，专家委员会在10个工作日内审批报送的《课题申请评审书》。对于通过审批的由专家委员会办公室核发《立项通知书》，并报规划领导小组备案。四、课题基金申请：1. 专家委员会和技术委员会在充分论证的基础上，根据公司发展的方向和重点，结合社会需求，提出基金项目申请指南，并向公司公开。2. 在基金项目申请指南指导下，符合下列条件的课题项目，可进行申请。课题目标明确，内容具体，技术路线可行，操作方便，与国内其他单位不重复或有独到之处。申请单位具备完成课题项目的能力，有一定的研究基础和经济实力。经济费用实事求是，申请人员按照申请有关规定填写申请书，并每月底前报交公司。3. 该公司对申请课题进行评审。

2005年6月18日，济南百脉酿酒有限公司科学技术协会委员会成立。科学技术协会第一届委员会由李成新、马业准、李卫星、毕思水、崔承湖、赵京彬、李雷新7人组成。李成新任主席，马业准任副主席，李卫星任秘书长，毕思水、崔承湖、赵京彬、李雷新任委员。公司科协工作设1—2人的专职兼职工作人员及秘书长，挂靠公司技术部。主要职能是开展会员间技术交流，活跃学术思想，促进企业发展。开展会员教育和培训。开展技术开发、技术转让、科技咨询、技术服务活动。举办科技经济实体，与各学会、大专院校、科研院所协作，推广高新技术，促进科研成果转化。

2006年1月12日，科学技术协会被济南市人事局、济南市科学技术协会授予“济南市科协系统先进集体”称号。

2008年技术中心依据企业标准体系及国家标准要求，建立以技术标准为主体，包括管理标准和工作标准在内的企业标准体系，将产品实现的要素、过程等均制订了严格的标准；对于生产用原辅材料，制订了《原辅材料质量检验标准》，制度中对原辅材料的质量标准做出明确规定，相关部门在原辅材量的检验、存储、使用时必须严格按照标准操作,《包装材料质量标准》《过程产品检验标准》等一系列标准的建立，使企业生产、管理更加规范化。6月6日，山东省、市质量技术监督局各位领导、标准化管理专家对该公司的“标准化良好行为企业”及“标准化示范单位”的创建工作进行现场验收。经专家组现场审核及对技术标准、管理标准、工作标准等材料的审查，公司以总分406分的成绩顺利通过“国家AAA级标准化良好行为企业”的验收。

公司技术中心自成立以来人才队伍及科研实力不断成长壮大。2011年10月9日，该公司技术中心被山东省经济和信息化委员会认定为山东省级企业技术中心，公司技术中心的工作范畴被重新定义1. 新技术、新工艺研究开发的中心。酿酒原料配比、糖化发酵剂等先进技术在该公司利用的同时，也在全省同行业中进行推广，提高了公司知名度，促进了白酒生产技术的进步。2. 新产品研发的中心。该公司技术中心结合自身生态酿酒优势，联合济南市食品工业协会成立了中国女士白酒创新委员会，成为中国女士白酒研发的先驱者。3. 产学研联合和对外合作交流的中心。该公司与山东省轻工学院（齐鲁工业大学）合作，建立山东省轻工学院产学研科研基地（2004年建立科研基地，分别于2008、2014、2017年续签合作协议）；与山东省食品质量监督检验站合作共建技术中心，食品监督检验站为公司技术中心提供职业培训和技术支持，使公司技术中心的研发实力得到加强，促进了行业技术进步，提高了科研成果转化为现实生产力的效率。在三名国家级白酒评委，多名省级白酒评委的共同努力下，技术中心相继开发了女士酒、光瓶酒、白板酒、定制酒等多种类型白酒，并对公司米酒、露酒、啤酒的研发上市做了重大贡献。

化验室

1953年，购置简易化验仪器，建立化验室。化验仪器简易，只能做些简单的基础性的测试，如：酒度、酸度、水分等来指导生产。1978年，购置光电分光光度计，用以检测甲醇及高级醇的含量，使白酒质量有了基本保证。1983年，对酒精、大曲酒、佳酿酒、高粱串香酒制订了完整的理化标准。1988年，购置1121色谱仪1台。1994年3月，购置国内较先进的白酒分析色谱仪2台，台式干燥箱、红外线快速干燥器、电光分析天平、精密酒度计等。2004年，购置国内先进的气相色谱仪3台，2台102型、1台惠谱6820型，淘汰了1121和1102化验仪器，惠谱6820是国内最先进的气相色谱仪，可以全面分析白酒中60多种微量组分，进行白酒新产品开发和科学研究工作。

化验室主要负责生产过程中各项理化指标、卫生安全指标的检测，包括半成品化验、成品化验。半成品化验室主要是对半成品进行检测，内容包括糟醅的水分、酸度、残糖以及原料淀粉含量、干酵母、糖化酶酶活力、大曲糖化力等多项指标的检测。成品化验室主要是成品酒理化指标中总酸、总酯，卫生指标中的甲醇、杂醇油的含量，微量成份己酸乙酯、乳酸乙酯的含量的检测。化验室检测能力及水平通过了省检测站鉴定，确保了产品合格率100%。

2011年公司对化验室老旧设备进行了更新换代，确保了化验数据的准确有效。经不断的学习及研究，于2011年通过更换6820色谱柱，实现了芝麻香主体成分的自行检查。

化验室非常重视人才队伍建设，所有化验员必须持证上岗，每年上半年对化验人员进行统一的职业技能培训，保证了他们业务的熟练度。同时会不定期对化验员进行内部抽查考核，考核不合格者进行单独的技能培训，直到培训合格方可回原岗位工作。2013—2017年抽查考核合格率均达到100%，保证了检验数据的准确性。在公司化验室严格把关下，公司产品在技术监督、卫生防疫、国家质检中心等上级职能部门历次抽检中，检验合格率均保持100%。

2015年7月，在中国轻工业联合会举办的全国轻工业优秀质量管理小组成果发布会上，该公司化验室QC小组荣获了“2015年全国轻工业优秀质量管理小组”称号。

2016年公司新上啤酒项目，化验室新添分析天平、全玻璃蒸馏装置、双乙酰蒸馏器、二氧化碳收集测定仪、低温恒温槽、酸度计、磁力加热搅拌器等啤酒检测仪器，实现了啤酒常规数据的自行化验检测。

主要检测仪器一览表

序 号	仪器设备名称	规格型号	数 量
1	气相色谱仪	1102	1
2	气相色谱仪	6820	1
3	气相色谱仪	GC102NJ	1
4	分光光度计	721	1
5	光电分析天平	TG328B	1
6	托盘天平	HC—TP11—1	1
7	精密酒度计	0—100 度	1
8	水浴锅	HHS21—2	1
9	干燥箱	SJ66E—3	1
10	生物显微镜	XSSP—3X	1
11	台式干燥箱	GW—03	1
12	水分仪	TL—4	1
13	量筒	50—1000ml	1
14	筛网	20 目	1
15	案称	AGT—10	1

第三节 科研计划

1983 年，该厂开始改变科研工作以负责人为中心的状况，将科研计划纳入科研工作主体。是年，制订项目科研计划：浓醪发酵和蒸煮及糖化余热利用。2007—2017 年，该公司技术中心将有机窖泥工艺改进、己酸菌驯化培养技术、新工艺新酒基研发、精酿鲜啤酒的研发和加强蒸汽用量监督并制订节能方案等项目列入部门科研计划，现部分计划已完成。

浓醪发酵

该厂原来一直实行稀醪发酵，加水比为 1：6 以上，不但用水量大，而且热量消耗大。实行浓醪发酵后，加水比为 1：3.5，用水量减少了 2.5 个比例，每天减少热量消耗 3738420 千卡，缩短蒸煮时间，提高了设备利用率，提高了出酒率。

蒸煮及糖化余热利用

糖化工序的糖化罐出水温度115℃，要用大量的冷却水降温到27℃以下再循环使用，热量白白流失。按计划将糖化罐的出水一部分分到蒸煮工序，用作蒸煮拌料，以提高拌料水温，节约用汽；一部分引到灌瓶车间，用作冬季刷瓶用水，每月节约煤15吨左右。蒸煮工序冷却一、二级出水温度65℃以上，一部分分到锅炉，一部分分到浴室，洗浴水不需再用蒸汽，实现节能降耗。

提高老窖酒、特曲酒质量，创名优产品

1988年，组织科研技术人员重新制订老窖酒、特曲酒生产工艺；延长老窖酒与特曲酒的发酵期；改造和加强窖池的管理及养护，提高窖池的发酵质量；严格规范执行粮酒生产操作规程，精心勾调，生产的清照特曲被评为济南市优质产品，54°百脉泉特曲酒被省一轻厅评为优良产品。

开发低度酒

1991年，计划研发40°以下的百脉泉特曲、大曲及清照酒。研制初期，对样品酒做了小试，由于技术处理不到位，低度酒混浊，出现沉淀问题没有得到解决。经过自然冷冻，效果不佳，又经过淀粉吸附、活性炭吸附法等多次试验，最后采用硅藻土过滤技术，解决了低度酒混浊、沉淀的技术难题，成功研制了39°、44°百脉泉特曲、39°百脉泉大曲、39°清照酒。

节能减排水处理工程项目

自1998年该公司自有锅炉拆除以来，一直外购章丘市热电厂蒸汽用于生产。蒸汽计量，由供气方单方面计量，为解决热电厂蒸汽流量表不稳定，计量误差较大现象，2007年3月该公司自行安装了一套蒸汽流量表，与热电厂蒸汽流量表同时使用共同计量，最大限度的避免了计量误差，使该公司蒸汽使用量由原来每月2600吨下降至100吨左右，避免了公司利益受损。2011年初计划实现污水零排放，同年新上化学需氧量（COD）在线检测系统1套，对排放的污水实施在线监测，有效杜绝了污水超标排放。2011年该公司被评为“十一五”节能减排暨环境保护先进单位。2017年2月13日济南人民政府下发了《关于加快推进全市燃煤锅炉淘汰改造工作的通知》，章丘区环保局5月底前拆除了所有燃煤锅炉，公共事业局停止供汽。该公司利用粮酒压池时机新上天然气蒸汽发生器项目，投资近400万元新上燃气蒸汽发生器6台，年产蒸汽1.3万吨以上，满足生产需求。

纯净水项目

2000年，制订科研计划为纯净水项目。该公司从事食品加工业多年，有着成熟的经验及相应的配套设施，计划对原设备进行技术改造。投资20万元购置电渗析水处理设备。是年6月，与上海水处理有限公司进行了商谈，技术、工艺达到国内先进水平。2003年8月投产，每小时产纯净水2吨。

酒基研发及优化调整

自2004年开始该公司为不断提升产品品质，有计划的对酒基及产品进行优化升级换代。2004年至2008年，相继开发了“36°清照乡音”“36°清照特曲”“48°原浆酒”以及百脉泉“情”系列等产品。2008年12月为丰富公司产品类目，抢占芝麻香型白酒新兴市场，该公司相继开发了36°、46°、52°芝麻香型白酒。2010年，随着品评、勾调技术的不断进步，该公司对“36°清照特曲（二代）”“39°绵柔八年”“44°百脉泉特曲”“36°芝麻香”“46°芝麻香”等几款老产品的酒基进行优化升级，使口感、饮后舒适度、产品稳定性得到提升。同年，为配合济南市场新产品开发，该公司技术中心完成了济南市场三款新产品（“34°十二年百脉泉”“34°九年百脉泉”和“39°芝麻香”）酒基的研发工作。2011年为适应销售市场多元化需求，未雨绸缪，相继研发女士超低度酒、浓兼芝、多粮浓香、淡雅浓香等酒基，作为储备酒基备用。2013年对36°清照特曲（二代）酒基配方进行调整，改版升级为36°清照特曲（三代），口感更加柔顺，更加适应市场需求。同年，开发设计39°、45°两款清香型白酒。2015年为适应人们对生活品质不断提高的需求，该公司恪守传统酿造工艺，推出手工酿造生态原浆“泉城壹号”，以其五粮复合香优雅舒适、绵软醇甜、回味悠长的特点，深受消费者喜爱，目前已成为该公司的主打产品。2016年设计开发了36°、52°“章丘小茅台”，研制了“补肾强身酒”“舒筋活血酒”两款药酒，开发了两款浓兼芝新产品作为储备酒基。

研发新产品

2004年，针对济南市场计划开发4个新产品，分别是36°清照乡音、38°清照人杰、34°清照词人和39°清照特曲。为迎接仲秋节，该公司计划开发3个新产品，分别为36°清照特曲、38°清照特曲和40°清照酒。为迎接2005年春节，计划开发3个新产品，分别为39°百脉泉特曲、42°清照特曲和48°原浆酒。2007年开始，产品研发以市场为导向，根据市场需求进行相应产品的研发。2009年，完成32°珍情百脉泉，34°珍情百脉泉，34°清照原浆，53°清照生态原浆等十几个新产品的开发。2010年，研发了高端产品“百脉泉生态芝麻香”，36°豪情升级为世博版新豪情。开发34°百脉泉生态原浆6年、9年、12年三款产品。开发清照绵柔十年和39°芝麻香。2011年，开发了百脉泉十年、十五年坛装原酒，34°、52°政务用酒，蓝、金、红钻系列产品以及玉泉、静泉、雅泉泉系列产品。2012年，开发了8°中华女士酒。2013年，开发39°、45°清香型白酒。2014年，开发34°百脉泉市外九年、34°百脉泉白板、42°百脉泉白板、39°清照特酿（新版）。2015年，开发多粮型产品34°、42°泉城壹号，原浆鲜啤酒。2016年，设计开发48°百脉泉杞参露酒，百脉泉老字号、老酒坛、清照“红如意”以及“补肾强身酒”、“舒筋活血酒”两款药酒”。2017年设计开发了46°、54°齐鲁壹号浓酱兼香型白酒、七十年厂庆酒。

制订改单粮、三粮为五粮浓香型白酒科研计划

2005年，组织多名技术骨干2次赴四川宜宾五粮液集团学习考察，现场观看，跟班操作，学习领会五粮生产工艺，掌握五粮生产操作规程，请五粮液集团酿酒高级工程师来该公司培训，进行具体指导。

从最关键、最基础的窖泥培养抓起，原材料的优质选购，合理配比，生产工艺严格要求。经过60天发酵试验，五粮酒与单粮酒相比，出酒率虽下降了0.5%，但百毫升酒己酸乙酯含量五粮型比单粮型提高了74毫克，百毫升酒乳酸乙酯含量下降53.6毫克。经过尝评，认定五粮酒五粮香气纯正，酒体醇厚、协调、净爽，具备了五粮酒的典型风格。

调整产品结构，发展战略品牌

2006年，该公司与远景咨询有限公司合作，计划把百脉泉品牌确定为发展战略品牌。根据该公司的科研计划，设计了百脉泉“情”系列产品，研制开发了46°豪情百脉泉。7月，研发了38°豪情百脉泉。9月，研制开发了36°、42°浓情百脉泉，48°百脉泉（形象产品）。2007年1月，研发了35°、42°激情百脉泉。2010年，为占领芝麻香这一新兴市场，研发了高端产品“百脉泉生态芝麻香”。2015年，为顺应消费者“少喝酒、喝好酒”的消费理念，开发多粮型产品34°、42°泉城壹号，2018年开发52°泉城壹号。

己酸菌驯化培养技术

为做好窖泥养护工作，该公司技术中心于2011年将己酸菌驯化及扩大培养技术研发列入当年工作计划，是年技术人员通过高温水浴及划线分离，从本公司窖泥中成功分离出纯种己酸菌株，该菌株为本地自生，适应本地气候及自然环境，产酯能力高，可直接用于生产。该公司科研人员将该菌株进行扩大培养，并批量生产己酸菌液，用于和制窖泥、补池、养护窖泥。不仅防止窖泥过早老化，同时提高了窖泥活力，保证产品质量。

精酿啤酒项目

2015 年该公司为填补夏季市场产品空白，计划生产精酿啤酒，并申请鲜啤酒生产许可证。是年，购进日产 500L 鲜啤酒生产设备 15 台套，引用齐鲁工业大学酿造技术，2017 年 5 月，为满足生产和市场需求，新增 6 个 1000L 啤酒发酵罐。

第四节　科研成果

该公司的科研成果主要有甲醇提取塔、低温蒸煮工艺、量本利分析、活性干酵母的应用、制曲新工艺、酒糟烘干设备、五粮白酒开发等。

甲醇提取塔

甲醇提取塔是专门从酒精中提取有害成分甲醇的设备，是自行设计制造的。经过使用，效果良好，为此获得章丘市 1984 年度科技成果推广奖。甲醇是一种麻醉性较强的无色液体，比重为 0.791，沸点 64℃，它能无限的溶解在酒精和水中，对人体产生极大的危害。当时，国家对地瓜干酒的甲醇含量规定百毫升白酒不超过 0.12 克，使用甲醇提取塔后，甲醇含量每百毫升酒降至 0.06 克，一般能控制在百毫升含 0.08 克，有效的控制了白酒中甲醇的含量，确保了消费者的身体健康。

低温蒸煮新工艺

1988 年 10 月，引进低温蒸煮新工艺，经反复试验，效果良好，蒸煮温度由原来 125℃降低到 90℃，吨酒节煤 60 公斤，节水 6 立方米，年节标准煤 300 吨，节水 3 万吨。采用低温蒸煮新工艺，不需改造资金，节能效果显著。

量本利分析

1989 年 10 月，章丘县企业协会组织的全县 QC 成果发布会，该厂运用《量、本、利分析法》，调整产品生产结构，获得最佳效益，评为二等成果奖。《价值工程》应用锅炉节能增效，评为三等成果奖。

活性干酵母新工艺

在浓香型白酒生产中适当添加干酵母，代替部分大曲，出酒率有了明显提高。是因为大曲中的微生物来源于自然界，菌种分泌的糖化酶活性和发酵力都不强，糖化酶与干酵母不仅糖化力高，发酵力强，而且有很强的耐酸性和抗杂菌能力。用糖化酶、活性干酵母代替部分大曲的新工艺不但降低了成本，而且提高了出酒率。干酵母应用技术获济南市科技进步二等奖。

加强技术创新，提高粮食酒质量

2003年，粮食酒QC小组围绕着提高基酒质量，增加经济效益，在技术部、生产部的指导下，刻苦攻关，深入挖掘白酒传统生产工艺，大胆创新，经过窖池、高粱稻壳清蒸、加热浆、加立回糟、缓慢蒸酒等技术改造，制订了一套符合生产实际的新工艺，形成了自己独特的工艺和风格，为此，《加强技术创新，提高粮食酒质量》获得2003年度章丘市经贸局质量管理活动优秀成果三等奖。这项科技成果创造经济效益60多万元。

制曲工艺

大曲是酿酒过程中必不可少的，大曲的质量和风格在一定程度上决定酒的质量和风味。曲是酒骨形象地说明了大曲在酿酒过程中的重要作用。大曲中的微生物主要有霉菌类、酵母菌和细菌类。这些有益菌类在酿酒过程中为各种酯类生成提供了有利条件。大曲中微生物的来源主要靠自然接种，以空气中的微生物作为菌种来源，因此培养工艺和培养过程的控制最为重要。自2003年开始研究提高生产用曲的质量，通过改进生产工艺，经过2004年一年的实践，取得了良好的效果。首先实现了机械制曲，其次是曲房由卧式改为架式。提高了单位面积产量和曲房的利用率，提升了发酵力、糖化力、液化力，降低了酸度，既优质高产，又安全低耗。

酒糟烘干设备

酿酒产生的大量鲜酒糟中富含大量粗蛋白、粗纤维等营养成分，是喂养家畜的优质饲料。但由于其占地面积大，易腐败、变质，污染环境，一直是期待解决的难题。将鲜酒糟烘干再深加工做成优质饲料，是解决这一问题的好办法。酒糟烘干这一课题，也是全国白酒行业期待解决的难题。2005年3月，该公司研制的酒糟烘干设备，将含百分之七十水分的鲜酒糟一次性烘干水分小于百分之十，酒糟烘干设备的研制成功，填补了国内技术空白，处于国内领先水平，既增加经济效益，又为环保事业做出贡献。

五粮白酒工艺

2005年，确定开发五粮浓香型白酒，好的窖池是产好酒的前提。窖泥全部用有机物为原料，进行有机窖泥的培养。使窖泥营养丰富，功能菌多，有效地解决窖泥老化的问题，实现“千年老窖万年糟”。

严格生产工艺要求，从稻壳的清蒸、粮食粉碎、起窖、拌料、装甑、蒸粮、出甑、出入池、开窖都严格工艺要求，认真、细致操作，经60天发酵，所蒸的原酒五粮复合香气浓郁，酒体醇厚、协调、净爽，具备了五粮酒的典型风格。

芝麻香型白酒研发上市

芝麻香型白酒是一种将浓、清、酱三种生产工艺相结合，而生产出的一种新型白酒。其工艺复杂，出酒率低，在市场上一直以高端白酒出现。随着技术的不断成熟以及芝麻香型白酒知名度不断提高，芝麻香型白酒在市场上逐渐受到追捧。2006年，该公司计划试验生产芝麻香型白酒，9月11日，芝麻香型白酒正式开产试验，历经8个月，共进行7轮试验生产，所产芝麻香白酒经品评，芝麻香原酒风格突出、典型性强。随后，技术人员在传统芝麻香型白酒生产工艺基础上不断进行技术创新，加强对配料、堆积、发酵等酿酒工艺关键环节的控制，进一步促进产品风味和质量的提高。随着芝麻香生产工艺日趋成熟，2007年10月，该公司芝麻香试验池扩大到40个芝麻香窖池。所产原酒为便于生产管理及陈化老熟，全部采用陶坛贮存。

2008年10月，该公司芝麻香原酒贮存时间达到2年以上，根据工艺要求可进行成品酒的勾调试验。技术部利用色谱理化分析和感官品评相结合的方法，对不同贮存期的原酒重新定级。根据芝麻香成品酒的香气、口味、风格特征确定其微量成分范围，并根据主体香气成分和其他香味物质之间的量比关系，优选基础酒。对选出的基础酒反复组合，品评，调味。经过一年多的小样勾调试验，2009年9月底具有百脉泉特色的芝麻香型白酒产品配方正式确定。该公司技术人员通过大量的对比试验，找到了处理芝麻香型白酒最佳方式，在最大限度减少香味成分损失，保证去除酒中杂味的同时，又能保证在不同环境下酒质稳定。是年10月，10吨百脉泉芝麻香型白酒配制完成。是年11月中旬，该公司两款芝麻香型白酒检测理化和卫生指标均符合国家标准。11月28日，36° 百脉泉典藏芝麻香型白酒批量灌装。12月1日，百脉泉芝麻香型白酒通过省级鉴定。

2010年5月，公司《芝麻香型白酒生产》成果荣获章丘市经济和信息化局颁发的“2009年度章丘市优秀质量管理成果一等奖”。是年11月，该公司被山东省食品工业办公室、山东省食品工业协会确定为“山东省白酒行业芝麻香型白酒标准化生产示范基地”。是年12月，芝麻香白酒生产被章丘市科技局评为章丘市科技进步二等奖。

有机窖泥培养技术成果

2008 年 10 月 29 日至 31 日，由山东省白酒工业协会主办，山东百脉泉酒业有限公司承办的山东省人工窖泥生产技术论坛在章丘宾馆召开。会上，该公司技术副总马业准作了《浓香型有机窖泥的培养和养护》主题发言，指出山东百脉泉酒业有限公司在有机窖泥制作的基础上，配加窖泥功能菌曲，由原来的培养无机窖泥建造窖池，改为现在的培养有机窖泥建造人工老窖，取得了很大成效。该公司生产的有机窖泥不添加任何无机化学原料，生产此窖泥所用的原料均为绿色天然优质无公害的原材料，如苹果、梨、池塘泥等。其最大的优点是不退化，不板结，随着时间的延续而逐渐老熟，成为真正的自然老熟的人工老窖，酒质也随着时间的推移而明显提高。

2008 年 12 月 6 日，有机窖泥培养鉴定会在该公司召开，由时任科技局副局长孟庆新同志主持会议，并邀请了省内 5 位白酒专家参加鉴定。会上，该公司副总马业准做了工作报告和查新检索报告，毕思水主任做了技术报告及经济和社会效益报告。通过鉴定，有机窖泥培养项目成功申报章丘市科技成果转化项目政府扶持资金 15 万元，该项目填补了国内空白，综合技术居国内领先水平。2009 年 6 月 4 日，在济南灵岩寺召开的“全市群众性质量管理活动 QC 成果发布会”上，该公司发布的“有机窖泥的培养和养护”QC 成果，荣获 2008 年度济南市优秀质量管理成果一等奖。2011 年 11 月省食协召开新闻发布会，该公司被评为浓香型白酒标准化生产示范基地及山东省十大品牌。

己酸菌驯化培养技术成果

2011 年 3 月 1 日，由该公司技术研发中心主任毕思水审核，技术总工杜祥宝批准，并经公司批准发布，由技术中心编制的《山东百脉泉酒业有限公司技术标准 纯种己酸菌培养作业指导书》发布并实施，文件编号：QB/BMQ106016；主要包括己酸菌扩大培养流程、培养条件、培养时间、菌种复壮、灭菌及培养基制备等内容。

己酸菌和窖泥与浓香型白酒的关系密切，决定着浓香型白酒的质量和风格。窖泥中己酸菌数量多少决定了窖泥的功能强弱，进而直接影响浓香型白酒的质量。由于己酸菌的生活生长、繁殖、代谢都有自身的规律，且营养成分较特殊，为满足己酸菌的营养需求在传统的己酸菌驯化培养中使用了大量的碳酸钙等无机盐，这为己酸菌的生长创造了一个较适宜的人工环境，但大量无机盐的使用也加速了窖泥的老化，使窖泥的寿命大为缩短。为解决既能满足己酸菌营养需求，又能保持窖泥使用寿命的问题，该公司技术中心经过长期大量试验，在不使用无机盐的情况下创造出适宜己酸菌生长繁殖代谢的生态环境，同时提高了窖泥中的己酸菌的数量及功能，从而达到提高浓香型白酒质量的目的。技术人员做出如下一些改进：创新性采用人工诱变技术，改变热处理温度，对培养基进行优化。

通过技术创新，己酸菌驯化技术较以前有质的提升，菌种纯化率达到98%以上，产酸能力较以前提高20%左右，所产原酒协调醇厚，酒质与20—30年老窖所产酒质相当。窖泥清香无恶臭，营养物质含量丰富，无板结现象。通过本项目的实施，避免了经常更换窖泥的缺点，降低了生产成本，提高了公司的产品质量。

2013年，该公司己酸菌驯化技术的研究与应用通过济南市科技局成果转化立项。对公司的有机窖泥制作产生了深远影响。2014年10月该公司科技项目《己酸菌驯化技术的研究及应用》被专家评审为2013年度济南市优秀科技创新项目。

2015年“己酸菌驯化技术的研究及应用”、“人工老窖技术用于提高浓香型原酒质量的研究及应用”，获得济南市“讲理想、比贡献”活动优秀科技创新项目，并分别获得7000元和3000元的奖励。

鲜啤上市

2015年该公司鲜啤酒有黄啤、小麦啤、黑啤三种原浆啤酒。2016年12月该公司成功取得了鲜啤酒生产许可证；2017年4月为满足市场需求，啤酒车间扩大生产规模并对外销售，填补了公司夏季市场空白，丰富了公司产品种类。

其它

2013年9月，山东省质监局对该公司在白酒生产许可证中新增的清香型白酒生产项目进行了现场审核并顺利通过。2014年7月，该公司生产的百脉泉牌百脉泉45°清香型白酒荣获”创新产品奖”荣誉称号。

该公司成功组织并圆满完成了2014年山东省白酒行业鉴评会。该公司34°九年百脉泉、52°生态原浆、53°芝麻香继续获得省优产品称号。本次会议期间白酒行业协会领导、行业专家、国家评委及省评委到公司参观，对该公司企业文化和现场管理给予高度评价。在山东省食品工业协会组织的行业品评会上，该公司34°九年百脉泉继续获得“全省白酒行业评委感官质量金质奖”。在济南食品协会组织的行业品评会上，该公司34°九年百脉泉、39°清照满庭芳、52°百脉泉、53°芝麻香被评为年度精品白酒，45°清香白酒获得济南市创新产品称号。2014年该公司获得“济南老字号”、2017年该公司获得“山东省老字号”。

2014年百脉泉传统酿酒技艺获得“济南市非物质文化遗产称号”，2015年该公司获得“山东省非物质文化遗产称号”。

2016年5月，人参枸杞露酒生产许可证成功获取。11月，啤酒顺利通过济南市食药局生产许可证现场核查。

2016年获得山东省“守合同，重信用”企业和济南市“讲理想、比贡献”活动优秀科技创新项目；参展山东非物质文化遗产博览会，获得优秀展品奖；荣获“济南市科普教育基地”称号。

第五节　技术职称评聘

1988年，该厂开始技术职称评定与聘任。其职称分为工程、会计、统计、经济、政工、卫生等系列。至1995年共评出各类专业技术人员49人，其中工程系列13人，经济系列18人，会计系列7人，统计系列2人，政工系列6人，卫生系列3人。工程系列有微生物工程师1人，发酵专业6人，食品专业1人，质量助理工程师1人，其它专业4人。

1988年11—12月，经县职称评审委员会评审及县职称改革小组审批，该厂11人获得初级技术职称，其中助理工程师2人，助理经济师9人。对专业技术人员凡取得职称资格的均由厂长聘任，并办理聘任手续。是年，12月24日，特聘11人到相关技术岗位，任期2年（1989年1月—1990年12月）。

1989年5月，26人获得技术职称，其中工程师1人，助理工程师4人，技术员2人；助理经济师5人，经济员2人；会计师2人，助理会计师3人，会计员3人；助理统计师2人；医师1人，医士1人。是年5月6日，特聘26名技术人员到相关技术岗位，任期2年。

1990年4月—1991年11月，11人获得技术职称，其中4人为助理政工师，2人为政工师；3人为工程技术员，2人为会计员。是年11月10日，该厂聘11人到相关技术岗位，任期4年（1991年11月—1995年11月）。

1995年11月，1人获得助理工程师资格。1995年后，按上级关于企业专业技术职称改革的有关文件规定，企业可根据本单位的需要和专业技术人员的实际能力，专业技术职称高的可以低聘，职称低的也可以高聘。是年，该公司聘1名高级工程师，3名经济师，1名工程师，1名会计师，2名政工师。

1997年，该公司聘1名高级经济师、高级政工师，3名经济师，1名工程师，3名会计师。1997年以后，对专业技术人员未再进行聘用，保留其技术职称资格，并根据济南市职称改革办公室的文件规定，对持有全日制正规大专院校毕业生，定时确立专业技术职称。

1998年，经济南市食品评审考核领导小组审核，2人获得白酒类感观（官）品评员资格。2001年，经济南食品工业协会和省技术监督局考核，1人取得白酒评委和白酒生产许可证审查员资格证书。是年，经济南市食品工业协会考核，2人被聘为白酒类感官品评员。2003年3月，经省白酒工业协会和省食品工业协会考核，1人获山东省白酒评委和白酒勾调员资格证书。2005年，经中国酿酒工业协会考核，1人获高级酿酒品酒师资格证书，3人获中国酿酒工业协会颁发的酿酒品酒师资格证书。2006年11月，2人获山东省第三届白酒省级评委，1人为第七届白酒国家评委。

为了鼓励员工学技能，公司于2009年6月24日出台了职称学历发放办法。一方面每月对公司有职称，有学历的人员额外发放职称、学历补贴，另一方面促进了员工学习的积极性，在公司内营造了一个共同学习的氛围。职称、学历发放办法对于公司正式员工入厂工作半年以上，在外部获得职称、学历，且与本人从事的工作性质相统一的工程技术类、营销类、经济管理类、职业技能类、党工类、学历类及内部聘任类进行了划分并根据不同的等级进行了补贴；对于参加政府组织的职业技能大赛、行业评比、专业竞赛及公司组织的岗位技能大赛中取得第一名的；公司的劳动模范、各类能手标兵等进行奖励。

技术岗位员工可同时享受学历、职称、技能类补贴；营销岗位员工可同时学历、职称、技能的修订在提高补贴标准的同时，向技术、销售岗位倾斜。享受学历补贴和职称、技能补贴中最高的一项；其他岗位（包括管理干部），每人有多项的只享受其中最高一项。

2016年4月，为了规范公司学历、职称、技能补贴的评定和发放，更好的激励基层员工的积极性，对学历、职称、技能补贴管理办法进行了修订。本次修订体现了学历补贴向基层倾斜的思想，本办法规定的享受补贴范围是：公司在职一线员工和一般岗位管理服务人员。中层以上干部、销售公司部门负责人及区域经理，原则上不再享受补贴。但个人所获得的职称、技能，能够为公司起到突出作用且不在高管岗位的，可以适当予以享受。

对于公司员工通过外部获取的证书，经公司聘任后方可享受补贴。每年初由评审委员会进行评审，依据其获取难度、岗位重要性及关联度等因素，确定是否聘任，聘任等级可进行上浮或下调。

（审稿人员：李庆腾　丁晓娟）

第八篇

环　保

第一章 污水处理

20世纪50—60年代，酿酒原料以高粱、小麦、谷糠为主，粮酒（固体）发酵生产工艺，污染程度轻。1976年，为适应食用酒精生产的需求，增加了液体蒸馏（酒精）生产线。液体蒸馏主要原料是薯干，生产中排出的酒糟废液中含化学需氧量（COD）、生化需氧量（BOD）和悬浮物(SS)等有害污染物质，造成环境污染。该公司位于小清河流域，污水外排，向东至漯河然后向北汇入小清河，对地下水源造成污染。由于当时经济、技术条件所限及环保意识淡漠，这项工作没有引起足够重视。1979年，《中华人民共和国环境保护法（试行）》颁布。1986年12月，《中华人民共和国环境保护法》正式实施，企业的治污工作列入议事日程。经过1992年和1998年两次污水处理，实现了污水达标排放。2008年至2018年，在环保基础设施改造投资方面主要包括改造总排污口、装修自动监测站房、购买污水自动检测设备及两台油水分离器，粮酒（三）车间安装无组织酒糟气味收集处理设施。

第一节 治污规划

为贯彻落实《中华人民共和国环境保护法》，彻底根治酒精糟液的污水处理工作，该厂制订实施3期规划。1976年新上酒精生产线，生产酒精需要大量的地瓜干原料，每天生产排出的液体酒糟，附近地区村民随便捞取用作养猪饲料，到处丢撒，既污染了环境，又不便于管理。1983年，酒精生产由3000吨扩大为5000吨生产能力，酒糟废液污染进一步加大，该厂修建糟液沉淀池10多个，占地10多亩。经与王中村村委协商，酒糟的管理归王中村，由王中村派人看池、收费，该厂按比例（购买酒糟收入款）收取费用，是酒糟废液污水处理的初期规划。

第2期规划是1990年与王中村共同治理酒糟污水排放。该厂将酒糟的管理、归属权交与王中村。1991年1月，就酒糟的管理归属问题签定协议。王中村计划利用废糟液制取沼气，生产饲料。1992年，达成酒糟污水治理协议。进行了第一期污水治理工程。

第3期规划是1994年至1997年，在第一次污水处理没有达标的情况下，该公司与国家环保局、清华大学环境工程系研究设计院中信科技（济南）有限公司合作，制订了污水处理工程方案。1.治理项目：薯干酒精废糟液厌氧后污水好氧生物处理工程。2.治理总投资：工程总造价为118.68万元，其中包括工程估算100.8万元，职工培训、试运调试、设计及技术服务等12.23万元，预备费5.65万元。3.采用的治理技术：工程采用生物接触氧化法工艺，该污水处理技术集活性污泥法和生物膜法优点于一体，具有处理效率高、占地面积少、产泥率低等优点。4.治理时间：自1996年1月开始，到1997年底工程完工。5.治理进度安排：1996年10月底前完成废水治理方案论证，从1996年11月到1997年年底组织工程的实施。6.组织领导：成立了以总经理为组长，赵炜为副组长的污水处理领导小组，具体领导污水处理工程。7.完成任务达到的标准：工程完工后，企业污水排放标准达到国家标准GB8978—88行业新扩改二级标准，即：酸碱度(PH值)在6—9之间，每升污水化学需氧量(COD)不大于300毫克、生化需氧量(BOD)不大于200毫克、悬浮物(SS)不大于200毫克。8.工程效益：经济效益，企业每年免交10万元排放超标费。环境效益和社会效益，解决了企业遗留的水污染问题，有助于缓解小清河的水污染。

第二节　治污设备

1976—1983年，酒精生产由3000吨扩产为5000吨，为解决环境污染问题，先期规划付诸实施。1986年，自行设计安装了冷却水闭路循环装置，利用闭路循环冷却水降低温度，削减污水中的悬浮物浓度，但污水处理效果不大，有害物质残留仍然超标。1991年，酒精生产能力由5000吨扩大为7000吨。1992年，投资170万元建成酿酒糟液厌氧发酵一期工程，其主要设备：发酵罐2个400立方米（32万元），气水分离器1台（0.40万元），脱硫塔2台（1.5万元），污水泵2台（0.7万元），仪器、自控1套（1.5万元），甩干机1套（25万元），贮气柜1个1000立方米（23万元），另建1个20立方米的调节池，4个120立方米的沉淀池，2000立方米的沼气池。因废液利用不完备，污水排放不达标。1998年，又投资130万元进行第二期污水治理，并委托济南市水处理工程设计院，设计实施及设备制造、安装、调试工作。其主要设备：固液分离机2台（12万元）、厌氧发酵罐1台（30万元）、浓浆泵6台（2.568万元）、潜水泵2台（0.8万元）、曝气沉淀塔1台（4.8万元）、板框压滤脱水机1套（6万元）、共聚气浮系统1套（9万元）、三叶罗茨鼓风机1套（8万元）。

2013年6月，因新建北厂区，需铺设新的排污管道，经环保局批准，该公司在北厂门口西侧新建标准排污口，使北厂污水按环保局要求合规排放。8月，该公司铺设管路将北厂冲瓶水打入南厂蓄水池，后经水泵打入粮酒车间用作冷却水，增加水的重复利用率，节约水资源，减少了污水排放。2017年9月根据章丘区环境保护局要求该公司安装COD、氨氮、总氮、总磷、流量、多功能采样器自动监测设施，并将总排污口改造为拥有平直明渠的标准排污口。11月，北厂排污口新建沉淀池、蓄水池各1座。为了净化食堂污水，该公司于2017年11月6日，购买两台油水分离器分别安装于东西两食堂，设备于11月25日安装完毕，正常运行。

为解决粮酒车间酒糟气味问题，2017年12月，该公司机电车间自行在粮酒（一）、粮酒（二）车间安装有组织酒糟气味喷淋设备，并委托济南金事达环保设备公司在粮酒（三）车间安装无组织酒糟气味收集处理设施。

污水处理设备一览表

单位：万元

序　号	名　称	规格型号	单位	数　量	金 额
1	固液分离机	FLJ—600	台	2	12
2	厌氧发酵罐	V=500m^3	台	1	30
3	污水泵	4kw	台	2	0.8
4	板框压滤脱水泵	XY20/800—u—1	套	1	6
5	共聚气浮系统	JFW—20	套	1	9
6	浓浆泵	HB2	台	6	2.57

续表

序 号	名 称	规格型号	单位	数 量	金 额
7	曝气沉淀塔		台	1	4.8
8	三叶罗茨鼓风机	SSR	台	2	8
9	潜水泵	AS10—2WCB	台	2	0.8
10	发酵罐	$400m^3$	个	2	32
11	气水分离器	∮=600mm H=20000mm	台	1	0.4
12	脱硫塔	∮=1400mm H=3500mm	台	2	1.5
13	污水泵	2.5PW N=15KW	台	2	0.7
14	仪器自控		套	1	1.5
15	甩干机		套	1	25
16	贮气柜	1000	m^3	1	23
合计				28	158.07

第三节 治污技术

1986年8月，建洗尘水沉池1套，达到污水沉淀、混水再沉淀、清水排放的效果。是年，在县环境保护办公室和县经委的支持帮助下，废水回收工程项目被批准，该厂派出技术人员对废水循环利用问题分别到青岛、烟台等地进行学习和考察。闭路循环水工程新建170立方米水泥贮水池1座，改造旧水池140立方米，设计安装机电、管道等辅助设备，其中管道安装200多米，购置设备4台，其中GBNL3 － $D_2$50玻璃钢冷却塔1套，水泵3台。其循环的进水温度40℃，出水温度22℃，每小时冷却50立方米，既提高了经济效益，解决了用水紧张的问题，又实现了环保。

1991年，酒精扩产达到7000吨生产能力，其排出的薯干酒糟废液属于高浓度、高悬浮物、高温度有机污染废液，生产日排放量达220吨，未经治理的水质主要污染物每升污水化学需氧量（COD）高达15281毫克、悬浮物（SS）每升污水13700毫克等有害物质。按照《中华人民共和国污水综合排放标准》，即GB8978 － 88行业新扩改二级标准，即：要求污水排放达到化学需氧量每升污水不大于300毫克，每升污水中的生化需氧量不大于200毫克，悬浮物每升污水不大于200毫克，PH值在6—9之间。环境污染问题进一步凸现。

根据谁污染、谁治理的精神，及对污染源实行限期治理等规定，国家和省、市制订了1992年达到国家规定的环境质量标准。其中水污染处理，济南市要求万元产值工业废水排放量控制在180吨以下，设施运转率达到80%以上，工业废水处理率达到45%，排放达标率大于60%，进入小清河的污染物，1992年比1987年减少30%—40%。

第一期污水处理工程：为了从根本上治理液体酒糟对环境污染造成的危害，1991年，确定污水治理由成都沼气研究所承担技术设计，成都农机研究所负责制造、安装、调试、生产技术指导。酒糟废液污水处理工程是利用液体酒糟生产饲料、沼气、发展生态农业，被列为1992年济南市星火计划项目。

酒糟废水治理，分为提取饲料和生产沼气两部分。1．饲料生产工艺，液体酒糟经过沉淀分离，机械脱水，机械烘干等技术，年产2500吨饲料。2．用提取饲料后的废液、废渣，经过厌氧发酵后，进行脱水、脱硫技术，进入出气装置，年产沼气80万立方米。供1000农户使用沼气照明，作燃料。经过厌氧技术处理，使每升污水中的化学需氧量（COD）含量由15281毫克降到2235毫克，降低了13046毫克，悬浮物（SS）由13700毫克降到394毫克，降低了13306毫克。PH由4.13变为7.29。沼气除供王中村外其余部分供企业的锅炉使用，使原煤燃烧更为彻底，烟尘排放量降低。每年节约煤1000多吨，年节约资金18万元。减轻了劳动强度，取得了显著的经济效益、社会效益和环保效益。在污水处理过程中，经章丘市环境监测站进行全面监测分析，酒糟废液仍没有达到国家规定排放标准。

1994年，酒精生产扩大为8500吨生产能力。5月，经检测该厂每升废水排放中的化学需氧量（COD）1327.48毫克，超标5.64倍，悬浮物（SS）1228毫克，超标3.91倍。面对污染超标的严峻问题，企业领导派出技术人员到其它酒厂的污水治理进行考察，设想采取生物接触气化法工艺，实现削减糟液中的有害污染物含量的目的。1995年，对污水治理规模较大的博兴酒厂、枣庄酿酒总厂进行进一步考察，结合实际情况，制订了污水治理方案：经过沼气发酵排出的废液在逐级沉淀后液体进入板框式压滤机进行固液分离，固体物作为肥料进入农田，滤出的液体采取生物接触气化法达到国家规定污水排放标准。1997年，根据山东省水污染防治工作会议精神和山东省酒糟限期治理达标排放的精神，限1997年底达标排放。公司确定采用山东省环境保护科学研究院负责设计治理工程，该设计在秦池、平阴已投入运行，达到了排放标准，是山东污水治理的先进治理工艺。该次污水处理是在第一期厌氧工程的基础上，再建两座500立方米厌氧反应罐，使厌氧出水进一步降低，混合沉淀后，进行好氧处理，最后以气浮机作为把关设备，使出水达标排放。

第二期污水处理工程：1998年11月，投资130万元在1992年厌氧沼气基础上进行固液分离气浮浓缩、污泥脱水处理。在厌氧发酵治理污水场地，新建安装固液分离气浮浓缩装置1套、滤罐1套，污泥脱水设备1套进行酿酒糟液治理工程。该厂日均排废糟液220吨，糟液属于高悬浮物废液，厌氧发酵前期，需进行固液分离，减轻厌氧消化负荷，实行糟液固液分离，其体积减少至120吨。发酵后消化液仍含有很高的污染负荷，废水中含有臭味物质且不能达标排放，对环境仍有相当程度的污染，需对消化液继续进行好氧技术处理。生物好氧技术处理采用氧化沟、活性污泥曝气池、生物接触氧化、SOR等，该工程选用推流曝气工艺，对现有400立方米的蓄水池，尺寸、容积进行改造，实现负荷的合理配置。二沉池后增设共聚气浮工艺，二沉池出水效果较差时启动气浮设备，确保排水达标。

酒糟液治理主体采用工艺：固体分离机、原有厌氧池、UASB反应罐、贮气柜、预曝气罐、沉淀塔、推流曝气池、沉淀池、共聚气浮。

经过第二期对酒精糟液进行生物好氧技术，即推流曝气工艺（利用微生物菌群降解和去除污水中的污染物质，达到预期的水质净化目的）的治理。1999年1月10日投产调试，经近半年的调试、运行，6月20日，由山东省环境监测中心站48小时监测，所排酿酒废液经处理后，化学需氧量（COD）每升污水含150毫克，生化需氧量（BOD）为74.7毫克，悬浮固体（SS）为129毫克。总排口化学需氧量（COD）为144毫克，生化需氧量（BOD）为48毫克，悬浮固体(SS)为31.2毫克，PH值为7.70，所排酿酒废液全部实现污染物达标排放。7月22日，经省环保局验收合格后，又经市环保局多次抽检，污染物排放浓度均低于国家排放标准。实现了废水稳定达标排放。

COD在线自动监测仪。为实施总量控制，在废水污染排污口设置流量自动监测仪，完善采样仪器、设备及监测手段，实现监测工作的仪器化、自动化。2001年，根据济南市环保局要求，安装COD在线监测仪，对污水排放进行24小时在线监控。是年11月，由省、市环保局、公司各出资5万元，从河北先河科技有限公司购买COD在线监测仪1台。该设备是监控测试污水流量、化学需氧量（COD）浓度及其排放总量，通过网络实施或成批的传送测试数据，可与山东省环境监理系统相连，该仪器由采样系统、加液计量系统、控制系统、测试系统、数据存储和显示系统等部分组成。2006年11月，对该设备进行了改造升级，并保持正常运行。

2012年6月，为保障公司发展，决定建设分厂。2013年6月，在北厂门口西侧新建标准排污口，为保证排污达标，采用污水过滤排放法，即在排放之前先对污水进行过滤，清除其中大块杂物，使北厂污水按环保局要求合规排放。8月，该公司白酒灌装线自动化升级技术改造项目在章丘市经济和信息化局备案，备案文号：章丘经信技改备[2012]030号。9月，该公司成立环评小组，组长：杜祥宝，组员：毕思水、汪慧慧、李庆腾、郑雷，开始着手准备项目环评，委托山东山大能源环境有限公司进行环评材料编写。9月11日，环评材料上报章丘市环境保护局。11月7日，章丘市环保局审批通过公司白酒灌装线自动化升级技术改造项目。项目随即开始建设，并于2013年7月完成。2014年2月，白酒灌装线自动化升级技术改造项目试运行。3月，章丘环保局监测站对该项目进行竣工环境保护验收监测，环评监测合格。8月5日，章丘市环境保护局主持对该公司白酒灌装线自动化升级技术改造项目的竣工环评验收，项目环评验收合格，随即正式投入生产。

2017年5月底，因章丘区环境保护局对燃煤锅炉进行综合治理，关停耐火材料厂两台燃煤蒸汽锅炉，导致该公司无生产用蒸汽，该公司决定新上6台天然气蒸汽发生器。6月2日，项目在济南市章丘区经济和信息化局备案并成立环评小组，组长：汪慧慧，组员：毕思水、宁春迎、李顺涛，开始着手项目环评工作，委托山东神华山大能源环境有限公司编制新上天然气蒸汽发生器技改项目的《环境影响评价报告表》《建设项目竣工环境保护验收监测表》。6月12日，环境影响评价报告表送审版报送章丘区环境保护局。6月27日，章丘区环境保护局下发环境影响评价报告表审查意见。7月，环境影响评价报告表报批版报送章丘区环境保护局。8月7日，环境影响评价报告表报批版审核通过，项目开工建设。9月15日，由山东唯真测试分析有限公司进行建设项目竣工环境保护验收现场检测，所有检测项均合格。自2017年9月15日始，环保局不再负责环评项目验收工作，由企业自主验收，2017年12月，该项目环评自主验收顺利完成。

2017年9月15日，章丘区环境保护局下发《关于下达2017年第二批重点排污单位自动监测设施安装计划的通知》，要求山东百脉泉酒业有限公司安装COD、氨氮、总氮、总磷、流量、多功能采样器自动监测设施，并根据要求将总排污口改造为拥有平直明渠的标准排污口。是年，该公司购买山东向明环保科技有限公司经销的美国哈希牌设备，并委托其负责设备运营工作，9月28日与其签订设备购买合同。10月8日，该公司总排污口按要求改造完毕。10月5日—11月6日，北厂排污口新建沉淀池、蓄水池各一座，北厂污水全部用污水泵打入南厂总排污口与南厂污水汇合后一起排入市政管网，原北厂排污口停用。10月25日，南厂自动监测设备安装完毕，调试运行。11月24日，项目经章丘区环保局验收合格，设备运行正常。

第四节 治污管理

设施管理

污水处理设施的建成和投入使用，对实现各种污染物达标排放、改善环境质量发挥重要作用。加强污染处理设施的监督检查，不断提高管理水平，促进其正常使用和运行，确保发挥应有的效益，进一步改善环境质量。

1995年4月，根据济南市污水处理设施监督管理办法规定，污水处理设施建成后，配备专人负责操作和管理，并建立健全岗位责任制、操作规程、监视监测等规章制度，保证污水处理设施的正常运行。

1996年，成立污水治理领导小组，韩宪安任组长。始终把污水治理工作当作“生命工程”常抓不懈。污水治理二期工程1998年11月动工，天寒地冻，施工难度大，资金不足，在积极争取贷款的同时，领导带头，不到1天50万元环保集资交到了财务处。对治污设备岗位明确了职责责任，各工种、各管理部门都建立岗位责任制。严格考核，保证了设施、设备的正常运行。在职人员分期分批进行了职业道德、技术技能培训，提高了员工队伍的整体素质，保证治理设施的正常运行和治理效果。

完善管理体系，建立健全规章制度，保证设施高效、安全运行。该公司采取多项管理措施，由1名副总经理主管，生产处设管理干部和站长，建立了公司、处室、班组三级管理网，形成了点面结合，横到边，纵到底的管理体系，保证了各项工作的顺利进行以及信息的及时反馈。制订了设备操作规程，指导调试，设施运行，建立健全各项规章制度，并细划了岗位操作，职责责任到人，使处室、车间管理实现制度化。根据部分工种的特点，制订设施巡视制、安全操作制、交接班制、设备保养制等。2001年，污水治理设施投入运行已两年多，部分设施长期磨损，机械性能降低，易出现故障，影响污水处理效果。购进FKG—600型固液分离机1台，SSR—125型三叶罗茨鼓风机1台，作为备用设备，一旦出现故障及时更换，确保外排污水达标排放。2002年2月，由于酒精生产线全面停止，废水排放量减少了60%，化学需氧量（COD）含量减少95%以上，废水排放以粮酒车间冷却水和包装车间刷瓶水为主，其污染度大幅度降低。

2008年，技术中心由专人负责COD（化学需氧量）在线监测仪的日常维护工作，并及时上报环保局监察大队季度报表、年报表等各类环保报表，全年无环保问题出现。2009年底COD（化学需氧量）在线监测仪报废停用。

2017年9月15日，该公司购进并安装COD、氨氮、总氮、总磷、流量、多功能采样器自动监测设施，由技术中心人员负责设备的日常基本维护。

污水处理系统的运转管理

污水处理班组15人，其中具备大中专学历9人，占总人数的60%，实行定岗定人，严格考核，保证污水处理正常运转。

污水处理系统的运转管理主要是指集糟池、连续固液分离机、沉砂池、曝气池、二沉池及其他异常情况的管理。

污水处理所设置的集糟池，调节来糟流量和水泵泵送流量之间的不平衡，使后序生化处理稳定，同时使水泵的启动次数不过于频繁。连续固液分离机，自动连续分离糟和水，属高效节能产品，达到理想的分离效果，合理使用该分离机，按要求进行操作，及时维修与保养。沉砂池及时排砂。曝气池活性污泥沉淀后，严格工艺要求操作。

污水场管理做到“四懂四会”，即懂污水处理基本知识；懂场区内构筑物的作用和管理方法；懂场区内管道分布和使用方法；懂生产指标和化验数据的含义。会合理配水、配泥；会合理调度空气量；会正确回流和排放污泥；会排除一般性的故障。对机泵、风机等管理提出六勤工作法：勤看、勤听、勤嗅、勤摸、勤捞垃圾、勤动手等等。

污水治理站的职责：1. 及时收纳厂区范围内的生产污水，保证服务范围内污水不溢。根据国家、地方制订的污水站排放标准，保证处理质量。2. 充分发挥管理人员和操作人员的积极性，熟练地进行日常运转管理和维护保养，使污水站设备处于良好状态，保证服务质量和处理质量。2002 年 3 月，酒精生产全面停止，污水处理站停止运行。

2016 年 3 月，为落实《国务院办公厅关于加强环境监管执法的通知》和《关于上报环境保护大检查一厂一档建设情况的通知》相关要求，该公司积极建立了包含该公司主要产品的产量、原辅料使用量、能源消耗量、工业年用水排水量、在线监测设备安装情况及生产工艺等内容的环保档案，并报送章丘区环境保护局存档。

2017 年 5 月，由于章丘区环境保护局监测站只负责对企业水质、噪声的监督检测工作，不再负责对企业的水质、噪声的有偿监测工作，公司决定委托有相应检测资质的山东和信德检测技术有限公司进行水质、噪声监测工作，并于 2017 年 5 月与对方签订服务合同。

污泥处理系统的运行管理

污水处理站产生的污泥主要来源于曝气沉淀塔、二沉池剩余污泥和气浮池浮渣。污泥处理：污泥浓缩采用重力浓缩工艺，以防池中污泥上浮，污泥再脱水，消化分解有机物、稳定污泥并杀死病原菌。流动污泥变成了泥饼，施用于农田，完成污泥治理。

2002 年 2 月，污水处理站停止运行后，该公司污泥的主要来源为公司内部下水道管网。为保证下水道排水顺畅，每年在粮酒车间压池期间会组织人员对下水道污泥进行清理。2016、2017 年因基建改造未清理。

第二章　环境保护

第一节　环境整治与目标责任

1981年，整修水泥路面284.4米，计1990平方米。整修办公室、灌瓶车间、酒精车间3个院落水泥路面1565平方米。

1984年，改装除尘设备，改造烟道，防止空气污染。是年，在当地部队的帮助下，以突击卫生为重点大搞文明建设，整花池11个，路面平整500平方米，建垃圾池5个，新建厕所1处。配长期清洁工4人，制订卫生管理制度，定期检查。

1986年，成立环境保护科，巩玉华任科长。制订了环境保护工作管理规章制度、环保工作岗位目标责任。干部、职工积极参加章丘市环保培训，多次举办环保学习班，学习环境保护的法律、法规。在“6·5世界环境日”进行集中宣传教育，加强环境管理，定期进行监测，建立环保档案，依法交纳排污费。是年，投资5万元，建成1套自冷式冷却塔、框架式冷却塔、废水沉淀池、废水闭路循环设施，循环率达90%，既治理了环境，又提高了经济效益。因厂领导重视环保工作，积极进行环境管理，1986年，该厂被评为济南市环保工作先进单位。

1992年购置10吨锅炉，安装微机自控装置，解决锅炉烟尘排放污染问题。

1994年，成立了环境保护领导小组，韩宪安任组长，巩玉华任副组长。该厂领导的环保意识不断增强，重新制订了《环境保护责任制》《文明生产责任制》《文明生产奖惩办法》等有关规章制度。为解决车间粉碎粉尘超标问题，组织工程技术人员到山东酒精总厂参观学习，翻阅大量资料，1995年自行设计、安装、调试，改粉碎机组为全部风选风送的多层筛板洗尘塔装置，解决了含尘气体的污染排放(除尘率达98%以上)，而且年回收地瓜干250吨。节约资金42.5万元，减少了污染，优化了环境，增加了企业的经济效益。

2004年，包装车间配备更衣室、饮水室，更衣室增设更衣橱，每人1个。饮水室增设饮水橱，刷瓶室增设水鞋橱。使工作有序、管理规范、环境优雅。

2005—2006 年，公司分两期对 3 个粮酒生产车间水泥地面进行了改造，铺设大理石地面 580 平方米，使水泥地面遇酒醅酸性腐蚀，不卫生，影响酒质问题得以解决。改善了生产环境，做到了清洁生产，提高了原酒质量。

2006—2007 年，两次将 6 个通风篦子改成活板，将通风篦子下部的平底改为斜底，使积水不再存留，杜绝了染菌现象。

1995 年，为提高厂区环境质量，改善厂容厂貌，投资 10 万元整修水泥路面。投资 5 万元购法桐、梧桐、冬青、盆松等花草一批，使厂区环境面貌有了大的改观。

1996 年，加强环境定期检测，建立起详细的环保档案，做到上报环保材料实事求是，环保管理规范，依法交纳排污费，排污费无拖欠。使干部、职工的环保意识不断强化和提高。2002 年，厂区、宿舍区分开管理，食堂改善，宿舍整顿，办公楼前建草坪、栽冬青、迎花树等，厂区环境绿化美化。

2004 年，通过了 ISO14001 国际环境管理体系认证，并通过复审和改版。2005 年，投资 19 万元兴建 2000 平方米存瓶大棚，规范酒瓶的管理。解决公司多年来酒瓶乱放、日晒、风吹、雨淋、易破碎成本高、影响环境问题。投资 10 多万元，对厂区内主要道路进行重新铺设、硬化，消除土尘、泥土路面，美化了环境。对厕所进行了搬迁改造，由旱厕改为水冲式。对排污管道进行了改造，实现了达标排放。2006 年 11 月，首次环境体系认证第三次复审，保持有效运行。2007 年 2 月，对科研楼、东包装车间进行了重新粉刷。5 月，对商贸楼前路面重新进行水泥硬化，新建篮球场地，使公司面貌焕然一新。2009 年 7 月，对文化长廊进行了路面硬化。2010 年 6 月，该公司顺利通过了 ISO14001 环境管理体系的二轮二次监督审核。2012 年 7 月对厂区路面进行整平处理，并移栽树木 350 株，美化了厂区环境。2015 年 3 月，对办公楼进行改造升级，更换电线、门窗。2016 年 6 月，公司将散酒库以南酒文化长廊路面重新进行水泥硬化处理，将停车场铺设植草砖，同时将篮球场南侧路面硬化，将销售楼外墙改为真石漆。

烟尘污染及治理

1971 年，购进 2.5 吨锅炉 1 台，建 35 米烟囱 1 座，因未采取除尘措施造成烟尘污染。1976 年，购进 4 吨锅炉 1 台，采用 PW—4 型旋风除尘器，除尘效果一般，仍有烟尘污染。1991 年，改用 10 吨锅炉，具有点火升温快，有利于生产，但飞灰量大，污染严重。1993年，投资8万元，建文丘里式水膜除尘塔1座。投资25万元，购置锅炉自控微机1套，使锅炉的消烟、除尘保持在最佳状态。同时建洗尘水沉淀池1个，达到了污水沉淀、混水再沉淀，清水排放的效果，除尘率达95%以上，烟尘排放达到国家排放标准。另外回收粉尘每年为企业增收5万元。鉴于锅炉的利用率低，污染严重，1998年由章丘市热电厂统一供气，锅炉停止使用，彻底杜绝了烟尘的排放，减少了城区的大气污染。

固体废物及其它治理

固体废物主要是炉渣、酒糟、炉渣以填矿坑的方法处理 粮酒生产每天产生的几十吨鲜酒糟，鲜酒糟是喂养家畜的好饲料，王白庄及周边地区的家畜养殖户争相购买。2004年，经过一年的艰辛努力，研制出了酒糟烘干设备，将鲜酒糟烘干加工成干饲料出售，增加了经济效益。

放射源治理 1985年，购置JF—42（钴—60）白酒陈熟装置，经上级批准于1990年停止使用，该装置埋于现大曲房西侧。2010年6月，根据《山东省放射源安全监管办法（试行）》和省环保厅《关于落实〈山东省放射源安全监管办法（试行）〉有关问题的通知》文件要求，该公司决定将之前购进用于白酒陈熟并于1990年停用埋于大曲房西侧地下的JF—42装置（钴—60r放射源）进行送贮处理。经询价及考察资质，委托该设备生产厂家中核四零四有限公司对钴-60放射源进行送贮处理，费用68万元。11月29日钴-60放射源的送贮处理工作全部结束，并在省市环保局做好备案工作。

2004年，通过了ISO14001国际环境管理体系认证。建立完善了环境管理体系，成立了由11人组成的环境保护领导小组。依法生产经营，预防环境污染。自觉遵守有关法律法规，确保白酒生产过程中控制符合相关法律法规的要求。坚持以预防为主，努力控制并不断减少环境污染，以科学的管理、先进的技术、规范的作业，在白酒生产管理的每一个环节将环保纳入绩效管理。建顾客社会满意工程，筑绿色健康家园，使公司质量环境管理不断上新水平。环境目标为污水检测达标；固体废弃物逐步实现减量化、资源化、无害化；最大限度防止现场火灾、爆炸的发生；最大限度节约水、电、纸张的消耗。

生产过程噪声治理 加强对生产中所使用的机械设备的日常维修和定期保养，使其始终处于良好的运转状态，减少设备运转时发生噪

声排放。新设备购置时，优先选择低噪音设备。采取先进的生产工艺，进行有效的技术改造，进一步减少设备运转时所发生噪声排放。

废水控制治理　厂区内设雨水排水系统，做到雨、污水分流。污水管理，厂区设立独立的污水管网，设COD监测网确保污水排放严格控制。食堂污水排放口处设隔油池，对隔油池中的悬浮物及废油等及时清理。厕所设纱窗、纱门、化粪池，污水排入市政污水管网。

扬尘治理　采用先进制曲机械有效控制扬尘。原料粉碎采用较先进的对棍粉碎机，减少粉尘的排放。厂区裸露地面进行绿化，避免产生扬尘。

废弃物治理　无毒、无害废弃物，由废弃物产生部门根据其回收利用价值决定是否回收，可回收废弃物由废弃物产生部门暂时存放，积攒到一定数量后交有关部门回收利用。对无回收价值的废弃物，由后勤部联系市环卫部门清运处理。对有毒、有害废弃物，如废电池、废日光灯（含汞灯）、墨盒、硒鼓、色带、塑料袋、废旧手套、化学药品及其包装等废弃物，由项目部设置容器统一存放或妥善保管。

光污染治理　为防厂区夜间照明对周围社区居民造成影响，企管部在配置照明灯具时，选用有防护罩的灯具控制光照射。

垃圾箱整治　2010年，章丘市环境卫生部门要求5月底前全部更换为密闭式垃圾运输车和密闭式垃圾收集容器，该公司依照环境卫生部门要求于5月投资2.5万元委托环卫部门对垃圾池进行了改造。改造后，不仅节省了之前的垃圾人工装卸费还让公司环境更加整洁。

茶水炉整治　2010年5月，为进一步加强大气污染防治工作，改善全市环境质量，章丘市人民政府办公室下发《关于开展小燃煤锅炉低空排烟设施和小烟囱专项整治行动的通知》，要求在全市范围整治10吨／时（不含）以下燃煤锅炉、低空排烟设施和小烟囱，该公司积极配合此次专项整治活动，拆除燃煤茶水炉1台，并于同年6月安装1台1吨电蒸热式茶水炉。

气体污染治理　食堂液化气等在保管使用过程中均可能发生火灾、爆炸和气体挥发造成大气污染。食堂在使用过程中妥善保管、正确使用。易燃易爆场所合理配备消防器材，严格执行操作规程，安保处随时对其进行检查。2015年12月，章丘市环境保护局来公司检查时提出厂区内酒糟气味大的意见。该公司听取意见，于12月25日委托山东省产品质量检验研究院进行甲醇及臭气浓度检测。检测结果为企业厂界甲醇的无组织排放符合《大气污染物综合排放标准》（GB16297—1996）新污染源大气污染物排放限值中无组织排放监控浓度限值要求，厂界臭气浓度的无组织排放能够满足《恶臭污染物排放标准》（GB14554—93）恶臭污染物厂界标准值中二级新扩改建标准要求。章丘市环境保护局收到检测报告后对该公司对环保工作的重视表示赞扬。2017年9月，环保督察组来该公司检查时发现厂区内酒糟气味过大，要求进行恶臭气体检测并解决酒糟气味大问题。公司于10月1—7日对酒糟存放场地用彩钢板进行了全封闭，并委托山东唯真测试分析有限公司进行甲醇及臭气浓度检测，检测结果全部合格。为进一步治理酒糟气味，该公司投资11万元由机电车间在粮酒（一）车间、粮酒（二）车间安装有组织酒糟气味喷淋设备，并委托济南金事达环保设备公司在粮酒（三）车间安装无组织酒糟气味收集处理设施，经整改，酒糟气味得到有效治理。

土地污染治理　机械设备在使用、维修、保养时产生的漏油和化学品泄漏等原因造成的土地污染。生产部采取地面硬化处理，在维修保养时设可靠的防漏设施。油料及化学品设专用库房，使用过程中防止意外倒洒。操作人员的防护手套及包装箱要及时回收，防止二次污染。

目标责任

环保科工作责任　1. 对全厂环保工作负责，积极配合环保部门，按时高质量的完成各级环保部门下达的任务。2. 定期检查、维修各个污染处理设备，保证其正常运转。3. 严格遵守工艺制度，杜绝违章操作，保证稳定达标排放。4. 废水每天取样一次进行监测，异常情况下增加监测和管理频次，为全厂污染治理提供有效服务。5. 每星期四下午进行业务学习，提高全科人员的业务素质和处理问题的能力。

科长岗位目标责任　1. 负责全厂环保工作，以创全市环保模范厂为总目标，积极配合环保部门，按时完成各级环保部门下达的工作任务。2. 组织全科人员定期检查、维修各个污染处理设备，保证其正常运转。3. 负责制订企业环境管理制度、设备运行管理制度，带领全科人员严格遵守，确保废水等污染物稳定、达标排放。4. 制订全年业务学习方案，确定学习内容，带领全科人员认真实施。

环保岗位操作目标责任　1. 在科长的领导下，严格遵守各项工作制度，认真工作，保证污水稳定达标排放。2. 严格交接班制度，认真

填写工作记录，

严格按照科学配比投加药品，以保证治理效果，对运行中出现的异常问题及时向领导汇报。3.积极参加业务学习，提高业务素质和操作技能。4.厉行节约，杜绝浪费，最大限度地降低运行费用。5.班前、班后清理区域卫生和设备卫生，保持清洁。

化验员岗位目标责任　1.严格按照规程取样化验，保证分析数据的准确性。2.妥善保管各类药品及分析仪器，特别是有害化学物品，杜绝流失。3.加强业务学习，提高自身业务素质及操作技能。4.每次分析实验结束后，认真记录各项数据，清理现场，保持清洁。

该公司环境保护管理主要任务宣传和执行环境保护法律法规及有关规定，充分、合理地利用各种资源、能源，控制和消除污染，促进生产发展，创造良好的工作生活环境，使经济活动尽量减少对周围生态环境的污染。公司干部员工遵守环境保护法律法规及有关规定，坚持预防为主，防治结合的方针，提倡车间清洁生产、循环利用，从源头消灭污染物。

公司环保机构职责　1.在技术总工负责下，认真贯彻执行国家、上级主管部门的有关环保方针、政策和法规，负责本公司环保工作的管理、监察和测试等；2.负责组织制订环保长远规划和年度总结报告；3.监督检查公司执行“三废”治理情况，参加新建、扩建和改造项目方案的研究和审查工作，并参加验收，提出环保意见和要求；4.组织公司环境监测，掌握原始记录，建立环保设施运行台帐，做好环保资料归档和统计工作，按时向上级环保部门报告；5.对员工进行环保法律、法规教育和宣传，提高员工的环保意识，并对环保岗位进行培训考核。凡公司员工，在环境保护工作中，成绩明显者给予精神和物质奖励。凡公司员工玩忽职守，任意排放“三废”，造成污染环境事件，按触犯《中华人民共和国环境保护法》论处，视情节轻重，给予行政处分、赔款，直至追究刑事责任。

污水排放目标　污水检测达标。污水排放符合《污水排入城镇下水道水质标准》（CJ343–2010）A等级标准，完成指标：SS（悬浮物）不大于400毫克／升、COD（化学需氧量）不大于500毫克／升、氨氮不大于45毫克／升。实施要求：1.严格落实公司《环境保护控制程序》中的对污水控制的相关规定。2.加强对公司《环境保护控制程序》中的对污水控制的相关规定落实情况的监督检查。3.发现不符合现象立即进行有效整改。

固废治理目标　固体废弃物实现减量化、资源化、无害化。完成指标：1. 有毒有害废弃物与无毒无害废弃物分类保存、处理；2. 根据（危）废弃物的相关处理规定处置各类废弃物，尽量回收利用。实施要求：1. 废旧材料集中处理，废旧电池、日光灯管单独存放；2. 办公生活垃圾存放在院内指定位置；3. 将废复写纸、废色带、废磁盘、废涂改液瓶等放在公司院内有毒有害废弃物箱内；4. 废纸存放在部门废纸盒内，存满处置；5. 酒糟与客户签订合同，集中运出用于养殖，日产日清。

第二节　制度建设与管理

清洁文明工厂制度　1. 厂区环境优美，厂区内道路平整、清洁、畅通，场地整洁，无杂物，生产物资及建筑物料布局合理，存放整齐。2. 搞好本区域绿化，提倡自种自养和合伙种植。3. 垃圾、废物定点存放，并及时清理。4. 车间、科室、宿舍内墙壁、工作场地清洁卫生，门窗完整，玻璃明亮，用具摆放整齐。5. 设备定期维护保养，无油污，物见本色。6. 职工食堂桌面、地面、墙壁无污物，饮食用具经常消毒，干净，按“五四”标准办好食堂。7. 明确卫生区域，卫生区域分宿舍区、车间区、公共区，公共区由专职清洁工负责。坚持领导负责制，生活区由指定的负责人负责。车间由车间领导负责，各系统领导负责各系统的卫生工作。厂领导按照分工搞好各分工范围，厂建立3人检查小组，对全厂的卫生检查负全责。

奖励制度　1. 奖励或处罚分整体、个人，一律从工资中扣除和奖励，劳资扣除时是整体的分扣至个人，行政科将宿舍编号，人员登记报劳资科，由劳资科按编号登记奖罚。2. 卫生区域好的，个人表现突出的，经本卫生区同意可以奖励。3. 奖励和扣罚标准每人每次1元。厂统一检查时间定为每星期一，检查是否合格，奖惩多少，当天数字通知到科室、车间和生活区域。

厂区环境卫生管理　2004年为提高公司厂容厂貌管理水平，使厂区卫生管理制度化、规范化，在社会上树立起良好的企业形象，创造良好的工作氛围，按照《职工奖惩条例》规定，对损坏公司卫生环境设施，破坏环境卫生者，一次罚款500元，所在部门的领导罚款50元，行为不规、乱丢、乱倒垃圾每次罚款50元；员工每天必须提前15分钟进入工作场地，对工作岗位和负责的设施、设备及卫生区域进行清理，使之清洁、整齐、不留有死角和杂物；厂区专职清洁工要坚持8

小时工作制，对所负责的卫生区域及时进行清理，对公司和外来人员的不良行为给予制止和纠正；办公室、生产车间、仓库等门窗、墙体、楼道等部位的卫生由责任部门每周清理一次，并保持规定标准；厕所、垃圾场责任到人，每天清理及时负责联系外运，厂区内施工要做到工完料净、场地清，谁施工谁负责；花草、树木、草坪按照责任区域和分工每周修剪、清理一次，根据实际及时浇水和采取防冻措施；企管处、安保处、生产处负责公司环境卫生管理规定执行情况和检查工作，每周进行一次全面检查，发现问题给予处罚和限期整改。

能源资源管理　水电管理，为保护和改善环境，根据公司《质量环境手册》要求，水电管理执行一表一卡，所属范围的供水、供电线路管理及计量表的配备布局合理。定期采集水电消耗量，做好记录，做到节水节电。定期保养维修水、电设备，杜绝跑、冒、滴、漏现象。照明用电，优先选用节能型照明灯具。合理使用照明灯具，使光源充分利用。养成良好习惯，做到人走灯灭。对夜间照明时间做出明确规定，以有效地节约能源。工艺设备的选型，优先选用节能换代产品，尽量利用废水。

对相关方环境管理　加强与相关方面环境保护方面的合作，实现污染预防以及环境行为的持续改进，对物资供方、废弃物处理者、运输公司等相关方面施加影响，供应商所提供的产品及产品的原材料、生产过程、服务满足（或设法满足）国家、地方、行业的有关环境保护的法律、法规要求；在保证质量的前提下，减少包装材料。要求在从事生产活动期间排放的超标污染物（废水、废气、固体废弃物、噪声等）制订计划，采取措施，达到国家或地方的排放标准。妥善保管在从事生产活动期间所使用的易燃易爆或有毒、有害危险物品，采取防范措施，防止在储运过程中发生火灾、爆炸或泄漏事故，造成对环境的污染。对进入生产、生活区域的车辆，保证运输车辆状况良好，车辆排放的废气、噪声要符合国家规定的排放标准。

废旧物资管理　废旧物资实行以旧换新制度，如：废旧电池、旧灯管（含汞灯）、旧色带、旧硒鼓、旧墨盒、旧手套、残留化学药品等，五金仓库设有专门存放处，由环卫部门统一处置。废旧报纸、包装物、编织袋、塑料、玻璃等可回收材料单独分类存放，统一处理。酒糟的处理，在粮酒二车间北侧设有专门的临时存放点，由专人负责回收利用。

清洁生产 2010年3月，山东百脉泉酒业有限公司根据《鲁经信循字[2010]3号》文件要求进行清洁生产审核，委托济南财源和信节能工程有限公司进行该项工作。该公司成立清洁生产审核领导小组和工作小组。领导小组由公司党委书记、董事长、总经理李成新担任组长，由常务副总张传海担任副组长，组员包括：王者厚、潘正江、马业准、王峻虎、张刚、牛余林、刘永彬。工作小组组长由刘永彬担任，副组长由高绍军担任，组员包括：袁锡惠、陈向峰、赵庆海、毕思水、杜祥宝、刘志学、孟令革、孙立慧、崔殿春、赵东玲、赵京彬、王书江、万东。清洁生产工作于10月由章丘市经信局验收通过。2011年1月，该公司荣获山东省经济和信息化委员会颁发的山东省清洁生产先进单位。4月该公司被章丘市人民政府评为"章丘市'十一五'污染减排暨环境保护先进单位"，并获得1万元奖励。

2014年3月，该公司下发《关于开展清洁生产审核工作的通知》成立公司清洁生产审核领导小组及工作小组。领导小组：组长：李成新，副组长：杜祥宝、张传海，成员：牛余林、张刚、赵庆海、毕思水、赵京彬、陈向峰、颜承亮。领导小组下设工作小组，具体负责公司清洁生产审核工作，组长：杜祥宝，副组长：张传海、毕思水，成员：赵京彬、刘永彬、陈向峰、王书江、崔士茂、李雷新、袭普义。同月，进行公司内部清洁生产知识宣传，组织全体职工进行清洁生产培训。5月，委托山东财源和信节能工程有限公司进行清洁生产审核报告编写工作。10月，审核报告编写完成，清洁生产工作由章丘市经信局验收通过。

2015年初，该公司根据山东省环保厅《关于下达2015年度全省实施清洁生产审核重点企业名单的通知》要求，开展环保清洁生产相关工作，3月公司与山东财源和信节能工程有限公司签订《清洁生产审核工作技术合同书》。4月1—30日，在公司网站上进行了为期1个月的"山东百脉泉酒业有限公司主要污染物排放情况"信息公示。9—11月，完成编写清洁生产审核报告所需要的物料平衡图、水平衡图等材料。12月，编写完成《山东百脉泉酒业有限公司清洁生产审核报告》，并上报章丘市环境保护局进行审核。

建立完善的环境管理体系

2002年，《章丘市人民政府关于开展创建国家环保模范城市活动的通知》下发，是年6月，公司成立创建国家环保模范城市领导小组。组长赵炜，副组长巩玉华、于承溪、王者厚，成员马建新、邢念河、牛遂祺、崔承湖、刘永彬、孙立慧（女）。具体实施意见：根据公司的排污问题，确保工业废水的达标排放；在新改、扩建项目环境评价中，企业自觉优先采用清洁生产技术、工艺和设备；及时淘汰能耗高、落后的生产能力、工艺设备，节约能源，提高出酒率；企业GDP能耗控制在1.3吨标煤1万元以内；积极推行清洁生产，环保目标责任时间年内完成花园式工厂建设。

2004年7月，成立了由11人组成的环境保护领导小组。组长李成新，副组长张传海、马业准。成员：李成新、张传海、马业准、李卫星、王者厚、潘正江、毕思水、赵京彬、刘永彬、崔承湖、孟祥源。具体方针是：建立完善的环境管理体系，自觉遵守法律法规要求，确保公司白酒生产过程中控制符合相关法律法规的要求。坚持以预防为主，努力控制不断减少环境污染。

2006年6月，成立了由9人组成的生态环境建设领导小组。组长李成新；副组长马业准、王者厚；成员：李成新、马业准、王者厚、张传海、王峻虎、毕思水、赵京彬、刘永彬、崔承湖。是年12月，章丘市创建国家环保模范城市，国家环保总局检查组到该公司视察，对该公司环保治理工作提出表扬。

2017年，该公司建立环境保护网，由公司领导和企业环保员组成，技术总工分管环保工作，定期召开公司环保情况报告会和专题会议，负责贯彻会议决定，搞好本企业的环境保护工作，并直接向公司负责人报告环保事项。技术中心设置为环境保护机构，由4名技术中心员工任环保专业技术人员，并保持相对稳定。委托山东和信德检测技术有限公司为环境监测机构，协调公司与政府环保部门的工作。把环境保护工作作为生产管理的一个重要组成部分，纳入到日常生产中，并列为工作考核评定内容之一。

（审稿人员：李庆腾　丁晓娟）

第九篇

企业文化

第一章 职工教育

该厂的职工教育先后经过文化补课、学历教育、素质教育、技能教育等阶段，职工的文化和技术业务素质、道德精神面貌发生了深刻变化。

第一节 文化教育

文化补习

1950年，全厂102名职工，有40名文盲，其余大部分也只有小学一、二年级水平。1956年根据中共中央、国务院《关于扫除文盲的决定》，酒厂开始扫盲工作。章丘县政府文教科派顾克茂担任该厂的业余文化教员。职工参加业余文化学习的共57人，分两个班。一个班是扫盲班，共40人，另一个班是有一定文化基础的文化补习班。扫盲班以教识字为主，文化补习班除教识字外，还上数学课。上课时间分上午和下午，工人学习积极性很高。1957年，新招收6名女职工，也都参加了业余文化补习。经过近两年的文化补习，职工一般达到了初小、高小文化程度。直到1958年，该厂的业余文化扫盲工作结束。

1983年，根据中央“五部委”联合通知精神，开始对“文化大革命”以后入厂的青壮年职工在政治思想和文化技术方面进行补课。成立了职工教育领导小组，杲程柱任组长，解家平任副组长，田永祥、于仁祥、董金河任领导小组成员。是年8月，开办了章丘县酒厂职工夜校，主要任务是对青壮年职工进行初中文化补习。夜校共招收学员100人。由孙英珍、董金河、刘淑娥担任教师。开设课程有语文、数学、化学、物理、酿酒生产及工艺。所学教材是上级职教办统一发的文化补习达标教材和部分自编教材。每周上课7次，上课时间每晚6:30—10:30。通过文化补习，所有学员都参加了章丘县职工教育达标考核，并全部合格，由章丘县职工教育办公室颁发合格证书。是年，该厂有10人参加了章丘县总工会职工学校举办的高中文化补习班和其他文化学习班，经过3年的文化学习，有7人取得高中毕业证，有3人取得中专毕业证。

学历教育

1976年推荐1名工人到山东大

学微生物系脱产学习，成为该厂有史以来的第一名大学生。

1983 年，有 1 名职工自愿参加全国成人高考，被山东广播电视大学录取，脱产学习 3 年。

1984—1985 年，有 4 人报考了广播电视大学管理工程专业和财会专业脱产学习。为鼓励青年职工参加各类文化学习和学历教育，1985 年，制订了《关于参加各种智力学习费用报销的规定》。对凡按上级有关通知，经该厂批准，报考各类学校脱产学习的，学费由该厂一次性报销；按上级有关通知，本人自愿报考各类学校业余学习的，学费先由该厂报销 50%，剩余部分毕业合格后再予报销。1986 年，有 11 人报考广播电视中专。1988 年，有 3 人报考广播电视中专。

1993—2005 年，有 15 人参加了各类专业的学习，其中 2 人参加山东大学法律函授专业学习，学制三年；8 人在中共章丘市委党校参加经营管理、会计函授学习，5 人参加山东理工大学函授班学习，并全部取得毕业证书。2006 年，1 人参加全国成人高考，被山东省工会干部管理学院录取，学习公共关系与文秘专业。

2007 年 8 月，该公司与章丘市农业广播学校联合举办济南职业学院业余大专班。招收对象为本企业具有高中或中专学历在职正式职工。招收专业为市场营销（文）、经济管理（文）、会计电算化（文）、计算机（理），学制三年。授课方式：学员经全国统一成人高考入学后，由农广校按各类专业教学计划、教学大纲及有关教学管理制度组织教学，并负责考试和考核。考试、考核合格后，由济南市职业学院颁发国家承认学历的并电子注册的专科毕业证书。为鼓励职工进修，对报考大专班学习的职工按 40% 比例报销学费。全公司有 14 人经考试合格被录取。

2007 年 12 月，有 1 人通过全国成人高考，被山东农业大学录取本科专业学习。

2008—2018 年，有 3 人报考山东轻工业学院（齐鲁工业大学）生物工程专业在职硕士，并顺利毕业。有 12 人到清华大学酒类管理专业进修，并顺利结业。

第二节 素质教育

政治素质教育

艰苦奋斗、勤俭建国的教育自 1948 年 10 月—1951 年，处于国民经济恢复建设时期。面对两家私营酒店留下来的破旧草房和简单工具，要建设一个新型的国有企业，遇到的困难是，一无资金，二无设备。厂党组织通过对职工进行“艰苦奋斗、勤俭建国”的教育，使职工明确了新一代工人阶级所肩负的历史重任，从而激发了劳动热情，使该厂很快恢复重建，走向了正规化生产。在这时期，还结合国际国内形势对职工进行了抗美援朝、保家卫国的教育。

1952—1955年，围绕党在社会主义过渡时期的总路线、总政策、总任务，该厂对职工进行“发展生产、繁荣经济”的教育。针对该厂由私营企业到国营企业的转变中，职工队伍素质亟待提高的实际情况，大力宣传实现社会主义工业化和对非社会主义经济成份进行有系统的社会主义改造必要性。通过教育，使职工懂得了个体手工业者在改造中，由雇佣劳动者变成企业的主人、国家的主人，肩负着勤俭建国、发展生产、繁荣经济的重要任务，必须以主人翁的责任感实现历史赋予的伟大使命。1952年，集体进行了“反贪污，反浪费和反官僚主义；反行贿、反偷税漏税、反盗窃国家资财、反偷工减料、反盗窃国家情报”的教育。在教育中，干部职工积极揭发一些贪污、浪费和偷工减料及官僚主义现象，干部职工从中受到教育。

自1958年起，因生产原料不足产量下降，至1961年出现了建厂13年来的首次亏损。针对企业困难，对职工进行“艰苦奋斗、勤俭节约”的教育，动员职工克服困难，与企业共渡难关，开展生产自救，用甜秫秸、地瓜母、茅草根做原料坚持酿酒，大搞多种经营，生产酱油、食醋、汽水、纸浆等，扭转了停产局面。使企业闯过了三年自然灾害，进入一个新的发展时期。

马列主义、毛泽东思想教育 1963—1972年，章丘县掀起学习雷锋事迹、学习毛泽东著作的热潮，该厂的学习活动也非常活跃。各车间、班组利用班前、班后组织职工认真学习毛泽东主席的一系列重要指示，学习《为人民服务》《愚公移山》《纪念白求恩》三篇光辉著作和毛泽东主席的哲学著作。在学习中，干部职工发扬理论联系实际的好学风，结合思想实际，努力改造世界观。不少老同志通过忆苦思甜，激发热爱毛主席、热爱新中国、热爱社会主义的感情。新职工则通过学习，主动克服思想、工作中的一些消极因素，激发劳动热情、想尽千方百计完成工作任务。每半年或年终进行“四好评比”活动，总结、推广学习毛泽东主席著作经验。

1976年，章丘县又一次掀起学习马列主义、毛泽东著作热潮，厂党支部下发了《关于在全厂掀起马列著作和毛泽东主席著作学习新高潮的意见》，学习的主要内容是：通读《毛泽东选集》一至五卷；马列的6本书，即马克思、恩格斯的《共产党宣言》、列宁的《国家与革命》《伟大的创举》《唯物主义和经济批判主义》、马克思的《法兰西内战》、恩格斯的《反杜林论》。学习中，采取系统阅读和重点阅读相结合，定期集中学习和业余自学相结合，学习毛泽东主席著作和马列有关著作相结合的办法。这次学习，班组长以上干部和党员都写了学习笔记。

1985年，组织51名青年职工学习科学社会主义常识。

1986年，政工、工会、团支部举办培训班，对部分职工和35岁以下青年职工进行马列主义、毛泽东思想教育。学习教材是《中国工人阶级》，学习班分两期。第一期7天35人，第二期10天，104人。

理想信念教育 1988年10月，为大力加强对职工的理想信念教育，建设一支有理想、有道德、有文化、有纪律的职工队伍，成立了职工教育领导小组。组长：韩宪安。副组长：王传本。成员：田永祥、黄庆杰、高蔚生。1989年1月，下发了《职工教育工作规划和实施意见》。党总支下发了《关于建设“四有”职工队伍的实施意见》。1990年6月，又下发了《关于对青年职工进行政治轮训的意见》，意见决定7月—9月，分三批对35岁以下青年职工进行一次系统的基本国情、基本路线教育。在这次教育活动中，采取理论联系实际的办法，通过引导职工联系本厂发展史、创业史展开讨论，用社会主义初级阶段理论，分析企业在生产经营中出现的各种困难和问题，使职工加深了对基本国情、基本路线的理解：一、我国正处在社会主义初级阶段。党在社会主义初级阶段的奋斗目标是领导和团结全国各族人民建设富强、民主、文明的社会主义现代化国家。二、在社会主义初级阶段我国的生产力水平还不发达，要尽快摆脱贫穷落后面貌，实现中华民族的伟大复兴，就必须以经济建设为中心，大力发展生产力。而坚持四项基本原则、坚持改革开放，是促进生产力发展的重要保证。三、中国共产党是领导中国革命事业的核心力量。要建成富强、民主、文明的社会主义现代化国家，必须坚持共产党的领导、坚持人民民主专政、坚持以马列主义、毛泽东思想为理论基础。四、社会主义是共产主义不可逾越的历史阶段，要实现共产主义的远大理想，就必须脚踏实地的干好本职工作，努力培养自己成为有理想、有道德、有文化、有纪律的一代新人，为建设富强、民主、

文明的社会主义现代化国家而做出　　贡献。

1990年青工政治轮训配档表

时　间	章　　节	授课人
7月5日	厂长、总支书记做青工政治轮训动员	韩宪安
7月6日	第一章　了解祖国、热爱祖国	王传本
7月7日	第二章　只有社会主义才能救中国	王传本
7月8日	第三章　中国共产党是领导我们事业的核心力量	王传本
7月9日	第四章　人民民主专政是我国社会主义制度的根本保证	高蔚生
7月10日	第五章　马列主义、毛泽东思想是指导我们思想的理论基础	高蔚生
7月11日	第六章　以经济建设为中心，大力发展社会生产力	高蔚生
7月12日	第七章　改革是振兴中华的必由之路	黄庆杰
7月13日	第八章　对外开放是我国的一项基本国策	黄庆杰
7月14日	第九章　中国工人阶级的历史使命	王峻虎
7月15日	第十章　做有理想、有道德、有文化、有纪律的一代新人	
7月16日	集中辅导	
7月17日	集中辅导	
7月18日	集中辅导	

为使职工进一步加深对社会主义基本路线的理解，强化对广大职工的社会主义思想教育，1990年12月，党总支又下发《关于开展社会主义思想教育活动的实施意见》。这次教育活动设置了五个专题：中国为什么必须走社会主义道路，为什么必须坚持共产党领导；充分认识“一个中心、两个基本点”的伟大历史意义，明确社会主义初级阶段的基本国情；改革开放是社会主义发展的自我完善，是必由之路；充分认识加强社会主义思想教育，反对和平演变，抵制资产阶级自由化思想侵袭的伟大现实意义；增强广大干部职工为人民服务的自觉性和无私奉献的精神。在教育活动中突出了三个结合：一是社教活动与当前任务结合，边学边干，边学边议；二是党内党外结合。通过民主评议干部、民主评议党团员，促进领导干部作风转变，促进党、团员骨干队伍素质的提高。三是与第二轮承包经营的前景规划相结合，以鼓舞士气，激励职工爱岗敬业多做奉献。活动于1990年12月初开始，至1991年1月底结束。全厂90%以上的职工都参加了学习教育。

为使理想信念教育活动开展的深入、扎实、持久，1995年结合党员干部开展的向孔繁森、王廷江、韩素云学习的活动，党委又在职工中开展了学先模、照镜子活动。在学习活动中，党委组织职工认真学先模人物热爱党、热爱祖国、热爱人民、热爱本职工作、无私奉献的先进事迹，对照个人思想实际，找差距，使广大职工充分认识到：共产主义理想是人类一种进步的伟大理想，要实现这一理想，必须首先提高国民素质，提高每个公民的思想道德水平。要做一个合格的公民，必须具有社会主义的思想道德，做到克己奉公、助人为乐，努力做好本职工作。

2005年，结合党内开展的学习“三个代表”重要思想和保持共产党员先进性教育活动，党委又组织开展了学习郑培民、牛玉儒、任长霞先进事迹的活动。在这些活动中，重点解决了干部职工中存在的利益面前相互攀比，困难面前畏难发愁，工作面前推诿扯皮等不良思想倾向，使职工队伍精神面貌大有转变，主人翁责任感进一步增强。

2006年3月，开展了“八荣八耻”为主要内容的社会主义荣辱观教育活动，并以此为契机进一步加强职工队伍思想道德建设。通过召开会议，办《简讯》、黑板报等形式，大力宣传“八荣八耻”的深刻内涵，并引导职工例数职工队伍中不符合社会主义荣辱观的种种表现以及给企业造成的危害，对那些不重操守，违法乱纪，道德败坏的不良分子给予了处分或辞退处理。在此基础上，制订了职工行为规范：以热爱企业为荣，以危害企业为耻；以服务职工为荣，以背离职工为耻；以勤俭节约为荣，以奢侈浪费为耻；以崇尚科学为荣，以愚昧无知为耻；以辛勤劳动为荣，以好逸恶劳为耻；以团结互助为荣，以损人利己为耻；以诚实守信为荣，以见利忘义为耻；以遵纪守法为荣，以违法乱纪为耻。

2008年4月，章丘市总工会下发了《关于开展争创职工职业道德建设“双十佳”活动的通知》，公司积极组织开展活动，通过知识竞赛、演讲比赛等方式对职工进行职业道德教育，引导职工树立正确的人生观、价值观、道德观。通过活动增强了职工的主人翁意识，牢固了全心全意为人民服务的思想，树立了勤奋刻苦、顾全大局、遵纪守法、廉洁奉公的工作作风。

随着企业的快速发展，职工的各种观念及认知水平不相称，为统一职工的价值观、思想意识和行为，树立良好作风，该公司秉承“先做人、后做酒，做好人、做好酒”的企业核心理念，于2011年4月开展以“讲职业道德、树良好作风、倡企业理念”为主题的系列教育活动。组织全体职工学习《山东百脉泉酒业有限公司企业文化大纲》《山东百脉泉酒业有限公司岗位说明书》《山东百脉泉酒业有限公司员工职业发展激励办法》，同时各部门结合学习内容开展“树立共同发展的企业价值观”讨论活动，通过活动使员工明白百脉泉酒业是全体员工的，员工的价值就是企业的价值，职工的美好愿景就是公司的美好愿景。针对工作中存在的问题，开展树立良好作风的建设活动。组织学习《十大管理技能》《公司九大管理制度》《公司部门职责》学习讨论李成新董事长2010年工作报告，对工作中存在的错误与不足及时改正；坚持勤俭持家艰苦奋斗的作风，组织学习《预算管理办法、流程》、《资金费用审批办法、流程》、《库存管理办法》及各种比价采购、项目竞标、加强审计职能等使广大职工做到以厂为家，对钱、财、物精打细算；培养敬业奉献，组织学习《山东百脉泉酒业员工手册》第八章第九章，“用心去干、创新去干、执着去干”，并做到事事有结果，件件有落实，增强责任意识；销售人员要不怕困难、不惧风险，要有“酿酒人要在困难面前建功勋”的大无畏精神，养成敢做事、善做事的勇气和知难而上的优良作风。

2012年，为提高公司干部职工道德素质，优化人文环境，提升文明程度，激发履职担责、勇于创新、干事创业的热情，结合学习贯彻中共十七大和十七届六中全会精神以及《公民道德建设实施纲要》，开展讲社会公德，做一个有爱心的人；讲职业道德，做一个有诚心的人；讲家庭美德，做一个有孝心的人；讲个人品德，做一个有责任心的人；学习《公民道德40则》，开展评先树优活动，引导全体职工以道德模范为榜样，形成学习、崇尚道德模范的良好风气。

法制教育 1980—1990年国家实施普法教育第一个五年规划期间，按照普法教育内容在职工中开展普及法律知识的教育。重点学习《宪法》《刑法》《婚姻法》《经济合同法》《刑事诉讼法》等。1990年9月，还举办了《工会法》学习班，分两批对43名职工代表进行职工权利、义务等知识的培训。

1991—1995年，“二·五”普法教育期间，成立了以韩宪安为组长，以王传本、高蔚生为副组长的法制宣传领导小组，下发了《关于在全厂开展法制宣传教育的第二个五年规划》。学习宣传教育的内容是《宪法》和同政治、经济、社会稳定密切相关的法律法规，主要有

《全国人大和地方各级人大选举法》《集会游行法》《行政诉讼法》《食品卫生法》《文物保护法》《保密法》《全国人大常委会关于禁毒的决定》《山东省计划生育条例》《山东省未成年人保护法》及与本厂业务部门相关的法律法规。按照该厂的规划，全厂干部、职工、业务人员、执法人员、专业技术人员及35岁以下的青年职工全部参加了普法教育和学习。学习方法是以自学为主，集中授课与个别辅导相结合。在学习中充分利用黑板报、广播、专栏，召开学法、用法演讲会，举办法律知识竞赛等形式，交流推广职工普法经验和成果。领导小组对职工学法情况定期进行考评，考评成绩列入年终评比、升级的考核内容。

1992年7月，《全民所有制工业企业转换经营机制条例》颁布实施。为此，7—9月，用3个月时间组织学习、讨论。学习中采取以车间、部门为单位，通读全文，重点辅导的方式。通过学习，大部分职工明确了企业转换经营机制的目的及必须遵循的原则，明确了企业在生产经营、产品价格、产销、用工、工资、奖金分配等方面的权力及解放思想同依法经营、依法管理、依法保护企业合法权益的关系等。是年，在转换经营机制方面进行了三项改革：一是强化了人事目标管理，建立了聘用、责任、权力、奖惩、风险、目标相统一的干部任期目标责任制。全厂中层以上干部与厂长签订了聘任合同。二是整顿和改革了劳动分配制度，实行分配向一线职工倾斜。全厂实行了销售大包干及计件工资、定额承包等各种形式的责任制。三是强化了物资财务管理。这些措施，进一步促进了企业由生产型向经营型的转变。

1993年5月，按照章密发[1993]1号文件，针对中层以上干部、科室人员，特别是从事科研、工程技术的人员，以及销售、档案管理、文秘、收发、打字等人员制订下发了《关于开展“二·五”保密法教育的实施意见》。学习《中华人民共和国保守国家秘密法》，结合各自工作，选学《国家秘密保密期限的规定》《印刷、复印等行业复制国家秘密载体暂行管理办法》《各级国家档案馆、馆藏档案解密和划分控制使用范围的暂行规定》《国家秘密技术出口审查的规定》，组织观看市电视台播放的保密教育录制片和市有关部门组织的保密教育录像，学习中共济南市委保密委员会制订的《保密守则》。结合学习，各部门根据各自的工作特点查找问题，建立制度，落实了保密措施，所有学习人员同时参加了章丘组织的统一考试。

1995年，是全国第二个五年普法教育的最后一年。为进一步加强对职工的法制教育，4月26日，党委下发了《关于进一步搞好普法教育的通知》。通知结合本厂实际，要求职工认真学习《中华人民共和国公司法》《中华人民共和国劳动法》《反不正当竞争法》《产品质量法》《企业法》《山东省计划生育条例》《济南市计划生育管理实施办法》等，并于当年6月、12月对学习情况进行了两次考试和年底全面验收。

1996—2000年，全国开展“三·五”普法教育。1999年4月，党委以强化全体职工的法律意识、完善企业制度建设为目标，制订了年度普法教育工作要点。根据要点和安排，主要组织职工学习了《宪法》《公司法》《劳动法》《国营企业实行劳动合同制暂行规定》《环境保护法》《食品卫生法》《消费者权益保护法》《社会主义法制建设基础知识》等有关法律法规。“三·五”普法中，还通过召开职工大会、培训法制教育骨干等形式，讲解有关法律法规知识，并结合企业实际，建立健全民主管理制度。1996年，该厂与职工正式签订了《集体合同》。除养老、医疗、失业保险外，又为465名职工加入了工伤保险。1999年，出台了《关于实行厂务公开的实施意见》，成立了厂务公开领导小组和民主理财小组，实行了财物支出、业务招待费支出向职工代表大会报告的制度。

2009年5月1日，新《消防法》开始实施，该公司于5月份组织全体职工458人，分四期开展专场教育培训，让广大干部职工了解新《消防法》内容，加强消防安全防范意识，营造一个时时想安全、人人抓安全的良好氛围，从根源上杜绝违章操作，远离事故。

2009年6月，《中华人民共和国食品安全法》颁布实施，在法律上规定了食品企业和社会成员应有的权利和义务。7月公司组织全体员工通篇学习了《食品安全法》的相关内容，并着重学习了“食品经营”及“法律责任”等章节，增强员工的法律意识。

2013年1月1日，《中华人民共和国治安处罚法》修正施行，公司组织全体人员对修正内容进行学习，使员工明确该法的相关规定。

2015年11月，《中华人民共和国刑法》修改施行，公司组织全体职工认真学习了相关内容，明确“高压线”，做知法、说法、懂法、守法、用法的好公民。

2018年3月11日，第十三届全国人大一次会议第三次全体会议经投票表决通过了《中华人民共和国宪法修正案》，公司在第一时间组织职工对修正案进行传达学习。

党的路线、方针、政策教育 1992年10月，中国共产党召开第十四次全国代表大会。党委于10月17—28日举办两期学习“十四大”重要文献培训班。班组长以上干部、党员、入党积极分子及管理人员认真学习了江泽民所作的《加快改革开发和现代化建设步伐，夺取有中国特色的社会主义事业的更大胜利》的报告和关于《中国共产党章程（修正案）的决议》。学习班由党委副书记王传本和政工科长授课。通过学习，大家对邓小平建设有中国特色社会主义理论在全党的指导地位，社会主义市场经济体制的建立、九十年代我国经济发展的目标任务等问题有了深刻的理解。

1995年12月，党委下发了《关于开展社会主义思想教育活动的实施意见》，安排在全厂范围内开展社会主义思想教育活动。在这次活动中，主要学习邓小平同志“建设有中国特色社会主义理论”和党的基本路线，学习中共十四届四中、五中全会精神，重点解决各部门、车间干部职工在企业改制之后，仍然存在思想不适应、行动跟不上的问题，使职工进一步解放思想，更新观念，树立牢固的创新意识、领先意识、服务意识、管理效益意识和经营效益意识，发扬爱岗敬业、无私奉献的主人翁精神，为企业发展发挥聪明才智。这次教育活动从1995年12月底开始至1996年3月底结束。

2000年3月，中共济南百脉酿酒（集团）有限公司委员会下发《2000年思想政治工作要点》。根据要点和安排，这次学习重点是江泽民总书记对宣传思想工作的重要批示和《建设有中国特色社会主义若干理论问题》学习纲要；《邓小平文选》1—3卷；中共十五大及十五届四中全会文件。通过这些内容的学习，进一步加深对邓小平理论和“十五大”精神的理解。在学习活动中，公司充分利用电化教育、厂报、宣传栏等阵地，对职工学习内容进行宣讲和辅导，收到良好效果。

2004年，中共十六届四中全会召开。为组织党员、干部认真学习全会精神，是年12月，中共济南百脉酿酒有限公司委员会下发《关于在全公司开展党的十六届四中全会精神集中教育活动的实施意见》。在教育活动中，引导职工围绕着“三年内实现销售收入过亿元”的目标展开讨论，统一思想。并紧紧抓住职工群众最现实、最关心、最直接的问题，积极为职工办实事，解难题、做好事。这次教育活动历时两个月，按照动员部署、组织学习、对照检查、总结提高四个步骤，分步实施。成立了十六届四中全会精神教育活动领导小组，成员由12人组成。组长：李成新。副组长：王者厚。成员：张传海、潘正江、马业准、王峻虎、张刚、袁锡惠、赵京彬、刘永彬、万东、崔殿春。

2005年2月，下发《关于开展“学习年”“工作落实年”活动的实施意见》。结合“工作落实年”主要突出五个方面的学习内容：1. 继续学习中共十六届四中全会精神和江泽民同志“三个代表”重要思想；2. 学习中共路线、方针、政策；3. 学习该公司各项规章制度；4. 学习ISO9001国际质量、ISO14001国际环境双体系认证管理的具体内容；5. 学习产品质量标准和本职业务。“学习年”“工作落实年”活动领导小组成员由8人组成。组长：李成新。成员：王者厚、张传海、潘正江、马业准、王峻虎、张刚、袁锡惠。

2012年11月8日，中共十八大召开，2012年11月至2013年1月，该公司认真学习贯彻中共十八大精神，开展“学习十八大 决战四季度”活动。通过报纸，宣传栏等多种方式进行广泛宣传，围绕企业全年销售目标，在公司内掀起学习高潮。通过学习使职工树立信心，谋突破，求创新，促发展，自觉担负起推动公司科学发展的重任。

2013年11月，结合学习中共十八届三中全会，在公司内开展“统一思想 凝聚共识 扎实做好各项工作 推动公司又好又快发展”大讨论活动，围绕“重销售促发展”的主题，广泛发动全员投入到大讨论中。通过本活动使职工思想认识统一，克服“松”的情绪和“拖”的问题。

2017年10月18日，中国共产党第十九次代表大会召开，该公司组织全体干部观看会议实况，并下发文件《学习十九大，进入新时代，创新发展谱新篇》，在公司掀起学习贯彻中共十九大精神的热潮。各部门围绕“2017年度的最后决胜阶段和2018年总体目标任务及七十周年厂庆系列活动”展开学习讨论，认真传达十九大精神，统一思想，通过知识竞赛的方式使职工加深了对十九大会议精神的理解，将学习十九大精神融入到日常工作中，弘扬工匠精神，做新时代有责任有担当的合格职工。

技术业务素质教育

岗位培训按照“先培训、后上岗”的原则，对新招收的职工都要进行岗前培训。同时还针对生产需要，不定期举办各类培训班。

1976年6月，为提高职工的科学技术水平，成立“七二一”职工大学。张若凤任校长。从在职职工中招收学员20名，学制为1年。所学课程有：政治、酒精生产工艺、微生物、酿酒原料、化学基本概念、电工知识等。任课教师有：张若凤、段金城、田永祥、高绍栋、尹念钦。电工知识是聘请粮食局1名电工讲课。学校每周二下午上课2小时，5：40点名，6：00正式上课。第一批学员毕业后，学员充实到各生产岗位工作。于1977年10月停办。

1987年2月，为提高班组长的管理水平和工作能力，使基层管理人员适应现代化管理和生产发展的需要，举办班组长管理知识培训班。培训班采取集中上课、分组讨论、定期检查笔记、跟踪考核的办法，系统教授了省职教委统一编印的《班组长管理基本知识》，授课教师由各科技术人员兼任，学习时间从2月26日—3月9日，这次培训共有17名45岁以下的班组长参加了学习。培训班领导小组：韩宪安、高绍栋、田永祥、李发成、金锋。韩宪安任组长。

班组长轮训课程一览表

时间	章节	内容	课时	授课人
3月3日 下午1:30—3:30	第一章	班长管理概论	2	王传本
3月6日 下午1:30—3:30	第二章	班长思想政治工作	2	高蔚生
10—11日 下午1:30—3:30	第三章	计划管理	4	金 峰
13—14日 下午1:30—3:30	第四章	生产管理和工艺管理	4	田永祥
17—18日 下午1:30—3:30	第五章	劳动管理	4	金 峰
3月20日 下午1:30—3:30	第六章	安全管理	2	高绍栋
24—25日 下午1:30—3:30	第七章	设备管理和工具管理	4	李发成
27—28日 下午1:30—3:30	第八章	经济核算	4	张业兴
31日—4月1日 下午1:30—3:30	第九章	质量管理	4	段金城
4月3日 下午1:30—3:30	第十章	职工教育	2	程恒耀
4月7日 下午1:30—3:30	布置复习题和考试时间			

1987年1—6月，该厂职工夜校举办青年职工技术培训班。对全厂所有青年职工进行了白酒专业技术理论知识培训。授课人分别由田永祥、金锋、王怡、孙英珍担任。

章丘县酒厂青工技术培训课程表

科　目	学习时间	内　容	授课人
第一课	1月14日	酒精生产概论	田永祥
第二课	1月21日	白酒生产微生物	田永祥
第三课	1月28日	白酒生产微生物	田永祥
第四课	2月4日	白酒生产微生物	田永祥
第五课	2月11日	粉碎生产工艺	金　峰
第六课	2月25日	蒸煮生产工艺	金　峰
第七课	3月3日	酒精生产常用的糖化酶	王　怡
第八课	3月10日	曲种培养工艺	王　怡
第九课	3月17日	麸曲生产工艺	王　怡
第十课	3月24日	液体曲生产工艺	王　怡
第十一课	3月31日	糖化生产工艺	王　怡
第十二课	4月7日	酒精生产常用的酵母菌	孙英珍
第十三课	4月14日	酵母菌种的培养	孙英珍
第十四课	4月21日	酒母生产工艺	孙英珍
第十五课	4月28日	发酵工艺	孙英珍
第十六课	5月5日	发酵工艺	金　峰
第十七课	5月12日	蒸馏原理及概论	金　峰
第十八课	5月19日	酒精蒸馏工艺	金　峰
第十九课	5月26日	白酒发酵制酒工艺	金　峰
第二十课	6月2日	白酒发酵制酒工艺	金　峰
第二十一课	6月9日	白酒质量生产计算方法	金　峰
第二十二课	6月16日	减少酒精杂质、提高白酒质量	金　峰

1989年，工会根据该厂《1989年职工教育工作规划和实施意见》，举办培训班，对全厂20个生产班组的负责人分两批进行培训。培训内容为《班组长管理基本知识》。培训后参加了市总工会组织的统一考试、并颁发合格证书，发证率达到80%以上。

1993年，为节能降耗，提高经济效益，对78名中层以上干部和182名青工进行以“成本核算”为主要内容的理论培训，主要解决生产工作中的“跑、冒、滴、漏”现象，对30多名销售人员进行了市场营销知识的培训。

1995年5月，为提高管理人员的科学管理水平，举办“企业管理理论培训班”。参加学习的人员有班组长、车间、处室、展销厅正、副职、统计员、核算员。学习采取不脱产的形式，每天下午4—6时上课。学习内容有企业管理、质量管理、成本核算、税制改革后的会计制度等。学习结束后进行了统一考试。

1996年，为膨胀企业规模，增加企业抗风险能力，于9月投资245万元，新建3600平方米、年产1000吨的粮酒车间。为使职工队伍技术业务素质与生产规模相适应，举办8期培训班，对240名生产骨干进行企业管理、产品质量管理、成本管理、工艺理论等专业知识的岗位培训。

1997年8月，粮酒车间组织正副班长、生产骨干共计539人次进行新技术、新技能的培训。内容有白酒生产技术理论、发酵理论、产品质量控制、白酒生产工艺。任课教师是马建新、崔承湖。1998年举办两期培训班共20天，对青年职工进行了以上内容的培训，共600人次参加了学习。

1999年4月，为提高管理人员的经济管理理论知识水平，促进成本管理上水平，分两批对公司中层副职以上干部、车间统计员、生产统计员、销售公司统计员及班组长、各展销厅负责人进行成本费用管理知识的专题培训。参加人员结合本单位实际，每人写出了1篇本单位在生产成本构成、管理状况分析、下步管理思路、改进措施的论文。

2006年4月，对新招收的6名大学生进行岗前培训，培训内容有《员工守则》《公司各项管理制度》《岗位职责》《安全操作规程》《产品管理细则》以及安全保卫知识。授课人：王峻虎、崔殿春。

7月，对新招收的30名季节工进行了岗前培训，培训内容有《员工守则》《公司各项管理制度》《岗位职责》《安全操作规程》《产品管理细则》以及安全保卫知识。

7月15日，对粮酒车间转入包装车间的36名工人进行转岗培训。培训内容有《岗位职责》《安全操作规程》《产品管理细则》等。

11月，对新招聘的9名销售人员进行厂规厂纪、产品结构、安全消防等方面的知识培训。

2007年2月，聘请法律顾问刘延安对59名销售人员进行法律知识培训。

6月4—7日，对13名应聘销售人员进行各项管理制度和安全知识的培训。

17日，对粮酒车间全体职工进行了消防安全知识培训。全体职工认真学习了安全消防知识。安保处举办了现场灭火实战演习，使每个职工学会正确使用灭火器。通过培训，增强了全体职工的防火和安全防范意识。

2007年9月—2008年1月，该公司8人参加了章丘市经贸局组织开办的山东章丘“现代企业管理高层研修班”学习，聘请清华大学教授到经贸局针对宏观经济解析与产业结构分析、战略规划与经营谋略、企业文化构建与卓越团队建设等十项内容为期10天的授课。

2008年4月8—9日，利用两天时间对职工进行职业化培训，参与人数300多人，通过培训使职工增长了知识，提高了工作积极性。

2008年11月29日，公司组织中层副职以上人员，在四楼会议室举行2009年度营销目标分解及品牌传播规划培训，使管理人员进一步明确打造“中国生态酿造倡导者”品牌的意义，坚定全体人员完成09年销售目标的信心和决心。

2009年2月13日，公司组织了“安全、我们共同的心愿”为主题的安全培训，通过培训使职工认识到安全的重要性，要求人人提高安全防范意识，时刻提高警惕，把安全放在心中，杜绝各种安全隐患。

2010年5月27日，为提升后勤管理人员的管理技能，公司聘请济南瀚文管理咨询公司总经理尹辉进行了管理技能培训。通过客观剖析十大管理技能及公司现在管理现状与误区等内容，帮助管理人员全面提升实战经验与现代管理技能。

12月3日，人力资源部部长陈向峰对销售公司全体管理人员进行管理技能培训。本次培训以自我管理、绩效管理、团队发展为主要内容。通过培训提高了销售公司管理人员的管理水平，强化职工对公司管理制度的认识，提高工作效率，满足公司发展要求。

2011年3月28日，该公司中层以上管理人员集中参加ISO22000食品安全培训，聘请北京埃尔维国际认证有限公司教授进行辅导培训。使大家进一步了解ISO22000食品安全认证体系的标准、食品生产企业的卫生要求等方面的知识。为增强学习效果，培训结束后发放试题对培训人员进行了考核。

4月25日，公司党委书记、董事长、总经理李成新在公司培训大厅进行授课，班长以上人员参与听课。授课内容包括国学、古文探析、哲学思维与人生境界、博弈论与企业策略等内容。通过学习增强了企业的凝聚力，提升了职工的综合素质。

2012年2月28日，公司聘请消防专业人员对职工进行“消防安全知识培训”，内容包括火灾自救等方面知识以及消防器材的应用，并通过观看火灾现场录像对职工起到警示作用，使职工对消防知识有了更深刻的了解。

3月29日，公司聘请专业讲师对公司职工进行“阳光心态”专场培训。就什么是阳光心态，阳光心态在工作生活中的作用，以及如何塑造阳光心态进行讲解。通过培训使职工认识到只有良好阳光的心态才能塑造自己美好未来，身为管理者只有具备了良好的心态才能使团队和谐团结。

2013年3月14日、22日，公司对全体职工分两批进行安全培训。培训内容包括消防安全及交通安全。通过培训使员工加深了对消防安全的认识，加深了对交通规则的认识，提高了职工的安全意识。

10月18日，公司组织各车间、部室消防骨干42人举办了“百脉泉酒业消防安全设施使用培训”，针对各自岗位工作特点进行了系统学习。增强了消防骨干的理论知识和业务技能，全面提升了公司消防安全综合防范能力。

2014年4月11日，为提高公司产品促销员的业务能力，公司聘请专业讲师在酒道馆开展促销员专场培训会。以理论与案例分析相结合的方式，进行了专业培训。

6月14日，企管副总牛余林就质量、环境、食品安全三体系内容对全体后勤人员进行了培训讲座。使职工认识到只有视质量为企业的生命，以质量求生存，企业才能稳固市场，处于不败之地。

7月30日，公司在酒道馆组织举办了中层领导以上管理人员培训。聘请汇聚投咨金牌讲师，以“执行力”为主题，围绕责任、成果等方面进行了讲解培训。通过培训使受训人员认识到了自己工作及思想认识上的不足，找准了自己的位置，明确了今后的管理目标。

10月10日，聘请聚成公司讲师对公司班组长以上管理人员进行管理培训。此次培训围绕“制度是管理的有效工具”“工作流程细化是工作效率提高的法宝”“有效沟通可以促进管理和生产的提高”“绩效考核是衡量工作业绩的有效工具”等方面进行了讲解。通过培训开阔了管理人员的管理思路，掌握了基本有效的管理方法。

2015年6月30日，公司聘请济南政安消防培训中心讲师为全体职工进行了安全知识培训，就消防四个能力、应急事件处置、重大消防安全事故防范、火场自救逃生知识，并针对当前家庭火灾防范及自救知识进行详细讲解，增强了职工的消防安全意识。

2016年2月18—19日，安保部在酒道馆组织全体职工开展消防安全知识培训，通过培训增强了职工消防安全法制观念，提高防火意识，掌握必要的消防安全知识和技能，熟悉正确使用各种消防器材的方法，防止安全事故的发生。

6月5日，为提高企业整体管理水平，满足企业战略需要，提升全员职业素质，营造全员学习氛围，公司组织职工450多人到章丘市委党校进行职业教育培训。公司聘请全国十大培训师郑奕老师为大家讲授职业素养的相关知识。

12月对新招收55名季节工进行岗前培训。培训内容包括《职工守则》《岗位职责》《安全操作规程》《公司各项管理制度》以及安全生产知识。

岗位练兵　岗位练兵是普通职工全面提升业务技术水平的群众性练兵活动。为提高职工岗位练兵的积极性，各车间采取以老带新、新老结对子的形式，实行传、帮、带。1989年7月，下发了《关于开展全厂职工技术比武的通知》，成立了领导小组。韩宪安任组长，王传本、高蔚生、王峻虎任副组长。比武科目有：产品包装、汽车驾驶、电气焊工、维修工、电工、统计、会计、供应、销售等。比武内容有理论和实践两部分组成。比武自7月27—8月22日。比武结果：包装车间郭文华创造了10分钟灌酒193瓶的好成绩；高元芝、解玉珍创造了10分钟捆瓶20捆的好成绩。汽车驾驶员张宪永汽车倒杆比赛获100分。自此，全厂类似的技术比武列入企业年度工作目标，促进了职工技术水平的不断提高。

2005年4月，举行了职工技术比武。比武科目有装箱、捆瓶、贴标、灯检、爬电线杆、焊接、下料、接交流接触器。比武结果：装箱第1名东野升贤，捆瓶第1名高萍，贴标第1名靳津，灯检第1名胡安艳，接交流接触器、电线杆第1名时念波，下料第1名孙洪福。

2006年4月，举行职工技术比

武。比武项目在2005年基础上又增加了携带灭火器50米短距离跑、机电线路控制、汽车驾驶。比武结果：灯检第1名崔金艳，装箱第1名纪爱云，捆瓶第1名鞠玉鸾，携带灭火器50米短距离跑第1名姜成波、曹美华，电工第1名万传涛，机电线路控制第1名孙洪福，汽车驾驶第1名王化文。

2007年4月，为迎接章丘市举办的劳动技能竞赛，举办了2007年技术比武。比武结果：灯检比赛第1名田静，贴标比赛第1名刘洪云，装箱比赛第1名陈玉梅，叠盒比赛第1名石群，打口比赛第1名靳津，装甑第1名刘洪文、付少勇，汽车驾驶第1名董丽娜，下样板、磨钻头比赛第1名张宪伟，爬电线杆第1名李士森，消防对接水龙头第1名术洪泉、卢京惠，男女混合组第1名刘娜、张超。

该公司根据工作实际情况，每年的4月或5月组织职工进行技能大比武。该公司初期技能比武为生产中的基本操作项目，如刷瓶、灯检、装盒、装箱、贴标、装甑、看酒花识别酒度、品酒、全方位焊接、电路检修、画图裁料、爬杆高空检修等项目。2009年，为拓宽技能比武范围，增强后勤办公人员的业务技能水平，将微机打字和EXCEL表格制作纳入技能比武，是年技能比武成绩为：贴标比赛第1名靳津，装盒比赛第一名谢群，灯检比赛第一名张莹，装甑比赛第一名毕拥军、张卫东（大），品酒比赛第一名于广建，微机打字第一名刘猛，EXCEL表格制作第一名李延珍，电工技能第一名万传涛，机修第一名程建生。

2016年4月，为加强业务技能及管理经验交流，是年技能比武设立班长大讲堂项目，粮酒车间、包装车间的班组长阐述自己在生产工艺或班组管理上的心得经验，与参赛人员共享，以提高班组长的业务及管理能力。是年技能比武结果：携带灭火器跑第一名刘明、李凯先、陈杰、袁愈烈，全方位焊接第一名姜乐，电工技能第一名时念波，装甑第一名鲁彩明、刘学东，品酒第一名刘洪文，贴标第一名高凤美，装盒第一名张述娜，灯检第一名商晓君，装箱第一名韩秀芬，刷瓶第一名陈志红，粮酒车间班组长讲堂第一名周强，包装车间班组长讲堂第一名高宝岭。

2017年4月，为提高食堂人员餐饮制作能力，增强竞争意识，设立厨艺大比拼项目，该项目公司任何人都可报名参加。是年技能比武结果：贴标比赛第一名鞠玉鸾，灯检比赛第一名巩永敬，装盒比赛第一名李晓云，装箱比赛第一名靳松，刷瓶比赛第一名陈志红，全方位焊接比赛第一名陈文阁，电工障碍排除比赛第一名时念波，品酒比赛第一名焦儒兵，包装车间班长讲堂第一名韩玲玲，粮酒车间班长讲堂第一名于广建，装甑比赛第一名刘长泉、苗成气，厨艺大比拼葱油鱼第一名李友生，清蒸鲈鱼第一名刘明，可乐鸡翅第一名李友生，莴苣炒培根第一名孙仁德，清炒芦笋第一名孙仁德，葱油饼第一名卢嘉琪，紫薯猫耳朵第一名张灵聪，酱焖嘎牙第一名李思光，油焖大虾第一名于水清，孜然羊肉第一名李思光，酱爆辣椒第一名刘成吉，蜂蜜黄金蕉第一名刘成吉。

拓展训练为提高营销人员的服务素质和管理水平，2008 年 4 月 2 日，公司党委班子成员及全体销售业务员 100 多人在三王峪举行营销人员表彰大会暨营销培训。聘请清华总裁班职业经理人特邀讲师、北京大学 EMBA 特邀高级讲师王智及远景公司高级讲师李童、吴金水对营销人员进行了为期 2 天的培训。

2008 年 5 月 10 日，组织 2007 年度各类先进 50 多人到三王峪新概念拓展训练中心参加为期 1 天的拓展培训。项目包括高空相依、跨越断桥、背摔等项目，通过培训使大家认识到团队齐心协力战胜困难的潜力是巨大的，增强了团队凝聚力。

2009 年 4 月 21—23 日，公司党委班子成员及全体销售业务人员 87 人在济南红叶谷进行了为期三天的封闭式培训学习和拓展。聘请绿野商贸公司、远景公司专业人员对公司销售人员进行了销售培训，提高了业务人员的综合素质。

2009 年 5 月 16 日，公司组织员工骨干到垛庄七星台风景区拓展训练基地进行了为期 1 天的拓展训练。通过开展丰富多彩的训练科目，让大家在汗水与欢笑中锻炼了体魄，磨练了意志，增进了感情，深切体会到了协作精神、集体观念和团队意识的重要性。

2009 年 10 月 24 日，组织部分员工到三王峪新概念拓展训练中心进行了为期 1 天的拓展培训。

2010 年 4 月 1—3 日，为期 3 天的销售公司营销培训在济南南部山区金象山顺利召开。为增强员工的销售知识，聘请远景咨询公司 4 名项目经理及金象山拓展师为全体参训人员开展了为期 3 天的封闭式训练，通过提问式、游戏式和小组讨论等多种灵活的学习方式，使大家加深了对营销专业知识的掌握。

2010 年 5 月 8 日至 9 日，该公司组织部分员工到日照进行了激励培训。通过报数、双人拔河、沙滩足球、找朋友等培训项目拉近了员工之间的距离，提高了员工组织、沟通和协作的能力和技巧，培养了员工集体荣誉感以及为团队勇于奉献的精神。

为提高销售人员的业务技能和销售技巧，销售公司组织销售人员于2010年7月21—22日在威海举行集中封闭培训。聘请北京智汇蓝图管理咨询公司首席培训师就“认知自我，潜意识的运用”“信任与承诺的力量”“自我的受害与负责”及“情绪的认知与管理”四大主题进行了授课，并对销售人员在日常工作中遇到的疑难杂症进行了剖析解答。通过培训，销售人员学会了自我定位与管理，明确了目标方向，激励了员工斗志、增强了员工士气。

2011年4月8—9日，销售公司组织一线业务人员到莱芜雪野山庄进行培训。

2011年10月15日，公司组织部分团员青年到三王峪拓展训练基地进行拓展训练。训练内容包括“背摔”“过电网”“踏板”等项目，通过训练使学员们认识到团队合作的重要性，增强了学员们的团队意识。

2012年4月6日至11日，公司组织90多名销售业务人员在潍坊军事训练基地进行为期6天的军事培训。通过军训增强了业务人员的组织纪律性、团队意识和执行力，使销售公司销售队伍整体素质得到提升。

2012年7月25—27日，销售公司组织业务人员到威海大乳山进行拓展训练。训练项目包括空中断桥、七巧板等，通过训练增强了员工的团队意识，提高了销售队伍的凝聚力。

2013年4月13—14日，公司为提高中层管理人员综合素质，在莱芜举行了为期两天的封闭式培训。聘请具有多年实战经验的培训师，通过案例体验、实战方法、视频感悟等多种方式让参训人员认识到了自己工作中的不足，学到了可操作的实用管理方法。

2013年7月14日，销售公司在烟台蓬莱举行半年总结培训会议，聘请营销管理专家站在宏观和微观的角度，对所有参训人员进行了政策、市场发展规律及营销知识培训。通过培训增强了销售人员的业务理论素质。

2014年4月10—12日，销售公司在泰安举行营销培训。聘请远景公司讲师为全体业务人员进行营销知识讲座，从宏观上科学分析了当今国内白酒市场现状和营销行业的历史沿革等内容，指出了今后根据不同区域市场需求制订科学合理的销售政策，来更好的维护和开发市场。该培训还通过徒步登山的形式来锻炼全体业务人员吃苦耐劳的顽强毅力。

2015年4月13—18日，销售公司组织110人到潍坊军分区国防教育基地进行为期6天的封闭军事训练，增强了销售人员团队意识及吃苦耐劳精神。

2016年4月9日，公司组织中层以上管理人员及销售公司全体员工到水帘峡培训拓展基地进行拓展培训。培训项目包括有轨电车、圣塔、高空断桥、空中单杠、毕业墙等项目。通过培训凝练了企业文化、挖掘了员工自我潜力、培养了员工进取精神、打造尖锋团队、实现员工能力最大化。

2016年4月24日，公司组织近150名员工到三王峪景区进行户外拓展训练。项目包括穿越电网、挑战150、共赴前程、动力圈、空中断桥等。通过培训使员工迅速融入团队，增强了集体归属感，提高了团队战斗力。

2017年4月5—9日，为提升团队执行力打造一支有组织、有纪律、有血性、有韧性的销售团队，销售公司组织全体业务人员到潍坊国际训练基地进行了为期5天的封闭式军事训练。并聘请智邦达咨询公司讲师进行超级产品、营销转型、系统制胜、品牌推广和产品运营等方面的营销知识培训。

第三节　岗位技能培训

外出培训

建厂初期，企业的生产条件落后，职工技能培训较少。1953年，建起简易化验室，购置了化验仪器，化验员王朝俊到外地进行设备技能知识培训。

1971年，购进第一台2.5吨锅炉，开始对司炉工进行学习培训，提高操作技能，1976年，购进4吨锅炉1台，又组织4名技术比较全面的司炉工到外地学习培训。一直延续到2002年锅炉车间停产。每年都对在岗的司炉工实施技能培训，并持证上岗，30年无重大安全事故发生。

1976年，建起年产3000吨的酒精生产线，为适应新技术的需要，派出4名技术工人到白酒行业的先进单位进行设备技术知识培训。经过7天培训学习，熟练掌握了新生产工艺和操作技能，使酒精生产质量稳定达标。

1982年，酒精生产采用新工艺，又派出16名操作工进行7天的技能培训，实现了熟练操作，稳定了工艺水平。

1983年，4人到江苏、安徽等地进行培训，学习粮酒生产工艺和其先进的技术，提高了技能操作水平。

1984年，20名青年职工到外地进行第二次学习培训，掌握新操作技能和酒精生产中的系统操作技术。

1985年，3人到外地酒厂再次学习培训粮酒工艺，掌握、吸取了先进技术，改变了原有落后的工艺，提高了出酒率。

1989年3月，为加强人工窖泥的培养，改造老化窖池，提高原酒质量，派粮酒车间主任崔承湖参加山东省一轻厅举办的窖泥（己酸菌）培训班，学习北斗工艺在浓香型大曲酒的应用。回厂后，主持了己酸菌培养、人工窖泥培训、老窖池改造工作，取得圆满成功，原酒主体香味物质己酸乙酯提高了1倍。

1994—1995年，为改进粮酒生产工艺，提高粮酒产量和质量，加强了增己降乳的课题研究。为此先后派4人到外地培训，学习粮酒工艺。

2000年，为提高酒的勾调、化验技术水平，6名专业人员到外地培训学习五粮工艺，经上级职能部门的理论考核和技能操作考核，有2人获高级勾调工资质证书。2人获高级化验资质证书，2人获中级化验资质证书。

2002年3月，于承溪、崔承湖、马业准、鲁其全先后到安徽、江苏等地酒厂学习粮酒生产工艺，回厂后对原有工艺进行了改进。

2003年3月，马业准、毕思水、邢念河参加山东省第五届白酒工业协会在桓台举办的白酒评委培训班，通过考评，毕思水获得省白酒评委证书，马业准、邢念河获得省白酒资格评委证书。

2005年9月，马业准参加山东省白酒工业协会在济南举办的山东白酒企业高级评酒师考评会，获得高级评酒师资格证书。

2005年11月，派马业准、毕思水参加山东省白酒工业协会组织的国家高级考评员培训班，双获国家职业鉴定高级考评员证书。

2006年3月，为提高白酒质量，马业准、赵京彬、于广健、焦儒兵到四川学习五粮酒生产技术。经过十几天的学习，回厂后在白酒生产原料、生产工艺、窖泥培养等方面做了调整，提高了产品质量。

5月，技术中心李雷新、杜祥宝到山东兰陵美酒股份有限公司参加白酒品评培训。

7月，李雷新参加山东省技术监督局举办的“标准化内审员”培训，时间2天半，并获得标准化内部审核员资格证书。是月，崔士茂参加百万中小企业信息化培训　济南培训班学习，系统学习、掌握了网络基础知识。

10 月，马业准参加山东省食品协会在威海举办的国家白酒评审培训班。11 月，参加中国食品协会在北京组织的白酒国家评委考评会，考取“白酒国家评委”。

2007 年 4 月，汪慧慧参加山东省技术监督局举办的标准化内审员培训，并获得标准化内部审核员资格证书。11 月，毕思水、杜祥宝参加山东省第六届白酒工业协会在桓台举办的白酒评委培训班，通过考评，毕思水获得省白酒评委证书，杜祥宝获得省白酒资格评委证书。

2008 年 1 月，崔承湖、毕思水获得山东省劳动局颁发的酿酒高级技师资格证书。

2010 年 11 月，马业准参加由中国酿酒工业协会、中国财贸轻纺烟草工会、中国就业培训技术指导中心、中国轻工业职业技能鉴定指导中心在北京联合举办的第二届全国白酒品酒职业技能大赛上成功考取国家级白酒评委。

2011 年 7 月，杜祥宝、汪慧慧、李雷新参加由山东省食品工业协会在曲阜举办的第四届山东省省级白酒评委换届考评会并取得“第四届山东省白酒评委”资格。

10 月，杜祥宝参加由中国食品工业协会举办的第八届白酒国家评委换届考评会上成功考取“白酒国家评委”，马业准被中国食品工业协会特聘为“第八届白酒特邀国家评委”。

2012 年 3 月，李庆腾、郑雷、张准参加由山东省白酒协会在桓台举行的“山东省第七届白酒评委换届会议”，成功考取“山东省第七届白酒评委”。

2015 年 12 月，马业准参加在广东省佛山市举行的第三届白酒品酒职业技能竞赛决赛，再次考取国家白酒评委。

是月，周强参加由山东省轻工业协会、山东省轻工纺织工会委员会、山东省白酒协会在景芝酒业举行的山东省首届酿酒职业技能大赛中荣获“山东省轻工行业技术能手”荣誉称号。

2016 年 5 月，张准、翟庆超、宁春迎 3 名技术人员参加山东省白酒协会组织的白酒培训。经学习考评，张准、翟庆超被聘任为山东省第八届白酒鉴评委员会评委，宁春迎被聘任为山东省第八届白酒鉴评委员会资格评委。

11 月，杜祥宝、汪慧慧参加由中国食品工业协会举办的第九届白酒国家评委换届考评会并成功考取“白酒国家评委”。

是月，刁小红在山东省首届白酒质量检测技能大赛上荣获“山东省轻工行业和白酒行业技术能手荣誉称号”

2017年7月，翟庆超在济南举行的山东省白酒品酒师国家职业资格鉴定会上荣获2017年国家级白酒品酒师职业资格鉴定（山东区）“十佳品酒师”荣誉称号。

厂内培训

1998年，为不断改进窖泥生产工艺和粮酒生产工艺，对粮酒车间60名技术骨干进行技术技能培训。

2001年4月25—28日，32名工人参加济南市食品工业协会、济南市劳动局在公司举办的职工技术技能培训班。培训内容有白酒生产工艺、白酒品评、实际操作。有11人获高级酿酒工资格证书，20人分获中级、初级酿酒工资格证书。

2003年，为使职工系统掌握粮酒生产工艺，准确掌握操作工艺流程，对粮酒车间工人进行粮酒生产工艺技术技能培训；参加培训的共40人，培训6天，由马业准授课。4月，由企管部门组织实施，对全体员工进行了培训，培训内容有国内知名企业的管理方法、邯郸钢铁公司的成本倒算法、双汇集团的企业销售理念。对销售公司员工进行销售专业技能培训，学习培训完成后进行了考试。

2004年10月，聘请上海麦纳哲管理咨询公司为该公司全体销售人员进行市场营销专业技能培训。培训内容：营销理念、营销策略、营销手段。11月，济南市食品工业协会、章丘市劳动局在该公司业余党校联合举办企业职工技能培训班。培训班为学员配发专业教材，由山东轻工业学院教授担任主讲。有45名员工参加培训，经专业考试，有2人获得技师资格证书，11人获得高级酿酒工资格证书，15人获得中级酿酒工资格证书，15人获得初级工资格证书。

2006年4月，聘请山东省白酒协会负责人对职工进行培训，主要讲授白酒生产工艺和大曲培养知识。

是月，聘请四川五粮液集团高级工程师对粮酒车间40名技术骨干进行白酒品评知识的培训。5月，为了更好的开拓市外市场，邀请安徽远景咨询公司讲师对市外销售人员进行市外销售如何开展等相关知识的培训，共16人参加培训。10月，邀请深圳中旭咨询公司的管理专家对55名管理人员进行培训，培训内容是《优化团队，降低内耗，增强执行力》。

2007年2月，对59名销售人员进行销售技能培训，培训内容是《专业销售实战技巧》。4月，邀请青岛有关专家对质量环境管理体系的14名内审员进行为期2天的质量环境管理体系相关知识的培训。是月，为提高粮酒生产操作人员对成品酒的感观鉴别水平，对粮酒车间正副班长以上生产骨干进行白酒品评培训。技术副总马业准，技术中心主任毕思水和有关酿酒专家在现场授课并指导。

5月，邀请济南瀚文管理咨询有限公司负责人对65名班长以上管理人员进行管理技能培训，内容是《干部素质与团队执行力》。

5—6月，在销售公司二楼会议室举办区域经理培训班，5月培训主题是《各级主管岗位在企业中所处位置的重要性》，6月培训主题是《成功经理人赢在执行力》。通过培训，使销售人员提高了市场分析能力和产品销售技能。

2007年7月，为加强企业规范化管理，聘请济南瀚文管理咨询有限公司进行企业规范化管理全员培训。7月24日，《山东百脉泉酒业有限公司与济南瀚文管理咨询有限公司企业规范化管理咨询项目》启动仪式在该公司二楼西会议室举行。公司董事长李成新、济南瀚文管理咨询有限公司总经理尹辉及项目组成员、公司中层以上干部参加了启动仪式。启动仪式后，济南瀚文管理公司对山东百脉泉酒业有限公司高、中、基层员工分批次、分内容进行相应培训。对高中层管理人员的培训内容是角色认知、时间管理、管理勾通、目标管理、激励管理、领导教练以及团队发展等9项技能，152人次参加了培训。基层职工培训内容主要是员工职业化培训，有317人次参加了培训。

2008年4月10日，针对技术人员品酒水平参差不齐的问题，技术副总马业准在公司四楼会议室作了“白酒品评基础”培训。系统介绍了白酒品评的历史，就品酒员具备的素质、影响品酒因素、品酒方法和技巧等方面进行了讲解，并安排了两轮白酒品评实践练习。

2009年4月16日至21日，技术副总马业准对公司技术骨干进行了为期六天的白酒酿造技术培训，以《白酒生产操作规范》为教材，系统讲解了白酒生产中的生物化学变化过程及生产工艺，对提高粮食酒产量具有指导意义。

5月14日至27日，技术中心组织技术部相关人员及本部门实习的大学生进行了为期两周的品评培训。培训内容主要从单体香、酒度差、香型、质量差、重复、再现、不同馏分、新酒、陈酒、水等方面入手，进行了系统而全面的讲解。通过为期两周的培训及考试，参训人员品酒技能得到了提高，收到了良好的效果。

为丰富销售人员的白酒基础知识，提升销售人员综合素质，公司技术副总马业准于2010年4月29

日在章丘市第一职业中专为销售公司驻外业务员、促销员进行了白酒知识的培训讲座。培训包括白酒的起源、生产工艺、风格特点、食品安全等方面内容，通过培训使业务员的白酒知识更加专业，为今后服务销售提供理论依据，为企业产品增加竞争力提供基础保障。

2011年4月21日，由技术中心对销售公司57名促销代表进行白酒基本知识培训。通过培训使促销员明确了白酒基本知识，并对公司产品有了更全面的了解。这将对宣传公司形象、应战市场新变化起到极大地促进作用。

2013年4月，技术部及粮酒车间对公司技术骨干进行了五场技术培训，200多人次参加。主要从白酒品评、粮酒生产工艺及微生物知识等方面进行系统学习，对今后更好的提升粮酒生产质量起到了很好的指导作用。

2017年5月，公司技术部对销售公司业务人员进行白酒生产工艺及食品安全知识培训。系统讲解了白酒基础知识、酒的酿造原理、酒的质量与安全、以及酒的贮存与勾调等方面内容。

第四节　企业精神

该公司的企业精神是企业在生产经营活动中逐步形成和确立起来的。是企业决策者引领职工为实现共同目标凝心聚力而产生的精神风貌。

1948年至60年代初，是该厂起步发展阶段。生产面临种种困难。干部职工发扬“艰苦奋斗、勤俭建国”的精神，克服了生产原料不足、生产设备简陋等困难，使该厂在艰苦的条件下逐步发展起来。

1964年至70年代末，是该厂机械化、半机械化发展时期。在缺资金、缺技术、缺设备的情况下，党支部号召干部职工发扬“自力更生、艰苦奋斗”的精神，克服困难，扩大生产。1970年，工人们土法上马，奋战60天日夜苦战，设计、安装完成了年产1300吨的液体蒸馏设备。1976年，又安装完成了年产3000吨的酒精生产线，使白酒生产逐步实现了机械化、半机械化。

进入80年代，商品经济的发展把企业推向了市场。该厂由于原材料涨价、产品老化、销售不畅，又一度陷入困境。自1984年，企业连年亏损，至1986年，仅外欠货款累计达到240万元，企业难以运转。针对这一情况，党总支提出了求实务实、再上台阶的治厂方针。千方百计筹集资金600万元上规模。扩建了厂房，增添了设备，使生产能力、产品档次都上升到一个新的水平。至1994年，产品品种已由80年代初的4、5个单一品种，发展到百脉泉、清照两大系列上百个品种。其中44°百脉泉白酒和54°百脉泉特曲被评为“山东省优质产品”，企业走出了困境。1994年，销售收入、上缴利税、人均创利税三项指标均达到全省同行业先进水平。

2000年8月，该厂进行“公退民进”的股份制改革中，由于操作失误，又一次跌入低谷。至2004年，企业负债经营，职工队伍散乱，情绪不稳。2004年3月，李成新带领新任领导班子以身作则，勤奋工作，开拓进取，并确立了“先做人，后做酒，做好人，做好酒”的企业理念，“团结、务实、开拓、创新”的企业精神。

该公司注重发挥个体的独立作用、聪明才智，同时，更追求集体素质的提高，追求各个团体之间的团结互助、和谐、热情的人际关系。2004年，设立了企业文化组织机构。在明确提出企业理念和企业精神的基础上，又确立厂歌、厂徽、厂服等形象识别系统，并导入CIS形象塑造工程。通过举办讲座、拓展训练、集体做广播体操，组织方队参加各种文体活动等，培植职工的团队精神，增强了职工凝聚力和对企业的归属感。2007年9月，为庆祝销售收入过亿元，进一步激发全体员工团结干事，再创佳绩的积极性，首次开展了“同吃一锅饭，共建一个家”的活动，自26—30日有558名员工分期分批在职工餐厅会餐。彼此相互交流，共庆胜利。

“诚信是立业之基”“先做人、后做酒，做好人、做好酒”。把市场竞争的着力点放在树立让客户放心的诚信形象上，加强企业的信誉建设。以“滴滴清照，源自真诚”，多次诚邀百姓参观团进行实地参观，举行客户座谈会，使1000多名经销商参观了生产，品尝了原酒，亲眼目睹了粮食酒生产的全过程，切切实实体会到了百脉人的真诚。以顾客为轴心，建立起售前、售中、售后一条龙服务体系，用真诚的服务铸造诚信形象。2006年，该公司被济南市企业信誉评价工作委员会评为一等“AAA级”信誉企业，被山东省消费者协会等部门评为“山东省第六届消费者满意单位”。

勤奋工作，无私奉献。领导层首先以身作则。2004年新任领导班子上任不久，就在干部、管理人员和后勤服务人员中开展了每天义务奉献1小时的活动，领导带头下车间义务装车、打扣、包装。该公司要建1处1800平方米的存瓶大棚，需要清理出场地，每天下午下班后，所有管理人员、后勤服务人员都自觉去现场义务劳动。干部、管理人员的榜样作用对职工具有极大的影响力。该公司还通过组织职工观看电视教育片，召开先进人物事迹报告会、演讲会，教育、引导职工发扬“公而忘私、无私奉献”的精神，逐步形成职工队伍的群体意识。

该公司主张决策者海纳百川的胸怀，善于团结不同意见的人一道工作。新领导班子上任后，密切干群关系，听取群众意见。公司领导与普通职工一起排队买饭，一起参加拓展训练和文体活动，促进了劳动关系的和谐。2007 年 4 月，该公司被评为“济南市劳动关系和谐单位”。

2004—2007 年公司新一届领导班子大胆开拓，在企业面临破产的困境下，大刀阔斧进行整改，采取一系列改革措施，使企业焕发了勃勃生机和活力。该公司在进行恢复性生产和建设的同时提出了“系统改革抓合力，海纳百川铸企魂”为头等要务，将“团结、务实、开拓、创新”升华为企业精神。

2007 年 11 月，该公司在企业标识的释义中，将真情、博爱、智慧、和谐作为久远的企业理念，将忠诚尽责、拼搏进取、自律高效、追求卓越纳入企业精神。

该公司从 2008—2018 年，两个五年规划中将职工的信念培育列入政治思想和道德建设的核心内容，即将社会主义核心价值观同新时代发展理念及企业终极目标相结合，同企业愿景相结合：

一个目标——共创和谐发展，打造百年企业

两个核心——文化建设核心和生态建设核心

三个“干”——用心干，创新干，执着干

四个“做”——先做人，后做酒；做好人，做好酒

四个“性”——对待工作要有自觉性、创新性，相互之间要有明确性、配合性

五个“十”——实现十个亿元的销售目标，十个过五千万元的市场，十个过千万的客户，十个品牌市场，十个主导产品

2018 年 3 月，公司董事长、党委书记、总经理李成新又将企业精神进行深化融合，提出企业“六化”的具体目标。

一、发展多元化。寻求企业相关产品的上下延伸，拓宽企业发展渠道，带动济南食品行业抱团发展。

二、管理智能化。充分利用网络各种手段和办公软件等，用现代化智能管理手段触角到车间部室，转变管理模式提高管理效能。

三、生产机械化。在粮酒一、

二车间实现机械化的基础上，对粮酒三车间进行机械化改造；对包装车间半自动化升级，对机电车间老化设施进行更新改造。

四、成本精细化。在车间实行独立核算的基础上，实施对比核算，扎实细化。

五、人才多优化。增加销售和技术精英和招聘培训并举。

六、工厂景观化。以国家AAA级景区为依托，实施深层次美化，打造酒文化内容丰富的园林式景观现代化工厂。

第二章 文娱 体育

第一节 文 娱

1952年，该厂职工自发组建起文艺团队，由苗叔海、张瑞武等8人组成。文艺团队配有铜鼓、洋琴、二胡、手风琴等乐器。平时吹拉弹唱、自娱自乐，逢年过节便联合就近村庄的农民搞联欢，为全厂职工演出节目，有歌剧《白毛女》《小二黑结婚》等。至20世纪六、七十年代，随着生产规模的扩大，职工人数的增多，文化娱乐活动也更加活跃。工会成立了腰鼓队、花杆队、秧歌队，总共30多人。每逢县城组织大型文化活动，该厂都派出文艺队参加。

1983年，为加强职工队伍思想文化建设，活跃职工业余文化生活，该厂建起35平方米的职工活动室（舞厅），并配备了彩电、音箱等。每天晚上，青年职工在业余时间唱歌、跳舞、游戏，并经常开展各种联欢活动，十分活跃。是年，在工会的支持下，10名职工组织起文娱宣传队参加演出。1991年，根据上级工会规范文化建设的要求，又建起30平方米的“职工之家”。“职工之家”开展的娱乐项目有台球、象棋、扑克、围棋等。为促进“职工之家”文娱活动的开展，每年都组织比赛活动。1994年，该厂进行体制改革，建立了济南百脉酿酒（集团）有限公司，文娱活动紧密配合两个文明建设，编排节目，组织演出，职工文化生活十分活跃。是年12月底，在职工餐厅举行文艺演出活动，有歌咏比赛、相声、小品、舞蹈、诗朗诵近20个节目，演出活动当场评比，演出结束，即时颁奖。

1996年4月，为进一步加强职工文娱活动的组织、协调，工会成立了文体委员会，由3人组成：王传本、袭普义、赵东玲。

2003年12月，举行“2004年元旦文艺联欢会”，党委书记徐厥臻向联欢会致词并同公司其他领导成员一起观看演出。包装车间的大合唱《咱们工人有力量》拉开了联欢会的帷幕。后勤部的合唱《明天会更好》反映了职工对公司美好明天的共同期望。其他节目有独唱、诗朗诵、器乐演奏、武术表演、歌舞表演等。演出结束后，评出一、二、三等奖。

2004年，职工的文化娱乐活动作为企业文化建设的重要组成部分，融入了企业发展的战略规划，结合该公司的品牌战略，把清照文化、泉水文化、酒文化融为一体，组织实施一系列的文化活动。5月28日，为提升企业产品品牌的知名度，该公司与济南市关工委、济南市少工委等单位在济南电视台影视频道《心动》栏目共同举办清照杯少年儿童说唱小新星比赛活动。6月15日，为弘扬企业文化，激发职工团结向上、奋发有为的创造精神，在干部职工中开展征集《百脉酿酒之歌》歌词活动。在这次活动中，干部职工结合百脉文化和企业精神，仔细揣摩，热烈研讨，激发起了诗歌创作热情。6月19日，为加大企业及清照产品品牌在济南的宣传力度，该公司与济南市文化局、济南市京剧院联合举办的“百场清照文化演出送社区活动”首场演出在济南鲁能康桥社区举行，济南市京剧院演出京剧《李清照》。社区近千名观众观看了演出。至9月16日，共为济南市部分社区送戏28场。7月1日，该公司与章丘市文体局在市文化中心联合举办“章丘市纪念建党83周年文艺晚会”。9月12日，为宣传、提升企业形象，增强企业产品的知名度和美誉度，抽调150名干部、员工参加山东电视台、中共章丘市委宣传部、章丘市文体局、章丘市广播电视局承办的《情满章丘》庆祝建国55周年暨首届文化艺术节开幕式大型文艺演出活动。是年9月8日，抽调200名员工组成百脉酒业方队在董事长、总经理李成新带领下参加了由中共章丘市委、市政府、中央电视台主办、中共章丘市委宣传部、章丘市文化体育局、章丘市广播电视局承办的大型文艺活动《激情广场·大家唱》，并演唱了厂歌《百脉酿酒之歌》。展示了当代百脉酿酒工人的风采和良好的精神面貌，宣传了企业精神，唱响了企业的品牌。9 月 26 日，由中共章丘市委宣传部主办、山东百脉泉酒业有限公司承办的“庆祝建国 55 周年暨‘百脉酿酒之夜’专场演出”在市文化中心隆重举行。济南市京剧院创作并演出的大型京剧《李清照》应邀演出。

2005 年 10 月，山东曲艺家协会“生活基地”落户济南百脉酿酒有限公司。揭牌签约活动仪式于 20 日上午 9 时开始。山东省曲艺家协会主席孙立生，秘书长晏伟，组织部张继良，济南市曲艺团团长慈建国，著名表演艺术家李金斗、李建华、刘延广、唐爱国、薛中锐、姚忠贤、杨珀、前卫文工团山东快书表演艺术家阴军，青年歌唱家薛维萍、黄雅萍，萨克斯演奏家李刚和中央电视台节目主持人桑潇及章丘市副市长张书学，市经贸局局长韩军出席揭牌仪式。该公司董事长李成新在揭牌签约仪式上讲话。孙立生、李成新代表双方分别在协议书上签字。当晚，公司在章丘市文化中心举行《文企联姻，共创辉煌》文艺专场演出。山东省和济南军区的与会演员作了精彩演出。市有关领导出席并与广大观众一起观看演出。

2006 年 4 月，抽调 200 人组成文艺方队，参加了由中共章丘市委宣传部与央视名牌栏目在百脉泉广场举办的《全家总动员》现场演出活动，这次活动为提升企业形象和提高产品知名度起到了良好的宣传作用。是年 9 月，又抽调 300 名干部职工组成拉歌方队，参加了由中共章丘市委、市政府与中央电视台共同主办的《欢乐中国行·走进章丘》大型文艺晚会。这次晚会以宣传推介泉水文化、龙山文化、清照文化为宗旨，大力讴歌了章丘人民在市委、市政府正确领导下，以落实科学发展观、构建和谐社会、激情创新、干事创业，以促进外商在章丘投资创业为目的的一次文艺盛会。董事长李成新参加了市里的专项筹备会。晚会上，该公司方队又一次唱响了《百脉酿酒之歌》，展示了百脉酒业人的风采，宣传了企业的形象和产品，干部职工从中受到莫大鼓舞和激励。10 月 1 日，为推进百脉泉酒新品上市，提升百脉泉豪情系列产品在章丘的知名度，在百脉泉广场举行以“家家团圆·百脉泉酒”为主题的大型宣传路演活动。这次活动方式以现场节目表演、观众互动、有奖竞猜与现场品酒、现场售卖相结合，生动活泼地宣传了产品和企业文化，大大提高了消费者对企业形象、企业产品的认知度。

2007 年 1 月，举办《辉煌

06·闪耀07》2007迎新春联欢会，原山东白酒协会会长黄立业、章丘市总工会、经贸局有关领导与广大干部职工出席联欢会，喜迎新春，共话辉煌。整个联欢会以独唱、戏曲、诗朗诵等节目为主，穿插游戏互动，气氛热烈，表演精彩。

4月，组织200人方队，参加了章丘市第四届《相约周末》经贸局专场文艺演出，以高昂的斗志、振奋的精神，演唱了大合唱《歌唱祖国》《咱们工人有力量》，并荣获一等奖，又一次展示了该公司干部职工的豪情壮志和“团结、务实、开拓、创新”的企业精神。

2007年2月10日，该公司内部刊物《百脉泉酒业报》创刊，由工会主办，每月一期，四版，公司有重大活动或活动较多时增加副刊。报刊内容主要来源于公司职工及部分社会人员投稿，详细刊载了公司发展及职工生活的大事小情。截止2018年1月，累计出版134期，对宣传企业起到了积极的作用。

2008年6月，经过两年精心编纂的《山东百脉泉酒业有限公司志》（1948—2008）完成，内容包括机构、生产、管理、新产品开发、营销、技改、环保、企业文化、改革创新、党群工作、基本建设、职工生活、人物荣誉十三篇，全书68.9万字，内容详实，图文并茂，详细记载了山东百脉泉酒业有限公司60年的光辉历程。文集《百脉欢歌》在山东百脉泉酒业有限公司60华诞庆典期间同时发行。

为提高职工素质，2011年4月面向全体职工开展读书活动，鼓励提倡利用业余时间多读书，各车间部室根据自己部门特点组织职工开展读书活动，并撰写读书心得。

2013年2月，为改善公司整体面貌，塑造良好社会形象，下发《加强公司环境建设的实施方案》，对公司环境进行规范管理，厂区绿化面积达30%以上，厂区及各部门办公室内环境清洁卫生整齐有序，在适当位置安装电子屏、景观灯、建筑轮廓灯，推广文明用语，提倡普通话，职工衣着得体，精神状态饱满，同时严格公司各项规章制度的管理。4月25日，公司抽调100人组成文艺方队，参加章丘市庆“五一”职工汇演文艺晚会。该公司方队合唱的《咱们工人有力量》作为开场曲目演出，展现了工人阶级的主力军形象。9月10日，为推进文化建设，活跃公司文化生活，章丘市十余名书画家走进百脉泉酒业举办迎中秋联谊活动。10月下发《关于举办“读书月”活动的通知》，定于11月为公司读书月，鼓励员工多读书、读好书，通过读书不断提高自己的文化修养。

2014年1月，包装车间开展“每周之星”评选活动，每期评选的优秀员工名单及个人事迹张贴于车间宣传栏，作为公司年终评比先进的重要依据。至2017年10月，包装车间共评选“每周之星”156期。2月21日，公司举办了以“唱响百脉情，同圆中国梦”为主题的新春联欢会，此次联欢会，职工自创了情景剧《逛酒厂》、诗朗诵《光辉岁月》、歌曲《我为公司酿美酒》、《真情涌动百脉泉》等精彩节目，李成新董事长带领班子成员合唱了《为了谁》，表达了一心为广大员工的满腔情怀。

2015年6月，公司启动“百题知识竞赛”和“共读一本书”活动，期间举办了三期百题知识竞赛。“百题知识竞赛”内容即涉及公司各岗位的业务知识、公司发展大事，又包含地理、历史、文学、时事等各方面知识，每期竞赛先进行包装、粮酒、销售和中层以上干部等多场预赛，最后进行全公司总决赛。8月7日，《百脉泉酒业杯》首届全国作家诗人清照笔会在该公司召开。文学界及各领域专家、嘉宾80多人参会，本次笔会文集《雅韵醇香》于2016年5月正式出版。8月30日，第三届济南泉水节开幕，借此次机会，组织30多名书画名家来公司参观，从书画角度为公司企业文化建设提出相关意见建议。9月，长篇纪实文学《鲁酒典范》一书出版，在全国范围内公开发行。全书20万字，展示了山东百脉泉酒业有限公司建厂60多年以来在上级各级部门的政策领导下，在振兴鲁酒和建设美丽章丘的伟大历程中取得了巨大成就。

2016年7月8日，第二届《百脉泉酒业杯》全国作家、诗人清照笔会在该公司召开，来自全国各地100余名作家、诗人参加了笔会。笔会文集《对酒当歌》于2017年出版。10月1日，由该公司主办，炎黄书画家艺术会和市委干部书画家研究会联合承办的首届《百脉泉酒业杯》大型广场书画展在百脉泉公园举行。

2017年6月4日，“全国著名作家写章丘”读者见面会在该公司酒道馆举行，全国著名作家邱华栋、李少军、徐则臣、张者、石一枫、石玉奎等莅临山东百脉泉酒业有限公司参观指导企业文化建设。8月20日第五届泉水节暨全国书画名家邀请展开幕。21日上午，参会的百余名全国书画名家来公司参观，并举行笔会，为公司企业文化建设提出了许多宝贵意见。10月1日，由山东百脉泉酒业有限公司主办，炎黄书画家艺术会和市委干部书画家研究会联合承办的第二届《百脉泉酒业杯》书画精品展在百脉泉公园开幕，多位书画名家作品参展。“共读一本书”活动自2015年开始至2017年12月，已读了《第五项修练》《责任胜于能力》《不抱怨的世界》《定位》《浓香型白酒生产规范》等，每次读书活动要求每人写出不少于30页稿纸的心得笔记，部门人员相互交流心得。此活动的开展，极大地促进了员工的学习热情，掀起公司学习的浓厚氛围。

第二节 体 育

建厂初期，因厂区面积小，在老厂门口东边空地建起第一个简易的篮球场，体育活动以篮球为主。后又增添了单双杠、平衡木、乒乓球台、排球、羽毛球等，职工体育活动十分活跃。1953年，职工自发组织起一支8人的篮球队。在业余时间进行体育活动，技艺很好，并多次应邀到外单位进行篮球比赛，至1966年，篮球队解散。1982年，又组建起8人的篮球队，由宋连营担任队长，彭民玉担任副队长。是年“五四”青年节，代表酒厂首次参加了全县春季运动会。1983年，为更好的开展体育活动，又在厂内新建1个篮球场，并安置单杠、双杠。同时建起了20平方米的乒乓球室。1986年，在章丘县春季运动会中，该厂的篮球队获得全县第9名的好成绩，并荣获“精神文明队”荣誉称号。这次运动会除了派出篮球队外，还派出乒乓球队、象棋代表队，参加人数20人。1987年，重新修建正规篮球场。是年4月，召开第一届职工运动会，总参赛人数120人，项目有拔河、自行车慢骑、托乒乓球跑，参赛单位有酒精车间、行政科、生产科、曲房、财务科、质检科、粮酒车间、供应科、销售科、安保科、包装车间、动力科、党总支办公室、厂部，经过3天的比赛，决出冠亚军，酒精车间荣获拔河冠军，销售科为亚军；粮酒车间代表队获自行车慢骑冠军，财务科代表队为亚军；行政科代表队获托球跑冠军，动力科代表队为亚军。1988年4月，举办了第二届职工运动会，总参赛人数120人，项目有拔河、自行车慢行、托乒乓球跑、跳绳、背对背跑、百米赛跑，分别评选出冠亚军。1989年4月，举办了第三届职工运动会，总参赛人数增加到148人，比赛项目增加了扑克、象棋。象棋项目高绍栋获冠军，张洪云获得亚军；生产代表队获扑克冠军，机关代表队获亚军。

1990—1994年，先后举办第四届和第五届职工运动会，两次总参赛人数300人。参赛项目增乒乓球、篮球、羽毛球。1991年，在章丘市工会、团委联合举办运动会，该厂男子拔河队获得全市第一名，女子拔河队获得第六名。1996年，根据章酒工字[1996]1号文件，成立章丘市酒厂职工体育领导小组，组长韩宪安，副组长王传本、王者厚。成员杨炳礼、王峻虎、赵东玲、袭普义。1996年5月1日，成立职工体育协会，王传本任会长，会员有刘德平、解俊杰、张传海、高肇树、袭普义。自1999年开始，职工运动会规模扩大，2000年，体育运动会参赛人数达到300人，项目多样化，拔河比赛增加到7个队，乒乓球比赛增加到4个队。

2004年，春季运动会，组委会主任由李成新担任，副主任由王者厚、于承溪担任。总裁判由徐厥臻、李成新担任。总参赛人数320人，比赛项目有男女拔河、跳绳、乒乓球。经过两天的比赛，男子篮球赛由销售公司代表队获得第一名、生产二队获得第二名；女子拔河包装车间一队获得第一名，机关代表队获得第二名；乒乓球男子组宁刚获得第一名，刘训武获得第二名，周绍忠获得第三名；女子组张萍获得第一名，王林获得第二名，刘娜获得第三名；跳绳臧霞获得第一名，张莉获得第二名，刘淑华获得第三名。2004年9月，康京波、高文胜参加章丘市第一届全民运动会象棋比赛，分获第二名和第三名。

2005年3月始，为增强员工体质，塑造团队精神，提升公司形象，在全市企业中第一家开始全体员工上班前做早操。每天早晨7：50，全体干部职工集中在厂区统一做操。

是年4月，举办2005年度春季运动会。组委会主任由李成新担任，副主任由王者厚、王峻虎担任。总裁判李成新。比赛项目有男女拔河、男子篮球赛、跳绳、男女乒乓球，总参赛人数400人。经过两天比赛，拔河男子组由机关队获得第一名，机电车间获得第二名；女子组由包装一队获得第一名，包装三队获得第二名；跳绳由郭秀珍获得第一名，臧霞获得第二名；男子乒乓球由高先国获得第一名，周绍忠获得第二名，术洪泉获得第三名；女子队由石美玲获得第一名，于莲获得第二名，王林获得第三名。男子篮球比赛由粮酒车间队获得第一名，销售公司队获得第二名。

2006年4月，举行2006年度春季运动会。比赛项目有男子篮球、乒乓球、跳绳、木鞋，总参赛人数480人。经过两天激烈角逐，男子篮球比赛销售公司代表队获得第一名，男子拔河比赛粮酒一队获得第一名，女子拔河比赛包装一队获得第一名，男子乒乓球比赛高宪国获得第一名，女子乒乓球比赛于莲获得第一名，男子跳绳比赛姜成波获得第一名，女子跳绳比赛郭秀珍获得第一名，木鞋比赛机电车间队获得第一名。

2007年4月，举行2007年度春季运动会，组委会主任由李成新担任，副主任由王者厚担任。并设立了李成新为总裁判的20人裁判小组。运动员共300名。设置比赛项目6个：男子篮球、男女拔河、乒乓球、羽毛球、跳绳、背对背跑。运动会自11—13日，利用下午时间进行。经过比赛，拔河男子组由粮酒一队获得第一名，机关队获得第二名；拔河女子组由包装二队获得第一名，包装一队获得第二名。木鞋比赛由机电队获得第一名，包装二队获得第二名；背对背比赛男子组由张宪伟、赵玉鹏获得第一名，王光峰、高德宁获得第二名；女子组由郭景翠、石群获得第一名，郭绍红、延玲获得第二名；跳绳比赛男子组由韩延生获得第一名，耿念学获得第二名；女子组郭秀珍获得第一名，孟银环获得第二名；乒乓球比赛男子组宁刚获得第一名、牛余林获得第二名；女子组赵复萍获得第一名，于莲获得第二名；男子篮球比赛销售公司队获得第一名，粮酒车间队获得第二名；羽毛球比赛男子组耿念学获得第一名，苗庆智获得第二名；女子队巩慧莲获得第一名，董丽娜获得第二名。

2007年5月，为进一步完善体育设施，对原篮球场地面进行了水泥硬化。并先后投资1万元，对旧篮球架进行更换，购置标准的篮球架一副，红双喜乒乓球台一张。

6月，邀请章丘市人民政府篮球队与公司篮球队在新修建正规的篮球队场地上进行了一场友谊比赛，双方以49：49战平。

2008年4月，该公司举办春季运动会，是年粮酒车间队获男子篮球第一名；粮酒一队获拔河男子组第一名，包装一队获拔河女子组第一名；牛余林获男子乒乓球第一名，于莲获女子乒乓球第一名；耿念学获男子羽毛球第一名，巩慧莲获女子羽毛球第一名；韩延生获男子跳绳第一名，郭秀珍获女子跳绳第一名；袁余烈获男子定点投篮第一名，张淑美获女子定点投篮第一名；陈向峰获男子托球跑第一名；刘振香获踢毽子第一名。

7月23日，奥运祥云火炬在济南进行传递，该公司组织50名职工在公司党委副书记、工会主席王者厚的带领下，到济南迎接奥运火炬，用自己的方式表达对这一历史时刻的渴望与期待，让职工真切感受到奥运的气息，感受到祖国的强大和国人的团结。11月22日，该公司举办了第一届《百脉泉酒业杯》乒乓球对抗赛，与各局、机关、事业单位进行了比赛，增进了友谊，交流了球技，促进了外联及发展。

2009年3月3日，公司冠名的《百脉泉酒业杯》中澳冠军足球对抗赛在山东省体育中心举行，提升了队伍士气和公司形象。3月5日，公司冠名由章丘市妇联、文体局组织主办的首届“迎全运”“百脉泉酒业杯”女子乒乓球比赛在市体育馆开幕，公司党委副书记、工会主席王者厚出席并致开幕词。4月，粮酒车间一队获得男子拔河第一名，包装车间一队获得女子拔河第一名；销售一队获得男子篮球第一名；韩延生得男子跳绳第一名，郭秀贞获女子跳绳第一名；石延华、刘萍、张维林、刘娜、牛会贞获集体跳绳第一名；高宪国获男子乒乓球比赛第一名，刘娜获女子乒乓球比赛第一名；高德宁、李宗波、付少勇、王光峰获携带灭火器、对接水龙头比赛第一名；李素贞获得踢毽子第一名；颜承亮获得男子羽毛球比赛第一名，巩慧莲获得女子羽毛球比赛第一名；刘超获得男子托球跑第一名；高宝玲获得女子托球跑第一名；刘志学获男子定点投篮第一名，李延珍获女子定点投篮第一名；张超获男子颠球大赛第一名、高宝岭获女子颠球大赛第一名。

2010年4月，该公司举行春季运动会，是年粮酒车间一队获得男子拔河第一名，包装车间一队获得女子拔河第一名；销售一队获得男子篮球比赛第一名；刘晓萌获套圈比赛第一名；刘娜获乒乓球比赛第一名；王新喜获百米障碍第一名；巩慧莲获羽毛球比赛第一名；李宗波、王光峰、张卫东（小）获4×50米接力第一名。

在2011年4月举办的春季运动会上，粮酒车间一队获得男子拔河第一名，包装车间一队获得女子拔河第一名；粮酒车间获得男子篮球第一名；高宪国获男子乒乓球比赛第一名，张元梅获得女子乒乓球比赛第一名；郭秀珍获男女跳绳第一名；牛会贞获男女踢毽第一名；高德宁、李宗波、王光峰、张卫东（小）获携带灭火器跑第一名；张超、王帅获男子双人绑腿跑第一名，孟银环、韩继霞获女子双人绑腿跑第一名；李秀获套圈比赛第一名。6月2日，公司赞助冠名章丘市2011年迎“七一”《百脉泉酒业杯》职工篮球赛，经3天比赛，公司篮球队取得了前八名的成绩，同时公司获得“最佳组织奖”和“精神文明奖”，夺取了体育比赛和精神文明双丰收。

在2012年4月公司举办的春季运动会上，粮酒车间一队获得男子拔河第一名，包装车间一队获得女子拔河第一名；销售一队获男子篮球比赛第一名；颜承亮获男子乒乓球比赛第一名，巩慧莲获女子乒乓球比赛第一名；郭秀珍获男女跳绳第一名；高贺获男子踢毽第一名，牛会贞获女子踢毽第一名；姜成波、朱峰、吴广浩、术洪泉获携带灭火器跑第一名；高宝岭、王丹获心心相印背夹球第一名；张超获男子推铁环比赛第一名，曹美华获女子推铁环比赛第一名。

2013 年 4 月 16—20 日，由市总工会、市教体局主办、百脉泉酒业冠名的章丘市《“百脉泉酒业杯”五一职工篮球赛暨全民健身月》启动仪式在市体育馆举行，该公司党委书记、董事长、总经理李成新在开幕式上致辞。此次比赛，该公司获得“特别贡献奖”和“精神文明奖”。是年 4 月春季运动会上粮酒二队获男子拔河第一名，包装一队获女子拔河第一名；销售一队获男子篮球第一名；宁刚获男子乒乓球比赛第一名，巩慧莲获女子乒乓球比赛第一名；郭秀珍获跳绳比赛第一名；牛会贞获踢毽比赛第一名；高德宁、李宗波、王光锋、张卫东（小）获携带灭火器跑比赛第一名；张超、牛会贞获心心相印背夹球比赛第一名；李文华获套圈比赛第一名。是年 8 月，投资 9 万多元拆除旧房，新建职工篮球场 1 处。

2014 年 4 月，该公司组织春季运动会，粮酒一队获男子拔河第一名，包装二队获女子拔河比赛第一名；销售一队获男子篮球比赛第一名；刘娜获女子乒乓球比赛第一名，宁刚获男子乒乓球比赛第一名；刘振香获男女跳绳比赛第一名；李素贞获男女踢毽比赛第一名；高德宁、李宗波、王光锋、张卫东（小）获携带灭火器跑比赛第一名；王学、刘振香获心心相印背夹球比赛第一名；张超获球拍托球前行第一名；彭宁获套圈比赛第一名。

2015 年 4 月，在春季运动会上粮酒一队获男子拔河比赛第一名，包装二队获女子拔河比赛第一名；销售一队获男子篮球比赛第一名；刘娜获女子乒乓球比赛第一名，宁刚获男子乒乓球比赛第一名；高贺获男女跳绳比赛第一名；柏霞获男女踢毽比赛第一名；王璐瑶、张玲获心心相印背夹球比赛第一名；颜蒙获推铁环比赛第一名。

在 2016 年 4 月，该公司举办的春季运动会上粮酒一队获男子拔河比赛第一名；包装二队获女子拔河比赛第一名；销售一队获男子篮球比赛第一名；宁刚获乒乓球比赛第一名。是年 5 月，为增加职工活动场所，投资 1 万多元在办公楼四楼改建员工乒乓球活动室 1 处，为员工开展活动优化了环境。是年7月，该公司冠名并参加章丘市第五届全民健身运动会《百脉泉酒业杯》第四届职工乒乓球赛暨山东省第八届千乡乒乓球比赛章丘区选拔赛，李成新董事长在开幕式上致词。来自全市各单位的39支代表队共185人参赛，经过3天比赛，有8名选手入围济南市决赛。公司职工牛余林、杜祥宝、宁刚、颜承亮参加了比赛。该公司取得了“特别贡献奖”和“精神文明奖”。

2017年3月，该公司组建篮球队，宁刚任教练、颜承亮领队，参加章丘区第六届全民健身运动会“鲁能杯”五一职工篮球赛暨山东省第九届“百县篮球”比赛章丘区选拔赛。是年4月该公司按例举办春季运动会，粮酒一队获男子拔河第一名，包装一队获女子拔河第一名；销售一队获男子篮球比赛第一名；柏霞获男女跳绳第一名；李素贞获男女踢毽子比赛第一名；宁刚获男子乒乓球比赛第一名。

第三节　其　它

灯会参展

1990年，该厂参加了章丘县春节文化系列活动第三届百脉灯会，并展出花灯。1999年展出的《春到清照园》获一等奖。2005年展出的《万家灯火》、2006年展出的《百脉泉大拜年》均获奖。2007年展出的《和谐家园》花灯，围绕市委提出的实现全面小康、建设和谐章丘的总目标，以孔雀家庭和谐共处象征社会和谐理念，以孔雀开屏寓意该公司商机誉满四海，生意兴隆的美好前景。《幸福泉》《抬头见喜》寓意祥和，标志着该公司更名后，泉水文化与酒文化的融合，成为宣传企业和品牌的一大亮点。2008年在章丘市第二十届百脉灯会上，公司展示的灯区以“为奥运干杯”为主题，将人们喜迎奥运与公司发展巧妙融合在一起，整个灯组从内容、规模、动点、灯光均创灯会之最。2009年在第二十一届“百脉灯会”上，公司展出了“富裕、和谐、幸福大家园”机械花灯，寓意公司上下团结一心，以中共十七大精神为统领，深入贯彻落实科学发展观，加快“富裕、和谐、幸福”章丘建设的豪迈情怀和喜悦心情。2010年2月，在章丘市第二十二届百脉灯会上，公司制作展出了以“生态酿酒谱华章”为主题的大型动态机械花灯。2011年2月，在章丘市第二十三届百脉灯会上，公司展出了以“为世博干杯，与玉兔共饮”为主题的大型动态机械花灯，以独特的造型、庞大的规模、惟妙惟肖的表演和绚丽多彩的灯光效果，引来众多市民驻足观看、合影。2012年在章丘市第二十四届百脉灯会上，公司又为广大市民奉献了一组“祥龙献瑞”大型机械花灯，此灯以“琼浆飘香，天降瑞雪入酒中，玉液流淌，游鱼得味化成龙”为设计理念。此灯组多处动点及流动的灯光，使龙、鱼、雪人、雪花等活灵活现，加之九龙杯中变换的五彩灯光并喷出醉人的酒香，成为灯会的焦点。2013年2月，公司制作的以“用心酿造美好生活”为主题的大型机械花灯又是百脉灯会的一大亮点，融入了新建设的北厂区元素，壮观的过街天桥连接酿酒基地和即将投产的现代化新厂区，腾飞的祥龙预示着企业龙腾虎跃般迅猛发展之势。此次花灯最吸引人的还是巧妙融入的产品展示环节，公司独具匠心地设计四名真人模特在祥龙装扮的天桥上展示公司产品，动静结合，美人美酒相得溢彰，吸引力强。2014年2月，公司又为章丘市民奉献一组精彩的大型机械花灯《中国梦·铸酒魂》，该灯以“琼浆飘香，玉液流淌，天马行空，彩云追月”为设计理念。天马行空寓意公司打造百年企业的雄心壮志；彩云追月寓意对中国神舟十号携玉兔探月的美好祝福；琼浆玉液流淌，伴着词人李清照的《如梦令》和酒仙李白的“举杯邀明月”，寓意百脉泉酒文化底蕴深厚。多处动点及流光异彩的灯光特效活灵活现，在灯的中间设有舞台，每天晚上有真人产品秀、歌舞表演等，给人以全新的听觉、视觉享受，为广大市民奉献了一场文化大餐，受到市民高度评价。2015年春节期间，市委、市政府结合章丘实际，从安全角度考虑，取消正月十五的灯会，为更好的展示公司“济南市地标酒”的形象，公司“百脉泉畔荷花仙子”花灯走进了济南市趵突泉公园元宵灯会。2016年2月，公司的“一代词宗”花灯再次走进趵突泉灯会，展示了公司良好的形象，提升了“清照”品牌美誉度。2017年2月，公司花灯再次走进趵突泉灯会，为全市人民送福。2018年山东百脉泉酒业在建厂70周年之际，举办“匠心七十·2018新春灯谜晚会”，这是公司建厂70周年来首次自行举办的花灯展。展出时间正月十二至正月十五晚六点至晚九点，对外售票开放。展区设在公司南厂区，内容包括猜灯谜、赏花灯、对对联、舞龙、拌玩。本次花灯展所有花灯均由公司各部门自行制作，所有节目均由公司职工自编自演。花灯展出期间共接待游客2万多人。

图书室

建厂初期，就建起了图书室，占用房屋4间，60平方米左右，各种藏书达到3000多册，并配有兼职管理员1名，是当时职工丰富业余文化生活的重要场所。至1980年，孙英珍兼任图书管理员时，图书增至5000册左右。图书类型有小说、科普、酿酒知识等，为职工办理了借书证，全天开放借阅。2006年5月，在原有基础上投资2000元，购买图书56本。2007年3月，投资2000元购买图书70本，2年共购买百科类、文学类、经济类、政治类图书126本，借阅方式为交同价抵押保证金，免费借阅，每周下午开放。全厂办理借阅手续的共有180人次，占职工总数的40%。2008年4月，投资2000多元购买包括党务政治、市场营销、文学传记、人文历史、生活百科等类书籍100多册。2012年3月，公司荣获济南市“优秀职工书屋”暨章丘市“十佳职工书屋”荣誉，同时获赠价值2000元的图书。

（审稿人员：张景 侯凌云 王菲）

第十篇

改革创新

第一章 管理体制与机制改革

1978年，中共十一届三中全会后，章丘酒厂在全县国有企业中率先开展了企业管理体制与机制改革的探索。先后实行了超产计奖、全面推进、集体承包、实施多层次经济承包责任制。1988年至1993年又实行了三轮经济承包，使企业面貌发生了根本性变化。1994年11月和2000年8月实行了企业股份制改造和公退民进改革之后，于2004年7月，再次实施了公退民进股份制改造。在实行一系列体制和机制转换过程中。用人制度也随之发生改变。先是竞争上岗、末位淘汰、干部职工按政绩或岗位量化考核，动态管理。与此相适应，分配制度能量化的实施经济承包责任制，企业管理层各部门则实行了岗位绩效工资制，极大调动了干部职工的工作积极性。改革使公司持续释放生机和活力，成为推动企业各项工作不竭的动力和源泉。

第一节 初期改革

改革初探（1978—1981年）—实施超产计奖

全面推进（1982—1983年）—完善各种形式经济责任制（同经委承包、主要奖惩标准）

集体承包（1984—1987年）—实施多层次经济承包责任制（逐步推行、先易后难、同食品公司承包）

1986年实行厂长负责制

改革初探

1978年12月，该厂积极贯彻中共十一届三中全会关于“调整、改革、整顿、提高”的方针和实施改革开放的重大决策，研究探讨企业改革的方法和路子，将管理和责任、奖励相结合，制订了《关于实行超产节约奖励试行办法》。《办法》指出：为实行精神鼓励与物质奖励相结合，并以精神鼓励为主的方针，以调动广大职工的生产积极性，体现多劳多得的社会主义分配原则，各车间班组要制订积极可行、留有余地的定额指标，既能促进生产发展，全面完成各项经济指标，又要有奖可超，要坚决防止单纯指标主义。

这个《办法》1979年首先在酒精车间、串香班实行，并根据条件逐步扩大到单独核算单位，如曲房、锅炉、汽车、刷瓶等。规定酒精车间每百斤地瓜干出酒60%（65°），质量95.5°，理化指标合格，每产百斤酒精摘拿杂醇油0.5斤；串香班每百斤高粱出酒45%（65°），串酒精3400斤，风耗2%，质量73°，无沉淀混浊物，理化指标合格。奖励标准为：每百斤原料多产或少风耗1斤酒，奖励0.06元，工资、材料从节约总值中奖给个人30%，同时还规定，完不成出酒率计划的不能得节约奖。完不成当月的产量计划不计奖；当月完不成质量指标的，当月不计奖，完不成劳动工时和材料消耗指标的，超计划时，按超耗总值处以10%的罚款，从当月奖金中扣除。有下列情形之一者，取消全部或部分奖金：1. 发生死亡或重大事故者。2. 发生重大设备事故或操作责任事故一次损失酒精车间在500元以上者，串香班及其他在100元以上者。3. 弄虚作假，采取不正当手段虚假冒领者。4. 辅助车间：本职工作完成的不好，质量达不到指标，而影响第一线生产时，或发生以上三种情形之一者，全部或部分的扣除责任班的奖金。5. 管理服务部门不坚持三个面向、五到现场，服务质量不好，对生产第一线不关心，群众反映很大者。

奖励范围和分配办法：以车间或班组为核算计奖单位，每月一核算，每月一计奖，串香班、打料工（9人）单独核算计奖和分配。酒精车间为一核算计奖单位，参加奖金分配的有本车间27人，还有与酒精生产关系较大的辅助工种，曲房14人、锅炉15人、机修15人、电工6人、化验3人，总计80人。其他干部职工可参照计奖单位每人平均得奖额的70%。个人有下列情形之一者不能得奖：1. 旷班1天及以上者。2. 病、伤、事假全月累计5天以上者。3. 本岗位发生设备事故和操作责任事故，一次损失达50元以上者。4. 损坏丢失工具全月累计丢失价值在10元以上者。5. 经常违犯规章制度、纪律松弛、教育不改者。6. 无故不参加会议2天及以上者。奖金分配辅助工按低于直接工，各班组分配奖金时可根据各人工作表现、贡献大小、出勤多少、技术练兵等情况，经过群众民主评定一般可划分为二等，奖金差额在20%左右，评定等级可每季进行一次。所扣罚的奖金一律交公，作为补偿国家的损失。

经过1979年的试验，首先在4个生产车间班组试行节约奖励办法。酒精车间实行核算后，十道工序严细成风，恢复制订岗位制度30多条，职工中那种“下班疯跑、上班睡觉”的不良现象不见了，杜绝了跑、冒、滴、漏。车间年节约地瓜干 5.4 万公斤，出酒率达到全省最好水平，增产 65° 白酒 30 吨，价值 4.5 万元。锅炉班大搞节能活动，实行“二定一全”即定司磅、定数量、记录全的制度，在保证汽压和锅炉安全运转的前提下，采取勤、匀、细的办法，全年节煤 800 吨，价值 1.9 万元。制曲班在老同志黄守义等同志的带动下实行稳、准、细、净、勤操作法，并推广 uv － 11 号曲霉菌，使糖化酵素达到 6000 单位，比计划提高 1000 单位，由原来的 5% 使用量降到 4%。为国家节约麸皮 230 吨，价值 3.2 万元。当年全厂提取的奖金 1.3 万元，占超额增收的 15%，平均每人全年向国家多贡献 555 元，人均得奖 85 元。

定额超产节约奖，经过 1979 年到 1981 年间的试行，为全厂继续深入进行全面改革创造了条件。1982 年，改革着力点由注重生产数量转到讲究经济效益上来，开始了试验第二阶段的全面推进。

全面推进

兼顾三者利益，首先确保上交县经委利润指标，实行利润包干超额分成，对上交利润数额，企业留成分配、奖金分配作了明确规定；对企业内部的定员、定额、产品产量、消耗、利润的考核标准也都做了详细规定，做到不漏项、不留死角。如包装车间，质量要求：空瓶外无任何附着物，瓶内无悬浮物、沉淀物，装瓶后应清澈透明，瓶盖压紧，商标贴正，不歪不斜，准确计量，每斤瓶不超过 ±0.02 斤，酒度不超过 ±0.05 度。工作定额：每人每天 270 瓶，计价每瓶 0.0056 元。消耗定额：酒自然风耗 5‰，超耗每斤罚 0.06 元；瓶子自然损耗 2%，超用或节约 1 个奖罚 0.02 元；瓶盖自然损耗 4%，超用或节约 1 个奖罚 0.002 元；商标自然损耗 1%，超用或节约 1 张奖罚 0.004 元；胶帽自然损耗 5%，超用或节约 1 个奖罚 0.002 元；每斤绳子 27 捆酒，每多或少 1 捆奖罚 0.01 元，每斤浆糊贴 5000 瓶商标，每百瓶超用或节约奖罚 0.05 元。从酒库打灌装酒，车间应对数量、质量检查验收，无误开给领料单，入车间账。

其次是对各车间、岗位进行各项指标分解，先是求出定额。该厂大小 15 个生产班组，5 个科室 195 人，64 个岗位都实行了定员定额，从厂级领导到基层班组制订四部分 4 项、248 条岗位制度，具体办法是：上级对厂实行四项指标核算，提取生产奖，厂对车间班组实行指标分解计奖和超定额计奖，全厂按一、二、三类发放，分生产辅助和管理。全年提取奖金 14700 元，平均每人75元，最高的达到1000元左右，最低的不足60元。固体班实行超定额计奖，月最高达到27元。主要车间酒精车间，实行指标分解计奖办法，在完成产量、质量、出酒率计划的前提下，提经常性生产奖。出酒率比计划每提高0.5斤，增奖10%，另按各项消耗定额提取节约奖。为鼓励多投料提高产量，每多投1锅料当班工人可增加20%当日工资。到1982年全厂形成了计件工资制、指标分解计奖、超定额计奖、集体专业承包、无定额指标人员百分计奖多种形式并存的状况。主要内容包括产值、产量、质量、成本、消耗、利润等，克服了干多干少一个样的弊端。如白酒车间上半年因达不到消耗指标3个月没有得到奖金收入，10月后，车间加强管理，人人严细操作，全面达到指标，最高的每月奖金30元，低的只有5元。1985年1月12日，该厂做出了关于给科长放权的规定，规定指出"为充分发挥科长在改革中的积极性、主动性，在厂长统一指挥下，将部分权利下放给科长。"科长除认真贯彻落实厂各项计划、决议、规定、积极主动的完成厂部交给的各项任务外，对本科室人员和所属车间班组，有权采取各种形式进行承包（承包指标和内容必须经厂部研究同意，由厂部监督、检查、指导）；对所属班组长有任免权（任免前必须经厂长同意，报政工科备案）；对所属职工，根据工作需要有权合理调整；按照奖勤罚懒和多劳多得的精神有权对干部职工实行奖惩；有权批准副科以下的干部假期；对违犯劳动纪律、工作表现不好或出现事故造成损失的个别工人，有权调整、停职检查、扣罚奖金或工资。

经济承包

1982—1983年，该厂同县经委实行利润包干超额分成责任制，取得成功之后，于1984至1987年，该厂进入不断完善责任制、试行全面经济承包阶段。1984年6月，中共章丘县委、县政府先后下发了《章丘县经济体制改革（试行）方案》《章丘县人民政府关于改革工业体制，对企业进一步放开、搞活的意见》明确指出"长期受左倾错误影响，企业执行经济政策统得多，放得少；在管理体制上没有真正解决企业的自负盈亏问题，企业缺乏自主权；在分配制度上还存在吃'大锅饭'的弊端。致使企业缺少压力、动力和活力，因而影响了企业的巩固和进一步发展。因此决定全面推行以承包为中心的经济责任制。县政府与主管部门、主管部门与公司、公司与企业之间都要建立和完善经济责任制，签订承包合同。明确规定产值、利润、质量、消耗、国家计划内产品的产量等主要指标和奖惩办法。企业主要领导干部的奖罚比例，可以按照超额情况，高于职工奖罚比例的10%到15%。合同承包期1年不变。在企业内部，可根据企业的实际情况，实行各种形式的税后承包责任制。承包的定额基数要先进合理，积极可靠，承包期在规定每年的递增比例后可以一定几年不变”。

该厂积极贯彻执行县委、县政府的改革意见，并于下半年研究制订了《章丘县酒厂关于经济体制改革的（试行）方案》。

一、全厂进行指标分解。

1.经济指标:生产白酒4560吨，产值660万元，利润92万元，产品质量：理化指标含量、感观达80分以上。

2.完成各项指标，书记、厂长按全厂每人平均奖增发50%，副职增30%。如有一项完不成减发20%，前三项完不成扣工资5%。

二、厂对车间、班组、科室及个人采取三种形式实行经济责任制。

凡能实行承包的单位或个人一律实行承包；不能实行承包的单位有的实行计件工资制，有的实行临时定额计件，有的计时；对所有干部职工普遍实行岗位责任制和经济责任制，推行百分计奖法。奖金指标控制到人，体现奖勤罚懒，多劳多得。

三、保证产品质量，掌握市场信息，适应社会需要。

1984年薯类白酒要达到一类标准，理化指标要合格，感观达80分以上，粮酒创优质。根据社会调查和人民生活不断提高的需求，向高档粮酒和低度酒及多品种方向发展，确定百脉泉白酒在原有62°、60°和53°再增加52°玉液，粮酒在高粱酒、大曲、佳酿的基础上新增加百脉泉特曲，并陆续增添适应市场需要的新品种。

企业有权从社会上招聘管理人员、技术人员，工资、福利由企业自定。

四、厂长对行政副职可以提名，报上级批准，对中层行政干部有权任免，有权对职工进行奖惩，包括晋级奖励。有权对在革新改造、节约挖潜、发明创造、开展销售业务等方面贡献大的发特殊贡献奖。对劳动纪律进行整顿，做出奖罚具体规定。

1984年6月26日，该厂按照县委、县政府完善经委—公司—企业三级管理体制要求，同章丘县食品工业产销公司签订了经济承包协议书。产值660万元，实行百分计奖，分解为产量占10%，质量占15%，利润占70%，安全生产占

5%。⑴产量：饮料酒4560吨（占10%）；⑵产品质量（占15%）理化指标：白酒（60°），甲醇不得大于0.12毫克，杂醇油不得大于0.15毫克，铅不得大于1毫克。粮酒（62°）：甲醇不得大于0.04毫克，杂醇油不得大于0.15毫克，铅不得大于1毫克；⑶利润（承包）指标80万元(占70%)；⑷安全生产(占5%）。

以上指标，均按下达的计划指标考核，全面完成计划并安全生产无事故（利润完成80万元），全厂按两个月平均工资发放奖金（不足50元按50元），利润完成92万元，全厂按3个月平均工资发放奖金。另外，厂长、书记加发160元，副厂长、副书记加发100元。全年安全生产无事故，厂长、书记发安全奖50元，分管厂长100元。对完不成上述指标或发生事故的处罚也作了详细规定。为了落实承包措施，酒厂对中层以上干部重新进行调整与任命，对各项经济指标层层分解到车间、科室，并层层签订了责任制，实行全面承包。较好的调动了广大职工的积极性，当年按生产超产节约奖提取奖金3.6万元，职工平均每人得奖163元，严格的操作规程，使劳动效率不断提高，当年白酒产量比上年增加1019吨，增长29.16%，劳动生产率达到3万元，比上年26024元提高了3976元，增长11.52%，劳动出勤率达到98.5%以上，是历年来的较好水平。1985年全厂18个集体单位承包14个，方法上对下分解，如销售科取消个人基本工资，5000吨分解到12个人、30个网点，上不封顶，下不保底，按比例分成。

责任制严格工艺、降低消耗，1986—1987年，在白酒过剩、市场竞争激烈，形势严峻的情况下仍取得较好成绩。

这一时期的改革特点是节奏快，形式多样化，一是计件工资制，即以定额工资为基础，按件计酬，多劳多得（灌装车间）；二是指标分解算奖办法，即每人按综合奖、指标奖分项计奖（酒精车间、锅炉车间采取这种形式）；三是定额计奖，即完成定额后的超额部分；四是集体专业承包，如零活、机修、木工等；五是无定额人员实行百分计奖，完成任务好和超额完成任务为计奖依据。

级别不同，类别不同则指标定额有不同，奖励也有所不同。

企业实行厂长负责制，是经济体制改革的重要组成部分。1984年章丘县开始在两个企业试点后于1986年在全县推广。1986年该厂也对企业经济体制进行了调整，明确了厂长、党委、职代会方面的职责权限和工作关系，保证了经济体制改革的深入发展。

第二节 三轮承包

一轮承包（1988 年 1 月—1990 年 12 月）

二轮承包（1991 年 1 月—1992 年 12 月）

三轮承包（1993 年 1 月—1993 年 12 月）

第一轮经济承包（1988.1—1990.12）

1988 年 2 月 27 日，国务院发布《全民所有制工业企业承包经营责任制暂行条例》，条例第二条规定："承包经营责任制是在企业的社会主义全民所有制的基础上，按照所有权与经营权分离的原则，以承包经营合同形式，确定国家与企业的责权利关系，使企业做到自主经营、自负盈亏的经营管理制度。"

为全面落实中央指示精神，根据章丘县委、县政府的部署，章丘县经委等企业主管部门面向社会公开招标酒厂承包经营者。通过竞争原厂长韩宪安中标，根据《章丘县工商企业实行承包经营责任制和租赁经营的试行意见》，按照"包死基数，确保上交，超收多留，欠收自补"的原则，双方共同协商一致的基础上签订了第一轮承包合同。

发包方为县经委、财政局、税务局、县工商行、劳动局（简称甲方）

承包方为乙方

自 1988 年 1 月 1 日起至 1990 年 12 月 31 日止，承包期为 3 年。

承包指标：乙方 3 年实现利润 218 万元，各年度实现数额分别为 1988 年 66 万元；1989 年 72 万元；1990 年 80 万元。

乙方上交承包利润 108.64 万元为基数，以上指标分年考核统算，每年上交利润数额分别为 1988 年 30.16 万元，1989 年 36.4 万元，1990 年 42.08 万元。超收按比例分成，企业占 45%，上交财政 55%。同时还确定了承包期内必须完成技术改造项目，设备完好率、总投资额、实现新增利税等。

认真搞好企业内部的配套改革，健全领导机制。首先是按照革命化、年青化、知识化、专业化的要求减少领导职数，搞好厂级、中层领导班子的组阁。厂级设 1 正 3 副，其中设生产副厂长 1 名，负责生产、供应、设备、安全；设经营副厂长 1 名，负责产品销售、信息的反馈和收集、商品管理及财务收支平衡；设技术副厂长 1 名，负责技术、生产工艺、产品质量、计量的管理，上新创新、研制新产品。除重大决策和关系到企业发展的重大问题外，厂长将权力下放给副厂长，使其有职、有权、有责，调动其积极性。调整充实组织结构，强化指挥系统。对企业管理部门分为生产、经营、技术三大部分，由分管厂长负责，并设厂办公室、生产、动力科、供应科、销售科、财务科、质检科、综合科（行政劳资、保卫）等科室。厂部下设4个车间：酒精车间、固体车间、包装车间、机电车间。对车间、科室负责人实行招标聘任制。采取张榜求贤、请中标请带头的办法，实施竞争上岗，科学组合了中层管理体系。发动原车间、科室负责人积极向厂长递交承包打算书，接受厂长的选聘，厂长本着注重实际，唯才是举、该用就用、该精即减的原则，改行他业的中层以上干部4人，调任易职的2人，选聘提拔的1人，把聘任、试用、责任、奖惩等四项制度融入管理机制。全方位、多层次调动了生产积极性，形成层层有指标，千斤重担众人挑的生动局面，克服了人浮于事的现象。

完善企业内部经济承包责任制，首先划小核算单位，由原来的一级核算改为两极核算，分别对酒精车间执行吨酒成本包干的效益工资，对包装车间进一步完善，调整计件单价和各种材料消耗定额。对机电车间实行三包一奖制（一包设备运转率。二包设备完好率，三包设备维修费用），合理制订设备运转率，设备完好率，维修费用，完成规定的三项指标即发基本工资和标准奖金。超额或完不成采取同奖同罚。对机关人员工资实行指标定额和车间挂钩的工资奖金浮动计酬办法。

围绕总体目标展开以经营为中心的综合管理改革，在计划的指导下将目标层层分解，一环扣一环，各车间、科室根据目标测算成本利润率，分析其变化原因并制订出相配套的物资、财务、质量、营销管理措施及物耗定额。很快成本下降，利润开始回升，当年实现产值754万元，利润104万元，占年计划66万元的157%，税金167万元，人均实现利税1万元。原料出酒率达到61.71%，超计划2%。

这一年不仅各项经济指标创建厂以来最好水平，其他各项工作也齐头并进，先后获省级节能企业、市级档案管理先进单位、济南市先进企业、安全优秀单位、重合同守信用单位等多项荣誉称号，创2个济南市优、2个省厅优质产品称号，填补了建厂40年来无名优产品的空白。

1989—1990年，在原企业内部全面实行经营承包的基础上着重推广实行了风险共担抵押承包，为引入竞争和各种形式的承包注入了新的活力。在国家宏观调控、紧缩银根、贷款压缩、原材料涨价、市场竞争日趋激烈的情况下，章丘酒厂紧紧抓住深化承包责任制这个主要矛盾，正确处理国家、集体、个人三者利益关系，将任务包干、收入同各层次相挂钩，从指挥网络系统、经营作风、企业内部管理、质量体系管理、双增双节成果，全部实施标准化、制度化，修改补充各项标准 322 项、3000 多条。其中管理标准 88 项 740 多条，技术标准 87 项 950 多条，工作标准 147 项 1320 多条，使全厂每个科室、车间、班组、工序、岗位人人有标准，处处有标准，激励调动了全员的积极性。

成立了强有力的生产经营指挥系统，首先建立了以厂长为中心的厂长负责制和厂长目标责任制，确定了厂长的中心地位，形成了以厂长为中心的强有力的生产经营指挥系统。一是充实调整以聘任的形式组成了精干、协调的各级领导班子，运用经济合同把各自的目标责任输入管理机制，各负其责，纵横协调形成了宝塔式的上总下分任务指标保证体系。二是强化了生产经营的统一领导，提高了决策和指挥的时效性，各科室减少了职责不清、无人负责和推诿扯皮现象，提高了工作效率。

转变经营作风，由封闭型转为开放型，经营方式逐步实现了从单纯的生产型向生产经营型的转变，从被动执行型向主动开拓型转变。根据自己的特点，发挥本厂经营独特之长，首先制订了年度经营方针和年度、月度经营目标，以市场观念、竞争观念、开发观念、用户观念、信息观念等构成了企业经营主体。瞄准社会需要，调整产品结构，面对现阶段广大群众的消费心理、习惯和消费水平，采用量、本、利分析法，把粮食酒生产的四个档次压缩为两个档次，通过改造发酵池，采取先进的生产工艺，不仅扩大了清照特曲、百脉泉特曲两个优质产品的产量，而且也使这两种产品逐步走上高档优质之路。通过调整后的粮酒年可减少耗粮 460 多吨，而且增加税金 59 万元，利润 40 万元。强化开发观念，实现多层次增值增收。一是在开辟提供饮料酒的同时，提供原料酒精，瞄准酒精市场走向，在上年酒精销售业务的基础上，扩大了销售量，沟通了许多用户的供货渠道，保证酒精销售指标的数量，全年共销售酒精 1358 吨；二是增添物理酿熟设备，对产品走捷径、上等级起到了保证作用；三是引进投资少见效快的无水酒精生产线，年增值 140 万元；四是研制开发新品种 3 个，投放市场倍受欢迎。同时，较好的售后服务保证质量，企业内部管理工作得到了不断加强和改善。

由于管理好与坏同收入挂钩，管理工作出现三大变化。

围绕总体目标，加强了计划管理。1989年在生产、管理、经营决策实施计划调控中，以市场预测为主导，掌握并抓住重点，紧中求活，及时调整的原则，制订了年度各项计划指标；各科室、车间在厂总体计划目标的指导下，层层分解目标落实到班组和个人，并制订出相应的配套实施计划，明确自己的目标和责任，做到了一环扣一环；各职能部门工作的衔接，内部环节协调、配套，保证了生产、经营和后劲的稳定发展，确保了厂总体目标的实现。由于受原料价格、货源、资金的影响，被迫减料生产，厂部及时调整计划，产量到年底实际完成5359吨，完成计划的100%；原料出酒率年计划60%，实际达到60.63%，完成计划的101%；利润完成计划的100%；供销方面克服原材料紧张困难，做到材料及时供应畅通，保证生产，实现了产销平衡。各科室、车间原辅材料、配件备品按月份、季度提报计划进行购置，采取了成本目标控制法，加强成本预算，改变那种事后算账的做法，考核到车间、科室，定期研究产品成本的升降原因，及时采取措施，降低成本，确保了计划目标的完成。

加强了账财物管理。1989年，该厂在物资管理方面存有许多物资消耗无定额，或有定额执行不严，虽有计划但执行不够认真，出现了某些物资账物不符，超储备积压现象，不同程度地给国家、集体造成了浪费。主要采取了以下解决办法：一是进一步完善和充实了物资管理制度和物资管理标准；二是建立健全了各项物资消耗定额，执行限额领料；三是开展清仓查库工作。在贯彻经委“四查”“三算”“一定”活动中，共组织大型的清仓查库2次，对五金备件的2156种物资进行了清理，结果有112种账面物资超储备，价值4万多元，报废物资4种，价值2000多元，账外积压物资12种，价值8万元左右，报废电机8台，价值5000多元，总价值12.7万元。包装材料清查商标37种393.4万套，合格的13种115.6万套，报废的8种45.95万套，价值1.06万元，不在账的5种140.87万套，价值3.42万元，总共价值4.48万元。积压瓶盖2种50万个，价值1.8万元。这些问题的及时处理，不仅保证了今后物资的合理储备，减少了物资积压，同时加快了资金的周转。在严格执行财务制度，搞好成本核算的同时，还注重了资金来源渠道的调配和使用及时对经济活动和财务收支进行有计划的预测控制。

扎扎实实地搞好质量管理。加强质量的管理挖掘企业潜力。在生产经营及各项工作中坚持质量第一,以质量求生存、求发展、求效益。在搞好生产、慎重经营、避免失误、保持盈利的工作中，紧紧抓住提高产量、增产增收这个中心环节，从调整产品结构、销售方向入手，走深加工、精加工之路，实现了无水酒精的增值；走产品扩张之路，扩大酒精销售市场，实现了增收；同时更新换代开发新产品；克服了过去“皇帝女儿不愁嫁、萝卜快了不洗泥”片面追求产值产量、忽视产品质量的倾向，共检验各类白酒242批，按国家及厂内控标准的要求全部合格，合格率100%。对生产过程中半成品检验372批次，按指标要求，合格率352个班次，不合格20个班次，合格率94.6%。同时经市县两级防疫部门对该厂各类产品进行的3次抽样检查全部达到了国家卫生标准。全年厂内组织清照特曲、百脉泉特曲感观评酒14次，全部90分以上，其它白酒评酒12次，全部80分以上，两项均达到了省优水平。

1988—1990年承包的3年内，该厂的固定资产由承包前的275万元增加到365万元，增加了32.7%，实现利税1012万元，其中完成承包利润254万元，超出承包指标16.2%，各项工作上了一个新台阶。

第二、三轮经济承包

(1991年1月—1992年12月、1993年1月—1993年12月)

1990年11月6日，以该厂韩宪安为法人代表的21人承包集团超额完成了第一轮3年期承包任务后（1988年1月—1990年1月），又先后承包了1991年1月至1992年12月的2年期和1993年1月至1993年12月的1年期，共3年期的承包任务。

第二轮经济承包，发包方为章丘县经济委员会，承包方为章丘县酒厂，集体承包期限2年（自1991年1月1日—1992年12月），第一年实现利润80万元，第二年实现利润90万元，两年分别上缴利润40和44万元，超收45%交财政，55%留企业。另外对企业工业总产值、资产增值、技术改造、新产品开发、产品质量、14项指标和双方权力义务和考核奖惩办法做出相应规定。

第三轮承包期为1993年1年，完成工业总产值2200万元，实现利润120万元，这两期承包先后采取的主要治理措施：坚持走速度、质量、效益三位一体、优质经营战略，将经委下达承包任务自上而下层层分解，落实到车间、科室、班组和个人；配合劳动纪律整顿、目标化管理，实施干部聘任、责权利奖惩、风险相统一；任期责任制压缩非生产人员，查浪费堵漏洞，改革管理手段；健全完善的质量管理体系，市场为导向产品开发体系，节能降耗挖潜，成本控制和效益保证五大体系；全面开展质量、品种、效益年活动，使企业在市场不断变化遇到许多困难的情况下，取得可喜成绩。1992年底，第二轮承包期结束时，该厂实现工业总产值2005万元，比1991年1776万元增收12.9%，实现利润130.7万元，税金345.6万元，完成产品产量6413吨，其中：瓜干酒5955吨，粮酒390吨，露酒68吨，无水酒精185吨，瓶酒4802吨，实现销售收入1720万元，较上年提高12%，吨酒耗料、耗煤、耗电均达到同行业先进水平。各项主要经济指标均较第二轮承包指标有较大增长。

1993年第三轮承包期的一年间，企业克服了资金短缺、原材料上涨、效益滑坡的困难局面，完成工业总产值2200万元，比上年增加9.7%，实现利税620万元，比上年增长30.5%，远超出承包指标。

第三节　公司制度改革

第一次改制　实施股份制改造（1994年11月10日）

为建立现代企业制度，以转换经营机制、加快经济发展为目的，1994年9月，中共章丘市委、市政府决定对该厂的产权制度进行改革，即实行股份制。

10月30日上午，市企业改制领导小组就该厂企业改制问题召开了现场办公会议，领导小组组长孟宪杰、副组长时延盈等参加了会议。会议在听取了指导组前段改制工作情况汇报的基础上，就有关问题研究并提出了具体意见：1.资产评估结论：以1994年8月31日为评估基准日，经市会计师事务所评估，企业资产总额为3286.8万元，负债2248.8万元，企业净资产为1038万元。企业净资产包括有形净资产591万元，无形资产447万元，无形资产包括土地使用权292.8万元，用电权、用水权、电话权等三权154.2万元。2.产权界定及剥离项目：按章体改［1994］1号文 规定进行资产剥离后，企业可出售有形净资产为304.9万元，从有形资产中所剥离项目如下：⑴剥离职工宿舍147.1万元，剥离的资产归国家所有，按房改有关政策另行处理；

⑵剥离坏账准备金100.1万元（其中包括冲减制药厂欠款50.02万元，冲减库存商品利润48万元）；⑶剥离离退休职工医疗费22.5万元；⑷剥离抚恤费11.6万元；⑸剥离资产评估费4.7万元。以上项目共计286.1万元。3．企业改制形式：决定将企业改组为由企业内部职工、市投资公司和国有资产经营公司三方按6：1：3投资比例组成的济南百脉酿酒（集团）股份有限公司，设计股本总额为500万元人民币。该公司董事会设7名董事，其中市投资公司和国有资产经营公司各委派1名。其余5名均由职工内部按一股一票选举产生，董事长、副董事长在企业内部董事中选举。监事会设3名监事，由各投资方协商决定。4．土地80亩使用权归国家所有，改制后的公司按每年每亩800元标准交纳土地使用费，暂时上交原企业主管部门市工经委管理使用。5．该企业剥离后的有形净资产，除去按投资比例转股150万元，其余154.9万元上交市国资局，具体还款时间由国资局与企业协商决定。6．该公司创立后按新的机制运行。7．企业改制工作中的有关程序要由公证处予以公证。

11月8日，章丘市体改委章体改股字［1994］22号文下达，认为所提供的文件符合股份制试点要求，同意设立济南百脉酿酒（集团）股份有限公司，作为本市股份制试点企业。该公司为自主经营、独立核算、自负盈亏的企业法人。该公司为定向募集公司，注册资本为500万元人民币，每1000元为一股，折为5000股，全部股份由企业内部职工、市投资公司、市国有资产经营公司三方认购。股东以其所认购股份对该公司承担有限责任，该公司以其全部资产对该公司债务承担责任。该公司实行董事会领导下的经理负责制，按规范要求建立、健全相应机构和各项管理制度，形成新的运行机制。有关部门为该公司创造自主经营的条件，提供服务，实行监督，并按规定负责发放文件，组织参加会议，进行签证盖章等。

在改制工作中，坚持了稳妥扎实、严密组织、分布实施的工作方针，经过了思想发动，资产评估，购股认股，召开股东会议，召开创立大会，确立工作机构和新的管理运行机构四个阶段。

1．思想发动阶段，主要办了三件事。一是成立了企业改制筹委会；二是起草了申请书、可行性报告、实施方案、购股说明书和公司章程；三是层层进行思想发动，先后召开了厂领导干部会、中层以上干部会、职工代表会，并邀请市里领导对该厂企业改制工作进行帮助指导。

2. 资产评估阶段。资产评估工作是进行企业改制的基础，也是保证国家、集体、个人三者利益的关键。在评估过程中始终坚持了“三个原则”，一是依法评估的原则；二是客观公正、实事求是的原则；三是速度服从质量的原则。首先，企业自身进行了清产核资，接着聘请市会计师事务所对企业的资产进行实事求是的评估。评估结果，企业资产总额为3286.8万元，负债2248.8万元，企业净资产为1038万元。企业净资产中包括有形净资产591万元，无形资产447万元。根据章体改［1994］1号文件规定进行资产剥离后，企业可出售有形资产为304.9万元。

资产评估结束后，根据市企业改制领导小组决定：为该公司设置股本500万元，其中企业内部职工认购300万元，国有资产管理局认购150万元，市经济技术开发投资总公司认购50万元。筹委会根据企业和职工的实际情况，决定每股股本面值为1000元人民币，职工认购最低不得少于3股，中层干部认购最低不少于10股，厂级干部认购最低不少于50股，职工购买股份发给无记名式股权证。筹委会决定3天时间全部募集完股金，决定发出后，全厂干部职工踊跃认购，并且出现一批大股东，5万元的股东7人，5万元以上的股东1人，经过3天，该公司实收股本总额为180.8万元人民币，达到了预期目的。

3. 召开股东会议。股份募定后，通过精心的组织准备，于11月3日召开了首届股东大会，通过了公司章程，选举公司董事和监事会。选举过程中始终坚持“三不”原则，即根据市里的要求，坚持不定调子、不划框子、不提候选人的原则，在选举中，按照干部“四化”的要求，选拔那些懂经营、会管理、求实务实、开拓进取的人进入领导班子。经过近1天的会议，通过了公司章程，选出了董事会和监事会。在11月7日，董事会和监事会分别召开第一次会议，选举了董事长和监事会主席，并研究聘任了副总经理，决定了新的组织机构，启用了新的管理机制，进一步修订完善会计、劳动工资、内部管理等各项管理制度，重新确定各职能机构的工作职责，建立起新的领导体制和运行机制。

广大干部职工认真学习中央《决定》和省、市委有关文件，充分认识到产权改革的必要性和改制的优越性，都满腔热情的拥护和支持。全厂上下思想安定，精神面貌焕然一新，工作积极性高涨，9、10两个月共完成产值480万元，销售收入666万元，实现利税244.6万元。改革促生产、促经营、促发展，1994年紧紧围绕科学管理、夯实基础、争创一流的工作方针，以提高经济效益为中心，推进技术进步，消化了新税制给企业增加的税负，抑制了原料涨价造成的产品成本增高，克服了资金不足的困难，实现了效益翻番的目标。完成工业总产值2300.73万元，比上年的2200万元增长8.43%，生产各类酒6214吨，完成销售收入3318万元，比上年增长27.03%，实现利税1008万元，比上年增长51.12%，纯利润313.6万元，比上年增长157%。地瓜干出酒率年平均58.45%，比上年提高66%，吨酒耗煤494.94公斤，吨酒耗电139.80度，达到全省同行业先进水平。

改制后的经济效益出现了强劲的发展势头，激发了广大股东强化管理、苦练内功、发奋图强、赶超一流、再创辉煌的决心，企业跨入新的发展时期。

第二次改制 公退民进（2000年8月8日）

1999年9月22日，中共中央召开十五届四中全会，全会通过了《中共中央关于国有企业改革和发展若干重大问题的决定》，全会认为，推进国有企业改革和发展是一项重要而紧迫的任务。全会确定了从2000年到2010年国有企业改革和发展的主要目标和必须坚持的指导方针。

为贯彻落实中共中央十五届四中全会精神，中共章丘市委按照中央要求大胆解放思想，做出使公有资产逐步从一般竞争性企业中退出的重要决定，实行彻底的产权制度改革，最大限度地发挥企业经营者和职工的积极性，从而真正实现政企分开，为企业在激烈的市场竞争中健康发展创造宽松环境。鉴于1996年前第一轮改制限于当时政策环境和职工承受能力，公有股份基本上没有退出变现的状况，要求加大企业公退民进的力度。企业以公退民进为重点的产权制度改革已成为章丘市企业改革一个时期的工作重点。这次改革该公司已经确定为市属骨干企业首家公退民进试点企业。

1999年11月3日，该公司向章丘市公有资产管理委员会提交了关于买断国有净资产的申请报告。介绍了该企业在1994年第一次改制时企业剥离后的净资产为305万元，按照章丘市人民政府办公会议纪要［1994］第37号文和章丘市体改委［1994］22号文《关于同意设立济南百脉酿酒（集团）股份有限公司的批复》，该公司成立时的股本设计为505万元，其中国资局购买150万元，市投资公司购买50万元，企业内部职工购买305万元。1996年12月，经董事会研究对粮酒改造，由于资金不足用扩股解决，截止1999年10月，该公司总股金729.18万元，职工持股金380.68万元，占总股金52.2%，国资局261.4万元，占总股金35.8%，市投资公司87.1万元，占总股金11.9%，国家股占总股权的35.8%。

根据济南市深化国企产权制度改革指导意见和章丘市企业改制有关文件，为转换企业经营机制，明晰产权关系，充分调动发挥投资者、经营者和生产者的积极性，促进企业经济效益持续、稳定增长，经公司董事会研究决定，股东大会讨论通过，企业内部职工申请二次改制，买断国资局200万元股权。

2000年4月13日，向市国有资产管理局递交资产评估请示，6月18日，市国资局4号文确认。7月1日，章丘市体改委下达了济南百脉酿酒（集团）有限公司改制实施步骤，首先，成立济南百脉酿酒公司改制工作指导组和济南百脉酿酒公司企业改制领导小组，制订济南百脉酿酒公司改制实施方案；然后交由该公司董事会、中层以上干部会、股东大会通过，形成股东大会决议；再由该公司向市公有资产管理委员会提交改制申请报告；市公有资产管理委员会对该公司申请报告进行批复，确认股东身份，制订公司职工购股办法以及组织收缴公有股权变现资金；由国资局和海泰集团公司分别与公司个人股东办理股权转让手续并由市公证处予以公证；制订该公司章程修改案和公司董事会、监事会选举办法等。

7月15日，该公司成立企业改制领导小组，公布了市企业公退民进协调指导小组名单，并分别上报该公司公退民进实施方案、公退民进改制报告和申请，主要内容有：

资产评估和股本变化情况。

资产评估结果：该公司委托章丘誉源会计师事务所对公司的资产、负债、损益情况进行了评估。截止2000年3月31日，企业资产总额为4138.8万元，负债总额为3224.5万元，净资产为914.3万元，其中无形资产577.6万元（土地5.56万平方米，使用权551.1万元，用电权及通讯权26.5万元），有形净资产336.7万元。

股本变化情况：1994年第一次改制时，股本设计为505万元，经过近几年的增资扩股，截止目前，股本总额为729.38万元，其中国有股261.4万元，国有法人股87.1万元，职工个人股380.88万元。

根据市国资局确认的评估结果，企业实际每股净资产由原来的每股1.00元降为每股0.462元，国有股实有资产120.67万元，国有法人股实有资产40.21万元，职工个人股实有资产175.82万元。

购股数额和办法

购股数额：根据第50次市长办公会研究的意见，企业共计可退出公有资产为187.38万元，奖励主要经营者（韩宪安）12万元后，企业实际需要购买的公有资产为175.38万元，其中上缴国库135.17万元，交海泰集团公司40.21万元。

购股办法：本次购股的原则是经营层持大股，职工多持股，不搞平均主义，干部职工配售股份限额为：主要经营者1人，12万元；其他经营者8人，每人5万元；中层干部每人5000元；职工每人2300元。

购股范围：截止2000年6月底，公司在册正式职工。

其他有关问题：按照市政府第50次市长办公会研究的意见，土地使用权551.1万元暂不出售，仍归国家所有，由企业有偿使用，按年利率5%的比例上缴国资局资产占用费。原市经委每年收取的土地使用费6.4万元，从上缴国资局的资产占用费中扣除。企业公退民进后，股本金额调整为363.2万元，每股1.00元，计363.2万股，原职工个人股380.88万股，按1比0.462的比例缩股为175.82万股，并予以确认。在购股期间，确有特殊困难完不成配售股份者，由本人申请，经企业改制领导小组批准，可以少购或不购配售股份。奖励主要经营者（韩宪安）的12万元股份，在其任职期间享有分红权，但无所有权。公司由10个股东组成，其中，职工持股会作为1个股东，其他9个股东由经营层以自然人身份分别出资构成。

2000年7月20日、8月6日，章丘市公有资产管理委员会（章公资委字［2000］2号）、章丘市体制改革委员会（章体改股字［2000］6号）分别对该公司“公退民进”改制的申请报告及实施方案给予批复。整个改制工作从2000年7月16日开始至8月5日新公司成立大会止，历时24天，经过宣传发动、认购股本、讨论通过公司章程修改案、选举董事会、监事会和新公司成立四个阶段，并对相关文件进行公证。

2000年8月8日，新改制的济南百脉酿酒有限公司成立大会隆重召开，济南市委常委、政法委书记时任章丘市委书记李家政到会祝贺并发表重要讲话。体制改革的成功，为企业发展注入新的活力。至11

月，完成工业总产值2675.72万元，比上年同期提高16%；工业增加值2282.85万元，比上年同期提高20.5%；销售收入5529万元，创历史同期最好水平；完成税金1190万元，比上年增长9%；全员劳动生产率32238元，比上年同期增长13.15%；主要产品产量65°白酒完成7982吨，增长14.11%。粮酒吨酒成本降到5115.73元，较上年下降11.6%，地瓜干酒吨成本由上年的2294.62元降到了1729.17元，下降33%。

第三次改制　公进民退（2004年7月8日）

2003年7月，该公司原董事会做出的有关公司经营层收购员工转让的股份总额170.8176万元的决定及行为，经章丘市人民法院［2003］章民初字第3973号民事判决书判决无效。章丘市政府研究决定，对已购的股份分期退还，于2004年7月8日止已退还71.78万元，剩余的99.0376万元（即赵炜72.1176万元、潘正江8.5万元、巩玉华8.5万元、于承溪8.5万元、张传海0.71万元、王峻虎0.71万元），自2004年起3年内还清，平均每年退还33.0125万元。此股份不计利息，不享受分红的权利。

2003年9月21日，该公司召开临时股东大会，针对该公司出现的新情况，作出了将公司租赁的国有土地折价入股的决议，并向章丘市国土资源局提出终止国有土地租赁、实施评估后折价入股的申请。

2004年2月20日，章丘市人民政府作出关于济南百脉酿酒有限公司国有土地折价入股的决定，同意该公司使用的国有土地18809.2平方米折价入股的请示，由市土地估价事务所进行评估，并具此办理相关变更手续。至此，标志着济南百脉酿酒有限公司建立以来的第三次改制（即公进民退）已开始。

2004年4月13日，山东道勤恒基土地评估有限公司受章丘市经济贸易局委托，土地估价结果为165元／平方米，总地价：3103517元。

2004年4月16—17日，章丘市公有资产管理办公室、章丘市国资局分别下达文件，该公司提交的《关于用国有土地折价入股的请示》给予批复。

章丘市公有资产管理办公室批复："同意用你公司（指济南百脉酿酒有限公司）土地18809.2平方米，折价3103517元，折国有股3103517股参与你公司，并具此办理有关手续。"（章公资办字［2004］4号）章丘市国资局则决定将评估的3103517元折价入股，由市公有资产经营公司持有，行使股东权利，并办理相关增股变更手续。

2004年6月7日，该公司董事会下达关于召开公司股东大会的预备通知，7月8日召开公司股东大会。议程：1.修改《济南百脉酿酒有限公司章程》。2.改选董事会、监事会组成人员。大会由章丘市经贸局副局长时延学主持。

一、市政府副秘书长穆向阳宣读了章丘市公有资产管理办公室《关于理顺济南百脉酿酒有限公司产权有关问题的批复》《关于向济南百脉酿酒有限公司委派股权代表、推荐监事候选人的决定》。

二、李成新宣读修改后的章程。

三、高进宣读选举办法。

四、由记票人按股东持股发放选票。

济南百脉酿酒有限公司董事会、监事会通过三届一次会议选举李成新为董事长，王梅香为监事会主席。

股本理顺

2016年，按照建立现代企业制度要求。经章丘市政府同意、该公司股东代表大会通过，对公司股本进行了理顺。

股本理顺的基本原则：根据《公司法》规定，股权理顺在公司现有股东之间进行。加大高层管理人员和中层骨干人员持股比例，高管占总股本30%左右，董事长持股不超过高管50%。股东在认购限额范围内实行自愿认购。

空挂股填实方案：将空挂股222.9万元由该公司职工股东认购，国有股不再参与认购。认购每股价格为1.00元人民币。

股份认购分配限额：一般职工股东为3000元，中层管理人员：正职为10000元，副职为8000元，高层管理人员：副职为16万元，董事长为94.6万元。如股东持有股份已超过认购限额，保持原有股份不变。如有股东放弃股份限额认购的，放弃认购部分由公司高管认购。

代表大会人员调整：2016年1月22日，公司召开第六届一次股东代表大会，主要内容为：审议董事会、监事会工作报告，选举新一届董事会、监事会。

董事会、监事会人员调整方案：公司董事会由7人组成，分别是李成新、张传海、马业准、牛余林、杜祥宝、张刚、袁锡惠（女），董事长建议人选为李成新。公司监事会由3人组成，分别是国有股代表王梅香，公司内部产生2名，分别是王峻虎、颜承亮，监事会主席为国有股代表王梅香（女）。

注册股东构成变化情况：原公司注册股东为3个，分别是章丘市公有资产经营有限公司、韩宪安、工会持股会。现调整为7个，分别是章丘市公有资产经营有限公司、山东百脉泉酒业有限公司工会委员会、李成新、张传海、马业准、牛余林、杜祥宝。

股份制改造

2017年，根据章丘区第13次区长办公会的会议精神，同意该公司进行股份制改造和新三板挂牌工作。将山东百脉泉酒业有限公司改制为山东百脉泉酒业股份有限公司。

2018年4月，将山东百脉泉酒业有限公司工会委员会持有的股权分别转让给以下12个持股平台：济南清照园企业管理咨询合伙企业、济南雅韵旅游开发合伙企业、济南清照园网络科技合伙企业、济南清雅旅游开发合伙企业、济南满庭芳旅游开发合伙企业、济南清照园旅游开发合伙企业、济南醇香网络科技合伙企业、济南醇香旅游开发合伙企业、济南福祥和企业管理咨询合伙企业、济南福祥和旅游开发合伙企业、济南满庭芳企业管理咨询合伙企业、济南醇香文化传播合伙企业。经会计事务所出具审计报告及资产评估公司出具资产评估报告，公司职工通过上述12个持股平台以每股1.22元的价格对改制后的山东百脉泉酒业股份有限公司（以下简称“股份公司”）进行增资。该次增资完成后股份公司股本变更为1280万元，其中，董事长持有192万股（持股比例为15%），其他高级管理人员共持有284万股（持股比例为22.19%），中层管理人员共持有217.3万股（持股比例为16.98%），其他员员工共持有264.3483万股（持股比例为20.65%），章丘市公有资产经营有限公司持有322.3517万股（持股比例为25.18%）。于4月28日完成增资。

第二章 用人制度改革

第一节 竞争上岗

1979年，该厂实施经济管理体制方面的改革，经1982—1983年探索取得经验后，于1984年制订了《关于经济体制改革的（试行）方案》，规定：厂长对行政副职可以提名，报上级批准，对中层干部明确有权任命，开始人事制度改革。精简职数，选拔具备一定文化知识水平的青年干部到领导岗位。先是厂级领导班子由6人调减为5人，平均年龄由48岁降到38岁，7个科室1个重点白酒车间，全部重新任命了15名科长、副科长、车间主任、副主任，有2名中专以上毕业生调到领导岗位。

1988—1992年，实行了个人挑头的集体承包责任制，开始对用人制度也进行全面改革。先是实行全员劳动合同制，定岗、定员、定薪、定责，车间、个人双向选择，继而是竞争上岗、层层聘任、下岗待业、厂内退养等多项改革措施。

精简机构，层层聘任，竞争上岗

在确定科室编制时，按照“压缩三线、精简二线、充实一线”的原则，明确各科室、车间的职责范围和目标，合理调整各科室编制，将企管科和劳资科合并，将安全科和保卫科合并，将技术科和质检科合并。

层层组阁，择优选聘管理人员，对厂级副职和专业技术部门负责人，根据个人水平采取民议测评，组织考核，厂长直接聘任的方式。对中层干部的任命，全厂人员均可参加竞选，各分管厂长根据竞选人的申请和工作能力提出候选人，经过民主评议，厂长批准，决定各科室、车间负责人的人选。经竞选，4名厂级副职和21名中层干部都分别与厂长签订了合同聘任书，其中，由中层提为副厂级1人，由车间主任提为科长1人，由工人提为中层干部2人，由科长降聘为副科长1人，由一般管理人员调到车间，充实一线5人。

一编三定，优化组合

实行一编三定、动态化人事管理，重新编制、定岗、定责、定薪。1．定岗：首先进行岗位测评，按照不同产品的生产工序和工艺，将全厂划分为115个岗位，并理顺了相互间的关系，为合理确定管理层次和管理范围提供了依据。全厂管理科室由12个精简为8个，并增设1个锅炉车间，合理调整了管理布局。2. 定责：在定岗的基础上以承包经营目标为依据，把各项责任层层分解、量化，落实到各个岗位和个人，并以此作为上岗和工作成绩考核的主要依据。形成了自上而下分解、自下而上保证的岗位责任体系，每个岗位都有工作规范和工作标准。对不易分解的岗位，采取工作日写实的方法进行岗位测评，保持岗位定员与职责相一致。3. 定薪：在分配上按照劳动强度、贡献大小按岗、按责定薪。根据酿酒工、运料工、运煤工等脏、苦、累工种的特点，采取按岗定薪、岗动薪动；对销售人员实行承包提成、多销多得、少销少得、上不封顶、下不保底等各岗位的按岗拿薪的办法，极大调动了干部职工的工作积极性。4. 搞厂内退养、停薪留职，为照顾年老体弱职工的工作和生活，根据上级有关文件出台了《章丘县酒厂关于厂内退养的若干规定》和《停薪留职的若干规定》，为6名老职工办理了厂内退养手续，有1名青年工人办理停薪留职。1988年，对酒精车间进行内部公开竞标承包，共有5人报名，尹念钦竞争上岗任车间主任。内部开展岗位优化组合，竞争上岗，有60人从原岗位上被优化下来，并被重新安排了工作。酒厂营业厅在内部公开竞争承包人，共有3人参加竞标，张广沛竞争上岗，任营业门市部经理。

择优上岗，末位淘汰

2002年，为使企业在激烈的市场竞争中脱颖而出，取得更大的生存发展空间，激励干部、员工更新观念，培养一支素质高、紧迫感强、敢于负责、大胆管理的干部队伍，制订、完善一套适合人本管理的择优上岗、末位淘汰竞争机制，6月起，对全体干部、员工全面实行择优上岗、业绩考核、末位淘汰制度。由考评委员会考评，培训中心负责离岗人员的管理培训和上岗推荐工作。

分类考核：对中层以上干部实行政绩考核、末位淘汰制。

考核内容：按“德、能、勤、绩”四项内容考核。

德：维护公司利益，同公司、党委保持高度一致，积极参加公司、党委组织的各项活动，讲求职业道德，爱岗敬业，顾全大局，清正廉洁，遵纪守法，团结同志，主持正义，大公无私。

能：按照公司决策和党委的指示精神，结合本部门实际，创造性的开展工作，做到专业精通，组织协调能力强，勇于开拓创新。

勤：工作积极主动，拼搏进取，勇于奉献，吃苦耐劳，大胆管理，敢于负责，遵守公司的规章制度，为职工树立学习的榜样。

绩：按时完成公司下达的各项任务，全月安全无事故，全面完成各项指标。

考核办法：对中层以上干部采用政绩考评制，一是民主测评，二是业绩考核，三是综合考评。民主测评由职工代表和处室成员进行打分；业绩考核由中层以上干部和所在支部按本季度的实际工作业绩进行打分；综合考评由考评委员会对其本人工作能力、工作业绩、思想觉悟、清正廉洁等全面工作和表现进行综合评分。其中：民主测评和业绩考核各占35%，实际打分最高不能高于34分，最低不能低于27分；综合考评占30分，实际打分最高不能高于29分，最低不能低于23分。每次的考评结果由考评委员会汇总、审核后，对符合干部条件的给予选拔任命，对政绩差、评分最低的一名，免去担任职务。第二名给予警告，警告期内不享受职务工资和奖金，连续2次被警告，一并免去担任职务。

对后勤、管理、服务人员实行择优录用、末位淘汰制。

考核对象：办公室、科研所、质检处、生产处、供应处、财务处、安保处、劳资处、酒库、仓库、清欠办、打假办、机电、驾驶员等一般管理服务人员。

考核办法：一是全部人员之间互评，二是由中层以上干部和所在党支部对其进行测评，三是由评委会对其进行考评。其中互评和测评总分各为35分，实际打分最高为34分，最低为27分；考评为30分，最高为29分，最低为23分，每次考评结果由考评委员会汇总、审核后，按2%的比例对得分最低的人员淘汰下岗培训。

对销售人员实行销售任务考核制。

各展厅、办事处和市外业务员的考核按照公司下达的任务，每季度考核1次，对完成任务最差的展厅负责人和市外业务员进行警告，并扣发提成的10%，对全年完成任务最差的，调离工作岗位。

生产车间岗位人员实行择优上岗、末位下岗制。

考核对象：粮酒车间、包装车间等生产岗位人员。

考核办法：每季度，首先由车间全体人员按照每人所担负的工作任务和完成情况，对其民主互评。二是由中层以上干部和所在党支部对每位员工的工作能力、业务素质和工作作风进行测评。三是由考评委员会对各位生产人员的政治素质、职业道德、行为规范进行考评。其中：互评和测评总分各为35分，实际打分最高为34分，最低为27分；考评分为30分，最高分为29分，最低分为23分。每次考评结果由考评委员会汇总、审核后，按2%的比例对得分最低的人员淘汰下岗培训。

有下列行为的下岗培训：违犯厂规厂纪受到公司通报批评的；责任事故损失价值500元以上的；不能胜任本职工作，单位提出另行安排工作的；偷盗、旷工、打架及其它严重错误的。

怀孕5个月以上和哺乳期内的妇女不在末位淘汰范围内。

离岗人员持部门填写的《离岗培训登记表》到培训中心参加培训，直至被重新录用上岗。每次培训期为2个月。

2002年，内部开展民主评议“择优上岗，末位淘汰”，共有10人下岗培训或被警告。

2004年，在内部公开竞争警卫岗位，有6人报名，5人上岗。销售营业会计和物资仓库会计7人报名，2人上岗（张福亮、李素贞）。

2005年，包装车间为实行岗位补贴，开展了全体人员公开报名，竞争上岗，岗位与收入挂钩。公司在内部公开竞争劳资员，有4人报名，李延珍上岗。

2006年，在内部公开竞争销售区域经理7人，市场部经理1人，广告平面设计1人，销售业务代表若干，共有66人报名参加，25人上岗。在公司内部公开竞争供应业务员，有5人报名参加，张振伟上岗。质管处化验员公开竞岗，有4人报名，赵玉敏上岗。

2007年，在内部对10个销售公司中层岗位进行公开竞争上岗，有19人报名，10人被聘用上岗。

以上竞争上岗基本采取公开报名条件、公开报名、面试、笔试、答辩等方式，由评委打分确定。

调整内部竞争机制，强化干部领导水平

2010年，该公司调整战略发展，逐步引进人力资源配置竞争机制，深化公司内部人事制度改革。在坚持党管干部原则基础上，坚持民主、公开、竞争、择优。规范干部任用提名制度，完善体现科学发展观和正确政绩观考核评价干部体系，坚持公开选拔、竞争上岗办法。增强民主推荐、测评的科学性和真实性。加强干部选拔任用工作监督。按照德才兼备、注重实绩、群众公认原则选拔干部，提高选人用人公信度。

在公司确定的编制数额内，科学设置岗位，坚持任人唯贤、德才兼备。以自愿、公开、平等、竞争、择优的原则，打破人员原有身份和职务界限，公开竞争聘任，使干部能进能出、职务能上能下、收入能增能减。给优秀人才提供脱颖而出的机会和搭建发挥才能的舞台，打造充满生机与活力的选人用人新机制。

竞聘条件：要求竞聘者能够贯彻执行党的路线、方针、政策，具有较高的政治素质，遵守国家法律、法规和公司规章制度。具备履行职责所需的政策理论水平，有较强的领导能力和良好的道德品质。具有开拓、创新、求真务实的工作精神。在职中层正职要求：男性，50周岁以下，女性，45周岁以下；公司其他人员，具有大专以上学历或相应专业技术职称，具有5年以上基层管理经验，男性45周岁以下，女性40周岁以下。中层副职的竞聘条件：现有中层副职，男性45周岁以下，女性40周岁以下，具有中等以上学历。竞聘中落聘的在职中层正职，符合副职竞聘条件的公司其他人员，具有大专以上学历或相应专业技术职称，男性，40周岁以下，女性35周岁以下，有3年以上基层管理经验的管理岗位人员或班组长。

竞聘中，总经理对参与竞聘的申请人有否决权。对特殊岗位人选有提名确认权。对于因重点培养需要，按照规定需要实行任职或公务回避，或因其他原因需要交流的，干部职位可予交流。公开竞聘上岗任用的中层正副职实行半年试用期，试用期内不能胜任工作的，免去其职务，根据情况安排适当岗位。空缺职位由总经理提名确定。竞聘中若有竞聘职位无人报名或参与竞聘者的综合成绩低于75分的，造成岗位空缺，该职位由总经理提名确定，不再另行竞聘。对于在任中层干部，达不到竞聘条件和自愿放弃本次竞聘及竞聘落选的，公司安排适当工作岗位。本人申请，公司批准，提前内退的：50—52周岁的享受70%内退金，53周岁以上的享受75%内退金。竞聘提供中层正职岗位12个，中层副职岗位8个，销售公司中层正职岗位2个，中层副职岗位5个。

竞聘程序：竞聘人填写竞聘申报表，竞聘领导小组进行资格审查。审查合格进行笔试，笔试内容包含中层管理人员的职业素养、公司各项规章、企业管理理论知识等。试卷由瀚文管理咨询公司按标准答案进行评分，结果占竞聘总成绩的40%。最后进行竞聘述职、答辩及民主评议。即对竞聘者的历年工作业绩及所竞聘职位的职业技能及素养进行考核。竞聘演讲及答辩由竞聘领导小组现场打分，由瀚文咨询公司进行统计汇总。结果占总成绩的40%。职工代表对竞聘人员进行民主评议打分，结果占竞聘总成绩的20%。总成绩进行公示，公示结果无异议，对其进行聘用。

聘任考核：为了加强对中层管理人员的考核力度，真实反映部门及管理人员绩效，提高绩效考核的监督指导效果，在该公司实施的绩效管理办法基础上，对中层管理人员每月任务绩效完成情况加强考核和督导。绩效考核、复核办法：1、每月月底30日前，分管副总根据部门工作的完成情况，联系相关部门，对考核指标进行统计和计算，由直接上级填写《中层管理人员任务绩效考评表》，于次月5日完成中层管理人员的任务考核工作并将相关考核记录表格提交人力资源部。2、当月10日前，人力资源部、企管部根据各分管副总对部门的考核情况，从各部门的考核指标中抽取2–3项重点指标进行复核，无异议，汇总统计确定最终分值。3、人力资源部、企管部在复核时，认为对所复核的指标存在差异，会同考核双方重新予以确认，不能确认的由考核领导主管主持，会同关联部门对该指标重新审核确认。经最终确认，考核中存在不实或虚假指标结果的，每次扣除错误方2分绩效得分。考核工作流程：绩效考核双方共同协商确定各考核指标及权重、考核目标。期末，考核主体对考核对象进行考核，人力资源部、企管部将绩效考核结果进行复核、汇总，并报主管领导审批。被考核管理人员的分管副总将审批后的绩效考核结果反馈给被考核者，并就其绩效和进步状况进行讨论和指导。最后由人力资源部将绩效考核结果归档，同时用于绩效工资和奖金。

深化竞聘改革，拓宽任用机制

2015年初，为完善干部选拔任用机制，加强干部队伍建设，激发广大员工积极进取、务实肯干、团结协作、勇于创新的精神。在职中层干部中年龄女性48周岁（含）以上、男性53周岁（含）以上不在参与竞聘。全体中层领导全部“下岗”，重新进行公开招聘。

竞聘范围更加广泛，放宽竞聘条件。中层副职要求年龄在35周岁（含）以下，中层正职年龄在40周岁（含）以下，进入公司工作满两年，中专以上学历的员工均可。参与此次竞聘。竞聘设置中层正职岗位11个，中层副职岗位14个。

规范透明，严格体现“公开、公平、公正”原则。公司成立中层干部竞聘领导小组，制订了竞聘方案。从宣传发动、自愿申请、组织审核、竞聘演讲、民主测评、竞聘公示，历时近一个月。竞聘过程接受由易风管理咨询专家、公司领导及职工代表组成的评审小组的提问。最后由评审小组根据竞聘者演讲及答辩情况现场打分。该次竞聘共有50名人员报名参加竞聘，所有竞聘岗位满员上岗。

第二节　人才招聘

根据企业生产经营状况和技术力量、人力资源的实际，该厂于上世纪80年代开始，返聘和特聘专业和专门人员，解决企业生产经营中急需的人才。

1980年，返聘长期担任厂白酒车间主任的离休职工刘克津为技术顾问，同聘请的洋河酒厂技术人员一起在粮酒车间试验推广大曲制作技术，奠定了该厂粮食酒生产基础工艺。

1983年，为了对该厂几十年的发展有一个较具体、详细的记载，聘任了原来在该厂工作多年的干部刘锡仁编写厂史。自1948年建厂写起，止于1983年，计10章1.6万字。1996年由杨炳礼续1984—1995年的内容。

1984年，由于当地市场和东北市场部分外欠款回收不到位，厂内又没有这方面的专业人员，聘任章丘明水镇官道店原村党支书记李维明担任业务顾问，专门对东北、天津及当地欠款单位展开清欠工作，就此酒厂专门建立了清欠机构。

1986年，根据市场需求，在原白酒生产经营的基础上，开发果露酒生产。聘请退休工人王德祥为技术指导进行研制勾调，先后推出山楂酒、葡萄酒等产品，并很快占领了章丘及周边市场，年生产量达到163吨。

2004—2005年，企业进入了一个新的发展时期，人才的短缺进一步凸现出来。为实现其成长目标和公司发展战略，该公司及时调整人才政策，对用人机制和制度进行改革。除有计划加强人才培训措施以外，实施了对高层次专业人员特聘或一般初、中级专业技术人才面向社会公开招聘的双轨制。

高端专业人员特聘

2004年，为加强品牌建设，提升产品市场竞争力，聘任山东省白酒协会黄业立会长担任品牌建设顾问，从白酒生产技术到白酒勾调、风味等给予技术指导。通过一年的努力，在品牌建设上逐步理清思路，有了中长期的品牌建设方案，生产技术有较大提高，逐步从粗犷型转向精细操作。

2005—2006年为提高基础酒质量，适应白酒发展趋势，从五粮液酒厂聘请了胡祖荣工程师和张齐裕工程师担任粮酒车间技术顾问，重点指导“五粮”型白酒生产。至2007年，窖泥实现了无机向有机的转化，包包曲生产初步成功，五粮浓香生产工艺得到了推行，粮食酒生产的出酒率、提优率、理化指标创造公司历史最好水平，尤其五粮浓香粮食酒的口感达到了国内先进水平。

2006年7月，公司聘请原章丘市史志办公室主编高照华，和李家斌、赵复萍、王润清编纂《山东百脉泉酒业有限公司公司志1948—2008》。2008年，该书编纂完成，正式出版发行。为公司60年庆典献上厚重礼物。

2017年8月，该公司继续聘请高照华担任主编，李家斌、赵复萍担任编辑，编纂《山东百脉泉酒业有限公司公司志1948—2018》。11月30日，返聘赵东玲担任责任编务人员。

面向社会招聘

2004年，编修中长期发展战略，对人才资源的供给和需求的发展趋势进行了评估，对各个工作岗位进行了分析，确定了每一个工作岗位对员工的具体要求，包括技术及种类、范围和熟悉程度；学习、工作与生活经验；身体健康状况；工作的责任、权利与义务等。并制订了年度招聘计划、岗位需要及工作岗位职责说明书、资格审查办法，从初选笔试、面试、评价中心、筛选诸项事宜到双向择优录用，签订劳动合同，明确双方合法权益及员工的工资、福利、工作条件、环境、业绩考核等，全部以书面形式进入各个程序。

2004年5月，济南办事处面向社会及各大院校招聘所需业务人员，报名人员有30人，经过考试正式上岗5人；是年7月，公司从山东轻工业学院招聘生物工程专业人才4名，从天津职业大学招聘环境工程专业人才1名。

2006年3月，根据发展需要从济南人才市场招聘各类技术人员，应聘人员多达200多名，通过初步筛选有50名参加面试及笔试，最终入选的有营销专业人才7名、文秘专业人才1名、会计专业人才2名、食品发酵专业人才2名。

2006年7月，从山东省高校就业信息网上招聘文秘1名。

2006年9月，从章丘市人才市场招聘营销专业人才，从报名人员中选出15人参加考试，通过考试有3人入选。

2006年11月，从济南人才市场招聘营销专业人才，报名人员共计50多人，有6人被录用。

2007年3月，从济南人才市场招聘区域经理、销售代表、促销主管、食品发酵专业人才各1名。

2007年4月，山东省高校就业信息中心举办人才招聘活动，到该厂报名的有200多人，29人参加面试、笔试，共招聘区域经理、促销主管、平面设计专业人员各1名，销售代表2名。

2010年11月，公司遵循“先做人、后做酒，做好人、做好酒”的企业理念，本着内部挖掘人才，外部引进人才，提前储备人才的原则，构建具有专业素质、结构优化的人才团队。认真落实“以人为本，科学发展”，实现了人才使用管理的人性化与规范化。出台《山东百脉泉酒业有限公司人才管理使用办法》。对公司的人才范围及标准进行了确定，明确了公司在职员工中等以上学历、技术职称、职业技能资格、公司重点培养的专业人员等均为公司的人才储备。对于公司的人才引进及培训遵循双重考察的原则，确定了人才的使用及管理的具体办法。

公司的招聘工作主要根据年度部门的用人需求计划面向社会进行招聘。招聘对象为大专以上学历的高校毕业生，主要通过校园招聘会、网络招聘、社会招聘、职工推荐等方式进行。

2011年，公司招聘各类人员36名（其中销售人员8名，包装车间人员16人）。其中，安置复原军人6人。

为了拓宽公司的招聘途径，2012年4月19日，公司与章丘市一职专举办了校企合作协议签约仪式暨“百脉泉酒业班”开班活动，章丘市教体局、章丘市经信局及校企双方相关领导出席了签约仪式。公司与章丘市第一职业中等专业学校签订了就业基地协议书并组建“百脉泉酒业班”，双方共同建立校企合作关系，建立了“章丘一职专实习就业基地”。双方就信息服务、技术援助和项目合作研究开展合作；公司充分利用企业的行业优势和影响，根据自身的需要与校方进行项目合作研究，并对双方的成果进行推广；参照学校的教学计划，结合公司的实际情况，安排学生的实习并进行指导，对实习学生的实习成绩进行全面的评价和考核。

2012年，招聘各类人员33人（粮酒车间5人）。其中，安置退役士兵6人。

2013年，招聘各类人员27人，其中章丘一职专校企合作人员8人。

2014年，招聘各类人员25人，其中招聘销售人员9人。

2015年，公司与章丘人才网进行了合作，在章丘人才网对公司的各类招聘信息进行发布，招聘各类人员32人（销售人员12人）。

2016年，招聘各类人员37人。

2017年，在章丘人才网发布信息的同时，根据人员需求状况在章丘人论坛手机APP阶段性的进行招聘信息的发布。2017年共招聘各类人员30多人。其中，通过校园招聘从齐鲁工业大学招聘酿酒专业毕业生3人。

第三章　分配制度改革

第一节　沿　革

该厂1948年建厂后，一直实行轻工系统八级工资制。1978年，随着经济体制改革进程的深入，职工分配制度的改革也随之展开。1979年，开始在有条件的车间试行节约奖励的计酬方式，实行多劳多得，打破了平均分配的单一模式，开始了劳动分配制度改革。这个办法主要是根据责任的不同，按照任务的数量、质量、消耗等指标分解落实到岗位、个人，实行定任务、定质量、定人员、定消耗、定责任、定奖惩。以车间班组为核算单位，一日一核算，一月一计奖。首先在串香班生产车间试行，取得成功，后逐步推广到全厂。

1982年，同时在各生产车间和辅助单位制订和实行多种形式的经济责任制。一是以计件计酬的计件工资制形式，在灌装车间试行。二是以工资加定额超产计奖为基础的指标考核形式，在酒精、锅炉、固体、制曲等单位实行。三是以任务承包提取报酬为基础的销售承包责任制形式。四是以工作目标百分计奖为考核内容的后勤、服务单位办法。

各种责任制奖励办法：

1. 酒精车间实行定额超产计奖办法。在完成产量、质量、出酒率计划的前提下，提经常性生产奖，出酒率比计划每提高0.5%，可增加生产奖的数额10%，以此类推。同时对车间的综合费用实行包干，各种杀菌、照明工具、设备维修费用480元，电、水节约部分按10%提奖，超耗按5%罚款（指标分解金额为100分：产量30%，质量20%，出酒率30%，设备完好率20%）。

2. 串香班实行超定额计奖。全年完成投料定额及发酵时间和质量要求，每增加1斤酒，计奖0.06元，少产1斤罚款0.03元。

3. 粮食酒实行超定额计奖。大曲酒、高粱酒、特酿酒3种酒完成投料定额及发酵时间和质量要求，每增加1斤酒计奖0.06元，减产1斤罚款0.03元。

4. 锅炉实行指标定额节约奖。①大锅炉供酒精车间使用，节约部分按5%提奖，另再提酒精车间平均奖额的50%计发。因操作不当，出现供气不足影响酒精生产时，影响用气，每少投一锅料，扣当班司炉工2元。②小锅炉供串香、粮酒、曲房用气，双班生产日耗，节约煤部分按5%提奖，另外按固体、曲房平均奖额的50%提奖。③设备维修、照明工具费用。每月定额263.15元，节约按10%提奖，超用按5%罚款。大锅炉占2/3，小锅炉占1/3。④运煤工按大炉的70%，小炉的30%计奖。

5. 制曲班实行超定额计奖，曲子糖化酵素8000单位以上，每房提奖4元，糖化酵素6500单位以上，每房提3.5元，低于6500单位～5000单位，每房罚款2元。

6. 灌装车间实行计件工资制，按每人的实装瓶数计发。

7. 白酒车间的管理人员享受酒精、锅炉、固体人员奖金平均数的100%。

8. 行政、后勤、管理按3类3级奖金分配标准得全厂奖金平均数的80%，生产组人员得90%。

9. 完不成全月计划（产量30%、利润30%、销售20%、消耗20%），书记、厂长不计奖。完不成分管指标，书记、厂长及分管厂级领导按实际比例扣奖。

同时规定以下人员不计奖：⑴脱产学习1月以上的人员；⑵留厂察看行政处分人员；⑶病、伤、事假累计15天（每天扣20%，及旷工1天人员，半天按1天计）；⑷违犯社会公德，劝说无效的；⑸无正当理由不服从分配的；⑹发生责任事故，国家财产受损失100元以上的；⑺偷拿公物的人员；⑻弄虚作假、虚报或制造假数据影响生产秩序者；⑼被拘留劳教期间的人员；⑽打架斗殴主次责任者；⑾所有值班人员脱岗造成损失100元以上者。

1983后，随着经济责任制实施的不断深入，全厂陆续建起了以提高经济效益为目的的多劳多得的多种分配形式。

1986年，制订《关于修改经济责任制的试行意见》，突出以质量为核心，在部分车间把质量一项考核指标适当调高。其他考核指标，本着先进合理原则未作大的调整。

具体的实施内容为：

白酒承包指标

1. 老窖班：完成承包基数，理化指标合格。安全、文明卫生、劳动纪律全部合格拿全厂统一基本奖，各项指标占基本奖的比数是发酵期50天，出酒率占30%，理化指标占20%，感观指标为20%，安全、文明卫生、劳动纪律各占10%，出酒率超过部分每超产1斤酒奖励0.08元。减产部分每减产1斤酒扣罚0.08元。

2. 高粱酒班：理化指标、安全文明卫生、劳动纪律全部合格拿全厂统一基本奖，各项指标占基本奖的比数是出酒率占50%，理化指标占20%，安全、文明卫生、劳动纪律各占10%。出酒率超过部分每超产1斤酒奖励0.06元。每减产1斤扣罚0.06元。用糠指标的奖罚是节约1斤奖励0.01元，超用1斤扣罚0.01元。维修费用250元，全车间统一奖罚，节约按原价30%奖罚。各项指标的执行标准和奖罚比数：1. 理化指标有1次不合格扣本项指标奖金的25%，4次不合格本项指标不得奖。2. 安全指标按酒精车间合同规定办法执行。

酒精承包合同

承包1986年白酒产量4000吨，原料出酒率60%，理化、安全、文明卫生、劳动纪律全部合格，承包维修、照明、工具等费用1100元，具体分项如下：

1. 按厂部下达的产量计划每超、减产1吨酒分别奖罚10元。

2. 承包原料出酒率、理化指标、安全、文明卫生、劳动纪律全部合格为全面完成任务。随全厂拿基本奖，基本奖包括锅炉全部人员，其中出酒率占基本奖的50%，理化指标占20%，安全、文明卫生、劳动纪律各占10%，月终分项考核，完成几项拿几项的奖金，完不成几项扣几项的奖金。

3. 出酒率超、减产的奖罚。每超产1斤酒奖励0.03元，每减产1斤罚款0.03元，全奖全罚下不保底。

4. 承包维修、照明、工具等费用合计1100元，超支或节约分别奖罚材料价格的30%。

包装车间计件工资制

1. 包装车间属计件工资，凡在包装车间干活者不管是正式工合同工，一律按计件工资计算。每包装1瓶工资是0.006元，各种材料实行节约提奖、浪费同罚的奖惩规定。

2. 按各种不同瓶型包装工资的规定，每瓶的包装质量占每瓶工资的40%，打箱按箱外皮包装质量，每箱不合格扣0.05元，包装后码垛造成损坏，按实际损失价值的100%赔偿。

3. 检查办法。⑴每月抽样3次，

每万瓶抽样百瓶，按实际检查出的不合格数作倍数核算。⑵检查的主要内容：商标端正无损，瓶净清洁，瓶内无混浊、沉淀及悬浮物，每瓶净酒不超过 ±0.02 斤。

4. 本车间所有人员完不成任务及安全工作、设备保养、文明卫生、劳动纪律不合格扣罚车间工资总额的 10—30%。

5. 车间管理人员提奖办法（包括书记、主任、统计员）。⑴全面完成厂部下达的各项指标（产量、质量、消耗、安全、文明生产、设备保养），按厂直一类人员计发奖金，奖金由厂支付。⑵产量、质量完不成指标，不得计奖，其它指标完不成扣发奖金 10—30%。

销售承包合同

1. 厂部按不同地区支付给销售科承包费，县外 680 吨，每吨计费 14.00 元，共计 9500.00 元，县内 1950 吨，每吨 5.50 元，计 8745.00 元，总计费用 18245.00 元。承包费包括：途中补助、住宿、工资、奖金、招待费，不包括自行车补助费、独生子女费、粮差补贴、洗理费、电话电报费、烤火费、运杂费、宣传费、事故处理费、车辆违章罚款、职务补贴、浮动工资、副食补助、业务人员 1 月以上的病假工资。

2. 任务按月考核。按厂部下达的任务，按月结清，凡是酒厂销售的各类酒以及营业室的销售都视同销售科完成任务，每月销酒量按销酒计划厂与销售科按百分比计算，完成任务 100%，厂部付给 100% 的承包费，超计划再有厂部另发奖金，每吨 10 元，完不成按百分比下调，不搞赊欠。

3. 货款回收。原则货到付款，特殊情况不能超过 1 个月。超 1 个月不发承包费，信汇按信汇单位信汇日期为准，划拨单位按划拨日期算，谁销的酒谁负责要款。如长期拖欠经济损失由业务员负责。

4. 途中破碎瓶酒 50 公里以内不超过 1‰，100 公里以内不超过 1.5‰，200 公里不超过 2‰，散酒不定消耗，如消耗 5 公斤以上，由当事人写出书面报告报厂部处理，5 公斤内由科内处理，特殊情况上报厂部批准。

5. 火车押运人员工资费用由厂部支付，旺季汽运押车人员不足时，由厂部另行安排临时人员押车，费用由厂部支付。

6. 车辆要求，厂部给销售科 3 部汽车：1 部解放、1 部 130、1 部跃进归销售使用，忙时车辆不足由销售科雇用，如因无车送酒影响销酒另和厂部协商。

制曲承包合同

1. 每日糖化力 6501—7500 单位为承包基数，安全、文明卫生、劳动纪律全部合格，得全厂统一基本奖，各项指标占基本奖的比数是糖化力占55%，安全、文明卫生、劳动纪律各占15%。

2. 每房糖化力达到7501—8500单位，每斤成品曲奖励0.0016元，8501单位以上，每斤成品曲奖0.0025元，6001—6500单位不奖不罚，6000—5000单位每斤成品曲罚款0.0016元，5000单位以下或糖化力虽高但染菌严重（染菌30%以上）为废品，罚10%成品成本损失款。

3. 原料出曲率按85%计算，成品曲水份按20%计算，出曲率超产1斤奖0.01元，减产1斤罚0.01元。

4. 安全生产按安全五无标准，由于责任原因，出现设备及其他事故直接经济损失100元以上，工伤事故10天以上为违犯安全指标，每发生1次扣本项指标奖金的50%，2次以上不得奖。直接经济损失300元以内责任者赔偿50%，300—1000元责任者赔偿30%，并给予处分，1000元以上按有关规定处理。

5. 文明卫生按文明岗位标准执行，厂部每周检查一次，有一次不合格，扣本项指标奖金的25%，4次不合格本项指标不得奖。

6. 劳动纪律按厂规厂纪中有关规定执行，有1人违犯劳动纪律扣本项指标奖金的25%，4人次违犯本项指标不得奖。

锅炉承包指标

1. 计奖办法：全部基本奖随酒精考核，锅炉人员酒精超产奖人均拿50%，节煤奖归锅炉人员自己。

2. 用煤指标：夏季东炉按酒精投料吨数考核，酒精投入1吨料耗煤570kg；西炉按天数，每天（24小时）耗煤1吨，节约1吨煤奖励3元，超用1吨扣罚3元。

关于后勤管理人员奖金发放标准一类人员：正副厂长、副书记、厂部主任、工会正副主席、正科级、车间主任、维修班、制造班、电工班、木工班，执行全厂承包单位人均奖金100%。二类人员：副科级、车间副主任及销售科、财务科、生计科、供应科，标准执行全厂承包单位人均奖的90%。三类人员：其他相关科室人员，标准执行全厂承包单位人均奖的80%。停产或维修的奖金来源时的综合奖发放标准为，一类人员8元，二类人员7元，三类人员6元。

其他独立核算单位也实行了不同形式的承包或目标责任制。为调动厂内运输车辆的行驶利用率和安全出行率等，对车队实行了百公里提取报酬、百公里耗油奖罚定额及安全行驶、车辆维护、月出车率等奖罚内容的汽车承包合同。为更好的满足员工就餐需求，调动食堂工作人员的服务质量，对厂内食堂实行了营业额与饭菜质量及食品安全、服务项目等内容的奖罚承包合同。

1988—1993年，在继续推行分配机制改革，签订实行经济承包责任制的同时，1993年按照《关于年功工资的实施意见》开始实行年功工资。职工连续工作工龄每年年功工资为1元，在职正式工、合同制工人年功工资按月考核，随工资发放。

1993—1995年，先后推行岗位工资和干部职务工资。

干部职务工资　1993年11月17日，该厂《关于实行“干部岗位补贴工资”的决定》，厂长月补贴工资188元，副厂长月补贴工资118元，正科级、车间主任月补贴工资78元，副科级、车间副主任月补贴工资48元，班长月补贴工资18元。1994年8月《关于执行新职务补助的通知》，新的职务补助为：正厂长288元、副厂级188元、正科级118元、副科级75元、班长20元。1995年5月23日，将干部职务工资再次调整为：总经理588元、副经理级388元、正处级188元、副处级108元、班长每工作日补贴1元。

职工岗位工资　1996年3月5日，该公司下发并执行济酒字［1996］第3号文《关于调整部分岗位工资的决定》：随着生活水平的提高和物价的上涨，为适应公司生产、经营发展的要求，决定调整部分岗位工资。一、粮酒车间班长及技术骨干（指每班3人）由月岗位工资225元调整为322.5元（日工资为15元）。二、粮酒车间满1年以上的酿酒工由月岗位工资225元调整为297.50元（日工资为13元）。三、不满1年的酿酒工由225元调整为268.75元（日工资为12.50元）。四、酒精车间、锅炉车间的运料工满1年以上的可执行月岗位工资279.50元，不满1年的可执行268.75元。五、粮酒车间临时工入厂工作2年以上（含2年）增加年功工资，每年1元。1996年6月25日，浮动工资登记表：浮动工资职工人数274人，其中浮动2级155人，浮动1级半105人，浮动1级14人。

为了更充分体现奖勤罚懒、多劳多得这一主体分配原则，同时对后勤服务人员的奖金分配机制进行了改革。自1995年1月起，执行新的奖金发放规定和标准。奖金提取办法：后勤、服务人员作为全公司整体的一部分，其奖金与企业生产、经营、效益挂钩，要体现“分工不同、目标一致、风险共担、奖罚分明”的原则。在生产顺利完成、经济效益稳步提高的前提下，可根据工作性质和贡献大小享受生产、效益平均基数的300%—50%。1. 将生产车间每月人均奖金的50%作为第一部分基数。2. 根据1995年利税1200万元的任务，以每月实现利税100万元提20元作为第二部分基数。3. 每月第一部分加第二部分基数作为后勤、服务人员计算奖金的基数。

奖金的考核标准：1. 月内能够圆满地完成公司交给的各项工作任务，服从领导，听从分配，严格遵守各项规章制度和劳动纪律，可享受当月奖金。2. 月内有下列情况之一的取消当月奖金。①公司出现经营性亏损和其它不能发放奖金因素。②部门和个人完不成工作任务和本职工作。③无组织、无纪律、不服从领导、不听从分配、不执行公司所下达的各项临时性工作和决定。④病、事、婚、丧等缺勤累计超过5天或有旷工行为的。⑤违反公司规章制度、劳动纪律、酒后误事、打架斗殴的。⑥迟到、早退1次的。⑦造成责任事故的。奖金考核办法：各处室、车间主要负责人每月按奖金考核标准，认真考核，由分管领导签字后报劳资处。

（附表）

奖金发放标准

类　别	发放比例	单位（岗位）
一	300%	公司总经理
二	200%	公司副总经理、副书记、工会主席
三	150%	处长、主任
四	130%	副处长、副主任
五	100%	机电、车队、生产人员
六	80%	办公人员、服务人员、化验、质检、卫生、统计、警卫、食堂
七	50%	看泵、托儿所、清洁工、付料、受照顾人员。

随着“打造百年企业，共创和谐发展”企业理念的推行，工资分配形式也在不断调整。至2007年，确定了适应企业长久发展的4种工资分配模式。一是计件工资、二是超定额计奖加补贴，三是对销售人员实行基本工资加提成加奖金、四是技效工资和年薪制。

第二节　岗位技效工资制

2002年12月，在总结了车间实行经济承包责任制及岗位补贴工资经验的基础上，研究制订了企业管理层和后勤服务部门岗位技效工资实施方案，并从2003年1月起实行。这个方案的实施使管理人员工资分配体现了效益与收入挂钩，技能与收入挂钩，使企业工资分配结构发生了实质性变化。

岗位工资的构成：岗位、技效工资制是在原档案工资的基础上增加10%，加上各种政策性补贴，加上工龄工资（每年按6元计算）所构成。第一部分、工龄工资，按每年6元发放。第二部分、岗位工资，占岗位技效工资总额的50%。第三部分、技效工资，占岗位技效工资总额的50%。在技效工资中，企业效益工资占50%，个人技能工资占50%，工龄工资和岗位工资是基本保障工资，可视为每月的固定部分，个人技能工资和企业效益工资是随着企业每月的主要经济指标完成情况和个人所负担的岗位任务完成情况，经考核而发放的。其中，企业每月主要经济指标完成情况由公司统一考核，个人所负担的岗位任务完成情况由公司逐级考核。

岗位技效工资的等级类别及实施办法：1. 本次岗位工资制共分7类14个档次。2. 现有后勤管理人员的岗位、技效工资是由本人工龄工资和岗位技效工资组成，在执行过程中，工龄工资和岗位技效工资之和，如果高于现行工资，按岗位技效工资执行，如果低于现行工资按照现行工资执行，但现行工资高于岗位技效工资部分必须与企业效益、个人技能挂钩。3. 如果今后增加工资，高于技效工资标准的人员，只升档案工资，不再加到技效工资中去。4. 职工在调入专业技术岗位时，调入与原岗位无关的岗位，按岗位实习生标准执行，调入原来从事过的岗位，时间在2年以上，按熟练工岗位执行，原来从事时间在2年以下3个月以上，按中等熟练工岗位执行，时间在3个月以下，按岗位实习生执行。如果调入的岗位是非专业技术岗位和普通管理岗位，岗位实习期最低为1个月，新招收的员工，3年学徒期执行档案工资，学徒期满执行岗位工资。5. 调入专业技术岗位的职工实习阶段不低于3个月，3个月后本人可向本部门提出申请，升入中等熟练工岗位，经企管部门考核，决定是否升入中等熟练工岗位，由中等熟练工岗位升入熟练工岗位，不得少于6个月，6个月以后，同样由本人向本部门提出申请，经企管部门考核，确定是否升入熟练工岗位，调入非专业技术和普通管理岗位的职工实习期为1个月，1个月后本人可向本部门提出申请，经企管处根据本人的工作表现和能力决定是否升入熟练工岗位，在申请阶段，仍按原岗位工资执行。6. 新入厂的大中专毕业生、技校生专业对口，可以直接进入中等熟练工岗位，3个月后即可申请进入熟练工岗位。专业不对口可以直接进入中等熟练工岗位，但必须6个月后申请熟练工岗位，公司急需的特殊能力的大中专毕业生例外。7. 公司副处级以上领导干部平级调动或升级（包括工人直接进入领导岗位），所享受的工资为调动后岗位工资减去30元，可享受正常的职务补贴，3个月后，部门领导根据其工作表现上报公司，决定是否适合在本岗位工作，领导干部降级时，降入什么岗位就执行其岗位工资。8. 市外销售公司新招收的业务员，试用期为6个月，试用期内执行本人原工资，6个月后，根据业务能力确定是否留用。不能留用，回到其他岗位，按有关规定执行，留用后，公司不再支付工资。9. 公司确定的长远规划的市场开发人员，如济南市场，暂定为一类、二类，从事销售工作多年的为一类，才招收的为二类，以后根据市场开发情况，公司做出相应的决定。10. 所有电工、电气焊维修工每年按技术能力和工作表现进行一次考核，决定是否升入一类或降入二类。11. 病假工资按实发岗位技效工资的50%发放。12. 加班工资按实发岗位技效工资的100%发放。

技效工资考核内容与办法

1. 效益工资考核内容①企业净利润完成情况30%。②销售收入完成情况25%。③货款回收情况15%。④公司制造成本完成情况10%。⑤产量、质量、出酒率完成情况10%。⑥各部门任务完成情况10%。

2. 技能工资考核内容①本职工作完成情况50%。②《职工守则》及各项制度遵守情况30%。③公司安排临时性工作完成情况10%。④文明卫生行为准则10%。

3. 考核发放办法①各处室车间负责人按技能工资考核内容对各岗位工作完成情况进行量化打分，并于每月5日前报本部门，部门领导审核、签字，7日前报企管处。②每月8日前，企管处会同财务等有关部门，按公司的主要经济指标，即效益工资考核内容，确定效益工资的发放比例。③企管处根据技能工资得分和效益工资发放比例，算出各岗位实际工资。④加班工资核算方法（岗位工资＋本月效益工资

＋本月技能工资）÷25× 加班天数⑤病假工资核算方法（岗位工资＋本月效益工资＋本月技能工资）÷25×50%× 病假天数。

年度岗位技效薪金制

2006 年，为不断提高经营管理的总体水平，增强综合竞争力，保证公司持续、健康发展的势头，促使党建工作、生产经营、人本管理、技术创新、财务管理等再上一个新的台阶，更有利于发挥高层管理人员的主观能动性和务实创新精神，对主管业务的副总经理、党委副书记以上高层管理人员工资实行年薪制管理，责、权、利相结合，工作业绩与个人经济利益挂钩，并实施严格的考核标准和办法。年薪包括现执行的岗位工资、工龄工资、技能工资（100 分计算）、效益工资（100 分计算）、职务补贴、奖金（标准）；每月按现行工资标准预发，年终考核后兑现；实行百分制考核办法，年薪 ÷100 分 × 考核得分－预支工资。百分制考核内容和标准，根据每个人岗位分工的不同和承担任务责任不同分别按生产、销售、节能降耗指标、创优安全生产等 15 ～ 20 项不等分解计分。生产和员工管理，党委副书记则增加党的建设、企业精神文明建设、工会管理、员工教育等内容。2007 年，年薪制又扩大到粮酒车间主任和包装车间主任。

2007 年粮酒车间主任年薪制岗位技能责任考核细则（100 分）

1. 年度内本人出现违规违章行为每次扣 1 分，出现严重失职的扣 2—3 分，本车间员工出现违规违章现象一次扣 0.2 分。

2. 保证生产计划按时完成，对生产计划任务不按时完成的每次扣 0.3 分。

3. 出酒率 40 天发酵期 35%，双轮底出酒率按粮酒车间 2007 年责任制考核，每降低 0.5% 扣 1 分，每提高出酒率 0.5% 奖 1 分。

4. 全年发酵期己酸乙酯 150mg/100ml，每增减 1mg/100ml，奖扣 0.03 分，乳酸乙酯 360mg/100ml（年度参考考评数），每增减 10mg/100ml，扣奖 0.3 分。双轮底己酸乙酯含量，按粮酒车间 2007 年责任制考核，每增减 1mg/100ml，奖扣 0.03 分，卫生指标，每化验一次不合格扣 0.1 分。提优率 17%，每增减 1% 奖扣 0.1 分。

5. 粮酒吨酒耗电 50 度，每超降 5 度，扣、奖 0.2 分。

6. 加强各种材料消耗管理，粮酒吨酒机物料消耗 36 元，超过消耗定额 10%，扣 0.2 分，降低消耗 10%，奖 0.2 分。

7. 对本部门上报考勤、奖金、节约奖等审核不严，出现虚报、冒领，每次扣0.3分，分配要公开化，出现问题的每次扣0.3分。

8. 现场管理、文明卫生、安全管理、设备管理，每次检查不合格扣0.2分。

9. 对生产管理严格按照双体系程序运行，年审一项不合格扣0.5分。

10. 学习落实好公司有关决议、通知等精神，一次不到位扣0.2分。

11. 出现打架、斗殴、酗酒闹事一次扣0.3分，做好员工政治思想工作，出现本车间员工无端到公司上访和矛盾上交，每次扣0.3分。

12. 加强安全教育管理，年度内出现安全事故（公司通报处理的）每次扣1分，全年无事故奖励0.5分。

13. 完成公司交办的各项临时性工作，达不到要求的每次扣0.5分。

14. 严格生产工艺流程，发现一次违规操作的扣0.2分。

15. 自制大曲达到计划产量质量标准和消耗定额的要求，产量和消耗达不到要求的扣1分，质量达不到要求的，每次扣0.3分。

效益工资（100分）全公司统算。

2007年包装车间主任年薪制岗位技能责任考核细则（100分）

1. 年度内本人出现违规违章行为每次扣1分，出现严重失职的扣2—3分，本车间员工出现违规违章现象一次扣0.2分。

2. 保证生产计划按时完成，对生产计划任务不按时完成的每次扣0.3分，完成全年追加任务奖1分。

3. 因生产过程中出现质量不合格造成返工的每出现一次扣0.2分。产品入库出现返工的，每次扣0.7分，产品入库包装合格率98%，每提降0.1%，奖扣0.2分。产品入库合格率100%。

4. 包装吨酒修理费7元，超过消耗定额的1%扣0.04分，降低消耗1%奖0.04分，包装材料破碎损耗比定额每增减1%，扣奖0.04分。

5. 加强安全教育及管理，年度内出现安全事故（公司通报处理的）每次扣1分，全年无事故奖励0.5分。加强对刷瓶岗位安全教育管理，每出现1次工伤，超过1个月不能上班的扣0.1分。

6. 现场管理、文明卫生、安全管理、设备管理，每次检查不合格扣0.2分。

7. 对生产管理严格按照双体系程序运作，年审一项不合格扣0.5分。

8. 传达学习落实好公司有关决议、通知精神，一次不到位扣0.2分。

9. 出现打架、斗殴、酗酒闹事影响正常工作秩序的一次扣0.3分，做好员工政治思想工作，出现本车间员工到公司上访和矛盾上交，每次扣0.3分。

10. 对本部门上报考勤、奖金、车间节约奖等审核不严，出现虚报、冒领，每次扣0.3分，分配要公开化，出现问题每次扣0.3分。

11. 完成公司交办的各项临时性工作，达不到要求的每次扣0.5分。

效益工资（100分）全公司统算。

后勤岗位绩效考核分配制度

2008年3月，为了贯彻落实公司价值分配原则，合理分配员工、企业与股东的利益，保持积累与发展的恰当比例，激励先进、稳定队伍、吸引人才，确保企业、员工核心能力的不断提升和企业长远目标的实现。遵循四大原则，即按劳分配、效率优先的原则；激励性原则；差别化激励，兼顾公平的原则；经济性原则。

根据上述原则，该公司2008年发文：《薪酬管理办法》《2008年增资方案》。《薪酬管理办法》规定：公司实行的是基于能力的岗位工资制。员工的薪酬设岗位工资、各种补贴、奖金、福利共四部分组成。岗位工资分为岗位基本工资和岗位绩效工资。

员工类别	经营职系	管理职系	专业职系	生产职系
所占比例（基本工资：绩效工资）	5:5	6:4	6:4	6:4

岗位基本工资：体现岗位价值大小。根据岗位的工作内容、岗位基本要求、岗位环境、承担责任的大小、所需能力的高低以及对所在组织的贡献确定。岗位绩效工资：衡量任职人员的绩效和能力。根据任职人员绩效表现与岗位要求的匹配程度确定。该部分工资的最终确定将与该岗位人员的绩效考核成绩挂钩，实行动态浮动。

各种补贴：包括学历补贴、年功补贴、职称技能补贴、管理津贴以及执行国家相关政策的工资项目，如：交通补贴、独生子女补贴。

学历补贴：是为了激励员工学习，不断提升素质，吸引外来人才而设立，该补贴可根据不同学历人才的市场供求状况确定。年功补贴：是根据员工的工作年限的长短而计付的工资。年功补贴是体现员工积累劳动贡献和新老员工历史贡献差异的工资报酬。年功补贴是即从本人正式参加工作起计算，参加工作当年按一年计算，逐年累加。职称、技能补贴：一是对取得专业技术、管理资格、岗位技师证书的人才经本公司聘任可享受相应补贴；二是对于具备以上条件但由于学历等条件制约，未取得相应资格证书的人才，公司可直接聘用并享受相应补贴。管理津贴：是为管理干部预留的工资项目，根据公司经济效益情况发放。

奖金：奖金是对员工贡献的奖励性报酬，包括月度超额奖、年终奖、特殊贡献奖、全勤年奖四部分，根据公司制订的考核和奖励办法一次性发放。月度超额奖：月度超额奖是对每月超额完成工作任务的奖励。年终奖：根据公司效益指标的完成情况和部门（岗位）绩效考核情况以及重要事项的完成情况进行发放的奖励报酬。特殊贡献奖：是鼓励员工创新、提供合理化建议、厉行节约等方面的特殊奖励报酬。全勤年奖：全勤年奖是对员工出勤情况进行考核的一种奖励性报酬。

社会福利与津贴：根据济南市和章丘当地的有关规定及公司实际情况，确定发放的项目及标准。同时，该文件还对公司的假期及待遇进行了规定。工伤：经确认工伤的员工，疗养期间按国家社保政策执行。假期：所有员工按照规定享受各种假期待遇，在批准的假期和路程内，公司按其正常情况下该岗位基本工资进行支付。事假：员工事假不享受工资，当月事假满10天，取消各种补贴。病假3个月内按本人档案工资的60%发放，3个月以上按50%发放。属公司安排放假，只发放本人档案工资的70%。员工待岗期间3个月内，发放本人50%的档案工资。

《2008年增资方案》作为2008年公司工资薪酬改革的内容之一，结合公司各岗位的相对价值、薪酬实际以及公司资金状况，员工贡献的积累程度和工作实绩，从增资总额中提取一定的比例用于弥补新老员工、同岗位人员工资差别的调整，剩余部分要综合各职系增资情况，实行分职系单独核算的工资模式。

包装车间分配考核细则

2012年2月，公司对包装车间的分配机制进行了改革，本次分配机制的改革首先以稳定为前提，通过班组优化管理组合、岗位重新制订薪酬标准等方法，以经济杠杆与管理相结合进行调控。收入分配倾向于“苦、脏、累”及技术要求较高的岗位，真正实现多劳多得，充分调动职工的工作积极性，激发员工的工作热情，大幅度提高生产效率，降低生产成本，实现职工增收、公司增效的目的。

改革后，包装车间按当月所完成的灌装产量，根据不同产品单瓶核算价格支付生产费用，改变过去以人数、产品定额计算产量、支付工资的模式。将公司产品根据包装形式划分为四类，分别是：放置泡沫或打铆钉等复杂包装产品；直接包装产品；回收旧瓶或异形包装盒等产品；高档产品如芝麻香、46°百脉泉、特供等产品。四类产品单瓶包装价格位于0.27至0.42元；对于公司的调资按调资实际情况调整单瓶价格；车间人员工龄等政策性补贴、待调工资、工伤、病事假、探亲假等由公司支付，同时对各种材料消耗定额及指标考核、现场管理、奖惩办法等做了明确规定。

自2013年，每年根据公司产品的包装形式的改变逐渐增加了包装形式的划分种类，截止2017年已经达到六类。

粮酒车间分配考核细则

该公司针对粮酒车间长期以来生产运行中存在管理权限执行不到位，员工工作积极性不高、工作效率低，管理难度大和成本过高的问题。于2009年4月，经人力资源部与粮酒车间共同研究决定，在大曲房、粮酒车间11、12班实行生产运行机制改革。

大曲房由原来的每月生产23天增加至30天。同时，由于机制的改变，车间对大曲房的工作时间、生产人员主动作了调整。实行吨曲工资费用提取311.4为承包工资收入，多产多提。大曲糖化力按每月平均不低于600mg/g的标准执行。糖化力全月平均每增加100mg/g，每吨承包费用增加20元；达不到600mg/g按损失额度予以赔偿。但是糖化力最高不能超过850 mg/g，大曲投料／产出消耗定额暂定为20%，大曲使用投料定额暂定为21%。大曲生产总量根据年度使用量控制，生产时间根据生产总量予以增减。实行粮酒车间内部承包，大曲房的定员、考勤、工作时间、工资分配等由车间自行决定，届时与公司签订协议。公司制订出产量考核、质量考核标准，并予以考核。公司不再承担关于内部人员安排、节假日加班等一切事务，一周内的病、事假公司不承担费用。发生工伤事故的按正常程序执行。所用员工必须是公司正式员工，调入人员要报公司批准；分配要遵循公平、公正、透明的原则，所有人员要遵守公司一切规章制度，如有违反按公司规定执行；裁减的人员由公司另行安排工作。2014年9月，由于公司生产大曲费用比外购大曲费用高，公司对大曲房进行停产。公司生产所用大曲开始外购。

粮酒车间 2009年，粮酒车间11、12班试运行是根据原粮酒车间的人员的档案工资之和计算得出了吨酒工资1700元／吨作为承包工资收入，多产多提；出酒率、提优率提高等其他部分，仍按照车间责任制标准执行，达不到标准要求按实际损失额度在原来基础上再加扣10%；实行粮酒车间内部承包，生产班组的定员、考勤、工作时间、工资分配等全部有车间自行决定。2012 年 9—12 月，粮酒车间 11、12 班试运行取得成功后，又对其他两个生产班组实施改革，打破之前按档案工资发放工资的模式，解决了同岗不同酬的问题，极大调动职工的生产积极性。

2013 年 1 月，开始在粮酒车间全车间进行了推广。之后每年根据实际情况对吨酒价格及质量指标（已酸乙酯、乳酸乙酯）进行调整。截止 2015 年，三粮吨酒达到 1945 元／吨。2016 年，压池期间公司又对粮酒一车间进行了机械化改造。

工业游提成制考核分配

公司自 2009 年开始重点打造工业游项目，至 2012 年购置了原福祥和酒作坊的四合院，开始打造五馆一院一长廊的工业游格局。2014 年底，公司招聘专门导游，工业游开始接待外来游客，并对外销售工业游产品。为了促进工业游产品的销售，激发工业游人员对于旅游产品的销售，公司对于工业游实行了底薪加提成的分配模式。底薪用于日常工作的考核；按销售工业游产品的销售额，工业游人员可以获取8% 的提成。

食堂经济责任制考核分配

2011 年，为了进一步加强食堂的服务保障功能，提高职工就餐质量，通过建立薪酬奖惩与考核指标相配套的分配机制，充分调动食堂员工的工作积极性、主动性。经济责任制中，对食堂管理、职责、考核内容、食堂具体服务事项进行了规定。其中在考核中：营业额占比40%、饭菜质量占比 20%、成本控制占比 20%、服务质量占比 20%。至此，食堂的分配制度实行岗位工资加绩效工资加经济责任制考核的薪酬模式。

2015 年 6 月，随着工业游的开展，食堂工作量及时间延长。为了更好的提高员工的积极性及工作质量。对于晚上的招待增加了补助：司务长、厨师，每晚招待延时补助80 元；服务人员每晚招待延时补助40 元。2017 年 6 月，随着工业游业务的增加，对于每晚的补助标准进行了修改：司务长、厨师每晚延时补助 100 元，服务人员每晚延时补助 60 元。以上经济责任制考核内容及补助内容全部列入食堂经济责任制考核。

第三节 员工激励政策

2009 年 6 月 24 日，该公司出台2009年4号文《山东百脉泉酒业有限公司员工职业发展激励办法（试行）》。办法共四项内容：员工激励一：职工亲属安置办法。员工激励二：职称学历评聘办法。员工激励三：职工培训激励办法。员工激励四：管理干部储备办法。

员工激励一：职工亲属安置办法对为该公司做出突出贡献的干部员工的家属可以进行安置。安置条件：员工3年以来，获得公司或者政府以上劳动模范、能手、标兵及相等荣誉称号。3年以来，担任公司科研、增收、创新项目受到表彰或通过努力为公司创造价值10万元以上的员工。在职中层以上任期4年以上员工。3年来，忠诚尽责、任劳任怨、以厂为家、见义勇为，为国家或公司利益奋不顾身受到公司及政府部门表彰的员工。员工连续3年年度绩效考核为“优”并被评为先进工作者。

符合以上条件的员工必须在该公司工作满5年，被安置的只能是本人直系亲属1人次，不重复安置。符合基本劳动部门相关政策和手续。截止2017年，共安置人员32人。该举措一方面既肯定了干部员工对公司的贡献，另一方面又解决了公司部分人员缺失问题。

员工激励办法二：职称、学历评聘办法，一方面每月对公司有职称及学历的人员额外发放补贴；另一方面促进员工学习活动的开展，在公司内营造一个共同学习的氛围。职称、学历补贴发放办法规定：公司正式员工入厂工作半年以上；在外部获得职称、学历，且与本人从事的工作性质相统一的工程技术类、营销类、经济管理类、职业技能类、党工类、学历类及内部聘任类进行了划分，并根据不同的等级进行补贴；对于参加政府组织的职业技能大赛、行业评比、专业竞赛及公司组织的岗位技能大赛中取得第一名的，及该企业劳动模范、各类能手标兵等，由公司给予奖励。

学历补贴标准：第一学历（全日制院校毕业）专科以上，并在相应专业岗位上：

学历补贴标准

学位及学历	标准（元／月）	学位及学历	标准（元／月）
硕士、双学士及以上	180	正规本科取得学士学位	100
正规大学专科	80		

职称补贴标准

职称	高级	中级	助级	初级
标准（元／月）	200	100	60	30

技能资格补贴标准

技能资格	高级技师	技师	高级技工	中级技工
标准（元／月）	150	100	60	30

2015 年，公司对学历、职称、技能补贴进行了修订，提高了补贴标准。

学历补贴标准

学历	博士	硕士	本科	专科
标准（元／月）	1000	500	200	100

职称补贴标准

职称		正高	副高	中级	助级
标准（元／月）	技术岗位	1000	600	300	100
	其他岗位	500	300	150	100

技能补贴标准

技能资格		高级技师	技师	高级技工	中级技工
标准（元／月）	技术岗位	400	120	80	30
	其他岗位	300	120	80	30

内部聘任类补贴标准

资格	高级	中级	助级	初级
标准（元／月）	200	120	80	30

员工培训激励三：培训激励。公司每年组织各类培训来提升员工的业务能力、工作水平。该项激励措施是公司人力资源体系建设中的重要一项，同时也满足员工自身发展提升的需求。使他们能够得到全新的专业理论、技能操作、身心感受。

申请培训的条件：被列入公司年度培训计划的岗位及员工。年度获得公司、政府能手、劳模、标兵称号的，技能比武一、二等奖的员工。年度内负责公司科研项目、技术改造、创新推广、技能和操作能力提升、关键岗位操作应用的员工，三年绩效考核为“优”的员工。

员工培训激励四：管理干部储备。该项激励是公司实施人才战略重要组成部分，也是影响公司中长期战略目标实现的重要因素之一。旨在创造良好的选拔机制，满足员工晋升需求。

管理干部储备分为基层主管级（班、组级）和中层（正、副职）主管级两部分。基层主管级要求在员工岗工作满两年，35 周岁以下，中等专业以上。是该单位业务骨干，并且绩效考核为优秀，年度评为先进。由员工提出申请，部门进行选拔。申请成功后即可列入公司竞聘上岗候选人。当基层主管部门岗位空缺时，优先予以任用。并可以享受公司针对基层主管提升能力的培训，享受后备干部待遇期限为 1 年，可连续推荐。中层（正、副职）主管级要求 35 周岁以下，大专以上学历。必须是该单位业务骨干且在公司基层主管工作 2 年以上，绩效考核全优。员工本人申请，部门进行推荐。申请成功后列入中层竞聘上岗候选人。有中层岗位空缺时优先录用。可参加公司中层培训。享受后备干部待遇期限为 1 年，可连续推荐。

提高激励标准，提升专业人才技能 2015 年，学历、职称、技能的修订在提高补贴标准的同时，向技术、销售岗位倾斜。技术岗位员工可同时享受学历、职称、技能类补贴。营销岗位员工可同时享受学历补贴和职称、技能补贴中最高的一项。其他岗位（包括管理干部），每人有多项的只享受其中最高一项。

2016 年 4 月，为了规范公司学历、职称、技能补贴的评定和发放，更好的激励基层员工的积极性，对学历、职称、技能补贴管理办法进行了修订。该办法规定的享受补贴范围是：公司在职一线员工和一般岗位管理服务人员。中层以上干部、销售公司部门负责人及区域经理，原则上不再享受补贴。但个人所获得的职称、技能，能够为公司起到突出作用且不在高管岗位的，可以适当予以享受。对于公司员工通过外部获取的证书，经公司聘任后方可享受补贴。每年初由评审委员会进行评审，依据其获取难度、岗位重要性及关联度等因素，确定是否聘任，聘任等级可进行上浮或下调。

2018年1月1日，为配合公司发展需要，充实后备干部力量。公司出台《后备管理干部及重点专业技术人才激励办法》。公司确定将技术研发、技术创新、专业技能等重点岗位进行梳理，对其进行重点培养。同时加强后备管理干部的锻炼。培养锻炼期间实行各部门、车间轮岗与不断培训提升相结合的方式。后备管理干部和重点专业技术人才，纳入每年公司大专院校正规化职业培训、进修等规划，要在公司安排下到两家以上的白酒生产、经营厂家进行学习、交流、调研，所接受的知识、技能成果向公司汇报演讲。

后备管理干部和重点的专业技术人才必须达到管理干部职业能力要求和专业技术水平，并了解时事政治、经济、社会、科学、商贸、网络、人工智能、工业4.0等基本知识和新概念。

后备管理干部待遇参照现行岗位和绩效工资待遇，不执行年薪制。重点专业技术人才在原岗位工资、绩效工资待遇基础上，新设立项目奖励工资。每年度对重点攻关项目进行验收，根据验收项目给公司带来的利润、效益、收益等评定结果分别给予一次性或连续性奖励。

第四节　深化分配制度改革实行单元成本核算

2017年，为使改革进程扎实深入，将精细化管理落实到位，公司对包装、粮酒车间实行了独立核算，并在公司和车间之间实行内部货币结算。消除了生产经营中各个环节的损耗、浪费现象，并将培养提高两车间负责人的经营管理能力为目标，取得综合效益的最大化。

包装车间

核算形式　包装车间进行独立核算后重点考核利润与产值。利润的考核依据为：包装车间单瓶利润空间暂定为0.04元（不含电、蒸汽），产量考核暂定为1700万瓶，利润为68万元。扣除综合年耗电、蒸汽费用37.5万元，考核利润30.5万元，实际利润完成情况则根据包装车间实际情况进行计算（单凭价格－包装物价格－瓶子等耗材－人工成本－酒基成本－维修耗材－电、蒸汽）。包装物及瓶子等耗材的价格根据每种产品不同进行定价。

对产值的考核转化为产量考核，产量暂定为1700万瓶，按月考核。

对于未检验合格的包装物不得进行生产安排。

生产前发现包装材料质量问题，发生的挑选等费用由供应商或客户负担。因包装材料问题造成生产效率降低5%或包装材料损坏率超过5%，由公司考核小组协同车间调整利润指标。

包装车间生产过程中酒损按0.45%进行考核，吨酒按8000元计算。

单瓶售价50元以下产品，备货期间低于1000箱的小批量产品安排生产，必须按规定程序报批。

备货期间月计划产量最高50万箱。超出计划产量部分按100箱/人、天的定额。由人力资源部招聘季节工满足生产。

因包装车间相关部门原因造成的损失，追究相关部门责任，赔偿损失。

因公司原因调整生产计划、薪资时，考核小组对方案进行调整。

各项指标与奖惩利润考核：根据包装车间的实际情况计算实际利润并结合目标利润进行考核。产值考核：根据月度实际生产完成情况并结合生产计划进行考核。考核由考核小组组织考核，奖惩标准依据年度目标责任制执行。

包装车间独立核算考核表

单位	山东百脉泉酒业有限公司		岗位	包装车间主任	责任人	陈向峰	
考核项	序号	KPI指标		指标来源	目标值	权重	考评期
年度任务绩效	1	利润完成率		根据实际生产情况进行利润计算，每增加或降低目标值的1%奖罚5分	30.5万	30%	年度
	2	产值完成率		根据实际任务完成情况与生产计划进行考核	1700万瓶	30%	季度
	3	安全生产达标率		按安全生产责任制，1项不合格扣10分，出现重大安全生产事故任务绩效为0	100%	20%	年度
	4	本部门规章制度执行情况		年度内本人出现违规行为的每次扣14分，出现失职的每次扣20分，本部门人员出现违规现象一次按绩效分的人均比例扣除	无违规	10%	年度
	5	设备管理有效性		设备完好率90%，运转率95%，每低于5%扣10分，每高于3%奖5分	运转完好	5%	年度
	6	财务预算规范执行		违反程序一次扣1分		5%	年度

粮酒车间

在粮酒车间推行“单元成本核算”。独立核算形式重点考核利润与产值，考核对象为粮酒车间管理人员。

利润的考核依据为：根据粮酒车间前期的生产情况按原料不变价格，计算出粮酒车间的吨酒生产成本（包括原料成本、人工成本、蒸汽、耗电等，由于用水量无法估算，因此未将耗水列入成本，粮一、粮二车间行车维修费用未计入吨酒成本，由公司承担。生产成本各要素根据市场情况，每年进行调整）。根据吨酒生产成本确定合理的原酒回收价格，计算出利润完成情况。

2017 年粮酒车间原料单价

项目	单价　元／公斤	项目	单价　元／公斤
高粱	2	麸皮	2
小麦	2.4	稻壳	0.7
玉米	1.4	大曲	3.3
大米	2.8	芝麻香专用曲	5.6
糯米	4.7	糖化酶	9.3
小米	10	酵母	18
蒸汽	214 元／吨	电	0.9 元／度

产值的考核依据：产值的考核转化为考核产量（折 65°）。以年度经营计划大纲中各类酒的产量作为考核依据。

因公司原因对生产计划、生产工艺、薪资等进行调整时，由公司考核小组对本方案相关标准进行修订，并报总经理批准后执行。非车间管理因素（如突然停汽、大雨淹池、汽压严重不达标等）造成产值、利润下降，由公司考核小组确认损失，并报分管生产、考核的副总批准后调整考核指标。

串香只考核利润，不考核产值。

生产原料的采购严格执行质量标准，原材料入库质量由粮酒车间和质检共同验收，对让步接收的原材料按公司相关流程办理，标准具体如下：

品名	质量要求
高粱	容重≥ 690g/L，水分≤ 14%，杂质≤ 1%，色泽气味正常，无霉变
小麦	容重≥ 740g/L，水分≤ 12.5%，杂质≤ 1%，色泽气味正常，无霉变
玉米	容重≥ 685g/L，水分≤ 14%，杂质≤ 1%，色泽气味正常，无霉变
大米	水分≤ 15.5%，杂质≤ 1%，色泽气味正常，无霉变
糯米	呈（长）椭圆形，（半）透明大米≤ 5%，水分≤ 15.5%，杂质≤ 1%，色泽气味正常，无霉变
小米	色泽气味正常，无霉变
稻壳	水分≤ 10%，杂质≤ 1%，色泽气味正常，无霉变
大曲	糖化力≥ 500 单位，水分≤ 13%
芝麻香曲	糖化力≥ 400 单位，水分≤ 14%
麸皮	色泽气味正常，无霉变
糖化酶	酶活力≥ 10 万单位
酵母	酵母活细胞率≥ 80%，水分≤ 5%

各项指标与奖惩 利润考核：根据前期粮酒车间的实际生产情况计算每类酒的生产成本及回收价格。各级酒的分级依据年度生产计划中的质量指标进行等级划分。

2017 年粮酒生产成品价格表

单位： 元

品名	单位	计划产量	吨酒成本	回收价格	利润
三粮 40 天一级	吨	126	11773	13400	205002
三粮 40 天二级	吨	448	11773	12500	325696
三粮 60 天一级	吨	29	13136	15000	54056
三粮 60 天二级	吨	102.5	13136	14000	88560
五粮优级	吨	30	15072	17200	63840
五粮一级	吨	35	15072	16200	39480
五粮二级	吨	122.6	15072	15200	15692.8
芝麻香	吨	31.5	34990	36800	57015
150 天试验池	吨	6.6	22099	23800	11226.6
双轮底	吨	29	19139	20500	39469
串香	吨	400	12380	12500	48000
合计					948037.4

扣除打料工工资293566元，质量奖350000元，实际考核利润304471.4元。

产值的考核：产值考核转化为考核产量（折65°）。考核由人力资源部、财务部、审计监察部、调度室四部门组织考核，奖惩标准依据年度目标责任制执行。本方案为试行方案，自2017年9月试行，试行期1年。

粮酒车间独立核算考核表

注：考核（KPI）指标及指标来源根据实际情况调整考核

单位	山东百脉泉酒业有限公司	岗位	粮酒车间主任	责任人	王乃宝	
考核项	序号	KPI指标	指标来源	目标值	权重	考评期
任务绩效	1	利润完成率	根据粮酒车间实际完成利润进行考核，较目标利润超额完成1%奖5分，反之扣五分	30.5万	30%	年度
	2	产值完成率	按三粮、五粮、芝麻香、双轮底、串香酒产量单独进行考核，每增加5%奖5分，反之罚5分	1700万瓶	30%	季度
	3	安全生产达标率	按安全生产责任制，1项不合格扣10分，出现重大安全生产事故任务绩效为0	100%	20%	月度
	4	产品质量完成率	对己酸乙酯、乳酸乙酯分别进行考核。年度考核每项达到指标奖2.5分，每项达不到指标罚2分	无违规	10%	年度
	5	工艺执行情况	严格按照工艺操作规程进行操作，发现一次违规现象扣2分	运转完好	5%	月度
	6	本部门规章制度执行情况	年度内本人出现违规行为的每次扣14分，出现失职的每次扣20分，本部门人员出现违规现象一次按绩效分的人均比例扣除	无违规	5%	年度
	7	财务预算规范执行	违反程序一次扣1分		5%	季度

第四章 创 新

山东百脉泉酒业有限公司，沿着适应和推动公司管理体制与机制改革的这条主线，聚焦经济管理、用人机制、股本改造、分配制度、品牌和市场建设取得成功以后，又将“注重数量增容”转向质量提升；注重从“要素驱动”转向“创新驱动”；产品从注重“中低端”转向“中高端”；突出关键“要素”，从创新中求变、变中求进。以百年眼光，集创新之力，系统推进全面创新发展。

第一节 增强和谐基础 创建和谐企业

2003年，该公司发生了违法收购职工股权案、职工上访，章丘市委、市政府派工作组进驻整顿等建厂以来重大事件。2003年9月17日，企业实施第三次改制，由民营控股公司改为国有资产控股。这个建厂具有50多年历史的市属企业，经几度辉煌之后跌入低谷，持续亏损，负债累累。2004年3月5日，在中日合资企业章晃公司担任副总经理的李成新被组织安排到该厂主持工作。在企业困难之际，从上任的第一天起他就带着问题，深入车间同职工边劳动边谈心，不仅熟悉掌握了白酒生产全部流程和工艺，还诊断出企业效益低下、经营困难的症结所在。除班子不团结，制度不健全，劳动纪律差等原因外，其中分配机制和分配比例不合理是造成干群矛盾突出、职工人心涣散积极性不高的重要原因。2004年7月，召开新一届股东大会，选举产生了新的领导班子。新班子成立后办的第一件事就是理顺干部职工工资关系。针对职工反映管理层与一线职工工资不合理现象，董事长兼总经理李成新主动降低80元岗位工资，其他领导也主动要求下调。8月12日，经公司办公会议研究同意公布了关于下调机关、后勤管理部门领导干部职务工资的决定。决定指出：为使公司干部、员工的收入分配趋向合理化，提高一线干部员工的生产积极性，经研究决定，自2004年8月起，下调后勤管理干部的职务工资：

董事长、总经理每月下调80元；

副总经理每月下调60元；

正处级每月下调 40 元；

副处级每月下调 30 元；

班长（后勤和机关）每月下调 10 元；

生产车间主任、副主任、班长工资不变。

同时规定岗位补贴向脏、重、累、险一线职工倾斜。接着 8 月 14 日和 12 月 30 日，又先后两次下发了《关于提高技术人才待遇的决定》和《关于提高临时工待遇的规定》。提高技术人才待遇的决定共分为学历津贴、技术职称津贴、白酒评委津贴、住房待遇、继续教育待遇和享受待遇的有关问题：

学历津贴

对第一学历（全日制院校毕业）专科以上，并在相应技术岗位上的人员实行学历津贴。毕业后通过其他方式获得国家承认的同等学历人员，在享受津贴时每月降低 30 元。专科学历每月津贴 80 元；本科学历每月津贴 100 元；硕士研究生每月津贴 200 元；博士研究生每月津贴 360 元。

对取得本专业相应技术职称的人员实行技术职称津贴

技术员、中级技工每月津贴 20 元；初级职称、高级技工每月津贴 60 元；中级职称、技师每月津贴 100 元；高级职称、高级技师每月津贴 180 元。

白酒评委津贴

市级评委每月津贴 40 元；省级评委每月津贴 100 元；国家级评委每月津贴 200 元。

住房待遇

今后新建宿舍原则上预留 5 户给招聘的技术人员。因各种原因腾出的旧宿舍原则上一律不再安排，留给技术人员居住。技术人员根据自己实际在公司内可租住或购买住房，若一次购买付款确有困难，总经理批准后，可延长付款期限。

继续教育待遇

鼓励技术人员继续学习，对所需书籍、用具可根据实际情况酌情补助。根据生产经营需要选送到有关院校深造学习。

并规定 1 人有几种情况同时存在，按津贴中最高的一项执行。

2004 年，这个规定执行以来，至 2007 年，有 56 人享受补贴，月计 2990 元。在全公司内掀起“学技术、学业务、练本领”的热潮，为快速发展贡献力量。

为了从整体上夯实和谐基础，2004 年 12 月 20 日，对在该厂工作的临时工待遇政策进行了调整，除对生产经营做出突出贡献的给予奖励外，还明确了合理待遇。一是在粮酒车间等部门工作年限 15 年以上、年龄 45 岁以下的经劳动部门批准转为农民合同制工人；二是工作年限15年以下、10年以上，年龄45岁以下的经劳动部门对其临时工身份备案起，给予缴纳养老金，原临时工其它待遇不变。办理了转招人员的工资、保险待遇按劳动部门和公司规定执行。之后凡工作年限达到10年以上，按第二条第一款办理，并享受相应待遇。因病或其他原因出现中断工作年限，按实际在厂工作时间合并计算。经本人申请，由车间、部门推荐，经审查批准，2005年为1名临时工转为农民合同制工人，为5名临时工办理缴纳了劳动保险。

在逐步调整企业分配关系的同时，还根据企业生产和经营效益情况，建立了正常增资机制，使员工工资增长同公司效益增长相适应。2005年11月16日和2007年1月，先后两次为职工晋级增资，人均分别为每月40元和55元，其中根据岗位不同，向一线岗位倾斜，粮酒、包装等生产一线岗位比机关后勤岗位高出20%以上。

分配关系的逐步理顺，为创建和谐企业奠定了基础，职工的气顺了，工作热情开始涌现，在全体员工的共同努力下，2004年一举扭亏为盈，实现利润20万元，并创造了2005年春节期间实现销售收入2000万元、仲秋节期间实现销售收入1760万元的历史同期最好水平。同时，偿还历年欠税、债务近800万元，多储存原酒500吨，该公司被评为“章丘市最佳效益企业”，在2005年山东省白酒协会第四届一次会议上，被评为“振兴鲁酒先进企业”，董事长、总经理李成新被评为“振兴鲁酒先进个人”，在2005年章丘市经济工作会议上，又被评为“优秀企业经营者”。

坚持以人为本，以员工为本。为员工创造良好的生活条件，把职工的需求摆在工作的第一位。自2006年起先后为职工增长工资，不断增加职工收入。在物价不断上涨的情况下，不仅没有增加饭菜价格，还不断提高饭菜质量，增加花色品种。加强与离退休老同志的联系，每年组织春游、座谈会。开展“同吃一锅饭、共建一个家”等活动，提高员工队伍的凝聚力。2007年，公司通过了“山东省职工代表大会规范化建设‘优秀星’单位”验收。2007年12月通过了章丘市“明星工会”验收。女工委开展“争创巾帼文明示范岗”活动，与女职工签订了集体合同，被章丘市评为“先进女工委”。公司团委积极配合章丘市团委，积极开展一系列社会活动，凝聚团员力量，被评为章丘市先进团委。为公司较好的完成各项经济指标发挥基础保障作用。

公司把2008年确定为“管理

创新年”，在生产“原、材、物、料”不断涨价、工人工资不断上调、白酒市场竞争日趋严峻、成本不断上升的情况下，进一步“内抓节能降耗、外拓销售市场”，是实现公司持续又好又快发展的一项重要举措。结合学习落实十七大精神，激发全体员工主人翁责任感和勇于担当、勇于创新的意识。最大限度的实现开源节流、增效节支，以超常的思维和勇气，克服面临的困难，实现公司发展史上的新跨越。

随时倾听职工诉求，及时沟通协商解决困难。2017年“三八”妇女节座谈会上，1名女职工口头提出能否在春暖花开的季节组织全体女职工外出赏花，让女职工放松心情，更好地投入到工作中。座谈会后，公司董事长李成新主动与工会沟通，由工会牵头，考察赏花地点，制订出行方案。组织全体女工到黉堂岭、国际鲜花港赏花一日游，使全体女职工得到了精神的放松，干劲十足地投入到各个生产工作岗位上，有效地提高了工作效率。

第二节 创新和谐环境 优化和谐氛围

构建和谐企业是一个复杂的社会系统工程。创新和谐环境、优化和谐氛围、坚持把员工利益放在首位，力求解决一些实实在在的问题，既是创建和谐的出发点，也是落脚点，力求最大限度地增加和谐因素，最大限度地减少不和谐因素。过去，宿舍是一条土路，员工出入晴天一身土雨天一身泥，职工上下班很不方便。于是，企业投资1万多元为职工在酒厂附近的宿舍修了一条宽6米、长160米的水泥路，解决了多年来职工行路难问题；为了减轻工人的劳动强度和粉尘污染，投资10万元新上制曲机1台、磨曲机1台，结束了人工踩曲的历史；还通过关心职工生活，增加职工福利，改善职工生产、生活环境，把早上上班时间改为8点，解决了职工送小孩上学和路途远的实际问题；相继为职工修建了浴室、更衣室，制作了餐具橱，在餐厅安装了暖气，增加了小炒服务，极大地改善了职工的工作、生活环境，提高了生活质量；节日到来，为员工分发酒、油、鱼等福利物品；夏季气温超过35℃，为员工送雪糕；每逢员工过生日或结婚，都在章丘电视台点歌祝福；同时加强了与离退休老同志之间的联系，每年元旦前夕召开离退休老同志座谈会，自2005年春天，每年组织一次春游，丰富了老同志们的精神生活。

通过积极开展各项工作，增强了员工的凝聚力，经济效益和社会效益得到了同步提高，2005年完成工业增加值2300多万元，同比增加13.9%；实现销售收入7000多万元，同比增长12.8%；实现利税1200多万元，同比增长10.9%。2006年销售收入8000万元，呈现出持续增长的好势头。

在严格管理的同时，更是把职工的冷暖挂在心头，努力构建和谐的企业环境。明珠小区公司宿舍楼前水泥路狭窄，出入车很不方便，出资2万多元对水泥路进行加宽改造，极大的改善了职工的居住条件。每逢离退休老干部生日，都买上蛋糕送去一份祝愿。在2005年组织的离退休老同志座谈会上，辛寨乡南太平村退休职工高东荣感慨地说："我退休在家近10年了，公司还想着我，感谢公司领导对我们的关爱"。组织创作了董事长、总经理李成新作词的《百脉酿酒之歌》，"迎着朝阳，披着霞光，百脉酿酒人豪情万丈……"，在歌声中增添了信心和力量，每天早晨7点50分员工一起做广播体操，在激情和力量的展示中，振奋了员工精神；充分利用生产经营淡季时间，组织中层及班组长以上人员开展团队训练营；开展的保持共产党员先进性教育活动，86名在职党员做了"践行三个代表，争做时代先锋"的联名；520名员工参加了"全员齐努力，同心创辉煌"的集体联名活动，显示了党委的凝聚力和向心力。

对和谐环境进行正面调整，发挥经济关系在社会关系中的调节作用，并从加强有效管理入手，扶正压邪对不和谐因素进行治理。按照有关规定，结合企业实际，制订了30多项厂规厂纪，100多条管理标准和工作标准，形成了一套完善的企业管理制度。在"抓基础设施建设"工作中，仅工程项目公开招标一项，就为企业节约资金20多万元。各类物资的购入均实行"阳光采购"，从源头上杜绝了不正之风，节约了大量资金。同时，对违反制度的行为坚决处理，先后开除了8名严重违纪员工，维护了制度的严肃性，赢得了职工的赞同，树立了公司的正气。

在招工、提干和人员安排这些敏感问题上李总没有安排1例自己的亲属，还积极支持配合市民政部门的工作，安置退伍军人5人、军属2人。管理岗位实行竞争考试上岗，杜绝了原来靠亲属、凭关系的坏风气。一系列"民心工程"极大地凝聚了民心，优化了和谐氛围，促进了稳定和发展。大家都拧成一股绳，心往一处想，劲往一处使，公司上下出现了和衷共济，共度难关的良好局面：粮酒车间出酒率提高10个百分点，主要质量指标达到全国同行业先进水平；包装车间连续产品质量合格率达到99%，创建厂以来最高水平；机电车间自行设计安装了具有省级先进水平的刷瓶机设备和功能完善的切割机设备，填补了空白；在新上酒糟饲料烘干设备安装过程中，机电员工更是发扬不怕苦、不怕累的工作作风和奉献精神，顶着烈日酷暑，一次次地总结失败经验，不厌其烦地进行创新改造，终于调试成功了全国首例酒糟饲料烘干设备，为公司发展增加了新的经济增长点。

良好的工作环境、和谐的工作氛围能让员工身心愉悦、轻松愉快地投入到工作中去，从而提高员工的工作效率。创建和谐企业、营造良好的工作环境，时刻将员工放在心上，为员工排忧解难，是企业立足之本，发展之基。2013年6月29日，公司北厂新厂区正式启用，新厂区的启用大大改善了工作环境，使公司向现代化大型白酒生产企业大步迈进，为了保证来往南北两个厂区的员工的人身安全，早在2012年，公司就开始计划建设过街天桥。2012年11月18日，横跨南北两大厂区的过街天桥桥梁吊装工作圆满完成，过街天桥由山东省交通规划设计院设计，全长约39.5米，宽3.5米，高8.5。作为章丘市又一重点建设项目，百脉泉酒业过街天桥从2012年9月中旬开始建设，面对时间紧、任务重等不利因素，施工单位周密部署，科学安排，昼夜施工，整个施工紧张有序。2012年12月初，桥梁主体工程建设竣工，后续美化工作也按时完成。过街天桥的建成使用，实现了新老厂区顺畅对接，解决了职工安全过桥问题。2016年5月，南厂区办公楼重新装修完成并投入使用，南厂区停车场也在随后整修完成，并投入使用。同年9月，粮酒一车间机械化改造完成并顺利投产，从此结束了粮酒一车间传统的人工酿酒，实现了机械化酿酒生产，减轻了职工工作强度，提高了劳动效率。

公司坚持以职代会为基本形式的民主管理，让职工积极参与公司重大事项的审议。并对公司重大事项、职工关心的热点问题和公司经营状况进行及时公开，将工作置于职工的监督之下。为更好地畅通职工诉求渠道，公司采用集中征集和随时听取的方式，来开展沟通协商，集中征集是以职工代表提案、专题性建议，每季度一次的职工诉求征集等形式，集中征集、集中沟通协商、及时解决、及时回复、督导落实，最终达到职工的满意；随时解决，达到一事一议、一议一决，及时回复，让职工满意。利用专题性建议形式进行集中征集的诸多诉求建议，在北厂新厂区建设过程中未在新厂区建设独立车棚。在公司工会组织的“我为企业发展献一策”建议活动中，多位包装车间职工提出了在公司新厂区建设独立车棚的建议，以方便职工上下班。根据职工提案反馈的信息，公司组成由党委副书记代表公司和工会主席代表职工的调研小组，深入包装车间一线，进一步了解职工的要求。针对是否另行修建自行车棚一事，发放专题调查问卷400份。最终80%的职工支持修建车棚，10%的职工持中立态度，10%的职工反对修建车棚。根据调查问卷显示的信息，该公司本着公开公正的原则，分别选取接受调查的支持、中立、反对的职工代表各5名，其他各部门员工代表5名，基建负责人1名，安保人员1名，公司决策层领导1名，召开“关于在新厂区修建自行车棚的沟通协商会议”。会上首先对双方观点进行辩证。经过几轮研讨，综合各部门意见，为满足大部分职工的想法和意愿，最终通过了在新厂区修建自行车棚的决议，同时制订多条预防安全隐患的措施。协调交通部门，在公司东西两侧安装减速慢行的闪烁黄灯，提醒过往车辆减速慢行；并规定在上下班高峰期，出入北厂区职工必须下车，保卫人员要对车辆进行指挥疏导。

公司坚持听取职工诉求、建议，经过工会与行政沟通协商，在安全生产、经营管理方面，查找出了诸多生产工作中的安全隐患和管理中的各种细小漏洞，解决了各种问题，提升了各项工作质量；在职工生活方面，每年为职工增加工资及福利，为职工集体优惠购房，在职工宿舍区安装了健身器材、进行了植被绿化、修建了停车场、硬化了路面，为建设较早的职工宿舍安装、改装了暖气、天然气，解决职工的后顾之忧，极大地提高了职工生活幸福指数，公司劳动关系和谐稳定。

第三节　培植提升团队精神提高整体创造力执行力

该公司是1948年建厂的国有老企业，也是章丘多年来的纳税大户，曾经为章丘的经济繁荣做出了巨大贡献，员工们也曾为此骄傲和自豪过。但是由于多方面原因，在经历两次改制后由计划经济向市场经济转型的过程中，敌不过蜂拥而至的白酒后起之秀，品牌形象一落千丈，销售市场日渐萎缩，员工情绪低靡不振，企业濒临灭顶危机。新班子成立后，针对企业现状和职工情绪低落、人心散的实际，展开了一次“公司要发展，我该怎么办”的大讨论。实施企业振兴沟通—凝聚—

提升系列工程建设活动。开展构建和谐创建活动，尊重职工主导地位和首创精神。把情况向员工讲透，把领导班子决策向员工讲明，才能形成公司共识。

——沟通，即领导决策层同广大职工群众的沟通。2003年，由于不同政见而发生收购职工股份风波，不仅使职工利益受到威胁，企业也处在濒临破产边缘挣扎境地。各种矛盾交织，虽经原工作组半年时间整顿，情况安定，生产好转，但举步维艰被动局面没有得到根本转变，生产成本居高不下，生产工艺亟待改进，销售策略尚待落实……。为此，董事长、总经理李成新代表领导层向全厂职工发表重要讲话“认清形势，明辨是非，精诚团结，大干快上”，把领导层决策的依据、改变企业面貌的决心、措施和盘托出，同广大职工沟通。并通过座谈会谈心活动广泛征集治厂之策。还开展征集厂歌等活动，重新启动和激发职工主动参与企业决策和活动的热情。从2004年6月15—23日的9天间就收到职工建议117条，厂歌作品稿件33件。经评比，2人获一等奖，4人获二等奖，6人获三等奖。新厂歌经多次组织排练，200多人参加，提高了广大员工的势气。

——凝聚，人心散企业垮，人心齐泰山移。凝心聚力是企业新领导班子着力开展的一项重点工程。他们在开展一系列沟通活动的同时，制订出一套团队培训计划，2005年5月14日，首先组织公司40名中层以上干部到长清展开一次拓展训练。时间从早5点到晚8点，分3个分队，项目为背摔、断桥和游戏盲人岛、盲人方阵、逃生等，这些项目全部体现团队精神、协作技巧、相互信任和密切配合，使参加训练的营员深刻体会到团结和密切配合的重要性、集体荣誉的光荣感。之后，于2006年4月22日、6月25日、8月4—6日先后对班组长以上人员、营销人员在淄博、青岛、蓬莱营地多次进行扩展训练。“成就鹰一样的个人，雁一样的团队”成为训练主题，针对企业部分领导和员工中存在的核心竞争力不够强、协调开拓意识淡薄、缺乏创业激情为拓展目标进行多项目体验式训练。通过多种方式训练使营员体会到信任、协调、配合的重要性，团队精神和集体荣誉的光荣感自豪感，激发了创业热情和凝聚力。先后有76名营员给李总写信或给公司报投稿写了切身体会和感想，情真意切、心声感人、激情奔放。公司抓住时机把这种干部职工迸发出来的激情引导到企业改革和生产上来。2005年6月28日，董事长兼总经理李成新给全体营员回复了一封热情洋溢的信，并提出“做好人、做好酒、共创和谐发展、打造百年企业”的号召，全文如下：

给全体营员并员工的一封信

“共好”团队训练营全体营员，你们每人给我的一封信，我都一一认真拜读，其中有鼓劲、有鞭策、有关心、有建议，多数写出了自己的心声，特别是对这次青岛团队训练营，大家谈了很多的收获，对今后企业的发展和团队文化的建设提出了很好的建议，作为营长，我在此向你们表示深深的谢意！

“成就鹰一样的个人，打造雁一样的团队”，本次训练营时间安排紧，内容较充实，既有理论学习，又有安全观摩；既有思想碰撞，又有情感交流；既有严肃、庄重的签字、授旗和“海誓山盟”，又有轻松活泼的趣味游戏。海尔参观学习、冒雨海边晨跑、各队密码传递、“大雁齐飞”的团队造型都给我们留下了深刻的印象，特别是当大家蒙上眼睛“重走长征路”，当时我在最前面，联想了很多：一个团队、一个企业，你往何处带，你往何处领，拉着你们的手，我尽可能地选择平坦、宽广的路，遇到台阶和沟坎，我千叮万嘱，不使一人掉队，最终到达目的地。当每个人蒙着眼睛，手持玫瑰鲜花说出一生最难忘的一件事和最想说的一句话时，我感动了，我只做了自己应该该做的工作，离公司的目标和全体员工的期望还有很大的差距。企业不发展没有任何理由，本人只有带领企业从一个台阶迈向一个更高的台阶，只有时刻想着员工的利益，只有奉献付出的责任，没有自己索取的权力。

创业无穷期，奋斗无止境。从表面看，企业是朝着好方向发展，但向纵深看，企业的矛盾和问题还很多，仍然在低谷中徘徊，如资金问题、以前的债务问题、市场拓展的问题、个人本位主义的问题、小集体的问题、部门之间的协调问题、跑、冒、滴、漏的浪费问题等等，无时不在影响着企业的健康发展。我们时刻要保持一个清醒的头脑，没有盲目乐观的理由，只有如履薄冰的思想。

一个民族要有灵魂，一个企业要有精神。目前，我们企业是有困难，是缺少资金，但我们不能缺精神；我们企业发展是缺人才，但我们不能缺培养、引进人才的意识；我们企业是存在很多问题，但不能缺发现问题的能力。

“做好人、做好酒、共创和谐发展、打造百年企业”，我坚信，在大家的共同努力下，济南百脉酿酒有限公司定会走向光辉灿烂的明天！

李成新
2005年6月28日

——提升，凝心聚力逐项活动的开展，使干部职工精神面貌发生极大变化，心气顺了，劲足了，生产和销售形势也一天比一天好。2004年，销售收入6200万元，2005年销售额比上年提高20%，2006年比2005年销售额提高26%。但要使这种好的势头长久持续，在市场激烈竞争中立于不败之地，还必须提高团队的创新力和基层骨干的执行力。聘请章丘市法院骨干定期为员工讲授法律知识；聘请有资质的讲师为销售人员授课；聘请四川宜宾五粮液集团酿酒专家对公司技术骨干进行专业培训；聘请深圳中旭企业顾问有限公司专家为中层以上干部授课。面对面交流，对部分员工因企业形势好转出现的盲目乐观、进取创新力下降等问题有针对性处方下药；从组织执行力的下降原因分析到如何提高，从理论到实践、如何执行企业策略（中、长、短目标）、如何执行现代企业制度；从企业文化理念到百分之百负起责任，由要我做到我要做的观念转变；面对面交流，提高了创新精神和执行力的理解认知水平。通过共同参与实现了领导决策层同执行层的融合。他们参加中央电视台“激情广场大家唱”，整齐高昂的厂歌飘扬在广场上空；与山东曲艺家协会和山东鲁能泰山足球队合作实现“文企联姻”“体企联姻”，与济南京剧院合作成功演出了大型现代京剧《李清照》，在《今日章丘》设立“百脉酿酒”杯新闻大赛和有奖征文等系列文化活动，迅速提升了企业形象和社会知名度，提升了公司整体创新水平。

2008年金融危机发生之后，产品销售终端价格开始下滑。特别是2009年春季糖酒会后经销商恐慌性清仓，使价格走到了最低点。以茅台、五粮液、泸州老窖为代表的高端白酒企业开始控量保价。面对严峻的行业形势，百脉泉酒业没有坐以待毙，积极探索新的发展思路，在不断提高产品质量的同时，内强管理、拓展市场，加强企业文化建设。打造一支技术过硬、团结协作，开拓创新的员工队伍。

2008年，该公司成立60周年，为加强企业团队管理，提高团队创新力、执行力，开展“管理创新年”活动，创新管理模式。2007年7—12月，公司与济南瀚文管理咨询有限公司进行了为期5个月的规范化管理咨询项目合作。项目内容包括协助制订战略规划、组织结构调整、业务流程优化、目标计划管理体系设计、以薪酬和考核为核心的人力资源管理体系建设、企业文化纲领建设等六部分。通过双方良好不断的合作，使管理咨询项目取得了显著效果。公司不断强化自身管理，员工的团队精神进一步提升，适时为员工增资，为职工宿舍区安装了暖气、自来水、健身器材。职工群众最关心、最直接、最现实的利益问题的解决，使企业形成了“领导关心员工，员工关心工作”，大家一心一意谋发展的良好局面。该年度公司实现了销售收入1.35亿元，完成利税2750万，较上年同期分别增长27%和20%。

公司为进一步提升团队凝聚力和战斗力，加大团队扩展训练力度。2009年5月，公司组织员工骨干到垛庄七星台风景区拓展训练基地进行了为期1天的拓展训练。开展了空中断桥、十人九足等活动，员工通过相互合作完成任务，让大家深切体会协作精神、集体观念和团队意识的重要性，提高员工的素质、增强了执行力。在公司内部也开展了一系列的活动：为增强管理人员的管理能力和责任感，每年都在全公司开展读书活动，建立读书活动微信群，每个人随时将读书心得在微信群中分享。为丰富员工工作生活，在全员职工中组织开展“百题知识竞赛”活动。2017年4月，公司继续组织销售公司全体人员前往潍坊国防训练基地进行了为期5天的封闭式军事训练，通过高强度的训练，使职工增强克服困难的决心与勇气。每年4月，举办职工春季运动会暨技能比武大会，百脉泉酒业人尽情展示自我、锻炼自我、提升自我。五四青年节，公司举行庆“五四”诗歌散文朗诵会，展现了百脉泉酒业儿女拼搏向上的精神风貌。公司连续十年组织销售团队进行拓展训练，在2018年4月，组织销售公司130多人到蒙山进行拓展训练，以销售区域为单位，组成团队进行爬山比赛，艰苦的训练增强了他们在逆境中战胜风险的勇气和力量，磨砺了团队抗击困难的意志。通过定期开展员工培训工作，发挥了职工的聪明才智，创造了一个个业绩。

理念的深入、坚定的意志，换来广大干部员工的砥砺奋进与迅速成长。在“2016”鲁酒高峰论坛山东工匠鲁酒大师颁奖典礼上公司党委书记李成新同志荣膺“鲁酒大师”称号，公司副总经理张传海、马业准、杜祥宝分别获得“鲁酒酿造大师”、“鲁酒营销大师”“鲁酒品酒大师”荣誉称号。技术中心副总工程师汪慧慧同志荣获由济南市总工会颁发的“2016年济南工匠”和“济南市五一劳动奖章”、作为主席团成员出席了中共济南市章丘区第一次代表大会，并当选中共济南市第十一次代表大会代表。2016年4月，机电车间张宪伟同志被评选为济南市劳动模范，并带领机电制造班荣获由中国总工会颁发的“全国工人先锋号”。同月，章丘市庆祝“五一”国际劳动节大会召开，会上包装车间一班荣获章丘市“创新班组”荣誉称号。人才强企，面对白酒行业冰封期，公司销售业绩持续飘红，先后荣获“2016中国酒业金熊猫奖”、“2016中国酒业最受欢迎商务用酒”、“中国酒业最佳大单品”等荣誉。诸多成绩的背后是百脉泉酒业人辛勤的汗水和至诚的奉献，成绩属于过去，强者在乎未来，百脉泉酒业将一如既往地脚踏实地做好各项工作，一步一个脚印，为建设宜业宜居的济南东部新城做出贡献。

第四节　创新发展战略和名牌带动实现模式

创新发展战略

创新是企业发展的动力源泉。山东百脉泉酒业有限公司，在其更名和改制过程中曾制订若干发展战略，其中以质量求生存、打品牌战略为主导。2004年，在总结企业战略定位和实现模式的评价中，借鉴兄弟单位成功经验，找出执行中的不足，适时调整了战略布局。即：近中期战略目标和长期发展战略，“04年树形象，05年打基础，06年大发展”为近中期战略目标，创名牌创诚信形象为中长期战略，并实施了“内强基础，产学研联动名牌带动”发展实现模式。

内强基础

先后投资500多万元，加强了基础建设：兴建了2000平方米的存瓶大棚，规范了酒瓶的管理，减少了破碎率；为保证生产环境，对厂区道路进行了水泥硬化，美化了厂区环境；对生产场地进行了改造，使粮食酒生产车间采用了国内同行业先进的大理石地面防腐处理，达到了规范化标准作业；对技术和重要生产设备进行了更新，自行研制和生产了省内同行业先进的冲刷瓶设备，引进了先进的高精度全自动灌装设备，实现了包装自动化作业；对原有陈旧技术检测设备进行了更换，化验室检测水平通过了省级检验；双体系认证顺利实现换版，通过复审，现保持有效运行。

为了扩大产能，改善生产环境，投资2600万建设北厂区并投入使用，率先在行业内推行酿酒机械化和自动化生产，投资400多万，自建清洁供汽设备，不断实现企业创新发展、绿色发展。

产学研联动

在与山东轻工业学院合作建立“科研基地”实现了“校企联

姻”；成立济南市企业技术开发中心和章丘市食品发酵研究所；获得ISO9001国际质量和ISO14001国际环境双体系认证；招聘微生物发酵专业大学生；利用科研机构技术优势定期举办生产技术骨干培训班，实现了“产、学、研”结合及科技实力的提升，现有国家级品酒师4人，其中1人为高级品酒师，酿酒技师2名，国家级白酒评委1名，省级白酒评委2名，高级酿酒工60名，初、中级酿酒工118名，雄厚的科研、生产实力为研制生产高质量产品奠定了基础；采取“走出去、请进来”的策略，积极引进技术人才，先后分期分批的派人到省及省外的名酒厂参观学习，2006年新春伊始，派5名同志到五粮液酒厂参观学习，把成功经验应用于自身工艺流程再造，为保证产品质量打牢了硬件基础。同时还积极吸纳先进经验和先进技术，聘请原白酒协会会长黄业立先生、山东轻工业学院李敬龙教授、四川宜宾五粮液集团高级工程师、酿酒专家胡祖荣先生为技术顾问，具体指导生产，五粮液工艺有了长足进步，现已取得显著成效。由于下大力气抓产品质量，不断提升了品牌的信誉度和美誉度，为品牌走向全国市场奠定了基础。投资数十万元购置国内领先的惠普6820白酒气相色谱仪，可定量分析60多种微量成分，并在原科研楼基础上成立了食品发酵机构，实施好技术辐射和技术进步的源头作用，从而为打响品牌提供科学保证和先决条件，为品牌的领先和高技术含量提供了引导作用。积极调整产品结构，坚持优质、低度、多品种、低消耗的发展方向。进一步打响全国范围内的百脉泉白酒品牌，取得中国白酒市场的一席之地，为实现可持续发展奠定坚实基础。发挥科技优势，在同类产品中向“高、精、尖”和“新、绝、奇、特”纵向发展；根据市场发展需要，在啤酒、果汁、饮料产品方面实现横向发展；借助品牌的力度，进而形成“高起点、多元化”的产业模式和遍布全国的营销网络。“立足新起点，实现新跨越”，正朝着健康有序的方向发展，按照发展“三步曲”战略和“十一五”发展规划有序进行。

实施以市场为导向，转变新产品开发管理模式

1986年，该公司开始制订新产品开发程序，产品开发以市场调查和用户意见为基础。产品的开发由技术中心负责。自1997年5月，新产品的开发开始以市场需求为导向，技术中心通过分析销售团队的信息反馈，进一步市场调研，确定新产品开发意向。

2006年6月，为更好的适应市场需求与变化，使产品的开发与客户需求相匹配，公司销售公司成立市场部。接手产品研发工作，新产品开发由技术中心转入销售公司市场部。缩短产品开发到市场反馈信息收集的过程。将产品开发意向直接对接市场需求。销售公司根据销售情况，进行分析对比市场状况。销售部直接与市场部协调新产品开发各项工作。市场部从产品的设计、选瓶、定酒基、产品打样、审核、定型全程跟踪监督。市场部根据销售情况分析地区消费者口味口感需求、消费价格区间、消费者产品外包装、瓶型认同感。协调技术中心调整酒基使用，重新规划包装材料设计，同财务部对产品价格进行核算，协调生产。随着产品数量的增多，为更好管理常规产品市场，成立常规产品评审委员会。所有常规产品必须经评审委员会进行全面评审通过才可以转入下一步开发流程，规定产品生产第一周期，即第一批的物料，由销售公司负责采购定制；经市场检验后，从第二批开始转入供应部，由供应部统一进行大宗采购。确保产品保质保量。

通过转变产品开发的管理机制，市场需求什么，公司生产什么产品。产品符合消费者的心理需求。销售公司于2011年开发百脉泉九年，上市以来持续走红，销售额自2012年以来成几何倍数增长，成为公司明星产品。随着国家政策调整、社会环境变化、消费者消费理念提升，少喝酒、喝好酒的消费观念提升。市场部根据市场状况，针对不同层次消费人群，于2016年开发新品泉城壹号、清照老字号、清照老酒坛。

2015年，白酒行业进入深度调整期。传统酒类销售进入瓶颈期。为适应消费者个性化、品味化需求，销售公司对白酒市场进行调研。消费者在饮酒习惯上出现了多元化趋势。第一追求少喝酒，喝好酒；第二低度好酒适合公务接待，高度好酒则适合品鉴，小杯慢酌；第三个性化需求。基于消费的不同需求，该公司转变开发、生产、销售方式。追求高质量酒质，坚持生态酿好酒，适时推出包含34°、42°、52°三种度数的泉城壹号系列，成为公司推广的拳头产品，满足消费者需求，同时成立定制中心。定制酒中心根据客户的特定需求，从产品酒基和形象设计着手为客户量身打造具有浓郁个人专属风格的酒水，实现“一对一”式高品质服务。5月，开发第一款定制产品—酣品。针对不同市场，又相继开发“婚宴定制节”“企业定制酒”“寿宴定制酒”“百日宴”“聚会定制酒”等多场合定制酒。

11 月，定制酒销售额走高，销售部对定制产品进行提升，充分开发和刺激定制市场，推出“贵宾定制”。2016 年下半年，对产品线进行补充，相继开发“私藏定制”系列、“双层定制”系列产品。充分满足消费者需求。2016 年中秋节，为宣传公司形象，拓宽销售渠道。定制中心与京东众筹合作，推出一款高端定制产品“泉城印象”。众筹完成率达到 210%。产品销往全国大部分城市，新疆、海南、黑龙江等省份也有部分份额，为公司全国化运营摸索、积累了经验。截止 2017 年底，定制中心为各类中小企业 1000 余家服务，累计销售额过千万元。

以提高产品质量为内涵，实施名牌外沿扩张战略

首先是严格内部管理。完善了《质量管理制度》，2003 年通过了 ISO9001 质量管理和 ISO14001 环境管理双体系认证后又通过复审和改版，现保持有效运行。定期聘请“剑南春”调酒师指导产品勾调。设有专管技术副总，定期召开质量例会，在各生产单位采取定职、定责的方法，严格管理，确保产品质量稳定，为品牌提供了强有力的支持。二是严格按标准验收，清照、百脉泉产品感官及理化指标均符合国家相关标准要求，该酒以优质高粱、小麦、大米、豌豆、大麦为原料，采用传统固态双轮底发酵工艺与现代科学技术相结合，经长期贮存后，利用优质地下矿泉水经微机勾兑调配而成，凡所需的原料必须由质检员按国家标准和公司内控质量标准和检验方法进行验收。三是严格执行质量方针发展目标，认真贯彻实施《质量振兴纲要（1996－2010）》，制订了明确的质量方针和质量发展目标。质量方针为：遵循国际准则，满足“双方”期望；依法生产经营，预防环境污染；依靠科技创新，争创全国名牌。质量目标为：国家质量鉴定部门产品质量抽查合格率 100%；产品入库合格率 100%；食品安全卫生质量事故率为零；顾客满意率≥ 91%，今后 3 年内每年提高 0.5%。四是加强质量保证工作，不断进行管理创新。成立了专门的质量管理部门质检处，从事质量工作的人员达到了 43 人，从原料入厂到成品出库都严把质量关，从原酒入库到成品酒灌装实行了全程色谱跟踪，并定期抽查成品酒，确保了每批产品的合格率为 100%，实验室已达到了省级水平。成立了 QC 小组，对生产实际中的技术难题进行攻关，2005 年 QC 成果《多粮酿酒新工艺》获市级科技进步一等奖。2005 年山东白酒鉴评会上，39° 八年陈酿和 38° 金樽清照被评为省优产品；2006 年山东白酒行评会上，其产品继续荣获省优产品殊荣。百脉泉、清照系列产品被评为“山东省名牌”“山东省白酒行业创新品牌”“食品安全放心品牌”。抓质量内涵和创名牌的成功，提高了品牌形象，名牌效应迅速显现。2005 年被山东鲁能泰山足球队指定为专用白酒，与《齐鲁晚报》签订了配送酒协议，百脉泉酒于 2006 年 1 月 7 日作为“清华大学卓越领导高峰论坛”指定用酒，产品销售覆盖也从以本埠销售为主迅速实现向外沿扩张，远销京津、河北、华北、中南等地区。

2008 年，公司实施名牌带动战略，在全国首先提出和践行生态酿酒理念。培植以百脉泉品牌为主打产品，使之成为“鲁酒崛起新代表”。2017 年，泉城壹号系列产品成为公司超级大单品，赢得消费者的喜爱，顺应了少喝酒、喝好酒的消费趋势。2018 年 3 月，在中国食品行业“晴雨表之称”的成都春季全国糖酒会上，泉城壹号被评为“2017 中国酒业最具创新价值品牌”，同时成为山东省白酒品牌培育联盟领军产品。

（审稿人员：张景 侯凌云 王菲）

第十一篇

党群工作

第一章 中国共产党基层组织

第一节 组织沿革

成立党组织—党总支建立阶段

1948年8月，章丘解放，由军管会接管了王白庄两家酒作坊。是年10月，移交地方，章丘县政府派刘汉民、穆明武、闫明武带领40名干部进入王白庄，成立胶济专区专酿专卖事业公司王白庄直属总厂，闫明武任厂监委，负责该厂党的工作。

1950年12月，刘汉民、穆明武、闫明武相继调走，由经理姜耀庭接任负责党的工作至1952年。1952年下半年，第三任领导由赵俊一、王和庭、许凤桐、张立彬组成，经理赵俊一兼任党的领导工作。1953年上半年，中共章丘县酒厂支部委员会成立，中共泰安专区委派吕隆增任中共章丘县酒厂第一任党支部书记。1960年，吕隆增书记因病离休，张立彬任中共章丘县酒厂党支部书记，王兆铭任副书记。

1968—1984年，王洪任党支部书记。1975年，刘克津、张若凤、李绍武任支部委员。1975年4月，刘振明任副书记，彭维玉、王朝俊、李绍武任支部委员。1976年5月，张若凤任党支部副书记。1977年，高绍栋任党支部副书记。1979年，刘克津、解家平任党支部委员。1983—1984年1月，韩其孝任党支部书记，杲程柱、王洪任副书记，程恒耀、解家平任委员。1984年，调整建立了5个党小组，于仁祥任第1党小组组长，解俊杰任第2党小组组长，郭全蔚任第3党小组组长，李绍武任第4党小组组长，尹念钦任第5党小组组长。1984—1986年5月，杲程柱任党支部书记，解家平任副书记，张继礼、高绍栋、张明启任委员。1986年5月，韩宪安任党支部书记，王传本任副书记，张继礼、高绍栋、张明启任委员。

党总支——党委阶段：

1986年12月，成立中共章丘县酒厂总支委员会，韩宪安任党总支书记，王传本任副书记，张继礼、田永祥、高蔚生任委员。党总支委员会下设办公室、3个支部委员会，高蔚生（兼政工科长）任党总支办公室主任；高绍团任酒精车间党支部书记，刘德平任副书记，刘德民任委员。王传本任厂直党支部书记，高蔚生、杨炳礼任副书记，王者厚、郭全蔚任委员。李继煜任包装车间党支部书记。1989年，高蔚生任机关党支部书记，李涛、韩延淮任委员。解俊杰任生产党支部书记，金峰、刘德平任委员。王者厚任经营党支部书记，张继礼、石广坤任委员。

1990年3月，总支委员会换届，调整为韩宪安任党总支书记，王传本任副书记，金峰、张继礼、高蔚生任委员。解俊杰任酒精车间党支部书记。田永祥任生产党支部书记，高绍栋任委员。王者厚任经营党支部书记，石广坤任委员。高蔚生任管理党支部书记，韩延淮、张传杰任委员。1991年4月，为贯彻落实《企业党委工作条例》，强化组织建设，更好地发挥监督、保证作用和党员先锋模范作用，组建5个党支部：酒精车间党支部（辖：粮酒、曲房，设1个党小组），刘德平任书记。机电车间党支部（辖：生计科、安全科，设2个党小组），解俊杰任书记。包装车间党支部（辖：质检、开发办，设2个党小组），段金城任书记。经营党支部（辖：财务、供应、销售、车队，设3个党小组），王者厚任书记。机关党支部（辖：总支、厂办、行政、保卫、离退休干部，设3个党小组），高蔚生任书记。1991年6月8日，为适应改革形势和党群工作需要，强化企业内部党的核心领导作用，保持企业经久不衰的发展势头，中共章丘县酒厂总支委员会向上级党组织提出组建党委的请示。

1992年7月6日，中共章丘县委组织部章组发[1992]12号文 对《建立章丘县酒厂党委的报告》给予批复，同意成立中共章丘县酒厂党委。8月28日，首届一次全委会议通过，由韩宪安任章丘县酒厂党委书记，王传本任副书记（兼纪检书记），高蔚生、巩玉华、田永祥、杨炳礼任委员。

1993年1月，章酒党字［1993］1号文王者厚任经营党支部书记，王兴武、王和顺任委员。杨炳礼任机关党支部书记，解俊杰、李元传任委员。段金城任包装车间党支部书记，杲元春、韩春潮任委员。刘德平任酒精车间党支部书记，王沛国任委员。于承溪任机电车间党支部书记，巩玉华、赵炜任委员。高绍栋任粮酒车间党支部书记，崔承湖任委员。

1994年11月，经章丘市委、市政府批准，章丘市酒厂进行了股份制改革，创立了济南百脉酿酒（集团）有限公司，由韩宪安任中共济南百脉酿酒（集团）有限公司党委书记。是年，根据中共章丘市委章

组发 [1993] 17 号文 公司成立党建工作领导小组，由韩宪安任组长，王传本任副组长，王者厚、段金城、刘德平、高绍栋、于承溪、杨炳礼任成员。

1995 年，韩宪安任中共济南百脉酿酒（集团）有限公司党委书记，王传本、赵建平任副书记，巩玉华、赵炜、杨炳礼、于承溪任党委委员，公司党委下属 6 个党支部，14 个党小组。

1997 年 12 月 10 日，济酒党字 [1997]8 号文《关于调整所属党支部范围的通知》，公司党委下设 5 个党支部，杨炳礼任机关党支部书记（辖：除质管处以外的所有处室）。解俊杰任粮酒车间党支部书记（辖：粮酒车间）。刘德平任酒精车间党支部书记（辖：酒精车间）。段金城任包装车间党支部书记（辖：质管处、包装车间）。于承溪兼任机电车间党支部书记（辖：机电车间、锅炉车间）。

1998 年，党委下设 6 个党支部，14 个党小组。4 月 29 日，下发济酒党字 [1998]3 号文 《关于调整所属党支部范围通知》，对党支部进行调整，赵炜任经营党支部书记，潘正江、杨荣吉任委员（辖：开发总部、销售公司各展销厅、汽车队）。杨炳礼任机关党支部书记，王和顺、牛遂祺、赵东玲任委员（辖：党委办公室、总经理办公室、工会、劳资处、财务处、供应处、行政处、保卫处）。解俊杰任粮酒车间党支部书记，马建新、孟庆文任委员（辖：粮酒车间、大曲房）。于承溪任机电车间党支部书记，张传海、万东任委员（辖：机电车间、锅炉房、生计处）。段金城任包装车间党支部书记，王成家任委员（辖：包装车间、质管处、科研所）。刘德平任酒精车间党支部书记，（辖：酒精车间）。7 月 1 日，赵建平任机关党支部书记，杨炳礼、赵东玲、毕思水、牛遂祺任委员（辖：工会、共青团、党委办公室、总经理办公室、科研所、供应处、安保处、行政处、劳资、清欠办）。潘正江任经营党支部书记，王和顺、杨荣吉任委员（辖：销售公司、所属展厅、财务处）。巩玉华任汽车队党支部书记。马建新任粮酒车间党支部书记，崔承湖、张新增任委员（辖：大曲房）。张传海任机电车间党支部书记，万东、刘平任委员（辖：机电车间、生计处、污水处理班）。于广财任酒精车间党支部书记，孟庆文、王乃宝任委员。高肇树任包装车间党支部书记，王成家任委员。

1999 年 3 月，章海泰发 [1999]4 号文 公布济南百脉酿酒（集团）有限公司党组织隶属关系由经委党委纳入海泰集团公司党委管理，并同意增补赵炜为副书记。4 月 18 日，章经干字 [1999]2 号文 任命赵炜为中共济南百脉酿酒（集团）有限公司委员会副书记。党支部由原来的 6 个增加到 7 个，巩玉华任汽车队党支部书记，赵建平任机关党支部书记，马建新任粮酒车间党支部书记，于广财任酒精车间党支部书记，张传海任机电车间党支部书记，潘正江任经营党支部书记，高肇树任包装车间党支部书记。

2000 年，实施“公退民进”体制改革。9 月 21 日，章经发 [2000]9 号文 《关于韩宪安等任中共济南百脉酿酒有限公司委员会书记、副书记的批复》，同意韩宪安担任中共济南百脉酿酒有限公司委员会书记，赵建平任副书记，王传本任纪检书记。

2002 年 1 月，赵炜任中共济南百脉酿酒有限公司委员会书记，赵建平、王传本、于承溪、巩玉华、王者厚、杨炳礼任党委委员。4 月 26 日，济酒党字 [2002]4 号文，对各党支部领导班子进行了调整，王峻虎任机关党支部书记，孟令革、赵东玲任委员（辖：厂办、党办、财务、劳资、清欠办）。潘正江任经营党支部书记，张传海、于广财任委员（辖：销售公司、市内、市外各展厅、办事处）。王者厚任后勤党支部书记，牛遂祺、刘德平任委员（辖：后勤部、行政处、保卫处、汽车队）。于承溪任生产党支部书记，马建新、万东任委员（辖：生产部、生计处、机电车间、供应处）。巩玉华任技术党支部书记，毕思水、邢念河任委员（辖：技术部、质管处、技术开发中心、包装车间）。崔承湖任粮酒车间党支部书记，王乃宝、张新增任委员（辖：粮酒车间）。

2003 年 9 月—2004 年 11 月由徐厥臻任党委书记，王者厚任副书记，于承溪、巩玉华任委员。2003 年 10 月 25 日，为适应新形势，根据生产经营机构调整情况，各党支部领导班子进行相应调整：王峻虎任机关党支部书记，马建新、张刚任委员（辖：党办、办公室、财务处、企管处、清欠办、宣传处、审计处）。潘正江任经营党支部书记，吉锡庆、于广财任委员（辖：销售公司市内外展厅、办事处、酒库）。于承溪任后勤党支部书记，刘德平、牛遂祺任委员（辖：保卫处、汽车队、后勤）。张传海任生产党支部书记，万东、孟令革任委员（辖：生产处、机电车间、供应处）。巩玉华任技术党支部书记，毕思水、刘永彬任委员（辖：包装车间、质管处、技术开发中心）。马业准任粮酒车间党支部书记，王乃宝、张新增任委员（辖：粮酒车间）。

2004 年 11 月 23 日，章经发

[2004]19 号文 《关于中共济南百脉酿酒有限公司委员会换届选举报告的批复》，同意李成新、王者厚、张传海、潘正江、马业准、王峻虎、张刚组成新一届中共济南百脉酿酒有限公司委员会，由李成新任党委书记，王者厚任党委副书记。是月，党委下发《关于调整加强各党支部领导班子的决定》，调整后的党支部领导班子成员及分管范围：王峻虎任机关党支部书记，张刚、袁锡惠任委员（辖：办公室、财务处、审计处、企管标准化室）。潘正江任经营党支部书记，康新春、张福亮任委员（辖：销售公司各展厅、办事处、酒库）。王者厚任后勤党支部书记，崔殿春、韩春潮任委员（辖：保卫处、食堂、医务室）。张传海任生产党支部书记，孟令革、万东任委员(辖：生产处、机电车间、供应处)。马业准任技术党支部书记，刘永彬、毕思水任委员（辖：包装车间、技术中心、质管处）。赵京彬任粮酒车间党支部书记，王沛国、张新增任委员（辖：粮酒车间）。

2005—2007 年，党委下设 6 个党支部，分别为机关党支部，由王峻虎任支部书记。后勤党支部，由王者厚任支部书记。经营党支部，由潘正江任支部书记。生产党支部，由张传海任支部书记。技术党支部，由马业准任支部书记。粮酒党支部，由赵京彬任支部书记。12 月 18 日，公司由原“济南百脉酿酒有限公司”更名为“山东百脉泉酒业有限公司”，李成新任山东百脉泉酒业有限公司党委书记，王者厚任党委副书记，张传海、潘正江、马业准、王峻虎、张刚任委员。

2007—2010 年，李成新任山东百脉泉酒业有限公司党委书记，王者厚任党委副书记，张传海、潘正江、马业准、王峻虎、张刚任委员。2010 年 8 月 3 日，中共山东百脉泉酒业有限公司委员会召开了第五次党员代表大会，67 名党员代表参加会议。会上听取李成新代表第四届党委会作的工作报告，并通过了这个报告。审议通过山东百脉泉酒业有限公司第五次党员代表大会选举办法；选举产生中共山东百脉泉酒业有限公司第五届党委会委员，新当选的党委成员李成新代表新一届党委表态发言；市经信局领导参加会议，并作了重要讲话。当选成员有李成新、张传海、潘正江、马业准、王峻虎、张刚、袁锡惠（女）。在五届一次党委会议上，李成新当选公司党委书记，王峻虎当选公司党委副书记。

2010 年 8 月，章经信发 [2010] 10 号文 《关于中共山东百脉泉酒业有限公司委员会的批复》，同意李成新、王峻虎、张传海、潘正江、马业准、张刚、袁锡惠（女）7名同志组成新一届党委。并同意由李成新任党委书记，王峻虎任党委副书记。同时公司党委为加强基层党的建设，对基层党支部进行了调整。百酒党字［2010］第9号文《关于调整加强各党支部领导班子的决定》，下设5个党支部，分别为：机关党支部，由袁锡惠（女）任支部书记，张刚、牛余林任支部委员。经营党支部，由潘正江任支部书记，康新春、王波任支部委员。生产党支部，由张传海任支部书记，崔殿春、孟令革任支部委员。技术、包装党支部，马业准任支部书记，刘永彬、毕思水任支部委员。粮酒党支部，赵京彬任支部书记，王乃宝、张新增任支部委员。

2012年6月，因公司内部部门职责的变化调整，百酒党字[2012]1号文 对各支部委员进行了调整。调整后的各支部所辖部门：一、机关党支部，支部书记：袁锡惠（女）。支部委员：张刚、牛余林（辖：总经办，财务部，审计监察部，企管部、人力资源部，综合服务部，安保部）。二、经营党支部，支部书记：马业准。支部委员：康新春、王波（辖：销售公司所属各部门）。三、生产技术党支部，支部书记：张传海。支部委员：杜祥宝、孟令革（辖：生产调度室、供应部、机电车间、质检部、技术中心）。四、包装车间党支部，支部书记：刘永彬。支部委员：刘娜（女）、曹美华（女）（辖：包装车间）。五、粮酒车间党支部，支部书记：赵京彬。支部委员：王乃宝、张新增（辖：粮酒车间）。

2014年2月，公司党委针对个别基层党支部委员因工作调动，再次对各支部委员进行了调整，调整后的各支部委员：一、机关党支部，支部书记：袁锡惠（女）。支部委员：张刚、牛余林（辖：办公室、财务部、审计监察部、企管部、人力资源部、安保部）。二、经营党支部，支部书记：马业准。支部委员：康新春、王波（辖：销售公司所属部门）。三、生产技术党支部，支部书记：张传海。支部委员：杜祥宝、刘永彬（辖：生产调度室、供应部、机电车间、质检部、技术中心）。四、包装车间党支部，支部书记：刘娜（女）。支部委员：邱国强、曹美华（女）（辖：包装车间）。五、粮酒车间党支部，支部书记：赵京彬。支部委员：王乃宝、孟祥源（辖：粮酒车间）。

2016年1月，公司召开了六届一次董事会。选举产生了新的董事会、监事会。7月，公司党委对各基层党支部进行了调整，并下发了百酒党字［2016］第8号文《关于调整各党支部及支部委员的决定》。一、机关党支部：由袁锡惠

（女）、张刚、牛余林组成。袁锡惠（女）任支部书记（辖：总经办、财务部、审计监察部、管理督察部、人力资源部、保卫部、旅游中心、打假督查部）。二、经营党支部：由马业准、康新春、王波组成，马业准任支部书记（辖：销售公司所属部门）。三、生产技术党支部：由张传海、杜祥宝、张宪伟组成。张传海任支部书记（辖：生产调度室、供应部、机电车间、质检部、技术中心、安全科）。四、包装车间党支部：由陈向峰、邱国强、孟银环组成。陈向峰任支部书记（辖：包装车间）。五、粮酒车间党支部：由王乃宝、孟祥源、周强组成。王乃宝任支部书记（辖：粮酒车间）。

党组织负责人历次变动一览表

阶段	职务	姓名	职务	姓名	职务	姓名	任职年份
党小组	负责人	闫明武					1948.8—1950
		姜耀庭					1950—1952
		赵俊一				张希厚	1952—1953
		吕隆增	副书记	王兆铭	委员	郑长月	1953—1960
		张立彬	副书记	王兆铭	委员	王兆铭	1960—1968
		王洪	副书记	刘振明	委员	刘锡仁 王朝俊	1968—1975
党支部	书记		副书记	张若凤	委员	刘克津 张若凤 李绍武	1975—
						彭维玉 王朝俊 李绍武	1975.4—1977
			副书记	张若凤 高绍栋		刘克津 解家平	1977—1982.12
		韩其孝	副书记	王洪 杲程柱		程恒耀 解家平	1983.1—1984.4
		杲程柱	副书记	解家平	委员	张继礼 高绍栋 张明启	1984.4—1986.5
		韩宪安	副书记	王传本	委员	张继礼 高绍栋 张明启	1986.5—1986.12
党总支	书记	韩宪安	副书记	王传本	委员	张继礼 田永祥 高蔚生	1986.12—1990
						张继礼 高蔚生 金峰	1991—1992.7
党委	书记	韩宪安	副书记 纪检书记	王传本	委员	高蔚生 巩玉华 田永祥 杨炳礼	1992.7—1995.12
			副书记	王传本 赵建平	委员	巩玉华 赵炜 杨炳礼 于承溪	1995.12—1999.2
			副书记	赵炜 王传本 赵建平	委员	巩玉华 杨炳礼 于承溪	1999.3—2000.9
			副书记 纪检书记	赵建平 王传本 （纪检书记）		巩玉华 杨炳礼 于承溪	2000.9—2002.1
		赵炜	副书记	赵建平		王者厚 王传本 巩玉华 于承溪 杨炳礼	2002.1—2003.9
		徐厥臻	副书记	王者厚		于承溪 巩玉华	2003.9—2004.11
		李成新	副书记	王者厚	委员	张传海 潘正江 马业准 王峻虎 张刚	2004.11—2010.8
		李成新	副书记	王峻虎	委员	张传海 潘正江 马业准 张刚 袁锡惠（女）	2010.8—2017.11（其中：2011年4月，潘正江与公司双方解除劳动关系，免去其党委委员职务。

第二节 历届全委会

中共章丘县酒厂委员会于1992年7月6日建立，历届党委全委会议的召开，为该厂各个时期发展做了大量工作。

1992年8月28日，中共章丘县酒厂委员会召开了一届一次全委会议，会议由韩宪安主持，参加人员有：王传本、高蔚生、王立华、巩玉华、田永祥、杨炳礼。出席会议人员：县委组织部副部长王教民、经委党委副书记王永生。会议选举韩宪安为中共章丘县酒厂委员会书记，王传本为副书记。会上，段金城、李广栋分别代表全厂党员、职工致贺词。明水热电厂、原章丘县钢铁联合厂派代表先后致贺词。县委组织部副部长王教民、经委副书记王永生做了重要讲话。上届党总支副书记王传本致闭幕词。韩宪安在会上做了题为《努力强化政治核心作用，不断加快企业改革步伐》的工作报告。报告中指出，成立中共章丘县酒厂委员会，是该厂建厂44年来政治生活中的一件大事，为深化改革开放鼓了劲，为经济发展助了威。同时，也是上级党委对该厂今后工作提出的更高要求。10月7日上午8时，召开一届二次全委扩大会议，会议由韩宪安主持；参加人员有：王传本、高蔚生、王立华、巩玉华、田永祥、杨炳礼；列席人员：王者厚。会议的主要内容：一、研究党委委员分工问题。二、厂长3%晋级实施决定。三、对个别违纪职工的处分问题。四、其它需要党委研究决定的问题。11月7日召开一届三次党委会议。

1993年1月12日、2月22日、7月12日、7月29日、11月15日，1994年1月29日、3月28日、7月8日，1995年4月17日、7月11日，分别召开一届四至十三次党委会议，会议均由韩宪安主持，主要针对支部成员、党员调整、企业改制、职工晋级增资、评先树优进行讨论决议。

1995年10月18日，经中共章丘市经委党委、市委组织部批准，召开第二次党员大会，选举韩宪安为书记，王传本、赵建平为副书记，巩玉华、赵炜、杨炳礼、于承溪为委员的中共济南百脉酿酒（集团）有限公司第二届委员会委员。党委书记韩宪安做了题为《发扬党的传统，万里扬帆更进一步；坚持特色服务，再创酒业新的辉煌》的工作报告。本次大会是按照《党章》规定按期进行的换届选举，大会应到党员55名，实到53名，其中正式党员48名，预备党员5名，到会正式党员占应到会正式党员的

96%。

1995年11月28日，1996年1月9日、3月5日、6月25日、7月11日、7月31日、12月30日，1997年2月26日、3月29日、8月14日、12月23日、12月30日，1998年4月28日、6月29日、7月22日、11月17日、12月31日，1999年7月1日，2000年 3月5日、6月25日、7月11日、7月31日分别召开第二届二至二十三次全委扩大会议和全委会议，会议均由韩宪安主持，会议就党支部调整、干部任免、企业进一步改制、职工增资晋级、年终总结评比等项工作进行了讨论决定。

2000年8月28日，召开第三次党员大会，大会应到党员83名，其中正式党员78名，预备党员5名，因事请假未到会的正式党员15名，实际到会正式党员63名，占应到会总数的81%，符合法定人数。韩宪安在会上代表公司党委做了《中共济南百脉酿酒有限公司委员会职工思想政治工作汇报》，章丘市经委党委副书记牛家新代表经委党委讲话。会上按照差额选举办法，选举产生由韩宪安任书记，赵炜、王传本、赵建平任副书记，巩玉华、于承溪、杨炳礼任委员7人的中共济南百脉酿酒（集团）有限公司第三届委员会委员。

2004年11月16日，第四届党员大会在四楼党校隆重召开，市经贸局党委单希林副书记、丁红娥科长、苏长杰科长参加了会议，包括离退休党员共计85人参加了大会，大会选举李成新、王者厚、张传海、潘正江、马业准、王峻虎、张刚7人为第四届党委会成员，李成新代表新一届党委发表了重要讲话，李成新在讲话中指出：公司党委按照《党章》和《中国共产党基层组织选举工作暂行条例》规定，按期进行换届选举，产生第四届委员会，从政治上、思想上、组织上为企业的健康发展提供有力的保证。19日，在四届一次党委会议上，李成新当选公司党委书记，王者厚当选为副书记。确定了书记、副书记及委员工作分工：党委书记李成新负责党委的全面工作。党委副书记王者厚负责党办的日常工作及组织工作。委员张传海，负责生产工作。委员潘正江，负责市内外的销售工作。委员马业准负责技术工作。委员王峻虎负责党务宣传工作。委员张刚，负责财务工作。

2004年12月21日，2005年2月20日、3月11日、3月18日、3月24日、5月10日、5月21日、7月21日、7月28日、8月10日、8月27日、12月31日，2006年1月4日、2月10日、3月2日、3

月22日、4月5日、5月12日、10月16日、12月11日，2007年3月6日、6月26日、7月9日、10月27日、12月18日分别召开第四届二至二十六次全委会议和全委扩大会议，主要对厂区扩建、公司更名、职工增资、长期规划等问题进行讨论决议，会议由李成新主持。

2008年3月1日，公司召开党委会，一是研究与济南瀚文咨询公司合作，对该公司进行管理咨询项目事宜。二是确认继续与远景公司进行营销管理咨询事宜。三是调整公司员工内退规定。

2008年5月23日，党委会决定，发动员工，向四川地震灾区捐款、捐物的号召，同时公司第一时间向地震灾区捐款20万元。

期间，2008年2月2日、3月1日、4月8日、5月7日、5月23日、5月28日、8月16日、8月22日、8月31日、11月6日、11月17日、11月24日、12月20日，2009年2月16日、3月9日、5月19日、6月18日、7月11日、8月4日、9月29日、11月29日，2010年1月14日、2月23日、7月15日、7月25日分别召开第四届二十七至四十八次全委会议和全委扩大会议，会议均由李成新主持，会议主要研究公司建厂60周年庆典相关事宜，职工代表提案处理，职工增资、奖金、福利方案的制订，各项重大学习、庆祝活动方案的研究，决定五届党委换届，公司征地、厂区建设改造等问题进行讨论决议。

2010年8月3日，中共山东百脉泉酒业有限公司委员会召开了五届一次全委会议，参加人员有李成新、张传海、潘正江、马业准、王峻虎、张刚、袁锡惠（女）。

会议选举李成新为中共山东百脉泉酒业有限公司委员会书记，王峻虎为副书记。李成新在会上做了《中共山东百脉泉酒业有限公司委员会第五次党员代表大会工作报告》，报告总结了五年来的工作，对“十二五”发展规划作了部署。章丘区经信局党委副书记师顺平作了重要讲话，对新一届党委提出了要求和希望。

2010年12月10日，公司党委召开党委扩大会议，对领导班子分工做了调整。马业准同志任销售公司总经理，不再分管技术工作。聘任杜祥宝同志为总工程师，负责技术方面的工作。牛余林、杜祥宝列席了会议。

2011年1月8日，公司召开党委会，确定员工年度增资方案、员工年终奖及春节福利、中层以上年薪标准等问题。

2012年1月3日，召开党委扩

大会，主要议题一是优化发展环境相关政策，二是租赁铝土矿厂区的相关事宜。

2012 年 5 月 14 日，党委联席会议，解决包装车间部分员工反映的工资问题，加强公司厂务公开工作。

2013 年 6 月 4 日，党委扩大会议，部署落实新厂区搬迁专题会。

2014 年 3 月 7 日，召开关于落实党的群众路线教育实践活动党委会，一是传达、学习上级文件，二是李成新同志部署活动开展内容。三是制订活动方案。2015 年 6 月 23 日，党委扩大会议，对内部岗位进行调整。确认几项基建工作进度。

2016 年 3 月 29 日，召开党委扩大会议，一是对销售公司机构、人员进行调整。二是追踪落实公司营销论证会确定事项进度情况。

4 月 11 日，党委扩大会议调整内退年龄、待遇的规定。调整任命部分中层干部。

2017 年 2 月 8 日，经公司党委会决定，杜祥宝同志调销售公司任常务副总经理，协助马业准同志开展工作。

6月14日党委会：1. 确定七·一党庆各项活动内容。2. 工会、团委活动落实。

11 月 1 日，公司召开党委扩大会议。会议由李成新主持。1. 王峻虎宣读公司学习十九大实施方案。2. 李成新同志就学习贯彻活动作部署讲话。中层以上干部列席了个会议。

自 2010 年 8 月至 2018 年 3 月份以来：2010 年 12 月 10 日，2011 年 1 月 8 日、4 月 28 日，2012 年 1 月 3 日、5 月 14 日、9 月 14 日，2014 年 3 月 7 日，2015 年 4 月 20 日、6 月 23 日，2016 年 3 月 29 日、4 月 11 日、9 月 19 日，2017 年 2 月 8 日、6 月 14 日、7 月 28 日、10 月 19 日、11 月 1 日、11 月 8 日、11 月 11 日，2018 年 2 月 3 日、2 月 23 日、3 月 29 日，公司党委召开党委会和党委扩大会，对涉及公司党的各项工作建设、党的活动开展、党的宣传工作、党员教育、精神文明建设、群团工作、军民共建、扶贫慈善、治安调解、生产经营决策、干部竞聘任免、股权改革、重大活动、技术创新改造等事项都以全体委员会和全委扩大会的形式进行决定，保障了公司各项工作的快速健康发展。

为保障该公司党的事业发展和公司经济建设发展，不断提高公司班子成员干事创业、廉洁自律的能力和水平，章丘区经信局作为企业主管部门，2010 年至 2017 年，每年派出专项考核组，来公司进行班子和班子成员考察。一是听取主要负责人一年来公司各项工作的汇报。二是班子成员述职。三是对班子和成员进行民主测评。四是与班子成员谈话。五是反馈考察结果。2010年12月27日，经信局考察组由经信局党委副书记师顺平带队，政工科丁洪娥、潘虹组成。之后至2018年1月24日，经信局每年派出由局领导带队组成的考核组来公司进行考察工作。

第三节 组织工作

沿革

1948—1951年，该厂党组织工作由党组负责人兼管。1952年，由张锡厚负责党的组织工作。1953年成立党支部，郑长月负责党的组织工作。1960年，王兆铭负责党的组织工作。1970—1975年，分别由刘锡仁、王朝俊负责党的组织工作。1979—1986年，解家平负责组织工作。1986年12月，成立中共章丘县酒厂总支委员会，由王传本负责组织工作。1992年7月，成立中共章丘县酒厂委员会。1994年企业股份制改造，成立中共济南百脉酿酒（集团）有限公司委员会，至2000年8月，王传本负责党的组织工作。2000年9月—2003年9月，赵建平负责组织工作。2003年11月，王者厚负责党的组织工作。

2003年12月—2010年7月，党委委员会党的组织工作由党委副书记王者厚负责。2010年8月—2018年6月，党委委员会组织工作由副书记王峻虎负责。

党员发展和队伍状况

1948年建厂初期，有中共党员10名。1965年，中共章丘县酒厂党支部有党员16名。“文化大革命”期间，组织活动遭到破坏，组织活动停顿。1967年，中共章丘县酒厂党支部有党员10名。1969年，党员恢复组织生活。1971年，有党员15名。1972—1973年，有党员14名。1975年有党员29名。1986年有党员37名。1990年，发展党员2名。1991年发展党员3名，2名来自生产第一线，做到了积极分子的培养教育从班组一线抓起，并及时发展具备条件的优秀分子入党。1992年成立党委后，有党员59名。是年，发展新党员1名。1993年有党员55名，按照严格标准，敞开大门，成熟一个，发展一个的原则，发展3名青年党员，其中1名女党员。

1994年，有党员58名，发展新党员4名，其中女党员1名。1995年有党员70名，新党员的发展坚持大门敞开，严格程序，侧重生产第一线，注重培养发展女党员的原则，发展女党员2名，一线党员占在职党员的74%；委员会人员平均年龄44岁，2人大专以上文化，1人获高级政工师专业职称；4人获中级职称。1997年党员83名，其中正式党员79名，预备党员4名。同年发展党员4名，都在35岁以下，高中以上文化程度，3名来自一线。

1998年有党员89名，其中正式党员81名，预备党员8名，离退休党员11名，实际在职党员78名，是年，发展新党员4名，年龄35周岁以下，高中以上文化程度，其中女党员2名。1999年，有党员93名。2002年共发展党员5名，其中女党员2名，专业知识分子4名，青年3名，为党组织增添了新的力量。2004年以后，由于组织名额的限制，发展速度以每年3—4人递增，同年发展新党员4名。2005年，有党员106名，其中在职党员86名。2006年，有党员126名，其中在职党员99名。同年发展新党员4名，其中女党员1名。2007年，公司有党员130名，发展新党员4名，其中女党员1名。

2008年，根据章组发［2008］3号文 关于做好2008年发展党员工作的通知：发展一线党员比例达到发展总数的60%以上，35岁以下青年党员达到75%以上，高中以上文化党员达到75%以上，妇女党员达到30%以上的要求。经各支部民主推荐按照组织程序，年内发展党员5人，其中女党员2人，公司党员总数119人。2010年8月，党委换届，新的一届党委成员7人，全体党员125人，其中女党员8人，下设5个党支部：机关党支部、生产党支部、销售党支部、粮酒党支部、技术包装党支部。每个党支部有3名成员组成。2009—2012年，发展党员23人，党员人数增至153人，包括离退休党员20名。2013—2016年发展党员15人，党员人数157人。截止2018年4月党员147人（包括离退休25人，内退10人），其中女党员26人，高中文化党员25人，大专文化党员44人，本科文化党员15人，硕士学位党员2人。

专门委员会建设

在该厂党组织的各个建设时期，贯彻执行党组织在各个时期的路线成为指导一切的根本措施，在各个时期负责组织学习、贯彻党的基本路线、方针、政策的专门委员会发挥了重要的作用。

1986年1月，成立整党领导小组，组长杲程柱，副组长解家平，成员高绍栋、张继礼、李涛，李涛任整党办公室主任。1989年，成立章丘县酒厂学习贯彻中共十三届四中全会精神领导小组，组长韩宪安，副组长王传本，成员高蔚生、刘德平、王者厚。

1991年，党总支成立“社教活动”领导小组，韩宪安任组长、王传本任副组长，成员7人。领导小组在统一思想认识的基础上，根据企业特点制订了切实可行的方案，以江泽民“七一”讲话为指导，开展了以“五讲、四美、三热爱”为主要学习内容，生产、教育两不误的教育活动。

1992年4月，在党总支领导下成立“反腐防变”教育领导小组，韩宪安任组长、王传本任副组长，分设“共产主义信念”“社会主义道路”“党的纪律”“为人民服务”“党的经济纪律”“社会主义道德规范、党的优良传统”六个专题。在党校集中上课辅导，党支部组织讨论专题汇报、利用厂内简讯、黑板报等不同形式有计划地对党员进行了“反腐防变教育”和以毛泽东、邓小平、江泽民有关反对和平演变的重要论述为主要内容的宣传教育。以专题为单元每个专题集中学习2小时，讨论4小时，共计36小时，同时穿插学习了毛泽东的“为人民服务”“纪念白求恩”“反对自由主义”等著作，党员、中层以上干部全部参加了学习。是年，成立转换经营机制、破“一大三铁”领导小组，韩宪安任组长，王传本，高蔚生任副组长；成员王者厚、王怡、王峻虎、王和顺。

1994年4月10日，根据章丘市委组织部、市老龄委办公室[1994]1号文要求，为协调配合上级领导部门的工作，结合本企业的实际情况，党委研究决定成立老龄委员会，日常事务工作由政工科兼任。王传本任主任，高蔚生、杨炳礼任委员。2004年10月调整，组长：李成新，副组长：王者厚，成员：张传海、潘正江、马业准、王峻虎、张刚。

1999年，成立济南百脉酿酒（集团）有限公司职工思想政治工作研究会，韩宪安任会长，赵炜、王传本、赵建平任副会长，理事8人。是年，为加强党的建设，发挥党组织在企业的政治核心作用，促进两个文明建设同步发展，党委主要领导做了分工：党委书记韩宪安负责党委全面工作。党委副书记王传本负责纪检、组织、职工教育、工会、妇联、共青团、计划生育工作。副书记赵建平负责党务宣传、职工教育工作。

2000年，为使“公退民进”工作有条不紊地进行，成立了企业改制领导小组，韩宪安任组长，王立民、赵炜任副组长，成员：刘学军、赵建平、巩玉华、王传本、王和顺、王者厚任成员。

2004年3月，下发济酒字[2004]3号文 公布关于成立“依法治企工作领导小组”的决定，李成新任依法治企工作领导小组组长，王者厚任副组长。成员11人。办公室设在党委副书记办公室。2012年1月1日，该公司成立综合治理委员会，主任王峻虎，副主任袁锡惠（女），成员马建新、赵东玲、赵京彬、刘永彬、王书江、康新春、孟令革、陈向峰、毕思水、颜承亮。

2005年2月19日，成立“保持共产党员先进性教育活动”领导小组，李成新任组长，王者厚任副组长，张传海、潘正江、马业准、王峻虎、张刚、赵京彬任成员，领导小组办公室设在党委副书记办公室。2月25日，中共济南百脉酿酒有限公司委员会成立“学习年、工作落实年”活动领导小组，李成新任组长，王者厚、张传海、潘正江、马业准、王峻虎、张刚、袁锡惠任成员。

2005年8月18日，成立关心下一代工作委员会，李成新任主任，王者厚任副主任，成员11人。2011年，李成新任主任，王峻虎、赵建平（已退休）任副主任，成员：张传海、马业准、袁锡惠（女）、张刚、牛余林、杜祥宝。设立关工委办公室及活动室。2014年10月17日，济南市关工委徐华东（济南市关工委常务主任）、杨佩钦（关工委副主任）、赵文朝、王忠林（关工委副主任兼秘书长）等，在章丘市关工委主任李文秀、副主任靖绪佳、刘家和、于业辉的陪同下到该公司检查调研。2017年，公司关工委主任李成新，副主任王峻虎、王传本（退休）、赵建平（退休），成员：张传海、马业准、张刚、袁锡惠（女）、牛余林、杜祥宝、颜承亮、王国林、刘娜（女）。为使公司关工委工作开展的更加扎实深入，在公司关工委领导机构之下，成立了5个关工委活动小组，6个基层工作站，形成网络活动组织。是年，章丘区新一届关工委成立。10月24日，章丘区关工委领导李玉新、岳庆林等一行十多人来公司检查验收工作。党委书记李成新，副书记王峻虎，工会主席袁锡惠（女）陪同。经检查验收，百脉泉酒业有限公司被山东省关心下一代工作委员会和省精神文明委员会命名为省先进单位。同时，李成新同志被济南市关工委评选为先进工作者。

2006年7月6日，成立《山东百脉泉酒业有限公司志》编委会：李成新任编委员会主任；王者厚、张传海、潘正江、马业准、王峻虎、张刚任编委员会副主任，袁锡惠、王和顺、康新春、崔殿春、孟令革、崔承湖、牛余林、陈向峰 毕思水、赵庆海、刘永彬、赵京彬、万东、高海、赵东玲任编委会成员。同时编委会聘请高照华为主编，谭玉德为编审。编委会下设办公室，负责编委会日常工作，办公地点设在办公楼三楼。党委副书记王者厚兼任办公室主任，王峻虎、袁锡惠兼任办公室副主任。2017 年 8 月 7 日，成立山东百脉泉酒业有限公司七十年志编委会。李成新任编委会主任。王峻虎、张传海、马业准、张刚、袁锡惠（女）、牛余林、杜祥宝任编委会副主任。颜承亮、汪慧慧（女）、康新春、孙立慧（女）、李文新、赵庆海、毕思水、赵京彬、郑雷、孟令革、王乃宝、张宪伟、陈向峰、王国林、马玲业（女）、李俊清、耿念学、刘娜（女）、李庆腾、张景、马伟、董丽娜任编委会成员。编委会下设办公室，负责编委会日常工作，办公室地点设在办公楼一楼。党委副书记王峻虎兼任办公室主任，袁锡惠（女）兼任办公室副主任。

2007 年 7 月 2 日，成立山东百脉泉酒业有限公司廉政文化建设领导小组，李成新任组长，王者厚任副组长，张传海、潘正江、马业准、王峻虎、张刚任成员；领导小组办公室设在党委副书记办公室，由王者厚兼任办公室主任。2010 年 8 月，五届党委班子成立后，公司纪检工作及廉政文化建设工作在公司党委的领导下，具体工作由党委副书记王峻虎同志负责。

争先创优领导小组

2010 年 5 月，党委成立创先争优、争做科学发展活动领导小组。李成新任组长，王峻虎任副组长。成员：张传海、袁锡惠、潘正江、马业准、赵京彬、赵伟。领导小组下设办公室，赵伟任办公室主任。党委围绕着先锋党组织“五个好”：1. 领导班子好；2. 党员队伍好；3. 工作机制好；4. 工作业绩好；5. 群众反应好。科学发展先锋共产党员做到“五带头”：带头学习提高。带头创佳绩。带头服务职工。带头遵纪守法。带头弘扬正气。展开了深入广泛的活动。

党的群众路线教育实践活动领导小组。

2014 年 3 月，党委根据中央、省、市委和章丘市委统一部署，为精心组织，扎实推进，党的群众路线教育实践活动，成立领导小组。李成新任组长。王峻虎、袁锡惠（女）任副组长，成员：张传海、马业准、张刚、牛余林、杜祥宝、赵京彬、刘娜（女）(包装)、颜承亮、王国林。公司党委及各级领导干部、党员认真查摆“四风”和“五个一”“三排查”工作，活动贯穿“照镜子、正衣冠、红红脸、洗洗澡、治治病”的要求，纯洁党员思想、推动班子团结、真正使公司党的组织成为推动企业健康发展的核心力量。

两学一做领导小组

2016年3月，党委开展“学党章党规、学系列讲话、做合格党员”的学习教育工作。成立“两学一做”领导小组，党委书记李成新任组长，党委副书记王峻虎，党委委员、工会主席袁锡惠（女）任副组长。成员：张传海、马业准、张刚、牛余林、杜祥宝、颜承亮、王国林。公司党委按照上级要求和工作方案，加强党组织和党员思想政治建设，进一步增强党员干部政治意识、大局意识、核心意识、看齐意识，在思想上行动上始终与以习近平总书记为核心的党中央保持高度一致。

党员的教育和管理

1．制度建设

在该厂党的发展建设过程中，制度建设作为对党员的一种激励和约束，在支部、总支、党委阶段，都发挥了重要作用。

1980年，结合“提高质量、节约能源、扭亏增盈”，开展党的管理制度建设。1983年，书记、副书记、厂长、副厂长及各科室、车间负责人制订经济承包合同；1985年，党支部贯彻上级工会会议的指示精神，加强企业管理、完善各项经济责任制，开始把基层党的负责人放到生产经营岗位，探讨和建立党的领导工作和经济管理相结合的制度。

1986年5月，该厂党支部制订《关于建立“三会一课”制度的规定》：一、党支部每半年召开一次民主生活会，听取党内外群众的意见，对照条件检查工作总结经验，兴利除弊，开拓前进发展企业。二、党支部每季度召开一次党员大会，支部书记报告工作，提出下步工作意见，支持厂长工作，保证正确决策。三、党支部每季度一次组织生活会，党员对照党章规定的权利、义务总结前段时期的工作和思想，积极开展批评与自我批评，激励党员的先锋模范作用，团结职工群众同心协力搞好企业建设。四、各党支部依据自己的具体情况于每月上旬的周四召开支委会，会议内容由各党支部视情况自定。五、党支部委员会每月召开一次会议，汇集企业思想政治工作情况，总结如何做好保证、监督工作的经验，回顾上月生产、经营和中心工作的开展的进度，研究制订下月的工作计划，明确工作重点，以月保季，以季保年，把工作做到日积月累之中。六、每月召开一次党支部书记会，听取各党支部的工作汇报，了解全面情况，有的放矢的做好思想政治工作，充分调动广大干部职工的积极性，增强责任感，紧迫感，以党员自身的模范行动和艰苦工作奠定企业腾飞的基础。七、党支部每季度举办一次党课教育，吸收党外积极分子，教育培养发展对象参加，采取专题系统教育穿插进行的灵活方式，从干部入手加强公仆教育，牢固树立全心全意为人民服务的党性观念，培养和提高党员的思想政治素质，自觉纠正各种不正之风。12月，制订实施“组织工作条例”的细则，对企业各级干部进行教育、培养、考察和监督；加强政工队伍建设，发挥政工干部作用，建立明确的工作责任制；形成上下贯通，左右相联的政治工作网络，以多途径多种形式实现对企业的领导。

1989年1月，执行《关于书记千分计奖法责任制》，遵照国务院颁发的“三个条例”规定和县经委制订的《千分计奖法责任制》为内容，探讨党政分开后的新思路，主动从包揽事务的帅位上退下来，充分发挥监督作用，理顺新形势下党政关系，形成目标同向、工作同步的领导班子，有效支持厂长工作，维护厂长的中心地位，保证厂长的各项任务的完成。1995年，党委与各党支部签订《党务工作目标管理责任书》和《社会治安综合治理目标责任书》，对党员实行“动态化目标管理月考核”制度，由专职副书记负责组织、检查、考核、公布。

1998年，党委坚持民主集中制领导，半年召开一次民主生活会和三会一课制度，党委成员坚持参加双重组织活动。党委与所属党支部签订《党务工作目标管理责任书》，重点抓职工教育和两个文明建设。召开党支部书记会议13次，工会、共青团联席会议4次，组织上党课7次。1999年，围绕年初制订的奋斗目标，坚持以市场为导向，以营销为龙头，强化内部管理，降低生产成本，经济指标量化到支部、车间，提高产品质量，做到两手抓，两手硬。2002年，坚持“两推一公示”和预审批制度，集中对新入党的同志入党誓词宣誓；建立党内谈话制度，各党支部对有问题或发现问题苗头，以及群众有反映的党员干部，及时谈话进行教育，对提高党员的党性观念，保证党员不掉队起到积极的作用。

2007年10月，按照中国共产党第十七次全国代表大会修改制订的《中国共产党章程》内容，进一步充实完善了党的“三会一课”制度和党的干部选拔制度。

2008年，党委强化制度建设，各党支部制订党建工作实施意见，完善、落实党员学习教育机制。坚持党员领导干部和党组织负责人讲党课制度，每年至少组织两次党课教育，建立党员理论学习激励机制，离退休人员党支部坚持每月一次学习制度。坚持和健全党内生活制度。

严格按照党章的规定，开展党的组织生活，提高组织生活会的质量，支部党员大会每季度召开一次，党小组会一般每月召开一次，并做到规范化、制度化。保障党员民主权利，改进民主管理决策机制，积极推进党务公开，建立绿色信箱，鼓励职工提建议，每年进行一次民主评议党员。强化对基层党组织的领导，党委成员每年至少参加一次支部的组织生活，了解工作情况，掌握党员的思想工作动态，帮助解决在工作中所面临的突出问题。每年开展一次先进党支部、优秀共产党员评选表彰活动。建立学习型领导班子，全年集中学习时间不少于 12 天。每季度专题讨论一次，每人每年至少撰写学习论文 1 篇。加强领导班子民主政治建设。坚持党委会议、党政联席会议制度。按照规定要求，每年召开一次领导班子民主生活会。

2010 年，公司党委不断强化党的基层建设工作，至 2018 年每年层层签订年度党务目标责任书、廉政建设目标责任书、平安建设目标责任书。强化支部大会、支部委员会、党小组会、党课“三会一课”制度，明确责任，学习交流，定期检查。深化干部选拔任用制度。注重民主生活会建设，党委成员带头参加会议，各支部委员、党员，按时间和要求积极参加。

2011 年，党委开展党务公开、权利运行“阳光工程”活动。各支部建立“三簿一账”，即《党务公开内容登记簿》《党务公开意见建设收集簿》《党务公开意见建议办理簿》和公开台账。利用座谈会、民主测评等多种形式征求党员群众意见和建议，根据意见和建议制订整改方案，及时向党员群众反馈整改情况。

8 月 22 日，公司党委召开专题民主生活会，针对个别党委成员的错误及企业发展遇到的问题展开批评与自我批评，对错误现象进行剖析和警示，对企业发展不尽人意的问题，各委员从自身思想认识和发展观、紧迫观入手，找出不足和缺点。会议提高了认识、统一了思想、坚定了信心。

2014 年 4 月 29 日，公司党委召开党的群众路线教育实践活动学习交流会，一是各党委成员汇报活动的开展情况。二是交流活动方式和经验。三是收集基层员工提出的要求及提出的整改方案。会议学习了习近平总书记在兰考的讲话。章丘区纪委侯训青副书记、区经信局郭伟宏副书记参加了会议，并对活动提出了进一步要求。

8 月 28 日，公司党委会召开专题民主生活会，认真查摆“四风”

问题，经信局郭书鹏等领导参加了会议。各党委成员按照中央“保持党的先进性和纯洁性”及照镜子、正衣冠、洗洗澡、治治病的总要求，以为民务实清廉为主题，以反对“四风”服务群众为重点，坚持严肃认真、实事求是、民主团结开展了批评与自我批评，相互查摆问题和缺点，对班子和成员查摆的问题提出整改方案，做好整改落实工作。同时，各基层党支部，也根据要求，组织全体党员召开了专题民主生活。

2016年3月，按《中共济南市委组织部关于开展党员组织关系集中排查的通知》精神，公司党委对现在岗党员、内退、正退党员及已辞职、长假等各类已不在公司上班的党员，开展党员组织关系集中排查。一、集中核查。1. 登记党员信息：各支部组织所属党员填写“党员基本信息采集表”。2. 各支部对党员信息进行核查，查看党员信息是否准确齐全。3. 各党支部认真核查党员交纳党费和参加党支部活动记录，看党员与党支部保持联系情况，是否属于失联党员（流出后不知去向，连续6个月以上不参加组织生活、不缴纳党费，与公司党组织失去联系的党员）、流动党员，并如实填写。4. 公司党办核查党员组织关系转接情况，看转入党员身份是否存疑，转出党员组织关系是否落实。5. 各党支部核查党员现实表现情况，看是否能够履行党员义务、发挥党员作用。公司党委通过纪检机关、司法机关等核查是否有违纪违法行为。二、联系查找。1. 由公司组织人员通过以下几种方式查找党员信息：(1) 直接联系。(2) 人际查找。(3)政府各部门协调及社保、房产、工商等查找。(4) 通过网络社交平台、电讯运营平台、民航铁路系统信息等。2. 对党员档案不规范、不齐全或丢失的，先对党员身份进行甄别，认定党员身份后，再按照有关规定做好完善、补充等工作。3. 对经排查取得联系、却有不合格表现的党员分别给予限期改正、劝退、劝而不退除名。对有违法违纪行为的应将线索及时向上级反应，依法处理。对超过六个月，未与党组织联系，经多方努力仍联系不上的，依照相关程序，按自行脱党予以除名。三、本次党员排查工作在章丘市委组织部、市经信局领导下顺利完成，党委与在职全体党员取得了联系，对个别长期未在公司工作的党员，按规定补交了党费，理顺健全了党员信息。

2016年7月，根据省委和济南市委的部署和要求，章丘区“两学一做”学习教育协调小组督导组来公司检查督导“两学一做”开展落实情况工。王峻虎副书记对公司“两学一做”工作的开展和公司党员教育培养工作的开展做了汇报，督导组对百脉泉酒业工作的开展给与了高度评价，特别是对包装车间、粮酒车间形式多样、内容丰富、学习资料详实的开展成绩，被督导组评价为开展工作的典范。在章丘区召开的全区“两学一做”总结大会上，公司党委书记李成新同志作了先进单位典型发言。

2017 年 11 月 10 日，为认真学习贯彻落实党的十九大精神，深入解读习近平总书记的讲话，公司党委书记李成新同志为全体党员干部上“不忘初心、牢记使命、继续前进”党课。通过本次党课，全体党员干部深刻理解了十九大报告的含义，深刻领会了习近平新时代中国特色社会主义思想的内涵，纷纷表示在今后的工作中，更加严格要求自己，长效坚持“两学一做”工作，为百脉泉酒业长远发展贡献力量。

2．党员培训和专题教育活动

抓好党员的教育，关系着党员队伍素质的提高，本着这一原则，针对不同时期的工作重点，开展了不同层次的党员教育活动。

1987 年的党课内容突出公仆教育，全年重点开展四个专题教育：1、党的宗旨教育；2、法制观念教育；3、先锋模范教育；4、党的纪律教育。

1989 年 8 月，遵照章丘县委宣传部［1989］12 号文及县经委的统一部署，党总支委员会组织全厂党员干部、职工对党的十三届四中全会文件进行深入学习和贯彻。

1990 年，遵照经委党委《关于学党章、正党风教育活动的意见》，开展“学党章、正党风”教育活动，学习《党章》《准则》《决议》；组织党员学习中共十三届四中、五中全会文件；开展宗旨教育、形势教育、先模作用教育、清廉肃贪教育、坚定改革信念教育，使党员全面领会文件精神。1991 年，分两次集中进行社会主义思想教育活动。加深了对“一个中心、两个基本点”的理解，充分认识社会主义初级阶段的基本国情，树立坚定的共产主义信念。1993 年，强化党员教育和管理，充分利用业余党校阵地，以中共十四大文献及党的纲领、性质、宗旨、党员权利和义务为主要教育内容，将党员、中层以上干部轮训一遍，开展“一帮一、一对红”活动，提高了党员的政治、业务素质和市场竞争意识，充分发挥党员先锋模范作用。

1994 年 10 月，组织上党课，学习关于加强党的组织作风建设的决定，学习过程中，突出党的组织建设，集中讲坚持和健全民主集中制、加强和改进党的基层建设，培养和选拔德才兼备的领导干部问题。把全体党员、干部、职工的思想统一到组织纪律性上来，加强纪律性，增强全局观念，使每个党员都自觉做到：个人服从组织，少数服从多数，下级服从上级，全党服从中央，自觉维护党中央的权威。

1996年3月，开展关于对党支部和党员实行“百分考核”的活动。9月，中共济南百脉酿酒（集团）有限公司委员会建立后，开展党员所在岗位流动红旗竞赛活动，党员按照所在岗位特点和考评标准，有重点地开展学党章、比贡献活动，即比遵章守纪、比现场管理、比工艺操作、比文明生产、比设备使用维护、比完成任务六比六赛。10月，学习贯彻中共十四届六中全会精神，加强文明建设，认真学习全会文件，统一思想认识。本年度集中上党课10次，播放录相4次，500多名职工接受了党的路线、方针、政策的教育。

1997年，根据上级部署，结合实际，以邓小平建设有中国特色社会主义理论和党的基本路线为指针，以《党章》为教材，开展党员教育活动，提高广大党员的思想政治素质和科学文化素质。

党员教育配档表

时　间	学习教育内容	备　注
1–2月	传达贯彻市委八届四次全委扩大会议精神，学习孟宪杰在八届四次全委扩大会议的讲话，落实97年各项任务。	
3月	学习江泽民同志讲话（96、3、3）《关于讲政治》	
4月	党课《电视录像》	具体内容当时定
5月	党课《发扬党的优良传统，坚定共产主义信念》	
6月	党课《电视录像》	
7月	学习《人民日报社论》，庆祝香港回归	
8月	党课《电视录像》	具体内容当时定
9–11月	学习中共十五大文件	根据上级党委部署详细组织、安排
12月	年终总结、评比	

是年，党委组织开展“党员动态化目标管理月考核”“学、比、做”党风责任区、“党员所在岗位流动红旗”竞赛活动，发挥党员的先模作

用，激发广大职工拼搏、奉献的积极性。是年，党校组织集体党课 10 次，收看电视、录像 4 次，聘请法律顾问讲法制课 2 次，党员受到教育面达到 96% 以上。

1998 年，以中共十五大精神为指针，高举邓小平理论伟大旗帜，解放思想，以经济建设为中心，开展党员教育活动。

以经济建设为中心，开展党员学习教育活动配档表

时　间	学习教育内容	备　注
1–2 月	学习贯彻七届五次职代会精神，明确 98 年工作指导思想，发展思路，任务目标，工作重点。	
3 月	《中国共产党章程》	
4 月	江泽民同志在中共十五次全国代表大会上的报告	
5 月	党课《电视录像》	具体内容当时定
6 月	党课《党纪条规教育》	
7 月	学习人民日报“七·一”社论	
8 月	党课《党纪条规教育》	
9 月	党课《电视录像》	具体内容当时定
10–11 月	学习人民日报“十·一”社论	
12 月	年终工作总结评比	

2000 年，党员教育主要内容是抓好“三会一课”制度的落实，充分发挥业余党校、电教设施的作用，增强使命感、责任感。3 月，开展认真学习贯彻市委副书记、市长陈先运在市政府第十一次常务（扩大会议）上，关于强调在新的形势下，如何转变领导作风，讲求实效，抓好工作落实的讲话精神。

三个代表学习

2000 年 5 月，党委围绕在企业生产中如何发挥党组织的战斗堡垒作用和党员的先锋模范作用，贯彻江泽民总书记的指示精神，按照“三个代表”的要求，努力提高干部的领导水平，提高企业的整体素质，在全公司党员干部中开展学习贯彻实践“三个代表”的重要思想教育活动。就建设一个什么样的党，怎样建设党，在企业生产中如何发挥党组织的战斗堡垒作用和党员的先锋模范作用展开讨论。各党支部集中15天时间，组织党员干部反复学习江泽民总书记的讲话，深刻领会其精神实质。领导干部带头学、带头讲、带头干，联系企业实际，对照要求找差距。通过讨论，激发了工作热情和战胜困难的信心，自觉地用“三个代表”的要求指导自己的行动，敬业多奉献、争创一流，成为干部职工的自觉行动。

8月，党委又在党员中开展“坚持三个代表、树立党员形象、当好改革带头人为公司发展多奉献”的竞赛活动，为实现三年内销售收入过亿元打下基础。活动内容：一、在各自的工作岗位上，带头学习掌握专业知识，提高专业水平，争当业务、技术尖子，达到业务精、质量好、效率高，在本职工作中创出一流成绩。二、坚持以马列主义、毛泽东思想、邓小平理论为指导，坚持党的基本路线，带头弘扬社会主义精神文明，讲学习、讲政治、讲正气，模范遵守党的纪律、国家法规和公司各项规章制度，树立正确的世界观、人生观和价值观，讲求职业道德，爱岗敬业，团结同志，无私奉献。三、牢记全心全意为人民服务的宗旨，坚持群众路线，发扬勤俭节约、艰苦创业的优良传统和作风，以党的利益、国家的利益为重，顾全大局，维护公司的利益，勇于战胜困难，应对挑战，吃苦在先，享受在后，克己奉公，清正廉洁，勇于同危害国家、集体和广大职工利益的行为作斗争。活动的方式是：各党支部通过“三会一课”的形式，组织党员的学习、教育，以如何坚持“三个代表”、树立好的党员形象，为群众带好头，为公司多奉献为主题，研究制订具体的措施和行为规则，形成决议，狠抓落实。发挥“三簿一册”作用，做好党员的登记和组织活动考核，使竞赛活动达到规范化、制度化、经常化。广大党员积极参加“敬业爱岗讲奉献、争做先进创佳绩”劳动竞赛，当先进，创佳绩，树立良好的党员形象。

为推动活动的开展，将党务目标责任制实施动态化考核。根据每个党员的工作岗位和担负的任务，确定具体的考核内容，进行量化分解，分项考核，统一计分，考核的重点放在党员的党性观念和先模作用上。考核的基本要求是1.以“三个代表”和“党员的八项义务”为标准，严格要求自己，执行党的决议，按时缴纳党费。2.积极参加组织活动，因公外出不能参加的要主动向党支部汇报思想。3.认真完成组织、领导交给的各项任务，吃苦在前，一心为公，坚持计划生育，讲科学，树新风，在两个文明建设中起先锋模范作用。4.遵守纪律，热爱集体，爱岗敬业，助人为乐，服从领导，听从分配，见义勇为，主持正义，有良好的精神风貌。具体考核方法：1. 积极参加党的组织活动和公司组织的政治活动，做改革的带头人，坚定地执行党组织的决议，遵守党的纪律，按时缴纳党费。标准分30分，每缺一项扣10分。2. 保证产品质量无事故，按时完成各项任务。任务分30分，完不成任务和出现责任事故的不计分，产品质量不合格一次扣10分，因责任事故造成经济损失每满10元扣10分。3. 模范遵守国家法律、法规和公司规章制度，服从分配，尽职尽责。遵守纪律20分，出现迟到、早退、违章一次扣4分，受到公司通报批评的扣10分。4. 吃苦在前，无私奉献，积极参加义务劳动，文明礼貌，团结同志，关心集体，爱护公物，拾金不昧，助人为乐等。精神文明20分，因打架斗殴、酗酒闹事影响工作一次扣10分。在以上内容的基础上，有特殊贡献、事迹突出的要加分，并在备注栏中注明。每项的加分一般不超过基础分的80%。总分在100分以上为优秀，80—99分为优良，60—79为合格，59分以下为不合格。动态化管理考核表由各党支部负责填写，党支部书记与分管口的负责人共同考核。每月一次，于月底将考核表报党委办公室，并将考核情况在本党支部党员中公布。党委办公室对各党支部上报的考核表进行汇总平衡，定期向党委汇报，作为评选先进党支部和优秀共产党员的主要依据。党委每月召开一次党支部书记会议，检查各党支部的活动情况，及时总结经验，树立典型，表彰先进，做好后进的转化工作。为公司的发展提供组织保证。

2001年4月，学习贯彻落实中共章丘市委关于实施依法治市第三个五年计划的意见，把生产经营同依法治市治企结合起来。具体活动开展情况：

开展“学纪守法、警钟长鸣”主题教育活动安排表

阶段划分	方法步骤	时间安排	主要内容	要求
第一阶段	动员准备	3月25日—3月31日	一、召开党委会议：建立领导小组制订教育计划，下发文件。二、召开党支部书记会议，部署、发动。	各党支部，召开党员大会，学校文件，统一思想认识，使广大党员明确目的的意义。

续表

阶段划分	方法步骤	时间安排	主要内容	要求
第二阶段	学习教育	4月1日—7月15日	《邓小平论党风廉洁建设和反腐》《江泽民同志在中央纪委五次全会上的重要讲话》《中国共产党纪律处分条例》（试行）《中国共产党党员领导干部廉洁勤政若干准则》（试行）《中共中央国务院关于厉行节约制止奢侈浪费行为若干规定》、收看《一代廉吏于成龙》及《胡长春大案警示录》等教育片。	党委成员和公司副职以上领导干部建立主题教育读书笔记期间，笔记不少于500字，抓好“电视剧”“纪录片”收看的落实和辅导。
第三阶	对照检查	7月16日—8月15日	1. 组织召开不同层次的党内外座谈会，广泛听取群众意见。2. 召开职工代表座谈会，通报学校教育情况。3. 召开党委民主生活会，对照检查存在的问题，开展批评与自我批评，统一思想认识。	召开党支部书记会议，听取汇报，分析存在的问题、差距，形成文字材料。
第四阶	总结整改，完善约束机制	8月16日—9月30日	召开党员大会，交流学习体会，进行总结针对存在的问题，结合公司实际，完善领导干部廉政建设实施细则及厂务公开内容，接受群众监督。	依法治企，制度约束，严格自律。

2002—2004年，充分发挥党委的政治核心作用、党支部的战斗堡垒作用和共产党员的先锋模范作用，宣传学习党的路线、方针、政策，组织党员上党课，学习新党章，领会“三个代表”的科学内涵集中学习活动。

2005年，结合先进性教育开展“学习年，工作落实年”活动竞赛，并根据学习和落实实绩评出一、二、三等奖，一等奖销售代表队，二等奖技术代表队、粮酒车间代表，三等奖，包装车间代表队、后勤代表队、机电车间代表队。

济南百脉酿酒有限公司“学习年”活动安排配档表

学校内容	参加人员	主持人
1. 利用“三会一课”形成党课学习	全体党员、中层以上干部	党委成员
2. 企业规章制度的学习	全体员工	各党支部、车间、处室负责人
3.ISO9001 国际质量和 ISO14001 国际环境双体系认证内容的学习	各车间、处室相关人员	王峻虎组织各部门相关负责人
4. 产品质量的学习	技术、车间、生产骨干	马业准、张传海
5. 针对本部门业务内容的学习	全体员工	各组负责人具体安排

济南百脉酿酒有限公司“工作落实年”活动安排配档表

解决遗留问题	责任人	时限	2005 年度主抓问题	责任人	时限
1. 政治思想工作的问题	王者厚	05 年全年	1. 制订精打细算、节约开支的方案，由财务处协调相关部门做好工作	张 刚	05 年 3 月 1 日前
2. 饲料设备，尽快投产达效的问题，由生产具体协调有关部门解决	张传海	05 年 6 月 30 日前	2. 销售工作问题	潘正江	05 年 3 月 1 日前
3. 产品质量问题，由技术具体负责协调有关部门做好工作	马业准	05 年全年	3. 产品质量、劳动纪律、拿酒的问题，由技术、企管、生产具体负责	马业准 王峻虎 张传海	05 年全年
4. 清缴欠账的问题，由销售财务列出清单，协调有关部门清理	潘正江 张 刚	05 年 3 月 20 日前	4. 开发新产品的问题，由技术拿出方案，协调相关部门具体实施	马业准	05 年 3 月 10 日前
5. 抓紧清理场地建造酒瓶仓库投入使用的问题，由企管协调相关部门解决	马业准 张传海	05 年 4 月 30 日前	5. 科技创新，争创名牌问题，由技术口协调相关部门做好工作		05 年 3 月 10 日前
6. 物资积压，物品的清理问题，由生产、财务协调相关部门解决	张传海 张 刚	05 年 6 月 30 日前	6. 啤酒项目投产达效的问题	马业准	05 年全年
			7. 关于纯净水的问题	马业准	05 年 4 月 23 日前
			8. 广告宣传投入的问题，由财务协调相关部门拿出方案	张 刚	05 年 3 月 30 日前
			9. 健全制度问题	办公室	05 年 3 月 23 日前
			10. 车辆的问题	办公室 销售公司 审计处 财务处	05 年 5 月 30 日前

先进性教育

2005 年 1 月 5 日，中共中央召开了全国先进性教育活动电视电话会，1 月 14 日，胡锦涛总书记在新时期保持共产党员先进性专题报告会上，对加强党的先进性建设提出了明确要求。继而，省市各级党委先后召开动员大会进行安排部署。为贯彻落实中央和上级党委会议精神，2005 年 2 月 25 日，中共济南百脉酿酒有限公司委员会召开保持共产党员先进性教育活动动员大会，大会由党委副书记王者厚主持，党委书记李成新作动员报告，张传海传达党委关于保持共产党员先进性教育活动实施方案，同时公布先进性教育领导小组组成人员。先进性教育分三个阶段：

第一阶段：学习动员阶段，时间 2 月 18 日—3 月 11 日。2 月 17 日，下发济酒党字 [2005]1 号文《保持共产党员先进性教育活动实施方案》，19 日下发济酒党字 [2005]2 号文 《关于成立保持共产党员先进性教育活动领导小组的决定》，组长李成新，副组长王者厚，成员张传海、潘正江、马业准、王峻虎、张刚、赵京彬，领导小组办公室设在党委副书记办公室，25 日下发济酒党字 [2005]3 号文 《学习年、落实年活动实施意见》，成立了以李成新为组长的学习年、落实年活动领导小组，充分利用《百脉酿酒简报》、宣传栏、各部室黑板报以及厂区主要路段悬挂标语的形式，营造了开展保持共产党员先进性教育活动的浓厚氛围；党委为每位党员定制了党徽，党员专用上岗证，下发了《保持共产党员先进性教育读本》和《党旗在呼唤》书籍，利用“三会一课”加强党员对党的知识的学习，使全体党员充分认识到：开展以实践“三个代表”重要思想为主要内容的保持共产党员先进性教育活动是新形势下提高党的执政能力、保持共产党员先进性最终推动公司经济发展再上新台阶的一项重要举措。主要体现在三个方面：一是加强党的先进性建设是马克思列宁主义政党自身建设的根本任务，充分理解党的先进性不是与生俱来，也不是一劳永逸的，必须通过坚持不懈的先进性建设才能得到保持和发展的道理；二是党的先进性最终要靠党员的先进性体现出来，只有每一名党员都永葆共产党人的政治本色，都发挥党员的先锋模范作用，深受职工群众信赖，才能不断开创事业发展的新局面；三是开展保持共产党员先进性教育活动是我党加强先进性建设的重大举措，结合实际，每个支部、每个党员都写了决心书，制订了学习计划、倡议书，组织党员和入党积极分子开展了生动的演讲比赛活动，在开展的“献爱心、送温暖”募捐活动中，全体党员积极拥护，带动全体员工踊跃捐款，截止 3 月 3 日，达到 4800 元。3 月 30 日，统一印发了考试试题，通过第一阶段的动员和学习，党委及各党支部开展了“回头看”总结，了解开展先进性教育活动的重要性，加强了对党的知识的学习，学习和工作积极性有了很大的提高，达到了预期目的。

第二阶段：分析评议阶段，时间 3 月 12 日—4 月 29 日。3 月 12 日，党委公布了《中共济南百脉酿酒有限公司委员会关于认真做好保持共产党员先进性教育活动“分析评议阶段”工作的实施方案》，明确了第二阶段工作目标和步骤。3月14日，在四楼党校召开保持共产党员先进性教育活动“分析评议阶段”动员大会，全体党员及中层以上干部参加了大会，党委书记李成新在会上发表重要讲话，总结第一阶段工作中取得的成绩和存在的不足。要求各党支部全体党员按照“团结、批评、团结”的方式认真开展批评和自我批评，认真贯彻落实“广、准、深、实、稳”五个字的要求，并结合当前实际，开展“六个一”活动，即节约一分钱、一粒粮、一根焊条、一滴汽油、多出一个点子、多想一个办法，去带动身边的人最大限度的实现节能挖潜，增加效益，取得实效。会上，党委下发了《学习动员阶段群众满意度测评表》。3月15日，向全体员工下发《征求意见表》，3月20日，按照“四查、四评、四解决”的要求，下发《党员自查表》和《党员互查表》，认真查找党员中存在的突出问题，由党委及党支部对该表分别存档。3月23日，结合开展活动的热潮，党委号召全体党员开展了“践行三个代表、争做时代先锋”联名活动，86名党员都积极参与活动，同时，配合此活动的开展，举行“全员齐努力、同心创辉煌”主题联名活动，有520名员工全部参加了联名活动。3月24日，根据章丘市委保持共产党员先进性教育活动领导小组下发共产党员先进性具体要求和不合格党员主要表现，经全体党员广泛讨论，下发济酒党字[2005]6号文《济南百脉酿酒有限公司共产党员先进性具体要求和不合格党员主要表现》。参照章丘市共产党员先进性8条要求和不合格党员8条具体表现，制订出公司党员领导干部先进性具体要求：1.具有较高的组织领导水平、法制观念和政策理论水平，自觉维护班子的团结和威望，具有较强的解决实际问题的能力；2.具有创新精神，围绕企业发展，解放思想，与时俱进，大胆创新；3.带头廉洁自律，不搞特殊，正确对待和行使手中的权力；4.坚持走群众路线，经常到职工群众中进行调研，带头关心职工疾苦。公司党员中层干部先进性要求：1.服从党组织安排，维护领导班子团结，积极完成上级党组织和分管领导交办的各项任务；2.具有较高的政策水平和能力，团结同志，大局意识强；3.具有较强的事业心和责任感，立足本职，勤奋敬业，业绩突出。公司普通党员先进性具体要求：1.服从组织分配，积极完成上级交办的各项任务；2.团结同志，公道正派；

3. 努力学习政策理论，积极钻研业务知识，接受新鲜事物能力强，能够创造性地开展工作；4. 自觉维护党组织和企业形象，勇于同歪风邪气作斗争。**公司党员领导干部中不合格党员的具体表现**：1. 在班子内部闹不团结，拉帮结派，排斥异己，搞非组织活动。2. 家长作风，独断专行，决策不民主，不接受群众的意见和监督，脱离职工群众，不关心职工群众疾苦。3. 执政水平和能力低，发展欲望不强，滥用职权，以权谋私。**党员中层干部中不合格党员的具体表现**：1. 公开散布错误言论和不满情绪，消极对待组织安排。2. 争名夺利，争待遇，向组织伸手要官要权。3. 不积极为公司服务，利用职务之便吃拿卡要，索取好处，影响党在职工群众中的形象。4. 不能顾全大局，片面强调部门利益，闹不团结。公司普通党员中不合格党员的具体表现：1. 不积极贯彻党的方针政策，对党的安排消极对待，并有抵触情绪。2. 事业心和责任心不强，工作平庸，不思进取。3. 工作不负责任，拈轻怕重，推诿扯皮。对党员、党员中层干部及普通党员先进性具体要求和不合格主要表现作了具体要求。3 月 26 日，党委要求各党支部每名党员撰写了个人党性分析总结，并做了层层把关，逐级审阅，修改完善，由党委及党支部分别存档。3 月 29 日，按照“四会三谈”活动要求，各党支部广泛组织开展了谈心活动，进一步征求了意见；4 月 5 日，党委积极配合章丘市经贸局党委工作，参加了在经贸局举办的保持共产党员先进性教育演讲比赛，崔士茂、孙立慧获得“优秀奖”，为活动的开展增添了色彩。4 月 6 日，党委召开班子成员专题生活会，市经贸局活动督察小组徐厥臻副局长参加专题生活会，会上本着“一人谈、众人帮、逐个进行”的方式，坚持实事求是的原则和“惩前毖后、治病救人”的方针，从团结的愿望出发，党委班子成员之间积极开展了批评与自我批评，查找了存在的问题，深刻剖析了问题存在的根源，明确了今后努力的方向，徐厥臻副局长对座谈会的召开表示满意。4 月 7 日，各党支部下发了专题组织生活会民主测评表，按党委要求开展了专题民主生活会。4 月 26 日，各支部以书面形式汇报了制订的整改方案。

先进性教育"分析评议"阶段配档表

时间安排	活动内容	理论学习内容	责任单位
3月12日—3月13日	分层召开分析评议阶段动员大会，对分析评议工作进行安排部署	1.《党章》 2.《实施方案》	公司党委 各党支部
3月14日—3月19日	1. 开展"征求意见，调查问卷"活动，广泛征求公司员工意见。 2. 对征集的意见进行梳理分析，为党员对照检查打好基础。	1.《保持共产党员先进性教育读本》 2.《党员先进性具体要求和不合格具体表现》	各党支部
3月20日—3月25日	1. 重温入党誓词，教育引导党员牢记党的宗旨，永葆先进性。 2. 开展"四查四评四解决"活动，认真查找自身存在的问题。 3. 认真撰写个人党性分析总结，层层把关，审阅并修改党员干部的党性分析总结。	1.《中共中央关于加强党的执政能力建设的决定》 2.《八个坚持、八个反对》	各党支部
3月26日—4月1日	1. 参照"四会三谈"活动要求，广泛谈心活动，每个党员的谈心面不少于支部党员总数的1/3。 2. 进一步征求意见，修改完善党性分析总结。	1. 章发[2005]11号文件 2.《中国共产党的三打作风》	各党支部
4月2日—4月6日	1. 各支部召开民主生活会，开展批评与自我批评。 2. 公司召开领导班子民主生活会，上级督察组派人参加。	1.《中国共产党纪律处分条例》 2.《中国共产党党内监督条例》	公司党委 各党支部
4月7日—4月11日	1. 落实"三公开"制度，在评议前，公开党员先进性具体要求和不合格党员的具体表现，公开党员的基本情况和参加"三会一课"等组织活动的情况，公开党员先进性作用发挥情况及存在的问题和不足。 2. 召开党员大会，组织党员自评。 3. 组织党员、入党积极分子和部分群众填写《民主评议表》，进行民主评议。 4. 党支部形成对党员的评议意见。 5. 党支部评议意见报公司党委审核把关。	1.《党章》 2.《党员先进性具体要求和不合格具体表现》	各党支部
4月12日—4月16日	1. 以党支部为单位向每个党员反馈评议意见，提出存在的问题。 2. 在一定范围内向群众通报民主评议党员情况，自觉接受群众的监督。	江泽民《关于改进党的作风》	各党支部
43月17日—4月18日	1. 进一步分析评议"回头看"，全面总结分析评议阶段工作，形成总结报告。 2. 写出转段报告，报经贸局党委审批。	1. 中央关于开展保持共产党员先进性教育活动的《意见》。 2. 济酒党字[2005]5号文件	公司党委 各党支部

第三阶段："整改提高"阶段，时间4月30日—5月24日。4月14日，下发保持共产党员先进性教育活动第三阶段的实施方案。25日，在四楼党校召开保持共产党员先进性教育活动动员大会，市经贸局徐厥臻副局长参加大会。4月30日，党委公布了《关于在各党支部认真开展保持共产党员先进性教育活动第三阶段的实施方案》，配档表如下：

整改阶段配档表

时间安排	活动内容	理论学习内容	责任单位
4月30日	召开转段动员大会，通报第二阶段活动情况，安排部署第三阶段工作。	全面总结回顾第二阶段工作，明确第三阶段任务目标和基本要求。	公司党委
5月1日—5月9日	1.各党支部层层召开第三阶段动员会；2.集中学习胡锦涛和夏赞中同志重要讲话； 3.党员个人、党支部分别制订整改方案。	1.通过学习进一步增强做好整改，提高工作的自觉性； 2.各党支部整改方案于5月9日前报公司先进性教育活动领导小组。	各党支部
5月10日—5月19日	1.开展"如何确保先进性教育活动成为群众满意工程"的大讨论； 2.党员个人、各党支部认真落实整改措施； 3.做好不完全符合条件党员的帮教转化工作； 4.研究建立"党员受教育、群众得实惠"的长效机制。	1.解决好把查处的突出问题，努力让群众满意； 2.通过认真帮扶使不完全符合条件党员最大限度的得以转化； 3.建立六项长效机制，使党的先进性建设制度化、规范化。	各党支部
5月20日—5月24日	1.全面总结先进性教育活动； 2.部署巩固和扩大整改成果工作。	1.各党支部总结报告和巩固扩大整改成果工作方案于5月21日前报公司先进性教育活动领导小组办公室； 2.公司先进性教育领导小组办公室全面总结活动。	各党支部

5月10日，党委在四楼党校召开保持共产党员先进性教育活动"整改提高阶段"动员大会。6月1日，下发济酒党字[2005]9号文《关于开展"三整顿"务求先进性教育整改工作取得实效的意见》。

一、充分认识搞好"三整顿"的重要性和必要性。随着各党支部不断加强思想作风和纪律建设，广大党员干部的素质有明显的提高，作风发生明显转变，纪律得到明显加强，为实现跨越式发展提供有力的组织保证。从第一阶段征求职工群众意见建议和专题生活会反映的情况看，各党支部广大党员干部在学习、作风、纪律方面还存在不适应、不符合的问题，其中有些问题在个别党支部、个别党员身上表现的比较突出，这些问题不解决，势必会削弱各党支部的组织战斗力，影响公司改革发展稳定的大局。要求各党支部要结合整改提高阶段开展的“如何确保先进性教育活动真正成为群众满意工程大讨论”，充分认识进行“三整顿”的重要性和必要性，强化纪律，转变作风，以优良的素质、过硬的作风、严明的纪律性、良好的精神状态，确保先进性教育活动整改提高阶段取得实效。

二、各党支部要切实加强四个方面的学习，建立健全五项学习制度，确保学习经常化、制度化，进一步提高党员干部的素质能力。

*加强四个方面的学习：*一是加强政治理论的学习。组织广大党员干部继续深入学习“三个代表”重要思想、党的基本知识和基本理论，牢固树立科学发展观和正确的政绩观，不断提高思想理论水平。二是加强法规政策的学习，组织广大党员干部学习法律法规和党内规章，精通本部门的各项程序和规范，努力提高依法办事的自觉性和工作水平。三是加强业务知识的学习。各党支部要根据自身工作特点加强专业知识教育和培训，组织广大党员干部学习管理知识和专业技术知识，努力提高履行岗位职责的能力和水平。四是加强实用技能的学习。要组织广大党员干部认真学习业务知识，努力提高工作和办公办事效率。

*建立健全五项制度：*一是党支部中心组理论学习制度，坚持支部集中学习制度，规范学习内容、形式，明确学习要求和考核标准，充分发挥领导干部带头学习表率作用，引导党员干部端正学习态度，提高学习效率。二是周五下午集中学习制度，每周五下午根据工作情况半小时至一小时或班后对各党支部党员干部进行集中学习，无其它特殊情况，不得挤占挪用。三是定期上党课制度，要求各党支部党员干部必须每月上一次党课，做一次理论辅导，要求学习方式灵活多样，以保证学习效果，切实把“三会一课”制度落到实处。四是学习交流制度。每季度组织党员干部进行一次学习体会交流，检验学习效果。五是检查考评制度。每半年对党员干部学习情况进行一次考试考核，将个人考试成绩列为年终考评重要指标，考试不及格的，组织离岗培训。

三、改进作风，倡导真抓实干、干事创业的良好风尚。针对有的党员干部工作不够深入、作风不实、效率不高等问题，要强化三种意识，健全三个机制，使广大党员干部保持昂扬向上的精神状态和务实求实的工作作风。

强化三种意识：一是大局意识。党员干部、特别是领导干部要牢固树立公司发展“一盘棋”思想，围绕党委中心工作，抓重点、抓关键，保证党委中心工作落到实处。二是敬业意识。党员干部要珍惜自己的岗位，认真履行岗位职责，把主要精力放在做好本职工作、抓好工作落实上。三是争先意识。各党支部党员干部要珍惜时间，抢抓机遇，坚持高标准、严要求，发扬“不居第一不罢休、位居第一不停步”的精神，自觉追求一流水平，创造一流业绩。

健全三项机制：一是建立健全责任落实机制。要细化工作任务，落实具体责任。明确完成时限，强化工作措施，做到一级抓一级，一级对一级负责；健全首问负责制、承诺服务等制度，各党支部对工作任务落实的质量要求和办结时限及阶段性工作目标等情况，要向公司党委承诺，向公司公开，接受组织和职工群众的监督；认真落实周调度、月总结、季度会审和半年巡视检查制度，定期汇报工作完成情况和重点项目进展情况，抓好工作落实。二是建立密切联系职工群众的长效机制，各党支部党员领导干部要建立工作联系点，定期调研，要帮助联系点不断理清工作思路，研究工作措施，解决实际困难。三是建立健全考评机制。每半年对各部门、党员干部进行责任目标考评，同时，组织职工群众进行满意度测评，以职工群众满意程度和具体工作实绩定奖惩。

四、强化纪律，确保步调一致、政令畅通。针对个别党员干部存在的有令不行、有禁不止、目无组织、纪律涣散的问题，要严格二项纪律，实现两个提高，确保政令畅通。

严格二项纪律：一是严格政治纪律。各党支部要引导广大党员干部特别是领导干部，牢固树立全局观念、中心意识，自觉维护公司党委权威，坚持杜绝自由主义、本位主义及片面强调部门利益的现象，正确处理好个人与集体、局部与整体的关系，保证公司党委和各项工作部署落到实处。二是严格组织纪律。坚持和完善重大事项请示制度，认真贯彻落实民主集中制，严格执行集体领导、民主集中、个别酝酿、会议决定的议事和决策制度，理顺工作体制，从点滴小事做起，着力解决懒、散、慢的问题，提高工作效率，树立党员干部的良好形象。

实现两个提高：一是在工作的制度规范化上有新提高。各党支部领导班子、主要负责人在充分认识和把握公司发展大局，建立健全各项规章制度，以严格、周密、科学的制度约束党员干部，保证各项任务和要求顺利的贯彻实施。二是实现党员干部自律意识的提高。要求各党支部党员干部认真学习与本职工作密切相关的各项法律法规，学习公司和本部门的各项规章制度，增强法制观念和纪律意识，提高依法办事、照章办事的能力，为职工群众办实事。

五、坚持领导带头，认真抓好工作落实。坚持做到领导带头。把“三整顿”工作与整改提高阶段的工作有机结合起来，各党支部主要负责人抓好“三整顿”工作的组织领导，又要带头搞好整改。认真履行具体责任人的职责，切实增强政治意识、大局意识和责任意识，发挥示范带头作用，齐抓共管，齐心协力推动整改提高阶段各项工作的深入开展，确保“三整顿”取得实效。6 月，李成新在章丘市经贸局先进性教育阶段性总结大会上，作了题为“践行三个代表、争做时代先锋”的典型发言。全文共分三部分：一、组织的需要就是我的选择；二、做好人、做好酒、以人为本谱新篇；三、心底无私天地宽，共创和谐大发展。

通过开展先进性教育，使全体党员深刻认识到，加强党的先进性建设是马克思主义政党自身建设的根本任务。同时，党的先进性最终要靠党员的先进性来体现，开展保持共产党员先进性教育活动，是我们党加强先进性建设的重大举措。通过抓教育、重落实、促发展，得出三方面的经验：一是坚持群众观念，加强党性修养。通过开展保持共产党员先进性教育活动，牢固树立了党员的马克思主义群众观，加强党员自身的党性修养，增强了党员干部全心全意为职工服务的意识，改进了工作作风，加强了各项工作。二是坚持求真务实。通过开展保持共产党员先进性教育活动，切实加强了党委同职工群众的联系，只有求真务实，真抓实干，把实现好、维护好、发展好广大职工群众的根本利益当作一切工作的出发点，才能保证广大职工群众不断从公司发展中得到更多实惠，把广大职工群众紧密团结在公司党委周围。三是坚持清正廉洁。通过开展保持共产党员先进性教育活动，使广大党员干部树立了正确的权力观、地位观、利益观，从而全心全意为职工谋福利，切实做到“为民、务实、清廉”，为公司发展创造良好的环境。通过开展先进性教育活动，党员干部素质有了显著提高。2005 年 12 月，李成新在博山召开的山东省轻工系统优秀党委书记经验交流会上，做了题为“共创和谐发展、打造百年企业”的典型发言。

2006 年 6 月，党委组织在职党员 80 人到聊城参观“孔繁森纪念馆”，为全体党员上了一堂生动的党课，每名党员都写了心得体会。

2007 年 7 月，公司围绕生产经营和内部管理需要，开展廉政文化进企业活动，营造廉洁高效的发展环境，实现公司健康、持续、和谐发展。成立以李成新为组长，王者厚为副组长，张传海、潘正江、马业准、王峻虎、张刚为成员的活动领导小组，完善党风廉政建设管理网络，建立“廉政建设绿色信箱”，从机制和制度上建立反腐倡廉堤坝，防止职务犯罪。8 月和 9 月，章丘纪委书记窦虎和济南市纪委领导对公司开展廉政文化建设进行了督促和检查，得到上级领导一致表扬。11 月份，通过了章丘市廉政文化建设示范点验收，促进了企业党风廉政建设和反腐败工作的深入开展。10 月，组织全体中层以上干部集体观看中共十七大开幕式，出台关于开展学习贯彻十七大精神的通知，学习重点是：胡锦涛报告，深刻理解和把握“一条主线”“一个始终不渝”“四个坚定不移”“四位一体”和“一个伟大工程”。“一条主线”即中国特色社会主义是实践证明了的当代中国发展的唯一正确道路，坚定不移的走中国特色社会主义是贯穿党的十七大报告的一条主线。

“一个始终不渝”，就是我们必须始终不渝地坚持以邓小平理论和“三个代表”思想为指导，深入贯彻落实科学发展观，毫不动摇地坚持和发展中国特色社会主义，必须努力做到坚定不移地为全面建设小康社会而奋斗。“四位一体”，就是我们必须坚持经济建设、政治建设、文化建设、社会建设“四位一体”，夺取全面建设小康社会的新胜利。“一个伟大工程”，就是要全面推进党的建设新的伟大工程，为中国特色社会主义伟大事业提供强大支撑和保证，迅速掀起了学习贯彻十七大精神的高潮。做到了“四个结合”：一是把学习十七大精神同学习胡锦涛同志的一系列重要论述结合起来，不断深化对共产党执政规律、社会主义建设规律和人类社会发展规律的认识。二是同贯彻章丘市第十一次党代会确定的“实现全面小康、建设和谐章丘”的指导思想和目标任务结合起来，创造性地开展好各项工作。三是同董事长李成新在公司四届一次股东大会上确立的今后三年的总体目标结合起来，强化措施，加强领导，狠抓落实。四是同自身结合起来，做到学以致用，切实促进工作水平显著提高。

开展"讲党性、重品行、做表率"活动

公司党委为了深入学习贯彻党的十七大、省和济南市第九次党代会、章丘市第十一次党代会精神，按照中央和省、市委对组织系统自身建设提出的新要求，坚持从严治党。从2008年5月开始，至12月中旬，在公司党员干部中开展"讲党性、重品行、作表率"活动。准确把握七条原则，解决三方面问题，努力树立四种新形象。七个坚持：即坚持正面教育为主，激发内在活力；坚持解放思想，推动工作创新；坚持实践锻炼，着力解决问题；坚持群众路线，自觉接受监督；坚持继承创新，增强活动效果；坚持立足长远，建立长效机制；坚持领导干部带头，发挥表率作用。解决三个方面的问题：1．讲党性，重点解决政治上的坚定性问题。对照检查是否政治立场坚定、抵制歪风邪气，杜绝信仰模糊、宗旨淡化等问题。2．重品行，重点解决思想道德上的纯洁性问题。对照检查在政治品德方面，对党忠诚、公道正派。在职业道德方面做到甘为人梯、无私奉献。在生活品味方面做到廉洁自律、情趣健康。3．作表率，重点解决行为上的先进性问题。以身作则，率先垂范，求真务实、勇于创新，杜绝违反纪律及损害干部形象的行为发生。树立四种新形象：打牢公道正派思想基础，完善公道正派机制；加强廉政教育，强化管理监督，提高道德素养，树立清正廉洁、忠诚正直的可靠形象；树立创新务实、锐意改革的可敬形象；增强服务理念，推进和谐企业建设，进一步树立真诚待人、服务企业的可亲形象。集中活动分四个阶段进行：

第一阶段动员部署和学习教育（5月28日至6月中旬）。1．做好动员部署。各支部要结合实际，制订本支部开展"讲党性、重品行、作表率"活动的实施方案。2．抓好学习教育。通过集中学习、专题讲座、个人自学、举行演讲、互动交流等方式，切实打牢开展"讲党性、重品行、作表率"活动的思想和理论基础。3．开展好专题大讨论。继续开展"学习实践科学发展观—解放思想大讨论"，教育和引导广大干部以创新的思路和办法破解影响和制约创新发展的突出问题；

第二阶段查找问题和分析评议（6月中旬至9月上旬）。1．开展民意调查。利用召开座谈会、走访了解、问卷调查、民主评议等多种形式，广泛征求各方面特别是一线职工的意见和建议。2．进行党性分析。围绕保持和践行政治上的坚定性、品德上的纯洁性、行为上的先

进性要求，组织党员干部认真查找自身在党性、品行、纪律、作风、表率等方面存在的突出问题。召开专题组织生活会，组织大家从思想、学习、工作、作风、廉洁自律等方面进行评议分析，开展批评与自我批评，剖析思想根源。

第三阶段制订措施和集中整改（9月中旬至11月下旬）。1. 认真进行整改。结合民意调查、征求意见和评议中查找出的问题，审计各类购销合同、协议180多份，审计供应、销售支出凭证5000多份，开展专项审计13次，提审计建议5条，累计审计金额6500多万元，实现增收节支50多万元。2. 加强长效机制建设。结合工作实际，建章立制，建立健全各党支部工作制度，建立组织系统和党员干部队伍长效机制，形成“靠制度管人，按规矩办事”机制。

第四阶段搞好总结和巩固提高（12月初至12月中旬）。开展了“回头看”。通过自查和重点抽查等方式，对活动中薄弱环节进行拾遗补缺，整改完善。活动结束后，对活动中涌现出的先进集体和先进个人进行表彰。

开展学习实践科学发展观活动

2009年3月9日，公司党委根据上级党委部署，在公司开展深入学习实践科学发展观活动。活动紧紧围绕“科学发展、构建和谐、勇做排头兵”这个主题，深入学习讨论，弄清其实质内涵。一是对一些党员干部贯彻落实科学发展观的自觉性不够高，对科学发展观理解不够全面、不够深入等问题，进一步加强对科学发展观科内容的学习，真正学懂弄通科学发展观的内涵和精髓。二是以科学发展观为指导。提高现场劳动管理水平和工艺执行力度，解放思想、创新思路，使多粮班生产出酒率提高了近两个百分点；五粮班生产出酒率提高了1个百分点，全年超产原酒46.78吨。三是解决职工群众切身利益的突出问题。为明珠区团购两栋职工宿舍楼，让职工得到了实惠。对南院职工宿舍及学生宿舍的门窗等基础设施进行了更换装修等。四是解决不利于科学发展的管理体制、机制问题。公司聘请了济南瀚文管理咨询公司对公司管理规定进行了全面完善修订，出台了山东百脉泉酒业财务、仓储、营销等十一大制度，五十三个流程，六十四项规定。五是加强党建工作，不断开展党员教育和党员活动，提高党员干部党性、党风、党纪觉悟。2010年5月5日，市委学习实践科学发展观，扎实推进两年活动现场办公会在该公司召开。市委常委、常务副市长王道忠、市政府秘书长及相关单位负责人参加，公司党委书记李成新就开展实践科学发展观活动情况做了汇报发言。

2009年6月，党委为庆祝中国共产党建党88周年，27日，组织在职党员90多人到“山东蒙阴孟良崮遗址区”开展了为期一天的红色教育。党员干部怀着崇敬的心情参观了孟良崮战役遗址、孟良崮纪念馆、烈士墓地，墓地正中是粟裕将军骨灰撒放处。巍巍耸立的烈士英名塔，塔身镌刻着在孟良崮战役中牺牲的2800多名烈士的姓名。观看了立体影像，更全面深入地了解孟良崮战役和红嫂精神。大家在纪念馆英雄孟良崮雕像前进行了庄严的宣誓。表示以良好的精神面貌和卓越的工作业绩向建党88周年献礼。

2010年6月30日，为庆祝中国共产党成立89周年，公司党委组织在职党员110多人到西柏坡开展红色教育，参观了中共中央旧址、西柏坡博物馆、西柏坡纪念碑、西柏坡多功能影视厅、西柏坡石刻园、领袖风范雕塑园等，使广大党员接受了一次深刻的党史教育。

开展“党务公开、权力运行‘阳光工程’”活动

2011年5月，党委以上级活动要求为总基调，以推进创新发展为主题，以解决群众关心的热点问题为出发点和落脚点。积极开展党务公开，权力运行“阳光工程”活动。第一阶段是以成立机构，制订方案，召开动员大会，部署任务为主要内容。利用公开栏、网站、电视台、报纸、会议、阅览室等平台，宣传、公开活动内容。第二阶段，对规定或要求公开的党务、经营、财务、招投标项目、人事招聘任免、行政开支内容等，按期限和要求，公布、公开业务项目30多项。各党支部通过党员民主生活会、部门员工座谈会，征求党员群众对“党务公开、权力运行‘阳光工程’”活动建议106条。通过归纳，由各相关处室、车间制订完善措施，限期整改15项。

各部门、车间整改落实内容一览表

各部门整改落实内容	企管部	对公司现有工作流程，进行梳理、完善。业务活动不能少于三个部门参与。
	审计监察部	进一步加强、完善费用审计，业务交接审计，采购、基建、媒体竞标等工作中的审计程序。
	人力资源部	在引进人才、招收职工等方面要做到公开、公平、公正。

续表

各部门整改落实内容	综合服务部	在职工福利采购、食堂物资采购等工作中，规范程序、落实制度。
	党　办	基建工程完善招标制度，竞标方不少于三家，参与决定中标不少于三个部门。
	总经办	完善公司车辆运行、维修、公派出车等管理。
	生产调度室	完善原材物料、备品备件等物资的出入库管理规定。
	供应部	大宗物资采购及糟糠外卖等项目，严格落实招标和阳光采购规定，竞标方不少于三家，决定中标不少于三个部门。
	安保部	完善人员、车辆出入管理规定，加大门卫检查力度。
	财务部	完善财务管理制度，严格落实资金使用和费用报销规定。
	销售公司	进一步规范管理程序，在市场资金投入、产品开发、招商、媒体广告等方面，要在相关职能部门的监督、配合下进行。
	技术中心	严格外来辅料的选定程序和标准，加强对奖卡的管理。
	质检部	规范质检程序，杜绝不合格物资进厂。严格检验管理和兑奖管理。
	粮酒车间、包装车间	在分配方面务必做到公开、公平、公正。
	机修车间	严格备品备件领用和废旧物品、半成品的管理。

通过活动的认真实施和整改，党员群众的积极性和创造性得到充分发挥，党员领导干部工作作风明显改进，各部门权力运行“阳光工程”活动效果显著；反腐倡廉建设进一步加强。12 月，公司荣获“山东省劳动关系和谐企业”“山东省富民兴鲁劳动奖状”荣誉称号。

2011 年 7 月 7 日，党委召开庆祝建党 90 周年大会，通过奏国歌，新党员入党宣誓，李成新讲党课；章丘市纪委常委案件检查室主任邢荣祖进行廉政建设教育，使党员干部深受鼓舞与教育。

2012 年 11 月，中国共产党第十八次全国代表大会于 11 月 8 日在北京胜利开幕。党委在第一时间组织党员代表、中层以上干部及各岗位骨干在会议室共同收看十八大开幕盛况。学习聆听胡锦涛主席重要讲话。15日，党委以“学习十八大，决战四季度”为题，要求开展集中学习宣传，做好四方面工作：1. 各支部、各部门结合实际，运用悬挂宣传条幅、宣传栏、公司网等方式学习宣传贯彻中共十八大精神。集中举办学习中共十八大精神培训。使广大党员干部进一步明确中国特色社会主义建设事业和党的建设的新举措，把思想和行动统一到党中央的安排部署上来，明确公司党建工作新任务，进一步加强公司党组织建设。2. 充分利用政治理论学习时间，采取集中学习、自学相结合的方式，深入学习中共十八大精神，做好学习笔记，人人撰写心得体会文章，使中共十八大精神入耳、入心、入脑。3. 决战四季度，决胜全年度，按照市委市政府的统一号召和李成新的部署要求，安排好春节备货，加大市场投放，确保产品质量，减少库存积压，充分运筹资金，制订好明年的目标任务，责任到位、完善考核。4. 紧盯安全不放松，包村安全稳定局面。各部门严格贯彻落实“安全第一、预防为主、综合治理”的安全生产方针。做到时时想安全，事事讲安全，人人抓安全，确保安全制度落地，安全警钟长鸣。

开展党的群众路线教育实践活动

2014 年 3 月，党委根据上级党委统一部署，召开两次党委扩大会议，传达学习习近平总书记系列重要讲话、章丘市委有关文件精神。全面领会开展群众路线教育实践活动的重要意义。3 月 20 日，召开了群众路线教育实践活动动员大会，党委书记李成新作了重要讲话，并作了安排部署。经信局督导组郭树鹏作了重要讲话。会议要求党员干部深入学习领会，深刻理解教育实践活动的重要意义，端正态度、认清形势，切实把思想行动统一到党委的部署要求上来，各支部、各部门利用班前班后，采取小型分散的方式灵活学习。结合各自不同的工作特点，制订了内容广泛、活动扎实、群众满意的有效方案。在整个学习阶段，公司 140 多名党员干部组织不同形式的学习 50 多次，计 1000 多人次。至 7 月份各部门共召开各种形式征求意见会 50 多次，发出征求意见表 500 多份，征集各类建议 1000 多条，列入各单位解决实施的 100 多条项，对评选出的优秀建议一二三等给予奖励。直接解决困难职工所需资金 3 万多元。解决职工生产、生活中不便事 20 多件，使党的群众路线教育实践活动更联系实际，更深入人心。结合开展群众路线教育实践活动，公司党委各级领导干部认真查摆“四风”和“五个一”“三排查”工作，特别是公司班子成员广泛征求群众意见的同时，认真反省、自查自身存在的“四风”问题及为民清廉、反腐倡廉工作。班子成员认真撰写谈心谈话提纲，诚心诚意的相互谈心谈话，实事求是的提出班子成员每个人存在的问题和不足。纯洁班子思想、推动班子团结，真正使公司领导班子成为推动企业健康发展的核心力量。活动坚持边查边整边改，发现问题，解决问题，销售公司加强内部管理，投入使用专业、合理的销售信息化平台，全年实现增收节支693万元。粮酒车间党支部组织3次集中学习讨论，广泛征求职工意见，购买洗衣机、墙壁扇，解决了职工洗衣难，夏季休息室炎热状况。3月18日，公司成立的“百脉情”爱心帮扶基金会，帮扶救助重大疾病、天灾人祸等特殊情况至困者，在公司内营造“爱心互助，和谐共进”的良好氛围。

2015年10月26—29日，中共十八届五中全会在北京召开。11月，公司党委下发关于《学习贯彻党的十八届五中全会精神实施方案》。方案要求：认真学习、深刻领会、坚决贯彻党的十八届五中全会精神特别是习近平总书记系列重要讲话精神，充分认识一年来党中央治国理政取得的新成就新经验，进一步增强与党中央保持高度一致的自觉性和坚定性。充分认识“十三五”时期面临的新形势新任务，进一步坚定实现“两个一百年”奋斗目标的信心和决心，自觉践行“三严三实”标准，构建风清气正的政治生态，进一步做好公司当前和“十三五”规划的各项工作，全面提高党员干部职工创新意识，发展意识，担当意识，稳定推进企业各项工作创新发展升级。1．各支部认真传达学习党的十八届五中全会精神。采取集中学习、个人自学和座谈讨论等形式，重点学习习近平总书记系列讲话精神，即：《中共中央关于制订国民经济和社会发展第十三个五年规划的建议》《中国共产党廉洁自律准则》《中国共产党纪律处分条例》。集中学习不少于两次。2．营造学习贯彻五中全会精神的浓厚氛围。在企业网站、学习园地、宣传栏、微信平台等及时发布各支部学习贯彻十八届五中全会精神的具体举措和新闻动态。3．全面完成年度工作目标任务。对照年初工作安排，倒排时间表，对年底前各项工作细化安排，确保全面完成全年各项目标任务。同时按照2016年目标计划，做好宣传、发动、分解、考核准备工作，保障明年起步月各项工作顺利进行。

2016年3月，党委为深入贯彻党中央“两学一做”工作学习教育部署，16日，公司召开“两学一做”动员大会，要求全体党员干部职工，通过“两学一做”学习教育，加强思想政治建设，进一步增强政治意识、大局意识、核心意识、看齐意识，在思想上行动上始终与习近平总书记的党中央保持高度一致。要尊崇党章，强化党员意识；要读原文、学原著、悟原意，坚定走中国特色自主创新道路的信心；要严明政治纪律和政治规矩，提高遵守党章党规的自觉性；围绕贯彻落实改革发展重点任务，以党员标准严格要求自己，立足岗位做贡献。为更好地落实“两学一做”学习教育，6月25—26日，公司组织90多名党员赴台儿庄大战纪念馆、山东枣庄铁道游击队爱国主义教育示范基地参观学习。党员们认真观看革命历史图片、仔细倾听革命事迹，缅怀革命先烈的丰功伟绩，面向党旗，重温入党誓言。决心铭记历史，继承革命先烈的光荣传统，不忘初心，坚定理想信念。7月27日，章丘市“两学一做”学习教育督导组来公司，检查督导工作。督导组一行听取了王峻虎副书记的汇报，对公司党委开展“两学一做”学习教育的做法给予高度评价，特别是包装车间、粮酒车间党支部开展的“两学一做”，学习形式多样，理论联系实际，内容丰富，且保存了详实的学习资料，被督导小组评价为开展工作的典范。

2017年1月16日，公司党委下发百酒党字[2017]第3号文《关于在“两学一做”学习教育中召开专题组织生活会和开展民主评议党员的通知》，通知要求以各党支部为单位召开专题组织生活会，开展民主评议党员重点做好6个方面的工作：1. 组织集中学习，打牢思想基础。在“两学一做”前段学习的基础上，组织党员深入学习《关于新形势下党内政治生活的若干准则》、《中国共产党党内监督条例》，深刻认识加强和规范党内政治生活、加强党内监督的重大意义，深刻理解每名党员必须在党的组织中参加党的组织生活这一基本义务，增强开好组织生活会、搞好民主评议党员的主动性、自觉性。2. 开展谈心谈话，广泛征求意见。各党支部成员之间必谈，提倡党员之间互谈。谈心谈话既要交流思想、沟通情况，又要相互听取意见、指出存在的问题和不足。3. 对照党章，找出问题。每名党员要以“四讲四有”为标尺，查找自身在政治、纪律格、品德、发挥作用方面的差距和不足、不担当作为等问题。4. 召开专题会议，开展批评和自我批评。党支部成员要联系存在的问题，把自己摆进去、把职责摆进去、把思想和工作摆进去，进行党性分析，明确整改方向。5. 召开党员会议，民主评议党员。按照个人自评、党员互评、民主测评的程序，对党员进行评议。结合评议情况，综合分析党员日常表现，肯定优点、提出希望，指出差距、帮助改进，立足教育帮助，促进转化提高。6. 整改内容和完成情况在一定范围公示，接受党员群众监督。“两学一做”学习教育，在该公司“去库存、降成本、补短板”创造性工作思路下，全体职工迈开“调整”“建设”“创新”的步伐。包装车间在淡季组织有缝纫特长的职工自己制作工作服、劳保用品、红灯笼。粮酒车间探索用上层塑料布封池，解决了原有材料密封不严，酒醅易霉变的难题。食堂中秋节自制月饼，春节制作炸肉、炸丸子、米酒馒头作为职工福利进行发放。机电车间坚持设备自主研发、自主维修，利用废旧原料改造了多项设备，并承担起了公司水电暖的安装。仓储中心对报废箱二次利用，降低产品破损率。全年共创收节资800多万元。在章丘区召开的全区“两学一做”总结大会上，公司党委书记李成新同志作了先进单位典型发言。

学习十九大，进入新时代，创新发展谱新篇

2017年10月18日，中国共产党第十九次全国代表大会在北京召开。公司党委组织中层以上干部及各支部部分党员在会议室观看大会直播。10月25日，公司党委下发《关于“深入学习宣传贯彻党的十九大精神，统一思想，凝聚共识，坚定方向，创新发展”实施方案》。认真学习、宣传和贯彻落实十九大精神是首要的政治任务。一、各基层党支部要用新时代、新思想、新转变、新目标、新理念武装全体党员。告诫全体党员干部精神懈怠危险、能力不足危险、脱离群众危险、消极腐败危险。要更新理念、转变思维、创新方式、和谐发展。对当前个别党员干部存在的思想不统一，执行不坚决，墨守成规，观望涣散等现象和行为展开排查和讨论，找出问题，剖析根源，用习总书记的讲话精神指导统一全体党员干部的思想和行动。二、围绕2017年度的最后决胜阶段和2018年总体目标任务及七十周年厂庆系列活动的展开，各级领导干部和全体党员要进一步明确任务，履职尽责，担当使命，在创新工作方式上靠能力，在凝心聚力上用智慧，在主要经济指标上下功夫，在排除阻力和矛盾上有恒心，提前运筹，统盘决策，强化职能，追踪追责，实现百脉泉酒业的更大发展。

附活动配档表

学习十九大活动安排配档表

<table>
<tr><th>时间安排</th><th>组织部门</th><th>学习内容</th><th>主要内容、重点</th><th>深刻认识、理解、掌握的主要内容</th><th>活动要求</th><th>备注</th></tr>
<tr><td>10 月 26 日
至
11 月 5 日</td><td rowspan="2">公司党委、各党支部</td><td>一、《习近平同志在党的第十九次代表大会开幕式上的讲话》。</td><td>1. 报告共计十三部分主要内容。
2.“四个意识”。3. 习近平新时代中国特色社会主义思想。
4. 新时代、新思想、新转化、新目标、新理念。</td><td>一、紧密联系实际，坚持问题意识和问题导向，用心体验思考，把学习研究和实践结合起来，认真分析当前工作中存在的思想问题、认识问题、工作方式方法问题及能力转化提升问题。找准当前各部门重点突破的主要工作和难点，拿出办法，找准突破口，敢于创新实践。二、深刻理解“四个意识”的内容及内涵。</td><td>组织学习要抓好学习质量：一是面要广，党员干部不遗漏。二是时间要充实，不能走过场，保证全面透彻。三是每个人记好心得、笔记、互动交流。四是通过学习、提高，各部门要规划好 2018 年具体任务及具体工作措施，要突出重点及困难项目的保障措施。五是活动及各阶段要建好学习宣传档案等。每人学习心得、笔记不少于 2000 字，内容要涉及讲话的各章节。</td><td rowspan="2">总经办做好宣传、建档工作。</td></tr>
<tr><td>11 月 6 日
至
11 月 26 日</td><td>二、学习《中国共产党章程》《中国共产党第十九次全国代表大会文件汇编》、《党的十九大报告辅导读本》。</td><td>《中国共产党章程》修改内容：1. 习近平新时代中国特色社会主义思想写入党章。2. 中国特色社会主义文化写入党章。3. 实现中华民族伟大复兴的中国梦写入党章。4. 党章根据我国社会主要矛盾的转化作出相应修改。5. 推进国家治理体系和治理能力现代化写入党章。6. 供给侧结构性改革“绿水青山就是金山银山”。7. 人类命运共同体“一带一路”写入党章。8. 全面从严治党，“四个意识”写入党章。9. 党是领导一切的写入党章。10. 实现巡视全覆盖，推进“两学一做”写入党章。</td><td>一、党章规定：中国共产党以马克思主义、列宁主义、毛泽东思想、邓小平理论、“三个代表”重要思想、科学发展观、习近平新时代中国特色社会主义思想作为自己的行动指南。
二、通过学习十九大精神，牢记党的初心和使命，牢记自己肩负的神圣职责；密切同广大党员和人民群众联系，及时反映广大党员和人民群众呼声；发挥模范带头作用，积极投身新时代中国特色社会主义伟大实践中。三、明白二个关键：关键有习近平总书记这个坚强领导核心；关键有习近平新时代中国特色社会主义思想。</td><td>一、要了解掌握修改后的《中国共产党章程》的基本章节条段及相关内容。二、要深刻理解党的性质、纲领、组织原则、党的纪律等重点内容。三、每名党员干部学习心得、学习笔记不少于 2000 字，内容要涉及党章的主要章节。各支部要组织党员为完成生产任务和提高生产率及产品质量、技术改进、营销政策、营销模式、产业升级、规章管理、人力资源、职工激励、文化建设、工业旅游、增收节支等各项工作献策，每人不能少于 3 条。</td></tr>
</table>

续表

时间安排	组织部门	学习内容	主要内容、重点	深刻认识、理解、掌握的主要内容	活动要求	备注
11 月 1 日至 11 月 30 日	公司党委及成员部	公司党课、党委成员基层支部辅导。	一、党的十九大精神学习期间，公司党课 1－2 次，由全体党员参加。 二、由公司党委各成员深入基层党支部辅导学习。	公司党委会学习：李成新 机关党支部：李成新、袁锡惠 生产党支部：张传海 销售党支部：马业准、杜祥宝 包装党支部：王峻虎 粮酒党支部：张刚、牛余林	有党课课件、有辅导具体内容，要结合公司具体实际，以十九大精神辅导为契机，统一工作思路，统一目标任务，统一标准决心。	总经办做好宣传、建档工作。
11 月 20 日至 11 月 30 日	各支部、处室、车间	三、党的十九大精神百题竞赛。	由公司统一出题，印发公司党员、干部学习。	按公司划分的竞赛区域预选后参加公司决赛。	公司全体党员各级干部参加。	

11 月，公司党委为深入学习十九大精神，深刻体会习近平总书记讲话精神，特邀章丘区委党校高级讲师、教研室主任、区十九大精神宣讲团董传祥教授，在公司酒道馆为广大党员详细讲解十九大及习总书记讲话精神。王峻虎副书记在总结中，提出三点意见：一全体党员要原原本本、原汁原味地学习党的十九大精神；二各党支部书记要带领党员学深悟透、融会贯通；三通过学习，全面提高广大党员的政治水平、思想水平，加强组织建设、作风建设、纪律建设，为公司创新发展提供根本保证。参加党课的党员通过听取董传祥教授深入浅出的讲解、清晰明了的表达，使大家听得懂、更深刻理解党的十九大精神，决心以高昂的斗志、饱满的热情积极投身到企业的发展建设中，继续发挥党员先锋模范作用。

11 月 10 日，公司党委在酒道馆开展了深入学习贯彻落实十九大精神党课。公司党委书记李成新为 78 名党员干部进一步解读十九大报告。一、充分认识党的十九大的重大意义，迅速兴起学习宣传贯彻热潮；二、高举习近平新时代中国特色社会主义思想伟大旗帜，开启百脉泉酒业发展的新征程；三、用党的十九大精神指导实践，推动各项工作走在同行业前列；四、认真践行新发展理念，以建厂70周年为契机，统筹公司未来发展规划；五、认真落实管党治党责任，从严治党，绝不允许有一个党员掉队；六、领导干部要以上率下，做深入学习宣传贯彻党的十九大精神的表率，带领广大职工建设富裕、和谐、美丽的百脉泉酒业大家庭。同时结合公司实际向党员干部提出了新目标和新要求。2018年，公司确定为“品牌建设年”：1. 统一认识，坚持发展为第一要务，效益才能提高，职工才能幸福。2. 攻坚克难，勇于担当。3. “不忘初心，方得始终”，团结在公司党委周围，以“共创和谐发展，打造百年企业”为使命，责任重于泰山，事业任重道远。“清零、担当、在路上”。

第四节　宣传工作

沿革

1952年下半年—1960年由张立彬负责党的宣传工作。1960—1971年，宣传委员王兆名负责宣传工作。1971—1976年，刘锡仁负责宣传工作。1976—1982年，李绍武负责党的宣传工作。1983—1986年成立党支部时期，杲程柱负责党的宣传工作。1986—1998年，高蔚生负责党的宣传工作。1999年，赵建平负责宣传工作。2000—2002年，杨炳礼负责宣传工作。2003—2007年，王者厚负责宣传工作。2003年10月，成立宣传处，袁锡惠任宣传处处长，11月，孟祥源调入宣传处工作。2004年2月，崔士茂调办公室任材料宣传员。2004年9月，按照精简机构和后勤服务人员的原则，宣传处撤消，宣传职能归办公室。

2008年9月—2010年7月，党委副书记王者厚分管宣传工作。由崔士茂、赵伟负责宣传工作。2010年7月—2018年，由工会主席袁锡惠分管宣传工作。期间，先后由赵伟、王廷树、巩艳辉、张杰、田福龙、李琪负责宣传工作。

各个时期的宣传重点

宣传工作作为企业党组织的喉舌，在宣传大政方针、好人好事、营造企业良好的工作氛围，引导职工树立正确的价值观、人生观，围绕不同时期的工作中心发挥了重要作用。

1. 思想政治宣传教育

建厂初期，该厂开展诉苦和控诉回忆对比宣传教育。1950—1958年，配合“抗美援朝”“镇反”“三反、五反”“整风反右”运动，组织多种形式，进行社会主义思想宣传教育活动。1960—1962年，开展贯彻“调整、巩固、充实、提高”八字方针、“工业七十条”宣传教育活动。1963年，党组织积极组织工人群众参加政治夜校学习，在控诉帝国主义、国民党反动派和封建压迫的罪行过程中，激发工人参与民主改革的热情和当家作主人的自觉性。围绕引导职工以厂为家，投身建设厂区、生产自救、实现半机械化生产、开展教育等进行宣传，在开展社会主义教育运动中，结合该厂实际，在保证全面完成生产任务的同时，大力开展增产节约运动，反对官僚主义，反对浪费，激发职工热爱新中国、热爱社会主义的感情，大搞技术革新，提合理化建议48条。“文化大革命”期间，宣传工作中断。1969年，党、团组织分别恢复活动，开展经常性的思想政治工作。1976年，粉碎江青反革命集团，生产大解放，在建设酒精楼、上锅炉、酒精设备项目过程中，对工人奉献精神、好人好事及时进行宣传报道，为各项工作顺利进展奠定基础。1982年起，开展经常性的青工政治培训，利用各种宣传工具，进行党的政治思想、路线教育。1981—1987年开展“学雷锋、树新风”活动，对党的改革措施进行广泛宣传，配合企业承包、企业升级、国有企业股份制、公退民进、国有控股股份制改造，对各个时期的热点、疑点问题进行解答和引导，保证各项工作顺利进行。2000年3月，济酒党字[2000]4号文《2000年宣传思想政治工作要点》中明确指出，开展宣传思想政治工作的指导思想是高举邓小平理论伟大旗帜，贯彻中共十五大及中共十五届四中全会精神，围绕公司总体发展思路，探索新形势下适应本企业实际的思想政治工作新方式、新路子，不断提高干部、职工整体素质，推进两个文明建设健康发展。

2004年—2007年，以“先做人、后做酒，做好人、做好酒”为宗旨，在“稳定促发展”的前提下，针对全面构建“和谐社会”进行宣传，在引导职工树立正确的世界观、价值观、人生观方面发挥重要作用，促进企业经济持续增长。2007年9月，销售收入突破亿元大关，公司进入了一个新的发展历程。

2008年，该公司借助建厂六十华诞庆典，以贯彻落实党的十七大精神和开展廉政文化进企业活动为重点，在公司内部开展以“管理创新年”为主题宣传活动年，以建厂六十周年系列庆典宣传活动为载体，使经济和社会效益得到了同步提高。

2009年，公司继续深入贯彻落实党的十七大精神，以科学发展观为统领，以扎实推进“两年”活动为载体，面对全球经济危机，切实保持工作激情，一方面了解产生经济危机的原因，同时还广泛宣传克服经济危机的有力条件和因素，鼓舞了干部职工的信心和勇气，认真做好三个“干”字，即“用心干”“创新干”“执着干”，推进解放思想，创新工作思路，全力打造“中国生态酿酒倡导者”。公司于6月底，组织全体党员到孟良崮遗址开展红色教育，坚定党员信念，增强党员学习实践科学发展观、克服金融危机带来的困难、加快企业经济发展的信心和决心，为公司再创发展史上新的辉煌奠定了坚实基础。

该公司实施了科技引领、品牌带动、管理规范、拓宽市场求发展新思路，转方式、调结构，使生态酿酒理念落地生根。采取“走出去，迎进来”的战略方针，李成新董事长与中国企业家代表团随国家领导人习近平、胡锦涛出访瑞典和加拿大，参加经贸合作论坛，寻找企业发展新机遇；迎进来就是开办扩展工业旅游项目，使其成为“山东省工业旅游示范点”，聘山东电视台主持人董姝为清照品牌代言人，使对内、外宣传有了新起色。

2011年，公司党委面对复杂多变的经济环境和白酒行业的激烈竞争的新形势，公司继续以科学发展观统领全局，抢抓新机遇，应对新挑战，深入学习贯彻和宣传党的十七大和十七届四中、五中全会精神，公司党委结合企业实际，于5月份开展了党务公开和权力运行“阳光工程”，学习宣传教育活动，把党的领导强大优势注入到企业全面工作中去。及时召开党员代表大会，利用各党支部学习会，部室、车间工作会等多种形式扎实开展宣传教育工作。联系实际解决生产和市场发展遇到的各种困难和问题。联系实际宣传教育活动，加快了转方式、调结构进程，使销售形势明显好转。

2012年，公司以“调整建设年”为主题年，以新厂区建设为契机，为了把全体干部员工的思想统一到促进企业稳定发展上来，公司开展“新征程、新气象、新作为大讨论”，就企业发展过程中遇到的重大问题，问计于员工，使全员的思想与公司发展大局保持高度一致。为提高业务和管理水平，开展“喜迎十八大百题知识竞赛”活动，知党史，知厂史，明党恩，筑厂情，使广大员工能以更饱满的热情投入到企业建设。同时以十八大精神宣传贯彻落实为契机，开展一系列宣传教育活动，切实增强员工构建和谐企业、和谐社会的紧迫感和责任感。

2013—2014年，公司深入学习宣传贯彻党的十八大和十八届三中全会精神，全面落实中央、省、市经济工作会议精神，围绕公司“稳中求进、进中求好”增强发展后劲，提高经济效益和市场竞争力，多管齐下。首先是加强干部队伍作风建设，全面提升工作水平和执行力；二是加大科技创新力度，出台技术人才激励政策；三是加大品牌建设，扩大宣传面，提升宣传档次；四是宣传新厂区建成投产达效，提升广大员工的生活幸福指数，增强广大职工凝聚力和创业激情。

2015年，公司继续深入学习宣传贯彻落实党的十八大和十八届三中、四中全会精神，以适时调整战略布局，主动适应经济发展的新常态，进一步推进实施工业旅游项目，加快工业游的新三馆建设进度。易风管理咨询制度梳理，中层干部竞聘上岗，粮酒二车间机械化改造，公司股本理顺，原浆啤酒生产等重点项目宣传时效显著。

2016年，围绕公司工作重心大力做好宣传。公司以“去库存、降成本、补短板，集中优势力量，创造性的开展工作”为发展思路，实施“调整”“建设”“创新”策略，大力开展“创收节支”活动，再次优化部门组合、人员配置。通过组织党员去台儿庄战役纪念馆进行红色教育和借“两学一做”活动的开展，党员学习教育活动，党风党纪和全体党员、干部工作作风发生很大变化，风清气正，干事创业形成风气。借“百题知识竞赛”、“共读一本书”等活动，推动干部职工队伍整体素质提升，在全公司掀起了结合学习“找问题、查短板、抓落实、促工作”的热潮，安全生产责任五落实五到位，企业党建工作呈现新气象。

2017年，公司以“建设调整年”为主题，宣传工作以全年工作重心为出发点，围绕：销售市场整合、产品梳理初见成效；产品结构调整，包装车间和粮酒车间机械化改造基本完成；自建蒸汽发生器项目达到预期目标；年初新增工业旅游基建项目顺利竣工；公司顺利通过国家AAA级旅游景区验收；工业旅游开展的如火如荼，为公司创造经济效益500多万元；车间推行《部门成本独立核算》制度，实现厂内部货币结算，加强内部管理，促进部门协调，消除生产各个环节间的损失和浪费，又锻炼培养车间管理人员的能力。推动新旧动能转换，促进企业转型发展。

2018年，公司以“匠心七十·筑梦百年”为主题，围绕公司建厂七十周年，开展一系列的庆祝活动及宣传，围绕公司“六化”目标，即发展多元化，管理智能化，生产机械化，成本精细化，人才多优化，厂区景观化，采取相应措施和办法，成为助推公司百年发展的新起点。

2．正风正气、好人好事宣传

该厂宣传工作者通过宣传党的政策，从正面引导职工怎么干，如何干好，从根本上树立企业的正风正气。1993年，出黑板报22期，厂内简讯26期，宣传两个文明建设中涌现出来的好人好事，弘扬正气，提高干部、职工的主人翁意识。1996年7月，主要设备进行大修，15天时间里，出了15期简讯，宣传大修中涌现出的好人好事，压制歪风邪气。1996—2004年，共出简讯188期，黑板报346期。2004年，《百脉酿酒简讯》以《百脉军团挺进鲁酒战国时代》上、下、《建设企业文化系列三篇》《公司发展靠大家》之一、之二进行宣传，刊登崔士茂《点滴》《脚印》《耕耘》《跋涉》—《感悟人生》四步曲等反映员工积极向上精神面貌作品，以《老骥伏枥志在千里》《业精于勤》“五·一”劳动特辑形式对粮酒车间工人尹念军、机电车间工人李士森事迹进行报道。2月23日，《百脉酿酒简讯》第366期以《推进企业机制改革、重在实效》一文，号召全体干部员工以企业发展的大局为重，抛弃一切不应有的私心杂念，全身心地投入到经济建设中来。6月15—23日，在全厂范围内开展了“征集厂歌歌词”活动，共收到30名员工的33篇稿件。2006年，以“节约为荣、浪费为耻”为题，号召全体员工为建设节约型企业争做贡献。总结20条节约金点子：夏季空调制冷不得低于26度，全国节电上亿度；电脑不让空运行，两面用纸处处省；灯泡换成节能灯，用电能省近八成；无人房间灯不亮，人走灯灭成习惯；不用电器断电源，节电10%能看见；节能电器仔细挑，省钱才是硬指标；把好用电节约关，临走风扇莫忘关；水池里边加个塞，节水用来搞卫生；跑冒滴漏严看管，水是生命万物源；处处不让水长流，年百亿吨水不漏；一粒高粱三分酒，粒粒聚首飘酒香；包装材料需配套，一个商标不能少；原材物料要卡牢，一根焊条也是宝；一天节省一升油，节约资源少污染；岗位工作高效率，重复劳动要减少；出差自备洗漱品，巾单少换省资源；在外就餐要打包，别把节约当口号；买菜挎好菜篮子，重复使用无数次；垃圾分类不乱扔，回收利用好再生；路见浪费勤制止，身边节约大可为。号召全员珍惜来之不易的大好形势，自觉促进企业发展。5月24日，第412期简讯对开展拓展训练感想进行报道。8月，《百脉泉酒业报》刊登开展“学习年、工作落实年”活动心得体会，树立企业内部的正风正气。

2003年12月14日，仓库保管员崔尔国在值班时，听到供水大泵有异响，及时采取行动，切断电源，避免了潜水泵的损坏，受到表扬。2004年3月28日，安保处崔殿春、开票处张莉等人特事特办，解决客户问题，受到表扬。4月14日，供水大泵出现故障，值班领导王者厚组织人员抢修，生产经理张传海、生产处长崔承湖、车间主任万东、马业准、刘永彬、宁埠厅经理蘧太家及20多名工人参加抢修工作，保证第二天的正常生产。2006年6月，机电车间张元亮、于朝每天早上5点开始工作，一干就是半个月，圆满完成15个罐的喷漆工作。8月，沂水县金桥中学高二·二班石会莲寄来感谢信，对公司救助12名学生表示感谢。

2007年7月15日，董事长李成新冒雨巡视，发现存酒仓库成品酒被泡，当即从西包装车间抽调30多名干部员工，并通知办公室召集值班人员进行抢险，封万波、韩延生、李昌绩、牛洪新、马建新、张宪伟冒雨爬上房顶，堵住了漏水口，仓库内1000多箱成品酒被成功转移，使大雨所导致的损失降到了最低限度。

2008年3月12日晚7点左右突然下起大雨，瓶酒库祝明文，五金仓库王爱民、崔尔国、赵国源，在值班副总王峻虎带领下，冒着大雨来到公司，对所负责的相关部位进行检查，确保公司财产没受任何损失。13日，公司下发关于《对祝明文、王爱民等同志爱岗敬业精神进行表扬通报》。5月31日，夜间刮起了大风，粮酒车间南侧酒罐大棚上的玻璃钢瓦多块被掀起，随时有掉落的危险，22时左右，值班干部崔殿春赶到现场，情况紧急，找到了机电车间电工班值班的张进、赵玉鹏。两人迅速找来梯子，摸黑爬上了近10米高的棚顶，顶着大风，顽强作业，经过一个多小时的奋战，及时有效地对整个棚顶进行了加固。既避免了公司财产损失，又排除对夜间上下班人员的伤害。6月3日，公司下文对张进、赵玉鹏进行表扬。7月3日中午12时，无锡供应客户送来15000套包装物，至晚上7时才卸了不到三分之一，供应客户又需连夜返回，当时天气阴沉，如果下雨，包装物会遭受雨淋。在这种情况下，值班副总张刚电话通知供应部崔尔宝、张振伟、王爱民及电工班王玉东，他们从晚上7时至11时，坚持卸完包装物才回去吃饭，公司对他们这种以厂为家的敬业精神通报表彰，并给予每人100元的奖励。

2009年8月，公司下发《关于对王峻虎、陈向峰进行表彰的通报》。11月30日，公司下发关于《对机电车间职工爱岗敬业精神进行表彰奖励的通报》。2010 年 1 月 7 日，公司下发《关于对销售公司打假办人员的表彰通报》。2012 年 1 月，公司下发《关于对食堂人员通报表彰的规定》。2009—2017 年，公司对拾金不昧娄宗镇、李玉禄、陈志红、王德玉、周圣杰等，采用不同的方式、方法进行了宣传表扬。12 月 22 日，公司下发《关于对粮酒车间、销售公司、供应部、财务部、技术部五部门进行表彰通报》。

2016 年，对包装车间王丛伟、王汝霞、高广芳，食堂工作人员孙仁德等，响应公司“创新节支增收”的号召，克服困难，自行制做 800 余名职工服装、自制中秋月饼，得到公司的表扬。2008—2018 年，公司出版 100 多期百脉泉酒业报，通过厂报、宣传栏等阵地宣传党的方针政策、正风正气、好人好事。

3. 企业形象宣传

2004 年以来，加强与电视、报纸媒体的联系，多层次、多角度开展企业、产品宣传，结合开展“电视台生日点歌”“百脉泉酒业杯有奖征文”，配合“李清照诞辰 920 周年”激情广场活动”“欢乐中国行活动”，以 2005 年与鲁能泰山足球队达成指定用酒协议、百脉泉酒被 2006—2007 年清华大学卓越领导高峰论坛作为指定用酒进入人民大会堂为亮点，对产品及品牌进行一系列宣传。

2004 年 4 月，以诚信建设为主旨，分两次举办新老客户座谈会，党委书记徐厥臻、董事长李成新在会上做重要讲话，会议由党委副书记王者厚、销售经理潘正江主持，通过举办客户座谈会，让广大客户加深对酒厂情况的了解，并对产品进行现场品评。13 日，济南市技术监督局在章丘市技术监督局领导江小平的陪同下，来到该公司进行指导，该公司领导李成新、王者厚、巩玉华参加座谈，座谈会主要内容围绕“争创名牌、促进发展”展开讨论，目的是使创名牌、打市场、搞宣传有机的结合起来，济南电视台做实地拍摄。27 日，中国白酒协会理事、山东白酒协会会长黄业立来公司指导工作，董事长李成新、科研人员陪同对公司进行实地考察，围绕企业发展进行座谈。黄业立在会上列举公司的四大优势，一是品牌优势，李清照、百脉泉全国有名；二是生产实力优势，生产车间、机械化制曲车间、酒库都与趵突泉实力相当；三是团结务实的领导班子优势；四是周边县市区域广阔，名酒少的区域优势。建议一是加强品牌建设，包括酒的包装、内在质量和价格；二是搞好企业定位；三是充分发挥生产实力；四是加强产品勾兑，达到保优势、树品牌、促发展的目的。5 月 16—17 日，分两批召集历城地区客户近400人来该公司进行座谈，加深与客户之间的联系，董事长李成新代表公司在会上做发言，介绍公司概况，阐明公司的观点：一是严格把好质量关；二是真诚服务于顾客和消费者，增强历城地区客户经销公司产品的信心和决心。5月30日，在青岛胶南市举办的“2004年山东省白酒鉴评会”上，39°八年陈酿科技含量得到省级评委认可。6月19日，在济南举办“百场清照文化演出送社区”活动。

2005年1月5日，在千禧龙大酒店举行“济南百脉酿酒有限公司新产品发布会暨迎新春座谈会”，会议由经贸局韩军局长主持，章丘市副市长岳庆林、山东省白酒协会会长黄业立、各部委办局领导、各大企业集团、大型酒店、商家、《齐鲁晚报》、章丘电视台、《今日章丘》共计89人参加大会。4月26日，举办“济南白酒行业协作·发展研讨会”，会议由济南市白酒专业委员会副理事长李成新主持，济南市经委副主任孙赤一、食品协会李天宝会长、济南市白酒专业委员会理事长邢介平、章丘市经贸局时延学局长以及来自趵突泉、今朝、阁老贡、御泉酒业等济南地区的七大酒厂的27人参加大会。5·1黄金周期间，销售公司在章丘各大旅游景点开展产品促销活动，扩大产品市场占有率。6月15日，对百脉泉纯净水、天然泉水荣获山东省饮用水十佳品牌情况进行宣传报道。29日，清华大学职业经理培训班一行40多人来公司参观，董事长李成新、班子成员陪同进行参观。

2006年4月16日举办的“山东省白酒质量鉴评会”上，该公司选送的产品36°百脉泉特曲酒受到了与会人员的一致好评，再次荣获“省优质产品”称号。6月17日，为答谢广大消费者的厚爱和支持，更好地奉献社会，召开“社会人员产品鉴评会”。董事长李成新、班子成员、五粮液高级工程师、享受国务院特殊津贴的酿酒专家胡祖荣及全市十几名消费者代表参加会议。会上，董事长李成新就该公司召开的历史上首次社会人员鉴评会发表讲话。酿酒专家胡祖荣和消费者对该厂的新产品给予充分肯定，对新产品的开发、质量方面提出许多宝贵意见。

8月20日，该公司被济南市企业信誉评价工作委员会评为最高等级“一等AAA级信誉企业”。

9月11日，在办公楼前广场与山东省残疾人福利基金会共同举办“滴水情·百脉泉”爱心助残签约仪式。省残疾人福利基金会领导张瑞凤、陈希悦、周克明、李新兰及章丘市领导张振彪、岳庆林出席签约仪式。签约仪式由省残联理事长、省残疾人福利基金会副理事长陈希悦主持，岳庆林市长和李成新董事长在签约仪式上分别讲话，省残疾人福利基金会秘书长李新兰宣读协议。销售过程中，消费者每消费1瓶百脉泉酒就向省残疾人福利基金会捐赠1元钱，并在全省17地市残疾人综合服务中心建立百脉泉酒水助残销售服务站，为17地市140个县提供157个残疾人就业岗位，这次活动开创了就业助残活动的先河。

2006年10月，百脉泉商标通过山东工商局著名商标的初审，12月通过了终审。为推进百脉泉新品上市，提升百脉泉情系列产品在章丘的知名度，加强消费者对品牌及产品认知，促进节日消费，在百脉泉广场全天举行首次大型路演活动，以“家家团圆·百脉泉酒”为主体，活动方式以现场节目表演，观众互动，有奖竞猜，现场售卖相结合，生动地宣传产品和企业文化。

2009年，公司加大宣传力度，扩大企业社会影响力，提升企业社会形象。公司与中铁公司合作冠名“百脉泉酒业”号列车，6月26日，济南至日照K8285/8286次“百脉泉酒业”号品牌专列首发式暨新闻发布会在济南铁道大酒店举行，章丘市副市长王继民出席仪式并讲话，《齐鲁晚报》《山东商报》等近十家媒体现场报道。会上，公司董事长李成新接受了铁路客运部门为其颁发的“百脉泉酒业”号列车名誉列车长证书，并为列车送行。此次冠名“百脉泉酒业”号列车，对于改善广大旅客朋友的乘车环境、服务广大人民群众起到了积极作用。

9月4—6日，公司参加由济南市人民政府、省旅游局主办，济南市旅游局承办的第九届中国（济南）国际旅游交易会暨2009生态休闲旅游博览会在济南舜耕山庄举行。百脉泉酒业借助这个平台，在全国、国际上宣传了百脉泉酒业产品。

12月，为实现体企合作，促使体育文化与企业品牌文化融合，推动体育运动事业发展，公司与山东省排球运动管理中心合作，冠名了“山东百脉泉酒业男子排球队”。18日，“山东百脉泉酒业男子排球队”冠名仪式新闻发布会在山东省体育局二楼多功能厅隆重举行。中国排球协会副主席、山东省体育总会主席徐大义，章丘市常委、副市长李文秀，山东省排球运动管理中心主任刘晨光，公司党委书记董事长李成新、副总经理潘正江及来自省内多家媒体朋友共同出席发布会。2009—2010年度全国男子排球联赛在主场—章丘市体育馆拉开序幕，山东百脉泉酒业男子排球队分别于2009年12月19日—2010年2月23日，先后与辽宁三洋空调队、湖北航宇队、四川队、浙江利群队、河南天冠队、八一队、北京队、上海邓禄普队、江苏中盛光电队展开了鏖战，在总教练安家杰的悉心指导下，全体队员努力拼搏，最终取得了主场全胜的不败战绩。

2010年，公司为突破和创新宣传模式，有效提升品牌和企业形象，扩大公司知名度和影响力，首次赞助电视剧的拍摄。5月28日，由公司赞助并协助拍摄的情感商战电视连续剧《有爱就有家》开机仪式在章丘锦屏山影视文化产业基地举行，济南市领导谭延伟、巩宪群及章丘市领导毕筱奇、李玉新、岳庆林、孟学峰、亓峰出席仪式，公司党委书记、董事长、总经理李成新出席仪式，并在主席台就坐。电视连续剧《有爱就有家》剧情发生在文化、历史、工商业悠久的章丘市，是一部集情感 、励志、商战于一体的家庭伦理剧，这部电视剧阐述了一个道理，就是只有做好人，才能做成事，与公司的“先做人、后做酒，做好人、做好酒”的企业理念相吻合。7月15日，剧组到公司进行了实地取景拍摄，李成新董事长及班子成员在剧中分别扮演了角色。此剧可在网络中搜索收看。

2012年7月6日，齐鲁晚报伦敦奥运报道团启程授旗仪式在公司举行。公司党委书记、董事长、总经理李成新为奥运报道团启程授旗，齐鲁晚报副总经理许志杰、奥运报道团成员及相关领导参加了授旗仪式。该活动是企业、媒体、体育的一次成功合作。

2013年5月26日上午，山东鲁能花式足球表演队来公司进行巡演交流，12名巴西花式足球队员精彩的表演，并与职工激情互动，赢得了广大职工的喝彩和掌声。山东鲁能花式足球队来公司表演交流，进一步加深了公司与鲁能的交流与沟通，为双方战略合作奠定了基础。12月27日，为感恩回馈社会，公司携手山东首档全直播、全互动娱乐栏目齐鲁频道《好运连连到》来到章丘百脉泉广场，公司携手山东电视台齐鲁频道开展“温暖今冬”公益捐赠系列活动序幕，成立百脉泉温暖爱心基金，实现了公益活动与节目的结合，借助齐鲁频道的影响力，做公益、献爱心，帮助空巢老人以及困难群众。齐鲁频道主持人刘爽、齐齐、乐乐3位主持人来到活动现场，开展了《我是大胃王》吃章丘大葱等富有章丘本土特征的互动游戏节目，公司还为现场观众带来了精彩的歌舞表演。

2015年8月7日，与章丘市作

家协会合作，举办了“百脉泉酒业杯”首届全国作家诗人清照笔会在公司酒道馆正式启动。来自全国各地的80多名文学界的嘉宾齐聚公司，文学名家王展、长笛手逄金一、蒋大海与大家一起就文学创作进行了讲座与交流。会后，参会嘉宾对清照文化、公司与清照文化的有机结合、公司挖掘的酒文化深厚底蕴、公司的悠久历史、“先做人、后做酒，做好人、做好酒”的企业理念、醇香的美酒、热情好客的接待赞叹不已，大家创作了诸多美文佳作，后编集成书《雅韵醇香》，由章丘市原人大副主任李万百撰序。2016年7月8日举行了“百脉泉酒业杯”第二届全国作家诗人笔会，耿建华、王展、马启代、孙梧、常芳等文学名家与100多名文学届的爱好者们再次相聚百脉泉酒业，共同探讨交流文学创作，会后嘉宾留下的诸多佳作，编集成书《对酒当歌》，由济南市作协副主席、章丘区原政协副主席牛余和撰序。

2017年5月25日，公司与济南广播电视台品牌战略联盟启动仪式在公司会议室举行。公司销售公司总经理马业准与济南广播电视台广播中心主任胡晓军签署品牌战略协议，实现企业与传媒领域携手开拓创新发展新模式。章丘区委宣传部副部长王登峰、公司董事长李成新出席签约仪式，并分别讲话。6月4日“全国著名作家写章丘”读者见面会在公司酒道馆举行，章丘区委宣传部部长李宝燕、济南市作协副主席、章丘区原政协副主席牛余和、文广新局局长宫鹏飞、公司董事长李成新出席会议，全国著名作家、诗人、鲁讯文学院常务副院长邱华栋，著名作家、重庆作协副主席张者，著名作家、《当代》杂志社社长助理石一枫，著名作家、宁阳县文广新局局长石玉奎一行与近百名文学爱好者见面，对文学创作的不同认识进行了相互交流与探讨，现场气氛活跃热烈。与会人员会后参观了公司的酒文化建设、包装车间、生态酿酒园，对公司的生态酿酒和文化建设赞不绝口。

宣传阵地

建厂初期，政策宣传和好人好事多通过开会口头传达或表扬。1953年，成立党支部以后，由党支部宣传委员负责，通过黑板报形式，将上级精神传达到工人。至1985年，累计出黑板报130期，其中宣传党的方针政策的就有100期。1992年，成立党委以后，加强宣传工作的领导，宣传形式增加了《新闻报》，是年，办厂内黑板报20期，厂内《新闻报》24期。1993年5月《新闻报》每月出两期，上、下旬各出1期。1996年，购置“四通电脑打字机”，开始出刊《济南百脉酿酒简讯》，形式更加灵活，内容更加丰富。

1996年，出刊《济南百脉酿酒简讯》20期，及时贯彻宣传党委的决策方针，表扬好人好事，促进企业物质和精神文明建设。2003年10月，成立宣传处后，《济南百脉酿酒简讯》报道纳入正常运作。2004年9月，宣传工作纳入办公室后，《济南百脉酿酒简讯》开始定期出刊，每周1期。2005年12月，该公司更名山东百脉泉酒业有限公司，《济南百脉酿酒简讯》共出刊433期，12月31日，《简讯》更名为《百脉泉酒业报》，至2007年1月出刊67期。2007年2月，由党委主管、工会主办的党报《百脉泉酒业报》正式出刊，李成新就党报出刊致贺辞。截止2018年4月，《百脉泉酒业报》出刊137期，受到社会各界关注，成为宣传企业的一个重要窗口。

思想政治工作研究会

为适应新形势发展的需要，1994年，党委加强了思想政治工作力度，通过党课教育，在广大干部、党员中树立党的建设必须服从经济建设这个中心的意识，将邓小平关于建设有中国特色社会主义的理论贯穿于各项工作，利用黑板报、广播、厂内简讯等不同方式宣传党的政策、上级指示、厂内好人好事，弘扬社会主义精神文明，注重发挥党支部的战斗堡垒作用和党员的先锋模范作用，带动广大员工的生产热情，有力促进各项指标的完成。1999年，成立济南百脉酿酒（集团）有限公司职工思想政治工作研究会，韩宪安任会长，赵炜、王传本、赵建平任副会长，理事8人。主要针对职工不同时期思想政治情况开展工作，为企业发展和经济建设服务。

2004—2007年，思想政治工作全面纳入党委日常工作，从围绕中心、服务大局、当好参谋的角度出发，开展“凝心聚力促发展”的活动，创造新时期“风气正、人心齐、干劲足”的和谐环境，为“追求高水平、实现新跨越”和“共创和谐发展、打造百年企业”总体目标的实现做出了突出贡献。2004年，该公司被济南市评为“思想政治工作先进单位”；李成新被评为2005、2006年“山东轻工系统优秀党委书记”，王者厚被评为2005、2006年“山东省轻工系统优秀思想政治工作者”。2007年1月，被评为“章丘市思想政治工作先进单位”。3月，成立山东百脉泉酒业有限公司思想政治工作研究会，并建立了宣传思想工作领导小组，李成新任组长，王者厚任副组长，成员6人。

2008年以来，随着企业的发展，公司党委始终不敢松懈，一直高度重视思想政治工作。通过上党课、开展党员专题会议、百题知识竞赛、红色教育培训等一系列活动，教育广大党员、干部坚定信念，牢固树立一切服从党的领导的大局意识。将毛泽东思想、邓小平理论、“三个代表”重要思想和习近平新时代中国特色社会主义思想以及习近平总书记的系列重要讲话精神贯穿于各项工作中，利用公司的绿色信箱、表态发言、学习园地、宣传栏、典型案例、下发文件等方式宣传党的政策方针。宣传公司大事及好人好事等。教育广大党员干部注重党性修养，充分发挥党的先锋模范带头作用，为社会主义精神文明建设增添动力。

该公司对思想政治教育历来都十分重视，并取得丰硕成果。2008年8月27日，公司党委书记李成新在山东省思想政治工作优秀企业授牌仪式暨经验交流会上作了典型发言：从党员干部应发挥的先锋模范作用角度出发，把公司党员干部列入思想政治工作的重点对象，结合全党范围内开展的保持中国共产党员先进性教育活动，使党员领导干部的思想觉悟上升到一个崭新的境界，努力开创公司思想工作的新局面，年内，公司荣获“济南市思想政治工作先进单位”。公司始终贯彻“先做人、后做酒，做好人、做好酒”的企业理念。紧抓思想政治教育，是公司十分重视的一项工作。围绕思想政治这个工作重心，服务大局，为公司实现总体目标奠定基础，为打造百年企业作出贡献。2009年3月，公司荣获济南市职工思想政治工作研究会、济南市企业文化建设委员会颁发的“优秀企业文化品牌”荣誉称号。

2009—2018年，李成新多次获得“山东省轻工系统优秀党委书记”荣誉，王者厚、王峻虎、袁锡惠、颜承亮分别获得“山东省轻工系统09−10年度优秀思想政治工作者”荣誉。2010年5月，袁锡惠荣获山东省职工思想政治研究会授予的“山东省职工思想政治工作研究会优秀干部”荣誉称号。2013年5月，李成新荣获中国轻工业职工思想政治工作研究会、中国轻工业企业管理协会颁发的“2013年度轻工行业企业文化建设突出贡献人物”荣誉称号。

第五节　纪律检查工作

1984年4月，该厂成立纪律检查组织，杲程柱任主任，李继煜、解家平、张传杰、于仁祥、尹念钦任成员。1986年，成立党总支，由高蔚生负责党的纪律检查工作。1992—1999年，由党委副书记王传本兼任纪检书记。2000 年，王传本任专职纪检书记。2004 年—2010 年 8 月，王者厚兼任纪检书记。2010 年 8 月—2018 年 4 月，王峻虎具体负责纪检、廉政建设工作。

1. 廉政教育

1991 年 9 月 9 日，根据经委党委 8 月 17 日关于贯彻落实章丘县委、县政府《关于坚决制止请客送礼的紧急通知》的要求，党总支召开会议，认真学习通知精神，统一认识，自觉遵守通知精神，会议的召开对于加强党风廉政建设、清除腐败具有深刻的意义。

1992 年，加强了党员干部廉政建设教育，围绕邓小平南巡讲话和中共十四大精神等内容，采取多种形式开展教育活动，促进党员、干部党风廉政建设；利用各种宣传工具对职工进行共产主义思想体系的教育、法制教育、厂规厂法和主人翁的教育。11 月，企业改制以后，党委突出抓了厂级领导干部廉洁自律和党员的反腐倡廉教育，进一步明确了党的建设要服务于经济建设，思想政治工作围绕公司经营方针的贯彻落实而进行。同时积极探索新形势下党风廉政建设工作的新路子，贯彻落实中纪委《关于国有企业领导干部廉洁自律“四条规定”》的实施意见，在推进企业改革健康发展中充分发挥党组织的政治核心作用、战斗堡垒作用。《四条规定》实施细则主要对公司副职以上领导干部及高级管理人员在参加民主生活会、廉洁自律、私自经商办企业、住房、业务招待费使用方面做了明确规定。规定下发后，以党支部为单位传达到全体职工，副职以上干部及高级管理人员逐一认真落实，没有出现违规违法乱纪现象。

1996 年，贯彻中纪委六次全会和市纪委、监察局“纪检、监察宣传教育”工作会议精神，突出党纪、政纪和为政清廉教育，重点是中层以上干部各处室管钱管物岗位党员的学习教育，坚持以提高认识为主，预防为主，教育为主和联系实际的原则，扎实有效的开展工作。按照章丘市纪委、监察局的统一部署，把 1996 年确定为“党纪、政纪教育年”。4 月 6 日，下发济百酒党字[1996]3 号文 《1996 年纪检、监察宣传教育工作意见》。

“党纪政纪教育年”学习配档表

时 间	学习内容	任务目标	活动方式	参加人员
第一阶段 4月10日 — 7月30日	一、毛泽东著作《为人民服务》《纪念白求恩》。 二、邓小平建设有中国特色社会主义理论纲要。 三、《党章》。 四、《关于党内生活的若干准则》。 五、中纪委、三、五、六次全会文件。 六、《党纪、政纪选编》《廉政教育》有关文章及典型案例。 七、有关法律条规。 八、观看党纪教育录像片。	通过学习教育活动，进一步密切党群关系达到：学条规守纪律、做表率，具体要求是坚持四大讲话（讲政治、讲学习、讲正气、讲纪律）树立五种形象，即朴素整洁的仪表形象，热情真诚的服务形象，文明礼貌的语言形象，公道正派的办事形象，清正廉洁的公仆形象。	集体党课、看录像由党办组织。学习文件由各党支部组织。	党员、中层以上干部，管钱管物岗位的人员。
第二阶段 8月1日 —30日	测验从理论知识上测评学习教育成效，巩固学习成果。			
第三阶段 9月1日 —10月底	总结检查，支部写出自查总结，报告党委办公室。			

教育年分三个阶段进行：第一阶段是从4月10日—7月30日，为学习阶段，内容以毛泽东著作《为人民服务》《纪念白求恩》邓小平“建设有中国特色的社会主义理论”《党章》《关于党内政治生活的若干准则》中纪委三、五、六次全会文件和有关法律、法规及济南市纪委编印的《党纪、政纪选编》和市纪委监察局编印的《廉政教育》读本，观看“党风廉政教育”录相片。第二阶段自8月1—30日为学习测验阶段，党委组织进行知识测验，从理论上考察学习成效，巩固学习教育成果，促进活动深入开展。第三阶段自9月1日—10月底，为总结自查阶段。

1999年，在党员干部中开展了“讲学习、讲政治、讲正气”的三讲教育，提高党员、干部的党性观念，充分发挥党支部的战斗堡垒作用和共产党员的先锋模范作用，使每个党员、干部能够严以律己、率先垂范，清正廉洁，为职工做出了榜样。

2001年3月20日，党委下发济酒党字[2001]4号文《2001党风廉政建设宣传教育实施方案》，全面推进了党风廉政建设和反腐斗争的深入开展。

2006年3月6日，举行例会扩大会议，党委书记、董事长、总经理李成新就3月1日参加全市党风廉政建设会议情况进行了传达学习，中层副职以上干部、销售公司各展厅经理全部参加了会议。会上，董事长李成新与大家一起学习了市委陈先运书记在会议上的讲话，陈先运讲话共分四部分：一、正确分析和认识当前形势，进一步增强反腐倡廉工作的责任感和自觉性。二、认真贯彻学习党章，为加强党风廉政建设和反腐败工作奠定基础。三、推进惩治和预防体系建设，为党风廉政建设和反腐败工作提供制度保证。四、切实加强领导，进一步形成反腐倡廉的良好氛围。党委副书记王者厚就会议贯彻情况提出要求：一是要求全体党员认真学习，并把学习范围扩展至各展厅厅长、班组长以上人员，对号查找出工作中存在的问题，特别是对管钱物、管人的部门要加强学习，目的一是明确为什么要学习；二是明确自身的责任；三是在工作中做好带头人，把党风廉政建设和反腐败工作提高到一个新水平。党委加强党风廉政建设，发挥党组织的政治核心作用，为生产经营和改革发展提供组织保证，促进企业经济效益的稳步上升。以开展保持共产党员先进性教育活动为契机，增强凝聚力和战斗力。开展“三讲”教育和党性、党风、党纪教育，加强党委班子成员的自身修养，以身作则，严以律己，坚持党管干部原则，不断提高党员干部的思想政治素质，加强对党员干部队伍的监督，促进党风廉政建设。一是强化党内监督。二是强化行政监督。三是强化民主监督。设立意见箱，建立了厂务公开栏，听取员工的意见和建议，接受员工的监督，树立正气，为发展创造和谐的氛围。

2008 年 5 月，公司党委学习贯彻落实中央、省、市三级纪委全会精神，加强企业党风廉政建设，促进了企业健康发展。

一、强化内部审计监督，将反腐倡廉寓于公司经营管理的全过程。

1. 公司负责人在重大决策、经营管理、公务活动、人事管理和利润分配等方面作出廉政规范，制订相应的实施与监督措施。强化对权力使用和资金运作的监督，从机制和制度上建立反腐倡廉堤坝，防止职务犯罪，推进公司领导廉洁自律规定的实施。

2. 修订、完善包括财务审批、基建和设备项目招投标、原辅材料采购、工程建设、接待和业务费用支出、劳动人事管理、工资及奖金发放、治安保卫、矛盾调解、经济责任审计等在内的各项规章制度，开展“阳光工程”，强化厂务公开。

3. 将党风廉政建设与民主管理结合起来，建立公司党风廉政建设管理网络，与各党支部层层签订廉政建设责任书，实施廉政建设目标管理。改进公司民主管理、决策机制，不断扩大覆盖面。

二、健全管理制度，努力提升企业的管理水平。

为避免公司领导在廉洁自律中存有人情关、面子关，民主管理、监督和维护职工合法权益方面存有疏漏，采取了治理措施：

1. 公司中层以上干部层层签订党风廉政建设目标管理责任书，明确各自的责任，审计监察部门照章办事，对事不对人。

2. 不断拓展职工参与民主监督的渠道。建立“廉政建设绿色信箱”，鼓励职工监督并提出廉政建议。

3. 在前两年连续为职工增资四级的基础上，2008 年又为职工增资三级；及时足额为职工缴纳了各项保险，职工福利每年上个台阶，结合公司六十周年大庆，为职工定做了昊宝服饰，力所能及的维护职工权益。

三、放眼市场，创新发展思路。

由于国家产业政策及政府职能部门监管不力，导致白酒市场假冒伪劣产品泛滥，市场竞争杂乱无序，该公司作为山东省重合同守信用企业，山东省消费者满意单位，济南市 AAA 级信用企业，这些因素的存在，影响、阻碍了公司发展。建议强化政府职能部门监管力度，对品牌恶意竞争者严加惩处，维护正常的经营秩序。

8 月，党委学习落实市委《在全市推进惩治和预防腐败体系建设工作会议上的讲话》精神，进一步加强和完善公司党委惩治和预防腐败体系，坚持党要管党，从严治党，全面坚持标本兼治、综合治理、惩防并举，注重预防的方针。把反腐倡廉建设放在更加突出的位置，紧密结合党的思想建设、组织建设、作风建设和制度建设，根据新的时代条件、新形势新任务，以改革创新精神整体推进公司党委惩治和预防腐败体系建设工作。

（一）、基本要求、工作目标

1. 基本要求。做到五个坚持：（1）坚持围绕公司中心、服务大局。把反腐倡廉建设贯穿于公司各个党支部，推动惩治和预防腐败体系逐步完善。(2) 坚持改革创新、开拓进取。反腐倡廉结合公司开展的“管理创新年”，进一步总结经验，完善工作机制，破解工作难题，使反腐倡廉更富有成效。(3) 坚持惩防并举、重在建设。以建设性的思路、举措和方法推进反腐倡廉建设，使惩治与预防、教育与监督有机结合，做到惩治和预防两手抓、两手都要硬，形成有利于党委开展反腐倡廉建设的思想观念、文化氛围。(4) 坚持统筹推进，综合治理。(5) 坚持突出重点，分类指导。提出三个要求①要求党员干部严肃党的纪律，（政治纪律、组织纪律、经济工作纪律）。②要求加强党员干部作风建设。做到“三个力戒”、“三个弘扬”，力戒懒惰，弘扬良好学风；力戒浮躁，弘扬求真务实之风；力戒奢侈，弘扬艰苦奋斗之风。③要求党员干部带好头。牢记四句话：防微杜渐，不留空隙，加强思想道德防线。纳言从谏，不塞言路，做到闻过则喜，闻过则改，从谏如流。遵纪守法，不忘底线。不把个人凌驾于组织之上，自行其是，独断专行。

2. 工作目标。党委的目标是经过5年的扎实工作，建成惩治和预防腐败体系基本框架；拒腐防变教育长效机制初步建立；反腐倡廉法规制度比较健全；权力运行监控机制基本形成；从源头上防治腐败的体制改革继续深化；党风、正气明显改进；腐败现象进一步得到遏制，职工的满意度有新的提高。

（二）、加强防腐倡廉教育，筑牢思想道德防线。

1. 突出重点，深化反腐倡廉教育。把防腐倡廉理论作为各党支部理论学习的重要内容，定期安排专题学习，把反腐倡廉教育列入领导干部教育培训规划，定期对任职领导干部进行廉政培训。实行支部主要负责人定期讲廉政党课、每年开展一次反腐倡廉主题教育活动。

2. 创新手段，提高反腐倡廉教育的时效性。把反腐倡廉教育纳入保持共产党员先进性教育活动中。注重研究反腐倡廉教育的规律，使教育内容贴近公司党员干部的思想和工作实际。运用“三会一课”等传统教育方法，充分利用OA网讨论、党课、专题培训等现代化手段开展教育。充分发挥先进典型的引导作用。把专题学习、职工评议与改进工作、解决实际问题结合起来，切实提高党委反腐倡廉教育的实效性。

3. 深化拓展，全面推进廉政文化建设。按照党委下发的加强廉政文化建设实施方案，注重强化支部领导班子廉洁自律，公司中层以上干部层层签订党风廉政建设目标管理责任书，明确各自的责任，将防腐倡廉寓于公司经营管理的全过程，对公司重大决策、经营管理、公务活动、人事管理和利润分配等方面作出廉政规范，制订相应的实施与监督措施，实施廉政建设目标管理。改进公司民主管理、决策机制，不断扩大覆盖面，积极开展廉洁诚信、依法经营。通过开展廉政文化建设活动，增强了党员干部的反腐倡廉意识，形成以廉为荣、以贪为耻的良好风尚。

（三）、推进体制机制创新，从

源头上防治腐败。

1. 完善反腐倡廉制度体系。制订公司党内情况通报、情况反映、重大决策征求意见制度。

2. 推行党员干部绩效管理制度，结合公司绩效考核制度，制订责任追究和损害职工群众行为的责任追究办法，并认真进行落实。

3. 推进公司干部人事制度改革。坚持民主、公开、竞争、择优，形成干部选拔任用科学机制，提高选人用人公信度。

（四）、强化监督机制，确保权力规范运作。

1. 强化内部审计监督，将反腐倡廉寓于公司经营管理的全过程，在公司开展职代会规范化建设的基础上，强化职代会对权力使用和资金运作的监督，发挥职代会监督作用。

2. 从机制和制度上建立反腐倡廉堤坝，防止职务犯罪，推进公司领导廉洁自律规定的实施。严格按照新修订、完善的包括财务审批、基建和设备项目招投标、原辅材料采购、工程建设、接待和业务费用支出、劳动人事管理、工资及奖金发放、治安保卫、矛盾调解、经济责任审计等在内的各项规章制度，大力开展“阳光工程”，强化厂务公开。将党风廉政建设与民主管理结合起来，加强公司党风廉政建设监督机制。

附：惩治和预防腐败体系建设领导小组

组　长：李成新　党委书记

副组长：王者厚　党委副书记

成　员：张传海　潘正江　马业准　王峻虎　张　刚　赵京彬　袁锡惠　崔殿春

领导小组设办公室，由袁锡惠兼任办公室主任。

2009年5月20日，党委组织高、中层及关键岗位管理人员和班长，到市检察院参观廉政建设展室。

5月26日，邀请章丘检察院张科长做预防职务犯罪相关内容培训。通过参观及讲课，使广大党员干部充分认识到，只有不断提高个人素质，端正工作态度，工作认真负责，才能不被权、钱、色所迷惑，杜绝吃、拿、卡、要现象发生，才能积极抵制、打击职务犯罪，预防职务犯罪的发生。

2010年11月13日，党委组织各支部开展为期两周的廉政建设专项培训。18日，各党支部组织所属全体党员观看了廉政建设警示教育片。进行廉政建设知识考核，撰写廉政建设心得体会。经营党支部崔士茂写了“加强党风廉政建设培训有感”：重点写了加强党风廉政建设，干干净净履行职责。坚持求真务实，扎扎实实干好工作。抓好党风廉政建设，深入开展反腐败斗争。生产党支部孟令革写了“观‘廉洁治家警示录’有感”：加强世界观的改造，正确对待手中的权利，不断加强党风廉政建设。共产党员要一辈子自觉加强世界观的改造，真正做到严以律己，廉洁自律，清清白白做人，堂堂正正做事。机关党支部董丽娜写了“观看党风廉政建设教育片心得体会”。

2012 年 11 月 15 日，济南市人民检察院来公司调研，指导公司纪检工作，了解企业心声，听取企业意见。

12 月，公司党委为进一步学习十八大精神，加强企业党风廉政建设，提高干部职工拒腐防变能力，公司党委邀请济南检察院职务犯罪预防处处长毕朝暾，作了题为《反腐倡廉、预防职务犯罪》的专题廉政讲座。公司班子成员、中层副职以上干部党员 90 多人参加。讲座联系当前反腐倡廉工作面临的新形势、新任务，结合身边发生的一系列腐败案例，就各岗位干部职工如何做到廉政、勤政、廉洁自律等方面，进行深入讲解。讲座的举办进一步提高了党员干部对职务犯罪的认识和警惕，对做好预防职务犯罪、推进党风廉政建设起到重要的指导作用。年初，公司党委与各党支部签订 2012 年度《党风廉政建设目标责任书》。继续执行各党支部领导述职述廉制度，坚持党风廉政责任制报告制度，检查考核制度、警戒制度，严格抓好责任追究，有针对性的制订改进措施。27 日，经信局领导班子考察组来公司，对公司领导班子成员 2012 年工作情况进行考察。公司党委书记李成新，公司领导班子成员、职工代表参加了会议。李成新代表公司领导班子向考察组做了述职述廉报告。报告强调：全体班子成员以此次考核为契机，以更加振奋的精神，更加开阔的思路，更加务实的作风，团结拼搏，开阔创新，把握机遇，克难奋进，带领全体党员干部职工努力开创百脉泉酒业新局面。

2013 年 3 月 9 日，党委组织中层副职以上党员干部召开党风廉政建设专题大会。党委书记李成新传达了市党风廉政建设工作会议精神，王峻虎副书记宣读了《中共章丘市委、章丘市人民政府关于 2013 年全市党风廉政建设和反腐败工作任务分工意见》。会后，制订 2013 年党风廉政建设工作实施意见。将党风廉政建设责任内容分解。1. 认真学习党的十八大文件精神，教育引导广大党员干部坚决执行党的政治纪律、组织纪律、宣传纪律、群众工作纪律（各部室车间）。2. 强化审计工作力度，加强源头审计，注重过程审计，通报审计结果（审计监察部门）。3．完善新厂区工程各分项工程的招标、投标、定标等程序的公开公正实施，确保工程终结决算的审计审核（基建部、审计监察部）。4．对下半年职工福利设施改造、文化馆扩建等项目方案充分酝酿，严格程序化管理，注重效果优先，避免资金浪费（基建部、审计监察部、供应部）。5．强化财务分析，重点加强销售费用控制，对重点费用逐项进行费效比评价（销售公司、财务部、审计监察部）。6．加强财务预算执行监控，严控预算外支出审批，杜绝预算外支出（财务部）。7．改革车辆运行费用控制办法，运行费用清晰透明，控制办法有效（销售公司、财务部）。8．进一步落实《办公用品领用规定》监控管理部门运行质量（办公室）。9．公开部门各种费用和开支，完善公开透明和支出使用审批程序（各部室车间）。10．加强创新管理工作，争创扶持项目和扶持资金要统一协调、明确计划，目标管理（各部室车间）。11．加强物资管理制度，严控偷窃、浪费、损害行为并实时监控部门管理落实状况（各部室车间）。12．严肃控制就餐招待，杜绝以各种名义吃、喝、送、贪（各部室车间）。13．全面深化权力运行“阳光工程”深入推进党务、政务、厂务各领域办事公开，规范公开事项和时限，公开竞标，阳光采购（供应部）。各部门对照责任分工，把反腐倡廉各项任务落实到岗到人，形成完善严密的责任网络体系。公司定期对各部门党风廉政建设责任制执行情况进行追踪考核。

5月15日，党委组织中层副职以上管理及重要岗位党员干部计60多名，到山东省监狱接受廉政建设警示教育，利用反面教材敲响警钟，净化心灵，进一步打牢广大党员干部反腐倡廉的思想防线，提高拒腐防变能力，正确把握人生观、世界观、权力观，打好“防疫针”，筑牢“防腐堤”。通过警示教育，党员干部纷纷表示一定要坚定理想信念，牢记身份、使命，严守底线，防微杜渐，警钟长鸣，为公司的发展壮大尽职尽责，为构建和谐企业做出自己应有的贡献。

2014年6月3日，为提高法律意识，加强廉政建设，预防职务犯罪，党委组织全体销售业务人员、中层以上管理人员，及等重要岗位工作人员在酒道馆开展了以“提高防范意识，预防职务犯罪”为主题的廉政建设教育。公司邀请了章丘市人民检察院曲海鹏主任讲课，增强了干部职工的法律意识，杜绝了违法现象的发生。年初，公司党委与各党支部签订了2014年度《党风廉政建设目标责任书》，增强各党支部领导班子和党政干部落实党风廉政建设责任制的责任意识。

2015年3月，公司聘请章丘检察院犯罪预防科领导，来公司为所有关键重要部门和岗位人员进行预防职务犯罪教育，为企业健康发展提供了有力保障。

2017年6月30日，党委举办庆祝建党九十六周年活动。党委书记李成新带领公司全体党员干部重温入党誓词，通过铮铮誓言，更坚定脚下的步伐。通过庆“七一”演讲比赛宣讲党的历史，歌颂党员的先进事迹，结合自身的工作实际，成长经历，大家决心投身岗位，建功本职，以拼搏和奋斗的精神建功立业。年初，党委与各党支部签订2017年度《党风廉政建设目标责任书》《党务工作目标管理责任书》《平安建设目标责任书》，切实抓好惩治和预防腐败体系的贯彻落实。2004年以来，公司党委为加强党的全面建设，每年年初都层层签订《党风廉政建设目标责任书》《党务工作目标管理责任书》《平安建设目标责任书》，使公司各级的党组织、广大党员干部，时刻牢记使命，不忘初心，警钟长鸣。

2．廉政制度建设

1986年1月21日，按照上级要求，根据企业发展的形势，出台关于加强党的纪律、纠正不正之风的决定。1990年，加强企业的廉政建设，按照党中央和各级党委的要求，认真抓好廉洁勤政工作：一是重新制订厂内小立法，对经济交往、供销政策做出明确规定；二是实行厂务公开，发挥群众监督作用；三是提倡各级领导干部以身作则，与职工同甘共苦，保持企业干部廉洁勤政，增强各级领导班子的凝聚力和战斗力。1995年，党委加大党风廉政建设工作力度，强化了职业道德教育，为使党风廉政建设工作落到实处，党委制订出台了济酒党字[1995]8号文 《关于加强党风廉政建设制度的补充规定》，要求领导干部要率先垂范，坚持政务公开，提高党务工作的透明度，把党风廉政建设工作列入党委工作的重要内容，齐抓共管，一级抓一级，层层抓落实，发展大好形势，巩固已取得的成果，保证企业稳定、健康发展。领导干部进行了自查，没有发现任何违纪现象。随着纪检监察工作的深入开展，1995年6月27日，关于加强纪检、监察工作的意见，根据章纪监[1995]7号文 章经发[1995]14号文件精神，提出1995年纪检监察工作意见：一是广大党员要认真学习党委 [1995] 4、5号文件，以英模人物为榜样，系统的学习马列主义基本原理、建设有中国特色社会主义理论、社会主义市场经济理论。重点学好中共十六届四中全会《决定》《党章》和江泽民同志在中纪委五次全会上的讲话。通过学习统一思想，提高遵守、维护党的纪律的自觉性；每个党员，特别是党委成员及各级领导干部都要以身作则，严格要求自己，在经济交往活动中，严守党的纪律，克已奉公；做到知纪、懂纪、守纪，保证党纪、政纪落实。二是坚持深入的反腐倡廉教育，健全完善抓党风廉政建设责任制，对原“端正党风小立法”提出新要求，充实新内容，做到各级干部带头，一级抓一级，一级带一级，层层抓落实。倡导艰苦奋斗，奉献精神、牺牲精神，树立正确的人生观、价值观，抵制克服拜金主义，极端个人主义和不正之风。各支部、党委按时召开民主生活会，对照有关廉洁自律规定，开展批评与自我批评，搞好自查自纠。充分发挥纪检工作优势，对存在的问题及时发现，及时查处，决不姑息，推动反腐倡廉工作深入开展。

1996年，制订以勤政廉洁、务实进取为主要内容的《党政领导干部抓党风廉政建设责任制》《加强党风廉政建设、实施“两公开、一监督”实施细则》和《关于领导干部廉洁自律“四条规定”的实施细则》，要求党政一班人接受党组织和广大群众的监督。2002年，建立廉洁勤政制度。领导干部严格执行中央关于清正廉洁的规定，遵守小立法，抵制腐败的侵蚀，班子成员相互监督，及时提醒，做到自尊、自爱、自清、自省、自警。结合公司有关案例，进行廉政教育，使大家引以为戒，加强自身的思想道德修养和世界观的改造，自觉接受考验，做一个让广大职工满意的、放心的领导干部。

2006年，党委加强党风廉政建设，促企业健康发展，以“先做人、后做酒，做好人、做好酒”为企业理念，把“团结、务实、开拓、创新”的企业精神深入贯彻到党员干部的思想和意识之中，以党校为阵地，充分利用“三会一课”形式，加强党的理论知识教育，促进思想解放和观念更新，增强党性观念、群众观念和廉洁勤政意识，激发党员干部“共创和谐发展、打造百年企业”的使命感和责任感，提高党员干部的整体素质。加强对党员干部的管理力度。党委建立健全了领导干部考核和民主评议制度，使干部队伍建设走上了制度化、规范化的轨道。党委坚持利用民意测验、意见箱等形式，对党员、干部进行民主评议，对评议不合格的干部不再任用。改革过去的用人制度，全面提高干部队伍的活力。加强对党员干部队伍的监督，促进党风廉政建设。党委书记李成新对活动开展高度重视，定期组织党委成员进行理论学习，对胡锦涛总书记，夏赞忠、张高丽、姜大明、陈先运各级领导在保持共产党员先进性教育活动中的讲话认真进行组织学习；积极开展“三讲”教育和党性、党风、党纪教育，大力加强党委班子成员的自身修养；从自身做起，要求班子成员在任何时候都要以身作则，严以律己，不断提高管理水平和工作能力，努力塑造领导干部的良好形象。活动中，李成新以班长的身份，严格加强自身要求，在班子成员中树立好班长的形象，使党委班子真正成为一支具有凝聚力和战斗力的领导集体。树立公司的正气，为公司发展创造了和谐的氛围。

2007 年 7 月，出台关于加强廉政文化建设的实施方案，阐明廉政文化建设的指导思想、主要目标和工作原则，部署了公司开展廉政文化建设的主要任务：一是把廉政文化建设与健全管理制度相结合，努力提高企业的管理水平。二是着力提高员工的思想素质。三是大力营造浓厚的廉政文化氛围。

2007 年 7 月，成立山东百脉泉酒业有限公司廉政文化建设领导小组，李成新任组长，王者厚任副组长，张传海、潘正江、马业准、王峻虎、张刚任委员。领导小组下设办公室在党委副书记办公室，由王者厚同志兼任办公室主任。

2008 年，公司党委建立和完善党风廉政建设管理网络，制订党风廉政建设目标责任书，实施廉政建设目标管理，要求加强廉政教育，强化责任意识，实行各部门党政“一把手”负总责，亲自抓分工负责的制度。抓好任务分解，明确责任目标，建立合理、严密、科学的目标责任分解体系，做到责任到人，突出责任考核，确保责任制落实。根据党内监督条例，继续执行各党支部领导述职、述廉制度，坚持党风廉政建设责任制报告制度，检查考核制度、警戒制度。严格抓好责任追究，有针对性的制订改进措施。

2013 年 3 月，公司党委落实章丘市党风廉政建设工作会议精神，将公司党风廉政建设责任分解。强化了审计工作力度，加强源头审议，注重过程审计，通报审计结果。完善新厂区工程各分项工程的招标、投标、定标等程序的公开公正实施，确保工程终结决算的审计审核。强化财务分析，重点加强销售费用控制，对重点费用逐项进行费效比评价。加强财务预算执行监控、严控、杜绝预算外支出。进一步落实《办公用品领用规定》。公开部门各种费用和开支，完善公开透明和支出使用审批程序。加强物资管理制度，严控偷盗、浪费、损害行为。严肃控制就餐招待，杜绝以各种名义吃、喝、送、贪。

2016年，公司党委进一步加强党风廉政建设，落实党委制订的《2016年公司党风廉政建设及反腐败工作的实施意见》。继续狠抓“四风”问题，落实中央“八项”规定，严禁吃拿卡要，收受礼金行为，设立举报箱，接受全员监督。按时按要求组织民主生活会，警示教育活动。

该公司党委采取一系列强化党风廉政工作措施的同时，也逐步完善、规范了廉政相关规定。公司聘请管理咨询公司对公司战略、愿景、人事、岗位薪酬等与廉政相关联的环节进行了梳理，并将人事、财务、供应、营销等细化为11大类，53个流程，64项规定。在用人、采购、基建、定价、支出等业务方面从流程、审计、监督等方面做了全面、明确的规定，为党风廉政建设打牢第一道防线。

第二章 工 会

第一节 工会组织

一、工会组织

该厂于1951年成立工会，王跃庭任第一任工会主席。1952—1956年，张瑞武任第二任工会主席。1956—1971年，崔善昌任第三任工会主席。1971年建立工代会，由李绍武任工代会主任。1979年，由刘克津、郭全蔚、王玉忠组成工会委员会，刘克津任工会主任，工会委员会划分6个工会小组，组长分别为胡延禄、李继煜、杨炳礼、石洪昌、高绍团、刘恩道。1982年，由张继礼担任工会主席，段金城、牛素贞任委员。1983年，由程恒跃任工会主席。1985年9月14日召开第二次工会会员代表大会，选举张继礼为工会主席，委员有张继礼、尹念钦、李广栋、杲元春、王峻虎、唐凤、黄庆杰。

1986年8月，张继礼任章丘县酒厂工会主席，黄庆杰任副主席。12月，根据章经干字[1986]12文程恒耀任章丘县酒厂工会主席。

1988年，章丘县总工会[1988]37号文同意由黄庆杰、韩宪安、王传本、刘德平、高绍团、于承溪、李霞组成章丘县酒厂第四届工会委员会，黄庆杰任工会主席。

1990年，该厂有职工315人，其中工会会员270人，厂工会委员会由7人组成，设经费、提案、劳动竞赛、劳动保护、女工5个委员会。是年，制订通过章丘县酒厂贯彻全民所有制工业企业职工代表大会条例实施细则。

1991年，章丘县总工会[1991]第55号文同意高蔚生任章丘县酒厂工会委员会主席，于承溪、杨炳礼、段金城、王峻虎、刘德平、李霞任委员。王和顺、毕思水、李霞3人组成第五届经费审查委员会。于承溪任分房委员会主任。杨炳礼任提案审查委员会主任。段金城任文体活动委员会主任。王峻虎任劳动工资委员会主任。刘德平任生产、经营委员会主任。李霞任女工工作委员会主任。工会委员会内设5个分会，酒精车间分会由刘德平任分会主席；粮酒车间分会由崔承湖任分会主席；机电车间分会由于承溪任分会主席；包装车间分会由胡延禄任分会主席；机关分会由黄庆杰任分会主席。

1993年7月26日，经六届一次职代会通过，工会委员会内设4个委员会，分别为女工委员会，由赵东玲、候桂红、赵双玲组成。提案审查委员会，由杨炳礼、刘德平、段金城组成。经费审查委员会，由王和顺、牛遂祺、杨荣吉组成。安全生产委员会，由巩玉华、解俊杰、于承溪组成。

1996年4月10日，章工干字[1996]31号文《关于酒厂工会换届选举和组成人员的批复》，由王者厚、袭普义、赵东玲、刘德平、解俊杰、王峻虎、杨炳礼组成第六届工会委员会，由王者厚任工会主席，袭普义任副主席。袭普义、孟令革、刘德平组成第六届工会经费审查委员会，袭普义任经审委主任。内设9个委员会，工资奖金委员会由王者厚、王和顺、王峻虎组成；文体委员会由王传本、袭普义、赵东玲组成。劳动争议委员会由王传本、刘德平、王峻虎、解俊杰、于承溪组成。生产福利委员会由巩玉华、王峻虎、于承溪组成。劳动保护委员会由王峻虎、万东、高肇树组成。职工分房委员会由王传本、王者厚、杨炳礼、赵东玲、王峻虎组成。评议、监督干部委员会由王传本、杨炳礼、王者厚、巩玉华、赵炜、赵建平、王和顺组成。生产经营委员会由巩玉华、赵建平、于承溪组成。提案委员会由王者厚、杨炳礼、袭普义组成。1998年，成立“职工之家”。

是年成立职工持股会。

1999年，工会内设7个分会，粮酒车间分会由马建新任分会主席；酒精车间分会由于广财任分会主席；包装车间分会由高肇树任分会主席；机电车间分会由张传海任分会主席；经营分会由潘正江任分会主席；机关分会由赵建平任分会主席；供应车队分会由巩玉华任分会主席。7月22日，经七届八次职代会、六届八次工会会员代表大会代表资格审查委员会建议，大会主席团研究，七届八次职代会会员代表大会通过，增补孟令革、马建新、于广财为六届八次工会委员会委员；增补邢念河、刘永彬、崔承湖、孟令革、杨志禄、王兴武、姜红、孟庆文、王波为七届八次职代会、六届八次工会会员代表大会代表。黄庆杰、解俊杰不再担任职代会、会员代表大会代表、工会委员会委员，刘德平不再担任工会委员会委员。

2000年8月30日，章工干字[2000]64号文同意由王传本、杨炳礼、王和顺、赵东玲、张传海、马建新、于广财、王峻虎、刘永彬组成第七届工会委员会，由王传本任工会主席，由杨炳礼、王和顺、牛遂祺组成第七届工会经费审查委员会，杨炳礼任主任。9月21日，经七届二次全体委员扩大会议研究，对分会所属范围进行了调整：经销部分会（销售公司、财务处），由潘正江任分会主席。技术部分会（科研所、质管处、打假办），由巩玉华任分会主席。后勤部分会（行政处、汽车队、保卫处、食堂、卫生室），由王者厚任分会主席。机关分会（公司、党委办公室、劳资、清欠、供应处），由赵建平任分会主席。粮酒车间分会（粮酒车间、大曲房），由马建新任分会主席。酒精车间分会，由于广财任分会主席。包装车间分会由刘永彬任分会主席。机电车间分会（生计处、废水处理）由张传海任分会主席。工会委员会内设：提案委员会，主任赵建平，委员王传本、杨炳礼、赵东玲。劳动法律监督委员会，主任王传本，副主任于承溪，委员王峻虎、杨炳礼、赵东玲、于广财。劳动争议、调解委员会，主任赵建平，委员王传本、于承溪、杨炳礼、赵东玲、王峻虎、张传海、马建新、刘永彬。文体委员会，主任赵建平，委员王传本、杨炳礼、赵东玲、王峻虎、王波。生产、福利委员会，主任于承溪，委员杨炳礼、王峻虎、张传海、赵东玲。员工分房委员会，主任赵建平，委员王传本、王者厚、赵东玲、王峻虎、杨炳礼、牛遂祺。工资奖金委员会，主任王传本，委员王和顺、王峻虎。劳动保护委员会，主任于承溪，委员王峻虎、张传海、马建新、万东、刘永彬。生产、经营委员会，主任于承溪，委员王传本、潘正江、王和顺。民主评议、监督干部委员会，主任赵建平，委员王传本、于承溪、杨炳礼、赵东玲。

2002年4月1日，章丘市总工会[2002]16号文王者厚任济南百脉酿酒有限公司工会主席，牛遂祺任副主席。

2003年10月23日，济酒党字[2003]4号文 于承溪任济南百脉酿酒有限公司工会主席。2004年11月，由王者厚、袁锡惠、赵东玲、刘永彬、万东、赵京彬、张刚、康新春、崔殿春组成第八届工会委员会，王者厚为第八届工会主席。由王和顺、张刚、王波组成第八届工会委员会经费审查委员会，王和顺为第八届工会经费审查委员会主任。12月6日，下发关于调整所属分会、设置工会专门委员会的通知，对工会内设分会及所辖部门进行了调整，机关分会辖办公室、财务处、审计处、企业管理标准化室，由王峻虎任分会主席；销售公司分会辖市内、市外展厅、办事处、打假办、清欠办、瓶酒库，由潘正江任分会主席；生产分会辖生产处、供应处、由张传海任分会主席；技术分会辖科研所、质管处、化验室、酒库，由马业准任分会主席；粮酒车间分会辖粮酒车间、大曲房，由赵京彬任分会主席；包装车间分会辖包装车间、纯净水，由刘永彬任分会主席；机电车间辖机电车间、电工班，由万东任分会主席；后勤分会辖安保处、食堂、医务室，由崔殿春任分会主席。内设九个专门委员会：女工委员会，主任赵东玲，委员袁锡惠、王红梅。提案委员会，主任王者厚，委员赵东玲、刘永彬、赵京彬、康新春、万东。劳动法律监督委员会，主任王者厚，委员赵京彬、袁锡惠、赵东玲；劳动争议调解委员会，主任张传海，委员王者厚、王峻虎、袁锡惠、赵东玲、赵京彬、刘永彬、万东。文体委员会，主任王者厚，委员王峻虎、赵东玲、袁锡惠、赵京彬、万东、王波。生产福利委员会，主任张传海，委员刘永彬、赵京彬、万东、袁锡惠、王波。工资资金委员会，主任王峻虎，委员张刚、王波。劳动保护委员会，主任张传海，委员崔承湖、刘永彬、赵京彬、万东、王波。民主评议监督干部委员会，主任王者厚，委员袁锡惠、赵东玲。2010年7月28日，工会委员会进行换届，由袁锡惠、康新春、赵东玲、刘永彬、毕思水、崔殿春、赵京彬组成第九届工会委员会，袁锡惠为第九届工会主席。由张刚、赵京彬、王波组成第九届经费审查委员会，张刚为第九届工会经费审查委员会主任。

2011年10月20日，下发《关于调整所属分会、工会专门委员会的通知》，根据公司行政管理机构设置，按照有利于生产、经营等部门开展工作，便于工会组织活动，经九届全体委员会会议研究同意，调整所属分会范围如下：机关分会辖总经办、财务部、审计部、企管部、人力资源部、清欠办，由陈向峰任分会主席。销售公司分会辖销售公司各部门、市、外展厅、办事处、大客户部、打假办、瓶酒库，由康新春任分会主席。生产分会辖生产调度室、供应部，由高绍军任分会主席。技术分会辖技术中心、质管部、化验室、散酒库，由毕思水任分会主席。粮酒车间分会辖粮酒车间、大曲房，由赵京彬任分会主席。包装车间分会辖包装车间、纯净水，由刘永彬任分会主席。机电车间分会辖机电车间、电工班，由王书江任分会主席。后勤分会辖综合服务部、保卫部、食堂、医务室，由马建新任分会主席。工会各专门委员会调整如下：女工委员会主任赵东玲，委员张莉、刘娜。提案委员会主任袁锡惠，委员赵东玲、康新春、刘永彬、赵京彬、王书江。劳动法律监督委员会主任张传海，副主任袁锡惠、牛余林，委员赵东玲、赵京彬、刘永彬。劳动争议调解委员会主任张传海，委员袁锡惠、牛余林、赵东玲、刘永彬、赵京彬、王书江。文体委员会主任袁锡惠，委员牛余林、赵东玲、康新春、刘永彬、赵京彬、王书江。生产、福利委员会主任张传海，委员刘永彬、赵京彬、赵东玲、王书江、陈向峰。工资奖金委员会主任牛余林，委员张刚、陈向峰。劳动保护委员会主任张传海，委员杜祥宝、刘永彬、赵京彬、王书江、陈向峰。民主评议监督干部委员会主任袁锡惠，委员赵东玲、赵庆海。

2013年9月23日，下发《关于调整所属分会、工会专门委员会的通知》，根据公司行政管理机构及部门人员调整，按照有利于管理、生产、经营等部门开展工作，便于工会组织活动，经九届全体委员会会议研究同意，调整所属分会范围如下：机关后勤分会辖总经办、财务部、审计部、企管人事部、打假办、保卫部，由袭普义任分会主席。经营分会辖销售公司各部门、市内外展厅、办事处、大客户部、瓶酒库，由康新春任分会主席。生产分会辖生产调度室、供应部，由刘永彬任分会主席。技术分会辖技术中心、质检部、化验室、散酒库，由毕思水任分会主席。粮酒车间分会辖粮酒车间、大曲房，由赵京彬任分会主席。包装车间分会，辖：包装车间，由陈向峰任分会主席。机电车间分会辖机电车间、电工班，由王书江任分会主席。工会各专门委员会调整如下：女工委员会主任赵东玲，委员张莉、刘娜、孙立慧。提案委员会主任袁锡惠，委员赵东玲、康新春、刘永彬、赵京彬、王书江、陈向峰、毕思水、袭普义。劳动法律监督委员会主任牛余林，委员张刚、赵庆海、崔殿春、刘娜、孟祥源。劳动争议调解委员会主任王峻虎，委员袁锡惠、赵东玲、刘永彬、赵京彬、王书江、陈向峰、袭普义、康新春、毕思水、颜承亮、崔士茂。文体委员会主任王国林，委员颜承亮、赵东玲、康新春、刘永彬、赵京彬、王书江、毕思水、陈向峰、袭普义、肖萍、张悦、高贺。生产、福利委员会主任张传海，委员刘永彬、赵京彬、赵东玲、王书江、陈向峰、袭普义。工资奖金委员会主任牛余林，委员张刚、袭普义、陈向峰、赵京彬、王书江、康新春。劳动保护委员会主任张刚，委员杜祥宝、赵京彬、王书江、陈向峰、袭普义。民主评议干部监督委员会主任袁锡惠，委员崔殿春、颜承亮、赵东玲、刘永彬、赵庆海、毕思水、袭普义、陈向峰、康新春、赵京彬、王书江。

2016 年 7 月 22 日，下发《关于调整所属分会、工会专门委员会的通知》，根据公司行政管理机构及部门人员调整，为便于工会组织活动，经九届全体委员会会议研究同意，调整所属分会范围如下：机关后勤分会，辖：总经办、财务部、审计部、企管部、人办资源部、打假督查办、保卫部、工业旅游办，由赵京彬任分会主席。经营分会，辖：销售公司各部门、市内外展厅、办事处，由李文新任分会主席。生产分会，辖：生产调度室、供应部、安全科，由赵庆海任分会主席。技术分会，辖：技术中心、质检部、化验室、散酒库，由毕思水任分会主席。粮酒车间分会，辖：粮酒车间、大曲房，由王乃宝任分会主席。包装车间分会，辖：包装车间，由陈向峰任分会主席。机电车间分会，辖：机电车间、电工班，由张宪伟任分会主席。工会各专门委员会调整如下：女工委员会主任刘娜，委员马玲业、王建喜、张莉。提案委员会主任袁锡惠，委员赵庆海、李文新、赵京彬、陈向峰、王乃宝、张宪伟、毕思水、郑磊。劳动法律监督委员会主任牛余林，委员张刚、赵庆海、赵京彬、郑磊、刘娜、孟祥源。劳动争议调解委员会主任王峻虎，委员袁锡惠、颜承亮、康新春、赵京彬、张宪伟、陈向峰、毕思水、崔世茂、王乃宝、郑磊。文体委员会主任王国林，委员颜承亮、李文新、赵京彬、王乃宝、毕思水、陈向峰、董丽娜、肖萍、高贺。生产、福利委员会主任张传海，委员赵庆海、赵京彬、刘娜、张宪伟、陈向峰、李文新。工资奖金委员会主任王峻虎，委员张刚、郑磊、陈向峰、赵京彬、张宪伟、康新春。劳动保护委员会主任张刚，委员杜祥宝、赵京彬、张宪伟、陈向峰、郑磊、王乃宝。民主评议干部监督委员会主任袁锡惠，委员颜承亮、赵庆海、毕思水、李文新、郑磊、陈向峰、赵京彬、王乃宝、张宪伟。

2013 年 12 月，公司工会主席袁锡惠当选济南市总工会第十六次代表大会代表，也是公司历史上首位济南市级的工代会代表。

2016 年 11 月 17 日，工会主席袁锡惠参加了章丘市总工会在浙江大学举办的“章丘市工会干部创新能力提升培训班”，2017 年 12 月 9 日，参加了章丘区总工会在厦门大学举办的“章丘市工会干部能力提升培训班”。

二、工会活动

中共十一届三中全会以后，工会组织发挥桥梁纽带作用，加强与职工联系，增强工会组织活力，开展一系列活动。

1987 年 4 月，该厂工会响应中共中央、国务院在全国开展“双增双节”运动号召，开展双增双节活动。期间，干部、职工紧紧围绕这一中心，动脑筋、想办法，降低煤耗、电耗，增产节约，机电车间职工以“只要能重复利用的就充分利用，只要能节约的就没有必要浪费”为课题，展开讨论，并以此为言行标准，短短几十天，修复各种型号的阀门 52 个，价值 3183.20 元，回收各种螺丝 1410 套，计 446 元，两项增收 3629.30 元。1988 年，该厂工会在全厂开展“怎样把工会建成职工群众自己的组织大讨论”活动。

1990 年 11 月，按二级工会验收标准的要求，该厂工会向上级工会提出升级申请，同时开展了“工会升级活动”，并于 1991 年 3 月由三级工会晋升为二级工会。1992 年，工会组织在厂内推行催发生机、奋力拼搏的激励机制，配合党委深化企业内部机制改革，开展“争当改革尖兵”的活动。首先实行岗位靠竞争、收入凭贡献和考核办法，分为一线工段按岗、按责定薪；二线服务人员联产值、联效益计奖办法，按岗位、分等次同奖同罚，促使员工提高工作成效。针对各种工种的不同情况，实行向脏重累险岗位的倾斜，先后对酿酒工、运料工、装卸工进行福利待遇的调整和增加，对销售人员实行了销售大包干，以销售数量取酬的办法，打破固定工、合同工、临时工的界线，拉大分配距离，形成完成任务不同收入不同的局面，增强了职工参与生产经营的积极性。

1994年企业改制以后，工会组织不断加强自身建设，根据新体制形势下企业运行中出现的问题，及时开展各种活动。1997年，根据企业运行费用高的问题，开展以降低“管理、财务、销售”三项费用为中心的增收节支活动，对三项费用开支分解到部门，月初有指标，月底有考核，有效地提高了职工的节约意识。1998年，工会在党委的领导下，做了大量扎实有效的工作：组织2期20天的青工技术培训；成立职工持股会，由职工自己选出的持股理事会统一管理职工持有的股份，并为出资者发放出资证明书，使广大职工得以主人身份，参与公司的管理和建设；坚持平等协商制度，认真履行集体合同条款，拉近工会与行政的关系；协调公司行政部门投资近万元筹建职工消费合作社，方便职工购物；组织职工开展知识竞赛；关心女职工合法权益，组织女工定期进行健康查体，召开庆“三八”女职工座谈会和五一春季运动会；成立“职工之家”，投资5万多元，购置体育用品、乐器、音响，使广大职工在厂如在家，增强了职工爱厂如家的热情。本年度通过“明星工会”验收。

1999年6月16日，济酒党字[1999]8号文 成立厂务公开领导小组，组长王传本，副组长赵建平、王者厚；成员王和顺、杨炳礼、赵东玲、王峻虎。民主理财小组组长赵炜，成员王传本、巩玉华、王者厚、潘正江、王和顺、牛遂祺、孟令革。厂务公开办公室设在普法教育处，具体负责厂务公开的时间、内容。

2000年，该公司改制为民营企业，工会组织配合“公退民进”制度的实施，协调相关部门逐步理顺工作体系，工会编写厂内简讯9期；出黑板报8期；向市总工会提供信息报道5篇，其中“昂首迈向新世纪、始于足下创佳绩、敬业爱岗讲奉献、争当先进创一流、章丘市酒厂庆三八国际劳动妇女节活动丰富多彩”被章丘市总工会《工会情况》刊物采用，“加强民主管理，促进企业发展”稿件被列为章丘市职工民主管理经验交流会议典型材料。在党委支持下，积极配合“公退民进”改制，深入开展了以提高产出效益、降低制造成本为主要内容的“两本管理”，开展了“敬业讲奉献、爱岗创一流”的能手评选、劳动竞赛和“合理化建议”活动，广大职工积极参与，取得了可观的经济效益。建立健全了工会组织，完善了工会工作检查制度。

2001年，投资1200多元订购《工人报》《山东工人报刊》《职工天地》《中国工运》等，为促进职工学习创造条件。2002年6月起，协调相关部门，在企业内部进行管理改革，对全体干部员工全面实行择优上岗、业绩考核、末位淘汰制度。

2004年成立第八届工会以来，根据党委提出的“以人为本”管理模式，结合科技兴企战略的实施，协调配合开展各项活动，每年年底召开离退休老同志座谈会，春季组织参加“一日游”活动，丰富离退休老同志精神文化生活，增进与老同志之间的交流。4月，工会参加在章丘市电视台举办的“依法治企”电视竞赛，荣获二等奖。是年，工会被济南市总工会、章丘市总工会评为模范职工之家。2005年10月，工会开展科技创新活动，为解决酒糟废物处理问题，利用1年多的时间，对饲料烘干设备进行自主技术创新，年增加效益63万元，安置7人就业；工会对参与创新活动人员进行了表彰、奖励。通过开展技术创新活动，激励了员工的开拓创新意识，拓展了生存发展的空间。12月，工会组织积极协调生产部门，以开展“争创巾帼示范岗”活动为契机，加强生产，组织协调各处室、车间后勤服务人员开展义务奉献活动，为生产车间做辅助工作。包装车间备货期间累计完成各类瓶装酒200万瓶，满足了市场需求，本年度工会被济南市、章丘市总工会评为“明星工会”“模范职工之家”。

2006年，按照党委全面构建和谐企业的要求，1月，协调有关部门对“管理效益年”文件开展学习和落实。3月，争创山东省职代会规范化建设“优秀星”单位。5月，工会购置包括政治、经济、法律、技术、医药、生活、百科、文学、杂志、小说等多类书籍，在办公楼四楼职工之家开设阅览室，由崔士茂负责办理面向广大员工开展免费借阅。进一步丰富广大职工精神文化生活，提高广大员工文化素质。6月28日，工会通过山东省职工代表大会规范化建设“优秀星”单位验收，8月通过公示，11月9日、10日，工会主席王者厚在济南分别领取由济南市总工会和山东省总工会颁发的“济南市职工代表大会规范化建设‘先进星’单位”和“山东省职工代表大会规范化建设‘优秀星’单位”证书，成为该厂工会历年来获得省级最高荣誉。

2006年2月26日，在职工餐厅举办离退休人员座谈会，董事长李成新在会上做了讲话，号召离退休老同志继续为公司发展做出更大的贡献。2007年4月11—13日，以分会为单位，工会组织筹备举办

2007年职工运动会和技能大比武。4月20日，工会组织离退休人员69人到济南植物园（章丘埠村）开展春游活动。

职工文化活动丰富多彩

各年度公司春节联欢会精彩纷呈，为丰富职工文化生活，更好地凝聚人心，公司结合工作实际，每年在春节前、后举办不同主题内容的新春联欢会。2008年1月29日，公司举办了以“光辉六十年”为主题内容的新春联欢会，舞蹈、歌曲、戏曲等16个丰富多彩的节目，展现了广大员工崭新的精神风貌，彰显了企业活力。2009年1月17日，公司举办了以“辉煌08·好运09”为主题内容的新春联欢会，市总工会副主席孟凡利、市经贸局工会主席胡学双应邀与广大干部员工一同观看了演出。2010年2月5日，公司举行了以“好运09·畅想10”为主题内容的新春联欢会，章丘市总工会主席陈伟、章丘市经贸局局长李兴贵、党委副书记师顺平、工会主席胡学双应邀与广大干部员工一同观看了演出。2011年1月25日，公司举办了以“回眸10展望11”为主题的新春联欢会，市人大副主任李万百、市政协副主席郭现和、市总工会主席陈伟、市经信局党委副书记师顺平、工会主席胡学双应邀与全体干部员工一起观看了演出。2012年1月15日，公司举办了以“开启新征程，创造新辉煌”为主题的龙腾春节联欢会，章丘市总工会副主席李伟、市经信局副局长高进、徐刚等领导应邀与广大干部员工一起观看了联欢会的精彩节目。2013年2月2日，公司举办了新春联欢会。4月25日，章丘市举行的“五一”国际劳动节表彰大会暨职工文艺汇演在文化中心开幕，会上，公司100名员工合唱的《咱们工人有力量》拉开了职工汇演的序幕，展现了工人阶级的主力军形象。2014年2月21日，公司举办了以“唱响百脉情，同圆中国梦”为主题的新春联欢会，章丘市总工会主席刘维圣、副主席孟凡利、章丘市经信局党委副书记师顺平、工会主席张军、章丘市总工会赵民部长应邀与广大干部员工一同观看了演出，此次联欢会，职工自创了情景剧《逛酒厂》、诗朗诵《光辉岁月》、歌曲《我为公司酿美酒》、《真情涌动百脉泉》等精彩节目，李成新董事长带领班子成员合唱了《为了谁》，表达了一心为广大员工的满腔情怀。2015年3月13日，公司举办了以“羊帆起航，再创辉煌”为主题的新春联欢会，章丘市原人大副主任李万百、章丘市总工会主席刘维圣、章丘市经信局副局长高进、工会主席张军应邀出席联欢会。公司的文化联姻单位——山东曲艺家协会主席孙立生也应邀参加，演出了曲艺、戏曲、歌舞等节目，济南军区前卫文工团著名山东表演艺术家阴军表演了山东快书《武松赶会》，青年歌唱家李佩玟演唱了《套马杆》，青年相声表演艺术家姜力琳、韩龙表演了相声《笑语欢歌》，济南市曲艺团优秀青年演员孙艾佳表演了评书《斩华雄》，山东省歌舞剧院青年歌唱家苗丁元演唱了《芦花》，著名京剧表演艺术家李保良演唱了京剧《迎来春色换人间》，公司董事长李成新与山东省歌舞剧院青年歌唱家苗丁元共同演唱了《走进新时代》，章丘市老年体协舞蹈队的舞蹈《鼓舞中华》，精彩表演把联欢会气氛推向了高潮。职工自编自演《最炫百脉风》、《小苹果》等节目充分展现了百脉泉酒业员工的豪迈心情。章丘市经信局副局长高进被精彩纷呈的节目所感染，现场即兴做诗朗诵："激情成就梦想，百脉扬帆起航。员工舞台亮相，精神状态昂扬。一四很不寻常，经济中速增长。营销策略得当，业绩再创辉煌。羊年形势明朗，困难可以想象。只要精神不倒，品牌依然闪亮。泉水持续流淌，酿酒弥漫飘香。依靠各届支持，国企做大做强。"演出第二天，李万百主任也写了篇山东百脉泉酒业有限公司新春联欢会观后感《百脉泉酒业工人有担当》，刊载在 2015 年 3 月 22 日《今日章丘》第三版上。2016 年 2 月 26 日，公司举办了以"携手 16，共绘精彩"为主题的新春联欢会，市委常委、宣传部部长亓峰，政协副主席韩军、原人大副主任李万百、郭现和、牛余和、市总工会主席刘维圣、市经信局局长王其坤、市委宣传部副部长李明、市总工会副主席孟凡利、王成民、市经信局副局长高进、工会主席张军等领导应邀与广大干部员工一起观看演出。联欢会上，公司员工自编自创了诸多反映公司蓬勃发展的精彩节目，粮酒车间表演的《现代酿酒工》，表现了公司酿酒工人精心酿酒、不怕苦不怕累的硬汉形象；包装车间编排的舞蹈《鼓动青春》，后勤部门的诗朗诵《春暖花开》，工业旅游办编排的舞蹈《敢为天下先》、群体快板《凝心聚力再创辉煌》，中层干部合唱的《超越梦想》，李成新董事长带领班子成员合唱的《敢问路在何方》等节目振奋人心；李成新董事长作词《峥嵘岁月》被苗万红谱曲为通俗歌曲、尹崇岚谱曲为吕剧歌曲，员工们以不同形式的生动表演展示了公司十年的发展历程，生态领航、凝心聚力的辉煌业绩。参会的原人大副主任李万百由感而发，写了《酒厂有你有我才更红火》的观后感，刊载在2016年3月6日《今日章丘》报上。2017年2月17日，公司举办了以“逐梦路上，一七前行”为主题的新春联欢会，区人大、政协、工会、宣传部、经信局及军民共建部队、智邦达营销策划公司等部门单位的相关领导应邀出席联欢会，与公司广大干部员工一同观看演出。联欢会上员工自编自演的节目非常精彩，如包装车间的舞蹈《闻鸡起舞》，拉开了2017鸡年辛勤努力工作的序幕，技术中心的歌舞《百脉泉酒最香甜》，工业旅游人员表演的群体快板《乘东风，鼓士气，再谱新华章》，销售公司人员表演的舞蹈《兵之歌》、《大海航行靠舵手》、诗朗诵《百脉泉颂歌》，总经办欧业演唱的《勇往直前李大哥》，中层干部合唱的《齐头奋进》等等，展现了广大干部员工在以李成新董事长为核心的领导班子的带领下，团结一心，撸起袖子加油干的雄心壮志。军民共建部队官兵也送来了相声、歌曲等精彩节目，与公司干部员工同庆佳节。经信局副局长高进现场由感而发，即兴作诗一首题为《炫丽舞台弄春潮，逐梦路上大步跑》，“又是一年春来到，炫丽舞台弄春潮。二零一六结硕果，百脉酒业创新高。厂区并列展新貌，诚信经营不动摇。国家评委添新员，泉城济南认壹号。李总党政一肩挑，精神投入可不少。工业旅游上台阶，卖酒传播李清照。干部旺季忙通宵，员工比学赶帮超。人大政协换新届，车间班组有代表。军民共建搞的好，形式新颖又活跃。歌声唱出士兵情，相声说的惹人笑。二零一七雄鸡叫，征程远航起点高。抓住设区新机遇，逐梦路上大步跑”。李万百副主任受现场氛围及广大干部员工干事创业的精神所感染，写了一篇《放开嗓子高声唱，撸起袖子加油干》的百脉泉酒业职工春晚观后感，发表在2017年2月26日《今日章丘》第三版上。公司员工高贺是一名退役军人，每一年的职工汇演都积极参与，以其特有的军人正气和动听的歌声打动了听众，展现了公司的良好形象。2018年3月9日，公司举办了以“匠心七十 · 福旺一八”为主题的春节联欢会，章丘区政府、人大、政协、宣传部、总工会、经信局、旅游发展中心、章丘新闻中心、广播电视台、地税局、文化馆、山东博浪企业管理咨询有限公司等部门、单位相关领导与广大职工一同观看了联欢会，此次联欢会的精彩不仅体现在公司职工自编自演的展现公司过去一年发展所取得的辉煌成绩的节目，更重要的是省曲艺艺术家李连伟、董彦彬、米振宇、邢委委、付根给广大职工带来了相声、器乐联奏、快板等精彩的曲艺节目，还有潍坊军分区国防综合基地、地税局、新闻中心、文化馆等共建、合作单位也演出了精彩的节目，体现出了百脉泉酒业人经过七十年的艰苦奋斗，如今走进新时代的豪情壮志。为此，原章丘区人大副主任李万百在3月12日《今日章丘》第四版发表了《奋进新时代，酒厂真豪迈》的评论文章。

改善活动环境定期举办运动会暨技能大比武

2013年8月，投资9万多元拆除旧房，新建员工篮球场一处，2016年5月，投资1万多元在办公楼四楼改建员工乒乓球活动室一处，为员工开展活动优化了环境。2008年至2017年，每年的4月中下旬，工会都组织举办每年一度的员工春季运动会暨技能大比武活动，有拔河、篮球、乒乓球、踢毽子、跳绳等运动项目，有套圈、背夹球、托球跑等娱乐项目，有携带灭火器50米接力跑，包装车间的刷瓶、灯检、装盒、装箱、贴标、班长大讲堂，粮酒车间的装甑、看酒花识别酒度数、品酒、班长大讲堂，机电车间的全方位焊接、电路检修、画图裁料、爬杆高空检修等技能比武。为创新活动模式，2017年4月26日，公司工会举办职工运动会暨技能大比武，邀请区总工会副主席王成民、民管部长袁杰、区经信局工会主席张军出席开幕式，开幕式有军训汇演代表、运动员、裁判员入场仪式，唱国歌，公司党委书记、董事长、总经理李成新致开幕词，工会主席袁锡惠宣布运动会和技能比武纪律，裁判员代表（陈向峰）宣誓，运动员代表（王崇松）宣誓，运动员退入观众席中，共同观看销售公司业务人员一季度潍坊军训汇演，严明的军纪、整齐划一的队形与动作，鼓舞士气，振奋人心，更好地凝聚了干部员工的力量，并把激情释放到了各项比赛和工作中。区总工会副主席王成民公布山东百脉泉酒业有限公司2017年员工春季运动会暨技能大比武各项流程并宣布大会开始。开幕式结束后，运动员、裁判员入场地进行各项比赛。2017年的技能比武新增了厨艺大赛项目。

其他内容丰富形式多样的活动

2011年6月，工会组织开展了软、硬笔书法、绘画、摄影等“首届员工才艺展”，通过广大员工的投票评选，评选结果于7月4日揭晓：一、软笔书法类：一等奖牛余林，作品《三国演义片头曲》。二等奖崔士茂，作品《宁静致远》。三等奖郑晨晓，作品《鹤舞》。纪念奖王廷树，作品《进取》，郑晨晓，作品《岂能尽如人意，但求无愧我心》。二、硬笔书法类：一等奖赵京彬，作品《李清照词三首》。三、绘画类：一等奖曹新双，作品《墨梅》。二等奖曹新双，作品《仕女图》。四、摄影类：一等奖李成新，作品《镜》。二等奖李成新，作品《两山排闼送青来》。三等奖李成新，作品《风暖花开处，春光自妖娆》。纪念奖袁锡惠，作品《憩》《绵亘蜿蜒》，巩艳辉，作品《童趣》。9 月 17—18 日，公司分两批组织全体员工进行了“日照一日游”活动，使广大员工得以身心放松。9 月 30 日下午，工会举办了“迎国庆”广播体操比赛，公司党委书记、董事长、总经理李成新做了重要讲话。公司共有 8 个代表队、400 多人参赛，经过公司班子成员的评判打分，最终包装分会一队、销售分会队、包装分会二队分获一、二、三等奖，包装分会一队同时还收获了精神文明奖。此次比赛活动，对强健员工体质、愉悦员工文化生活、激发员工工作热情、增强企业凝聚力和向心力。2015 年 5 月 4 日、2017 年 5 月 4 日，五四青年节之际，工会与团委联合分别开展了以“展我风采，传递青春正能量”为主题的演讲比赛和以“百脉泉颂歌”为主题的诗歌朗诵会。充分展示了青年团员的青春活力、朝气蓬勃、激情开拓、创新发展的青年主力军的形象和正能量的传递。6 月 23、30 日，与党委联合分别开展了“庆祝中国共产党成立 96 周年”百题知识竞赛和演讲比赛。10 月 27—29 日，公司在章丘区总工会的协调下，组织 50 名一线班组长及生产（工作）骨干赴泰安煤炭泰山疗养院进行为期 3 天的一线职工疗休养活动。通过健康讲座、泰山游览等活动，使参加活动的职工身心得到休养、放松，为春节备货积蓄了力量。

积极参与各种社会活动展现良好精神面貌

2008 年 7 月 23 日，喜迎奥运祥云火炬在济南进行传递，为庆祝这一历史时刻，公司组织 50 名员工在公司党委副书记、工会主席王者厚的带领下，到济南迎接奥运火炬，手举国旗、挥舞彩带，用自己的方式表达对这一历史时刻的渴望与期待。现场感受到奥运魅力和祖国的强大和国人的团结的情怀。

积极开展体育活动，支持各项体育赛事。2008 年 11 月 22 日，公司举办了第一届“百脉泉酒业杯”乒乓球对抗赛，与各局、机关、事业单位进行了比赛，增进了友谊，交流了球技，促进了外联及发展。2009 年 3 月 3 日，公司冠名的“百脉泉酒业杯”中澳冠军足球对抗赛在山东省体育中心举行，山东鲁能泰山队凭借李金羽、吕征的进球，以2：0完胜澳大利亚中央海岸水手队，为亚冠比赛开了个好头，提升了队伍士气和公司形象。3月5日，公司冠名由章丘市妇联、文体局组织主办的首届“迎全运”、“百脉泉酒业杯”女子乒乓球比赛。比赛在市体育馆开幕，公司党委副书记、工会主席王者厚出席并致开幕辞。2011年6月2日，公司工会赞助冠名了章丘市2011年迎“七一”、“百脉泉酒业杯”职工篮球赛，经过3天的紧张比赛，公司篮球队与来自十个单位的运动员进行了角逐，取得了前八名的成绩，最后公司取得了“最佳组织奖”和“精神文明奖”，夺取了体育比赛和精神文明双丰收。2013年4月16—20日，由总工会、市教体局主办、百脉泉酒业冠名的“章丘市‘百脉泉酒业杯’五一职工篮球赛暨全民健身月”启动仪式在市体育馆举行，市领导李玉新、李文秀等出席了开幕式，公司党委书记、董事长、总经理李成新在开幕式上致辞。此次比赛，公司喜获“特别贡献奖”和“精神文明奖”。2016年7月，公司冠名并积极参加章丘市第五届全民健身运动会“百脉泉酒业杯”第四届职工乒乓球赛暨山东省第八届千乡乒乓球比赛章丘区选拔赛，李成新董事长在开幕式上致辞。来自全市各单位的39支代表队共185人参赛，经过3天角逐，有8名选手入围济南市决赛。公司职工牛余林、杜祥宝、宁刚、颜承亮参加了比赛。公司取得了“特别贡献奖”和“精神文明奖”。公司以小球传出大情怀的境界向社会展示着自身的形象。

2017年3月，公司工会组建由宁刚任教练、颜承亮领队的篮球队，参加章丘区第六届全民健身运动会“鲁能杯”五一职工篮球赛暨山东省第九届“百县篮球”比赛章丘区选拔赛。

开展庆祝“三·八”妇女节文体活动。凝聚女员工力量，发挥半边天作用。公司女员工在企业发展中发挥着不可替代的半边天作用。2008至2017年，公司工会在每年的3月7日或8日下午都要举办庆祝“三·八”国际劳动妇女节活动，以文艺演出、趣味运动会、座谈会等形式进行庆祝，并专属为女员工发放节日礼品。2017年庆祝“三·八”国际劳动妇女节系列活动内容丰富，在开展庆“三·八—企业大发展，女性有态度”征文活动中，技术中心王潇敏、包装车间韩玲玲；化验室习小红、食堂颜文、高国玉、包装车间彭宁、齐心爱、企管部徐家喜；包装车间李月爱、高宝玲、高荣震、石群、高琳琳、陈志红、质检部高广菊、粮酒车间田德进、化验室杨晓涵分获一、二、三等奖。系列活动二：召开了全体女员工、班子成员、部分中层干部参加的座谈会。系列活动三：于3月31日春暖花开之时，组织全体女职工去黉堂岭万亩梨花园和国际鲜花港赏花一日游。2018年3月31日，组织全体女职工去长清五峰山及周边景区爬山踏青赏花休闲一日游。这些活动使广大女员工身心放松，激发了工作热情，加倍努力投入工作。

“吃水不忘挖井人”，企业发展不忘老同志曾经的付出和奉献

关爱老同志，夕阳无限红。公司每年4月中、下旬春暖花开之季组织离退休干部员工春游，2008年4月22日，70多名离退休干部员工游览了济南植物园、济南战役纪念馆。2009年4月23日，80多名离退休干部员工游览了济南野生动物园。2010年4月23日，80多名离退休干部员工游览了淄川蒲松龄故居。2011年4月21日，100多名离退休干部员工游览了济南九顶塔中华民俗欢乐园。2012年4月25日，100多名离退休干部员工游览了济南红叶谷。2014年忙于举行封藏大典暂停一年，2015年5月11日，100多名离退休干部员工游览了“齐鲁第一古村，江北聚落标本”的朱家峪景区。2016年4月26日，120多名离退休干部员工游览了济南国际鲜花港和绣源河风景区。2017年5月10日，近120名离退休干部员工参观游览了危山风景区和绣江河公园。每年的元旦前后组织离退休干部员工来公司参加新春座谈会，参观公司一年来的发展变化，倾听李成新董事长的工作汇报，一起合影、聚餐、叙友情、话发展，同时给离退休干部员工发放花生油、百脉泉美酒、新年挂历等节日礼品，自2005年开始这些活动，让离退休干部员工时刻感受到公司的尊重、关怀与温暖，离退休干部员工也发挥着余热，时刻关注企业发展。

创建学习型企业培养知识型职工

2006年工会建立了公司图书馆，2007年3月至2008年4月，分别投资4000多元购买包括党务政治、市场营销、文学传记、人文历史、生活百科等类书籍100多册。为职工学习创造条件，所有图书一率免费借阅。为提高读书学习效果，公司党委书记、董事长、总经理李成新在公司酒道馆对班长及中层以上干部进行授课，对国学、古文探析、哲学思维与人生境界、博弈论与企业策略等内容进行了深入浅出的讲授。4月份，公司党委、工会联合组织开展了“讲职业道德、树良好作风、倡企业理念”学习教育月活动，职工多读书、读好书蔚然成风。2012年3月21日，全国优秀职工书屋授牌仪式在市供电公司举行，公司荣获济南市“优秀职工书屋”暨章丘市“十佳职工书屋”荣誉，同时获赠价值2000元的图书。2013年10月30日，工会下发了《关于举办“读书月”活动的通知》，定于11月份为公司读书月，鼓励员工多读书、读好书。自2015年6月至2017年4月，公司开展“百题知识竞赛”和“共读一本书”活动，期间启动了3期百题知识竞赛。内容涉及公司各岗位的业务知识、公司发展大事，又包含地理、历史、文学、时事等各方面知识，内容丰富，含盖范围广，每期竞赛先进行包装车间、粮酒分会、销售和中层以上干部等多场预赛，最后进行全公司总决赛。“共读一本书”已读了《第五项修练》《责任胜于能力》、《不抱怨的世界》《定位》《浓香型白酒生产规范》等，要求每人写出心得笔记，部门人员相互交流心得。此活动的开展，激发了员工学习热情，掀起公司员工读书学习的热潮。

以《百脉泉酒业报》为载体，加强企业文化建设，畅通民主管理渠道，记载、公开、宣传公司发展中的大小事件及活动，展示企业及员工风采。自2007年2月10日，公司工会在原《酒厂简讯》基础上主导创刊了《百脉泉酒业报》月报，每月10日出刊。各分会员工积极参与投稿，2008年底评选出了各分会优秀通讯员，经营分会巩艳辉，技术分会汪慧慧，包装分会张维云，粮酒分会孟祥源，后勤分会崔殿春，生产分会李素贞，机电分会曹新双，机关分会郑晨晓。2009年2月，正值《百脉泉酒业报》创刊两周年之际，市总工会主席刘尊烈为本报题词“做好宣传引导，共谋发展大计”。年底评出优秀通讯员，机关分会王廷树，技术分会汪慧慧，销售分会王苗苗，后勤分会崔殿春，机电分会曹新双，粮酒分会孟祥源，包装分会李林泉，生产分会宋学婷。2011年12月评出优秀通讯员：机关分会巩艳辉、张杰，销售分会康京波、毕伟，后勤分会侯凌云，包装分会邱国强，技术分会汪慧慧，粮酒分会孟祥源，生产分会赵伟。2013年度优秀通讯员，侯凌云，张悦，张杰，崔士茂，李林泉，毕伟，巩艳辉，邱国强，孙红芳，汪慧慧，孟祥源，王乃宝。

关心职工生活帮扶救困扶助弱势履行社会责任

公司工会认真履行职能，做好职工的娘家人，处处以职工的利益为出发点，关心职工生活，帮扶救助困难职工，让职工时刻感受企业大家庭的温暖。帮扶社会弱势群体，认真履行社会责任。

帮扶救助困难职工。公司困难职工导致贫困原因都是因自身重病、意外伤害或家庭成员重病致贫。2008 年 8 月 25 日，公司内退职工杨志禄在看房时突发高血压，不慎摔伤，入院抢救急需经济援助，公司工会号召广大员工献爱心捐款援助杨志禄，广大员工积极响应，仅 1 天时间就捐款 6507 元。9 月 4 日，杨志禄所在的村支部书记与其家属为公司送来了“热情助温暖，危难见真情”的锦旗，对公司的支持表示感激。2008 年至 2017 年，每年春节，公司都对困难职工进行帮扶救助，救助金从 500 元到 1000 元不等，每年递增，带着花生油、酒、面粉等慰问品，让困难职工过个好年，时刻感受企业温暖。10 年来，被救助的职工有 300 多人次。同时，将符合条件的 100 多人次困难职工上报，及时得到了上级工会及民政、慈善、妇联等部门的帮扶。2012 年 6 月 28 日，山东省总工会副主席齐太生一行 5 人来到章丘，把“面对面，心贴心，实打实”的服务落实到了基层，当齐主席等领导了解到公司员工王静因家庭变故原因，导致家庭生活出现暂时困难状况时，一方面鼓励她要树立好生活信心，同时为她送来了 1000 元慰问金。2013 年元旦，省（市）总工会领导齐太生、谭博、朱守华、周延、李文秀再次到公司困难单身职工王静家中走访慰问，带去了救助金 4500 元、花生油 1 桶、面粉 1 袋、肉制品 1 箱。

2014 年 3 月 18 日，以公司工会牵头成立了“‘百脉情’爱心帮扶基金会”，为那些因重大疾病、天灾人祸等特殊情况至困的员工得到紧急帮扶救助等筹集资金，在公司内营造“爱心互助，和谐共进”的良好氛围。3 月 11 日，百酒党字[2014]4 号文下发了《关于设立“百脉情”爱心帮扶基金会的决定》，同时下发了《“百脉情”爱心帮扶基金会章程》，《章程》分为总则、基金来源、机构设置、救助细则、监督、终结六章。该基金会设立理事会，理事由班子成员、工会委员会部分成员、各分会主席、部分职工代表组成，理事长李成新，副理事长王峻虎、袁锡惠，理事张传海、马业准、张刚、牛余林、杜祥宝、康新春、赵东玲、刘永彬、毕思水、赵京彬、王书江、袭普义、陈向峰、王国林、邱国强、刘娜、高宝玲、胡安艳、王乃宝、田德进、于广健、周强、李士森。基金来源于公司每年拨付专款和员工每年一次募捐，募捐标准为：公司拨款 30000 元／年，党委书记、董事长、总经理 2000 元／年，党委副书记、副总经理、工会主席 1000 元／年，中层正职干部300元／年，中层副职干部200元／年，正副班长100元／年，员工50元／年。基金募集本着自愿捐款原则，不捐款者也不在救助范围之内。3月18日在公司职工餐厅内举行了启动仪式，党委书记、董事长、总经理李成新作了重要讲话。现场共募集爱心捐款49450元，公司拨款30000元，爱心款额共计79450元。截止2017年底，共募集爱心款319000元，共紧急帮扶救助职工崔尔宝、崔士强、韩吉明、张元梅、韩春潮、韩庆梅、高广芳、徐燕敏、郝思玲、周星、李中霖、高雪静、张灵聪13人，共支出105000元。

2014年6月1日，经爱心基金理事会全体成员共同研讨确定了《关于救助帮扶金额的规定》并下发，根据不同情况，救助金额分3000元、5000元、10000元、20000元不等。2017年3月17日，召开了“百脉情”爱心帮扶基金会第六次理事会，会上研讨修定了《关于救助帮扶金额的规定》，鉴于理事会部分成员退休、离开公司等原因，对基金会理事会成员进行了补充调整。调整如下：理事长李成新，副理事长王峻虎、袁锡惠，理事：张传海、马业准、张刚、牛余林、杜祥宝、颜承亮、汪慧慧、康新春、赵庆海、郑雷、毕思水、赵京彬、李文新、张宪伟、陈向峰、王国林、邱国强、刘娜、高宝玲、胡安艳、王乃宝、田德进、于广健、周强、李士森。

公司工会响应上级工会号召，为全公司会员加入了济南市职工互助互济会，2008年至2017年共缴纳互助互济金69760元。2016年通过互助互济会为8名员工领取救助金14920元，2017年，已通过互助互济会为10名员工领取救助金13100元。

2008年至2017年，公司每年为职工在平安保险公司加入了99元的意外保险，由员工自己出29元，公司为职工出70元。加大了员工意外伤害后的保障力度。

公司时刻关心职工生活，让广大职工共享企业发展成果。明珠小区、桃花山小区员工宿舍因建设时间较早，没通暖气和天然气管道，楼顶及路面出现破损，公司于2008年和2011年进行投资，分别对明珠小区、桃花山小区员工宿舍暖气、天然气管道进行改造安装，对楼顶重新铺设了防水层，对路面进行硬化修缮，解决了职工生活的后顾之忧。2009年5月，公司又以团购价格在明珠小区东北区为有购房需求的职工购买两幢宿舍楼。

每年夏季，为保障职工身体健康，做好防暑降温工作，公司为职工发放西瓜、降温茶、藿香正气水、风油精，为职工熬绿豆汤、买冰糕送到岗位上。2013 年 4 月 25 日，章丘市举行的“五一”国际劳动节表彰大会，公司党委书记、董事长、总经理李成新荣获“关爱员工企业家”荣誉。

积极响应上级号召，热心开展慈善工作。2008 年 5 月 12 日，汶川发生地震，伤亡惨重，九州同悲，百脉泉酒业的全体干部员工也沉浸在一片悲痛之中，并有序开展抗震救灾捐款工作，仅一下午的时间，全体职工捐款 36000 元，全体党员缴纳特殊党费 22770 元，在章丘市召开的赈灾募捐活动中，公司党委书记、董事长、总经理李成新代表公司举牌捐款 23.6 万元，为抗震救灾做出了积极的贡献，认真履行了企业的社会责任。2009—2017 年，每年 5、6 月份，公司都积极响应上级号召，组织全体职工开展“慈心一日捐”活动，捐出企业一天的利润和职工一天的工资。公司连续多年被评为“最具爱心捐赠企业”。

公司为更好地回馈社会，关爱孤寡老人，2011 年 1 月 17 日，马业准同志代表公司走访慰问了莱芜市高庄街道敬老院，为老人们送去了酒、油、面和慰问金等节日慰问品。9 月 7 日，公司与济南市社会福利院签订“每销售一箱清照园品牌 1999 系列酒为福利院孤寡老人捐赠一元钱”的合同协议，公司销售公司总经理马业准出席签约仪式并致辞。

致力教育事业，开展高考赠酒公益活动。2011 年，公司首次举办“金榜题名，涌泉相报”高考赠酒大型公益活动，7 月 22、23 日两天分别在济南和章丘两处为 3000 名考取本科一批的学生赠送价值千元的百脉泉生态原浆酒。举办此次公益活动体现了公司尊重教育、爱惜人才，同时教育学生知恩图报、长大成才后回报家乡的社会责任。2012 年 8 月 1 至 3 日，公司在历城、章丘、济南三处赠酒点，继续举行“金榜题名，涌泉相报”高考赠酒大型公益活动，为 3000 名高考学子每人赠送了价值千元的百脉泉酒。7 月 4 日，为困难高考学生郭浩送去了价值 1000 余元的百脉泉酒和 5000 元慰问金，并鼓励他安心学习，早日成才。2013 年 7 月 20、23 日继续在济南泉城广场和公司内举行大型高考赠酒公益活动，为高考成绩在 600 分以上的优秀考生赠送了百脉泉美酒。为更好地助力高考，2017 年 6 月 7 至 8 日高考之际，公司推出“送清凉”爱心服务，派专人在高考场外，为等候的考生父母送去矿泉水，让考生父母及亲人感受到企业的温暖和正能量的弘扬。7月14日“金榜题名，泉城贺礼”高考赠酒公益活动在公司拉开序幕，公司董事长李成新在活动仪式上讲话，并分别对章丘文、理科状元赠送了封藏的状元坛酒，20日、21日、22日又分别在济阳、商河、济南3个区域进行了3场赠酒活动，每名优秀考生都领取了公司的泉城壹号酒。

安康杯竞赛活动

安全生产关系着公司广大员工生命财产安全、关系着企业持续健康发展、关系着社会和谐稳定的大局，为确保安全生产，切实维护广大员工的生命安全健康和企业财产安全，促进企业持续、健康、稳定发展，公司工会坚持不断地开展“查身边安全隐患，确保安全生产，促进企业发展”活动，充分释放广大员工人人重视安全、人人抓安全、人人查安全隐患的强大正能量。同时，工会积极配合安全部举办安全教育培训、安全消防演练、安全知识竞赛等各种活动，让安全之弦紧绷于每一名员工的脑中。2014年4月，工会开展了“我为安全生产做贡献”合理化建议活动，共收到关于安全生产的合理化建议32条，同时对建议评出一、二、三等奖，一等奖1人，保卫部的崔士茂。二等奖5人，包装车间的王青、高荣震，质检部的翟庆超、石延华、牛会贞。三等奖6人，包装车间的高宝岭 、高荣震，保卫部的崔士茂，粮酒车间的赵京彬、孟祥源，生产调度室的赵庆海。并分别给予500元、300元、200元奖励。2016年4月，在全公司开展“查、保、促”活动，共收到职工查改隐患建议85条，全部进行立即整改，追踪落实8条。每年的职工代表提案中涉及到的安全生产方面建议都立即得到整改落实。

2013年8月15日，章丘市总工会举办的章丘市“安康杯”职工安全卫生知识竞赛在章丘市广播电视台演播大厅隆重举行，公司员工邱国强、刘猛、张景3名选手在决赛中荣获三等奖。

公司连续多年荣获章丘市和济南市的“安康杯”竞赛优胜单位。2012年在公司新厂建设中，机电车间制造班组承担了新厂区及过街天桥的各种设备、管道安装，冒严寒、战酷暑，高质量地完成了安装任务，没有出现任何安全事故，为公司节约资金100余万元。机电车间制造班组荣获由中华全国总工会、国家安全生产监督管理总局授予的“2013年度全国安康杯竞赛优胜班组”荣誉，2014年10月14日，章丘市总工会主席刘维圣、副主席王成民来公司授牌，李成新董事长代表机电车间接牌。

建功立业

2008年起，公司工会充分发挥桥梁纽带作用，充分调动职工积极性，在每年的中秋、春节，协调生产、销售部门加大力度，后勤服务人员全部投入装车工作，并抽调部分人员到包装车间进行轮流帮工，提高了工作效率，并有针对性的开展劳动竞赛活动，在两节备货的关键时刻，在全公司形成“比、学、赶、帮、超”的浓厚气氛，密切了干部与员工、员工与员工之间的关系，保障两节任务圆满完成。

充分发挥工会职能，维护职工的合法权益，保障职工的就业稳定。2009年11月19日，济南市总工会生产保障部徐炳清部长一行来公司验收“工字号”创业基地AAAA制企业，并成功通过验收。公司高度重视劳动关系的和谐稳定，一直在创建劳动关系和谐企业的工作上下深功夫，分别被评为章丘市、济南市劳动关系和谐企业。2011年7月5日，山东省总工会法律部李新建部长和赵玉玲部长来到公司审查验收“创建山东省劳动关系和谐企业”。12月21日，全省加强和谐劳动关系建设暨深化创新厂务公开民主管理工作会议在济南召开。会上对全省劳动关系和谐企业进行了表彰，公司获得“山东省劳动关系和谐企业”“富民兴鲁劳动奖状”荣誉称号，公司党委书记、董事长、总经理李成新荣获“富民兴鲁劳动奖章”称号，李成新董事长代表济南市获奖的五家企业上台接受了山东省副省长张建国颁发的荣誉奖牌。为提升境界，转变作风，推动公司大发展，2012年2月，公司借势章丘市新一届政府提出的“新征程、新气象、新作为”大讨论活动，在全公司开展了学习“大讨论”动员会，召开党员和职工代表大会，第一时间传达上级会议精神，部署活动方案，结合公司实际掀起大讨论热潮。4月26日，公司党委书记、董事长、总经理李成新被中共济南市委、市政府评为“济南市劳动模范”，在济南舜耕会堂召开的表彰大会上受到表彰。2013年4月，袁锡惠获得济南市总工会颁发的“济南市女职工建功立业标兵”荣誉称号；4月27日，在章丘市龙泉大厦召开的章丘市五一劳动表彰大会上，公司技术中心汪慧慧被评为“章丘市十大金牌工人”，同时授予“章丘市五一劳动奖章”，粮酒车间芝麻香班组被评为“章丘市工人先锋号”荣誉并受到表彰。12月，公司机电车间制造班荣获中华全国总工会、国家安全生产监督管理总局颁发的“全国‘安康杯’竞赛优胜班组”荣誉；11月，工会借助十八届三中全会精神的强劲东风，在决战四季度、决胜全年度的关键时刻，在公司内掀起了“认真学习贯彻十八届三中全会精神，统一思想，凝聚共识，扎实做好各项工作，推动公司又好又快发展”的全员大讨论活动。在公司形成了围绕销售、上下联动、左右互助、全公司一盘棋的良好局面，为公司突破困境、强劲发展提供了有力保障。2014 年 4 月，公司机电车间制造班组荣获“山东省工人先锋号”，袁锡惠荣获济南市总工会颁发的“济南市五一劳动奖章”，张宪伟荣获章丘市人民政府颁发的“章丘市劳动模范”荣誉称号，并代表全市职工宣读倡议书。11 月，公司员工参加章丘市职工职业技能大赛。工会广泛动员，精心组织，共选出 20 名选手分别参加了通用工种电焊工、维修电工，行业工种白酒品鉴三个项目的竞赛。其中行业工种白酒品鉴比赛项目针对其行业特点，11 月 19 日在公司拉开了比赛序幕，章丘市总工会、章丘市人社局派专人全程监赛，经过激烈角逐，公司汪慧慧取得第一名，高德宁取得第二名，李庆腾取得第三名，同时获得了“章丘市五一劳动奖章”荣誉。汪慧慧同时荣获“章丘市杰出技术能手”荣誉。高德宁、李庆腾同时荣获“章丘市技术能手”称号，多名参赛员工获得了高级技工证书。2015 年 4 月，公司技术部荣获济南市总工会颁发的“以杜祥宝为带头人的高技能（劳模）人才工作室”，同时获得人民币 3 万元的奖励。为使企业发展扎实稳定、持续健康，工会坚持以班组建设为根基，充分发挥好班组在企业发展中的关键能动性，通过各种活动促进落实。12 月，以春节备货为切入点，开展以“围绕备货，确保任务，优质高效，全力配合，热情服务，确保全年任务顺利完成”为主题的劳动竞赛活动，活动以班组为单位全面展开，对优胜班组进行奖励人民币 800 元。受到奖励的班组有：包装车间四班、粮酒车间三班、销售公司章丘分公司商超团购部、总经办炊事班、机电车间电工班、技术中心勾储班、仓储中心成品库。为进一步加强班组建设，由济南市总工会、济南市经信局、国网山东省电力公司济南供电公司联合发起的“企业牵手，班组共建”活动，于同年 12 月 22 日下午，在章丘市供电公司会议室举行了启动仪式。会上，公司与供电公司达成“企业牵手”协议，包装车间一班与供电公司营业班签订“班组共建”结对协议。章丘市总工会副主席王成民、章丘市经信局工会主席张军参加了签约仪式。2016 年 3 月，公司各部门班组长到供电公司参观班组建设学习交流，同月，供电公司营业班组长等来公司与包装车间一班开展活动进一步对接。4月6日，卧龙电机、新华明集团、供电公司、鼓风机厂、大化集团五家企业50余名班组长在章丘市经信局工会主席张军的带领下来公司参观交流，进一步深化班组建设活动。班组共建，互相交流，理念共鸣，标准共创，经验共享，使班组间取长补短，共同提高。形成“开放、协作、服务、分享”的共赢思维，为企业发展融入新活力。4月26日，公司机电车间制造班组荣获了“全国工人先锋号”荣誉，山东省“庆祝‘五一’国际劳动节暨富民兴鲁劳动奖状（章）获得者表彰大会”在山东大厦召开，出席会议的有姜异康、郭树清、刘伟、孙伟、李法泉、杨东奇、于晓明、柏继民、尹慧敏、张务锋、刘赞杰等省领导，公司工会主席袁锡惠参加表彰大会，并上台接受山东省委常委、常务副省长孙伟颁奖。10月，为检验各车间、部门、班组响应公司提出的“开展‘创新增收，降本增效’活动”成效，工会开展了“创新增收，降本增效”活动成果展，以展板的形式把各部门的创新增收成果进行展示，使活动落地，促进了各部门的创新增收再上新台阶。12月21日，技术中心汪慧慧被济南市总工会命名为2016年“济南工匠”，同时授予“济南市五一劳动奖章”。2017年3月，汪慧慧被济南市总工会评为“济南市创新能手”，奖励人民币1000元。4月，张宪伟被中共济南市委、市政府评为“济南市劳动模范”，奖励人民币1万元。11月14—17日，山东省第三届“技能兴鲁”职业技能大赛暨山东省第二届酿酒职业技能竞赛在菏泽巨野花冠集团举行，公司粮酒车间员工高德宁、周强作为参赛和辅助帮甑组合选手参加了比赛。高德宁获得“山东省酿酒行业技术能手”荣誉称号，粮酒车间一班获得“山东省金牌手工酿造班”荣誉称号。2018年4月，机电车间张宪伟被山东省委、省政府评为“山东省劳动模范”，奖励人民币1万元。同月，质检部李雷新被章丘区总工会评为“章丘工匠”，奖励人民币2000元。

上级工会来公司调研，促进工会工作再提高

2009年10月28日，济南市总工会副主席董福茂来公司对工会“加强职代会规范化建设”进行了指导检查，章丘市总工会主席陈伟、市经贸局党委副书记师顺平、市经贸局工会主席胡学双陪同，公司党委书记、董事长、总经理李成新就工作开展情况做了汇报，公司党委副书记、工会主席王者厚参加座谈。2011年3月25日，山东省总工会副主席齐太生、民管部副部长谭博、主任科员杨宝光一行领导来公司调研，济南市总工会副主席郑学光、民管部部长韩跃、市总工会主席陈伟、副主席李伟、经信局工会主席胡学双等陪同调研。公司党委副书记王峻虎就公司的基本情况和生产经营状况做了简要汇报，工会主席袁锡惠对今年工会工作及近年来职工代会发挥的重要作用做了简要陈述。8月17日，经信局工会工委半年工作总结会议在公司召开，经信局工会主席胡学双及经信系统所属各大企业的工会主席参加会议。2013年8月6日，济南市总工会常务副主席朱守华、办公室主任鲁风波、政研室主任卢召民来公司开展党的群众路线教育实践调研活动，市总工会主席刘维圣、副主席李伟、王成民陪同调研，部分街道、企事业单位工会负责人参加座谈，公司党委书记、董事长、总经理李成新、工会主席袁锡惠陪同座谈。12月18日，全国总工会法律工作部副部长孙文斌带领全国总工会工运研究所、中国劳动关系学院的领导专家到章丘市调研和谐企业创建工作，省总工会副巡视员侯国华、济南市总工会副主席李兴家等省市工会领导陪同调研，调研会在百脉泉酒业召开。2014年10月28日，济南市总工会副主席于虹、女工部部长吕燕及各市县工会领导来公司检查指导女工工作，市总工会主席刘维圣、副主席李伟、王成民陪同参观检查。2015年6月9日，中华全国总工会经济技术部副部长寇微莉一行三人调研章丘市工会“十三五”劳动竞赛规划起草工作。会后，调研组一行莅临公司检查指导工作，对公司工会工作开展情况及企业文化建设给予了高度评价，省、市总工会相关领导及章丘市总工会主席刘维圣、副主席孟凡利、王成民等陪同参观。2016年8月4日，山东省总工会魏勇秘书长、吴晓瑞主任一行7人来公司调研督导上半年重点工作，济南市总工会于虹主席、鲁风波主任、张斌部长、市总工会刘维圣主席、孟凡利副主席、王成民副主席、市经信局工会张军主席等陪同，主要检查了工会组织建设、职工技术创新竞赛活动开展情况。公司董事长李成新做了工作汇报，督查组现场查阅了档案资料，公司工会工作得到了省总工会领导的一致好评。9月19日，日照市总工会作为异地互查组领导一行莅临公司检查厂务公开民主管理工作，市总工会主席刘维圣、副主席王成民、民管部长袁杰陪同检查。检查组领导一行通过听汇报、查资料、看现场，对公司工会各项工作的开展给予了充分肯定。2017年11月13日，山东省总工会副主席王星海、宣教部部长刁维强等一行领导在区总工会主席刘维圣、副主席孟凡利陪同下，莅临公司指导民主管理沟通协商工作，公司工会主席袁锡惠、副总经理牛余林陪同，王星海主席参观公司酒文化建设并听取工会工作汇报后，对公司工会工作给予高度评价，现场题词："匠心酿造百脉泉酒""百脉泉酒创造泉城人美好生活"。12 月 7 日，济南市总工会常务副主席傅金峰、秘书长鲁风波、保障工作部部长周延等领导在章丘区委常委郎咸颖、区总工会主席刘维圣、副主席孟凡利、王成民、区经信局工会主席张军陪同下，莅临公司检查指导 2017 年工会工作开展情况，公司党委书记、董事长、总经理李成新，党委副书记王峻虎，工会主席袁锡惠陪同检查。

第二节 职工代表大会

1971 年 3 月 13 日，召开首届革命工人代表大会。大会的主要任务：一、根据省、地、县革委指示总结该厂广大革命职工在"无产阶级文化大革命"以来的斗争成果和研究今后战斗任务。二、选举工人阶级革命组织—工代会。1972 年 8 月，经章丘县革委政治部群工组、章丘县革委生产指挥部政治处批准成立工代会，由 5 人组成，李绍武任工代会主任，刘克津任副主任，王玉忠、王成贤、刘俊秀任委员。1979 年 5 月 25 日晚，召开工会委员会恢复工代会会议，参加会议的会员 40 人，占全部会员总数的 66%，王洪代表党支部做工作报告。1981 年 11 月 30 日，召开第一届职工代表大会，大会主席团成员有：张继礼、高绍栋、段金城、牛素贞、王功室，会议审议通过许凤桐所作首届职代会报告，讨论通过该厂建立职工代表大会制度的草案。1982 年 3 月、1983 年 12 月间，分别召开首届二次至四次会议。韩其孝代表厂部就生产经营情况做工作汇报。

1985 年 7 月 25 日，召开第二届一次会议，大会一致审议通过杲程柱代表厂部所作，1985 年上半年主抓企业管理、完善各项经济责任制，加强技术革新和质量管理增效益全面提高企业素质的工作报告。

1986 年 8 月 1 日—1987 年 1 月 24 日，分别召开第二届三次和第三届一次职工代表大会，会上，审议通过厂长韩宪安所作的上半年工作总结和下半年工作安排报告。

1988 年 1 月 —1990 年 8 月 10 日，分别召开第四届一次至四届五次职工代表大会，会上主要通过韩宪安厂长就生产经营工作情况所作的总结汇报，并于四届一次职代会审议通过关于企业法的宣传和实施的草案。

1991 年 1 月 30 日—1991 年 7 月 27 日，分别召开第五届一次、五届二次职工代表大会，会议审议通过韩宪安所作的生产经营工作汇报。

1992 年 1 月，召开第五届三次职工代表大会，会议审议通过韩宪安所作关于全厂上下团结奋斗，依靠广大职工主人翁意识，抑制资金短缺、销售不畅的滑坡因素，开展向管理要速度、向质量要效益的工作，实现速度、质量、效益、后劲的同步增长的工作报告。

1992 年 7 月 30 日，召开第五届四次职工代表大会，会议审议通过韩宪安所作题为《深化改革促发展，强化管理增效益》的工作报告，广大职工代表就企业升级有关事宜展开讨论，一致通过企业升级草案。

1993 年 1 月 17 日，召开第五届五次职工代表大会，会议审议通过韩宪安所作题为《深化改革促发展，转换机制增效益，全面提高企业素质》的工作报告。

1993 年 7 月 26 日，召开六届一次职工代表大会，厂长韩宪安在会上作了题为《深化改革转机制，开拓经营增效益，全面提高企业素质》的工作报告。

1994 年 1 月 27 日、7 月 16 日，分别召开六届二次、六届三次职工代表大会，会议审议通过韩宪安所作的题为《认清形势抓住机遇，强化市场，加快速度，努力推进企业进步》和《深化改革增效益，科学管理创一流，全面提高企业素质》的职代会报告。按照济南市公司制企业内部职工持股暂行办法，代表们经过讨论，一致审议通过关于组建职工持股会的决议。

1995 年 1 月 26 日，召开第六届四次职代会，韩宪安在会上作了题为《深化改革不停步，完善机制创一流，内强素质，外树形象，促进企业全方位发展》的工作报告。报告中总结了实行股份制改造后，以“提高经济效益”为主线，落实营销战略，深化改革，提高企业整体素质，树立企业良好形象，推进技术进步，加大科技、生产投入，以求实的态度，科学的管理，消化新税制给企业增加的税负，抑制原料涨价造成的产品成本增高，克服资金严重不足，有效打击假冒商品的冲击，取得前所未有的好成绩。7 月 28 日，召开第六届五次会议，董事长兼总经理韩宪安作了《继往开来、更高一步、蓬勃发展、再创辉煌》的生产经营工作汇报。

1996 年 2 月 8 日、7 月 28 日，召开第七届一次、七届二次会议，会议审议通过韩宪安所作题为《继往开来、乘胜前进、再创辉煌》《认清形势抓管理，团结奋斗促发展，统一思想讲效益，发展才是硬道理》的生产经营工作报告。

1997年2月28日、7月26日，召开第七届三次、七届四次职代会，会议审议通过韩宪安所作题为《坚定信心挑重担，敢为人先谱新篇；拼搏铸就辉煌路，再立潮头高扬帆》《把握机遇，拼搏奋进，开创工作新局面》的生产经营工作报告。

1998年2月12日、7月22日，召开济南百脉酿酒（集团）有限公司第七届五次、七届六次职代会，会议听取审议通过韩宪安所作题为《共商发展大计，重绘宏伟蓝图，振奋精神迎接挑战，搏击商海敢立潮头》《团结奋斗、拼搏进取、知难而上、敢为人先》的生产经营工作报告。

1999年1月28日、7月23日，召开第七届七次、七届八次职代会，会议听取审议通过韩宪安所作题为《认清形势，坚定信心、知难而进》的职代会报告，讨论通过关于实行厂务公开的草案。

2000年1月22日和7月18日，召开第七届九次、七届十次会议，听取审议通过韩宪安所作的工作报告和公司发展战略及若干重大问题的决策，审议通过了王和顺所作的财务工作报告和业务招待费、提取使用说明，讨论通过《关于实施公退民进改制的决议》《改制实施章程》《职工持股会章程》《购股说明》《董事会、监事会选举办法》草案 。

2001年2月8日、7月26日，召开第八届二次、八届三次会议，审议通过韩宪安针对公退民进改制情况所作的工作报告。

2002年3月1日、7月30日，召开第八届四次和八届五次会议，审议通过赵炜在会上所作的关于在国家调整税收政策、两次涨价、内部管理不严的情况下，影响生产经营进度的生产经营工作汇报。

2005年7月19日，召开第九届二次会议，会议审议通过李成新所作的以开展保持共产党员先进性教育和学习年、工作落实年为活动契机，续走发展三步曲的生产经营工作报告。

2006年7月21日，召开第九届三次职工代表大会，听取、讨论、审议、通过董事长李成新所作的2006年上半年工作报告、张刚所做的2006年上半年财务工作报告及业务招待费提取、使用说明报告，民主评议了中层副职以上领导干部。

2007年1月27日，召开第九届四次会议，董事长李成新作了题为《辉煌2006，闪耀2007》的工作报告，该年度开展了营销改革，发挥人力资源优势，加强企业管理，销售收入同比增长27.8%，实现利税同比增长26.2%。开展“管理效益年活动”，节能降耗活动累计达到160多万元。对2个先进集体、5名劳动模范、43名先进生产工作者、27名工会积极分子、5名优秀共青团员进行了表彰，董事长李成新与各分管副总签订了2007年经济责任制。7月30日，召开九届五次职代会，会上审议通过了公司董事长李成新所作的工作报告及财会总会计师张刚的财务工作报告及招待费使用说明。

2008年1月30日，召开九届六次职代会，公司党委书记、董事长、总经理李成新作了题为《矢志不渝谋发展，众志成城创新高》的工作报告。7月18日，召开九届七次职代会，会上审议通过了公司董事长李成新的工作报告及财会总会计师张刚的财务工作报告及招待费使用说明。

2009年1月17日，召开九届八次职代会，公司党委书记、董事长、总经理李成新作了题为《面对经济危机，创新工作思路，全力打造中国生态酿酒倡导者》的工作报告。7月21日，公司召开九届九次职代会，会上审议通过了公司董事长李成新的工作报告及财会总会计师张刚的财务工作报告及招待费使用说明，会上，对中层副职以上干部进行了民主评议。

2010年2月5日，召开了九届十次职代会，公司党委书记、董事长、总经理李成新作了题为《落实科学发展观，开创公司新局面》的工作报告。7月28日，公司召开十届一次职工代表大会，会议由党委副书记、工会主席王者厚主持，出席此次会议的有章丘市总工会李伟副主席、袁杰部长、章丘市经信局工会胡学双主席、王梅香主任，公司党委书记、董事长、总经理李成新及全体职工代表参加了会议。李成新董事长对上半年的工作做了全面总结，王者厚主席对上届工会工作做了汇报，工会经审委主任张刚对上届工会财务报告，大会审议并通过了两个报告。大会选举产生了第九届工会委员会，由袁锡惠、赵东玲、康新春、毕思水、赵京彬、刘永彬、崔殿春组成，同时召开了九届一次工会委员会会议，选举袁锡惠为第九届工会主席，选举产生了第九届工会经审委员会，由张刚、赵京彬、王波组成，同时召开了九届一次工会经审委会议，选举张刚同志为九届工会经审委主任。

2011年1月25日、8月26日，分别召开了十届二次、三次职代会，公司党委书记、董事长、总经理李成新作了题为《转变发展方式，调整产业结构，促进公司稳定和谐发展》的工作报告。会上，对在上一年度工作中做出突出贡献的先进集体和个人进行了表彰，党委书记、董事长、总经理李成新分别与党委副书记王峻虎、常务副总经理张传海、销售公司总经理马业准、财务总会计师张刚、工会主席袁锡惠、企管副总经理牛余林、技术总工程师杜祥宝签订了《2011 年度目标责任书》，7 位副总分别做了新一年的工作表态发言。大会审议通过了公司董事长李成新的工作报告及财务总会计师张刚的财务工作报告、招待费使用说明，会上对各部门工作的满意度进行了民主评议，包装车间、总经办、粮酒车间、散酒库、技术中心、机电车间、医务室、瓶酒库、财务部、质检部依次排名前十。

2012 年 1 月 15 日、8 月 27 日，分别召开了十届四次、五次职代会，公司党委书记、董事长、总经理李成新同志作了题为《稳中求进，持续发展，为实现经济效益新跨越而团结奋斗》的工作报告。会上，对在上一年度工作中做出突出贡献的先进集体和个人进行了表彰，党委书记、董事长、总经理李成新分别与党委副书记王峻虎、常务副总经理张传海、销售公司总经理马业准、财务总会计师张刚、工会主席袁锡惠、企管副总经理牛余林、技术总工程师杜祥宝签订了《2012 年度目标责任书》，七位副总分别做了新一年的工作表态发言。会上审议通过了公司董事长李成新的工作报告及财会总会计师张刚的财务工作报告及招待费使用说明。

2013 年 2 月 2 日、9 月 17 日，分别召开了十届六次、七次职代会，公司党委书记、董事长、总经理李成新同志作了题为《高点定位谋划新思路，务实求效开创新局面，为实现公司经济更好更快发展而努力奋斗》的工作报告。会上，对在上一年度工作中做出突出贡献的先进集体和个人进行了表彰，党委书记、董事长、总经理李成新分别与党委副书记王峻虎、常务副总经理张传海、销售公司总经理马业准、财务总会计师张刚、工会主席袁锡惠、企管副总经理牛余林、技术总工程师杜祥宝签订了《2013 年度目标责任书》，七位副总分别做了新一年的工作表态发言。会上审议通过了公司董事长李成新的工作报告及财会总会计师张刚的财务工作报告及招待费使用说明。

2014 年 2 月 21 日、9 月 17 日，分别召开了十届八次、九次职代会，公司党委书记、董事长、总经理李成新同志作了题为《稳中求进，进中求好，共同谱写百脉泉酒业发展的新篇章》的工作报告。会上，对在上一年度工作中做出突出贡献的先进集体和个人进行了表彰，党委书记、董事长、总经理李成新分别与党委副书记王峻虎、常务副总经理张传海、销售公司总经理马业准、财务总会计师张刚、工会主席袁锡惠、企管副总经理牛余林、技术总工程师杜祥宝签订了《2014 年度目标责任书》，7 位副总分别做了新一年的工作表态发言。会上审议通过了公司董事长李成新同志的工作报告及财会总会计师张刚的财务工作报告及招待费使用说明。本次职代会提案采取了全公司范围内的以“我为公司安全生产做贡献”和“我为增收节支、降本增效献一策”专项提案征集方式。

2015 年 3 月 13 日、9 月 17 日，分别召开了十届十次、十一职代会，公司党委书记、董事长、总经理李成新作了题为《科学发展，逆势而上，实现新常态下新跨越》的工作报告。会上，对在上一年度工作中做出突出贡献的先进集体和个人进行了表彰，党委书记、董事长、总经理李成新分别与党委副书记王峻虎、常务副总经理张传海、销售公司总经理马业准、财务总会计师张刚、工会主席袁锡惠、企管副总经理牛余林、技术总工程师杜祥宝签订了《2015 年度目标责任书》，7 位副总分别做了新一年的工作表态发言。会上审议通过了公司董事长李成新的工作报告及财会总会计师张刚同志的财务工作报告及招待费使用说明。

2016 年 2 月 26 日、8 月 19 日，分别召开了十届十二次、十三次职代会，公司党委书记、董事长、总经理李成新作了题为《以新的理念引领新的发展》的工作报告。会上，对在上一年度工作中做出突出贡献的先进集体和个人进行了表彰，党委书记、董事长、总经理李成新分别与党委副书记王峻虎、常务副总经理张传海、销售公司总经理马业准、财务总会计师张刚、工会主席袁锡惠、企管副总经理牛余林、技术总工程师杜祥宝签订了《2016 年度目标责任书》，7 位副总分别做了新一年的工作表态发言。会上审议通过了公司董事长李成新的工作报告及财会总会计师张刚的财务工作报告及招待费使用说明。

2017 年 2 月 17 日、9 月 19 日，分别召开了十届十四次、十五次职代会，公司党委书记、董事长、总经理李成新作了题为《凝心聚力谋发展，继往开来谱新篇》的工作报告。会上，对在上一年度工作中做出突出贡献的先进集体和个人进行了表彰，党委书记、董事长、总经理李成新分别与党委副书记王峻虎、常务副总经理张传海、销售公司总经理马业准、财务总会计师张刚、工会主席袁锡惠、企管副总经理牛余林、技术总工程师杜祥宝签订了《2017年度目标责任书》，7位副总分别做了新一年的工作表态发言。会上审议通过了公司董事长李成新的工作报告及财会总会计师张刚的财务工作报告及招待费使用说明。

2018年3月9日，召开了十届十六次职代会，公司党委书记、董事长、总经理李成新同志作了题为《匠心七十·筑梦百年》的工作报告。会上，对在上一年度工作中做出突出贡献的先进集体和个人进行了表彰，党委书记、董事长、总经理李成新分别与党委副书记王峻虎、常务副总经理张传海、销售公司总经理马业准、财务总会计师张刚、工会主席袁锡惠、企管副总经理牛余林、技术总工程师杜祥宝签订了《2018年度目标责任书》，7位副总分别做了新一年的工作表态发言。

2018年4月25日，召开了十届十七次职代会，就股份制改革问题进行了审议通过。

历届职工代表大会一览表

届　次	时　间	职代会报告人	参加代表人数	主席团人数
一届革命工人代表大会	1971.03.13	王　洪	40	5
一届一次	1981.11	许凤桐	28	7
一届二次	1982.03	韩其孝	43	5
一届三次	1983.03	韩其孝	45	5
一届四次	1983.12	韩其孝	45	5
二届一次	1985.07.25	杲程柱	46	5
二届二次	1985.12	杲程柱	48	5
二届三次	1986.08.01	张明启	48	5
三届一次	1987.01.24	韩宪安	52	5
四届一次	1988.01	韩宪安	54	5
四届二次	1989.01	韩宪安	54	5

续表

届　次	时　间	职代会报告人	参加代表人数	主席团人数
四届三次	1987.07.27	韩宪安	56	5
四届四次	1990.01.21	韩宪安	58	5
四届五次	1990.08.10	韩宪安	57	5
五届一次	1991.01.30	韩宪安	59	5
五届二次	1991.07.27	韩宪安	59	5
五届三次	1992.01	韩宪安	58	6
五届四次	1993.01.17	韩宪安	60	6
六届一次	1993.07.26	韩宪安	60	6
六届二次	1994.01.20	韩宪安	62	6
六届三次	1994.07.16	韩宪安	66	6
六届四次	1995.01.26	韩宪安	64	6
六届五次	1995.07.28	韩宪安	62	6
七届一次	1996.02.8	韩宪安	64	6
七届二次	1996.07.28	韩宪安	66	6
七届三次	1997.02.28	韩宪安	66	6
七届四次	1997.07.26	韩宪安	65	6
七届五次	1997.07.26	韩宪安	66	6
七届六次	1998.02.12	韩宪安	67	6
七届七次	1999.01.28	韩宪安	66	6
七届八次	1999.07	韩宪安	66	6
七届九次	2000.01.22	韩宪安	67	9
七届十次	2000.07.18	韩宪安	66	9
八届一次	2000.12	韩宪安	66	9
八届二次	2001.02.08	韩宪安	66	9
八届三次	2001.07.26	韩宪安	66	9
八届四次	2002.03.01	赵　炜	67	7
八届五次	2002.07.30	赵　炜	67	7

续表

届　次	时　间	职代会报告人	参加代表人数	主席团人数
九届一次	2004.07.18	李成新	67	7
九届二次	2005.07.19	李成新	67	7
九届三次	2006.07.21	李成新	67	7
九届四次	2007.01.26	李成新	67	7
九届五次	2007.07.30	李成新	67	7
九届六次	2008.01.30	李成新	67	7
九届七次	2008.07.18	李成新	67	7
九届八次	2009.01.17	李成新	67	7
九届九次	2009.07.21	李成新	67	7
九届十次	2010.02.05	李成新	57	7
十届一次	2010.07.28	李成新	57	7
十届二次	2011.01.25	李成新	57	7
十届三次	2011.08.26	李成新	57	7
十届四次	2012.01.15	李成新	57	7
十届五次	2012.08.27	李成新	57	7
十届六次	2013.02.02	李成新	57	7
十届七次	2013.09.17	李成新	57	7
十届八次	2014.02.21	李成新	57	7
十届九次	2014.09.17	李成新	57	7
十届十次	2015.03.13	李成新	57	7
十届十一次	2015.09.17	李成新	57	7
十届十二次	2016.02.26	李成新	57	7
十届十三次	2016.08.19	李成新	57	7
十届十四次	2017.02.17	李成新	57	7
十届十五次	2017.09.19	李成新	57	7
十届十六次	2018.03.09	李成新	57	7
十届十七次	2018.04.25	李成新	52	7

第三节 民主管理

该厂建厂就重视民主管理工作，利用召开各种会议形式，口头或书面听取职工的意见和建议。职工积极性很高，每逢这种场合，职工都畅所欲言，主动献计献策，为该厂正常发展起到了保证和监督作用。自上世纪50年代起，开始建立各种群众组织和各类管理委员会，让职工参政、议政。

1951—1966年间，由工会组织选举工会组织负责人和各种职工合作、食堂管委会、职工俱乐部及技术研究会等。1979年改革开放以后，进一步理顺了职工民主管理渠道，健全了民主管理制度，成立了工会的专门委员会，每逢重大问题交职代会讨论通过后实施。1988年，根据省、市、县文件精神，贯彻中共十三大对工会提出的推进工会改革，实现群众化民主化管理，使工会组织成为党联系群众的桥梁和纽带的要求，使其在代表和维护职工利益方面发挥作用。结合厂内实际，强化了民主管理工作，发动职工认真学习宣传“企业法”，进一步落实职代会的五项职权；按照规定召开职代会；开展职工代表与厂长对话活动，建立民主管理意见箱；处理好职工和企业的劳动争议方面的工作。9月，制订关于选举第四届职工代表大会代表的标准，按正式工（含合同工）总数的15%产生（其中干部、技术人员、女工占一定的比例）。

1991年，民主管理方面：一是职代会五权得到保障和落实，民主管理组织完善，制度健全，坚持每半年评议一次中层以上领导干部。二是职代会决议得到落实，上半年落实上次职代会提出的七项决议，下半年落实两项决议。通过决议的落实，建立正常的民主管理秩序。通过对代表提案的搜集、整理，企业发展后劲的提案占大多数，落实率达80%以上。三是开展创“双佳”竞赛活动，按照竞赛的内容，履行职代会工作机构的各项职能。

1994年，改制成为股份制企业后，充分发挥职代会作用，以代表提案形式加强开展民主管理工作，开始在职工代表中开展民主评议干部活动。1997年，由工会对班组长、职工进行月考评，有效的解决职工关心的热点问题。对中层干部坚持“动态化目标管理月考核”制度，考核结果定期公布，增强干部的危机感、责任心，提高了广大干部、职工的思想政治水平，业务技能。全年征集职工提案68条。

1996年7月，经职代会通过，正式签订《集体合同》，合同中对双方劳动关系、责任义务进行了规定。是年，发挥工会组织接近职工的优势，在职工代表数额分配上采取倾斜政策，工人代表占总代表数的62.7%。实行民主评议干部、员工制度，自4月开始，对班组长、员工和中层干部每月考核1次，实行得分制，月底报工会汇总，班组长、员工考核由车间报考，党委掌握，每月张榜公布1次分数，年终根据评比得分情况确定年终奖金分配，促进了全体干部的上进心。认真抓了职代会后提案的落实，采取走下去、请上来的方法，逐项落实、检查，提案落实率达到100%。1999年，定期将职工关心的热点、难点问题通过厂报、宣传栏进行公开，密切干群关系。6月，经职代会讨论通过，出台关于实行厂务公开的实施意见，建立了由党委统一领导、党政共同负责、纪检、工会、普法教育处、政工、财务齐抓共管，职工全员参与的工作体制和运行机制，成立厂务公开领导小组，设立厂务公开办公室，成立民主理财小组，进一步完善民主管理工作。

2000年，进行公退民进改制，进一步完善民主管理工作形式。2000年7月，经第七届十次职代会讨论通过，出台《济南百脉酿酒有限公司职工持股会联合章程》，共七章三十九条。其中对持股会的组织形式、职责及义务进行了规范。2001年4月，经职代会讨论通过，出台关于实行厂务公开的实施意见，成立厂务公开领导小组，具体负责厂务公开的时间、内容。

自2003年以来，工会加强厂务公开、民主管理工作，在2005年工作中，对其主要形式职工代表大会制度开展规范化创建活动，实现制度化、规范化管理。

2004年3月，下发《关于公开选拔销售业务员的通知》。6月，进行中层副职以上干部民主测评。2005年，贯彻落实市总工会关于深入开展工会工作规范化管理创建活动指示精神，以《工会法》为准绳，对照章丘市工会企业单位目标责任制考核细则，开展建家活动，加强职工代表大会规范化建设，职工代表大会组织机构健全；定期进行换届选举，按时召开职工代表大会，对重大决策、涉及职工切身利益等方面问题及时公开；认真行使职代会审议建议、审查同意和否决、审议决定、评议监督、推荐选举等各项权利，提高厂务公开、民主管理的实效；充分发挥职代会职能作用，按照厂务公开民主管理规范化操作规则，开展公开企业重大决策、协助企业行政规范生产经营、维护职工切身利益、加强领导班子建设和党风廉政建设等一系列工作。通过加强职代会制度化、规范化建设，激发员工遵章守纪、立志创业的热情，推动公司快速发展。连续被评为“章丘市职工代表大会规范化合格单位”。

2006年，按照上级厂务公开民主管理规范化手册要求，加强厂务公开、民主管理工作。党政领导成立以董事长李成新为组长、班子成员及各主要部门负责人为成员的厂务公开领导小组，立足公司实际，加强和完善职代会制度，对重大决策经职代会通过。全面落实职代会各项职权，建立健全以职代会为基本形式的职工民主决策、民主管理和民主监督机制。强化厂务公开，按照市总工会职代会评估实施细则要求，在职工参与权、知情权、监督权“三权”落实上下功夫，促进民主管理工作的有效开展。6月，率先通过山东省职工代表大会规范化建设“优秀星”单位验收，8月通过公示，11月，获得济南市职工代表大会规范化建设“先进星”单位和山东省职工代表大会规范化建设“优秀星”单位证书和奖牌。

7月25日，召开党委会议。会议对九届三次职代会代表的50份82条提案，逐条进行分析、落实，其中，可以立即落实解决的提案有：1. 提案：粮酒车间澡堂、更衣室里面夏天太热，需安装两台电风扇。答复：买两台电风扇，由机电车间安装上。2. 提案：粮酒三车间房顶石棉瓦老化、漏雨，给工作带来一定困难，建议维修。答复：由王经理进行价格咨询，予以维修。3. 提案：粮酒车间各项指标的考核应根据实际情况确定，进一步提高工作积极性。答复：年度制订计划时，再根据情况调整。4. 提案：明珠小区宿舍区内杂草丛生、路窄车多，不宜停放及错车，影响公司形象，建议加宽路面。答复：由王书记牵头与物业协调，向北拓宽路面3米。5. 提案：瓶酒库门口南侧破碎的玻璃瓶较多，容易扎破车辆轮胎，建议把破碎的玻璃瓶移放到酒瓶大棚附近。答复：把电工门前收拾一下，由基建联系把墙扒掉，垒个池子，把碎瓶拉到那里，具体由王经理落实。6. 提案：建议在经济允许的条件下，购买1个好的电锤钻，以解决安装中遇到的困难。答复：由张总联系，购买1台新的电锤钻。7. 提案：今后招收学生，建议招1名学“机电一体化”的大学生，有利于规范公司设备改造及管理。答复：今后会考虑。8. 提案：逐步减少专销品，对形不成规模的要予以取缔。答复：严格向这方面去努力。9. 提案：对专销品包装物的进货时间、数量，供应处无法控制。答复：要求销售公司与客户协调，进专销品包装物要通知公司。下一步要在合同中签订有关条款，限制专销品包装物放置时间。10．提案：五金仓库东墙敞棚的玻璃钢瓦老化、断裂，漏雨，易使物资受损，建议更新顶棚120平方米。答复：由王经理负责，予以维修、更换。11．提案：桃花山职工宿舍楼水管道及楼外排雨水道已全部锈漏，建议更换成塑料管线。答复：由王经理负责咨询，予以更换。12．包装西车间更换灌装机，达到节约增效的目的。答复：由张经理联系咨询价格，更换两台灌装机。对其它提案，如：建议搞多元化发展，生产果酒、饮料、冰糕、旅游产品及其它改造设备、改善职工福利、提高工资待遇等提案，需进一步考察论证，条件成熟后再予以落实解决。对加强内部管理及提高员工素质、业务培训的提案。将进一步严格加强管理，创造一切有利条件，采取灵活多样的方式，为员工进行各方面的培训。

2007年后，公司除了采用召开职代会、职工提案、合理化建议、班前班后会、厂务公开栏等形式以外，又增加了职工诉求沟通协商、办公OA网、《百脉泉酒业报》、微信平台、公司网站等渠道，让职工参与民主管理，来增加管理透明度，提高职工参政、议政的积极性，提升职工的主人翁责任感，加大企业民主管理工作力度，“依靠职工办企业”已成为公司行政管理的共识。

以职工提案为主要形式的民主管理全员参与，涉及管理范围广泛。2008年7月18日，九届七次职代会提案，共收集提案90条，经整理分类（包括本分会重复提案），其中，涉及企业管理类9条，职工生活类3条，市场营销、开发类4条，增资类1条，整修仓库2条，新产品设计开发4条，桃花山职工宿舍安暖气3条，专销产品管理1条，粮酒质量生产类1条，明珠37号楼房产证问题4条，营销服务类1条，仓储能力建设1条，营销市场管理3条，企业文化建设1条，明珠小区两幢楼取暖问题1条，仓库基础建设问题7条，对提案落实问题1条，建立市场网络问题2条，包装设备更新烘干箱和冲瓶机问题6条，产品奖项复杂问题6条，二代瓶子质量差问题5条，小班增加冲机问题1条，粮酒车间房顶维修问题5条，粮酒车间人员问题1条，薪资问题7条，建立竞争上岗问题2条，设备维修问题1条，扩大再生产问题1条，职工的劳保用品问题1条，人才问题2条，扩大储酒容器问题1条，车间订阅报刊学习问题1条，南职工宿舍修路问题1条。

2009 年 7 月 21 日，九届九次职代会共征集提案 101 条，其中，涉及企业管理类 21 条，市场营销类 27 条，基建类 7 条，质量管理类 2 条，劳动保护类 16 条，生产类 22 条，行政管理类 6 条。

2011 年 8 月 26 日，十届三次职代会共收集提案 106 条，其中，调整产品结构类 12 条，基建类 8 条，职工生活、福利类 27 条，生产技改类 10 条，人力资源类 28 条，产品研发、营销类 14 条，企业管理类 5 条，工业旅游类 2 条。

2012 年 8 月 27 日，十届五次职代会共征集提案 114 条，经整理分类，其中，调整产品结构类 8 条；基建类 6 条；职工生活、福利类：30 条；生产技改类 11 条；人力资源类 34 条；产品研发、营销类 20 条；企业管理类 5 条。

2013 年 9 月 17 日，十届七次职代会共征集提案 126 条，经整理分类，其中，调整产品结构类 7 条；产品研发、营销类 9 条；基建类 10 条；生产技改类 19 条；人力资源类 34 条；企业管理类 15 条；生活及劳动福利类 32 条。

2014 年，采用了专项提案征集的方式，于 4—6 月份提前进行全公司范围的专项提案征集，共发放征集提案 450 份，收回 400 份，经整理汇总，共征集提案 85 项，其中，“我为公司安全生产做贡献”建议共计 32 项。“我为增收节支、降本增效献一策”建议共计 53 项。经公司办公会议进行逐项研讨论证，对两次建议分别评出一二三等奖，并分别进行 500 元、300 元、200 元的奖励。同时按照提案内容批转有关部门进行落实。

2015 年 9 月 17 日，十届十一次职代会共征集提案 120 条，经整理分类，其中，调整产品结构类 7 条；产品研发、营销类 9 条；基建类 10 条；生产技改类 19 条；人力资源类 34 条；企业管理类 13 条；生活及劳动福利类 28 条。

2016 年 8 月 19 日，十届十三次职代会共征集提案 52 条，经整理分类，其中，生产技术类 17 条；学习生活及劳动福利类 11 条；调整产品结构类 1 条；安全类 5 条；营销类 15 条；管理类 3 条。

2017 年 9 月 19 日，十届十五次职代会共征集提案 54 条，经整理分类，其中，生产技术类 20 条；学习生活及劳动福利类 13 条；人力资源类 7 条；安全类 2 条；营销类 4 条；管理类 8 条。

历年历届职工提案或专项主题提案，公司都召开专题办公会议进行研讨，对所有提案向职工逐一回复，已采纳的说明落实的时限和责任部门，没有被采纳的提案说明原因。同时加大对责任部门的落实追踪。每一条提案都有明确回复，充分体现了对职工的尊重。

职工代表参与到公司的各项重大管理活动当中，充分发挥职工参政和监督作用。2010 年 3 月份，公司打破了建厂 62 年的用人机制，对中层干部实施竞聘上岗，为保证资格审查、笔试、答辩等各环节的公开、公平、公正，工会组织职工代表全程参与，充分发挥了民主管理及监督作用。2014 年 3 月，公司成立“百脉情”爱心基金会，理事会成员中有 80% 以上为职工代表，让职工管理基金会，更好地为职工服务。2014 年下半年开始由第三方咨询公司为公司规范化管理提供服务，在各岗位评估、制度、工作流程修改的过程中，职工代表全程参与，确保公开、公正、公平。2015 年 3—4 月，公司再次实施中层干部竞争上岗，在资格审查、笔试监考、竞聘答辩、测评打分整个过程中，职工代表全程参与。每年的工资集体协商、集体合同的签订等涉及职工切身利益的大事更是由职工参与协商。职工广泛参与企业发展过程的各项重大事项中来，真正起到主人翁的作用。

加大工会与行政沟通协商机制，畅通职工诉求渠道。公司工会采取口头诉求与书面诉求等多种形式加强职工合理诉求的提出，并积极与行政进行沟通，及时解决，让职工达到心平气顺，促进公司和谐发展。

案例：2013 年，公司为长远发展着想，在老厂区对面征地 50 亩建设新厂区，设有包装、仓储、调配、物流等四大现代化车间，形成近 8 亿元的生产能力。在规划过程中，修建了过街天桥连接南北两大厂区，但未在新厂区设立独立车棚。在公司工会组织的“我为企业发展献一策”建议活动中，多位包装车间员工提出了在公司新厂区设立独立自行车棚的建议，以方便员工上下班，免除过天桥之累。根据职工提案反馈的信息，公司组成由党委副书记代表公司和工会主席代表职工的调研小组，深入包装车间一线，进一步了解职工的要求。针对是否另行修建自行车棚一事，发放专题调查问卷 400 份。最终 80% 的员工支持修建车棚，10% 的员工持中立态度，10% 的员工反对修建车棚。根据调查问卷显示的信息，本着公开公正的原则，分别选取接受调查中的支持、中立、反对的职工代表各 5 名，其他各部门员工代表 5 名，基建负责人 1 名，安保人员 1 名，公司决策层领导 1 名，召开“关于在新厂区修建自行车棚的沟通协商会议”。会上首先由“支持”

和“反对”双方代表分别阐述自己的观点，其他人员就双方观点进行辩证。支持方认为，在新厂区建自行车棚，可以方便职工上下班直接进出厂区，节省时间，也免除了职工上下天桥之累；反对方认为，公司门前是省道，车流量大，公司新厂区大门所处位置向北（厂内）凹进，从东面疾驶而来的车辆从远处看公司大门正是盲区，而驶到门前已无法减速，对员工上下班过路会造成很大的安全隐患。反对方的意见也正是公司当初没有在新厂区规划车棚的原因。经过几轮的研讨，综合各部门意见，为满足大部分员工的想法和意愿，最终通过在新厂区修建自行车棚的决议，同时也拿出了多条预防安全隐患的措施。各部门从各自的专业层面考虑，首先协调交通部门，在公司东西两侧安装减速慢行的闪烁黄灯，提醒过往车辆减速慢行；其次，在上下班高峰时间，出入职工必须下车，保卫人员要进行车辆指挥；最后，以公司名义下发通知，上班时间因工作需要来往于南北厂区的，必须要走天桥，不得自行过往穿越公路。通过采取各种安全预防措施，研讨出满足各方要求的统一方案。确定在新厂区修建自行车棚后。公司随即又召开筹备会议，安保部负责人1名、基建负责人1名、员工代表5名、公司决策层领导2名，共9人参加会议。会上大家就车棚选址问题进行研讨，既要符合厂区规划标准、方便职工使用，同时又要考虑员工上下班出入的安全性，最终达到职工满意。此案例已被山东省厂务公开民主管理协调小组办公室、山东省总工会民主管理部列入2016年3月出版的《山东省推行协商民主强化社会责任优秀案例选编》第一篇优秀案例。2015年12月22日，山东省总工会在济南召开纪念《山东省企业职代会条例》颁布10周年座谈会，会上，公司被评为“山东省推行协商民主强化社会责任示范单位”，工会主席袁锡惠被评为“山东省推行协商民主强化社会责任标兵”，同时被授予“山东省富民兴鲁劳动奖章”，并受到表彰。

工会与行政沟通协商机制的建立，畅通了职工的诉求渠道，职工提出的诉求，无论是涉及企业管理、生产经营还是涉及职工切身利益的，无论是大事还是小事，都能得到及时解决，使职工心气更加顺畅了，极大提高了职工工作的积极性、主动性和创新性，提高了职工对公司发展的关切度，建立起了企业与职工的利益共同体，增强了民主管理的韧性，促进了劳动关系的和谐稳定，增强了企业的凝聚力和向心力。

上级部门对公司在厂务公开民主管理方面的检查、督导、观摩及授予的各项荣誉，极大的促进和提高了公司的民主管理工作。2008年11月18日，章丘市总工会主席刘尊烈与市纪委、组织部、监察局、劳动和社会保障局相关领导组成的“厂务公开检查领导小组”在章丘市经贸局领导陪同下，来公司检查厂务公开民主管理工作。检查组一行听取了公司党委书记、董事长、总经理李成新所作的厂务公开民主管理工作自查汇报，查阅了厂务公开的材料，召集职工代表进行了座谈，查看了厂务公开宣传栏并实地察看了生产现场，之后，检查组一行对公司开展的厂务公开民主管理工作给予了高度评价。

2010年1月30日，济南市总工会民管部部长韩跃来公司，为公司所获“山东省依靠职工办企事业先进单位”，董事长李成新所获“山东省依靠职工办企事业优秀个人”授牌，市总工会主席陈伟、经贸局工会主席胡学双、副主席周立东陪同进行授牌，公司是章丘市第一家荣获此殊荣的单位。

2011年11月10日，章丘市厂务公开检查领导小组来公司检查厂务公开、民主管理工作开展情况，公司党委副书记王峻虎、工会主席袁锡惠陪同检查。检查组领导通过听汇报、查看资料、与职工代表座谈、职工代表对领导干部廉洁自律、厂务公开、民主管理等内容进行满意度测评、实地查看车间及厂区现场管理等环节，对公司厂务公开、民主管理工作开展情况给予了充分肯定和高度评价。

2017年6月29日至30日，济南市总工会在章丘区举办全市推进企业工会与行政沟通协商机制建设观摩培训班。研究部署章丘市深入推进沟通协商机制建设工作。29日来公司观摩了开展沟通协商机制建设工作。30日，公司在培训会上作了“以企业文化引领民主管理，最终实现职工维权和企业发展和谐共赢”典型交流发言，赢得了与会同仁的肯定和认可。8月14至15日，济阳县工会组织各部门工会干部在章丘区举办了工会与行政沟通协商机制观摩培训。14日，济阳县各部门130多名工会干部来公司参观交流。15日，在培训会议上，公司工会再次进行了典型交流发言。

第四节　女职工委员会

1948年建厂后，女职工工作一直由工代会和工会负责。1987年，企业规模扩大，女职工增加到52人，成立女工委员会，由陈惕美、李霞、董维珍、范艺先、刘淑娥5人组成。

1991年12月14日，第五届工会委员会下设女工工作委员会，李霞任主任。1994年4月1日，根据总工发[1994]女职工委员会条例文件精神，对女工工作委员会作了调整，成立女职工委员会，赵东玲任主任，李霞、姜红、侯桂红、尹立新、张立群任委员。2000年9月21日，因机构调整女职工委员会委员由王峻玲、尹立新两人组成。2004年11月28日，工会换届，女职工委员会委员调整为赵东玲、袁锡惠、王红梅。2011年10月20日，女工委由赵东玲、张莉、刘娜组成，赵东玲任主任。2013年9月23日，女工委员会调整，由赵东玲、张莉、刘娜、孙立慧4人组成，赵东玲任主任。2016年7月22日，女工委员会调整，由刘娜、马玲业、王建喜、张莉组成，刘娜任主任。2017年5月，女工委由由刘娜、马玲业、胡安燕、张莉组成，刘娜任主任。

女工委工作

女工委在章丘市总工会、市经委工会及公司工会领导下，立足本职，敬业爱岗，结合女职工工作特点，努力开展工作，充分发挥了女职工在企业中的重要作用。1996年5月，依据山东省《女职工劳动保护规定》，下发了《济南百脉酿酒（集团）有限公司女职工劳动保护规定》，对女职工的“五期”假期等相关内容作具体规定，女职工的合法权益得到了保护。1997年3月，为做好女职工的思想政治工作，提高广大女职工参政议政能力，开展了“自尊、自信、自力、自强”为主要内容的“四自”教育。1998年5月，女职工委员会积极向党委推荐，发展两位女职工加入中国共产党。2001年2月22日，根据章工字[2000]第31号文关于转发《中华全国总工会〈关于进一步加强女职工工作的意见〉的通知》精神，工会下发了《关于推荐评选“三八红旗手”的通知》。2月28日，女工委为响应党中央、国务院“再造一个山川秀美的西部”的号召，开展为西部严重缺水的贫困母亲儿童奉献一份真诚的爱心“建大地之爱母亲水窖”捐款活动，全厂186名在岗女职工参加了捐款，共向章丘市总工会捐款1860元。3月18日，根据济酒党字[2001]3号文党委对8名2000年度在不同工作岗位上做出突出贡献的三八红旗手进行了表彰奖励，并召开了2000年度先进工作者女职工代表座谈会。3月16日，为充分发挥技协的积极作用，工会委员会开展了职工技术比武、职工练兵活动，下发了《2001年劳动竞赛、职工技能比武、技术练兵活动》实施方案，全体女职工积极参与，有9名女职工分别获得包装车间产品捆瓶、贴标、装箱比赛前三名，受到表彰、奖励。2002年“三·八”节期间参加了由章丘市经贸局组织的女子拔河比赛和结合企业生产、经营实际，组织全体女职工利用两天时间分批观看了一场电影，接受了一次教育。“五·一”节期间，参加了2002年春季运动会，包装车间女队分别获得女子拔河第一、二名；在建党八十一周年之际，有2名女职工光荣加入中国共产党，使女党员队伍不断壮大到9人。

2005年3月1日，为认真贯彻落实《山东省妇女发展纲要》，深入开展巾帼建功活动，努力提高女职工队伍整体素质，组织引导女职工进一步学知识、强技能，爱岗敬业，岗位建功，经工会委员会研究决定积极开展争创“巾帼文明示范岗”活动。同时下发了关于认真开展争创“巾帼文明示范岗”活动实施意见。“巾帼文明示范岗”创建活动是推动企业经济建设，促进企业发展为目标，以提高女职工素质、倡扬岗位建功、岗位成才为重点的精神文明创建活动，是巾帼建功活动的重要载体，是凝聚、团结、教育、带领广大女职工树立企业文明新风，为经济和社会发展建功立业的有效形式。“巾帼文明示范岗”创建活动的指导思想是以党中共十六大和“三个代表”重要思想为指导思想，树立和落实科学发展观，围绕国家经济建设和社会发展的大局，结合企业发展的要求，引导广大女职工恪尽职守、诚实劳动、遵纪守法、文明从业、奋发进取，努力提高思想道德和技能水平，争做新时期“学习型”新女性，为建设济南大城市框架下富而美的新章丘多做贡献。争创“巾帼文明示范岗”的条件共7条，达标内容分思想政治素质、科学技术素质、业务技术素质三方面，考核与管理实行动态管理，定期考核，制订严格的考核标准，每半年组织一次文化考试和技能考核。3月8日，在职工餐厅召开了全体女职工大会，欢庆“三·八”妇女节，党委书记、董事长、总经理李成新做了重要讲话：1. 首先代表党委向全体女职工致以节日的祝贺。2. 公司女职工大多数工作在生产一线，发挥着主力军的作用，要发扬“团队精神”，发挥团体作业的巨大优势。3. 要树立一种过紧日子的思想，严格控制一切非生产性开支，节约每一分钱，把有限的资金投入到生产和开发市场上。4. 树立一种积极向上的心态，寻找我们的亮点，做每个人力所能及的事情，并观看了好公安局长《任长霞》录像，提高了每位女职工爱岗敬业的意识，加快了企业发展的步伐。4月15—16日召开了2005

年春季运动会和技能比武，76名女职工参加了激烈角逐，17名女职工分获跳绳、乒乓球、技能比武（装箱、捆瓶、贴标、灯检）前三名，包装一队、三队分别获得女子拔河第一、二名。5月25日，公司5名在岗女党员参加了章丘市“百名党员妈妈”捐助活动，献出一份爱心。9月8日，102名女职工，包括包装车间83名女职工利用休息时间，参加了200人的“百脉酒业”方队排练，参加中央电视台在章丘主办的《激情广场·大家唱》大型文艺演出活动。增强了女职工的凝聚力，提升了公司的整体形象。11月27日，按照年初争创“巾帼文明示范岗”活动的具体要求，积极筹备严格考核，历经7个月，包装车间以各项指标排名第一的成绩接受了章丘市妇联等上级部门的检查，并顺利通过验收。2006年11月，为进一步贯彻落实《集体合同规定》《山东省企业集体合同条例》，充分发挥平等协商在依法维护女职工合法权益和特殊利益中的作用，章丘市总工会、章丘市劳动和社会保障局、章丘市经济贸易局联合下发《关于签订女职工特殊权益保护专项集体合同的意见》。女职工委员会积极筹备，首先对企业女职工的特殊权益保护状况作了一次全面的调查和分析，针对存在的薄弱环节和实际情况，草拟《山东百脉泉酒业有限公司女职工特殊权益保护专项集体合同》征求意见稿向广大女职工征求意见。二是以座谈会讨论会或发放征求意见表等形式，广泛征求女职工的意见和建议，围绕女职工最关心、最需要且企业能够解决的问题，不断充实和完善专项集体合同的内容。三是对参与协商的7名女职工代表进行专题培训，了解相关的法律依据、主要内容和需解决的重点。2007年1月，由企业法定代表人李成新与工会主席王者厚分别代表行政方和女职工方签订了《女职工特殊权益保护专项集体合同》，合同期限1年，自2007年1月1日始至2007年12月31日止。条款共20条，重点是落实女职工的劳动保护，特别是孕、产、哺乳期的休息、休假及其各项待遇的落实，从而进一步协调好企业与女职工的利益关系，稳定了企业的劳动关系，为构建社会主义和谐社会做出了积极贡献。

女职工委员会建立后，积极组织广大女职工认真学习马列主义、毛泽东思想、邓小平理论和“三个代表”重要思想，学习科学文化知识和业务知识，不断提高自身综合素质，团结动员广大女职工积极投身到企业的改革建设，立足岗位、建功立业；教育引导广大女职工先后开展了“岗位练兵、岗位成才”“巾帼建功”“五好文明家庭”“文明楼院”“文明职工家庭”“尊老敬老好媳妇”等活动。包装车间分别于2001年和2005年荣获章丘市“巾帼建功示范岗”称号，袁锡惠荣获章丘市妇联授予的“尊老敬老好媳妇”荣誉，2006年崔金燕荣获章丘市妇联授予的“章丘市巾帼技术能手”荣誉，赵东玲荣获济南市妇联授予的“三八红旗手”荣誉，女工委多次荣获“先进女职工委员会”称号。

2008年以来，女工委在公司党委、工会的支持领导下，以促进公司发展为中心，以提高女工素质和发挥女工作用为主线，以维护女工权益为重点，以加强女工组织建设为保障，紧紧围绕公司生产经营实际开展女工工作。按照《工会女职工委员会工作条例》《妇女权益保障法》《女职工劳动保护规定》等法律法规，继续以每年为一个合同期，签订并认真落实《女职工特殊保护专项集体合同》，有效维护了女职工特殊权益，特别是孕、产、哺乳期的休息、休假及其各项待遇的落实从优从宽，从而进一步协调好企业与女职工的利益关系。为了进一步了解女职工的身体健康状况，每年上半年组织女职工健康查体，使女职工的健康得到保障。2015年4月20日，公司邀请北京天坛医院的妇科专家李秋华教授来公司为全体女职工进行了健康讲座。2017年8月，为方便孕期、哺乳期女职工的休息与哺乳，在女职工较集中的包装车间开设了“爱心妈妈屋”，并配有饮水机、软座垫、空调，哺乳期、孕期的各种杂志、读物、报纸等设施，给孕期、哺乳期的女职工提供了安全、温馨、舒适的环境。同时，积极帮扶困难女职工、军嫂和单亲母亲，及时帮助解决生活中的困难，让她们感受到女工组织的温暖。

女工委结合公司女职工队伍的实际，引导广大女职工增强学习能力、创新能力、提高岗位技能，不断提高广大女职工的综合素质，为企业打造一支技术过硬，综合素质高的女工队伍。在公司每年举办的岗位技能大比武中，公司女员工积极参与各项比赛，特别是包装车间的各岗位技能比赛，如刷瓶、贴标、灯检、装盒、装箱等都由女职工包揽。在每年的中秋、春节备货中，以包装车间女职工为主力军，舍小家，顾大家，保质保量地完成备货任务，确保各年度目标任务的完成，充分发挥了女职工半边天的作用。

公司女工委在每年的“三·八”节都积极开展如文艺演出、趣味运动会、观看励志电影、茶话会、演讲会、座谈会等多种形式的庆祝活动，并为全体女职工发放纪念品。每次活动，公司董事长李成新都携班子成员参加，体现了对广大女职工的尊重。2017 年 3 月 7 日，为庆祝第 107 个“三·八国际劳动妇女节”，公司举办了专题座谈会和以“企业大发展，女性有态度”为主题的征文活动，号召广大女员工们以围绕公司大发展为中心，立足岗位，为企业建言献策，积极进取，以“严谨、主动、高效、创新”的态度扎实工作。同时，公司应广大女职工的要求，于 3 月 31 日，组织全体女职工去黉塘岭万亩梨花园、济南国际鲜花港和绣江河公园，进行赏花休闲一日游活动。2018 年 3 月 31 日，再次组织全体女职工去长清五峰山等地进行爬山、踏青、赏花一日游活动。使广大女职工身心得以放松，增强了凝聚力和干事创业的热情。

广大女职工不辜负公司的关爱，立足岗位，勤奋工作，2008 年至 2018 年，涌现出了众多巾帼典范。在公司每年度的先进、劳模、能手、道德十佳、工会积极分子、优秀团员等评选中，女职工占 40—50% 的比例。技术副总工汪慧慧被评为“章丘市金牌工人”“章丘市五一劳动奖章”“章丘市杰出技术能手”“章丘区首席技师”“济南市技术创新能手”“济南工匠”“山东省最美青工”“国家白酒评委”，当选中共济南市章丘区委员会第一届党代会代表、中共济南市委员会第十一次党代会代表，也是公司历史上第一位济南市级女党代表。工会主席袁锡惠被评为“章丘市第三届‘孝老爱亲’道德模范”“章丘市三八红旗手”“章丘市三八红旗手标兵”“济南市三八红旗手”“济南市女职工建功立业标兵”“济南市五一劳动奖章”“山东省轻工系统优秀政研工作者”“山东省推行协商民主强化社会责任标兵”“山东省富民兴鲁劳动奖章”，当选中共章丘市委员会第十二次党代会代表、“济南市总工会第十六次代表大会代表”，也是公司历史上第一位济南市级工代会代表。技术部习小红被评为“山东省白酒行业技术能手”。女工委主任刘娜、赵东玲等被评为“章丘市三八红旗手”。公司女工委荣获“章丘市三八红旗集体”“优秀基层妇女组织”，公司荣获“山东省维护女职工权益先进单位”等多项荣誉。

第三章 共青团组织

第一节 组织机构沿革

该厂于1951年建立团支部，刘洪武担任团支部书记。1951—1963年，因团员人数少，只设支部书记一人主持团的工作。1952—1955年，由袁恩绩任书记。1955—1958年，由张纪洪任书记。1958—1963年，由郭洪盛任书记。1963—1970年，由于职工年龄结构偏大，进厂新工人少，没有新的青工加入团的组织，团组织的各项工作搁置。1970年12月9日，经章丘县工交革委核心领导小组批准，恢复团的组织，成立章丘县酒厂团支部，李绍武任书记，张若凤、杨炳礼任委员。1979年7月9日，团支部换届选举，解家平任团支部书记，于承溪任副书记，张珍、孟庆国、田永祥任委员。1985年9月—1986年6月，王峻虎任团支部副书记，主持工作，夏海舰、王淑红任委员。1986年6月10日，团支部换届选举，王峻虎当选团支部书记，夏海舰任副书记，于广财、宋云、李霞任委员。1991年9月10日，团支部换届，王峻虎任书记，于广财、袭普义、李中林、张莉任委员。1992年9月，成立团委，王峻虎担任团委书记，上届委员继任至1999年4月5日。是日，经党委研究决定，团委换届，由王波等7人组成新一届团委。2000年9月26日，调整支部机构，下设机关、经营、粮酒、包装、酒精5个支部，分别由王波、韩万刚、訾英、康京波、牛其英任支部书记。2003年4月，经共青团章丘市委批准，团委换届，由康京波等5人组成新一届团委。同时调整机构，下设机关、经营、技术、后勤、粮酒、生产6个支部，分别由郭方宾、刘训武、孙立慧、侯凌云、马业准、张进任支部书记。2004年7月23日，经党委研究决定，赵京彬担任团委书记，支部设置未作调整。王国林任机关支部书记、王乃宝任粮酒支部书记，其他支部未作调整至2007年。

2008年7月23日至2011年8月，赵京彬任团委书记，团委下设机关、经营、技术、后勤、粮酒、生产6个支部，分别由王国林、刘训武、孙立慧、侯凌云、王乃宝、张进任团支部书记。共青团山东百脉泉酒业有限公司第六次代表大会经共青团章丘市委和公司党委同意，于2011年9月20日召开。王国林当选为该公司第六届共青团委员会书记。颜承亮、李雷新、邱国强、孟祥源、张悦当选为公司第六届共青团委员会委员。赵京彬不再担任团委书记。同时调整机构，下设机关后勤、经营、粮酒、包装、生产技术5个团支部，分别由颜承亮、张悦、孟祥源、邱国强、李雷新任团支部书记。2017年6月，由李红玉任销售团支部书记。2017年12月，有团员青年160人，其中团员78人。

历届团支部、团委书记、委员任职情况一览表

时　间	团委书记	支部书记	副书记	委　员
1951—1952		刘洪武		
1952—1955		袁恩绩		
1955—1958		张纪洪		
1958—1963		郭洪盛		
1963—1970				
1970.12.9—1979.7.9		李绍武		张若凤　杨炳礼
1979.7.9—1985.9.5		解家平	于承溪	张　珍　孟庆国　田永祥
1985.9.5—1986.6.10			王峻虎	夏海舰　王淑红
1986.6.10—1991.9.10		王峻虎	夏海舰	于广财　宋　云　李　霞
1991.9.10—1992.9		王峻虎		于广财　袭普义　李中林　张　莉
1992.9—1999.4.5	王峻虎			于广财　袭普义　李中林　张　莉
1999.4.5—2003.4	王　波			韩万刚　訾　英　李俊青
2000.9.26—2003.4	王　波	王　波　韩万钢　訾　英　康京波　牛其英		
2003.4—2004.7.23	康京波	郭方宾　刘训武　孙立慧　侯凌云　马业准　张　进		马业准　孙立慧　刘训武　王　林　王国林　刘荫铎　许伟东　于　峰　杜祥宝　韩　军　韩乃峰　张宪伟　解延平

续表

时　间	团委书记	支部书记	副书记	委　员
2004.7.23—	赵京彬	王国林 刘训武 孙立慧 侯凌云 王乃宝 张　进		孙立慧　刘训武　王　林 刘荫铎　许伟东　于　峰 杜祥宝　韩　军　韩乃峰 解延平
2008.01.01 — 2011.9.20	赵京彬	王国林 孟祥源 侯凌云 孙立慧 张　进		王国林　颜承亮　张　进 孟祥源　侯凌云　王　林 孙立慧　邱国强　李雷新
2011.9.20 — 2017.6.9	王国林	颜承亮 李雷新 邱国强 孟祥源 张　悦		颜承亮　李雷新　张　杰 邱国强　孟　红　张　悦 孟祥源　高丛丛
2017.6.10—	王国林	颜承亮 李雷新 邱国强 孟祥源 李红玉		颜承亮　李雷新　欧　业 邱国强　孟祥源　窦鹏运 李红玉　高丛丛

第二节　共青团工作

建厂初期，共青团工作围绕党的中心工作开展，提倡努力工作，为社会主义作贡献的精神风尚。共青团员在生产中起带头作用，吃苦在前，主动帮助困难职工 3 人，关心衣食住行。1951 年，抗美援朝中，团员带头发动职工捐款捐物，每人捐 1 万元（旧币）、10 个鸡蛋，积极参加宣传活动。在组织工作中半个月召开一次会议，开展批评与自我批评，互相帮助。1955 年，提倡互相学习，你追我赶工作作风，团员自发出黑板报宣传先进，组织开展"增产节约"活动。为多出酒，在工艺技术上献计献策。1959—1961 年，三年自然灾害中积极发挥共青团作用，在生产原料不足情况下，带领全厂青年职工发扬艰苦奋斗的精神，开展生产自救工作，找来茅草根、甜秫秸、地瓜母为原料维持生产。积极参与多种经营，生产酱油、食醋、汽水、纸浆等扭转了困难局面。文化大革命时期团的工作相对搁置。改革开放后，共青团工作恢复正常。

1983 年，企业整顿，制订了各种经济承包责任制，在实行过程中，有部分职工主人翁意识削弱，出现了事事向钱看、工作讨价还价的现象。团支部组织团员积极主动做思想工作，进行政治思想教育，使这部分职工认识到企业工人在改革中应承担的责任。其中有 3 人成为生产技术能手、遵法守纪的先进人物。是年，在重点抓设备革新改造的大修期间，机修车间的团员带领部分青工成立7人攻关小组，在酒精设备更新改造中，克服困难，精打细算，应用科学知识，在糖化罐、拌料罐、二级冷却、发酵冷却管、酒精塔的制造安装中积极开动脑筋，发扬了共青团员青年先锋队的作用，为按期完成任务做出了重要贡献。1984年，在深入开展“五讲、四美、三热爱”道德教育活动中，团组织积极组织团员青工学习张海迪先进事迹，开展读书活动。教育后进青工转化工作态度，树立正确的人生观，积极学技术、钻研业务，掀起文化学习热潮，涌现出一大批先进人物，10名青年加入了共青团组织，壮大了团组织力量。有30%的团员青年参加业余电大、电视中专、双补的学习，提高了文化素质。在团支部的带领下积极参与精神文明建设活动，建花池11个，路沟平整500平方米，建垃圾池5个。开展文明岗位创建活动，争创文明单位和文明个人，全厂56个岗位评选出15个文明岗位和先进个人。1992年，在深化企业内部改革中，团员带头参与“岗位靠竞争，收入靠贡献”竞岗、竞聘活动，在团组织的积极协助下开展了一系列活动。是年，该厂被评为济南市级文明单位。1993年，按照市委、市政府章发［1993］24号文 关于在全市开展“争创最佳效益企业”活动中，团组织在全厂团员青年中开展了“厂兴我荣”竞赛活动，号召青工“比、学、赶、超”激发了团员青年积极参与热情和增产增效干劲，开展合理化建议和小发明、小创造活动，节约成果明显，为争创“最佳效益企业”做出了积极贡献。1995年，在落实“双百考核”中，团员带头开展学习孔繁森、王延江、韩素云先进模范人物，严格规范自己的言行，带领青工积极参加“企业管理”“技术培训”“班组长职能”“质量管理”“成本核算”等不同层次的学习班和“一帮一，一对红”争先创优活动。1998年，团组织号召向张守贵学习，开展“学、比、做”活动，促进广大青工爱岗敬业意识和精神文明健康发展。1999年，在团总支组织下开展了丰富多彩的文体娱乐活动，“寓教于乐”，激发青工爱厂如家热情。组织团员青年在生产经营中争做先锋突击队，并自发为失学儿童捐款，受到表彰。2000年，围绕中心工作搞厂务公开，推进民主管理，增强企业凝聚力。2004年，团总支组织各团支部发扬青年突击队作用，配合各组织维护公司稳定和谐的内部环境，为建设和谐企业做了积极工作。2005—2006年，配合工会组织参与企业文化和体育竞赛活动，活跃了企业文化生活。

2008年公司提出销售收入1.35亿元的宏伟目标。为使这一目标早日实现，公司团员青年充分发挥积极性，不断的宣传和号召广大团员青年，从自身做起，扎实工作。利用身边的先进事迹、模范人物来感化周围的人，潜移默化的营造了浓厚的学习氛围，工作认真负责，干事雷厉风行，持消极观望的人少了。通过榜样的作用，极大调动了职工的劳动积极性。树立节约意识，从一点一滴做起，从节约每一滴水、一度电、一张纸做起。从自我做起，为过亿元目标献言献策，努力工作支持公司发展。利用“学习园地”“黑板报”这些老阵地，宣传公司提出的“销售收入过亿元”的目标任务，报道管理效益年工作中的先进事迹。

4月11日，公司团委与工会共同组织了春季运动会及技能比武。增加了一些新的比赛项目，如：汽车倒桩，灯检比赛等。通过这些活动增强职工的身体素质，提高工作热情，不断丰富职工的业余生活。通过技能比武发扬“赶”“学”“帮”的精神，增强了团队精神，在比赛中发现了一批优秀人才。团员青年在活动中发挥积极作用。积极配合市团委的工作，参加了纪念“五四”活动。参加“慈心一日捐”活动，实施“奉献爱心，扶贫济困”和送温暖工程，全体团员与工会继续巩固“图书室”建设，免费向全厂职工借阅图书，丰富了职工的文化生活。

5月，公司团委组织了2007年度的先进个人参加了三王峪团队拓展训练营训练，通过训练极大提升了团队凝聚力和协作精神。

6月，积极创建“青年文明号”，倡导以职业文明为核心，以操作服务规范为标准，以科学管理为手段，以先进典型为导向的职工创业竞赛。组织和领导广大青年立足本职岗位勤奋工作、文明服务、树立适应社会经济体制要求的敬业意识。坚持内容与形式的统一，继承与创新相结合的工作方针，一方面将有关活动与之相结合，另一方面深入认识活动的丰富内涵，紧密结合实际，开展富有成效，别具特色的活动。公司的技术部、粮酒车间、市北销售部先后获得了章丘市级“青年文明号”称号。

9月23日，中国共产主义青年团章丘市第十四次代表大会在市文化中心举行。公司赵京彬、李雷新、王海明参加会议，全市300名代表参加大会，市委书记毕筱奇作了重要讲话。听取审查了共青团章丘市委第十三届委员会工作报告，选举产生了由35名委员和15名候补委员组成的新一届团市委领导班子。

2009 年 4 月，公司团委组织车间副班长以上的技术骨干参加了技术部的白酒感官品评培训，为公司的三级质量管理打下了良好的基础。

4 月 28 日，公司团委书记，粮酒车间主任赵京彬荣获由章丘市委宣传部、市委组织部、团市委、市人事局、市新闻中心、市广播电视局、市青联等单位授予的第八届“章丘市十大优秀青年”荣誉称号。

6 月，团委结合安全生产月活动，编写标语、挂横幅，广大团员青年积极带头努力践行，发现问题及时汇报到主管部门，提高广大青年职工的安全生产意识。督促车间每周至少召开一次安全例会，把安全工作责任到人，使广大职工树立安全第一的责任意识。

2010 年，公司团委组织了 2009 年度 40 名先进个人参加了三王峪团队拓展训练营训练，通过训练提升了团队精神和协作精神。6 月，公司团委组织了班长以上干部，参加由济南瀚文管理咨询公司支持的“管理干部素质和团队执行力”培训，提升了管理干部的管理素质和团队执行力。

是年，公司团委把争创青年文明号活动作为工作的重中之重，始终如一的要求团员青年高标准、严要求，积极开展各项活动。制订了创建管理制度、创建规划目标、方案，制订健全了学习和培训记录，积极迎接上级团委检查和验收工作。2011 年 9 月 6 日，公司团委被章丘团市委确定为“第二批基础团务规范化建设示范点”，9 月 30 日上午，共青团山东百脉泉酒业有限公司委员会换届工作会在公司酒道馆隆重举行，共青团章丘市委副书记孟亮、经信局党委副书记师顺平、经信局团工委书记高筱惠、公司党委书记李成新、党委副书记王峻虎及班子成员、公司新一届团委书记王国林及公司团员青年 100 多人参加了会议。

是年，推优入党积极分子工作扎实有效，先后推选万传涛、颜承亮两名先进青年为党员培养纳新对象。

10 月 15 日，公司团员组织了 50 余名团员青年在三王峪拓展训练基地进行了拓展训练，使青年团员在团队工作中更团结、更坚强、更具有竞争力。

2012 年 4 月，公司开展了“读书月活动”。团员青年 120 多人参加。每个人都写了心得体会。通过参加读书月活动，培养了团员青年良好的阅读习惯，激发了团员青年读书兴趣，感受先进思想文化的熏陶，提升了思想道德和人文素养。通过读书月活动，公司的文化氛围更加浓厚，团员青年积极向上，日常行为习惯更加规范、文明；通过开展读书月活动，提高了团员青年的思想觉悟和文化底蕴，促进了企业文化建设，生产纪律好转，厂风厂貌得到进一步优化。

是年，公司团委按照有关制度规定，定期召开团委委员和团支部书记会议，学习、传达党委和上级团委的有关文件、会议精神，制订学习培训计划，同时认真抓好落实。组织广大团员青年，积极开展创建“学习型团组织,争做学习型干部”活动。利用“职工书屋”开展“读书月”等活动，不断加强学习、增强专业水平。团员青年踊跃投稿公司《百脉泉酒业报》12篇，积极报道发生在身边的好人好事、各部门的工作开展情况。开展这些活动，既丰富了广大团员青年的业余生活、提高了写作能力，又增强了团员青年的理论水平和政治业务素质。

2012年9月6日，济南市第十六次团代会在济南市舜耕山庄召开公司团委书记王国林作为代表参加会议。

2013年1月，公司团委荣获由共青团中央、全国青联颁发的“中国青年五四奖章集体”荣誉称号。

3月，公司包装车间团支部荣获共青团章丘市委颁发的“章丘市青年文明号”。

是年，团委在党委的大力支持下，经广大团干部、团员青年的共同努力，共青团工作的外部环境得到进一步优化，各项团的工作实现新突破，公司团委继续被共青团章丘市委授予“五四红旗团委”；汪慧慧被共青团山东省委授予山东省“最美轻工”荣誉称号；马业准被济南团市委和济南市文明办授予泉城“青春榜样”荣誉称号。

坚持以“服务青年”为宗旨，结合青年特点、根据青年兴趣、爱好，适应青年需求，组织开展了春季运动会，读书月等活动。配合党委、工会举办了大型的文艺晚会，获得了各级领导及职工的好评。各团支部也相应开展了一系列的活动：如娱乐晚会、户外运动会、野外爬山比赛等，这些活动为展示广大团员青年青春风采搭起了特色舞台，丰富了团员青年的文化生活，提高了他们的文明修养和综合素质。

2014年4月，公司团委组织团员青年40多人在酒道馆观看学习了教育视频“极限人生—记一级残疾军人朱彦夫”，会后每位团员青年都写了心得体会。

是年，公司团委不断深化“争先创优”活动。大力开展“创建学习型团组织，争做知识型团员”活动，坚持把“争创”活动与创建青年文明号活动相结合，拓展了“争先创优”活动范围。各团支部紧密结合单位中心工作，积极开展安全培训、岗位练兵、技术比武，不断增强青年工人的危机感、紧迫感和学习业务技术的自觉性。大力开展“青年文明号”“技术能手”创建活动。在青年文明号集体活动中开展了征文、团旗接力、优质服务。包装车间团员青年提出了创建市级青年文明号的目标。九月初，派出张宪伟、袁乃凯两名青年参加了济南市青年技能比武大赛，在全市青年中展示了该公司青年的良好风采和精湛的业务技术水平。

深入推进青年突击队和青年安全监督岗活动，发挥青年整体优势，创建青年文明工程。公司青年突击队以体力攻坚和智力攻关为活动形式，活跃在各项“急、难、险、新、重”任务中，发挥了团组织生力军和突击队作用。团支部青年安全监督岗，继续围绕单位安全生产，开展以“查隐患、提建议、保安全”为主线的青年安全生产示范岗活动。

团委坚持以活跃青年群众为目标，贴近青年，为青年搭建展示风采的舞台。“以服务促建设，以服务求活跃”的方针，切实开展了丰富多彩的活动，如：安全知识竞赛、读书月活动、摄影大赛、随手拍、春节联欢会等，丰富了团员青年的文化生活，提高了他们的文明修养和综合素质。

2015 年 3 月。包装车间团支部被共青团济南市委授予“济南市青年文明号”荣誉称号。公司团委继续被共青团章丘市委授予“五四红旗团委”荣誉称号。

5 月 4 日，公司团委为迎接第 66 个“五四青年节”，锻炼青年们的演讲能力，增强团员青年的凝聚力和创新力，团委决定举行“展我风采、传递青春正能量”主题演讲比赛，公司李党委书记李成新及班子成员参加，团员青年 50 多人，有 9 人进行演讲，现场评出了一二三等奖各一名，通过演讲传递了年轻人正能量。锻炼了大家的演讲能力与语言表达能力。提高了大家对青春以及正能量的认识，更好的为社会，为公司做出贡献。

2016 年，公司提出“调整建设年”，面对行业深度调整期的发展困局,年初公司提出了“去库存、降成本、补短板，集中优势力量创造性的开展工作”等一系列工作思路。团委积极响应公司号召,迈开了“调整”、“建设”步伐。团委提出合理化建议 20 多条，收到较好的经济效益。团委组织团员青年精心组织各项活动，拓宽活动领域，充分发挥团组织生力军和突击队作用。

为积极应对严峻的经济形势，提升企业经济效益，结合实际情况，团委倡导广大团员青年节约成本，开展“增收节支”活动。

一、开展节能降耗，杜绝长流水、办公室用电尽量采用自然光的管理方案。

二、办公用品的发放采用以旧换新制度，例如领用碳素笔的时候要把用完的碳素笔芯上交。电脑键盘鼠标能修理的尽量修理，不能修理再换新的。领用纸张的时候，要确保可以重复反面打印的纸张已经充分利用。

三、充分发挥无纸化办公的优势，能在网上传递的信息尽量在网上传递，确需打印的正式文件、上报材料，纸张应双面使用，与北厂采用QQ群、内网联系，电子传真系统，实现无纸化办公。

2017年5月4日，公司团委为更好的弘扬企业文化，提升全体团员青年的人文素养，营造朝气蓬勃、积极向上的企业文化氛围，为建厂七十周年献礼，公司团委举办了由60余团员青年参加的庆“五四”诗歌朗诵会，朗诵内容以公司出版的《雅韵醇香》、《对酒当歌》两本诗歌集中的诗词或散文为主。10名团员青年参加朗诵比赛。设一二三等奖各一名。党委书记李成新及班子成员参加并为获奖选手颁奖。

5月，公司包装车间团支部被评为“济南市五四红旗支部（总支）”荣誉称号。

12月20日，公司组织50多名团员青年，在“酒道馆”学习党的十九大精神。开展“不忘初心跟党走、青春建功新时代”为主题的团日活动。积极引导广大青年员工，找准自身发展的正确路径，在实现中国梦的生动实践中放飞青春梦想。

第三节　社会活动

1985年，团支部组织共青团20人到章丘县黄河林场参加义务植树活动，共植树120棵。是年，组织团员20名到胡山林场采集树种。1986年3月，团支部组织团员15人到黄河林场植树200棵。是年，到闫家峪采集树种支援西北绿化。1987—1991年，团支部组织团员到黄河林场植树，每年植树150棵。1999—2003年，每年3月份都组织团员参加共青团章丘市委组织的群体义务植树活动，在明水城区南侧绿化荒山、植树造林。2003年，团委组织献爱心活动，与党委一起资助章丘市垛庄镇2名品学兼优的贫困学生，并完成学业。每年为学生提供助学金200元和部分学习用品。2004年3月20日，参加了共青团章丘市委组织的义务植树活动，在千禧龙大酒店两侧义务植树50棵，有10人参加。2005年3月15日，参加共青团章丘市委组织的青年志愿者服务活动，在百脉泉公园组织10名团员为群众义务修车1天，并结合本单位的白酒生产情况，讲解知识，增强消费者对白酒生产工艺真实酿造技术的了解，提高了企业酒类产品的知名度和辨假仿伪知识。是年6月，参加共青团章丘市委组织的义务献血活动，有7名团员参加，义务献血2800cc，体现了企业团员无私奉献的精神。2006年3月15日，组织10名团员参加共青团市委组织的青年志愿者服务活动，为广大消费者讲解产品的特点，如何识别假冒产品，维护消费者合法权益。是年6月，参加共青团章丘市委组织的“关心下一代成长，回报社会托起明天的太阳”图片展览，制作展板1块，派4名团员到百脉泉广场参展，积极参与了社会关爱活动。2006年3月4日，与工会共同组织春季运动会，并参加生产技能大比武项目，增强了职工爱岗敬业的思想意识。2007年3月5日，组织10名团员青年组成“山东百脉泉酒业有限公司青年志愿者服务队学雷锋活动小组”，在百脉泉广场进行了青年志愿者服务活动。3月12日，组织团员青年到济南植物园参加义务植树活动，植树100棵。3月26日，与工会共同组织了“春季运动会和青工技能比武”，提高了青工的学习热情。

共青团组织工作在各个历史阶段发挥了积极带头作用，围绕党的工作中心，带领青年职工在生产、工作、文化建设中积极发挥青年先锋队和党的助手作用。广泛吸纳新生力量，至2007年共青团员人数占全厂的30%，为企业发展起到一定作用。

2008年3月5日，在“雷锋纪念日”到来之际，公司团委组织青年志愿服务队，参加了在百脉泉广场举行的志愿服务活动。根据公司的特点，给市民讲解辨别假酒的方法，以及介绍适量饮酒的好处，让市民减少经济上的损失。活动得到广大市民的赞扬和认可，他们表示一定要同假冒伪劣行为做斗争，决不姑息。活动期间，孙君涛、董宝峰、王艳霞等市领导到公司服务区进行视察，公司青年志愿服务队的服务态度受到社会各界的一直好评。

3月12日，公司团委率领广大团员青年到济南植物园参加了义务植树活动，积极主动的劳动场面，得到了共青团章丘市委领导的认可。5月，汶川发生特大地震，公司工会、团委发出倡议向四川灾区捐款共计35万多元。

5月10日，公司组织优秀团员青年、各项技能比武前三名共50余人到三王峪新概念拓展训练中心参加为期一天的拓展培训，训练后每一位学员都写出来了自己的心得体会。

2009年3月12日，公司团委率领10名团员青年到文祖镇参加了义务植树活动，得到了共青团章丘市委领导的认可。

3月15日，公司团委组织6名团员青年到百脉泉广场参加青年志愿者服务活动。根据公司的产品，为市民讲解如何辨别假酒的方法，以及介绍适量饮酒的好处，让市民增加健康意识。

5月，公司团委积极配合共青团章丘市委的工作，组织10名团员青年参加纪念“五四”青年大合唱。

6月，全体团员参加了“慈心一日捐”活动，实施“奉献爱心，扶贫济困”工程。积极参与建立“图书室”工作，免费向全厂职工借阅图书，为丰富职工的文化生活提供便利。

2010年3月12日，公司团委率领广大团员青年到济南植物园参加了义务植树活动，即锻炼了身体又为创造绿色环境贡献了自己的力量。活动得到了共青团章丘市委领导的好评。

3月15日，到百脉泉广场参加青年志愿者服务活动。依据公司的产品，为市民讲明辨别真、假酒的方式方法，教育市民应适量饮酒注重健康，此活动得到广大市民的赞扬，市民表示一定要同假冒伪劣行为做斗争，制止假冒伪劣行为。

2012年3月5日，公司团委组织部分团员青年代表参加了由团市委、市文明办组织开展的“弘扬雷锋精神，建设美好家园”主题实践活动，暨青年志愿者“深化创卫成果，争当青年先锋行动”在百脉泉广场举行。在公司打假办的配合下，向过往群众发放宣传册，介绍企业文化，推介公司产品，讲解辨别真假酒的相关知识。

5月4日，公司组织50余名团员青年参加章丘市纪念“五四”运动93周年暨庆祝建团90周年活动。

2013年7—10月，公司团委参加由团省委开展的“岗位技能促振兴 青春建功中国梦”寻找“最美青工”活动。经过推荐、展示、投票，汪慧慧被共青团山东省委授予山东省“最美轻工”荣誉称号。

8月，公司团委积极参加第二十一届“泉城十大杰出青年”评选活动，马业准被济南团市委、济南市文明办授予泉城“青春榜样”荣誉称号。

2014年6月，公司团委积极参加共青团章丘市委组织的开展纪念青年文明号二十周年“团旗接力”活动。“精诚唱响文明号、青春建功中国梦”接力活动，以“传承青年文明号精神、争当诚信青年先锋”为主要内容，旨在传承“实事求是，朝气蓬勃”的共青团优良传统，展现全市青年文明号集体“敬业、协作、创优、奉献”的职业精神，传播“诚信为本，有诺必践，恪尽职守，率先垂范”的诚信公约，引导广大青年职工坚定理想信念，践行职业文明，创造一流业绩。

滴水恩情，爱心奉献。“真情涌动 百脉泉酒”，公司多年以来，不忘初心、积极回馈社会。公司主办的“金榜题名，涌泉相报”公益活动于7月20日、22日分别在济南泉城广场、百脉泉酒业酒道馆进行。活动主要是针对济南地区2011-2017年高考成绩在600分以上的优秀考生赠送百脉泉生态原浆美酒。

2018年2月9日，该公司同章丘区团委来到高官寨街道办事处开展“青春扶贫、益暖章丘”活动。为街道建档立卡的5名贫困学生送去了慰问金及油、面等生活用品。在困难学生家中，李成新详细询问了他们的生活和学习情况，鼓励他们好好读书，乐观面对生活。受助学生和家长表示一定勇敢面对生活，努力学习成才，不辜负社会的关爱和支持。

4月22日，为驻章企业青年人才的婚恋交友牵线搭桥，为有志来章干事创业的青年人才解决后顾之忧。由共青团章丘区委、章丘区经济和信息化局团工委共同举办，该公司承办的“团旗下的邂逅—相约暖春，缘定百脉”青年联谊活动在该公司活动中心举办。来自公司内部、章丘鼓风机、圣泉、海尔、博科生物、华民钢球、济钢、普天通讯、安莉芳等企业的80名青年参与活动。

第四章 民兵工作

第一节 民兵组织

1971年7月，该厂建立民兵连，李绍武任连长。

1976年，高绍栋任民兵连连长。

1982年，贯彻中共十二大精神，民兵连整组，解家平任民兵连连长，高绍栋任指导员，宋连营任副连长，黄庆杰任副指导员，下设1个基干民兵排，排长彭民玉，副排长刘德平，2个班20人；1个普通民兵排，排长聂志刚，副排长韩大伟，3个班30人，持枪民兵15人，步枪5支。

做好民兵入转队工作，按照基干民兵和普通民兵的条件，在做好动员、思想教育的基础上，吸收符合条件的人员入队。

1983年，调整民兵连组织机构，杲承柱任民兵连指导员。

1986年，韩延淮任民兵连长，于仁祥任副连长，解家平任副指导员，宋连营任基干民兵排长，彭民玉任副排长，刘德平任普通民兵排长，黄庆杰任副排长。

1987年，韩宪安任民兵连长，王传本任指导员，韩延淮任副连长，解俊杰任副指导员，宋连营任基干民兵排长，刘德平任普通民兵排长，有基干民兵17人，普通民兵20人。

1988年，韩宪安任民兵连长兼指导员，王传本任副指导员，韩延淮任副连长。

1989年，建民兵营，下设1个连2个排，韩宪安任营长兼教导员，王传本任副教导员，韩延淮任连长，彭民玉、黄庆杰分别任排长。

1995年，调整民兵组织机构，由营建制改为连。韩宪安任连长兼指导员，王传本、王峻虎任副指导员，韩延淮任副连长，韩春潮任基干民兵排长，韩辉任普通民兵排长。

2000年，赵炜任民兵连长，刘德平任副连长。韩宪安任指导员，王波任副指导员。

2003年，赵炜任民兵连长兼指导员，康京波任副指导员。

2004年3月至今，李成新任民兵营长兼教导员，王者厚任副营长兼副教导员；赵京彬任一连连长，张传海任指导员；崔殿春任二连连长，王峻虎任指导员。

第二节 民兵工作

1948—1958年，根据上级主管部门的要求，开始组织民兵训练，主要有队列、射击、投弹、站岗、放哨、防空、防毒等民兵训练项目。

1960年，民兵配备武器进行武器拆装训练，实弹射击。

“文化大革命”期间民兵工作停顿，武器上缴。

1969年，民兵组织防空训练演习，开展“四好连队”（既政治思想好、三八作风好、完成任务好、生活管理好）“五好职工”（政治思想好、三八作风好、生产劳动好、军事训练好、战备执勤好）评比活动，评出“四好”班组10个，“五好”职工34名，带动全厂生产的发展，全年完成产值94.32万元，比上年提高1.59%，完成产量1179吨，比上年提高1.58%，成本较上年下降2%，利润完成16万元，比上年增长1.94%，生产灯泡40787个，支援了工农业生产。

1980年春，民兵连派时念波、杲宪杰、石广贤参加县武装部在东风煤矿组织的基干民兵训练，科目有实弹射击、投弹、炸药包等项目，时间半个月。

1981年，开展了民兵“三落实”、先进单位、争先创优活动。“三落实”即组织落实、政治落实、军事落实。

1982年，民兵工作在武装部门的指导下，在各项工作中起到模范带头作用，该厂青年民兵参加义务劳动10次，建立花池、垃圾池各1个，“五四”青年节文艺晚会民兵登台表演，在法治教育中，对不良行为进行严肃处理，对好人好事积极宣传。是年，10月28日，民兵王广山在绣水小学路口见到浅井矿工人张秀山被拖拉机撞伤后，亲自背着病人到医院，用自己的钱为伤者看病先进事迹，厂里给予大力表彰，青年民兵振动很大，在全厂形成争做“五好民兵”、“五好职工”的良好风气，年终有9名民兵评上先进个人，两名民兵受物质奖。

1983年，民兵连在上级武装部门的具体指导下，根据实际开展了严历打击刑事犯罪分子的运动，民兵积极带头，厂内秩序明显好转。抓好民兵工作“三落实”，首先是组织落实，党支部把民兵工作列入议事日程，对武器弹药等装备经常过问，采取措施保证武器的安全，本年度评出先进民兵班1个（基干民兵2班），先进个人2名。

1985年，民兵工作在厂党支部的领导下，对民兵组织制度建设、训练任务的完成和民兵思想状况及武器保管都能经常分析检查指导。党管武装是民兵队伍建设的根本宗旨，使民兵在工作生产当中起到了积极带头作用，基干民兵排被章丘明水镇人民武装部评为基干民兵先进单位。

1988年，民兵连在重大节假日、护厂和文明生产建设及打击犯罪、保护国家财产不受损失以及维护厂内治安防火等方面做出了应有的贡献，总评中评出好干部1名，好民兵2名。

1989年，圆满完成一年一度的民兵整组工作，组织实施好重大节假日协助保卫部门完成值班、护厂治安保卫工作，及时发现问题采取有效措施完成任务。在民兵创建活动中，年终评出民兵好干部1人，好民兵2人。

1990年，民兵连圆满完成各项任务，受到各级领导的好评。7月11日，由于雷雨天气，雷击造成酒精楼二楼失火，发生火灾后，民兵营长韩宪安第一个冲上去，随后杲宪杰等纷纷冲向火场，参加火灾扑救现场的有30多名民兵。全厂干部民兵不怕牺牲，配合消防队完成灭火任务，保住国家财产，起到先锋带头作用。当年派王树全、延强参加由武装部组织的民兵训练。

1991年，民兵连根据武装部的安排，派吕静、张兴勇参加为期2个月的民兵训练，主要是射击、战术训练。

1995年，民兵连韩春潮参加武装部组织的民兵训练，为期1个月，主要科目：步兵训练、射击、投弹、防爆。

1996年，市武装部组织基干民兵集训，民兵连派孙民参加为期15天的训练。

1998年11月，赵特应征入伍。

2001年11月，按照市武装部征兵办公室关于2001年适龄青年征兵工作意见通知精神，民兵适龄男青年彭飞、刘伟等4人积极报名参加体检，刘伟当年应征入伍。

民兵队伍是企业中一支年青化的有战斗力的队伍。几年来该公司接收了几十名从部队复员转业的军人，他们都按预备役登记制度要求在章丘市地方武装部作了预备役登记。民兵组织积极发挥他们的作用，随着国家、政府民兵工作政策的调整，百脉泉酒业民兵组织完成了历史赋予的各时期任务，为国家、政府国防建设、地方治安做出了贡献。

第五章 包村工作

包村工作

1996年至2017年，先后下派干部到水寨水南村，垛庄北明村，辛寨胡家村，辛寨仪张村，龙山东石村，明水王中村开展包村工作。

1996至1998年，党委书记王传本同包村组成员杨炳礼、王峻虎，到水寨镇水南村包村，为解决村民就业问题，与该村签订就业安置协议，本村村民子女无业的可优先安置工作。

2008年2月至2010年由公司党委副书记王者厚带包村组成员崔士茂，到垛庄镇北明包村，时间3年，先后解决本村街道路况建设项目，投资20多万元用于1100米环村道路建设及16盏路灯的安装。

2009年，公司荣获《全市第十二批下派干部包村工作先进单位》荣誉称号。

2010年，经市委组织部安排，百脉泉酒业有限公司下派干部包辛寨乡胡家村，由公司党委副书记王峻虎为组长，王国林、颜承亮为成员，多次与村两委开会，了解村集体经济和村民生产生活状况，商讨村集体经济发展路径和措施。2011年5月9日，胡家村两委、村民代表大会议事决算解决本村建设项目，请公司给予经济支持。建设项目一是东庄湾至程家湾加涵洞。二是村西南角铺设总长192米生产路。及自来水改造，安装村民健身器材，卫生区垃圾清理等问题 ，对丁家湾地面进行硬化处理。设计投资总资产181520元。根据胡家村建设项目请助函，公司党委及时研究拨款10万元专项资金给予胡家村帮扶。到2011年10月份在胡家村和公司包村组共同努力下项目建设全部完成，满足了村民健康、娱乐需求，得到了广大村民的认可。每年“六一儿童节”，该公司为村幼儿园购买文具及活动用品。至2012年底，先后为胡家村改善学校操场道路等办学条件，为村民解决吃水难、行路难、排水难问题，购置深水泵，安装监控等。百脉泉酒业先后为其帮扶资产13万元，帮扶贫困户10万元。公司帮扶胡家村3年来共出资23万元，解决了胡家村部分特困农户脱贫问题，使胡家村两委在村民、党员中的凝聚力得到了提高，对党组织的信任得到了加强，村民的生活、生产环境得到了改善，村民收入得到了提高。

山东百脉泉酒业有限公司所包村（辛寨镇仪张村）帮扶贫困户名单

姓名	性别	帮扶原因
村委党员	男	党员、退伍军人、患病多年、生活贫困
村民一	女	丈夫早逝、独自抚养两个孩子
村委党员	男	党员、女儿出嫁、夫妻二人生活贫困
村民二	男	其父是老党员已病故、现其一人生活
村民三	男	本村多年贫困户
复员军人	男	退伍军人、患病多年、独自一人生活

2014年，随着章丘市下派干部包村工作的深入，对新的包村工作要求进一步提高。2014年初，中共章丘市委组织部下发了章组通［2014］2号文 关于开展下派干部包村工作提升年活动，以“六帮、六促”为内容，提升下派包村工作，包村组结合新形势立足该村实际，

积极配合包村“第一书记”按照新一轮包村安排，重点对接辛寨乡仪张村，经过与村两委多次座谈和走访调研，开展了“四清一改”环境综合整治行动，突出村容保洁，饮用水安全，污水治理，村庄路化，村委会办公场地建设等工作。公司资助12万元，建新的村委会办公室、大院，提升了村委形象。提供资金8万元对村中主干道进行重新铺设、修复。为了提高村民身体素质，开展有益活动，投资4万元帮助修建村民文化娱乐场所，提供健身器材七套，改造自来水管道等，圆满完成了政府交给的包村任务，解决了仪张村道路、供水、村委会改造等资金短缺问题，使仪张村新农村建设上了一个新台阶。

2016年3月，中共章丘市委以电视电话会议的形式召开了全市“联带扶贫”行动暨第一书记工作推进会议，配合全市解贫工作要求，选派一批第一书记，进行包村脱贫解围，按照会议安排，山东百脉泉酒业有限公司配合“七星台管委会”所派出的第一书记负责龙山街道办事处东石村的工作。

东石村现有163户630人，党员15名，村两委3人（支部委员会3人，村委会2人）支部书记兼村主任，耕地面积796亩，其中有70亩自留地，属经济薄弱村，无集体收入。为改变该村贫困落后面貌，百脉泉酒业包村组协同包村第一书记共同研究措施，制订包扶方案：筹措资金17万多元修建农资超市一处。筹措资金18万元对村内1900平方米的道路进行硬化。筹措资金3万余元更换村内100盏路灯。对村内5000平方米墙石，进行粉刷彩绘。争取有关部门支持修建福利院一处，2016年上半年公司已拿出3万元办起集体超市，村集体建包装厂也在筹建中。

山东百脉泉酒业公司现已建厂七十年，厂址坐落在明水镇王中村，企业前身是原王中村的个人小酒业户，1948年被收归国有。七十年来，百脉泉酒业与王中村相互支持，睦邻互通，一直保持着良好的邻里至亲关系，在历经的各个时期，公司能够尽其所能，支持王中村的集体经济发展和村民的困难需求。王中村民的生活用水和农田用水一直使用该公司的深井泵，用电免费，用水免费，仅此一项累计达几百万元。为了改善村民的生活环境，每年免费为村民做好夏天的杀灭蚊虫工作，为村民铺设排污管道，解决王中村雨水排泄的实际困难。利用公司扩建工程外包王中村施工项目，扩大其村集体收入。2017年该公司给予王中村5万元，用于该村楼区自来水改造，使楼区居民自来水用上章丘区自来水公司水源。该公司每月会给王中村每户居民一张纯净水票，每周两次为居民提供纯净水灌装服务。同时，该公司对王中村困难户连年给予一定帮扶。

自响应章丘市组织部开展关于下派干部包村帮托工作以来，百脉泉酒业有限公司先后对章丘市水寨水南村、垛庄北明村、辛寨胡家村、辛寨仪张村、龙山东石村、及公司驻地明水王中村进行了长达十几年的扶贫济困和新农村建设，全部村民实现脱贫，先后支付各种政策性支援和临时性政府安排或公司年度内帮托价值总计 100 多万元，体现了国有企业的风范，做到了国有企业广泛的社会责任义务，得到了章丘市委、市政府的表彰和广大市民认可和赞颂。百脉泉酒业有限公司扶贫包村不仅积极参与，还坚持每年对所包各村在逢年、过节都对村里的“五保户、贫困学生、贫困村民、老党员、老干部进行走访慰问，给他们带去慰问金、生活用品，对村里的学校、幼儿园提供学习用品玩具等，增进了村民与企业的感情。

第六章　精神文明建设

第一节　精神文明建设委员会

1982 年，成立文明礼貌月活动领导小组。杲程柱任组长，王洪、高绍栋副组长。1987 年 11 月，成立精神文明建设委员会，王传本、高蔚生、王传本任主任，高蔚生任副主任，刘德平、解俊杰、王者厚、李继煜、高绍团任成员。1992 年 8 月，党总支部改建党委，精神文明委员会成员进行调整，成员由 7 人扩大到 9 人，王传本任主任，高蔚生任副主任。杨炳礼、赵东玲、刘德平、解俊杰、王者厚、李继煜、高绍团任成员。1994 年 11 月 10 日，实施第一次股份制改革，改制为济南百脉酿酒（集团）有限公司。党委根据形势需要，对精神文明建设委员会组成人员进行了调整，成员：王传本、赵建平、杨炳礼、赵东玲、刘德平、解俊杰、王者厚、李继煜、高绍团，王传本任主任，赵建平任副主任。2001年，根据党委思想政治工作的要求，对精神文明建设委员会进行调整、充实，其成员由9人增加到11人。成员：王传本、赵建平、巩玉华、潘正江、杨炳礼、赵东玲、马建新、张传海、于广财、刘永彬、王波，王传本任主任，赵建平任副主任。2004年11月，党委换届，精神文明建设委员会成员进行了调整，由党委主要负责同志任主任，成员由11名增加到14名：李成新、王者厚、张传海、潘正江、马业准、王峻虎、张刚、袁锡惠、康新春、刘永彬、赵京彬、万东、崔殿春、赵东玲，李成新任主任，王者厚任副主任。

2010年，党委换届，精神文明建设委员会成员同时作了调整，由主要负责人李成新任主任，党委副书记王峻虎任副主任，成员由11名增加到18名：李成新、王峻虎、张传海、马业准、张刚、袁锡惠、牛余林、杜祥宝、刘永彬、赵庆海、赵京彬、陈向峰、康新春、毕思水、孟令革、崔殿春、赵东玲。

第二节　精神文明建设活动

文明礼貌月活动

1981年，中共十一届六中全会通过了《关于建国以来若干历史问题的决议》，明确提出了建设“社会主义必须有高度的精神文明”，同时要求，加强和改善思想政治工作，用马克思列宁主义世界观和共产主义道德教育人民和青年，抵制腐朽的资产阶级思想和封建残余思想影响。党支部积极贯彻落实中共中央关于两个文明建设的重大决策，在全厂广泛开展了以该厂艰苦创业史为中心的光荣传统教育和爱国教育。全国总工会等9部门联合下发关于开展文明礼貌月活动的倡议后，该厂于1982年开展了“学雷锋、树新风”为内容的第一个“文明礼貌月”活动，组建了10人“支农服务队”，15个班组都建立了3—5人的“学雷锋小组”，并制订了《章丘县酒厂文明公约》。拾金不昧、助人为乐等好人好事增多，涌现见义勇为和拾金不昧13人次，金额180元。收到好人好事表扬信3件。

1983年，该厂开展了第二个“文明礼貌月”活动，主要以净化、美化环境为重点，彻底消除生产环境的“脏、乱、差”现象。全厂共划分14个卫生区，由卫生负责人杨炳礼等14人任各区域组长，每星期三集中活动，月末检查验收，并给予集体荣誉奖励。期间，领导带头，职工积极参与，清除垃圾死角1处，修补残墙、路面、水沟3处，共计300平方米，评出卫生文明宿舍2个。

1984年，开展了第三个文明礼貌月活动。驻地54818部队主动提出与酒厂开展“军民共建文明单位”。及时下发《关于军民共建文明工厂的实施方案》，专门成立了军民共建领导小组，成员有54818部队3营教导员陈瑞林、副教导员鲁挺举和厂领导杲程柱、王洪、高绍栋、解家平、许凤桐、张继礼，杲程柱任组长，陈瑞林、王洪任副组长。下设办公室，解家平任办公室主任。军民共建活动与文明礼貌月活动紧密结合。全厂共整建花池11个，平整路沟500平方米，建垃圾池5个，新建厕所1处，使整个厂区面貌焕然一新。通过举办宣传栏、黑板报和短期培训开展文明岗位创建活动。9个岗位制订了文明规定和行为准则，开展了以勤俭节约、文明服务、文明操作为内容的文明生产活动。所有生产岗位都变成了文明单位、文明个人创建活动的场所。是年，全厂56个岗位共评选出文明岗位、文明个人15个。

1985年，随着文明单位创建活动的深入，文明礼貌月活动转入常态化。

2000年后公司结合“文明礼貌月”活动制订精神文明建设的长远规划和每年度的活动安排。开展了丰富多彩的各类专项活动。

2008年3月5日，公司团委组织“山东百脉泉酒业有限公司青年志愿者服务队”，在百脉泉广场开展了义务献血(人次)、义务修车(人次)，队员们用自己掌握的白酒专业知识向群众宣传如何识别假冒伪劣白酒等问题，受到群众和路人欢迎。

2011年，公司成立学雷锋志愿服务队。队长：王国林　副队长：颜成亮、李雷新，成员：孟庆贺、苏俊波、张悦、张杰、邱国强、宋学婷、李蒙、张超、齐玉鹏、张进、张宪伟、李素贞、李俊清、孟祥源、郑健、郑雷、汪慧慧、毕伟、李庆腾。学雷锋志愿服务队办公室设在团委，负责日常工作。学雷锋志愿服务队负责研究制订公司志愿服务活动计划并负责协调指导各支部处室开展志愿服务及实践活动，及时总结推广先进经验，使活动有声有色不断深入。

2012年3月2日，公司组织团员青年参加了由章丘团市委、市文明办组织开展的“弘扬雷锋精神，建设美好家园”、“深化创卫成果，争当青年先锋”活动。在汇泉路广场向过往市民和路人讲解了辨别真假白酒的相关知识并分发宣传册。

2013年，公司扩展延伸文明礼貌活动全覆盖，人人争当“文明有礼的百脉泉人”，将触角深入车间、班组，制订了《员工精神公约》、《员工职业道德行为规范》，对公司领导人、经理人、职工制订了相应的素养标准，在全公司形成一种讲文明、讲礼貌、讲公德的良好工作和生活氛围。在干部职工中举止文明，不讲粗话，不说脏话，不恶语相向，将文明礼貌用语和良好行为举止从单位带到社区、家庭，带到公共场所，带到人际交往中。开展每名志愿者帮扶一名困难学生或特困群众的“一帮一”扶贫慰问活动，志愿者鼓励帮扶对象要树立信心，积极乐观面对生活。开展“夏日送清凉”，公司志愿者服务队和科室人员为一线作业人员送去冰糕、藿香正气水等慰问品

2014 年，公司将军民共建工作统筹为精神文明建设的重要内容。12 月 18 日，与济南军区驻章丘某通讯部队签订“军民共建”协议，成为共建合作单位，每年建军节公司领导会给部队送去节日礼品，并进行慰问。2016 年 7 月 29 日，山东百脉泉酒业干部员工前往驻章丘部队慰问部队官兵，并举办了一场庆“八一”军地篮球友谊赛。每年春节公司举办的“春节联欢会”上，共建部队会带来精彩节目。军企间的良好互动，提高了公司职工的纪律感与责任感，同时也丰富了官兵的文娱生活，体现了“军民一家亲”的优良作风，巩固了军民共建的友谊。

2016 年，公司开展以“志愿服务在身边，雷锋精神永传承”为主题的志愿服务活动，本着“学习雷锋，奉献他人，提升自己”积极组织开展“学习雷锋”主题系列活动。重温雷锋先进事迹，通过讲一个故事追忆雷锋事迹。

文明单位创建活动

1984 年，开始文明单位创建活动。党支部专门下发了《关于创建清洁文明工厂的有关规定》。在精神文明单位创建活动中，党总支坚持“一个中心，两个基本点”，在抓好物质文明建设的同时，搞好精神文明建设。首先是紧紧围绕创建文明单位这个中心，在全厂开展了“五讲、四美、三热爱”的教育。1984—1985 年，先后举办了中国近代史、科学社会主义学习班共 11 期，参加学习人数达到 748 人次。同时，还通过黑板报、宣传栏、文艺演出等形式，对职工进行共产主义理想、信念教育，使职工的精神面貌发生很大变化。学文化、学科学、学技术蔚然成风，有 30% 的青年职工参加了学习。1988 年，精神文明创建活动更加广泛深入。在加强职工思想道德建设的同时，进一步深化生产领域的文明创建活动。全厂大力开展了生产安全月活动和社会主义劳动竞赛活动。调整了安全机构，

完善了安全检查制度，避免了各类安全事故的发生。各车间班组比、学、赶、帮、文明生产。是年，有1个车间、3个科室、5个班组、46名干部职工被评为文明生产的先进集体和先进个人。围绕文明创建活动，该厂领导还将关心职工生活，解决职工的后顾之忧作为机关后勤服务文明建设内容。在资金紧张的情况下，扩建了职工食堂，新建了单身职工宿舍，建立了托儿所，并对12个家属宿舍进行了改造维修。还为职工定做了西服。全厂职工着装整齐，精神焕发。1988年，该厂被命名为“章丘县文明单位”。

1989年，开始争创济南市级文明单位。由于该厂正处于第一轮经济承包期。实行了定额承包、计件工资等各种形式的经济责任制，收入与劳动贡献相联系。按劳分配形式的多样化，在部分干部职工队伍中出现了不同的思想情绪。工作马虎、质量要求不严、在利益分配面前注重收入多，而忽视了贡献等现象时有发生。在精神文明创建活动中，党组织针对这些现象。一是组织干部职工认真学习党的中共十三届四中全会精神，用党的四项基本原则和党的路线、方针、政策统一职工的思想；二是利用多种形式对职工进行共产主义理想、信念教育，引导职工正确处理国家、集体、个人三者利益，树立正确的人生观、价值观。1990年5月，开展了“红五月”歌咏比赛活动。有240名青年职工集体演唱了《歌唱祖国》《咱们工人有力量》等革命歌曲；三是组织干部深入基层参加义务劳动，与职工面对面、心连心，使干部作风明显好转；四是号召职工献计献策，引导他们参与企业管理和决策，增强了职工的主人翁意识。各项活动的开展，使干部职工的精神面貌发生深刻变化，凝聚力显著增强。7月，酒精车间核心设备酒精贮罐因雷击突然炸裂起火，该厂干部职工冒着500吨酒精即将发生爆炸的危险，冲入火海，抢救设备。经过一小时的战斗，终于将大火扑灭，使整个蒸馏系统免受损害，也保住了酒库和其他车间的安全。接着，经过9个小时的奋力抢修，当天迅速恢复了生产。1990年，该厂被济南市委、市政府命名为“济南市级文明单位”。1991年，该厂设施投入，投资新建了40平方米、50个座位的企业业余党校、30平方米的“职工之家”。并购置了电视机、录像机、照相机等设备，使职工教育提升了一个新档次。至1993年，连续四年均保持了“济南市级文明单位”的荣誉称号之后，该公司文明单位创建工作开始迈向创建省级文明单位的历程。

1994 年，公司成立了创建省级文明单位领导小组，研究制订了创建实施方案和职工思想道德建设纲要。

首先是强化领导班子建设，把领导班子政治理论学习列入日程，利用班子民主生活会等多种有效形式不断提高领导干部驾驭复杂局面和科学决策能力；坚持重大事项集体研究、集体决策，班子成员自觉贯彻执行党组织的决议、决定，维护班子的集体形象，不断纠正自身存在的问题，从严执政，增强了凝聚力、执行力。

二是提高干部职工政策水平和业务能力。本着学以致用，提高行政能力的培训原则，加强职工适应性培训。提高广大职工业务能力和技术水平，为企业可持续发展提供坚强的智力支持。

三是具体落实创建目标责任和岗位责任，制订了《百脉泉酒业经理人创建标准》《领导人素养细则》《员工职业素质》《员工精神文明公约》《员工文明有礼考核细则》及《学雷锋岗位规范》，明确了文明职工、文明班组、文明车间创建标准，广泛宣传“干一行、爱一行、专一行、精一行”的爱岗敬业精神。大力表彰褒扬见义勇为、舍己为公的先进事迹，形成创建活动的浓厚氛围，创建活动扎实深入。2014 年 1 月，山东百脉泉酒业有限公司被山东省委、省政府精神文明建设委员会命名为山东省级文明单位。

对公司内厂区环境进行美化，对厂区路面进行整平处理，并移栽树木 350 株，美化了厂区环境。2013 年 5 月，兴建现代化的职工食堂，职工活动中心及现代化大礼堂。2015 年 3 月，公司将散酒库以南酒文化长廊路面重新进行美化硬化处理。2016 年 3 月，对办公楼进行改造升级，更换电线、门窗。2016 年 6 月，将停车场铺设植草砖，同时将篮球场南侧路面硬化，将销售楼外墙改为真石漆。2017 年 4 月，公司加入章丘区文明单位管理网络平台，每月按时上传组织领导、创建信息、工作典型、身边好人、创建活动等方面内容资料。扎实落实各项创建任务，按时缴纳更新维护费用。2018 年 4 月，章丘区文明办对全区省、市级文明单位（镇）复查、申报考核成绩，并进行通报。该公司得分 134.11 分，顺利通过省级文明单位复查考核。

实施“细节文明行动”为主题的职工思想、道德建设

1994 年，该厂在全市率先进行了股份制改革，成立了济南百脉酿酒（集团）有限公司。随着改革的深入，企业的精神文明建设在开展经常性创建活动的同时，把重点转移到了以“细节文明行动”为主题的思想道德建设上来。党总支要求干部、职工突出一个“新”字，立足一个“干”字，在树立企业良好形象上下功夫。树立产品质量形象和员工良好素质形象。各车间在完善规章制度，重点抓实效，在企业形成了工作讲质量、办事讲效率、职业讲道德、作风求实、业务求精的新风尚。开展了“我为企业形象添光彩”的大讨论，教育、引导职工举止文明、讲话和气、微笑服务，职工精神焕发，全厂出现一派生机勃勃的新气象，干部职工以厂为家，工作热情十分高涨。充分发挥党员在企业改革中的战斗堡垒作用。1994 年 12 月，酒精扩产改造进入紧张阶段，在糖化罐吊装定位的关键时刻，恰好遇上风雪天气，地湿路滑，气温骤降，施工难度增加。为了不影响施工进度，机关科室的党员、干部和管理人员及时赶到工地，同车间工人一道日夜加班，连续奋战 20 多个小时，终于完成安装任务，夺取了企业改制后的第一个攻坚战的胜利。期间，有的家属有病输液，有的自己感冒发烧，但无一人叫苦、退缩。是年，经济效益创历史最高水平。该公司被命名为“章丘市文明单位”，分管领导、党委副书记王传本被评为“章丘市精神文明先进个人”。

1995 年，全国范围内开展了社会主义思想教育活动。该公司紧紧围绕这一中心，组织职工认真学习中共十四届四中、五中全会精神，结合个人所在岗位、工作性质，继续在搞好“细节文明行动”、提升企业形象上下功夫。工会、党委办、共青团联合下发了《关于开展规范服务、文明用语活动的意见》，广泛开展了向孔繁森、王廷江、韩素云同志学习的活动。引导职工学英模、照镜子、找差距弥补不足，使干部、职工进一步树立了毫不利己、专门利人、顾全大局、默默奉献的精神。1996 年，中共十四届三中全会召开，根据会议关于大力加强精神文明建设的要求，党委于 1 月制订了《济南百脉酿酒（集团）有限公司“九・五”期间社会主义精神文明建设规则》。《规划》根据中共十四届三中全会提出的今后十五年精神文明建设和思想道德建设主要目标，结合本公司“九・五”期间经济发展规划，制订了“九・五”期间公司社会主义精神文明建设的主要奋斗目标。1. 党委、工会、共青团、女工委员会协调共管，在全体职工中进一步树立建设有中国特色社会主义的共同理想和坚持党的基本路线不动摇的坚定信念，进一步提高职工政治、业务素质。2. 广泛开展群众性精神文明创建活动，把“党员规范化目标管理”、“中层以上干部定期民主评议”、“全体职工学、比、做”活动结合起来，认真搞好社会治安综合治理，把公司建设成为经济发展、秩序安定、环境优美、制度健全、职工举止文明、爱岗敬业的新型社会主义现代化企业。3. 进一步用邓小平建设有中国特色的社会主义理论教育、武装职工队伍，认真抓好党风廉政建设，全面推进社会主义道德建设、及时严肃查处干部职工队伍中违纪、腐败现象，杜绝各类刑事案件发生，弘扬社会主义新风，不断提高公司文明化程度。规划还针对公司实际，对加强职工的思想道德素质建设提出了6项任务：一是深入进行爱国主义教育，利用每年的“五·一”“七·一”“八·一”“十·一”等重大节日，组织好弘扬爱国主义的群众性庆祝、纪念活动，激发广大职工爱祖国、爱企业热情；二是广泛开展以为人民服务为核心，以集体主义为原则，以爱祖国、爱人民、爱劳动、爱社会主义为基本要求的社会公德、职业道德、家庭美德教育；在全公司形成团结互助、平等友爱、共同前进的人际关系；开展卓有成效的“文明单位”“文明家庭”“文明窗口”“文明职工”评选活动，使广大干部、职工树立起文明礼貌、见义勇为、助人为乐、爱护公物、保护环境、遵纪守法的良好社会风尚；三是深入持久的进行艰苦创业教育，激励全体职工为振兴企业献计献策，建功立业；四是进一步加强社会主义民主法制教育，不断提高依法治厂、依法行政、依法管理、依法经营的自觉性；五是坚持不懈的开展移风易俗教育，教育干部职工建立文明、科学、健康的生活方式，搞好计划生育、移风易俗；六是结合企业特点，大力培养行业精神，规范行业行为，树立行业新风，创文明窗口，提高企业良好形象和社会知名度。这一规划的实施，使公司的精神文明建设活动步入了深入、细致、有序发展的轨道。职工的精神面貌又有了大的改观。文明礼貌、见义勇为、助人为乐、爱护公物等蔚然成风。

1999年，王峻虎、崔尔宝、孙启仁、王沛国、高绍栋等五户职工家庭被公司评为“文明家庭”；销售部被评为公司文明窗口。

2000—2003年，实行公退民进的股份制改革。面对新的企业制度的建立，干部职工一度思想跟不上。有的纪律松懈，计较个人得失和不文明行为时有发生。针对这些情况，在精神文明建设中，首先是加强对干部职工进行爱国、爱厂、爱岗为主题的思想道德教育，并在职工中开展“学先进、创佳绩、争能手”

的活动，激发干部职工的主人翁意识；二是在干部职工中开展“团结、互助、献爱心”等活动，使全厂文明礼貌、见义勇为、助人为乐的良好风气继续发扬光大；三是通过党校、职工业校、职工之家等形式对干部职工进行法制教育、职业道德教育和廉政教育，提高干部职工的法制观念和职业道德素质；四是实行民心工程，为职工解决住房、就餐、养老保险、失业保险、医疗保险等方面的福利待遇，并适当增加了工资、奖金等；五是进一步美化了厂区、宿舍的环境。以上活动稳定了干部职工的情绪，凝聚了人心，保证了企业生产经营活动的正常开展。

2004年，实行了第三次改制，选举产生了新的领导班子。为全面提升公司形象，在调整经营策略的同时，把精神文明建设作为发展大事来抓，实行细节文明行动成为提升企业形象的重要内容。2004年7月，制订了《电话使用管理规定》，规定职工在电话交往中必须使用文明用语，引导职工从一言一行做起，努力提高思想道德境界和文明素质。

2005年，中共中央总书记胡锦涛同志提出了要在全国开展以“八荣八耻”为主要内容的社会主义荣辱观教育。该公司的“细节文明行动”教育活动紧紧围绕这一主题，充分利用业余党校、职工业校及百脉酒业报、黑板报、宣传栏等阵地，开展了各种形式的教育活动。该公司有8名职工严重违反厂规厂纪，有1名酒后滋事，触犯法律，分别给予除名和开除厂籍、留厂察看的处分。在教育活动中，大家联系这些实际展开讨论，提高认识，明辨是非，树立了正气、打击了歪风邪气；勤俭节约活动的开展使职工进一步树立起了节约为荣、浪费可耻的思想观念，大家自觉从节约“一滴水、一张纸、一度电”开始，努力节约开支、降低成本，增加经济效益。结合实施“细节文明行动”，精神文明创建活动也进一步深入家庭。2005年5月，下发了《关于“我爱章丘，我爱我家”文明创建活动的实施意见》，倡导职工创建五好文明家庭和温馨大家园。通过创建“学习型家庭”、“绿色卫生家庭”、“平安家庭”等各种类型的文明家庭，进一步提高了职工家庭成员的文化知识结构和健康水平。

在精神文明创建活动中，领导以身作则，率先垂范。党委书记、董事长、总经理李成新积极参与社会扶贫助教活动，连续4年代表公司为垛庄镇4名贫困学生送去助学金和生活、学习用品。在家庭，夫妻和睦、邻里团结。2006年，他本人被授予“章丘市十佳文明市民”荣誉称号。其家庭被评为“章丘市五好家庭标兵户”；党委副书记王者厚带领全家积极创建“学习型家庭”，全家以“每天读一小时书，每年精读一本书”的精神，努力学习科学文化知识和岗位专业知识，并取得一定成绩，被评为“章丘市学习型家庭”。2007年，先后通过文企联姻、举办有奖征文、歌咏比赛、参与媒体举办的宣传活动等形式，大力宣传企业精神、企业品牌、企业经营理念，树立起了良好的企业形象，在企业内部建立起了“以人为本、利益兼顾、共谋发展、共享成果”的和谐劳动关系，推动了企业的健康发展。该公司被济南市委、市人民政府命名为“济南市文明单位”。2009年7月，总经理办公室主任袁锡惠荣获章丘市“妇幼保健杯第二届全市道德模范“孝老敬亲”先进人物。

2009—2011年，公司精神文明建设活动进一步细化。“细节文明行动”外延不断拓宽，同时建立了文明行动长效机制，与创建文明城市、卫生城市各项活动相结合，社会主义思想道德建设相结合，开展了一系列的创建活动。

2012年，中共中央召开党的第十八次代表大会，首次提出积极培育和践行社会主义核心价值观。公司党委积极贯彻中央决策部署，先后开展了社会主义核心价值体系教育和社会主义荣辱观宣传教育活动。将社会主义核心价值观与企业价值观相融合，相继开展了“四德工程”主题教育活动。树立共同发展的个人价值观与企业价值观相一致，坚持敬业奉献、艰苦奋斗、知难而上的创业精神；开展道德讲堂，牢固树立正确的世界观、人生观和价值观，对身边好人评选表彰活动。涌现一批如祝明文、王爱民、崔尔国、赵国源冒雨检查仓库安全；张进、赵玉鹏雨夜冒险爬上10米高加固酒罐大棚及值班副总张刚、供应部崔尔宝、张振伟、王爱民、电工王玉东全力抢救20万元包装物品免遭雨淋。刁镇展销厅李玉禄拾金不昧；粮酒车间主任赵京彬、王乃宝带领十几名员工舍身救火；销售公司驾驶员主动救助路遇伤员等好人好事。

2016—2018年，公司精神文明建设“四德工程”即社会公德、职业道德、家庭美德、个人品德建设为全市的示范点，有一个四德工程领导小组，有一套四德工程建设规章制度，有一个四德工程建设优秀读物，有一批四德建设工程建设主题活动，有一个四德工程建设宣讲阵地，有一批四德工程建设志愿服务活动。“六有”工作全部到位，创建活动越做越细、越实。期间，组织学习习近平总书记提出的新发展理念，鼓励职工创新思维、砥砺前行；举办“庆七一”演讲比赛，宣讲党的历史、表彰先进党员；“不忘初心、牢记使命”，践行革命使命，坚定政治信念，建功本职。

2017—2018 年，该公司精神文明创建工作从巩固省级文明单位创建成果向创建工作常态化、常效化、创新化转变，注重抓好习近平新时代中国特色社会主义思想的贯彻落实，抓好提高职工思想道德素质、科学文化素质和学雷锋志愿服务品牌建设，重点开展了理想信念教育。2018 年，结合公司建厂 70 周年，该公司提出“匠心七十·筑梦百年”。在党的十九大精神指导下，匠心传承，推陈出新，铸就百年品牌梦想。

第七章 计划生育

第一节 计划生育机构

建厂初期，该厂有女职工 5 人，计划生育工作没设专门机构。上世纪 70 年代，号召计划生育，1983 年，国家大力倡导“一对夫妇只生一个孩子”，计划生育工作逐步被重视。1984 年 4 月，成立计划生育领导小组，杲程柱任组长，解家平任副组长，于仁祥、杨炳礼、牛素贞任组员。由解家平具体负责日常的计划生育工作。1991 年 7 月，调整计划生育领导小组，组长韩宪安，副组长王传本、黄庆杰，成员王峻虎、杨炳礼、王峻岭。日常工作由工会、政工科负责。1994 年，企业改制后，该厂在册女职工 136 人，其中已婚女职工 96 人，未婚女职工 40 人，计划生育领导小组作了调整，归属党委领导，党委副书记王传本具体分管，赵东玲负责计划生育业务工作，兼职计生干部 2 名。2005 年 1 月，调整计划生育领导小组成员，组长李成新，副组长王者厚，成员张传海、潘正江、王峻虎、马业准、袁锡惠、崔殿春、赵京彬、王红梅、赵东玲。党委副书记王者厚具体分管。

2008 年计划生育领导小组，李成新任组长，王者厚任副组长，成员：张传海、潘正江、王峻虎、马业准、袁锡惠、崔殿春、赵京彬、王红梅、赵东玲。党委副书记王者厚分管计划生育工作，赵东玲负责计划生育业务工作。2010年，计划生育领导小组进行了调整，李成新任组长，王峻虎任副组长，成员：张传海、马业准、张刚、袁锡惠、牛余林、杜祥宝、刘永彬、赵京彬、崔殿春、赵东玲。党委副书记王俊虎分管计划生育工作。赵东玲负责计划生育工作。2015年4月至2017年由刘娜负责计划生育工作。

2016年9月，根据上级提出城市人口与计划生育工作实行属地化管理的要求，公司计划生育工作归属于双山街道办事处管理。

第二节　计划生育工作

20世纪60年代，依据1963年12月11日济南市人民委员会（市政府）公布施行的《关于提倡晚婚和实行计划生育的几项规定》（试行草案），积极做了宣传发动工作。70年代，贯彻章丘革委会1972年2月25日《关于批转‘县计划生育办公室关于一九七一年计划生育开展情况和今后几点意见的报告’的通知》章革发[1972]第8号和山东省革命委员会1973年8月16日计生字[1973]第22号文件，落实了晚婚和计划生育的措施，对独生子女发放了在职职工独生子女保健费，奖罚到位，计划生育政策家喻户晓。1979年，随着大批青年工人入厂，计划生育工作列入议事日程，在全厂积极宣传落实晚婚、晚育、计划生育、优生优育政策，认真贯彻执行国家“一对夫妇只生一个孩子”的要求和规定，按照每年的生育政策规定，在认真调查摸底和职工申报基础上，根据该厂女青年晚婚人数，由工会或计划生育领导小组向县计划生育委员会申报生育计划，按批准的生育指标安排生育。坚持开展半年和年度工作检查，对于随时发现的计划外怀孕个案，则通过深入细致的思想工作和综合措施，及时终止妊娠。1987年对3名已到晚婚但没有生育指标的女职工终止了妊娠，推迟了生育。对新婚夫妇由厂医务室免费发放避孕药具，做到了“三项服务到家”（宣传思想工作到家、避孕药具到家、妇女儿童保健到家）。

1991年，以1988年7月20日山东省第七届人大常委会通过的《山东省计划生育条例》和1990年9月济南市第5号人民政府令公布的《济南市计划生育管理实施办法》及章丘县经委1991年7月9日召开的计划生育工作会议精神为依据，于1991年7月15日，召开了计生专题会议，对计划生育宣传月两个阶段的工作进行了研究布置；第一阶段重新组建有厂主要领导参加的计划生育领导小组；厂内外张贴巨幅标语，出黑板报，掀起一个晚婚、计划生育宣传热潮；在中层以上干部中传达县经委《关于贯彻中共国务院加强计划生育工作，严格控制人口增长的决定》的意见。第二阶段对全厂育龄女职工重新进行摸底排队，申报了6人生育计划，尤其对领取“独生子女证”的育龄女职工所采取的避孕措施进行了落实；重新充实修订了《晚婚计划生育管理实施办法》，规定：晚婚年龄，男满25周岁、女年满23周岁；结婚手续的办理：凡符合晚婚年龄的本厂男女未婚职工（包括合同制工人），结婚前必须持双方《居民身份证》向厂计划生育领导小组提出书面申请，经同意后小组分管领导签字，由政工科开出“婚姻状况证明信”到县经委计划生育领导小组盖章，方可到当地政府办理结婚登记手续。生育手续的办理：凡户口在本厂的职工（包括合同制工人），符合晚婚年龄，婚后要求生育的必须向厂计生领导小组提出书面申请，经审查同意后报县计生委批准，领取《准孕通知书》，经医生检查怀孕后，凭通知书经厂领导小组登记，到县计生委换取《准生证》方可生育。晚婚奖励：凡符合晚婚年龄的职工（包括合同制工人）初婚给予除国家规定的婚假外，增加婚假两周。晚育奖励：凡符合晚婚年龄，办理了生育手续的女职工除国家规定的产假外，增加两个月产假。按计划生育一个孩子后采取节育措施不再生育的，夫妻双方要写出书面申请，由厂计生领导小组负责办理《独生子女证》，从发证之月起领取独生子女费到子女14周岁止。是年9月12日，党总支副书记王传本召集厂计划生育领导小组会议，传达8月12日县计划生育紧急会议精神和刘尊芝副县长的讲话及省市对章丘县计划生育工作检查情况通报，对本厂当前急抓的两项工作及下半年必须抓死的几个环节作了布置，一是进一步做好对全厂育龄男女青年的宣传、教育工作；二是清理和排查计划外怀孕、未（非）婚怀孕、未经批准抱养子女及有关遗留问题，进一步摸清晚婚、节育措施落实情况。下半年一是保证晚婚、晚育年龄；二是结婚、生育实行分管领导一支笔批准；三是教育职工加强政策观念；四是保证做到领导不开口子、不乱开条子；五是10月由计划生育领导小组成员王峻岭同志负责组织已婚女职工查体工作。

1994年，该厂第一次改制为济南百脉酿酒（集团）有限公司，计划生育工作由党委书记韩宪安负总责，并与市经委签订了《1994年度人口控制目标书》，人口出生要求控制在8人以内；女性初婚晚婚率要求达到100%；晚育率达到100%；计划生育率达到 100%；为确保各项指标的完成，与各党支部签订了《济南百脉酿酒（集团）有限公司计划生育目标管理责任书》，7月2日，又与经委签订了《经委系统流动人口计划生育合同书》。1995年1月5日，与116名已婚、未婚男女临时工签订了《流动人口计划生育合同书》；建立健全了《新婚登记簿》、《出生登记簿》、《四种手术登记簿》、《死亡登记簿》和《计划生育卡》"四簿一卡"登记管理制度。对于因特殊情况需生育第二胎的，按照政策规定分别于1995年、1997年安排生育第二胎。

2000年以后，随着国家新婚姻登记条例的出台，去民政部门领取结婚证，单位不用出具介绍信，给计划生育管理工作带来很大的冲击，计划生育管理相应发生很大变化。为进一步贯彻落实中共中央、国务院《关于加强人口与计划生育工作，稳定低生育水平的决定》和2002年9月1日施行的《中华人民共和国人口与计划生育法》以及国务院颁布的《流动人口计划生育管理办法》《计划生育技术服务管理条例》《社会抚养征收管理办法》及2002年9月28日经山东省第九届人民代表大会常务委员会第31次会议通过的新的《山东省人口与计划生育条例》简称"一法三规""一条例"，根据每年年初与经贸局签订的《人口与计划生育目标管理书》的要求，结合本单位实际情况，积极开展一月召开一次会议，一个季度研究一次情况，与各党支部签订《计划生育目标管理书》，一把手亲自抓，分管领导靠上抓，各支部书记为第一责任人，专职干部具体负责，人人重视计划生育工作，齐抓共管的工作格局。2004年，按照章办发［2004］2号《通知》精神，出台了《未婚女青年须知》，并发放到26名未婚女青年手中；与达到法定婚龄的适龄青年签订了《晚婚协议书》，与虽已到法定年龄领取结婚证但达不到晚婚年龄要求的女青年签订了《晚育协议书》，办理《计划生育服务手册》，不到晚婚的要落实避孕节育措施，签订临时使用药具合同，规范使用了"两书一卡"。2005年4月20日，对自觉实行晚婚晚育的职工假期、生育费报销、独生子女费落实等计划生育有关规定做了进一步的规范，落实了每年一度的在岗女职工健康查体，查体率达到98%以上。2006年7月6日，为广大育龄女职工提供更加优良的服务，推进企业计划生育自治、自主、自觉进程。成立了山东百脉泉酒业有限公司计划生育协会，李成新任会长，王者厚任常务副会长，理事11人，小组长8人。主要任务：一是在控制人口数量、提高人口素质、稳定低生育水平、促进优生优育中起带头作用；二是宣传国家计划生育的方针政策和法律法规，宣传人口文化，传播计划生育和生殖健康等科学技术知识；三是协调社会力量，向职工提供生育、生产、生活服务；四是履行民主参与和民主监督职能，反映群众的意愿与要求，维护职工的合法权益；五是对内交流工作经验，对外开展国际交流与合作。2006年12月17日，中共中央、国务院在2000年《中共中央国务院关于加强人口与计划生育工作稳定低生育水平的决定》的基础上，颁布了《中共中央国务院关于全面加强人口和计划生育工作统筹解决人口问题的决定》，全文共分九部分，主要阐释全面加强人口和计划生育工作的重要性和紧迫性，明确提出新时期人口和计划生育工作的指导方针、总体思路、目标任务、政策体系和保障措施，是推动新时期人口和计划生育工作稳定、持续、健康发展的有力保证。1994—2007年，计划生育率、合法生育率、晚婚晚育率、避孕节育措施落实率和统计合格率均达100%，多次被章丘市工业经济委员会评为计划生育先进单位，2005年、2007年被章丘市评为计划生育先进单位。

2008年，公司按照《山东省计划生育条例》(修正)提出的，晚婚、晚育男年满25周岁，女年满23周岁，双方初婚的为晚婚。公司根据修正意见积极做了宣传发动工作。对独生子女继续发放在职职工独生子女费。公司继续执行《山东省计划生育管理条例》实施一对夫妇只生育一个子女的政策。公司女职工298人，其中育龄妇女268人，公司高度重视计生工作，多次召开工作会议传达贯彻省市计生工作会议，研究解决计生工作面临的形势和存在问题。严格执行计划生育政策，定期检查汇报，使公司的出生人口、性别比正常，政策符合率达100%。自2008年至2012年每年都签订《人口与计划生育目标管理责任书》。

2013年6月2日，《山东省人口和计划生育条例》第一次修正规定，夫妻双方均为独生子女的，经夫妻双方申请，就可以生育第二个子女。公司不断加大现行生育政策的正面宣传，落实实施单独两孩政策力度，尽最大努力将单独两孩政策的有关知识、适用对象条件、申请办理的材料和程序等，宣传普及到所有育龄妇女，确保政策得到落实。单独二胎政策实施后有4人生育二孩。2014年随着生育政策的调整，遵照《山东省人口和计划生育条例》第二次修正规定，夫妻双方有一方为独生子女的，经夫妻双方申请，就可以生育第二个子女。另外，还取消了被称为一胎“准生证”的《计划生育服务手册》，生育一胎只需生育后登记即可。2016年1月22日，《山东省人口与计划生育条例》第三次修正意见，全面放开二孩政策，到2017年公司有18对夫妻办理了二胎生育手册。

落实独生子女父母奖励政策。在国家提倡一对夫妻生育一个子女期间，夫妻双方自愿终身只生育一个子女的夫妻，发给《独生子女父母光荣证》，符合国家和计划生育家庭奖励扶助条件的，夫妻可根据有关规定享受一次性养老补贴，兑现率达100%。

2008年2月，公司被章丘市授予“2007年度人口和计划生育工作先进单位”；2010年—2013年公司分别荣获章丘市“计划生育先进单位”荣誉称号。

（审稿人员：张景 侯凌云 王菲）

第十二篇

基本建设

第一章 厂区、厂房建设

第一节 厂区建设

该公司2018年厂区总面积81661.7平方米。其中：建筑占地面积45160.47平方米。南厂区分为行政管理区、科研技术区、销售管理区、生产区、机电仓储区、工业旅游区等区域。北厂区分为成品区、包材区、罐区、灌装区、生产管理区等区域。

1948—1953年，该厂厂区土地面积14890平方米，厂区南邻为王中村居民房，西、北紧靠农田，东墙外为王中村的一条南北路。厂区内只有几条羊肠小道，两边杂草丛生，鼠蛇出没，雨天泥泞难行，夜晚一片漆黑。由于受地理位置和条件的限制，厂区出入分南门和东门。南门出入走王中村东西街，东门出入走王中村南北路。

1969年，随着厂西区新固体生产车间和制曲车间的扩建、改建及厂东区新上液体生产设备的投产，厂区内一条贯穿南北的土路逐渐形成，整个厂区有了基本的规划雏形。

1973年5月，经上级有关部门批准，该厂在厂区北面征用王中村土地3932.9平方米，使厂区总面积增加到18823.7平方米，同时将厂区大门改建在北面。新厂区的征用为以后几年蒸汽锅炉的使用、酒精车间的投产、办公楼、包装车间、散酒库、车库的建成提供了条件。

1977—1992年，厂区面积又先后两次扩展。第一次是1979年，在1973年5月征用土地的基础上又向北扩展征用到济青路边，新增厂区面积3106平方米。1985年第二次扩展。这次扩展主要是又向西征用王中村农田28430平方米，两次扩展使厂区面积增加到50359.7平方米。至2007年底，整个厂区的规划布局没有变化。

2009年12月，公司为整合厂区布局将原厂区东北角平房宿舍区改建为公司办公区，销售公司市场部、大客户部及公司医务室迁入新办公区。

2012年5月，对包装车间地面和墙裙进行了刷新。并对西包装车间南侧地面进行重修。5月19日，对食堂二楼进行改造升级。根据创卫要求对食堂内部进行了粉刷。6月，对公司东北角以前的平房进行了拆除并硬化了地面，改造为职工停车场。

2012年，为实现新、老厂区顺利对接，满足南北厂区间的人员和职工通行安全，公司决定在S102线架设过街天桥1座。6月28日，公司向章丘市人民政府提出申请。济南市公路管理局7月11日批复，同意山东百脉泉酒业有限公司在S102线46K+650处架设过街天桥1座。8月，公司与山东交通规划设计院签订天桥设计合同。9月25日，与济南通达公路工程有限公司签订施工合同。由山东恒信监理有限公司负责工程监理。工程负责人牛余林、现场管理员马玲业。2012年9月28日开工，桩基7个、全长39.5米、宽3.5米、高8.5米、重60吨，主桥于2012年11月18日吊装完毕，12月5日竣工，12月19日验收通过。工程总投入160万元。

2012年8月，因粮酒三车间房顶损坏漏雨严重，更换为耐酸耐腐蚀的玻璃钢瓦，施工面积约1176平方米。9月，对公司商贸公司办公楼外墙贴瓷砖进行改造升级，面积400平方米。

2013年7月，将东包装车间改造为散酒库。对老五金库进行了拆除。10月，投入9万元重修了大门口到粮酒车间办公室620平方米的路面。11月，因北厂区职工无法存放自行车，公司在新厂区东南角新建自行车棚1处面积350平方米。12月2日，公司规划建设藏酒馆，将原存瓶大棚拆除。

2014年6月，新食堂因墙面瓷砖风化严重，公司决定剔除后粉刷乳胶漆，施工面积1500平方米，投资10万元。7月，老东包装5个水泥酒池和散酒库北侧两个钢罐做防腐处理，面积700平方米，投资9万元。

2015年2月，公司为解决粮酒车间职工上厕所路途较远、不方便的问题，在澡堂西侧利用粮酒制造班仓库改造了1间25平方米厕所，投入4万元。4月，公司投入18万元对原东包装车间二楼进行改造，作为品酒室及工业旅游办公室。并新建钢结构楼梯1座。同月，公司投入6万元将原东包装一楼洗瓶间重新改造，生产鲜扎啤。6月，粮酒二车间东墙贴仿古砖，面积1200平方米，改造投入28万元。投入3.6万元在办公楼前新建旗杆台1座。7月，粮酒三车间门口影壁墙进行改造升级，投入6.6万元；投入3万元重新装修职工宿舍作为招待所；对粮酒二车间进行机械化改造，同时对地面进行改造升级，铺设大理石地面投入27万元。投入12万元对墙面及房顶进行粉刷。公司考虑到工业游环境建设，7月份，公司投入13万元将大曲粉碎车间搬迁至粮酒西路。同时投入4万多元对粮酒西路铺设了沥青路面。

8月，投入6万元对老东包装地下酒库酒罐进行防腐；投入6.3万元对机电车间北侧路面进行硬化处理。9月，因粮酒一车间房顶漏雨严重，公司投入8万元做了防水处理。因连日降雨四合院东屋东墙塌落严重，公司及时组织力量进行了修复处理。11月，公司增加定制酒生产，在双脊屋内新建生产车间一处，投入1.2万元。12月，为改善粮酒二车间通风问题，公司投入5万元，将原屋面拆除4块屋面板，增加通风面积100平方米，彻底解决了通风问题。

2016年3-5月，因办公楼门窗及墙面损坏严重且电线老化。公司采用分包形式投入100万元，6家单位对办公楼进行改造升级，更换电线、门窗，并对网络进行升级改造，对大厅、会议室、接待室、厕所进行改造。

4月，为缓解仓储存放压力，公司决定在北厂区北路加盖钢结构大棚，建筑面积820平方米，投入17万元。公司为优化厂区布局，将大地磅搬迁至粮酒车间办公室南侧。同月，为解决门口展厅面积小且节日期间人员多，影响大门通行安全的问题，公司将原浴池改造为厂展厅，面积160平方米，投入12万元。5—6月，公司将散酒库以南酒文化长廊路面重新进行水泥硬化处理，面积3350平方米，将停车场铺设植草砖面积960平方米。同时，将篮球场南侧路面硬化。将销售楼外墙改为真石漆。6月14日，百年不遇的冰雹恶劣天气对公司的建筑等设施造成了严重破坏，公司损失严重。公司领导立即指示对受损设施进行修复，正值雨季，基建组织人员日夜施工，于6月底全部完工。没有给公司造成二次损害。共铺设屋顶防水面积8000平方米，更换破碎玻璃200平方米，修补北厂区房顶3000平方米。更换粮酒三车间操作间房顶1500平方米。6月，公司为减轻职工劳动强度，对粮酒一车间进行机械化改造。粮酒一车间在改造天窗过程中发现房顶因多年腐蚀已出现断裂现象，及时汇报公司，经专家鉴定，公司同意后重新更换房顶，内部地面铺设大理石地面，墙面粉刷乳胶漆。同时将粮酒南北路和大门进行沥青路面改造。7月，公司与朱家峪风景区达成战略合作，并在景区停车场东侧装修展厅1间，面积40平方米，用于展销公司产品。9月，公司听取职工合理化建议，决定在北厂区中间通道北头加盖钢棚，面积200

平方米，解决雨雪天气装卸车问题。10月，啤酒项目扩产，对现有啤酒生产车间北侧进行铝合金玻璃隔断改造，面积50平方米以完善基础设施，增加产量，工程投入2万元。12月，公司在明水唐人中心购入房产一处，上下二层130平方米作为明水展销厅。同时投入12万元进行装修。

2017年1月，公司对订制酒坊进行升级改造，石膏板吊顶墙面刮瓷、加轻钢龙骨石膏板隔断50平方米，工程投入2万元。3月，公司为解决北厂区成品库防晒问题，将成品库东侧、南侧、西侧二层窗户用彩钢板进行封闭处理。

4月，公司为优化厂区环境将办公楼前地面进行硬化处理，打造为“百酒图”，两侧花池重新布局镶贴大理石。西侧新建“九龙壁”1处，南侧改造绿化升级，公司副总经理牛余林亲题“如意园”。6月，职工食堂和活动中心外墙改为真石漆。施工面积2200平方米。8月，公司将粮酒办公室西侧大棚160平方米改造为锅炉房。同月，公司为解决职工上下班出行问题，协调区政府投入1.2万元在大门东侧硬化路面作为公共自行车点。

酒文化设施建设

2008年12月，公司为打造提升酒文化设施购入四合院一处，面积450平方米，由山东省博物馆负责设计施工，作为历史文化馆。

2009年7月，公司为提升酒文化设施，打造酒文化长廊，从东包装车间门口到酒道馆、路两侧新建历史文化墙50块。历史文化长廊牌坊1座。并对文化长廊进行了路面硬化。

2010年5—6月，公司将原南稻壳仓库拆除更换房顶进行加固处理，8-10月改造为“酒道馆”，由章丘市劝业建筑工程公司孟波负责内部装修。

2014年2月27日，藏酒馆开始施工，设计上下两层，建筑面积3000平方米，一层为半地下结构，地下部分2.3米，地上1.2米，二层为存酒大棚。由章丘市劝业建筑安装工程公司负责施工，于5月底完工。

7月，公司将散酒库前源泉古井进行改造升级，并在上面新建石质四角亭1座。8月，为打造酒文化长廊，按旅游局要求将科研楼一楼西侧改造为厕所，面积50平方米。10月，为美化酒文化长廊，公司将双脊屋及散酒库高梁仓罐区房顶更换为仿古树脂瓦，面积1500平方米。

2015年3—5月，公司为打造工业游提升硬件设施，投入82万元，对三馆进行基础设施改造，建筑面积583平方米，投入153万元由北京金宏展负责设计施工。

3 月，酒文化长廊路面破损严重，为提升公司工业游硬件设施，公司投入 68 万元对路面进行了重新设计施工。4 月，为美化散酒库，公司对散酒库办公室和东侧 4 个酒罐、墙面和大门进行了重新改造美化。5 月，公司为提升工业游硬件设施，投入 10 万元对文化长廊东侧原厕所进行了升级改造，达到了旅游星级厕所要求。

7 月，投入 4 万元对四合院南屋进行装饰改造。投入 9 万元将双脊屋东间 100 平方米改造为荣誉室。

8 月，公司投入 11 万元将原散酒库水池改造为“九龙潭”，面积 200 平方米。北侧鱼池加 9 个石质喷水龙头，南侧鱼池加海豚雕塑 1 个，中间加喷泉 2 个、南北侧大理石栏杆作为工业游景点。对科研楼厕所进行升级改造，并新建“惠风、和畅”仿古门。

2016 年 1 月，公司为解决日益增加的游客购物场所问题，将原成品库北半部分 385 平方米进行吊顶、铺地面砖，改造为游客购物中心。

截止 2017 年底，厂区总面积 81661.7 平方米。其中：南厂区 50359.7 平方米，北厂区 31302 平方米。建筑占地面积 45160.47 平方米。其中：南厂区 24865.6 平方米。北厂区 20294.87 平方米。南厂区分为行政管理区、科研技术区、销售管理区、生产区、机电仓储区、工业旅游区等区域。北厂区分为成品区、包材区、罐区、灌装区、生产管理区等区域。

2018 年 3 月，公司对篮球场进行景观绿化工程，经章丘区园林局设计院设计，公司定稿、竞标后，由山东南郊环境建设有限公司负责施工。工程 3 月 18 日开工、5 月底竣工，占地 1300 平方米，工程投入 100 万元。

第二节 办公、生产用房建设

用房建设 建厂初期，该厂办公用房沿用原酒店破旧房屋。1951 年在厂区东门里新建起 10 间办公室，总面积为 170 平方米。

1976 年，该厂建起第一座综合办公楼。该楼坐北朝南，砖混结构，二层单面，总面积 644 平方米，投资 6 万元。该办公楼的建成，结束了历史上土坯平房、分散办公的状况。

1984 年，投资 7.2 万元，新建销售公司营业楼 1 座，使用面积 520 平方米，该楼的建成投入使用，改善扩大了销售公司办公和经营条件。

1993 年，投资 89 万元，在厂区北靠济青公路南边，又建成 1 座四层门类齐全的综合办公大楼，总使用面积1900平方米。室内为水磨石地面，外墙全部瓷砖装饰。

2004—2008年，又先后投资240万元，新建、扩建、改建、整修基本建筑工程项目共9项。其中，2005年对销售营业楼、大门、综合办公大楼进行综合整修，外观面貌焕然一新。

2009年12月底，公司为整合厂区布局，将原厂区东北角平房宿舍区改建为公司办公区，销售公司市场部、大客户部及公司医务室迁入新办公区。

2012年7月，因销售公司办公用房紧张，该公司决定将食堂二楼改造为办公室共12间。8月，结算中心、大客户部、品牌部等迁入新办公区。在西侧新建不锈钢楼梯1座。

2015年3月，因办公楼门窗及墙面损坏严重且电线老化。公司对办公楼进行改造升级，更换电线、门窗、并对网络进行升级改造，大厅、会议室、接待室、厕所进行改造。

生产用房 建厂初期，生产用房是几十间平房，结构为青石基础、灰砖墙体、小瓦起脊，都已破旧。所用生产设备有的也损坏，化验室是1间茅草房，有的生产工序则是露天作业。

1951年，在厂区西边新建了320平方米曲房。1954年，为了扩大生产规模和推广新产品的需要，在厂区西南新建地下发酵池及配套厂房。1956年，400平方米的果露酒生产车间和地下储存仓库同时建成投产。为满足白酒储存的需要，将东门南面1排旧平房改造扩建成200平方米的酒库。1964年，又建起了2座420平方米的砖木结构标准化原料仓库。同时扩建了635平方米的酿酒生产车间，使该厂的白酒生产拥有了规模化、综合性的生产基地。1969年，在厂区南又新建263平方米砖混结构稻糠仓库1座。1970年，为适应白酒技术的更新，提高生产能力，在厂区东建成了1000平方米、年生产能力达1300吨的液体车间，使白酒生产同时具备了固体生产工艺和液体生产工艺。同时为其配套的首台生产用2.5吨锅炉房和高35米的烟筒也一并建成投入使用。1964—1970年，基本建设总投资达到16.94万元。随着生产的发展和新技术、新设备的推广使用，建筑投资也不断增加。1971—1976年，总投资达到74.4万元。为满足粮食库存需要，于1971年建成砖混结构面积500平方米的粮食仓库1座。1974年，建成1座地上、地下两层能容储500吨原酒的混凝土浇灌酒库，结束了用大缸、酒篓零星存酒的历史；为满足不断增加的生产用电需要，修建了标准化配电室及相应操作室。1976年，引进了酒精生产技术，建造了年产3000吨酒精的生产车间及配套500平方米的原料仓库。该车间共占地810平方米，砖混结构，共5层，高25米，使白酒生产总量及技术工艺达到较高的水平。为满足酒精车间的用汽需求，又改建4吨锅炉及配套建筑。自1977—1980年投入61.8万元，建成了该厂第一座标准化的白酒灌装车间，房屋分地下、地上共两层，地下为9个混凝土白酒储存池，地上为3条半自动化灌装生产线，顶层为待装成品白酒金属容器，整个建筑结构为砖混浇铸，使用面积2000平方米。1981年投入19.5万元，1982年投入13.8万元，主要用于房屋建设。一是对老固体酿造车间按照现代粮酒生产技术和工艺要求，进行了结构、功能、面积、生产能力等方面整体更新和扩建，面积由原635平方米扩建到1375平方米，结构由普通砖木结构改为高层砖体、混凝土浇灌，为生产工艺的更新创造了条件。二是在原址新扩建了制曲车间，总面积由原来的320平方米扩建到950平方米，结构由建厂初期的土木结构更新为砖混结构。三是为适应消费市场的需求，扩大瓶装酒生产。至此，形成了白酒生产、白酒勾兑、白酒灌装、仓储及后勤保障、办公场所为一体，初具规模的中型现代化企业。

1983年以后，原有的厂区需要扩征，运行的生产设备需要更新，原辅材料仓库、白酒储存容器都要扩大，为适应市场要求，营销机构和设施也要建立和完善。自1991年开始，进入了历史上新的大规模基本建设时期。先后投资600多万元，开始一系列的现代化厂房建设。1991—1992年，为提高粮食酒生产能力，先后建成2209平方米的粮酒二号车间和1087平方米的配套原料仓库及1000平方米的大曲房生产车间。同时为满足粮酒生产用汽需要，新安装、建成属于环保、高效、节能项目的10吨锅炉及配套五层厂房。为提高成品灌装能力，新建西包装车间。该车间地下为恒温原酒储存，一楼为两条现代化包装生产线，二楼为配套仓储库。外墙白瓷砖封面，全部铝塑门窗。各项建筑项目建成投入使用后，使该厂在生产、储备、灌装、销售、管理等各方面的能力大大提高。

2005—2006年，分别新建两座3200平方米钢结构存瓶、存酒仓库。2006—2007年，又利用原酒精车间分两期改建新的散酒库，使白酒配制能力提高了1倍。2007年针对包装生产能力不足，灌装设备需要整体更新，卫生环境要进一步加强的状况，3—5月，对东、西包装车间进行改造。更换延长新的灌装生产线，室内墙体全部使用新型材料进行涂刷。为使科研楼达标升级，按照省级科研中心要求，对原科研楼内、外墙体、门窗等进行整体改造。

北厂区建设 该公司历经64年的坎坷发展，因市场不断扩大和销量不断攀升，生产规模及生产场区面积已经严重受限，公司决定在原厂区北侧建设新厂区，厂区占地面积31486平方米，建筑面积20295平方米，绿化面积3458平方米。其中包装车间11259平方米，辅助生产车间9036平米，现代化生产线8条。结构体系为轻钢，安全等级和耐火等级为二级。主体抗震等级为四级，建筑高度11.8米，结构设计使用年限50年。工程投入2600万元。

2012年6月6日，与济南钢铁集团耐火材料有限责任公司签订47亩土地租赁合同。6月16日，公司新厂区建设开工奠基仪式隆重举行，出席仪式的有：省轻工办领导李伟鸣、姜祖模，章丘市领导李玉新、王继民、赵立元及济南市食协会长阎世春。同时出席奠基仪式的还有章丘市直有关部门、有关街道和村居的负责同志、友好企业和部分客户朋友。奠基仪式由赵立元副市长主持，省轻工办主任李伟鸣致辞。

6月21日，请山东省轻工业设计院专家勘察现场后作出勘察要求。6月27日—7月4日，山东华盛建筑设计研究院对新厂区进行岩土勘察共打探孔39个。7月14日—8月26日，由王中村对厂区地面进行整平处理，内运土方4396方，外运土方1386方。加固护坡26米。垒院墙671米，加高花墙126米。移栽树木350株。

7月26日，公司与山东轻工业设计院签订了《山东百脉泉酒业有限公司综合生产车间项目》工程设计合同，设计厂区占地面积31486平方米，建筑面积20295平方米，绿化面积3458平方米。其中包装车间11259平方米，辅助生产车间9036平方米，现代化生产线8条。结构体系为轻钢，安全等级和耐火等级为二级。主体抗震等级为四级，建筑高度11.8米，结构设计使用年限50年。设计费用为32万元。

8月3日，章丘市委副书记、市长刘天东带领相关部门视察北厂区建设情况。8月26日，公司与山东恒信建设监理有限公司签订委托监理合同。9月3日，公司与山东聚鑫集团钢结构有限公司、济南建工总承包集团有限公司（联合体）签订施工合同。9月8日，公司举行了新厂区建设开工典礼。工程总指挥李成新、项目负责人王峻虎、基建负责人王国林。因灌区地基达不到承载负荷要求，10 月 5—20 日，委托山东华盛建筑设计研究院对灌区部分进行强夯处理。

2013 年 3 月，主体工程完工。3 月 18 日，北厂区部分工程竞标开标，包装车间吊顶工程由劝业公司孟波中标，新厂区院墙粉刷项目由李永超中标，新厂区沥青路面建设工程由济南通达公路工程有限公司中标，新厂区大门劝业公司中标。5 月工程竣工，6 月投入使用。10 月，北厂区工程经山东恒信建设监理有限公司审计确认工程金额为 2596 多万元。

第二章 设施建设

第一节 交通、通讯、信息化

交通 1948—1973 年，该厂靠人力车或租用县搬运社机动车解决产品及原材料运输问题。1974 年，购进第一辆汽车。1977 年汽车达到 4 辆，三轮车 1 辆，成立汽车队。1983 年，汽车增至 15 辆。1987 年，购进第一辆产地波兰菠罗乃茨小轿车。2007 年底，拥有各类机动车 39 辆，其中小轿车 5 辆（雅阁、雪佛兰、奇瑞各 1 辆、桑塔纳 2 辆），商务车 1 辆，客货两用车 1 辆，面包车 30 辆，1 吨小货车 3 辆。

2008 年，公司共拥有各类机动车辆 39 辆，其中新购各类车辆 8 辆，淘汰 2 辆。2009 年，购进各类车辆共 37 辆，淘汰 4 辆。2010 年，购进各类车辆 13 辆，淘汰销出车辆 10 辆。2011 年，增加 10 部配送车辆，1 部办公车辆，同时淘汰了 3 部旧配送车辆。2012 年，公司购置小型普通客车 1 辆，皮卡车 1 辆，市外市场增加配货车 8 辆，淘汰各类车辆 7 部。2013 年，济南百脉泉招商购置 28 部配送车辆，清照客户绿野购置 4 部配送车辆，另加两部办公车辆，淘汰各类车辆 15 部。2014 年，公司办公用车增加 2 部，济南客户绿野购置 4 部配送车辆，同时淘汰了 4 部旧配送车辆，济南百脉泉新签客户购置配送车辆 4 部。章丘分公司购置厢式车 1 辆。2015 年，公司为促进工业旅游开展，购置旅游观光电瓶车 1 辆。同年，顶账进小型轿车 1 部，济南客户绿野购置 9 部配送车辆，淘汰 3 部旧配送车辆。2016 年，公司购置各类车辆共 17 辆，其中包括沂源，临邑，禹城增加 3 部配送车辆。泰安区域增加 2 部配送车辆等。

2017 年，淘汰 2 部配送车辆。同年 8 月，公司与交通运输公司合作，长期租用旅游大巴车用于公司工业旅游。现有车辆共计 104 部，其中包括奥迪 3 部、瑞丰商务 2 部，北京现代轿车 4 部，雪佛兰轿车 1 部、金杯大面包 2 部、奔腾 350 轿车 4 部，东风日产轿车 1 部、金顺面包 1 部、福田货车 1 部、面包车 75 部，皮卡车 3 部、丰田车 1 部、观光游览车 1 部等。

通讯　1948 年建厂初期，没有通讯设施。1955 年、1985 年，供应科和办公室先后各安装电话 1 部，有通讯线路 2 条。1985 年投资 2000 元，安装 20 门自动交换机 1 台。1991 年 3 月，投资 1.1 万元，购进安装了 50 门交换总机 1 台，配备 3 名话务员，成立总机室，24 小时为全厂提供通讯服务。1992 年 1 月，该厂与章丘县邮电局签订代理维护用户交换机（线路）合约。1999 年 4 月，加入章丘市电信局提供的局域网通讯业务，与电信局直接联网，使厂内部门与部门之间能直接通话，总机室撤销，厂内总机停止使用。2007 年，全厂局域网内共有电话 47 部，其中 26 部属外线直拨电话，有 3 部电话捆绑小灵通。

2012 年 8 月，为节省电话费支出，公司与移动公司合作办理移动座机并设公司局域网。为方便员工，加强部门员工间的工作联络，免费让员工加入公司局域内网。2013 年 6 月，增加移动座机共 12 部。2014 年 6 月，增加移动座机 1 部。2015 年 7 月，增加移动座机 1 部。2016 年 7 月，为更好协调工业旅游工作，共购买对讲机 6 部。2017 年 2 月，增加移动座机 2 部，8 月增加 1 部移动座机。现共有网通座机电话 47 部，移动座机电话共 38 部。

信息化　2006 年 12 月，为改变财务手工做账的传统工作模式，引进金蝶 K3 软件财务系统，使其逐步数字化。同年，配备浪潮服务器 1 台，外网在线电脑 22 台，在财务办公室仓库运行。连接方式为宽带猫接入方式，家用路由器带 15 台外网电脑，管理高层为单账号双网接入。

2007 年 7 月，引进金蝶 OA（办公自动化）、HR（人力资源系统）公司办公自动化的系统作为信息化项目建设实施项目，正式立项建立，该系统由自动化办公系统结合财务网络系统、人力资源网络系统一并构成了公司内部资源利用信息共享体系。该系统的应用会有效的提升工作效率和沟通能力，使公司的整体现代化操作模式发生了根本性转变。7月19日，组织各部门微机操作人员40多人参加培训，办公自动化软件公司讲师为大家细致讲解了程序运行系统和具体操作方法。培训结束后，公司局域网办公自动化系统投入正常运行。

2008年9月，与青岛中软信息产业发展有限公司签定合作协议为庆祝建厂60周年制作企业官网，并注册国际域名www.bmqjy.com，于10月正式投入运行。同月，为加快工业与信息化融合，构建新的经济发展建设平台，促进经济结构调整和发展方向改变，实现信息化发展提升企业效益，经公司决定成立公司信息化领导小组，组长：李成新，副组长：牛余林，成员：陈向峰、赵庆海、毕思水、高绍军、孙立慧、李俊青、巩艳辉、袁乃凯、燕 燕。公司领导对信息化工作高度重视，使其信息化工作队伍建设不断壮大。

2010年4月，由于企业工作流程执行部门，在执行某些流程时存在执行度不够，不能按时完成工作，监管部门一旦追究各执行部门责任的时候都相互推卸，使监管部门无据可查，给管理上造成了一定的困难，为了使企业的管理不断提升，提高工作效率，经多方调查和不断试用，委托陕西易协软件公司开发了1套易协流程管理系统，能够对公司的各个工作流程（环节）进行全程跟踪，并可以通过手机自动发送短信的方式对工作进行督办，同时也能够方便的进行绩效考核。该项成果被省企业联合会纳入企业管理创新成果。

9月，公司机房迁至3楼，更换掉2006年老旧浪潮服务器，新服务器型号联想万全T260-G2，接入方式为10兆光纤专线四账号单行接入，OA、互联网双网单线接入到各科室，撤掉7个账号，每年节省5000多元。

2012年12月3日，公司信息化中心完成《白酒生产检测、储配监控、质量信息管理系统建设》一文，荣获“全国轻工业管理现代化创新成果三等奖”。

12月6日，公司作为章丘市近500家规模以上企业中10家信息化示范企业之一，顺利通过标准化验收，成为全市为数不多的信息化应用示范企业。

2013年2月16日，经章丘经信委信息产业科推荐，由济南经信委信息化推进处等多部门的考核验收，白酒生产检测、储配监控、质量信息管理系统建设项目顺利通过验收，财政拔款20万元，通过资金的申请，使公司信息化系统的升级提供了保障。

2014年7月，为整治公司销售串货赊销问题，加强市场管理力度，经公司领导开会研究决定，采用信息化手段进行管理，于20日与天恒众航北京科技有限公司签订协议，引进外勤管家管理系统，系统由手机端（业务人员）和客户端（结算中心）两部分组成，由业务员下订单到结算中心等一系列电子化流程，加上人员定位考勤、产品拍照回传等手段，起到了很好的作用。

2016年1月，经章丘经信委信息产业科推荐，由济南经信委信息化推进处等多部门的考核验收，移动网络营销管理综合信息系统项目顺利通过验收。这是继2013年以后，第三批工业和信息化专项资金，财政拔款15万元，通过资金的申请，为该系统的升级及顺利实施提供了保障。

第二节　职工住房

1948年，厂区南部平房四合院较多。宿舍用房83间，约830平方米。其中家属12户，占用26间。单身职工占用57间。住房条件较差。老式民房，门窗狭窄，屋内潮湿。因无电，只能用煤油灯照明。直到1955年，生产经营形势有所好转，投资4800元新上发电机1组，淘汰了煤油灯，解决了宿舍和厂区、车间的照明问题。

1971年，在厂区西南院建造单身职工宿舍13间，面积234平方米，投资1.24万元。1979年，投资7.1236万元在厂区东北角新建3排平房、独院宿舍共计30间，总面积为672平方米。其中2排安排职工及其家属入住，共11户，北边另一排为单身职工宿舍。职工住房矛盾虽有所缓解，但大部分职工仍住在原来的旧平房。1978—1982年，投资3.2万元先后在厂区西南院新建单身宿舍41间，总面积为711平方米，使大部分单身职工住进了新房。将厂区东南四合院旧房拆除，规划成生产区。1987年，投资8万元在新建食堂的二层建单身职工宿舍12间，总面积220平方米。1990年，随着已婚双职工的增多，又投资15.5万元在厂区西南院新建18户独院家属宿舍，每户36平方米，共计648平方米，水电暖齐全。1992年，在建制曲车间的同时，投资14万元在车间二楼建单身职工宿舍14间，总面积为350平方米。1993年，全厂职工达到800多人，住房矛盾突出。从福利基金中拨出部分专款作为贴补，职工每户集资1.4万元，共投资140万元，在厂宿舍区建起第一座职工宿舍楼，总面积为2024平方米，为32户职工解决住房问题。因公司远离市区，子女上学、入托生活各方面有所不便，为解决职工的后顾之忧，于1996年采取企业出资和住房职工集资相结合的办法，在明水桃花山住宅小区为31户职工新建宿舍楼共计3260平方米，总投资218.4万元。其中30户1幢，独院二层1处。1993年和1996年建成的共计64户职工住房均已参加房改。随着企业的发展，年轻员工逐年增加，职工住房仍处于紧张局面。2001年，由住房户员工出资，又集体在明水明珠小区购房80户，共计7360平方米，总价值700万元。

2008年3月，为解决大学生入厂后住房紧张问题，公司购入南宿舍1单元4楼东户住房1栋，面积70平方米，作为单身职工宿舍使用。

2009年5月，公司经济效益持续增长，职工收入不断提高，随着职工人数的不断增加。公司领导为改善职工住房条件，经多方调查论证，以团购价格在明珠小区东区北区购买两栋宿舍楼。5月23日，本着公开、公平、公正的原则，组织购房户与开发公司进行了现场交定金、抓阄选房工作。住房于2009年9月开始建设，2010年10月1日交工。23号楼5个单元60户，22号楼3个单元36户，共为96户职工解决了住房问题。

2012年11月，根据职工提案要求，对酒厂后宿舍东西主路面150平米进行了水泥硬化。

2015年7月，职工后宿舍楼外墙皮脱落严重且章丘市正在创建卫生城市，公司投资7万元对外墙用白水泥重新修补后，粉刷了白色乳胶漆并将损坏的窗户进行更换刷新，施工面积1010平方米。

第三节　服务设施建设

职工食堂　1948年10月，建立职工食堂。食堂设在厂区小南院，南屋4间。其中操作室2间，小灶1间，卖饭1间。

1964年，该厂投资8700元，在原食堂的基础上扩建1处职工食堂，除设有操作室、加工间外，还设有餐厅，总面积为120平方米。新食堂建成后此处改为五金库。

1987年，由于职工人数增加，1964年建起的职工食堂已不适应职工生活的需要，又投资9万元，新建职工食堂1处，总面积为220平方米。其中操作间110平方米，餐厅110平方米，并附设有2间招待室。2006年，又将临近食堂已停用的纯净水车间改建为食堂招待室。

1999年，为增加职工食堂服务功能，方便职工就餐，又投资10万元，对餐厅进行改造，安装了铝合金门窗，装饰地面、墙壁，购置新餐桌16张，座椅（凳）180把。2006年、2007年分别增加更新了部分餐桌、座椅，餐桌达到20张，座椅（凳）达到220把。

2013年6月，公司为提升职工生活就餐环境，将原西包装车间改造为职工餐厅，改造面积共438平方米，轻钢龙骨石膏板吊顶、地面铺80厘米×80厘米全抛光地面瓷砖，可容纳220人同时就餐。同时西侧新建主席台1座面积48平方米，安装音响6套作会议和舞台使用，在主席台后边新建休息室一间面积12平方米。东侧设置打饭窗口6个，并将原洗瓶间改造为大厨房面积150平方米，仓库上下二层6间150平方米，投入20万元。原食堂操作间改造为“百脉泉”“清照”“福祥和”3个招待餐厅，东侧1间作为休息室。并在南侧新建走廊一处，方便进出。西侧仓库改为伙房。

浴池　1989年，为方便粮酒车间职工班后洗浴，投资6万元新建1处简易浴池，面积为61平方米。

1992年，为方便全厂职工日常洗浴，又投资11万元，在厂区西边新建浴池1处，分男池、女池，并设有1间理发室，总面积为199.16平方米。

2002年停止使用，后改为包装车间女职工更衣室和职工存车处。

幼儿园　1991年，为方便职工子女入托，利用旧房建立托儿所1处，面积为36平方米。随着入托儿童的增加，原托儿所渐显狭小。1995年，又投资2万元，新建托儿所1处，面积为110平方米。

1996年托儿所停办，所属房屋另作他用。

职工活动中心　2013年6月，公司将原300平方米食堂餐厅改造为“职工活动中心”，并购进乒乓球桌等设施。

篮球场　2013年7月，公司将原散酒库拆除后新建职工篮球场一处，丰富了职工业余生活。

招待所　2015年7月，为解决公司长期招待问题，公司投入3万元将后宿舍一个70平方米小院进行装修改造，并安装电视、热水器等生活设施作为招待所。

公共自行车　2017年8月，为方便职工上下班交通出行，公司投入1.2万元在南厂区大门东侧院墙外铺设花砖、硬化地面100平方米，协调章丘市公共自行车安装自行车桩26个，增加了职工出行方式。

（审稿人员：张景　侯凌云　王菲）

第十三篇

工业旅游

百脉泉酒业工业旅游是从2004年开始，初期是以客户或各级领导来公司参观包装生产线、粮酒酿造生产工艺为主。为更好地挖掘公司悠久的酒文化历史底蕴，打造建设一个有个性、有特色、有魅力、可观赏、可体验、可学习的酒文化景区，集吃、住、行、游、购、娱、学于一体的完整体系，既可成为企业宣传亮点，又能推广企业文化、提升品牌形象，增强消费者的忠诚度，产生良好的经济效益、社会效益和文化效益。2009年，公司党委书记、董事长、总经理提出开始规划建设工业旅游项目。

第一章 团队建设

2004年，来公司指导工作的上级领导、政府各部委办局相关部门及相关企业、客户开始增加了参观企业这项内容，参观的讲解工作归属总经办，主要由董丽娜负责并担任第一任讲解员，这便是工业旅游的雏形。2009年建设工业旅游项目后，该项工作归属于销售公司管理，由孙立慧负责，先后由肖萍、高洁、王蕾、刘蕾、张悦担任兼职讲解员。2013年2月，工业旅游管理工作转归总经理办公室管理，由袁锡惠负责，由张悦担任兼职讲解员。2014年5月17日，藏酒馆开馆，旅游工作归属销售公司，由孙立慧负责。5月底，藏酒馆转归总经办管理，公司办公室副主任耿念学兼管封藏酒工作。2014年11月27日公司决定，工业旅游工作由工会主席袁锡惠分管，同时组建工业旅游团队。由人力资源部负责在公司内部招聘专业讲解员，先期在公司经报名→资格审察→笔试→面试后，招录高国玉、卢嘉琪、李宁3人，12月，成立了工业旅游办公室，肖萍调入工业旅游办公室任主管。2015年5月，肖萍调出工业旅游办公室，董丽娜调入工业旅游办公室任主管。2016年4月，工业旅游办公室与总经理办公室分离，成为独立部门，由工会主席袁锡惠分管，耿念学任主任，抓全面管理工作，董丽娜任副主任，协助主任抓内部管理工作，并负责景区级别的提升及协调有关旅游部门的工作。2016年8月，肖萍调入工业旅游办公室任副主任，主要负责宣传工作及讲解员的教育培训。2015年3月—2017年5月，先后对外招聘讲解员，以大学生或从事过导游工作的人员为主，经培训、试用，留用的人员有于春、高润、欧业、杨乐、谢凤蕾、马文健、王昌悦、高聪、李鹏。2016年6月，欧业调入总经办。2016年8月，公司在朱家峪景区设立展馆，隶属工业旅游办，由芦庆芳、徐卫东、赵东玲（返聘）3人管理，同年10月，因冬天游客少而闭馆，2017年2月26日开始改为周六、周日开馆，同年3月29日恢复正常开馆，由芦庆芳负责管理。2017年10月，工业旅游办公室共有人员14人，由管理人员3人、讲解员8人、场馆清洁维护人员2人、朱家峪景区公司展馆1人。

工业旅游办公室负责人任职工情况一览表

单位名称	职　务	姓　名	任职年限
工业旅游办公室	主　任	耿念学	2016年4月—
	副主任	耿念学	2013年2月—2015年3月（享受副主任待遇）
		耿念学	2015年4月—2016年3月
		董丽娜	2016年4月—
		肖　萍	2016年8月—
	主　管	肖　萍	2014年12月—2015年5月
		董丽娜	2015年5月—2016年3月

第二章 工业旅游管理

第一节　团队培训管理

自 2014 年 12 月开始，公司加大了对工业旅游的工作力度，组建了独立的工业旅游团队，先从内部招聘人员培训试用。2015 年 1 月，与智邦达营销咨询公司合作，3 月份，由专业人员协助面向社会招聘了部分大学生和有导游经验的专业人员进入导游讲解队伍，进行指导和团队培训。8 月解除与智邦达公司合作关系。同年 9 月，与邦邦旅游咨询公司合作，由邦邦咨询公司出面，邀请山东大学英语语言文学硕士、副译审、副教授、山东职业学院国际交流中心主任、山东省旅游局专家库成员李彦来公司培训导游讲解专业知识，10 月，由邦邦咨询公司总经理张博文带领公司讲解员去九如山景区进行实地培训。之后，定期或不定期地针对讲解员进行培训学习，使工业旅游团队日渐成熟，接待人员的整体素质不断提升。在团队人员形象设计方面，专门邀请有化妆经验的专业人员来进行化妆培训，统一了春秋季、夏季和冬季的服装，邀请在部队复员的职工为工业游人员进行军姿训练，以“内强素质、外树形象”，提振“精、气、神”，为适应旅游事业发展的新要求，为广大游客提供优质服务。制订了《山东百脉泉酒业有限公司工业游日工作流程》《山东百脉泉酒业有限公司工业旅游服务工作流程》《山东百脉泉酒业有限公司工业旅游管理制度》等规章制度。为提升团队人员的整体素质提供了较完备的管理措施。2018 年 4 月，济南市旅发委在龙奥大厦举办全市工业旅游培训班，邀请济南大学旅游与酒店管理系梅青教授、山东财经大学工商管理学院旅游系路琪教授、泰安旅游规划院常德军院长进行授课，公司袁锡惠、耿念学参加培训。

第二节　安全维护管理

2015 年 1 月开始，由公司安保部派专人为工业旅游团队所有人员进行安全防火培训，积极参加公司安全消防演练。完善安全管理制度，制订安全防范措施和应急预案，明确专人负责，强化督导检查，全面做好景区安全管理和预防工作。突出抓好防火工作，杜绝各类人为火险发生；采取“沿途平安提醒，险段强制限速”等措施，强化景区旅游交通安全管理；在景区危险地段、险要位置设置特色安全警示牌和安全防护设施，确保游客游览安全；加强景区食品卫生安全管理；在平安保险公司加入景区安全保险。

第三节 场馆维护及接待服务管理

对公司酒文化景区各场馆及周边环境卫生有两名专职人员进行清洁维护，有专人对馆内各种设备进行检查，如有故障，及时通知专业部门进行维修，确保景区卫生清洁、场馆及设施正常使用。

做好酒文化景区文明热情地接待服务、详细到位地解说服务，对公司产品、章丘特产等介绍详实的导购服务、精彩的酒道表演服务、细致周全的用餐服务等各项服务管理。对讲解员进行系统专业的培训，微笑热情服务，耐心解答游客提出的各种问题，尽最大能力满足游客的不同需求，对不合理的需求做好解释工作。让游客体会到“好客百脉泉”的热情和宾至如归的感受。

第三章 工业旅游运行

第一节 工业旅游示范点建设

为提高公司工业旅游运行质量，2009 年 9 月 4—6 日，应章丘市旅游局安排，公司派肖萍等人参加了在济南舜耕国际会展中心举行的由济南市人民政府、山东省旅游局主办，济南市旅游局承办的第九届中国（济南）国际旅游交易会暨 2009 生态休闲旅游博览会。大会以“生态旅游与绿色型增长方式”为主题，以贸易成交为导向，为参展企业提供了良好的展示企业形象和创新交流洽谈的平台，为公司刚起步的工业旅游提供了良好的借鉴，开拓了发展思路。2010 年 1 月，公司荣获山东旅游协会、大众日报联合颁发的“2009好客山东十佳品牌”荣誉。2011年5月19日，章丘市庆祝首个“中国旅游日”暨山东百脉泉酒业有限公司酒文化馆开馆仪式，在公司酒文化景区举行。山东省、济南和章丘市有关领导出席庆祝活动，社会各届人士、公司的经销商和供应商客户及员工1500多人参加了开馆仪式。仪式由章丘市副市长齐怀栋主持并致辞。李成新董事长在讲话中表示：公司精心打造工业旅游，其宗旨就是弘扬章丘厚重的历史文化和悠久的酿酒、饮酒文化，宣传泉水文化和清照文化，倡导“科学、文明、健康饮酒”时尚，提升人们“喝酒喝文化”的消费意识，发挥“寓教于游”的功能。公司以中国旅游日及酒文化馆开馆为契机，把旅游产业培植成为新的经济效益增长点。以旅游产业带动白酒产业，以旅游产业提升品牌影响力，以旅游产业唱响“福祥和”老字号，以旅游产业推进公司“共创和谐发展，打造百年企业”战略目标的进程。为建设“富裕章丘、和谐章丘、幸福章丘”做出更新、更大贡献。济南市旅游局副局长方连庆、章丘市委常委、宣传部部长亓峰对公司创建工业游分别讲了意见，省旅游局政策法规处处长王明波与济南市旅游局副局长方连庆共同为百脉泉酒业“省级工业旅游示范点”授牌。省、市领导李伟鸣、薛剑锐、王世敏、孟宪杰、李玉新、岳庆林、亓峰、齐怀栋、沈迎为公司酒文化馆开馆剪彩。

2012年1月，公司荣获由全国党报城市品牌推广联盟、山东旅游行业协会、大众日报社颁发的“2011最美中国（山东）旅游接待用酒推荐品牌”荣誉。同年3月，公司被章丘市精神文明建设委员会和章丘市旅游局联合评为“2011年度全市旅游行业文明服务窗口”荣誉，张悦被评为“文明服务标兵”和“全市旅游工作先进个人”荣誉。同年国庆节期间，公司在百脉泉公园举办了“旅游产品展销和品尝芝麻香系列美酒”活动。2013年2月28日，济阳县旅游局相关领导在市旅游局宋亦舟局长的陪同下，参观考察了公司工业旅游相关工作。5月19日，公司参加了由市旅游局联合市农办组织各旅游行业单位、特色农产品企业在百脉泉广场举办的“5·19中国旅游日”宣传活动。公司派专人参加，现场发放旅游宣传册、旅游优惠券等千余份。现场展示旅游产品、回答广大市民的咨询，宣传推介了公司以酒文化为特色的工业旅游项目。2014年5月17日，公司启动了以“生态原浆·盛世封藏”为主题的封藏大典活动，公司藏酒馆正式开馆，开启了新一轮以封藏酒为亮点的旅游活动。8月，公司工业旅游酒文化景区获得山东省影视文化学会颁发的“影视拍摄重点联系景区”荣誉。12月31日，章丘市副市长李宝燕莅临公司检查指导工业旅游工作，市旅游局长宋亦舟陪同，公司董事长李成新陪同并介绍公司工业旅游开展情况。

2015年1月，公司加大了对工业旅游的运行力度，由智邦达营销咨询公司进行策划、指导，规划了旅游参观线路，协助组建团队，提炼完善了导游讲解词，实施导购培训。

由公司大客户——济南绿野商贸有限公司在济南市场运作招聘游客，通过聘请白酒品鉴顾问的形式加强与各社区消费者的联系，向公司输入社区居民，参观公司生产现场、酒文化景区、品酒、购酒，培养潜在消费者、巩固原有消费者的忠诚度。与销售公司市内、外区域市场加强互动，引入客户及消费者来公司进行一日游，增强客户对公司的良好印象和忠诚度。

2015年8月，针对高考，开展了“清照故里，状元之乡”为高考状元免费赠酒活动、“‘跨越高考，释放激情’——醉美百脉泉，文化盛宴，生态之旅”活动、“‘金榜题名，把酒庆功’——为高考学子优惠购酒、购酒送餐”活动。引入高考学生及家长近千人来公司参观，实现销售额116万元。9月，由邦邦旅游咨询公司为公司提供网络口碑推广服务、微信营销服务、话题营销服务、线下营销服务，负责营销管理及市场开发。合作期间，为公司引入各地游客13000多人，实现白酒销售额近20万元。协助策划了一系列营销活动。10月18日重阳节，为弘扬传统文化、传承中国孝道，公司举办了以“九九重阳节·浓浓敬老情”为主题的百脉泉生态原浆酒封坛活动，并把农历九月确定为“孝老敬亲—百脉泉生态原浆酒封坛特惠月”，推出百脉泉生态原浆酒封坛特惠活动。近150名老人们有的在子女的陪同下，欢聚在山东百脉泉酒业有限公司，共同庆祝“九九重阳节”。参观企业→品鉴百脉泉生态美酒→现场封坛，并由市传统文化研究中心王强主任带领大家为父母健康长寿祈福→午宴→欣赏丰富多彩的文艺演出，并参与抽奖活动。现场封藏酒实现销售额80多万元。2016年母亲节、父亲节到来之际，组织了爱心义卖活动，为明水敬老院的老人们送去了米、面、粮、油等生活用品和爱心善款。

第二节 加大工业旅游宣传，强化旅游运营改革

2016年7月，由济南点精堂传媒公司来企业拍摄了工业旅游宣传片，在公司网站和微信平台上开设了工业旅游版块。

2016年8月，公司对工业游的运营现状进行了重新规划，公司对于工业旅游项目实施承包，实行半独立运营制。对济南绿野商贸有限公司引进的消费者和公司客户参观企业产生的费用由公司承担，产生的白酒销售额由工业旅游办按8%的比例进行提成。其他游客的组织费用由工业旅游团队自行承担，产生的销售额，由工业游提取差额部分，加大旅游团队人员对宣传及推广产品的主动性和积极性，提升服务水平和销售能力，实行多劳多得。丰富客源的引进方式与渠道。通过与百脉泉公园、朱家峪、锦屏山、龙山文化博物馆、危山景区、绣源河等景区组成不同的路线，充分将公司的工业文化之旅与章丘得天独厚的旅游资源及地理优势有效融合。在区旅游局的协调下，加强与农业生态园区的合作，2016年10月，与青葱庄园组合了精品旅游线路。2017年4月2日，借首届黉塘岭“梨花又开放”文化旅游节揭幕之际，公司与昊霖果品生态园就旅游信息共享签订了合作协议。4月15日，“香约赵八洞，情牵连翘谷”文化旅游节在官司庄街道赵八洞景区启动，在启动仪式上，公司与赵八洞景区签署旅游合作协议，达成了旅游资源共享合作战略。

2016年12月，工业旅游加强与科协联系，借助酒文化景区厚重的历史文化底蕴及中华酒文化科普功能，成功申报了“济南市三星级科普基地”，为公司争取奖励基金2万元。2017年，又成功申报了“山东省科普教育基地”，再次为公司争取奖励基金10万元。以此为契机，加强了与高等院校合作，分别引进山东财经大学、泰安科技大学、山东青年政治学院、山东交通大学、齐鲁大学、山东大学、山东建筑大学、山东工艺美术学院、齐鲁理工学院、山东女子学院、滨州学院等诸多高校的大学生来公司参观、学习、了解白酒酿造工艺及酒文化知识。组织王白庄小学的学生来公司学习参观，了解家乡的企业及发展历史，体验和倾听身边的从清朝传承的老企业的故事。同时组织了多场亲子活动，让孩子们“寓教于游”中。

2017年3月2日，济南市旅发委规划处曹青主任一行4人来公司调研省级工业旅游示范企业工作开

展情况，区旅游局长宋亦舟、刘春晓主任陪同。随着《全国工业旅游发展纲要（2016—2025）（征求意见稿）》的推行，对工业旅游的开展起到了极大的促进作用。5 月 13 日，在第 6 个“中国旅游日”到来之际，公司在百脉泉广场参加了由章丘市旅游局主办的旅游宣传活动，以设展台、发放宣传材料、展示旅游产品等方式进行。区委副书记孟学峰、区人大副主任李忠新、副区长滕培汤、王玉洁等领导及各镇街道办、各旅游行业、各景区及多家旅行社人员参加了启动仪式。5 月 19 日，章丘区旅游工作大会上，公司景区荣获“主创活动先进单位”，耿念学荣获“全市旅游先进工作者”荣誉。8 月 31 日，济南市旅发委在山东力诺科技园召开了全市工业旅游工作会议，会议期间，与会领导与参会嘉宾参观了公司工业旅游开展情况。9 月 7 日，公司的旅游产品“青梅煮酒旗袍雅韵”酒参加山东省旅发委主办的“第十五届山东省旅游商品创新设计大赛”中获得铜奖，这是公司首次参加大赛并获奖，也是章丘区当年各旅游单位参赛产品中唯一获奖的旅游产品。2018 年 2 月，公司董事长李成新作为济南市人大代表，在市十六届人大二次会议上提出了“关于支持企业开展特色工业旅游项目的建议”。4 月 10 日，市人大民侨外委员会副主任、民侨外工作室主任秦旭、副主任刘德国、副处长孔晖，在市旅发委副巡视员曹青、副调研员门桂苍、主任科员门洪涛的陪同下，来公司调研工业旅游开展情况并对李成新代表提案进行面复。4 月，公司成为济南市旅游商品协会副理事长单位。同月，公司做为发起人之一参与由济南市旅发委牵头成立的“济南市工业旅游联盟”筹备会议。5 月，公司开始筹划成立百脉泉酒业旅行社事宜，推动工业旅游进一步改革。

第四章　工业旅游景区提升

第一节　景点布局与扩展

公司于 2009 年开始筹建工业旅游项目。收购公司前身“福祥和”酒作坊旧址古四合院，改建“历史文化馆”，开启了公司建厂以来工业旅游项目进程。2010 年 10 月建设完工，12 月通过山东省旅游局验收，成为“山东工业旅游示范点”。2015 年 12 月 31 日，公司顺利通过济南市旅游局验收，被认定为国家 AA 级旅游景区。

2017 年底，景区已经形成“馆、院、长廊、池潭、广场、园区”相辅相成的格局，包括酒文化长廊、“福祥和”古酒作坊旧址四合院（历史文化馆）、酒道馆、藏酒馆、翰风堂、问鼎阁、荣耀厅、和谐广场、龙涎广场、百酒广场、九龙潭、华鲟池、如意园等。同时建有游客中心，内设品酒区、酒道表演区、DIY 体验区、公司产品及章丘特产选购区，满足游客对公司产品的品尝、调酒体验、产品选购，欣赏清彩的酒道表演。公司食堂能同时容纳 200 人的就餐，免费品尝百脉泉酒。公司酒文化景区已形成集吃、住、行、游、购、娱、学等要素的完整体系。

公司酒文化景区建设布局特色：“藏酒馆”，提供免费封藏服务，展馆内存有社会各届名士的私人藏酒。“问鼎阁”汇集了电子翻书、宣传片播放、快速照相签名等高科技展览模式，通过品牌策略、管理体制、营销改革、技术攻坚等模块，向大家动态展示企业历经三个世纪的发展历程。在这里，游客可自愿为自己留下游览签名纪念照。“翰风堂”，馆内展出了诸多书画大家的佳作。“古酒坊”，设置了逼真的复原远古酿造场景。详细的白酒酿造图文解说，配以现场的模拟酿造展示，把白酒的每个生产环节描述清晰，仿古装扮的店小二的热情招待，会让游客在品鉴美酒时，沉醉其中，乐而忘返。这里还可照像制作“私人订制”的旅游纪念酒。“酒道馆”中设置了公司的厂区沙盘图，公司董事长李成新与各届名士的合影照片，各朝代的器皿展示、游客休息区，同时可观看公司宣传片，系统了解公司的发展史，学习品酒之艺、饮酒之道。“荣耀厅”，展示了公司七十年来的辉煌足迹，所获得的各种荣誉奖牌。

有着百年历史的“福祥和”酒作坊旧址——古四合院，通过酒源、传承、典藏、醉墨四大展厅，向大家展示远古酿酒复原模型、出土于龙山文化遗址的蛋壳陶、白陶鬶、青花梅瓶、鸡首壶等精美酒具以及百年老字号——“福祥和”原汁原味的人工酿酒场景，感受白酒酿造业从“油灯时代”到“机械化大生产”的变迁，以及渗透着章丘古老情怀的陈年老产品。

“龙涎广场”，因一个美丽的神化传说而得名，是景区很有观赏价值的室外景点，内有龙涎潭、小梅花泉、小墨泉，清泉滚滚喷涌而出，小桥流水、风车轻转，每每吸引的游客纷纷拿出相机或手机争相拍照，流连忘返。“和谐广场”，是百脉泉酒业标志性的建筑，石、泉、酒融为一体，七股泉水寓意百脉泉酒业蒸蒸日上，八面名泉烘托八方来财，公司振兴，泉池外圆内方，表达公司诚信经营，合法招财纳宝。“百酒广场”开启于百酒大道，百酒大道是由一百个不同字体的“酒”字刻制在青石板上镶嵌于路面，共分三部分，东西部共雕刻九十九个“酒”字，中部圆形标志图案以九个“酒”字环绕中间酒泉花簇拥着的百脉泉酒业标志，就像一颗白酒业璀璨的明珠腾飞。广场西侧的九龙壁，是中华民族勤劳、勇敢、奋发腾飞的象征，下面九股泉水喷涌而出，寓意为“九龙纳福送财，风调雨顺，生态佳酿，浑然天成”，副影壁分座“酒魂”二字是书法大家王励志教授所题，寓意百脉泉酒业永续健康发展的精髓。

“如意园”，与百酒广场南北相连，举止西望，一条红色九尊巨龙横卧花草丛中，头尾与两棵柿子树相连，寓意“巨龙纳福迎祥瑞，世事如意万木春”。

九龙潭、华鲟池，此景点以九个龙头喷水入潭，潭水清澈鲟鱼游戈而得名，此水为酿酒后的处理循环水，池中有九条被称之为水中大熊猫的中华鲟，因其生存对水质要求极高，而它们能在此生长五六年之久足以见证公司泉水酿酒的优良水质。

酒文化长廊，贯穿南北400多米，长廊两侧壁画，东侧展示了自炎黄五帝到明清末年近3000年间墨客贤人与酒结下的不解渊源，西侧展示了公司发展的七十年历程。

加大旅游厕所提档。公司南厂区酒文化景区内改建了两处复古式的厕所，2017年9月开始，在公司北厂区大门东侧，新建1处现代时尚的厕所，11月中旬峻工投入使用。

2017年12月27日，济南市旅游发展委员会济旅字［2017］79号文下发，经章丘区旅游发展中心初评与推荐，济南市旅游发展委员会审核认定，山东百脉泉酒业景区达到国家AAA级旅游景区标准，予以通过。

第二节　工业旅游社会效应及发展前景

工业旅游作为全域旅游的重要组成部分，有着广阔的发展前景，游客来公司参观生产过程、生产工艺、企业厂容厂貌、企业文化、现场管理以及员工的精神状态，一方面可以使游客获得相关的知识和体验，另一方面推介了公司产品，提升了品牌影响力，第三方面，有效传播了企业文化，让游客获得认同感，从而加大对公司形象的深刻印象和对消费产品的忠诚度。产生更大的经济效益、社会效益和文化效益。

2016年底，全国工业旅游创新大会在青岛召开，会上发布了《全国工业旅游发展纲要（2016—2025征求意见稿）》，指出：工业旅游全面加速发展的重要机遇已经到来。公司乘势而为，加大措施，推动工业旅游发展。2017年，济南市工业旅游创新工作会议指出，未来五年，工业旅游将进入一个黄金发展期。已成为大众旅游时代促进产业整合、推进全域旅游发展的重要载体。近年来，章丘区大力打造全域旅游，以做好泉水文章、打造文旅名城为目标，现已与乌镇总设计师陈向宏及其团队签约，建设泉水生态文化标志区，打造清照历史文化街区，做好“显山露水”文章。建成后将进一步擦亮泉水特色名片，使城市个性更加突出，城市特色更加鲜明，城市形象更富魅力。百脉泉酒业古酒坊将入驻清照历史文化街区，突显厚重的历史文化及个性、特色。

百脉泉酒业工业旅游作为济南市全域旅游的重要组成部分，已融入济南东部新区文旅名城建设总体布局。

（审稿人员：张景 侯凌云 王菲）

第十四篇

职工生活

第一章 医 疗

第一节 医疗服务

1948 年 10 月建厂后，该厂没有设立专门的医疗机构，工人就诊需到附近村卫生所，大病住院后回厂报销。1952 年，建立卫生室，由曾在部队任过卫生员的李科发负责卫生室工作。卫生室房屋 1 间，只有几十种常用药品，职工大病到章丘县医院就诊，小病到王白庄卫生室治疗。1963 年李科发调离，卫生室的工作停止，职工看病就近诊治。1969 年 4 月，重新建立卫生室，军医杨炳礼转业分配到该厂负责医务工作，卫生室与化验室一起办公，杨炳礼同时兼任化验室的化验员。

1976 年秋，卫生室同化验室分离，杨炳礼不再任化验员。至此厂里有了独立的医疗机构和专职的医务人员。1982 年购置诊断床、出诊包、血压计、听诊器等必备设备。随着企业人员增加，卫生室的工作量越来越大。1983 年，王峻岭到卫生室工作，卫生室增加到 2 人。当时由于受条件和技术水平的限制，医疗服务也只是限于简单的外伤处理及常见病的对症治疗。1990 年，经市卫生局审核卫生室办理了输液许可证。是年，为保证广大职工的就诊安全，为卫生室购进了高压蒸汽灭菌器，并于 1992 年办理消毒卫生许可证。1991 年 7 月，高怀禄具体负责卫生室的工作，1992—1996 年间，卫生室逐步完善多项治疗技术，如静脉穿刺输液、针灸、按摩等。1996 年，卫生室先后增加由卫校医士专业毕业的侯凌云和王红梅，卫生室专业卫生人员增加到 4 人。由于企业效益好，厂领导对卫生室的工作重视，每年 4 万元的医疗经费及时拨付，促进各项医务工作的全面展开，做到常见病多发病不出厂，为企业节约大量的医疗经费。1995 年，全年医疗费用 205122 元。1996 年，企业实行了医疗保险，建立个人账户金制度，1998 年，全年医疗费用 18558 元。1999 年，随着社区卫生服务工作的深入开展，卫生室逐步完善社区的医疗卫生服务体系，定期去患者家中查体，问诊并记录在案，为高血压患者建立个人档案，使其在治疗上有据可查。2001 年底，医疗卫生经费严重不足，自2002年下半年开始，医务室所需药品及医疗器械由公司供应处负责采购。2003年初，“非典型肺炎”SARS疫情开始蔓延，医疗卫生行业进入了临战状态。4月23日，根据上级“关于非典防治工作专题会议要求”和胡锦涛总书记的有关重要讲话精神，召开了非典型肺炎防治工作专题会议，成立由各级领导组成的“防非”小组。卫生室精心布置了预防体系，对进出车辆严格消毒，出入厂区人员测体温，并建立发热门诊，由高怀禄医生负责对发热病人进行接诊和转诊工作，“五·一”长假，卫生室人员高度戒备。进入6、7月份SARS得以控制，预防“非典”工作取得重大胜利。卫生室也受到上级卫生行政部门的表彰，被评为“预防非典先进单位”。

2001—2003年，王峻岭及高怀禄医生先后内退。2003年12月，进行医疗制度改革，加入济南市城镇职工医疗保险，卫生室经市劳动部门批准，被章丘市医疗保险事业处确定为医疗定点机构，纳入全市医疗部门统一管理。卫生室与公司签订了承包协议。其主要内容有：1. 严格按照章丘市城镇职工基本医疗保险规定行医，药品价格按国家规定，在进价基础上加15%；2. 员工就医除药品材料费用外，不允许收取其他费用；3. 公司为卫生室提供流动资金8000元，并支付卫生室补贴每年6720元，用于交纳养老保险，住房公积金，医疗保险；4. 卫生室无条件地服从公司的领导和监督，继续承担公司防疫、卫生检测、从业人员查体等正常业务；5. 公司负担卫生室的年审、验证、药品检验等费用。自承包协议签订后，卫生室工作面貌发生了很大变化，药品从以前的100多种增加到300多种，从单纯的小病取药外伤包扎扩展为正规化的治疗，并与市医院和市口腔医院建立起协作关系，方便了员工就医。2004年10月，为卫生室购置了血糖仪。2005年11月又出资添置了心电图机。自2003年12月—2005年5月承包期间，卫生室完成各项证件如执业许可证、输液许可证、消毒卫生许可证的审校并协助有关部门完成妇女查体、从业卫生人员查体、高温作业人员查体等各项工作。2005年，章丘市中医院与公司洽谈承包卫生室事宜。基于发展需要，经公司与卫生室双方同意，是年5月，章丘市中医院与公司签订了《济南百脉酿酒有限公司卫生室承包合同》，原公司与卫生室的合同终止。新的承包合同的主要内容包括：1 . 卫生室人员，固定资产，隶属关系不变；2 . 由中医院承包卫生室；3 . 中医院为公司员工及家属离退休人员等提供医疗服务；4．药品收费按中医院进价收取，不收治疗费（包括注射费事，包扎费，诊断费等）；5．卫生室在职医生2名，服从院方管理，工资、养老保险、福利待遇由院方承担；6．院方负担对外发生的有关费用如：卫生检测费，厂企医管费，两证校验费等；7．认真做好医疗救护工作，严格操作规程，出现医疗事故与医疗纠纷由院方负责；8．院方为公司成员合法医疗定点单位，公司不得与其它任何医疗单位发生合同效应，转诊病人须由院方同意；9．承包期3年，由2005年5月8日始至2008年5月7日止。卫生室转归中医院承包以后，院方根据卫生室要求不定期派骨干前来坐诊，很大程度上方便了员工就诊。2006年1月，经公司、卫生室与院方多次洽谈，为公司员工及家属进行了查体。这次查体历时2天，参加查体的人数为312人，其中新发现糖尿病1人，冠心病1人。在查体的基础上，卫生室着手为员工建立健康档案，卫生服务范围进一步扩大。

2008年5月8日，与中医院的承包合同终止。为了方便员工防病治病，确保公司各项工作正常运行。将医务室划归综合服务部管理，王红梅和侯凌云任执业助理医师。医务室秉承全心全意为公司职工服务的宗旨，承担了全公司员工的日常医疗保健。负责本公司及离退休员工的保健和医疗工作；负责办理各种执业证件的年审、换证等工作；与上级业务部门保持联络，在上级业务部门的指导下做好本职工作；负责协助员工查体和防疫等工作；协助人力资源部门负责员工工伤、病假的核查工作，通过走访核查、审查病历及病假条的真伪，严格按照公司规定，对于虚假或不符合规定的病假条不予签字。

2009年，针对医务室的实际情况，制订了相关的医务人员规章制度、重新制订了相应的门诊规章制度，按规定认真执行。每天保持室内外清洁整齐，创造良好的就诊环境。做好门诊病人的诊治工作，日平均门诊人次约30多人，为员工监测血压、血糖及外伤处理，进行必要的注射及输液；关心病员，耐心解答问题，按规定正确书写处方并填写门诊登记等；对于许多诸如高血压、糖尿病和心脏病等慢性疾病患者，对其经常性监测，做好必要的病历记录，给予药物和非药物治疗的正确健康指导；做好全体员工的疾病预防、医疗工作，采用高效经济的方法，对症治疗，合理用药，尽可能减轻病员负担；协助上级劳动部门做好劳动防护、职业病调查等；协助公司相关部门完成员工健康查体、妇女查体、以及防疫工作和保健知识的宣传工作。

2010年，根据执业许可证要求和公司需要，新增了执业护士张甜甜。同年10月，医士王红梅由于工作需要调动岗位。医务人员配备更加齐全，开展输液等具体工作更加完善规范。实际工作中严格遵守治疗室管理规定，严格操作，根据病情轻重，按处方执行，遵循配伍禁忌，避免交叉感染；防止药物滥用；必要肌注与输液时关注过敏反应和药物毒性，做到了一人一针一管，无菌操作；对过敏药物按规定做过敏试验，输液时认真核对病员所需药品正确与否，做到准确无误；钻研输液技术，正确无误输液，病员注射完30分钟后仔细观察无反应时方可离开。每天对室内进行必要的紫外线和空气消毒，对于必要的器械和辅料高压灭菌，无菌操作，认真谨慎。由于百脉泉酒业包装车间的特殊性，在2008—2012年间，人员手外伤处理的比较多，对于轻伤都给予简单清创和包扎，对于严重的外伤，及时协助伤者入院治疗。

2011年，医务室贯彻《药品管理法》的实施。强调用药安全直接关乎员工的健康，医务人员不断进行药品知识学习。药品严把质量关，执行比价采购管理，按中标价采购。坚持从公司规定的正规医药公司购药，按GSP资源认证和GMP达标药品标准，确保药品质量；组织货源供应，做好发放和登记，保证临床用药；药品分类存放，正确摆放，贵重药品专柜管理；严格执行药品调配技术操作规程，禁止用手直接接触药品；不合格药品不购进，入库药品时核对规格、数量、批号、有效期、产地等，准确核对；定期进行药品检验与管理；医务人员利用所学的各种业务知识给病人合理化建议，做好合理用药宣传，不浪费，不使用过期药品，确保了用药安全；能口服的不注射，能注射的不输液，既为员工减轻经济负担，也能避免药物滥用造成的不良反应，为员工解除病痛，保证常见病、多发病就近就医。

2012年，公司部门整合，将综合服务部撤销，医务室隶属总经办管理。

同年冬季流感盛行。在流行季节来临前，公司加大重视力度，提前做好防护工作。医务室随时关注并掌握流行病学，对于流行的禽流感，积极做好宣传，提前预防。包装车间人员比较密集，容易传染，所以在醒目的地方张贴宣传材料提醒员工做好自我防护。同时，进行义务宣讲。要求办公室、车间每天定时开窗通风，保证置换新鲜的空气。雾霾天气时关闭门窗，尽量少外出活动，少去人多拥挤空气不流通的场所，出行时必须佩戴防霾口罩。适当户外运动，加强体育锻炼。提倡员工于每年流感流行前一个月，去疾控中心接种流感疫苗。工作时戴防护口罩，为车间准备了需要的消毒用品，用消毒液喷洒车间地面及擦拭操作台，进行地面和空气消毒。

2013年夏季，高温酷暑来临时，社会上中暑和某些肠道传染病增多。由于公司粮酒、包装车间的工作环境和人员密集的特殊性，所以公司每年提前部署，将藿香正气水、风油精和清凉油等必要的防暑用品，分发到各个处室。必备了肠炎灵、黄连素等肠道疾病用药，保障了员工在工作中的预防保健及治疗需求。医务室为人员密集的车间配备了急救箱，存放临时需要的药品，如感冒药、退热药及简单的外伤包扎药品，以防员工在工作期间突发疾病，及时救治。自从2013年新建的包装车间投入使用后，各种设备和仪器及流水线，都进行了改造创新，提高了生产效率，既减轻了劳动强度，又增加了安全性，外伤明显减少。是年底，护士张甜甜调离公司。

2014年，根据国家法律法规，严格按照卫生局、疾控中心等上级部门的要求，如期完成了各项对医务室的考核任务，顺利通过各项验收工作。完善了医务室的治疗室，严格执行隔离消毒等制度：非工作人员不入内，防止交叉感染。配药时严格无菌操作，遵守配伍禁忌，不违规配伍，以防发生过敏和毒性反应。对器械严格进行无菌消毒，器械液定期更换，保证有效浓度。室内配置紫外线消毒灯，每天进行照射消毒，定期接受采样监测。换药时先处理清洁伤口，后处理感染伤口，换药所需的物品和器械严格消毒。并配置了氧气袋、医用担架和出诊箱等应急设备，参与公司举行的消防演习工作，具备了小病就近就医的便利条件，未发生任何医疗事故，保障了员工健康。

2015年以来，根据颁布的《医疗废物管理条例》《医疗卫生机构医疗废物管理办法》的规定。对于医疗废物处置越来越严格和规范，医务室不能擅自自行处置销毁医疗垃圾，医务室每年都与章丘区街道办事处社区卫生服务中心签署《医疗废物集中处置协议书》。医务室负责将医疗废物，如针头等锐器、输液器和针管等一次性用品及棉棒、纱布等污染物，进行分类、包装、标注及内部收集后，按规定时间及时运送到社区卫生服务中心集中处理，并做好交接记录和登记。避免了环境和人为污染，保障了员工健康。

《医疗机构执业许可证》每五年一次换证，在2011年和2016年，医务室分别提交申请材料，并顺利通过了卫生行政部门的考核，圆满完成换证工作。根据上级要求，2011年换证时将曾用名“山东百脉泉酒业有限公司卫生室”，更名为“山东百脉泉酒业有限公司医务室”，执业证名字更加规范。按期提交校验材料，根据卫生行政执法部门的监督意见实施。建立健全了传染病疫情报告制度、消毒隔离制度、医疗废物处置制度等，并严格执行。门诊日志项目填写规范，依法履行传染病疫情报告，不漏报、瞒报、缓报传染病疫情。严格执行《医疗机构消毒技术规范》等相关技术规范标准，定期开展了消毒和灭菌效果检测工作，购进消毒产品做好检验登记并索取相关证件。依法做好医疗废物的分类、暂存、运送、处置等工作。在上级主管部门的严格要求指导和公司的大力支持下，医务室不断整改，顺利通过每年的医疗机构执业许可证校验工作。确保了医务室的正常运行和合法执业。对于医务室工作人员相关的执业证，根据上级部门要求，按时进行医师考核、证件校验和继续教育等工作，督促人员不断学习新的业务知识，提高诊疗水平，正规执业，使得医务室平稳的正常运行。

2017年，医务人员积极关注并掌握流行病学，有疫情及时上报上级部门。做好对疑难危重病员不能确诊的及时转诊的准备工作，以便发生疫情不延误病情。宣传普及卫生保健知识，提高人民群众的自我保护能力。对于突发疾病或外伤员工及急慢性过敏者等进行积极救治，随时观察，对于某些疑难杂症，及时送至上级医院治疗，并做好随访。

每年在组织离退休老同志春游以及各种会议期间，医务人员携带急救和必要的药品全程跟随，随时关注老同志们的健康。医务人员每年都根据公司安排，陪同离休老同志去市医院或中医院查体，给医生提供必要的病例资料，及时了解老同志的健康状况。对于有查体需求的员工，医务室人员会根据他们身体状况，联系查体医院，制定合理的查体项目，并陪同员工查体，达到未病先防、及早治疗的目的。自2009年，工业旅游项目开始启动。医务室开始筹备游客医疗用品。2017年底公司成功申报并被认定为国家3A级旅游景区后，游客急增，针对项目要求，医务室医疗器械全面配置达标。医务人员按时在岗，随时应对游客的医药需求，为他们提供应急诊疗、用药咨询、处理简单外伤包扎及急症服务，为游客在公司的参观游览提供健康安全保障。

第二节　医疗药费报销制度

1976年，该厂卫生室与化验室分离，建立独立的卫生室，制订了《酒厂职工、家属治病有关事项的规定》，文件规定职工有病、伤时应先在本厂卫生室诊治，需转院或住院治疗的，持本厂介绍信到县医院治疗，药费记账，厂里统一结算；因病、因伤不能坚持工作的，需取得县医院休假证明方可休假；职工因病未经诊断的本厂卫生室不发给药，自行购药的不报销药费；职工家属报销药费限直系亲属，在本厂取药的个人自理50%，由卫生室记账，财务科从工资中扣除；在公社医院以上（含公社医院）发生的药费凭药费单据经卫生室审批后报销50%，但不准为家属从卫生室捎药；无论有无处方，从非指定医院或药材门市部购药均不报销，特殊情况需经领导批准。

1983年，下发《关于职工病假的医药费报销问题的规定》，这个规定从两个方面对过去的有关文件规定进行补充完善；1．自购药品，规定不准报销的贵重营养、滋补药品费用一律不报，2．家属药费报销限于无工资收入的直系亲属，有工资的一律不报。1986年，下发《章丘县酒厂关于医药费报销的规定》，规定指出：职工因病需到厂外就医时，应到指定医院；报销必须凭相关医院的病例证明处方；要转往上级医院的需经厂分管领导批准；工伤必须由安全科鉴定认可；职工住院水电取暖费、伙食费自理；离退休老同志、因公外出人员，可不受此限制；正式工家属包括父母、妻子及16周岁以下子女及无父母供养的弟妹药费报销50%。

1991年，《职工药费报销暂行规定》中又补充：职工（包括离退休人员及职工家属）在指定医院治疗的费用，必须有相应的病历证明方能报销，门诊药费一次性低于20元者由卫生室盖章报销；20—50元者经财务科长签批报销；50元以上者经分管厂长签批报销；职工住院的医疗费用要严格执行国家的规定，超出范围的挂号费、水费、取暖费和规定自费的药品一律不得报销。

1994年9月23日，根据市政府[1992]67号文件精神，下发《关于职工医药费报销暂行规定》，对个人负担比例又做了如下调整：职工病伤的医疗费300元以下的个人负担15%，301—1000元个人负担10%，1001—2000元个人负担8%，2001—3000元个人负担6%，3001—4000元个人负担4%，4001元以上个人负担2%；正式职工家属的药费报销根据上级规定执行。同时为严格就诊人员及药费开支，对卫生室服务范围做如下规定：1.就诊范围：本公司正式工（包括固定工，城镇合同制工，农民合同制工，离退休的干部及工人）。对外单位或个人一律不准就诊或从卫生室取药；2.对因公病伤的计划内临时工，可在卫生室就诊，如需转诊需经公司办公室批准方可转院；3.对职工供养的直系亲属不准在卫生室就诊。

1995年6月12日，下发《关于在医务室就诊的补充规定》，对职工供养的直系亲属，不准在医务室就诊外，在危急病伤确需就诊时，医药费按60%交纳，由卫生室开单到财务处交款。

2003年12月，公司进行了医疗制度改革，加入了章丘市城镇职工医疗保险。经劳动部门批准，医务室被章丘市医疗保险事业处确定为第一批医疗定点机构之一，纳入全市医疗部门统一管理。

医保处做好对医务室的业务指导和业务监督工作，并负责组织基本医保计算机管理人员培训和计算机网络的日常维护管理工作。职工参保后可以持医保卡就医、取药，使用方便。医务室定点后，每年与医保处签署《章丘市职工医疗保险定点门诊服务协议》，依照国家有关法律、法规及本协议为参保职工提供基本医疗服务，并严格执行药监及物价等相关管理规定。公司为医务室配备了与基本医保相配套的计算机软、硬件系统，并承担结算总额1%的网络建设维护费。医务室人员在医疗过程中坚持“以病人为中心”的服务原则，热心为参保职工服务，严格执行因病施治的原则，合理检查、治疗、用药，不断提高医疗质量。

随着医疗制度不断改革，最初的医疗卡已经不适应时代发展，取而代之的是功能更多的社会保障卡，参保人员可以凭卡办理社会保障缴费业务，进行医疗保险费用结算。2017年5月，新的社保卡陆续发放到员工手中，并按新功能开始正式启用，员工可以去医务室或者药店、门诊和医院使用，更加便捷。

第二章　福　利

建厂初期，食堂有专人养猪补贴生活，年底每人分3—5斤猪肉，作为职工的福利待遇。1955年，根据国家有关规定，实行福利基金制度，按计税工资总额11%提取。1970年开始，春节期间职工每人发10瓶捆装福利酒。1978年，福利基金支出12.5万元。1984年开始，职工福利发放又扩大到生活副食品和衣着等，每年向职工发放福利酒、工作服。1992年，投资11万元新建浴池、理发室，承担人身保险费人均50元。1997年，为方便职工购物，建起职工消费合作社，面积5平方米。2000年加强消费合作社管理，增加货物品种，年营业额6000元。1999年投资18万元购进大客车1辆，方便了部分职工上下班。1993年，根据中华人民共和国企业所得税暂行条例、国务院令[1993]第137号文件第六条第三款规定，纳税人的职工福利费按计税工资总额的14%提取，自1978—2006年，职工的福利每年都有增加，福利丰厚。每年春节发放福利，品种由2—3种增加到8个品种，职工福利基金支出406.25万元。2007年职工福利基金支出79.3万元。

为提升企业凝聚力，满足职工生活上不同方面的需求，减少职工后顾之忧。公司调整福利发放物品，根据员工生活需要发放福利。春节、中秋节福利一般包含福利酒、月饼、蔬菜、奶、肉制品、面粉或馒头、调味品、奖金、食用油、食用酱等。

2015年起，为让员工吃到安全放心的食品，公司食堂职工加工制作月饼和米酒馒头，不添加任何防腐剂、添加剂，作为中秋和春节福利发放给职工。中秋、春节福利酒由每人一箱增加到每人两箱。2016年春节起，公司食堂自己制作炸肉、炸丸子等肉制品作为春节福利发放。

公司每年夏季为职工发放高温茶（绿茶、花茶）两种。气温超过35℃发放雪糕给职工降温防暑。室外作业人员每天享受上午下午两次降温雪糕。公司每天为职工熬制绿豆汤，起到了降温防暑效果。每年夏季为职工每日发放80斤左右新鲜的西瓜。每年秋季给职工发放大米1袋。公司为职工提供免费纯净水灌装。公司每年职工福利基金支出在100万元以上。

第三章 劳动保险

第一节 养老保险

根据政务院1951年公布的《中华人民共和国劳动保险条例》和1953年1月26日公布试行的《中华人民共和国劳动保险条例实施细则修正草案》规定，该厂于1953年参加了劳动保险，每月按全部职工工资总额的3%缴费。男职工年满60岁，女职工年满50岁退职后，按月付给退职养老补助费。并对疾病、负伤、生育、医疗、死亡待遇和待业救济等项目作了规定。至1985年，按照1983年劳动、人事部《关于积极试行劳动合同制的通知》要求，企业新招职工身份为城镇合同制工人。1986年，根据国发[1986]71号文，国务院关于发布改革劳动制度4个规定的通知，规定了劳动合同制工人需向劳动部门按其工资21%交纳退休养老保险金。社会养老保险金分为两部分，一部分由企业负担，一部分由职工个人负担。自10月1日起，参加执行了社会退休养老保险制度，企业部分按劳动合同制工人工资总额的18%缴纳养老金，个人部分按本人工资总额3%的标准缴纳养老金；该厂缴纳的养老金在所得税前列支，职工缴纳的养老金由企业在职工工资中代扣、代缴。

1993年10月31日，济南市人民政府下发的《关于深化企业职工基本养老保险制度改革的通知》，章丘市全民和县以上集体企事业单位固定职工退休费用实行全市统筹，按照“以支定筹、略有节余”的原则，固定职工退休费用统筹基金为企业上年度在职固定工工资总额的24%。依照这一规定，该厂每月缴纳的统筹基金为9960元。养老金按两部分计发，第一部分，即缴费满15年的，按职工退休时月社会平均工资的25%计发；缴费满10年、不满15年的，按20%计发；缴费满5年、不满10年的，按15%计发。第二部分，按照缴费年限计发，缴费满1年，按本人指数在月平均缴工资的1.4%计发。

不满1年的折算计发。1994年，该厂上缴保险金19.1万元。1996年1月1日起，根据济政发[1996]4号文件精神，企业职工养老保险实行社会统筹与个人账户相结合的养老保险办法。按照交多少记多少，多交多记，少交少记，不交不记的原则，职工退休时领取的待遇与缴费金额和年限紧密挂钩。按照规定，该公司在职职工养老保险的提取比例为在职职工工资总额加退休费用折和的25%。职工个人缴费按职工本人工资总额的3%。1996年，上缴保险金85.7万元。1999年4月，章丘市人民政府印发《章丘市乡镇企业、城镇私营企业、个体工商户基本养老保险暂行办法》的通知，根据文件规定执行养老保险企业缴费比例为工资总额的23%，以后，逐步降低到20%，职工个人缴费比例为本人缴费工资的5%，以后每2年提高1个百分点，最终达到个人缴费工资的8%。1999年，上缴保险金92.6万元。根据国务院《关于建立统一的企业职工基本养老保险制度的决定》，自2003年4月1日起，职工基本养老保险个人缴费比例统一调整为7%。是年上缴保险金120.8万元。自1996年执行社会养老保险制度后，期间经过数次改革，现行的养老保险制度日趋完善，严格执行上级文件精神，按时为职工缴纳养老保险，没有出现过拖欠，至2006年，该厂在职职工参保人数达到508人。自2003—2006年，上缴养老保险金565.5万元。2007年在职职工参保人数524人，上交养老保险184.6万元。

2008年，爆发了金融危机，随后对经济造成了影响。公司发展也受到一定的阻碍。为了帮助企业在危机中度过难关，2009年，济南市人社局联合济南市财政局为困难企业进行养老保险补贴。公司通过积极争取，2009—2010年连续两年为企业及职工争取免交共计11个月的养老保险，节约资金240多万元。为企业度过金融危机，保障员工利益起到了积极的作用。养老保险缴费基数的20%由企业负担，个人负担8%。

2011年，根据省人社厅、省财政厅《关于降低企业职工基本养老保险单位缴费比例的通知》，自2011年7月起，济南市企业养老保险、城镇职工医疗保险两大险种将调整单位缴费比例。企业养老保险自2011年7月1日起，单位缴费比例由20%调整为19%，个人缴费比例不变。

2011年11月，五险全部开始实行网上申报。将原来到柜台办理申报、送支票变为“足不出户”就可以进行社保申报。申报完成后，从公司账户直接将资金划拨人社局社保账户。公司作为章丘市属国有企业，职工的劳动保险全部按国家规定执行。

2012年，该公司每月缴纳养老保险20多万元。2014年1月1日起，根据人社局文件要求，单位缴费比例下调为18%。个人缴费比例不变。2015年，公司缴纳养老保险25多万元／月。2016年，公司继续根据公司经营状况上调职工养老保险基数。2017—2018年，依据标准，公司每月缴纳养老保险均在36万元以上。

第二节 医疗保险

随着社会医疗改革的不断深化，原有的医疗制度已不能适应社会的发展。1996年3月3日，济南市人民政府第98号文出台了《济南市企业职工医疗保险试行办法》，并于7月1日进入试点阶段。企业职工医疗保险实行社会统筹、职工个人账户与企业调剂金结合的办法，医疗费用由国家、企业和职工三方共同承担。根据此《办法》及《章丘市企业职工医疗保险实施细则》的有关规定，是年7月8日，该公司对企业医疗保险办法进行了改革：1.社会统筹金按企业上年度工资总额的3%提取；2.个人账户金以本人工资总额为基础，45周岁以下按4%提取；45周岁以上按6%提取；离退休人员按上年度本单位离退休人员人均离退休费的12%提取计入个人账户；离退休人员个人不缴纳医疗保险费；3.企业调剂金：由企业管理，按企业上年度工资总额的3%提取。员工发生医疗费用后先从个人账户中支付，不足部分离休人员全额进入企业调剂和社会统筹金，职工和退休人员先由个人自负上年度本人工资或退休费总额的5%，然后进入企业调剂金和社会统筹金，按规定比例报销。1997年5月21日，结合企业的实际情况又下发了济酒字[1997]7号文《关于员工就诊、医疗费报销及有关待遇的规定》，文件规定个人账户金使用完后，员工每月规定报销的医疗费用为50周岁以上的每月160元，50周岁以下的120元，超过规定金额取消当月奖金、效益工资和浮动工资；个人账户使用完后超出部分50周岁以上个人承担20%，公司报80%；50周岁以下的个人承担40%，公司报60%。并且由于公司推行全员合同制，根据有关规定供养的直系亲属医疗费公司不再承担。统筹费用，1996年，全年医疗费支出21712元，1998年，支出40120元，2002年，支出138381元。

2003年9月26日，章丘市第八次市长办公会通过了《章丘市城镇职工基本医疗保险及大额医疗费救助暂行办法》（章丘市人民政府令第28号），并于10月1日颁布实施。城镇职工基本医疗保险制度是依法对城镇职工的基本医疗权利给予保障的社会医疗保险制度。是国家通过立法，强制性地由国家、单位和个人缴纳基本医疗保险费，建立基本医疗统筹基金和个人账户相结合的管理模式，形成医、患、保三方激励与制约相统一的内在机制，切实保障参保人员患者因病治疗发生基本医疗费用的支付。11月，公司废除了原来执行的医疗保险制度，加入了章丘市城镇职工医疗保险，规定医疗保险费用月缴基数低于978元的按基数的10%缴纳，高于社会月平均工资978元的按实际工资额为基数的10%缴纳。2003年11、12月共缴纳医疗保险金103018元，2004年缴纳617672元，2005年缴纳608721元，2006年缴纳644055元，2007年缴纳797382元。至此，职工所发生的医疗费用公司不再予以报销，而是由医疗保险事业处按相关规定予以报销。长达55年的员工看病回厂报销的制度被成功转型。根据章丘市劳动和社会保障局的文件每年对基本医疗保险费用月缴费基数和大额医疗救助金缴费标准作相应的调整。

2008年，该公司医疗保险实行社会统筹医疗基金与个人医疗账户相结合的基本模式。缴纳包括企业与个人两部分组成，企业负担9%，个人负担2%。

根据省人社厅、省财政厅《关于同意济南市调整城镇职工基本医疗保险单位缴费比例的批复》等文件精神。根据国家职工医疗保险自2011年7月1日起，原按8%单位缴费比例调整为9%，个人缴费比例不变。

2013年底，章丘市职工原持有的职工医疗保险卡将更新升级，取而代之的是功能更多的社会保障卡。公司所有参加社保人员重新进行了信息采集及照相。社会保障卡是由国家人力资源和社会保障部统一发行，集社会保障业务和金融服务于一体的行业卡。参保人可以凭卡办理社会保险缴费业务；进行医疗保险费用结算；申领工伤、失业、生育保险待遇；办理求职登记和失业登记手续；申请参加就业培训等等，同时还具备存、取款等基本的金融功能。2016年底，公司员工全部将医疗保险卡更换为社保卡。

2016年，该公司每月支出医疗保险费用11.5万元。截至2017年年底，公司承担员工医疗保险16.3万元／月。

2003年参加医疗保险未涉及生育费用，晚婚女职工生育费由本单位报销。在加入保险的同时，公司做了以下规定：计划内生育者由公司予以报销，顺产的最高报销额1000元，剖腹产者最高报销额为2600元。

为更好的保障女职工的权益，2010年4月，该公司根据济南市规定，为职工开始缴纳生育保险，生育保险缴纳金额为保险缴纳基数的1%，由公司全额承担。自此，生育保险费用由国家社保部门进行报销。生育保险待遇主要包括两部分。一是为女职工产假期间提供基本生活需要，二是女职工怀孕、分娩以及节育熟手基本医疗保障。原有五险中的大病保险纳入医疗保险。

第三节 工伤保险

为了保障劳动者在工作中遭受事故伤害和患职业病后获得医疗救治、经济补偿和职业康复的权利，分散工伤风险，促进工伤预防。1998年，根据济劳险字[1998]《关于贯彻（济南市企业职工工伤保险办法）有关问题的通知》，为465名职工加入了工伤保险。其收缴的保险费率按职工工资总额的0.8%缴纳。1998年上缴工伤保险费14550元。2002—2004年，收缴提取费率作了下调按0.56%。2年内职工上缴金额48393元。2004年，国家发布《工伤保险条例》，根据规定收缴提取费率作了进一步调整，费率按1%提取。自调整后2004—2006年，全厂职工缴纳工伤保险金124562元。2007年全厂交纳工伤保险184559元。

职工发生工伤后，由部门及个人通知人力资源部，向人社局进行报备，并进行工伤认定材料的准备。报人社局工伤科进行工伤认定。工伤认定完成后提报相关治疗资料进行工伤报销。为受伤员工提供了医疗救治、生活保障、经济补偿。

第四节 失业保险

失业保险制度是国家社会保障体系的重要组成部分，是由社会集中建立基金，对非本人意愿中断就业而失去工资收入的劳动者提供一定时期物资及再就业服务的制度。1986年，为了保障职工失业期间的基本生活，促进再就业，根据国发[1986]71号文 国务院关于发布改革劳动制度4个规定的通知，建立了失业保险制度。自10月开始为242名职工缴纳失业保险金，其中包括14名合同制工人。根据规定，失业保险金按企业职工标准工资的1%缴纳，1986年上缴失业保险金1176元。1993—1999年，依照山东省人民政府1992年12月21日发布实施的41号文《关于山东省职工待业保险办法》的规定，失业保险金缴纳比例由原来职工标准工资的1%提高到了工资总额的1%。1994年，全厂278名职工共缴纳失业保险金12957元，增加了10781元。1999年1月，国务院发布了《失业保险条例》，山东省政府也相继下发了关于实施《失业保险条例》的有关问题的通知，基金缴纳比例由工资总额的1%提高到2%，个人也由标准工资的1%提高到工资总额的1%。1999年，全厂488名职工上缴失业保险金38752元，至2006年全厂共上缴失业保险金总额1803072元。2007年上缴失业保险金61519元。

2013年1月，失业保险金每年按企业社会保险投保基数的1.5%上缴，企业承担0.4%，职工个人承担0.2%。

2017年4月，失业保险比例下调，企业承担0.4%，职工个人承担0.1%。2017年7月，失业保险金每年按企业社会保险投保基数的1%上缴，企业承担0.7%，职工个人承担0.3%。

第五节　财产保险

为保证企业的财产安全，减少因财产遭受意外所带来的经济损失。该厂于1983年根据国发[1983]35号文《中华人民共和国财产保险合同条例》，在中国人民保险公司参保。财产保险参保范围包括房屋建设、装修及家具、机器设备、原材料、库存产品及半成品五种。保险费率按2.4%提取缴纳。1983年共上缴财产保险费9761元。自1983—2003年，一直在中国人民保险公司参保，其间共上缴保险金1004924元。自2004年开始，在中国平安财产保险股份有限公司参保，保险费率按万分之8.7提取缴纳。2004—2006年，在平安财产保险公司上缴保险金104574元。2007年上缴保险金35000元。

2016年，冰雹灾害保险公司赔付58万元，保证了公司财产安全。保险费率按0.14%提取。随着资产的逐年增加保费增加到2017年的16.8万元。

第六节　其　它

车辆保险　1980年，根据国家发布实施的《车辆保险条例》，按照规定当年为仅有的4部汽车购买了汽车保险。随着企业汽车数量的增加，保险的险种也具体增加了司机座位责任险、前排乘客座位责任险、后排乘客两位责任险、玻璃单独破碎险（国产玻璃）。1986 年，汽车数量增加到 15 部，是年上缴车辆保险费 4844 元。至 2006 年，车辆增加到 33 部并全部全额上缴车辆保险费。是年，根据车辆保险新规定增加购买了强制险。2006 年，共上缴车辆保险金 169658 元。2007 年上缴 193159 元。

2008 年，公司对机动车辆入机动车交通事故责任强制保险和机动车辆商业保险。机动车辆逐年增加，增加到 2017 年的 104 辆，2017 年缴纳保险费用 30 多万元。

意外伤害保险 1992 年，为保证职工上下班途中的人身安全，为 274 名职工每人承负 50 元意外伤害保险费，是年，共购买保险金 13700 元。1993—2003 年，没有购买意外保险。2004 年，随着打假工作的开展和深入，充实了 5 人的打假队伍。为保证正常工作中的人身安全，企业分别为 5 人购买了意外伤害保险，每人 50 元。2004 年，共购买 250 元。至 2006 年共缴付意外伤害保险金 750 元。2007 年 6 月，为有效保障公司员工减少在遭遇除工伤、疾病以外的意外伤害带来的经济损失，按照自愿原则，共有 334 人自愿加入人身意外伤害保险，时间 1 年，公司以福利形式支付 70 元，个人负担 29 元。

意外伤害每人保额 5 万元，意外医疗保额 1 万元。鉴于来公司游客日益增多，公司自 2016 年开始入公众责任险，每年 3000 元。

公积金 2000 年 6 月份，该公司开始为职工缴存住房公积金。缴存对象为全体在职正式员工，缴存金额没有统一标准，基本以员工当月个人工资为缴存基数扣缴。

2014 年 6 月 24 日，济南住房公积金管理中心发布了《关于确定 2014 年度住房公积金缴存基数及缴存额的通知》。通知按照财政部、国家税务总局（财税 [2006]10 号）文件规定，根据国家有关规定及济南市统计局提供的上年度职工平均工资数据，确定了济南市 2014 年度每月最低工资标准。确定的最低住房公积金月缴存基数为 1350 元。公司按照通知，按 1350 元作为住房公积金月缴存基数为员工缴纳公积金，单位和职工个人最低月缴存额为各 67.5 元。

自 2014 年开始，济南住房公积金管理中心每年都会发布关于确定当年济南市公积金缴存基数及缴存额的通知。公司遵守济南住房公积金管理中心的规定，每年按时提高缴存基数。每月按时缴存公积金。2015 年缴存基数为 1450 元，单位和职工个人最低月缴存额为各 72.5 元。2016 年缴存基数为 1550 元，单位和职工个人最低月缴存额为各77.5元。2017年缴存基数为1640元，单位和职工个人最低月缴存额为各82元。

第四章 职工收入

1948年，该厂工人每天1元钱（旧币）管吃，无其它待遇。雇用管理人员工资每月20元（旧币），管吃。1948年政府接管。建厂后，工人工资执行等级工资制，月人均工资25元，年平均工资300元。

1971年，执行《国务院关于调整部分工人和工作人员工资的通知》。自1971年7月1日以前满1年的其转正定级增加的工资，自1971年7月1日起发放。1971年7月1日后工作满1年的其转正定级增加工资从到期之日起发放。1978年，中共十一届三中全会后，实施企业管理制度和分配制度的改革，1978—1982年先后实施超产计奖，计件工资制，绩效工资制等多项改革，使职工收入与经济指标挂钩，奖勤罚懒，多劳多得，调动了职工生产积极性，收入得到实惠。1985年，根据国务院国发《国营企业工资改革问题的通知》和劳动人事部等《国营企业工资改革试行办法》以及有关文件精神，结合本企业的情况，经研究确定1985年职工升级实施方案，自1985年7月1日执行。对现有职工171人进行了工资整改，参加升级的110人，其中：干部20人，升1级的82人，升半级的20人，个别较多增加工资的8人。这次工资整改使工资月人均收入达到83.40元，年人均收入1000元，企业和经营呈现了活力。1988年根据国务院全民所有制企业厂长工作条例第二十八条，厂长有权按国家规定对职工进行奖惩，对有特殊贡献的职工按国家规定的3%晋级。1989年贯彻治理整顿深化改革方针，坚持工资改革方向，在增加有效供给基础上增加职工工资。增资范围是1989年9月末已定级的固定工、合同制工人和按照有关政策办理了留转手续的农民合同制工人均可增加半级至一级半标准工资。1994年11月，经市委、市政府批准对企业执行企业改制，创立了济南百脉酿酒（集团）有限公司。自1995年2月1日，该公司下发《关于调整部分岗位工资的决定》：1.粮酒酿酒工、运料工、运煤工月岗位工资由180元调整为225元（日工资额9.57元）；2.汽车驾驶员（临时工）月岗位工资由180元调整为210元（日工资额8.93元）；3.包装车间日工资额由4.50元调整为6.00元。1996年3月5日，下发并执行《关于调整部分岗位工资的决定》，调整部分岗位工资。粮酒车间班长及技术骨干由月岗位工资225元调为322.5元（日工资15元），1年以上的酿酒工由岗位工资225元调为279.5元（日工资13元），不满1年的由225元调为268.75元（日工资12.50元）。酒精车间、锅炉车间的运料工满1年以上的执行月岗位工资279.5元，不满1年的可执行268.75元。粮酒车间临时工入厂2年以上（含2年）增加年功工资每年1元。1997年4月3日，制订《关于职工晋级奖励的实施规定》，对符合晋升条件的职工均晋升一级工资。至2001年公司先后两次增资，每月人均增资200元，职工月均收入达到603元。至2005年职工的工资月人均收入达到790元，年人均收入9490元，是1948年的32倍。2006年、2007年年人均收入分别为9859元和15277元。

2008—2014年，公司后勤人员实行岗位薪资制，同岗同酬。公司根据内部因素及外部因素对各岗位进行价值评估，确定岗位工资。内部因素主要是确定各岗位在企业内部的相对价值。相对价值主要依据员工被聘任的岗位，由员工的责任、知识技能、努力程度、工作环境等因素决定。外部因素主要与外部市场薪酬水平进行对比，根据人才战略确定薪酬策略、薪酬标准。公司每年对后勤人员增资100元，增加职工收入。自2013年开始，公司每年增资110元。2015年初，公司对后勤人员岗位重新进行了岗位价值评估。各个岗位不同程度的进行了增资。2016年初，在前期岗位价值评估的基础上，为了体现后勤人员对公司生产的贡献，将后勤各个岗位（不包括中层副职以上岗位）的绩效工资与生产状况进行挂钩。公司的生产经营状况影响员工的绩效工资增长。经2016年底测算，仅此一项，后勤年平均增资560元。

2012年，包装车间按当月所完成的灌装产量，根据不同产品单瓶核算价格支付生产费用，改变过去以人数、产品定额计算产量支付工资的模式。将公司产品根据包装形式划分为四类：分别是放置泡沫或打铆钉等复杂包装产品；直接包装产品；回收旧瓶或异形包装盒等产品；高档产品如芝麻香、46°百脉泉、特供等产品。四类产品单瓶包装价格位于0.27至0.42元；对于公司的调资按调资实际情况调整单瓶价格；车间人员工龄等政策性补贴、待调工资、工伤、病事假、探亲假等由公司支付，同时对各种材料消耗定额及指标考核、现场管理、奖惩办法等做了明确规定。之后，每年根据公司产品的包装形式的改变逐渐增加了包装形式的划分种类，截止2017年已经达到六类。同年，为了提高职工的积极性。对粮酒车间进行了承包改革。实行吨酒工资制，根据原粮酒车间的人员的档案工资之和计算得出了吨酒工资1700元／吨作为承包工资收入，多产多提；出酒率、提优率提高等其他部分，仍按照车间责任制标准执行，达不到标准要求按实际损失额度在原来基础上再加扣10%；实行粮酒车间内部承包，生产班组的定员、考勤、工作时间、工资分配等全部有车间自行决定，届时与公司签订协议。

通过对该机制半年来的试运行，达到了预期目的，2010年1月开始在粮酒车间全车间进行了推广。之后每年根据实际情况对吨酒价格及质量指标（已酸乙酯、乳酸乙酯）进行调整。截止2015年，三粮吨酒达到1945元／吨。2015年开始粮酒二车间进行了机械化改造，机械化改造的实施，降低了工人的劳动强度，通过测算，机械化车间的吨酒价格按1640元／吨执行。

销售公司后勤人员根据岗位不同确定岗位工资，根据销售任务的完成情况，内部确定提成比例。销售公司业务员的工资构成主要由两部分，一部分是底薪，另一部分是提成。由于销售区域的不同，结合当地的消费水平确定业务区域的底薪，根据不同区域及业绩确定提成比例。

职工收入统计表

年份	年工资总额（万元）	年平均人数（人）	年人均工资（元）	月人均工资（元）
1948	2.13	71	300.0	25.0
1949	4.02	108	372.0	31.0
1950	4.23	98	432.0	36.0
1951	4.70	98	480.0	40.0
1952	4.49	87	516.0	43.0
1953	2.95	57	516.9	43.3
1954	3.38	65	519.6	43.3

续表

年份	年工资总额（万元）	年平均人数（人）	年人均工资（元）	月人均工资（元）
1955	4.00	77	518.4	43.2
1956	2.49	48	519.6	43.3
1957	2.98	57	522.0	43.5
1958	3.07	58	529.2	44.1
1959	4.23	75	564.0	47.0
1960	4.60	80	574.8	47.9
1961	3.30	55	600.0	50.0
1962	3.03	54	561.6	46.8
1963	3.40	59	576.0	48.0
1964	3.70	63	586.8	48.9
1965	4.65	81	573.6	47.8
1966	5.51	82	672.0	56.0
1967	5.31	82	648.0	54.0
1968	6.82	102	668.4	55.7
1969	7.65	125	612.0	51.0
1970	6.33	107	591.6	49.3
1971	6.43	108	595.2	49.6
1972	6.91	104	664.8	55.4
1973	4.90	77	636.0	53.0
1974	5.48	84	652.8	54.4
1975	6.49	100	649.2	54.1
1976	9.78	154	634.8	52.9
1977	10.90	159	685.2	57.1
1978	11.50	163	705.6	58.8
1979	10.98	155	732.0	61.0
1980	12.90	168	768.0	64.0
1981	15.76	185	852.0	71.0
1982	17.53	206	850.8	70.9
1983	18.66	216	864.0	72.0
1984	19.73	230	858.0	71.5
1985	23.50	235	1000.0	83.4
1986	26.55	241	1101.6	91.8
1987	33.87	280	1209.6	100.80
1988	36.67	295	1243.2	103.6
1989	44.34	325	1364.4	113.7
1990	461.00	318	1449.6	120.8
1991	69.93	341	2050.8	170.9
1992	90.19	370	2437.6	203.2
1993	105.21	375	2805.6	233.8
1994	155.40	521	2982.8	248.6

续表

年份	年工资总额（万元）	年平均人数（人）	年人均工资（元）	月人均工资（元）
1995	281.29	603	4664.9	388.8
1996	349.67	749	4668.5	389.1
1997	527.36	810	6510.7	542.6
1998	487.67	878	5554.4	462.9
1999	500.45	830	6029.6	502.5
2000	665.14	810	8211.6	684.3
2001	546.18	754	7243.8	603.7
2002	577.84	669	8637.4	719.8
2003	586.36	642	9133.4	761.2
2004	571.44	626	9128.5	760.7
2005	597.92	630	9490.8	790.9
2006	656.64	666	9859.5	821.6
2007	1092.33	715	15277.3	1273.1
2008	1170.00	705	16597.3	1383.1
2009	1241.00	693	17917.7	1493.1
2010	1294.00	680	19032.5	1586.0
2011	1465.00	683	21456.7	1788.06
2012	1641.00	694	23657.6	1971.42
2013	1766.00	712	24812.9	1817.74
2014	1939.00	724	26784.1	2232.01
2015	1997.00	715	27935.4	2327.95
2016	2118.00	701	30214.5	2517.88
2017	2156.57	689	31352.4	2612.7

第五章 生活服务

为解决职工上班中午就餐的不便，于1948年成立职工食堂，有炊事员5人，由总务股管理，股长孙庆三。建厂初缺少运输工具，食堂所用粮油用马车到绣惠旧章丘城或埠村拉运，往返50多里。所用蔬菜靠步行10多里到相公庄或普集去买。1954年，职工免费就餐，苗庆海负责食堂工作。实行统购统销，职工吃粮实行定量供应。1960—1962年，三年自然灾害期间，部分工人回家务农，职工减少，食堂只剩下2名炊事员。1961年，刘锡仁任总务科长，负责食堂工作。

1964年，生产经营开始好转，投资8700元新建1处设有操作间和餐厅的职工食堂，面积120平方米。炊事员又恢复到6人。1975——1982年，食堂配备了汽油机动三轮车，专供食堂购粮、购菜。食堂配备汽车后，淘汰了三轮车。1982年，总务科长李广栋负责食堂全面工作。1983年，由李霞担任总务科长，并负责食堂工作。

随着女工和已婚青工的增加，为解决职工的后顾之忧，1991年4月，建立幼儿园。设施有滑梯、翘板、秋千、休息房、小课桌、座椅等，幼儿园配备1名教师，同时兼任园长。隶属厂部领导。职工子女免费入托。入园的幼儿由1991年的6人增加到1994年的14人，教师增加到2人。幼儿园免费供应饮料、副食、水果等。

1996年11月，在明水市区建造的宿舍楼交付使用，职工子女都在市区就近入托，幼儿园随即停办。

为接送城区职工上下班，1999年，投资18万元购进大客车1辆，运营6年后于2005年停用。

2003年11月——2006年，靖春华任食堂管理员。为进一步改善职工就餐条件，2004年，更新部分食堂设备，如电烤箱、和面机、消毒设备、冷藏设备。饭菜质量也有了提高，品种多样荤素兼备。职工就餐只付成本价，差额部分从福利基金中弥补。同时还增加了小炒，满足职工就餐的需要。

2008年，赵东玲任综合服务部部长，韩春潮任食堂班长。设大炒组2人，面食组2人，小炒组3人，服务员1人。8月31日，经公司办公会研究决定，为改善桃花山、明珠北区职工宿舍楼居住条件，进行安装改造取暖设施。成立由王者厚牵头，综合服务部王和顺、审计监察部马建新具体实施的工作小组，于9月3日进行招标，9月4日正式施工，于10月19日竣工，历时46天。10月21日，王者厚、王和顺、万东参与验收，工程达到合同要求。共改造桃花山小区宿舍30户，明珠北区宿舍楼80户。共计预付主管道改造工程费用近7万元，支付公用事业局施工科公路开沟管道费3万多元。

2009年10月，改善了公司南家属院职工的居住环境，公司办公会研究决定，公司南家属院十八户平房宿舍安装取暖设施。该工程由公司负责户外主管道安装，住户负责主管道以外的内部取暖材料费用。为保证采暖安全，住户内部取暖材料由公司统一标准，集中购置、安装。

2011年4月，对桃花山小区职工宿舍楼原水表、电表进行改造。

全部由章丘东方物业管理公司负责更换为卡式电表和1户两块数字水表。2该厂4户职工的水表、电表更换费用由公司全部支付。9月，由公司牵头与天然气公司进行洽谈，为桃花山、明珠北区宿舍楼的职工住户安装了天然气。两处宿舍区安装天然气，门外土建工程费用由公司支付。

11月，为调动食堂员工的积极性，加强食堂管理，丰富员工用餐。公司针对食堂建立薪酬奖惩与考核指标相配套的分配机制。食堂考核中营业额占比40%、饭菜质量占比20%、成本控制占比20%、服务质量占比20%。通过细化各项考评任务，强化食堂员工服务意识，加强饭菜质量。同月，人员进行了调整，大炒组、面食组、小炒组各定岗3人、每组设组长1人。对三组分别考核，要求大锅菜式样品种荤素搭配、菜品丰富。面食组每天面食种类不少于5样，保质保量。公司小炒组不允许亏损，按标准控制成本，加强服务。

2013年，新厂区建设竣工，包装车间整体搬迁至新厂区后，针对原有餐厅面积相对狭小的问题，公司将原西包装车间进行装修，改为职工餐厅。为了改善职工用餐条件和环境，配备了4台空调、2台电视机，修缮了暖气、安装了风扇。新购置餐桌29张、餐椅300把。同时，对食堂操作间进行了大规模改造。安装了最先进烹调炉灶、油烟机，改善了食堂卫生条件。为了节省人工，增加面食花样，购置了蒸车、揉面机、电烤箱等新设备。新设3个招待房间及接待室，用于公司来往客户的业务招待。

10月，李林泉任食堂班长，加强了食堂内部管理，食堂共有员工10名。

2014年3月，通过多方考察，购置5台TST—S3RF感应卡收费机，制作感应式IC卡2000余张，实现了刷卡就餐，解决了员工非接触性收费就餐。3月29日，正式结束了多年来凭流通饭票买饭的历史。

是年，为加强和促进食堂日常管理工作，制订了《食堂管理暂行办法》。食堂内部对工作任务重新进行了调整，确保职工就餐质量与卫生。为加强主、副食食材储存的安全与卫生存放。通过修旧利废，改装、拼接制作3层蔬菜置放架，全部实行食材离地存储。

12月，为加强对工业旅游游客的服务，购进保温车2台、食品保鲜柜1台、消毒柜1台、自动筷子消毒机1台、就餐用具200套。

2015年4月，因工作需要，李林泉调走，田洪涛任食堂班长，刘娜任总经理办公室副主任，主要管理食堂工作。

2016年1月，为提高职工就餐质量，加强食堂服务档次，大锅菜在以前基础上，新增特色菜，做到色、香、味俱佳，荤素搭配，营养健康。食堂班长每天下午在“百脉泉酒业大家庭”微信平台发布特色菜谱，每天下午下班前到次日上午八点，职工可自由预订次日中午的菜品。同时，每天11点30分在公司微信平台发布当日中午的面食与菜品实图，供职工挑选，保证职工就餐质量。食堂所有食材采购都是在保证安全前提下遵循“货比三家”的原则，同等质量比价格，同等价格比质量，同等质量价格比服务，由食堂班长、小炒组长、大炒组长共同对进货质量进行监督验收。审计部不定期对食堂收支、业务招待费用进行审计监控。主管食堂的主任不定期进行调查了解市场价格及浮动行情。要求食堂采购的食材必须来源明确可追溯，不得采购过期及“三无”原辅料食材。

2016年春节期间，食堂本着创收节支的原则，利用公司生产的米酒剩余米酒底料，多次试验，成功制作了米酒馒头。经员工品尝认可后，作为春节职工福利发放。在大家共同努力下，仅春节福利一项，就为公司节约资金1.3万元。2016年中秋节，食堂员工钻研自制了五仁馅月饼，确保了中秋福利发放和职工个人需求。仅中秋福利一项，为公司节约资金2万多元。

2017年春节，食堂职工自制炸肉和炸丸子，作为新增春节福利，为公司节约资金4万多元。食堂为广大职工提供的安全、卫生、美味的自制食品，提升了服务职工的水平。

每年春节备货期间，食堂按照公司要求，为加班加点的车间员工准备免费晚餐。为让加班的职工吃好吃饱，全力投入备货工作，食堂人员变换饭菜花样品种，饭、汤、菜齐全，确保每天不重样。车间人员深受感动，为食堂写来了感谢信。食堂员工为公司广大职工提供了高质量的后勤保障服务，连续多年被公司评为“先进班组”。

（审稿人员：张景 侯凌云 王菲）

第十五篇

人物、荣誉

第一章 人 物

第一节　人物简介

王兆铭　1907年生，男，汉族，山东省泰安范镇郭卜东村人。高小文化，1945年10月参加工作，1946年3月加入中国共产党。

1945年10月在泰安市范镇当店员。1952年7月调山东王白庄酒厂工作，先后任党支部委员、副书记、副厂长。1968年退休。1988年病故。

张立彬　1911年生，男，汉族，山东省新泰石莱小李家村人。高小文化，1950年2月参加工作，1945年1月加入中国共产党。

1950年2月在平邑县酒店工作。1952—1968年先后任山东王白庄酒厂经理、副经理、副厂长、支部书记。1968年病故。1950年被评为山东省劳动模范。

李瑞琴　1912年生，男，汉族，山东省沂水沙沟村人。高小文化，1944年2月参加工作，1946年4月加入中国共产党。

1944年2月—1963年8月，先后任沂水马站商店店员、青州酒厂业务主任、济南酒精总厂供销科长、济南市重工业局供销科长、明水铁厂供销科长、明水铝土矿供销科长、党支部书记。

1963年9月调山东王白庄酒厂，1967年任副厂长，1968年调离。

吕隆增　1914年11月生，男，汉族，山东省莱芜县岩庄区人。高小文化，1945年加入中国共产党。

1921—1923年在本村上小学，后在家务农。1948年11月参加革命，历任莱芜县岩庄区区委文书、区委组织委员、副区长。荣立二等功。1953年1月任莱芜县口镇酒厂党支部书记。1953年6月—1960年，任山东王白庄酒厂党支部书记。1961年离休。1968年病故。

许凤桐　1925年10月生，男，汉族，山东省沂南县苏村镇后王家泉村人。1945年5月参加革命，1981年12月加入中国共产党。

1945年5月，在青岛市滨海区滨中商店任营业员。1946年4月任

国营山东烟草公司采购员。1949年1月，任山东烟草公司周村分销处主任。1951年11月，任章历县烟酒专卖分处副主任。1952年7月—1957年7月，任山东王白庄酒厂副厂长。1957年8月调章丘文祖煤矿任副矿长。1966年12月，历任章丘县酒厂革委会副主任、副厂长。1984年8月，任章丘县酒厂基建办公室主任、货款回收小组组长。1985年12月离休。

王 洪

1927年1月生，男，汉族，山东省莒南县涝坡区西塔营村人。1934年8月入伍，1943年8月加入中国共产党。

1943年8月，在山东莒南县参加八路军地方武装。1944年6月，在山东莒南县涝坡区区中队担任通讯员。1944年7月—1946年2月，在山东北海军区686团侦察连任侦察员。1946年3月—1949年6月，在山东北海军区一师一团侦察排任副班长、班长。1949年7月—1950年12月，在解放军38军112师334团筹粮队任副队长。1951年1月—1953年10月，在解放军112师军事教导队任区队长。1953年11月—1955年9月，任解放军112师独立运输连连长。在部队服役期间，由于作战勇敢分别荣立3次大功。1955年10月—1968年8月，在山东省章丘县法院埠村中心法庭任庭长。1968年8月—1983年1月，任山东省章丘县酒厂党支部书记、厂长。1984年8月，任章丘县酒厂保卫科副科长。1985年12月离休。

刘振明

1930年5月生，男，汉族，山东省章丘市绣惠镇西南隅村人。1955年3月参加工作，1959年加入中国共产党，是年被国务院授予全国先进生产者称号。

1955年3月，在章丘县建国木业社工作，任木工组组长。1958年，调章丘县造纸厂任十一组组长。1959年，任章丘县造纸厂副厂长、党支部副书记、县科委委员、县总工会会员。1960年出席省、地、县劳模大会。1975年4月，任章丘县酒厂党支部副书记。1976年5月调离。

程恒耀

1935年11月生，男，汉族，章丘市明水镇侯家村人。初中文化，1954年10月参加工作，1956年7月加入中国共产党，经济师。

1954年10月在济南市台秤厂参加工作。1957年6月调济南市委清查办公室工作。1959年12月调新汶县县委组织部任干事。1961年1月调新汶县武装部任干事。1976年11月转入章丘县工业办公室。1982年12月调章丘县木器厂任党支部书记。1986年12月调章丘县酒厂任工会主席。1987年12月调离。

杲程柱 1936年12月生，男，汉族，山东省章丘市明水镇杲家坡村人。初中文化，1955年12月加入中国共产党。

1955年12月，任明水区王白

庄乡财粮助理。1956年4月，任中共章丘县委农村工作部干事。1961年4月，任绣惠公社党委秘书。1962年7月，任明水公社党委秘书。1970年5月，任胡山公社党委秘书、工业办公室主任。1978年9月，任章丘县公社工业局办公室主任。1982年10月，在章丘县经委办公室工作。1983年2月，调章丘县酒厂工作，1984年4月—1986年5月，任党支部书记。1986年5月调离。

张继礼

1937年5月生，男，汉族，山东章丘市普集镇祖营坞村人。初中文化，1960年10月加入中国共产党，助理经济师。

1956年3月，任中国人民解放军67军通信营电台台长。1960年11月，任中国人民解放军67军高炮团通信股长，1964年全军大比武曾受到通令嘉奖，荣立二等功。1976年5月，任章丘县木器厂党支部书记。1980年5月—1992年3月，先后任章丘县酒厂副厂长、工会主席。1992年3月病退，1997年12月退休，2000年2月病故。

韩宪安

1940年8月生，男，汉族，山东省章丘市明水办事处绣水村人。大专文化，1957年11月参加工作，1969年12月加入中国共产党，高级政工师。

1957年11月，在章丘前进铁业社工作。1959年，历任章丘县缸套厂车间主任、生产科长、党总支副书记。1975年，在章丘县拖拉机会战指挥部工作，同时任章丘县公交党组成员。1976年，任章丘县农具厂党委书记、厂长。1985年，调章丘县经委技改科工作。

1986年，调章丘县酒厂工作。同年5月任章丘县酒厂党支部书记。同年12月任章丘县酒厂厂长。1992年8月，任中共章丘县酒厂党委书记、厂长。1994年12月，先后任济南百脉酿酒（集团）有限公司、济南百脉酿酒有限公司党委书记、董事长、总经理。2001年12月退休。

张若凤

1942年1月生，男，汉族，山东省桓台县索镇后毕村人。初中文化，1970年2月加入中国共产党。

1961年2月参加工作，任桓台县粮食局仓库会计。1964年调入章丘县酒厂。1977年，任章丘县酒厂党支部副书记。1981年2月调离。

张明启

1942年11月生，男，汉族，山东省章丘市普集镇龙华村人。大专文化，1975年8月加入中国共产党，高级政工师。

1961年8月—1971年5月，在章丘县拖拉机站工作任统计员、司务长。1971年5月—1982年8月，章丘县钢铁联合厂工作任供销业务主管、仓库主任、供销科长、党委委员。1982年8月—1985年12月，在章丘县第二化肥厂工作任经营副厂长、副书记、党委委员。1985年12月，在章丘县酒厂任厂长。1986年12月调离。

高蔚生

1943年3月生，男，汉族，山东省章丘市明水办事处查旧村人。大专文化，1961年8月参加工作，1965年1月加入中国共产党，政工师。

1961年8月，任中国人民解放军第67军201师602团五连通讯员。1962年6月，任中国人民解放军第28军83师248团一营司号员、班长。1964年1月，先后任第248团八连四班、二班班长。1966年4月，任章丘县明水公社综合服务组负责人。1976年10月，历任章丘县百货大楼文书、人秘股股长。1984年8月，历任章丘县百货大楼副经理、经理。

1986年10月，先后任章丘县酒厂党总支办公室主任、政工科长。1991年10月，任工会主席。1992年7月，任章丘县酒厂第一届党委委员。1994年11月当选为济南百脉酿酒（集团）有限公司监事会主席。1996年7月内退。2003年3月退休。

李继煜

1944年1月生，男，汉族，山东省章丘市刁镇白衣村人。初中文化，1965年8月参加工作，1984年7月加入中国共产党，助理经济师。

1965年8月，历任章丘县酒厂酿酒工、白酒班长。1970年5月，任章丘县酒厂生产统计员。1973年7月，历任生产组副组长、组长、生产科科长。1984年8月，任章丘县酒厂副厂长。1986年11月，任章丘县酒厂包装车间党支部书记。1987年7月调离。

王传本

1944年3月生，男，汉族，山东省章丘市辛寨乡辛三村人。1966年1月加入中国共产党，政工师。

1962年7月，在中国人民解放军60军高炮营服役。1966年8月，历任中国人民解放军60军180师高炮四连排长、副连长、指导员。1975年5月，任中国人民解放军60军180师师部组织科干事。1978年5月，任180师高炮三连指导员。1979年10月，任章丘县风动机械厂党委纪检委员、政工科长。1984年5月，任中共章丘钢铁联合厂党委副书记。1986年12月，任中共章丘县酒厂党支部副书记。1992年8月，任中共章丘县酒厂总支副书记。1994年11月当选为济南百脉酿酒（集团）有限公司董事会董事。1998年—2002年4月，任党委纪检书记、工会主席。2000年8月当选为济南百脉酿酒有限公司监事会主席。2002年4月内退。2006年3月退休。

韩其孝 1946年12月生，男，汉族，山东省淄博市淄川区磁村镇小邢村人。大专文化，1968年8月参加工作，1976年7月加入中国共产党，工程师。

1968年8月由山东轻工业学校食品与发酵专业毕业后分配至山东省泰安市肥城县造纸厂工作，历任技术员、技术科副科长、科长、生产技术副厂长等。1980年12月，调入章丘县工业局技术科任副科长。1981年11月，章丘县工业局并入章丘县经委后在生产科工作，任生产科科长。1983年1月，调章丘县酒厂任党支部书记。1984年4月调离。

高绍栋 1948年6月生，男，汉族，山东章丘市普集镇池子头村人。高小文化，1970年12月加入中国共产党，助理经济师。

1965年4月，在章丘县酒厂参加工作。1971年5月出席泰安地区第一次党代会。1977—1984年，任章丘县酒厂党支部副书记、副厂长。1984年4月，任章丘县酒厂厂长。1986年9月—1988年2月，任章丘县酒厂副厂长。2003年6月内退。

解家平 1949年8月生，男，汉族，章丘市文祖镇东张村人，初

中文化，1969年加入中国共产党。

1968年3月—1971年1月，在徐州中国人民解放军6174部队服役。1971年2月—1975年 3月，在章丘县工交局任办事员。1975年4月—1982年5月，在章丘县酒厂负责政工、人事工作，1982年6月—1986年1月，先后任章丘县酒厂副厂长、党支部副书记。1986年2月调离。

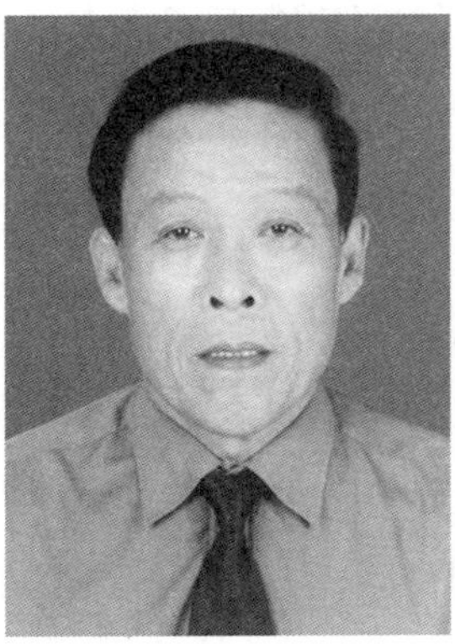

巩玉华

1949年10月生，男，汉族，山东省章丘市普集镇河堤村人。高中文化，1990年11月加入中国共产党。

1964年毕业于章丘县第七中学，1971年7月参加工作，在明水铝土矿机修车间工作，1976年3月调章丘县酒厂工作，先后任机修维修副班长、钳工班班长。1985年，任生计科副科长兼机电车间主任。1986年7月，任酒精车间主任。1987年10月，先后任生产动力科、生产科、生计科副科长、科长。期间：1990年5月任厂长助理、生计科科长。1992年6月，任生产副厂长。1992年8月当选为党委委员。1994年11月，任济南百脉酿酒（集团）有限公司董事、副总经理。2004年7月内退。

赵建平

1953年9月生，男，汉族，山东省蓬莱县人。大专文化，1974年1月加入中国共产党，经济师。

1968年7月，在章丘县电机厂参加工作。1977年7月，任章丘县电机厂党委委员、办公室主任。1985年6月，任章丘县电机厂党委副书记。1986年12月，任章丘县电机厂党委书记。1988年4月—1990年4月，任章丘县电机厂党委书记、厂长。1991年6月，调章丘市服装一厂负责新厂筹建和技改工作。1992年12月，调章丘市酒厂任副厂长。1994年11月当选为济南百脉酿酒（集团）有限公司董事会董事。1995年10月，任济南百脉酿酒（集团）有限公司党委副书记、副总经理。2000年8月当选为济南百脉酿酒有限公司监事会监事。2003年9月内退。

徐厥臻

1954年3月生，男，汉族，章丘市高官寨单家村人。大专文化，1976年8月加入中国共产党。

1975年参加工作，1976年10月—1997年7月，先后任章丘县高官寨公社十八户管区副书记、章丘县高官寨公社黄家管区书记、章丘县黄河区黄家乡党委副书记、章丘县黄河乡党委秘书、章丘县高官寨乡高官寨办事处书记、章丘县高官寨乡党委委员兼牧工商公司经理、章丘市高官寨乡副乡长兼经委主任、章丘市辛寨乡副乡长兼经委主任。1997年8月—2003年9月，历任章丘市经济委员会副主任、副局长。期间，先后兼任章丘市华信合金钢有限公司党委书记、总经理，山东鲁宏集团党委书记。2003年9月—2004年11月，任济南百脉酿酒有限公司党委书记。2004年12月调离。

王者厚

1954年11月生，男，汉族，章丘市相公庄镇南王村人。高中文化，1975年7月加入中国共产党，经济师。

1972年12月入伍，任8341部队（中央警卫团）三大队三中队队员。1978年5月，转业到河南省南阳“五一”油田，任机工。1983年5月，调章丘县酒厂任供销科采购员。1985年3月，任章丘县酒厂政工科科员。1986年6月，任章丘县酒厂销售科科长。1990年10月，任章丘县酒厂办公室主任。1991年4月，任章丘县酒厂厂长助理、办公室主任。1992年3月，任章丘县酒厂副厂长、办公室主任。1996年4月，任章丘市酒厂副厂长、工会主席、办公室主任。1997年3月，任济南百脉酿酒（集团）有限公司副总经理、工会主席。2000年8月，任济南百脉酿酒有限公司后勤部负责人。2002年4月，任济南百脉酿酒有限公司工会主席。2003年11月3日，任济南百脉酿酒有限公司党委副书记。2004年7月当选为济南百脉酿酒有限公司董事会董事。2004年11月当选为济南百脉酿酒有限公司党委委员，任党委副书记、工会主席。2005 年 12 月，任山东百脉泉酒业有限公司党委副书记、董事、工会主席。2007 年 7 月连任山东百脉泉酒业有限公司董事会董事，同时任党委副书记、工会主席。

王和顺

1954 年 11 月生，男，汉族，山东省章丘刁镇田官村人。大学文化，会计师。

1975 年 12 月，任桓台县马桥粮所保管员。1976 年 4 月，任桓台县面粉厂会计、食堂管理员。1980 年 7 月，任章丘县酒厂供应科材料会计。1983 年 5 月，任章丘县酒厂销售科副科长。1985 年 4 月，任章丘县酒厂财务科科长。1994 年 10 月当选为济南百脉酿酒（集团）有限公司监事会监事。1996 年 2 月，任董事会董事。1999 年 7 月，任济南百脉酿酒（集团）有限公司副总经理。2000 年 8 月，任济南百脉酿酒有限公司总会计师、财务处处长。2002 年 10 月，调入济南百脉酿酒有限公司清欠办公室。2003 年 10 月，任济南百脉酿酒有限公司审计处处长。2004 年 7 月当选为济南百脉酿酒有限公司监事会监事。2005 年 12 月，任山东百脉泉酒业有限公司监事会监事、审计处处长。2007 年 10 月任山东百脉泉酒业有限公司综合服务部部长。

田永祥

1955 年 2 月生，男，汉族，山东省章丘市王白庄人。大学文化，1984 年加入中国共产党，工程师。

1975 年 1 月，在章丘县酒厂参加工作，工人。1976 年被选派到山东大学微生物系学习，1978 年 8 月毕业后回厂工作。1981 年，任章丘县酒厂技术员，后任科研所所长。1984 年—1994 年 4 月，任副厂长，分管技术工作。1997 年 6 月病故。

王立华

1955 年 4 月生，男，汉族，山东省章丘市相公镇相一村人。大专文化，1969 年 10 月参加工作，1984 年

10月加入中国共产党，经济师。

1969年10月，在章丘县农具厂参加工作。1971年7月，任章丘县农具厂铸造车间团支部书记。1974年任章丘县电机厂汽车队队长。1980年任章丘县电机厂供销科科长。1985年调章丘县食品厂任经营副厂长。1990年调回章丘县电机厂任常务副厂长。1991年4月调章丘县酒厂任经营副厂长。1994年5月调离。

于承溪

1956年9月生，男，汉族，山东省章丘市普集镇东埠村人。高中文化，1990年8月加入中国共产党。

1976年5月，在章丘县酒厂参加工作，工人。1984年，任机修班副班长、班长。1986年，任机电车间主任。1992年，任生产科科长、机电车间党支部书记。1995年3月当选为章丘市第八次党代会代表。1995年10月当选为济南百脉酿酒（集团）有限公司党委委员。1997年，任副总经理、机电车间党支部书记。 2000年8月当选为济南百脉酿酒有限公司董事会董事。2003年10月，任济南百脉酿酒有限公司工会主席。2004年8月内退。

黄庆杰

1958年12月生，男，汉族，章丘市官庄乡古宅村人。中专文化，1976年12月参加工作，助理政工师。

1976年12月，在章丘县酒厂参加工作，1978—1983年从事统计工作，1984—1991年9月先后任工会干事、副主席、主席。2006年1月内退。

潘正江

1962年10月生，男，汉族，山东省淄博市周村区人。大专文化，1995年7月加入中国共产党，助理经济师，政工师。

1978年高中毕业，是年9月到章丘县酒厂参加工作，工人。1985年3月从事销售工作，先后任业务员、会计、副科长。1993年9月—

1996年9月，在山东干部函授大学学习，期满考试合格毕业。1995年10月，任济南百脉酿酒（集团）有限公司销售公司副经理。1998年，任公司经营党支部副书记。1999年2月，任济南百脉酿酒（集团）有限公司总经理助理。是年3月，任公司经营党支部书记。2000年8月当选为济南百脉酿酒有限公司董事会董事，同时任副总经理。2004年7月，连任济南百脉酿酒有限公司董事会董事、副总经理。是年11月当选为济南百脉酿酒有限公司党委委员。2005年12月，任山东百脉泉酒业有限公司党委委员、董事、副总经理、经营党支部书记。2007年8月任山东百脉泉酒业有限公司销售副总经理，分管销售工作。2010年12月，因个人原因离职。

王峻虎

1962年12月生，男，汉族，山东莒南县涝坡区西塔营村人。大学文化，1979年12月参加工作，1991年6月加入中国共产党，政工师。

1979年高中毕业，是年12月到章丘市造纸厂工作，任机电维修班班长。1983年12月，调章丘县酒厂，1984年8月，任章丘县酒厂政工科劳资员（副科级）。1985年5月，任章丘县酒厂劳资科科长。是年9月，兼任章丘县酒厂团支部书记。1986年7月—1989年7月，在中国行政函授大学学习，期满考试合格毕业。1997年9月，同时兼任济南百脉酿酒（集团）有限公司清欠办公室主任。2002年1月，任济南百脉酿酒有限公司总经理助理。是年4月，任公司机关党支部书记。2004年11月，当选为济南百脉酿酒有限公司党委委员。2005年12月，任山东百脉泉酒业有限公司党委委员、总经理助理、机关党支部书记。2007年7月，当选为山东百脉泉酒业有限公司董事会董事。2010年8月，任公司党委副书记至今。

张传海

1963年6月生，男，汉族，山东省济南市历城区唐王镇东张村人。研究生学历，政工师，1995年6月加入中国共产党，现任公司党委委员、常务副总经理。

1981年7月，毕业于山东省劳动局技工学校。是月，分配到章丘县酒厂机电车间工作。1985年9月—2001年11月，在本厂生产处任副处长、处长（期间：1996年9月—1996年12月在山东大学中级工商管理脱产学习）。2001年12月—2003年9月，任总经理助理，主持区内销售工作。2003年9月—2007年8月，任副总经理、党委委员，主持安全、生产、供应工作（期间：2003年9月—2006年6月在山东省委党校经济管理专业学习）。2007年9月，任副总经理、党委委员，主持安全、生产、供应工作（期间：2009年3月—2010年6月在山东大学创新型高层次人才研究生班学习）。

李成新

1963年8月生，男，汉族，山东省章丘市刁镇旧南村人。大学文化，1992年7月加入中国共产党，政工师。

1978年8月，在章丘市鼓风机厂工作，车工。1980年11月—1989年12月，任鼓风机厂财务科会计。期间：1984年5月—1989年12月兼任厂团总支书记。1990年1月，任鼓风机厂专职团委书记。1992年8月，任山东省汇丰机械集团总公司生产总调度。1993年8月，任山东省汇丰机械集团总公司生产科科长。1995年7月，任山东省汇丰机械集团总公司生产副总经理。

1996年10月—1997年11月山东省汇丰机械集团总公司内部改制期间兼任鼓风机厂厂长。期间：1997年3月—1997年7月，脱产在山东大学MBA工商管理班学习，被评为优秀班干部。1997年12月—2000年6月，任山东省汇丰机械集团总公司副总经理、鼓风机厂厂长。1999年当选为章丘市首届青联副主席。2000年7月—2001年3月，任山东省汇丰机械集团总公司副总经理、规划发展中心主任。1998—2001年，在山东省委党校管理班学习，2001年6月期满合格毕业。2001年3月，任中日合资章晃机械工业有限公司中方代表副总经理。

2004年3月至今，先后任济南百脉酿酒有限公司、山东百脉泉酒业有限公司党委书记、董事长、总经理。期间：2005年1月—2005年12月参加清华大学职业经理训练中心举办的高级职业经理训练班学习。2010年11月—2011年12月参加清华大学职业经理训练中心举办的卓越领导高级研修班学习。

2013年11月—2014年12月参加北京大学实战型资本战略（EMBA）总裁班学习。2013年3月在山东省经济管理干部学院学习经济管理，2015年1月取得本科毕业证书。2012年8月—2017年11月任章丘市食品包装协会会长。2017年11月至今，担任济南市食品工业协会会长。2007年12月—2017年4月，当选为济南市第十四届、十五届、十六届人民代表大会代表，成为公司建厂以来第一位连任三届的济南市级人大代表。

金 峰

1964年10月生，男，回族，山东省章丘市官庄乡闫满村人。大专文化，1987年6月加入中国共产党，工程师。

1983年7月由山东省化工学校毕业分配到章丘县酒厂参加工作，先后任酒精车间主任、企管科长、生产副厂长、支部成员。1989年发表的《量本利分析在产品结构调整中的应用》获济南市企业管理成果二等奖，为企业产品结构调整、扩大粮酒生产起到了一定指导作用。1991年调离。

牛余林

1965年2月28日出生，男，汉族，山东省济南市章丘市官庄乡三赵村人，中共党员，山东大学经济管理专业。

1980—1984年在章丘辛寨供销社任营业员、现金出纳员、物价员。1984—1988年在普集供销社任营业员、百货经理（政治教员）。1988—1999年，在山东省章丘鼓风机厂任设备管理统计员。1990—1991年任山东章丘鼓风机厂办公室副主任。1991—1992年任济南宏达汽车有限公司（合资企业）办公室主任。1992—1994年任山东章丘水泥装备有限公司生产调度办公室主任。1994—1998年任山东省章丘鼓风机厂办公室主任。1995—1997年，山东大学经济管理专业学习。1998—2001年山东章丘鼓风机厂总经理助理、劳动服务公司经理。2001—2003年，山东章丘鼓风机厂总经理助理、销售公司副总兼清欠办主任。2004年山东章丘鼓风机厂橡胶厂副厂长。2005—2008年，山东百脉泉酒业有限公司打假员、打假办主任、打假清欠办主任。2007年任审计监察部长分管打假办。2008年任审计监察部长、企管部长，分管打假办。2009年任总经理助理兼审计监察部长、大客户经理。2010年至今任公司董事、副总经理，分管审计、企管、打假督察、基建、企业信息化。2018年增补党委委员。

张　刚

1965年4月生，男，汉族，山东省淄博市桓台县索镇后毕村人。大专文化，1998年6月加入中国共产党，会计师。

1981年10月—1982年10月，章丘县酒厂曲房班工人。1982年11月—1983年5月，章丘县酒厂散酒保管员。1983年6月，任章丘县酒厂营业室会计。1984年9月—1987年7月，脱产到山东广播电视大学学习，期满合格毕业。1987年8月，在章丘县酒厂供应科工作。1988年3月，任章丘县酒厂营业室负责人。1989年11月，调章丘县酒厂财务处工作。2002年10月，任财务处副处长。2003年5月，任财务处处长。2004年11月，当选为中共济南百脉酿酒有限公司党委委员。2005年12月，任山东百脉泉酒业有限公司党委委员、财务处处长。2007年7月至今，担任山公司董事会董事和总会计师。

袁锡惠

1969年1月生，女，汉族，山东省章丘市相公镇袁庄人，大学学历，1987年12月参加工作，1998年6月加入中国共产党，高级政工师。

1987年7月高中毕业，同年12月到山东百脉泉酒业有限公司工作，1987年12月—1988年1月，曲种车间工人。1988年2月—2002年7月，在公司总经理办公室工作，先后任打字员、档案员兼总机接线员，期间：1991年9月—1994年7月，在济南广播电视大学档案文秘专业中专部学习，取得毕业证，1997年4月—2001年4月，通过了山东大学高教自学考试法律专业大专学习，取得毕业证书。2002年7月—2003年11月，在公司包装车间工作；2003年11月至2004年1月任公司宣传处处长。2004年2

月至2010年8月任公司办公室主任，期间：2007年9月—2008年5月通过了章丘市现代企业管理高层研修班学习，取得结业证书；2010年8月—2013年7月任公司党委委员、工会主席兼办公室主任，期间：2010年3月—2013年1月，通过了山东农业大学成人高考计算机专业本科学习，取得毕业证书；2011年12月，当选中国共产党章丘市第十二次代表大会代表，成为公司建厂以来第一位女性党代表；2013年7月至今，任公司党委委员、工会主席，同时分管工业旅游工作。2013年12月，当选济南市工会第十六次代表大会代表，成为公司建厂以来第一位济南市级工代会代表；2016年1月，当选公司第六届董事会董事。

马业准

1974年1月生，男，汉族，中共党员，山东省济南市章丘市双山街道办事处三涧溪村人。工程硕士，硕士研究生导师。中国酒业营销大师、白酒国家评委、高级品酒师、高级酿酒师、注册国家级食品安全师、注册国家级食品生产许可证审查员、山东省首席技师、山东省酿酒大师、鲁酒营销大师。

1995年7月，毕业于山东大学微生物系微生物工程专业。2002年3月，任济南百脉酿酒有限公司粮酒车间副主任、团支部书记。是年10月加入中国共产党。2003年10月，任济南百脉酿酒有限公司粮酒车间主任、粮酒车间党支部书记。2004年7月，当选为济南百脉酿酒有限公司董事会董事，同时任总经理助理。是年11月，当选为济南百脉酿酒有限公司党委委员。2005年11月，被聘为国家职业技能鉴定高级考评员。是年12月，任山东百脉泉酒业有限公司党委委员、董事、总经理助理、技术党支部书记。2006年4月，考取中国酿酒工业协会注册“高级酿酒品酒师”。是年11月，考取中国食品工业协会第七届白酒国家评委。2007年7月，考取“注册国家级食品生产许可证审查员”。是年8月，任山东百脉泉酒业有限公司副总经理，分管技术工作。是年12月，考取中国食品工业协会“国家级食品安全师”。是年9月，被国家标准化管理委员会聘为白酒标准化技术委员会芝麻香型白酒分技术委员会委员。是年11月，考取中国酿酒工业协会2010届国家白酒评委。是年11月，被中国食品工业协会聘为“第八届白酒特邀国家评委”。是年12月，任山东百脉泉酒业有限公司销售总经理、销售公司党支部书记。2011年10月—2012年11月，在清华大学“酒类行业总裁高级研修班”进修。2013年2月，被山东省人民政府授予“山东省首席技师”。2015年12月，考取中国酒业协会“2015年国家级白酒评酒委员”。2018年3月，任公司总经理。

杜祥宝

1977年8月出生，男，汉族，山东省济南市章丘市辛寨人。2008年12月加入中国共产党，国家级白酒评委、国家注册质量工程师、高级品酒师。

1997年毕业于山东轻工业学校印刷工艺专业。1997年9月—1999年8月，先后在公司粮酒车间、酒精车间、水处理、销售公司埠村展销厅工作。1999年8月，在公司质检部质检员岗位工作。2001年12月，考取国家注册质量工程师初级职称。2007年10月任公司质检部副部长，2010年3月，任公司质检部部长；是年10月，考取品酒师高级技师。2010年12月，任公司技术总工程师，2011年7月，考取山东省食品工业协会第四届白酒专业评委，是年11月，以全国第三名成绩考取中国食品工业协会第八届白酒国家评委。2015年5月，考取山东省轻工业学院轻工技术与工程领域硕士。2016年9月，考取中国食品工业协会第九届白酒国家评委。2017年2月，任销售公司常务副总经理兼技术总工。2017年6月—2018年6月在清华大学酒业班学习。2018年3月任销售公司总经理，全面主持公司的销售工作。

汪慧慧

1980年1月生，女，汉族，山东临沂市费县探沂镇后杨家庄人，中共党员。2015年毕业于烟台大学化学生物理工学院食品科学与工程专业，本科学历。

2006年11月，公司技术部科研员。2009年8月，考取济南市食品工业协会食品质量评价员。2011年7月，考取山东省食品工业协会第四届白酒专业评委。2014年9

月，考取国家注册质量工程师中级职称。2015年5月，通过竞聘任该公司技术中心副主任。是年11月，考取品酒师高级技师。2016年10月，以全国第四名成绩考取中国食品工业协会第九届白酒国家评委。是年12月，被选举为中共济南市章丘区第一届代表大会党代表。2017年1月，作为主席团成员参加济南市章丘区第一次代表大会，此次会议上被选举为中共济南市第十一届代表大会党代表。是年2月，任该公司技术副总工程师，是年3月，参加中共济南市第十一届代表大会。2018年3月，任山东百脉泉酒业有限公司技术总工程师，全面负责公司工艺创新、新产品研发、产品质量和食品安全、品牌建设等工作。

第二节 先进人物

延春村 章丘县酒厂汽车班长。1959年出席省工交社会主义建设先进生产者、工作者代表会。1962年出席泰安地区工业财贸先进生产、工作者代表会。

崔善昌 章丘县酒厂粮酒车间工人。1964年荣获泰安地区酿酒技术表演赛第二名。

鲁守奎 粮酒车间主任。1969年出席章丘县工交系统先进生产工作者代表会。

焦增强 曲房工人。1974年、1975年、1976年出席章丘县工交系统先进生产工作者代表会。

郭全蔚 粮酒车间工人。1976年出席章丘县工业学大庆先进生产工作者代表会。1977年、1978年出席章丘县工交系统先进生产工作者代表会。

刘克津 白酒车间主任。1976年出席工业学大庆先进工作者代表。1977年、1978年出席章丘县工交系统先进生产工作者代表大会。

石广坤 粮酒车间工人。1976年出席章丘县工业学大庆先进工作者代表会。1977年、1978年出席章丘县工交系统先进生产工作者代表大会。

巩玉华 济南百脉酿酒有限公司党委成员、董事会成员、副总经理、工会主席。1977年、1978年、1979年、1982年出席章丘县工交、经委系统先进生产工作者代表会。1991年获章丘县“革新能手”称号。

黄守义 制曲车间工人。1978年、1979年、1980年出席章丘县工交、经委系统先进生产工作者代表会。

于承溪 济南百脉酿酒有限公司党委成员、董事会成员、副总经理、工会主席。1978年出席章丘县

共青团积极分子代表会。1992年获章丘市“节约能手”称号。1995年4月被章丘市总工会授予“章丘市劳动模范”荣誉称号

牛素贞（女） 装瓶车间主任。1981年出席章丘县工会积极分子代表会。1982年出席章丘县妇代会“三八集体代表会”。

高绍栋 章丘县酒厂厂长。1982年出席章丘县经委系统先进生产工作者代表会。

尹念钦 酒精车间主任。1982年出席章丘县经委系统先进生产工作者代表会。

刘淑娥（女） 供销科科员。1982年出席章丘县经委系统先进生产工作者代表会。

韩绍先 锅炉车间班长。1982年出席章丘县经委系统先进集体代表会。

高绍团 酒精车间班长。1982年出席章丘县经委系统先进集体代表会。

潘正江 山东百脉泉酒业有限公司党委成员、董事会成员、副总经理。1982年被中共济南市委、市人民政府授予“建设社会主义物质文明先进工作者”荣誉称号。2009年1月，被齐鲁晚报、大众网、酒业总评榜组委会评为2008年度“山东省酒业营销人物”。同年3月，荣获章丘市委、市政府授予的“章丘市十大营销状元”荣誉称号。

张继礼 章丘县酒厂副厂长、工会主席。1989年1月被济南市第一轻工业局评为“先进工作者”荣誉称号。

龚普义 山东百脉泉酒业有限公司销售区域经理。1989年被章丘县经济委员会授予“轻工比武十大操作能手”荣誉称号。2015年9月，荣获济南市企业联合会、济南市企业家协会、济南市经济师协会颁发的“济南市企业管理先进工作者”荣誉称号。

王传本 济南百脉酿酒有限公司党委副书记、董事会成员、工会主席。1992年，荣获章丘市“社会治安综合治理”先进个人。

李文化 统计员。1994年、1996年、1997年、1999年分别荣获“工业统计先进个人”荣誉称号。2000年分别荣获章丘市、山东省“工业统计先进个人”荣誉称号。2002年分别被中国轻工业联合会、济南市统计局、章丘市经贸局授予“工业统计先进个人”荣誉称号。2003—2008年连续六年被评为章丘市“工业统计先进个人”。2009年12月，荣获济南市统计局颁发的“2009年度工业统计工作先进个人”、“2009年工业价格调查统计工作先进个人”荣誉称号。2010年12月，荣获济南市统计局、国家统计局济

南调查队颁发的“2010年度济南市工业品价格统计工作先进个人”、“2010年度工业交通、能源、邮电通信统计工作先进个人”荣誉称号。2011年1月，荣获章丘市经信局授予的“2010年度工业统计先进个人”荣誉称号。2012年12月，荣获济南市统计局颁发的“2012年度工业价格调查先进个人”荣誉称号。同年1月，荣获章丘市经济和信息化局授予的“2011年度工业经济运行工作先进个人”荣誉称号。2013年1月，荣获章丘市统计局颁发的“2012年度工业统计先进个人”荣誉称号。2014年，荣获“济南市统计工作先进个人”荣誉称号。

韩宪安 中共济南百脉酿酒(集团)有限公司党委书记、董事长、总经理。1996年4月被章丘市总工会评为“章丘市劳动模范”荣誉称号。同年，荣获中国酒文化研究会授予的“中国酒行业卓越贡献奖”劳动奖章称号。1999年4月荣获济南市总工会授予的“济南市建功立业劳动奖章”荣誉称号。2000年4月荣获山东省总工会授予的“山东省富民兴鲁劳动奖章”劳动奖章称号。

李成新 山东百脉泉酒业有限公司党委书记、董事长。1997年6月被济南市评为第五届优秀青年厂长（经理）。2005年3月被评为山东省“振兴鲁酒，再铸辉煌”先进个人荣誉称号。11月，被中国妇女发展基金会授予“情系西部、共享母爱、爱心人士”称号。2006年被评为山东省轻工业系统2005—2006年度优秀企业党委书记、济南市食品行业优秀企业家和山东省轻工系统有突出贡献的中青年专家、山东省轻工行业2006年度安全生产优秀管理者。6月，被中共章丘市委授予“优秀共产党员”荣誉称号。8月，被评为“2001—2005年全市普法依法治理先进个人”。2007年1月，当选为山东省酒行业“十大风云人物”，同时被授予“2006年度济南市食品工业优秀企业家”；2月，被中共章丘市委、市政府授予“章丘市十佳文明市民”；4月，被中共章丘市委、市政府评为“2006年度工业经济优秀创业者”；5月，荣获“第九届济南市优秀企业家”荣誉称号；9月，被章丘市评为“全市十佳敬业奉献模范”；12月，当选为济南市第十四届人民代表大会代表。2008年1月，被评为“2007年度济南市食品工业优秀企业家”；3月，被中共章丘市委、市政府评为“2007年度发展工业经济优秀创业者”；4月，先后荣获山东省轻工业协会颁发的“全省轻工业安全生产优秀管理者”及济南市总工会颁发的“济南市五一劳动奖章”；

12月，被评为“山东省轻工业优秀企业家”。2009年4月，荣获“第十七届山东省优秀企业家”荣誉称号。2011年12月，荣获“山东省富民兴鲁劳动奖章”，同月被评为“济南市第十四届人民代表大会优秀人大代表”。2012年1月，荣获“济南市食品行业先进企业家”荣誉称号；4月，荣获济南市人民政府授予的“济南市劳动模范”荣誉称号；6月，荣获“山东省企业文化建设先进个人”荣誉称号。2013年1月，荣获“2012年济南市食品行业优秀企业家”荣誉称号；2月，荣获中共章丘市委、章丘市人民政府授予的“2012年度优秀企业家”荣誉称号。2014年8月，荣获章丘市人民政府授予的“2013年度章丘市市长质量奖（个人奖）”。2015年1月，荣获“济南市食品行业优秀企业家”荣誉称号；4月，荣获“影响济南”年度经济人物评选组委会授予的“2014‘影响济南’年度创新人物奖”荣誉称号。2016年8月，荣获“第二十三届山东省优秀企业家”荣誉称号；10月，在“山东工匠　鲁酒大师”评选中荣获“鲁酒大师”荣誉称号；11月，荣获“山东省关爱职工优秀企业经营者”荣誉称号。2017年2月，荣获中共章丘市委、章丘市人民政府颁发的2016年度“优秀企业家”荣誉称号；3月，荣获“济南市食品行业优秀企业家”荣誉称号；7月，荣获由济南市人民政府颁发的“第五届度济南市市长质量奖个人奖”；12月，被中国时代影响力活动组委会授予“中国骄傲—2017年度影响力人物”荣誉称号。2018年1月，获得“2017诚信中国优秀企业家”荣誉；3月10日，荣获由中共济南市章丘区委、济南市章丘区人民政府颁发的2017年度“优秀企业家”荣誉称号。3月18日，在2017中国酒业年度人物评选活动中获得“2017中国酒业年度经济人物”荣誉称号。4月13日，获得由济南市食品工业协会颁发的2017年度企业发展“食品行业优秀企业家”荣誉称号。

焦儒兵　粮酒车间班长。1998年、1999年被山东海泰集团工会授予“岗位操作能手”和“1999年度优秀员工”荣誉称号。2010年1月，荣获济南市经委、济南市食品工业协会颁发的“济南市食品行业优秀技工”荣誉称号。

田德顺　粮酒车间班长。1998年被山东海泰集团工会授予“岗位操作能手”荣誉称号。

杨秀伟　粮酒车间班长。被山东海泰集团工会授予“1998年度优秀员工”和“1999年度优秀员工”荣誉称号。

王永刚　粮酒车间班长。被山

东海泰集团工会授予“1998 年度优秀员工”和 “1999 年度优秀员工”荣誉称号。

杨宣吉 粮酒车间班长。被山东海泰集团工会授予“1998 年度优秀员工” 荣誉称号。

徐云峰 粮酒车间班长。被山东海泰集团工会授予“1999 年度优秀员工” 荣誉称号。

张 刚 山东百脉泉酒业有限公司总会计师。2001 年被济南市总工会评为“济南市财会工作先进个人”。2003 年分别被济南市总工会和章丘市总工会评为“济南市经审工作先进个人”和“章丘市先进工会会计”。2004 年被济南市总工会评为“济南市工会财务先进个人”。2005 年被济南市财政局、市委宣传部、市总工会、市人事局和章丘市总工会评为“济南市会计工作先进个人”和“章丘市先进工会会计”。2006 年被章丘市总工会评为“章丘市工会财会先进个人”。2009 年 1 月，被章丘市总工会评为“2008 年度先进审计干部”。2010 年 1 月，荣获章丘市总工会颁发的“先进工会审计干部”荣誉称号。

康京波 山东百脉泉酒业有限公司销售区域经理。2003 年被共青团章丘市委评为“章丘市优秀团干部”。

王乃宝 粮酒车间主任。2003 年被评为章丘市青年岗位操作能手。2011 年 2 月，荣获济南市总工会颁发的“济南市建功立业先进个人”荣誉称号。

袁锡惠（女） 山东百脉泉酒业有限公司工会主席。2004 年章丘市总工会评为“工会积极分子”,2005 年，在第二届《相约周末》广场活动中荣获先进个人。2006 年，被章丘市经贸局评为经贸局系统工会积极分子。2008 年 3 月，被评为“章丘市学习型女性”。2009 年 9 月，荣获“章丘市第二届道德模范”称号。2010 年 5 月，荣获“山东省职工思想政治工作研究会优秀干部”荣誉称号；8 月，荣获“山东省轻工系统 09−10 年度优秀思想政治工作者” 称号。2009 年、2011 年，荣获中共章丘市委、章丘市人民政府颁发的“城市建设管理先进个人”荣誉称号。2011−2013 年、2015 年，荣获“章丘市“三八”红旗手标兵”。2011—2014 年，荣获章丘市“先进工会工作者”荣誉称号。2013 年 3 月，荣获济南市总工会授予的“女职工建功立业标兵”荣誉称号；11 月，荣获中华全国总工会职工委员会颁发的“《女职工劳动保护特别规定》知识竞赛活动优秀个人”荣誉称号。2014 年 4 月，荣获“济南市五一劳动奖章”；7 月，荣获山东省 2013−2014 年度“优秀思想政治工作者”荣誉称号。2015年12月，荣获“山东省推行协商民主强化社会责任标兵”荣誉称号，同时被授予“山东省富民兴鲁劳动奖章”。2017年3月，获得章丘区“先进工会工作者”荣誉。2018年2月，获得由济南市章丘区总工会颁发的“2017年度先进工会工作者”荣誉称号。

赵京彬 管理督察部部长。2004、2005、2006年被共青团章丘市委评为“章丘市优秀团干部”荣誉称号，2004年被章丘市总工会评为工会积极分子。2005年被共青团章丘市委评为“章丘市青年技术创新能手”荣誉称号，同时被济南市经委、济南市食品工业协会评为“济南市食品工业先进工作者” 荣誉称号。2008年1月，被共青团章丘市委评为“2007年度章丘市优秀团干部”。2009年5月，被济南市经济委员会、济南市食品工业协会授予“济南市食品工业优秀食品技工”荣誉称号。同年2月，被章丘市团委评为“优秀团干部”荣誉称号；4月，被章丘市委宣传部授予“章丘市十大杰出青年”荣誉称号。2010年1月，荣获济南市经委、济南市食品工业协会颁发的“济南市食品行业先进工作者”荣誉称号。2011年1月，荣获济南市经信委、济南市食品工业协会授予的“济南市食品行业优秀技工”荣誉称号。2017年9月，获得由济南市企业管理现代化创新成果审定委员会颁发的“白酒窖池数字化创新管理二等奖”荣誉。

王国林 山东百脉泉酒业有限公司团委书记。2004年被共青团章丘市委评为“章丘市优秀团员”荣誉称号。2005、2006年被共青团济南市委评为“济南市优秀团员”荣誉称号。2007年6月出席了共青团共中共济南市团员代表大会，成为公司第一位出席济南市团员代表大会的代表。2008年1月，被共青团章丘市委评为“2007年度章丘市优秀团员”。2012−2016年，荣获共青团章丘市市委授予的“章丘市优秀团干部”荣誉称号。2018年3月，获得2017年度“章丘区优秀团干部 ”荣誉称号。

王红梅（女） 销售公司济南办事处内勤。2005年、2006年被章丘市卫生局、章丘市卫生学会授予“厂企卫生工作先进个人”荣誉称号。

崔承湖 山东百脉泉酒业有限公司生产处处长。2005年7月，被济南市人民政府授予“济南市杰出技术能手” 荣誉称号。

毕思水 山东百脉泉酒业技术中心主任。2005年7月，被济南市人民政府授予“济南市杰出技术能手” 荣誉称号。2007年，先后荣获“济南市突出贡献技师”、“济南市质量管理先进工作者”荣誉称号。2008年1月，被济南市政府评为“济南市突出贡献技师”，同时授予白酒酿造高级技师荣誉称号；10月，被评为山东轻工行业首席技师；12月，酒糟一次性烘干技术荣获章丘市科学技术进步奖评审委员会颁发的科学进步奖三等奖。2009年7月，被山东经委评为“山东省优秀质量管理工作者”；11月，有机窖泥的培养荣获山东省轻工业科学技术进步奖二等奖，酒糟一次性烘干技术荣获山东省轻工业科学技术进步奖二等奖。2010—2013年荣获“济南市食品行业优秀食品专家”荣誉称号，2010年5月，被评为章丘市“全面质量管理先进工作者”；10月，被中国国酒工业协会评为白酒品评高级技师；12月，芝麻香型白酒的生产荣获章丘市科学技术进步二等奖。2011年1月，被评为“济南市食品行业优秀专家”；9月，被章丘市人民政府授予“章丘市首届首席技师”；12月，被济南市科学技术协会评为“2011年度全市科协系统基层科协工作先进个人”。2012年1月，荣获“济南市食品行业先进工作者”荣誉称号；2月，被章丘市科学技术协会评为科普工作先进个人；10月，被济南市人民政府授予第五批济南首席技师。2013年9月，干果粮型女士饮品关键技术的研究与应用荣获山东省轻工业科学技术进步奖二等奖。2014年1月，其负责的干果粮型女士饮品关键技术的研究应用项目荣获“济南市讲理想、比贡献活动科技创新项目”荣誉称号；6月，被省人民政府授予“山东省首席技师”。2014—2015年被授予“济南市食品行业突出贡献技术人员”荣誉称号。

田德进 粮酒车间班长。2006年被共青团章丘市委评为“章丘市青年技术创新能手”。2007年被共青团章丘市委评为“章丘市青年岗位操作能手”荣誉称号。2009年5月，被济南市经济委员会、济南市食品工业协会授予“济南市食品工业优秀食品技工”荣誉称号。

张传海 山东百脉泉酒业有限公司党委委员、董事会成员、常务副总经理。2006年1月，被济南市总工会评为“济南市职工创新能手” 荣誉称号。12月，被章丘市人民政府评为“章丘市安全生产先进个人”。2006—2007年被评为“山东省轻工业安全生产先进个人”。2008年2月，被章丘市安委会评为“2007年度安全生产先进个人”荣誉称号；4月，被评为“山东省轻工业安全生产优秀管理者”荣誉称号；12月，酒糟一次性烘干技术荣获章丘市科学技术进步奖评审委员会颁发的科学进步奖三等奖。2009年3月，被评为章丘市“安全生产先进工作者”；5月，被授予“济南市食品工业先进工作者”；9月，荣获“山东省轻工业安全生产突出贡献工作者”荣誉称号。2010年，荣获“2010年度山东省轻工业安全生产突出贡献者”荣誉称号及“2010年度食品行业优秀企业家”荣誉称号。2012年2月，荣获章丘市人民政府授予的“全市安全生产先进个人”。2012—2016年，荣获“济南市食品行业先进工作者”荣誉称号。2016年10月，在“山东工匠·鲁酒大师”评选中荣获“鲁酒酿造大师”荣誉称号。

王者厚　山东百脉泉酒业有限公司党委副书记、工会主席、公司董事会成员。2006年8月，被授予“山东省轻工系统2005、2006年度优秀思想政治工作者”荣誉称号；被章丘市总工会评为先进工作者、职工科技工作先进个人。2006年被济南市总工会评为先进工作者。2007年2月，被评为第三届《相约周末》广场活动突出贡献先进个人。8月，被评为2006、2007年度山东省轻工业系统优秀思想政治工作者。2008年 2月，被评为章丘市“城市建设管理先进个人”；3月，王者厚之家被章丘市妇女联合会授予“章丘市文明家庭标兵户”；4月，被授予“济南市五一劳动奖章”。2008年，被章丘市总工会评为“2008年度先进个人”。2009年6月，荣获“山东省轻工系统2008—2009年度优秀思想工作者”荣誉称号。2010年21月，荣获章丘市总工会颁发的“先进工会工作者”荣誉称号；8月，荣获“山东省轻工系统09—10年度优秀思想政治工作者”荣誉称号。

马业准　山东百脉泉酒业有限公司党委委员、董事会成员、总经理。2006年被评为“2006年度济南市食品工业先进工作者”，被共青团章丘市委评为“章丘市十大青年技术创新能手”。2007年12月，被中共济南市委等3部门和章丘市委宣传部等部门评为“第五届济南市优秀科技工作者”，并记三等功奖励和“章丘市十大杰出青年”称号。2007年被评为“2007年度济南市食品工业先进工作者”。2008年3月，被评为“章丘市技术进步工作先进个人”；5月，被授予“章丘市五四青年奖章”；7月，被章丘市政府评为“章丘市第三批青年学术技术带头人”。2009年 5月，荣获“济南市食品工业优秀食品专家”称号；6月，荣获“2009年度山东省轻工行业首席技师”称号；10月，被国家白酒标准化委员会聘为“全国专业标准化技术委员会委员”。2010年4月，荣获“济南市五一劳动奖章”；9月，被聘为全国专业标准化技术委员会委员。2011年1月，荣获“2010年度济南市食品行业先进工作者”荣誉称号；11月，被中国食品工业协会聘为“第八届白酒特邀国家评委”资格；12月，荣获“山东省轻工系统有突出贡献的中青年专家”荣誉称号。2012年6月，荣获“章丘市第八批专业技术拔尖人才”荣誉称号。2013年10月，荣获“山东省酿酒大师”荣誉称号。2014年1月，荣获“首届中国酒业公众大奖—中国酒业营销人物”荣誉称号；2014年荣获章丘市“2014年度工业技术创新拔尖人才”荣誉称号。2016年10月，在“山东工匠·鲁酒大师”评选中荣获“鲁酒营销大师”荣誉称号。

崔殿春 山东百脉泉酒业有限公司安保处处长。2006年、2007年被山东省轻工业办公室评为“安全生产先进个人”荣誉称号。2006、2007年被章丘市评为“安全生产先进工作者”荣誉称号。2007年12月，被章丘市经贸局评为“安全生产先进个人”荣誉称号。

崔士茂 山东百脉泉酒业有限公司安全科科长。2006年被章丘市经贸局评为经贸局系统工会积极分子。2009年1月，被章丘市总工会评为“2008年度最佳职工”及“2008年度先进工会会计”；2月，评为章丘市“2008年度优秀通讯员”；10月，在章丘市第二届“银鹰杯”职工征文大赛中，获得优秀奖。2010年1月，荣获章丘市“先进工会会计”荣誉称号。2014年2月，被评为章丘市经信系统安全生产“先进个人”；10月，获得章丘市“安全发展 科学发展”征文比赛二等奖；11月，荣获章丘市经信系统书画摄影展二等奖；2014年，被评为2014年度安全生产先进个人。2015年6月，荣获章丘市“党风廉政及行风政风建设社会监督员”。2016年2月，荣获章丘市“安全生产先进个人”；本年度，被评为2016年度章丘区企业安全生产先进个人。2017年6月，在章丘区第一届“优秀培训师”比赛中荣获三等奖；是月，在章丘区首届安全优秀培训师比赛中荣获三等奖；12月，在章丘区举办的“不忘初心，牢记使命、争做章丘最美安全卫士”演讲比赛活动中荣获三等奖。2017年，荣获“2017年度安全生产先进个人”荣誉称号。2018年4月，获济南市“食品行业先进工作者”荣誉称号。

牛余林 山东百脉泉酒业有限公司党委委员、董事会成员、副总经理。2007年，被评为“济南市内审先进个人”。2009年11月，荣获最受群众喜爱的“山东十大书法家”荣誉称号，在第九届“庐山杯”暨“华韵杯”书法大赛中年组荣获银奖并被授予“共和国杰出艺术家”荣誉称号。2009—2010年连续被评为“章丘市内部审计先进个人”。2010年12月，荣获“山东省2010年度先进个人”荣誉称号。2011年，荣获“济南市企业管理先进工作者”。2011—2012年，荣获章丘市审计局授予的“全市内部审计先进个人”。2012年1月，荣获“2011年度山东省诚信企业经营者”称号；6月，荣获“山东省企业文化建设先进个人”。2016年12月，荣获“济南市企业管理先进工作者”荣誉称号。2017年7月，荣获“2016—2017年度全国企业文化优秀成果主要创造人”荣誉；9月，获得由济南市企业管理现代化创新成果审定委员会颁发的“白酒窖池数字化创新管理二等奖”荣誉；12月，被中国时代影响力活动组委会授予“中国骄傲·2017年度匠品书画家”称号。

孟祥源 粮酒车间副主任。2007年被共青团章丘市委评为“章丘市科技创新能手”荣誉称号。2008年1月，被共青团章丘市委评为“2007年度章丘市技术创新能手”。

赵东玲（女） 山东百脉泉酒业总经理办公室副主任 。2008年3月，被章丘市妇女联合会评为“章丘市三．八红旗手”。2010年1月，荣获章丘市总工会颁发的“先进工会女干部”荣誉称号。2014年4月，荣获章丘市妇女联合会授予的“优秀基层妇女工作者”荣誉称号。

刘永彬 山东百脉泉酒业有限公司供应部部长。2009年3月，被山东省轻工业协会授予“2008年度安全生产先进个人”荣誉称号。2010年3月，荣获山东省轻工业协会颁发的“全省轻工业安全生产先进个人”荣誉称号。

王峻虎 山东百脉泉酒业有限公司党委副书记。2009年12月，荣获山东省企业家联合会、山东省企业家协会、山东省经济联合会、山东省质量协会授予的“2009年度先进个人”荣誉称号。同年8月，被济南市企业家协会、济南市企业家联合会授予“建国60周年第十一届济南市企业管理先进工作者”荣誉称号。2014年7月，荣获山东省轻工业协会颁发的2013–2014年度“优秀思想政治工作者”荣誉称号。

陈向峰 山东百脉泉酒业有限公司包装车间主任。2009、2010、2012、2013年，荣获山东省企业家联合会、山东省企业家协会、山东省经济联合会、山东省质量协会授予的“先进个人”荣誉称号。2011年1月，荣获济南市信息化领导小组颁发的“全市信息化工作先进个人”荣誉称号。2012年1月，荣获章丘市经济和信息化局授予的“全市经信系统信息化工作先进个人”荣誉称号。

赵庆海　山东百脉泉酒业有限公司生产调度室主任。2009、2010年，荣获山东省企业家联合会、山东省企业家协会、山东省经济联合会、山东省质量协会授予的“先进个人”荣誉称号。2010年10月，荣获济南市企业联合会、济南市企业家协会颁发的“企业管理先进工作者”荣誉称号。

李雷新　山东百脉泉酒业有限公司质检科科长。2009年2月，被章丘市团委评为“章丘市优秀团员”荣誉称号。同年5月，被章丘市经贸局评为“章丘市全面质量管理先进工作者”。2011年7月，取得山东省食品工业协会“第四届山东省白酒评委”资格。2015年3月，荣获共青团章丘市委颁发的“2014年度章丘市优秀团干部”荣誉称号。2017年10月，荣获由济南市章丘区人民政府颁发的“济南市章丘区第一批突出贡献技师”荣誉。2018年4月，荣获由济南市食品工业协会颁发的“食品行业先进工作者”荣誉称号。

王海明　机电车间员工。2009年2月，被章丘市团委评为“章丘市优秀团员”荣誉称号。

汪慧慧　山东百脉泉酒业有限公司技术总工程师。2009年8月，被评为“济南食品质量评价员”。12月，荣获“济南市技术能手”。2010年4月，荣获“济南市建功立业先进个人”荣誉称号；6月，荣获“济南市质量管理先进工作者”。2011年1月，荣获“济南市食品行业优秀技工”荣誉称号；2012年4月，被章丘市总工会评为章丘市“十大金牌工人”。2013年6月，荣获“济南市青年技术创新能手”荣誉称号；10月，荣获山东省“最美青工”。是月，荣获章丘市人民政府颁发的“章丘市第二批突出贡献技师”荣誉称号。2014年1月，其负责的干果粮型女士饮品关键技术的研究应用项目荣获“济南市讲理想、比贡献活动科技创新项目”荣誉称号；12月，荣获“章丘市五一劳动奖章”及“章丘市杰出技术能手”荣誉称号。2015年6月，获得章丘市经济和信息化局、章丘市人才工作办公室授予的“第二批章丘市工业技术创新拔尖人才”荣誉称号；7月，荣获“山东省白酒行业技术能手”称号；是月，获山东白酒协会颁发的“酒体设计优秀奖”。

2016年11月，荣获“2016年济南工匠”荣誉称号，同时被授予“济南市五一劳动奖章”。获得2016年度“优秀创新人物”荣誉称号。2017年3月，荣获“济南市创新能手”荣誉称号；5月，荣获第一届“章丘青春榜样”；10月，被济南市章丘区人民政府评为“济南市章丘区第一批首席技师”。

曹美华 包装车间班长。2010年1月，荣获济南市经委、济南市食品工业协会授予的“济南市食品行业优秀技工”荣誉称号。

杜祥宝 山东百脉泉酒业有限公司党委成员、董事会成员、副总经理。2010年4月，荣获“济南市建功立业先进个人”。2012年1月，荣获“济南市食品行业优秀专家”荣誉称号。2013年1月，荣获“2012年济南市食品行业先进工作者”；3月，荣获章丘“2012年度环境保护暨污染减排工作先进个人”荣誉称号；5月，荣获“产学研合作先进工作者”称号；10月，荣获章丘市人民政府颁发的“章丘市第二批突出贡献技师”荣誉称号；12月，荣获“山东省轻工系统有突出贡献中青年专家”荣誉称号。2014年1月，其负责的干果粮型女士饮品关键技术的研究应用项目荣获“济南市讲理想、比贡献活动科技创新项目”荣誉称号，同时荣获“济南市优秀企事业科协干部”；3月，被授予的“第五批山东省轻工系统有突出贡献的中青年专家”荣誉称号。12月，荣获“第十届济南市青年科技奖”荣誉称号。2013年度荣获中共章丘市委、章丘市人民政府颁发的“2013年度工业技术创新十佳人才”荣誉称号。2014—2015年，连续被授予“济南市食品行业突出贡献技术人员”荣誉称号。2015年11月，获得济南市人民政府授予的“济南市突出贡献技师”称号。是月，获得“章丘市首席技师称号”荣誉称号；12月，被授予“百脉泉传统酿酒技艺”传承人。2016年，荣获“2016年优秀创新人物”称号；1月，荣获“济南市食品行业先进工作者”10月，在“山东工匠·鲁酒大师”评选中荣获“鲁酒品酒大师”荣誉称号。

刘继文 山东百脉泉酒业有限公司保卫部部长。2011年2月，荣获中共章丘市委、章丘市人民政府颁发的“2010年度爱岗敬业杰出员工”荣誉称号。

张　准 技术中心散酒库班长。2011年12月，被山东省高级技师评审委员会评为白酒酿造高级技师。2016年5月，被山东省轻工业协会、山东省白酒协会聘为山东省第八届白酒鉴评委员会评委。2018年4月，获得由济南市食品工业协会颁发的”食品行业优秀工匠”荣誉称号。

刘洪文 粮酒车间班长。2012年1月，荣获济南市经济和信息化委员会、济南市食品工业协会颁发的“济南市食品行业优秀技工”荣誉称号。2018年4月，获得由济南市食品工业协会颁发的”食品行业优秀工匠”荣誉称号。

张 莹 包装车间员工。2012年1月，荣获济南市经济和信息化委员会、济南市食品工业协会颁发的“济南市食品行业优秀技工”荣誉称号。

周 强 粮酒车间班长。2012年11月，荣获济南市人民政府授予的“济南市杰出技术能手”荣誉称号。2015年12月，荣获山东省轻工业协会、山东省轻工纺织工会委员会、山东省白酒协会联合颁发的“山东省轻工行业技术能手”荣誉称号。

邱国强 包装车间副主任。2012、2013年荣获共青团章丘市委颁发的“章丘市优秀团员”荣誉称号。2014年4月，荣获共青团章丘市委授予的“2013年度章丘市优秀团干部”荣誉称号。2016年，荣获共青团章丘市委颁发的“章丘市优秀团干部”荣誉称号。2018年3月，获得2017年度“章丘区优秀团干部 ”荣誉称号。

张 悦 总经理办公室人员。2012、2014年荣获共青团章丘市委颁发的“章丘市优秀团员”荣誉称号，2012、2014、2015年荣获章丘市人民政府授予的“全市旅游工作先进个人”荣誉称号。2012年3月，荣获章丘市精神文明建设委员会办公室、章丘市旅游局颁发的“文明服务标兵”荣誉称号。

齐玉鹏 销售公司业务员。2012年3月，荣获共青团章丘市委颁发的“章丘市优秀团员”荣誉称号。

宁 刚 销售公司区域经理。2012年3月，荣获中共章丘市委颁发的“爱岗敬业杰出员工”荣誉称号。

孙立慧 销售公司品牌部经理。2012年3月，荣获章丘市旅游发展委员会颁发的“第二届百脉之约贺年会先进个人”荣誉称号。

高 贺 包装车间员工。2012年6月，荣获章丘市总工会颁发的“章丘市职工文艺会演表演一等奖”。

马玲业 山东百脉泉酒业有限公司审计部部长。2012年12月，荣获山东省内审协会颁发的2012“日照港杯”内部审计优秀论文三等奖，荣获由章丘市审计局颁发的“全市内部审计先进个人”荣誉称号。2013年11月，荣获济南市企业管理现代化创新成果审定委员会授予的“济南市企业管理现代化创新成果二等奖”。

董丽娜 工业旅游办公室副主任。2012 年 12 月，荣获山东省内审协会颁发的 2012“日照港杯”内部审计优秀论文三等奖。

李际龙 粮酒车间员工。2013 年 1 月，荣获济南市经济和信息化委员会、济南市食品工业协会颁发的“2012 年济南市食品行业优秀技工”荣誉称号。

田 静 包装车间班长。2013 年 1 月，荣获济南市经济和信息化委员会、济南市食品工业协会颁发的“2012 年济南市食品行业优秀技工”荣誉称号。

颜 蒙 销售公司业务员。2013 年 3 月，荣获共青团章丘市市委颁发的“章丘市优秀团员”荣誉称号。

颜承亮 山东百脉泉酒业有限公司总经理办公室主任。2013 年 3 月，荣获共青团章丘市市委授予的“章丘市优秀团干部”荣誉称号。2014 年 7 月，荣获山东省轻工业协会颁发的 2013—2014 年度“优秀思想政治工作者”荣誉称号。同年 1 月，荣获章丘市民企报刊服务协会授予的“《民企天地》优秀通讯员”荣誉称号。2017 年 3 月，获得由共青团章丘区委颁发的 2016 年度“章丘区优秀团干部”荣誉称号。

毕 伟 销售公司部门经理。2014 年 1 月，荣获中国主流媒体酒业联盟、山东省轻工业协会等四部门联合颁发的“首届中国酒业公众大奖—中国酒业品牌策划师”荣誉称号。

郑 雷 人力资源部副部长。2014 年 1 月，其负责的干果粮型女士饮品关键技术的研究应用项目荣获济南市科学技术协会、济南市发展改革委员会、济南市经济和信息化委员会、济南市科学技术局、济南市人民政府国有资产监督管理委员会颁发的“济南市讲理想、比贡献活动科技创新项目”荣誉称号。同年 12 月，被济南市总工会授予 2013 年度“济南市青年技术创新能手”荣誉称号。

李庆腾 粮酒车间副主任。2014 年 1 月，其负责的干果粮型女士饮品关键技术的研究应用项目荣获济南市科学技术协会、济南市发展改革委员会、济南市经济和信息化委员会、济南市科学技术局、济南市人民政府国有资产监督管理委员会颁发的“济南市讲理想、比贡献活动科技创新项目”荣誉称号。同年 3 月，荣获济南市食品工业协会颁发的“行业优秀技术能手”荣誉称号。是年 12 月，荣获章丘市总工会颁发的“章丘市五一劳动奖章”荣誉称号，荣获章丘市总工会、章丘市人力资源和社会保障局联合颁发的“章丘市技术能手”荣誉称号。2015 年 11 月，获得章丘市人民政府、章丘市优秀高技能人才评审委员会授予的“章丘市突出贡献技师称号”。

张　景　人力资源部员工。2014 年 3 月，荣获济南市食品工业协会颁发的“行业优秀技术能手”荣誉称号。

刘恩德　包装车间员工。2014 年 4 月，荣获共青团章丘市委颁发的“2013 年度章丘市优秀团员”荣誉称号。

张宪伟　山东百脉泉酒业有限公司机电车间主任。2014 年 4 月，荣获中共章丘市委、章丘市人民政府颁发的“章丘市级劳动模范”荣誉称号。2017 年 4 月，荣获中共济南市委、济南市人民政府颁发的“济南市劳动模范”荣誉称号。2017 年 4 月，被中共济南市委，济南市人民政府评为“济南市劳动模范”。2018 年 4 月，荣获由中共山东省委、山东省人民政府颁发的“山东省劳动模范”称号。

宋学婷　供应部统计员。2014 年 5 月，荣获共青团济南市委颁发的“济南市优秀共青团员”荣誉称号。

袁乃凯　信息化办公室主任。2014 年 8 月，荣获济南市企业联合会、济南市企业家协会、济南市经济师协会颁发的“济南市企业管理先进工作者”荣誉称号。2017 年 9 月，获得由济南市企业管理现代化创新成果审定委员会颁发的“白酒窖池数字化创新管理二等奖”荣誉称号。

高德宁　粮酒车间班长。2014 年 12 月，荣获章丘市总工会颁发的“章丘市五一劳动奖章”荣誉称号，荣获章丘市总工会、章丘市人力资源和社会保障局授予的“章丘市技术能手”荣誉称号。2017 年 11 月，荣获山东省轻工纺织工会委员会、山东省轻工业联合会、山东省白酒协会颁发的“山东省白酒行业技术能手”荣誉称号。

张　杰　总经理办公室员工。2015 年 1 月，荣获章丘市档案局颁发的“2014 年度全市档案工作先进个人”荣誉称号。

王璐瑶　销售公司业务员。2015 年 3 月，荣获共青团章丘市委颁发的“2014 年度章丘市优秀团员”荣誉称号。

彭　宁　包装车间员工。2015 年 5 月，荣获共青团济南市委颁发的 2014 年度“济南市优秀共青团员”荣誉称号。同年 3 月，荣获共青团章丘市委颁发的“2014 年度章丘市优秀团员”荣誉称号。

徐　建　技术中心散酒库员工。2015年7月，荣获济南市职业技能鉴定指导中心颁发的《白酒酿造三级证书》。

宁春迎　技术中心员工。2015年7月，荣获济南市职业技能鉴定指导中心颁发的《白酒酿造三级证书》。2016年5月，被山东省轻工业协会、山东省白酒协会聘为山东省第八届白酒鉴评委员会评委。8月，荣获中国轻工业职业技能鉴定指导中心颁发的“品酒师二级技师”荣誉称号。

韩玲玲　包装车间班长。2016年1月，荣获济南市经济和信息化委员会、济南市食品工业协会授予的“济南市食品行业优秀技工”荣誉称号。

于广建　粮酒车间班长。2016年1月，荣获济南市经济和信息化委员会、济南市食品工业协会授予的“济南市食品行业优秀技工”荣誉称号。

李红玉　销售公司办公室内勤。2016年2月，荣获共青团章丘市委颁发的“章丘市优秀团员”荣誉称号。

刘倩倩　包装车间统计员。2016年2月，荣获共青团章丘市委颁发的“章丘市优秀团员”荣誉称号。

孟银环　包装车间班长。2016年5月，荣获章丘市妇女联合会授予的“章丘市‘三八’红旗手”荣誉称号。

习小红　技术中心员工。2016年11月，被山东省第二届“技能兴鲁”职业技能大赛暨山东省首届白酒质量检测职业技能竞赛授予“山东省轻工行业、山东省白酒行业技术能手”荣誉称号。2017年3月，荣获由济南市经济和信息化委员会、济南市食品工业协会颁发的2016年度“优秀创新人物”荣誉称号。

李奥文　生产调度室统计员。2017年2月，获得济南市统计局颁发的2017年度济南市能源统计工作“先进个人”荣誉称号。

颜晓晴　包装车间员工。2017年3月，获得由共青团章丘区委颁发的2016年度“章丘区优秀团员”荣誉称号。

欧　业　总经理办公室员工。2017年3月，获得由共青团章丘区委颁发的2016年度“章丘区优秀团员”荣誉称号。

耿念学　工业旅游办公室主任。2017年5月，获得由济南市章丘区旅游发展委员会颁发的“全区旅游先进个人”荣誉称号。2018年3月，荣获由济南市章丘区旅游发展委员会颁发的“2017年度全区旅游工作先进个人”荣誉称号。

徐家喜 信息化办公室员工。2017年9月，获得由济南市企业管理现代化创新成果审定委员会颁发的“白酒窖池数字化创新管理二等奖”荣誉。

刘 娜 总经理办公室副主任。2018年1月，被中共济南市委、济南市人民政府评为”创建全国文明城市模范市民”荣誉称号。3月，获得由章丘区妇女联合会颁发的章丘区“三八红旗手”荣誉称号。

窦鹏运 机电车间员工。2018年3月，获得2017年度“章丘区优秀团员 ”荣誉称号。

孟 红 包装车间员工。2018年3月，获得2017年度“章丘区优秀团员 ”荣誉称号。

田福龙 总经理办公室员工。2018年4月，获得由济南市章丘区新闻中心颁发的2017年度新闻宣传工作“优秀通讯员”荣誉称号。

本厂先进

1983年 先进工作者65名，并对这些先进个人进行了奖励。

1984年 先进生产（工作）者：

杨炳礼 巩玉华 刘志湖 于承溪 段金城 孟庆文 高绍栋 尹念钦 金 峰 郭全蔚 高绍团 王和顺

1985年 先进生产（工作）者：

尹念钦 郭全蔚 杲元春 段金城 王峻虎 宋连营 袭守政 王秉云 孟庆文 苏道昌 刘志学 宁 刚 郭洪艳 刘恩道 刘 平 王沛国 高兆康 黄守义 牛遂祺 杨炳礼 彭绵君 韩春颜 高绍发 赵广利 崔承湖 巩传兴 王明熹 王者厚 黄敬志 侯桂红 刘克津 刘万福 刘志学 张德太 郭长胜 金 峰 巩玉华 牛素贞

1986年 先进标兵：尹念钦

先进生产（工作）者：

尹念钦 郭全蔚 杨炳礼 王秉云 王沛国 牛素贞 牛遂祺 金 峰

1987年 先进生产（工作）者：

王和顺 孙 霞 张传杰 孙启仁 张乃旭 黄敬志 高东晶 石广坤 张俊玲 万 东 高蔚生 孙玉良 段金城 刘 平 王 怡 李广栋 郭长胜 王广云 王宪珠 巩宪端 高佩生 韩美容 解俊杰 高宝胜 崔尔根 于承溪 侯桂红 王者厚 韩延淮 陈淑美 潘正江 巩玉华 高绍都 崔尔河 李法成 王沛国 杲宪杰 刘万福 金 峰 刘永彬 杨炳礼 巩传兴 高寿水 牛遂祺

1991年 先进生产（工作）者：

马道良 张开文 解俊杰 刘 平 郭恒新 万 东 张振伟 高宪国 李其亮 于承溪 刘传水 牛铁梅 高荣华 韩 辉 王教荣 解延珍 于 英 高绍珍 靳 津 李秀玲 胡延禄 李桂华 延 玲 张乃旭 韩贻浩 臧 霞 段金城 张俊玲

李　霞　梁学芹　杲元春　高怀禄
杨荣吉　梁　波　高绍菊　石凤新
高兆顺　彭绵君　崔承湖　谢祖旭
延　军　尹念钧　崔世金　焦增强
赵东玲　高蔚生　王者厚　杨炳礼
韩宪安　田永祥　张继礼　王峻虎
王传本　王　怡　李广栋　孙启仁
张宪永　李厚林　冯明霞　张元中
石广坤　刘德平　孟庆文　刘志宝
张　波　高绍都　侯桂红　张军红
陈淑美　时念波　高绍河　崔尔宝
王金谋　高佩生　杨志禄　张　刚
刘志学　王和顺　张传杰　巩玉华
赵　炜　张传海

模范共产党员：

韩宪安　王传本　刘德平　田永祥
段金城　高蔚生　巩玉华　张传杰
解俊杰　高怀禄

1992 年　先进工作者 132 人

模范共产党员：

韩宪安　刘德平　赵　炜

1993 年　先进生产（工作）者：

陈惕美　延　玲　王凤英　李桂华
沈祖萍　刘志秋　王良娟　祝明文
段金城　田永祥　张传海　祁　浩
赵　炜　巩玉华　赵东玲　袁锡惠
姜　红　王峻虎　王传本　高蔚生
王立华　杨炳礼　潘正江　高绍菊
姜志学　杨荣吉　李广栋　纪爱芸
张　刚　孟令革　王和顺　高传耀
张元中　石广坤　高绍军　孙玉良
周立顺　段义兴　孙启仁　王兴武
臧　霞　李　霞　梁学芹　薛克城
高怀禄　叶玉芝　牛遂祺　解俊杰
张开文　刘慕顺　杲宪杰　巩传兴
宁　刚　张　莉　石凤新　彭绵君
刘德平　于广财　毕思水　王沛国
侯桂红　孙启栋　崔尔宝　高绍都
王永刚　王洪新　张　利　刘　平
郭恒新　李秀婷　李厚营　孙太玉
高绍海　李咸军　宋广海　韩　玉
马建新　侯绍乾　贾立勇　崔世金
杨宣吉　鲁其全　谢祖旭　李继善
高绍栋　崔承湖　焦增强　高绍团
张天佐　张道都　李福军　解延林
孙英珍　黄志良　韩万香　黄敬志
王学刚　李其亮　张振伟　李士森
时念波　万　东　袭普义　高文胜
王教海　程爱珍　魏爱萍　张传杰
李长风　韩万业　石广秀　丁德芝
牛铁梅　牛会贞　曹美华　尹立新
郭文华　高肇树　胡安婷　苏道昌
高佩生　黄克银　赵双玲　王金谋
袭守政　王俊华　李　峰　韩大伟
韩宪安　王者厚　赵　炜

管理能手：韩宪安

销售能手：杲宪杰

模范共产党员：

韩宪安　刘德平　赵　炜

1994 年　先进生产（工作）者：

刘德平　侯桂红　孙其栋　王　玉
孟庆文　李咸军　高绍和　于广建
王沛国　赵京彬　高绍都　张　利
田德顺　高广明　李厚红　尹念钧
解延林　李广通　侯绍乾　贾立勇
王永刚　马建新　王令宝　李林基

张道都 焦儒兵 李继善 鲁其全
程贯道 李恒喜 毕思水 高绍文
焦增强 石广秀 李长凤 靳 津
靖春华 丁德芝 巩玉清 乔 艳
李经兰 高绍玲 张开文 解延珍
解 波 王学刚 李其亮 黄敬志
刘 平 袁 东 高宪国 郭恒新
黄志良 韩大伟 陈向峰 高佩生
王金谋 张兴勇 高宝忠 李 峰
王广云 崔尔国 张元中 王 芹
万向文 王兴武 张 刚 孟令革
王和顺 于承溪 张传海 巩玉华
赵 炜 段金城 沈祖萍 王良娟
刘志秋 延 玲 王凤英 陈惕美
石凤新 韩宪安 王峻虎 杨炳礼
王传本 赵东玲 王者厚 孙 霞
韩春潮 王峻岭 高怀禄 韩延淮
张德太 巩宪端 杲宪杰 崔士银
韩贻浩 陈 霞 姜志学 赵建平
张立群 李广栋 张 珍 崔尔河
张 波 潘正江 黄庆杰 石广坤
孙玉良 孙启仁 周立顺 张宪永
高绍军 刘永彬 韩万香 杨荣吉

1995年 先进生产(工作)者:

焦增强 吕 静 田德顺 高广明
尹念钧 刘永芝 韩庆荣 侯绍乾
贾立勇 王令宝 李林基 孟祥源
王文生 韩乃波 谢祖旭 王永刚
李继善 杨宣吉 鲁其全 李 旭
解延林 焦儒兵 张新增 尹信国
张传新 刘洪文 李厚红 程贯道
延 军 谢祖清 李恒喜 崔承湖
马建新 毕思水 高绍文 刘志湖
高绍森 周绍忠 韩延淮 张 刚
孟令革 王和顺 高怀禄 叶玉芝
牛遂祺 张 红 颜承兰 薛克城
万向文 崔尔国 赵广利 张元中
王 芹 刘志花 沈祖萍 牛会贞
董韦珍 高元芝 王良娟 崔世金
陈惕美 王凤英 赵玉敏 段金城
赵 炜 韩大伟 陈向峰 苏道昌
王金谋 黄克银 高佩生 彭民玉
石文发 万 东 袁 东 郭恒新
刘 平 刘长泉 史国安 高玉茂
张振伟 时念波 李士森 杨延书
刘传水 刘 萍 石广秀 巩玉清
高绍玲 李宝华 王凌云 崔立霞
靳 津 李秀婷 王 婷 王成家
高肇树 崔尔河 袭普义 张卫东
宋广海 刘 英 侯桂红 张维云
巩慧莲 张家宝 于广财 陈淑美
孟庆文 王洪新 刘洪美 张 利
王登辉 张宪弟 孙玉良 高 兵
孙启仁 杨继胜 潘正江 黄庆杰
李广栋 张立群 张 准 祝明文
梁文芹 赵双玲 韩万香 胡延禄
刘慕顺 李玉梅 刘爱芹 刘永彬
杨荣吉 张开文 张 莉 彭绵君
郭 飞 陈 霞 杲宪杰 于承溪
李文化

1996年 先进生产(工作)者:

杨宣吉 李 旭 窦深恩 张天佐
高绍勇 张道都 解延林 张新增
刘洪文 崔士茂 郭景荣 李兴家
高广明 王 新 张乐晴 鲁其全
延 军 王德勇 韩乃波 焦儒兵

王永刚　李孝兵　马宗明　孙淑寒
王　兵　李林基　于明汉　张立东
崔尔金　郑晨晓　徐云峰　田德顺
袁克峰　杨义吉　李厚红　尹念钧
程贯道　李恒喜　谢祖青　马建新
王令宝　张乃旭　焦增强　张秀华
韩庆荣　解俊杰　牛红新　方继文
刘德平　孟庆文　程贯禄　孙其栋
高绍都　高绍发　李维平　王登辉
张家宝　王乃宝　张卫东　张维云
刘　英　宋广海　李文化　于承溪
巩玉清　石广秀　韩庆祥　崔立霞
常　燕　靖春华　李秀婷　于广财
高肇树　王成家　焦月芹　曹金华
王教荣　李传芬　孟庆霞　李宝芝
于爱莲　李宝华　高奎霞　万向文
崔尔国　程爱珍　张元中　陈向峰
黄克银　梁新昌　高宝胜　李元传
彭民玉　刘　平　韩春颜　高玉茂
李其亮　黄敬志　万　东　张传海
袁　东　王崇恩　史国安　刘传水
杨延书　高宪国　张化鹏　孟令革
张　刚　刘志学　董丽娜　孙　玲
邢念河　韩延淮　李家柱　高绍森
刘志湖　袁锡惠　王良娟　刘志秋
刘振香　石永霞　牛会贞　崔金燕
王凤英　孟银环　赵国源　董韦珍
牛遂祺　李　霞　叶玉芝　梁学芹
高怀禄　李广栋　张立群　张　波
崔尔河　郭秀珍　高绍军　孙启仁
孙玉良　周绍健　周立顺　杨荣吉
刘永彬　刘爱芹　韩庆梅　姜志学
刘慕顺　巩永健　张义营　崔世金
张开文　韩万香　赵双玲　梁文芹
栗　梅　李玉梅

1997年　先进生产（工作）者：

杨宣吉　李　广　李孝兵　王　振
侯绍乾　刘希深　魏开民　尹念钧
谢祖旭　李　旭　杨玉斌　尹信国
李厚红　李继善　鲁其全　延　军
崔士茂　马士先　窦兴恩　王永刚
张广新　孙淑寒　王传荣　刘洪文
马建明　张乐晴　徐云峰　解延平
徐顺强　车发强　王　新　杨秀伟
马宗民　郭　振　王　兵　李其亮
王永良　田德顺　柴其生　解延林
张新增　杲成民　张道都　徐平尧
程贯道　李维平　方继文　牛红新
韩乃波　齐玉奎　焦儒兵　焦儒峰
高广明　李林基　于明汉　张乃旭
王新军　韩玉芬　崔承湖　王令宝
马建新　刘伟霞　李道民　苗成气
刘永芝　石行平　姜成波　牛余庆
解俊杰　焦月芹　王玉华　曹金华
韩玲玲　李传芬　孟庆霞　李宝芝
于爱莲　王教荣　王兴华　崔立霞
李长云　常　燕　高奎霞　朱少红
高向荣　臧爱珍　李秀清　张述娜
刘红红　李艳华　刘玉霞　曹俊华
巩秋香　王　婷　巩玉清　高元芝
石广秀　高荣伟　靖春华　王　华
丁德芝　韩庆祥　张振伟　李咸军
于广财　王成家　高绍文　高肇树
尹立新　徐麦芝　高　霞　高广运
吴凤英　韩云晶　赵秀英　李长凤
史国安　王淑新　高玉茂　黄敬志

张传海 刘传水 杨延书 石凤斌
陈向峰 黄克 高宝胜 苏道昌
王金谋 高佩生 孟庆文 陈淑美
赵京彬 张军红 王沛国 刘平
王乃宝 王洪新 刘洪美 于广建
侯桂红 韩春颜 刘德平 高广生
邢念河 张准 马业准 李秀玲
程爱珍 崔尔国 周立顺 孙启仁
李中溪 孙玉良 付聿源 周绍健
王红光 李明华 王芹 张庆汉
张元中 袁庆勋 高绍团 崔殿春
张德太 李家柱 彭绵君 石凤新
郭飞 宋广水 宁刚 孙玲
董丽娜 姜红 李文化 王良娟
石延华 刘萍 牛会贞 崔金燕
沈祖萍 高萍 董韦珍 刘志秋
张运红 赵玉敏 陈萍 陈惕美
刘振香 毕思水 段金城 韩万刚
刘志学 赵泰伟 栗梅 康新春
韩万香 王广铸 潘正江 高海
刘慕顺 崔世金 巩永健 姜志学
张波 杨志禄 李广栋 纪爱芸
崔尔河 张珍 刘永彬 韩庆梅
李玉梅 张开文 高文胜 张义营
邬亚芬 杨荣吉 张立群 牛遂祺
韩春潮 孙仁德 张红 王红梅

模范共产党员：

韩宪安 马建新 崔承湖 于广财
王者厚 巩玉华 石广坤 韩万香
孟庆文 高宪国

1998年　先进生产（工作）者：

牛红红 魏开民 王永刚 黄庆昌
李道民 焦儒兵 刘成吉 于广建
徐云峰 杨秀伟 田德进 刘洪文
马宗民 马建明 李维平 方继文
苗成气 马玉峰 马建新 王教荣
张桂芹 高霞 韩桂莲 侯启娟
侯月霞 张林 周秋芳 李传芬
高奎霞 曹美华 常燕 刘月芹
于杰 朱绍红 高向荣 巩秋香
于飞 韩玲玲 曹金华 贾春美
刘丽 李淑荣 曹红梅 李长云
高伟 张秀丽 刘妹 李秀婷
曹英华 张翠香 崔立霞 焦月芹
沈英 郭景翠 胡安艳 王春玲
尹立新 王令宝 王成家 李咸军
王教海 高元芝 徐延民 高绍文
高肇树 刘兴华 臧永娜 高广霞
于爱莲 石广秀 靖春华 巩玉清
刘英花 郗尊颖 刘传水 高宪国
孙洪福 李士森 杨延书 王秉云
万东 张传海 高玉茂 张莉
高文胜 刘慕顺 刘洪美 王沛国
侯桂红 赵京彬 王洪新 张军红
高绍和 陈淑美 刘平 韩春颜
孟庆文 于广财 尹念钧 高海涛
田德顺 崔士茂 刘泉凤 解延林
张新增 杲程民 王永良 张兴勇
高广密 张乃旭 彭民玉 焦增强
李孝兵 陈向峰 王金谋 崔承湖
谢永明 袁锡惠 姜红 刘永彬
王峻虎 高绍团 张德太 牛遂祺
李霞 孙仁德 高怀禄 韩春潮
王兴武 巩玉华 李明华 张元中
胡延禄 崔尔国 王芹 李中溪
孙启仁 张萍 高春祯 李文化

于承溪 杨继胜 周立顺 潘延霞
潘正江 赵 炜 杨志禄 张开文
郭秀珍 李广栋 纪爱芸 韩万香
康新春 张立群 杨荣吉 崔世金
姜志学 石广阔 陈惕美 王凤英
李桂花 王良娟 刘 萍 周绍忠
李元传 石延华 张树美 毕思水
康京波 段金城 李洪顺 张 准
马业准 邢念河 刘志学 赵泰伟
孟令革 杨炳礼 袭普义 赵东玲
王 婷

1999年 先进生产（工作）者：

王沛国 侯桂红 赵京彬 高绍和
刘 平 韩春颜 史国安 高广生
孙启栋 宋广海 柏章太 张维云
张维林 于广伟 张新增 宁 刚
陈向峰 曹新双 李其亮 万 东
张兴勇 张乃旭 彭民玉 李孝兵
陈向峰 李秀婷 高绍玲 柏 霞
韩桂莲 田玉珍 丁德芝 高元芝
李咸军 靳宪福 张传新 王永刚
焦儒兵 徐云峰 杨秀伟 田德进
刘洪文 马建明 马建新 王教荣
高 霞 张 刚 曹美华 焦月芹
吉锡庆 高相荣 巩秋香 韩玲玲
曹金华 贾春梅 崔殿春 崔世杰
刘 英 刘迎花 曹俊华 高绍军
孟月爱 吕 静 郭洪艳 胡安艳
尹立新 王乃宝 王成家 李曰爱
张传新 王金谋 张仁亮 袁振亭
于明汉 李林基 方继文 韩宝敏
董兆强 王令军 苗庆智 苗成气
崔尔全 高元芝 苏道昌 王兴武
韩宪安 赵建平 高福平 周绍健
高 兵 崔金燕 王凤英 杜祥宝
王和顺 王传本 李长云 康京波
高荣伟 朱绍红 王玉华 辛爱青
高肇树 王 波 臧爱珍 石 群
巩永杰 刘传水 孙洪福 李士森
杨宣吉 王秉云 张传海 张 准
高文胜 潘延霞 潘正江 赵 炜
杨志禄 张开文 郭秀珍 李广栋
韩万香 康新春 张立群 杨荣吉
李玉梅 崔世金 姜志学 石广阔
陈惕美 李桂花 王良娟 刘 萍
周绍忠 石文辉 张淑云 毕思水
段金城 李洪顺 张仁亮 马业准
邢念河 刘志秋 孟令革 杨炳礼
赵东玲 袁锡惠 姜 红 王峻虎
高绍团 张以成 牛遂祺 李 霞
高怀禄 韩春潮 陈安广 陈淑美
巩玉华 李明华 张远中 胡延禄
崔尔国 王 华 孙仁德 刘方明
高绍都 张 萍 高春祯 李文化
于承溪 杨继胜 王者厚 牛会贞
刘孔波 巩永健 彭绵君 韩向飞
刘训武 李维平

模范共产党员（海泰集团）：

韩宪安 赵 炜 巩玉华 潘正江
高肇树 张新增 韩万香 张传海
马建新 毕思水 邢念河 王乃宝

本公司（6名）

赵 炜 巩玉华 于承溪 马建新
于广财 高宪国

2000年 先进生产（工作）者：

王和顺 孟令革 张 刚 陈惕美

段金城 巩玉华 王凤英 杜祥宝
牛会贞 毕思水 陈向峰 马克涛
高佩生 马业准 张 准 李洪顺
杨炳礼 赵东玲 姜 红 袁锡惠
刘德平 高绍文 崔殿春 朱 峰
高绍团 王者厚 牛遂祺 李 霞
高怀禄 叶玉芝 孙仁德 王峻虎
王 波 潘正江 郭秀珍 韩万香
王广铸 杨志禄 李玉梅 张广利
袭普义 张 波 李广栋 崔世金
姜志学 刘方明 张开文 孙启仁
巩永健 张立群 杨荣吉 于承溪
张传海 李文化 马建新 崔承湖
訾 英 彭民玉 王金谋 张化鹏
韩贻浩 吕 静 张乃旭 王教新
鲁其全 李传家 张 利 谢永明
谢祖青 张新增 焦儒兵 刘传枝
王永刚 田德进 尹念钧 于汉臣
李厚红 毕拥军 张天佐 高绍勇
于明汉 杨秀伟 袁振亭 杨宣吉
马建明 韩宝敏 徐云峰 刘进安
牛红新 李纪善 李维平 李恒喜
方继文 高兆仓 张仁亮 张以成
孙淑勇 徐平尧 石向国 张振伟
王兴武 崔尔国 张元中 靖春华
李明华 李咸军 于广财 孟庆文
王乃宝 侯桂红 郭文华 张卫东
张维云 高广生 刘 英 柏章太
高绍都 陈淑美 王学刚 韩春颜
尹立新 刘 平 张维林 田玉珍
李曰爱 王玉芳 韩雪松 王 学
李雪静 刘 鸽 胡安婷 崔立霞
郭洪艳 乔 燕 高元芝 梁 晓
辛爱青 王 凤 刘 伟 王 婷
胡安艳 李秀婷 王玉华 许 会
高绍玲 韩玲玲 李经兰 王 青
韩云静 张翠香 臧爱珍 焦月芹
马秀芹 张秀美 贾其美 沈 英
王春玲 王 霞 巩永杰 刘志秋
张婷婷 丁德芝 刘翠萍 孟银环
杨延书 高绍菊 曹金华 贾春梅
张 营 张玲莉 朱 静 巩永春
万 东 刘传水 李士森 李其亮
袁 东 张 萍 杨继胜 韩彦波
高福平 李中溪 于 健 房孝岭

模范共产党员：

于承溪 潘正江 韩万香 毕思水
马建新 王乃宝

2001 年 先进生产（工作）者：

李中溪 韩彦波 李文化 李广栋
张广利 郭恒新 孙启仁 崔世金
刘方明 黄志良 潘延霞 张立群
刘成吉 张卫东 柏章太 高广生
王崇恩 王永刚 徐云峰 马建明
鲁其全 田德进 彭民玉 苗庆智
崔承湖 尹念钧 张新增 孙淑传
袁振亭 延 强 谢永明 李其亮
刘传水 万 东 崔尔宝 李宝华
张元中 刘永彬 尹立新 崔立霞
张维林 李曰爱 王玉芳 张德兴
李秀婷 徐延民 胡安婷 郭洪艳
王玉华 高元芝 李文杰 刘 萍
高绍玲 辛爱青 李景景 李雪静
曹金华 李长云 田玉珍 陈向峰
术洪泉 张 准 刘德平 高绍团
刘志学 张 刚 袁锡惠 孙玉良

孙仁德　陈安广　王峻岭　牛会贞　周绍忠

2002年　先进生产（工作）者：

张传海　张立群　孟庆国　张广利　宁　刚　马克涛　袭普义　黄志良　于　哲　李文化　崔殿春　高兆峰　康京波　李中溪　孙仁德　王峻岭　崔尔河　刘　萍　陈惕美　刘长泉　时念波　万　东　王国林　王爱民　张元中　陈向峰　田德顺　尹念均　鲁其全　杨秀伟　张新增　王永刚　王乃宝　徐云峰　田德进　崔承湖　马业准　彭民玉　张乃旭　苗庆智　孟庆文　崔立霞　张维林　李雪静　崔金燕　吕荣翠　王　婷　郭洪艳　王　青　靳　津　梁文芹　郗尊颖　丁德芝　刘　平　董丽娜　王者厚　马建新

2004年　先进生产（工作）者：

王永刚　田德进　沈祖萍　高元芝　马　英　胡安婷　王　玉　韩继霞　巩永春　孟令革　崔殿春　孙仁德　房孝岭　宁　刚　王永良　张　莉　彭民玉

劳动模范：

鲁其全　王书江　祝明文　刘方明　张　刚

销售能手：　袭普义

生产技术能手：　王乃宝

安全生产能手：　万　东

安全质量能手：　刘　娜

模范共产党员：

张新增　刘　平　王沛国　李成新　张传海　潘正江　崔承湖

2005年　先进生产（工作）者：

纪兰芳　李士森　王乃宝　刘　娜　韩学松　韩彦波　张维云　胡安艳　刘　平　高宝岭　郭绍红　刘　萍　陈惕美　陈　霞　焦儒兵　孙玉良　于广建　张　波　杜祥宝　田德顺　鲁其全　王永刚　田德进　毕拥军　王教海　张卫东　崔殿春　叶玉芝　术洪泉　袁锡惠　耿念学　刘志学　崔士茂　宁　刚　张广利　刘方明　祝明文　张　莉　高　海　康京波　袭普义　康新春　张传海　孟令革　王广铸

劳动模范：

孟令革　宁　刚　王书江　刘　娜　毕拥军

技能能手：

鲁其全　曹美华　李士森　张广利

工会积极分子：

孙洪福　崔尔宝　孟庆文　刘增华　靖春华　赵庆海　王红梅　王玉华　赵东玲

模范共产党员：

张新增　万　东　崔立霞　刘永彬　李成新　潘正江　王者厚

2006年　先进劳动（生产）者：

刘永彬　王书江　刘　平　高广密　纪爱芸　张维云　臧永娜　高宝岭　臧　霞　焦月芹　张秀芬　张秀梅　张秀花　彭民玉　王教海　于广建　鲁其全　高德宁　毕拥军　封万波　徐云峰　娄凤宝　李士森　王洪新

刘成吉 吴广浩 袁锡惠 王和顺
刘志学 崔士茂 康新春 高 海
王永良 张广利 祝明文 刘 猛
杨继胜 王 强 沈祖萍 高元芝
崔尔宝 高宝胜

劳动模范：

曹美华 焦儒兵 张宪伟 张 刚
牛余林

安全质量能手：

刘 娜 崔金燕

生产技术能手：

周 强 田德进 杜祥宝

销售能手：袭普义 宁 刚

安全生产节约能手：孙洪福

工会积极分子：

孟庆文 田 静 郭秀珍 靳 津
王 玉 王 香 王乃宝 刘增华
王永刚 苗庆智 时念波 侯凌云
韩大伟 王红光 李延珍 赵双岭
孙立慧 张 莉 孙玉良 李中溪
陈惕美 崔尔河 崔承湖 马业准
王峻虎 董丽娜 崔殿春

优秀团员青年：

王国林 高 贺 王 林 赵裕鹏
刘 明

模范共产党员：

赵京彬 王沛国 王者厚 李成新
潘正江 崔立霞 张传海 孟令革

2007年先进劳动（生产）者：

隗 霞 高广霞 刘 平 刘洪云
张恩清 靳 津 臧永娜 高宝岭
孟银环 陈 霞 焦月芹 张秀芬
张秀梅 张秀花 孟庆文 焦儒兵
付少勇 张德兴 韩乃波 田德顺
于广建 李昌绩 王教海 孟祥源
娄凤宝 孙洪福 崔殿春 韩大伟
张晓棠 王峻虎 牛余林 刘志学
崔士茂 孙启仁 宁 刚 马克涛
孙立慧 刘 猛 王 强 崔尔河
石延华 孟令革 刘永彬 祝明文
王广铸 王 波

劳动模范：

王乃宝 张宪伟 刘 娜 高 海
韩 军 张 准

安全质量能手：

曹美华 崔丽霞

生产技术能手：

鲁其全 田德进

销售能手：袭普义 王永良

安全生产节约能手：

李士森 张传海

工会积极分子：

李曰爱 纪兰芳 李悦青 张 营
臧 霞 訾 英 王 香 尹立新
周 强 高德宁 刘增华 刘继文
高宝忠 苗庆智 王洪新 王红梅
张 刚 袁锡惠 李延珍 董丽娜
郭 勇 张 明 刘训武 韩向飞
高雪静 高广菊 崔尔宝 赵东玲

优秀团员青年：

王海明 王国林 张 进 王 林
高 贺 袁素梅

模范党员：

赵京彬 李成新 彭民玉 王者厚
潘正江 康新春 马业准

2008年 先进生产（工作）者：

孙启仁　邬亚芬　万向文　李树熙
王广铸　王　强　孙立慧　王爱文
袭普义　赵庆海　牛余林　李俊清
耿念学　崔殿春　董丽娜　韩春潮
韩大伟　崔尔河　牛会贞　刘永彬
张新增　鲁其全　刘洪文　王光锋
李中溪　李凯先　孟祥源　王教海
娄凤宝　刘增华　刘　娜　隗　霞
胡安艳　李月爱　张维云　臧永娜
李悦青　郭绍红　焦月芹　张秀花
张秀芬　张秀梅　张兴勇　王沛国
孟庆文　袁锡惠　王书江　李士森
彭民玉

劳动模范：
张远亮　于广键　高宝岭　宁　刚
刘志学

安全质量能手：
曹美华　崔丽霞

生产技术能手：
高广生　周　强

销售能手：王永良　康新春

安全生产节约能手：万传涛

工会积极分子：
王　学　黄志良　赵双玲　马克涛
郭　勇　康京波　刘　猛　赵东玲
崔士茂　张　莉　李延珍　王红梅
术洪泉　高元芝　李家柱　李经兰
高德宁　解延平　焦儒兵　田德进
高广密　高宝忠（小）　王乃宝
曹新双　徐艳敏　郭秀珍　韩玲玲
尹立新　靳　津　王汝萍　延　玲
张凤杰

优秀团员青年：
王海明　张进　李雷新　王国林
颜承亮　卢京惠

模范党员：
王　波　崔立霞　李成新　王者厚
赵京彬　毕拥军

职工职业道德十佳标兵：
孟银环　田德顺　高　海　毕思水
孟令革

2009年　先进工作者：
王　学　王永良　王广铸　张　旭
毕　伟　郭　勇　房运将　袭普义
谢永刚　李树熙　刘方明　王爱民
韩　军　孙立慧　马克涛　孙启仁
黄志良　崔殿春　韩大伟　韩春潮
王廷树　马建新　刘继文　赵京彬
刘洪文　张绍力　赵家强　张德兴
刘增华　王教海　孟祥源　张　波
高绍菊　王化文　张　莉　孔丽丽
张秀花　张恩清　靳　津　臧永娜
张　莹　高宝岭　孟银环　陈　霞
焦月芹　曹金华　张秀芬　王　静
孟庆文　王佩国　张兴勇　耿念学
赵庆海　牛余林　万　东

劳动模范：
高　海　李经兰　王乃宝　张维林
袁锡惠　刘　娜（包装）

安全质量能手：隗　霞

生产技术能手：高广生

销售能手：王　波

安全生产节约能手：万传涛

工会积极分子：
康京波　刘　猛　吉锡庆　张　亮
赵双玲　徐承杰　张　明　李文新

赵东玲　王洪新　陈安广　姜　红
李文化　韩学松　刘长泉　李　峰
高宝忠　焦儒兵　高德宁　李士森
高广菊　崔士茂　马玲业　陈晓玲
鞠玉鸾　李悦青　王　青　王小飞
付秀贞　尹立新

优秀青年团员：

李玲霞　邱国强　王国林　颜承亮
张　进　杨　振

模范党员：

康新春　宁　刚　李成新　王者厚
杜祥宝　张传海　张新增　王光锋

职业道德十佳标兵：

安　营　张振伟　田德顺　张宪伟
张　准　崔立霞　陈向峰

2010 年　生产（工作）者：

赵双玲　宁　刚　王爱民　王　学
张　旭　于　峰　王　香　邢　涛
吉锡庆　毕　伟　张　明　王教新
谢永刚　王爱文　颜　蒙　刘训武
李其亮　王全兴　高德宁　刘增华
刘洪文　张新增　张绍力　张元亮
娄凤宝　曹　鹏　胡安娣　李林泉
陈晓玲　田　静　王　青　石　群
张　颖　隗　霞　曹金华　高宝岭
张秀花　宋广海　訾　英　刘　伟
王德凤　于　莹　邱国强　张兴勇
万向涛　王玉华　石延华　孟令革
朱桂贞　颜承亮　王廷树　王化文
崔殿春　韩春潮　韩大伟　赵京彬
赵东玲

劳动模范：

刘继文　曹美华　汪慧慧　崔尔宝
孙启仁

安全质量能手：胡安艳

生产技术能手：焦儒兵

销售能手：高　海

安全生产节约能手：赵裕鹏

工会积极分子：

孙洪福　孟祥源　李宗波　张　利
张　玲　张卫东(小)　高宝忠(大)
高长娥　徐艳敏　李　玲　李悦清
王　玉　靖　彬　王　静　郭绍红
袁　爱　尹立新　张　超　李玉梅
穆晓东　刘　猛　韩乃峰　于　哲
张　亮　刘泉风　王　鹏　孟德震
王　勇　郭　勇　宁　达　李洪顺
刁小红　祝明文　高绍菊　李延珍
马玲业　耿念学　叶玉芝　王红新
吴广浩　巩艳辉　赵庆海

优秀青年团员：

郑　雷　刘　明　齐玉鹏　张　进
王国林　张　悦

模范党员：

王乃宝　王光峰　崔士茂　刘永彬
张传海　袁锡惠

管理能手：

陈向峰　刘　娜（包装）

职业道德十佳标兵：

孟银环　万传涛　田德顺　袭普义
高绍军　李俊青

2011 年　先进工作者：

马克涛　王　香　王　学　王教新
李树熙　万向文　张　亮　宁　达
韩　军　吉锡庆　王　强　孙启仁
王　波　张　旭　谢永刚　周　强

焦儒兵　田德进　刘增华　张卫东（小）　聂恩超　李际龙　徐海燕　王沛国　刘翠萍　赵庆海　岳宝涛　颜承亮　刘　娜（财务）　颜景国　沈祖萍　高广菊　周　青　张　颖　李　玲　王　青　李悦清　柏　霞　靳　津　宋广海　臧永娜　田　静　隗　霞　董异霞　曹金华　张维云　张秀花　邱国强　张　超　刘　伟　万向涛　李雷新　高绍军　孙立慧　刘志学　王化文　张晓棠

劳动模范：

张　明　刘洪文　郑　雷　李林泉　孟令革

安全质量能手：孟银环

生产技术能手：

高德宁　李中溪

销售能手：李文新　王永良

安全生产节约能手：李士森

工会积极分子：

王爱文　靳　松　毕　伟　巩永健　刘训武　王广铸　牛海祺　孟德震　谢永明　李玉梅　颜　蒙　高业新　王书江　李凯先　韩　学　李　秀　张德星　曹　鹏　王　婷　张化鹏　韩春潮　韩大伟　巩艳辉　李延珍　张　莉　王延树　张　准　刘　超　陈晓玲　陈　静　辛爱青　张秀芬　曹俊华　刘向红　赵常莲　侯桂芳　张　静　李月霞　韩继霞　张宪伟　张　杰　崔士茂　陈向峰　赵京彬　曹新双　汪慧慧　郑晨晓　赵东玲　李文化　侯凌云

优秀青年团员：

张　悦　李　明　芦庆芳　袁乃凯　李庆腾　齐玉鹏

模范党员：

袭普义　于　哲　王光峰　张文杰　张传海　李成新　毕思水　刘　娜　袁锡惠

管理能手：

刘永彬　马玲业　康新春

职业道德十佳标兵：

孙洪福　王爱民　刘继文　王洪新　高宝岭　祝明文

2012 年　先进工作者：

巩永健　张　明　马克涛　王　鹏　王　学　王　强　谢永刚　张　旭　李树熙　康文亮　靖春勇　孟德震　万向文　王爱民　王爱文　王红光　王广铸　袭普义　王永良　王崇松　刘训武　韩　军　孙启仁　王　香　毕　伟　王鑫鑫　李延珍　张广利　刘翠萍　侯凌云　孟庆贺　孙仁德　赵东玲　高元芝　李雷新　刘　萍　周　强　孙淑传　高广生　景慎亮　毕拥军　高广新　曹　鹏　孟祥源　高　兵　王书江　张振伟　韩玲玲　陈红红　胡安艳　李悦清　王　凤　周　青　徐艳敏　董异霞　于　杰　高宝岭　宋广海　高荣震　刘婷婷　张　超　王云震　刘向红　韩继霞　马建新　苗庆智　王洪新　朱桂贞　李素贞

劳动模范：

王　波　马玲业　李际龙　李林泉

张宪伟　李曰爱

安全质量能手：

孟银环　牛会贞

生产技术能手：高德宁

销售能手：刘　猛　张　亮

安全生产节约能手：赵庆海

工会积极分子：

于　哲　宁文亮　刘振香　邢　涛
郭恒新　于敦立　高业新　牛海祺
李经兰　徐玉冬　巩艳辉　崔士茂
董丽娜　张　杰　刘成吉　崔尔河
李　静（技术）　曹新双　刘增华
于广建　田德进　苗成气　袁　东
高广霞　马树国　聂恩超　刘继文
李兴家　巩慧莲　祝明文　陈　菲
郭秀珍　石　群　辛爱青　王　青
万静鑫　曹俊华　张秀美　张　群
郭文华　孙　玲　齐玉鹏　王沛国
姜成波　路　菊　刘志学

优秀团员：

郑　健　袁乃凯　张　悦　王　帅
陈　杰　宋学婷

模范党员：

李中溪　万传涛　李成新　张传海
袁锡惠　赵京彬　孟令革　刘永彬
吉锡庆　孙立慧

管理能手：

王国林　刘　娜（包装）　李文新

职业道德十佳标兵：

穆晓东　刘泉风　颜承亮　陈向峰
张　进　刘洪文　姜　红　邱国强
王乃宝　田　静

2013年　先进工作者：

赵京彬　孙福海　孟祥源　于广建
王光峰　陈　杰　胡安波　高广新
彭民玉　李宗波　姜成波　吴广浩
李元传　王洪新　朱桂贞　刘成吉
刘翠萍　李延珍　张广利　崔尔河
高广菊　康新春　高　海　李文新
王　香　王　学　刘方明　王爱民
康文亮　巩永健　毕　伟　万向文
张　亮　孙启仁　王　波　谢永明
郭恒新　谢永刚　王　鹏　李经兰
王鑫鑫　刘训武　王崇松　郭　勇
王广铸　陈晓玲　延增兰　王　青
王崇花　陈文娟　董异霞　高荣震
周　青　王丹丹　袁　爱　刘婷婷
王玉芳　张　超　王云震　陈向峰
祝明文　娄　玲　马玲业　靖春华
杜祥宝　王国林　李雷新　颜承亮
毕思水　耿念学　崔殿春　谢　群

劳动模范：

李林泉　张　准　李树熙　宋广海
焦儒兵　韩玲玲

安全质量能手：孟银环

技术能手：高德宁

销售能手：张　明　韩　军

安全生产节约能手：张　进

工会积极分子：

王海明　马树国　刘继文　聂恩超
田德进　高广密　高宝忠　李　秀
李兴家　李　广　李文化　姜　红
张宗成　周立顺　邢端洪　孙仁德
孟庆贺　高绍菊　董丽娜　高雪静
张维林　石文辉　刘振香　肖　萍
颜　蒙　高业新　娄宗镇　颜承峰

史国安　许立华　康京波　卢清军
马江涛　韩　凯　宁文亮　张　玲
张维云　杨荣萍　石　群　柏　霞
商晓君　李月霞　张元梅　齐玉鹏
万向涛　宋学婷　崔士茂　于　哲
孙立慧　王小飞　巩艳辉　高　贺
李素贞　袭普义　牛余林　刘　猛
汪慧慧　侯凌云　孙洪芳　刘长泉
王教强　毕拥军　巩慧莲　刘　鸽
陈红红　张述娜　陈志红　郑孝雪
谢鲁平

优秀青年团员：

张　悦　刘　明　崔　鹏　周圣杰
翟庆超　李　萌

模范党员：

王永良　赵东玲　王乃宝　李成新
张传海　马克涛　刘　娜（包）
张宪伟

管理能手：

孟令革　刘永彬　邱国强

职业道德十佳标兵：

高宝岭　胡安艳　李士森　李际龙
曹美华　刘志学　袁乃凯　王　强
王书江　赵庆海

2014年 先进工作者：

周　强　鲁其全　韩　雪　周　雷
袁余烈　李中溪　高广密　王洪新
柏章太　李元传　邢瑞洪　吴广浩
李林泉　耿念学　赵东玲　朱桂贞
李素贞　崔尔河　李庆腾　刘　萍
马克涛　王　香　刘方明　王爱民
巩永健　毕　伟　万向文　韩　军
王永良　谢永刚　王　鹏　王崇松
郭　勇　王广铸　张　明　马兴运
石文辉　穆晓东　康　磊　靖春勇
刘　娜（销售）王璐瑶　颜承峰
祝呈祥　韩玲玲　张吉霞　吕荣翠
胡安艳　王　青　孙洪芳　石　群
曹美华　颜晓晴　王文霞　董异霞
高荣震　张秀丽　高广芳　高宝岭
宋广海　王建喜　刘婷婷　张　超
陈向峰　刘　娜（包装）　张传海
张振伟　娄　玲　张　莉　李延珍
李思光　颜承亮　张宪伟　毕思水
刘永彬

劳动模范：

巩永敬　高广新　汪慧慧　王　学
万传涛　李际龙　商晓君

安全质量能手：孟银环

技术能手：　刘洪文

销售能手：李树熙　刘训武

安全生产节约能手：张　进

工会积极分子：

陈文阁　刘增华　马树国　李　峰
李　广　胡安娣　李昌绩　周立顺
王广云　刘成吉　孙仁德　孟庆贺
张　杰　侯凌云　张　景　郑孝雪
李　静　张　亮　于　哲　康文亮
张　玲　刘　猛　谢永明　王伟伟
宁文亮　燕　燕　颜　蒙　宁　达
徐　宁　芦清军　李经兰　谢鲁平
娄宗镇　耿　桦　牛海祺　曹传臣
刘洪云　王洪芹　陈文娟　蔡秀红
高争力　张元梅　訾　英　万象涛
李文化　张　叶　董丽娜　肖　萍
高　贺　王广峰　赵京彬　王书江

崔士茂 崔殿春 张 刚 孙立慧 李士森

优秀青年团员：

张 悦 崔 鹏 郑 雷 郑 健 刘恩德 袁乃凯 何 强 王国林

模范党员：

刘继文 高德宁 李文新 康京波 王传山 杜祥宝 王峻虎

管理能手： 邱国强

职业道德十佳标兵：

田德顺 姜成波 王鑫鑫 周 青 赵庆海 袁锡惠 刘志学

2015年先进工作者：

鲁其全 刘增华 赵京彬 王光锋 王乃宝 李凯先 周 强 李宗波 李中溪 高广新 李 静 胡安艳 王建喜 杨荣萍 池振花 孙洪芳 石 群 孙立萍 于 洁 颜晓晴 张秀丽 牛天娟 高荣震 周 青 陈文娟 孟银环 王 青 刘婷婷 陈向峰 邱国强 李林泉 石延华 赵 伟 王爱民 李经兰 董丽娜 耿念学 孙仁德 李思光 刘翠萍 刘志学 朱桂贞 李素贞 毕思水 汪慧慧 李雷新 郑 雷 孟令革 张经武 王国林 马玲业 王洪新 邢瑞洪 崔士茂 术洪泉 吴广浩 李元传 颜承亮 王 香 张 亮 马兴运 王鑫鑫 康新春 孙立慧 毕 伟 李树熙 王 学 王广铸 王崇松 郑 健 马克涛 李文新 韩 军 宁 达 周 超 于 哲 王伟伟 娄宗镇 颜 蒙 谢永明 董运鑫 郭 勇 赵家强 万象涛 张 明

劳动模范：

刘继文 袁 爱 刘恩德 赵庆海 刘成吉 张 叶 万向文

安全质量能手：高宝岭

技术能手： 于广建

销售能手：刘方明 王红光

安全生产节约能手：张 进

工会积极分子：

孟祥源 徐 波 解延平 田德进 陈文革 李洪顺 翟庆超 张吉霞 纪爱云 谢 群 刘 鸽 董异霞 张秀美 高 军 韩玉梅 张 静 邢念红 燕 燕 娄 玲 李延珍 张 杰 高丛丛 侯凌云 孟庆贺 王泽森 靖 彬 崔殿春 张 莉 李奥文 刘建忠 王广云 刘玉军 高绍军 王 鹏 吉锡庆 徐 宁 谢永刚 刘 猛 马岩岩 肖 萍 王璐瑶 张 玲 赵裕鹏 王永良 郭恒新 韩乃峰 焦玉柱 康文亮 王元丁 王 波 叶聪聪 谢 晨 袁乃凯 刘 娜（销售）

优秀团员：

赵立志 张国岩 徐 建 王 昭 颜 文 李红玉

模范党员：

张新增 焦儒兵 曹美华 万传涛 高 海 宁 刚 张传海 袁锡惠

管理能手：张宪伟 康京波

职业道德十佳标兵：

刘洪文 张 准 张 超 刘永彬

赵东玲　巩永健

2016 年　先进工作者：

高绍军　柏　霞　王洪新　郑　雷　刘　娜（总经办）刘继文　韩　军　赵立志　张化鹏　韩宝敏　李　斌　石美玲　崔尔河　刘　萍　张　叶　赵　伟　董丽娜　朱桂贞　王新喜　李峻青　田洪涛　刘成吉　谢凤蕾　牛红新　韩乃波　李庆腾　曹　鹏　陈向峰　万象涛　周　青　徐艳敏　李　玲　巩永敬　王　玉　王德刚　孟　红　高　月　张素荣　陈文娟　于　杰　李月霞　訾　英　张元梅　商　佳　李雪静　王永良　宁文亮　王　学　曹传臣　董运鑫　颜　蒙　康文亮　周　超　张　玲　巩永健　王鑫鑫　高丛丛　孟德震　颜承峰　谢永刚　王璐瑶　郭　勇　郭恒新　刘训武

劳动模范：

张宪伟　李林泉　孙仁德　田德顺　蔡秀红　李树熙

安全质量能手：王　青

生产技术能手：高广生

销售能手：王红光　毕　伟

安全生产节约能手：姜　乐

工会积极分子：

李奥文　李素贞　王泽森　许云峰　王广云　杨　乐　张　杰　欧　业　张承林　周　雷　周明庚　李　秀　王　林　赵秋菊　李令花　李曰爱　王建喜　李　芳　石　群　高　兵　高玉珍　高雪静　习小红　姜圆圆　娄　玲　马兴运　李慧菁　李曰鹏　王崇松　马克涛　王红梅　宁　达　王　飞　王　鹏　马岩岩　刘方明　王广铸　刘　娜（销售）谢永明　王伟伟　谢鲁平

优秀团员：

窦鹏运　穆艳萍　颜　文　张　良　刘倩倩　袁乃凯　翟庆超　李红玉　马文健

模范党员：

张　准　韩延生　邱国强　康京波　王　波　汪慧慧　袁锡惠

管理能手：赵庆海　张经武

职业道德十佳标兵：

王光峰　刘恩德　王国林　万向文　张　进　耿念学

2017 年　先进生产者：

张振伟　王泽森　杜　鹃　王国林　马玲业　孟庆贺　颜承亮　刘成吉　刘　娜（办公室）李思光　谢凤蕾　耿念学　陈向峰　王德凤　高建霞　陈文娟　闫克霞　刘　玲　刘　丽　商晓君　孙立萍　刘金香　李　芳　陈志红　王　青　孟银环　高荣震　孟令革　周　超　李曰鹏　王鑫鑫　郭　勇　孟德震　牛海祺　穆延萍　芦清军　康文亮　孙立慧　颜　蒙　刘泉风　王广铸　颜承峰　谢永刚　李红玉　赵庆海　王海明　王洪新　刘玉军　李顺涛　翟庆超　李悦青　张维林　王洪光　燕　燕　张　叶　李中溪　袁愈烈

劳动模范：

毕拥军　王　学　徐　波　汪慧慧
张宪伟

质量能手：　　高宝岭

生产技术能手：刘增华

销售能手：　　毕　伟

节约能手：　　单希琰

工会积极分子：

李奥文　李素贞　高绍菊　杨　乐
陈晓玲　赵秋菊　董异霞　张秀丽
高广霞　张　超　赵家强　刘倩倩
马兴运　娄宗镇　王　飞　张树兴
魏万里　王伟伟　康京波　齐玉鹏
王　凯　宁　达　谢鲁平　孙　洋
高丛丛　王　鹏　李文新　韩宝敏
高宝忠　张　莉　李洪顺　高广菊
王洪芹　欧　业　侯凌云　徐海燕
田德顺　韩乃东　刘　明　康诵水
赵京彬　毕思水

优秀团员：

宁纪伟　窦鹏运　徐　建　姜圆圆
于汉淏　颜　文

模范党员：

邱国强　王　波　崔士茂　焦儒兵
袁锡惠

管理能手：李林泉　郑　雷

职工道德十佳标兵：

韩玲玲　王崇松　柏　霞　刘洪文
赵　伟　张经武　田洪涛

第二章荣 誉

山东百脉泉酒业有限公司历年荣获的荣誉

年　度	荣 誉 称 号	授 奖 单位
1983	职工教育先进单位	章丘县职工教育办公室
	帮教工作红旗单位	章丘县
1984	食品产销公司先进单位	章丘县食品产销公司
1985	“计量物价”双信单位	章丘县
1986	济南市环保先进单位	济南市
1988	54°百脉泉、54°百脉泉特曲优良产品	山东省一轻厅
	省级节能企业	山东省经济委员会
	54°清照特曲、54°百脉泉特曲济南市优质产品	济南市经济委员会、济南市食品工业协会

续表

年 度	荣 誉 称 号	授 奖 单位
1988	济南市三级计量合格单位	济南市标准计量局
	市级先进企业	济南市人民政府
	企业档案管理济南市级先进单位	济南市档案局
	文明单位	章丘县委、县人民政府
	物价计量信得过单位	章丘县物价局、计量信得过活动领导小组
1989	档案管理省级先进单位	山东省档案局
	济南市级先进企业	济南市委、市人民政府
	《量本利分析在产品结构调整中的应用》QC 成果济南市优秀成果二等奖	济南市经济委员会
	先进职工之家	章丘县总工会
	《量本利分析》QC 成果章丘县二等奖 《价值工程》QC 成果章丘县三等奖	章丘县企业协会
1990	济南"市级文明单位"	中共济南市委、市人民政府命
	济南企业标准化水平三级单位	济南市标准标准局
	济南市级重合同守信用单位	济南市工商行政管理局
	全面质量管理达标企业	济南市第一轻工业局、济南市食品工业协会
	速度效益"双丰收"单位	章丘县委、县人民政府
	物价计量信得过单位	章丘县物价、计量信得过活动领导小组
1991	百脉泉牌 54° 百脉泉特曲世界蓝天杯国际风筝食品博览会金奖	国际风筝联合会、中国食品工业协会
	清照牌 54° 清照特曲世界蓝天杯国际风筝食品博览会银奖	国际风筝联合会、中国食品工业协会
	国家级计量合格单位	国家轻工部
	省级节能企业	山东省经济委员会
	百脉泉牌 54°、44° 百脉泉特曲山东省优质产品	山东省经济委员会
	全面质量管理省级达标单位	山东省第一轻工业厅、山东省白酒工业协会
	济南市级重合同守信用单位	济南市工商行政管理局
	44°、54° 清照特曲济南市优质产品称号	济南市经济委员会、济南市食品协会
	济南"市级文明单位"	济南市委、市人民政府
	济南市技术改造"先进单位"	济南市委、市人民政府
1992	济南"市级文明单位"	济南市委、市人民政府
	章丘县技术改造先进单位	章丘县委、县人民政府
1993	济南"市级文明单位"	济南市委、市人民政府
	章丘市"最佳效益企业"	章丘市委、市人民政府
1994	国家中型企业	山东省经济委员会、山东省统计局
	山东省白酒行业综合实力百强企业	山东省统计局、山东省社会经济评价中心
	"百脉泉牌"44° 百脉泉特曲、"清照牌"39° 清照特酿"济南市第一届食品精品"	济南市经济委员会、济南市食品工业办公室、济南市技术监督局、济南市工商行政管理局等六部门
	模范纳税企业	济南市国税局
	最佳效益企业	章丘市委、市人民政府

续表

年　度	荣 誉 称 号	授 奖 单位
1995	清照牌清照特曲酒系列产品“消费者信得过产品”	95全国消费者推荐评价委员会
	39°清照特曲、44°百脉泉1995年度优级产品	山东省第一轻工业厅、山东省白酒工业协会
	清照牌清照特曲酒“名优产品”	山东省消费者协会
	39°清照特曲山东省食品行业最佳产品质量奖 44°百脉泉特曲山东省食品行业优秀产品质量奖	山东省食品行业协会、山东省食品工业办公室
1996	中国酒行业优秀企业	中国酒文化研究会
	百脉泉牌白酒96年全国名优金奖 清照牌白酒96年全国名优银奖	96全国名优食品博览会
	清照特曲最佳产品质量奖奖 百脉泉特曲优秀产品质量奖奖	山东省经济委员会
	39°清照特曲1996年优级产品	山东省第一轻工业厅、山东省白酒工业协会
	“清照特曲”济南市市酒特别奖	济南市经济委员会、济南市技术监督局、济南市工商行政管理局、济南市消费者协会等八部门
	济南市先进企业	济南市委、市人民政府
	1996年度最佳效益企业	章丘市委、市人民政府
	章丘市三五普法先进单位	章丘市委、市人民政府
1997	全国酒行业明星企业	中国酒文化研究会
	百脉泉牌白酒96山东市场畅销名牌产品和97山东市场消费者喜爱优质信誉产品	山东省消费者协会、山东省统计局、山东省卫生防疫站等六部门
	39°清照特曲、36°清照王、44°百脉泉特曲1997年优级产品	山东省第一轻工业厅、山东省白酒工业协会
	1997年度效益杯竞赛第二名	章丘市人民政府
	先进职工之家	章丘市总工会
1998	38°精品清照特曲、44°百脉泉1998年优级产品	山东省第一轻工业厅、山东省白酒工业协会
	模范纳税企业	章丘市国税局
	《加强企业管理，提高产品质量》QC成果章丘市1998年度优秀成果三等奖	章丘市工业经济委员会
	济南市安全生产先进单位	济南市人民政府
	最佳效益企业	章丘市委、市人民政府
	模范纳税大户	章丘市国家税务局
	明星工会	章丘市总工会
1999	清照特曲、百脉泉特曲1999年优级产品	山东省第一轻工业厅、山东省白酒工业协会
	“清照牌”36°清照王在1999年度白酒感观质量鉴评中36°第一名，34°清照特曲34°第一名。	济南市食品工业协会
	济南市级重合同守信用企业	济南市工商行政管理局
	章丘市思想政治工作优秀企业	章丘市宣传部
	最佳效益企业	章丘市委、市人民政府
	重合同守信用企业	章丘市企业合同管理协会
	十佳明星工会、先进职工之家	章丘市总工会
2000	36°清照园特曲、39°清照园酒2000优级产品	山东省第一轻工业厅、山东省白酒工业协会
	重合同守信用企业	章丘市企业合同管理协会

续表

年　度	荣誉称号	授奖单位
2000	先进职工之家	章丘市总工会
	统计工作先进集体	章丘市统计局
	先进单位	山东省海泰集体工会委员会
	先进消费合作社	章丘市总工会
2001	36°、38° 清照特曲“名优产品”	2001 中国国际农业博览会
	白酒系列产品质量信得过产品	国家轻工业食品质量监督检测济南站、山东省食品质量监督检验所
	清照牌 38° 清照特曲金奖 清照牌 36° 清照特曲银奖	2001 第二届中国（上海）国际食品博览会
	百脉泉白酒 2001 年优级产品	山东省第一轻工业厅、山东省白酒工业协会
	44° 清照特曲 2001 年度济南市食品行业优质酒 39° 清照特曲 2001 年度济南市食品行业优良酒	济南市食品工业协会
	济南市消费者满意单位	济南市消费者协会
	十佳明星工会、先进职工之家	章丘市总工会
	最佳效益企业	章丘市委、市人民政府
2002	清照牌产品中国知名品牌	中国品牌产品市场保护调查所
	36° 清照特曲 2002 年优级产品	山东省第一轻工业厅、山东省白酒工业协会
	2001—2002 年度山东省轻工业质量效益型先进企业	山东省轻工业办公厅
	“清照”商标山东省著名商标	山东省工商行政管理、山东省白酒工业协会
	重合同守信用企业	章丘市企业合同管理协会
	第十四届百脉灯会“一等奖”	章丘市宣传部、章丘市文化体育局
	统计工作先进集体	章丘市经济贸易局
2003	济南市守合同重信用企业	济南市工商行政管理局、济南市企业信用协会
	济南市 2003.12—2005.12 年度消费者满意单位	济南市消费者协会
	济南市食品工业行业先进企业	济南市经济委员会、济南市食品工业协会
	章丘市防治非典先进集体	章丘市委、市人民政府
	《加强技术创新 提高粮食酒质量》QC 成果，2003 年度章丘市优秀成果三等奖	章丘市经济贸易局
	统计工作先进集体	章丘市统计局
2004	2004 年山东 3·15 名优商品博览会优秀奖	中国（山东）3·15 名优商品博览会
	山东省第五届消费者满意单位	山东省消费者协会、山东省工商行政管理局等八部门
	百脉泉牌 36° 百脉泉酒、清照牌 36° 清照特曲 2004 年度山东省白酒行业创新品牌	山东省食品工业协会、山东省消费者协会、山东省质量评价协会
	山东省级守合同重信用企业	山东省工商行政管理、山东省企业信用协会
	2004 年度济南市食品工业行业“先进企业”	济南市经济委员会、济南市食品工业协会
	《运用 TQC 理论，提高粮酒质量》QC 成果，2004 年度章丘市优秀成果一等奖	章丘市经济贸易局
	《改进制曲，提高经济效益》《加大技术改新，节约能源，提高工作效率》QC 成果，2004 年度章丘市优秀成果三等奖	章丘市经济贸易局
	统计工作先进集体	章丘市经济贸易局

续表

年 度	荣 誉 称 号	授 奖 单位
2005	清照牌 36°、38° 清照特曲中国白酒质量优秀产品	中国食品工业协会白酒专业委员会
	“振兴鲁酒，再铸辉煌”先进企业	山东省轻工业纺织工会、山东省白酒工业协会
	2004—2005 山东省白酒行业综合实力五十强企业	山东省轻工业纺织工会、山东省白酒工业协会
	“清照”“百脉泉”牌白酒产品“山东名牌”产品（2005 年 10 月—2008 年 10 月）	山东省名牌战略推进委员会、山东省质量技术监督局
	“百脉泉”牌纯净水、天然泉水产品“山东省饮料行业（饮用水）”十佳品牌	山东省食品工业协会、山东省消费者协会、山东省质量评价协会
	2005 年山东 3·15 迎春名优商品展览会优秀奖	3·15 迎春名优商品展览会组委会
	2005 年山东省职工代表大会规范化“优秀星”单位	山东省总工会
	山东省级守合同重信用企业	山东省工商行政管理、山东省企业信用协会
	2005 年度山东省轻工业安全生产先进单位	山东省轻工业办公室
	2005 年职工代表大会规范化建设先进单位	济南市总工会
	花灯《万家灯火》济南市第四届迎新春花灯“特别奖”	济南市文化局
	“清照牌”白酒“济南名牌”产品	济南市名牌产品评审委员会、济南市质量技术监督局
	2005 年度济南市食品行业“先进企业”	济南市经济委员会、济南市轻工业协会
	济南市 2002—2005 年度消费者满意单位	济南市消费者协会
	2005 年度济南市职工“职业道德建设先进单位”	济南市总工会、济南市精神文明建设委员会
	2005 年度工业创新先进单位	章丘市委、市人民政府
	《研制酒糟烘干设备，提高企业简介效益》QC 成果 2005 年度章丘市优秀成果一等奖《自制大型过滤机，节约资金提高企业效益》《开发五粮工艺，提高产品质量》QC 成果 2005 年度章丘市优秀成果三等奖	章丘市经济贸易局
	模范纳税单位	章丘市国家税务局、市地方税务局
	章丘市第一批保持共产党员先进性教育活动“先进基层党组织”	章丘市委
	安全生产先进单位	章丘市经济贸易局
	统计工作先进集体	章丘市统计局
	计划生育工作先进单位	章丘市委、市人民政府
2006	2006 年度中国酒业文化百强企业	中国酒文化百强企业评选委员会
	中国（山东）3·15 名优商品博览会荣誉奖	中国（山东）3·15 名优商品博览会
	百脉泉牌白酒第四届山东省白酒行业优质产品（2006.9—2008.9）	山东省食品工业协会、山东省消费者协会、山东省质量评价协会
	山东省重合同守信用企业	山东省工商行政管理局
	山东省第六届消费者满意单位	山东省消费者协会
	安全生产先进单位	山东省轻工业办公室
	山东省职工代表大会规范化建设“优秀星”单位	山东省总工会

续表

年 度	荣 誉 称 号	授 奖 单位
2006	“百脉泉”品牌山东酒业最具竞争力品牌	山东酒业总评榜组委会
	“百脉泉”商标“山东省著名商标”	山东省工商行政管理局
	自助设计制造的BMQ大型酒糟烘干设备通过省级鉴定	
	一等“AAA”信誉企业	济南市企业信誉评价工作委员会
	“清照”牌“百脉泉”牌白酒济南食品安全放心品牌	济南市食品工业协会、济南市消费者协会
	《研制酒糟烘干设备，增强企业经济效益》QC成果2006年度济南市优秀成果二等奖	济南市经济委员会
	2006年度济南市食品工业先进企业	济南市经济委员会、济南市食品工业协会
	2006年度济南市科协系统先进集体	济南市人事局、济南市科技局
	济南市“安康杯”竞赛优胜单位	济南市总工会
	模范职工之家	济南市总工会
	济南市“职业道德建设先进单位”	济南市职工代表大会规范化创建活动
	2004—2005年度“济南市思想政治工作优秀企业”	中共济南市委宣传部、中共济南市委组织部等五部门
	2006年度安全生产工作先进单位	济南市人民政府
	《研制酒糟烘干设备，增强企业经济效益》QC成果2006年度章丘市优秀成果一等奖	章丘市经济贸易局
	2006年度发展品牌经济先进单位	章丘市委、市人民政府
	全面质量管理先进单位	章丘市经济贸易局
	2001—2005年度全市普法依法治理先进单位	章丘市普法教育依法治市领导小组
	章丘市职工代表大会规范化建设“合格星”单位	章丘市总工会
	2005年度工业创新先进单位	章丘市委、市人民政府
	章丘市工业统计先进单位	章丘市经济贸易局
	2006年度先进团委	共青团章丘市委
	2006年度明星工会	章丘市总工会
	先进工会女职工委员会	章丘市总工会
	2006年度安全生产先进单位	章丘市经济贸易局
2007	第五届全国诚信企业	消费日报社名牌产品宣传保护中心、全国诚信企业光荣榜活动办公室
	中国政府官员与企业家峰会暨新春联谊会“人民大会堂纪念奖”	中国联合企业管理中心
	山东（中国）糖酒副食交易会首届名优食品（酒水）品牌“金奖”	山东（中国）糖酒副食交易会
	山东省轻工行业安全生产先进单位	山东轻工业办公室
	创新型城市建设，山东省著名商标	济南市人民政府
	济南市“劳动关系和谐企业”	济南市万家企业和谐活动领导小组
	济南市国有企业创建“四好”领导班子先进集体	中共济南市委组织部、济南市国资委党委
	济南市级文明单位	济南市委、市人民政府
	济南市全民健身月活动优秀组织奖	济南市体育局

续表

年 度	荣誉称号	授奖单位
2007	济南市“劳动关系和谐企业”	济南市万家企业和谐活动领导小组
	济南市国有企业创建“四好”领导班子先进集体	中共济南市委组织部、济南市国资委党委
	济南市级文明单位	济南市委、市人民政府
	济南市全民健身月活动优秀组织奖	济南市体育局
	济南市食品工业先进企业	济南市经济委员会、济南市食品工业协会
	百脉泉牌白酒“济南食品安全放心品牌”	济南市经济委员会、济南市食品工业协会
	全市宣传思想工作先进单位	章丘市委
	第三届《相约周末》广场文化活动突出贡献单位	章丘市委宣传部、文化体育局
	精神文化建设先进单位	章丘市委
	章丘市2007年“百脉泉酒业杯‘五一’篮球赛”优秀组织奖	章丘市总工会、章丘市文化体育局、共青团章丘市委
	大合唱《歌唱祖国》《咱们工人有力量》章丘市第四届相约周末经贸局专场文艺演出一等奖	章丘市经济贸易局
	章丘市厂务公开民主管理工作先进单位	章丘市厂务公开民主管理工作领导小组
	明星工会	章丘市总工会
	先进工会女职工委员会	章丘市总工会
	章丘市工业统计先进集体	章丘市经济贸易局
	基础党建工作示范点	章丘市委
	最佳效益企业	章丘市委、市人民政府
	安全生产先进单位	章丘市人民政府
	计划生育工作先进单位	章丘市委、市人民政府
	2007年度安全工作先进单位	章丘市经济贸易局
2008	百脉泉商标被认定为“中国驰名商标”	
	公司顺利通过质量环境管理体系复评审核并认证合格	
	中国100家最具发展潜力品牌	中国工业合作协会
	全省轻工业安全生产管理先进单位	山东省轻工业协会
	公司38°、46°百脉泉被评为“省优质产品”	山东白酒协会
	2007—2008年度爱心助残之星	山东省残疾人福利基金会
	国家AAA级标准化良好行为企业	山东省质量技术监督局
	山东省轻工系统第六批企业文化建设示范单位	山东省轻工业协会
	山东省第七届消费者满意单位	山东省消费者满意单位评审委员会
	清照商标被认定为“山东省著名商标”	山东省工商行政管理局
	清照、百脉泉牌白酒被认定为“山东名牌产品”	山东质量技术监督局
	守合同重信用单位	山东省工商行政管理局
	山东省AAA级信誉企业	山东省企业信誉评价工作委员 山东省企业联合会

续表

年 度	荣 誉 称 号	授 奖 单位
2008	山东省质量奖	山东省质量管理协会、山东省企业联合会、山东省企业家协会、山东省工业经济联合会
	百脉泉酒被评为2008年度“山东省十大名酒”	齐鲁晚报、大众网、酒业总评榜组委会
	济南市食品工业先进企业	济南市经济委员会、济南市食品工业协会
	“百脉泉”牌白酒被认定为“济南市食品安全放心品牌”	济南市经济委员会、济南市食品工业协会
	济南市模范职工之家	济南市总工会
	2007年度济南市劳动关系和谐企业	济南市万家灯火创和谐活动领导小组
	济南市消费者满意单位	济南市消费者协会
	2007年度安康杯知识竞赛优胜单位	济南市总工会、济南市安全生产监督管理局
	国家三级安全质量标准化企业	济南市安全生产监督管理局
	济南市劳动关系和谐企业五一劳动奖状	济南市总工会
	2007年度内部审计先进单位	济南市审计局
	济南市规范管理AAA级企业	济南市人民政府
	济南市AAA级信誉企业	济南市企业信誉评价工作委员会
	酒糟烘干设备获济南市“讲、比、学”活动优秀科技项目二等奖	
	统计工作先进集体	济南市统计局
	章丘市厂务公开民主管理工作先进单位	章丘市厂务公开民主管理工作领导小组
	先进工会女职工委员会	章丘市总工会
	明星工会	章丘市总工会
	2007年度安全生产先进单位	章丘市经贸局
	公司团委被授予“2007年度章丘市红旗团委”	共青团章丘市委
	公司粮酒车间被授予“2007年度章丘市青年文明号”	共青团章丘市委
	2007年度最佳效益企业	章丘市市委、章丘市人民政府
	建设平安章丘先进单位	章丘市市委、章丘市人民政府
	2007年度人口和计划生育工作先进单位	章丘市市委、章丘市人民政府
	2007年度全市安全生产先进单位	章丘市人民政府
	公司获得章丘市QC成果二等奖	
	城市管理志愿者活动先进单位	章丘市城市管理志愿者协会
	公司党组织被授予“先进基层党组织”称号	中共章丘市委
	庆五四歌咏比赛二等奖	中共章丘市委
	工业统计工作先进单位	章丘市经贸局
	章丘市明星工会	章丘市总工会
	2008年度安全生产先进单位	章丘市经贸局

续表

年 度	荣誉称号	授奖单位
2009	2009年全国企业文化建设先进单位	中国企业文化研究会
	百脉泉酒被评为2008年度“山东省十大名酒”	齐鲁晚报、大众网、酒业总评榜组委会
	2008年山东省轻工成长型先进企业	山东省轻工业协会
	“百脉泉、清照”荣获“山东名牌”	山东省质量技术监督局
	2009山东3·15名优企业形象和名优商品（服务）博览会优秀单位	山东省名优商品服务博览会
	清照产品被评为“山东著名商标”	山东省工商行政管理局
	公司36°、46°百脉泉酒被授予优级产品	山东轻工业办公室、山东白酒协会
	《浓香型有机窖泥的培养和养护》QC成果被评为“山东省QC成果优秀奖”	山东省经委
	全省安全生产金盾企业	山东省轻工业协会
	山东省轻工系统第七批企业文化建设示范单位	山东省轻工业系统
	百脉泉商标被再次认定为“山东省著名商标”	山东省工商局
	建国六十周年山东轻工企业优秀管理进步示范企业	山东省轻工业协会
	公司被授予“2009山东百姓喜爱的白酒品牌”	山东省工商业联合会
	酒糟一次性烘干技术荣获“科学技术进步二等奖”	山东省轻工业协会
	有机窖泥培养荣获“科学技术进步二等奖”	山东省轻工业协会
	山东省依靠职工办企业先进单位	山东省总工会
	2009好客山东十佳品牌	山东旅游协会、大众日报
	优秀企业文化品牌	济南市职工思想政治工作研究会、济南市企业文化建设委协会
	济南市食品工业先进企业	济南市经济委员会、济南市食品工业协会
	公司百脉泉品牌被授予“济南市十佳品牌”	济南市经济委员会、济南市食品工业协会
	公司《浓香型有机窖泥的培养和养护》QC成果被评为济南市QC成果发布一等奖	济南市经委
	公司36°、52°百脉泉被评为“2009年度济南市精品白酒”	济南市食品工业协会
	2008年度安全生产先进单位	章丘市安全生产委员会
	2007—2008章丘市消费者满意单位	章丘市消费者协会
	公司工会被授予“明星工会”	章丘市总工会
	公司被授予“最佳效益”	章丘市委、市政府
	公司市北销售部被授予“青年文明号”	章丘市团委
	公司团委被授予“先进团委”	章丘市团委
	公司粮酒党支部被授予“红旗团支部”	章丘市团委
	2008年度消防安全工作先进单位	章丘市安全委员会
	2008年发展工业经济创新型企业	章丘市委、市政府
	2008年度发展工业经济先进企业	章丘市委、市政府

续表

年　度	荣誉称号	授奖单位
2009	2008 年度安全生产先进单位	章丘市安全生产委员会
	公司在“章丘市庆五一合唱比赛”中荣获三等奖	章丘市总工会
	2008 年度质量管理先进集体	章丘市经济贸易局
	公司发表的《改进制曲工艺、提高经济效益》QC 成果被评为章丘市 QC 成果发布三等奖	章丘市经贸局
	《浓香有机窖泥的培养和养护》QC 成果被评为章丘市 QC 成果发布一等奖	章丘市经贸局
	2009 年度章丘市最具爱心慈善捐赠企业	章丘市慈善总会
2010	支持第十一届全运会特别贡献单位	第十一届全运会排球竞委会
	2010 财富领袖论坛最具财富潜力企业	世界杰出华商协会
	“2009 好客山东十佳品牌”	山东旅游协会、大众日报
	省内部审计协会做出突出贡献和创造新经验内审机构	山东省内部审计师协会
	山东省第八届消费者满意单位	山东省满意单位创建委员会
	全省轻工业安全生产管理先进单位	山东省轻工业协会
	2009 年度山东省企业文化建设先进单位	山东省企业文化学会
	省轻工系统第八批企业文化建设示范单位	山东省轻工业协会
	公司产品被授予为“山东市场最受公众喜爱白酒品牌”	大众日报、大众网
	山东省白酒行业十大品牌企业	山东省食品工业办公室、山东省食品工业协会
	公司被确定为“山东省白酒行业浓香型白酒标准化生产示范基地”	山东省食品工业办公室、山东省食品工业协会
	公司被确定为“山东省白酒行业芝麻香型白酒标准化生产示范基地”。	山东省食品工业办公室、山东省食品工业协会
	全省工业品价格统计调查先进集体	国家统计局山东调查队
	2010 年度山东省轻工行业先进单位	山东省轻工业协会
	2009 年度安全生产先进单位	济南市人民政府
	济南市食品行业先进企业	济南市经委、济南市食品工业协会
	2009 年度协会建设突出贡献单位	济南市食品工业协会
	济南市第二届职业技能大赛食品行业比赛“优秀组织奖”	济南市食品工业协会
	2009 年度安康杯竞赛优胜单位	济南市总工会、济南市安全生产监督局
	济南市 2010 年度质量管理成果二等奖	济南市经济信息委员会、济南市质量管理协会
	企业管理状态 AAA 级企业	济南市人民政府
	公司 34° 九年百脉泉、34° 十二年百脉泉、36° 百脉泉芝麻香型白酒、46° 百脉泉芝麻香型白酒被评为“2010 年度精品白酒”	济南市食品协会、济南市消费者协会
	百脉泉酒传统酿酒技艺被评为济南市级非物质文化遗产	

续表

年 度	荣誉称号	授奖单位
2010	济南市全市内部审计先进单位	济南市审计局
	章丘市2009年度消防安全工作先进单位	章丘市消防安全委员会
	章丘市科普工作先进集体	章丘市科学技术协会
	2009年度工会财务工作先进集体	章丘市总工会
	先进工会经费审查委员会	章丘市总工会
	公司工会荣获“明星工会”	章丘市总工会
	最佳效益企业	中共章丘市委、章丘市人民政府
	计划生育先进单位	中共章丘市委、章丘市人民政府
	2009年度安全生产先进单位	章丘市安全生产委员会
	2009年度最佳效益企业	中共章丘市委、章丘市人民政府
	公司《芝麻香型白酒生产》成果荣获“2009年度章丘市优秀质量管理成果一等奖”	章丘市经济和信息化局
	章丘市2009年度质量管理先进集体	章丘市经济和信息化局
	清照故里词意章丘2010李清照文化周特别贡献奖	中共章丘市委
	章丘市安全生产先进单位	章丘市安委
	芝麻香白酒生产被评为章丘市科技进步二等奖	章丘市科技局
2011	企业信誉AAA级证书	省企业信誉评价工作委员会、省企业联合会
	2010年度全省轻工业安全生产管理先进单位	山东省轻工业协会
	山东省清洁生产先进单位	省经信委、省政府节能办
	上海世博会鲁菜馆支持单位	山东上海世博会参展工作领导小组执行委员会
	上海世博会中华八大菜系之鲁菜孔府宴馆接待用酒	世界博览会中华八大菜系鲁菜孔府宴
	山东省低度浓香型白酒著名企业	山东省轻工业协会
	山东省第十八批企业技术中心	山东省经济和信息化委员会
	“十一五”山东省轻工业技术改造十佳典范企业	山东省轻工业协会
	山东省劳动关系和谐企业	山东省总工会
	山东省富民兴鲁劳动奖状	山东省总工会
	山东省轻工行业诚信经营企业	山东省轻工业协会
	2010年度济南市食品行业先进企业	济南市经信委、济南市食协
	2010年度安全生产先进单位	济南市人民政府
	济南市第九届消费者满意单位	济南市消费者协会
	2010年度全市内部审计先进单位	济南市审计局
	公司36°百脉泉芝麻香、46°百脉泉芝麻香、53°百脉泉芝麻香、39°满庭芳特酿、34°十二年生态原浆荣获“2011年度精品白酒”	济南市食协、济南市消费者协会

续表

年 度	荣 誉 称 号	授 奖 单位
2011	2010 年度工业统计工作先进单位	章丘市经信局
	2010 年度最佳效益企业	中共章丘市委、章丘市人民政府
	章丘市计划生育工作先进单位	中共章丘市委、章丘市人民政府
	2010 年度发展工业和信息化优秀企业	中共章丘市委、章丘市人民政府
	明星工会	章丘市总工会
	2010 年度消防安全工作先进单位	章丘市消防安全委员会
	三八红旗集体	章丘市妇联
	《改进制曲工艺，提高经济效益》荣获“2010 年度章丘市优秀质量管理成果二等奖”	章丘市经信局
	《利用生物偶联协酵技术生产活性饲料》荣获“2010 年度章丘市优秀质量管理成果一等奖”	章丘市经信局
	章丘市质量管理先进集体	章丘市经信局
	城市管理志愿者活动先进单位	章丘市城市管理志愿者协会
	章丘市迎七一“百脉泉酒业杯”职工篮球赛优秀组织奖	章丘市委组织部、章丘市总工会
	章丘市迎七一“百脉泉酒业杯”职工篮球赛精神文明奖	章丘市委组织部、章丘市总工会
	章丘市“十一五”污染减排即环境保护先进单位	章丘市人民政府
	2011 年十大敬老企业	章丘市老龄工作委员会
	“十一五”节能先进单位	章丘市人民政府
2012	全国酒类优秀营销商	中国酒类流通协会
	公司信息化中心完成的《白酒生产检测、储配监控、质量信息管理系统建设》报告一文荣获“全国轻工业管理现代化创新成果三等奖”	
	2011 年度山东省企业报刊优秀奖	山东省企业文化学会
	2011 最美中国（山东）旅游接待用酒推荐品牌	山东党报城市品牌推广联盟、山东省旅游行业协会、大众日报社
	2012 年最具收藏价值名酒	山东省轻工业协会、齐鲁晚报
	公司“百脉泉”商标被再次认定为“山东省著名商标”	山东省工商行政管理局
	清照、百脉泉牌浓香型白酒被再次授予“山东名牌”	山东名牌战略推进委员会、山东省质量技术监督局
	优秀企业会员	山东省企业信用与社会责任协会
	“清照”商标被再次认定为“山东省著名商标”	山东省工商行政管理局
	技术中心被评为“山东省级企业技术中心”	山东省经济和信息化委员会
	政务用酒荣获“2012 年度山东白酒行业评委感官质量奖金奖”	山东省食品工业办公室、山东省食品工业协会
	中国最佳食品参展企业	第六届中国山东国际糖酒食品交易会组委会

续表

年 度	荣誉称号	授奖单位
2012	山东省第九届消费者满意单位	山东省消费者协会
	全省内部审计机构先进单位	山东省审计厅内审指导中心
	山东内审之星	山东省内部审计师协会
	济南市食品行业先进企业	济南市经济和信息化委员会、济南市食品工业协会
	济南市食品工业 30 年优秀品牌食品	济南市经济和信息化委员会、济南市食品工业协会
	济南市食品工业 30 年突出贡献单位	济南市经济和信息化委员会、济南市食品工业协会
	安全生产先进单位	济南市人民政府
	济南市 “安康杯”竞赛优胜单位	济南市总工会、济南市安全生产监督管理局
	文明单位	中共济南市委、济南市人民政府
	优秀职工书屋	济南市总工会
	爱心捐赠企业	济南市慈善总会
	企业信用 AAA 级证书	济南市企业信用评价工作委员会
	清照牌 18° 中华女士白酒、清照牌 39° 满庭芳酒、百脉泉牌 34° 九年百脉泉酒、百脉泉牌 36° 芝麻香酒、百脉泉牌 53° 芝麻香酒被评为“2012 年度精品白酒”	济南市食品工业协会、济南消费者委员会
	2011 年度工业经济运行工作先进单位	章丘市经济和信息化局
	全市经信系统信息化工作先进集体	章丘市经信局
	“最佳效益企业”、“发展旅游经济先进单位”、“人口和计划生育工作先进单位”	中共章丘市委、章丘市人民政府
	全市安全生产先进单位	章丘市人民政府
	“先进基层单位、平安村（居）”	中共章丘市委、章丘市人民政府
	公司工会荣获“工会工作先进单位”和“明星工会”	章丘市总工会
	公司团委荣获“红旗团委”	共青团章丘市委
	十佳职工书屋	章丘市总工会
	发展工业和信息化先进企业	中共章丘市委
	第二届百脉之约贺年会先进单位	章丘市人民政府
	全市旅游行业文明服务窗口	章丘市精神文明建设委员会办公室，章丘市旅游局
	信息化与工业融合示范企业	章丘市信息化领导小组
	公司粮酒车间芝麻香班组荣获“工人先锋号”	章丘市总工会
	最具爱心捐赠企业	章丘慈善总会
	全市第十三批下派干部包村工作先进单位	中共章丘市委、章丘市人民政府
	内审工作先进单位	章丘市审计局
	公司党委荣获“科学发展先锋基层党组织”	中共章丘市委
	章丘市十大敬老企业	中共章丘市委、章丘市人民政府

续表

年度	荣誉称号	授奖单位
2013	中共青年五四奖章集体	全国青联、中共共青团
	轻工企业管理现代化创新成果三等奖	中国轻工业联合会
	2013年春季（第69届）山东省糖酒会最佳展位	山东省糖酒副食品商业协会、齐鲁晚报
	企业信誉等级证书AAA	山东省企业信誉评价工作委员会、山东省企业联合会
	首批山东省轻工行业技师工作站	山东省轻工业协会、山东省人力资源社会保障厅
	公司百脉泉牌34°百脉泉酒荣获“2013年度全省白酒行业评委感官质量金质奖”	山东省食品办
	山东省第七届白酒行业十大品牌企业	山东省食品工业协会、山东省食品工业办公室
	公司当选山东省企业联合会“常务理事单位”	山东省企业联合会
	公司科技项目“干果粮型女士饮品关键技术的研究与开发”被评为“山东省轻工行业科学技术进步奖二等奖”	
	2013年秋季（第70届）山东省糖酒会优秀展位	山东省糖酒副食品商业协会、齐鲁晚报
	2013年秋季（第70届）山东省糖酒会最佳户外广告	山东省糖酒副食品商业协会、齐鲁晚报
	2012年济南商界势力风云榜行业最具潜力品牌	济南时报
	2012年济南市食品行业先进企业	济南市经济和信息化委员会、济南市食品工业协会
	公司百脉泉品牌荣获“2013济南人信赖的白酒品牌”荣誉	
	全市信息化工作先进集体	济南市信息化领导小组
	2012—2014年度济南市安全文化建设示范企业	济南市安全生产委员会
	2012年度认捐基金爱心单位	济南市慈善总会
	2012年度爱心捐赠单位	济南市慈善总会
	产学研合作促进奖	济南市食品工业协会、山东济南生产力促进中心
	公司百脉泉牌53°芝麻香酒、36°芝麻香酒、52°百脉泉浓香酒、34°九年百脉泉浓香酒被评为“2013年度精品白酒”	济南市食品工业协会、济南市消费者协会
	“中国梦·劳动美”全市职工迎‘十艺节’系列文化活动三等奖	济南市总工会
	人口和计划生育先进单位	章丘市委、市政府
	最佳效益企业	章丘市委、市政府
	章丘市三十佳企业	章丘市委、市政府
	包装车间荣获“青年文明号”荣誉	共青团章丘市委
	工会荣获“明星工会”荣誉	章丘市总工会
	环境保护先进单位	章丘市环保局
	全市旅游工作先进单位	章丘市人民政府
	经信系统安全生产工作先进单位	章丘市经信局
	章丘市“百脉泉酒业杯”五一职工篮球赛特别贡献奖	章丘市总工会、教体局、共青团章丘市委

续表

年 度	荣 誉 称 号	授 奖 单位
2013	2012 年度章丘市市长质量奖	章丘市人民政府
	2012 年度信息化工作先进集体	章丘市经信局
	章丘市‘安康杯’职工安全卫生知识竞赛三等奖	
2014	公司机电车间制造部荣获“2013 年度全国安康杯竞赛优胜班组”	中华全国总工会、国家安全生产监督管理总局
	企业文化顶层设计与基层践行优秀单位	中国企业文化研究会
	公司案例以“先做人、后做酒，做好人、做好酒”为文化核心，引领企业持续健康和谐发展荣获“2014 年度轻工行业企业文化建设优秀案例”	中国轻工业职工思想政治工作研究会、中国轻工业企业管理协会
	公司百脉泉酒荣获“首届中国酒业公众大奖——山东地标酒”荣誉	中国主流媒体酒业联盟、山东省轻工业协会等四部门
	公司百脉泉生态原浆 12 年荣获“首届中国酒业公众大奖——中国酒业最受欢迎商务用酒”荣誉	中国主流媒体酒业联盟、山东省轻工业协会等四部门
	公司百脉泉生态原浆 9 年“首届中国酒业公众大奖——中国酒业最受欢迎家用酒”荣誉	荣获中国主流媒体酒业联盟、山东省轻工业协会等四部门
	公司清照绵柔十年荣获“首届中国酒业公众大奖——中国酒业最受欢迎婚庆酒”荣誉	中国主流媒体酒业联盟、山东省轻工业协会等四部门
	首届中国酒业公众大奖——中国酒业创新企业	中国主流媒体酒业联盟、山东省轻工业协会等四部门
	省级文明单位	山东省精神文明建设委员会
	有机窖泥的复壮培养技术三等奖	山东省经济和信息化委员会新技术推广站、山东省企业技术创新促进会、山东省企业技术创新奖审定委员会
	膜技术在酒类生产中的应用研究二等奖	山东省经济和信息化委员会新技术推广站、山东省企业技术创新促进会、山东省企业技术创新奖审定委员会
	干果粮型女士饮料的研究和开发一等奖	山东省经济和信息化委员会新技术推广站、山东省企业技术创新促进会、山东省企业技术创新奖审定委员会
	机电车间制造班荣获“工人先锋号”	山东省总工会
	山东省轻工系统第十二批企业文化建设示范单位	山东省轻工业协会
	公司生产的 34%vol 百脉泉酒荣获“2014 年山东省白酒行业产品感官质量金奖”	山东省食品工业协会
	公司工业游景区荣获“影视拍摄重点联系景区”	山东省影视文化学会
	最佳消费者满意品牌	2014 第八届中国（山东）国际糖酒食品交易会
	百脉泉酒荣获“山东节庆用酒十大品牌”	山东现代节庆咨询中心
	2013 年度济南市能源统计工作先进单位	济南市统计局
	公司工会荣获“济南市模范职工之家”荣誉	济南市总工会
	济南市企事业科协先进集体	济南市科学技术协会

续表

年 度	荣 誉 称 号	授 奖 单位
2014	2013 年度济南市安康杯竞赛优胜单位	济南市总工会、济南市安全生产监督管理局
	2013 年度济南市食品行业先进企业	济南市经济和信息化委员会、济南市食品工业协会
	济南慈善奖爱心捐赠企业	济南慈善总会
	2013 年度济南市职工互助保障工作先进集体	济南市总工会
	公司生产的百脉泉牌百脉泉 45° 清香型白酒荣获“创新产品奖”	济南市经济和信息化委员会、济南市食品工业协会
	公司选送的节目《万泉河水》获得“中国梦·劳动美·济南市职工庆祝建党 93 周年文艺展演一等奖”	济南市总工会
	济南市 AAA 级信用企业	济南市企业信誉评价工作委员会
	“百脉泉传统酿酒传习所”被评为“济南市非物质文化遗产”	济南市非遗保护中心
	公司注册商标百脉泉被授予“济南老字号”	济南市商务局
	济南市地标酒	济南市经济和信息化委员会、济南市食品工业协会
	先进单位	济南市统计局
	2013 年度《民企天地》工作优秀组织奖	章丘市民企报刊服务协会
	2013 年度行业协会秘书处工作优秀单位	章丘市民营办
	2013 年度安全生产先进单位	章丘市安全生产委员会
	2013 年度最佳效益企业	中共章丘市委、章丘市人民政府
	2013 年度人口和计划生育工作先进单位	中共章丘市委、章丘市人民政府
	明星工会	章丘市总工会
	包装车间团支部荣获“2013 年度章丘市五四红旗团支部”	共青团章丘市委
	公司团委荣获“2013 年度章丘市红旗团委”	共青团章丘市委
	公司妇委会荣获“优秀基层妇女组织”	章丘市妇女联合会
	章丘慈善奖最具爱心捐赠单位	章丘慈善总会
	章丘市安全发展、科学发展知识竞赛二等奖	章丘安全生产委员会
	敬老模范单位	章丘市老龄工作委员会
	公司粮酒车间荣获“工人先锋号”	章丘市总工会
2015	公司当选为理事单位	中国轻工业企业管理协会第四届理事会
	公司化验室 QC 小组被评为“2015 年全国轻工业优秀质量管理小组”称号	全国轻工业优秀质量管理小组发布会
	全国食品工业优秀龙头食品企业	中国食品工业协会
	工业旅游景区被评定为“国家 AA 级旅游景区”	
	安全生产标准化二级企业（轻工企业）	山东省安全生产监督管理局
	公司获得“食安山东”食品生产加工示范企业	
	山东省“三上”企业统计工作规范“五星级单位”	山东省统计局
	百脉泉传统酿酒技艺被认定为“山东省非物质文化遗产”	
	山东省推行协商民主强化社会责任标兵示范单位	山东省总工会

续表

年 度	荣 誉 称 号	授 奖 单位
2015	济南市食品行业先进企业	济南市经济信息委员会、济南市质量管理协会
	公司技术部授予“济南市‘劳模（高技能人才）创新工作室’”荣誉	济南市总工会
	公司粮酒车间芝麻香班组被授予“工人先锋号”	济南市总工会
	济南市企业管理现代化创新成果奖一等奖	济南市企业管理现代化创新成果审定委员会
	济南市推行协商民主强化社会责任先进单位	济南市总工会
	全市档案工作先进单位	章丘市档案局
	人口和计划生育工作先进单位	中共章丘市委、章丘市人民政府
	最佳效益企业	中共章丘市委、章丘市人民政府
	两化融合先进单位	中共章丘市委、章丘市人民政府
	四德工程建设先进单位	中共章丘市委宣传部
	公司工会荣获“明星工会”	章丘市总工会
	AAA 级平安单位	中共章丘市委、章丘市人民政府
	章丘市创建国家卫生城市先进单位	中共章丘市委、章丘市人民政府
	章丘市劳动关系和谐企业	章丘市创建劳动关系和谐企业领导小组
	全市第十四批下派干部包村工作先进单位	中共章丘市委
	媒体融合创新奖	章丘市委宣传部
	明星工会	章丘市总工会
2016	公司在第 94 届全国糖酒会商品交易会期间举办的“2016 中国酒业公众大奖”评选中荣获“2016 中国酒业金熊猫奖”	中国主流媒体联盟、齐鲁晚报
	公司 34° 百脉泉九年在第 94 届全国糖酒会商品交易会期间举办的“2016 中国酒业公众大奖”评选中荣获“2016 中国酒业最受欢迎商务用酒”	中国主流媒体联盟、齐鲁晚报
	公司机电车间制造班荣获“工人先锋号”	中华全国总工会
	全国食品工业优秀龙头食品企业	中国食品工业协会
	公司当选为山东省白酒协会第七届理事单位	2016 鲁酒峰会暨山东省白酒协会第七届会员代表大会上
	守合同重信用企业	山东省工商行政管理局
	公司在参展 2016 年秋季（第 76 届）山东省糖酒会中荣获“最佳展位”奖	糖烟酒周刊、华夏酒报、齐鲁晚报等五部门
	“优秀展品奖”	第四届中国非物质文化遗产博览会传统手工艺品、非遗衍生品参展
	“百脉泉”品牌荣获“消费者喜爱白酒品牌”	第十届（山东）国际糖酒食品交易会组委会
	山东省维护女职工权益先进企业	山东省企业联合会、山东省总工会、山东省企业家协会等四部门
	好品山东追溯防伪诚信示范单位	好品山东网络营销管理服务平台
	济南市食品行业先进企业	济南市经济和信息化委员会、济南市食品工业协会

续表

年 度	荣 誉 称 号	授 奖 单位
2016	爱心捐赠单位	济南慈善总会
	济南旅游商品示范点	济南市旅游局、济南市旅游协会
	百脉泉酒荣获“济南十佳旅游商品”	济南市旅游局、济南市旅游协会
	2016年济南市白酒感官质量鉴评中，公司百脉泉牌34°泉城壹号、42°泉城壹号、52°至尊金钻、34°九年、清照牌39°满庭芳五款产品分别荣获“精品白酒”	济南市食品工业协会、济南市消费者协会
	在2016优品济南100强活动中，公司百脉泉白酒荣获“济南十大地标食品”	济南日报报业集团
	2016年工业统计工作先进集体	济南市统计局
	2016年能源统计工作先进单位	济南市统计局
	济南市三星级科普教育基地	济南市科学技术协会
	安全生产先进单位	章丘市安全生产委员会
	公司团委荣获“红旗团委”	共青团章丘市委
	公司包装车间团支部荣获“五四红旗团支部”	共青团章丘市委
	“最佳效益企业”“工业经济三十佳企业”、“‘两化’融合先进单位”	中共章丘市委，章丘市人民政府
	明星工会	章丘市总工会
	公司包装车间一班荣获章丘市“创新班组”，同时授予“章丘市工人先锋号”	章丘市总工会
	爱心捐赠企业	章丘慈善总会
	特别贡献奖	章丘市总工会、章丘市教育体育局
	健康促进示范企业	章丘市卫生和计划生育局、章丘市爱国卫生运动委员会办公室
2017	3.15诚信企业	中国食品报社、中国保护消费者基金会
	2016—2017年度全国企业文化优秀成果	中国企业联合会、中国企业家协会
	中国骄傲2017年度影响力品牌	中国时代影响力活动组委会
	百脉泉品牌荣获“华樽杯高端名酒品牌”荣誉	中国酒类流通协会、山东白酒协会、中国品牌战略研究所等单位
	清照品牌荣获“历史文化名酒品牌”荣誉	中国酒类流通协会、山东白酒协会、中国品牌战略研究所等单位
	百脉泉品牌荣获“放心品质白酒品牌”荣誉	中国酒类流通协会、山东白酒协会、中国品牌战略研究所等单位
	百脉泉品牌荣获经“华樽杯”第九届中国酒类品牌价值评议组委会评测的“山东百脉泉酒业有限公司2017年度的品牌价值为24.66亿元”荣誉证书	中国酒类流通协会、山东白酒协会、中国品牌战略研究所等单位
	百脉泉泉城壹号获得“中国酒业最佳大单品”荣誉	中国主流媒体酒业联盟、山东白酒协会等部门
	2017年春季（第77届）山东省糖酒会“最佳展位”奖	齐鲁晚报、糖烟酒周刊、华夏酒报等单位
	泉城壹号在2017年第十一届中国（山东）国际糖酒食品交易会上荣获白酒品鉴金奖	2017年第十一届中国（山东）国际糖酒食品交易会组委会

续表

年 度	荣 誉 称 号	授 奖 单位
2017	百脉泉牌52° 泉城壹号荣获“2017年度全省白酒行业评委感官质量创新奖”	山东省食品工业协会
	百脉泉牌48° 杞参露酒荣获“2017年度全省露酒感官质量创新奖”	山东省食品工业协会
	百脉泉牌53° 百脉泉国藏酒荣获“2017年度全省白酒行业评委感官质量金奖”	山东省食品工业协会
	百脉泉牌34° 百脉泉泉城壹号荣获“2017年度全省白酒行业评委感官质量金奖 ”	山东省食品工业协会
	理事单位	山东省品牌建设促进会
	济南市地震安全示范企业	济南市地震局
	2017年度济南市食品行业“先进企业”	济南市经济和信息化委员会、济南市食品工业协会
	2017年度济南市章丘区劳动关系和谐企业	济南市章丘区厂务公开民主管理（创建劳动关系和谐企业）领导小组
	济南慈善奖“爱心捐赠单位”	济南慈善总工会
	健康促进示范企业	济南市卫生和计划生育委员会
	2016年度安全生产工作先进单位	济南市人民政府
	公司顺利通过济南市人力资源和社会保障局、济南市财政局对济南市高技能人才培训基地和特色首席技师工作站的验收，百脉泉酒业成为章丘区唯一一家获此殊荣的企业。	
	济南市维护女职工权益先进企业	济南市企业家协会、济南市总工会
	在“六五”普法依法治理活动中获得标兵单位	中共济南市章丘区委、济南市章丘区人民政府
	公司团委荣获“二零一六年度先进团委”	共青团章丘区委
	公司篮球队获得“体育道德风尚奖”	章丘区总工会、章丘区教育体育局、共青团章丘区委
	旅游主创活动先进单位	济南市章丘区旅游发展委员会
2018	百脉泉酒获得“2017最受消费者喜爱的品牌”称号	中国改革创新与诚信建设高峰论坛暨，改革创新成果巡礼主题活动组委会
	山东省白酒品牌培育发展联盟理事单位	山东省食品工业协会
	公司获2017年度“全省关心下一代先进集体”	山东省关心下一代工作委员会、山东省精神文件建设委员会办公室
	安全生产工作“先进企业”	山东省人民政府安全生产委员会
	公司荣获济南市非物质文化遗产生产性保护示范基地	济南市文化新闻出版局
	公司报送的《天人合一泉酒共美》在“非遗就在你身边”济南市非遗纪录片征集展映活动中获优秀奖	中共济南市委宣传部、济南市文化广电新闻出版社
	2017年度济南市食品行业“先进企业”	济南市食品行业协会
	公司获济南市章丘区“龙山文化、百脉先峰”职工文化建设十佳单位荣誉。	济南市章丘区总工会
	2017年度工业旅游创新发展先进单位	济南市章丘区旅游发展委员会
	公司总工会获“明星工会”荣誉称号	济南市章丘区总工会颁发的
	公司篮球队在章丘区第七届全民健身运动会中获体育道德风尚奖荣誉称号。	章丘区总工会、章丘区教育体育局、共青团章丘区委
	2017年度“章丘区红旗团（工）委”荣誉称号	章丘区团委

山东百脉泉酒业有限公司历年各部门荣获荣誉

年 度	部 门	荣 誉 称 号	授 奖 单位
1979	制曲车间	先进单位	章丘县
1982	机修车间	先进单位	章丘县
	锅炉一班	先进单位	章丘县
	酒精二班	先进单位	章丘县
	装瓶车间	“三·八”先进集体	章丘县
1983	包装车间	“三·八”先进集体	章丘县
		先进单位	章丘县
		先进单位	章丘县
		先进单位	章丘县
1984	酒精车间	济南市节能先进单位	济南市环保局
1991	财务科	先进财务科	山东省一轻厅
1999	经营党支部	红旗党支部	中共海泰集体党委
2000	消费合作社	先进消费合作社	章丘市总工会
2006	技术中心	青年文明号	共青团章丘市委
2007	粮酒车间	青年文明号	共青团章丘市委
	审计监察部	内部审计先进单位	章丘市审计局
2008	粮酒车间	青年文明号	章丘市总工会
2009	财务部	2009 年度工会财务工作先进集体	章丘市总工会
2010			
2011	技术中心	山东省技术中心	山东省经济和信息化委员会
2012	粮酒车间芝麻香酒生产班组	工人先锋号	章丘市“五一”国际劳动节大会
2013	机电车间制造班	全国安康杯竞赛活动优胜班组	中华全国总工会
	包装车间	青年文明号	共青团章丘市委员会
2014	机电车间制造班	山东省工人先锋号	山东省总工会
	包装车间	青年文明号	共青团济南市委
2015	化验室 QC 小组	2015 年全国轻工业优秀质量管理小组	中国轻工业联合会
	粮酒车间	济南市工人先锋号	济南市总工会
2016	机电车间制造班	全国工人先锋号	中华全国总工会
	工业旅游办公室	青年文明号	章丘市共青团团委
	包装车间	2016 年度“红旗团支部（总支）”荣誉称号	共青团章丘区委
2017	包装车间	“三八”红旗集团	章丘区妇女联合会
		济南市五四红旗支部	共青团济南市委
	粮酒车间一班	金牌手工酿造班	山东省轻工纺织工会、山东省白酒协会、山东省轻工业联合会
	公司工会包装车间分会	“山东省模范职工小家”荣誉	山东省总工会
	工业旅游办公室	“青年文明号”荣誉称号	共青团济南市章丘区委

山东百脉泉酒业有限公司各部门荣获的公司荣誉

年 度	先进党支部 工会先进分会	先进科室	先进车间	先进班组
1985		生产科	灌瓶车间	制造班
1986		生技科	灌瓶车间	制造班 孟庆国班
1988		安保科 销售科	酒精车间	老窖班 酒精二班
1991	酒精车间党小组 机电车间党小组	生计科 质检科 财务科	酒精车间 机电车间	维修班 制造班 电工班 锅炉班 特曲酒班
1992	酒精车间党支部	生产科 供应科 销售一科 销售二科	酒精车间 粮酒车间	汽车队 电工班 锅炉班 制造班
1993	酒精车间党支部	生计科 供应科 销售一科 销售二科	酒精车间 粮酒车间	汽车队 电工班 制造班
1994		供应处 生产处 销售一处 明水展销厅	机电车间 酒精车间	维修班 制造班 电工班 粮酒二班 粮酒三班
1995		明水展销厅 销售一处	粮酒车间	电工班 酒精一班 制造班 维修班 粮酒一班 粮酒七 班 包装六班 锅炉一班
1996	粮酒车间党支部 酒精车间党支部 机电车间党支部			
1998	粮酒车间党支部 酒精车间党支部 机电车间党支部	生计处 明水展销厅 刁镇展销厅	包装车间	电工班 粮酒二班 粮酒四 班 包装三班 机电制造班
1999	经营党支部	生产处 明水展销厅 刁镇展销厅	包装车间	电工班 粮酒二班 粮酒四 班 包装二班 包装三班 机电制造班
2000	经营党支部 粮酒车间分会	明水展销厅 枣园展销厅 宁家埠展销厅 供应处		粮酒五班 粮酒八班 酒精 车间 包装二班 包装三班 包装七班 机修制造班 电工班 炊事班
2001		生产处 行政处	酒精车间 粮酒车间	食堂 电工班 酒精一班 包装二班 粮酒七班 包装 一班 制造班 王村展销厅
2002		供应处 行政处 质量管理处	包装车间	包装一班 包装三班 电工 班 粮酒三班 粮酒九班 炊事班 散酒库 瓶酒库
2004	粮酒车间党支部		粮酒车间 包装车间	
2005		财务处	包装车间	
2006	粮酒车间党支部 销售公司党支部	供应处 打假清欠办公室	包装车间	
2007	粮酒车间党支部	财务处 供应处 销售公司	包装车间	
2008	经营党支部	技术中心	粮酒车间	
2009	粮酒党支部	市场部 供应部 人力资源	包装车间	

续表

年　度	先进党支部 工会先进分会	先进科室	先进车间	先进班组
2010	粮酒党支部	供应部	包装车间	
2011	经营党支部	技术中心	包装车间	
2012	粮酒党支部 经营党支部	质检部　供应部	机电车间	
2013	粮酒党支部	技术中心　供应部	包装车间　机电车间	
2014	生产党支部	技术中心　供应部	包装车间	
2015	粮酒车间支部 经营党支部	生产调度室　供应部	包装车间　机电车间	章丘分公司商超团购部　粮酒车间　三班　包装车间四班　总经办炊事班　机电车间电工班　技术中心勾储班　仓储中心成品库
2016	经营党支部 生产技术党支部	供应部 技术中心	包装车间　机电车间	机电车间制造班　仓储中心包材班 粮酒车间十二班　包装车间五班　质检部化验室 销售公司历城区域　总经办　食堂炊事班
2017	生产技术党支部	工业旅游　供应部	包装车间	

备注：1.1993年六杯竞赛获得单位：

产量杯：粮酒车间　优质服务杯：机电车间　质量杯：酒精车间　安全文明杯：机电车间

效益杯：粮酒车间

2.2005年粮酒车间党支部获得：中共章丘市委第一批保持共产党员先进性教育活动“先进基层党组织”荣誉称号。

（审稿人员：张景 侯凌云 王菲）

附　录

一、重要文献辑存

关于省、市、县领导讲话

中国著名白酒专家沈怡方先生为百脉泉酒业生态酿酒技术作点评

（2009年4月2日）

各位领导、朋友们：

早上好。非常高兴也非常荣幸受百脉泉酒厂邀请来参加此次盛会。百脉泉酒厂提出了生态酿酒这样一个理念，应该说非常及时，也很有必要的。白酒行业是传统行业，从本身来讲，是农副产品的加工行业，这条加工行业本身就有很好的、良性的经济循环链。粮食经过发酵做成酒，然后产生酒糟。酒糟本身是发酵的饲料。粮食经过发酵除了产生淀粉、酒以外，还产生很多微量成分和营养成分，是粮食本身所没有的，而经过发酵以后却产生在酒糟里面，因此酒糟更是一个非常好的饲料。饲料喂了牲口以后，牲口的肥是粮食绿色生产的肥料，为粮食进行增产。从其本身来讲，农副食品加工是一个很好的经济循环链。如果充分发挥其作用，应该可以在粮酒产业加工过程中做到避免污染，产生出的白酒以及其他副产品是安全的。

在生产、加工过程中，首先是原料问题。我们高兴地看到，百脉泉在粮食方面与黑龙江签订了协议。要求黑龙江方面提供的粮食是绿色产品，这是很重要的，而且粮食在加工过程中经过清蒸处理。原料以外还有辅料：稻壳，是生产加工过程中不可缺少的原料之一。这两种原料在加工过程中经过蒸汽的排杂，进一步把原料达到更高的安全性能，这是一项非常正确的措施。

原料除了粮食以外，还有最重要的水。水原料，在蒸馏酒方面来说，与酿造酒有所不同。但是确确实实我们山东省的消费酒的特点是低度浓香。低度酒的生产过程中，加工方法采用的是高度酒加上水稀释，经过技术处理以后，达到我们产品质量要求。因此在低度酒大量生产，成为山东省特别是百脉泉主产品的话，水的质量至关重要。不像加工过程当中，用的水的要求比后来用水的要求要宽松一点。但是也应该符合饮用水的要求。而在低度酒的生产过程当中，由于采用高度酒加上水稀释，经过技术处理以后，水不再进行蒸馏，是直接进入产品的。所以它是跟酿造酒不一样的（酿造酒：比如啤酒、黄酒、葡萄酒）。作为蒸馏酒来讲，这个水的质量至关重要。水要有口味的要求。水的质量，与我们喝的水的要求有所不同，我们喝水也好，泡茶叶也好，在不同的地区，喝水的口味是不一样的。作为一般消费者来说，碱性较大的水，喝水后容易不舒服；碱性较小的水，相对容易被接受，舒适度较好。作为行业里来说，水的评比和酒的评比是一样的。蒸馏水即纯净水、矿泉水、白开水、冷水，四种水同时品尝，口味是不一样的。因此水在百脉泉酒厂具有得天独厚的优越条件。百脉泉泉水地下水脉的水，水的质量无论是饮用上，矿泉水含锶的要求上、含锶的含量上都是对人体非常有益的。因此采用这种水来生产和加工百脉泉低度浓香酒的话，酒的产品质量取得了良好的基础和保证。当然，我们在加工过程中，也是需要对水进行技术处理的。

原料中的粮食，除了与黑龙江签订合同采购绿色粮食，还有我们自己地域上的优质粮食保障—明水香米。因此这几个原料的组成，形成了百脉泉生态酿酒良好的先决条件。

原料以外，就是微生物的作用，原料需要经过微生物的发酵才能产生我们饮用的酒。微生物是具有生命的，只是人们的眼睛看不到，在显微镜下可以看到其活动，因此才被称为微生物。它是我们的粮食发酵成酒和其他饲料的重要的基础。微生物来源于什么，微生物生产于何处？微生物存在于我们的空气当中，主要在我们的环境当中。在微生物的环境上，我们非常高兴地看到，章丘市政府就为百脉泉创造了一个很好的优良环境，那就是在 2002 年已经开始全市停止使用锅炉。这对空气质量的提升是一项重大的措施。微生物在空气当中需要流通，喜欢树林等清新的空气。昨天，我们去百脉泉酒厂参观，百脉泉酒厂所处的位置与百脉泉公园非常相近，加上本厂的绿化工程的开拓，应该说对微生物生长的环境提供非常好的条件。浓香型酒厂主要涉及两种微生物，一种是发酵型微生物，即我们所说的大曲，它主要来源于空气当中；还有一种微生物是土壤微生物，即窖泥里面的微生物。百脉泉酒厂在土壤微生物的选取上和扩大培养上做了比较确实的、科学的工作。在不断改进土壤微生物的培养过程中取得很好的成绩。在这样好的环境里面，选用好的土壤、科学的配方，使优良的菌种能够充分繁衍。为产生好酒创造了基础。

第三部分就是酿造，有了好的原料、微生物，在酿造过程中保证微生物能够得到充分的繁衍，得到质量优良、安全的白酒。要抑制我们不需要的有害杂菌干扰。在这方面，除了合理的生产工艺，还受发酵的条件的影响。主要注意车间的卫生，公司将车间的水泥地改为大理石，便于随时清洗，内部和周围环境整理也很好。因此具有生态园样的环境使酒厂成为园林式的公司。百脉泉酒厂在生态园方面做了大量工作。

我们一行对其进行了参观，对于百脉泉提出的生态酿酒的理念认为特别必要，而且方向正确。而且在生产技术一些措施上都始终贯穿食品安全，为消费者负责。这样的理念非常强大、非常正确。

对于一个公司来讲，所有不是一成不变的，它需要不断的提升、不断地发展。我相信百脉泉酒厂在这样先进理念指导下，将会越办越好、越办越兴旺发达，产品质量越来越好。

谢谢大家！

中国食品工业协会白酒专业委员会常务副会长兼秘书长马勇在中国白酒次高端论坛暨百脉泉酒业泉城壹号新品发布会上的讲话

（2018 年 4 月 21 日）

尊敬的李会长、尊敬的各位专家、各位来宾：

非常荣幸能够出席我们今天在山东的糖酒会期间百脉泉召开的这么一个重要论坛，百脉泉这个企业来过几次，但是参加公司的会议还是第一次，而第一次我就应接了一个比较重要的任务，题目比较大，说来话长，涉及到方方面面，我这两天又旅途奔波比较疲惫，没有深入地思考，借这个机会结合我们齐鲁壹号这个新产品跟大家分享点个人的体会。

首先，刚才主持人谈到2017年中国白酒的形势呈现弱复苏状态，我感觉这个提法还算比较准确，前不久在成都参加春季糖酒会，连续参加了几个活动，我感觉到白酒行业有一种躁动，呈现出过度的我们追求的、打造的一种繁荣，实际上跟我们当前整个实际白酒的情况看，春季糖酒会的表现有点过于乐观，应该说弱复苏是比较准确的定位。也有人说要迎来新的白酒的黄金十年，我觉得这个说法还有待商榷。

因为从总的来看，2017年白酒的总产量不到1200吨，比我们比较好的年份还有点下降。按照国家统计口径同比上升6.89%，但是它是每年统计的规模以上企业在变化，规模企业的产量是有6.89%的增长，但是实际上按总量的绝对值来看，1190吨比1200吨的最高的年份还略有降低。从总营业收入来看，我们高峰的时候达到过6500亿，但是2017年我们只有5600亿，虽然统计上算是增长百分之十几，但是绝对值上也是不足最高的年份，唯独行业实现的利润是超过1000亿，这是真实地比历史高位同比增长36%。在这种情况下，大家了解的这个数据说明什么呢？说明整个白酒行业复苏的形势并不是很明显，而是由于消费需求的消费升级的拉动使我们高端、包括今天要探讨的次高端的白酒的增量这一块能够把我们的利润水平拉升得比较明显，利润水平同比增长36%，我们用增长6%的产量然后实现了36%的盈利利润，说明在总量一定的情况下价格上涨了，利润空间才出来了。那么价格上涨表现在哪儿？主要是高端白酒的拉动和次高端白酒的贡献，为什么这么讲呢，因为高端白酒在整个白酒总量当中占比极小。大家可以算个帐，我们把600块钱以上的酒算高端白酒的话，真正实现规模性销售的白酒量连我们白酒总量的2%都不到，大概也就是1%-1.5%，如果我们按1200万吨白酒算的话，只有千分之一到千分一二，2%就是100多万吨，千分之一是12万吨，如果算千分之二大概就是24万吨酒。不过这24万吨酒我们屈指可数，茅台去年拿了3万吨酒，五粮液大概是2.8-3万吨，还不到3万吨，它俩加起来就是6万吨。其他的国窖和水井坊加起来有1万吨。还有洋河的梦之蓝系列、还有古井贡的年份原浆系列，统统加起来大概不超过2万吨，所以我们整个全国市场上炒得比较热，大家都盯着全国性的名酒看。但是真正走向全国的名酒占我们白酒总产量的比重大概也就是1—2%，而绝大多数贡献白酒行业经济效益的还是次高端和中高端白酒，由此我就感觉我们百脉泉以齐鲁壹号为代表抓次高端市场的定位还是比较准确的，也符合我们企业作为一个区域性的优势品牌企业，我们自身的定位和我们资源要素的储备，我们做事要量力而行，不能超出自己的能力，所以我们现在提我们要打造超高端和高端白酒，显然我们面临的市场与我们企业自身的资源要素的储备都有一定的差距，而我们定位在放下身段，抓老百姓对于白酒消费最主流的价位区间是非常明确的选择。同时，以我对行业发展情况的了解，我认为我们做鲁派兼香，做兼香型也是一个比较好的定位。上午我参加了景芝酒的新品发布会，景芝有自己的传统特色，走出了芝麻香的道路，那么我们百脉泉是做了一个差异化的经营，走兼香的道路，我觉得是很值得期待的事。

在我印象当中，我们在2012—2017年连续六年全国白酒国家评委年会上，我们做了80—100个当年研发的新产品，大概在25—30%左右的占比是兼香型，说明了兼香型引起了全国行业的重视，有比较大的消费市场。同时我们大家了解的以兼香型白酒为主的企业都实现了比较好的竞争力和经济效益，比如说湖北的白云边，白云边是酱浓兼香型的代表，上世纪70年代创立的，白云边以兼香型白酒为突破口，连续几年实现了比较好的经济效益，现在基本上稳定在每年50亿左右的销售额，是我们整个白酒企业中经营最稳定的企业。第二个是安徽的口子窖，口子窖的兼香跟白云边的兼香在风格上有差异，口子窖是浓酱兼香，白云边是靠它的工艺和发酵容器，然后再勾兑组合。口子窖的酒基本上是使用的浓香型白酒的生产工艺，它的兼香的生香生味主要来自它的独特的生曲工艺，两个不同的流派。大家也知道口子窖前年在上交所挂牌上市，这几年基本销售额稳定在30亿左右，但是利润水平很高，2017年口子窖的利润大概全行业上市公司当中排名第五，仅次于茅台、五粮液、泸州、洋河，它以30亿出头的销售额实现了十几个亿的利润，利润占到35%以上。口子窖和白云边说明兼香型酒第一有广泛的销售市场，第二有比较好的市场竞争力，第三有比较好的产品效益，而且也符合我们百脉泉这样规模的企业能够研发和市场布局，这是从全行业发展的情况来看。

除了这两个企业以外，很多白酒企业在产品风格创新方面使用了兼香型的发展思路，比如清香＋芝麻香，清芝兼；浓香＋芝麻香，浓芝兼。浓芝兼香比较典型的代表就是江苏的今世缘，它的国缘的高端产品一瓶也卖到1700—1900元，也是上市公司，这几年经济效益也比较稳定。南方很多企业，包括米香型白酒都在尝试在原有米香的基础上加清香、酱香，各种风格的兼容。

我再举个例子，湖北劲酒最新推出的毛铺苦荞酒也是兼香型，它以小曲清香白酒为基础，使用了优质大曲浓香和优质酱香调味，加上苦荞的提取物，设计研发了具有健康功能型的白酒，它的终端常规价格在180—190元，高端的紫荞大概在200元左右，这个产品上市三年，实现了30亿的市场销售额，是非常令人惊讶的。由此我说我们在价格区间的定位和产品风格的选择上也是比较重要的。

对于百脉泉我也比较了解，它的技术实力也能够支撑我们去研发这么一个产品，我们百脉泉的马总、杜总，还有汪工，三位分别是我们国家第七届、第八届、第九届三届评委，先是马业准马总，他的考试成绩非常优异，获得白酒国家评委的称誉，他负责主管技术。现在是小杜主管技术，我觉得在山东，这种规模的白酒企业连续三届出国家白酒评委，足以说明这个企业在技术上、在工艺上企业本身高度重视的理念，说明我们从工艺技术保证上有这样的人才储备、有这样的技术积累，足以保证产品的质量和风格的稳定性，能够拿得出内在质量有竞争力的产品。我觉得从目前的产品风格定位、价格区间定位以及结合我们自身的生产要素的储备来看，我们具备这样的条件，特别是全国白酒未来发展的大的趋势，当然是以这个价位区间为主。我个人倒不同意次高端这个提法，次高端好像专提价位，我觉得应该说是中国白酒市场的主流产品，这样来说比较符合。因为次高端以价格来定的话不好定，你说多少钱是次高端呢？300块钱是次高端，但是你说剑南春是什么端？剑南春350块钱的价格一卖卖了十几年，去年在剑南春领导人出现这么大动荡的情况下仍然卖了90亿的销售额，你说它是什么端？比如说五粮液的五粮春这个产品，300多块钱的价格，非常稳定的销售群体，一年30亿的销售额，你说它是什么端？比如说洋河的天之蓝系列也是300多块钱的价位，那都是这个企业的主流产品、骨干产品，你说它是什么端？所以我觉得我们以后还是要研究打造中国白酒价位市场的主流价位区间的产品，这是我向李董事长提的一点建议。

以上做个汇报，不足之处请各位专家、各位来宾批评指正，谢谢！

山东省白酒协会会长谢宁在山东百脉泉酒业有限公司更名庆典大会上的讲话

(2005年12月18日)

各位领导、各位来宾、百脉泉酒业公司的干部、员工同志们：

大家好！

今天，我们共同参加山东百脉泉酒业有限公司更名庆典大会，首先，我谨代表山东省轻工业厅、山东省白酒协会，向山东百脉泉酒业有限公司表示最热烈地祝贺！

山东百脉泉酒业有限公司前身济南百脉酿酒有限公司，作为山东起步较早的白酒企业，在50多年的发展历程中，积淀了深厚的酒文化，被评为全国酒行业优秀企业、山东省白酒行业五十强企业、振兴鲁酒先进企业，“百脉泉”、“清照”被评为“山东省名牌产品”，为山东白酒行业的发展做出了突出的贡献！

随着市场经济的飞速发展，白酒行业的竞争日趋激烈，品牌之间的竞争正日益向各种文化之间的竞争转换。山东百脉泉酒业有限公司此次更名，有机地将古老的酒文化、先进的企业文化与驰名中外的“百脉泉文化”的融合，从而极大地增强了百脉泉品牌的竞争实力，为今后的发展打下了坚实的基础！

祝山东百脉泉酒业有限公司以此次更名为契机，以弘扬“清照文化”与“百脉泉文化”为动力，再接再厉、再创辉煌，为山东省白酒行业争创全国名牌做出更大的贡献！

谢谢大家！

章丘市市长李家政
在济南百脉酿酒（集团）有限公司创立大会上的讲话

(2000 年 8 月 8 日)

各位股东、同志们：

今天，全部由内部职工持股组建的济南百脉酿酒集团有限公司正式成立了，首先，我代表市委、市政府对新公司的成立表示热烈的祝贺！

济南百脉酿酒集团有限公司被确立为市属骨干企业首家公退民进试点企业，这是我市深入贯彻落实中共十五届四中全会精神所采取的重大举措，也是深化市属企业改革的现实选择。济南百脉酿酒集团有限公司的成功改制，创造了许多好的经验，对于市属其他骨干企业改革具有普遍的指导意义。下面，我就市属企业改制工作讲三点意见：

一、统一认识，抓住机遇，增强企业改革的紧迫感

深化企业改革，加快公退民进步伐，完全符合党的十五届四中全会精神。去年召开的中共十五届四中全会通过的《决定》指出：国有企业改革是整修经济体制改革的中心环节。建立和完善社会主义市场经济体制，实现公有制与市场经济的有效结合，最重要的是使国有企业形成适应市场经济要求的管理体制和经营机制。必须继续解放思想，实事求是，以三个有利于为根本标准，大胆利用一切反映现代社会化生产规律的经营方式和组织形式，努力探索能够极大促进生产力发展的公有制多种实现形式，在深化国有企业改革上迈出新步伐。《决定》还指出：要从实际出发，继续采用改组、联合、兼并、租赁、承包经营和股份合作制、出售等多种形式，放开搞活国有小企业，不搞一个模式。我市企业大多为中小企业，在企业改革的形式上应该采取更加灵活有效的方式。根据有进有退、有所为有所不为的原则，按照中共中央的要求，要大胆解放思想，使公有资产逐步从一般竞争性企业中退出，实行彻底的产权制度改革，最大限度地发挥企业经营者和职工的积极性，从而真正实现政企分开，为企业在激烈的市场竞争中健康发展创造宽松的环境。我市市属企业多数在 1996 年以前进行了第一轮改制，限于当时的政策环境和职工的承受能力等因素，公有股份基本上没有退出变现。经过近几年的动作，企业有了新的发展，无论是经营管理者还是职工的主人翁意识都产生了新的飞跃。特别是经营者思想解放的程度和心理承受能力进一步增强，经营者和职工买断企业产权的要求越来越迫切。可以说，目前市属企业公退民进的时机已经成熟，政府有关部门，要顺应当前企业改革的有利形势，研究制订配套政策，加大企业公退民进的力度，推进企业更快更好地发展。

二、总结经验，突出重点，加快市属企业公退民进步伐

我市在完成市属十大集团的总体构架之后，深化集团成员企业以公退民进为重点的产权制度改革，已经成为今年乃至今后一个时期的工作重点。在公退民进改革规划设计上，要进一步解放思想，更新观念，有重点地选择那些经济效益比较好、净资产比较多的企业进行试点。百脉酿酒集团作为市属企业公退民进首家试点单位，在各方面的帮助支持下，进行了成功的运作。他们的做法，为市属其他企业改革提供了经验，树立了样板。全市的改制工作要注意把握以下几点。

1. 要尊重职工意愿，因势利导。随着改革的逐步深化，要鼓励公有资产尽快从一般竞争性领域退出，同时，职工群众已具备了买断公有资产的物质基础和心理承受能力。因此，要充分尊重企业干部职工的意愿，将企业改造为规范的股份制企业，使公有资产从企业中退出来。这样，一是政府得到了一笔可观的公有资产变现收入，二是满足了职工买断公有股权的意愿，使企业获得了真正意义上的经营自主权，可谓一举两得。

2. 要因企制宜，一企一策。要从企业的实际情况出发，选择适宜的改制路子。对主导产品明确、经营规模较大的骨干企业及企业集团，以发起式设立股份有限公司；对部分经营效益好、市场前景好、发展潜力大的小企业，吸收增量资本，组建有限责任公司；对部分有一定规模经营效益好的小企业，发展为股份合作制企业；对小微亏企业和经营不景气的集体企业，可实现公退民进。

3. 公有资产要实现退出变现。要按照有所为有所不为的原则，公有资产要从大量的一般竞争性企业退出，从而实现公有资产由实物形态向货币形态转变，而实现这一转变的关键环节就是资产变现。资产变现，一方面公有资产能够做到流动增值；另一方面，说明职工群众对企业有信心，愿意承担企业的经营风险，与企业同呼吸、共命运，企业发展才真正有了希望。

4、要鼓励经营层持大股，职工多持股。一个企业的生存和发展很大程度上取决于企业经营层的决策能力，只有把经营层的积极性调动起来，企业才能得到更快更好地发展。在股权设置上要坚持经营者持大股、职工多持股，适当拉开经营层股东和职工股东的持股档次。经营层持大股、职工多持股的股权结构，既能充分发挥经营层的积极性，又能形成职工股东对经营层的有效制约，有利于法人治理结构的建立，从而为企业发展奠定了好的体制基础。

三、对百脉酿酒集团有限公司的几点要求

1．要切实做到规范运行。公司成立后，企业内部形成了股东会、董事会、监事会、经理层所组成的法人治理结构，这是公司制企业与工厂制企业在企业运行体制上的根本区别所在。公司要按照《公司法》的要求，结合公司实际，明确股东会、董事会、监事会和经理层各自的权利和义务，按照公司章程的规定，定期召开股东会、董事会、监事会，定期进行换届选举，合理划分董事长与总经理的权力，协调好权力机构与执行机构的关系。监事会要充分发挥应有的作用，切实肩负起监督董事会、总经理和其他高级管理人员的职能，使企业法人治理结构形成各自独立、相互制衡的运行体制。改制企业如果做不到规范运行，也就失去了改制的意义。首先董事长要起表率作用，企业股东会和董事会的召集人是董事长，这就要求董事长要学好《公司法》，使自己先成为明白人，在工作上按程序办事，同时要加强对股东的教育引导工作，使每个股东都成为明白人。

2．强化监事会的监督作用。监事会和董事会都是股东大会选举产生的两大机构，各自承担着不同的职能。受计划经济体制的影响，人们对监事会的作用认识不足，在实际运行中也存在职能弱化的问题。对上述问题，要采取切实有效的措施加以解决，使监事会特别是监事会主席的权力与责任相一致，从而肩负起维护广大股东利益的职责。

3．改制要同改组、改造、加强管理结合起来。企业改制后，要不断对企业进行改组、改造和加强管理，使企业始终保持旺盛的发展活力。改制不是目的，而是一种手段，“一改就灵”“一股就灵”是不现实的。

4．要增强股东意识，真正发挥主人翁的作用。企业的所有者是全体股东，特别是像百脉酿酒集团有限公司这样全部由内部职工持股的企业，干好了每个股东都发财，干不好股东不仅发不了财，甚至自己的本钱也要赔进去。所以，从现在起，每个股东都要真正把企业看成是自己的，充分行使公司章程赋予广大股东的权利，不折不扣地履行好应尽的义务，时时处处以主人的身份维护企业的利益，维护了企业的利益也就维护了自己的利益，要为企业发展献计献策，切实做到说主人话，做主人事，尽主人责。我相信在百脉酿酒集团有限公司董事会、监事会和广大股东的共同努力下，一定能够把公司办成充满生机活力的现代化企业，为我市的经济和社会事业的发展做出更大贡献。

最后，祝济南百脉酿酒集团有限公司兴旺发达！

谢谢大家。

（李家政现任中共济南市委常委、政法委书记）

章丘市副市长巩宪群在济南百脉酿酒有限公司成立济南市企业技术开发中心挂牌仪式上的讲话

（2004 年 10 月 30 日）

各位来宾、济南百脉酿酒有限公司的全体同志们：

你们好！

在今天济南百脉酿酒有限公司成立济南市企业技术开发中心之际，首先，我谨代表市委、市政府向济南百脉酿酒有限公司表示热烈的祝贺！并对此次争创济南市级技术中心过程中，日夜奋战在科技战线上的全体同志们表示亲切的慰问！同时也向此次争创济南市级技术中心过程中给予大力支持的各部委办局的同志们表示诚挚的感谢！

一代伟人邓小平同志曾经说过：科技是第一生产力。党中央、国务院一直非常注重实施科技兴国的策略，在这一伟大战略的带动下，神州五号载人飞行圆满成功，科技战线硕果累累，经济建设日新月异，这些无不是贯彻科技兴国战略的丰硕成果。我们章丘作为一个新兴的城市，在市委、市政府的正确领导下，认真贯彻落实科技兴企战略，人民物质生活水平不断提高，今年第三次跻身全国百强县市，显示出强大的经济活力。济南百脉酿酒有限公司作为1948年建厂的一家国有老企业，在科技创新等方面存在着很大的不足，尤其近年来发生了一些变故，使经济发展滞后不前，倍受市委、市政府的关注。今年成立新班子以后，注重实施科技兴企的战略，6月26日与山东轻工业学院合作建立了科研基地，积极引进发酵专业的大学生，投资十几万元购置质量检测仪器，成立章丘市食品发酵研究所，又在此基础上积极进取，济南市企业技术开发中心成为济南市食品行业第二家市级技术中心，为公司今后的发展提供了科学的保证，也为章丘的科技进步做出了贡献。我代表市委、市政府向你们表示感谢！希望你们能够在科技兴企战略的指引下，继续发扬勇往直前、百折不挠的精神，为明年争创省级技术中心、进一步繁荣酒厂经济、共同为建设济南大城市框架下富而美的新章丘而努力奋斗！同时市委、市政府也将一如既往的给予你们各方面的支持，并真诚祝愿酒厂早日走出困境，迈向辉煌！

（巩宪群现任济南市副市长）

章丘市市委副书记、市长刘天东
在百脉泉酒业有限公司新厂区启用仪式上的讲话

（2013年6月29日）

各位领导、各位来宾、同志们、朋友们：

今天，我们相聚在整洁、宽敞的百脉泉酒业新厂区，共同见证新厂区的启用。首先，我代表章丘市委市政府对新厂区的启用表示热烈的祝贺，对参加仪式的各位领导、各位来宾表示热烈的欢迎。

近年来，章丘市委市政府坚持工业强市战略不动摇，以大项目建设为载体，加快推进传统企业高新化，高新企业规模化，主导企业集群化，为增强全市经济实力做出了有力保障。百脉泉酒业作为我市知名的白酒企业，多年来不懈努力，加快产品开发销售，大力发展企业文化，已经成为我市食品饮料行业龙头企业，也成为全国白酒行业具有影响力的现代化企业。今天新厂区的启用，充分体现了百脉泉酒业进一步做大做强的信心和决心。希望企业以此为契机，进一步增强品

牌意识，加大研发力度，扩大销售市场，努力打造具有较高知名度、美誉度的食品工业品牌。争做山东白酒行业排头兵。向全国知名白酒企业迈进。

六十五载创业路，百年基业铸辉煌。今天的百脉泉酒业已经站在新的历史起点上。我们相信有各界领导和社会各界关心支持、公司全体员工不懈努力，百脉泉酒业一定会拥有更加灿烂、辉煌的明天。

谢谢大家！

章丘市副市长岳庆林
在山东百脉泉酒业有限公司更名庆典大会上的讲话

(2005 年 12 月 18 日)

各位领导、各位来宾、百脉泉酒业公司的干部、员工同志们：

大家好！

今天，我们共同参加山东百脉泉酒业有限公司更名庆典大会，首先，我谨代表章丘市人民政府向山东百脉泉酒业有限公司更名表示热烈地祝贺！

山东百脉泉酒业有限公司前身济南百脉酿酒有限公司，始建于1948 年，是章丘最早的国有企业之一，在 57 年的发展历程中，为章丘的经济做出了贡献，特别自去年以来，注重加强了先进的企业文化建设，实施了科技兴企和品牌兴企相结合的战略，在社会上树立了良好的企业形象，员工整体素质得到明显提高，精神面貌焕然一新，经济效益和社会效益取得了长足进步！

在当今市场经济条件下，同行业之间竞争激烈，发展形势一日千里，归结起来其主要动力就在于不断创新。中共十六届五中全会提出：十一五期间中国经济的发展趋势就是东部创新、中部崛起、西部开发。山东百脉泉酒业有限公司此次更名，能够勇于更换沿用多年的公司名称，这就是大胆创新，是追求高水平、实现新跨越的重要体现。

祝愿山东百脉泉酒业有限公司以新名称启用为契机，沿着十一五发展规划制订的路线，团结进取，奋勇拼搏，开创公司发展史上更加辉煌的篇章！

谢谢大家！

章丘市副市长岳庆林在山东百脉泉酒业有限公司助残签约仪式上的讲话

(2006 年 9 月 11 日)

尊敬的各位领导、各位来宾、各位朋友：

秋高气爽，阳光灿烂，在这金秋收获的季节，我们隆重举行山东百脉泉酒业有限公司助残签约仪式。在此，我谨代表章丘市委、市政府向省残疾人福利基金会的领导，向支持残疾人事业的各位来宾表示崇高的敬意和热烈地欢迎！向省残疾人福利基金会与山东百脉泉酒业有限公司、山东百脉泉营销策划有限公司签约表示热烈地祝贺！

章丘市总面积 1855 平方公里，总人口 99.4 万。近年来，我市坚持以科学发展观为指导，按照建设“济南大城市框架下富而美的新章丘”的目标，紧紧围绕“一二三四六六”的总体思路，追求高水平，实现新跨越，经济社会发展保持了持续、快速、健康的发展势头。2005 年，完成国内生产总值 218 亿元，地方财政收入 12.1 亿元，跨入全国综合实力百强县(市)50 强，列第 47 位。山东百脉泉酒业有限公司是章丘市属重点国有企业，也是章丘最早的国有企业之一，在近 60 年的发展历程中，为章丘经济和社会事业做出了突出贡献，特别是自 2004 年以来，实施科技兴企和品牌兴企战略，企业经济效益持续增长；不断加强企业文化建设，在弘扬社会扶助等方面肩负起重要的社会责任，企业竞争力和社会形象明显提升。

残疾人事业是崇高的事业，关爱残疾人，扶助弱势群体，是全社会共同的责任。多年来，我市始终高度重视残疾人工作，“十五”期间累计投入残疾人事业经费 7500 万元，今年又建成投用 3000 平方米的残疾人教育就业培训中心，全市残疾人救助体系初步建立，社会各界扶残助残的氛围日益浓厚，残疾人生活状况明显改善。本次百脉泉酒业捐赠活动可谓意义重大，一方面有利于在全社会进一步弘扬良好的社会风尚，推动我市助残扶残工作向更高的起点迈进，另一方面，它充分体现了企业的发展理念和强烈的社会责任感，必将为企业赢得广泛的社会尊重，赢得消费者对企业、对产品的认同，赢得社会方方面面对企业的关心和支持。

希望通过山东百脉泉酒业的这次行动，能够促进全省及章丘残疾人事业的发展，并进一步带动起社会各界人士对公益事业的关心与投入，共同营造良好的文化氛围和社会风气，为构建和谐社会贡献力量！

最后，衷心祝愿双方合作圆满成功，祝愿山东百脉泉酒业有限公司加快发展、做大做强，成为省内同行业的排头兵、支持慈善事业的领头雁！祝各位领导、各位来宾身体健康、工作顺利！

谢谢大家！

章丘市副市长王继民
在欢迎鲁能泰山足球队仪式上的讲话

（2007 年 12 月 28 日）

各位领导、全体运动员、教练员、在座的各位朋友们：

大家好！

正值我市上下学习贯彻两会精神，满怀豪情全面落实科学发展观、建设和谐章丘的激情时刻，鲁能泰山足球队领导、运动员、教练员如期来到风光秀丽的百脉泉畔增进相互之间的友谊，首先我谨代表章丘市委、市政府向鲁能泰山足球队领导、全体运动员、教练员的到来表示崇高的敬意和热烈地欢迎！

近年来，我市始终把招商选资作为全市工作的总抓手、经济工作的生命线，围绕壮大主导产业，培植引进了一大批如中国重汽、宝钢、济钢、可口可乐、香港安莉芳等投资规模大、科技含量高、外向度高的工业大项目，改革开放取得了整体性突破。

山东百脉酒业有限公司是章丘市属重点国有企业，也是章丘最早的国有企业之一，在近 60 年的发展历程中，为章丘的经济和社会事业做出了贡献，近年来，在章丘市经济运行良好的大环境带动下，经济效益持续增长。

鲁能泰山足球队作为全国著名的球队，无数次取得了优异的成绩，可谓令全省球迷兴奋，催人奋进！

同时也为商家提供了品牌和精神支持，为经济事业发展注入了活力！

真诚地祝愿双方在今后的合作中，继续本着真诚合作，共赢发展的宗旨，在共同搭建的有利平台上，优势互补，荣辱与共，为共建富而美的大山东做出更大的贡献！

元旦即至，祝愿各位领导、运动员节日快乐、工作顺利！

谢谢大家！

关于公司领导讲话

党支部书记韩其孝
在章丘县酒厂第一届四次职工代表大会上的工作报告

（1983 年 12 月）

各位代表：

在这次职工代表大会上，我代表厂部就 1983 年的工作情况和 1984 年的工作任务向各位代表作汇报，请代表们审议。

1983 年工作的简要汇报

我厂在上级各级党组织、政府和县经委的关怀支持下，在党支部直接领导下，认真贯彻学习中共十二大文件精神，全面落实全国和省、市、县工交会议精神，围绕提高经济效益这个中心，重点抓了完成经济责任制、技术改造和提高经营管理水平，促进两个文明建设取得了比较明显的效果，几项主要经济指标都完成的比较好。

继续坚持以提高经济效益为目的的全面经营管理工作，1983 年全厂干部、职工对照工交会议精神和先进单位的经验，联系本厂工作实际开展了当先进、找差距、算细账、挖潜力、定措施的活动。在同行业竞争激烈的情况下，加强经营管理措施，提高产品质量，发挥优势，向管理和技术革新要速度、要效益，增产、增收在调整中继续前进。由于指导思想明确，干群团结，上下一致，坚定了开创新局面的信心和勇气，在此基础上，加强了生产调度和指挥，整顿加强了劳动组织纪律和各项规章制度，积极严密的组织生产，猛攻薄弱环节，排除不利因素，使各科室、车间的任务明确，工作主动，团结协作互相促进，操作更加认真，管理更加严细，保证了正常生产和经营管理水平的不断提高。

本年预计生产65°白酒4410吨，总成本3420779.00元，单位成本775.69元（成本分解略）。

一、进一步推行和完善了经济责任制，通过认真学习和贯彻中央领导同志关于经济体制改革方面的重要指示精神，结合企业整顿，制订了各种形式的经济承包责任制。书记、副书记、厂长、副厂长和各科室车间负责人都制订了经济承包合同，主要承包产量、产值、质量、成本利润（煤、电、水等）、安全和文明生产等内容的经济承包合同，厂部及生产组与有关车间、班组签订经济承包合同。定指标、定奖惩，三者利益兼顾。并结合整顿劳动纪律，严格技术操作规程，使劳动效率不断提高，今年的白酒产量比去年增加1019吨，增长29.16%，劳动生产率达到 3万元，比去年26024元提高了3976元，增长11.52%，劳动出勤率达到98.5%以上，是历年来的较好水平。

二、重点抓了设备的挖潜革新改造、节能工作。酒精车间进行了设备更新改造（糖化罐、拌料罐、二级冷却、发酵冷却管、精塔、粗塔的制造安装），锅炉的安装、深井的配套、管道、电器等三项共投资32.1万元，集中力量、集中时间进行了制造和安装，锅炉6月投产，酒精车间8月达到年产5000吨生产能力，水井年内计划正常运转投入生产。节能方面加强管理，改进设备，发酵池接了冷却管改为浓醪发酵，酒精楼的冷却器改为用软水延长冷却器的寿命，提高了入炉水温，煤炭加强了管理，专人计量。1983年吨酒耗标准煤580公斤，比1982年下降14.2%，节约价值每吨标准煤2.5594万元。

三、充分发挥了行政科室、车间的作用，一年来厂部下属科室和车间围绕搞好经营管理开展增产增收做了大量的工作，生产科及时下达生产计划，总结经验组织生产，加强了调度和指挥，不断提高领导管理水平。用了20多天的时间搞好了今年的设备更新改造，为稳产、高产创造了条件。供销组的同志们在煤、糠、钢材、瓜干等物资无计划、比较紧张的情况下克服了种种困难，满足了生产的需要。严格工资和奖金的审批、发放，严格劳动力的管理和使用，行政组改善服务态度，提高服务质量，做了大量工作，取得可喜成绩。

在1983年的工作中，我厂广大干部、职工对执行各级党组织和上级政府的指示是认真坚决的，对贯彻调整的方针，开创白酒生产新局面决心是大的。之所以取得这样的成果，厂有一个坚强的领导班子，有一支思想过的硬的职工队伍，是各项工作取得胜利的基本保证。

1984年的基本任务和具体措施

根据县工交会议精神和厂支部的安排意见，1984年我厂的总任务是继续把提高经济效益放在一切工作的首位，以改革的精神搞好企业整顿，完善经济责任制，努力改进经营管理工作，重点抓好产品的质量和销售工作，搞好重点项目的改造和年度大修工作。全面改动增产节约运动，保证完成全年各项任务。1984年产量计划4300吨，粮酒1800吨，销售争取完成5000吨，产值完成622.5万元，争取完成700万元。实现利税230万元，争取270万元，劳动生产率30000元以上。基本建设预计投资30万元，其中计划车库外迁，征地、盖宿舍楼1栋（三层720平方米），购汽车1辆、电瓶车2辆，购进曲房蒸球、伙房搬迁、酒库安装不锈钢管道、新建简易仓库1个（瓜干）、20吨地磅1台。

年度任务中，做好以下几个方面的问题：

以改革的精神进一步整顿企业，完善经济责任制，加强企业的全面经营管理水平，搞好企业整顿。围绕提高经济效益，抓好生产经营。全厂各项工作都要纳入提高经济效益的轨道，为此要抓好以下几件工作：加强生产管理，搞好计划经济，在生产管理上除继续加强生产调度和指挥，严密组织生产以外，要在管理严细和降低消耗上下功夫，1984年争取生产白酒5000吨。吨酒成本780元以内，吨酒耗煤550公斤以内，吨酒耗电在130度以内，出酒率60.5%以上，月平均利税25万元以上。

要加强全面质量管理，从今年3月建立起了质量管理机构，配备了专职质量管理人员，逐步在全厂建立了全面质量管理制度，定期组织检查、品尝，制订升级规划，争创优质产品。另一方面在生产工艺上从原料验收到半成品生产提取杂质，精心勾兑严格储存期，加强责任心，理化达到部颁及内控标准。

抓好供销工作，由坐门等客改为送货上门，扩大销售门路及时掌握行情和市场动态，进一步搞好销售工作，供应组的同志要充分估计到供应方面的不利因素，特别是在原材料计划无保证、能源紧张的情况下，要加大措施，保证原材料供应及时，争取主动，把工作赶在前头。

加快技术改造步伐，打好重点项目的攻坚战，重点搞好锅炉的节能和酒精塔的余热利用，进一步降低消耗，为取得更好的经济效益创造有利条件。

加强对安全工作的领导

进一步加强对生产经营工作的领导，转变领导作风。贯彻学习中央领导同志的指示精神，提高经济效益，增强开创新局面的信心和勇气，知难而进，勇于负责，扎扎实实的把各项工作抓紧、抓细、抓好。要通过政治、业务学习不断提高政治和业务水平，克服各种消极因素，严格执行各项规章制度，深入基层调查研究，联系群众解决问题。坚持干部的轮流值班制度、例会制度，力求正确及时的了解生产经营情况，掌握主动权，不断提高领导管理艺术。大力加强思想政治工作。积极开展比、学、赶、帮的竞赛活动，特别是我厂职工中涌现出的一大批先进人物，他们的事迹突出，是职工中的优秀代表，是我们大家学习的榜样，希望大家都要对照先进找差距，扎扎实实地为四化做出更大的贡献。

各位代表、同志们，1983 年就要结束了，新的一年即将开始，对照过去一年的工作和 1984 年的计划，为把以后的工作做好，提高经济效益，要充分发挥职代会、共青团、民兵、妇女等群众组织的作用，加强民主管理，请各位代表对去年工作和 1984 年的安排重新提案。

我们相信全厂广大职工一定能够克服种种困难，扎扎实实地抓好生产和经营管理，圆满完成上级交给的光荣任务，为四化建设做出更大的贡献。

党支部书记杲程柱
在章丘县酒厂第二届一次职工代表大会上的工作报告

（1985 年 7 月 25 日）

各位代表：

我代表厂部就 1985 年上半年的工作情况和下半年的工作任务向各位代表汇报，请代表们审议。

一、1985 年上半年的工作简要汇报：

我厂在上级各级党组织的关怀支持下，在党支部的直接领导下，认真贯彻执行上级工交会议的指示精神，重点抓了加强企业管理，完善各项经济责任制，技术革新，加强质量管理，提高产品质量，增加花色品种，提高经济管理水平，促进两个文明建设。实现产值367.21万元，占年计划的51.20%，比去年同期增加8.64%，实现产量2539.18吨，占年计划的54.02%，比去年同期上涨8.54%。销售65°白酒2215吨，1—6月实现销售收入203.99万元。

上半年我厂结合企业整顿制订了各种形式的经济承包责任制，主要承包产量产值、质量、成本、利润、消耗、安全和两个文明建设指标任务，调动了广大职工的积极性。各项指标都好于去年同期。

重点抓了产品质量，增加花色品种、技术进步、设备更新改造，厂级干部和工艺设备技术人员经常组织到先进单位学习求教，在新菌种的应用上更新改造，由以前的标准8号引进标准48号，近期又引进了新菌种，近期新上制曲蒸球效果比较明显，既糊化彻底又节约能源，在增加花色品种和包装装潢上有了更新，新上的部分低度酒和露酒在东北、河北销售比较好。新建的30个窖泥池，安排专人具体靠上抓，争取两年内创省优质产品，在质量管理方面加强了全面质量管理，健全机构配备人员，由原1人增加到6人。质检科建立健全了岗位责任制、检查标准和规章制度，对出厂的产品，质检人员都分批分期理化检查，达不到内控指标的产品不发合格证不出厂，对科室和车间的经济承包合同，产品质量是其中主要的一项，超内控指标产品扣除奖金及工资，直接和职工的切身利益挂钩，按合同兑现，调动了广大职工加强质量管理的积极性，由于广大职工加强了质量管理，上半年出厂的产品没有一批超内控指标的，今年在全省的评酒会上我厂百脉泉佳酿评分88.4分，差1.6分被评为省优质酒。

调整充实领导班子和加强职工队伍的建设。上级对厂级领导班子进行调整充实，把有技术业务专长的大专毕业生田永祥同志充实到领导班子中来，充分发挥专业特长，厂级领导干部平均年龄由以前的47.2岁下降为38.2岁，对基层科室车间进行了配备，并对粮酒、机电、制曲设立了车间，充分调动了各职能部门的积极性。

加强企业经营管理，转变工作作风，我厂的产品销售和资金周转是当前的重点任务，如何把产品销出把货款收回是关键，对此厂和销售科按多劳多得的原则进行了经济承包，具体落实到人，按合同规定及时收回货款，按时兑现，调动了销售人员的积极性。上半年销售白酒2215吨，近期对欠款组织专门班子收款，厂里销售信息科的人员经常进行社会调查了解市场信息，组织力量送货上门，走访用户征求意见，改进工作。执行上级的指示精神比较坚决，领导班子比较团结，职工队伍的素质比较好，这是各项工作取得胜利的基本保证。

二、下半年的具体任务，以提高效益为中心，扎扎实实地做好下半年的各项工作。

根据县委和党支部的意见，下半年总的指导思想，以整党改革为动力，在经济工作上做到宏观控制微观搞活，眼睛向内狠抓效益，加强经营管理，完善经济责任制，提高产品质量，重点抓好销售和资金周转，做到产、供、销基本平衡，搞好重点项目的技术改造和年度大修工作，全面发动增产节约，保证下半年各项任务的实现。

第一、以改革的精神进一步加强企业整顿，提高企业的管理水平，逐步完善各项经济责任制，加强基层班子的思想建设，从厂级领导到中层，职责明确，分工到人，定期进行经济活动分析会，对产品成本消耗、资金占用、利润盈亏、产品质量及时分析原因采取措施，加强经营管理工作。

第二、坚持把提高经济效益放在首位。提高经济效益，增加消化和应变能力，一是加强生产管理，从管理严、细和降低成本消耗上下功夫，吨酒成本争取全年平均为710元以下，吨酒耗煤700公斤以下，吨酒耗电170度以内。为此，生计科及几个重点车间要严格执行工艺技术操作和设备管理，加强责任心和事业心，创造条件稳产、高产创最佳经济效益。二是要加强全面质量管理，严把质量关。质检科从去年建立以来，建立了全面质量管理制度，定期检查品尝，按生产工艺技术从原料到成品提出杂醇，精心勾兑，按储存期出库，严格理化指标，按内控指标制订升级规划，争取在两年内特曲酒创省优质产品。三是抓好销售工作和资金周转。目前我厂的产品库存量很大，资金比较紧张，我们要转变经营方式，增加适销对路的产品，搞好优质服务，扩大销路，抓紧及时收回货款，供应方面的原材物料，能源送货困难比较大，我们要千方百计想办法加大措施，争取主动保证原材物料供应，把工作赶在前头。

第三、加强技术改造，搞好今年的大修工作，脱醇塔的改造、蒸球的改造、锅炉的修理等要做好充分的准备工作，充分挖掘企业的潜力，为下半年提高产量降低消耗打好基础。

第四、加强对安全工作的领导，最近省市县连续召开的安全工作会议并下了紧急通知。我厂是重点防火单位，要严格安全防火措施，奖惩严明，确保安全生产。

第五、搞好职工青年民兵之家，充分发挥工会、共青团、民兵妇联群众组织的作用，加强政治、业务文化等方面的学习教育，开展我与企业共命运的教育，抓好职工生活、计划生育、文化生产等方面的工作，充分发挥调动各群众组织的积极性。

第六、转变领导作风，加强对生产经营工作的领导，首先认真学习贯彻好中央领导同志的指示精神，在思想上同中共中央保持一致；增强对工作的紧迫感和事业心，增强开创新局面的信心和勇气，围绕提高经济效益这个中心扎扎实实的把各项工作抓紧抓细，抓出成效。

各位代表要把提高经济效益作为下半年的工作重点，调动一切积极因素，我们相信在下半年的工作中，全体职工一定能克服困难，完成上级交给的各项任务，为四化做出更大贡献，请各位代表对上半年的工作和下半年的工作意见提出新提案。

党委书记、董事长、总经理李成新
在济南百脉酿酒有限公司2004年度总结表彰大会上的讲话

(2004年12月30日)

同志们：

今天，我们在这里召开2004年度表彰大会，认真回顾2004年的工作，总结经验教训，制订新的工作计划，确定新的奋斗目标，使我们济南百脉酿酒有限公司在新的一年里，以崭新的姿态奋力拼搏，克服困难，勇于开拓，大胆创新，走科技兴企与品牌兴企的道路，早日走出低谷，实现公司“二次腾飞”的宏伟目标，有着非常重要的意义。下面，我就2004年工作回顾及2005年工作要点做如下总结：

一、2004年工作的回顾

2004年是济南百脉酿酒有限公司发展史上关键的一年，在市场竞

争日趋激烈、企业面临前所未有的困难条件下，经过全体员工的共同努力，完成工业增加值1900万元，实现销售收入6200万元，完成利税1100万元，之所以取得以上成绩，我们主要抓了几项工作：

1．组建领导班子，健全组织结构。

领导不力，是企业的大忌，在这方面我们有着深刻的教训。鉴于此，我们在今年组建了文化、年龄、阅历协调互补、具备“团结、务实、开拓、创新”精神的新一届领导班子，于7月8日胜利召开了三届一次股东大会，选举产生了公司新一届董事会和监事会，由董事会选举产生了董事长，完善了公司法人治理结构；于11月16日召开了济南百脉酿酒有限公司第四次党员大会，选举产生了公司第四届党委会，通过四届一次党委会选举产生了第四届党委书记、副书记；于11月28日召开济南百脉酿酒有限公司第八次工会会员大会，选举产生第八届工会委员会和工会经费审查委员会，选举产生了第八届工会主席和经费审查委员会主任。两会的顺利召开，完成了公司党委和工会的换届选举，为公司今后的发展提供了坚强的组织保证。

2．深化依法治企，完善各项制度。

今年我们结合市委、市府和市经贸局“关于深化全方位依法治企”的有关文件精神，狠抓了公司各项制度建设，出台了一系列文件，严格落实到位，对违反厂规厂纪人员进行了严肃处理，先后对于广财等八人作了除名的决定，严厉处罚了几起偷盗公司财物的事件，整肃了风气，进一步深化企业机制改革，精简管理服务人员，充实一线，调整充实中层干部，让年轻、有学历、素质高、能力强的同志走上领导岗位，为公司发展提供了人才保证。贯彻全国、省市各级人才会议精神，对在公司工作多年的临时工出台了《关于提高临时工待遇的规定》的文件，更进一步完善了公司在用工方面的制度，起到了凝聚合力的作用。

3．改进营销措施，强化市场销售。

首先明确企业和产品定位，公司拥有固定资产2180万元，职工500多人，属国家中型企业，主打品牌清照、百脉泉、清照园三大品牌均为地方区域性强势品牌。结合今年“稳定促发展，逐步恢复信誉和市场”的发展定位，我们精简了20多个品种，使品牌更易于管理和运作，多管齐下，扩大品牌的知名度和美誉度。结合纪念李清照诞辰920周年，“六一”期间举办了“清照杯”少儿说唱小新星比赛颁奖晚会，6月19日开始在济南举办“百场清照文化演出送社区”活动，举办“七一”庆祝建党八十三周年文艺活动，在社会上引起了强烈的反响。“广场大舞台，大家一起来”文艺演出更是以清照酒独有的文化蕴味、亲和的别样乡情通过山东卫视打动了山东人的心。济南市区12部公交车整体广告和100部公交车后体广告以及市区主要路段的公益广告使清照品牌深入人心，利用“五一、国庆”黄金周期间在济南、章丘各大风景旅游区和大型超市、商场搞宣传和优惠销售活动，两次举办客户座谈会，邀请广大客户来公司座谈，实地参观考察公司生产工艺，在消费者中开展“饮八年陈酿，得千元大奖”、“二代清照长岛二日游”活动，在广大消费者中树立了诚信形象。通过这些活动的开展，大大提升了公司产品的知名度和在社会上的美誉度。从以质量求生存的观点出发，加强质量管理，促进营销工作的开展。①设立专管技术副总，制订了《每周五早八点质量分析例会制度》，对生产中存在的质量问题及时进行分析和解决，聘请山东白酒协会会长黄业立为技术顾问，为产品提供了技术保证，在“2004年山东白酒鉴评会”上，我公司39°八年陈酿和38°金樽清照酒被评为省优级产品。②不断开发研制高质量新产品，通过采取“走出去，请进来”的策略，学习兄弟单位成功经验，应用于自身工艺流程再造，并邀请黄会长及时把先进技术引进过来，目前粮酒车间优质高产工作有了突破性进展，己酸乙酯含量由不足100mg/100ml提高到现在的167mg/100ml，乳酸乙酯降低到300mg/100ml，通过周密论证和大胆实践，今年完成了两轮“150天发酵实验”，优级酒己酸乙酯含量达到了2036mg/100ml，创造了自建厂以来的最高纪录，处于同行业先进水平，“五粮”酒的实验也取得了圆满成功，酱香型实验也已投入生产。在不断提高产品质量的同时，我们也通过聘请“剑南春”调酒师具体指导公司勾兑工作，提高产品质量和改善产品口感，研制开发了“52°金清照”和“36°系列八年”新产品，满足了市场需求，提升了我公司产品的档次和品味。同时，进一步完善了承包责任制，强化人本管理，明确各展厅或片的负责人就是第一责任人，担负着巩固和开发市场的重任，外地酒在谁的片上畅销，导致销售额下降，都要承担相应的责任，并把任务分解到每一个业务员，用相应的奖惩政策激励和约束他们，进一步调动了广大业务员的积极性。按照今年制订的“稳定章丘市场，巩固历城市场，开发济南市场，辐射周边市场”的总体规划和规范销售市场的有关制度，从提高业务人员素质入手，聘请市委党校和上海麦纳哲企业管理咨询公司老总对全体销售人员进行了两次专业技能培训，从根本上提高了业务人员的素质，为巩固和开拓销售市场打下了坚实基础。积极开拓新的经济增长点，顺利完成了济阳和莱芜市场的招投标项目，为进一步建立现代化营销网络、开拓周边和市外市场提供了借鉴的依据。

4. 抓科技进步。

以科技为先导，6月26日与山东轻工业学院合作成立“科研基地”，实现了互利双赢，招聘微生物发酵专业的大学生，投资十几万元购置惠普6820质量检测仪器，在原老办公楼的基础上设立了集品酒、化验、计量、办公、检测于一体的“科研楼”，成立了济南市企业技术开发中心和章丘市食品发酵研究所，使公司拥有了强大的科研体系。在粮酒生产车间推进机械化进程，引进先进的制曲设备，解放了生产力，将减下来的员工充实到一线，为公司增加了效益。进一步把科技优势向产业优势转化，上百脉泉系列纯净水和酒糟生产饲料设备，于10月21日在章丘首家获得了纯净水生产许可证，改变了酒厂多年来单纯依靠白酒生产的经营模式，走上了多元化发展的道路，酒糟生产饲料这一项目现正在试验中，投产后可安排7人就业问题，年增利润60万元，在“科技兴企”方针指引下，通过实施深化依法治企，我们取得了丰硕的成果，于9月21日顺利通过了ISO9001国际质量和ISO14001国际环境双体系认证，为公司今后发展提供了强大的支持。

5. 加强企业文化建设，增加职工福利。

从“先做人，后做酒，做好人，做好酒”的宗旨出发，引导广大职工树立正确的人生观和价值观，以“团结、务实、开拓、创新”为新时期企业精神，为公司以人为本的企业文化建设增添了源源活力，面向全体员工征集“厂歌歌词”，大大激发了员工的创作热情，《百脉酿酒之歌》的诞生也为公司企业文化建设增添了浓重的一笔。从《简讯》入手面向全体员工征集稿件，在各车间处室举办黑板报竞赛活动，活跃了职工的学习氛围，召开职工运动会筹备“元旦文艺联欢会”，凝聚了合力，使公司企业文化建设走上了正规化道路。

从职工是企业发展的根本出

发，为职工落实了各项福利政策，为职工发放降温茶、西瓜、大米、花生油等物品，气温超过35℃为职工送雪糕、绿豆汤等防暑物品，包装车间加班免费送工作餐，投资1万多元为职工宿舍区硬化了道路，解决了多年以来的行路难问题，铺设了与职工之间相互沟通的连心路。

6. 加强了党的领导。

2004年以来，我们在市委、市政府、市经贸局党委的正确领导下，以中共十六大和十六届四中全会精神为指针，认真贯彻落实胡锦涛同志“立党为公，执政为民”和江泽民同志“三个代表”重要思想，在“团结、务实、开拓、创新”为企业精神鼓舞下，坚持“物质、精神、政治”三个文明一起抓发展，以稳定促发展为第一要务，紧紧围绕经济建设中心和工作大局，解放思想，实事求是，与时俱进，狠抓了党的组织建设，顺利完成了党委和工会的换届工作，结合依法治企的开展，加强了思想建设和党风廉政建设，全面提高了公司党委、支部领导班子的创造力、凝聚力和战斗力，提高了公司党员队伍的整体素质和党建工作的整体水平，为公司较好的完成各项经济指标发挥了基础保证作用，全面推进党的建设这一伟大工程，建设济南大城市框架下富而美的新章丘、全面建设“平安酒厂”、实现公司“二次腾飞”的奋斗目标提供了坚强有力的组织保证。

7. 目前存在的问题。

①原材料一直在涨价，粮食价格涨了1倍，包装物价格上涨，蒸汽的价格也大幅上调，众所周知，我们的企业多年来一直是负债经营，底子太薄，今年以来，我们偿还了前两年的欠税400万元，为了保证产品质量，今年多储存原酒500吨，这样又多占用资金400多万元，两项合计800多万元的经济负担，是摆在我们面前的一个难题——经济问题。

②白酒市场不景气，随着人们健康观念的不断转变，啤酒、果酒、奶制品等越来越多的替代了白酒的位置，市场竞争将越来越残酷，公司由于多年以来保守经营，现在随着外地酒的不断涌入，当地市场份额受到了很大冲击，当地无证小酒厂的违规经营和制假、售假分子的违法行为不同程度的扰乱了市场秩序，这是存在的又一个问题——市场问题。

③干部、员工普遍缺乏危机感、责任感和风险意识，没有从根本上认识到我们的企业还没有真正走出低谷，这其实也是最重要的一个问题——源头问题。

找到了这些问题，我们就要及

时去解决它，也只有及时发现问题、解决问题，我们才会不断有新的提高，这就要求我们在明年的工作中要勇于面对困难、克服困难，从高的工作起点做起，创造一个历史奇迹。

二、2005年工作指导思想、目标和措施

2005年是我国实施“十五”发展规划的最后一年，也是企业发展的关键一年，对于我们企业来说，今年我们将针对日益严峻的白酒市场展开新一轮的挑战，走“科技兴企与品牌兴企”相结合的道路，逐步使济南百脉酿酒有限公司的名气越来越大，争取早日走出低谷。2005年，我们的主要经济指标计划是：完成工业总产值2300万元，实现销售收入5500万元（不含税），实现利税1200万元。2005年的工作指导思想是以中共十六届四中全会精神为指针，认真贯彻落实“三个代表”重要思想和“全国经济工作会议”精神，按照公司制订的“五以五抓”的经营工作方针，即：以科技为先导，抓技术进步；以市场为导向，抓市场开发；以品牌为优势，抓诚信企业；以质量求生存，抓品质管理；以管理为主题，抓经济效益。加快企业发展。

1. 首先要增强团结的意识。

从团结的意义上讲，公司多年以来的发展过程足以证明，越是发展速度快，经济效益好的时候，就越是团结的时候，越是经济不景气、穷困潦倒的时候，就越是不团结的时候，这就要求我们要引以为鉴，在新的一年里，把团结务实开拓创新的企业精神继续深入贯彻下去，在团结的旗帜指引下取得成绩，取得效益。

2. 要认清形势，统一思想，树立信心，努力增强企业的整体素质。这些条件是我们企业可持续发展的根本保证。首先要认清形势，我们的企业现在正处在生存和发展的严峻考验时期，在当今白酒行业竞争日趋激烈的紧要关头，适者生存、优胜劣汰已日趋明朗化，这就需要我们不断提高企业的整体素质，增强我们的市场竞争能力，因此我们每一个员工都要在公司今年积极运作、建立科研体系，企业声誉和市场信誉正逐步回升这些有利条件的基础上，按照世界五百强的主要标志：一定的经济规模、雄厚的技术开发能力和先进的营销体系，用高要求来不断提高我们的整体素质。

3. 强化市场销售，抓住百脉泉喷涌有利时机，打响百脉泉品牌，调整产品结构，开创营销工作新局面。首先对业务人员管理模式进行调整，05年销售公司实行销售收入与副总经理工资挂钩的办法，公司与销售副总签定目标责任书，销售副总与各展厅层层签订责任书。变部门单独管理为公司垂直和部门直接管理相结合，彻底解决营销策略理解不到位、执行力度不够的问题，要求市内每周召开一次例会，对区域经理采取周工作计划上报考核制度，一个月的目标是什么，分解到每周、每日应达到什么要求，清清楚楚，从而用压力促使效率和成功率的提高。其次，加强客户关系处理，完善客户管理档案，对重点客户引入亲情化管理，使厂商亲如一家人，以此培养忠实客户。第三是整合市外市场，对现有市外市场采用招标的方式，重新确定责任，明确至少三年的目标，避免在同一市场多头开发，无序竞争，通过招标激发业务员的原动力，加强他们的责任心。应该认识到，销售市场只局限于当地区域，是制约我公司发展的瓶颈，如何把它打破，就是今年我们的重要任务。首先就是我们的销售人员，一定要主动出击，只有走出去，才是我们唯一的道路，这是需要动脑子的问题，事可以顺理成章，但成绩不会不劳而获，同时要悉心借鉴成功品牌的经验，尽量少走弯路，结合公司实际，按照我们现在开拓外地市场的原则，就是保证公司利益不受损害的前提下，多卖一瓶也是好的！再也没有比这种思路更清晰的了，也是最符合当前我们实际的，以后随着我们品牌的不断壮大，公司将围绕发展全局、制订全新的战略，及时调整工作思路，大家只要在与公司决策保持一致的前提下尽力贯彻、落实并发挥好，那么我们的目标就一定能够实现。还有一方面也比较重要，就是全员销售，作为公司来说，这个企业是大家的，每一名员工都是企业的主人，从以民兴企的观点出发，公司及时制订了全员销售的政策，希望在市外有关系的或有有关信息的同志能够及时与公司联系，以便于公司在新的一年里制订更加准确的销售政策和计划，更好的把我们的市场运作好。第四，调整销售奖励办法和产品结构，重新调整销售奖励办法，使客户得到更多的实惠，从而激发他们的购买欲望，调整产品结构，逐步减少无利和亏损产品的销量，提高高附加值产品的销量，改变过去只有销售收入而无利润的状况。第五是调整纯净水的销售方法，成立专门的部门销售纯净水，解决酒类和水在服务上出现的矛盾。随着百脉泉泉水效应日渐升温，全国知名度越来越高，我们决不能放走这个顺水推舟的好时机，打响“百脉泉”品牌的酒水产品，同时无论打什么牌，一定要注重济南百脉酿酒有限公司这个大品牌的形象，什么时候咱出个新产品，消费者只要一看是济南百脉酿酒有限公司出品就想买，那才是我们打品牌战略的最终目的。

4. 抓好科技进步，发挥科技优势。

随着人们消费观念的不断转变，只做白酒产业将使企业的发展空间受到极大限制，多元化发展势在必行，今年我们要继续抓好科技进步，在纯净水和饲料上进一步加大投入，在产品开发和销售上下功夫，与轻工业学院联合开发活性扎啤新项目，铺宽我们多元化发展的道路，促进公司经济的发展。

5. 加强内部管理。

加强企业管理是一个永恒的主题。今年要把“两本管理”工作作为重点。首先是抓人的管理，要把竞争机制引入企业的内部管理上来，抓好干部员工的岗位考评工作，实行竞争上岗，做到奖惩分明；进一步加强民主管理，实行厂务公开，增设总经理意见箱，一人拿钥匙，一人开箱，把一些好的建议反映上来，增强广大职工的主人翁意识，做到做主人事、尽主人责，使我们的企业管理达到一个新水平。二是抓好物资管理，物资的采购一定要计划好，不造成浪费，要实行比价采购，使采购价格和质量控制到最好水平，严格物资管理制度，做到数字准确，账物相符，抓好原材物料的清理和整顿，减少库存积压。同时新建2000平方米钢结构大棚，厂区内所有酒瓶集中管理，避免风吹日晒造成的损失。三是加强资本运营金的管理。资金紧张是我们的一大问题，这就要求我们要提高资金的运营效率，保证产、供、销的良性循环。财务部要当好公司的参谋，控制好公司资金的流通，与审计、清欠搞好合作，加大资金回收力度，本着少花钱、多办事、不积压、不影响资金周转的原则，积极开动脑筋、想办法，提高资本运营金的运营质量。四是深入开展对新产品技术开发、优质高产、科学化管理和车辆的管理。新产品开发要保证产品在市场上不落后，有突破和创新，紧密的和生产、营销联系在一起，做到市场上需要什么产品，就开发什么产品，生产方面一定要严抓优质高产，把生产成本降到最低，对150天发酵、五粮发酵和酱香型实验做进一步努力，生产出同行业高质量的产品，并严格保证产品质量，为公司营销做坚实的后盾，今年要加强对车辆的管理，把燃油和维修费用降下来，达到增效的目的。通过抓这些方面，使我们的企业管理再上一个新水平，创造最佳效益。

6. 为职工多谋福利。

在现有基础上，进一步增加职

工福利，下一步有条件的话，建1处大的条件好的职工餐厅，进一步丰富职工生活。

7. 加强党的领导和企业文化建设。

首先要努力建设一支高素质的干部队伍，公司的各级干部必须不断的提高自身素质和能力，进一步加强学习，提高自己的理论素质和专业水平，尤其在高科技发达的现代社会，各种新知识大量涌现，新事物层出不穷，新矛盾不断发生，我们要科学地判断经济运行的形势，正确把握企业发展的方向，扎扎实实的做好工作，用“立党为公，执政为民”和“三个代表”重要思想解决问题，形成新认识，开辟新境界，多干实事、求真务实，树立政治意识、大局意识、责任意识、服务意识，搞好党风廉政建设，做一个员工信任的合格干部。二是加强党的组织建设和思想建设。抓好党的建设是完成新一年任务的根本保证，必须发挥党组织的战斗堡垒作用和党员的先锋模范作用，切实抓好党员的教育，不断壮大党员的队伍，增强党内的新鲜血液，不断抓好员工的政治思想教育，增强员工的主人翁意识，打击损害企业的不良风气，创造一个稳定健康的政治环境。要在现有的基础上，更进一步加强企业文化建设，首先内部《简讯》的形式上要有所改进，内容不能太单调，要增加它的可读性和宣传渗透能力，各车间、处室的黑板报也要在内容上精益求精，真正成为部门和职工的代言。

“雄关漫道真如铁，而今迈步从头越”，同志们，困难与挑战同在，机遇与希望并存，我们全员要团结一心，开拓创新，紧紧围绕公司党委2005年提出的战略目标，为公司三年销售收入过亿元而努力奋斗。

党委书记、董事长、总经理李成新在与山东曲艺家协会建立生活基地挂牌仪式上的讲话

（2005年10月20日）

各位领导、曲艺家协会的各位老师：

大家好，今天，在这里举行中国曲艺家协会山东分会生活基地揭牌仪式，我首先代表济南百脉酿酒有限公司的全体干部员工向各位的到来表示热烈地欢迎！济南百脉酿

酒有限公司能够成为中国曲艺家协会山东分会的生活基地，我们感到非常荣幸，这也标志着我公司的企业文化发展又向前迈出了新的一步。

济南百脉酿酒有限公司始建于1948年，是章丘最早的国有企业之一，经过57年的发展和几代人的努力，如今，公司已发展成为集白酒科研、生产、销售、服务于一体的国家中型企业，拥有员工800余人，企业资产5100万元，销售收入8000万元，是全国酒行业优秀企业、山东省白酒行业50强企业、振兴鲁酒先进企业。公司生产的百脉泉、清照等系列产品连续多年荣获国家、省、部级的多种荣誉称号，同时被评为山东名牌产品和山东省著名商标，并通过了ISO9001国际质量和ISO14001国际环境双体系认证。

章丘是“龙山文化”发源地，是宋代著名女词人李清照的故乡，这里有天下奇泉——百脉泉等诸多名泉，素有“小泉城”之称。这里山清水秀，人杰地灵，富含深厚的文化底蕴。我公司地处百脉泉畔，深受各种文化的熏陶和泉水的洗礼，不但白酒甘甜醇冽、香郁浓厚，而且企业文化也不断发展，我们以“先做人、后做酒，做好人、做好酒”为企业理念，我们本着“以诚信立伟业，以品牌得市场”的原则，来发展企业。

中国曲艺家协会的成员大多都是深受全国人民喜爱的表演艺术家，今天我们能建立合作关系，这也是公司全体干部员工的愿望。我真诚的期望我们的合作，能把酒文化与曲艺艺术有机结合起来，并加快两种文化的发展步伐。

最后，我衷心地希望曲艺家协会的所有成员，都能把济南百脉酿酒有限公司当成自己的家，常回家看看，这里有时刻期待你们回家的800多位家人，百脉泉、清照酒会为你们卸去一路风尘和满身疲劳。

祝愿我们合作成功、愉快！

谢谢！

党委书记、董事长、总经理李成新
在山东百脉泉酒业有限公司更名庆典大会上的讲话

(2005 年 12 月 18 日)

尊敬的各位领导、各位朋友、全体员工同志们：

大家好！

正值我们满怀豪情、喜迎 2006 年到来之际，在这里隆重举行山东百脉泉酒业有限公司更名庆典大会，首先，我谨代表山东百脉泉酒业有限公司全体干部员工向各位领导、各位朋友的到来表示最热烈的欢迎！向多年来支持和关怀企业发展的领导和社会各界朋友表示最衷心地感谢！

山东百脉泉酒业有限公司前身济南百脉酿酒有限公司始建于 1948 年，是章丘最早的国有企业之一，在 57 年的发展历程中，经过几代人的努力，现已发展成为集白酒科研、生产、销售、服务于一体的国家中型企业，为全国酒行业优秀企业、山东省白酒行业 50 强企业、振兴鲁酒先进企业。

公司发展历程中先后经历了三次改制，分别为 1994 年改为股份制企业；2000 年公退民进改为民营企业；2004 年改为国有控股的股份制企业。在市委、市政府的正确领导下，企业在体制转换、危急存亡的关头，都转危为安，得以持续发展，充分体现了市委、市政府对企业的爱护和关心。

2004 年以来，公司一是着力实施了科技兴企和品牌兴企的战略，与山东轻工业学院合作建立了科研基地，成立了济南市企业技术开发中心和章丘市食品发酵研究所，通过了 ISO9001 国际质量和 ISO14001 国际环境双体系认证，百脉泉、清照产品被评为山东省名牌荣誉称号，被山东鲁能泰山足球队指定为专用白酒，并与山东曲艺家协会联姻，成立了山东艺术家生活创作基地。二是重点抓了公司销售工作，以过硬的产品质量和在社会上树立的诚信形象，稳定了市内销售市场，在此基础上成功开拓了莱芜、淄博、沂水、诸城等省内市外市场，并逐步加大开发市外市场的力度，充分挖掘市场潜力。三是以

人本管理为宗旨，加强先进的企业文化建设，以“共创和谐发展、打造百年企业”为共同使命，凝聚了员工合力，增强了团队协作的意识。通过积极运作，取得了显著成效，2004年实现销售收入5800万元，一举扭亏为盈；2005年预计可以实现销售收入7000万元，经济效益和社会效益得到了同步提高。

市场经济的飞速发展，使同行业之间的竞争日趋激烈，各种文化之间的相互渗透，更是加剧了这一竞争。随着百脉泉“名泉效应”全国范围内的日渐升温，百脉泉已成为章丘的金名片，如何借助“名泉效应”把百脉泉品牌做大做强，推动章丘经济的发展，是每个章丘人的热切向往。基于这方面原因，根据公司“共创和谐发展、打造百年企业”的发展需要，我们把公司名称更改为山东百脉泉酒业有限公司，致力于百脉泉品牌的做大做强，为新时期“品牌章丘”的建设做出我们应有的贡献！

在今后的工作中，我们一定以公司更名为契机，按照市委、市府“追求高水平、实现新跨跃”的总体要求，在新的起点上再接再厉，为全面完成“十一五”目标、创造新的辉煌而努力奋斗！

谢谢大家！

立足新起点　实现新跨越

——党委书记、董事长、总经理李成新在济南市食品包装工业年会上的讲话

(2006年1月)

新年伊始，万象更新！今天，非常荣幸的与大家在这里共同参加济南市食品包装工业年会，进行经验交流，以期在新的一年里，立足新起点，实现新跨越，共同进步！

一、公司基本情况介绍

山东百脉泉酒业有限公司，坐落于素有小泉城之称的山东省章丘市明水——风景秀丽的百脉泉畔，这里是驰名中外的龙山文化发祥地，宋代著名女词人李清照的故乡。公司原名济南百脉酿酒有限公司，其前身——章丘县酒厂始建于1948年，经过几十年的发展和几代人的努力，现已发展成为集白酒科研、生产、销售、服务于一体的国家中型企业，多年来企业效益在全国同行业名列前茅，被评为全国酒

行业优秀企业、山东省白酒行业50强企业、振兴鲁酒先进企业，公司百脉泉、清照产品被评为山东省名牌产品，清照商标被山东省工商行政管理局认定为山东省著名商标。随着百脉泉“名泉效应”全国范围内的日渐升温，百脉泉已成为章丘的金名片，如何借助“名泉效应”把百脉泉品牌做大做强，推动公司经济的发展，是公司每个员工的热切向往，基于这方面原因，根据公司“共创和谐发展、打造百年企业”的发展需要，2005年12月18日，公司更名为山东百脉泉酒业有限公司，致力于公司品牌的做大做强，为公司今后发展奠定了坚实基础。

二、工作进展情况介绍

2005年以来，公司以“先做人、后做酒、做好人、做好酒”为企业理念，注重以科技为先导、以质量求生存、打品牌战略、树诚信形象，按照公司“04年树形象、05年打基础、06年大发展”的“三步曲”战略目标，开展了“内强基础、外打品牌”的工作，先后投资五百多万元，加强了公司基础建设：兴建了2000平米的存瓶大棚，投入使用以来，规范了酒瓶的管理，减少了破碎率，保证了产品质量；对厂区道路进行了水泥硬化，方便了工作和生活，美化了厂区环境；对生产场地进行了改造，粮食酒生产车间采用了国内同行业先进的大理石地面防腐处理，达到了规范化标准作业；对技术和重要生产设备进行了更新，自行研制和生产了省内同行业先进的冲刷瓶设备，引进了先进的高精度全自动灌装设备，实现了包装自动化作业；在04年与山东轻工业学院合作建立“科研基地”、实现“校企联姻”“产、学、研”结合、成立济南市企业技术开发中心和章丘市食品发酵研究所，企业顺利获得ISO9001国际质量和ISO14001国际环境双体系认证的基础上，对原有陈旧技术检测设备进行了更换，化验室检测水平通过了省级检验；双体系认证顺利实现换版，通过复审，现保持有效运行；同时，百脉泉、清照一系列新产品应运而生，得到消费者青睐，成为市场上的畅销产品，与《齐鲁晚报》签定了“订报纸配送酒”协议；被山东鲁能泰山足球队指定为专用白酒，实现“体企联姻”；并被清华大学卓越领导高峰论坛做为指定用酒进入了人民大会堂，对公司品牌起到了极大的宣传和促进作用。公司科研人员以“科技优势向产业优势和经济优势转化”为动力，对公司废酒糟生产饲料项目进行科研攻关，经过一年多的努力，取得了成功，研制出了国内同行业第一台酒糟烘干饲料设备，填补了国内空白，现已投入批量生产，可为公司年增加效益60多万元，为公司增加了新的经济增长点。对公司粮食酒生产进行革新，对五粮工艺进行攻关，聘请五粮液高级工程师、享受国务院特殊津贴的胡祖荣先生来公司具体指导五粮工艺，现已取得实质性进展

以人为本的企业文化建设也大力开展起来：公司自己的刊物《百脉泉酒业报》已出刊430多期，在引导职工树立正确的人生观和价值观方面发挥了重要作用；公司分多次组织中层和班组长以上人员去长清和青岛参加拓展训练和团队训练营活动，增强了团队凝聚力，为公司可持续发展提供了人才支持；通过成功举办“百脉酿酒之夜”、现代大型京剧《李清照》演出活动，以及参加央视名牌栏目“激情广场·大家唱”，综合提高了公司在社会上的知名度，树立了公司良好的社会形象，对企业起到了很好的宣传作用；公司与山东曲艺家协会联姻，成立了“山东曲艺家生活创作基地”“文企联姻”为公司打造新时期物质和精神美酒奠定了基础；本人也参加了清华大学高级职业经理的学习，被评为本届的“优秀学员”，并成功主持了校方主办的“05年圣诞节文艺晚会”，受到了好评。公司与山东轻工业学院实现“校企联姻”，与山东鲁能泰山足球队实现“体企联姻”，与山东曲艺家协会实现“文企联姻”，顺利实现更名愿望，为公司新时期企业文化注入了源源活水，为公司实现激情跨越提供了不竭动力源泉。

我们还通过关心职工生活，增加职工福利，改善职工生产、生活环境的方式，增强了员工凝聚力。我们把早上上班时间改为八点，解决了职工送小孩上学和路途远的实际问题；相继为职工修建了浴室、更衣室，制作了餐具橱，在餐厅增加了小炒服务，极大地改善了职工的工作、生活环境；节日到来，为员工分发酒、油、鱼等物品；夏季气温超过35℃，为员工送雪糕；每逢员工过生日或结婚，公司都在章丘电视台点歌祝福；同时，加强了与离退休老同志之间的联系，每年元旦前夕召开离退休老同志座谈会，05年“五一”前夕还组织了一次春游，丰富了老同志们的精神生活，进一步稳固了公司发展的基石。

通过积极开展各项工作，凝聚了员工合力，经济效益和社会效益得到了同步提高，2004年完成销售收入5200万元，利税1100万元；2005年完成销售收入6200万元，实现利税1200万元，2006年计划实现销售收入8000万元，力争过亿元，呈现出持续增长和跨越式发

展的良好势头。

三、公司今后发展目标和努力方向

“共创和谐发展，打造百年企业”，这是山东百脉泉酒业有限公司全体员工的共同使命。在今后的发展过程中，公司将进一步加大品牌建设力度，在“十一五”期间前两年内争创中国名酒，并逐步打响全国范围内的百脉泉白酒品牌，取得中国白酒市场的一席之地，为公司实现可持续发展奠定坚实基础。

同时，公司将进一步充分发挥科技优势，在同类产品中，向“高、精、尖”和“新、绝、奇、特”纵向发展；根据市场和企业发展需要，在啤酒、果汁、饮料产品方面实现横向发展；借助品牌的力度，进而形成“高起点、多元化”的产业模式和遍布全国的营销网络。

“立足新起点·实现新跨越”，目前公司正朝着健康有序的方向发展，按照发展“三步曲”战略和“十一五发展规划”，向着2006年销售收入过亿元的目标奋进！为“共创和谐发展、打造百年企业”而努力奋斗！

党委书记、董事长、总经理李成新
在编纂《山东百脉泉酒业有限公司志》启动仪式上的讲话

（2006年7月8日）

尊敬的各位领导、各位同志：

大家好！在草木葱翠、生机盎然的季节里，我们在这里隆重举行编纂《山东百脉泉酒有限公司志》启动仪式，首先，我谨代表公司党委向今天参加仪式的各位领导表示热烈的欢迎！同时向参加编纂工作和给予此项工作大力支持的各部门全体同志表示衷心地感谢！

编史修志是中华民族文化的优良传统，在传承文明，沿续历史，借鉴教训，继往开来方面有着深远的意义。山东百脉泉酒业有限公司作为章丘最早的国有企业之一，其前身—章丘市酒厂始建于1948年，在近60年的发展历程中，与章丘经济大环境相濡以沫，积淀了深厚的酒文化，历经风雨创造了辉煌的业绩，成为山东白酒行业综合实力五十强企业，企业面貌发生了根本性变化。

“五年企业靠机遇、十年企业

靠企业家、十五年企业靠制度、二十年企业靠文化、百年企业靠梦想”，我们只有通过编纂《公司志》，认真总结企业60年来发展的经验，找出存在的不足之处，激励和鼓舞广大干部职工的创业热情，才能实现我们“共创和谐发展、打造百年企业”的光荣梦想！

预祝编纂《公司志》这一系统文化建设工程取得圆满成功，再创企业新的辉煌！

谢谢大家！

党委书记、董事长、总经理李成新在助残签约仪式上的讲话

（2006年9月11日）

尊敬的各位领导、各位来宾、各位朋友：

大家好！

金秋九月，秋高气爽，在这硕果累累的收获季节里，我们在这里隆重举行山东百脉泉酒业助残签约仪式，首先，我谨代表山东百脉泉酒业有限公司全体干部员工向各位领导和支持、关心残疾人事业的各位朋友致以崇高的敬意！对大家的到来表示衷心地感谢和热烈的欢迎！

山东百脉泉酒业有限公司原名济南百脉酿酒有限公司，其前身——章丘市酒厂始建于1948年，是章丘最早的国有企业之一，现已发展成为集白酒科研、生产、销售、服务于一体的国家中型企业，为全国酒行业优秀企业、山东省白酒行业50强企业、振兴鲁酒先进企业。2004年以来，公司一是着力实施了“科技兴企”和“品牌兴企”的战略：与山东轻工业学院合作建立了“科研基地”，通过了ISO9001国际质量和ISO14001国际环境双体系认证，“百脉泉”“清照”系列产品被评为“山东省名牌”产品，被山东鲁能泰山足球队指定为“专用白酒”，并与山东曲艺家协会联姻，成立了“山东艺术家生活创作基地”。二是重点抓了公司销售工作，以过硬的产品质量和“济南市企业信誉一等AAA级企业”的诚信形象，稳定了市内销售市场，在此基础上与安徽合肥远景策划公司开展了营销改革，建立了符合市场规律的先进营销模式，以扩大名牌效应、充分挖掘市场潜力，现已

取得了显著的效果。三是以“先做人、后做酒，做好人、做好酒”和“人本管理”为宗旨，加强先进的企业文化建设，以“共创和谐发展、打造百年企业”为共同使命，凝聚了员工合力，增强了团队协作的意识，精神文明建设硕果累累，被评为“济南市职工职业道德建设先进单位”，通过了“山东省职工代表大会规范化建设‘先进星’单位”验收。通过积极运作，取得了显著成效，2006年上半年实现销售收入3500万元，较去年同期增长45%，经济效益和社会效益得到了同步提高。

省残疾人福利基金会作为开展帮扶与救助残疾人工作的政府部门，关系着全省350万残疾人朋友的工作、学习和生活质量的改善。在章丘市委、市政府的正确领导下，我们本着“以人为本”和“真诚回报社会”的原则开展了这次捐赠活动，目的就是以企业微薄之力积极为残疾人福利事业奉献爱心，为共同构建和谐社会做出应有的努力；同时，希望有更多的社会团体和个人加入进来，共同推动助残扶残工作向更高的目标前进！

在今后的工作中，我们一定遵章办事，以真诚的态度开展好这项活动，尽我们的努力，让更多的残疾人朋友有学上、有工作干，生活质量得到提高。真诚地希望通过开展帮残扶残，在社会上多搭建一座理解与沟通的爱心之桥，使他们与正常人一样在同一片蓝天下健康成长，共同谱写社会文明进步的篇章！让爱的春风化春雨，催生出无穷的力量，为“共创和谐发展、打造百年企业”和建设济南大城市框架下富而美的新章丘而努力奋斗！

谢谢大家！

辉煌2006　闪耀2007

——党委书记、董事长、总经理李成新在山东百脉泉酒业有限公司第九届四次职工、三届六次股东、八届四次工会会员代表大会上的报告

(2007年1月26日)

各位代表：

今天，我们在这里召开2006年度总结表彰大会，认真回顾2006年的工作，总结经验教训，制订新

的工作计划，确定新的奋斗目标，使公司在新的一年里，以崭新的姿态奋力拼搏，克服困难，勇于开拓，大胆创新，继续走科技兴企与品牌兴企的道路，为实现公司2008年销售收入过亿元的战略目标奠定坚实基础。下面，我就2006年的工作回顾及2007年的工作要点做如下报告：

2006年的工作回顾

2006年是山东百脉泉酒业有限公司发展史上具有重要意义的一年，一年来，公司在章丘市委、市政府和市经贸局正确领导下，以开展践行社会主义荣辱观教育为契机，以公司更名一年来品牌实力不断增强为动力，以在公司内部开展“管理效益年”活动为载体，经济和社会效益取得了同步提高。

一、以深入开展“管理效益年”活动为契机，促进企业快速、健康发展

1. 各项经济指标完成情况：全年完成销售收入6620万元，同比增长27.8%；完成工业增加值2857万元，同比增长23.8%；实现利税1540万元，同比增长26.2%，较好地完成了2006年的计划指标。

2. 在公司范围内开展了“管理效益年”活动，各部门都认真执行，取得了显著效果：包装车间节约各种瓶子52262个，节约金额27066.81元；节约各种包装物金额37861.36元，比2005年同期增长6.3%；节约维修费22403.46元，比2005年同期增长38%；在定额提高5%的基础上，多灌装各种瓶装酒157272瓶，比2005年同期降低包装费用31454元；降低散酒消耗23.26吨，价值116310元。机电车间修旧利费、节能增效近11万元，其中回收旧螺丝500多套，各种旧阀门40个，大型空气开关3个，修理各种电机21台，利用旧材料制作旋梯、门、栏杆、技术设备等，共计节约支出10万多元；对包括明珠小区在内的76盏路灯进行改良使用，由原来平均功率240W降至60W，由原来每天用电219度降为55度，仅此一项比2005年节约开支21000元。粮酒车间完成粮酒800吨，超出计划87吨，平均出酒率36.1%，高出计划2.4%，增产65°原酒48.41吨，按吨酒14000元计算，可为公司增加效益67万元；质量方面：己酸已酯完成152mg/100ml，高出计划指标4.3个单位，乳酸乙酯完成435 mg/100ml，低于计划18个单位，提优率达到21%，高于计划6%，维修费节约7999元，占全部定额的20%。供应处通过招标，香料节省支出13万元，包装物18.8万元，回收瓶节省支出4万元，原材料节

约3.2万元，酒糟可增加效益1万元，破碎可为公司增加效益4.8万元，共计增收节支45万元。各部门累计增收节支160万元。

3. 在公司内投资近200万元加强了基础设施建设：对包括酒精楼改造、新建瓶酒库、车间生产场地、设备改造更新、大门更新、营业楼、办公楼粉刷，为销售公司购置10多辆服务面包车，进行厂区绿化等工作，提升了企业形象，提高了企业运行质量。

二、借脑发展，改革营销体制，拓宽市场领域

1. 以销售为龙头，抓营销改革，促业绩提升，创历史新高。自2006年3月开始，与安徽合肥远景策划公司合作开展营销改革，建立了符合当今市场经济运行模式的营销体制，整合了区域市场，深入开展“真情涌动·百脉泉酒”营销改革，研制开发了百脉泉“豪情、浓情、激情”系列产品，针对章丘、莱芜、济阳三个目标市场，广泛开展了百脉泉高、中端产品的宣传和推广，期间在千禧龙大酒店、章丘宾馆召开了新品上市推介会和厂商联谊会，增强了品牌宣传力度；改善了客户奖励政策，取得了显著效果，2006年仲秋节期间市场份额明显增长，节日期间完成销售额2600万元，其中新品销售额突破1200万元。

2. 加大打假、清欠力度，净化市场、清理陈欠账。销售额增长的另一个重要因素是公司加大了打假的力度，2006年，公司计划打假货值14万元，公司打假工作人员敢冒风险，不怕困难，一年中对22个乡镇市场进行了4次全面清理，查获造假窝点1个（包括查封各种假冒公司的产品包装物一宗、专用净化设备等），查获货值3000元以上的大售假窝点18个，截获假酒车9辆，实际完成货值18万元，完成计划的130%，净化了市场，促进了销售工作的进展。同时清欠工作也上了新台阶，全年计划清欠货款12万元，实际完成15万元，完成计划的125%，还清理一起超过时效的案件货款4万元，对一起包装物侵权案依法进行取证和起诉，现等待审理，维护了公司市场信誉。

三、培养、招聘人才，发挥人力资源优势，为公司发展奠定坚实基础

从以人为本的观点出发，引进包括市场营销、微生物发酵、会计、文秘专业大学生21人，为公司发展奠定了人才基础。在前期与山东轻工业学院建立科研基地、成立济南市企业技术开发中心、章丘市食品发酵研究所、聘请五粮液高级酿酒工程师胡祖荣、张齐裕、原山东

省白酒协会会长黄业立、山东轻工业学院李敬龙教授为技术顾问的基础上，继续加大科技投入，加强职工技能培训，公司有4名技术人员被评为品酒师，其中1人荣获高级品酒师；公司技术副总马业准参加全国第七届白酒评委考试，取得全国第24名的好成绩，成为济南市第一个具有正式资格的国家级白酒评委；公司现有酿酒技师2人，化验技师1人，高级酿酒工30人，中级酿酒工40人，初级酿酒工15人；同时，首次从社会上招聘了一批优秀人才加盟企业，成立社会人员评酒会，为公司产品质量提供了保证；2006年，公司荣获“第六届山东省消费者满意单位”称号，继续保持“百脉泉、清照‘山东名牌’”、“清照商标山东省著名商标”有效运行，百脉泉商标被评为“山东省著名商标”；百脉泉酒荣获“山东酒业最具竞争力品牌”，在科技兴企的道路上又迈出了坚实的一步。

四、加强企业文化建设，综合提升公司社会形象

1. 完善制度，加强企业管理力度。俗话说：没有规矩，不成方圆。一个企业没有严格的制度约束，不可能健康稳定发展，因此企业规章制度已成为企业文化建设的重要组成部分。为使公司的各项规章制度更好地适应企业发展的需要，起到促进企业发展的作用，2006年，公司对滞后于企业发展的如人力资源等有关规章制度进行了修订和完善，按照ISO9001质量、ISO14001环境双体系认证标准进行严格管理，加强企业管理的力度，于2006年12月顺利通过第三次复审，现保持有效运行，为企业增强市场竞争力提供了强有力的保障。

2. 参加、举办各种活动，增强团队意识和社会责任感。5月组织公司班组长以上人员参加在淄博举办的拓展训练活动；7月组织公司销售人员到龙口参加了团队训练营活动；5月和9月，分别参加在百脉泉广场和章丘中学举行的央视名牌栏目《全家总动员》和《欢乐中国行·走进章丘》活动；9月份与山东省残联举办了“滴水情·百脉泉”助残活动。通过参加和举办一系列活动，极大地提高了员工的团队协作意识，增强了凝聚力和社会责任感，集中体现在节日备货和销售期间，为使公司产品满足市场需求，广大员工加班加点，毫无怨言，工作中患感冒、划破手等做到轻伤不下火线，坚守岗位，正是这些员工在平凡工作中的无私奉献，创造了公司2006年辉煌的业绩！在这里，我代表公司党委向为公司发展做出无私奉献的员工同志们表示衷心地感谢和深切地慰问！

3. 创造学习氛围，不断提高员工自身素质。公司自5月开设图书借阅活动以来，为公司员工加强学习，提高自身素质创造了良好的条件，公司干部员工100多人次办理图书借阅，表现出公司员工极强的求知欲望；《百脉泉酒业报》出刊达60期，在内容及形式上做了一些创新，受到职工的普遍欢迎。各部门累计投稿达140多篇。同时，争创了“济南市企业文化示范基地”，综合提升了公司的社会形象。

4. 开展了《山东百脉泉酒业有限公司志》编纂工作。2006年7月8日，公司在二楼会议室举行《山东百脉泉酒业有限公司志》编纂启动仪式。下发百酒党字［2006］4号文《关于编纂〈山东百脉泉酒业有限公司志〉的决定》和百酒党字［2006］5号文《关于成立〈山东百脉泉酒业有限公司志〉编纂委员会的决定》文件，经过几个月的工作，现已基本完成初稿。《山东百脉泉酒业有限公司志》一书记载百脉泉酒业有限公司从建厂到现在近60年的历史，是公司发展的缩影、企业文化的总汇，集中体现了百脉人的创业精神，是百脉泉酒业有限公司发展史上的重大里程碑。这本书将在2008年上半年出版，为建厂60周年献礼！

五、关心职工生活，增加福利待遇，提高员工工作积极性

继续在企业内部实施人性化管理：增加福利待遇，为员工发放酒、油、大米、西瓜、降温茶等物品，夏季气温超过35℃为员工发放雪糕、绿豆汤等防暑降温品。在2005年为职工增加一级工资的基础上，2006年再为职工增资两级，在当前物价不断上升的情况下，不但没有增加饭菜的价格，还不断提高饭菜的质量，增加花色品种，受到职工欢迎。同时，加强与离退休人员之间的联系，组织春游、座谈会等，凝聚了员工合力。

六、以开展社会主义荣辱观教育为契机，加强党风廉政建设

2006年以来，我们在市委、市政府、市经贸局党委的正确领导下，以中共十六大和十六届五中、六中全会精神为指针，狠抓了党的组织建设，以开展“践行社会主义荣辱观教育”为契机，结合建党85周年，开展了“参观孔繁森纪念馆”活动，提高了公司党员队伍的整体素质，全年没有出现一例腐败问题，全面提高了公司党委、支部领导班子的创造力、凝聚力和战斗力。同时，加强了工会、团委、女工委建设，公司工会积极开展“三级联创”活动，荣获工会系统职代会建设省级最高荣誉“山东省职工代表大会规范化建设‘优秀星’单位”（成为

章丘市唯一一家获此殊荣的企业）、济南市工会系统最高荣誉“模范职工之家”和章丘市“明星工会”，为公司较好的完成各项经济指标发挥了基础保证作用。

七、目前存在的问题

1．员工危机意识淡薄。在当今科技发达，经济形势日新月异的前提下，这个老问题却仍然存在于为数不少的干部员工思想意识当中，不得不引起我们的高度重视。我们在工作中屡次出现的被动，受到的挫折，绝大多数原因就是这个问题在作怪。就企业当前实力而言，我们没有丝毫懈怠的余地，纵观全省乃至全国的白酒生产厂家，无不使出浑身解术，扩大自己的品牌影响和市场份额，前期网络上的总评榜，其实就是白酒市场激烈竞争的一个缩影，市场经济的奥妙之处就在于瞬息万变，其本质就是在最短的时间内让产品过剩。员工意识提高了，就不会再犯类似于工作中本位主义严重、推诿、扯皮、不负责任、瞒天过海、邀功推过、能推不揽这样的错误。

2．资金问题。2004年以来，我们的销售额、利润呈现出不同程度的增长趋势，但众所周知，我们的企业多年来一直是负债经营，底子太薄，今年以来，我们在累计偿还债务600万元的基础上，今年又偿还了1996年的欠税50万元；各项基础设施、设备改造、增加项目投资、加强品牌宣传、加大开发市外市场累计达300多万元；当前蒸汽的价格每吨提高了30元，仅此一项，成本年增加40万元。资金问题依然是制约公司发展的主要问题。

3．白酒市场问题。（1）随着人们健康观念的不断转变，啤酒、果酒、奶制品等越来越多的替代了白酒的位置，市场竞争将越来越残酷。（2）公司由于多年以来保守经营，不适应市场经济发展的格局，公司虽然在逐步做调整，但外地酒参与市场竞争的能力也在不断增强，致使公司当地市场份额受到了一定的冲击。（3）通过外拓市场，可以看到，当前白酒市场的本土化、区域性日趋明显。（4）公司中高端百脉泉产品推广受资金、人员素质制约，反应还不是很迅速。（5）国家产业政策不利和市场监管力度不够等因素，制约着白酒企业的发展，无序竞争愈演愈烈，当地无证小酒厂的违规经营和制假、售假分子的违法行为不同程度的扰乱了市场秩序，规范运作的企业举步维艰。

4．产品单一的问题。多年以来，公司一直从事生产、销售白酒，产品单一，没有形成多元化生产的格局，产业链单一。

总之，在2006年的工作中，我

们取得了一定的成绩，这是值得肯定的：我们只有认真总结经验，及时发现问题、解决问题，才会不断有新的提高，这就要求我们在2007年的工作中要勇于面对困难、克服困难，继续深入开展“管理效益年”活动，实现“销售过亿元”的目标，创造历史奇迹。

2007年工作指导思想、目标和措施

2007年是国家实施“十一五”发展规划的第二年，也是企业发展关键的一年，对于我们企业来说，今年我们将针对日益严峻的白酒市场，按照公司制订的“3个1工程”（即销售收入超过1个亿、职工人均收入超过1万元和完成《山东百脉泉酒业有限公司志》1本书）的总体目标，展开新一轮的挑战。公司制订的2007年经营工作方针是：**强化营销拓市场，深化改革增活力；严格质量出精品，节能降耗增效益；全员培训强素质，共谱零七新篇章。**

一、2007年工作指导思想：是以邓小平理论和三个代表重要思想为指导，全面贯彻落实科学发展观，按照中共章丘市第十一次党代会提出的今后五年的总体规划“123466”要求（一个总目标：实现全面小康、建设和谐章丘；两个主题：富强、和谐；三个升级：突出产业转型升级、城市功能升级、社会结构升级；四个优先：坚持富民优先、科教优先、环保优先、节约优先；六大战略：实施科教兴市、工业强市、依法治市、城镇带动、外向拉动和可持续发展六大战略；六大突破：推进现代产业建设、城市建设、新农村建设、和谐社会建设、创新型城市建设、党的执政能力建设和先进性建设突破），紧紧围绕公司2007年销售收入过亿元这一中心，努力实现科学发展、和谐发展，创造公司发展史上新的辉煌！

二、各项经济指标计划：计划实现销售收入8980万元（含税1.05亿元），较2006年增幅36%，增长 2380万元；利税计划实现1700万元；增加值计划实现3200万元。

三、围绕经济指标情况，计划开展以下几方面的工作：

1. 认清形势，统一思想，树立信心，努力增强企业的整体素质

（1）首先要认清形势，我们的企业正处在向省内强势品牌发展的严峻考验时期，在当今白酒行业竞争日趋激烈的紧要关头，“适者生存”、“优胜劣汰”已日趋明朗化，销售收入过亿元需要有强势品牌做后盾，这就要求我们要不断提高企业的整体素质，增强我们的市场竞争能力。(2) 要增强团队协作的意识。从各企业目前发展的趋势上不难看出，“团队精神”已成为企业发展

中至关重要的因素。新的一年里，我们要把从各项活动中取得的“团队精神”深入贯彻到企业发展中来，密切协作，全力配合，整体推进山东百脉泉酒业前进的步伐。（3）加强企业管理。企业管理作为一门综合科学，越来越受到众多企业的重视，企业的管理水平上去了，一切都会达到事半功倍的效果。2007年公司将严格按照ISO双体系运行标准，创新管理模式，充分调动员工积极性，发挥员工潜能：①建立和实施全员职业培训机构和计划；②建立和实施全员业绩考评制度和机制；③重新修订ISO双体系程序文件和运行规程，更有效地对公司生产、经营、质量管理进行控制；④对原八大管理制度进行修订和完善；⑤推行和完善企业内部工资改革。当前，“经济全球化、全球信息化”的步伐决定了经济形势一日千里的大环境，我们将充分利用新上的办公自动化软件，对生产、销售进行科学预算，全面增强管理的科学性和准确性；同时，结合2006年在清华大学高级职业经理培训班所学知识，针对全员进行业务、理论、技能培训，提高员工整体素质，提升企业管理水平。（4）继续深入开展节能降耗的活动。主要体现在：原材物料方面继续开展招投标，严格控制生产成本；生产方面最大限度实现节能增效；办公用品等本着从节约一张纸入手的原则开展一切工作；出差人员要跟上时代步伐，在外期间通过网络（QQ、电子邮件）进行交流，减少高额话费开支。

2. 深化营销改革，拓宽市场网络

2007年，我们要深化营销改革，拓宽市场网络，开创营销工作新局面。

（1）继续加大营销改革力度。经过2006年近一年的摸索和实践，我们已取得了“百脉泉”产品走中、高端价位的一些成功经验，2007年中，我们将在章丘、莱芜、济阳、济南、历城等成熟市场的基础上，制订相应的营销政策，确定鲁东南、河北石家庄等至少3个市外目标市场。对营销管理实行预算制，充分发挥营销公司的主观能动性，对市场的反映更为快速、准确。同时，公司将在净化市场方面做到2点改进：一是开展全员打假，即由各展厅负责人承担第一打假责任人，各区业务员作为第一情报人，哪个片上出现的假酒多，而没有举报，公司将与其销售提成挂钩，直至调离工作岗位，从而达到责任与义务的统一。二是增大社会打假力度，即对社会人员提供线索者，进行重奖。（2）结合前期开展的营销改革，对业务人员管理模式进行调整，

2007年销售公司实行年薪制，销售收入与工资挂钩的办法，按照公司与销售公司签订目标责任书执行。实现内招外聘队伍的更新换代，打造一支年轻化、知识化、专业化的营销团队。(3) 加强客户关系处理，进一步完善客户管理档案，对重点客户实行亲情化管理，使厂商亲如一家，培养更多的忠实客户。(4) 整合市外市场，加大市场投入，市场开发省内为主，面向全国，培育更多的增长点，为实现2007年销售收入过亿元和更高的目标打下坚实的基础。避免在多个市场多头开发，无序竞争，浪费有限的财力；对现有市外市场按照2006年度任务完成情况，进一步强化责任，对确实执行不力的要坚决予以更换；在开发其他市外市场中，要通过招标的方式，通过招标激发业务员的原动力，加强他们的责任心。(5) 品牌定位高起点。即“百脉泉”“清照”省内强势品牌传播策略、产品、媒体相结合，省级媒体、地方媒体强势推广，高速度、全方位、多层次与客户合作，实现省内招商。(6) 主动出击，只有走出去，才是我们唯一的道路，这是需要动脑子的问题，事可以顺理成章，但成绩不会不劳而获，同时要悉心借鉴成功开拓的几个市外市场的经验，尽量少走弯路。还有一方面也比较重要，就是全员销售，作为公司来说，从团队的意义上讲，这个企业是大家的，每一名员工都是企业的主人，从“以民兴企”的观点出发，公司制订了“全员销售”的政策，希望在市外有关系的或有有关信息的同志能够及时与公司联系，以便于公司在新的一年里制订更加准确的销售政策和计划，更好的把我们的市场运作好。(7) 调整销售奖励办法和产品结构，使客户得到更多的实惠，激发他们更大的购买欲望；进一步调整产品结构，减少无利和亏损产品的销量，提高高、中端百脉泉产品的销量，增加销售利润。

3. 加强品牌宣传，不断提升企业形象

2007年，要继续抓住“鲁能足球队指定用酒”这一亮点，针对“真情涌动·百脉泉酒”进行广泛宣传，把“学鲁能精神、创一流企业”深入贯彻到实际工作中，扩大公司品牌宣传力度。同时，要紧紧抓住前期网络总评榜上“山东酒业十大风云人物”公司百脉泉酒荣获“山东酒业最具竞争力品牌”所带来的品牌效应，积极抓住和创造一切有利于提升企业形象的机会，从整体上品牌宣传力度，提升企业形象，全面促进公司销售计划的完成。

4. 以科技促发展，不断提高产品科技含量随着人们消费观念的不断转变，只做白酒产业将使企业的发展空间受到极大限制，多元化发展势在必行，2007年我们要继续抓好科技进步、五粮型白酒生产的前提下，加大新产品开发力度，公司现已研制生产出风味独特的米酒，将产业链拉长，增加经济效益。该产品预计明年春节前上市。同时，公司充分发挥新招大学生优势，在产品开发和销售上下功夫，加强与轻工业学院联系，抓住适当时机加大、加长产业链，确保公司销售收入过亿元。值得引起注意的是，我们在开发新产品时，要增加知识产权保护方面的内容，避免出现明知受到侵权，但缺乏证据这样的问题。同时，对现有发酵窖池充分进行五粮改造；有机窖泥试验要加大力度，时机成熟后在粮酒车间大面积推广，争取尽快把传统工艺与现代酿酒融于一体，生产出独具特色的五粮型百脉泉酒，奉献消费者。

5. 加强公司内部改造

2007年，公司将根据实际情况，对包括（1）散酒库扩建、搬迁；（2）散酒库门前、操场至厂门口的路面进行改造；（3）科研楼进行整体改造；（4）包装车间内外墙整体粉刷，开展力所能及的企业改造工作，整体提升企业形象，综合提高企业运行质量。

6. 加强党的领导和企业文化建设

首先要努力建设一支高素质的干部队伍，公司的各级干部必须不断的提高自身素质和能力，进一步加强学习，提高自己的理论素质和专业水平，尤其在高科技发达的现代社会，各种新知识大量涌现，新事物层出不穷，新矛盾不断发生，我们要科学地判断经济运行的形势，正确把握企业发展的方向，扎扎实实的做好工作，多干实事、求真务实，树立政治意识、大局意识、责任意识、服务意识，要求公司党员干部（1）要始终保持思想上的先进性；（2）要加强各级领导班子建设；（3）要加强基层组织建设，始终保持强大的凝聚力、战斗力；（4）搞好党风廉政建设，扑下身子抓落实，集中力量求突破，做一个员工信任的合格干部。二是加强党的组织建设和思想建设。抓好党的建设是完成新一年任务的根本保证，必须发挥党组织的战斗堡垒作用和党员的先锋模范作用，切实抓好党员的教育，不断壮大党员的队伍，增强党内的新鲜血液；不断抓好员工的政治思想教育，增强员工的主人翁意识，打击损害企业的不良风气，创造一个稳定、健康、和谐的政治环境。

三是在现有的基础上，进一步

加强企业文化建设，首先要充分利用公司现有的《百脉泉酒业报》和各车间、处室的黑板报，加大宣传力度，内容力求精益求精，发挥宣传阵地作用，真正让职工了解企业发展方向，切实融入到公司发展中来，为公司发展做出应有的贡献。公司图书借阅活动要更深入开展下去，2007年再投资购置一部分书籍，满足职工求知的欲望，提高公司职工的文化和思想素质。

“雄关漫道真如铁，而今迈步从头越”，同志们，困难与挑战同在，机遇与希望并存，我们全员要团结一心，激情创新，紧紧围绕公司提出的2007年销售收入过亿元目标，开启新征程、再创新辉煌，为山东百脉泉酒业有限公司更加灿烂辉煌的明天而努力奋斗！为创建和谐章丘做出应有的贡献！

谢谢大家！

李成新在章丘市2007年“百脉泉酒业杯”五·一篮球赛开幕式上的致辞

（2007年4月24日）

尊敬的各位领导、运动员、裁判员朋友们：

今天，迎着拂面的春风，带着全体运动健儿的喜悦，伴着充满青春活力的乐曲，和着运动员、裁判员坚实的脚步，我们在这里隆重举办“百脉泉酒业杯”职工篮球赛，首先我代表百脉泉酒业全体员工对在赛事筹备过程中付出辛勤劳动的全体工作人员和今天参赛的全体运动员、裁判员表示衷心的感谢！

举办本届篮球赛，是落实市总工会九届七次全委会议精神，开展素质工程的具体行动，为运动员加强自我管理、自主发展、展示个性特长提供了舞台。同时，也是对运动员心理素质，身体素质，竞技水平的一次验收，对全体运动员组织纪律性和精神风貌的大检阅。

希望每位运动员以饱满的精神，昂扬的斗志，发扬更高、更快、更强的奥运精神，拼出成绩，赛出风格，安全参赛、文明参赛、规范参赛。我相信，有各级领导的支持，有全体运动员、裁判员的辛勤努力，我们一定能弘扬体育道德和拼搏精神，夺取体育比赛和精神文明的双丰收！

最后，预祝赛事圆满成功！

谢谢大家！

李成新在山东百脉泉酒业有限公司离退休老同志座谈会上的讲话

（2007年12月25日）

同志们：

首先，我代表公司党委向在座的各位老同志问好，感谢大家从百忙之中抽时间来参加这次座谈会。

现在，我就公司2007年的基本情况向大家做一下简单介绍：进入2007年以来，在市委、市政府的正确领导下，取得了一系列成绩：

1．经济指标完成情况　2007年1—11月完成销售收入1.0363亿元，同比增长83%；完成利税2000万元，同比增长68%。

2．营销格局初步形成　2007年以来，继续与安徽合肥远景策划公司合作开展营销改革，初步建立了符合当今市场经济运行模式的营销体制，在深入开展“真情涌动·百脉泉酒”营销改革中，针对目标市场广泛开展百脉泉高、中端产品的宣传和推广，产品销售形成了以章丘当地为主，以济南、莱芜两大市场为突破口（现已取得阶段性成果），辐射周边，集中优势攻坚省外市场的布局。产品远销北京、河北石家庄等地。

3．基础设施改造情况　投资100多万元对包括道路硬化、散酒库改造、车间生产场地、包装车间设备改造、更新等开展了工作，提升了企业形象，提高了企业运行质量。

4．加强了企业管理　进入2007年以来，加强了企业管理的力度，与济南瀚文管理咨询公司合作开展了管理咨询项目，结合公司人力资源培训计划的实施，开展干部素质培训，为公司长远发展打造了管理平台。先后投资20余万元，对公司所有部门配备电脑，实现内部联网，对公司各部门人员组织了培训，实现了办公自动化，综合提高了办公效率。

5．生产再上新台阶　粮食酒生产既保留传统工艺的精华，又充分运用现代高科技酿酒精髓，在追求粮酒产品高质量的道路上迈出了坚实的一步，2007年1—11月份完成白酒较去年同期增长5个百分点。包装车间通过对生产设备、流水线进行改造，大大提高了现有生产能力，完成5716吨，较去年同期增长21个百分点。

6. 科技进步见实效　2007年，公司大力实施技术辐射和科技带动战略，继续聘请五粮液高级酿酒工程师胡祖荣、张齐裕为技术顾问，加大科技投入，五粮酒生产质量有了显著提高，有机窖泥生产有了突破性进展。继续加强职工技能培训，对粮酒车间等部门技术人员开展品酒培训，为公司产品质量提供了保证。1月，百脉泉酒荣获“山东酒业最具竞争力品牌”，企业连续获得山东省消费者满意单位、山东省重合同守信用企业称号，全国知名度日益提升，在品牌经营的道路上迈出了坚实的一步。

7. 企业文化显动力　2月，对公司党报《百脉泉酒业报》进行改版，加大企业社会宣传力度，现已出刊11期，成为展示企业的一个窗口。通过举办各种丰富多彩的文艺、体育、业务知识学习培训活动，增强了员工学技能的热情，为公司发展积聚不竭动力。《山东百脉泉酒业有限公司志》编纂工作在全体编纂人员的共同努力下，现已完成初稿，进入征求意见稿阶段。

由于取得了以上成绩，公司被评为山东省轻工系统思想政治工作先进单位、济南市国有企业“四好领导班子”先进集体、济南市思想政治工作先进单位、济南市劳动关系和谐企业、济南市文明单位等荣誉称号。

当前，公司已制订了2008年的生产经营规划，计划实现销售收入1.35亿元，并力争到2010实现销售收入2亿元，为职工谋更多的福利。在今后的工作中，我们一定尽职尽责，不辜负广大职工的期望，把老同志们开创的事业干得更好！

在座的老同志为酒厂的发展做出了卓越的贡献，没有你们以前的艰苦奋斗，酒厂就不会发展到今天的规模，企业的发展凝聚着你们的心血和汗水。你们的历史功绩我们永远不会忘记。酒厂从四八年建厂到现在，已经走过了五十九年的历程，期间经历了文革时期的动乱，也经受了改革开放大潮的洗礼，特别是近年来，我市经济和各项社会事业迅猛发展，人们生活水平得到大幅提高，各行各业呈现出跨跃式发展的势头，我们只有从关系改革、稳定、发展大局的高度，指导我们当前的生产和经营，才不会使企业偏离方向，不会辜负老同志们多年来凝聚的劳动、心血和智慧！在公司即将迎来60周年大庆之际，我代表公司党委再次向今天到会和为酒厂发展做出过贡献的老前辈、老同志表示最衷心地感谢和最诚挚的敬意！

在座的老同志都是酒厂的宝贵财富，对酒厂有着深厚的感情，酒厂的一草一木、一砖一瓦都是用你们的双手创造出来的，你们把自己的青春无私的奉献给了酒厂，希望你们继续发挥余热，为酒厂的发展献计献策。在座的各位很多从事过一线工作，知道咱们的酒是传统工艺，现在告诉大家，我们的粮酒车间正做一种新的尝试，就是芝麻香型白酒的生产，现在正由五粮液集团的高级工程师胡祖荣先生帮助我们搞实验，相信通过我们的努力，我们研制的新产品一定会取得成功！

市场经济的飞速发展，使酒行业之间的竞争日趋激烈，各种文化之间的相互渗透，更加剧了这一竞争。公司更名2年来，致力于品牌的做大做强，为公司今后发展奠定了坚实基础。希望大家做好公司的义务宣传员，关心公司的生存和发展，将公司酒文化在社会上做大力宣扬，这于已于公司都是有益的。

在座的老同志都有着丰富的阅历，看问题有着一定的高度和广度，就公司的发展有着独特的见解，希望老同志们畅所欲言，毫无保留地发表你们的看法。会后，希望老同志们发扬你们自身的优势，即当好酒厂的义务宣传员，又要当好酒厂的参谋，跳出酒厂看酒厂，站在市场的前沿，以特殊的身份去了解客户的心态和需求，特别是对公司开展营销改革以来，在社会上消费者和经销商中的反映，及时反馈到公司来，为我们的市场营销开拓思路，为我们的决策方针提供参考。

同志们，你们虽然离休、退休了，你们不会忘记酒厂，酒厂也不会忘记你们。今后，我们将认真贯彻落实市委、市政府的有关规定，更加关心、爱护、尊重、重视老同志，为你们的晚年生活创造更加宽松的环境！

我相信，在离退休老同志和在职广大员工的共同努力下，酒厂的明天一定会更好！

衷心地祝愿大家健康长寿、晚年幸福！

谢谢大家！

矢志不渝谋发展　众志成城创新高

——党委书记、董事长、总经理李成新在山东百脉泉酒业有限公司第九届六次职工、四届三次股东、八届六次工会会员代表大会上的报告

(2008年1月30日)

同志们：

今天，我们在这里召开2007年度总结表彰大会，认真回顾2007年的工作，总结经验教训，制订新的工作计划，确定新的奋斗目标，使公司在新的一年里，以崭新的姿态奋力拼搏，克服困难，勇于开拓，大胆创新，继续走科技兴企与品牌兴企的道路，为公司2008年完成销售收入1.35亿元，到2010年实现销售收入2亿元的战略目标奠定坚实基础。下面，我就2007年的工作回顾及2008年的工作要点做如下报告：

二00七年的工作回顾

2007年是山东百脉泉酒业有限公司发展史上具有“里程碑”意义的一年，一年来，公司在章丘市委、市政府和市经贸局正确领导下，以开展廉政文化进企业和党的十七大召开为契机，以公司更名两年来品牌实力不断增强为动力，以在公司内部开展“开源节流”活动为载体，经济和社会效益取得了同步提高。

一、开展的各项工作和取得的成绩

1. 经济指标完成情况　2007年1—12月完成销售收入1.0737亿元，同比增长38%；完成利税2309万元，同比增长49.9%；实现利润80万元，同比增长33%；完成工业增加值3834万元，同比增长34%.

2. 营销格局日趋完善　2007年以来，继续与安徽合肥远景策划公司合作开展营销改革，符合当今市场经济运行模式的营销体制日趋完善，在深入开展“真情涌动·百脉泉酒”营销改革中，针对目标市场广泛开展百脉泉高、中端产品的宣传和推广，产品销售形成了以章丘当地为主，以济南、莱芜、济阳三大市场为突破口（现已取得阶段性成果），辐射周边，集中优势攻坚省外市场的格局。产品远销河北石家庄等地。

3. 基础设施改造情况　2007年投资近百万元对包括道路硬化、散酒库改造、车间生产场地、设备改

造更新、技术楼粉刷等开展了工作。散酒库增加70吨酒池10个，40吨酒罐3个，10吨酒罐7个，5吨酒罐2个，增加勾酒容器容量900吨，较原先增加库容40%。散酒库搬迁增容需要大量的输酒管道，按照常规及兄弟厂家的做法，需使用不锈钢材料，搬迁过程中，公司大胆创新，采用台湾产较为先进的UPVC塑料材料进行替代，仅此一项，为公司节约资金47万元。对粮酒车间生产用水进行技改，对冷却水进行回收、集中、储存利用，用于包装车间刷瓶使用，替代了原蒸汽加热凉水的方法，取得了明显的经济效益，按照每天收集水300吨、节水30%，每年生产10个月、每方水1.8元计算，每年可节约开支6万元。节汽每天按照3吨、每吨125元计算，每年可节约11万元，水汽两项共计节省开支17万元。在此基础上利用南宿舍楼取暖排放的废水、废汽回收集中到储水池中供包装车间使用，实现了南宿舍楼取暖的综合利用，避免了浪费现象。通过开展基础设施改造，提升了企业形象，提高了企业运行质量。

4.加强企业管理　进入2007年以来，加强了企业管理的力度，以年初人力资源培训计划的实施和开展干部素质培训活动为基础，结合7月份以来与济南瀚文管理咨询公司开展的合作项目，调整、充实完善公司管理部门和人员；制订了公司新的业务流程，出台了一系列新的管理规章制度，现已进入管理维护阶段，为公司长远发展打造了管理平台。“产、供、销”例会的成功召开，为正确把握生产经营形势、有效提高资金运营效率提供了依据，标志着公司管理水平上了新台阶。先后投资20余万元，对公司所有部门配备电脑，实现内部联网，通过对各部门人员组织培训，实现了办公自动化，综合提高了公司办公效率。

5.生产再上新台阶　2007年完成生产总值6078万元，同比增长29.5%；粮食酒生产既保留传统工艺的精华，又充分运用现代高科技酿酒精髓，在追求粮酒产品高质量的道路上迈出了坚实的一步，2007年1—12月份完成923吨，较2006年同期增长3.5个百分点。包装车间通过对生产设备、流水线进行改造，大大提高了现有生产能力，2007年1—12月份完成产量6473吨，较2006年同期增长19.8%。同时，在章丘市轻工行业率先争创了安全生产达标。

6.科技进步见实效　公司大力实施技术辐射和科技带动战略，继续聘请五粮液高级酿酒工程师胡祖荣、张齐裕为技术顾问，加大科技投入，五粮酒生产质量有了显著提高。自10月份开始，公司开展了芝麻香型白酒试验，现已取得初步成效。有机窖泥生产有了突破性进展，累计改造五粮、三粮窖池288个。继续加强职工技能培训，自四月份开始对粮酒车间等部门技术人员开展品酒培训。2007年度，公司2名同志通过山东省白酒评委考评，为公司产品质量提供了保证。2007年1月百脉泉酒荣获“山东酒业最具竞争力品牌”，全国知名度日益提升，在品牌经营的道路上迈出了坚实的一步。

7. 加强打假、清欠力度　今年以来，公司打假清欠部门配合工商局及工商所，查获假冒我公司的各类假酒61069瓶，货值242217元，比去年同期增长210%，查获各类案件125件，完成全年计划的179%；查获制假窝点7个，完成年计划的233%。查获1500元以上的大售假窝点14个，截获扣留送假酒车辆13辆。有力的打击了制售假分子，净化了白酒市场，保护了公司的声誉和产品的信誉，对促进销售工作起到了良好的推动作用。累计完成清欠额15万元，比去年同期增长55%。

8. 企业文化彰显动力　2007年2月对党报《百脉泉酒业报》进行改版以来，加大了企业社会宣传力度，成为展示企业的一个窗口，现已出刊12期。通过举办各种丰富多彩的文艺、体育、业务知识学习培训活动，增强了员工学技能的热情，为公司发展积聚了不竭动力。《山东百脉泉酒业有限公司志》编纂工作在全体编纂人员的共同努力下，现已进入排版阶段。

9. 关心职工生活，增加福利待遇，提高员工工作积极性，为员工发放酒、油、大米、西瓜、降温茶等物品，夏季气温超过35℃为员工发放雪糕、绿豆汤等防暑降温。在公司东西两侧安置安全提醒标志，保护职工上下班交通安全。2006年为职工增加一级工资的基础上，2007年再为职工增资两级；在当前物价不断上升的情况下，不但没有增加饭菜的价格，还不断提高饭菜的质量，增加花色品种，受到职工欢迎。同时，加强与离退休人员之间的联系，组织春游、座谈会等，凝聚了员工合力。

10. 以开展“廉政文化进企业”活动为契机，加强党的建设　2007年以来，在市委、市政府、市经贸局党委的正确领导下，深入开展了“廉政文化进企业”活动。自6月份开展廉政文化建设以来，立足公司实际和特点，紧紧围绕公司生产经营和内部管理需要，以“依法经营、规范运作、廉洁管理、和谐平安”为主题，以建立“廉政诚信、依法经营”的廉政文化、培养企业职工健康向上的精神境界为目标，将廉政文化融入到企业文化、企业精神建设中，进一步提升公司的整体形象，增强向心力、凝聚力和综合竞争力，营造了廉洁高效的发展环境，实现了公司健康、持续、和谐发展。8 月份、9 月份，章丘市纪委窦虎书记和济南市纪委领导一行对公司开展廉政文化建设进行督促和检查，得到上级领导一致表扬。11 月份，公司廉政文化示范点通过章丘市廉政文化领导小组验收，促进了企业党风廉政建设和反腐败工作的深入开展，一年来，公司党员干部中没有发生违纪现象。

10 月份开展了学习党的十七大活动。出台了《关于开展学习贯彻十七大精神的通知》的红头文件，以各党支部为单位迅速开展了学习，公司上下迅速形成了努力学习、宣传、贯彻十七大精神的浓厚氛围，通过学习，使全体党员干部深刻领会到，学习贯彻党的十七大精神，是今后一个时期的重要政治任务，对于全面促进公司各项工作的顺利开展有着极其重要的实际意义，为推动公司经济大发展、经济效益持续攀升提供了强大的精神动力。

按照中共章丘市委组织部安排，开展了第十二轮包村工作。自9 月 11 日召开包村工作启动仪式以来，在市委组织部、包村大组带领下，对垛庄镇北明村进行实地调研，制订了公司以政治帮扶和经济援助为主要内容的包村工作计划，并进行了深入落实，为新农村建设规划的顺利实施提供了有利条件。由于公司包村计划明确，落实到位，党政领导重视，成效显著，所包村群众满意度很高，受到上级包村部门赞扬。

全面加强工会、团委、女工委建设。公司工会积极开展了运动会、“同吃一锅饭、共建一个家”等凝心聚力的活动，通过了“山东省职工代表大会规范化建设‘优秀星’单位”验收。继续申报了“济南市劳动关系和谐企业”。12 月份通过了章丘市“明星工会”验收。女工委在公司党委的领导下，开展了“争创巾帼文明示范岗”活动，与女职工签订了集体合同，被评为章丘市先进女工委。公司团委积极配合章丘市团委，积极开展了一系列社会活动，凝聚了团员力量，被评为章丘市先进团委。为公司较好的完成各项经济指标发挥了基础保证作用。

2007 年，在市委、市府和市经贸局正确领导和全体员工的共同努力下，公司连续被评为山东省消费者满意单位、重合同守信用企业、山东省轻工系统思想政治工作先进单位，被评为济南市国有企业“四好领导班子”先进集体、济南市思想政治工作先进单位、济南市劳动关系和谐企业、济南市文明单位等荣誉称号。

二、目前存在的问题

1. 干部危机意识淡薄。在当今科技发达，经济形势日新月异的前提下，这个老问题却仍然存在于为数不少的干部思想意识当中，不得不引起我们的高度重视。我们在工作中屡次出现的被动、受到的挫折，绝大多数原因就是这个问题在作怪。就企业当前实力而言，我们没有丝毫懈怠的余地，纵观全省乃至全国的白酒生产厂家，无不使出浑身解术，扩大自己的品牌影响和市场份额。市场经济的奥妙之处就在于瞬息万变，其本质就是在最短的时间内让产品过剩。干部意识提高了，就不会再犯类似于工作中本位主义严重、推诿、扯皮、不负责任、瞒天过海、邀功推过、能推不揽这样的错误，更不会造成产品积压等浪费现象，也才会全心全意带领员工开创公司新的工作局面。

2. 资金问题。当前，我们的销售额、利润呈现出不同程度的增长趋势，但众所周知，与我公司生产密切联系的原、材、物、料价格持续上涨。与公司生产成本密切相关的原材料，主要是经济类农作物。作为主要原材料的高梁，今年的价格比去年上升500元/吨，仅此一项全年增加开支100万元，预计明年的价格仍然是大幅度增长，目前的收购价为2060元/吨，预计明年开春有可能达到2100—2300元/吨，全年将增加开支120—180万元。原材料小麦的价格比去年上升150元/吨，全年增加开支20余万元。国家提倡增加农民收入，主要途径是提高农产品价格，预计未来几年，小麦依然是涨价趋势，08年小麦的价格将会在0.85—0.95元/斤徘徊，比07年增加开支25—40万元。酿酒业原料薯类农产品的种植面积现正逐年减少，造成价格上升，进口木薯的价格也是逐步上升，同时，国家环保治理越来越严格，这些情况致使配制低档酒的酒精价格居高不下，增加开支80余万元；由于上述的原因，预计08年酒精的价格仍会在5500元/吨左右，将增加开支160余万元。与酿酒行业密切相关的玻璃制品行业，受煤炭、原油及化工原料价格上涨的影响，统一提价15—20%，虽然我公司的合作厂家没有据此涨价，但价格也上升了5—10%，预计08年各种酒瓶将增加开支100余万元。由于国家倡导并鼓励环境友好型造纸企业发展，关停了污染严重的产量

2万吨以下的中小造纸企业，在一定程度上造成了纸张价格的上升，增幅约20%，目前仍然是上涨趋势。塑料瓶盖的主要原材料ABS和聚乙烯来自于石油，它随着石油的价格波动，与去年对比，塑料行业的原料成本上升7—10%。印刷业及塑料制品业提价，将会增加成本180万元左右。因不可控制的市场原因，07年仅原、材、物、料就比06年增加成本260余万元，预计08年将比07年增加生产成本近660万元。工人工资也在不断上调，08年如果平均每人增资8-90元，加上各项保险等费用每人就会增长120-130元。综上所述，预计2008年将增加成本800至1000万元。如何消化这部分资金是我们面临的一大难题。通过对2007年各项预算开展审计，发现了不少问题，如何从源头上控制好资金正常运转，杜绝损公肥私，最大限度的做到少花钱、多办事、办实事，是值得每个分管深思的问题。

3.白酒市场问题。（1）随着人们健康观念的不断转变，啤酒、果酒、奶制品等越来越多的替代了白酒的位置，市场竞争将越来越残酷。（2）公司虽然改变了固步自封思想，逐步开拓市外市场，但外地酒参与市场竞争的能力也在不断增强，致使公司当地市场份额受到了一定的冲击，这是市场经济条件下不可调和的产物。（3）通过外拓市场，可以看到，由于当前白酒市场的本土化、区域性日趋明显，公司品牌影响力不足，招商困难，在新市场很难形成与消费者的共鸣，因而推广效率不高。（4）产品不提价，企业就没有利润可言，但提价的负面效应也是我们应该考虑的一个问题。规模与效益并重，给我们提出了更严峻的考验。（5）国家产业政策不利和市场监管力度不够等因素，制约着白酒企业的发展，无序竞争愈演愈烈，当地无证小酒厂的违规经营和制假、售假分子的违法行为不同程度的扰乱了市场秩序，规范运作的企业举步维艰。

总之，在2007年的工作中，我们取得了一定的成绩，特别是在全体员工共同努力下，提前一年实现了销售收入过亿元目标，这是公司发展史上具有里程碑意义的一件大事，这是值得肯定的。公司发展中遇到问题是正常的，在任何问题面前，我们都不能逃避，唯一的途径就是及时发现问题、解决问题，这样才会不断有新的提高！这就要求我们在2008年的工作中要勇于面对困难、克服困难，深入开展“管理创新年”活动，实现销售收入1.35亿元的目标，再创新高！

二00八年工作指导思想、目标

和措施

2008年是国家实施“十一五”发展规划的第三年，也是公司成立六十周年、企业发展关键的一年，对于我们来说，今年将针对日益严峻的白酒市场，按照公司制订的2008年经营工作方针即：规模经济拓市场，技术革新增效益。管理创新抓落实，资本运营保重点。和谐发展人为本，六十周年庆辉煌。深入开展“管理创新年”活动，团结拼搏，奋勇争先，顺利实现公司制订的各项指标。

一、二00八年工作指导思想：按照胡锦涛总书记在十七大会议上提出的高举中国特色社会主义伟大旗帜，为夺取全面建设小康社会新胜利而奋斗的总体目标；结合中共章丘市委第十一届四次全委扩大会议上市委陈书记讲话精神，切实保持工作激情，推进解放思想，努力实现科学发展、和谐发展，创造公司发展史上新的辉煌！

二、各项经济指标计划：计划实现销售收入1.35亿元，较2007年增幅29%；计划实现利税2945万元，较2007年增幅73%；计划实现增加值4500万元，较2007年增幅40%。

三、围绕经济指标情况，计划开展以下几方面的工作：

1.深入开展以内抓节能降耗、外拓销售市场为主题的“管理创新年”活动。由于物价上涨原因，据预算2008年公司将增加成本800—1000万元。这也是广大职工比较关注的一个问题，为什么我们的销售收入增长这么多，而没有利润呢？主要原因就是原料、工人工资等成本在不断的上升。为最大消化这部分资金，我们必需加强三方面的管理。(1)审计监察部切实把好审计关。要求审计监察部门不断强化审计业务本领，重新修订审计程序，在审计过程中，对公司原有合同、帐物手续中不符合现实要求的可以提交办公会研究，立即予以取消或更正，严格按照制度办事，不该花的钱一分钱也不能签。最大可能的减少公司不必要的损失。(2)财务部把好用钱关。要求财务部门与审计监察部联手，不见审批不放款，按照预算，坚决不能超支。(3)强抓源头。具体体现在：原材物料方面按照招投标程序运作，严格控制生产成本；生产方面最大限度实现节能增效；办公用品等本着从节约一张纸入手的原则开展一切工作；尽量减少外出、学习次数，能不出去的就不出去，能不参加的会议就不参加，尽量减少不必要的支出。在外出差人员要跟上时代步伐，在外期间除紧急情况外，一律通过网络（QQ、电子邮件）进行交流，减少高额话费开支，从源头上达到节能降耗的目的。

2.认清形势，统一思想，树立信心，努力增强企业的整体素质。（1）首先要认清形势，我们的企业正处在向省内强势品牌发展的严峻考验时期，在当今白酒行业竞争日趋激烈的紧要关头，“适者生存”、“优胜劣汰”已日趋明朗化，销售收入的持续增长需要有强势品牌做后盾，这就要求我们要不断提高企业的整体素质，增强我们的市场竞争能力。(2) 要增强团队协作的意识。从各企业目前发展的趋势上不难看出，“团队精神”已成为企业发展中至关重要的因素。新的一年里，我们要把前期开展各项活动取得的“团队精神”深入贯彻到企业发展中来，密切协作，全力配合，整体推进山东百脉泉酒业前进的步伐。（3）加强企业管理。企业管理做为一门综合科学，越来越受到众多企业的重视，企业的管理水平上去了，一切都会达到事半功倍的效果。2008 年公司将严格按照制订的业务流程运作，创新管理模式，充分调动员工积极性，发挥员工潜能：(1) 实施预算管理制度；(2) 实施全员职业、岗位培训；(3) 实施全员绩效考评制度；(4) 实施新的岗位薪酬制度。当前，“经济全球化、全球信息化”的步伐决定了经济形势一日千里的大环境，我们将充分利用办公自动化软件，结合管理创新，对生产、销售进行科学预算，全面增强管理的科学性和准确性，提升企业管理水平。

3.深化营销改革，拓宽市场网络

（1）2008 年，我们要深化营销改革，拓宽市场网络，开创营销工作新局面。营销部门要以公司发展战略为指导，销售目标为核心，按照制订的营销规划，不折不扣地认真执行。(2) 品牌建设方面的目标是 3 年内“百脉泉”成为满足中高消费需求的省内强势品牌；“清照”成为在已有市场上满足中低消费需求的大众品牌。(3) 市场方面：3 年内以省内经济发达、消费水平较高的县级以上为主，省外以有合作基础的地市为主，不搞盲目扩张。值得引起注意的是，在开发新产品时，要充分考虑周全，对新开发的产品以预期达到的效益为目标，层层倒算进行投入，强化责任意识，把有限的资金用在刀刃上。(4) 策略方面：在核心市场以优化产品结构增加盈利为主，重点市场以销量突围扩大占有率为主，机会市场以加强合作奠定基础为主。(5) 管理方面：在营销规划的基础上，进一步细化预算，保证公司资源效率的最大化，完善薪酬、绩效考核机制，最大限度的调动营销人员的积极性。

4. 以科技促发展，不断提高产品科技含量

2008年我们要在继续抓好科技进步、五粮型白酒生产的前提下，加大芝麻香型新产品开发力度，将产业链拉长，增加经济效益。同时，充分发挥新招大学生优势，加强与轻工业学院联系，发挥技术辐射和带动作用。同时，结合公司创收要求，对粮酒车间现有发酵窖池进行改造，为确保公司完成销售收入1.35亿元的目标提供技术支持。

5. 加强打假，净化市场

2008年，根据当前市场制、售假酒猖獗的实际情况，强化打假的年度任务指标。要求打假部门配合工商局年度内查获售假窝点100个，造假窝点4个，假酒货值20万元，任务指标分解到区域责任落实到人。要求专职、兼职打假人员（各销售区域经理、业务人员、公司员工）与社会举报线人、工商、公安、技术监督局等执法部门组成联动联防打假体系，彻底改变以前单一打假的旧运行模式，注重从源头上挖出几个大的造假窝点。强调打假部门要注意培养社会举报线人，每年培养线人不少于10名。要灵活运用对举报线人的奖励政策，有效调动积极性，确保年度提供有效线索不少于20次，全面促进打假工作的开展，切实起到净化市场的作用。

6. 加强党的领导和企业文化建设

干部素质的高低直接影响着企业的发展。因此，在新的一年里，我们要把努力建设一支高素质的干部队伍当作一项重要内容来抓。公司的各级干部必须不断的提高自身素质和能力，在2007年接受管理咨询公司培训的基础上，进一步加强学习，提高自己的理论素质、专业水平和领导能力。尤其在高科技发达的现代社会，各种新知识大量涌现，新事物层出不穷，新矛盾不断发生，这就要求全体干部要科学地判断经济运行的形势，正确把握企业发展的方向，扎扎实实的做好工作，多干实事、求真务实，树立政治意识、大局意识、责任意识、服务意识。

要求公司党员干部要深刻领会“十七大”精神实质，进一步凝聚共识。深刻领会和准确把握“十七大”确立的一系列重大理论观点、战略思想和重大工作部署。深刻领会党的“十七大”的主题，坚定不移地高举建设中国特色社会主义伟大旗帜。深刻领会党的“十六大”以来党和国家取得新的重大成就。更加自觉地贯彻党的理论和路线方针政策。深刻领会改革开放的伟大

历史进程和宝贵经验。深刻领会科学发展观的科学内涵、精神实质和根本要求。深刻领会实现全面建设小康社会奋斗目标的新要求。深刻领会社会主义经济建设、政治建设、文化建设、社会建设等方面的重大部署。深刻领会以改革创新精神全面推进党的建设新的伟大工程。做到四个引领：一是注重宣传武装，以社会主义核心价值体系引领思想。二是注重培育，以和谐文化引领社会风尚。三是注重挖掘整合，以章丘历史文化引领特色。四是注重创新，以市场化手段引领文化繁荣。努力实现六个新进展。

要求全体干部切实保持工作激情，树立忧患意识，居安思危，排除小成即满思想。要切实推进解放思想，力争实现新的突破。要坚持不懈维护好公司安全稳定的局面，以更大的成绩向公司成立六十周年庆典献礼！

在此，重点要求全体干部要加强廉洁自律要求，是非面前做好鉴别，坚持好方向，把精力集中到超额完成各项指标上，坚决杜绝“吃、拿、卡、要”等不正之风，树立干部良好形象。

要在现有的基础上，进一步加强企业文化建设。要充分利用公司现有的《百脉泉酒业报》这一宣传阵地，围绕公司成立六十周年这一主题，充分发挥广大员工的才智，凝聚整体合力，把报纸办得更好，更全面的展示章丘第一家国有老企业的风采。2008 年中，与《济南日报》开展的有奖征文活动争取扩大公司在社会上的影响。同时，要充分利用各部门内网、各车间、处室的黑板报、学习园地，加大宣传力度，内容力求精益求精，真正让职工了解企业发展方向，切实融入到公司发展中来，为公司发展做出更大的贡献。公司图书借阅活动要更深入开展下去，2008 年再投资购置一部分书籍，满足职工不同领域的求知欲望，提高公司职工的文化和思想素质。

矢志不渝谋发展，众志成城创新高！同志们，困难与挑战同在，机遇与希望并存，我们全员要团结一心，激情创新，紧紧围绕公司提出的 2008 年的任务目标，开启新征程、再创新辉煌，为山东百脉泉酒业有限公司更加灿烂辉煌的明天而努力奋斗！向公司成立六十周年献礼！为创建和谐章丘做出应有的贡献！

谢谢大家！

党委书记、董事长、总经理李成新在山东百脉泉酒业有限公司60华诞庆典上的讲话

（2008年9月26日）

尊敬的各位领导、各位贵宾、同志们、朋友们：

大家上午好！

今天，我们在这里隆重举行山东百脉泉酒业有限公司60华诞庆典，首先，我代表公司全体员工，向在百忙之中前来参加庆典的各位领导、各位贵宾，向酒厂离退休老领导、老职工表示热烈地欢迎和衷心地感谢！

六十年风雨沧桑，酒厂建设与共和国发展一路相伴。酒厂作为章丘建厂最早的国有企业，自1948年建厂至今，历经时事变迁、岁月流转，多少次陷入危机边缘，多少次逆境中崛起奋进，顽强地走过了六十个春秋，终于拥有了今日傲立于山东名酒之林的百脉泉品牌，值得我们每一个酒厂人为之骄傲和自豪！

回首六十年光辉历程，酒厂伴随着章丘的发展而发展。酒厂由昔日不知名的小企业，逐步发展成为集科研、销售、生产、服务于一体的国家中二型企业，在我市轻工行业具有举足轻重的地位。近年来，先后荣获国家一等AAA级良好行为企业、山东省消费者满意单位、山东省重合同守信用企业、山东省职工代表大会规范化建设优秀星单位、山东省一等AAA级信誉单位、济南市劳动关系和谐企业五一劳动奖状单位、济南市国有企业创建四好领导班子先进集体等荣誉称号。百脉泉品牌商标荣获中国驰名商标，百脉泉酒和清照酒双双被评为山东名牌产品、山东省著名商标；2007年百脉泉、清照产品荣获山东酒业最具竞争力品牌，百脉泉白酒被山东鲁能泰山足球队、清华大学高层峰会论坛指定为庆功和宴会用酒，成为同行业中鲁酒新代表。我们可以自豪地说：酒厂六十年，是自强不息、艰苦创业的六十年；是科技进步，奋发图强的六十年；是创新发展，与时俱进的六十年！

六十年一路走来，随着企业体制和机制的变化，发展战略几经改

变。2004年以来，公司现任领导班子在总结前期发展经验的基础上，创新发展思路，以“先做人、后做酒；做好人、做好酒”为企业理念，制订了“04年树形象、05年打基础、06年大发展”近中期战略目标；以争创名牌和实施带动为中长期战略，借助“产、学、研”联动平台，规模和效益一年一个台阶，成为章丘市食品行业龙头企业，国有老企业焕发出勃勃生机。2007年，是酒厂发展史上具有“里程碑”和跨时代纪念意义的一年，这一年，公司完成销售收入1.07亿元，完成利税2309万元，较1948年增长158倍！实现了酒厂历史上几代人梦寐以求的销售收入过亿元的梦想，昂首跨上了新的发展平台，驶入了章丘科学发展的快车道！

回顾酒厂六十年发展走过的道路，我们感慨万千。企业由过去原始单一的小酒坊，发展成为集微生物培养、粮食酒生产、原酒陈熟、包装灌装和仓储库存一条龙的大规模研产基地。产业规模由最初的一个“小作坊”，发展成为享誉省内外的白酒强势企业。生产工艺也由建厂初期的单一瓜干薯类作物的固态发酵，逐步发展成了以五粮为主固态纯粮发酵， 2005年10月成功研制了酒糟烘干饲料设备，填补了国家空白，实现了向环保型产业发展的历史性突破！

“科技是第一生产力”。科技研发由最初的用肉眼看、凭感觉，没有任何化验仪器，发展到今天现代化科研设备仪器齐全，集山东轻工学院科研基地、章丘市食品发酵研究所和济南市企业技术开发中心于一体的研发中心。近年来通过采取“走出去、请进来”的策略，派人到“五粮液”酒厂参观学习，率先在省内开展了五粮型白酒的酿造，成为北方地区酿造五粮浓香型白酒的典范。聘请原白酒协会会长黄业立先生、山东轻工业学院李敬龙教授、四川宜宾五粮液集团高级工程师、酿酒专家胡祖荣先生、酿酒高级工程师张齐裕先生为技术顾问，五粮工艺取得长足进步，成功研制了芝麻香产品。调整产品结构，坚持优质、低度、多品种、低消耗的发展方向，产品从建厂初期的单一散酒，发展到现在拥有三大系列、二百多个品种、高中低档齐全的产品体系，为公司提供了广阔和长远的发展前景。职工技能培训从无到有，公司现有专职技术人员68人，其中高级工程师12人，高级酿酒技师5人，白酒国家评委1人，省级白酒评委6人，为公司产品质量提供了保证。

企业管理从建厂初期的简单管理，逐步向民主管理、标准化管理和精细化管理发展。2004 年 9 月，公司全面通过了 ISO 质量、环境管理双体系认证，运行机制走向规范。聘请知名管理咨询公司对员工开展了管理项目培训，员工素质普遍提高，为公司长远发展搭建起了良好的管理平台。

营销格局随着销售市场区域的不断扩大、营销理念的不断更新和网络的日趋完善，彰显出品牌经营的鲜明特色。产品销售由地产地销，发展到现在以章丘为主、辐射周边、集中优势开拓省外各大区域市场、把握时机攻坚白酒高端市场的营销格局，为打造百年企业奠定了基础。围绕扩大营销市场，有针对性地进行产品结构调整，以市场为导向进行适应性调整；以效益为中心，进行对比性调整；以扩大市场占有率为目标进行开发性调整，面对激烈市场竞争，确立了“生产一代、研制一代、储备一代、构思一代”开发战略，保证了产品强大的市场竞争力。当前，鲁酒板块整体崛起的趋势在行业中已经得到认可，我们作为鲁酒新代表将不断总结经验、创新理念，向着更高的目标奋勇前进！

企业靠员工发展，员工靠企业生存。近年来，我们从“以人为本”的观点出发，关爱员工生活，通过急职工所急，想职工所想，解职工所忧，把关爱员工同激励员工、发挥员工积极性、主动性、创造性结合起来，每年都为员工增长工资，投资 500 万元改善了员工工作、生活条件。每年元旦、“五一”前夕都组织离退休老同志召开座谈会并开展旅游活动。正是采取了这些有力的措施，统一了员工思想，凝聚了力量，形成了加快发展的强大合力！

今天，当我们站在这里，回首取得的成绩和荣誉的时候，更深刻地意识到，酒厂能有今天的发展，离不开各级党委、政府的关心和支持；离不开广大消费者和社会各界朋友的信赖和帮助；离不开公司几代人的辛苦努力和全体干部员工的励精图治、开拓进取。

当我们庆祝胜利、祝贺成功的时候，尤其不能忘记在酒厂发展遇到困难时党和政府给予我们的关心，以及广大干部职工所体现出的以厂为家的主人翁精神。

公司从建厂到现在，经历了创业期、积累期、徘徊期和发展期四个阶段。建厂初期，在极端困苦的条件下，酒厂职工艰苦创业，奋发图强，依靠体力劳动、露天作业、简易设备生产出了第一锅酒，掀开了新中国章丘酒业发展的第一页！从此，企业靠不断积累发展起来。

上世纪七八十年代，酒厂不断

加大投入，机械化水平、工艺水平不断提高，产品结构进一步升级，规模不断壮大，成为我市的纳税大户。

改革开放以来，在市委、市政府的关心支持下，企业改革不断深化，管理体制逐步完善，科学有效的现代企业制度逐步建立，克服了企业发展中遇到的各种困难，走上了可持续发展的道路！实现了企业的快速发展。在此，我代表公司全体员工向多年来关心、支持公司发展的各级领导、社会各界朋友和为公司各个时期建设做出不懈努力的离退休老干部、老职工表示最衷心地感谢！

各位领导、各位贵宾、同志们：时光流转之间，酒厂已走过了六十年的光辉历程。期间我们品尝了创业的艰辛，丰收的喜悦，也在市场经济大潮中经历了严峻的考验，更体会到了“团结就是力量”这一真理的深刻含义！六十年的风雨，锤炼了我们攻艰克难、无坚不摧的意志，打造了一支精诚团结、不屈不挠的员工队伍，使我们具备了较强的市场竞争能力和抵御市场风险的能力。对于当代酒厂人来说，六十年是一段辉煌的历程，更是一个崭新的起点，我们决心在新一届市委、市政府的正确领导下，认真贯彻落实科学发展观，按照“共创和谐发展、打造百年企业”的宏伟目标，凝心聚力，发挥优势，强抓机遇，加快发展，力争到2010年实现销售收入较2007年翻一番，到2012年实现销售收入翻两番，跻身全省白酒行业前五名，成为山东有地位、全国有影响的白酒生产厂家，朝着建设百年企业的目标大踏步前进！

回首过去，我们豪情万丈；展望未来，我们信心满怀。历史可以见证：在六十年跨越发展打下的良好基础上，百脉泉酒业的发展将会更快，经济实力将会更强，明天将会更美好！

请各位领导相信：在党的十七大精神指引下，在市委、市政府正确领导下，在社会各界朋友的鼎力支持下，在全体员工的团结拼搏下，我们一定能够实现“共创和谐发展、打造百年企业”的宏伟目标！为加快建设富裕章丘、和谐章丘、幸福章丘做出新的、更大的贡献！

谢谢大家！

党委书记、董事长、总经理李成新在庆祝首个“中国旅游日”暨山东百脉泉酒业有限公司酒文化馆开馆仪式上的讲话

(2011年5月19日)

尊敬的各位领导、各位来宾、各位朋友、同志们：

大家好！

五月的章丘，山水竞秀，风光如画；五月的百脉泉酒业，琼浆吐芳，玉液流香。在这醉人的季节里，我们欢聚一堂，喜迎2011年首个“中国旅游日”暨山东百脉泉酒业有限公司酒文化馆开馆庆典。在此，我代表山东百脉泉酒业有限公司党委及全体员工，向莅临的各位领导、各位来宾、各位朋友表示热烈地欢迎！向多年来关心、支持百脉泉酒业发展的各位领导和各界朋友表示衷心地感谢！

百脉泉酒业从清末光绪年间的“福祥和”老字号传承而来，是章丘最早的国有企业，经过几代人的创业与打拼，已步入和谐稳定发展的快车道。近年来，我们秉承“先做人、后做酒，做好人、做好酒”的企业理念，实施生态酿酒，坚持转方式、调结构，强力推进“科技兴企”和“人才强企”战略，产品质量不断提高，品牌美誉度逐步提升，市场竞争力日益增强，各项经济指标同比持续增幅25%以上；芝麻香引领高端消费，百脉泉酒亮相上海世博园，无不彰显百脉泉酒业强劲的发展态势。

公司工业游项目筹建于2009年4月，分为：历史文化馆、酒文化长廊和酒道馆三个主体版块。在创建中得到了山东省和济南市旅游局以及章丘市委、市政府的关怀与支持，得到了章丘市旅游局的指导与帮助，确保了我们的旅游项目于2010年11月12日顺利通过省级工业游创建单位检查验收，成为山东省工业旅游示范点，使我们成为省内同行业中的先行者。

酒文化博大精深，它是中华五千年文明的重要组成部分，古代帝王将相，文人墨客无一不和酒结下不解之缘。“壶中乾坤大，杯中日月长”，在人类文化的历史长河

中，酒成了一种精神的象征。我们精心打造工业游项目，其宗旨就是：弘扬章丘厚重的历史文化和悠久的酿酒及饮酒文化；宣传泉水文化和清照文化：倡导“科学、文明、健康饮酒”时尚；提升人们“喝酒喝文化”的消费意识；发挥“寓教于游”的功能。

牵中国旅游日巨手，展百脉泉酒业锦绣。我们力求以开馆庆典为契机，精心打造旅游产业，把旅游产业培植成为新的经济效益增长点。以旅游产业带动白酒产业，以旅游产业提升品牌影响力，以旅游产业唱响“福梓和”老字号，以旅游产业转化为我们“共创和谐发展，打造百年企业”的驱动力，以旅游产业激励我们为“建设富裕章丘、和谐章丘、幸福章丘”做出更新更大的贡献！

最后，祝愿各位领导、各位来宾、各位朋友身体健康、心情愉快、家庭幸福、万事如意！希望我们携手共进、通力合作，共创美好未来！

谢谢大家！

党委书记、董事长、总经理李成新在山东百脉泉酒业有限公司新厂区启用仪式的讲话

（2013年6月29日）

尊敬的各位领导、各位来宾、同志们、朋友们：

大家上午好！

神十飞天领航中国梦，新厂启用实现大发展。今天我们相聚在百脉泉酒业新厂区，共同见证这历史时刻，开启公司发展的新纪元，向着百年强企目标迈出了坚实的一步，此时此刻，承载着百脉泉酒业几代人的梦想和骄傲，在此，我谨代表百脉泉酒业党委及全体员工向关心、关注并指导酒厂工作的各位领导表示崇高的敬意，向关心支持新厂区建设的各界人士表示衷心的感谢，向今天前来参加启用仪式的各级领导、所有来宾表示诚挚的欢迎！

2013年注定是不平凡的一年，是全面贯彻落实“十八大”精神的开局之年，是实施“十二五”规划承前启后的关键一年，市委市政府率先提出了“在全省全面建成小康

社会”的目标，百脉泉酒业作为具有65年历史的国有中型企业，有担当、有能力为造福一方百姓尽其所能，截止目前，已实现销售收入1.92亿元，利税3100万，分别比去年增长13.3%和15.2%，确保了时间任务双过半。新厂区一期工程，建设占地50亩，设有包装、仓储、调配、物流等四个组成部分，自去年9月8日开工短短10个月的时间内，从设计、招投标到建设过程，全部由具有丰富经验的省轻工设计院来监管、由具有一级资质的建筑工程队来建设，高标准、高质量建成现代化花园式生产基地，经过各项测试运行，现已经达到省内甚至全国白酒行业最先进的灌装水平。启用后将达到8亿元的生产能力，可实现利税2亿元。

承载发展路，一桥跨南北。新厂区具有现代化水平，而老厂区将扩大基酒生产能力，酒文化继续挖掘、拓展，打造具有传统特色的精品工厂。

千里之行，始于足下。百脉泉酒业作为章丘最早的国有企业，从光绪年间的“福祥和”古作坊一路走来，稳健的步履跨越了三个世纪的风霜雪雨，从2004年至今，公司呈现出强劲的发展势头，以章丘市第一个“中国驰名商标”的品牌魅力，打造出最具特色的“生态酿酒”风格，实现了一个又一个跨越，今天，又一次站在了新的历史起点，面对全新的发展机遇，我们将继续秉承“先做人、后做酒、做好人、做好酒”的企业理念，按照产品创新、品质提升、效益提高的经营思路，把“倡导生态酿酒、引领健康饮酒”长期贯彻下去，准确把握企业和产品的市场定位，加强招商力度，不断提高市场占有率，扩大产品覆盖面，在激烈残酷的白酒市场上逆势飞扬，力争十二五末实现销售收入5亿元，利税达到1亿元。

新厂区的竣工投产，是公司发展史上新的里程碑，为“共创和谐发展，打造百年企业”奠定了坚实的基础，“有志者，事竟成”，我们为能亲历公司的振兴与辉煌深感光荣和自豪；千年古县、美丽章丘，我们能为章丘的建设和发展增砖添瓦感到荣耀和光彩；空谈误国，实干兴邦，我们能为实现中华民族伟大复兴的中国梦、共同享有同祖国和时代一起成长与进步的机会感到无比激动和幸福。

雄关漫道真如铁，而今迈步从头越。百脉泉酒业的明天，不在于能知，而在于能行，让我们带着对梦想的渴望，以新厂区竣工投产为新的起点，攻坚克难、奋发实干，以优异的成绩回报各级领导和社会各界对我们的关怀与支持！同时，我们也期望在公司发展中继续得到你们一如既往的关心和支持，并给予我们更多的建议和指导，共建百脉泉酒业的美好未来，为加快科学发展、建设美好家园谱写新的篇章！

最后，祝各位领导、各位来宾工作顺利、身体健康、家庭幸福、万事如意！

谢谢！

党委书记、董事长、总经理李成新
在山东百脉泉酒业有限公司封藏大典上的讲话

（2014 年 5 月 19 日）

尊敬的各位领导、各位来宾：

大家上午好，五月的章丘，山清水秀，风光如画；五月的百脉泉酒业，琼浆吐芳、玉液流香。在这醉人的美好季节，我们齐聚一堂，共同见证百脉泉酒业生态原浆封藏大典暨百脉泉水源保护公益活动启动仪式。谨此，我向参加本次大典活动的各位领导、各位来宾、新闻届的各位朋友，表示诚挚的谢意。同时，要对多年来，大家对百脉泉酒业的发展支持与厚爱，表示最衷心的感谢。

白酒，是世界上最古老的加工业，是中国第五大充满创造智慧与文化神韵的发明，是中华民族最重要的非物质文化遗产之一。白酒，作为中华民族传统产业的一部分，其持续、健康、快速发展，势必与中国经济的总体战略目标和大发展环境紧密相连。如今，消费需求升级，正如滔滔江水，汹涌而来。白酒消费从单一形式向高品质的多元化形态转变，定制个性化消费也成为行业发展的趋势。红花叶绿江东雪，风霜雨雪度春秋。百脉泉酒业始建于上世纪 40 年代，经过几代人的创业与打拼，百脉泉发展成为集科研、生产、销售、服务、工业旅游于一体，并在行业内具有一定影响力和知名度的中型企业。多年来始终秉承“先做人、后做酒，做好人、做好酒”的原则和理念，百脉泉品牌和竞争力不断提升，更在于它的创新和坚持。

春华秋实，冬储夏藏。封藏工艺是中国白酒独特的酿造技术和储存文化，封坛原酒是百脉泉酿酒的

精髓，将百脉泉人的恪守与创新，天衣无缝的融合起来。经过封藏入窖，静待时间的打磨。岁月的典藏，将厚度、纯度、气度融为一身，终成酒中大物。封藏大典，作为中国白酒行业追溯先祖的盛典，展示了酿酒行业，慎终追远和敬畏自然的传统。藏酒文化将作为百脉泉品牌传播的核心，封藏大典祭拜仪式，全部恢复传统礼制，将一个凝聚着中国白酒精髓思想，原汁原味的祭祖大礼，完整的展现在人们面前，彰显出百脉泉酿酒人对中国酒文化的执着、虔诚与敬畏。

百脉泉酒业发展的事实证明了，唯有恪守原则，坚持本源，才能收到消费者的青睐。向传统致敬，将传统白酒文化发扬下去，是每一个酿酒人、酿酒企业的责任。封藏是一种文化，是一个梦想，是升华的动力，也是奇迹的见证。生态原浆的封藏大典，将演绎中国酒文化的高度与精彩，封藏大典所表达的精神之美，更是为消费者奉献了一场酒文化的大餐。时隔数百载，重新回归中国酿酒人宝贵前程。今天，各位领导、各位来宾、媒体朋友们，将共同见证百脉泉酒文化发展史上非凡的一刻。

生态原浆、百脉泉酒，地下封藏将演绎经典，传承华章，其生态风格，更是成为传世收藏的珍品。对其而言，财富来自于社会，最终还要回报社会。百脉泉，通过参与社会公益活动，感恩社会、回报社会，治理与保护水的资源，建立环境管理制度。坚持资源利用和无害化处理，把企业建成一个清洁、高效、环保、节约型企业。“共创和谐发展，打造百年企业”，宏伟目标鞭策着我们突破自我、凝心聚力、勇于突破、共担风雨、共享阳光，争做鲁酒领军企业。回味浓香四溢的历史，展望未来品牌的发展，依托多年来风雨同舟、共同打下的坚实基础，百脉泉酒业的发展将会更加健康、迅猛，经济实力将会再创新高，企业的明天会更加灿烂辉煌。相信在党的十八大精神指引下，在市委市政府的正确领导下，在社会各界朋友的鼎力支持下，全体干部员工团结拼搏，我们一定能够实现“共创和谐发展，打造百年企业”的宏伟目标，为建设美丽山东作出更大的贡献。

再次，感谢各位领导、各位嘉宾的莅临指导，祝各位领导、各位嘉宾身体健康，万事如意，谢谢大家！

党委书记、董事长、总经理李成新在“深入学习贯彻党的十九大精神”党课会议上的讲话

（2017 年 11 月 10 日）

各位党员同志们：

大家下午好！

习近平总书记的十九大报告，回顾了我们党光辉的历史，总结了宝贵经验，展望了光明的未来，以引领时代的鲜明主题，阐明了党和国家工作大局的核心问题。公司作为本土最早的国有企业，一路披荆斩棘，克服发展道路上的重重困难，才有了今天的成绩。公司党委始终高度重视党建工作，发挥党员模范带头作用，推动了企业稳步发展。

下面我就学习贯彻党的十九大精神谈几点意见：

一、学懂弄通做实　大力弘扬工匠精神

党的十九大的最大亮点、最大理论创新、最大历史贡献，就是把习近平新时代中国特色社会主义思想确立为党必须长期坚持的指导思想，公司要全面掀起学习宣传贯彻党的十九大精神的热潮，牢牢紧扣十九大主题，牢牢把握党的建设新要求，《报告》中提出的对国有企业建设发展的要求是学懂、弄通、做实，保持国有资产保值增值。要大力弘扬工匠精神，始终坚持生命至上，安全第一的理念，加强技术创新，走质量效益强企之路。各党支部要严格按照区委区政府关于宣传贯彻党的十九大精神实施方案要求，把党的十九大精神学活，把党章学懂弄通，真正让党的十九大精神走进公司，走进职工的心里，感恩奋进，砥砺前行。

二、完善规章制度　建立长效学习机制

俗话说，“无规矩不成方圆”，国家要有法律法规制度，报告指出，必须以党章为根本遵循，把党的政治建设摆在首位，思想建党和制度治党同向发力。这是新时代党的建设的必然要求，也是公司完善和落实长效学习机制的必然选择。对于企业来说，规矩就是规章制度，是企业内部的“法律”。公司党委通过学党章党规、学习总书记系列讲话，抓好学习各项党务培训，及时组织传达党中央的各项规定，通过集中开展学习、培训等形式，将

党的理想信念传达给每一位公司党员。2018年，公司走过了风雨70年，70年间始终坚持以人为本，不断制订、完善科学的企业管理制度，真正做到有章可循，为关键之年的航程上插上一支崭新的羽翼。

三、坚持目标不变　凝聚力量共谋发展

要集中精力做好当前各项工作，坚持目标不变、任务不减、工作不松，进一步把思想统一起来，把力量凝聚起来，把责任担当起来，把各项任务落实下去，千方百计为公司谋利益，为职工谋幸福。把学习贯彻十九大精神的成果体现在推动工作、促进发展的实绩上。从当前的经济发展态势来看，白酒生产从原料到销售环节都受到种种限制，使公司的发展形势异常严峻。但作为一名百脉人，我们要以此为契机，弘扬团结奋进的团队精神，展现企业凝聚力量、共谋发展的态势，为百脉泉酒业更美好的明天献上自己的一份力量。

宝剑锋从磨砺出，梅花香自苦寒来。作为企业的骨干力量，公司全体党员要进一步解放思想、攻坚克难、奋发实干，为公司的发展做出更大的贡献。

谢谢大家！

匠心七十　筑梦百年

—党委书记、董事长、总经理李成新在2017年度工作总结表彰大会上的讲话

(2018年3月9日)

同志们：

新春伊始，万象更新。2017年已渐渐远去，2018如约而至，新年的钟声仿佛还在耳边响起，全体员工热切期盼的公司2017年度总结表彰大会隆重召开。今天的大会将全面总结过去一年里的各项工作；并对今年的工作做出安排和部署。一年一度的“年终总结大会”，是公司全体员工生活工作中的一件大事，是在全国两会胜利召开之际，带领广大职工在实施新旧动能转换的新形势下召开的一次重要会议。

今天会议的主题是：凝心聚力携手新时代，团结奋斗再创新辉煌，匠心七十，筑梦百年，全面开启建厂70周年系列活动。调动公司上下全体干部员工扎扎实实地把工作

落到实处，为2018年公司建厂70周年献礼。有梦想就有希望，有希望就有力量。过去的一年，是百脉泉酒业发展史上极不平凡的一年，也是凝心聚力、攻坚克难的一年。公司上下坚持以发展为中心，各项工作取得了很好的成绩，“清零、担当、永远在路上”，成绩的取得来之不易，继往开来，推动企业更好、更快发展重任在肩。刚刚我们对在工作中表现突出的先进、劳动模范等进行了表彰，首先，我代表公司党委向刚才受到表彰的部门、同志表示祝贺！希望你们再接再厉，继续保持模范带头作用，为公司发展再立新功！同时也希望大家向他们学习，以榜样为动力，共同为促进企业健康发展而努力。

2017年工作回顾

2017年，广大干部员工通过一年的辛勤努力，特别是春节、中秋两节促销期间，团结一致、奋力拼搏，用激情和汗水，在环保、安全、原材料涨价、白酒行业消费结构重塑、竞争格局不断变化的大背景下，解放思想、创新实干，积极适应经济发展新常态，最终完成了销售收入3.16亿元，利税5600万元的业绩。现将2017年工作情况通报如下：

一、推动新旧动能转换，促进企业转型发展。

2017年作为公司的“建设调整年”，为2018年建厂70周年做了大量准备工作，以销售为重点，以质量求生存，内抓管理，外拓市场，实现了年初制订的各项任务目标，市场整合、产品梳理初见成效；产品结构调整又上了一个新台阶；包装车间和粮酒车间机械化改造基本完成；自建蒸汽发生器项目达到预期目标；年初新增工业旅游基建项目顺利竣工，增加了百酒广场、九龙壁、江北第一窖、旅游厕所等，并顺利通过国家AAA级旅游景区验收，“功在当代，利在千秋”，为下一步品牌宣传、销售服务提供了更加有利的支持和帮助，年接待游客6万人次以上，创造经济效益500余万元；车间推行“部门成本独立核算”制度，实现厂内部货币结算；加强内部管理，促进相关部门之间协调有序，即最大限度减少、直至消除生产各个环节间的损失和浪费，又锻炼培养车间管理人员的能力，等等一切都是为了企业更换的转型升级，推动新旧动能转换。

二、丰富传播途径，夯实党务工作。

不忘初心，牢记使命，以实际行动贯彻落实党的十九大精神。公司组织全体党员干部传达学习了大会精神，并在全厂进行了大讨论活动，党委成员带头学习、带头宣讲、带头贯彻，结合公司实际，与当前工作紧密联系起来，面对严峻白酒市场形势，统一思想，凝心聚力，奋发实干；进一步严肃党风党纪，促进全体党员干部工作作风、生活作风持续转变，借“学习十九大精神”、“百题知识竞赛”、“共读一本书”活动的开展，党委扎实开展党员学习教育活动。7月中旬，在区委推进“两学一做”学习教育常态化制度工作大会上，公司作为先进单位代表做了典型发言；除了传统型的讲话、文件、规章的学习，公司党委创造性的开展多样化的学习传播模式，邀请区委党校高级讲师来公司为全体党员解读十九大报告；成立党员学习微信群，及时分享各部门的学习进程；通过组织观看“十九大开幕式收看习书记重要讲话”、国庆节阅兵式、庆七一演讲比赛、重温入党誓词等洗涤党员干部的心灵，推动企业党建工作再上新台阶。

三、创新工作思路，增收节支常态化。

在全国性“环保”“安全”等形势的影响下，白酒行业进入深度调整期，特别是相关配套产业纸箱厂和玻璃厂受影响较大，出现了长时间停产，甚至有的已经关门歇业，从而也导致各种原材物料价格持续上涨，包括玻璃、纸张、粮食等，加上环保改造投入，整个2017年共计增加采购成本800万元，年初公司就分析到当时环境，及时协调配套厂家，提前定制各类包材酒瓶，保证了生产供应的正常进行。全年各部门增收节支768万元，基本达到了年初预定的目标。

响应区委、区政府《关于全面停止燃煤锅炉的决定》，着手自建安全绿色低碳燃气锅炉，保障粮酒生产、职工冬季取暖的用汽问题，公司投资400余万元购买了六台蒸汽发生器，该蒸汽发生器采用国外核心技术，节能降耗，是常规蒸汽锅炉的10倍，每年可为公司节约天燃气费用70余万元。

销售方面，在提高白酒原有品质的基础上，推出新品“泉城壹号”，加大调整产品结构力度，砍掉200个销量少、档次低的老产品，同时引进了冰谷酒等不同口味的新产品，来满足不同消费者的口味。包装车间在淡季组织有缝纫特长的员工制作灯笼、工作服；食堂中秋节继续自制月饼、炸肉、米酒馒头等等，并作为职工福利进行发放；在全公司内继续开展增收节支活动。

项目申报方面，“新上天然气蒸汽发生器技术改造”节能专项资金30万元，“山东省老字号”项目5万元奖励，争取贷款费用补贴42万元，济南市特色首席技师工作站三年奖励60万元，“精酿鲜啤酒新技术”获得济南市“讲理想、比贡献”活动科技创新项目二等奖。在大家的共同努力下，获得了“国家3.15诚信企业”“山东省历史文化名酒”“省级食品发酵工程研究中心”“华樽杯高端名酒品牌”“金牌手工酿造班”“中国骄傲2017年度影响力品牌”等诸多荣誉。

四、落实安全生产，稳固产品质量。

“安全第一、预防为主、综合治理”，2017年，企业严格落实“一岗双责、党政同责”制度，按照安全生产标准化规定要求，层层签订安全目标责任书，注重新入厂员工安全教育、外来施工人员安全生产培训，在全公司范围内开展了安全岗位职责、设备、工序安全操作规程的学习，提高了全体员工安全生产意识，未发生重大安全责任事故，为企业持续稳定发展提供了良好的安全环境。

为保证食品安全，公司完善了质量方面的制度和记录，在每一瓶产品上标注二维码，建立食品追溯体制，让消费者即可了解产品信息，又可以微信扫码赢红包，增加对企业的认知度；公司也及时获取风险信息，全年多次接受各级食药部门抽检30余个产品，各项指标均符合要求，产品合格率100%。7月份，我本人又获得“济南市市长质量奖”，这是济南市质量方面的最高荣誉，再一次体现了“国企风范，传承经典”的品质所在。

五、关注民情冷暖，倾心奉献社会。

继续利用春节、中秋节、三八妇女节、九九重阳节等重要节日，走访慰问困难职工；支持政府包村工作，帮扶慰问龙山东石村贫困党员和群众；连续多年开展“高考赠酒”活动，今年又增加了济南、济阳、商河等地考生，在参与人数、活动规模、社会影响均超越往年；并在高考期间成立“爱心使者高考小组”，义务给每位等待守望的父母发放矿泉水；在省内多家高等院校开展创意设计大赛、全国大学生品酒大赛等，提高大学生们的实践能力；建军节期间走访慰问驻章部队，开展军民共建多项活动；为在岗职工投保了《重大疾病、意外伤害保障项目》。

不单是职工的物质生活，大家的精神文化生活同样是企业的关注点。一年来，除传统的春节文艺演出、春季运动会暨技能比武、老同志春游等项目，以建厂70周年为主题，开展庆“五四”诗歌散文朗诵会；举办“全国著名作家写章丘”读者见面会；邀请近百位书画名家来公司进行艺术交流，国庆期间又在公园举办了为期七天“百脉泉酒业杯”大型书画展览；组织50多名生产一线骨干到泰山疗养院为期三天的休养活动；“章丘区庆五一职工篮球赛”、“章丘区2017年科普知识竞赛”、“全市职工职业技能大赛”、“省技能兴鲁职工大赛”都能见到公司员工的身影。各式各样的文体活动，让职工在活动中收获快乐，在快乐中收获知识。

十几年的不断发展壮大，公司在各个行业都留下来良好的口碑，令同行敬畏，赢得社会点赞，也得到政府、上级主管的认可。年前经过济南市经信委的推荐，济南市食品协会副会长以上单位的选举，我当选了新一届济南市食品工业协会会长，这不仅是我个人的荣誉，也是公司的荣耀，为公司今后发展提供了更大的一个平台。同时，在前期全省白酒工作会议上，百脉泉酒业被列入全省14家鲁酒骨干企业，政府将从资金、政策、人才、宣传等给予企业重点扶持，做大做强山东白酒，重返全国白酒第一阵营，这说明我们公司各项工作已经走在全省同行业的前列，得到了全省消费者的认可和喜爱。

年前，应中央电视台《对话中国品牌》栏目组和济南电视台《今晚不关机》栏目组的邀请，我分别接受了著名新闻节目主持人董倩、海沫的采访，针对公司近几年不平凡的企业发展、个人经历、产品质量、生态酿酒、品牌战略、未来规划等多方面进行了深刻交流，也已分别在中央电视台和济南电视台进行了报道。

岁月不惑，春秋正隆。2017年，在公司党委的领导下，经过全体干部员工的共同努力，公司各方面工作成效明显，济南市市长质量奖、山东省非物质文化遗产、山东省老字号、国家AAA级旅游景区、诚信中国消费者最喜爱的品牌、全国优秀龙头食品企业等诸多荣誉等等，成绩的取得，离不开全体职工的共同努力，一年来，公司上下心齐气顺、风正劲足，特别是在刚刚结束的元宵节灯会上，从制作到展出，短短十几天的时间，各个部门充分发挥主观能动性，在四天的对外开放期间，确保安全有序，接待游客2万多人次，起到了很好的宣传效果，超出了预期目标。在此，我谨代表公司党委向为公司发展付出辛勤劳动的广大职工，向给予公司备货期间真诚理解和鼎力支持的职工家属，向关注和帮助公司发展的社会各界人士，表示衷心的感谢和崇高的敬意！

在总结成绩的同时，我们必须清醒的看到，工作还有许多差距和不足，发展中也面临新的困难和问题。主要有：一是品类单一，抗风险能力弱，寻求多元化发展势在必行；二是销售未能实现年初的既定目标，市场压力突显，解放思想的力度需要进一步加强，销售政策、促销方法需要加大改革创新的步伐。三是专项产品数量多，串货砸价屡禁不止；调整产品结构的难度较大，单瓶售价17元／瓶的价格，远远低于同行业单瓶价格水平，这对公司资本运作和投资扩产等带来很大的制约；管理成本、销售成本、人工成本逐年增加，与销售收入增幅与之不成正比，广告费、各种返利、促销费用等有增无减。四是部分干部的工作作风、工作态度、工作能力有待加强和改进，推诿扯皮、老好人思想、不作为的现象时有发生，今年要彻底纠正这些坏毛病。五是随着安全、环保力度的不断加强，瓶子、纸张等原材物料大幅度涨价，采购成本继续增加，公司利润薄弱等等。所以说，问题还是不少，我们不能停留在过去的功劳簿上沾沾自喜，市场竞争，不进则退，居危思危，行业产能过剩和企业间的恶性竞争，让我们感受到了发展的危机感和紧迫感，这就要求我们找准定位，认清形势，以时不我待、只争朝夕的工作态度，不忘初心，砥砺前行。还是那句话“清零、担当、在路上”， 打造百年强企的目标，每一步都需要大家保持高昂的斗志，以永远在路上的恒心和韧劲不懈努力。

2018年工作安排

2018年是贯彻党的十九大精神的开局之年，是改革开放40周年，是决胜全面建成小康社会、实施“十三五”规划承上启下的关键一年，更是百脉泉酒业建厂70周年，在这个重要的关键之年，我们不能坐享其成，而是要奋发有为，在发展的道路上有作为、敢担当，坚信“有梦想，有机会，有奋斗，一切美好的东西都能够创造出来”。振兴百脉泉酒业，提高全体干部员工幸福指数，是我孜孜不倦的追求，也是我丝毫不敢懈怠的责任。

今年工作的总体思路是：匠心七十，筑梦百年，高起点、高标准做好各项厂庆活动，继续坚持以稳中求好的发展为主线，增强企业发展后劲；坚持以提高发展质量和经济效益为中心，增强企业发展活力；继续深化国有体制改革，加快股份改造步伐，适应经济、行业发展的总体要求，提升市场竞争力；继续加强干部队伍整体素质的提升；进一步提升品牌价值，探索多元化发展之路；加大营销策略创新、管理创新、科技创新和人才激励政策，加强对后备干部的学习培训力度；依托国家AAA级旅游景区，做大做实工业旅游项目；进一步提高广大干部员工的收入和福利水平，在2017年增值的基础上再逐月增值10%，提升广大员工的生活幸福祉数，使发展成果更好的惠及于员工。

今年的经营方针是：匠心七十，品牌提升；转型升级，增强活力；成本控制，提高效益；体制转换，百年大计。

今年的主要经营计划指标是：销售收入3.5亿元，同比增长12%；利税5600万元，同比增长10%。

今年公司将着手从以下几个方面来促进企业更好更快发展：

一、发展多元化。借着本人担任济南市食品协会会长之际，寻求企业相关产品的上下延伸，拓宽企业发展渠道，带动整个济南食品行业抱团发展。

二、管理智能化。充分利用微信、网站、办公软件等，即用现代智能化的管理手段充实到每个车间部室，提升改变每个员工，改变过去的管理模式。

三、生产机械化。在粮酒一、二机车间实现械化的基础上，对粮酒三车间进行机械化改造；在包装车间的半自动化的基础上实现机器手操作进行提升，对机电车间老化设施、设备进行更新改造。

四、成本精细化。在车间实现独立核算的基础上，扎实、细化、落地，同时对各种费用成本严格控制，对比核算。

五、人才多优化。大量吸收、招进优秀人才，特别是销售和技术人才，销售人员至少增加到200名以上，其他各部门也要进行人才储备，并对现有后备干部进行培训和提高。

六、厂区景观化。以国家AAA景区为依托，继续深层次对厂区进行美化，打造以酒文化内容丰富的园林式景观工厂。

通过“六化”，相信2018年底公司将有一个更大的发展。2018年，坚持“以提高发展质量为中心”，“提升品牌、创新模式”的原则，发现和培育新的增长点，以建厂70周年为契机，进行各种的宣传活动，年初确定了2018年为公司“品牌建设年”，并对全年整体工作作了全面详细的部署和安排，确定在10月18日为庆典日，几乎每个月都有活动，同时1948年至2018年的70年《公司志》续编工作已经全面展开。同时积极响应区委、区政府关于打造特色文化—文化古街、古村的项目。其中在白泉古村修建“酒店胡同”的项目，设计方案已经报到区政府，下一步，公司将借此机会，与公司工业游有机结合起来，更好的为公司发展做好宣传。

70年风雨历程，70年沧海桑田，

百脉泉酒业积累了向“一百年”目标进发的坚实基础，站在新的历史坐标点，公司上下要切实提高认识，增强机遇意识和责任感、使命感，以高昂向上的精神状态和攻坚克难的顽强意志，全力做好全年各项工作，推动企业高质量发展，大跨步向前。同志们，逆境，是前进的阻力，更是造就强者的动力。我们相信，凭借得当的方法，适当的思路，定会在行业内有所作为。

2018年，坚持信念。新旧相推，日生不滞，历史只会眷顾坚定者、奋进者、搏击者，而不会等待犹豫者、懈怠者、畏难者。在新时代前进的列车上，我们每一个人都不应该成为掉队者，2018，我们与梦想同行。新形势下的国家一系列政策变化，竞争惨烈的白酒市场，加上各种原材物料价格的上涨，包括玻璃、纸张、粮食等预计增加采购成本1000万元，一味的坚持固有模式已经很难取得发展，解放思想，创新企业发展经营模式势在必行。在注重销售的同时，把寻找新的增长点作为公司的重点工作。稳住步伐，挖掘内部潜能，提高发展质量。

同志们，辞旧岁，豪情满怀；迎新年，信心百倍。在2018年这个既充满挑战又蕴藏机遇的环境下，我希望，我也坚信，全体干部员工必将秉持不忘初心、矢志向前的工作作风，坚持舍我其谁、始终如一的担当，在“共创和谐发展，打造百年企业”的大路上，以雄关漫道真如铁、而今迈步从头越的昂扬斗志，以不破楼兰终不还的坚定决心，以只争朝夕、发奋图强的意志品质，披荆斩棘，奋勇前进！

谢谢大家！

致敬七十，开启百脉泉酒业品牌化发展新时代

——总经理马业准在百脉泉酒业建厂70周年新闻发布会暨泉城壹号战略新品推介会

尊敬的各位领导、各位来宾、媒体朋友们：

大家上午好！新年新气象，感恩创未来。

山东百脉泉酒业有限公司建厂70年以来，尤其是李成新董事长进入企业以后，通过一系列改革，使全厂员工凝心聚力，不断开拓创新，提升品质，塑造品牌，企业的市场业绩获得了历史性突破，跻身鲁酒强势品牌阵营。作为百脉泉酒业发展的见证者，能看到企业今天

的变化，我感到非常自豪。在我看来，百脉泉酒业的发展不仅仅是销售业绩的提升，更是企业从内到外的蝶变和综合竞争力大幅提升的过程，因此，在我们即将迎来百脉泉酒业建厂70周年的喜庆时刻，我希望通过今天的新闻发布会，结合百脉泉酒业的市场开拓历程和发展体会，谈谈我个人对白酒行业发展的几个观点，同时也向大家介绍一下山东百脉泉酒业建厂70周年系列庆典活动的具体安排。

行业增长进入新周期

首先我想与大家分享的观点是，白酒行业已经进入到新的增长周期。如果说2000年以后的黄金十年是酒业市场化以后的第一个增长周期，那么从2017年开始白酒业就已经进入到第二个增长周期。

从2012年开始，受到整个经济环境与控制“三公消费”等因素影响，白酒企业从之前的“火热期”迅速进入到“冰冻期”，深度调整成为每个企业的核心。四年以后的2016年，以名酒为代表的白酒产业出现弱复苏。进入到2017年，白酒行业春天的脚步越来越近，无论名酒还是区域强势品牌，都获得了较好发展。据中国酒业协会提供的权威数据，2017年1—11月，全国规模以上白酒企业完成酿酒总产量1114.97万千升，同比增长6.33%。累计完成销售收入5189.15亿元，与上年同期相比增长13.48%；累计实现利润总额897.75亿元，与上年同期相比增长33.53%。从以上数据可以看出，2017中国白酒产业运行正日益好转，因此我认为白酒业新的增长周期已经来临。之所以这样说主要基于以下四点原因。

首先，以茅台为代表的高端名酒价格2017年持续上涨，不仅对于提振行业信心有巨大作用，也留下了巨大的价格带空间，特别是次高端市场被瞬间放大。名酒涨价也是行业再一次走向振兴的强烈信号。其次，经济环境决定产业发展。2017年世界经济出现强劲复苏势头，从前三季度来看中国GDP增速达到6.9%，远高于欧美日等发达经济体，同时，全国居民人均可支配收入同比增长达7.5%，比6.9%的GDP增速高0.6个百分点，因此消费环境将会不断趋好。第三，行业深度调整期中，多数企业在产品梳理和营销理念上都进行了调整，从而为新周期的增长奠定了坚实基础。第四，一部分机会性品牌，在过去五年当中被淘汰，消费更加理性，行业更加集中化，因此真正具备品质和品牌实力的企业，将会赢得更大的发展空间。

在过去几年当中，百脉泉酒业不断深耕市场，聚焦品质升级和产品升级，持续开展工业旅游，增加与消费者互动，不仅使企业保持了年均两位数以上的增长，有效抵御了行业调整期对百脉泉酒业的影响，更主要的是为企业在新周期的崛起，奠定了坚实基础。现在，百脉泉酒业已经从一个县域品牌，成长为以济南省会为中心的泛全省化鲁酒强势品牌，在山东白酒阵营中占据了重要位置。

回顾过去几年百脉泉酒业的发展历程，我有一点值得我们共同思考，那就是百脉泉酒业的“坚守”。“坚守”包含着很多内容，比如对于传统生态酿酒技艺的坚守、对于消费者体验游的坚守、对产品结构梳理的坚守、对营销团队的打造和创新理念的坚守等。我经常认为，信心比黄金更重要，坚守的背后其实就是一种必胜的信念。白酒属于传统行业，营销层面尽管不断创新，但有些方面是需要我们要坚定不移地走下去，甚至要排除万难和一切干扰。方向对了，走慢一点不要紧。以产品结构梳理为例，百脉泉近年来总计砍掉了330多个销量少、不适应市场发展的产品，聚焦资源打造新的核心单品泉城壹号。砍掉产品短期内肯定会影响业绩，但长期来看，非常有利于企业的结构升级和品牌打造。这就是百脉泉的一种坚守战略。另一个就是工业旅游，百脉泉是全国白酒行业中较早推出工业旅游的企业，能坚守到现在，并不断提升配套服务设施，成功打造了百脉泉国家AAA级景区，年接待游客近10万人次，就是源于我们对消费者主导市场背景下，品质回归和品牌回归趋势的判断。

但是，在看到新增长周期的同时，我们还要居安思危，区域品牌必须考虑名酒的渠道快速下沉，所带来的市场挤压式增长现状，而且山东本省企业众多，内部竞争更不可忽视。另外我认为，新的增长周期消费日益理性，不可能回到过去黄金十年的增速态势，我们需要对未来趋势有着更加理性的判断。

品牌是未来的核心竞争力

行业已经进入到新的发展周期，那么这个周期的显著特点是什么？我认为是品牌至上、品牌唯一。

回顾中国酒业的品牌化发展过程，真正的品牌意识萌芽期，是从上世纪九十年代开始的，鲁酒品牌代表在央视的广告投放，让行业感受到了品牌传播的力量。但随着酒类市场化进程加快，2000年以后的白酒行业过分相信渠道终端的竞争，将资源全部集中在促销和买断终端上，也让白酒业的发展与业绩充满了泡沫和不稳定性。直至2012年以后限制“三公消费”政策出台，才使得行业重新认识到了品质与品牌的重要性。

品牌意味着质量、服务、声誉，代表着企业形象，是一个企业的核心竞争力。山东省区域品牌众多，外来竞品更是五花八门，而彼此之间的竞争，将转变为品牌对消费者的心智影响，谁在消费者心目中的品牌烙印最深，谁就能持续影响消费选择。尤其是在与名酒的对抗中，区域品牌需要发挥品牌的亲密性特点，强调家乡酒的文化与品质认同感，比如我们在济南市场打出的“在济南，喝泉城壹号”的品牌传播，就是让品牌在泉城消费者中达到心智占位，引起情感共鸣，形成消费粘性。

2015 年 11 月，习总书记在中央财经领导小组第十一次会议上，提出了着力加强供给侧结构性改革，着力提高供给体系质量和效率的指导思想。随着供给侧改革的逐步深化，央视于 2016 年推出“国家品牌计划”以及山东省推进的振兴鲁酒计划，都在说明白酒行业在向高品质、大品牌的转变。

正是基于对国家政策及行业趋势的准确判断，百脉泉酒业将 2018 年确定为“品牌建设年”，通过一系列的市场举措，尤其是以建厂 70 周年为契机，提升品牌张力，扩大品牌影响，用品牌的力量统领企业发展，最终目标是将百脉泉打造成山东市场超级品牌。为实现这个目标，百脉泉酒业将以消费者为导向，推动百脉泉品牌的 3.0 战略。所谓 3.0 战略，是相对于过去近十五年百脉泉品牌从创牌到推广的 1.0–2.0 时代而言的。3.0 品牌战略的目标是分步骤实现品牌提升、品牌驱动、品牌跨越，最终形成百脉泉的超级品牌。为此我们将从以下六个方面系统展开。

一是品牌基因。深入挖掘百脉泉的优秀品牌文化和品牌个性，寻找企业的核心品牌价值，最终让品牌基因成为一种巨大的竞争力。

二是品牌愿景。百脉泉酒业要借建厂 70 周年的大好机会，正式启动百脉泉酒业的品牌发展战略愿景和目标的实现路径，在未来三年将百脉泉打造成为对整个山东市场能产生影响力的品牌。

三是品牌定位。百脉泉酒业要坚持“百脉泉”和“清照”的双品牌策略，在消费者心目中形成品牌影响，留下品牌烙印，让“商务宴请选择泉城壹号，大众消费选择清照”成为一种消费习惯。

四是超级单品。超级品牌的背后一定要有一个超级大单品，百脉泉要集中资源和力量打造“泉城壹号”核心单品，用“壹号产品”的卓越表现来促进品牌力的持续提升。

五是成长模式。企业的发展必须要有科学的路径和模式，品牌的塑造要通过创新有效的发展模式来实现。百脉泉酒业要从济南圈市场做起，递进式影响周边，做“大济南”白酒市场的核心代表。

六是团队保障。未来要构建百脉泉酒业领导层与执行层的铁军团队，创新营销理念，提高决策效率，让品牌深入到团队每个人的心中，使百脉泉品牌成为每个员工引以自豪的名片。

除了品牌之外，市场打造层面，我们将坚持扩张与核心样板重点打造“并举”策略，即机会型市场扩充销售网络，济南市场打造绝对样板。未来百脉泉的业绩增长将来源于区域深耕和新市场增量。

产品层面，我们将继续对产品结构进行梳理和升级，培育泉城壹号系列大单品，占位100—300元价格带，后续还将开发出针对次高端市场的齐鲁壹号战略新品，打造能真正代表齐鲁大地的一瓶好酒。

70周年，开启百脉泉品牌建设的盛大篇章

2018年百脉泉酒业迎来建厂70周年的重要时刻。70年既是对过往历史的总结，也是对崭新时代的开启。在百脉泉酒业“品牌建设年”的关键阶段，我们将通过不同的方式来展现百脉泉70年的风采和历程，与大家共同分享喜悦和成果，展望更加美好的未来，从而助力百脉泉酒业品牌化塑造时代全面到来。为此，从2017年下半年开始我们就启动了70周年系列庆典活动的前期筹备工作，包括举办70周年山东大学生LOGO创意设计大赛、70年纪念酒和礼品酒的研发设计、媒体采风会等等。2018年10月份正式庆典活动开始前，几乎每月我们都将推出围绕70年的系列活动。

一月：举办70年庆典新闻发布会，邀请了协会领导、媒体代表与经销商合作伙伴，共同开启百脉泉70周年系列活动的序幕。

三月：举办百脉泉厂商联谊会暨70周年献礼版产品拍卖会。将在经销商渠道引爆百脉泉70周年的广泛关注，提升企业的行业影响。另外，70周年献礼版纪念酒是大家值得珍藏和分享的一坛好酒，由于数量极其有限，从而更具有了华贵而珍稀的价值。

四月：在大济南区域举行消费者盲品会，从品质层面见证70年来百脉泉酒业生态酿酒技艺的传承和创新。

五月：将举办酒文化笔会，邀请全国书画和书法名家为百脉泉70年盛典留下珍贵墨宝，记录辉煌历史，畅想新时代的美好未来。

六月：邀请国家协会的领导及相关权威技术专家对齐鲁壹号进行品评指导。

七月：举办百脉泉建厂 70 周年诗词朗诵会，开展每年一度高考赠酒活动。

八月：参加济南市泉水节活动，在济南市区向社会各界传播 70 周年喜庆元素。

九月：举办自五月开始的 70 周年厂庆有奖征文活动的榜单揭晓活动。

十月：百脉泉酒业将迎来庆祝建厂 70 周年的活动高潮，期间有三场大型活动值得我们期待。

第一项活动是举办“匠心七十·筑梦百年”为主题的百脉泉酒业建厂 70 周年大型庆典暨戊戌年封藏大典，届时将有来自国家级和省级的协会领导、政府领导、经销商与供应商代表、媒体代表等近两千人参与，共同见证 70 周年隆重纪念的盛大时刻。

第二场活动是举办中国生态酿酒高峰论坛，暨泉文化、酒文化和词文化研讨会，对生态酿酒工艺的传承与创新进行深度研讨，对百脉泉特有的文化资源进行提炼和挖掘。

第三项活动是举办“百脉欢歌·盛世华章”为主题的 70 周年公益晚会。目的是回馈百脉泉酒业建厂 70 年以来，社会各界对百脉泉品牌的关心和厚爱。

另外还要在企业内部举办一系列活动，增加员工的荣誉感和自豪感，以 70 年为起点凝聚更多力量，开拓更新局面。

以上就是有关百脉泉酒业建厂 70 周年系列庆典活动的主要内容。除了这些，在我们的年度所有营销事件中都将植入和体现 70 年百脉泉的心路历程和辉煌成就，传播企业的品牌文化和品牌主张。

朋友们，白酒行业正在进入崭新的发展时代，山东市场也将进行品牌格局的重构，这就需要我们用更新的思想、更大的气魄、更有效的方法去不断奋斗，共同迎接这个伟大的时代，创造属于自己的幸福。让我们共同关注 2018 年的百脉泉，共同期待一个具有厚重历史和地域文化色彩的品牌在 2018 年的崭新蝶变。

谢谢大家。

匠心传承　齐鲁典范

—党委书记、董事长李成新在中国高端白酒产业次高端发展高峰论坛上的讲话

（2018 年 4 月 21 日）

尊敬的梁老、马勇秘书长、各位领导、各位经销商和媒体朋友们：

下午好！

阳光草木芳菲尽，最美人间四月天，感谢大家在百忙当中抽出时间参加本次“中国白酒产业次高端发展论坛”，共同探讨和研究次高端白酒的未来发展之路，为企业做大、品牌做强、行业健康等群策群力、共同进步。

白酒行业经过了“黄金十年”的高速发展和“三公消费”、“酒驾入刑”等政策性的影响后，从 2012 年开始进入了一个深度调整期，经过三年的调整，白酒行业存在的问题得到解决，产品结构得到改善，白酒行业整体又恢复了理性的发展。

与之前几次的白酒高速发展不同的是，本次的发展更健康、更良性，其消费特点也更为突出，那就是越来越向中高端和次高端品牌集中，这就加剧了次高端的竞争格局，作为影响市场占有率的产品、品牌、渠道等，都需要强化和深耕。所以，如何借趋势发力，打造市场和消费者认可的高端品牌，也成为百脉泉酒业发展的终极目标。

成立于 1948 年的山东百脉泉酒业有限公司，已经走过了 70 年的风雨历程，七十年来，百脉泉酒业的发展跟中国白酒行业的发展极为相似，经历过辉煌，也陷于过低谷，最困难的时候当地的消费者都不喝我们的产品。

最近十多年来，公司在“先做人、后做酒，做好人、做好酒”的经营理念指导下，狠抓产品质量，2008 年百脉泉酒业率先扛起了“中国生态酿酒倡导者”的大旗，深入研究“生态酿酒”技术工艺，严格酿酒环境、原料、水源、生产过程及产品出厂的每个环节，产品质量得到大幅度提升，多年来，百脉泉酒业没有出现一款产品的质量问题。

没有文化内涵的产品是没有灵魂的产品，我们深知文化对于品牌

的重要性，在酒文化打造和传播上，我们公司是不遗余力的，实施“双品牌战略，差异化发展”，暨打造清照和百脉泉两个品牌，针对两个产品的不同文化进行重点挖掘和打造，“清照酒”作为宋代著名女词人李清照的传承者，赋予其浓重的清照文化；“西有趵突为魁，东有百脉为冠”“百脉泉酒”则重点挖掘和培育百脉泉水文化，打造高端商务用酒。本次推出的“齐鲁壹号”就是公司倾力打造的高端产品，不论内在品质还是外在形式，都堪称一流。

作为位于山东省会济南的酿酒企业，百脉泉酒业公司凭借“清照酒”和“泉城壹号”立足济南，依靠“齐鲁壹号”走向全省和全国，努力打造山东省的强势次高端品牌。

朋友们，今年是百脉泉酒业建厂 70 周年，也是我们的“品牌建设年”，公司将抓住“中国白酒产业次高端发展论坛”和建厂 70 周年的契机，促使公司的品牌影响力、市场占有率、企业竞争力等方面再上新台阶，再创新佳绩，欢迎朋友们到公司做客，并提出宝贵意见。

谢谢大家！

孕育梦想　创造未来

——公司党委书记、董事长李成新在公司职工代表、工会会员代表大会上的讲话

（2018 年 4 月 25 日）

各位职工代表、工会会员代表：

大家好！人间四月天，春光无限好。正是干活的好时节！

根据 2017 年第 13 次区长办公会关于对山东百脉泉酒业有限公司进行股份制改造和新三板挂牌工作会议精神，经国资委批复和经信局工作安排，今天我们召开十届十七次职工代表、九届十七次工会会员代表大会，本次大会会议非常重要，在酒厂历史上也是具有跨时代意义的里程碑式会议，是一次继往开来、再创辉煌的重要大会。

今年是中国改革开放 40 周年，从 1978 年改革开放以来，聪明智慧的中国人民从未停止过改革创新的步伐，从包产到户到国企改革，职工利益的体现都来自于制度改革的红利，我们公司本次股本结构调整、增资扩股，就是充分体现职工

利益，近几年随着新召入人员的不断增加，很多职工没有公司股份，无法享有公司发展红利。本次股本调整后，从股本结构中看出，国有股由原来的48%降到25%，公司管理层占22%，中层干部占17%，普通职工占21%，国有股稀释的股份由广大职工认购，不像其他企业，由企业管理层绝对控股，目的只有一个，让发展红利惠及百脉泉酒业近800职工群众和家庭，从原来先国家、再集体、最后个人的思想中转变过来，公司发展先要职工群众获得收益，才能更好的为国家和集体贡献力量。股本理顺后，在座的每一位都是企业的“老板”“股东”，推出股改机制，可使一个人的努力变成一个团队的努力，企业参股的每一位员工都有为企业发展献言献策的权利和义务，无论你是一线职工，还是高层管理者，百脉泉酒业的每一位员工都成为公司发展的中流砥柱和核心力量；从本次股改程序上看，完全按照《公司法》的要求聘请专业有资质的法律、券商、评估、审计等中介机构进行依法依规的操作执行；另外为了保证职工股份不贬值，公司保证三年内股价不低于原有价值，三年后按照正常上一年的净资产确定股本价格，股改一年后可以自由退股，目的就是维护广大职工的切身利益。我们将一起与新平台携手共进，孕育梦想，创造未来，真正实现我们“同吃一锅饭，共建一个家”的企业宗旨。

十九大报告中指出，我国社会主要矛盾已经转化为人民日益增长的美好生活需要和不平衡不充分的发展之间的矛盾。那么，究竟应当如何化解我国社会面临的主要矛盾呢？根据十九大报告精神以及世界范围内尤其是已经完成现代化转型国家的经验，可以认为，坚持以人民为中心、以基层为原点、以集体主义为纽带，是化解我国社会主要矛盾的中国方案。我们公司本次股本结构改造，增值扩股是顺应民心、顺应时代发展的重要之举；上周五在济南市食品工业协会第十届会员代表大会上，通过全体会员代表无记名投票选举，我本人当选第十届济南市食品工业协会会长，这不仅仅是我个人的荣誉，更是公司的荣誉，为今后公司多元化发展提供了更多的选择、更广阔的空间，为公司多元化发展和新旧动能转换扫清障碍，提供空间，还是那句承诺，让百脉泉酒业广大职工过上美满幸福的生活是我和公司管理层一生孜孜不倦的追求。

推进公司增资扩股，不仅能为企业发展带来资金支持，而且更重要的是促进企业在股权结构、公司治理、管理理念、经营机制等方面实现质的飞跃，从而推动公司向更高层次、更大规模、更快速度发展，使企业真正成为技术先进、结构合理、机制灵活、核心竞争力强的市场主体。从全省、乃至全国白酒企业的体制来看，绝大多数的企业都完成了股份制改造，改造后的企业更具有能动性、积极性、灵活性、可控性。从国家层面讲，不仅在中共十九大习主席的报告中，还是在山东省新旧动能转换实施大会上刘家义书记的讲话中，都把加快国有企业体制改革作为今后工作的重中之重，有国家政策的要求，有政府、国资委和经信局的支持，有广大干部职工的期盼，我们更应该抓住历史机遇，实现“凤凰涅磐”脱胎换骨，克服“小富即安”“安于现状”的思想，坚定不移、锲而不舍的努力实现企业股份改造。

同志们，股本改造，增值扩股工作事关公司全局和长远发展，大家要统一思想，提高认识，坚定信心，明确目标，上下一盘棋，心往一处想，劲往一处使，凝心聚力，“共创和谐发展，打造百年企业”的宏伟目标一定能够实现。

谢谢大家！

二、规章制度

章丘县酒厂文明公约

（1982 年）

第一条　学习政治，学习业务和文化技术，养成好习惯，有理想、有抱负，树立主人翁责任感。

第二条　时时用《全国职工守则》八条对照个人，做到言行有准则，争做合格职工。

第三条　热爱本职工作，严守工作岗位，完成工作任务，不做工作岗位上不允许做的事情。

第四条　正确安排好个人业余活动，在厂内外说话和气，礼貌待人，办事公道，互助合作，助人为乐，不说脏话，不办丑事。

第五条　爱护公共财产，讲究公共卫生，爱厂如爱家，文明办工厂，不做有损于公共财产、公共设施和有碍于厂容的行为。

第六条　遵守公共秩序，公共场所不起哄，不出风头，做到文明行事，作风正派，端庄大方。

第七条　学习、尊重先进人物和先进事迹，虚心待人，好学上进，不做冷讽热刺、忌贤妒能的事，更不能有背道而驰的后进行为。

第八条　要心灵诚实，说老实话、办老实事，不虚荣，不违心，不做有损于他人或全体利益的事。

章丘县酒厂职工劳动纪律管理条例

一、职工基本职责：

1. 执行政府的法令，努力完成生产、工作或其它各项任务。

2. 严格遵守企业一切规章制度和标准及作业时间，不无故迟到，不早退，不擅离职守。

3. 服从分配，听从指挥，按照规定职责努力做好本职工作。

4. 发掘艰苦奋斗的精神，增强主人翁责任感，提高工作质量，努力提高生产和工作效率。

5. 努力钻研技术业务，熟练掌握和运用各种现代化管理方法与生产手段，积极参加技术革新，技术协作和合理化建议活动，不断提高生产经营管理水平。

6. 搞好安全和文明生产，遵守各项操作规程，正确使用劳动保护用品，创造舒适优美的工作环境。

7. 发扬自力更生，艰苦奋斗的创业精神，团结协作，尊师爱徒，互相学习，共同提高形成和谐的工作气氛。

8. 积极参加各项有益的社会活动，提高思想觉悟，增强法制观念，与违法乱纪、损害公共利益的行为做坚决的斗争。

二、劳动纪律：

1. 劳动纪律的管理：⑴由生产副厂长分管劳动纪律工作，日常劳动纪律管理，由办公室保卫科负责。

⑵厂办公室根据不同时期，及时制订或修订全厂性的《劳动纪律管理规定》，经审议通过后贯彻执行。

⑶对违纪职工进行处分时，部门或车间要提供综合材料并提出自理意见，报主管厂长审批或向厂呈报。

2. 纪律处分的等级和权限：

⑴根据惩前毖后、治病救人的原则，对初次轻度的违纪职工应进

行批评教育，防止再犯。

⑵对多次违纪或违纪造成严重后果的职工，应按厂劳动纪律管理规定，给予罚款，扣发工资，停职检查处分。

⑶对严重违犯劳动纪律且又屡教不改，要视情节轻重给予行政处分，行政处分为警告、记过、记大过、开除厂籍留厂察看、开除厂籍。

⑷各车间、科领导有权对本部门职工给予警告处分，要经分管部门领导批准，报厂办备案。

⑸对违纪职工记过、记大过的处分经厂办公会议研究决定。

⑹对违纪职工给予开除厂籍或除名、辞退时，应征求工会意见，由党、政、工联系会议决定。

三、职工奖惩：

1．对职工奖励或处分按国务院1983年发布的《企业职工奖惩条例》执行。

2．根据企业承包后的权限，参照《条例》规定制订具体的奖惩办法。

1988年1月

济南百脉酿酒有限公司员工守则

一、热爱祖国，热爱共产党，热爱社会主义，坚决拥护执行党的路线、方针、政策。

二、关心集体，爱护公共财产，勤俭节约，爱公司如家，敢于同不良倾向作斗争。

三、努力学习，提高政治、文化、科技、业务水平，做到革命化、专业化、知识化，积极参加企业管理。

四、遵守国家的法律、法规，遵守劳动纪律，严格执行公司的各项规章制度。

五、增强企业主人翁责任感，高质、高效、扎扎实实做好本职工作。

六、服从领导，服从分配，积极主动地完成公司交给的各项工作任务。

七、团结互助，尊师爱徒，和睦家庭，文明礼貌，整洁卫生，讲究社会公德。

八、提倡晚婚晚育，实行计划生育。

九、扶植正气，抵制歪风，维护正常的生产秩序和工作秩序，维护社会治安秩序。

员工奖惩条例

目的

公司为加强和规范管理制度，保持良好的工作环境，同时发挥员工的积极性，有效制止不利于公司发展的行为，公司对全体员工进行奖惩管理。

奖惩原则

1. 奖励与惩罚适度的原则；

2. 公开、公平、公正的原则；

3. 按程序办事的原则。

奖励

（一）奖励分为：嘉奖、小功、大功和年终评奖（包括总经理奖、优秀员工奖，优秀团队奖）。

（二）员工有下列情形之一者，予以嘉奖（每次奖励50—200元）

1. 积极维护公司荣誉，在客户中树立良好公司形象和口碑者；

2. 认真勤奋、承办、执行或督导恪尽职守成为公司楷模者；

3. 工作勤奋，超额完成工作任务者；

4. 领导有方、业务推展有相当成效者；

5. 参与、协助事故、事件救援工作者；

6. 主动积极为公司工作，提出合理化建议，减少成本开支，节约约资源、能源者。

（三）员工有下列情形之一者，予以记小功（每次奖励100—400元）

1. 对工作流程或管理制度积极提出合理化建议，被采纳者。

2. 积极研究改善工作方法提高工作效率或降低成本确有成效者。

3. 检举揭发违反规定或损害公司利益事件者。

4. 对可能发生的意外事故能防患于未然，确保公司及财物安全者。

5. 策划、承办、执行重要事务成绩显著者。

6. 其它应给予记小功事迹者。

（四）员工有下列情形之一者，予以记大功（每次奖励400－5000元）

1. 在工作或技术上大胆创新，并取得显著经济效益者。

2. 对天灾、人祸、犯罪等现象，不顾安危，见义勇为，对维护正常的工作秩序有显著功绩者。

3. 对公司发展有重大贡献，应记大功事迹者。

4. 开拓公司业务，经营业绩（利

润、营业额）骄人者。

5. 对危害公司事件事先举报或阻止，避免重大损失者。

（五）团体奖项（奖金3000—10000元）公司设有优秀班组奖、优秀团队奖。奖项每年评选一次，班组内所有成员当年的出勤率均在95%以上；且所有成员均未出现过重大过失（即没有被记过）的班组均可参加评选。

（六）员工有下列情形者，可参加总经理奖（奖金1500元）的评选

1. 开拓公司业务，经营业绩（利润、营业额）骄人者。

2. 对公司有重大贡献者，对危害公司事先举报或阻止避免重大损失者。

四、惩罚

（一）公司对违反公司管理制度的员工，视其情节轻重给予惩罚，惩罚分为：警告、通报批评、记过和解除劳动合同。

（二）员工有下列情形之一者，予以警告（每次罚款30—50元）

1. 上班时间脱岗、串岗、睡岗或做与工作无关关事务者。

2. 在工作场地喧哗吵闹或嬉戏，长时间的接听私人电话闲聊者。

3. 迟到、不按时到岗、早退，每次罚款30元；超出30分钟（含30分钟）作旷工半天处理。一个月内累计迟到或早退五次者，按旷工一天处理，工作期间中途无手续出厂办私事，按旷工半天处理。

4. 妨碍工作秩序或违反破坏安全，环境卫生相关制度，破坏公司美化、绿化及卫生者，私自在公司公共场所乱写乱画者。

5. 违反禁烟规定，一次罚款100元，第二次罚款200元，第三次罚款300元。

6. 利用公司设备如电话、计算机、互联网等做与工作无关事者

7. 任由外单位人员在厂区内不经陪同自由走动，一次罚接待部门负责人或责任人50元。

8. 未经允许私自带外来人员进入公司，以及发现外来人员未及时制止者。

9. 不执行生产调度指令或违反操作工艺和纪律，不接受工艺质量检查人员的监督，当事人每次罚款元，由此造成的经济损失全额赔偿。

10. 在运输、加工过程中丢失产品、材料或工装夹具，一次罚款30元并按价赔偿。

11. 对公司财产漠不关心，发现失落的产品、材料或工装夹具，不予妥善处理者。

12. 检查或监督人员未认真履行职务，对违规行为姑息不加制止者。

13. 工作责任心不强，无正当

理由，未在规定期限内完成生产工作任务者。

14. 初次违反设备维护规定者。

15. 违反质检制度，情节较轻者。

16. 初次不听主管合理指挥者。

17. 同仁之间相互谩骂吵架情节尚轻者。

18. 一个月内两次未完成工作任务，但未造成重大影响者。

19. 对各级主管的批示或有限期的命令，无正当理由而未如期完成处理不当者。

20. 工作时间，非招待客户或业务关系饮酒者。

21. 对公司资源使用不加节约，浪费资源者（包括长明灯、长流水、电器设备空转等）。

（三）凡有下列情形之一者，予以公司内通报批评（每次罚款50 － 100元）

1. 因个人过失导致工作差错，如酒后驾车者，经常迟到、不按时到岗早退（月度5次以上）等情节较重者；

2. 工作时间工作场所制造私人物者；

3. 妨碍生产、工作秩序，造成后果严重者；

4. 不服从领导，无理取闹、聚众闹事，造成不良影响者；

5. 不按规定要求穿着工作服且不听劝阻者；

6. 不能适时完成重大或特殊交办的任务而影响公司利益者；还需支付所有材料费用；

7. 旷工2个工作日者；

8. 过去12个月中曾被三次口头（书面）警告而再犯者；

9. 其他违反劳动纪律、管理制度规定，情节较重者。

（四）职工有下列情形之一者，予以记过（每次罚罚款100 － 500元）

1. 因玩忽职守、违反操作技术规程、安全规程或违章指挥，造成公司损失但不大者（低于1万），除罚款外，需赔偿经济损失的30%；

2. 非因不可抗拒原因，造成质量事故、工伤事故、设备损坏、停工停产、退货或索赔等损失在10000元以下，主要责任人赔偿不低于30%，相关责任人赔偿不低于10%；

3. 对上级批示或布置的任务，无故未按期完成，影响公司利益者；

4. 因工作疏忽擅自变更工作秩序方法，不负责任，导致机器、设备及材料、物品遭受损失或伤及他人者，记小过罚款外，赔偿损失的30%；

5. 季度内累计三次未完成工作任务，但未造成重大影响者；

6. 在工作时间睡觉或擅离职守，导致公司蒙受损失者（5000元以上）；

7. 在工作场所酗酒闹事，影响正常工作或生产秩序，情节严重且劝阻无效者；

8. 无故损坏公物以及保管不善导致公司财物短少、损坏，造成损失较小者；

9. 对连续性工作不等接替先行下班，工作需要加班而不接受任务以及检查值班人员未按规定执行勤务者；

10. 未经允许损毁、涂改重要文件、档案或公物以及遗失重要公文者（物品）者；

11. 违反安全规定，携带危险或违禁物品进入工作场所者。

（五）职工有下列情形之一者，予以解除劳动合同

1. 利用职务之便，收受贿赂或回扣，情节严重、损害公司利益者。二经查实如数收回其非法所得，并处以5倍罚款；

2. 私自变卖企业物资、设备、工装、原辅材料、产品者以及盗窃同仁或公司财物者，予以除名并要求全额赔偿；

3. 因本人责任造成较大设备、安全、产品质量事故，致使公司蒙受经济损失在100000元以上者，主要责任人赔偿不低于30%，并解除劳动合同，相关责任人赔偿不低于10%；

4. 对报销凭证（单据）弄虚作假或涂改，虚开代开各类发票，涂改、销毁账册和挪用盗用公款等违法行为，除追回损失外，罚款1000元；情节严重的，解除劳动合同；

5. 诬陷、暴力胁迫上级或同事，影响恶劣者，以及在公司内殴打他人或相互殴打，情节严重者，对同事实施暴行或有重大侮辱行为者；

6. 两次无故拒绝工作，拒不听从主管指挥监督，与主管发生冲突者，经教育无效且情节严重者；

7. 泄漏企业工艺技术、商业情报，盗卖技术资料、图纸和销售渠道者；

8. 擅用公司名义、公司印信或仿效主管笔迹，给公司造成较大损失者以及利用公司名义招摇撞骗，使公司蒙受损失者；

9. 在公司内聚众赌博，酗酒滋事造成恶劣影响者；

10. 在公司内聚众要挟及在工作中寻衅滋事，煽动罢工、怠工、无理取闹、参加非法组织，妨碍生产秩序，经教育无效者；

11. 不按正常渠道反映情况，在公司内散发传单，张贴标语或小字报者；造谣惑众，无事生非，制造矛盾者；

12. 连续旷工超过5个工作日

或全年旷工达7个工作日者；

13. 参与“黄、赌、毒”及在公司内部有伤风败俗之行为者；

14. 故意损坏产品质量、公司财物，且后果严重者；

15. 因玩忽职守或不负责任，致使公司蒙受巨大经济损失者，赔偿公司损失，并解除劳动合同；

16. 严重违反各种安全制度，导致重大人身或设备事故者；

17. 年度内累计三次记大过行为者；

18. 被依法追究刑事责任的。

五、其他

1. 员工依据奖励规定应受奖励，或违反惩罚规定应受处分时，由所在部门负责人或管理督查部填写《奖惩申请单》，经总经理审核批准后，由管理督察部公告执行。

2. 员工凡被公司解除劳动合同者律不得再行录用。

2015年5月

三、报刊电视文摘选编

百脉催得佳酿来

——济南百脉酿酒有限公司借名泉筑品牌成效显著

济南百脉酿酒有限公司居于有小泉城之称的济南章丘，处在著名的济南七十二名泉之一的百脉泉畔。半个多世纪以来，依仗这古老清澈、长年喷涌的天然水系所配制的百脉泉白酒，凭借其窖香浓郁，绵甜爽口的特有口感，传遍四面八方。尤其是近十几年来，得天独厚的济南百脉酿酒有限公司更是借改革开放的东风大做泉水经济的文章，使百脉泉系列酒的品牌与百脉泉水的美名共扬四海，源远流长。为一展其亮丽风采，记者日前来到该公司进行了采访。

浓香的口感塑造了百脉泉白酒的品牌特色

据济南百脉酿酒有限公司副总经理张传海介绍，百脉泉系列白酒以浓香型为主，缘于五十多年前，济南百脉酿酒有限公司的前身——章丘酒厂初建时，是为适应生活水平不高消费者开发的。张副总介绍，在相当长一段没有市场竞争的时期内，这种浓香型白酒深受消费者欢迎，他形象地用当地老百姓的话评价，“这酒过瘾而不上头，喝着来劲。”一语道破了该酒的诱人之处。

不过，这只是该款酒品发展中曾经的一个历史阶段。如今的百脉泉白酒，已不再是当初单一品牌的简单结构。经过多年市场经济的打拼，高档次、高品位产品的不断出现已使百脉泉白酒成为一个系列，与清照系列白酒共同支撑着百脉泉酒业的市场格局。

泉水经济促发了品牌效应

随着近年来各种白酒品牌文化内涵的竞相展示，济南百脉酿酒有限公司也不例外。首先，把百脉泉白酒一直吸吮的百脉泉水引入品牌构筑，将使用多年的章丘酒厂冠名为济南百脉酿酒有限公司，让这一闻名中外的历史名泉登上了该企业的门面，并把其产品品牌命名为百脉泉，使消费者在饮用百脉泉白酒的同时既能与古老的天然泉水相联系，又充实了品牌的绿色内涵。张副总介绍，由于企业名称和产品品牌改的及时，不仅使同处章丘的其他酒厂无缘此名，连本公司的其他品牌，例如清照系列白酒也一同受益。据负责企业销售的潘副总介绍，仅此一项就使百脉泉白酒的销售形势发生了本质上的扭转，市场占有率得到了大幅度的提高。

利用机遇搞好产品的促销活动，是济南百脉酿酒有限公司的又一大举措。据潘副总介绍，近年来，随着济南市泉水经济的快速发展，尤其是旅游产业大打泉水牌的重拳效应，使百脉泉成了越来越多旅游者的光顾之地，百脉泉水也随之身价倍增。济南百脉酿酒有限公司借地域优势、文化优势不失时机地大力弘扬百脉泉白酒的品牌特色，向市场推出一个又一个白酒新品，使百脉泉白酒系列更加丰富多彩、韵味十足。潘副总介绍说，目前企业年销售额已达8000万元，实现利税1500万元，仅在济南市区所占市场份额就达全年销售收入的1/10。这就是百脉泉白酒打品牌文化内涵，做泉水经济文章所产生的良好效果。

诚朴为本是百脉泉白酒的经营理念

谈到百脉泉系列白酒品牌的经营理念，企业老总李成新开宗明义：“先做人、后做酒，做好人、做好酒。”记者在采访中注意到，这也是贯穿于济南百脉酿酒有限公司整个经营活动的座右铭。

负责产品技术开发的马副总介绍说，“老老实实地按客观规律办事，认认真真地抓产品质量，这对百脉泉白酒这种主打地方市场的产品来说尤为重要。作为外来白酒品牌，其质量内涵为了销售可以随意夸大，其不实之处在被消费者识别后，他顶多拔腿走人放弃这块市场。但我们则不行，质量虚假一旦被消费者看穿，必然是自毁市场甚至自断前程。”在这种理念下，百脉泉人始终兢兢业业、一丝不苟，在天然泉水的浸润下，选择优质的酿酒原料，采用传统工艺与现代先进设备相结合的手段精心打造完美品牌。

记者在现场看到，按照传统工艺要求砌成的酿酒发酵池整齐地排列在车间内，表面覆盖的酒糠上蒸发着带有浓烈酒曲味道的热气。据马副总介绍，这些发酵池的内壁均由从几十公里外的白云湖采掘来的土壤砌成，含有多种酿酒营养成分，对酿出的百脉泉白酒起着至关重要的作用。在公司的藏酒窖，十几排庞大“憨厚”的酒缸有序地排列在窖内，向我们展示着白酒祖先的淳朴与执着。记者也似乎穿越了漫长的历史年代，进入到原始的酿酒作坊，见证着古老的佳酿存储过程。

马副总介绍，百脉泉白酒打百脉泉水的品牌内涵绝非虚张声势。一方面企业与百脉泉咫尺之遥，取水易如反掌。另一方面，即使为了保泉限止取水，企业内的井水泉脉与百脉泉也是一脉相承，在水质上毫无二致。所以在这一点上的可信度还是很高的。

优化结构弘扬品牌是百脉泉白酒的发展所在

关于济南百脉泉酿酒有限公司的发展方向，据负责接受采访的几位企业副总介绍，前段时间，省白酒工业协会领导来厂考察，曾耐人寻味地指出：该企业的优点是稳定，但缺点则是太稳定。这在一定程度上说明了目前企业在发展上所存在的现状。

据几位副总介绍，在过分追求稳定的前提下，企业长期过于保守，以至于多次错过发展的机遇，这是全公司上下有目共睹的事实。直至今天，在白酒市场日趋白热化的竞争中，仍有人对企业能按月发工资而安之若素，令人担忧。据了解，进入2005年以来公司已多次召开有关人员会议，寻求为企业带来更大效益的发展思路，表明了该企业新年新发展的决心和信心。

据悉，济南百脉酿酒有限公司前些年也曾尝试过几次小规模的改革，甚至包括一次跨度较大的“国退民进”式的改制，但由于操作欠规范和急于求成而未成功，由此还导致当时一位主要领导丢了乌纱，教训深刻。截止到目前，该企业仍为国家持大股的股份制性质，由于与国有制性质差别不大，所以企业的各种激励政策似乎难以收到明显的效果。但这也同时说明，企业改革还大有文章可作。现任企业总经理李成新是去年春天来到百脉酿酒公司的，由于此前在当地一家中外合资企业经营多年，所以也带来了合资企业的一些时尚管理理念。

最能说服人的例子是，在去年百脉泉泉水喷势最旺也被炒作得最红火的时期，由于在李总的决策下及时与之相呼应，借势采取了促销手段，使白酒销售创出了前所未有的新高。另一个事例是，抓住省内白酒市场纷纷大打地方强势品牌的有利时机，在各种媒体上大造声势，加强了百脉泉系列白酒的宣传力度，产生了意想不到的品牌效应，引来了省内很多同行的关注与兴趣，不断预示着济南百脉酿酒有限公司灿烂的前景。几位副总异口同声地表示，这些都与李总打文化品牌、搞泉水经济的先进理念和善抓市场机遇的敏锐头脑是分不开的。

关于今年企业及产品的发展思路，李总介绍，首先是要优化产品结构，在当前产品市场比较看好的前景下，重点发展中高档位的百脉泉白酒系列，扩大此档次产品的销售规模。另外，在满足一部分较低水平消费者需求的条件下，逐步弱化并最终淘汰包括清照系列白酒在内的低档次产品，使百脉泉白酒有一个飞跃。

对企业内部改革，李总的态度很坚决，还要继续。但要在稳定员工情绪，兼顾国家、集体和个人三者利益的基础上进行。最终目标是创建一个能够有效调动员工积极性，丰富白酒市场品种，提高和完善白酒质量的企业模式。据了解，为达此目标，该公司已加强了百脉泉白酒的区域性品牌创造和周边酒水市场的争夺力度，密切了与相关大专院校的合作关系，根据市场需求正在大力开发的20°以下的低度白酒系列新品种，即是走向该目标的步骤之一。另外，为全面挖掘百脉泉品牌的深厚内涵，该公司新近又开发了与白酒同为饮料的百脉泉纯净水，把泉水经济做到了极致。

前途光明，道路曲折。李总不无忧虑地告诉记者，近来出现的一些令人沮丧的现象使企业的发展陷入迷惘。首先是原材料大幅度涨价，除粮食由前年的500克0.48元猛增到现在的将近0.9元，整整翻了一番外，酒精也每吨上涨了1000元。而限于市场竞争格局，产品却又不能提价，如此雪上加霜的局面发展下去企业将不堪重负。另外，许多小酒厂尤其是一些无证企业钻国家政策的空子，违规降低成本进入市场，也加剧了酒水市场无序的竞争。尽管如此，李总表示，济南百脉酿酒有限公司也得面对现实，克服重重困难，群策群力，渡过难关，实现既定的目标。据了解，根据新的市场动向制订出的企业发展举措已经出台，产品销售方案也开始实施。预计今年济南的白酒市场格局将因百脉泉白酒的扩张而出现明显变化。

（本报记者　马永刚）原载《中国食品报》2005年3月9日第3版

听从党的召唤，他选择了艰辛。面对市场竞争，他狠抓企业发展。他深入扎实的工作作风和无私奉献的品格赢得广大职工的信赖和支持，被亲切地称为——

我们的领头雁

我叫崔士茂，是山东省济南百脉酿酒有限公司工人。参加工作十几年来，亲眼目睹了我们的领头雁——公司党委书记、董事长、总经理李成新是如何在公司跌入低谷之际，勇敢地挑起重担，带领大伙走出了多年亏损、经营困难的泥潭，让企业驶入了发展的快车道。

听从党的召唤，他选择了艰辛

2004年3月，时任中日合资章晃机械工业有限公司副总经理的李成新接到调令，担任济南百脉酿酒有限公司党委书记、董事长、总经理。一时间，李成新面临着人生和事业的重新选择：在章晃，他的工资、生活等各方面待遇都很好。而济南百脉酿酒有限公司，这个具有50多年历史、400多名员工的市属企业在历经辉煌之后，却连年亏损，负债累累，举步维艰。然而，面对党的需要和召唤，李成新毅然决然的选择了后者。

到任第一天，他就一头扎进了车间。员工思想不稳定，情绪低落，他就与干部职工谈心。面对的是一项新的工作，他就沉下心来，身子扑到车间，和工人一起参加劳动，很快熟练掌握了白酒生产的全部流程和工艺。很快，他把企业经营的总体情况、干部职工的思想状况摸得清清楚楚，企业发展的新理念也在他心中悄悄酝酿成熟。

面对市场竞争，狠抓企业发展

“先做人，后做酒，做好人，做好酒”，李成新确立了公司发展经营新理念。为此，李成新按照有关规定，结合企业实际，制订了30多项厂规厂纪，100多种管理标准和工作标准。一整套制度建立起来，可谓是严丝合缝，滴“酒”不漏。企业发展需要人才。为建设一支高素质的职工队伍，他采取“走出去，请进来”的策略，组织公司骨干学习外地先进经验；聘请技术顾问和专家教授授课，举办酿酒技工培训。目前，公司有2人取得了省级酿酒技师职称，21人取得高级酿酒工证书，42人取得了中、初级酿酒工证书，为提高产品质量奠定了坚实基础。

面对日趋激烈的市场竞争，李成新始终牢牢把握住企业发展的主动权。2004年6月，公司与山东轻工业学院联合建立“科研基地”，实现了校企联姻。9月通过了ISO9001国际质量和ISO14001国际环境双体系认证，使公司管理水平上了一个新台阶。为加强公司科研实力，他主持建立了集品酒、化验、计量、检测、办公、服务于一体的“科研楼”，成立了“济南市企业技术开发中心”和“章丘市食品发酵研究所”。一系列新的品牌相继问世，赢得了消费者的青睐。为拓展新的市场，2004年9月，一种新产品—百脉泉纯净水顺利通过有关部门认定，获得了生产许可证，于国庆节前夕上市，进一步拓宽了企业发展空间。今年春节期间，公司门前车水马龙，购酒的车队排起了长龙，公司产品出现了久违的脱销，呈现出一派兴旺发达的景象。

工作讲奉献，无私品自高

李成新来到公司一年中，几乎每天都下车间，哪里出现问题，他都会在最短的时间内赶到现场。职工都说：李总就像我们的影子。中午，在餐厅排队的人群最后，你一定能找到他。有的领导好心提议：你身体不好，工作忙，就让食堂单独给你做点送过去。对此，他婉言相拒。一年多来，他没有休过一天班，有两次生病了，他也无暇休息，一边打吊瓶，一边和同志们研究工作，甚至吊瓶一拔，就直奔车间，让身边的工作人员既着急又感动。

李成新不仅对工人严格要求，对自己要求更严，从不向公司伸手，从不占公司的便宜。去年他搬家的时候，谁都不告诉，找了家政服务公司来做。每次外出学习或跑市场，他总是住便宜房，吃地摊饭。用他的话讲，企业经营不容易，钱要花在刀刃上。

破蚕而出，化蛹为蝶。在李总的带领下，企业突破重围，重振雄风。2004年，济南百脉酿酒有限公司实现销售收入6200万元，完成利税1100万元，并创造了仲秋节实现销售收入1200万元、春节期间实现销售收入2000万元的历史同期最好水平。

（崔士茂口述，张忠清整理）原载《中国纪检监察报》2005 年 6 月 23 日第 3 版

百脉欢歌

——记优秀共产党员、济南百脉酿酒有限公司党委书记、董事长李成新无私奉献的事迹

“迎着朝阳，披着霞光，百脉酿酒人豪情万丈……”，一首《百脉酿酒之歌》唱出了济南百脉酿酒有限公司的辉煌。

水质甘甜，日夜喷涌不息的“天下奇观”百脉泉，以其独有的品质，吸引着来自五湖四海的朋友，济南百脉酿酒有限公司的百脉泉系列、清照系列白酒以其特有的品质，成为大家的馈送佳品。2005 年春节期间，公司的新产品出现了久违的脱销，呈现出一派兴旺发达的景象。

济南百脉酿酒有限公司迎来了充满无限生机的春天。

甘当铺路石

2004 年 3 月 5 日，中日合资章晃机械工业有限公司中方代表、副总经理李成新接到调令，被派往济南百脉酿酒有限公司任党委书记、董事长、总经理。此时此刻，李成新思绪万千。1978 年 8 月，他参加工作被分配到章丘市鼓风机厂干车工。十几年间，他凭着执着的干劲，从普通工人干到汇丰集团副总经理，期间参加了山东大学 MBA 工商管理培训班和山东省委党校管理大专班学习，并取得大专毕业证书，97 年 6 月被评为济南市第五届优秀青年厂长（经理）；99 年兼任章丘市首届青联副主席。2001 年 3 月，担任中日合资章晃公司中方代表、副总经理。在章晃公司，他作为副总经理，月薪 5000 多元，免费午餐，配有日本专车，待遇优厚，如不出意外，本人可在合资公司干到退休。而即将接手的酒厂却是一副千斤重担，况且，个人每月工资少收入二、三千元，还付出双倍的精力。

熟悉李成新的人都知道，从汇丰集团到章晃公司，几次工作变换，他都坚决服从，干一行，爱一行，把新岗位作为新的人生起点，默默地奉献着光和热。他始终甘当一粒“铺路石”，哪里需要哪里搬。现在，组织上需要他到最困难的地方去，他该怎么办？一边是优厚的待遇，一边是组织的信任和重托，何去何从？李成新想，自己是一名共产党

员，组织的信任就是最大的厚爱和支持，党组织既然把一个几百号人的市属企业交给了我，自己只有干好的责任，决没有畏难退缩的理由，更没有什么割舍不下。想到这些，李成新不顾个别人的冷嘲热讽，愉快地走上新的工作岗位。

重整旗鼓

原章丘酒厂是解放后政府办的全县第一家国营企业，这个具有50多年历史、500多名员工的老企业，曾是市场的宠儿，但由于各种原因，如今已是昨日黄花，公司连年亏损，负债累累，举步维艰……

面对这样一个摊子，临危授命的李成新从到任第一天开始，就全身心地投入到企业，与干部职工谈心，到车间参加劳动，整天忙的连轴转。从投料到蒸酒、制曲，从刷瓶、包装到成品入库，每一个流程都细心研究，现场操作，很快掌握了白酒生产的全部工艺。

企业内部人心散乱，班子不健全，制度落实不到位，违纪现象时常发生，针对存在的种种问题，李成新适时提出了公司发展的新理念："先做人、后做酒，做好人、做好酒"。企业要发展，班子建设是关键。2004年7月，公司召开新一届股东大会，选举产生了新一届公司领导班子。新班子上任第一件事就是主动降低个人工资。李成新从自身做起，率先下调80元，其他领导干部也主动调低50元、30元不等。同时，规定岗位补贴向脏、重、累一线职工倾斜。每天参加义务劳动，是班子调整后确定的又一项新制度。无论严冬酷暑，李成新总是带头到车间扛酒瓶、搬麻袋，每次衣服从上湿到下，大家劝他回去休息，他总是摇头拒绝，公司定的规矩，自己没有破例的道理。

为进一步凝心聚力，李成新组织创作了《百脉酿酒之歌》，在歌声中增添大家的信心与力量；每天早晨7：50，李成新都要和员工一起做广播体操，在激情和力量的展示中，振奋员工精神；在今年开展的保持共产党员先进性教育活动中，公司86名在职党员做了"践行三个代表，争做时代先锋"的联合签名；520名员工参加了"全员齐努力，同心创辉煌"的集体联名活动。

新班子新作风，感染和带动着每一个职工。大家拧成一股绳，心往一处想，劲往一处使，公司上下出现了和衷共济，共度难关的良好局面，粮酒车间出酒率提高10个百分点，主要质量指标达到全国同行业先进水平；包装车间连续产品质量抽查合格率达到99%，创建厂以来最高水平。

为加强企业管理，李成新上任

一年来，先后制订和完善30项厂规厂纪，100余条管理标准和工作标准，形成了一套完善的企业管理制度。对违反公司制度的行为，坚决处理，先后开除8名违纪员工，维护了制度的严肃性。同时加大企业规范治理力度，于去年9月顺利通过了ISO9001国际质量管理和ISO14001国际环境管理双体系认证，使公司管理水平上了一个新台阶。

为把企业做大做强，公司着力实施人才战略。采取“走出去，请进来”的办法，千方百计培育人才。组织骨干学习外地先进经验，聘请省白酒协会会长黄业立担任公司技术顾问，请专家教授为职工授课，举办粮酒技术培训。李成新本人参加了清华大学“高级经理培训班”的学习。目前，公司有2人取得省级酿酒技师职称，21人取得市级酿酒工证书，42人取得初、中级酿酒工证书，且每月享受技术津贴。这些举措极大地提高了干部职工的整体素质，为下步粮酒的优质生产打下了坚实基础。

科技兴企

近几年，白酒市场的竞争日趋激烈，谁主沉浮，难下定论。企业如何走出困境？李成新到公司一年多的时间里，和公司一班人大胆改革，勇于创新，狠抓质量、市场、科技，牢牢把握住了企业发展的主动权。去年6月，公司与山东轻工业学院联合建立“科研基地”，把学院的科研项目拿到公司来实验，公司科研难题由学院组织攻关，企院联姻，成为济南百脉酿酒有限公司科技兴企的“里程碑”。

为加强科研实力，在资金紧张的情况下，公司果断投资14万元，新上一台先进的美国“惠普6820”质量检测仪，保证了每个批次产品质量的稳定。在此基础上，又建立了集品酒、化验、计量、检测、办公、服务于一体的“科研楼”，成立了“济南市企业技术开发中心”和“章丘市食品发酵研究中所”。短短一年时间，36°系列八年、52°金清照、46°百脉泉、36°百脉泉等一系列新的品牌相继问世，并且很快赢得了消费者的青睐，扩大了产品销售市场。在省城济南，百脉泉系列、清照系列白酒已成为白酒市场上的名牌产品。去年10月，公司新开发的百脉泉纯净水顺利通过了济南市技术监督局认定，获得了生产许可证，产品于国庆节前夕上市，掀起纯净水市场的一阵波动。今年6月，百脉泉牌纯净水、天然泉水被评为全省十佳品牌。

一身正气显本色

做好人，做好酒，是公司新领导班子的治家格言。日常生活中，李成新始终把自己看作公司的普通一员，从不以总经理身份搞特殊。公司的干部告诉记者，李总来公司一年多，坚持每天和大家一起下车间劳动，了解情况，哪里有问题，哪里就有他的身影。中午就餐，坚持和职工一起排队买饭，每次总是排在最后，有时菜卖完了，他便就着咸菜吃馒头。食堂工作人员看到他工作忙，想单独做点送过去，总是被他婉言谢绝。公司正处在发展阶段，工作千头万绪，一年多来，李成新没有休过一天班，白天忙不过来，晚上加班是常事。有两次生病，他一边打吊瓶，一边听汇报，有时甚至针头一拔，就直奔车间。他患有高血压、心脏病，每次劳动后回到办公室，都累得瘫软在椅子上，浑身没有一点力气。为了尽量不让别人知道，他自备了降压灵等各种药品，感觉不好就吃上两片。公司办公室工作人员介绍，今年7月初，李总因心脏病发作住院治疗一周多时间，他告诉办公室人员，不准把住院的消息告诉任何人。公司党委副书记王者厚对记者说，李总最大的优点，就是一身正气，他从不摆架子，平易近人，率先垂范，不徇私情。李总每次外出学习或跑市场，总是住普通房，吃便宜饭。来公司一年多，他没有安排1例人情关系进厂工作，包括自己的亲朋好友，却积极配合民政部门，按政策安置了5名退休军人，2名军人家属。

李成新不顾个人得失，却时刻把职工的冷暖挂在心上，努力构建和谐的企业环境。职工宿舍前是一条土路，多年来“晴天一身土，雨天一身泥”，影响职工的工作生活。李成新上任后，很快筹资为职工修建了一条宽6米，长160米的水泥路，解决了职工的行路难，被大家亲切的称之为“连心路”。同时，还为职工修建了浴室、更衣室，制作了餐具橱，改善了职工的工作生活环境。每逢员工过生日或结婚，李成新都要代表公司党委在章丘电视台点歌祝福；每逢离退休老干部生日，他都要安排办公室人员买上蛋糕送去一份祝福。为减轻工人的劳动强度，投资十几万元新上制曲机1台、磨曲机1台，结束了人工踩曲历史。解决了多年临时工的待遇问题，对工作满10年的临时工缴纳养老保险，满15年的进行转正。管理岗位实行竞争上岗，杜绝了原来靠亲属、凭关系的坏风气。在今年组织的公司离退休老同志座谈会上，退休职工高东荣感慨地说：“我退休在家近10年了，公司领导还想着我们，感谢公司领导对我们的关爱！”一席话感动了李成新，他暗下决心：作为企业负责人，我只有拼搏进取使企业尽快走上良性发展的快车道，其他，我别无选择。

公司每年需要用高粱、小麦、大米、玉米、糯米等粮食1000多吨，以前这是很大一笔“油水”，李成新上任后，推行“阳光采购”，竞标确定合作伙伴，坚决杜绝贪污受贿问题。今年仅储瓶大棚工程通过公开招标，比开始报价节约资金20余万元。李成新认为，公司的每1分钱，都是职工的血汗钱，要花在刀刃上。为控制成本，公司成立了审计处，所有开支由审计处审计签字后方可支出。设立意见箱，民主评议监督干部，狠抓廉政建设，对现存的问题和多年遗留的问题逐步进行落实整顿，从而进一步规范了公司管理。同时，制订“五学十抓六落实”措施，让干部员工重温公司规章，进一步学习业务知识，提高了干部员工的整体素质。

有付出就有收获。去年，李成新上任第一年便使公司一举扭亏为盈，实现销售收入6200万元，完成利税1100万元，并创造了仲秋节实现销售收入1200万元，春节期间销售收入2000万元的历史同期最好水平。同时偿还历年所欠贷款400余万元，多储备原酒500余吨。公司当年被评为“章丘市最佳效益企业”。今年，在山东省白酒协会第四届一次会议上，公司被评为“振兴鲁酒先进企业”，李成新个人被评为“振兴鲁酒先进个人”，在章丘市今年召开的全市经济工作会议上，又被评为“优秀企业经营者”。

“追求高水平，实现新跨越”。面对新的发展机遇，李成新和他的助手们，已为公司确立了三年实现销售收入过亿元的奋斗目标。我们相信，济南百脉酿酒有限公司在李成新的领导下，定会创造出新的辉煌。

（王德清）

原载2005年9月29日《天下财富》

创新思维　打造强势品牌

山东百脉泉酒业有限公司，座落于素有小泉城之称的山东省章丘市明水—风景秀丽的百脉泉畔，这里是驰名中外的龙山文化发祥地，宋代著名女词人李清照的故乡。公司原名济南百脉酿酒有限公司，其前身—章丘市酒厂始建于1948年，经过几十年的发展和几代人的努力，现已发展成为集白酒科研、生产、销售、服务于一体的国家中型企业，多年来企业效益在全国同行业名列前茅，被评为全国酒行业优秀企业、山东省白酒行业50强企业、振兴鲁酒先进企业，公司“百脉泉”“清照”产品被评为“山东省名牌产品”，“清照”商标被山东省工商行政管理局认定为“山东省著名商标”。2005年实现销售收入7000万元，较04年提高37%；完成利税1300万元，较04年提高20%；随着百脉泉“名泉效应”全国范围内的日渐升温，“百脉泉”已成为章丘的金名片，如何借助“名泉效应”把百脉泉品牌做大做强，推动公司经济的发展，是公司每个员工的热切向往，基于这方面原因，根据公司“共创和谐发展、打造百年企业”的发展需要，2005年12月18日，公司更名为“山东百脉泉酒业有限公司”，致力于公司品牌的做大做强，为公司走品牌发展之路奠定了坚实基础。

一、品质铸就品牌

公司以“先做人、后做酒，做好人、做好酒”为企业理念，注重以品质铸就品牌。

1. 公司与山东轻工业学院合作建立了“产、学、研”基地，招聘微生物发酵专业的大学生，引进高科技质量检测设备，成立了济南市企业技术开发中心和章丘市食品发酵研究所，定期举办生产技术骨干培训班，公司现有酿酒技师2名，省级白酒评委2名，高级酿酒工60人，初、中级酿酒工118人，雄厚的科研、生产实力为研制生产高质量产品奠定了基础。

2. 采取“走出去、请进来“的策略，学习兄弟单位成功经验，应用于自身工艺流程再造，建造了存瓶大棚，改造了生产车间场地和设备，为保证产品质量打牢了硬件设施；聘请原白酒协会会长黄业立先生、山东轻工业学院李敬龙教授、四川宜宾五粮液集团高级工程师、酿酒专家胡祖荣先生为技术顾问，具体指导公司生产，五粮工艺有了长足进步，现已取得显著成效。

3. 加强产品检测，化验室检测能力及水平通过了省检测站鉴定，确保了产品入库合格率100%。

由于公司下大力气抓产品质量，不断提升了公司品牌的信誉度和美誉度，为公司品牌走向全国市场奠定了基础。

二、以市场为导向 抓产品销售

近年来，白酒市场的竞争更加激烈。在严峻的形势下，我们本着积极稳妥的指导思想，遵循市场经济的发展规律，以市场为导向，以销售为龙头，以经济效益为中心，实现了企业的跨跃式发展。

1. 巩固当地市场。我们对所有业务人员均实行周考核、日汇报，聘请有资质的的讲师定期举办业务培训，综合提高业务人员的整体素质；注重以高品质的产品、优秀的销售队伍和完善的售后服务，通过加大品牌宣传，在社会上树立诚信形象，稳固当地市场份额，效果显著，当地市场的占有率，由原先的不足40%，扩大到现在的70%左右。

2. 加大销售力度，外拓市场。我们在巩固当地市场的前提下，辐射周边市场，强化与省内白酒厂家的沟通、融合，汲取经验，提高品牌市场竞争力，扩大鲁酒影响，致力于开拓省外全国市场。

三、实施名牌战略 强化企业管理

公司产品主要有“百脉泉”“清照”“清照园”三大品牌。近年来，公司以“先做人，后做酒；做好人，做好酒”为企业理念，以“质量第一，客户至上”为经营理念，牢固树立市场经济观念，大力实施名牌发展战略，靠产品质量树品牌，靠品牌拓展市场，靠名牌增加效益；同时强化了“以人为本”的企业管理，为公司发展注入了源源活力。

1. 多措并举，打造强势品牌。我们通过在企业内部打基础、抓生产、重质量和外树形象，综合提升了公司品牌的认知度和美誉度，2005年，公司百脉泉、清照被评为“山东省名牌”“山东省白酒行业创新品牌”“安全放心品牌”，被山东鲁以有泰山足球队指定为“专用白酒”，与《齐鲁晚报》签订了配送酒协议，百脉泉酒于2006年1月7日做为“清华大学高层峰会论坛指定用酒”步入了人民大会堂，受到了国家领导和社会名流的广泛关注；同时，公司加大与各界的联系，与山东曲艺家协会实现联姻，建立了“山东艺术家生活创作基地”，李金斗等全国著名艺术家到公司做指导，提升了公司品牌的社会影响力。

2. 强化企业管理，增强竞争实力。公司严抓内部管理，通过了ISO9001质量管理和ISO14001环境管理双体系认证，并通过复审和改版，现保持有效运行。公司董事长李成新在企业管理方面不懈进取，孜孜以求，参加了2005年清华大学高级职业经理培训，现已结业，并被评为本届的优秀学员，综合提升了企业的管理水平。

2006年，公司将以深入开展“管理效益年”活动为契机，内抓管理、外拓市场，实现跨越式发展。

四、多元发展 助经济腾飞

05年以来，公司充分发挥科技

优势：

1. 对公司废酒糟生产饲料项目进行科研攻关，经过一年多的努力，取得了成功，研制出了国内同行业第一台酒糟烘干饲料设备，填补了国内空白，已投入批量生产，年可为公司年增加效益60余万元，为公司增加了新的经济增长点。

2. 在同类产品中，向“高、精、尖”和“新、绝、奇、特”纵向发展；根据市场和企业发展需要，在啤酒、果汁、饮料产品方面实现横向发展；借助品牌的力度，进而形成“高起点、多元化”的产业模式和遍布全国的营销网络，实现公司发展史上的经济腾飞。

“共创和谐发展，打造百年企业”，是山东百脉泉酒业有限公司全体员工的共同使命。在今后的发展过程中，公司将进一步加大品牌建设力度，在“十一五”期间前两年内争创“国家免检产品”和“中国名酒”，逐步打响全国范围内的“百脉泉”白酒品牌，争取2008年企业发展六十周年销售收入达到过亿，上交利税2000万元，职工收入大幅度增加，为鲁酒走向全国、取得中国白酒市场的一席之地，再铸辉煌做出更大的贡献！

（李成新）

原载2006年4月《2006年济南市企业家自主创新论坛》第47、48页

灿烂的章丘酒文化

[主持词]

提起文化，人们自然会想到文字、艺术、科学等，但文化的产生和发展离不开一定的自然生态环境，不可避免地要受到地理气候、动植物资源等诸多因素的影响，其中对中国文化影响最深的，非酒莫属。酒是人类最伟大的发明，整个人生历程，万千世态，完全可以写在酒中，这就是它永恒的神气所在。酒文化作为一种特殊的文化形式，在传统的中国文化中有其独特的地位。在几千年文明史中，酒几乎渗透到社会生活的各个领域。早在五千多年前，我们的祖先就将清泉的甘醇、丰收的喜悦、火热的激情，以及对上天的诚敬、柔和酿造在一起，捧出一种甘美的玉液，这就是酒。从酒问世的那一天起，它就摆脱了纯粹具体的“物”的状态，

而与人类的政治、经济、军事、文化、艺术等紧密相连，逐渐沉淀升华成一种精神范畴的“文化”，成为中国传统文化宝库中一颗灿烂的明珠。一部中国酒的衍生史，可以成为中化民族五千年历史文化的缩影。

从前，人们从魏武帝乐府“何以解忧，惟有杜康”中推算出酒是杜康所创造的。但是，在此上古时期，就已经有“尧酒千种”之说了。如果说酒是杜康所创，那么尧喝的是什么人创造的酒呢？酒的根源究竟在哪里？素有“诗仙”之称的李白，在《月下独酌·其一》一诗中有“天若不爱酒，酒星不在天”的诗句；东汉末年以“座上客常满，樽中酒不空”自诩的孔融，在《与曹操论酒禁书》中有“天垂酒星之耀，地列酒泉之郡”之说；此外如“吾爱李太白，身是酒星魂”，“拟酒旗于元象”等等，都经常有“酒星”、“酒旗”这样的词句。这些典故都表明自古以来，祖先们就有酒是天上“酒星”所造的说法。但实际上酒是劳动人民在长年累月的实践中，积累下来的造酒方法，经过有知识有远见的“智者”归纳总结，后代人按照先祖传下来的办法一代一代地相袭相循，流传至今。这个说法比较接近实际，也是合乎中华民族五千年历史文化的认识论的。纵观章丘酒文化，无愧中华灿烂文明中的一颗璀璨明珠，昭示着章丘悠久的历史和灿烂文化及章丘人积极向上、率真、自信、豪迈、洒脱的优秀品性。作为章丘酒文化的主阵地山东百脉泉酒业有限公司，它的发展史也是一部辉煌的文化史。

[解说词]

坐落在我市王白庄的山东百脉泉酒业有限公司已经有100多年的历史了。创建于清朝末年，由王白庄一户姓高的人家创立。开始以原始的配制工艺配制，日渐发展。后来兄弟几个分家析业。“福祥和”是分出的一家小店，其寓意是“再度兴旺、吉祥、和气生财”。“福祥和”自创建始一百年来，几度兴衰，历经沧桑，到民国初期的时候，“福祥和”配制的高粱酒，味香酒醇，质地纯净，以独特的浓香味而远近驰名。俗有“开坛三里香”、“饮时不知醉，出门迎风倒”等赞誉。凡是饮过此酒的人，总愿逢期再酌，以饱口福。

“福祥和”是一步一步发展起来的。开始是由王白庄王中村高玉珍创办。当时高家有一口古井，储水多而味甘。汲水烹茶，清洌甘爽；引流酿酒，则酒香浓郁。俗话说：“名酒产地，必有佳泉”，也许正是这特殊的风水地理条件，高家的“烧锅”一开，就香飘万里，销路甚好。到了高泰然经营本店时，“福祥和”已经具备了一定的规模。高泰然除经营土地外，主要经营酒店，主要精力都致力于酿酒业的发展。经营方式都是传统的作坊式生产，前店后坊。当时，因为能独资独家经营，家中的一些农产品如小麦、高粱、玉米等粮食，也投入到经营中来，作为酿酒原料。其他原料都是从刁镇粮行和济南同信承粮行购进。当时“福祥和”的流动资金已经在3000元左右（以银元作为货币单位）。年产酒量60多吨。每年阴历拿来结账一次，经理、店员实行年薪制，利润在4000元到5000元之间。因生意做的红火，每年都有可观的收入。为了使店里的白酒扩大销路，30年代初，曾在明水大街、相公庄和济南西门，也就是现在的泉城路隆祥布店对过各处分号，各派三、四名店员主持营业，所经销的酒均由王白庄酒店运去。酒店一直坚持“货真价实”、“童叟无欺”，由于几代人长期惨淡经营这所老店，它的办店方针已经远播千里，颇受远近乡亲的信赖，声誉极好。正是因为如此，王白庄以及明水周围在外打铁的，都是通过邮局和钱庄汇款到“福祥和”酒店代收代存，然后从店里支取现金。这样以来，即方便了一方群众，“福祥和”也可以利用这部分资金来周转经营。

在民国时期，社会动荡不安，“福祥和”酒店也败落下来。民国十六年（1927年），山东有名的土匪刘桂棠（刘黑七），率领土匪驻扎章丘。他们对王白庄的几大烧锅（即酒店）早已垂涎三尺。正月十六日凌晨，土匪300多人包围了王白庄。“月黑杀人夜”，这伙土匪趁着黑夜突然进村，对“福祥和”、“增祥和”等几大酒店进行疯狂抢劫，抢走细软等财务，牵走骡马十余头，并将店员王树纯“绑票”强行拉走。此后，“福祥和”花了上千元，才把他赎回。

30年代中期，酒业市场疲软，“福祥和”年年亏损，在济南和明水的分号，相继停业。“福祥和”酒店勉强维持，苟延残喘。1937年“七七事变”后，日寇侵华，敌伪军经常来酒店骚扰。

到40年代，高家分家析业，“福祥和”改名为“天德祥”，由原司账先生李发寅主持经营，维持现状，高家资东在年终只分点红利。

1947年，共产党领导的人民政府夺取政权，开展了轰轰烈烈的土地革命运动。根据现在的章丘市酒厂厂史记载：当时“福祥和”、“增祥和”、“恒祥义”三家酒店的掌柜，系王白庄村的大地主，被我胡山区群众所斗，家产被分。1948年8月，由我地方政府组织投入生产。据酒厂的老工人说："1948年10月，地方干部刘汉民任酒厂经理，穆明武任副经理。并将三处生产场地（王白庄、刁镇、埠村）合并为胶济专区专酿专卖事业公司王白庄直属总厂，总人数100多人"。在人民政府的关怀下，这个濒临危境的老字号终于迎来了新生。

到90年代，章丘市酒厂已经实现了粮食酒固体发酵机械化，同时引进一系列先进设备，打破了酿酒业历史上流传的"名酒不超老法"的思想禁锢，走向飞跃发展的新阶段。

公司把"以科技为先导"做为持续性发展的策略，在原"济南市企业技术开发中心"和"章丘市食品发酵研究所"的基础上，加大科研投入，更换了检测仪器，成立了"济南百脉酿酒有限公司科学技术协会委员会"；化验室检测水平通过了省检测站鉴定；聘请了五粮液集团高级工程师、享受国务院特殊津贴的酿酒专家胡祖荣先生为技术顾问，具体指导公司的五粮生产，为公司技术、生产骨干进行了"五粮工艺"专题培训，为公司制订科学的"五粮工艺"提供了依据；制作了取样器，改良了化验程序；并对窖泥由无机向有机开始转换作出了尝试；聘请原山东白酒协会会长黄业立、山东轻工业学院李敬龙教授为公司技术顾问，两年内争创"国家名牌"；通过一系列努力，2005年，公司百脉泉、清照产品被评为山东名牌，企业获得山东白酒行业五十强企业殊荣，综合提升了山东百脉泉酒业有限公司的市场竞争能力。

新年的钟声刚刚敲响，百脉泉酒便走进北京人民大会堂，这是章丘酒文化的一个里程碑。2006年1月7日，每一年的中国企业界最高规格、最具有影响力盛会之一——清华大学企业卓越领导高峰论坛，在北京人民大会堂胜利召开。这一盛会，汇聚了上至中央政府主管经济工作的领导、全球经济管理界著名学者，下至包括跨国企业在内的企业家900余人，在总结上一年度经济运行情况的基础上，预测未来年度的经济趋势以及走向，已经成为中国企业家年度决策的风向标。

在这次盛会上，山东百脉泉酒业有限公司的五粮型46°百脉泉酒，以其优越的质量和窖香浓郁、绵甜爽净的口感及高档次的包装，被大会指定为专用酒。并得到了与会人员的高度评价。在大会上，山东百脉泉酒业有限公司以一分钟广告、易拉宝、宣传册等各种形式充分展示了公司的风采和章丘的风貌。同时在2005年清华大学企业卓越领导高峰论坛杂志上刊登了山东百脉泉酒业有限公司的简介，收到了很好的宣传效果，为进一步寻找商机，百脉泉与百脉泉酒业一同走向全国，奠定了良好的基础。更令人振奋的是，在这次盛会上，董事长兼总经理李成新荣获了“最佳奉献奖”。

在新的一年里，山东百脉泉酒业有限公司将在市委、市政府的正确领导下，在“站在新起点，实现新跨越”的总体要求下，以46°百脉泉酒被清华大学企业卓越领导高峰论坛指定为专用酒为契机，2006年将站在更高起点，实现新跨越。

（高照明）

原载章丘电视台山东百脉泉酒业有限公司电视片解说词

生态酿酒倡导者

——记山东百脉泉酒业有限公司

诚信经营打造鲁酒典范

济南章丘地处齐鲁腹地，泰沂山脉北麓，是与酒有着不解之缘的宋代女词人李清照的故乡，山东百脉泉酒业有限公司就诞生在这里。百脉泉酒业源起光绪年间“福祥和”酒作坊，历经百年峥嵘岁月，现已发展为集白酒科研、生产、销售、服务以及工业旅游为一体的大型白酒企业，主要经营“百脉泉”、“清照”、“清照园”三大系列产品。

2004年3月，李成新临危受命，来到了已濒临破产的山东百脉泉酒业的前身—济南百脉酿酒有限公司。由于管理不善等原因，公司当时经营举步维艰，针对公司当时的危局，李成新首先制订实施了“保稳定、树形象、大发展”的三步曲发展战路，统一了“科技先导、质量生存、品牌战略、诚信经营、内聚合力、外增人气、百年强企、奉献社会”的经营思想，以“创新发展”为第一要务，强抓销售龙头，为企业走出困境、实现跨越发展奠定了坚实的基础。

2005年，公司依托百脉名泉效应和地域品牌，将“济南百脉酿酒有限公司”更名为“山东百脉泉酒业有限公司”。同时，李成新根据公司现状，提出了“先做人，后做酒，做好人，做好酒”的企业核心理念。多年来，在李成新的带领下，公司秉承“以质量求生存，以诚信赢客户，以品牌促发展”的经营理念，实现了一次又次的跨越，企业获得“山东省劳动关系和谐企业”、“山东省A级信誉企业”、“山东省消费者满意单位”、“山东省重合同守信用企业”等荣誉，全国市场份额逐年攀升。

作为山东省白酒业内第一批国有企业，百脉泉酒业首批获得国家白酒生产许可证，先后通过IS0900国际质量、1SO14001国际环境及IS02000食品安全体系认证。2009年，更成为“中国生态酿酒”的先驱，宣扬“生态酿酒，健康饮酒”新理念。企业先后荣膺“山东省非物质文化遗产”，“济南市地标酒”，恪守源头古法酿造的百脉泉美酒历久弥香。

“科技兴企”、“人才兴企”，李成新来百脉泉酒业之初，便与山东轻工业学院合作，建立起企业科研基地。同时出台各项优惠政策培养人才，吸纳人才，为企业发展储备力量。目前公司已有白酒国家评委2名，省级评委10名，高级技师、技师60余名，技术力量日趋壮大，科研水平不断提高，产品品质不断提升。2011年10月，公司技术中心被山东省经信委认定为省级企业技术中心。

2015年11月20，百脉泉酒业召开新品发布会，隆重推出“泉城壹号”佳酿。济南市是美誉天下的泉城，泉水是城市之魂，百脉寒泉珍珠滚，济南72名泉中东以百脉泉为冠。百脉泉酒业利用得天独厚的地理优势，采用泉水酿制而成的“泉城壹号”白酒，从香型到度数，从包装到价格，都极具泉城特色。“泉城壹号”以其独特的品牌、品质和品相代表了泉城文化的酒品传承，成为当之无愧的“济南市地标酒”的品质象征。

水为源，米为根，泥为本

2009年初，为加强食品安全，倡导生态食品、绿色环保，百脉泉酒业在全国同行业内率先提出“生态酿酒”理念，成为“全国生态酿酒倡导者”。

山东百脉泉酒业有限公司坐落于章丘市东郊，这里气候温和湿润，土地肥沃丰厚，森林资源丰富，空气新鲜、无污染，属于天然氧吧。有益微生物，充分富集和繁殖，独特的水、土、空气、微生物、生物群落，形成了互生、共生的生态酿酒系统。优越的地理环境为百脉泉酒业实现生态酿酒，提供了良好的自然条件。从地貌的角度来看，章丘南部沙页岩疏松透水，北部火成岩质密坚硬，加之地势南高北低，地下水自南向北汇聚，在明水附近受阻，形成百脉泉群。百脉泉水质极好，味美甘甜，且水温常年保持在18℃左右。泉水清澈透明，溶氧量高，并在二氧化碳的作用下，溶解岩石和土壤中的钙、镁、钠、钾等矿物元素，偏硅酸盐和锶的含量，均达到矿泉水要求，符合国家生活饮用水标准，是酿酒的极佳水源。自古以来，“甘泉出佳酿”，是酿酒至理，凡品味高、品质好的酒，都必定讲究水源、水质，百脉泉酒就是用优质泉水酿的。

粮米是酿造白酒的基本原料，只有选用优质的原料，才能酿造出高品质酒。明水香米是章丘的特产，产自百脉泉的泉头，具有香、优、鲜、爽珍的特点，历来被作为皇室御用质品，被尊称为“世界香米之王”。明水香米在1954年印度国际香稻品种展中获“世界之最”的美名，1993年在泰国优质农产品及科技成展览会上被评为金奖，2000年获农业部绿色食品认证标志。明水香米就是百脉泉酒业酿酒的主要原料之一。

另外，百脉泉酒业还在黑龙江建立了800亩的绿色高梁生产基地，确保在种植过程中，避免使用化学药剂和和化学肥料，鼓励使用农家肥料，使其在自然状态下生长、成熟。基地每年生产的高粱全部归百脉泉酒业收购用于酿酒。同时，公司还与济宁水稻丰产区签订协议，采用其生产的新解稻壳，清素一小时用于生产，保证了稻壳无霉变、无污染、无杂味。

“千年老万年糟”高度概括了窖泥在酿酒中的作用。窖泥中微生物的种类数量，对白酒中微量成分的产生，及其量比关系的协调，起着重要的作用。百脉泉酒业从几十年的优质老窖池中，分离出一株适合有机窖泥培养的微生物复合菌株，采用原生质体融合育种技术，经生物固态培养，将其扩大，应用于生产，适用于对新窖池的建造和对已退化、板结窖泥的还原复壮。使用该窖泥改造后的窖池能达到十年以上老窖的产酒水平，优质酒率能提高40%－60%。

百脉泉酒业还参照国内名牌企业先进的生产工艺技术，充分发挥老窖的功能，按照国家名酒的技术标准，对工艺和设备进行了调整改造。在继承“低温发酵”“双轮底发酵”“滴窖减水”“加醅减糠”等传统工艺的基础上，应用现代生物技术，革新工艺流程，制订了“中高温制曲、中低温发酵”“熟糠拌料”“分层蒸留”“量质摘酒”“色谱分析”“微机勾调调”等一系列新工艺，生产的“清照”、百脉泉”牌系列白酒具有清澈透明、窖香浓郁、绵甜爽净、香味协调、回味悠长之特点。

工业旅游翘，大美百脉泉

在我国，越来越多现代化企业开始注重工业旅游，他们利用自己的品牌效益吸引游客，同时也使自己的品牌得到推广。

来到百脉泉酒业后不久，董事长李成新便爱上了酿酒事业，对酿酒事业产生了深厚的情怀。为致力于白酒文明的继承和发展，李成新提出以酒文化为主题的“工业旅游”项目。2009年，百脉泉酒业的工业游项目正式启动。

自公司工业旅游项目开放以来，每天都有来自全国各地的几百名游客前来品美酒、赏美景、感受酒文化，百脉泉酒业在行业内掀起了工业旅游的新高潮。

百脉泉酒业“酒道馆”占地面积300平方米，简约时尚的现代元素点缀着古朴淳厚的远古风情。“酒好无好杯，好酒难生辉”，在这里您可以观赏到从龙山文化时期开始，延续至今的几十组极具时代、地域特色的精美酒具，就着我们醇香和美的百脉泉酒，怀古惜今，迷醉中西。

“藏酒馆”，为您亲手挑选的中意美酒提供免费封藏服务。春华秋实，冬储夏藏，2014年，封藏大典隆重举行，通过把酒祖、春酿开坛、封坛人窖、水源保护项目启动等几个环节，向大家展示了白酒文化的厚重与精深、传承与创新。

“问鼎阁”，全馆采用高科技展觉模式，通过品牌策路、管理体制、营销改革、技术攻坚等模块，向大家动态展示企业几个世纪的发展历程。在这里，稍作停留，您便可以取到一张由您亲笔签名的游览纪念照。

“翰风堂”，可以说是书画爱好者的殿堂。展馆内，多幅书画佳作分列左右，向大家展示历代文人墨客与酒结下的不解渊源。配以修竹古乐，兴致至此，您可以挥毫泼墨，交流切磋这美酒熏染下的水墨之技。

“古酒坊”，逼真的复原远古酿造场景。迎门由5种酿酒作物拼摆的“酒”字，寓意着生活的五谷丰登和酒业的蓬勃发展。详细的白酒酿造图文解说，配以现场的模拟酿造展示，把白酒的每个生产环节讲个究竟。

说起百脉泉美酒传承百年历久弥新的秘决，除了这精挑细选的真材实料，清醇甘冽的造酒用水也是一绝。公司至今保存有“福祥和”时期取水用井。这口古井的地下水脉与百脉泉水同根同源，味美甘甜，可直接饮用，是酿酒的极佳水源。好水、好粮、好工艺，加之代代百脉泉酒业人的心血，终得百脉美酒长久的醇香四溢……

百脉泉酒业将清朝末年的四合院与同样有着几千年历史的白酒文化完美结合，让朋友们在享受安逸、清雅的深深庭院的同时，就着醇香和美的百脉泉名酒，重温白酒文化的空透灵动。

整个庭院均由砖木结合而成，硬山筒瓦脊顶，错落有致的垂花门，古雅的青砖灰瓦，活泼别致的“钻猫洞”，让您仿佛推开了时空交错的时间门，去触摸那些久远的神秘。

一幅幅珍贵的老照片将百脉泉酒业的前身、百年老字号—福祥和，人工酿酒的珍贵场景“原汁原味”的保存下来。木桶、酒、陶瓮、漏缸，古老的酒具仿佛还散发着酒的陈香。

“杯小乾坤大，壶中日月长”，在几千年的发展中，酒几乎渗透到人类社会生活中的方方面面，可以说，一部酒的文化史，也是一部厚重的民俗生活史。400米酒文化长廊，通过壁画的形式，讲述酒催化出的故事，聆听着沁人心扉的古典神韵，走过展示历史悠久的古井，站在石砌的酒仙桥上，一览两侧广场的闲庭别院，桥下泉水涌动、众泉汇聚成百脉泉的喷泉设计，演绎出企业不朽的传奇，传递中国文化飘荡出的浓浓酒香。步步皆诗意，处处是美景。感受完白酒文化的熏陶，还可以深入白酒生产一线，见证原料粉碎、发酵、蒸酒、灯检、灌装等一系列生产环节，感受“山东省非物质文化遗产”的独特魅力，痛快的享受一次白酒之旅。

目前，百脉泉酒业为“山东省工业旅游示范单位”、“国家AA级旅游景区”。2015年，公司与各大旅游景区联手，搭建自然景区、工业旅游、农家采摘为一体的综合旅游体系，意在呈现给游客更为酣畅淋漓的旅游体验。

担当彰显品质、实干成就伟业。百脉泉酒业将持续坚持“共创和谐发展、打造百年企业”的远景目标，坚持“文化和生态”的发展道路，为中国白酒行业的继承和发展不断贡献力量。在董事长李成新的带领下，全体员工将继续奋勇拼搏，开拓创新，跨越发展，创造百脉泉酒业更加辉煌的明天！

（本报记者 朱堂村 李振）

原载《消费日报》2016年7月21日A4专版

匠心七十 筑梦百年

—百脉泉酒业建厂 70 周年新闻发布会暨泉城壹号战略新品推介会圆满召开

新年伊始，梦想起航。2018 年 1 月 22 日，济南喜来登大酒店，一场盛大的新闻发布会拉开了山东百脉泉酒业建厂 70 周年庆典的序幕。与此同时，一款承载了百脉泉酒业战略升级的核心单品 52 度泉城壹号新品隆重上市，引发行业瞩目。

元月的济南尽管寒风刺骨，但整个城市却因为百脉泉 70 年的辉煌积淀和勃勃生机而骄傲和温暖。来自社会各界的领导专家与媒体朋友悉数到场，共同为这款山东老字号品牌庆生，为百脉泉今天的成绩点赞。出席本次会议的领导有：山东省糖酒副食品商业协会会长薛剑锐、山东省食品工业协会会长郭友武、山东省白酒协会会长姜祖模、山东百脉泉酒业有限公司党委书记、董事长、总经理李成新，智邦达咨询机构董事长张健等。来自全国各地的新闻媒体有：大众日报、齐鲁晚报、济南日报、济南时报、糖烟酒周刊、济南电视台、章丘电视台、今日头条、搜狐网、大众网、云酒头条、国家名酒评论、酒业家、山东酒业研究等 20 多家媒体单位。百脉泉酒业的优秀经销商代表和团购客户、供应商代表及百脉泉酒业相关部门等总计近 400 人参会，共同见证了百脉泉酒业 70 周年纪念活动隆重的启动仪式，同时也领略了 70 周年封藏纪念酒和 52 度泉城壹号新品的独特风采。

整个会议分为两大部分，第一部分内容是百脉泉酒业纪念建厂 70 周年庆典活动启动仪式；第二部分内容是百脉泉 52 度“泉城壹号”战略新品的销售权竞拍活动。两大环节紧密相连，开启了 2018 年百脉泉酒业 70 年辉煌盛典的新篇章。

新起点、新梦想、70 年庆典见证百脉泉辉煌历程

山东百脉泉酒业有限公司党委书记、董事长、总经理李成新首先致辞。他简要回顾了百脉泉酒业的 70 年发展历程，对百脉泉酒业在匠心工艺与文化传承方面的工作进行总结，对百脉泉酒业未来提出了“六化”发展目标，促进企业实现新的发展和跨越。

李成新介绍说，百脉泉酒业的发展可追溯到清朝光绪年间，前身就是“福祥和”酒作坊。1948年解放后，“福祥和”被部队接管，后被政府收为国有，成立了章丘第一家国有企业。改革开放以后，百脉泉步入发展快车道，特别是2004年开始至今，百脉泉酒业依靠丰富的历史文化优势和品牌运作策略，实现了跨越式的大发展。李成新提出，未来的百脉泉将以发展多元化、管理智能化、生产机械化、成本精细化、人才多优化、工厂园林化为目标，以打造百年品牌为己任，实现企业的跨越式发展，为振兴鲁酒做出卓越的贡献。

百脉泉酒业副总经理马业准发表演讲，他对白酒行业的现状和趋势做了深刻分析和预判，同时向现场嘉宾介绍了百脉泉70周年庆典活动的具体安排。马业准表示，当前白酒行业明显复苏，进入到新的增长周期，企业要紧紧抓住发展机遇，用匠心做好产品，用创新做好市场，用品质与服务占领消费者心智。马业准指出，过去几年百脉泉酒业以市场和消费者为导向，以工业旅游为抓手，以团队打造为核心，以产品结构升级为突破，实现了百脉泉酒业由内到外的蝶变新生。2018年，百脉泉将以六大聚焦为核心，推动百脉泉酒业进入品牌3.0新时代。他提出的六大聚焦包括：聚焦文化营销、聚焦品质升级、聚焦大单品、聚焦大传播、聚焦节日营销、聚焦70年庆典。

据介绍，2018年百脉泉70周年庆典活动期间，每个月都将有围绕70年的相关活动，10月份将举办盛大的70周年庆典活动（具体活动安排附后），在行业和消费者层面引爆百脉泉品牌的最高关注度，打造鲁酒强势地产品牌。

山东省食品工业协会会长郭友武在现场发表致辞。他认为，70年的百脉泉品牌拥有深厚的文化积淀和丰富的运营经验，在激烈的竞争环境下不断弯道超车、后来居上，已经发展成为鲁酒阵营中重要的骨干力量之一。

山东糖酒副食品商业协会会长薛剑锐在讲话中指出，拥有70年建厂历史的酒厂为数不多，百脉泉酒业70年的发展历程所形成的巨大品牌优势在今天就是一种宝贵的财富和强大的竞争力。他希望百脉泉酒业继续发扬艰苦奋斗、开拓创新的精神，践行企业“先做人、后做酒，做好人、做好酒”的发展理念，在新的历史时期实现全新跨越发展。

在领导致辞以后，令人激动和期待的环节到来，百脉泉酒业70周年庆典活动正式启动，薛剑锐、郭友武、姜祖模三位会长及李成新董事长共同为70周年揭幕，按下

70周年启动器，标志着山东百脉泉酒业庆祝建厂70周年庆典活动正式开始。

一个品牌、一段历史、一种责任、一份辉煌，走过了70年的百脉泉在一代代工匠精神的传承和努力下，必将以今天的重大时刻为起点，通过2018年的一系列纪念活动，激发这个老字号品牌的最大活力，在新时代创造出新的发展奇迹。

52度泉城壹号崭新上市，百脉泉酒业祭出高度绵爽大单品

在新品篇章内，大家的关注点是这次泉城壹号新品究竟什么样？有何特色？为什么推出高度的泉城壹号？百脉泉酒业销售公司常务副总经理兼技术总工杜祥宝给现场观众做了详细介绍。

泉城壹号是百脉泉生态酿酒理念下推出的百脉泉中高端战略品系，去年推出的是34度和42度，本次推出的是高端鲁酒的典型代表52度泉城壹号。杜祥宝指出，在低度酒这个“主流度数”下，还有“小众型”的细分市场，即50度以上的高度酒，其典型代表就是茅台、五粮液等高端品牌。从消费的演变来看，高端酒和高度酒两者间之间相关的联系一直是稳定的。而且，在山东市场近些年来高度酒新品也开始出现，满足少喝酒、喝好酒的消费趋势。

52度泉城壹号在酿造上有何差异化特色？

杜祥宝指出，除了遵循百脉泉“生态酿酒”理念和五粮浓香工艺体系外，其核心工艺有四点：

1. 低温入窖，缓慢发酵，打开了泉城壹号通向绵甜净爽的品质密码，也使得高度和绵爽实现了完美结合。

2. 高温流酒，精细摘酒，有利于发酵过程中产生的甲醛等低沸点有害物质的挥发。

3. 超长发酵、超长储存。52度泉城壹号，全部采用150天双轮发酵工艺和地下酒窖恒温储存十年以上的优质原酒。

4. 陶坛陈酿、大师勾调。陶坛富含多种微量元素，具有良好的透气性，乃储酒容器之上品。微量因子更好的融于酒中，细小的微孔使酒液与空气充分融合，呼吸更加通畅。

正是由于对酿造和存储的高标准，52度泉城壹号每年的产量极为有限，具有饮用馈赠和收藏的多重价值。

据介绍，52度泉城壹号占位比34度和42度产品更高，实现了百脉泉核心品系低中高度的系列化，确立了“打造济南乃至山东最好的地产酒品牌”战略目标，吹响了鲁酒挑战全国名酒和抢占次高端市场的号角。

山东省白酒协会会长姜祖模在会上对泉城壹号新品表示肯定。他认为，新时代需要更优质的产品来满足新生活需要，消费升级与文化升级更需要企业的及时跟进，52 度泉城壹号一定能在山东市场吸引更多懂酒的消费者关注和品鉴，引领百脉泉实现新的跨越。

在大家的期待中，佳丽们终于将 52 度泉城壹号新品呈现给现场，优雅的走姿、靓丽时尚的服装与文化感十足的泉城壹号新品形成呼应，预示着这款高度绵爽的新品必将拥有靓丽的前景。

在竞拍代理权环节，52 度泉城壹号炙手可热。尽管白酒产品异常丰富，但好的产品却依然稀有和珍贵。为了选择更优质的经销网络，保证泉城壹号新品快速达到终端，以更好的形象展示给终端消费者，百脉泉酒业在核心的销售渠道中甄选出优秀的经销商进行竞拍，获取经销权。智邦达咨询董事长张健现场讲解了行业趋势和泉城壹号 52 度新品的销售模式及对经销商的要求。现场经销商纷纷抢购，掀起了本次活动的高潮。

活动结束后，在盛大的招待午宴中，百脉泉 70 周年庆典活动的丰富性、详细安排及 52 度泉城壹号新品仍被大家所讨论和热赞。山东白酒品牌众多，拥有 70 年历史的却很少，而将 70 年庆典如此看重并特意用新闻发布会的形式广而告之的更是凤毛麟角。我们相信，以本次发布会为起点，必将引发社会各界对百脉泉 70 年发展历程的高度关注，开启新时代百脉泉酒业发展的新征程。

原载《齐鲁晚报》2018 年 1 月 22 日

七十年 匠心酿造的美好生活

——记山东百脉泉酒业有限公司

山东百脉泉酒业有限公司座落在济南东部素有“小泉城”之称的章丘区百脉泉畔，百脉泉是济南七十二名泉之一，宋代曾巩在《齐州二堂记》中称：“西则趵突为魁，东则百脉为冠”。章丘区是一个具有悠久历史和灿烂文化的历史文化古城，是华夏文明序幕的龙山文化发源地，这里钟灵毓秀，名人辈出，宋代女词人李清照就出生在这里，并留下了诸多与酒有关的千古佳句。

山东百脉泉酒业有限公司，始建于1948年，由清光绪年间的“福祥和”老字号酒作坊传承而来，是章丘最早的一家国有企业。历经七十年的发展，现已成为集白酒科研、生产、销售、服务以及工业旅游为一体的国家中型白酒企业。主要产品有“百脉泉”和“清照”两大系列二百余个品种，“百脉泉”商标是章丘第一枚“中国驰名商标”，“清照”商标是“山东省著名商标”，两个品牌都是“山东名牌产品”。近年来，公司顺利完成国际质量ISO9001、国际环境ISO14001和HACCP食品安全三体系认证及后续复审工作。公司荣获了“全国食品行业优秀龙头企业”“全国工人先锋号”“全国企业文化建设先进单位”“中国骄傲—2017年度影响力品牌”“2017全国最受消费者喜爱的品牌”“山东省劳动关系和谐企业”“山东省推行协商民主、强化社会责任示范单位”“山东省消费者满意单位”“重合同守信用公司”“山东省老字号企业”“山东省非物质文化遗产”“济南市市长质量奖”“山东省工业旅游示范点”“国家AAA级旅游景区”“济南市地标酒”等诸多荣誉。

多年来，公司把“先做人，后做酒，做好人，做好酒”作为核心理念，并贯彻落实到企业文化和生产经营的各方面，做酒先做人，已经深深植根于每名职工的心中，并内化为他们的价值观念。正是在这种充满人性化理念的指引下，公司以保障消费者的饮食安全为己任，严把产品质量关，踏踏实实地做纯粮酒，靠实实在在的品质赢得了众多消费者的青睐，以高度的社会责任感，七十年，用匠心酿造着美好生活。

文化立企，提高生活品味。文化是一个企业的灵魂，先进的企业文化是一个优秀企业跨越发展的不竭动力。这一点，在百脉泉酒业公司七十年的发展历程中得到了充分验证。一走进百脉泉酒业，就能感受到浓浓的文化气息。从酒文化长廊到历史文化馆、酒道馆等景点，酿酒文化、饮酒文化、泉水文化、清照文化等令人目不暇接，叹为观止。那亮如漆、薄如翼的黑陶器皿里伴着晶莹剔透的百脉泉酒，赏之、品之、闻之，让人不由得回转身，仿佛又回到了那远古的龙山文化时期，那纯正吸鼻的清冽酒香穿透全身，给人带来吟诗颂词的灵感，仿佛是“一代词宗”李清照再世，继续续写着她那“生当做人杰，死亦为鬼雄”的豪壮诗篇。

作为全国企业文化建设先进单

位，百脉泉酒业在文化建设方面不惜投入精力与资金。多年来，公司与高校、与体育、与文艺、与作协、与残联、与军队、与相关单位等多方面牵手合作，参与各种主题的文化活动，提升企业形象，履行企业职责。同时，精心打造酒文化项目，对公司老厂房进行改造，打造成以酒文化为特色的园林式厂区，重点突显百脉泉酒文化历史的厚重感以及章丘酒业承载的中华古老酒文化的底蕴。并以此为基点，大力开展工业旅游，公司的酒文化景区现已成为“国家 AAA 级旅游景区”，年接待游客近 10 万人。七十年的风雨历程，磨练了百脉泉酒业人顽强的性格，七十年的企业文化，彰显出百脉泉酒业与众不同的特色之路。如今，以“先做人、后做酒，做好人、做好酒”为核心的企业文化使百脉泉酒业的知名度和美誉度大增，喝百脉泉酒，品文化人生已成为大家的共识。

质量为先，助力品牌兴企。“质量是品牌的基本保证”。每个百脉泉酒业人对这句话都有深刻的理解和体会，他们不仅把质量当做品牌兴企的追求，更把质量视为对社会的责任和义务。

2009 年，公司在全国白酒行业内率先提出“生态酿酒”理念。作为“中国生态酿酒倡导者”，百脉泉酒业以自身的生态元素为“生态酿酒”做了最好的诠释：名酒产地，必有佳泉，一是公司酿酒之水采用水质甘甜并富含多种矿物元素的百脉泉水，这是生态酿酒之源；二是酿酒所用粮食，采用历代被作为皇室御用贡品的明水香米、龙山小米和东北优质高梁，这是生态酿酒之根；三是酿酒所用窖泥，采用新技术进行有机培养，有益微生物菌充分，大大提高了优质酒率，这是生态酿酒之本；四是周边环境，章丘独特的水、土、空气、微生物群落形成了互生、共生的生态酿酒系统，为酿酒提供了良好的自然条件，这是生态酿酒之基；五是公司已列入“山东省非物质文化遗产”名录的酿酒技艺，是公司生态酿酒之魂。作为“中国生态酿酒”的倡导者，百脉泉酒业努力探索新工艺，从环境、原料、生产过程及最终的产品出厂，每个环节都注重“生态”因素对产品的影响，保证到消费者手中的产品是安全优质的。中国已故白酒泰斗沈怡方来到百脉泉酒业后，对百脉泉酒赞不绝口，给予这样的评价：“百脉泉酒香，绿色生态酿，安全品质优，诚信美名扬”。

除此之外，百脉泉酒业还有一支技术力量雄厚的人才队伍。多年来，公司大力实施人才兴企战略。目前，公司已拥有 3 位国家白酒评委，8位省级白酒评委，1位山东省酿酒大师，60余位高级品酒师，2011年10月，公司技术中心被成功认定为“山东省级企业技术中心”。

勇于担当，促进和谐发展。多年来，百脉泉酒业始终坚持以人为本，始终把解决民生问题放在重要位置，努力改善职工的生产和生活条件，提高职工的幸福生活指数；在公司内部成立“百脉情”爱心基金会，及时帮扶受困职工；开展多姿多彩的职工文化活动，丰富职工的精神生活。进一步凝聚了人心，增强了干劲，促进了企业的和谐发展。同时，公司不忘履行社会职责，真情回报社会。积极帮助弱势群体，参与社会公益事业，让社会与百脉泉酒业人共享企业发展成果，并因此赢得了社会各届的广泛赞誉，树立了企业良好的社会形象。

“天下大事必做于细，天下难事必做于易”。秉持专业、创新、责任、奉献的百脉泉酒业人，将继续在李成新董事长的带领下，秉承“先做人，后做酒，做好人，做好酒”的企业文化理念，用心干事，创新干事，执着干事。在以十九大精神的指导下，以新时代、新思想、新作为续写着公司“筑梦百年”的奋斗传奇，不忘初心，用匠心在酿造美好生活的道路上砥砺前行。

（袁锡惠）

原载《影响力品牌》2018年2月刊第8、9页

获“年度经济人物” 塑“创新价值品牌”
加快新旧动能转换 打造鲁酒强势品牌

3月20日，山东省白酒品牌培育发展联盟成立大会在四川成都市举行，山东百脉泉酒业有限公司被授予“山东省白酒品牌培育发展联盟理事单位”荣誉称号。在成立大会上，公司党委书记、董事长李成新宣读联盟宣言，并在联盟宣言上庄严签字。承诺严格执行《中华人民共和国食品安全法》等有关法律法规，自觉遵守《山东省白酒品牌培育发展联盟章程》，维护联盟形象，履行联盟责任，联手创新，共同创造鲁酒新辉煌！

当天上午，山东百脉泉酒业总经理马业准参加了“2018春糖区域酒企发展专题论坛”，并作为山东地

域性白酒企业代表首次在全国糖酒商品交易会上发声。针对“名酒省酒双重挤压下，区域性酒企的新干法”马总表示：各企业首先要考虑的是稳健发展，稳就是稳定，健就是健康。区域酒企如何发展，一是产品品质必须有保证，二是产品结构要适合消费者升级的趋势，三是企业链条中的各个团队要做到相互协同，四是品牌传播要适度投放，五是策略要灵活多变适应市场，六是创新发展要借力借势。

3月21日，由全国糖酒商品交易会办公室支持，华夏酒报和中国酒业新闻网主办的“名酒的美好时代—2018中国酒业高峰论坛暨华夏酒报·国家品牌食品周刊创刊仪式”和“2017中国酒业年度盛典颁奖典礼”在成都西部国际博览城国际展览展示中心举行。颁奖盛典上，山东百脉泉酒业有限公司党委书记、董事长李成新在2017中国酒业年度人物评选活动中，被评为“2017中国酒业年度经济人物”；泉城壹号在2017年中国酒业年度品牌评选活动中，被评为“2017中国酒业最具创新价值品牌”。

2004年3月，李成新来到山东育脉泉酒业担任负责人，企业逐步驶入了良性发展的快车道。李成新也先后获得了山东省优秀企业家、山东省富民兴鲁劳动奖章、鲁酒大师、济南市劳动模范、济南市优秀企业家、影响济南年度创新人物等荣誉称号。并担任了济南市人大代表，济南市食品工业协会会长等职务。他受命于危难之际，掌舵企业15年，把当初的烂摊子变成为济南知名的白酒企业，让百脉泉在鲁酒的队伍中熠熠生辉。“先做人、后做酒，做好人、做好酒”，这是李成新刚进厂时提出的企业理念，如今，这个理念已经扎根于百脉泉人的心中，落实在工作的每一个细节，质量管理活动也深深融入到企业文化中来以更高的质量标准引领企业发展。

在李总的带领下，2015年公司推出“泉城壹号”手工级生态原浆系列高端名酒产品。酿酒所取的百脉泉系地下水，甘甜爽净，水质优良；富含多种微量元素；延续“福祥和”传统酿造工艺，老工匠口传心授，保证工艺的正宗性，纯手工操作，延续古风，使酒的传统风味更足更透；特别是特殊的取酒方法，掐头去尾，精选壹号酒样为酒基，保证酒的微量成分比例协调。成酒后，用优质陶坛在地下酒库恒温储藏五年以上，如此一道道工序，一层层把关，最终酿造出泉城最好的地产酒，成就“2017中国酒业最具创新价值品牌”荣誉称号

2018年是山东百脉泉酒业“品

牌建设年”，也是建厂70周年，公司提出了“匠心七十·筑梦百年”的发展口号，正在为打造一个百年酒企而不懈奋斗。2018年年初，山东百脉泉酒业党委书记、董事长李成新提出了“发展多元化、管理智能化、生产机械化、成本精细化、人才多优化、工厂景观化”的“六化”发展目标。“六化”的实施不仅引领全体百脉泉人不忘初心、砥砺前行，更为实现“共创和谐发展，打造百年企业”的美好愿景奠定了坚实的基础。

近年来，山东百脉泉酒业遵循着“通过新旧动能转换，加快企业跨域发展，实现百年强企”这一方向和定位，进行了积极探索，在产品质量、模式创新、品牌文化建设、产业转型及融合发展方面摸索出了一系列行之有效的路径，取得了跨越式发展，赢得了各界的充分肯定。作为振兴鲁酒发展计划和鲁酒品牌发展计划重点扶持的企业，定将不忘初心砥砺奋进，坚持推进鲁酒振兴和树立品牌高端形象不动摇，以更加奋发有为的姿态，全力推动企业走上跨越发展的“高速路”，谱写鲁酒品牌新篇章，引领鲁酒产业唱响新时代！

原载《齐鲁晚报》 2018年3月29日A09版

匠心传承 齐鲁典范

“中国白酒产业次高端发展高峰论坛”在淄博举行

2018年4月21日下午，由山东省糖酒副食品商业协会、山东省食品工业协会、山东省白酒协会主办，《华夏酒报》、“中国酒业新闻网”、山东百脉泉酒业有限公司承办的“匠心传承·齐鲁典范—中国白酒产业次高端发展高峰论坛”在山东淄博银座华美达大酒店举行。同时定位于高端文化用酒的战略新品“百脉泉齐鲁壹号”在论坛期间举行了盛大的新品首发仪式。

中国食品工业协会白酒专业委员会常务副会长兼秘书长马勇、著名白酒专家梁邦昌、山东糖酒副食品商业协会会长薛剑锐、山东食品工业协会会长郭友武、山东白酒工业协会会长姜祖模、上海观峰企业管理咨询有限公司董事长杨永华、华夏酒报、中国酒业新闻网总编辑韩文友、山东百脉泉酒业有限公司董事长李成新、山东百脉泉酒业有限公司总经理马业准及优秀经销商代表、媒体代表等近二百人参与了本次论坛。

次高端市场扩容，给鲁酒带来机遇和挑战

自 2017 年以来，茅台、五粮液等高端白酒价格攀升，为次高端白酒价格上涨腾出了更多的增长空间。而在消费升级及中产崛起的大潮流下，消费者的“优品意识、品牌意识”不断增强，满足美好生活体验的刚需，为次高端白酒预留了更为广阔的市场空间。

数据显示，当前次高端产品规模约 450 亿元，保持着年均 10% 以上的增长速度，而目前中档酒市场规模约2000亿元，受益于消费升级、中档酒基数庞大的消费群体逐步向次高端白酒领域扩容，次高端白酒无疑将步入快速发展期。

山东糖酒副食商业协会会长薛剑锐认为，随着白酒行业回暖趋势的明朗，行业集中度提高是趋势，一线和二线龙头对区域品牌的挤压将成为行业发展的一大特征，次高端白酒将从“保份额”进入到“抢份额”的贴身肉搏。鲁酒次高端产品迎来新的行业机遇，也势必要接受更大的挑战。

山东百脉泉酒业公司董事长李成新在致辞中表示：与之前几次的白酒高速发展不同的是，本次的白酒理性发展具有更健康、更良性的特点，其消费特点也更为突出，那就是越来越向中高端和次高端品牌集中，这就加剧了次高端的竞争格局。百脉泉酒业抓住市场的趋势，及时调整战略，近期推出的次高端产品，就是要在新一轮市场竞争中占据一席之地。

对于消费升级和市场扩容，中国食品工业协会白酒专业委员会常务副会长兼秘书长马勇认为，数据统计来看：2017 年，白酒的总产量不到 1200 万千升，实现营收 5600 亿元，均比历史高峰时有所下降。唯独行业利润实现超过 1000 亿，同比历史高位增长 36%。可以看出，2017 行业仍处于弱复苏态势。而消费升级、消费需求带来了次高端和中高端白酒的抢眼表现，使白酒行业用增长 6%的产量实现了 36%的盈利利润。此次，百脉泉酒业发布定位于次高端市场的“齐鲁壹号”，是顺势而谋，符合企业自身作为区域性优势品牌的战略升级需要。

在 2012—2017 年连续六年全国白酒国家评委年会上，在 80—100 个当年研发的新产品中，约 25%—30%左右的占比是兼香型。此次，百脉泉酒业推出的兼香型齐鲁壹号走出了一条差异化之路，为鲁酒提升市场竞争力提供了可借鉴的范本。

营销专家上海观峰企业管理咨询公司董事长杨永华在讲解次高端产品行业营销时，借用了美国的著名学家麦斯比特讲的“所有企业的成功都不是发现了问题，而是发现了机会”。在杨永华看来，次高端的战略就是现在的行动如何决定未来，要具有持续性的策略规划。现在，有9亿多微信用户，4.7亿人每天看微信超过三四个小时，接近四个小时，次高端的产品营销核心之一就是以人群为核心来经营顾客，比如说小米，没有推广、没有主打品牌、央视也没有上广告，却抢占了可观的消费份额。白酒的营销方式也要从过去的抢占经营渠道到抢占消费者的芳心，要与目标群体实现价值共鸣。

“齐鲁文化博大精深，鲁酒正是齐鲁文化滋养出的，鲁酒深深植根于博大精深的齐鲁文化之中，山东白酒企业普遍具有扎实而厚重的文化实力”。《华夏酒报》总编辑韩文友在讲解齐鲁文化时，把鲁酒文化与齐鲁文化深深的揉合在一起，他说，传统齐鲁文化的基因决定了鲁酒未来的市场定位，这就是应该是接地气、生活化的，鲁酒品质要更适合舒适饮用的现代消费需求，必须重视与生活和时代的结合。

迎合白酒次高端发展潮流，“齐鲁壹号”顺势而生

在“区域竞争全国化，全国竞争区域化”的今天，对于鲁酒企业而言，布局次高端，打造自己的优势次高端品牌，已是迫在眉睫。

进攻是最好的防御。一直坚守生态酿酒的百脉泉酒业，一直站在消费升级的风口，把脉消费需求。自2015年开始，鲁酒企业纷纷布局百元价位产品，百脉泉酒业看准行业发展趋势，布局泉城壹号，市场报以良好的反响。

在次高端市场扩容的今天，百脉泉酒业重磅推出齐鲁壹号，就是要以前瞻性的战略思维，布局次高端价位产品，进行次高端白酒品牌的“卡位”，防止名酒品牌对鲁酒次高端品牌的“盖帽”，制约鲁酒的发展。

向优势品牌集中，已经成为白酒消费的一大趋势。山东省政府和相关领导也充分认识到这个问题的关键，4月全国春糖会期间，山东省政府主导成立了《山东省白酒品牌培育发展联盟》，山东百脉泉酒业有限公司作为品牌联盟理事单位之一，与兄弟企业一道，扛起了鲁酒品牌的发展重任。

当天的高峰论坛上，“齐鲁壹号”新品发布会隆重举行，全国著名白酒专家梁邦昌借用了李清照词牌中的两句—“才下眉头，却上心头”，用“才下喉头，已记心头”来表现齐鲁壹号的魅力展现。梁邦昌认为齐鲁壹号符合兼香型的国家标准；具有淡雅的复合香气，浓中带酱，浓酱和谐、回味爽净、余味悠长，呈现出了良好的感官体验和个性化魅力。

百脉泉酒业总经理马业准在解读战略新品也强调，鲁酒次高端价位产品的布局迫在眉睫，山东百脉泉酒业有限公司把握白酒行业发展趋势，积极响应山东省政府对鲁酒发展的要求，在年初就推出了中高档产品“泉城壹号”，取得了巨大成功，此次推出的战略次高端战略新品兼香型“齐鲁壹号”，通过艺术化的包装和独具匠心的瓶型设计将其定位于商务高端文化用酒。

齐鲁壹号以百脉泉传承基因，命名和整体设计灵感源自汉族先民,距今4000多年的—“龙山文化”。瓶型设计根据山东龙山文化的文物地表陶器，其中以鬼脸式鼎腿、圆环状鼎足最有特色，传达鲁酒博大精深的文化底蕴，体现“一言九鼎、诚信共赢”的原则。

“齐鲁壹号”两款产品在百脉泉酒业酿酒大师的精湛制作下，以悠雅的酱香和浓郁的窖香为主体香韵，舒适的粮香和曲香加以修饰和衬托，改善了酱香型的白酒粗糙后味，克服了浓香型白酒香浓味重的通病，更加适合高端商务消费全方位饮酒舒适度的需求，天赋兼香，浑然天成。

为充分肯定百脉泉酒业低度浓香产品的创新，中国食品工业协会白酒专业委员会常务副会长兼秘书长马勇在论坛上为山东百脉泉酒业颁发了“中国低度浓香典范”奖牌。

原载《齐鲁晚报》2018年4月22日B03版

四、文化荟萃

百脉酿酒之歌

1=D $\frac{2}{4}$

李成新 词
李红俊 曲

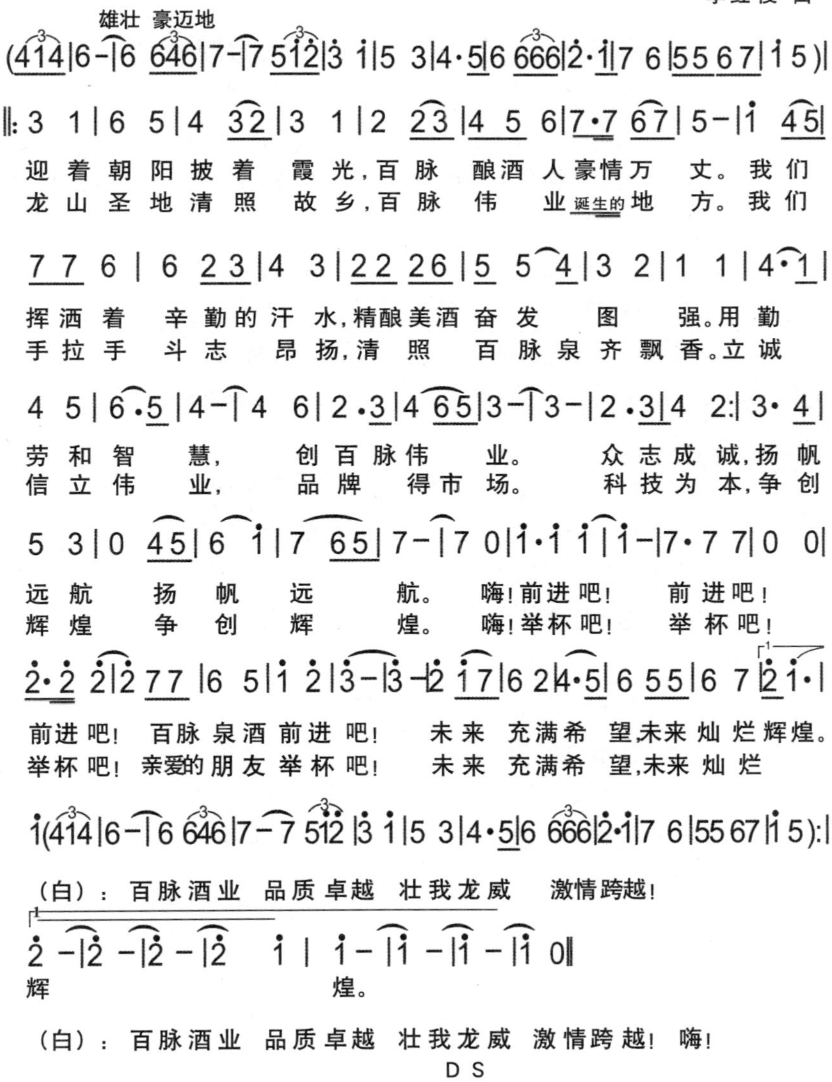

峥嵘岁月

李成新

春寒料峭
杨柳吐丝
望齐鲁大地
生机盎然

十载春秋
知热遇寒
酿琼浆玉液
鲁酒典范

蹉跎踌躇
溯流追源
探寻百年路
意识当先

真情涌动
和谐经营
文化铸酒魂
生态谱篇

意近旨远
三干理念
四做价值观
儒商登先

友情浓情
情情相连
虹桥跨南北
旧貌新颜

忆往昔
感慨万千
看今朝
任重道远

冬已尽
春光暖
雄关漫道
再登攀

闲 题

刘成海

朝朝觅园景，时时乐其中。
风满锦城秀，不舍泉水情。
惬意夕阳红，甄爱人自宠。
座上无虚友，樽中酒不空。
畅饮百脉泉，挚友忆华年。
金秋晓月明，笑傲放歌颂。

好事近·步

高蔚生

盛世攀高峰
酒业硕果大成
举杯共祝双赢
正是百脉豪情
酒香飘溢齐鲁地
九州无类同
百脉乾坤永驻
凯歌唱大兴

相聚百脉泉酒业

谢人刚（济南）

之一

百脉泉水酿美酒
千言万语韵诗行
五湖四海相聚首
八面玲珑齐欢畅

之二

文化长廊清照园
蒙蒙细雨赛江南
婉约诗词融窖藏
待饮欲品增诗篇

之三

酒香浓浓映青天
脚下流淌百脉泉
一酌饮尽品人生
相逢皆是酒中仙

游酒文化长廊有赋

高山流水（济南）

之一

曾闻名泉冠古今，又尝琼瑶动芳心。
涵液亭下歇征足，酒仙桥畔醉游人。
刘杜应知今日事，太白长恨非此身。
举杯酹尽千年月，惟愿酩酊谢酒神。

之二

玉盏新醅满袖痕，才与清照试比邻。
帘卷应见海棠树，尊前不负醉花阴。
红藕才展眉间事，蜡屐又寻武陵春。
酒意诗情千年共，举杯独对月夜魂。

之三

黍粟麦稻高粱红，瓯甑瓦缶起春风。
五粮调合真滋味，六昧炉焰煅新容。
才汲名泉增秀色，又引流光飞彩虹。
一举十觞豪情见，对酒当歌几人同。

玉液琼浆在人间

兰玲（济南）

流光溢彩清照园
金樽醇醪百脉泉
意气书生共举杯
玉液琼浆在人间

七绝　观百脉泉酒业

寒香（济南）

百脉清泉酿酒香，
高朋满座品琼浆。
诗词自古文人赋，
清照园中赏丽章。

（审稿人员：张景 侯凌云 王菲）

编后记

山东百脉泉酒业股份有限公司，经过几代人的艰苦创业，励精图治，走过 70 年的光辉历程。百脉泉、清照品牌先后被认定为山东省著名商标、中国驰名商标，其系列产品多年获得省优部优和全国消费者信得过产品。2016 年，公司被评为全国食品工业优秀龙头食品企业。近年来公司加强文化建设、旅游景区建设，厂区目前已成为山东省工业旅游示范点、国家 3A 级旅游景区。

“修志问道，以启未来”。编史修志是中华民族文化的优良传统，回顾建厂 70 年来创造的一个个辉煌业绩，总结经验，找出不足。以史为鉴，打造百年强企。公司党委与时俱进决定续修《山东百脉泉酒业股份有限公司志》。2017 年 8 月 7 日，成立《山东百脉泉酒业股份有限公司志》编纂委员会。公司党委书记、董事长李成新任编委会主任，总经理马业准、党委副书记王峻虎、工会主席袁锡惠、副总经理张传海、杜祥宝、张刚、牛余林担任副主任。下设办公室，王峻虎任办公室主任，袁锡惠任副主任，负责编委会日常工作。聘请原章丘市史志办主编高照华和李家斌、赵复萍及本公司李庆腾、张景具体负责志书编纂工作。

《公司志》续修编纂工作分二个阶段实施。第一阶段（2017 年 8 月—2018 年 1 月）6 个月时间。自 8 月开始进入筹划准备阶段，宣传、发动，对篇目进行修订，篇目经编委会讨论、审定后，进行科学分工，明确责任，落实工作。同时开展编辑人员的培训工作，为提高工作效率以干代训、以会代训。培训内容包括编辑常识、体例、行文规范等。查阅档案、分类归并和收集资料工作同时展开。2017 年 10 月—2018 年 1 月 31 日，编辑人员、各部门负责人按分工展开初稿编写工作。本志首设序言、凡例、概述、大事记；专业志设 15 篇、51 章、141 节；志末设附录、编后记，共计 110 万字。编辑人员分工：高照华负责总纂全志，负责凡例、概述、第一篇、第十三篇及全书的装帧设计。李家斌负责第三篇、第四篇的编辑。赵复萍负责第五篇、第六篇、第十一篇的编辑。赵东玲负责资料的收集与整理。李庆腾负责彩页、第七篇、第八篇、第九篇的编辑。张景负责大事记、第二篇、第十篇、第十二篇、第十四篇、第十五篇及编后记的编辑。

第二阶段（2018 年 2 月—7 月）6 个月时间。2018 年 2 月初稿审定，主编核实稿件内容，提出修改意见，各编辑按主编意见进行编辑。2 月 22 日—3 月 15 日，稿件合拢统编。4 月—5 月 15 日，主编总纂后打印，形成征求意见稿，供公司领导审阅。5 月 16 日—6 月 30 日，对征求意见稿进行修改精编。同时 6 月底完成封面设计、版式、装帧设计制作、彩页设计，7 月底印刷成书。

《公司志》以详实资料记载了百脉泉酒业 70 年的发展历程，记述了由一个传统酿酒小作坊，发展成为集白酒科研、生产、销售、服务于一体的现代化国家中型企业的沧桑巨变。“史志明鉴”，鉴证了风雨 70 载，百脉泉酒业人创业的艰辛以及锐意进取的拼搏精神。百脉泉酒业人顺应历史潮流、大胆改革、勇于创新的实干作风成为该志书的一大特色。

2008 年，公司曾出版由高照华担任主编的《山东百脉泉酒业有限公司志 1948−2008》，并为本书的顺利修订再版，打下了坚实的基础。此次编书原计划单独出版《公司志 2008—2018》。2018 年 1 月，志书框架及基本素材稿已成型。但是考虑公司发展的延续性和阅读的习惯性、公司历史等多方面原因，编委会决定调整原计划，在原书基础上续编成一统志。为此，又对原书篇目进行重新设计，注入了百脉溯源、工业游等许多新内容，既扩大了容量又丰富了志书的内涵。因而将素材重新进行整理和编辑，增加了劳动强度。编辑过程中，克服了人员少、时间紧，加之人员变动频繁等各种困难。全体编辑人员不畏艰难、加班加点、辛勤笔耕，达到废寝忘食的境界。经过三易其稿，最终付梓。在如此短的时间内能高效率、高质量完成志书的编纂任务，主要得益于公司上下同心协力。一是公司领导层。公司董事长、党委书记李成新把编纂工作做为公司的一项主要工作来抓，经常过问编纂情况，在各种会议上多次提出要求并及时调度。党委副书记王峻虎、工会主席袁锡惠始终关注编志工作，对志书编纂、人员调配、设施配备等直接调度协调，并直接参与重大篇目的编写。各副总安排各科室积极组织人员查阅资料、提供素材稿件。二是部门支持。各处室、车间密切配合，提供资料、反复查证、修改。特别是销售旺季，车间加班加点突击生产的情况下，干部、员工不忘志书编写，利用业余时间积极撰稿，精诚协作。三是编辑人员兢兢业业、耐心细致的工作态度和任劳任怨、甘于付出的精神。主编高照华克服重重压力，带领全体编辑人员加班加点、精心编写，表现出锲而不舍和对工作高度负责的精神。

《公司志》的编纂，是以马列主义、毛泽东思想、邓小平理论、“三个代表”重要思想、科学发展观、和谐理论和习近平新时代中国特色社会主义思想为指导，本着实事求是、详今略古的原则及纵不断档、横不缺项的志体要求，通揽该公司70年的发展变化。

《公司志》的编纂，大胆探索，力求对企业志的编纂有所创新，深挖公司历史文化、重笔记述公司改革和创新的举措，百脉溯源、创新、工业旅游成为此志的亮点。

《公司志》编纂过程中，共查阅档案 1300余卷次，微机调阅资料100余次，召开老干部、老工人座谈会3次，搜集各类旁证、口碑资料60余件。将该公司70年的发展史、重大事件翔实记录。以其成为供阅读、利用、借鉴、收藏的百科全书。庞大繁杂的系统工程。它涵盖了企业70年的发展史，及各时期技术、工艺、生产、管理、基建、党的建设和群众工作。需要客观、全面、详实的记述。从组织编辑人员，到印刷成书，12个月时间，困难程度可想而知。他们坚持新观点、新方法，恪守实事求是的原则，按照略远详近的要求，突出重点的写法，力争做到“核实于载籍，求逸于野史”。每一篇、章、节、目，认真做到“详而不失于冗，工而不流于靡，当而不诡于随”。力求文字上规范精炼、朴实无华、文韵事丰。力争使该志书成为集可读性、启迪性、应用性、收藏性于一体的详实史书。为完成这一浩繁的工程，从素材收集到成稿阶段，编辑人员甚至出现了失眠状态，有时凌晨3点起身撰稿。他们不怕苦、不畏难、加班加点、辛勤笔耕。实为山东百脉泉酒业股份有限公司70华诞之幸事，这种不辱使命、不负众望的工作态度，得到各级领导及该公司干部职工的首肯。

《公司志》编纂过程中，得到章丘区委、区政府，省、市、区史志部门专家学者的鼎力相助。得到了该公司全体干部职工的积极拥护，得到了章丘区档案局、人力资源和社会保障局等单位的大力支持。正是由于社会各界的关心和支持，促进了《公司志》的铸成。在此，对所有关心、支持《公司志》编纂工作的各级领导、专家学者、各界人士深表谢忱。

在此志梓行之际，承蒙原山东省副省长张瑞凤、马忠臣，原全国政协副主席钱伟长，全国著名白酒专家沈怡方、高景炎，原山东白酒协会会长黄业立，中国食品工业协会秘书长白酒专业委员会会长马勇，省总工会副主席王星海，章丘区委书记刘天东，章丘区委副书记、区长韩伟，人大常委会党组书记、主任王继民，章丘政协党组书记、主席赵立元惠赠嘉辞，使我们万分感激。

《公司志》的编纂，由于年久事湮，部分史料短缺，加之时间短促，工作面广量大，编志人员水平所限，志书难免阙如，恳请广大读者赐正。

山东百脉泉酒业股份有限公司

编委会

提供稿件人员

王熙文	赵京彬	孟祥源	崔承湖	李文化	祝明文
刘方明	曹新双	万　东	孟令革	李俊青	刘志学
王和顺	李延珍	崔殿春	董丽娜	孙立慧	毕思水
潘正江	康新春	牛余林	高　海	李雷新	崔士茂
王峻虎	王红梅	张　兵	于汉泰	袁锡惠	张　刚
欧　业	刘　娜	侯凌云	李奥文	李　芳	窦鹏运
李林泉	翟庆超	李顺涛	刁小红	宁春迎	赵　伟
宋学婷	李素贞	张　莉	郑　雷	赵京彬	袁乃凯
徐家喜	赵庆海	刘继文	李庆腾	张　景	宁继伟
王广铸	王国林	郑　健	田福龙	李　琪	

提供资料人员

顾克茂	王　洪	许凤桐	张若凤	刘克津	崔栋昌
崔桓昌	尹念钦	张静宸	祁　浩	王传本	赵建平
高绍栋	段金城	李广栋	李绍武	段义兴	牛素贞
范艺先	石广坤	巩玉华	孙英珍	赵向东	梁　波
刘淑娥	孙玉良	孟庆文	王沛国	孙启仁	彭民玉
潘延霞	姜　红	张振伟	高绍军	刘　猛	杜祥宝
汪慧慧	邱国强	张　准	房孝岭	王红光	耿念学
高绍菊	刘荫铎	巩艳辉	王者厚	马业准	张传海
牛余林	颜承亮	李文新	宁　刚	马玲业	王乃宝
陈向峰	张宪伟	张经武	高广菊		